vinaria

WEINGUIDE

DIE 3.600 BESTEN WEINE ÖSTERREICHS

2023/24

EDITION LWmedia

vinaria

WEINGUIDE

DIE 3.600 BESTEN WEINE ÖSTERREICHS

2023/24

AUTOREN

Philipp Braun (pb)
Bernulf Bruckner sen. (bb)
Dietmar Bruckner (db)
Erwin Goldfuss (eg)
Gerhard Heczko (gh)
Karl Kohl (kk)
Hans Pleininger (hp)
Werner Ringhofer (wr)
Peter Schleimer (psch)
Adi Schmid (as)
Uwe Schögl (us)
Viktor Siegl (vs)
Wolfgang Wachter (ww)
Johann Werfring (jw)
Wilhelm Hirsch (wh)
René Kollegger (rk)

www.vinaria.at

GROSSE KUNST.
OHNE ALLÜREN.
WINE in MODERATION
CHOOSE | SHARE | CARE
Österreichs Weine sind daheim im Herzen Europas, wo kontinentale Wärme mit kühler Nordluft tanzt. In diesem einzigartigen Klima wachsen edle Weine mit geschützter Ursprungsbezeichnung – zu erkennen an der rotweißroten Banderole auf der Kapsel und der staatlichen Prüfnummer auf dem Etikett.
österreichwein.at
ÖSTERREICH WEIN
Große Kunst. Ohne Allüren.

VORWORT

Brandaktuell, kompetent, umfangreich: Mit der Fertigstellung des Vinaria Weinguides 2023/24 stellen wir die 24. Ausgabe dieses für Weinfreunde unverzichtbaren Wein-Standardwerks vor. Das Erscheinen des Vinaria Weinguides hat für die Vinaria Redaktion jedes Jahr eine besondere Bedeutung, repräsentiert dieser doch die in Worte gegossene und gedruckte Essenz einer über viele Monate laufenden Periode intensivster Recherchen und Verkostungen dar. Unverzichtbarer Bestandteil unserer Recherchearbeit ist der überwiegend persönliche Austausch mit den Winzern. Dank dieser aufwendigen Methode ist der Vinaria Weinguide hinsichtlich Weinkompetenz und Aktualität unübertroffen.

In der vorliegenden Ausgabe des Vinaria Weinguides stellen wir Ihnen gut 360 Betriebe mit ihrer aktuellen Weinpalette vor – mehr als 3.600 Weine werden im Vinaria Weinguide beschrieben und bewertet.

Bei den Weißweinen stand heuer mehrheitlich der ziemlich wechselhafte Jahrgang 2022 zur Bewertung an, der durch geschmeidige Frucht und Harmonie sowie eine mildere Säurestruktur als sein Vorgänger charakterisiert ist. Eine Reihe von Reserve-Weinen in Weiß kamen aus dem herausragenden Jahr 2021 sowie vereinzelt aus dem etwas schlankeren 2020er oder davor. Bei den Reserve-Weinen in Rot stand teils der ungemein pikante, mittelkräftige 2021er im Fokus, noch öfter der eleganter gebaute 2020er. Kraftvolle, strukturierte 2019er waren vereinzelt auch dabei. Im Prädikatsweinbereich stammen die Weine wie zuletzt aus diversen Jahrgängen.

Auch wenn im Verlauf der Jahre zahlreiche Verbesserungen in diversen Bereichen durchgeführt wurden, hat sich an den grundlegenden Richtlinien des Vinaria Weinguides nichts geändert: aktuelle Berichterstattung, präzise Bewertungen anhand nachvollziehbarer Bewertungskriterien sowie ein übersichtliches Klassifikationssystem stehen nach wie vor ganz klar im Mittelpunkt. Für die Klassifizierungen vertrauen wir auf fünfstufige Systeme. Bei den Winzern erfolgt die Bewertung in Form von Kronen, die aktuellen Weine bewerten wir einerseits mit Sternen, andererseits gegebenenfalls mit Attributen für Preis-Leistungs-Verhältnis, Trinkvergnügen sowie hervorragende Qualität (PLV, FUN, TIPP).

Österreichs beste Winzer und Weine

Fünf Sterne in Verbindung mit dem Attribut „TOP“ ist die höchste Wertung, die wir im Vinaria Weinguide für Weine vergeben. Nach Nominierung durch den beschreibenden Autor müssen sich diese Weine in einer gedeckten Verkostung dem gesamten Vinaria Team stellen und die Mehrheit der Stimmen für sich gewinnen. 136 Top-Weine sind im heurigen Guide vertreten, knapp 70 % davon sind Weißweine und 20 % sind Rotweine, den Rest machen Prädikatsweine (9 Weine) sowie zwei Sekte aus.

Viel Spaß beim Wein-Lesen und Degustieren!

Mag. Peter Schleimer
Chefredakteur

Erwin Goldfuss
Herausgeber

IMPRESSUM

Medieninhaber
C & E Content & Event GmbH
Ringstraße 44/1, 3500 Krems, Österreich

Verleger
LW Werbe- und Verlags GmbH
Ringstraße 44/1, 3500 Krems, Österreich
Tel. +43 2732 82000, Fax -82, office@lwmedia.at

Geschäftsführer, Herausgeber: Erwin Goldfuss
Geschäftsleitung: Mag. (FH) Claudia Altrichter, Alexandra Salvinetti
Chefredaktion: Mag. Peter Schleimer
Produktion & Organisation: Sabine Fischer, Ulrike Stattin
Artdirektion & grafische Produktion: Simone Veit, Laura Scheidl
Bildmaterial: Shutterstock, ÖWM, HBLA Klosterneuburg, Winzer
Druck: Druckerei Janetschek, Heidenreichstein

ISBN-978-3-9504718-7-8.

Sämtliche Bezeichnungen in den Texten des Vinaria Weinguides beziehen sich gleichermaßen auf Frauen und Männer. Um der besseren Lesbarkeit willen wird in der Regel nur die männliche oder weibliche Form oder die Mehrzahlform verwendet. In Einzelfällen kommt das Binnen-I zur Anwendung.

INHALT

TOP-WEINE 2023/24

WEISSWEINE

Weingut Allram, Straß
2021 Riesling Ried Heiligenstein 1ÖTW

Weingut Alphart, Traiskirchen
2021 Rotgipfler Ried Rodauner Top Selektion

Weingut Alzinger, Unterloiben
2022 Riesling Ried Loibenberg Smaragd

Weingut Michael Auer, Höflein
2020 Monopol

Weingut Bründlmayer, Langenlois
2021 Riesling Ried Heiligenstein
Alte Reben 1ÖTW

Weingut Bründlmayer, Langenlois
2021 Grüner Veltliner Ried Käferberg 1ÖTW

Weingut Bründlmayer, Langenlois
2021 Grüner Veltliner Ried Lamm 1ÖTW

Weingut Buchegger, Dross
2021 Grüner Veltliner Ried
Vordernberg 1ÖTW Reserve

Weingut Buchegger, Dross
2021 Riesling Ried Vordernberg 1ÖTW Reserve

Weingut Christ, Wien
2021 Wiener Gemischter Satz
Ried Wiesthalen 1ÖTW

Weingut Tom Dockner, Theyern
2022 Riesling Ried Pletzengraben 1ÖTW

Domäne Wachau, Dürnstein
2022 Riesling Ried Singerriedel Smaragd

Weingut Sighardt Donabaum, Zornberg
2021 Riesling Der Reserve Gold Hirsch

Weingut Dreisiebner Stammhaus, Sulztal
2019 Gelber Traminer Ried Hochsulz Seven Sense

Weingut Ebner-Ebenauer, Poysdorf
2021 Grüner Veltliner Black Edition

Weingut Edlinger, Furth-Palt
2022 Riesling Ried Silberbichl

Weingut Edlmoser, Wien
2021 Riesling Ried Sätzen Kalkstein

Weingut Edlmoser, Wien
2021 Wiener Gemischter Satz Ried Sätzen 1ÖTW

Weingut Ehmoser, Tiefenthal
2021 Grüner Veltliner Ried Georgenberg

Weingut Eichinger, Strass
2021 Grüner Veltliner Ried Lamm 1ÖTW

Weingut Eichinger, Strass
2022 Riesling Ried Heiligenstein 1ÖTW

Weingut Eichinger, Strass
2021 Grüner Veltliner Ried Gaisberg 1ÖTW

Weingut Ernst, Großwiesendorf
2021 Roter Veltliner Ried Steinberg Reserve

Weingut Ernst, Großwiesendorf
2021 Grüner Veltliner Ried Steinberg

Weingut Fink & Kotzian, Gauderndorf
2021 Chardonnay O.T. Reserve

Weingut Josef Fritz, Zaußenberg
2021 Roter Veltliner Ried
Steinberg 1ÖTW Privat

Weingut Josef Fritz, Zaußenberg
2021 Roter Veltliner Gondwana

Weingut Frühwirth, Klöch
2021 Gelber Traminer Ried Hochwarth

Weingut Graben Gritsch, Viessling
2021 Grüner Veltliner Ried Schön Alte Reben

Weingut Grassl, Göttlesbrunn
2021 Alte Reben Weiß

Weingut FJ Gritsch, Spitz
2022 Riesling Ried Kalkofen Smaragd

Weingut FJ Gritsch, Spitz
2022 Riesling Ried 1000-Eimerberg Smaragd

Weingut Roman Gritsch, Spitz
2021 Riesling Ried Tausendeimerberg Smaragd

Weingut Gschweicher, Röschitz
2022 Grüner Veltliner Primary
Rocks Ried Reipersberg

Weingut Hagen, Krems-Rehberg
2022 Grüner Veltliner Ried
Holzgasse Alte Reben Reserve

Weingut Hiedler, Langenlois
2021 Riesling Ried Heiligenstein 1ÖTW

Weingut Hirtzberger, Spitz
2022 Riesling Ried Hochrain Smaragd

Weingut Hirtzberger, Spitz
2022 Riesling Ried Singerriedel Smaragd

Weinhofmeisterei
Mathias Hirtzberger, Joching
2022 Riesling Ried Kollmitz Smaragd

Weingut Hofbauer-Schmidt, Hohenwarth
2022 Roter Veltliner Alte Reben

Weingut Huber, Reichersdorf
2021 Riesling Ried Berg 1ÖTW

Weingut Huber, Reichersdorf
2021 Grüner Veltliner Ried Berg 1ÖTW

Weingut Jamek, Joching
2021 Grüner Veltliner Ried
Achleiten Smaragd

Weingut Jamek, Joching
2021 Riesling Ried Klaus Smaragd

Weingut Jurtschitsch, Langenlois
2021 Riesling Ried Heiligenstein 1ÖTW
Alte Reben

Weingut Jurtschitsch, Langenlois
2021 Grüner Veltliner Ried Lamm 1ÖTW

Weingut Kilger, Gamlitz
2021 Sauvignon Blanc Ried Sonneck

Weingut Knoll, Unterloiben
2021 Riesling Vinothekfüllung Smaragd

Weingut Knoll, Unterloiben
2021 Riesling Ried Pfaffenberg Selection

Weingut Knoll, Unterloiben
2021 Riesling Ried Schütt Smaragd

Weingut Kodolitsch, Leibnitz
2020 Sauvignon Blanc Ried Rosengarten T.M.S.

Weingut Kodolitsch, Leibnitz
2020 Chardonnay Ried Kogelberg Alte Reben

Weingut Kollerhof, Eichberg-Trautenburg
2020 Gelber Muskateller
Reserve Ried Steinkogel

Weingut Kollwentz, Großhöflein
2021 Chardonnay Gloria

Weingut Kollwentz, Großhöflein
2021 Sauvignon Blanc Methusalemreben

Weingut Kollwentz, Großhöflein
2021 Chardonnay Ried Katterstein

Weingut Kroiss, Wien
2021 Riesling Ried Hackenberg Julia

Weingut Kroiss, Wien
2021 Chardonnay Ried Hackenberg Julia

Weingut Loimer Fred, Langenlois
2021 Grüner Veltliner Ried Käferberg 1ÖTW

Weingut Loimer Fred, Langenlois
2021 Riesling Ried Heiligenstein 1ÖTW

Weingut Mad Haus Marienberg, Oggau
2021 Ried Hochenperg

Weingut Mayer am Pfarrplatz, Wien
2022 Riesling Weißer Marmor

Weingut Mehofer – Neudeggerhof, Neudegg
2021 Roter Veltliner Ried Wadenthal

Weingut Moser Hermann, Rohrendorf
2022 Riesling Ried Gebling
„Kellerterrassen" 1ÖTW Reserve

Weingut Müller, Klöch
2021 Sauvignon Blanc Ried Seindl

Weingut Muster.Gamlitz, Grubthal
2020 Sauvignon Blanc Ried Grubthal

Weingut Neumayer, Inzersdorf
2022 Riesling Der Wein vom Stein

Weingut Bernhard Ott, Feuersbrunn
2021 Grüner Veltliner Ried Rosenberg 1ÖTW

Weingut Bernhard Ott, Feuersbrunn
2021 Grüner Veltliner Der Ott

Weingut Pfeifer, Plesch
2021 Chardonnay Ried Schemming

Weingut Platzer, Tieschen
2021 Sauvignon Blanc Ried Aunberg Privat

Weingut Prieler, Schützen
2021 Pinot Blanc Ried Steinweingarten

Weingut Proidl, Senftenberg
2022 Riesling Ried Ehrenfels 1ÖTW

Weingut Proidl, Senftenberg
2022 Grüner Veltliner Ried Ehrenfels 1ÖTW

Johanneshof Reinisch, Tattendorf
2019 CH Ried Kästenbaum

Weingut Riedelnegg Olwitschhof, Gamlitz
2020 Sauvignon Blanc Ried
Sernauberg "Exzellenz"

Weingut Rotes Haus, Wien
2021 Wiener Gemischter Satz
Langteufel Nussberg

Weingut Schloss Gobelsburg, Gobelsburg
2021 Grüner Veltliner Ried Lamm 1ÖTW

Weingut Schloss Gobelsburg, Gobelsburg
2021 Riesling Ried Heiligenstein 1ÖTW

Weingut Schmelz, Joching
2022 Grüner Veltliner Best of Smaragd

Weingut Schmid Andreas, Gobelsburg
2021 Riesling Ried Loiser Berg

Weingut Schmölzer, St. Andrä-Höch
2021 Emma III (CH)

Weingut Schuster, Großriedenthal
2021 Grüner Veltliner Ried Eisenhut

Weingut Skoff Original, Eckberg
2020 Sauvignon Blanc Ried Obegg

Weingut Stadlmann, Traiskirchen
2021 Zierfandler Ried Mandel-Höh

Weingut Stelzl, Schlossberg
2021 Chardonnay Ried Hirritsch Hube

Weingut Stelzl, Schlossberg
2021 Weißburgunder Ried Hirritschberg

Winzerhof Stift, Röschitz
2021 Grüner Veltliner Reserve Maximos

Weingut Topf, Straß
2021 Riesling Ried Heiligenstein 1ÖTW

Weingut Topf, Straß
2021 Riesling Ried Heiligenstein Steinwand 1ÖTW

Vorspannhof Mayr, Dross
2021 Grüner Veltliner Ried Gebling

Vorspannhof Mayr, Dross
2021 Riesling Ried Kremser Marthal Reserve

Weingut Waldschütz, Elsarn
2022 Grüner Veltliner Rosengartl Reserve

Weingut Wieninger, Wien
2022 Ried Rosengartel

Weingut Winzer Krems, Krems
2021 Riesling Kremser Kreuzberg Reserve

Weingut Wohlmuth, Fresing
2021 Sauvignon Blanc Ried Hochsteinriegl

Weingut Alois Zimmermann, Theiß
2021 Grüner Veltliner Grande Reserve

SEKT

Weingut Bründlmayer, Langenlois
2016 Sekt Blanc de Noirs

Weingut Gebeshuber, Gumpoldskirchen
2018 Sekt Große Reserve Zierfandler

ROTWEINE

Weingut Werner Achs, Gols
2020 Werner Achs Magnum

Weingut Michael Auer, Höflein
2021 Zweigelt Ried Bühl

Weingut Aumann, Tribuswinkel
2019 Harterberg Merlot

Weingut Bannert, Schrattenthal
2019 Blauer Burgunder Reserve Ried Hochberg

Weingut Heribert Bayer, Neckenmarkt
2017 Herzblut

Weingut Ernst, Deutschkreutz
2020 La Mission

Weingut Feiler-Artinger, Rust
2019 Blaufränkisch Ried Ruster Greiner

Weingut Gager, Deutschkreutz
2020 BFG

Weingut Gager, Deutschkreutz
2020 Tycoon

Weingut Gesellmann, Deutschkreutz
2019 G

Weingut Giefing, Rust
2018 Cardinal

Weingut Gisperg, Teesdorf
2021 Zweigelt Holzspur

Weingut Grassl, Göttlesbrunn
2021 Bärnreiser 1ÖTW

Weingut Groszer Wein, Burg
2021 Blaufänkisch Ried Szapary EB Reserve

Weingut Groszer Wein, Burg
2021 Blaufänkisch Ried Saybritz EB Reserve

Weingut Gernot Heinrich, Gols
2018 Salzberg

Weingut Silvia Heinrich, Deutschkreutz
2019 Cupido

Weingut Silvia Heinrich, Deutschkreutz
2019 Elegy

Weingut Hans Igler, Deutschkreutz
2017 Blaufränkisch C13

Weingut Krutzler, Deutsch-Schützen
2021 Blaufränkisch Perwolff

Weingut Krutzler, Deutsch-Schützen
2021 Alter Weingarten

Weingut Lang Rotweine, Neckenmarkt
2019 Blaufänkisch V-MAX Grande Réserve

Weingut Gerhard Markowitsch, Göttlesbrunn
2021 Zweigelt Kirchweingarten 1ÖTW

Weingut Gerhard Markowitsch, Göttlesbrunn
2021 Rosenberg 1ÖTW

Weingut Andreas Muhr, Stixneusiedl
2021 Blaufänkisch Ried Gaisberg

Weingut Nittnaus, Gols
2019 Comondor

Weingut Prieler, Schützen
2020 Blaufänkisch Ried Goldberg

Weingut Schiefer, Welgersdorf
2020 Merlot "m"

Weingut Franz Schindler, Mörbisch
2019 Ariane

Winzerhof Harald Schindler, Mörbisch
2017 MMXVII Blaufränkisch

Weingut Ernst Triebaumer, Rust
2013 Blaufränkisch Ried Mariental

Weingut Wagentristl, Großhöflein
2019 Blaufränkisch Ried Kreidestein

PRÄDIKATSWEINE

Weingut Bannert, Schrattenthal
2021 Gelber Muskateller Strohwein

Weingut Kracher, Illmitz
2020 Scheurebe TBA No. 3 Zwischen den Seen

Weingut Kracher, Illmitz
2020 Welschriesling TBA No.
6 Zwischen den Seen

Weingut Leitner, Gols
2021 Riesling TBA

Weingut Proidl, Senftenberg
2021 Riesling Proidl spricht Deutsch

Weingut G+R Triebaumer, Rust
2021 Beerenauslese

Weingut G+R Triebaumer, Rust
2021 Ruster Ausbruch Welschriesling

Weingut Tschida Angerhof, Illmitz
2020 Sämling 88 Ried Lüss
TBA Reserve Seewinkel

Weingut Tschida Angerhof, Illmitz
2021 Welschriesling Ried Domka-
pitel TBA Reserve Seewinkel

Weingut Tschida Angerhof, Illmitz
2021 Schilfwein Muskat Ottonel

ZUM BUCH

Mit dem Vinaria Weinguide 2023/24 liegt bereits die insgesamt 24. Auflage dieses Standardwerks vor, das sich den besten Winzern Österreichs sowie den empfehlenswertesten Weinen aus dem jeweils aktuellen Sortiment widmet. Der Weinguide ist vollgepackt mit vinophilen Informationen: von Winzern, Weinen und Rankings über Gebiete und Sorten bis hin zu Weingesetz und Fachbegriffen. Zusätzlich gibt es eine Fülle von Empfehlungen zu Vinotheken, Gastronomie und Hotels.

Der Vinaria Weinguide 2023/24 präsentiert Österreichs beste 400 Winzer mit ihren empfehlenswertesten 3.600 Weinen.

Die in diesem Buch porträtierten Weingüter repräsentieren die Jahr für Jahr wachsende Zahl an Spitzenproduzenten im Weinland Österreich. Das bedeutet für Sie als Leser, aber auch für uns Redakteure nicht nur ein größeres Spektrum und mehr Auswahl an Betrieben, sondern auch eine stetig wachsende Anzahl von empfehlenswerten Weinen – rund 3.600 sind es heuer geworden.
Hinsichtlich Recherche und Bewertung unterscheidet sich der Weinguide deutlich von allen anderen Weinführern im Lande. Der persönliche Kontakt zu den Winzern steht für die Redakteure von Vinaria im Mittelpunkt und stellt für die aktuelle Beschreibung der Weingüter und die präzise Beurteilung der Weine eine unverzichtbare Basis für die redaktionelle Arbeit dar.

Winzer-Ranking

Für die Aufnahme in den Weinguide gelten ebenso strenge wie transparente Regeln. Dazu gehören unter anderem die regelmäßige Teilnahme an unseren Blindverkostungen über mehrere Jahre mit kontinuierlich sehr gut bewerteten Weinen sowie die hohe Qualität des aktuellen Jahrgangs. Jedes Jahr stellen wir eine Auswertung aller Verkostungen der vergangenen Jahre zusammen und lassen auch jüngste bzw. aktuelle Tendenzen in die Bewertung einfließen. Ganz wesentlich ist für Vinaria ebenso die Betrachtung jedes Weinguts aus historischer Sicht – wie also die Performance über einen längeren Zeitraum aussah. Die endgültigen Klassifizierungen werden im Redaktionskreis diskutiert und festgelegt.
Die Auswahl an Betrieben, die in den heurigen Vinaria Weinguide Aufnahme fand, umfasst renommierte Weingüter mit langer Tradition und Betriebe, die seit Jahren sehr gute bis ausgezeichnete Qualität produzieren, wie auch aufstrebende, qualitativ hochwertig arbeitende Winzer. Insgesamt werden rund 380 Weingüter im Vinaria Weinguide 2023/24 ausführlich beschrieben und bewertet.

Kronen dienen als Wertungssymbol für unser Winzerbewertungssystem. Die Einstiegswertung liegt bei einer Krone. Weingüter, die eine Krone erhalten, erzeugen regelmäßig eine Palette an sorten- und gebietstypischen Weinen von mehrheitlich guter Qualität, einzelne Weinekönnen aus dieser Palette herausragen. Zwei Kronen vergeben wir für sehr gute Betriebe, die regelmäßig gute bis sehr gute, immer wieder auch ausgezeichnete Weine erzeugen. Drei Kronen gibt es für ausgezeichnete Betriebe, die der erweiterten Spitzengruppe angehören und von denen auch regelmäßig Weine kommen, die zu den besten Österreichs zählen.
Die absoluten Spitzenbetriebe bewerten wir mit vier beziehungsweise fünf Kronen, wobei Letztere aufgrund ihrer exzellenten Qualität über viele Jahre und ihrer Fülle an Top-Weinen herausragen.

Aktuelle Jahrgänge

Der vor allem für die klassischen Weißweinsorten Grüner Veltliner, Riesling & Co. vielfach bereits jetzt oder in absehbarer Zeit aktuelle Jahrgang 2022 war in vielen Gegenden voller Herausforderungen. Vielerorts stellten sommerliche Hitze und Trockenheit ein Problem dar, im Herbst gab es in manchen Zonen überreiche Niederschläge. Dennoch wurde der Jahrgang von den Winzern überwiegend gut gemeistert.

Nach einem ziemlich milden und trockenen Winter erfolgte der Austrieb der Reben erst Ende April, also eher spät. Bei warmer Witterung und anhaltender Trockenheit kam die Rebblüte dafür recht früh, wobei sie in den meisten Gebieten von Niederschlägen begleitet wurde. Pflanzenschutzmaßnahmen waren notwendig, um drohende Pilzinfektionen, vor allem Peronospora, in Schach zu halten. Regional traten Verrieselungen auf. Die Sommermonate waren dann von großer Hitze und extremer Dürre geprägt, wie sie kaum je zuvor aufgetreten war. Darunter litten Besonders Junganlagen und Reben auf kargen Böden ohne Bewässerung.
Ab dem letzten Augustdrittel veränderte sich die Situation, teilweise auch ins Gegenteil. Vielerorts gab es Niederschläge, die gebietsweise sehr heftig ausfielen. Vor der Haupternte folgten zwei weitere Regenperioden. Anfangs wurden sie in den meisten Weinbaugegenden freudig begrüßt, da die Zuckerreife zuvor noch ziemlich beschei-

den war, der Regen löste einen Reifeschub aus – die Gradationen stiegen teils recht hoch, die Säurewerte fielen hingegen etwas ab. Dennoch mussten in diesem Stadium auch beherzte Hygienemaßnahmen ergriffen werden, da Fäulnis bzw. Botrytis drohte. Viele Winzer zogen die Ernte relativ früh und vor allem sehr rasch durch, andere entschieden sich für eine spätere Lese, vor allem bei Sorten wie Riesling.
Für die Rotweine waren die Bedingungen wesentlich günstiger, denn die herbstlichen Regenfälle waren für späte Sorten wie Blaufränkisch kaum problematisch. In den Süßwein-Hochburgen entlang des Neusiedler Sees konnte sich eine schöne Botrytis entfalten, was auch Prädikatsweine der höchsten Stufen ermöglichte. Dank der Fröste vor Weihnachten wurden mancherorts auch Eisweine eingebracht.
Insgesamt präsentieren sich die Weine mit ausgeprägter Reife, feiner Frucht und dezenter Säure. Mit einer Erntemenge von 2,5 Millionen Hektoliter liegt 2022 leicht über dem langjährigen Durchschnitt (2,4 Mio. hl).
Zudem sind viele Weißweine aus dem phantastischen Jahrgang 2021 noch am Markt oder kamen erst jüngst auf den Markt. 2021 besticht in Weiß wie Rot durch ungeheure Fruchtklarheit und Vitalität. Frucht, Säure und Extrakt bilden ein gelungenes Ganzes. Bei Rot standen klassische Vertreter aus dem kühlen, etwas schlankeren Jahrgang 2020 zur Verkostung an, manche Reserven stammten noch aus dem kraftvollen, strukturierten 2019er sowie dem opulenten 2018er. Beim Süßwein gibt es den üblichen Jahrgangsmix.

Wein-Wertungssystem

Unser Bewertungssystem steht auf drei Säulen und bietet dem Leser einen Mehrwert an Information und Entscheidungshilfen. Wie in den vergangenen Jahren bildet die schriftliche Beschreibung der meisten Weine die Grundlage unserer Weinbeurteilung. Weine, die aufgrund besonderer Eigenschaften herausragen, werden darüber hinaus mit genau definierten Attributen versehen. So kennzeichnen wir Weine mit hervorragendem Preis-Leistungs-Verhältnis mit „PLV“. Weine, die ihrer Balance und Vollendung wegen besonders großes Trinkvergnügen bereiten, erhalten das Attribut „FUN“ – unabhängig von ihrer absoluten Wertung. Bei jenen Weinen, die mit „TIPP“ bedacht werden, handelt es sich um Weine, die exemplarisch für ihre jeweilige Kategorie anzusehen sind.
Mit dem Attribut „TOP“ und der damit verbundenen Höchstwertung von fünf Sternen werden die allerbesten Weine Österreichs bedacht – diese Wertung vergeben wir allerdings erst, nachdem sich diese vom jeweiligen Autor nominierten Weine einer gedeckten Endverkostung der gesamten Vinaria Redaktion gestellt und dabei eine Mehrheit an Stimmen erreicht haben.
Alle Weine werden darüber hinaus mittels einer Sterne-Klassifikation, die – analog zum Kronensystem bei den Winzerbewertungen – fünfstufig ist, bewertet. Grundsätzlich handelt es sich bei jedem einzelnen Wein, der im Weinguide angeführt wird, um eine Empfehlung der Vinaria Redaktion.

Top-Weine

Für die Vinaria Top-Wein-Verkostung wurden heuer 248 Weine nominiert, deutlich mehr als vergangenes Jahr (209). In der Top-Wein-Verkostung wurden 122 Weine (gut 49%) durch Stimmenmehrheit bestätigt. 90 trockene Weißweine, 23 Rotweine und sieben Süßweine sowie zwei Sekte wurden schließlich im Zuge der Verkostung mit dem Attribut „TOP“ sowie der Höchstwertung von fünf Sternen geadelt. Außerdem wurden 14 noch im Verkauf befindliche Top-Weine aus früheren Top-Verkostungen hinzugenommen.

VINARIA WINZER-RANKING

♛♛♛♛♛

Alzinger, Unterloiben
Bründlmayer, Langenlois
Buchegger, Droß
Edlmoser, Wien
Gesellmann, Deutschkreutz
Grassl, Göttlesbrunn
FJ Gritsch, Spitz
Weingut Heinrich, Gols
Silvia Heinrich, Deutschkreutz
Hirtzberger, Spitz
Knoll, Unterloiben
Kollwentz, Großhöflein
Kracher, Illmitz
Krutzler, Deutsch Schützen
Gerhard Markowitsch, Göttlesbrunn
Muster.Gamlitz, Grubtal
Neumayer, Inzersdorf
Nigl, Senftenberg
Anita und Hans Nittnaus, Gols
Bernhard Ott, Feuersbrunn
Rudi Pichler, Wösendorf
Pöckl, Mönchhof
Prager, Weißenkirchen
Prieler, Schützen am Gebirge
Proidl, Senftenberg
Johanneshof Reinisch, Tattendorf
Erwin Sabathi, Pössnitz
schiefer.pur, Welgersdorf
Schloss Gobelsburg, Gobelsburg
Ernst Triebaumer, Rust
Angerhof Tschida, Illmitz
Wohlmuth, Kitzeck

♛♛♛♛

Paul Achs, Gols
Allram, Strass
Alphart, Traiskirchen
Altenburger, Jois
Arndorfer, Strass
Atzberg, Spitz
Aumann, Tribuswinkel
Heribert Bayer, Neckenmarkt
Birgit Braunstein, Purbach
Christ, Wien
Tom Dockner, Theyern
Domäne Wachau, Dürnstein
Johann Donabaum, Laaben
Sighardt Donabaum, Zornberg
Ehmoser, Tiefenthal
Birgit Eichinger, Strass
Feiler-Artinger, Rust
Follner, Rust
Fritz, Zaussenberg
Gager, Deutschkreutz
Gebeshuber, Gumpoldskirchen
Giefing, Rust
Gisperg, Teesdorf
Gross, Ratsch
Gschweicher, Röschitz
Hiedler, Langenlois
Weinhofmeisterei Hirtzberger, Wösendorf

Högl, Viessling
Markus Huber, Reichersdorf
Iby, Horitschon
Hans Igler, Deutschkreutz
Jamek, Joching
Juris, Gols
Jurtschitsch, Langenlois
Kerschbaum, Deutschkreutz
K+K Kirnbauer, Deutschkreutz
Kodolitsch, Leibnitz
Krispel, Neusetz
Kroiss, Wien
Rotweine Lang, Neckenmarkt
Leth, Fels
Loimer, Langenlois
Madl, Schrattenberg
Maitz, Ratsch
Mayer am Pfarrplatz, Wien
Vorspannhof Mayr, Droß
Franz & Christine Netzl, Göttlesbrunn
Nikolaihof, Mautern
Pittnauer, Gols
Polz, Grassnitzberg
Potzinger, Gabersdorf
Franz Schindler, Mörbisch
Schmelz, Joching
Skoff Original, Eckberg
Stadlmann, Traiskirchen
Steininger, Langenlois
Stelzl, Schloßberg
Strehn, Deutschkreutz
Tegernseerhof, Unterloiben
Johann Topf, Strass
G + R Triebaumer, Rust
Umathum, Frauenkirchen
Richard Walzer, Krems-Gneixendorf
Weszeli - Terrafactum, Langenlois
Wieninger, Wien

Werner Achs, Gols
Aichinger, Schönberg
Aigner, Krems
Am Berg, Mittelberg
Angerer, Lengenfeld
Artner, Höflein
Auer, Höflein
Auer, Tattendorf
Bannert, Obermarkersdorf
Christoph Bauer, Jetzelsdorf
Familie Bauer, Großriedenthal
Josef Bauer, Feuersbrunn
Stefan Bauer, Königsbrunn
Wolfgang Bäuerl, Oberloiben
Erich Bayer, St. Michael
Berger, Gedersdorf
Biegler, Gumpoldskirchen
Böheim, Arbesthal
Brandl, Zöbing
Cobenzl, Wien
Gerhard Deim, Schönberg
Deutsch, Hagenbrunn
Dreisiebner Stammhaus, Sulztal
Ebner-Ebenauer, Poysdorf
Ecker – Eckhof, Mitterstockstall
Edlinger, Furth
Ernst, Großwiesendorf
Ernst, Deutschkreutz

Esterházy, Trausdorf
Felberjörgl, Höch
Fidesser, Platt
Fischer, Rossatz
Fischer, Sooß
Forstreiter, Krems-Hollenburg
Förthof, Krems
Frank, Herrnbaumgarten
Freigut Thallern, Gumpoldskirchen
Friedrich, Langegg
Frühwirth, Klöch
Fuhrgassl-Huber, Wien
Gilg, Hagenbrunn
Glatzer, Göttlesbrunn
Gollenz, Tieschen
Graben Gritsch, Viessling
Schlossweingut Graf Hardegg, Seefeld-Kadolz
Groszer Wein, Eisenberg
Hagen, Krems-Rehberg
Matthias Hager, Mollands
Haider, Illmitz
Hajszan Neumann, Wien
Hartl Toni, Reisenberg
Hillinger, Jois
Hindler, Schrattenthal
Hirschmugl, Leibnitz
Hofbauer-Schmidt, Hohenwarth
Hofstätter, Quitten
Hundsdorfer, Neckenmarkt
Iby-Lehrner, Horitschon
Josef Igler, Deutschkreutz
Markus Iro, Gols
Jalits, Badersdorf
Jordan, Pulkau
Keringer, Mönchhof
Domaines Kilger, Gamlitz
Klein, Pernersdorf
Kolkmann, Fels
Kollerhof am Eichberg, Eichberg-Trautenburg
Krug, Gumpoldskirchen
Lagler, Spitz
Langmann Lex, Langegg
Leberl, Großhöflein
Leindl, Zöbing
Leitner, Gols
Hofkellerei des Fürsten von Liechtenstein, Wilfersdorf
List, Siebing
Machherndl, Wösendorf
Mad, Oggau
Lukas Markowitsch, Göttlesbrunn
Meinrad Markowitsch, Göttlesbrunn
Mehofer, Neudegg
Roland Minkowitsch, Mannersdorf
Hermann Moser, Rohrendorf
Andreas Muhr, Stixneusiedl
Müller, Krustetten
Müller Klöch, Klöch
Münzenrieder, Apetlon
PMC Münzenrieder, Apetlon
Nothnagl, Radlbach
Barbara Öhlzelt, Zöbing
Pax, Wösendorf
Pfeifer, Sankt Anna am Aigen
Pfneisl, Deutschkreutz
Franz Pichler, Wösendorf
Gerhard Pimpel, Göttlesbrunn
Pitnauer, Göttlesbrunn
Platzer, Tieschen
Pollerhof, Röschitz
Wine by S. Pratsch, Hohenruppersdorf
Prechtl, Zellerndorf
Preiß, Theyern
Primus, Grassnitzberg
Rabl, Langenlois
Reinberger, Grafenwörth

Rixinger, Gut am Steg
Rotes Haus, Wien
Salomon, Falkenstein
Sattler, Tadten
Sauerstingl, Fels
Winzerhof Schindler, Mörbisch
Schmölzer, Sausal
Schneider, Tattendorf
Bioweingut Schreiner, Rust
Heidi Schröck & Söhne, Rust
Familie Schuster, Großriedenthal
Schwarz, Schrattenberg
Schwarz, Andau
Schwarzböck, Hagenbrunn
Schwertführer "47er", Sooß
Setzer, Hohenwarth
Sigl, Rossatz
Landesweingut Silberberg, Leibnitz
Peter Skoff, Kranachberg
Sommer, Donnerskirchen
Paul Stierschneider, Oberloiben
Stift, Röschitz
Stift Klosterneuburg, Klosterneuburg
Studeny, Obermarkersdorf
Sutter, Hohenwarth
Taferner, Göttlesbrunn
Taubenschuss, Poysdorf
Tschermonegg, Glanz
Petra Unger, Furth
Wagentristl, Großhöflein
Waldschütz, Elsarn
Wandraschek, Krems
Weber, Lutzmannsburg
Weber, Deutsch Schützen
Weinrieder, Kleinhadersdorf
Weinwurm, Dobermannsdorf
Wess, Krems
Wimmer-Czerny, Fels
Niki Windisch, Großengersdorf
Zuschmann - Schöfmann, Martinsdorf

Adam-Lieleg, Leutschach
AmSee Pirker-Preisinger, Gols
Barbach, Perchtoldsdorf
Michael Bauer, Mitterstockstall
Norbert Bauer, Jetzelsdorf
Benedikt, Mallon
Bernreiter, Wien
Joe Beyer, Roseldorf
Blaha, Röschitz
Blauensteiner, Gösing
Domäne Roland Chan, Wösendorf
Chesa Druschauna, Göfis
Dachauer, Tattendorf
Deim, Schönberg
Domittner, Klöch
Dürnberg Fine Wine, Falkenstein
Josef Ecker, Grafenberg
Eder, Gedersdorf
Eder Wachau, Mauternbach
Egermann, Illmitz
Weinhof Ehn, Engelmannsbrunn
Eichberger, Eibesbrunn

Eichenwald Weine, Horitschon
Elsnegg, Eckberg
Eminger, Niedersulz
Engelbrecht, Etsdorf
Englhart-Schoderböck, Inzersdorf
Eschlböck, Hörsching
Etl, Halbturn
Fein, Hagenbrunn
Grenzhof Fiedler, Mörbisch
Leopold Figl, Traismauer
Fink, Großhöflein
Fink & Kotzian, Eggenburg
Fürnkranz, Obritz
Gattinger, Unterloiben
Robert Goldenits, Tadten
Greil, Unterstockstall
Grill, Fels
Roman Gritsch, Radlbach
Groll, Reith
Gutjahr, Neurath
Hagn, Mailberg
Hannes Haiden, Oggau
Haiderer, Unterbergern
Haimerl, Gobelsburg
Heggenberger, Tattendorf
Hirtl, Poysdorf
Hofer, Auersthal
Horvath, Rechnitz
Hutter, Mautern
Hutter, Feldbach
Jahner, Wildungsmauer
Jassek, Ragelsdorf
Jatschka, Stetten
Jauk-Wieser, Deutschlandsberg
Jöbstl, Sernau
Jöbstl, Wernersdorf
Winzerschlössl Kaiser, Eisenstadt
Kemetner, Etsdorf
Jacqueline Klein, Andau
Klosterkeller Siegendorf, Siegendorf
Kögl, Ratsch
Liegenfeld, Donnerskirchen
Lobner, Mannersdorf
Martin Machalek, Pernersdorf
Maglock-Nagel, Strass
Malteser Ritterorden, Mailberg
Arkadenhof Mandl-Brunner, Rechnitz
Hermenegild Mang, Weißenkirchen
Matthias Mayer, Königsbrunn
Hans Moser, Eisenstadt
Lenz Moser, Rohrendorf
Nebenführ, Mitterretzbach
Martin Netzl, Göttlesbrunn
Neunteufl, Viendorf
Neustifter, Poysdorf
Niegl, Brunn am Gebirge
Nimmervoll, Engelmannsbrunn
Oppelmayer, Göttlesbrunn
Andreas Ott, Hagenbrunn
Parzer, Oberfucha
Pasler, Jois
Pferschy-Seper, Mödling
Pichler-Schober, Mitteregg
Pilch, Ottenberg
Pleil, Wolkersdorf
Helmut Preisinger, Gols
Prickler, Lutzmannsburg
Pröll, Radlbrunn

Rainprecht, Oggau
Redl, Wien
Hannes Reeh, Andau
Reinfeld, Schützen am Gebirge
Reiterer, Lamberg
Riegelnegg Olwitschhof, Steinbach
vlg. Ritter, St. Paul
Rosenberger, Rohrendorf
Schaller vom See, Podersdorf
Schloss Dürnstein, Dürnstein
Andreas Schmid, Gobelsburg
Seiler, Rust
SIEDLER Alex, Reichersdorf
Söllner, Gösing
Stadler, Falkenstein
Julius Steiner, Podersdorf
Steinschaden, Schiltern
Strawanzer, In der Spitz
Tanzer, Krems-Thallern
Koarl Thaller, Großwilfersdorf
Trabos, Kranachberg
Uhler, Wien
Ulrich, Sankt Anna am Aigen
Ulzer, Seebarn
Urbanihof Paschinger, Fels
Waberer, Mistelbach
Waltner, Engelmannsbrunn
Zur Dankbarkeit, Podersdorf am See
Wieder, Neckenmarkt
Winkler, Lengenfeld
Winzer Krems, Krems
Woditschka, Herrnbaumgarten
Domaine Wolf, Steinbach
Alois Zimmermann, Theiß
Ziß, Röschitz

Gasslwasinger, Gießhübl
Hahn, Hohenruppersdorf
Dieter & Yvonne Hareter, Weiden
Johannes Holzer, Engabrunn
Honsig, Platt
Hugl-Wimmer, Poysdorf
Knötzl, Tattendorf
Lentner, Wien
Polzblitz, Grassnitzberg
Leo Rögner, Großengersdorf
Schloss Seggau, Leibnitz
Schüller, Pillersdorf
Leo & Dagmar Wunderer, Oberfellabrunn
Zederbauer, Palt
Zeger, Aggsbach Dorf
Paul Zimmermann, Radlbrunn

WEIN-JAHRGANGSTABELLE

Jahrgang	Wachau	Kamptal	Kremstal	Traisental	Wagram	Carnuntum rot	Weinviertel weiß	Thermenregion weiß	Thermenregion rot
2022	★★★	★★★	★★★	★★★	★★★		★★★	★★★	
2021	★★★★★	★★★★★	★★★★★	★★★★★	★★★★★	★★★★	★★★★	★★★★★	★★★★
2020	★★★	★★★	★★★	★★★	★★★	★★★	★★★	★★★★	★★★
2019	★★★★★	★★★★★	★★★★★	★★★★★	★★★★★	★★★★★	★★★★	★★★★★	★★★★
2018	★★★	★★★	★★★	★★★	★★★	★★★★	★★★	★★★	★★★★
2017	★★★★	★★★★	★★★★	★★★★	★★★★	★★★★★	★★★★	★★★★★	★★★★★
2016	★★★	★★★★	★★★	★★★★	★★★★	★★★	★★★	★★★★	★★★★
2015	★★★★	★★★★	★★★★	★★★★	★★★★	★★★★★	★★★★	★★★★	★★★★
2014	★★	★★	★★	★★	★★	★	★★	★★	★
2013	★★★★★	★★★★★	★★★★★	★★★★★	★★★★★	★★★	★★★★	★★★★	★★★
2012	★★★★	★★★★	★★★★	★★★★	★★★★	★★★★	★★★★	★★★★	★★★★
2011	★★★★	★★★★	★★★★	★★★	★★★	★★★★★	★★★	★★★★	★★★★★
2010	★★★	★★★	★★★	★★★	★★★	★★	★★★	★★★★	★★
2009	★★★★★	★★★★★	★★★★★	★★★★	★★★★	★★★★★	★★★★	★★★★	★★★★★
2008	★★★	★★★	★★★	★★★	★★★	★★★	★★★	★★★	★★★
2007	★★★★★	★★★★★	★★★★★	★★★★★	★★★★★	★★★★	★★★★	★★★★★	★★★★
2006	★★★★	★★★★	★★★★	★★★★	★★★★	★★★★	★★★★	★★★★	★★★★
2005	★★★	★★★	★★★	★★★	★★★	★★	★★★	★★★	★★
2004	★★	★★	★★	★★	★★	★★★★	★★	★★★★	★★★★
2003	★★★	★★★	★★★	★★★	★★★	★★★★	★★★★	★★★★	★★★★
2002	★★★★	★★★★	★★★★	★★★★	★★★★	★★★★	★★★	★★★★	★★★★
2001	★★★★★	★★★★★	★★★★	★★★★	★★★★	★★★	★★★★	★★★★★	★★★★
2000	★★★★	★★★★	★★★★	★★★	★★★	★★★★★	★★★	★★★★	★★★★★
1999	★★★★★	★★★★★	★★★★★	★★★★	★★★★	★★★★	★★★★	★★★★	★★★★
1998	★★★	★★	★★	★★	★★	★★	★★	★★★	★★
1997	★★★★★	★★★★★	★★★★★	★★★★★	★★★★★	★★★★★	★★★★	★★★★	★★★★★
1996	★	★	★	★	★	★	★	★★	★
1995	★★★	★★★★	★★★★	★★★	★★★	★★	★★★	★★★	★★
1994	★★★	★★★	★★★		★★	★★★	★★	★★	★★★

★★★★★ ausgezeichneter und großer Jahrgang ★★★★ sehr guter Jahrgang ★★★ guter Jahrgang

Wien	Nordburgenland weiß	Nordburgenland rot	Nordburgenland süß	Mittelburgenland	Südburgenland	Vulkanland	Südsteiermark	Weststeiermark	
★★★	★★★★					★★★★	★★★★	★★★	2022
★★★★★	★★★★★	★★★★	★★★★	★★★★	★★★★	★★★★	★★★★	★★★★	2021
★★★	★★★	★★★★	★★★★	★★★	★★★	★★★	★★★	★★★	2020
★★★★★	★★★★	★★★★★	★★★★	★★★★	★★★★	★★★★★	★★★★★	★★★★★	2019
★★★	★★★★	★★★★	★★★	★★★★	★★★★	★★★★	★★★★	★★★★	2018
★★★★	★★★★	★★★★★	★★★★	★★★★★	★★★★★	★★★★	★★★★	★★★★	2017
★★★★★	★★★	★★★★	★★★	★★★	★★★★	★★★★	★★★★	★★★	2016
★★★★	★★★★	★★★★	★★★★★	★★★★	★★★★★	★★★★	★★★★	★★★★	2015
★★	★★	★	★★★	★	★★	★★	★★	★★	2014
★★★★	★★★★	★★★	★★★★	★★★	★★★	★★★	★★★★	★★★	2013
★★★★	★★★★	★★★★	★★	★★★★	★★★★	★★★★	★★★★	★★★★	2012
★★★	★★★	★★★★★	★★	★★★★★	★★★★★	★★★★	★★★★★	★★★★	2011
★★★	★★	★★	★★★★★	★★	★★	★★	★★	★★	2010
★★★★	★★★★	★★★★★	★★★★	★★★★★	★★★★★	★★★★	★★★★	★★★★	2009
★★★	★★★	★★★	★★★	★★★★	★★★★	★★★	★★★★	★★★	2008
★★★★★	★★★★	★★★	★★★★★	★★	★★	★★★★★	★★★★★	★★★★	2007
★★★★	★★★★	★★★★	★★★★★	★★★★	★★★★	★★★★	★★★★	★★★★	2006
★★★	★★★	★★	★★★★★	★★	★★	★★★	★★★	★★★	2005
★★★	★★★	★★★★★	★★★★	★★★★★	★★★★	★★	★★	★	2004
★★★	★★★	★★★★	★	★★★★★	★★★★★	★★★★	★★★★	★★★★	2003
★★★★	★★★	★★★★	★★★★	★★★★	★★★★	★★★★★	★★★★★	★★★★★	2002
★★★★	★★★★	★★★	★★★★★	★★★	★★★	★★★	★★★★	★★★	2001
★★★★	★★★★	★★★★★	★★	★★★★★	★★★★★	★★★★	★★★★	★★★★	2000
★★★★	★★★★	★★★★★	★★★★★	★★★★	★★★★★	★★★★	★★★★	★★★★	1999
★★★	★★	★★★	★★★★	★★	★★★	★★	★★	★★	1998
★★★★	★★★★	★★★★	★★★★	★★★★	★★★★	★★★★★	★★★★★	★★★★★	1997
★	★	★	★★★★	★	★	★	★★	★	1996
★★★	★★★	★★	★★★★★	★★	★★	★★★	★★★	★★	1995
★★★	★★	★★★★	★	★★★	★★★	★★	★★	★★	1994

★★ annehmbarer Jahrgang

★ schwacher bis mäßiger Jahrgang

WACHAU

Als Wachau bezeichnet wird heute der 33 Kilometer lange Abschnitt des Donautals zwischen Melk und Krems, Weinbau betrieben wird aber vor allem am linken Ufer von Schwallenbach bis Unterloiben. Zum Teil sehr steile Steinterrassen prägen das Landschaftsbild. Bei Spitz an der Donau zweigt das größte Seitental, der sogenannte Spitzer Graben, ab, der über Gut am Steg bis nach Vießling führt. Die wichtigsten Weinbauorte am linken Ufer sind, der Reihe nach, Spitz an der Donau, St. Michael, Wösendorf, Joching, Weißenkirchen, Dürnstein und schließlich Loiben; Enklaven am rechten Ufer befinden sich in Arnsdorf, Rossatz, Mauternbach und Mautern.

Die überwiegende Mehrheit der Wachauer Weinbaubetriebe sind auch Mitglieder des 1983 gegründeten Schutzverbandes „Vinea Wachau Nobilis Districtus“, wodurch sie verpflichtet sind, ausschließlich Wachauer Wein zu führen und zu vermarkten. Die Weine der Vinea Wachau werden in drei „Gewichtsklassen“ eingeteilt, sie sind ausnahmslos trocken und dürfen nicht aufgebessert werden:

„Steinfeder“ steht für leichte, schlanke Weine mit maximal 11,5% Alkohol, „Federspiel“ für elegante mittelgewichtige Weine zwischen 11,5% und 12,5%, die „Smaragd“-Kategorie umfasst kräftige, trockene Spätlesen ab 12,5% Alkohol.

Die Wachau weist verschiedenste Bodentypen auf, wobei in den Terrassenlagen meist verwitterte Urgesteinsböden aus Granit, Gneis und Glimmerschiefer anzutreffen sind, im unteren Teil der Hänge findet man öfters Lössauflagen, in der Ebene Löss und Schwemmsand. Klimatisch gesehen liegt die Wachau an der Schnittstelle zwischen dem atlantischen und dem pannonischen Bereich, wobei der Einfluss des letzteren von Ost nach West abnimmt. Aus den zahlreichen Gräben, also den bewaldeten Seitentälern vom Waldviertel im Norden und vom Dunkelsteinerwald im Süden, strömen regelmäßig kühlere und feuchtere Luftmassen in die Weinberge ein, wodurch es zu relativ großen Temperaturschwankungen zwischen Tag und Nacht und einer kräftigen Luftzirkulation kommt, zu der auch der Donaustrom beiträgt. Neben den Leitsorten Grüner Veltliner und Riesling findet man diverse weiße Komplementärsorten wie Gelben Muskateller und Sauvignon Blanc sowie Weißburgunder, Chardonnay und Neuburger. Die Wachau verfügt über mehr als 100 Einzellagen mit einer bunten Vielfalt an Geologie und Boden, Klima und Topographie. Die Herkunft, das vielzitierte Terroir, steht im Fokus dieses Anbaugebietes.

Am 5. Mai 2020 wurde die Wachau per Verordnung Österreichs 15. DAC-Weinbaugebiet. Es wurde eine Herkunftspyramide eingeführt: Gebietswein, Ortswein und Riedenwein. Die Winzer verpflichten sich grundsätzlich zur Handlese. Steinfeder, Federspiel und Smaragd bleiben erhalten. Auf der Ebene der Gebietsweine ändert sich an der traditionellen Sortenvielfalt nichts, Gemischter Satz und Cuvées sind möglich. Darüber angesiedelt sind die Ortsweine. Die Spitze der Herkunftspyramide ist den Riedenweinen der Rebsorten Grüner Veltliner und Riesling aus 157 definierten Lagen vorbehalten. Sie dürfen nicht angereichert werden und – ebenso wie Ortsweine – keinen oder einen kaum merkbaren Holzton aufweisen.

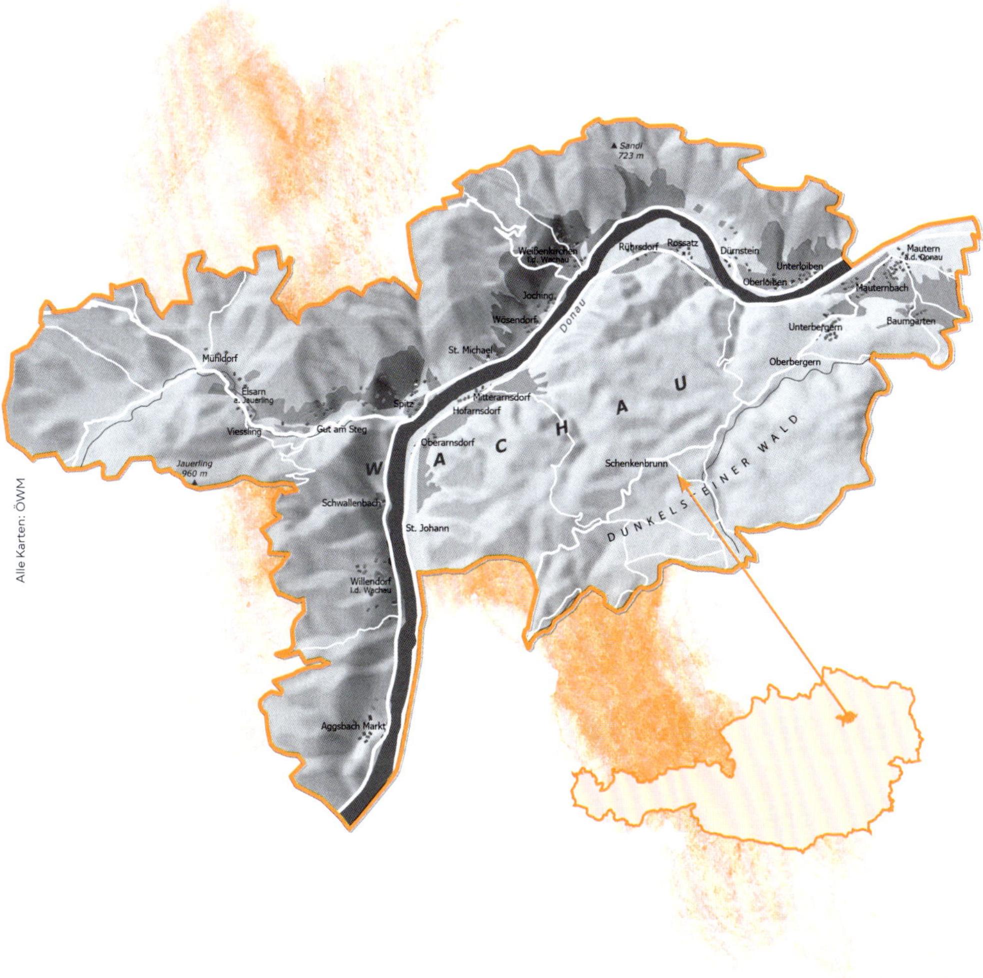

Alle Karten: ÖWM

1.323 Hektar Weinanbaufläche
Die wichtigsten Rebsorten:
Grüner Veltliner, Riesling

Weingut
Alzinger

Leo Alzinger
3601 Dürnstein, Unterloiben 11
Tel. +43 2732 77900
weingut@alzinger.at, www.alzinger.at
11 Hektar, W/R 100/0

Das Weinjahr 2022 sei anstrengend und phasenweise fordernd gewesen, erzählt Leo Alzinger. Die Lese begann Ende September, sie war aufwendig, in allen Weingärten wurde zuerst eine Säuberungslese vorgenommen. Ab der zweiten Oktoberwoche wurde das Wetter schön, das habe das Ruder herumgerissen, die kühle Witterung hat die Säure gerettet. „Die Trauben waren super frisch bei geringerem Zuckergehalt als üblich, das hat unserer Stilistik in die Hände gespielt", präzisiert Leo Alzinger. „2022 ist ein Winzerjahrgang."

Das Weingut Alzinger gehört zu den Leitbetrieben der Wachau. Den Grundstein legte Leo Alzinger sen. bereits im Jahr 1983, als er sich entschloss, die Trauben des von seinen Eltern übernommenen Weinguts selbst zu vermarkten. Von Anfang an hatte er klare Vorstellungen, wie sein Wein beschaffen sein muss: „Präzision, Klarheit, Geradlinigkeit, Filigranität und Lebendigkeit." Und Herkunft wäre noch zu ergänzen. Die Stilistik seines Sohnes Leo Alzinger jun. ist, neben dem Vater als Vorbild, sichtlich von seinen Wanderjahren geprägt, die ihn unter anderem an einen der Hotspots deutscher Rieslinge führte, nämlich zu Müller-Catoir in der Pfalz.

Die Familie verfügt über renommierte Lagen im östlichen Teil der Wachau, die zum Teil signifikante Unterschiede in der Zusammensetzung der Böden und in den mikroklimatischen Randbedingungen aufweisen. So zum Beispiel ist der obere Teil der Ried Mühlpoint von verwittertem Gneis geprägt, der untere Teil von tiefgründigem Lehm. Ganz andere Weine ergibt die Ried Liebenberg mit ihrem kühlen Umfeld und einem Boden aus Amphiboliten und Glimmerschiefer; der Grüne Veltliner wächst auf den höchsten Parzellen. Den mikroklimatischen Kontrapunkt stellt der Loibenberg dar, eine der wärmsten Rieden der Wachau. Je nach Parzelle gibt es aber beträchtliche Unterschiede, sowohl hinsichtlich Wind und Sonneneinstrahlung als auch hinsichtlich der Geologie. Der Grüne Veltliner der Familie Alzinger wurzelt in Löss, der Riesling in kargen und seichten Böden. Eine weitere, sowohl für Riesling als auch Veltliner, prädestinierte Lage ist das Steinertal. Der Riesling stammt von den höchsten und kargsten Parzellen, der Grüne Veltliner von den tiefer gelegenen Terrassen mit tiefgründigem Boden. Die Ried Höhereck gilt als kleiner Bruder der Lage Steinertal, ist aber etwas wärmer und extrem karg. Am Fuß des berühmten Kellerbergs liegt die Ried Hollerin mit viel Gneis, Sand und ein wenig Lehm. Im Riesling Dürnstein Federspiel sind viele kleine Parzellen vereint, deren getrennter Ausbau sich nicht rentieren würde.

Die heuer verkosteten Weine sind frisch, glockenklar und fruchtbetont. Die Böden der einzelnen Lagen sind zu erkennen und drücken den Weinen ihren Stempel auf. Anfang März lagen die Smaragde noch auf der Feinhefe. *ww*

WACHAU DAC

★★ S €€ GV
2022 Grüner Veltliner Dürnstein Federspiel + Einladend, apfelfruchtig, zarte Würzenoten; auch im Geschmack viel Apfel, Würze etwas prägnanter, vergleichsweise kompakt.

★★★ S €€€ GV
2022 Grüner Veltliner Ried Hochstrasser Federspiel + Feingliedrig, Sandboden zu erkennen, feine Fruchtnuancen, zarte Würze; viel Frucht auch auf dem Gaumen, Äpfel, Prise Zitrus, leise Bodentöne, im Finish bodenstämmige Würze vom Gneisanteil merkbar, elegant.

★★★ S €€€ GV
2022 Grüner Veltliner Ried Mühlpoint Federspiel + Markantes Sortenbukett mit Apfelfrucht und viel Würze; feiner Schmelz, Zug, gute Säure, passende Substanz, im Finish viel gelber Apfel, trinkanimierend.

★★★ S €€€ GV PLV
2022 Grüner Veltliner Ried Mühlpoint Smaragd + Deutliche Bodentöne, Feuerstein, würzig, dezente Frucht, auch ätherische Noten à la Föhrennadeln; schließt mit diesen Aromen nahtlos an, Säurerückgrat, baut Spannung auf, im Abgang und im Nachhall viel Frucht neben der bodenstämmigen Würze.

★★★★ K €€€€ GV
2022 Grüner Veltliner Ried Liebenberg Smaragd + Kühl, dunkelwürzig, exotisch angehauchte Frucht, Hauch ätherische Würze; Frucht und Würze innig verwoben, fokussiert, Säurerückgrat, dunkler kristalliner Boden prägt den Wein, kühl auch auf dem Gaumen, pikant, lang, sensorische Sonderstellung wegen Boden und Klima.

★★★★ K €€€€ GV
2022 Grüner Veltliner Ried Loibenberg Smaragd + Lössanteil macht sich mit sanftem Druck bemerkbar, eigenständiges und vielschichtiges Bukett, freundliche Frucht, Anklänge von Steinobst und roten Zitrusfrüchten; aromatisches Dacapo, feiner Schmelz, dennoch lebendig, feines Säurespiel, kompakt, Kraft, im langen Abgang Frucht und leise Bodentöne.

★★★★ K €€€€€ GV TIPP
2022 Grüner Veltliner Ried Steinertal Smaragd + Der karge Boden macht sich bereits im Bukett bemerkbar, elegante Frucht, Anklänge von gelben Pflaumen und einer Prise Fichtennadeln; elegant und verspielt auch auf dem Gaumen, feines Säurerückgrat, null Fett, fokussiert, Finesse vor Wucht, nobler Sortenvertreter.

★★★ S €€€ RI FUN
2022 Riesling Dürnstein Federspiel + Feines, einladendes Sortenbukett mit Steinobst, Anklängen von Marillenkernen und Mandeln; super saftig, beschwingt, präzise, mittelgewichtig, bemerkenswerter Trinkfluss.

★★★ K €€€€ RI
2022 Riesling Ried Hollerin Smaragd + Spontan einnehmend, fruchtbetont, charmant, Marillen, Weingartenpfirsiche; schließt mit dieser Aromatik nahtlos an, animierendes Säurespiel, glockenklar, einige Substanz, als Sorte gleichsam selbsterklärend.

★★★★ K €€€€ RI
2022 Riesling Ried Höhereck Smaragd + Steinig, merkliche Bodentöne, gerade reif gewordene Marillen, winzige Prise Würze; saftig, entwickelt Zug, auf das Wesentliche konzentriert, schnörkelloser Riesling.

★★★★★ K €€€€ RI TOP
2022 Riesling Ried Loibenberg Smaragd + Lagencharakter erkennbar, feine orientalische Gewürze, dabei kühl, knackige Pfirsiche und Nektarinen; ungemein saftig, führt die feine Klinge, freundlich, glockenklar, präzise Struktur, bar jeder Üppigkeit, knackiges Steinobst klingt lange nach.

★★★★ K €€€€€ RI TIPP
2022 Riesling Ried Steinertal Smaragd + Sanfter Druck, überzeugende Melange aus frischem Steinobst und Würze, Bodentöne, tief im Glas ätherische Noten; helles Steinobst, frisch, Bodentöne, kompakt, präzise, Zug, im Abgang und im Nachhall neben merklichen Bodentönen auch Anklänge von Zitrus. Noch sehr jung, braucht noch Zeit. Legt mit Luft spürbar zu und zeigt freundliche Frucht.

Weingut
Atzberg

Paul Kiefer
3620 Spitz, Mieslingtal 3
Mobil +43 650 720 36 63
office@atzberg.at, www.atzberg.at
2,5 Hektar, W/R 100/0

Die Zeit ist vorangeschritten und die jungen Reben sind älter geworden. Von Mal zu Mal drückt sich das in zunehmendem Maße aus – der lange Zeit völlig brachliegende Atzberg beginnt nun, seine mineralischen Komponenten immer deutlicher in den Weinen zu verankern. „Das wird sich in den nächsten Jahren noch weiter so entwickeln", meint Johann Donabaum, der seit dem Vorjahr für die Vinifizierung dieser Ausnahmeweine verantwortlich zeichnet und mit dem aktuellen Jahrgang sehr zufrieden ist. „Wir haben letztes Jahr bis in den November hinein gelesen, der Jahrgang präsentiert sich schöner als erwartet!"

Begonnen hatte alles mit der Idee des unvergessenen Weinpfarrers Hans Denk, der in einem Gespräch mit Franz-Josef Gritsch vom Mauritiushof den Anstoß dazu gab, diese Lage zu rekultivieren. Letzterer übergab die Unternehmensleitung an seinen Geschäftspartner Hans Schmid, Besitzer der Weingüter Mayer am Pfarrplatz und Rotes Haus, dessen zentraler Verkaufschef, Paul Kiefer, nun auch hier die Geschäftsführung innehat.

Bereits aus dem Jahr 1328 stammen die ältesten Aufzeichnungen über die nun wieder neu auferstandene Riede im Donaustädtchen Spitz; in diesem Dokument ist sie bereits mit dem Namen „Ärzberg" belegt. Sie liegt unmittelbar neben der ebenfalls zu den Toprieden der Wachau zählenden Singerriedel, mit der sie in früheren Tagen eine geologische Einheit gebildet hatte, ehe der aus dem Waldviertel in die Donau strömende Mieslingbach die beiden Lagen voneinander trennte. Der Boden – wie der ursprüngliche Name erahnen lässt – ist erzhaltig (rotes Gestein mit Gneis und Schieferstruktur sowie geringer Erdauflage) und zählt zu den kargsten in der Wachau. Auf den mit einer Hangneigung von 75 % bis zu einer Seehöhe von 420 Metern hinaufreichenden Parzellen benötigen die Trauben eine längere Reifezeit, das bedeutet auch spätere Ernte, was nicht so sehr der Zucker-, dafür aber der physiologischen Reife zugutekommt. Hier bekommen die Trauben sowohl die Kühle des Spitzer Grabens zu spüren als auch die milderen Luftmassen des Donautals – eine klimatische Idealkombination. *bb*

WACHAU

★★★★ S €€€€ GV
2022 Steilterrassen Smaragd + Herrlich, die kühlwürzige Nase, begleitet von dunklen, rauchigen Akzenten, die anschließend in eine verschwenderische Fruchtfülle übergehen, Orangenzesten, Marillenmus, etwas Ahorn und das Deckblatt edler Havannas; kräftig, substanziell, aber nie opulent, sondern fein liniert und elegant; Terroir blitzt im zart salzigen Finale nochmals auf.

★★★★ K €€€€€€ GV **TIPP**
2022 Obere Steilterrassen Smaragd + Verlockender Duft nach kandierten Früchten, Mangos, Kumquats, dann Minz- und Lorbeerblätter, Mineralien, eine Spur Marzipan, auch zart pfeffrige Nuancen; voluminöser Antritt, zugleich kristallklar konturiert, schwelgt auch im weiteren Verlauf in tausend Facetten und bleibt supersaftig, ausgewogen bis ins letzte Zehenspitzerl; großartiger Mix aus kühler Finesse, Extraktreichtum und Mineralität, der seinen noblen Charakter bis in den langen Ausklang aufrechterhält; was für ein Wein!

Weingut
Bäuerl-Loiben

3601 Dürnstein, Oberloiben 28
Mobil +43 664 444 06 20
wein@baeuerl.at, www.baeuerl.at
W/R 100/0

Wolfgang Bäuerl und sein Frau Martina haben sich einer naturnahen Bewirtschaftung verpflichtet. Es geht ihnen darum, im Interesse der Reben die Nährstoffe im Boden zu erhalten und zu fördern, Nützlingen das Leben leicht zu machen und sich auf unterschiedlichste Witterungsbedingungen bestmöglich einzustellen. „Wir sind mit dem Weinstock auf Du und Du", so Wolfgang Bäuerl. Durch den Übergang auf biologische Wirtschaftsweise sei es gelungen, das Angebot zu straffen. Der positive Nebeneffekt: Er und seine Frau seien nun wieder öfter in den Weingärten anzutreffen. „Wir werden kleiner, weil diese Art des Weinmachens ziemlich viel Arbeit bedeutet." Er wolle wieder dorthin, wo schon sein Vater war. Das bedeutet Vinifikation wie früher, also nach Möglichkeit auch Verzicht auf Enzyme und Reinzuchthefen. Sein Vater war der Überzeugung, dass Weintrinken Freude bereiten soll. Bekömmlichkeit und Zeit zur Entwicklung sind somit wichtige Eckpunkte der Weinbereitung. Die Philosophie von Wolfgang Bäuerl ist einleuchtend und fast poetisch: Ein ganzes Vegetationsjahr ist in der Beere gespeichert und wird zu Wein. Im Keller werden die so gespeicherten Informationen schonend herausgepresst.

Der Jahrgang 2022 präsentiert sich sehr lebendig und trinkanimierend. Die Familie Bäuerl hat sich bewusst für eine frühe Ernte entschieden, um die Feinheit und Eleganz ihrer Weine wieder in den Vordergrund zu rücken, „die Leichtigkeit des Seins", wie es der Winzer formuliert. Der süffige Grüne Veltliner Steinfeder ist das Ergebnis einer Vorlese, der Grüne Veltliner Federspiel ein Potpourri aus verschiedenen Weingärten. Der Boden schwingt in den Weinen mit, wobei sich die beiden Smaragde in dieser Hinsicht besonders empfehlen.

ww

WACHAU DAC

★★ S €€ GV
2022 Grüner Veltliner Steinfeder + Duftig, Äpfel und ein Hauch Fichtennadeln, helles Steinobst angedeutet; saftig, frische Frucht und Würze, Säurespiel, trinkanimierend, hinten knackige Äpfel.

★★ S €€ GV
2022 Grüner Veltliner Federspiel + Auf eine dezente Art sortenaffin, Äpfel, ätherische Anklänge à la Föhrennadeln; pikant, grüne Äpfel, Zug, Säurerückgrat, zupackend, mittleres Gewicht, fruchtig-würziges Finale.

★★★ S €€ GV
2022 Grüner Veltliner Federspiel Ried Kreutles + Einladendes Bukett mit floralen Anklängen, Kräuterwürze und sanften Fruchtaromen à la Äpfel und Honigmelonen; schließt aromatisch an, quicklebendig ohne Aggressivität, mittlere Länge, im Abgang leise Bodentöne und Apfelaromen.

★★★ S €€ RI
2022 Riesling vom Urgestein + Unaufdringlich sortenaffin, feine Pfirsichnote, glockenklar, kristalliner Boden zu erkennen; bringt auch auf dem Gaumen bodenstämmige Aromen, zarte Frucht, angenehme Säure, Trinkfluss.

★★★★ K €€€€ GV TIPP
2022 Grüner Veltliner Smaragd Ried Kellerberg + Sanfter Druck, gelbe Äpfel, feinkörnige Würze, leise Bodentöne, tief im Glas Marillen und Honigmelonen; elegant strukturiert, feingliedrig, Frucht und würzige Aromen innig verwoben, im Abgang und im langen Nachhall kommt der Boden wieder durch.

★★★★ K €€€€ RI TIPP
2022 Riesling Smaragd Ried Kellerberg + Sanft, druckvoll, reifes Steinobst à la Marillen und Weingartenpfirsiche, markante Bodentöne, lagentypische Anklänge von orientalischen Gewürzen à la Piment; schließt mit dieser vielschichtigen Aromatik nahtlos an, ausgesprochen feingliedrig, Kraft ohne Üppigkeit, feines Säurenetz, mineralisch im besten Sinne.

★★ €€ GM FUN
2022 Gelber Muskateller vom Urgestein + Angenehm unplakatives Sortenbukett, in dem der Boden mitschwingt, Kräuter, hauchzarte Muskatnote, gelbe Frucht und ein winziger Hauch Grapefruitzesten blitzen durch; bringt diese dezenten Aromen auch im Geschmack, zugängliche Säure, beschwingt, verabschiedet sich mit feinen Bodentönen.

Weingut
Erich Bayer

Erich Bayer
3610 Weißenkirchen, St. Michael 4
Tel. +43 2713 2364, Fax -55
office@weingut-bayer.com, www.weingut-bayer.com
6,5 Hektar, W/R 95/5

Erich Bayer wohnt und werkt im kleinsten Weindorf der Wachau – in St. Michael, wo ein paar Winzerhäuser im Halbkreis um die Wehrkirche ein schmuckes Ensemble bilden. Mittendrin Bayers Weingut mit gemütlichem Heurigen (4x im Jahr ist ausgesteckt). Das Weinjahr 2022 beschreibt Bayer als „schwierig mit aufwendiger Lese und Selektion". Das was davon jetzt ins Glas kommt, ist aber sehr zufriedenstellend.
Bayers Lagen sind in St. Michael, Wösendorf und Weißenkirchen. Besonders die Rieslinge bereiten heuer enormes Trinkvergnügen. Die Spitze bildet der ungemein straffe, mineralische Riesling Smaragd aus der Ried Ralais – einer Subriede und Hanglage direkt über dem Wösendorfer Hochrain. Seine Veltliner Smaragde stehen am Weißenkirchener Vorderseiber – wobei Bayer dort die besten Trauben von 60-jährigen Rebstöcken selektioniert und zu „seiner Sophie" ausbaut. Der beste Veltliner des Hauses trägt damit immer den Namen seiner Tochter.
Trittfest ist der Winzer aber auch bei seinen Federspielen, wo er beim Veltliner drei verschiedene vinifiziert – wobei jenes von der Harzenleithen heraussticht. Und Bayer hält außerdem am Wachauer Markenwein-Triumvirat fest und hat alle Jahre eine Steinfeder vom Veltliner. Auch dafür gebührt ihm Applaus. *hp*

WACHAU DAC

★★ S €€ GV
2022 Grüner Veltliner St. Michael Federspiel + Anfangs reduktiv, öffnet sich bald mit viel Würze, Kernobst-Fülle, Quitte, dezent tabakige Noten; schon saftig, mit straffen Zitrusnoten, Grapefruits, grüne Ananas, milde Säure, rosa Pfeffer, harmonisch.

★★★ S €€ GV
2022 Grüner Veltliner Ried Hochrain Wösendorf Federspiel + Rauchige Würze, etwas mehr Fülle als der St. Michael Ortswein, roter Apfel; wirkt fruchtsüß, schwarzer Pfeffer, Tabakblätter, kräftiges Federspiel bei milder Säure und einiger Länge.

★★★ S €€ GV PLV
2022 Grüner Veltliner Ried Harzenleithen St. Michael Federspiel + Mineralität sticht hervor, Birnen und Äpfel gleichermaßen, weißer Pfeffer; harmonisch, exotische Frucht, Grapefruits und Maracuja. Opulentes, aber puristisches Federspiel vom Berg.

★★★ S €€ RI FUN
2022 Riesling Ried Harzenleithen St. Michael Federspiel + Dezente Frucht, Nektarinen; am Gaumen viel Rieslingfrucht, Marillen, Pfirsich, gute Fülle, fein unterstützende Säure, klares Sortenbild, ziemlich saftig.

★★★ S €€ GM
2022 Gelber Muskateller Wösendorf Federspiel + Sehr sortentypisch, Holunder pur, auch weintraubig, dezent schotig; auch am Gaumen viel würziger Holunder, Wacholder, frisch, fruchtig, zart mineralisch, betont trocken.

★★★ S €€ CH
2022 Chardonnay Wösendorf Smaragd + (alle Smaragde ab September) Dezent tropische Frucht, Blutorangen, Physalis, Lorbeer, bisschen Pilznoten, gute Frische; Säurepikanz, Mandarinen, Orangen, kühle Aromatik, mineralisch, viel Biss im Finale.

★★★ S €€ PB
2022 Weißburgunder Wösendorf Smaragd + Zart burgundische Züge, Nussbrot, etwas teigig; bisschen fruchtsüß, weiche, milde Säure, gerundet, bisschen exotische Frucht, einfach trinkvergnüglich. Feiner Heurigenjausen-Wein.

★★★ S €€ GV
2022 Grüner Veltliner Ried Vorderseiber Weißenkirchen Smaragd + Weißer Pfeffer, viel Zitrus, Mandarine, jugendlich straff; rauchige Würze, gelbapfelig, Ananas, Grapefruit, runde saftige Frucht mit heller Mineralität, extra trocken bei guter Länge.

★★★★ S €€€ GV TIPP
2022 Grüner Veltliner Sophie Smaragd + (die Selektion der ältesten Veltliner-Reben) Dunkle Würze, viel Sortentypizität und Tiefe, Mineralität, reife, würzige Birnen, Nelken; enorm dicht, füllige Frucht, Bratapfel, reife Ananas, dunkelwürzig, feine Säurestütze und Mineralität. Viel Extrakt.

★★★★ S €€€ RI TIPP
2022 Riesling Ried Ralais Wösendorf Smaragd + Feines Steinobst, Marillen und Pfirsich, sehr typisch, Wein mit Frische und Würze; enorm mineralisch geprägte Frucht, Limettenzesten, Mandarine, rassige Säure, puristischer Riesling mit Pfiff und Länge.

Domäne
Roland Chan

Roland Müksch
3610 Wösendorf, Kellergasse 102
Tel. +65 8468 78 50
office@domaene-rolandchan.at, www.domaene-rolandchan.at
2,5 Hektar, W/R 100/0, 10.000 Flaschen/Jahr

Dieses Weingut wurde im Jahr 2017 gegründet. Anfangs auf 0,5 Hektar Steilterrassen in der Ried Höll und Ried Bach. 2021 kamen dann Ried Achleiten und Ried Klaus dazu. Die Vinifizierung übernahm Winzer Christoph Donabaum nach Angaben von Roland Müksch. Es wird hier dreimal gelesen, um das reinste Traubenmaterial zu erhalten. Die Weine lagern lange auf der Feinhefe und werden ungefiltert auf Flasche gebracht. Sie kommen erst zwei Jahre nach der Ernte auf den Markt.
Ich war nach der Verkostung dieser Weine hin und weg. Es sind faszinierende Gewächse. Unverwechselbar Wachau aus den besten Berglagen der Region. An sich sollte man keinen Wein hervorheben, da alle in ihrer Art überzeugten. Trotzdem – der 21er Zweigelt To Hell and Back ist formidabel. Der 21 Riesling Smaragd von der Achleiten spielt in der Champions League und gehört zu den besten des Jahrgangs. 2021 Riesling Smaragd Ried Klaus – ein unfassbarer Riesling, dem das Holz bestens steht, mit einer Substanz für die nächsten 20 Jahre. Von Winning lässt grüßen. *as*

WACHAU DAC

★★ K €€€€ ZW FUN
2021 Rosé Zweigelt Weißenkirchen + Rosarot, Himbeerzuckerl, eingelegte Kirschen, fruchtig-frisch, balanciert, samtige Eleganz, weinig, in sich harmonisch, entwickelt Druck am Gaumen, mineralische Töne, steinige Aspekte, verfügt über einige Tiefe. Liegt eng am Gaumen.

★★★ K €€€€ ZW
2021 To Hell and Back + (Zweigelt gleichgepresst) Lachsrosa, Himbeeren, Kirschen, das ist ganz feiner Rosé, von subtiler Eleganz, filigran, fast feminin, schlanke Finesse, leichtfüßig, sehr eng, der zieht am Gaumen, salzige Noten, einfach grandios.

★★★ K €€€€ RI
2021 Riesling Federspiel Weißenkirchen + Marille, Ananas, Blütenhonig, fruchtiger Kern, rassig, unbändige Pikanz, reifer Pfirsich, würzig, legt minütlich zu, feste Struktur, liegt kompakt am Gaumen, ein ausdrucksstarkes Federspiel mit einigem Tiefgang. Der hat noch einiges vor sich.

★★★ K €€€€€€ PB
2021 Weißburgunder Smaragd Wösendorf + Dezenter Holztouch, Nelken, eine Ahnung von Zimt, Kräuternoten, bisschen Vanille, hochelegant, saftig, von nobler Struktur, weiblicher Charme, feine Frucht, strahlt Mineralität aus, geht in die Länge. Ein hervorragender Weißburgunder mit großer Zukunft.

★★★★ K €€€€€€ GV
2021 Grüner Veltliner Smaragd Ried Höll + Pfirsich, dezente Exotik wie Ananas, reifer Apfel, Nüsse, füllige Eleganz, Fruchtsüße, extraktreich, steinig, das ist Wachau pur, würzig, immer mit Frische behaftet, niemals belastend, feine Frucht, geht so richtig auf, voller Finesse, eine Veltliner-Creme, schmelzig, in sich harmonisch, wie eine musische Diva.

★★★★ K €€€€€€ RI
2021 Riesling Smaragd Ried Höll + Steinobst mit Marillentouch, Marzipan, Ananas, von bezwingender Fülle mit frischer Säure, herrliche Frucht, schmelzig, hochreife Trauben, kräftig, total eng, dabei immer mit Trinkfluss. Eben Wachau.

★★★★ K €€€€€€ RI
2021 Riesling Smaragd Ried Bach + Hier ruft der Berg, Marille, Ananas, kühl und delikat, Riesling vom Feinsten, einfach bezwingend, nervig, fordernd, faszinierend, voller Rasse, intensiv, dicht, Substanz für Jahre. Hochelegant.

★★★★ K €€€€€€ RI TIPP
2021 Riesling Smaragd Ried Achleiten + Ein Bukett voller Finesse, immer kühl, da ist die Donau im Spiel, ein eher zart besaiteter Riesling, doch mit Durchsetzungskraft, filigrane Noten, Steinobst, ein Riesling, der eine immense Struktur aufbaut, ungemein tiefgründig, steinig, salzig, straff und endlos lang. Das ist Mineralik pur. Das ist Wachau pur.

★★★★ K €€€€€ RI TIPP
2021 Riesling Smaragd Ried Klaus + Wittere ich Holz? Vanillenoten, Steinobst dringt durch, Ananas, Limette, Kletzenbirne, das ist enormer Stoff, dicht, strukturiert, rassig, das Urgestein schimmert aus dem Glas, ein Wein von absoluter Weltklasse mit einer Substanz für viele Jahre. Ganz großer Riesling!

Weingut
Domäne Wachau

Roman Horvath MW & Heinz Frischengruber
3601 Dürnstein 107
Tel. +43 2711 371, Fax -13
office@domaene-wachau.at, www.domaene-wachau.at

400 Hektar; W/R/Süß 95/4/1, 2.500.000 Flaschen/Jahr

Das einstige Weingut der Herrschaften von Dürnstein und Thal Wachau wurde bereits 1137 urkundlich erwähnt. Schon lange ist die heutige Domäne Wachau eine Genossenschaft, die sich unter der Ägide von Weingutsleiter Roman Horvath MW und Kellermeister Heinz Frischengruber national wie international einen hervorragenden Ruf erarbeitet hat. Sie zählt zu den führenden Weingütern des Landes. Die beiden Regisseure haben mit großer Konsequenz, aber auch mit Weitblick und Kreativität die Weichen für den Erfolg gestellt.
Wenn es um einen durch die Stilistik unbeeinflussten Vergleich der Lagencharakteristika dieses klimatisch begünstigten Flusstales geht, ist man hier an der ersten Adresse. Kein anderer Betrieb verfügt nämlich über ein derart großes Portfolio an renommierten Rieden wie die Domäne Wachau. 135 Hektar Weingärten sind biologisch bewirtschaftet, weitere Flächen sind in Umstellung begriffen. „Bio ist uns eine Herzensangelegenheit", betont Heinz Frischengruber. Das Verständnis der einzelnen Winzer dafür sei sehr groß, erklärt Roman Horvath. „Unsere Winzerfamilien sind die Helden des Weinguts." Auf Herbizide und Insektizide wird verzichtet. Ein Pilotprojekt zur Unterstockbegrünung wurde mit dem Ziel gestartet, dort nicht mähen zu müssen. Es wurde mit Samenmischungen aus niederwüchsigen heimischen Pflanzen experimentiert, z. B. Walderdbeeren, Thymian oder Gundelrebe.
„Angesichts des Wetters ist das Ergebnis sensationell, aber der Aufwand war enorm", umreißt Heinz Frischengruber das Jahr 2022. „Es war ein Winzerjahrgang, das Zuwarten mit der Lese hat sich gelohnt." Im unüblich warmen Oktober hat die Botrytis zugeschlagen, sie wurde penibel ausgelesen, entsprechend reduziert war der Ertrag. Die Riedencharakteristika zeichnen sich sowohl bei den Federspielen als auch bei den Smaragden präzise ab. Neu im Programm sind lagenrein ausgebaute Weine aus den Rieden Brandstatt, Schön und Trenning. *ww*

WACHAU DAC

★★★ S €€€ GV PLV
2022 Grüner Veltliner Federspiel Ried Loibenberg + Weihnachtliche Gewürze, Spekulatius, leise Bodentöne; gelbe Äpfel, Würze unterlegt, gute Substanz, sanfte Säure, im Nachhall auch Anklänge von Pfirsichen.

★★★ S €€€ GV
2022 Grüner Veltliner Federspiel Ried Kollmütz + Duftig, feingliedrig, Klaräpfel, kristalliner Boden kommt durch; elegante Frucht, zurückhaltend, pfeffrige Würze unterlegt, im Abgang und im Nachhall Bratäpfel.

★★★ S €€€ RI
2022 Riesling Federspiel Ried Bruck + Sorte unverkennbar, knackige Pfirsiche, kühler Touch, kristallklar; kommt auch im Geschmack so, leichtfüßig, trinkanimierend, für diese Herkunft ungewohnt zugängliche Säure.

★★★ S €€€ RI PLV
2022 Riesling Federspiel Ried Loibenberg + Feingliedrig, bodenstämmige Würze, knackiges helles Steinobst, winzige Prise Kräuter; sanfter Schmelz, einladend, viel Frucht, im Abgang und im Nachhall feine Gewürznoten, Substanz, Pfirsiche hinten, wertige Anmutung.

★★★ S €€€ RI
2022 Riesling Federspiel Ried Trenning + Kühle Steinobstaromen, kristalliner Boden zu erkennen, Prise Grapefruits und Grapefruitzesten; saftig, Zug, zugängliche Säure, feiner Schmelz, mittleres Gewicht.

★★★ K €€€€€ GV
2022 Grüner Veltliner Smaragd Ried Schön + Helle Aromatik, weißer Pfeffer, Äpfel, knackige Pfirsiche; anmutig, balanciert, zugängliche Säure, helle Würze und zarte Frucht, bisschen Gerbstoff, Grapefruits, feine Bodentöne, Punktlandung.

★★★ K €€€€ GV
2022 Grüner Veltliner Smaragd Ried Axpoint + Sanfter Druck, Löss erkennbar, dunkle Würze, Tabak, Boskop-Äpfel blitzen durch; ausgesprochen würzig auch im Geschmack, sanfter Schmelz, feiner Biss, Bodentöne im langen Nachhall.

★★★★ K €€€€ GV
2022 Grüner Veltliner Smaragd Ried Kirnberg + Ruhig, sanfter Druck, Anklänge von Fichtennadeln, Äpfeln, Bratäpfeln und Weingartenpfirsichen; saftig, Frucht dominiert, zarte Würze unterlegt, Schmelz, Kraft ohne Üppigkeit, gute Länge.

★★★★ K €€€€€ GV TIPP
2022 Grüner Veltliner Smaragd Ried Achleiten + Feingliedrig, helle Aromatik, weißer Pfeffer, Feuerstein, rauchig, Anklänge von Limettenzesten, subtil nach Ananas und Mandarinen; vielschichtig auch im Geschmack, feine Klinge, elegant, zugänglich, leise Bodentöne im langen Nachhall.

★★★★ K €€€€€ GV
2022 Grüner Veltliner Smaragd Ried Kellerberg + Vielschichtig, gediegen, kompakt, freundliche Frucht mit tropischem Touch, Zitrus, auch floral; schließt aromatisch an, Fruchtschmelz, feines Säurenetz, kräftig ohne Opulenz, zarte Gewürzaromen, hinten und im Nachhall kommt der Gneisboden durch. Braucht noch etwas Zeit.

★★★ K €€€€€ RI TIPP
2022 Riesling Smaragd Ried Brandstatt + Steinige Bodentöne, Prise Würze, helle und frische Frucht blitzt durch, Zitrus, Steinobst; Frucht im Geschmack präsenter, Schmelz, Pfirsiche, Substanz, bisschen fordernd, Untergrund und kühles Klima im Abgang erkennbar.

★★★★★ K €€€€€ RI TOP
2022 Riesling Smaragd Ried Singerriedel + Elegant, feingliedrig, winzige Prise weißer Pfeffer, Marillen, Limetten angedeutet; aromatisches Dacapo, schon jetzt beeindruckende Balance, Finesse, Tiefgang, da ist nichts Schweres, bemerkenswerter Trinkfluss.

★★★★ K €€€€€ RI TIPP
2022 Riesling Smaragd Ried Achleiten + Leise Bodentöne, Mangos, Limetten, Pfirsiche, Prise Pfeffer, fast filigran; schließt mit freundlicher und unplakativer Frucht an, präzise strukturiert, Spiel und Zug, nie schwer, Untergrund im Abgang und im Nachhall schmeckbar.

★★★★ K €€€€€ RI
2022 Riesling Smaragd Ried Kellerberg + Distinguiert, Bodentöne, dezente Frucht, dunkelwürzige und exotische Akzente; gediegen und kraftvoll auch im Geschmack, ausgewogen, Fruchtschmelz, in sich ruhend, im Abgang und im Nachhall Pfirsiche und Zitrus neben bodenstämmiger Würze, Potenzial.

★★★★ K €€€€€ RI
2022 Riesling Smaragd Ried Loibenberg + Feingliedrig, Marillen, Ananas und Orangen angedeutet, subtile Bodentöne, Lebkuchen, Limettenblätter; saftige Frucht gibt den Ton an, präzise strukturiert, im langen Nachhall Frucht und Anklänge von Erbsenschoten, kristallines Gestein zu erkennen.

★★★ K €€€ GV
2022 Grüner Veltliner Steinwerk Spitzer Graben + Kompakt, sanfter Druck, steinig, reife gelbe Frucht, feine Würze, Hauch Bienenwachs und Akazien; saftig, Aromen vom Bukett fein verwoben, zieht durch, sehnig, bisschen Tannin, gute Länge.

★★ S €€ GM
2022 Gelber Muskateller Terrassen + Dezentes Sortenbukett, Zitronenzesten, florale Noten, helle Frucht blitzt durch; freundlich und unaufdringlich, beschwingt, zugängliche Säure, trinkanimierend.

★★★ S €€ PB FUN
2022 Weißburgunder Federspiel Terrassen + Auf feine und dezente Art sortenaffin, Marillen, Birnen, Hauch von frischen Haselnüssen; schließt nahtlos an, ausgewogen, zartes Säurerückgrat, eleganter und leichtfüßiger Sortenrepräsentant.

★★ S €€€ NB
2022 Neuburger Federspiel Spitzer Graben Sommelier-Edition + Dezent, zart gelbfruchtig, Nüsse angedeutet; saftig, die Aromen vom Bukett kommen wieder, beschwingt, moderate Säure, im Abgang und im Nachhall leise Bodentöne.

★★ S €€ ZW
2022 Zweigelt Rosé Federspiel Terrassen + Markant rotfruchtig, Kirschen, Ribiselgelee, Prise Nüsse; bringt diese Aromen auch auf dem Gaumen, sanfte Säure, passende Substanz, durchaus ernsthaft.

★★★ K €€€€ TR
2022 Roter Traminer + (halbtrocken) Ruhig, frischer Thymian, Anklänge von Rosenholz und Zitronenzesten, Prise Gewürze, Litschi; gediegen und feingliedrig, Aromen vom Bukett innig verwoben, Restsüße sensorisch kaum vorhanden, Prise Gerbstoffe, leise Bodentöne im Finish.

★★★★ K €€€€ GS TIPP
2022 Gemischter Satz Smaragd Uralt-Reben + Vielschichtig, kündigt Kraft an, alte Apfelsorten, feine Würze, Bodentöne, helles Steinobst; breiter Aromenbogen auch im Geschmack, kompakt, schnörkellos und puristisch, steiniges Finish, langer Nachhall, höchst eigenständig, nichts für Warmduscher.

★★★ K €€€€ CH
2021 Chardonnay 2OTWENTYONE + Vom Boden geprägtes, kühles Sortenbukett, kompakt, Birnen, Marillen, winzige Prise Kräuter; schließt aromatisch an, belebendes Säurespiel, null Fett, jugendlich, im langen Nachhall hauchzarte Gewürzaromen.

★★★ K €€€€ PN
2021 Pinot Noir 2OTWENTYONE + Sortentypisch, kühl, Kirschen, Himbeerschlag, Hagebutten, Zwetschken, Waldboden; aromatisches Dacapo, Säurespiel, animierend, zartes Gerbstoffnetz, gute Länge, Frucht klingt nach.

WEINLAND

★★★ K €€€€ RI
2021 Riesling Amphora + Dezenter Amphorenton, klar, floral, Schwarztee, Blütenhonig, Prise Pfeffer, reife Weingartenpfirsiche, Orangen; schließt aromatisch an, viele Facetten, präsente Säure, kernig, Zug, hinten auch grüne Äpfel, schnörkellos und kräftig.

Weingut
Johann Donabaum

Johann Donabaum
3620 Spitz, Laaben 15
Mobil +43 650 539 60 30
info@weingut-donabaum.at, www.johann-donabaum.at
10 Hektar, W/R 100/0, 100.000 Flaschen/Jahr

Johann Donabaum steht für konstant hohe Qualität bei Grünen Veltlinern und besonders bei Rieslingen. Die Hauptrolle hat mit 60 % der Grüne Veltliner. Drei Veltliner-Lagen-Smaragde gibt es heuer: den Zornberg und die Spitzer Point, die die kühle Aromatik und das Urgestein des Grabens abbilden, sowie den Kirchweg in Wösendorf für jene, die den wärmeren, lössgeprägten Veltliner-Stil mögen. Wer beim Veltliner nach Donabaums Limitierter Edition sucht, geht leider leer aus, weil 2022 die letzte Reife und auch Ausbeute für diesen Wein gefehlt haben.
Beim Riesling gibt es dafür die Limitierte Edition, die immer die gelungene Vermählung der schönsten und reifsten, aber botrytisfreien Trauben vom Setzberg und Offenberg ist. Der Riesling ist bei Donabaum mit 35 % „nur" Nebendarsteller. Drei eigenständige Riesling-Lagen-Smaragde aus dem Spitzer Graben hat der Winzer: Vogelleithen, Offenberg und Setzberg – Vorlieben entscheiden. Alle Smaragde sind immer ab September erhältlich.
Eine Überraschung liefert Johann Donabaum mit einem Burgunder. Der Winzer hat einen Veltliner-Weingarten auf Chardonnay umveredelt. Von diesem 2022er-Wein gibt es nur eine limitierte Menge. *hp*

WACHAU DAC

★★★ S €€€ GV
2022 Grüner Veltliner Peunt Federspiel + Vereint die Trauben des Spitzer Grabens, wirkt kühler und straffer, würzige Fruchtexotik; am Gaumen detto, Mandarinen, Grapefruits, rassiger, würziger Wein.

★★★ S €€€ GV
2022 Grüner Veltliner Ried Zornberg Smaragd + Kühle Aromatik, viel Grabenstilistik, rauchig, schwarzer Pfeffer, Grapefruitzesten, Apfel, Nelken; milde Säurestruktur, mehr Mineralität, exotische Frucht, Orangen.

★★★ S €€€€ GV
2022 Grüner Veltliner Ried Wösendorfer Kirchweg Smaragd + Betont würzig, weißer Pfeffer, auch Kräuter, Lorbeer und Wacholder, grüner Apfel; klassisch mit schwarzem Pfeffer und reifen Äpfeln, ausgewogener, trinkvergnüglicher Löss-Veltliner.

★★★★ S €€€€ GV
2022 Grüner Veltliner Ried Spitzer Point Smaragd + Straffe Mineralität, tropische Fruchtnoten, Maracuja, bisschen Birnen, kühl-aromatisch, im Hintergrund pfeffrig; gute Spannung, schwarzer Pfeffer, mineralisch durchsetzte Frucht, eleganter, straffer Sortenvertreter.

★★★ S €€€ RI
2022 Riesling Spitzer Federspiel + Gewürzige Frucht, Steinobst, würzige Marillen, Kühle sehr präsent; einige Fülle, Birnencharakter, mit Luft weicher, Marillen, helle Mineralität, relativ milde Säurestruktur.

★★★ S €€€€ RI
2022 Riesling Ried Vogelleithen Smaragd + Würzig, von exotischer Frucht geleiteter Riesling; Kiwi, grüne Ananas, Zitrus; feiner Fruchtmix, Nektarinen und Marillen, runder Wein mit milder Säure.

★★★★ S €€€€ RI
2022 Riesling Ried Offenberg Smaragd + Viel Pfirsichfrucht und Sortencharakteristik, auch Melone, mineralisch durchsetzte Frucht; Pfirsich am Gaumen, Mango, wirkt fülliger und üppiger, aber in sich ausgewogen, feine Länge.

★★★★ S €€€€ RI — TIPP
2022 Riesling Ried Setzberg Smaragd + Nicht so laut wie der Offenberg, dezente Mineralität, Pfirsich, Litschi, mehr Südfrüchte, braucht Luft; typisch salzige Setzberg-Stilistik, straffe Frucht, viel Pfirsich, auch Mango, Maracuja, herzhafte Säure, kühle Aromatik, super Länge.

★★★★ S €€€€€€ RI — TIPP
2022 Riesling Limitierte Edition Smaragd + Führt die schönsten, botrytisfreien Trauben zusammen, vereint saftige Pfirsichnoten des Offenbergs mit prägnanter Salzigkeit des Setzbergs, dezent rauchig, elegante Fülle; würziges Steinobst, feine Mineralität, ausgewogen, super Mineralität und Länge.

★★★ S €€€€€ NB
2022 Neuburger Smaragd Spitzer Graben + Geschmeidige Fülle, sautierte Pilze, Haselnussnougat, rosinig, dicht, Auslesecharakter; Kakao und Schokonoten, ziemlich Barock und üppig, jugendliches Tannin, Reife abwarten.

★★★★ K €€€€€ CH — TIPP
2022 Chardonnay Spitzer Graben + Würziges Toasting, Toastbrot, etwas Fruchtexotik, Banane, Litschi, gute Tiefe; feine Schokonoten, kreidig, exotische Frucht, Blutorange, saftig und balanciert, lebhafter Wein mit Druck und Länge. Überraschungsburgunder aus der Wachau – wow!

WIR LÄSST UNS NEUE WEGE GEHEN.
WIR MACHT'S MÖGLICH.
Lösungen entstehen immer im WIR. Dort, wo sie für alle nützlich sind. Dieser Gedanke gilt bei uns nicht nur für Banking, sondern umfasst auch Initiativen in den Bereichen Nachhaltigkeit, Wissenschaft und Forschung. Darum engagieren wir uns bei Energiegenossenschaften, Gemeinschaftsinitiativen und Crowdfunding-Projekten. WIR macht's möglich.
pressum: Medieninhaber: Raiffeisenlandesbank Niederösterreich-Wien AG, F.-W.-Raiffeisen-Platz 1, 1020 Wien
raiffeisen.at

♛ ♛ ♛ ♛

Weingut
Sighardt Donabaum

Sighardt Donabaum
3620 Spitz, Zornberg 4
Tel. +43 2713 2297
sighardt@donabaum.com, www.donabaum.com

Sighardt Donabaum wird oft als Zauberer bezeichnet. Das ist er wohl. Er zaubert großartige Weine hervor, die zu den besten nicht nur im Spitzer Graben, sondern in der gesamten Wachau zählen. Ganztraubenpressung, Spontanvergärung, langer Hefekontakt. Weine mit Reifepotenzial.

Herr Donabaum verfügt über erstklassige Lagen im Spitzer Graben wie Almeinreith, Auleithen, Brandstatt, Biern, Steinleithen, Zornberg, Bruck, 1000-Eimerberg – doch werden diese nicht am Etikett vermerkt. Es läuft alles unter „Wein aus Österreich". Inzwischen denkt Sighardt Donabaum doch darüber nach, den einen oder anderen Wein eventuell als Wachau DAC zu deklarieren.

Das Markenzeichen des Hauses ist die Etikettengestaltung auf den Flaschen mit den Tiersymbolen und der Zuordnung von Tierart und Rebsorte.

Die Weine sind stets perfekte Symbiosen von Lage und Rebsorte. Höchst individuelle Gewächse. 2022 Grüner Veltliner „Der Bär", der im Herbst seine Vorzüge zeigen wird. Ein sensationeller Wein ist der 2022 Riesling Reserve „Gold Hirsch". Da hat man große Klasse im Glas. Selbiges kann man ebenfalls vom 2021 Grüner Veltliner Reserve „Gold Bär" behaupten. Ein mächtiger Wein von überragendem Ausdruck. Vielschichtig präsentiert sich der 2022 Sauvignon Blanc „Gams". In diese Kerbe schlägt auch der 2022 Gelber Muskateller „Luchs" – ein toller Wein von ernsthafter Eleganz.

Der Spitzer Graben war dereinst die Hochburg des Neuburgers. Der 2022er „Dachs" schließt an diese Tradition an. Nicht zu vergessen den 2021 Gewürztraminer „Eule Orange". *as*

ÖSTERREICH

★★ S €€ GV
2022 Grüner Veltliner „Der Fuchs" + Feines Aroma, frischer Apfel, weißer Pfeffer, bisschen Pfirsich, dezente Exotik, kühl, animierende Säure, voller Frische, pfiffig-knackig. Glasklare Stilistik.

★★★ S €€€ RI FUN
2022 Riesling „Rehbock" + Ungemein duftig und verführerisch, Zitrusfrische, Marille, Pfirsich, Mango, Ananas, Litschis, ziselierte Säure, elegant, Säurebiss, herzhaft, unglaublich frisch und lebendig.

★★★★ S €€€€ RI TIPP
2022 Riesling „Der Hirsch" + (Brandstatt) Gelbfruchtig, vielschichtiges Bukett, Kräuter und Gewürze, frische Marillen, Pfirsich, Mandarinen, Gesteinsmehl, straffe Struktur, enormer Tiefgang, langatmig, salzig, kraftvolle Eleganz, saftig, fulminant.

★★★ S €€€€ GV
2022 Grüner Veltliner „Der Bär" + (Zornberg) Dunkel getönt, schwarzer Pfeffer, ungemein würzig, rauchig, da ist wohl Holz im Spiel, getrocknete Kräuter, am Gaumen so richtig trocken, Fichtennadeln, stramme Säure, kraftvoll, dabei immer engmaschig.

★★★★★ S €€€€€€ RI TOP
2022 Riesling Reserve „Gold Hirsch" + (1000-Eimerberg) Frische Kräuter, Steinobst, Apfelnoten, Ananas, Grapefruit, am Gaumen herzerfrischend elegant, ein dezenter Restzucker schmeichelt den Gaumen, feine Frucht, perfektes Säurespiel, druckvoll und lang, viel Mineral, ein großer, langlebiger Riesling.

★★★ S €€€€ SB
2022 Sauvignon Blanc „Gams" + (Steinleithen) Klassisch Sauvignon Blanc, ausgeprägtes Cassis, ungemein saftig, traubige Fülle, Orangenzesten, Teeblätter, zeigt Finesse, verändert sich permanent, ist nicht einzufangen, ungemein vielschichtig.

★★★ S €€€€ GM
2022 Gelber Muskateller „Luchs" + (Ried Biern) Holunderblüten, Apfel, etwas Zimt, Zitrus, Orangenblüten, Muskatnuss, viel Präsenz am Gaumen, ein etwas höherer Restzucker gepaart mit der Säure spült ihn in lichte Höhen. Kompakt, streng, dicht, ernsthaft!

★★★ S €€€ NB
2022 Neuburger „Dachs" + (Auleithen) Holzfass mit Nüssen, dezent röstig, Orangenzesten, rauchig, agile Säure, einiger Tiefgang, salzig, dichte Struktur, trocken mit einiger Länge, muskulös. Flaschenreife!

★★★★ S €€€€€€€ GV TIPP
2021 Grüner Veltliner Reserve „Gold Bär" + (Almenreith) Ungemein vielschichtig, das Fundament bildet das Holz, darüber Zitrus, herrliche Exotik, Pfirsich und Marillen, Mango, helle Früchte, unglaublicher Tiefgang, Nougat, bei aller Mächtigkeit bleibt er immer kühl und frisch, immense Dichte, Säurebiss, Ananas, bleibt lange haften, tiefgründig. Weltklasse.

★★★ S €€€€€ GT
2021 Gewürztraminer „Eule" Orange + (Ried Bruck) Orange Farbe, verblühte Rosen, Pfirsich, Mango, Ananas, Maracuja, ein betörendes Bukett, unglaublich vielfältig, so richtig trocken, Gerbstoff, der animiert, dichte Struktur, total eng, Bitterorangen, der geht in die Tiefe, enorme Länge, bleibt haften, ungemein

♛ ♛

Weingut
Eder Wachau

Andreas Eder
3512 Mautern, Mauternbach 98
Mobil +43 664 210 97 15
office@eder-wachau.at, www.eder-wachau.at

Andreas Eder bewirtschaftet nicht nur seine ureigenen Rieden wie Süßenberg, Raubern, Silberbichl, sondern auch die Weingärten des Propstei Weinguts.

Andreas Eder lässt seinen Weinen die Zeit, die sie brauchen. Verweilen lange auf der Feinhefe und werden erst zum perfekten Zeitpunkt auf Flasche gebracht. Es sind Weine, die zu reifen verstehen. Davon zeugt der 2016 Grüner Veltliner Smaragd Ried Raubern. Dieser Wein hat noch viele Jahre vor sich. Dasselbe kann man von den beiden Leopolds behaupten. Gewidmet dem Vater von Andreas Eder. Ob Grüner Veltliner oder Riesling. Es sind außergewöhnliche Weine mit einer Substanz für Jahrzehnte. Ich liebe die 2022 Grüner Veltliner Steinfeder. Ein toller Wein, der immensen Spaß bereitet. Mehr will ich nicht über diese außerordentlichen Weine berichten, außer vielleicht über den 2021 Traminer Smaragd. Der ist wahrlich wundervoll.

Ansonsten kann man auch in einem Gästehaus der Familie sein Haupt nach der Verkostung der formidablen Weine betten und selig entschlummern. Ich kann nur empfehlen, dass man in diese Weine investieren sollte. Bei diesen Bankzinsen eine lohnende Anlage. *as*

WACHAU DAC

★★ S €€ GV
2022 Grüner Veltliner Federspiel + Exotische Töne, Ananas, Marille, Zitrus, Kernobst, frische Säure, würzig, ein strammer Grüner Veltliner mit kernigen Tönen, mittlere Länge, Trinken ist angesagt.

★★ S €€ RI
2022 Riesling Federspiel + Anfangs Reduktion, braucht einige Luft, nach diesem zögerlichen Beginn entwickelt sich ein Aroma nach Marillen, Rhabarber, Apfel, Ananas, rassige Säure, mineralische Noten, guter Stoff, der seine Zeit braucht. Geht herrlich auf.

★★ S €€ MO
2021 Muskat Ottonel Federspiel + Buttrige Noten mit verblühten Rosen, Reduktionsnoten, trocken, gelbe Früchte, Babybananen, traubig-fruchtig, Ananas, geht auf, niemals laut, immer distinguiert, einige Schichten, mittlere Länge.

★★★ S €€ SB
2021 Sauvignon Blanc Smaragd Mautern + (Handlese 5. Okt. 2021) Buttrig, Cassis, fruchtig, Zitrus, kandierte Früchte, vollmundig, weinig, voluminös, Fruchtsüße, ruht in sich, harmonisch, noble Eleganz. Höchst angenehm zu trinken. Von diskreter Eleganz.

★★★ S €€€ PB
2021 Weißburgunder Smaragd Mautern + (Handlese am 11. Okt. 2021) Nelken, Kräuter, Mandeln, distinguierte Fülle, große Eleganz, gelbe Früchte, Honigtöne, prägnante Säure, ziemliche Substanz.

★★★ S €€€ GV
2021 Grüner Veltliner Smaragd Ried Süßenberg + Kühle Apfelfrucht, straffe Frucht, bisschen Marille, feste Struktur, Honignoten, saftig, warmes Timbre, ein sehr schöner Wein von vollmundiger Fülle. Seriös mit würzigen Noten und einer eleganten Anmutung.

★★★ S €€€ GV
2021 Grüner Veltliner Smaragd Ried Raubern + Apfelspalten, rassig, etwas Zimt, Pfeffer, Tabak, straffe Struktur, kandierter Apfel, Ringlotten, viel Frucht, viel Mineral, saftig, vielschichtig, würzig, Bodentöne, gute Struktur. Einige Zukunft.

★★★ S €€€ RI
2021 Riesling Smaragd Ried Silberbichl + Apfel, Teegebäck, Steinobst, Honigtouch, kühl, fruchtig-rassig, Marille, Tannennadeln, mineralisch, straff mit frischer Säure, schliffig, dicht, Riesling pur. Zukunft.

★★★ S €€€ TR
2021 Roter Traminer Smaragd + Aufgeblühte Rosen, buttrige Noten, weinige Frucht, feine Struktur, Apfelspalten, Zimt, ungemein attraktiv, immer frisch, trocken, fest strukturiert.

★★★★ S €€€€ GV TIPP
2019 Grüner Veltliner Smaragd Leopold + Fichtennadeln, Zitrus, Marille, Honignoten, vollfruchtig, gelber Apfel, Zimt, ungemein saftig, das ist viel Wein, viel Erlebnis, rassig, tiefgründig, salzige Noten, viel Mineralität, viel wunderbarer Wein. Ungemein feingliedrig, voller Kühle, ein Grüner Veltliner von fast burgundischer Brillanz.

★★★★ S €€€€ RI TIPP
2019 Riesling Smaragd Leopold + Ein überaus eleganter, filigraner Wein, Tannennadeln, Marille, Pfirsich, Marzipan, kandierte Früchte, gelbe Früchte, Mango, enorme Frucht, vielschichtig, konzentriert, tiefgründig, rassige Säure. Ein Riesling voller Fruchtsüße. Das ist Klasse.

★★★ S €€€ GV
2016 Grüner Veltliner Raubern + (Handlese am 5. Nov. 2016) Getrocknete Kräuter, Pfefferwürze, Waldboden, Fichtennadeln, kühl in seiner ersten Reife, Marillen, tiefgründig, strukturiert, engmaschig, zeigt Mineralik, hat salzige Noten, sehr guter, ausdrucksstarker Stoff. Verfügt über Tiefgang, Länge und innere Größe. Ein wunderbarer Wein von distinguierter Eleganz.

Weingut
Josef Fischer

Josef Fischer
3602 Rossatz 58
Tel. +43 2714 58017
office@josef-fischer.at, www.josef-fischer.at
11,5 Hektar, W/R 100/0

Fischer – hier ist der Name wohl Programm. Senior Josef züchtet seit Jahrzehnten höchst erfolgreich Huchen. Sohn Josef ist seit 2010 für den Betrieb verantwortlich – nach absolvierten Praktiken in Neuseeland, Australien und Südafrika. Er beschränkt sich überwiegend auf die beiden wichtigsten Sorten der Wachau, Grüner Veltliner und Riesling, welche auf den besten Lagen wie Frauenweingärten, Kreuzberg, Kirnberg, Mugler und Zanzl wachsen. Die Rebberge werden biologisch bewirtschaftet. Die Weine werden durchwegs spontan vergoren.

Die verkosteten Weine überzeugten auf allen Linien. Schon die 2022 Grüner Veltliner Steinfeder macht enormen Spaß. Das 2022 Grüner Veltliner Federspiel ist von höchster Güte. Die beiden Grünen Veltliner Federspiele Ortswein aus Rührsdorf und Rossatz sind hervorragend, wobei der Rossatzer beeindruckend ist. Das ist großes Kino. Die Smaragdweine zählen zu den besten der Wachau. 2022 Grüner Veltliner Frauenweingärten – ein betörend schöner Wein. 2022 Grüner Veltliner Ried Kreuzberg besticht durch seine glockenklare Stilistik und Mineralität. Für mich der Beste ist der 2022 Grüner Veltliner Ried Mugler – da steckt enorm viel drinnen. Absolute Klasse. Die beiden Rieslinge Smaragd 2022 – zum einen Ried Kirnberg und zum anderen Ried Kreuzberg – sind wahre Langstreckenläufer, die man erst im Spätherbst aufmachen sollte. Beide sind grandios, wobei der Kreuzberg in letzter Konsequenz wohl die Nase vorne hat. Der 2021 Grüner Veltliner Smaragd PRIVAT ist der Beweis für die Lagerfähigkeit der Weine. Der ist noch lange nicht auf seinem Höhepunkt.

Dieses Weingut gehört zu den wichtigsten am Südufer – dem rechten Ufer der Wachau. Ich meine auch zur ganzen Wachau. *as*

WACHAU DAC

★★★ S €€€ GV FUN
2022 Grüner Veltliner Federspiel Rossatz + Ein duftiger Ortswein, frische Marillen, wie eine Frühlingswiese, gelbe Früchte, saftige Eleganz, reifer Apfel, elegante Noten, wunderhübsch, feines Säurespiel, homogen, feine Frucht. Ein Federspiel von Klasse.

★★ S €€€ GV
2022 Grüner Veltliner Federspiel Rührsdorf + Pfefferschleier, gelbe Früchte, Äpfel mit Marillenanklängen, kernige Säure, pikante Noten, gibt sich noch etwas verhalten, gute Substanz. Stimmiges Federspiel.

★★ S €€€ RI
2022 Riesling Federspiel Rossatz + Marille mit Rhabarber, Zitrus, voller Rasse, gibt Gas, fordert den Gaumen, Säurebiss, knackige Frische, puristisch.

★★★ K €€€€ GV
2022 Grüner Veltliner Smaragd Ried Frauenweingärten + Apfel, Marille, Pfirsich, Pfeffer, Exotik, vielschichtige Aromen, der Wein zeigt Finesse, knackig, ungemein frisch, salzig, geht in die Tiefe, viel Mineral, die Säure passt, spannend, wird mit Luft etwas cremig, ein Versprechen für die Zukunft.

★★★ K €€€€ GV
2022 Grüner Veltliner Smaragd Ried Kreuzberg + Tänzelnde Aromen, Marille, Apfel, Pfirsich, Mineralität ausstrahlend, elegante Frucht, fein und komplex, dezent würzig, glockenklar, zeigt Finesse, Rasse, Tiefe, ungemein präsent, ein fulminanter Grüner Veltliner.

★★★★ K €€€€ GV TIPP
2022 Grüner Veltliner Smaragd Ried Mugler + Fichtennadeln, Kräuterwürze, Pfeffer, Steinobst, Apfeltöne mit Exotik, noch etwas verhalten, da steckt einiges drinnen, viel Mineralik, engmaschig, einiger Tiefgang, das ist grandioser Wein, der im Herbst seine wahre Größe zeigen wird.

★★★ K €€€€ RI
2022 Riesling Smaragd Ried Kirnberg + Ein ungemein spannender Riesling, steinig, rassig, Marille, reifer Apfel, das Gestein schimmert aus dem Glas, dichte Struktur, voller Spannkraft, sollte man nicht vor dem Herbst angreifen. Substanz für viele Jahre.

★★★ K €€€€ RI
2022 Riesling Smaragd Ried Kreuzberg + Anfangs dezente Reduktion, bei dem die Marille durchschimmert, der Wein spielt sich frei, entwickelt Frucht, ist voller Rasse, fordernd, ungemein spannend, gibt Vollgas. Ein Riesling für viele Jahre.

★★★★ K €€€€ GV
2021 Grüner Veltliner Smaragd PRIVAT + Ein Hauch von Holz, würzig, Marille, Blütenhonig, Kräuter, Tannenwipfel, Exotik, enorme Substanz, Bratapfel, Honiganklänge, Weihrauch, Fülle, Volumen, extraktsüß, fast mächtig, das ist viel Wein, der noch sehr viel vor sich hat. Die nächsten zehn Jahre sind gesichert.

Weingut
Simon Gattinger

Simon Gattinger
3601 Dürnstein, Unterloiben 134
Mobil +43 660 492 66 40
info@weingutgattinger.at, www.weingutgattinger.at
W/R 100/0

Der junge Winzer Simon Gattinger wusste schon als Kind, dass er eines Tages seinen eigenen Wein machen würde. Nach Abschluss der Weinbauschule, nach dem Studium International Wine Business an der FH Krems und Praktika im In- und Ausland übernahm er 2017 das Weingut, das sein Urgroßvater Anton Gattinger gegründet hatte. Dieser Mann war im Jahr 1930 einer der führenden Köpfe bei der Gründung der Winzervereinigung Dinstlgut. Simons Vater Leo war hauptberuflich Lehrer an der Weinbauschule Krems, die Trauben verkaufte er an renommierte Winzer in der Nachbarschaft. Für Simon war der Einstieg insofern verlockend, als dass die Familie über renommierte Rieden verfügt. Unterstützt wird er im Weingarten von seinen Eltern und im Marketing von seiner Freundin. Zum Teil wird biologisch gearbeitet. Ende April 2023 wurde der neue Keller mit Lager, Verkostungsraum und Weinverkauf in Betrieb genommen. Der aktuelle Jahrgang wurde bereits dort gekeltert.
Simons erste Ernte ergab gerade einmal 700 Liter Wein. Schnell hat der junge Mann Fuß gefasst, mittlerweile exportiert er nach Skandinavien, Tschechien, Deutschland und in die Schweiz; der Markt in Belgien ist im Aufbau begriffen. Das Portfolio ist übersichtlich. Aktuell finden sich drei Federspiele und vier Smaragde im Angebot.
Simon Gattinger bekennt sich zu jenem Weinstil, für den die Wachau bekannt ist: Frische, Klarheit und Frucht. Ganz wichtig ist ihm, die Charakteristika der unterschiedlichen Lagen in den Weinen abzubilden. Die aktuelle Serie beweist, dass ihm das sehr gut gelungen ist. Die Weine sind sortentypisch, trinkanimierend, die Herkunft Wachau ist unverkennbar. Die Federspiele glänzen mit Trinkfluss, die Smaragde mit Riedencharakter. Letztere gären in Edelstahltanks und liegen dann eine Zeit lang in Holzfässern auf der Feinhefe. Der Grüne Veltliner Nomis enthält Lesegut aus mehreren Rieden; die Bezeichnung ist der rückwärts gelesene Name Simon. *ww*

WACHAU DAC

★★ S €€ GV
2022 Grüner Veltliner Federspiel Loiben + Grüne Äpfel, ätherische Würze à la Fichtennadeln; apfelfruchtig auch im Geschmack, feine Würze unterlegt, zugängliche Säure, passende Substanz, gut verständlich.

★★★ S €€€ GV **PLV**
2022 Grüner Veltliner Federspiel Ried Klostersatz + Auf eine zugängliche und sanfte Art sortenaffin, Schotterboden zu erkennen, gelbe Äpfel und Würze; saftig, angenehme Säure, viel Frucht, gute Substanz, betont würzig im Nachhall.

★★ S €€€ RI **FUN**
2022 Riesling Federspiel Ried Burgstall + Knackige Pfirsiche, sandiger Anteil des Bodens zu erkennen; saftig, feines Säurerückgrat, glockenklare Frucht, mittleres Gewicht, super Trinkfluss.

★★★ K €€€€ GV
2022 Grüner Veltliner Smaragd Nomis + Sanfter Druck, nussige Akzente, tief im Glas eine Prise gemörserte Senfkörner, feingliedrige Apfel- und Pfirsichnoten; schließt aromatisch nahtlos an, feiner Schmelz, stoffig, klare Struktur wird unterstützt durch eine sympathische Prise Gerbstoffe im Finish.

★★★ K €€€€ GV
2022 Grüner Veltliner Smaragd Ried Kreutles + Betont kräuterwürzig, tief im Glas getrocknete Kamillen, freundliche Frucht unterlegt; schließt mit diesen Aromen nahtlos an, wobei sich die Frucht etwas deutlicher artikuliert als im Bukett, feines Säurenetz, gute Länge, sorten- und herkunftstypisch.

★★★★ K €€€€ RI **TIPP**
2022 Riesling Smaragd Ried Höhereck + Präzise, kühl, klare Frucht à la Pfirsiche, tief im Glas gelbe Pflaumen; aromatisches Dacapo, nobel, zartes Säurerückgrat, lebendig, glockenklar, einnehmend, bemerkenswerter Trinkfluss.

★★★★ K €€€€ RI **TIPP**
2022 Riesling Smaragd Ried Loibenberg + Lagentypische Aromatik, feinkörnige orientalische Gewürze, warm getönte Frucht, so gar nicht vorlaut; viel Frucht, helles Steinobst à la Pfirsiche und Nektarinen, zartes Säurenetz, leise Bodentöne, im langen Nachhall Frucht und bodenstämmige Würze.

Weingut
Graben-Gritsch

3620 Spitz, Vießling 21
Tel. +43 2713 8478
weingut@josef-gritsch.net, www.josef-gritsch.net
6 Hektar, W/R 100/0, 30.000 Flaschen/Jahr

Im heurigen Portefeuille von Josef Gritsch ist der Grüne Veltliner aus der Paradelage Schön tonangebend. Der Traditionswinzer bewirtschaftet gleich drei Weingärten in dieser extrem steilen, von Paragneis geprägten, terrassierten Schräghanglage. Je nach West-, Süd- oder Ostausrichtung und Alter der Reben wird hier besonders in der Smaragd-Kategorie in ziselierter Feinarbeit an den jeweiligen unterschiedlichen Charakteristika getüftelt. Alle Smaragde sehen im Ausbau nur Holz, von der Vergärung bis zur langen Reifung auf der Feinhefe im großen Holzfass. Die Weine aus der Ried Schön begeistern Jahr für Jahr aufgrund ihrer Extraktdichte und einer perfekten Säure-Frucht-Balance mit viel pikanter Mineralik. Smaragd Ried Schön stammt von jüngeren Rebanlagen und zeigt viel Dichte und Frische, die Variante Alte Reben besitzt um eine Spur tief-dunkleres Fruchtspiel, das sich durch das Alter der Reben und die variierenden Böden sowie Humusauflage erklärt. Ein besonderes Kunststück, das Herkunftsspezifik wie Komplexität par excellence demonstriert, ist im Erstlingswerk der sog. Selection aus dem Jahrgang 2019 gelungen: Im großen Holzfass bis zum vergangenen Herbst auf der Feinhefe gereift, zeigt sich diese Rarität durch extrem sauberes Traubenmaterial (ohne jegliche Botrytis) in unglaublich frischer Frucht, Vitalität und Mineralik pur. Die Selection fand bereits im Weingarten statt, wo von den ganz ältesten, über siebzigjährigen Rebstöcken die Lese ganz zum Schluss der Jahresernte eingefahren wurde.

Nicht zu vergessen sind die Federspiele vom Veltliner und aus der zum Ried Schön stammenden komplementären Top-Lage Bruck für den Riesling. Beide Varietäten glänzen durch ihre Fruchtfrische und Klarheit, wobei sich der Riesling mit viel feiner Frucht bereits sehr zugänglich präsentiert.

Riesling Smaragd zeigt erneut von Jahr zu Jahr, welch enormes Potenzial in der bisweilen noch immer unterschätzten Paradelage Setzberg, genauer in der Subriede Vogelsang steckt: Dieser Wein verzaubert mit saftiger Fruchtfinesse und mineralischer Kühle sowie einer perfekten Balance, die in vielen Jahren erst ihren höchsten Fruchtgenuss preisgeben wird. *us*

WACHAU DAC

★★★ S €€ GV
2022 Grüner Veltliner Ried Schön Federspiel + Duftiges Fruchtspiel nach Kernobst und Kräutern, saftige Fruchtfrische, glockenklar, kompakte Mitte, Tabakblätter, kühlwürziger Hintergrund, feines Säurespiel, mineralisch, delikat.

★★★ S €€ RI FUN
2022 Riesling Ried Bruck Federspiel + Knackiges Pfirsicharoma, Steinobst, etwas Mandarine, Nuancen von rosa Grapefruit, Limette, ziseliert mit fruchttragender Säure, fein nuanciert, gute Länge.

★★★★ K €€€ GV
2022 Grüner Veltliner Ried Schön Smaragd + Bukett nach reifem Apfel in Spitzer Kühle, glockenklares wie kraftvolles Entrée, Steinobst, etwas Tropenfrüchte, straffes Säurekorsett, puristisch, viel Extrakt, delikate Säure, nuanciert, feine Tabaknoten, pfeffrig-salziger Nachhall, tolle Länge und viel Potenzial.

★★★★★ K €€€€ GV TOP
2021 Grüner Veltliner Ried Schön Alte Reben + Mango-Maracuja-Spiel in der Nase, ein Feuerwerk an exotischem Fruchtspiel, viel Ananas, Steinobst, etwas Orangenzeste, saftig und vital, konzentriert, finessenreich, schöner Spannungsbogen mit markanter Säure, kräftig, satt, dabei immer mit Noblesse in Verbindung, nie überladen, viel Extrakt, lang, großer Wein.

★★★★ K €€€€ GV TIPP
2019 Grüner Veltliner Ried Schön Selection Alte Reben + Einladende, mineralische Würzenase nach Trockenkräutern, Grüntee, saftige Steinobstnoten, Apfel, Marillen-Pfirsich-Melange, etwas Bergamotte, komplex, kräftig mit viel Extraktsüße, alles in Balance mit viel Finesse, toller Säurerückhalt, präzise, alles bestens strukturiert, feine Tabaknoten, zart schmelzig, druckvoll bis in lange Finale, enormes Potenzial, Chapeau!

★★★★ K €€€€ RI
2022 Riesling Ried Setzberg Smaragd + Reichhaltig und nuanciert, gelber Pfirsich, Steinobst, Exotik à la Ananas, mineralischer Unterbau, kraftvoll, zugleich alles fein gemeißelt, ziseliertes Frucht-Säure-Spiel, saftige Mitte, viel Balance, rauchige Würze im Nachhall, tolle Länge.

Weingut
FJ Gritsch

Franz-Josef Gritsch
3620 Spitz, Kirchenplatz 13
Tel. +43 2713 2450
office@gritsch.at, www.gritsch.at
15 Hektar

Das neue Gebäude ist fertig – ein großzügiger Zubau zum altehrwürdigen Mauritiushof, der neben einem Präsentations- und Verkaufsraum für die Ab-Hof-Verkäufe auch ein für bis zu 40 Gäste konzipiertes Veranstaltungszentrum beherbergt. Neben modernen Büroräumlichkeiten können Besucher ab sofort in vier luxuriösen Ferienwohnungen ihr müdes Haupt zur Ruhe betten. Wir sitzen an der Glasfront des Veranstaltungsraums und genießen den genialen Ausblick auf die nahen Terrassen der Toplagen Singerriedel und Axpoint. Es ist ein unvorhergesehener Augenblick der Kontemplation und ein „Sich-bewusst-machen" des Aufwands, den die steilen Terrassen an Arbeit einfordern.

Apropos Terrassen – die letzten drei werden heuer ihrer Bestimmung übergeben. Die Rede ist vom 2015 begonnenen Projekt „Kalkofen", das mit dieser letzten Erweiterung seinen Abschluss fand. Diese im Spitzer Graben an der Anbaugrenze für Wein liegende Riede mit ihren extrem ansteigenden Steinterrassen benötigte also ganze sieben Jahre für ihre komplette Rekultivierung. Dass es sich gelohnt hat, wissen wir bereits seit den ersten Rieslingen aus dieser Toplage, die heuer in Form des grandiosen 2022ers ihre würdige Fortsetzung finden.

Auch sonst gibt es einiges Neues zu vermelden, so erfuhr beispielsweise der bisher als Federspiel angebotene Grüne Veltliner Klaus heuer ein Upgrade in die Smaragd-Kategorie und präsentiert sich dank Traubenvollreife in Höchstform. Franz-Josef Gritsch wird ihn auch künftig nur mehr im Smaragd-Bereich ausbauen. Neu im Sortiment sind heuer zwei Rieslinge, deren Gegensätzlichkeit nicht größer sein könnte. Zum einen handelt es sich dabei um den Wein aus der Ried Loibenberg – saftig, füllig, fruchtschmelzig –, zum anderen um den „Vision Wachau" genannten Lagenmix, der nur dann vinifiziert wird, wenn das Jahr die entsprechenden Voraussetzungen dafür liefert. Das letzte Mal war das 2017 der Fall. Hohe Mineralität und ein Spannungsbogen aus Säurepikanz und einer gewissen Restsüße stehen dabei im Vordergrund und sorgen so beinahe für deutsche Verhältnisse. Hervorzuheben sind freilich auch einige seit Langem fest im Sortiment verankerte Weine, wie z. B. der besonders gelungene Veltliner Loibenberg sowie neuerlich als Primus inter pares sein Sortenkollege aus der Ried Singerriedel. Bei den Rieslingen punkten dieses Mal vor allem ein großartiger Wein vom 1000 Eimerberg und, wie erwartet, der majestätische Dürnsteiner Burg. ***bb***

WACHAU

★★ S €€ RO
2022 Kalmuck pink + Limetten, grüne und rote Beeren, verspielt, knackig, duftig.

★★ S €€ GV
2022 Kalmücke Wachau + Kräutermix, feine Säure, reduktiver Stil, etwas grüne Bananen, Pfefferkörner, lebhaft, tadellos.

★★★ S €€ GV
2022 Grüner Veltliner Kalmuck Federspiel + Grüner Spargel, zart harzig, Fenchelsamen und Kräuter, saftige Apfelfrucht; mittelgewichtig, stoffig.

★★ S €€€ GV
2022 Grüner Veltliner Ried Kirchpoint Federspiel + Limonen, Koriander, gelbfruchtige Mitte, dahinter verbirgt sich kühlwürzige Mineralität, herber Ausklang.

★★★ S €€€ GV
2022 Grüner Veltliner Ried Axpoint Federspiel + Zitronengras, Assam-Teeblatt, Moos, Flechten; kompakt, eher milde Säure, süßpfeffrig, ausgewogen, klar strukturiert, köstlich.

★★★ K €€€€ GV
2022 Grüner Veltliner Ried Steinporz Smaragd + Zerstoßene Steine, rauchige, kühle Würze; fest gebaut, süß-herbe Komponenten, Terroir pur bis in den schönen Abgang.

★★★★ K €€€€ GV
2022 Grüner Veltliner Ried Hochrain Smaragd + Betörender Fruchtfächer, Marillenkuchen, Mandarinen, Pfefferkörner, Kräutergarten, etwas phenolisch, Earl Grey, mineralische Ader, klar gegliedert, viel Sorte, viel Lage!

★★★★ S €€€€€ GV
2022 Grüner Veltliner Ried Klaus Smaragd + Dunkle Gesteinswürze vom Amphibolit, nussiger Verlauf mit Anklängen an Mangos, roten Beeren und Kräuterlikör, konzentriert, vielschichtig, elegant, baut beachtlich viel Druck auf.

★★★★ K €€€€€ GV
2022 Grüner Veltliner Ried Loibenberg Smaragd + Williamsbirnen, reife Äpfel, Orangenschalen, etwas weißer Pfeffer; extraktsüß, mundfüllend, perfekt integrierte Säure, finessenreich und lang haftend.

★★★★ K €€€€€€ GV TIPP
2022 Grüner Veltliner Ried Singerriedel Smaragd + Hochelegante Nase, Honigblüten, Mandarinen, weißer Pfeffer, Havannas, nasser Stein; klar konturiert, komplex, delikat, verführerisch; großes Kino.

★★★ S €€€ RI TIPP
2022 Riesling Ried 1000-Eimerberg Federspiel + Grüne Ananas, Stachelbeeren, junge Marillen, feiner Säureschliff, glasklar, frisch, extraktreich und ausgewogen, mit für die Gewichtsklasse unerwarteter Strahlkraft.

★★★ K €€€ RI
2022 Riesling Ried Setzberg Smaragd + Delikates Fruchtmosaik, grüne Pfirsiche, rosa Grapefruit, Kriecherl; feine Säurepikanz, saftig, lebendig, kompakt, Fülle und Finesse gut balanciert.

★★★★ K €€€€€ RI
2022 Riesling Ried Loibenberg Smaragd + Reifes Steinobst, Marillenkuchen, Limonen, geschmeidige Säure, voll, saftig, schmelzig und ganz der Lage verhaftet, tolle Länge.

★★★★★ K €€€€€ RI TOP
2022 Riesling Ried 1000-Eimerberg Smaragd + Glanzvolles Entree, Marillen-Confit, Orangen, dann traubige und gesteinsmehlige Akzente, fruchtstrotzend, mit grandiosem Extraktsüße-Säurebogen; Traumriesling und vermutlich der beste 1000-Eimerberg ever.

★★★★★ K €€€€€€ RI TOP
2022 Riesling Ried Kalkofen Smaragd + Hochattraktive salzig-mineralische Nase, präzise Rieslingfrucht, unglaublich facettenreich, Nektarinen, Rosenmarillen, Maracuja; tiefschürfend, komplex, begeistert mit Wahnsinnslänge und Riesenpotenzial.

★★★★ K €€€€€€ RI TIPP
2022 Riesling Ried Dürnsteiner Burg Reserve + Bezaubernde Fruchtexotik, Maracuja, Passionsfrüchte, Papaya, Orangenzesten; supersaftige Mitte, mineralisch ummantelt; die überbordende Frucht wird vom delikaten Säurespiel abgefedert; hat Weite und Tiefe.

★★★★ K €€€€€€ RI
2021 Riesling Vision Wachau Reserve + Glockenklare, „schlanke" Rieslingnase, weißer Pfirsich, etwas Zitronenabrieb, dann ein faszinierender Süße-Säure-Wettstreit, Orange Pekoe, Kräuterbitter, stockdunkle Mineralität; lang und sehr edel, erinnert an beste deutsche Rieslinge.

★★★ S €€€ GM FUN
2022 Muskateller „Spitz" Federspiel + Kecke Nase, blühender Hollerbusch, Muskatnüsse und -trauben, sehr sortentypisch, lebhaftes Säurespiel, hohes Trinkanimo.

★★★ S €€€€ SB
2022 Sauvignon Blanc „Spitz" Smaragd + Reife Stachelbeeren, grünfruchtig, später schwarze Johannisbeeren und Peperonata; dezente Säure; feine Länge.

★★★ K €€€€ CH
2021 Chardonnay Reserve + Hefegebäck, Brioche, subtiler Holztouch; buttrig, etwas Karamell, ein Touch Vanille, kräftig, füllig; exemplarischer Burgunder.

Weingut
Roman Gritsch

Roman Gritsch
3620 Spitz, Radlbach 11
Tel. +43 2713 2208
wein@romangritsch.at, www.romangritsch.at

Das Familienweingut Roman Gritsch thront erhaben am östlichsten Ausläufer der Ried Setzberg, von wo sich ein überwältigender Ausblick auf die Spitzer Weingärten bis zur Ruine Hinterhaus eröffnet. Bewirtschaftet wird das Weingut als reiner Familienbetrieb, dem ein ausgezeichneter wie beliebter Heuriger samt Gästezimmern angeschlossen ist.

Die Ried Setzberg ist quasi der Hausberg der Familie Gritsch, besonders für den Grünen Veltliner, der in der Federspiel-Kategorie saftig mit fein ziselierter Struktur viel Trinkanimo bereitet. Aus dieser Lage glänzt heuer in der Smaragd-Kategorie der Veltliner vom Jahrgang 2021 durch eine herrliche, fruchtaromatische Zugänglichkeit, der aufgrund seiner Dichte samt den beeindruckenden Extraktwerten zu einem Vin de Garde heranreifen wird.

Nicht unähnlich in der fein ziselierten Stilistik zeigt sich aus derselben Riede der Riesling Federspiel, der durch klare Struktur, Fruchtfinesse und der so typischen kühlen Frische begeistert. Die Riesling Smaragd-Variante besticht durch ein feines Fruchtspiel, das durch viel Dichte und kühle Balance heuer zu einem der feinsten Weine des Hauses zu zählen ist. Aus der aktuellen Riesling-Serie dürfte der Tausendeimerberg Smaragd punkto Zukunftspotenzial die Nase etwas vorne haben: Beeindruckend zeigt sich die mineralisch unterlegte Marillen-Pfirsich-Melange, die mit viel Dichte und Fruchtcharme förmlich strahlt.

Das auf die Wachauer Traditionssorten fokussierte Portefeuille von Roman Gritsch wird durch die Komplementärsorten Weißburgunder und Muskateller vollendet. Besonders harmonisch und sortentypisch präsentiert sich der Weißburgunder Smaragd, der in klarer Struktur mit viel Frische und runden Nuancen sich als idealer Speisenbegleiter anbietet. *us*

WACHAU DAC

★★★ S €€ GV
2022 Grüner Veltliner Ried Gasselreith Federspiel + Feinwürziges Bukett, saftige Fruchtaromatik, reifer Apfel, hochreife Ananas, viel Würze, präsente wie ziselierte Säure, druckvoll, gute Länge.

★★ S €€ GV FUN
2022 Grüner Veltliner Ried Setzberg Federspiel + Bukett nach Quitte, Steinobst, feine Würze, saftig-knackiges Fruchtspiel, ausgereift, Apfel, Stachelbeere, elegant eingebundene Säure, mineralische Finesse, vital, gehaltvoll, überzeugende Sorteninterpretation.

★★★ S €€€ GV
2022 Grüner Veltliner Terrassen Smaragd + Vielschichtige, gelbfruchtige Nase, Minze, schmelzige Fruchtaromatik, Apfel, Mirabelle, Ringlotte, Kräuter würzig umrahmt, viel Körper, mittlere Länge.

★★★ S €€€ GV
2022 Grüner Veltliner Ried Steinporz Smaragd + Präsente Quitte, Stachelbeere, kühler Touch, saftig mit viel Fruchtschmelz, feine Mineralität, balanciert, viel Fruchtschmelz, dabei strukturiert, aus einem Guss.

★★★★ S €€€ GV SALON23 TIPP
2021 Grüner Veltliner Ried Setzberg Smaragd + Vollreife Fruchtaromatik, viel saftige und vielschichtige Gelbfrucht, reifer Apfel, Quitte, Pfirsichanklänge, etwas Exotik à la Ananas, geschmeidige Mitte mit straffer Säurestruktur, stoffige Tendenz, gut eingebundene Trockenkräuterwürze, viel Biss, sehr animierend, lang anhaltend, viel Potenzial, toll.

★★★ S €€ RI FUN
2022 Riesling Ried Setzberg Federspiel + Duftet nach Marille und Pfirsich, Trockenkräuter, Feuerwerk an hellfruchtiger Aromatik, Weingartenpfirsich pur, rosa Grapefruit, mineralisch-ziselierter Charakter, viel Säurepikanz, lang im Nachhall, sehr gelungen.

★★★★ S €€€ RI TIPP
2022 Riesling Ried Setzberg Smaragd + Vollreife Steinobstaromatik, Weingartenpfirsich, etwas Ananas, saftig, anhaltende Dichte, stoffig mit fleischiger Mitte, Hauch von Limette, viel Extrakt, viel Säuregrip, juvenil, lang im Finish, Potenzial.

★★★★★ S €€€ RI TOP
2021 Riesling Ried Tausendeimerberg Smaragd + Vollreifes Pfirsich-Ananas-Bukett, etwas harzige Noten, Brioche, pointierte wie hellfruchtige Marille-Pfirsich-Melange, weiße Ribisel, rauchige Komponenten, straff, druckvoll mit viel noch etwas kantiger Säure, Gerbstoff gebende Struktur, kompakt und fokussiert, vielschichtig, Langstreckenläufer, tolle Länge, groß.

★★★ S €€€ PB FUN
2022 Weißburgunder Smaragd + Grüntee, Haselnuss in der Nase, saftige Aromatik mit fülliger Tendenz, Wiesenkräuter, dezente Würze, feste Mineralität, Gelbfrucht, Trinkfluss, toller Speisenbegleiter.

Winzerhof **Haiderer**

Anton Haiderer
3512 Unterbergern 11
Mobil +43 664 974 28 44
winzerhof.haiderer@a1.net, www.derheurige.at
11 Hektar, W/R 90/10, 50.000 Flaschen/Jahr

Es wäre zu sagen, dass der Jahrgang 2022 bei Anton Haiderer durchaus auf Augenhöhe mit dem großen 2021er zu werten ist. Obwohl es sehr trocken war, brachte man ein absolut gesundes Traubenmaterial herein. Der Regen kam gerade richtig. Federspiele mit durchwegs 18 KMW. Anton Haiderer meinte, dass dies halt auch mit Glück zu tun hätte. Glück bekommt man nicht geschenkt. Glück muss man sich erarbeiten. In diesem Jahrgang wurde keine Steinfeder geerntet. Der Antonius ist diesmal ein Federspiel – ein sehr gutes sogar. Selbiges gilt auch für die anderen Federspiele – Grüner Veltliner Pülnhof, Grüner Veltliner Donauleiten, Grüner Veltliner Süßenberg und Riesling Donauleiten – außergewöhnliche Qualitäten. Überragend präsentiert sich der 2022 Riesling Smaragd Ried Süßenberg – absolut empfehlenswert. Gewichtige, ausdrucksstarke Grüne Veltliner Smaragde – Ried Donauleiten, Ried Süßenberg – ganz starke Weine. Tonis Maximus – Grüner Veltliner Smaragd 22 & 21, beides sind spät gelesene Weine – Jahrgang 21 Lese am 21. Dez., aus verschiedenen Lagen. Weine mit enormer Substanz. Meditationsweine.

Im angeschlossenen Heurigen kann man diese Weine zu den angebotenen Speisen probieren und erwerben. *as*

WACHAU DAC

★ S €€ GV
2022 Grüner Veltliner Federspiel Ried Pülnhof + (Gneis) Gelbfruchtig, pfeffriger Schimmer, dezent rauchig, Wiesenkräuter, reifer Apfel und Birne, hellfruchtig, saftig, betörende Frucht, elegant, macht Spaß.

★ S €€ GV
2022 Grüner Veltliner Federspiel Ried Donauleiten + (Glimmerschiefer) Fast rieslinghaft, Steinobst, Ringlotten, reife Trauben, druckvoll am Gaumen, griffig, anhaltend, viel Mineral ausstrahlend. Ein Referenz-Federspiel.

★★ S €€ GV
2022 Grüner Veltliner Federspiel Ried Süßenberg + (Donauschotter) Exotisches Timbre, Ananas, Mango & Co., dezenter Schmelz, Pfirsich, gelbe Früchte, feingliedrig, weinig-fruchtig, tolles Volumen, ohne breit zu sein, mundfüllend, elegante Üppigkeit. Sehr schön zu trinken. Hohes Niveau!

★★ S €€ RI
2022 Riesling Federspiel Ried Pülnhof + Duftig, Rhabarber, reifer Apfel, viel Steinobst, Ananas, ungemein knackig, der klebt förmlich am Gaumen, dezent rauchig, kühl, trinkig, ein toller Riesling.

★★ S €€ RI
2022 Riesling Federspiel Ried Donauleiten + Feines Bukett, mineralische Ader, salzig, Rhabarbernoten, Steinobst, spannend, rassig, sehr eng, Ananas, langatmig. Prachtvoll!

★★★ S €€€ RI
2022 Riesling Smaragd Ried Süßenberg + Dunkel getönt, etwas Kaffee, noch total verkapselt, gelbe Früchte, Marille, elegant, nach einiger Zeit so richtig aufgehend, explodiert förmlich am Gaumen, tolle Säure, formidabel. Da wächst Großes heran.

★★★ S €€€ GV
2022 Grüner Veltliner Smaragd Ried Donauleiten + Kräuterwürze, Gewürznoten, Senfsaat, Tabak, kräftig, barocke Anklänge, Anis, Marille, geht so richtig auf, braucht viel Luft. Verändert sich permanent, bekommt fast rieslinghafte Nuancen, ganz feine Frucht, herrliche „Opulenz", Fruchtsüße, schmelzig, großartig!

★★★ S €€€ GV
2022 Grüner Veltliner Smaragd Ried Süßenberg + Kräuterwürze, Honigmelone, gelbfruchtig, exotische Töne – Ananas, Mango, Marille, weißer Pfeffer, total eng, kompakt, griffig, langatmig, tiefgründig, perfekter Gerbstoff, enorme Substanz. Ein Langstreckenläufer. Ein Hauptspeisenwein.

★★★ S €€€€ GV
2022 Grüner Veltliner Smaragd Tonis Maximus + (22 KMW,, Pülnhof, Donauleiten und Süßenberg) Anfangs noch etwas schüchtern, doch mit Luft verspürt man die große Klasse dieses Weines. Steinobst, Rosinen, perfekte – saubere – Botrytis, Ananas, Quitte, dichte Struktur, mächtige Eleganz, noch total jung, doch durchaus balanciert. Der Alkohol ist eingebunden. Viel Zukunft.

★★★ S €€€€ GV
2021 Grüner Veltliner Smaragd Tonis Maximus + Trockenfrüchte, Marillenröster, mächtig, saftig, enorme Fülle, tolles Volumen, Gewürznoten, Kamille, Anis, in sich harmonisch, ganz großer Stoff. Unbedingt dekantieren. Großes Weinglas. Ein Meditationswein!

Weingut
Franz Hirtzberger

Franz Hirtzberger
3620 Spitz, Kremser Straße 8
Tel. +43 2713 2209
weingut@hirtzberger.com, www.hirtzberger.com
35 Hektar, W/R 100/0, 200.000 Flaschen/Jahr

Franz Hirtzberger und seine Wachauer Weine zählen zum Besten, was Österreich im Weinbereich zu bieten hat. Die Rieslinge Singerriedel und Hochrain sowie die Veltliner Honivogl und auch das Rote Tor gelten als Ikonen des heimischen Weins und sind weltweit ein Renner. Das goldene Hirtzberger-Etikett ist ein Qualitätssiegel – wo Hirtzberger auf Gold steht, ist viel Geschmack und Lebensfreude drinnen.

Hirtzbergers Weine gelten als Lagen- und Wachau-Botschafter. Sie sind in den besten Restaurants anzutreffen. Das beginnt schon bei der Steinfeder vom Grünen Veltliner, die das Weingut hochhält und damit verlässlich die Leichtigkeit des Veltliner-Charakters der oberen Wachau abbildet. Die Steinfeder zieht dabei so leicht und trinkvergnüglich über den Gaumen, dass mit jedem Schluck mehr Richtung Flaschenboden die Gewissheit steigt, eine weitere Flasche zu ordern.

Was Hirtzberger mit jedem Wein übermittelt, ist ein klares Profil in Sorte und Herkunft. So hat er nur zwei Federspiele, eins beim Veltliner, als „Rotes Tor", und eins beim Riesling, die „Steinterrassen". Beide Federspiel-Varianten sind sortentypische Ortsweine und bilden vortrefflich den Charakter des Spitzer Terroirs ab.

Bei den Smaragden ist Hirtzbergers Weingarten vielfältig und ausdrucksstark: Je vier Veltliner und Rieslinge gibt es vom Jahrgang 2022, und auf die drei Burgunder sollte man auch nie vergessen. Weißburgunder, Grauburgunder und Chardonnay tragen unvergleichlich die Hirtzberger-Handschrift und haben Lagencharakter, wenngleich die Lage im DAC-System nicht mehr auf der Flasche stehen darf. Ältere Semester werden sich aber noch an die „Pluris" erinnern, die kühle Spitzer Lage am Waldrand oben beim Roten Tor, die noch heute Quell des Grauburgunders ist.

Die Riede ist aktuell nur den Veltliner- und Riesling-Smaragden vorbehalten. Vier Veltliner-Smaragde zaubert Hirtzberger jährlich hervor, davon zwei Lagenweine: den Kirchweg, wo Hirtzberger sein Spitzer Terroir verlässt – dieser Smaragdwein stammt aus Wösendorf, und den Axpoint, eine lössgeprägte Lage hinter Hirtzbergers neuem Weinkeller. Dieser Wein besticht alljährlich durch seine rauchige Würze. Ergänzt wird die Veltliner-Palette mit dem Smaragd „Rotes Tor", einem verlässlichen Hirtzberger-Klassiker auf hohem Niveau, und der Veltliner-Ikone Honivogl, dessen hochreife Trauben mehrheitlich vom Singerriedel kommen.

Bei den Riesling-Smaragden gibt es vier Lagenweine, alle puristisch und einer hübscher als der andere: Großartig, aber immer leicht unterschätzt, ist der Setzberg mit straffer Mineralität und immer typischer Salzigkeit. Herzerfrischend mineralisch mit Bilderbuch-Pfirsichfrucht steht der Steinporz da. Der Hochrain mit seiner tropischen Fruchtfülle und seidig-mineralischen Eleganz ist heuer ein Riesling mit Wow-Effekt. Und der Singerriedel ist einmal mehr ein Wein vom Allerfeinsten, wo Worte oft nicht mehr ausreichen, um diesen Giganten-Riesling von Hirtzbergers Hausberg zu beschreiben. Applaus der Familie Hirtzberger! *hp*

WACHAU

★★★ K €€€ GV FUN
2022 Grüner Veltliner Spitz Steinfeder + Balanciertes Frucht-Würze-Spiel, feine Mineralität; viel Kernobst, grüne Birnen, Limettenzesten, kühle Pfefferwürze, feiner Säurebiss wie Mineralität, elegantes Steinfeder-Leichtgewicht.

★★★ K €€€€ GV
2022 Grüner Veltliner Rotes Tor Federspiel + Gewürzige Noten, weißer Pfeffer, gelber Apfel; saftige, frische Fruchtexotik, grüne Ananas, Quitten, rauchige Würze, kühle Aromatik, lebhaft, mit Kraft ausgestattetes Federspiel, feine Länge.

★★★ K €€€€€ GV
2022 Grüner Veltliner Wösendorfer Ried Kirchweg Smaragd + Feine Mineralität und Frische, schwarzer Pfeffer, tropische Fruchtnoten, Ananas, Maracuja; rotapfelige Frucht, Kräuterwürze, Stachelbeer-Aromatik, trinkvergnüglich, sorten- wie herkunftstypisch.

★★★★ K €€€€€€ GV TIPP
2021 Grüner Veltliner Rotes Tor Smaragd + Dunkle Würze, Tabakblätter, rosa Pfeffer, apfelig, Limetten, kühle Aromatik; fester Körper, schwarzer Pfeffer, super Mineralität und GV-Typizität, Maracuja, Kiwi, roter Apfel. Klassiker, von dem man viel trinken mag.

★★★★ K €€€€€ GV
2021 Grüner Veltliner Spitzer Ried Axpoint Smaragd + Saftige Frucht mit Lösswürze, Apfel, Nelken, sehr pfeffrig, erdig, einige Fülle; viel Mandarinen und Orangen, Ananas, rund, viel Pfeffer und feine Salzigkeit im Finale.

★★★★ K €€€€€€ GV TIPP
2021 Grüner Veltliner Honivogl Smaragd +Tabakige Würze, Weihrauch, weißer Pfeffer, ätherisch, Tannennadeln, feine Fülle, Bratapfel, mächtig-elegant; Honigschmelz, Bienenwachs, reifes Kernobst, viel Fruchtschmelz, Wacholder, vielschichtig, großer Honivogl mit Substanz und Biss.

★★★ K €€€€€ PB
2020 Weißburgunder Smaragd + Steinpilze, cremige Noten, gelbe Banane, füllig; mineralischer, kühler Charme, exotische Fruchtnoten, viel Grapefruit, Mandarine und Bitterorange, zart-schmelzig auslaufend.

★★★★ K €€€€€ PG
2022 Grauburgunder Smaragd + Waldboden, geschmeidige Fülle mit kühl-aromatischer Ader, Wacholder, Tannenreisig, rosa Grapefruit; Schmelz und saftige Fülle, reife Zitrusnoten, mineralisch-salzig, super Länge. Grauburgunder mit Pfiff und Länge.

★★★★ K €€€€€ CH TIPP
2022 Chardonnay + Feine Pilznoten, kreidige Aromatik, Orangen und Feigen, im Hintergrund Würze; saftiger, mineralischer Chardonnay, exotische Fruchtnoten, Blutorange und Mandarinen, straff, salzig, mit Luft immer besser, toller Säurebiss und Länge.

★★★ K €€€€ RI
2022 Riesling Steinterrassen Federspiel + Feine Marillen mit dezenten Pfirsichnoten, viel Sortenprägnanz; metallisch, mineralische Noten, viel Frucht, Pfirsich, Limetten, Orangen, saftig, trinkvergnüglich.

★★★★ K €€€€€€ RI
2022 Riesling Spitzer Ried Setzberg Smaragd + Feine Mineralität und Setzberg-Salzigkeit, Stachelbeere, viel Pfirsich, straffe, zitrusbetonte Frucht; sehr saftige, zart-mineralisch unterlegte Frucht, viel Terroir, Purist aus dem kühlen Graben.

★★★★ K €€€€€€ RI
2022 Riesling Spitzer Ried Steinporz Smaragd + Enorm fruchtig, saftige Marillen, harmonisch mit viel Tiefe; straffe, kühle Art, fleischige Frucht mit feiner Mineralität, Maracuja, süßer Pfirsich, viel Riesling-Typizität, super Biss und feine Länge.

★★★★★ K €€€€€€ RI TOP
2022 Riesling Spitzer Ried Hochrain Smaragd + Reifes Steinobst, eingelegte Pfirsiche, sehr würzig, mineralisch, Blutorange; saftige Frucht, viel Pfirsich, enorme Substanz mit viel Mineralität, exotische Fruchtfülle, Orange, Mandarinen, knackiger Biss. Strahlend. Wow!

★★★★★ K €€€€€€ RI TOP
2022 Riesling Ried Singerriedel Smaragd + Zarte, hochelegante Pfirsichnoten, straff, super Mineralität, stoffig-elegant; puristisch, Pfirsich, viel Mineralität, Singerriedel-Terroir pur, druckvoll, ohne üppig zu sein. Riesenwein mit Zug und eleganter Länge. Riesling at its best. Langstreckenläufer!

Weinhofmeisterei
Mathias Hirtzberger

Mathias Hirtzberger
3610 Wösendorf, Hauptstraße 142
Tel. +43 2715 22955
buero@weinhofmeisterei.at, www.weinhofmeisterei.at
10 Hektar, W/R 100/0

Im Musterweingut von Mathias und Hanna Hirtzberger wird heuer erst der zehnte Jahrgang begangen. Umso bemerkenswerter, welch hohen Qualitätsstandard und Eigenständigkeit die Weinpalette aufweist. 2014 wurde der Premieren-Jahrgang aus den ersten Weingärten in Wösendorf vinifiziert. Als Stammhaus diente anfangs die ehemalige „Weingartenhofmeisterei" des Stifts St. Florian in Oberösterreich, die seit damals von Hartmuth Rameder und Erwin Windhaber als Restaurant Hofmeisterei Hirtzberger geführt wird. 2019 wurde nur wenige 100 Meter entfernt ein ganz neues Weingut eröffnet.
Die bildhübsche Grüner Veltliner Steinfeder namens Stab stammt aus verschiedenen Weingärten in der Ried Postaller – eine kühle, spätere Lage, die nach Ost gedreht ist. Die Trauben für das Federspiel Treu stammen zu 60 % aus Weingärten, die ab 350 m Seehöhe liegen, ergänzt wird mit Trauben aus der Ebene und dazwischenliegenden Lagen.
Als Einstieg in die Smaragde gibt es den eleganten wie transparenten Vertreter mit der Bezeichnung Greif, der aus einem 2013 gepflanzten Weingarten stammt – eine etwas feuchtere Ostlage mit Lössablagerungen. Von den beiden riedenreinen Smaragden verfügt der am Hangfuß der Ried Kollmitz situierte Spitaler über ockerfarbenen Lössboden, in der Kollmütz gibt es weniger, eher braunen Löss, der Boden ist vor allem sandig mit vielen Steinen, und man stößt relativ schnell auf Urgestein (Gneis).
Den Einstieg zu den Rieslingen bietet das Federspiel mit Namen Zier, das aus verschiedenen Weißenkirchner Weingärten stammt. Auch beim Riesling gibt es zwei Lagen-Smaragde: Die Ried Bach ist sehr steil und liegt in einem Kessel, demzufolge sehr warm, daher werden hier oft die ersten Rieslinge im Betrieb geerntet – 2022 wurde am Staatsfeiertag gelesen. Kollmitz, wo auch ein kleinbeeriger und dickschaliger Klon steht, wird dafür oft als letzter Weingarten gelesen, im vergangenen Jahr Anfang November. Während der Bach durch viel klassische Frucht und innere Ruhe glänzt, zeigt der Kollmitz zur Pfirsichfrucht auch Kräuternoten und tolle mineralische Würze.

psch

WACHAU

★★★ K €€€ GV FUN
2022 Grüner Veltliner Steinfeder Stab + Elegante Würze, heller Kernobstduft, Minzehauch, duftig, Wiesenkräuter, Birnennote; eher zart, saftig, bildhübsche Frucht, elegant, sehr frisch, feiner Biss, aus einem Guss.

★★★ K €€€ GV
2022 Grüner Veltliner Treu Federspiel + Einige Würze, etwas Lagerapfel, schöne Reife, samtig, bisschen Wiesenblüten, frischer Fenchel; kernig, guter Biss, dezente Apfelnoten, Zitrus, zartherb nach hinten, fest, mittleres Finish.

★★★ K €€€€ GV
2022 Grüner Veltliner Greif Smaragd + Sehr klarer Ausdruck, Klarapfel, duftig, transparent, recht leichtfüßig, ungemein elegant, frisches Laub; saftige Fruchteleganz, klar und frisch, feine Zitrusnoten, griffig, gut strukturiert, bildhübsch.

★★★★ K €€€€€ GV
2022 Grüner Veltliner Spitaler Smaragd + Recht würzig-pfeffrig, röstig, Maisbrot, dezent samtige Frucht, guter Schliff, schöne Wachsnote; saftig, kernig, geschmeidige Mitte, einnehmender Fruchtschliff, mittlere Struktur und Finish.

★★★★ K €€€€€€ GV TIPP
2022 Grüner Veltliner Ried Kollmütz Smaragd + Elegant, gutes Volumen, samtig, reich, ein Korb voller Äpfel, frische grüne Würze, Thymian, Lavendel, Tiefgang; stoffig, sehr saftiger Beginn, Kernobst und etwas Orangen, schöne Würze, Muskatnuss, Nussstrudel, dunkle Würze, gute Länge, beachtlich.

★★★ K €€€€ RI
2022 Riesling Federspiel Zier + Klare typische Rieslingfrucht, bildhübsche Frucht, duftig, Birnenquitten, sanft; knackig, erfrischend, dezente Säure, transparente Frucht, recht griffig, viel Zitrus und Blüten nach hinten, guter Trinkfluss.

★★★★ K €€€€€ RI TIPP
2022 Riesling Ried Bach Smaragd + Kühle Noten, grüne Ringlotten und Marillen, etwas Kräuter, Teegebäck, dezent samtig, cremig; elegant gebaut, verspielte klassische Frucht, wirkt sanft, fast etwas filigran von der Art, fest, mittlere Länge.

★★★★★ K €€€€€€ RI TOP
2022 Riesling Ried Kollmitz Smaragd + Tolle mineralische Würze im Duft, grüne Pfirsiche und Pfirsichschalen, etwas Salbei, Mix aus heller und dunkler Würze, ausdrucksstark; tolle Fruchtpräsenz, kernig, lebhaft, am Gaumen rote Pfirsiche und rosa Grapefruits, sehr straff, toller Grip, lang.

Weingut
Hofstätter

Wolfgang Hofstätter
3620 Spitz, Quitten 2
Mobil +43 664 52 60 674
office@weingut-hofstaetter.at, www.weingut-hofstaetter.at
8,5 Hektar, W/R 98/2, 50.000 Flaschen/Jahr

Am Eingang zum Spitzer Graben und am östlichen Ausläufer des Setzbergs gelegen befindet sich das Familienweingut Hofstätter. Kellertechnische Adaptierungen und önologisches Feintuning in den letzten Jahren, vor allem Investitionen in neue Edelstahltanks und Holzfässer, machen sich im Weinportefeuille des von Wolfgang Hofstätter geleiteten Betriebs positiv bemerkbar. Die Weinstilistik zeichnet sich durch eine perfekte Balance von traditionellem Weinbau und moderner Kellertechnik. Die Sortimentsstruktur ist übersichtlich und auf die Leitsorten Grüner Veltliner und Riesling fokussiert, lässt aber viel Freiraum offen für Sortenvielfalt, bei der Weißburgunder, Chardonnay und Neuburger hervorzuheben sind.

Das Weingut besitzt beste Lagen in und um Spitz. Von den Paradelagen Steinborz, 1000-Eimerberg und die ausschließlich mit Riesling bestockte Ried Singerriedel kommen die hochwertigen Smaragd-Weine.

Der nun aktuelle Jahrgang zeigt sich von der Federspiel- bis zur Smaragd-Kategorie überzeugend mit knackig-kühler Frische in transparenter Charakteristik, die nahtlos an den legendären Vorgänger-Jahrgang anschließen, mit dem Quäntchen Unterschied von etwas mehr Säurespiel: Unisono sind die Weine heuer fein strukturiert und druckvoll sowie tieffruchtig.

Besonders hervorzuheben ist die Top-Kategorie „Best of Quitten2" des Weinguts, die nun mit dem 2021er am Markt ist. Diese Lagen-Cuvée-Linie kommt jeweils vom Riesling und Grünen Veltliner aus ausgewählten Jahrgängen und verkörpert das Beste aus dem Hause Hofstätter, das sich in der Namensnennung (Straßenname und Hausnummer) widerspiegelt: Traubenselektion, reifere Trauben und längere Feinhefe-Standzeiten kennzeichnen diese edlen Gewächse aus, die bereits gut antrinkbar sind, jedoch erst in vielen Jahren ihr Potenzial voll ausspielen werden. *us*

WACHAU DAC

★★ S €€ GV
2022 Grüner Veltliner Hofi Federspiel + Präsente Granny-Smith-Aromatik, saftig, knackig frische Kühle, pfeffrig, toller Säurebiss, ausgewogen.

★★ S €€ GV
2022 Grüner Veltliner Ried Burgberg Federspiel + Glockenklare, kräuterduftige Nase, feingliedrige Gelbfrucht, Apfel, Grapefruit, grüner Pfeffer, druckvoll, gute Länge.

★★★ S €€ GV FUN
2022 Spitzer Grüner Veltliner Ried Steinporz Federspiel + Saftiges Fruchtspiel, dicht, druckvoll, viel mineralische Verve, reifer Apfel, feines Würzespiel, balanciert, toller Spannungsbogen, salzige Frische im Nachhall, viel Trinkanimo, ganz toll.

★★★ S €€€ GV
2022 Grüner Veltliner Ried Harzenleiten Smaragd + Saftige Gelbaromatik, reifer Apfel, schöner Fruchtschmelz mit knackiger Mitte, feines Säurespiel, würzig-nussig, cremig und sehr lang im Nachhall.

★★ S €€ RI
2022 Riesling Hofi Federspiel + Betörende, glockenklare Pfirsichnase, intensive Pfirsicharomatik, etwas Limette, dicht, viel Fruchtpräsenz im feinen Säurespiel, druckvoll bis ins lange Finale.

★★★★ S €€€ RI
2022 Riesling Ried Tausendeimerberg Smaragd + Vollduftiges Bukett nach Steinobst, Pfirsich, ganz straffe Fruchtführung, baut viel Druck auf, engmaschige Komponenten, dicht, mineralische Finesse, extraktreich mit toller Länge, Potenzial.

★★★ S €€€ PB
2022 Spitzer Weißburgunder Smaragd + Trockenblättriges, lebendiges Bukett, saftig-delikates Fruchtspiel, Gelbaromatik, Apfel, Steinobstanklänge, grüne Nüsse, mineralische Feinheit, kühler Touch, dicht mit feinem Schmelz im Abgang.

★★★ S €€€ CH
2022 Spitzer Chardonnay Smaragd + Verführerische Gelbfrucht mit feiner Exotik, glockenklare, fruchtbetonte Saftigkeit, gut strukturiert, mineralisch geprägt, vital salzig.

★★★★ S €€€ GV TIPP
2021 Grüner Veltliner Best of Quitten2 Smaragd + Feinduftige Nase, dunkel-mineralisches Entrée, viel Würze, gelber Apfel, Rhabarber, Birne, Raucharomatik à la Earl Grey, stoffig und kompakt, feines Säurespiel, vollreif, feine Salzzitronen im langen Finish.

★★★★ S €€€€€ RI TIPP
2021 Riesling Best of Quitten2 Smaragd + Betörende Pfirsichnase, Mandarine, Exotik, saftige Dichte, viel Mineralik, druckvoll, feines Spiel aus Extraktsüße und Säure, engmaschig mit voluminöser Tendenz, feinwürzig, lang anhaltend, viel Potenzial.

Weingut
Högl

Josef & Georg Högl
3620 Spitz, Vießling 31
Tel. +43 2713 8458
office@weingut-hoegl.at, www.weingut-hoegl.at
10 Hektar, W/R 100/0, 60.000 Flaschen/Jahr

Josef und Georg Högl haben es wieder einmal geschafft. Trotz einem durchwachsenen Jahr mit anfangs langer Trockenperiode, Niederschlägen im Juni und Juli, dann wieder extrem heißen Wochen, ließ der Ende August einsetzende Regen die Reben – und das Winzer-Duo – wieder aufatmen. Das Ergebnis kann sich sehen lassen – die Weine sind durch die Bank zu klassischen, finessenbetonten Wachauer Gewächsen herangereift, die sowohl Sorte als auch Terroir präzise abbilden. Was deren Qualität angeht, stellt Josef Högl einige von ihnen sogar über die großartigen 2021er. Ob das der Fall ist, wird sich zwar erst in Zukunft zeigen – die Anlagen dafür sind jedenfalls vorhanden, soviel kann man bereits sagen.
Es ist schon ein besonderer Abschnitt, an dem hier Weine mit individuellem, teilweise unverwechselbarem Charakter gekeltert werden, der „Spitzer Graben". Dieses Seitental neben der Donau reicht hinauf ins Waldviertel bis zu einer Seehöhe von 480 Metern, sprich: bis zur Anbaugrenze von Wein. In dieser Cool-Climate-Region wachsen Jahr für Jahr auf den mittels Trockensteinmauern befestigten Weinbergterrassen auf kargen Glimmerschiefer- und Gneisböden Trauben, die eine längere Reifezeit benötigen als im vergleichsweise wärmeren östlichen Teil der Wachau – ein Umstand, der sich im Zuge der Klimaerwärmung als zunehmend vorteilhaft erweist. *bb*

WACHAU

★★ S €€€ GV
2022 Grüner Veltliner Terrassen Spitzer Graben Federspiel + Zitrus, Granny Smith, grüne Ananas, etwas rauchige Umrisse; erfrischend, trinkanimierend.

★★★ S €€€ GV
2022 Grüner Veltliner Ried Schön Federspiel + Mineralien, grüne und gelbe Äpfel, Zitronenkraut, Fenchel, etwas Banane, wirkt leichter als er ist, hochfeiner Stoff.

★★★ K €€€€€ GV **TIPP**
2022 Grüner Veltliner 1000-Eimerberg Smaragd + Prachtvolles Bukett, weiße Birnen, Melonen, Baumrinde, Pfefferstreuer; voluminös, mit viel Schmelz; Barockengerl, gleichwohl fein ziseliert.

★★★★ K €€€€€ GV
2022 Grüner Veltliner Ried Kaiserberg Smaragd + Anfangs mehr Frucht als Würze, gelbe Äpfel, Multbeeren, Safran, zart pfeffrige Nuancen; kraftvoll, fleischig, engmaschig.

★★★ K €€€€€ GV
2022 Grüner Veltliner Ried Brandstatt Smaragd + Anspringender Duftreigen, ein Hauch Banane, Pfefferl, saftige Äpfel, Quitten; sattes Fundament, kühlwürzig, nimmt dann die eher rustikale, phenolische Richtung; Zeit lassen!

★★★★ K €€€€€ GV **TIPP**
2022 Grüner Veltliner Ried Schön Smaragd + Nobler Auftritt, Nadelwald, Kräutergarten, grüne Ananas, Orangenzesten; saftig-stoffige Mitte, delikate Säure, komplex, finessenbetont, glasklar strukturiert und – nomen est omen – einfach nur „schön".

★★★★ K €€€€€€ GV **TIPP**
2022 Grüner Veltliner Ried Schön „Alte Parzellen" Smaragd + Farbenprächtiger Frucht-Würze-Fächer, Aranzini, ein Hauch Bergamotte, Havannas, Nadelwald, Wildkräuter; große Klasse auch die Mineralität und die reifen Tannine; satter, sanfter Trinkfluss, köstlicher Honig-Pfeffer-Schmelz; Veltliner-Ästhet.

★★★ S €€€ RI
2022 Riesling Ried Bruck Federspiel + Klare Ansage mit steinobstiger Nase, Kumquats, Grapefruits; die straffe Fruchtführung macht ihn schlank; transparenter Raster, zum Ende leicht salzig, puristisch.

★★★★ K €€€€€ RI
2022 Riesling Vision Smaragd + Reife Früchte, Ringlotten, Pfirsich; geht mit Samtpfoten über den Gaumen, cremig, fruchtsüß; die prachtvolle Fülle wird von feiner Säure austariert; Schmelz ohne Ende.

★★★★ K €€€€€ RI
2022 Riesling Ried Bruck Smaragd + Pfirsichduft, auch Marillen, Grapefruits, Limetten, alles filigran, fein verästelt bei freilich solidem Unterbau; kühle, klare Struktur, schön balanciert, voller Finesse und Eleganz.

★★★★ K €€€€€€ RI **TIPP**
2022 Riesling Ried Bruck „Alte Parzellen" Smaragd + Duftet verlockend nach Maracuja, Blutorangen, roten Pfirsichen, Zitronenäpfeln; Säure im Extraktpolster fest eingepackt; tolle Substanz, mineralisch, saftig und in jeder Faser eine unaufdringliche, vornehme Schönheit.

Weingut
Hutter – Silberbichlerhof

Friedrich Hutter
3512 Mautern, St. Pöltner Straße 385
Mobil +43 664 736 259 32, +43 664 735 431 43
Fax +43 2732 830044
info@hutter-wachau.at, www.hutter-wachau.at

Der Jahrgang 2022 steht etwas im Schatten der großen 2021er. Im Hause Hutter völlig zu Unrecht. Es sind wie immer vollmundige, ausdrucksstarke, mit tollem Säurespiel ausgestattete Weine. Es war eine um vier Wochen spätere Lese als im Vorjahr mit etwa 10 % weniger Ertrag.
Eine hervorragende Grüner Veltliner Steinfeder zu Beginn. Die Federspiele sind wunderbar – ich liebe den „Loibner", der Ried Süssenberg ist prachtvoll, voller Finesse die Ried Silberbichl. Ein so richtig gutes Riesling Federspiel von hüben und drüben – also linkes und rechtes Donauufer. Bei den Smaragden fällt die Wahl schwer – großartig Riesling Loibenberg, traumhaft Riesling Dürnsteiner Hollerin, den es leider zum letzten Mal gibt, da der Pachtvertrag ausgelaufen ist. Schade. Grüner Veltliner Smaragd Ried Süssenberg – toll, Grüner Veltliner Smaragd Ried Silberbichl – mein Wein des Herzens. Grüner Veltliner Smaragd Ried Rothenhof – fulminant – linkes Donauufer. Beim Riesling Silberbichl wird sich noch weisen, ob Federspiel oder Smaragd. Ich tendiere eher zum Federspiel. Egal, was es wird, es ist ein toller Wein. Dann gibt es noch einen Grauburgunder, welcher der richtige Wein für den Herbst ist. *as*

WACHAU DAC

★ **S €€ GV**
2022 Grüner Veltliner Federspiel Ried Alte Point + (Löss) Traubig, gewürzig, Kräuter, Exotik pur, Ananas, Mango, Honiganklänge, saftig-schmelzig, ausdrucksstark und typisch.

★★ **S €€ GV**
2022 Grüner Veltliner Federspiel Ried Süssenberg + (Schotter) Kräuterwürze, Ananas, Exotik, dezent rauchig, weißer Pfeffer, mineralische Ader, Orangenschalen, engmaschig, ausgewogen, elegant, schmelzig, dicht und voller Charme.

★★ **S €€ GV** FUN
2022 Grüner Veltliner Federspiel Loibner + (Kreutles und Donaugarten) Kühles Aroma, gelbfruchtig, weinig, saftig, voller Pikanz, ausgewogen, erinnert an einen Waldesrand, druckvoll, spannend, ganz klar linkes Ufer. Ungemein attraktiv. Wachau at its best.

★★ **S €€ GV**
2022 Grüner Veltliner Federspiel Ried Silberbichl + (Kalkmergel) Limette, feine Frucht, salzige Noten, getrocknete Kräuter, Marille, perfektes Säurespiel, charmant, elegant, filigran, leichtfüßig, voller Finesse und Frische. Traumhaft!

★★ **S €€ RI**
2022 Riesling Federspiel + (verschiedene Lagen hüben und drüben) Zartes Bukett, fast feminin wirkend, sehr elegant, doch straff und ausdrucksstark, Marille pur, reifer Apfel, gelbe Früchte, attraktiv, tolles Säurespiel, knackig, der ist so richtig gut.

★★★ **S €€ RI**
2022 Riesling Ried Silberbichl + (Noch ist nicht entschieden, wohin die Reise bei diesem Wein geht – Federspiel oder doch Smaragd?) Dunkel getönt, Kräuter, Gewürze, Marzipan, Ringlotten, etwas Karamell, Apricot, Ananas, rassig, straff, da wächst etwas sehr Gutes heran. Geht auf die Reise.

★★★★ **S €€€€ RI**
2022 Riesling Smaragd Ried Loibenberg + Ein hochwertiger Riesling mit herrlichem Fruchtspiel, viel Steinobst, Ananas, Zitrusfrische, Orangen, rassig, griffig, engmaschig, fein und gediegen. Absolute Klasse und viel Zukunft.

★★★ **S €€€€ RI**
2022 Riesling Smaragd Ried Dürnsteiner Hollerin + Waldaromen, ungemein kühl, kräuterig, dezente Pilznoten, Zitrus, Steinobst, Eibischnoten, elegant, schlanke Struktur, feingliedrig, macht großen Spaß.

★★ **S €€€ GV**
2022 Grüner Veltliner Smaragd Ried Alte Point + Frische Kräuter, Exotik pur, Ananas, Mango, weißer Pfeffer, weinige Struktur, Rosmarin, guter typischer Grüner Veltliner ohne Anspruch auf Größe.

★★★ **S €€€ GV**
2022 Grüner Veltliner Smaragd Ried Rothenhof + (sandiger Boden) Ein kraftvoller, gelbfruchtiger, charmanter Wein, weich, geschmeidig, Orangenschalen, Pfefferschleier, Zitrus, Exotik, gewisse Opulenz, frische Kräuter, cremige Fülle, viel – sehr guter – Wein.

★★★ **S €€€€ GV**
2022 Grüner Veltliner Smaragd Ried Süssenberg + Dezent hefig, Grapefruit, Zitrus, Orangenschalen, Nougat, tolle Exotik, voller Grip, kompakt, Birnenfrucht, keine Botrytis, bestechend sauber, wirkt fast etwas verspielt. Ein ungemein eleganter Wein.

★★★ **S €€€€ GV**
2022 Grüner Veltliner Smaragd Ried Silberbichl + Stoffig, dicht, steinige Aspekte, Marille, Marzipan, Zitrus, salzig, Pfirsich, Ananas, vielschichtig, dezente Pfeffernoten, toller Stoff mit viel Zukunft. Der geht auf die Reise.

Weingut
Josef Jamek

Herwig Jamek
3610 Joching, Josef-Jamek-Straße 45
Tel. +43 2715 2235
info@weingut-jamek.at, www.jamekwein.at
25 Hektar, W/R 95/5

Das nach dem Weinbaupionier benannte Traditionsweingut Josef Jamek ist weltweit das Aushängeschild für den Wachauer Weinbau. Ebenso Kultstatus genießt das an das Weingut angeschlossene Restaurant, das von der Familie Altmann geführt wird. Den Weinbau betreibt die Familie Herwig & Julia Jamek, beide sind ausgebildete Ärzte, nach den Prinzipien der naturnahen Ausrichtung. Stetige Rekultivierung von alten Riedenterrassen und der Ausbau der Weine im klassischen Holzgebinde sind forcierte Grundprinzipien. Geschichtsträchtige Tradition und zukunftsorientierte Weitsicht gehen so Hand in Hand mit Natur und Kultur, was sich in den bekömmlichen Weinen des Hauses förmlich widerspiegelt.

Die Federspiel-Kategorie ist das Atout im Hause Jamek, und sie begeistert auch heuer wieder mit fein ziselierten Varietäten der Sorte Grüner Veltliner, die ab heuer mit einem in filigraner Eleganz strahlenden Ried Steinwand erweitert wurde und damit gleichsam das Missing Link zum extraktdichten wie tieffruchtigen Veltliner Ried Achleiten darstellt.

Der Chardonnay zeigt sich in fruchtbetont-saftigem Gewand, und die Federspiel Rieslinge mit dem Highlight des dunkelfruchtig-rauchigen Ried Klaus-Klassikers spielen in einer eigenen Liga, die qualitätsmäßig der Smaragd-Kategorie ebenbürtig sind. Die aktuelle Serie vom Jahrgang 2022 präsentiert sich im Vergleich zum Vorgänger-Jahrgang mit etwas mehr pikantem Säure-Frucht-Spiel in finessiger Ausdrucksweise und mit nobler Trinkigkeit. Zukünftig werden alle Smaragd-Juwele des Hauses Jamek in der Guide-Ausgabe erst nach zwei Jahren nach der Ernte vorgestellt werden. *us*

WACHAU

★★★ **S €€€ GV**
2022 Grüner Veltliner Stein am Rain Federspiel + Duftet nach gelbem Apfel, präsente Apfelnoten, Gelbfrucht, delikat mit feiner Rundung, Tabak, harmonisch, gute Länge.

★★★ **S €€€ GV** FUN
2022 Grüner Veltliner Ried Steinwand Federspiel + Feine Tabaknase, viel Gelbfrucht, vollmundig, dicht, etwas Exotik, mineralische Prägung, engmaschig, feiner Fruchtschmelz unterlegt, balanciert, sehr lang.

★★★ **S €€€€ GV**
2022 Grüner Veltliner Ried Achleiten Federspiel + Bukett nach heller Walnuss, Lederbirne, saftig, kräftig und kompakt, Stachelbeere, Limettenzeste, viel Extraktsüße, rauchig-mineralisch, strotzt förmlich vor Mineralität, zarter Fruchtschmelz im Abgang, lang.

★★★★★ **K €€€€€ GV** TOP
2021 Grüner Veltliner Ried Achleiten Smaragd + Feines Bukett von Steinobst und exotischen Früchten, saftig, viel Extraktsüße, Bratapfel, dicht, knackig-feste Mitte, perfekt strukturiert, Pimentwürze, dunkelfruchtig geprägt, alles in perfekter Balance, langes Finish, Potenzial, großer Wein.

★★★ **S €€€ RI**
2022 Jochinger Riesling Federspiel + Duftet nach Steinobst, Ananas, Limette, saftige Aromatik mit knackigem Biss, Pfirsich, etwas Darjeeling-Tee, vital mit feinem, unaufdringlichem Säureschliff, ziseliert.

★★★ **S €€€ RI**
2022 Riesling Ried Pichl Federspiel + Feinstes Weingartenpfirsich- Bukett, setzt sich am Gaumen fort, druckvolle Gelbfrucht, Zitrus, knackige Säure, viel Fruchtfrische, ansprechend.

★★★★ **S €€€€ RI** TIPP
2022 Riesling Ried Klaus Federspiel + Hocharomatische Pfirsichnase, Zitrus, am Gaumen zart rauchig, saftig, druckvoll, Agrumen-Pfirsich-Melange, strotzt vor Mineralität und Extrakt, viel Säurebiss, ziselierte Dichte, tiefgründig, rauchig, vielschichtig, viel Potenzial und sehr lang.

★★★★★ **K €€€€€€ RI** TOP
2021 Riesling Ried Klaus Smaragd + Verführerisches Bukett nach Passionsfrucht, Limette, saftige wie fein ziselierte Gelbfrucht, Weingartenpfirsich, Hauch von Exotik à la Ananas, strahlende Frische, druckvoll, viel Säurebiss, tiefgründig, ausgeprägte Terroir-Typizität mit teeblättrigen Noten, öffnet sich langsam, vielschichtig, balanciert, elegant, gediegene Größe, lang mit viel Potenzial.

★★★ **S €€€ GM** FUN
2022 Gelber Muskateller Vierblattl Federspiel + Holunderblüten pur, zarter Rosenduft, fein ziselierte Fruchtigkeit, Pfirsich, viel Säurebiss, vital, unaufdringliche Eleganz, lang, Modellcharakter!

Weingut
Emmerich Knoll

Emmerich Knoll
3601 Dürnstein, Unterloiben 132
Tel. +43 2732 79355, Fax -5
weingut@knoll.at, www.knoll.at
19,5 Hektar, W/R 99/1

Emmerich H. Knoll, dem als Obmann der Vinea Wachau-Vereinigung die 2023 erreichte Umsetzung von „Nachhaltig Austria“ für alle Mitgliedsbetriebe eine Herzensangelegenheit war, hat nie ein Hehl daraus gemacht, wie schwierig die Bewältigung des aktuellen Jahrgangs in den Wachauer Weinbergen war. Zuerst zu wenig Wasser und dann zu viel ließ die Hauptlese sehr aufwendig und zum kostenintensiven Geduldsspiel werden, und auch schmerzliche Mengenverluste waren unvermeidlich. Dennoch haben die verkosteten 2022er Federspiele – die Smaragde betreten bekanntlich ja erst nächstes Jahr die Bühne – recht gut reüssiert. Sehr zart und dezent präsentierte sich etwa der Gelbe Muskateller, und die beiden Lagen-Veltliner in Gestalt des archetypischen rauchigen Kreutles und des schwungvollen, seinem „großen Bruder“ aus der Ried Schütt immer näher kommenden Trum überzeugen sofort.

Die Smaragde aus 2021 erzählen freilich eine andere Geschichte, denn in der Nachbetrachtung übertrumpft dieser Ausnahmejahrgang vermutlich die in der Wachau und vor allem auch im Loibner Traditionsbetrieb sehr guten Jahrgänge 2013, 2017 und 2019 noch mehr oder weniger deutlich. Auffallend erscheint auch, wie klar umrissen, ja gleichsam gemeißelt die einzelnen Lagen ihre jeweiligen Charakteristika zum Ausdruck bringen. Dies gilt schon für die formidablen Veltliner, allen voran die großartige, mit riesigem Potenzial gesegnete Vinothekfüllung, und in vermehrtem Maße für die exquisiten Riesling-Smaragde, die sich allesamt prachtvoll entwickelt haben. So elegant wie nie zuvor gleitet etwa der Kellerberg über den Gaumen, während der kraftvolle Pfaffenberg erst beginnt, seine Atouts wie rotbeerige Fruchtfülle und hohe Rasse auszuspielen. Ebenfalls als Maßstab für mächtigen Riesling darf die Vinothekfüllung gelten, die aber ebenso wie ihr „grüner“ Artgenosse nie üppig oder schwermütig erscheint, sondern eine bislang nicht gekannte Eleganz realisiert. Schier sprachlos lässt den Verkoster schließlich die ungemein energetische wie komplexe Ried Schütt zurück, die sich Schritt für Schritt zu einem wahren Wachauer Riesling-Monument zu entwickeln scheint. *vs*

WACHAU

★★★ **K €€€ GM**
2022 Gelber Muskateller Federspiel + Von Anfang an knusprig und pikant, zurückhaltende Nase nach Holundermark und weißen Ribiseln, auch eine Spur von Rosenblüten, erfrischend und fordernd, feine Klinge, balanciert und bereits präsent, rundum gelungen.

★★ **K €€ GV**
2022 Grüner Veltliner Steinfeder + Roggenbrot und Linsen in der Nase, auch pfeffrige Würze, zart und pikant zugleich, eher die herbe Würze als die zurückhaltende Kernobstfrucht betonend, schon recht präsent.

★★ **K €€€ GV**
2022 Grüner Veltliner Loibner Federspiel + Rauchiger Auftakt, brotige Würze, schlank gebaut, doch rund und zugänglich, Birne und Quitte am Gaumen, ausgewogener Charakter.

★★★ **K €€€ GV**
2022 Grüner Veltliner Ried Kreutles Federspiel + Zunächst zarte Apfelfrucht, dann sogleich die unverkennbare rauchige Lagennote, kompakt, aber auch feingliedrig, beinahe filigran, verspielt und nuancenreich, alles im Lot.

★★★ K €€€ GV FUN

2022 Grüner Veltliner Ried Trum Federspiel + Blütenhonig, dann Stachelbeere und rote Ribisel, sehr pfiffig, frisch und elegant, feine Fruchtsüße, straff und klar strukturiert, ein überaus pointierter Grüner, wie er so nur aus der Wachau stammen kann.

★★★ K €€€€ GV

2021 Grüner Veltliner Ried Kreutles Smaragd + Beginnt mit Kräutertönen à la Salbei und Thymian, auch pfeffrige Würze, kühl unterlegt, saloppes Fruchtspiel nach Winteräpfeln, griffig und animierend, sehr juvenil und lebhaft, auch standfest.

★★★★ K €€€€€ GV TIPP

2021 Grüner Veltliner Ried Schütt Smaragd + Stachelbeere und Ribisel im Gleichschritt, sehr blumig, frisch und pikant, feine Extraktsüße, nur leicht schotig unterlegt, funkelt so richtig am Gaumen, kraftvoll und mit heller Frucht vollgepackt, rassig und lang.

★★★★ K €€€€€ GV

2021 Grüner Veltliner Ried Loibenberg Smaragd + Dicht und druckvoll, nahezu mächtig, die gelbfruchtigen Komponenten überwiegen, markant und gebündelt, satter Schmelz, Ringlotte und Physalis, bringt immer wieder neue Facetten hervor, langer Nachhall.

★★★★ K €€€€€€ GV TIPP

2021 Grüner Veltliner Vinothekfüllung Smaragd + Duftspiel nach Wacholder und Waldhonig, ausgereift und reich, aber nicht üppig, Marillenröster und Dörrobst, enorme Dichte, aber auch superbe Finesse, feinfaserig, fruchtsüß und großzügig angelegt, lange nachklingend – ein Veltliner-Elixier für Jahrzehnte.

★★ K €€€ RI

2022 Riesling Loibner Federspiel + Ein bisschen verhalten, momentan mehr Würze als Frucht freigebend, angedeutete Zitrusaromen, etwas streng, sehr sauber und geradlinig, geht langsam auf und wird fruchtbetonter, passende Säure im Abgang.

★★★ K €€€€ RI

2022 Riesling Ried Loibenberg Federspiel + Offenherzig wie pointiert, saftige gelbe Fruchtakzente nach Marillen und Kirschpflaumen, leichte Herbe dahinter, fest verwoben, balanciert und charmant, sehr anregend und ausgewogen, einige Länge.

★★★★ K €€€€€ RI

2021 Riesling Ried Loibenberg Smaragd + Supersaftiger Auftakt, Anklänge von gelbem Pfirsich und Zuckermelone, auch etwas Kletzenbrot, sofort ansprechend, rauchig und gebündelt, harmonisch, cremiger Schmelz, gute Länge.

★★★★ K €€€€€ RI

2021 Riesling Ried Kellerberg Smaragd + Blütenhonig und ganz helles Fruchtspiel vor allem nach weißen Pfirsichen, glockenklar und hochelegant, rauchige Untertöne, überaus engmaschig, feinkörnig und geschliffen, Limetten und Stachelbeeren, lang und aus einem Guss – viel Potenzial.

★★★★★ K €€€€€€ RI TOP

2021 Riesling Ried Schütt Smaragd + Zarte Stachelbeerfrucht, auch Cassis, geht langsam auf und wird immer profunder und expressiver, sehr fokussiert, gleitet fruchtsüß und elegant über den Gaumen, viel Elan und Rasse, wunderbarer Kontrast von eingebundener Fruchtsüße und hoher Säure, doch alles in Balance, vielschichtig und extrem lange nachklingend – ein ganz großer Riesling im Werden.

★★★★★ K €€€€€€€ RI TOP

2021 Riesling Vinothekfüllung Smaragd + Ausgereift und reichhaltig, beschreibt einen weiten Bogen, der von Zuckermelone und Papaya bis zum gelben Pfirsich reicht, großzügig und extraktreich, immer neue Schichten offenbarend, Ananas und Milchschokolade, hohe Finesse und prickelnde Frische, große Ausdauer, große Zukunft – wohl einer der besten „Vinothek-Rieslinge" aller Zeiten.

KREMSTAL

★★★★★ K €€€€€€ RI TOP

2021 Riesling Pfaffenberg Selection + Eine leichte Reduktion verfliegt mit Luftzufuhr rasch, dann kommen die lagentypischen rotbeerigen Aromen zum Durchbruch, sehr dicht und kraftvoll, tolle Finesse, rote Ribiseln und Maulbeeren, dunkel getönt, saftiger Fruchtschmelz, energetisch und rassig, beispielhafte Eleganz, langer Nachhall, große Reserven.

★★★★ K €€€€€€ RI

2021 Riesling Pfaffenberg Reserve lieblich + Puristisches, offenherziges Bukett nach Granatapfel und Kornelkirsche, die rotbeerige Lagennote schimmert bald durch, viel Esprit und feiner Fruchtcharme, verspielt und nuanciert, der Restzucker erscheint sehr dezent, schöne Balance und zahlreiche Facetten, passender Säurebogen.

Weingut
Lagler

Karl Lagler
3620 Spitz, Am Hinterweg 17
Tel. +43 2713 2939
info@laglers.at, www.laglers.at
13 Hektar, 80.000 Flaschen/Jahr

Das Weingut Lagler zählt zu den gefragten Adressen in Spitz an der Donau. Der Weinberghof ist Weinbar, Aussichtsterrasse und Genusshotel – und logischerweise dreht sich dort alles um den Wein, den Karl Lagler junior macht. Diesmal fokussieren wir uns auf die umfangreiche Veltliner-Palette. Im mittelkräftigen Segment stehen zwei Federspiele: Mit den „Himmelsrichtungen" zeigt Lagler den Ortsweincharakter von Spitz auf. Sein Burgberg Federspiel schaut Richtung Spitzer Graben, wodurch dieser Wein straffer und kühlwürziger wirkt.

Drei eigenständige Lagen-Veltliner geben die Boden- und Klimavielfalt der Wachau wieder: Sein Weißenkirchner Smaragd Hinter der Burg ist wärmste Lage und der fülligste Wein. Die Axpoint in Spitz ist der Inbegriff eines rauchig-würzigen Löss-Veltliners. Und der Smaragd vom Steinporz ist der mineralische Wachauer Urgesteins-Veltliner.

Wer Veltliner mit mehr Speck sucht, ist mit der immer etwas molligen, fruchtsüßen Selection Elisabeth bestens bedient – ein Wein mit Auslesecharakter, für den Lagler nur ein bis drei Trauben pro Stock hängen lässt. Den Wein-Freigeistern sei die Edition Traditionell ans Herz gelegt, wo Lagler 20 % der Veltliner-Trauben maischevergoren hat. Ein schöner Alternativ-Qualitätswein, der seinen Sortencharakter nicht verleugnet.

Viel Spannung bieten auch Traminer und Muskateller, von denen man in ihrer trockenen, salzig-mineralischen Art viel trinken mag. Die Riesling-Smaragde kommen erst im Herbst. *hp*

WACHAU DAC

★★ S €€ GV
2022 Grüner Veltliner Spitzer Himmelsrichtungen Federspiel + Dezente Würze, rauchig, Williamsbirnen, grüner Apfel; mineralisch, schwarzer Pfeffer, rosa Grapefruit, Orangenzesten, knackig.

★★★ S €€€ GV FUN
2022 Grüner Veltliner Ried Burgberg Federspiel + Kühle Aromatik und Würze, gelbfruchtig; viel Zitrus, Mandarinen, schwarzer Pfeffer und Mineralität, straffer Wein.

★★★★ S €€€ GV
2022 Grüner Veltliner Ried Weißenkirchner Hinter der Burg Smaragd + Exotische Fruchtfülle, Mango, Maracuja, Ananas; warme Fruchtexotik mit Schwarzer-Pfeffer-Würze, feiner Mineralität und Säure, gute Länge.

★★★ S/K €€€ GV
2022 Grüner Veltliner Ried Spitzer Axpoint Smaragd + Gewürznoten, rauchig, nussig; Lösswürze, schwarzer Pfeffer, Schwarzbrot, Birnen und gelbe Äpfel, betont trocken, fester Gerbstoff, feine Säurestütze.

★★★★ S/K €€€€ GV TIPP
2022 Grüner Veltliner Ried Spitzer Steinporz Smaragd + Sehr mineralisch, helle Würze, rosa Pfeffer, tropische Früchte, Ananas und Litschi; saftig, straffe Mineralität, kühle Fruchtaromatik, reife Zitrusfrüchte, hoher Trinkspaß, super Länge.

★★★★ S €€€ GV
2021 Grüner Veltliner Edition Traditionell + Weich und füllig, dezent würzig, Bratapfel, Nelken, Oliven; süßfruchtiges Kernobst, gewürzig, Tabak, Gerbstoff gibt Stütze, mehr Sorte denn Herkunft schmeckbar, anspruchsvoller Alternativ-GV.

★★★★ K €€€€ GV TIPP
2021 Grüner Veltliner Selection Elisabeth + Tabakblätter, Olivenpaste, reife Kernobstfrucht, wirkt mollig; tropische Fruchtsüße mit feiner Mineralität, reife Ananas, schwarzer Pfeffer, Grip und Länge.

★★★ S €€€ GM
2022 Spitzer Gelber Muskateller + Kühl-aromatischer Fruchtschmeichler, süß-traubig, Lorbeer; stimmiges Frucht-Säure-Spiel, Holunder, Limetten, leichtgewichtiger, zart-mineralischer Terrassenwein.

★★★ S €€ RI
2022 Riesling Ried Spitzer Setzberg Federspiel + Ziemlich straff, viel Zitrusduft, Weingartenpfirsich, zarte Würze; eingelegte Marillen und Pfirsiche, Traubengelee, kühle Mineralität, leicht salzig, mittellang.

★★★★ S €€€ TR TIPP
2021 Spitzer Roter Traminer Smaragd + Sortentypisch mit feiner Mineralität, Rosenblätter, sanfte Art; griffig, Zitrus, Rosenblüten, weicher Kern mit salziger Note, gute Länge, trockener Traminer, von dem man viel trinken mag.

★★★ S €€€ PB
2021 Weißburgunder Smaragd + Pilzig, weich und cremig, helle Schokolade; rund und zugänglich, dezent cremig, Haselnussschokolade, Kakao, bisschen Bratapfel, milde Säure.

BIO

Weingut
Erich Machherndl

Erich Machherndl
3610 Wösendorf, Hauptstraße 1
Mobil +43 664 450 01 62
office@machherndl.com, www.machherndl.com
8 Hektar

Die Weine von Erich Machherndl passen in keine der gängigen Schubladen. Er leistet sich seinen eigenen Stil, und der ist abseits des Mainstreams. Er ist ein Querdenker im positiven Sinn, auf der Suche nach den Wurzeln, wie er selbst sagt. Überbordende Frucht liebt er weniger. Neben den in der Wachau üblichen Federspielen und Smaragden, je nach Witterung auch Steinfedern, wartet er mit einer Serie von Weinen auf, für die er die Bezeichnung „Pulp Fiction" schützen ließ. Dahinter verbergen sich hochgradig individuelle Gewächse. Der Pulp Fiction Yellow No. XVIII, eine Cuvée aus Grünem und Frührotem Veltliner sowie Gelbem Muskateller, wurde auf der Maische vergoren und nach minimalen Eingriffen aus dem Edelstahltank direkt von der Feinhefe abgezogen und abgefüllt. Doch auch die unter der Flagge der Vinea Wachau segelnden Weine sind abseits des Üblichen. Die Lagencharakteristika arbeitet Erich Machherndl klar erkennbar heraus. In dieser Hinsicht besonders zu empfehlen ist die Ausgabe 2021 vom Grünen Veltliner Smaragd for friends only, der vom Untergrund aus verwittertem Gneis geprägt ist und den es nur in Magnumflaschen gibt.

Das Weingut ist organisch-biologisch zertifiziert. Der Winzer verwendet aber auch Demeter-Präparate der biodynamischen Bewirtschaftung.

Zum Zeitpunkt meiner Verkostung Anfang März waren viele der Weine noch nicht fertig, bei einigen war sogar die Gärung noch im Gange. *ww*

WACHAU DAC

★★★ S €€ GV
2022 Grüner Veltliner Ried Hochrain + Markant, eigenständig, braucht Luft, zeigt dann akzentuierte Würze und noch später florale Akzente; präsentiert sich auch auf dem Gaumen so, kompakt, erdig, saftig, Zug, präzise, im Finish auch Boskop-Äpfel.

★★ S €€ GV
2022 Grüner Veltliner Federspiel Ried Kollmütz + Viel Würze, klar, zarte Apfelnote; pikant, würzig, Zug, Bodentöne, gut integrierte Säure, passende Substanz.

★★ S €€ GV
2022 Grüner Veltliner Seelenkräutel + Betont würzig, Einlegegewürze, Senfkörner; Säurerückgrat, von einer sensorisch völlig unauffälligen Prise Restzucker austariert, saftig, knackige Äpfel und Gewürznoten, Kräuter im Nachhall.

★★★ S €€€€ GV TIPP
2021 Grüner Veltliner Smaragd Ried Kollmitz + Klar, Bodentöne, Kräuterbukett, ein Hauch Bienenwachs; saftig, Säurerückgrat, Frucht à la Zitrus und knackige Marillen, präzise Struktur, hat Spiel, sehnig, höchst eigenständig, Lagerreserven.

★★★★ K €€€€€€ GV TIPP
2021 Grüner Veltliner Smaragd for friends only + (nur 1,5 l) Druckvoll, würzig, dunkle Blüten à la Alpenrosen, tief im Glas Lederäpfel; Säurespiel, fast fordernd, präzise, null Fett, Würze und Frucht im Abgang und im Nachhall, Bodentöne.

★★★★ S €€€€ RI
2022 Riesling Smaragd Kollmütz + Spontan einnehmend und sortentypisch, reife Weingartenpfirsiche, leise Bodentöne; schließt aromatisch nahtlos an, quicklebendig, Säurespiel, glockenklare Frucht, mittelgewichtig, trinkanimierend.

WEINLAND

★★★ S €€€€€ PG
2021 Grauer Burgunder Kain und Abel + Frischer Sortenduft, rotbackige Birnen, Malz, Hauch Dunkelbier, tief im Glas Dörrbirnen; saftig, frisch, Säurespiel, sortenaffin, Gerbstoffe im Finish geben Halt.

★★★ K €€€€ CW
2021 Pulp Fiction Yellow No. XVIII + (33 GV / 33 FV / GM) Staubig; Muskateller gibt den Ton an, getrocknete Holunderblüten, Grapefruits, florale Noten, Quitten; schließt mit Quitten, Holunderblüten, Kräutern und floralen Noten an, wirkt bekömmlich, frisch, Trub macht ihn mollig, sympathischer Naturweincharakter.

★★★ K €€€€ SY FUN
2021 Pulp Fiction Red No. XVII + (SY) Klares, rotfruchtiges und kühl angehauchtes Bukett, Kirschen, Preiselbeeren; frisch, getrocknete Cranberries, Anklänge von frischen Pflaumen, hinten auch Preiselbeerlaub, Säurespiel, völlig unaufdringliche Tannine, leichtfüßig, macht Spaß.

Weingut
Mang Hermenegild

Alexander & Astrid Mang
3610 Weißenkirchen, Landstraße 38
Mobil +43 650 244 08 33, astrid@weingut-hermenegild-mang.at,
www.weingut-hermenegild-mang.at
10 Hektar, W/R 80/20, 40.000 Flaschen/Jahr

Mitten in der Wachau, in der Marktgemeinde Weißenkirchen, liegt der ehemalige Lesehof der Bürgerspitalstiftung Enns, der seit mehr als einem Jahrhundert im Besitz der Familie Mang ist – ein Name, der bereits 1287 urkundlich mit dem Weinbau in Weißenkirchen verknüpft war. Heute wird er vom Brüderpaar Hermenegild (der 18.) und Alexander bewirtschaftet, wobei sich Ersterer um den weithin bekannten und beliebten Heurigen kümmert, während das Bruderherz – er ist ausgebildeter Kellermeister – für die Hege und Pflege der Weingärten verantwortlich zeichnet. Die Kellerarbeit teilen sich die beiden untereinander auf.

Hier, unmittelbar neben der vorbeifließenden Donau im wunderhübschen Gastgarten, dem auch ein weitläufiger Wintergarten angehört, bei einem guten Glas Wein und bodenständiger Küche zu verweilen, zählt zweifellos zu den Highlights eines ausgedehnten Wachautrips. Geöffnet von April bis Juni bzw. von August bis Ende Oktober zieht er Scharen von Besuchern an.

Was die Weine anlangt, so haben wir das Gefühl, dass es in den letzten Jahren einen qualitativen Aufwärtstrend gibt, Sortencharakter und Terroir kommen noch etwas klarer, etwas präziser zum Ausdruck, als das bisher schon der Fall war – heuer eindrucksvoll von mineralischen Weinen aus den Rieden Klaus und Steinriegl unter Beweis gestellt. Hochinteressant fällt auch der Jahrgangsvergleich der beiden Grünen Veltliner Klaus aus – 2021 als Wein voll Eleganz und Strahlkraft, 2022 als veritables Barockengerl mit satter Fülle und einer delikaten Prise Restzucker. *bb*

WACHAU

★★ S €€ GV
2022 Grüner Veltliner Ried Vorderseiber Federspiel + Grünfruchtiges Entree, Zitruszesten, grüne Äpfel; vollkommen trocken; tadelloser Einstiegsveltliner mit pikantem Säureschliff.

★★★ S €€€ GV
2022 Grüner Veltliner Ried Steinriegl Alte Rebe + Attraktive Nase, Eibisch, grüner Pfeffer, Renetten; stoffig-schmelzige Textur, mineralische Ader, saftig, gut balanciert und aussagekräftig.

★★★★ S €€€ GV
2022 Grüner Veltliner Ried Kaiserberg Smaragd + Duftet nach Walnüssen, Müsli, Wildkräutern; mittelkräftige, gut unterfütterte Statur, Melisse, Zitronenäpfel; trotz Fülle fein gesponnen, facettenreich, ausgewogen, mit langem Finish.

★★★★ S €€€ GV TIPP
2021 Grüner Veltliner Ried Klaus Smaragd + Verführerische Nase, Honig, Pfefferstreuer, Kräutergarten, baut sich wunderschön auf, Waldboden, Orangenzesten, aber auch Terroir pur; substanziell und zugleich voll Eleganz und Finesse; schöne Länge.

★★★ S €€€ GV
2022 Grüner Veltliner Ried Klaus Spätlese halbtrocken + Honigmelonen, reife Äpfel, Birnen, Tannin vermählt sich mit feiner Restsüße; gut ausstaffiert, mollig, offenherzig; Charmebündel mit viel Potenzial.

★★ S €€€ RI
2022 Riesling Ried Steinriegl Federspiel + Kriecherl, grüne Marillen, Zitrusfrüchte, knackige Säure; jugendlicher Zuschnitt, viel Mineralität, klar strukturiert, animierend.

★★★ S €€€ RI
2022 Riesling Ried Liechtensteinerin Smaragd + Rauchig-mineralisches Gerbstoffnetz, dann Grapefruits, rote Pfirsiche, Baumblüten; alles sehr dezent, Finesse blitzt auf; noch in der Kinderstube, hat aber das Zeug zum Dauerläufer.

★★ S €€€ SB
2022 Sauvignon Blanc + Sortentypisch die grünen Noten, Paprika, Litschi, später Brennnessel, Zitronengras und grüne Johannisbeeren; saftig, ausgiebig, mit erfrischendem Säurebogen.

★★★ S €€€ MO TIPP
2022 Muskat Ottonel Federspiel + Zarte Holunderblüte, gelbe Rosen, herber Verlauf, jedoch immer vornehm, filigran, leichtfüßig, schwebend; wer die oft vorlauten Exemplare nicht mag, liegt hier goldrichtig.

ÖSTERREICH

★★ S €€€ CR
2021 Rosé Frizzante + Vegetabile Noten, Spargel, Blätter, Schlehen; am Gaumen grüne Erdbeeren, Waldfrüchte; zart fruchtsüß, angenehm zurückhaltendes Mousseux.

Demeter-Weingut
Nikolaihof Wachau

Nikolaus Saahs
3512 Mautern, Nikolaigasse 3
Tel. +43 2732 82901
wein@nikolaihof.at, www.nikolaihof.at
22 Hektar, W/R 100/0

Als Ikone der biodynamischen Bewirtschaftungsweise im Weinbau und internationaler Vorzeigebetrieb aus Österreich steht der Nikolaihof Wachau der Familie Saahs für besonders langlebige Weißweine mit elegantem Körperbau und hoher Bekömmlichkeit. Die Ursprünge des historischen Nikolaihofs reichen bis in die Römerzeit zurück. Mit biodynamischer Bewirtschaftung nach den Richtlinien von Rudolf Steiner starteten Christine und Nikolaus Saahs schon Anfang der 1970er-Jahre. Diese führt Nikolaus Saahs jun. seit 2005 konsequent weiter. So kommen hier seit mittlerweile fünf Jahrzehnten nur biologische Mittel zum Einsatz, dazu eigens angesetzte Präparate, Auszüge und Tees. Gründüngung und schonende Bodenbearbeitung sind selbstverständlich, ausgewählte Weingärten werden seit einiger Zeit ausschließlich mit dem Pferd bearbeitet.

Stammen die Federspiele aus dem jeweils letzten Jahrgang, so genießen die Smaragde bzw. die Reserven aus den Weingärten in Krems-Stein eine längere Reifezeit. Darüber hinaus stehen jeweils auch einige tolle Altweinschmankerln mit sehr langer Fassreifung zur Verfügung. Gemeinsam mit seiner weinmäßig erfahrenen und talentierten Partnerin Katharina Salzgeber wurde auch die Semicolon-Serie mit schwefelfreien, teils maischevergorenen Weinen kreiert.

In der empfehlenswerten Weinstube kann man sich an schmackhafter biologischer Kost und Säften sowie allen Nikolaihof-Weinen delektieren. Seit Kurzem steht mit dem Salon 77 ein schmucker Verkostungsbereich zur Verfügung, wo man das aktuelle Weinsortiment und gereifte Weine in Ruhe verkosten und kaufen kann. *psch*

WACHAU DAC

★★★ S €€€ GM
2022 Muskateller Federspiel + Kühl, frisch, grünes Laub und Zitruszesten, auch Orangen, elegant; schlank und filigran, feinherb, anregende Zitrus.

★★★ S €€€ GV
2022 Grüner Veltliner Hefeabzug + Nach frisch gemähtem Gras und grünem Pfeffer, Zitruszesten, elegant und ausgewogen; sanfter Ausdruck, mild, dezent saftige Textur, nach hinten auch etwas kernig.

★★ S €€€ GV
2022 Grüner Veltliner Federspiel + Leicht röstige Nase, getrocknete Wiesenkräuter und grüne Hülsenfrüchte, etwas Majoran; eher schlank gebaut, süffige Frucht, weich, zartherb.

★★★★ K €€€€€ GV
2019 Grüner Veltliner Ried Im Weingebirge Smaragd + Sanft-samtige Nase mit Tiefe und Volumen, gelber Apfel und Kriecherln, Kuchennote, ausgewogen; einige Substanz, saftige Fülle, Frucht und Würze, fest, guter Grip.

★★★ K €€€€€€ GV
2013 Grüner Veltliner Ried Im Weingebirge Baumpresse + Würzig, Dörrfruchtnoten, etwas Paraffin, offenherzig, Apfelkompott, süß-gewürzig, Schokonote; mittelgewichtig, recht angenehme Frucht, zartherb strukturiert, etwas harzig, fest, mittlerer Abgang.

★★ S €€€€ RI
2022 Riesling Ried Vom Stein Federspiel + Kühle Frucht, Melonen und weißfleischige Mirabellen, charmant und reintönig; Zitrus, recht kernig, dezent saftig, betont trocken, sehr straff, asketisch, mittleres Finish.

★★★★ S €€€€ RI FUN
2016 Riesling Federspiel Late Release + Expressive, gewürzige Nase nach Nelken und Wacholder, reichhaltig, eingelegte Pfirsiche, ausgereift, cremig; köstlich saftig, dabei kernig, nach Steinobst und Orangen, recht griffig, mittellang, Genuss.

★★★★ K €€€€€€ RI TIPP
2019 Riesling Ried Vom Stein Smaragd + Kühl, Zuckerguss, duftig, bisschen Lokum, etwas kandierte Pfirsiche, gewürzig; saftiger Biss, feinherb strukturiert, viel Frucht, Pomelos und Grapefruits, lebhaft, kernig, feine Länge, nahe am 5. Stern.

NIEDERÖSTERREICH

★★★ K €€€€€€€ RI
2017 Riesling Steiner Hund + Röstig-brotiges Bukett, Zimt, derzeit etwas schüchterne Frucht, Melisse, leicht harzig; am Gaumen ruhige Frucht, Zitrus, etwas herber Unterbau, geradlinig, braucht noch Zeit.

ÖSTERREICH

★★★★ K €€€€€ RI TIPP
NV Semicolon Riesling (L2020) + Rauchig, cremige Fülle, Marillenröster, auch eingekochte Orangen, reif und samtig; saftig, harzig, schöne reife Gerbstoffe, Grapefruits, guter Biss, fest, recht lang.

Anton Nothnagl GmbH

Anton Nothnagl
3620 Spitz, Radlbach 7
Tel. +43 2713 2612
weingut@nothnagl.at, www.nothnagl.at
11 Hektar, W/R 100/0

Anton Nothnagl ist ein Spitzer Urgestein, das Jahr für Jahr mit seiner kompakten Weinserie überzeugt und mit seinen attraktiven Preisen viele begeistert. Beim Weinmachen wird Nothnagl seit Jahren von Sohn Christian unterstützt, der schon den gesamten Keller unter seinen Fittichen hat. Zusammen bewirtschaften die Nothnagls elf Hektar in besten Spitzer Lagen. Im Weingarten spielt der Grüne Veltliner mit 60 % die erste Geige. Daher hält Nothnagl auch drei in ihrer Charakteristik sehr unterschiedliche Lagen-Federspiele bereit. Darüber hinaus gibt es zwei markante Veltliner-Smaragde, den Burgberg und den Setzberg – wobei der Setzberg im Weingut-Portfolio immer eine Leuchtturm-Position einnimmt. Nothnagl zeigt seit Jahren verlässlich das Potenzial dieser großen Lage – aber nicht nur beim Veltliner. Besonders beim Riesling zeigt sich die Setzberg-Klasse, wo Nothnagl heuer einen Volltreffer gelandet hat.

Seine Weinsinne hat Anton Nothnagl fein eingestellt und kann sich dabei immer wieder ein Filetstück sichern. So weiß er fast alle Jahre, mit einem neuen Wein zu überraschen. Heuer ist das ein Riesling vom 1000-Eimerberg. Kein gewöhnlicher, sondern eine Selection, da der Wein nicht ganz durchgären wollte. Zum Glück. Jetzt ist dieser Riesling noch jugendlich forsch – schmeckt aber schon. Doch sein noch merkbarer Restzuckergehalt und die hohe Säure, die der Wein in sich trägt, werden diesen 1000-Eimerberg-Riesling zu einem Langstreckenläufer machen. *hp*

WACHAU DAC

★★★ S €€ GV FUN
2022 Grüner Veltliner Ried Steinporz Spitz Federspiel + Salzige Mineralität, exotische Fruchtfrische, kräuterwürzig, klassisch und sortentypisch; balanciert, fein vibrierende Säure, mineralisch, Limetten, grüne Äpfel, gutes Volumen, schon viel Federspiel.

★★ S €€ GV
2022 Grüner Veltliner Burgberg Spitz Federspiel + Knackig frisch, wirkt leicht, beschwingt, mehr blumig wie fruchtig, dezente Würze, kühle Aromatik; viel Zitrus, Orangenzesten und Mandarine, schlankes Federspiel mit aufgeweckter Säure, schöner Terrassenwein mit Zug.

★★★ S €€ GV
2022 Grüner Veltliner Ried Axpoint Spitz Federspiel + Schwarzer Pfeffer, mürbe Äpfel, bisschen brotig, wirkt etwas weich; viel Lösswürze und Lösscharakter, grüner Apfel, Grapefruits, Schwarzbrot, kühl-würzige Aromatik, das „molligste" Veltliner-Federspiel.

★★★ S €€ RI
2022 Riesling Steinporz Spitz Federspiel + Verführerischer Duft, Marille pur, zarte Mineralität; viel Sortentypizität, anfangs Marillen, dann viel Pfirsich, knackige Säure mit mineralischer Unterlegung, mittellang bis lang, fruchtcharmantes Trinkvergnügen.

★★★ S €€€ CH
2022 Chardonnay Spitz Smaragd + Gewürzige Noten, Salzmandeln, nussig, Popcorn, würziger Apfel und Nelken; saftige, fruchtsüße Fülle, dezenter Zuckercharme, gelbfruchtig, Ananas, etwas mineralisch, mittellang.

★★★ S €€€ GV
2022 Grüner Veltliner Ried Burgberg Spitz Smaragd + Bisschen weich, feine Kräuternoten, exotische Fruchtanmutung, Maracuja; kühle, rauchige Würze mit feiner Mineralität im Hintergrund, knackige Säure, betont trocken, gelbe Äpfel, Zitrus, mittellang bis lang.

★★★★ S €€€ GV PLV
2021 Grüner Veltliner Ried Setzberg Spitz Smaragd + Viel Apfelfrucht, eingelegte Williamsbirnen, schwarz-pfeffrig, gute Tiefe; am Gaumen viel Ananas und dunkle Würze, feine Mineralität mit markanter Setzberg, Mandarinen, überzeugende Länge.

★★★ S €€€ RI TIPP
2022 Riesling Setzberg Spitz Smaragd + Straffe Pfirsichnoten, viel Mineralität, leichte Würze, super Tiefe; ziemlich trocken und straff, aber mit viel Extraktsüße, viel Pfirsich, puristisch-salzig und lebhaft, super Druck nach hinten, elegante Länge.

★★★★ S €€€ RI TIPP
2022 Riesling Ried 1000-Eimerberg Selection + (halbtrocken) Getrocknete Marillen, sehr füllig, fein-mineralisch, fruchtcharmant; sehr saftig mit Säurepikanz, Marillenchutney, deutsche Stilistik mit mineralischem Wachauer Kern, Riesling-Schmeichler mit Trinkcharme. Langstreckenläufer!

Weingut
PAX

Verena Pichler-Axmann & Franz Stefan Pichler
3610 Wösendorf, Florianigasse 137
Mobil +43 664 406 58 58
wein@weingut-pax.at, www.weingut-pax.at
6 Hektar

Was steckt hinter PAX? P-ichler & AX-mann. Verena Axmann und Franz Stefan Pichler haben ihr Weingut vor drei Jahren – 2020 – gegründet, nachdem sich Franz nach Differenzen mit seinem Vater von diesem getrennt hat.

Geduld und Zeit – das ist die Philosophie der beiden. Man verfügt über altes Rebmaterial, das bis zu 60 Jahre alt ist – durchschnittlich 40 bis45 Jahre. Man lässt den Weinen Zeit, diese verweilen so lange wie möglich auf der Hefe und werden durch die Bank in Holzfässern ausgebaut, welche den Weinen zusätzliche Struktur und Tiefgang verleihen. Die Weingärten des Hauses erstrecken sich von Dürnstein – Kaiserberg über Joching – Kollmitz und Pichl Point nach Wösendorf zu den Rieden Höll und Hochrain bis hinein in den Spitzer Graben zur Ried Birn.

Es sind überaus strukturierte, authentische Gewächse mit Tiefgang und Länge, welche das Potenzial für eine lange Lagerung haben. Flaschenreife ist das Zauberwort. Die Verkostung der Weine war ein Erlebnis für mich. Die beeindruckendsten Weine waren 2022 Grüner Veltliner Smaragd Ried Hochrain, 2022 Riesling Smaragd Ried Spitzer Birn und 2021 Dolium Grüner Veltliner Smaragd – ein Konglomerat der besten Rieden.

Ein jugendliches Weingut, das uns Weinfreunden noch viele schöne Stunden bescheren wird. Weiterhin viel Glück – Verena und Franz. *as*

WACHAU DAC

★★ S €€€ GV
2022 Grüner Veltliner Federspiel Weißenkirchen + Kräuter und frischer Apfel, ein Hauch Steinobst, Pfefferschleier, würzig, kernige Struktur, etwas burschikos, die Äpfel dominieren das Geschehen, passende Säure, frisch und zugänglich.

★★ S €€€ RI
2022 Riesling Federspiel Wösendorf + Marille und Apfel, straff und rassig, knackig, etwas Rhabarber, knochentrocken, der fordert einen, hat Zug am Gaumen, nervig, stramm, voller Pikanz, gesicherte Zukunft.

★★★ K €€€€ GV
2022 Grüner Veltliner Smaragd Ried Kollmitz + (gelesen am 13., 26. und 28. Okt. 2022) Gelbe Früchte, reifer Apfel, Pfirsich, ganz zarte Honigtöne, ein Hauch Schoko, rauchig, Pfefferwürze, straff und dicht, Fruchtwürze, ein sympathischer Rustikus.

★★★ K €€€€ GV
2022 Grüner Veltliner Smaragd Ried Pichlpoint + (gelesen am 2. Nov. 2022) Schwarzer Pfeffer, getrocknete Kräuter, Marillentouch, saftig-fruchtig, angenehme Säure, balanciert, ausgewogen, schmelzige Noten, Apfelfrucht, würzig, elegant.

★★★★ K €€€€ GV
2022 Grüner Veltliner Smaragd Ried Hochrain + (gelesen am 21. und 31. Okt. 2022) Ein ungemein feingliedriger, kühler Grüner Veltliner voller Anmut und Eleganz, Mineralität ausstrahlend, feine Frucht, Apfel, Marille, samtige Struktur, dezente Pfefferwürze, von vornehmem Ausdruck, zeigt Finesse, distinguierte Fülle, von nobler Gestik.

★★★ K €€€€€ RI
2022 Riesling Smaragd Ried Höll + Getrocknete Marillen, ein Hauch von Stachelbeeren, ganz feine Exotik – Zitrus, Mandarinen, Apfeltöne, ein eleganter Riesling mit Rasse, Frische, Tiefe, Charakter, fester Struktur, sehr lang abgehend, der geht seinen Weg.

★★★★ K €€€€€ RI **TIPP**
2022 Riesling Smaragd Ried Spitzer Birn + (gelesen am 24. Okt. 2022) Oh, là, là – was für ein feines Bukett, Apfel und Marille, verhangen und spannend wie ein Krimi, voller Rasse, Dichte, Nerv, unglaublich präzise, Zitrus sorgt für eine außergewöhnliche Frische.

★★★★ K €€€€€ GV
2021 Dolium Grüner Veltliner Smaragd + (gelesen am 14., 28. und 31. Okt. 2021) Dezente Holznote, getrocknete Marillen, dunkle Tönung, Fichtennadeln, ungemein würzig, feinste Vanille, da steckt unglaublich viel drinnen, Apfel, Orangenschalen, Honigtouch, enorm fruchtig, ganz reife Trauben, Fruchtsüße, ungemein gelbfruchtig, füllig, immer elegant, reichhaltig, viel Wein, viel Erlebnis.

★★★★ K €€€€€ CW
2021 Wachauer Reserve Chardonnay + (gelesen am 17. und 31. Okt. 2021) Komprimiertes Bukett, Schokotouch, ein Hauch Vanille, etwas Nougat, enorme Frucht, viel Wein, weich, angenehme Säure, vielschichtig, Apfelspalten, Zimt, konzentriert, tief, von barockem Ausdruck. Ein fast mächtiger Wachauer Wein mit viel Zukunft.

★★ K €€€€ PN
2020 Pinot Noir + (gelesen am 26. Okt. 2020) Himbeeren, Pilze, Leder, feste Tanninstruktur, verfügt über einigen Tiefgang, feurig, rauchig, straff, feste Struktur, dezente Bitternoten, griffig, engmaschig, ziemlicher Stoff, doch ohne der nötigen Finesse. Ein Pinot Noir mit wenig Frucht, so richtig trocken. Abwarten.

Weingut
Franz Pichler

Franz Pichler
3610 Wösendorf, Hauptstraße 68
Mobil +43 664 397 01 60
weingut.pichler@aon.at, www.f-pichler.at

Franz Pichler aus Wösendorf ist in der Wachau seit vier Jahrzehnten eine Institution. Seine Veltliner und Rieslinge finden sich in Wien wie in Westösterreich. In seinem Herbst des Weinschaffens fokussiert sich der Winzer auf fünf Hektar, aus denen er frische und reintönige Federspiele und Smaragde zieht. Das resultiert auch daraus, dass die Maischestandzeiten kurz gehalten werden. Während die Federspiele bereits durch den Frühling und Sommer begleiten, kommen Pichlers Smaragde erst im Herbst in die Gläser der Weingenießer.

Das aktuelle Programm ist übersichtlich, die beiden Veltliner sind sehr typisch Wachau. Das Federspiel Bachgarten ist zwar namentlich neu, doch die Trauben kommen seit jeher aus der Wösendorfer Riede Bachsatz, einer kleinen Lage am Hangfuß des Gaisbergs. Die Reben wurzeln in einem fruchtbaren Schwemmboden.

Die Ried Kollmitz und Franz Pichler gibt es nicht nur schon immer zusammen, dieses Duo bildet auch nach wie vor einen Hausklassiker.

Die Rieslinge sind heuer besonders attraktiv: Schon das Federspiel bietet heuer enorm viel Wein – präzise Frucht mit Tiefgang. Die Trauben dafür sind vom oben bereits erwähnten Gaisberg. Der Smaragd-Riesling wächst in der Ried Harzenleiten in St. Michael, einer kargen Lage, verwitterter Paragneis, die immer spannungsgeladene Rieslinge hervorbringt.

Wer diese Weine etwas gereifter bevorzugt, kommt bei Franz Pichler ebenso auf seine Rechnung. Beim Wösendorfer Winzer findet man noch den einen oder anderen Smaragd, der schon drei, vier, fünf Jahre alt ist. *hp*

WACHAU DAC

★★★ S €€€ GV
2022 Grüner Veltliner Bachgarten Federspiel + Feine Würze, dezent mineralisch, zeigt klares Sortenbild, gelber Apfel, wirkt einladend und hübsch, charmante Fülle; einige Pfefferwürze, exotischer Fruchtmix, Orange, Litschi, etwas Maracuja. Trinkvergnügliches Mittelgewicht.

★★★ K €€€€ GV
2022 Grüner Veltliner Ried Kollmitz Joching Smaragd + Gelbfruchtig, mehliger Apfel, milde Würze, bisschen Grapefruitzesten; am Gaumen von Mineralität und schwarzem Pfeffer geprägt, knochentrocken, Nussbrot, viel Apfelfrucht, etwas Ananas, sehr typisch, ausgewogen.

★★★★ S €€€ RI PLV
2022 Riesling Terrassen Federspiel + Ziemlich würzig, viel Pfirsich und Nektarinen, auch exotische Fruchtnoten, leicht salzig; am Gaumen mehr Marillen, auch reifes Zitrus, sehr straff und trocken, mit Luft immer saftiger. Hochwertiges und schwungvolles Federspiel voller mineralischer Frucht.

★★★★ K €€€€ RI TIPP
2022 Riesling Ried Harzenleiten St. Michael Smaragd + (kommt ab September) Sehr würzige Frucht, Marillenchutney, feingliedrig, dezent mineralische Note; viel Pfirsich, auch exotische Fruchtausprägung, viel Mineralik und Feuerstein, strukturgebender Gerbstoff, betont trocken, im Finish guter Säurebiss, harmonisch mit feiner Länge.

DOMÄNE
WACHAU
DOMÄNE
WACHAU
ACHLEITEN
WIR SIND FAMILIE. WIR SIND WINZER.
DOMÄNE
WACHAU
ACHLEITEN
WWW.DOMAENE-WACHAU.AT

Weingut
Rudi Pichler

Rudi Pichler
3610 Wösendorf, Marienfeldweg 122
Tel. +43 2715 2267
weingut@rudipichler.at, www.rudipichler.at
15 Hektar, W/R 100/0, 100.000 Flaschen/Jahr

Kompromisslos in der Kombination von Eleganz und Vielschichtigkeit präsentiert sich der aktuelle Jahrgang bei Rudi Pichler. Er schließt nahtlos an den famosen 2021er an, der im hiesigen Guide mit den alles überstrahlenden Grünen Veltliner und Riesling Smaragd aus der Ried Achleithen vertreten ist. Der aktuelle Jahrgang 2022 ist um Nuancen feiner ziseliert, in der Säure etwas runder und die Extraktdichte präsentiert sich in feingliedrigen Maschen.

Die aktuelle Jahrgangsserie vom Grünen Veltliner und vom Riesling liegt unisono in der Federspiel- wie in der Smaragd-Kategorie auf gleicher Augenhöhe, sie sind in ihrer puristischen Einzigartigkeit und Feingliedrigkeit noch nie auf so hohem Qualitätslevel anzutreffen gewesen. Bereits die Smaragd-„Einstiegsliga“ in den Varietäten Grüner Veltliner und Riesling, und die unisono als Lagen-Cuvée komponiert werden, zeigen, wie eng sie an die großen Top-Lagen-Smaragde heranreichen, wie es bis dato noch nie der Fall gewesen war.

Rudi Pichler ist Perfektionist, der das Wesentliche des Wein-Seins erkundet und die jeweiligen Riedenspezifika dahingehend austariert, um Weine ohne Firlefanz zu erhalten, die als Essenz mit Eleganz und Feinheit strahlen. Das Ergebnis sind Weine in perfekter Balance, gezeichnet von mineralischer Finesse in puristischer Klarheit. On board des Weinguts sind bereits der Junior Rudi und Tochter Theresa, die beide in alle Produktionsbereiche eingebunden sind.

Der aktuelle Jahrgang 2022 begeistert unisono in hellfruchtiger Transparenz und Balance, der strukturell gesehen dem Vorgänger-Jahrgang um nichts nachsteht. Beide Federspiel-Sortenvertreter werden als Lagen-Cuvée ausgebaut und stammen meist aus höheren Parzellen mit unterschiedlichen Bodenprofilen. Besonders der Riesling Federspiel zeigt sich heuer erneut in modellhafter Stilistik und weist mit viel feiner Frucht großes Trinkanimo auf.

Beim Paarlauf der lagenrein ausgebauten Veltliner Smaragde ist es eine rein geschmackliche Frage, ob man dem würzebetonten, burgundisch anmutenden Ried Kollmütz oder dem Veltliner Ried Hochrain mit kompakter Fruchtstruktur den Vorzug geben wird. Als ein Juwel präsentiert sich von Jahr zu Jahr der Riesling Smaragd aus der Ried Kirchweg, die sich als flacher Schwemmfächer von St. Michael nach Wösendorf erstreckt, bestehend aus dem Geschiebegestein Paragneis. Als perfekte Rieslinglage strahlen die Weine mit jeweils hellfruchtigen Pfirsichnoten in stilistisch offenherziger Klarheit.

Berühmt und begehrlich sind die beiden Komplementärsorten Weißburgunder und Roter Veltliner. Ersterer zählt Jahr für Jahr zur absoluten Burgunder-Elite im Lande und glänzt heuer mit einer dichten wie feingliedrigen Struktur.

Die Smaragd-Stars 2021 Grüner Veltliner und Riesling jeweils aus der Ried Achleithen und der aus Mautern stammende Rote Veltliner werden in der nächsten Ausgabe beschrieben. *us*

WACHAU DAC

★★★ K €€€ GV **TIPP**

2022 Grüner Veltliner Federspiel + Feines kräuterwürziges Bukett, viel Fruchtpräsenz im Entrée Apfel, Zitrus, Darjeeling-Tee, klare Fruchtführung, pointiert, engmaschig und ziseliert, perfekt balanciert, toll.

HHH K €€€ GV

2022 Grüner Veltliner Terrassen Smaragd + Betörende Fruchtfrische mit feiner Havannatabak-Untermalung, ziseliert, geradlinig, animierend nervige Mitte, mineralische Finesse, viel Fruchtpräsenz, alles in perfekter Balance, viel Trinkanimo, lang im Finish.

★★★★ K €€€€ GV **TIPP**

2022 Grüner Veltliner Ried Kollmütz Smaragd + Intensives Bukett aus etwas mediterranen Trockenkräutern, helle Gelbfrucht, zuerst vornehmes Understatement, dann saftiger wie vollmundiger Fruchtreigen, zarte Exotik à la Ananas, dicht, vielschichtig, präzise Fruchtführung mit kräuteriger Würze unterlegt, karg steinige Finesse, ewig lang am Gaumen, modellhaft!

★★★★ K GV €€€€

2022 Grüner Veltliner Ried Hochrain Smaragd + Glockenklare, helle Gelbfruchtigkeit, druckvoll, Quitte, Grüntee, engmaschig mit kompakter Mitte, geschliffene Stilistik, feiner Säurehintergrund, balanciert, ausdrucksstark in gediegener Größe.

★★★★ K €€€€€ GV

2021 Grüner Veltliner Ried Achleithen Smaragd + Florales, zart duftiges Bukett, etwas Tannenwald, saftiger Fruchtreigen in nobler Zurückhaltung mit enormer Dichte und Fülle, druckvoll, engmaschiges Fruchtspiel, Gelbfrucht, rotbeerige Einschlüsse, Limette, steinige Mineralität, Noten von Darjeeling-Tee First Flush, alles in Balance in eleganter Stilistik, Terroir-Interpretation par excellence, Chapeau!

★★★ K €€€ RI **TIPP**

2022 Riesling Federspiel + Feiner Weingartenpfirsich pur, engmaschig in druckvoller Mineralik-Untermalung, feiner Säurebiss, filigrane Textur, viel Fruchttransparenz, lineare Strukturführung, lang im Finish.

★★★★ K €€€ RI

2022 Riesling Terrassen Smaragd + Gediegenes, pointiertes Fruchtspiel, Pfirsich, etwas Limette, mineralische Fruchtprägung, druckvoll wie feingliedrig strukturiert, präzise Säure, gediegener und hochkarätiger Lagen-Blend bis ins letzte Detail komponiert.

★★★★ K €€€€ RI

2022 Riesling Ried Kirchweg Smaragd + Duftig mit schwereloser Anmutung, ziselierte Feinheit in wunderschöner wie offenherziger Fruchtklarheit, Weingartenpfirsich, feine mineralische Noten mit salzigem Nachhall, viel Potenzial.

★★★★ K €€€€ RI

2022 Riesling Ried Hochrain Smaragd + Saftige Steinobstaromatik, gelber Pfirsich, etwas Exotik, großzügige Struktur, perfekte Säurebalance, vollmundige Tendenz, zugleich elegante Noten, perfekt strukturiert, lang im Abgang.

★★★★ K €€€€€ RI

2021 Riesling Ried Achleithen Smaragd + Puristisches Fruchtspiel nach Weingartenpfirsich, druckvoll mit viel Esprit, reichhaltig mit kraftvoller Mitte, betörende Fruchttiefe, unendlich viel Fruchtpräsenz in transparenter Klarheit, tolle lagentypische Rauchigkeit, alles in perfekter Balance, ewig lang und einfach groß!

★★★★ K €€€ PB **TIPP**

2022 Weißburgunder Ried Kollmütz Smaragd + Startet mit kühler Frische, öffnet sich in glockenklarer Fruchtfülle, weiße Walnuss, Teeblatt-Reminiszenz, ziselierte Fruchtführung in saftiger Charakteristik, vital, feine Säureeinbindung, vital bis ins lange Finale, beeindruckende Sorteninterpretation.

Weingut
Prager

Robert Bodenstein
3610 Weißenkirchen, Wachaustraße 48
Tel. +43 2715 2248
info@weingutprager.at, www.weingutprager.at
18,5 Hektar, W/R 100/0

Toni Bodenstein, der im Marketing und Verkauf bereits tatkräftig von der nächsten Generation in Gestalt von Robert und Sophie unterstützt wird, hat den schwierigen, doch letzten Endes positiv überraschenden Jahrgang 2022 offensichtlich bestens umgesetzt. Dies war allerdings nur durch kompromisslose Selektion möglich, was speziell beim Riesling schmerzliche Mengeneinbußen mit sich brachte. Um den Extraktgehalt etwas zu steigern, wurden die Smaragde lange auf der Feinhefe belassen, und siehe da: Von niedrigem Extrakt oder tiefer Säure kann wahrlich nicht die Rede sein. Das beweisen aber bereits die beiden, dieses Mal eine Spur leichter gehaltenen Federspiele, bestehend aus dem herzhaft-knusprigen Veltliner aus der Lage Hinter der Burg und dem Riesling von der Ried Steinriegl, der seine kalkige Herkunft diesmal in keiner Phase verleugnet.

Das Grüne-Veltliner-Quartett im Smaragd-Format überzeugt dann auf der ganzen Linie mit untadeliger Qualität, wobei die rassige wie glockenklare Version aus dem hoch über Weißenkirchen liegenden Wachstum Bodenstein dieses Jahr besonders hervorsticht. Nur knapp dahinter platziert sich die Stockkultur von der Ried Achleiten, welche die Konzentration dieser Spitzenlage schon aufblitzen lässt. Eine Klasse für sich ist erneut der herausragende Zwerithaler, der in puncto Finesse und Komplexität als primus inter pares anzusehen ist. Interessant könnte in einigen Jahren der unmittelbare Vergleich mit dem großartigen, völlig anders gearteten Vorgänger aus 2021 werden. Damit zu den Rieslingen der Smaragd-Stufe, die ebenfalls hohen Ansprüchen gerecht werden. Während Achleiten und Wachstum Bodenstein zum Verkostungszeitpunkt ihre lagenspezifischen Attribute erst anzudeuten vermochten und noch einige Flaschenreife benötigen, um ihre Stärken voll auszuspielen, hat der Smaragd-Riesling aus der unnachahmlichen Ried Klaus bereits frühzeitig mit jener Vielschichtigkeit und „geheimnisvollen" dunkelbeerigen Fruchtfülle begeistert, die ihn so unverwechselbar erscheinen lassen – auch hier wird der degustative Vergleich mit dem exzellenten 2021er einmal spannend werden. *vs*

WACHAU

★★★ S €€€ GV
2022 Grüner Veltliner Ried Hinter der Burg Federspiel + Knusprig-erfrischendes Entree, Anklänge von Melisse und Verbene, kühle Art und doch herzhaft, verspielt und feinkörnig, gute Balance, herbe Würze im Abgang.

★★★★ K €€€€€ GV
2022 Grüner Veltliner Ried Achleiten Smaragd + Fein gesponnen, rauchige, jahrgangstypische Note, Darjeeling-Tee und Schwarzbrot, noch etwas jung und unfertig bei mittlerem Volumen, hellfruchtig und verspielt am Gaumen, wacht mit Luftzufuhr richtig auf und offeriert viele Facetten, übertrifft sogar den 2021er.

★★★★ K €€€€€€ GV
2022 Grüner Veltliner Ried Achleiten Stockkultur Smaragd + Ausgereift und kraftvoll, fast mächtig, schon erstaunlich präsent, der rauchige Lagenton bleibt im Hintergrund, Anflug von Ananas und Banane, mächtig, satter Schmelz und süße Extraktfülle, ein Wein zum Kauen, ausgewogen wie konzentriert, an der Grenze zur Höchstwertung.

★★★★ K €€€€€€ GV TIPP
2022 Grüner Veltliner Ried Zwerithaler Kammergut Smaragd + „Geheimnisvolles", noch etwas verschlossenes Bukett, nach Luftzufuhr jedoch sehr frisch, fein gezeichnet und akzentuiert, Lavendel und dunkle Beeren, vornehm und finessenreich, süßes Fruchtspiel, hauchfein und konzentriert zugleich, die dunkelfruchtigen Akzente kehren wieder, steht dem großartigen Vorgänger-Jahrgang kaum nach.

★★★★ K €€€€€€ GV TIPP
2022 Grüner Veltliner Wachstum Bodenstein Smaragd + Fein gesponnener Blütenduft, später Anklänge von Birne und Pfirsich, zartgliedrig und von kühler Eleganz umfangen, vielschichtig, feinmaschig und glockenklar, hochfeine Jahrgangs-Interpretation, lebhaft und von der weißen Frucht geprägt, rassig und langatmig, in jeder Hinsicht bestechend.

★★★ S €€€ RI FUN
2022 Riesling Ried Steinriegl Federspiel + Boskop-Apfel und Pfirsichschale, kreidige Untertöne, pikant wie erfrischend, kühle Eleganz bei schlankem Körperbau, fein gezeichnet und rassig im beintrockenen Abgang.

★★★ K €€€€€ RI
2022 Riesling Ried Achleiten Smaragd + Rauchiger Start, herbe, lagentypische Würze, noch etwas verkapselt, pfeffrige Note, Schwarzbrot und Ansätze von Steinobst, mittleres Volumen, ausgewogen und fest geknüpft, benötigt noch ein wenig Flaschenreife.

★★★★ K €€€€€€ RI TIPP
2022 Riesling Ried Klaus Smaragd + Cassis pur im verlockenden Duftspiel, später auch Limette und Wacholder, von kristalliner Klarheit und bestechender Komplexität getragen, feinste Fruchtaromen nach Weingartenpfirsichen und schwarzen Johannisbeeren, ziseliert, animierend und straff, prickelnde Fruchtsüße und reife Säure in perfekter Balance, tolle Ausstrahlung, große Länge, Zukunft.

★★★★ K €€€€€€ RI
2022 Riesling Wachstum Bodenstein Smaragd + Noch ganz juvenil und unentwickelt, leicht hefig-mostiges Bukett, ein bisschen zugeknöpft, Chili-artige Würze, an Agrumen und alte Apfelsorten erinnernd, vermittelt quasi kühle Frische, beachtliche Fülle, etwas ungestüm, ja burschikos, feines Säurespiel, gute Länge, beste Perspektiven.

Weingut
Rixinger

Friedrich Rixinger
3620 Spitz, Gut am Steg 8
Tel. +43 2713 2304
weingut@rixinger.at, www.rixinger.at
6 Hektar, W/R 100/0

Der Spitzer Graben ist die Weinheimat von Fritz Rixinger. Dort tobt sich der Winzer vor allem mit seinen Grünen Veltlinern und Rieslingen aus, kultiviert aber auch leidenschaftlich Spezialitäten wie Neuburger und Gewürztraminer. Sein größter Weinschatz befindet sich aber in Spitz – am berühmten Singerriedel, wo Rixinger etwa einen Hektar Weinbergfläche bearbeitet und von dort Jahr für Jahr stilsicher einen Riesling-Smaragd und einen Veltliner-Smaragd herauszieht.
Diese beiden Top-Weine des Weinguts kommen immer erst im September auf den Markt, da Rixinger seine Weine generell länger auf der Feinhefe belässt. Beide Singerriedels zeigen nicht nur den prägnanten mineralisch geprägten Lagencharakter, sondern auch die geschickte Winzerhand.
Ein geschicktes Winzerhändchen und Geduld waren beim Weinjahrgang 2022 besonders gefragt. Denn die Ernte zog sich nicht nur bis Mitte November, sondern es musste auch penibel ausgelesen werden. Doch es hat sich ausgezahlt zu warten: Rixingers Weine bestechen mit einer unglaublich kühlen Frische und feingliedrigen Frucht. Dass die Weine durchwegs etwas alkoholärmer ausgefallen sind, ist kein Nachteil – schon jetzt kann man praktisch jedem Wein von Rixinger das Attribut Trinkvergnügen verleihen.
Was bereits das zweite Jahr bei Rixinger besonders gefällt, ist der Veltliner-Ortswein Spitzer Graben – besonders in der Smaragd-Version, wo der Winzer aus all seinen Veltliner-Graben-Weingärten nur das Beste rausgelesen hat.

hp

WACHAU DAC

★★ S €€ GV
2022 Grüner Veltliner Spitzer Graben Federspiel + Kühle Graben-Aromatik, viel Zitrus und Zesten, Mandarinen, Limetten; schlanke Knackigkeit und Zitrus setzt sich am Gaumen fort, auch grüner Apfel und Birne, Mineralik im Hintergrund, spritzig-feiner Sommerwein.

★★★ S €€ GV FUN
2022 Grüner Veltliner Ried Zornberg Spitz Federspiel + Schon fülliger, viel Kernobst, Quitten, auch Mandarinen und Grapefruits, gewürzig; saftige Birnenaromatik, Limetten, dunkle Würze, schwarzer Pfeffer und Mineralität, straffes Finish, enorm trinkvergnüglich.

★★★ S €€€ GV
2022 Grüner Veltliner Spitzer Graben Smaragd + Frisch, dezent kräuterwürzig, leicht exotische Fruchtnoten, Maracuja, Kiwi; am Gaumen saftige Fülle, Birnen und Grapefruits, Litschi und Ananas, leicht mineralisch, rauchige Textur, balanciert, trinkig.

★★★★ S €€€€ GV TIPP
2022 Grüner Veltliner Ried Singerriedel Smaragd + (kommt ab September) Ätherische Noten, Tannennadeln, Waldhonig-Touch, bisschen Litschi; am Gaumen tabakig, reifes Kernobst und Zitrus dezent im Hintergrund, kompakte Säure und Mineralität, Feuerstein, fordernd.

★★★ S €€ RI
2022 Riesling Ried Kalkofen Spitz Federspiel + Würzige Marillen, Weingartenpfirsich, viel Sorte, kühl-aromatisch; saftiger Pfirsich, verspielte, exotisch angehauchte Frucht, Maracuja, zupackende Säure, viel Graben-Typizität, kühl und relativ straff, leicht salzig.

★★★★ K €€€€ RI TIPP
2022 Riesling Ried Singerriedel Spitz Smaragd + (ab September) Feine Rieslingnoten, viel Pfirsich, elegante Mineralität, balanciert, gute Tiefe; fleischiger Pfirsich, auch tropische Frucht, saftige Maracuja, ziemliche Fruchtfülle, Wein zieht straff nach hinten, es kündigt sich powervolle Eleganz an.

★★★ S €€€ TR
2021 Gewürztraminer Federspiel + Rosenblüten, gewürzige Trauben, dezent aromatisch, jedoch klare Sortencharakteristik; relativ trocken, Blutorange, Grapefruits und Mandarinen, ziemlich nussig, mittelgewichtig, aber gut.

★★★ S €€ GM
2022 Muskateller + Dezente Holundernote, bisschen traubig und rotbeerig, roter Apfel, wirkt feingliedrig; zarter Zuckerrest erkennbar, der aber in der kompakten Säure einen guten Gegenpol hat, harmonischer, lebhafter Wein mit Orangen-Holunder-Aroma. Passable Länge.

Weingut
Schloss Dürnstein

J. Christian Thiery
3601 Dürnstein 2
Tel. +43 676 308 47 50
office@weingut-schloss-duernstein.at, www.schloss.at
0,5 Hektar, W/R 100/0, 4000 Flaschen/Jahr

Das Schlosshotel Dürnstein im gleichnamigen berühmten Wachauer Ort ist nicht nur eine feine Adresse für genussvolles Essen und Trinken, sondern seit fünf Jahren macht Schlossherr und Gastgeber Christian Thiery auch als Weingut Schloss Dürnstein von sich reden. Klein, aber fein ist die Devise – fokussiert wird auf den Grünen Veltliner, und es gibt nur zwei Weine davon: ein Federspiel und einen Smaragd. Die Riede – der Rothenhof – befindet sich in Unterloiben und ist daher nur wenige Minuten vom Schloss entfernt.

Der Rothenhof ist rechterhand die erste Riede, wenn man von Krems aus donauaufwärts in die Wachau fährt. Sie ist klein, nur rund fünf Hektar groß, liegt in der Ebene, zieht sich aber auch gleichermaßen den Berg hinauf und wird von wenigen Winzern bewirtschaftet. Daher gehört der Rothenhof nicht zu den bekanntesten Rieden. Doch das Potenzial ist gegeben und in den Schloss-Dürnstein-Weinen auch spürbar. Die Veltliner-Stöcke stehen auf zwei Bergterrassen, es sind alte Reben, mehr als 50 Jahre alt. Das kann schon was.

Der Name Rothenhof ist abgeleitet von einem kleinen Weiler, der nur wenige Häuser umfasst. Die Veltliner zeigen sich heuer sehr klassisch „wachauerisch", mit würziger Frucht, zarter Mineralität und tragen eine gewisse Kühle in sich, die für Spannung sorgt – in Loiben jedoch nicht immer selbstverständlich ist, gehört das südlich ausgerichtete Loibner Wein-Amphitheater doch zu den wärmsten Ecken der Wachau.

Das mittelgewichtige Rothenhof-Federspiel hat viel Zug und bietet mit seiner würzigen Zitrusfrische einen trinkvergnüglichen Terrassenwein. Der Smaragd-Veltliner ist mit seiner milden, saftigen Textur ein breit einsetzbarer Speisenbegleiter. Genießen kann man die Schloss-Gutsweine vom Rothenhof im Schlosshotel. Oder man könnte bei einem Spaziergang durch die Dürnsteiner Altstadt in der Schloss-Greisslerei einkehren. Dort gibt es die zwei Weine auch. *hp*

WACHAU DAC

★★★ **S €€€ GV** FUN
2022 Grüner Veltliner Loibner Ried Rothenhof Federspiel + Kräuterfrisch mit dezenter Würze, grüne Birnen, Pomelo, Limettenzesten; auch am Gaumen viel Zitrusfrische und klassisch viel Kernobst, Litschi, Sternanis, Zitronengras, milde Weißer-Pfeffer-Würze, runde Säurestruktur, sortentypisches, trinkvergnügliches Federspiel.

★★★★ **S €€€€ GV**
2022 Grüner Veltliner Loibner Ried Rothenhof Smaragd + Sehr frisch und wieder stark von Kräuterwürze geprägt, relativ straffe exotische Fruchtnoten, reife Ananas, Steinobstanklänge, generell fruchtcharmant, begleitet von markantem schwarzen Pfeffer, runde Säure, dezente Mineralität, milde, saftige Textur, gewinnt enorm mit Luft.

Weingut
Schmelz

Thomas Schmelz
3610 Joching, Weinbergstraße 14
Tel. +43 2715 2435, Fax +43 2715 24354
info@schmelzweine.at, www.schmelzweine.at
12 Hektar, W/R 100/0

Im Familienweingut Schmelz gibt es heuer ein feines Jubiläum: 40 Jahre Pichl Point Smaragd. Die mit dem Haus eng verwachsene Ried in Joching ist lössgeprägt – was immer charaktervolle, schwarzpfefferwürzige Veltliner ergibt – beim aktuellen Jubiläumsjahrgang ist es Thomas Schmelz besonders gut gelungen, diese Lagenstilistik in die Flasche zu bringen. Der 2022er Pichl Point Smaragd zählt zu den besten der vergangenen Jahre.

Apropos das Beste vom Veltliner – das gibt es immer als Best Of Smaragd, wo die ältesten Weinstöcke und die reifsten Trauben des Jahrgangs selektioniert werden. Bei den Veltliner-Smaragden gibt es seit heuer wie bei den Federspielen, einen fünften Vertreter: Neu ist der Lagenwein aus der Jochinger Ried Kollmitz, der sich bestens ins GV-Smaragd-Quintett einfügt.

Bei den Rieslingen hält Schmelz neben dem stilsicheren Federspiel Stein am Rain als Entrée zwei sehr unterschiedliche Riesling-Smaragde bereit: einerseits den straffen Jochinger Steinriegl, eine markante kalkdurchsetzte Lage, und andererseits die mächtigere Dürnsteiner Freiheit aus der Ried Höhereck. Zwei tolle Lagenweine!

hp

WACHAU DAC

★★ S €€ GV
2022 Grüner Veltliner Loibner Federspiel + Weißer Pfeffer, bisschen Feuerstein, Mandarine, Zitrus; Limetten und Orangen, gelbe Birnen, leicht mineralisch, rund, zugänglich.

★★★ S €€ GV
2022 Grüner Veltliner Ried Pichl Point Joching Federspiel + Brotige Fülle, weiche Kernobstfrucht mit pikanter Würze; harmonisch, Ananas, Litschi, gelber Apfel, fülliges, würziges Federspiel mit feinem Säurebiss.

★★★ S €€ GV
2022 Grüner Veltliner Tom Wösendorf Federspiel + Kühle Aromatik, rote Äpfel, Ananas; super Mineralität, weißer Pfeffer, feine Frucht, Grapefruit und Maracuja. Lebhafter Wachauer.

★★★ S €€ GV
2022 Grüner Veltliner Ried Steinwand Joching Federspiel + Lageräpfel, helle Würze, bisschen Limette; von Zitrus geprägt, leicht salzige Aromatik, straffe Mineralität. Pfiffiger Sommerwein.

★★★ S €€ GV PLV
2022 Grüner Veltliner Ried Klaus Weißenkirchen Federspiel + Exotische Fruchtnoten, Orange, reife Grapefruit, auch Birnen, viel Mineralität; salzige Komponenten, feine Extraktsüße und Würze, Mango, gehaltvolles Federspiel.

★★★★ S €€€ GV
2022 Grüner Veltliner Ried Pichl Point Joching Smaragd + Lösswürze pur, schwarzer Pfeffer, charaktervoll und eigenständig, Ananas; Fruchtexotik, Mandarine, Orangen, rauchige Würze, saftiger Wein mit viel Pfeffer und Druck.

★★★ S €€€€ GV
2021 Grüner Veltliner Ried Loibenberg Loiben Smaragd + Warme Fruchtfülle, reifes Kernobst, bisschen Feuerstein, dezente Würze; roter Apfel, Quitte, rund, aus einem Guss.

★★★★ S €€€€ GV
2022 Grüner Veltliner Ried Kollmitz Joching Smaragd + Dezent Südfrüchte, gelbfruchtig, helle Mineralität, Senfsaat, würzige Kernobstnoten und Südfrüchte, Maracuja, klirrende Mineralität, zarter Schmelz, gute Länge.

★★★★ S €€€ GV TIPP
2022 Grüner Veltliner Ried Steinertal Loiben Smaragd + Feine Aromatik, steinig mineralisch, straffes Zitrus; enorm mineralisch, schwarzer Pfeffer, knackig, reife Grapefruits, Mandarinen, Blutorangen, reichhaltig, lang haftend.

★★★★★ S €€€€ GV TOP
2022 Grüner Veltliner Best Of Smaragd + Viel Kräuterwürze, feine Mineralität, reife Südfrüchte, gute Tiefe; Ananas pur, mächtig-eleganter Wein mit Extraktsüße, Mineralik und Pfefferwürze, betont trocken, extra lang.

★★★ S €€€ RI
2022 Riesling Stein am Rain Federspiel + Feine Marillenfrucht, helle Würze, dezente Mineralität; bisschen fruchtsüß, Pfirsich, Maracuja, straffe Mineralität, harmonisch, gute Länge.

★★★★ S €€€€ RI TIPP
2022 Riesling Ried Steinriegl Weißenkirchen Smaragd + Reife, gehaltvolle Frucht, viel Pfirsich, rosa Grapefruit, dezente Mineralität, viel Tiefe; Zitrus, Mandarinen und Pfirsich, steinig und kreidig, straffer Riesling mit lebhafter Säure und super Länge.

★★★★ S €€€€ RI
2022 Riesling Dürnsteiner Freiheit Ried Höhereck Dürnstein Smaragd + Viel Fülle, fleischiger Pfirsich, Mango, Litschi, dezent würzig; saftige, exotische Frucht, reifer Pfirsich, Marillen, feine Mineralität und Länge.

Weingut **Sigl**

Heinz & Adrienne Sigl
3602 Rossatz 175
Tel. +43 2714 6302
wein@weingut-sigl.at, www.weingut-sigl.at
8 Hektar, W/R 98/2

Was für prachtvolle Weine hat dieser Heinz Sigl im Jahr 2022 geschaffen. Vor allem die Grünen Veltliner sind von besonderer Güte. Der Jahrgang 2022 war am rechten Ufer, das sogenannte Süduſer, besser als auf der anderen Seite der Donau. Heinz Sigl bewirtschaftet seine Weingärten biologisch, hängt das aber nicht auf die große Glocke.

Zu den Weinen: Es gibt einen neuen Wein – 2022 Grüner Veltliner Smaragd Ried Zanzl, eine Lage in Rührsdorf, uralte Reben, ein super Veltliner. Ein stimmiger 2022 Grüner Veltliner „Rossatz" ist ein toller Ortswein. Die beiden Grünen Veltliner 2022 aus der Ried Frauenweingärten sind wunderbar. Da ist das Federspiel auf Augenhöhe mit dem Smaragd.

Ich gestehe, dass der Wein meines Herzens aus der Ried Himmelreich kommt. Der 2022 Grüner Veltliner ist so schön zu trinken. Ich kann gar nicht aufhören.

Ried Kirnberg – die Weine aus dieser besonderen Lage sind durch die Bank Langstreckenläufer – schon der 2022 Grüner Veltliner Federspiel deutet seine Klasse an. Der 2022 Riesling Kirnberg ist von einer seltenen Spannkraft. Wird im Herbst perfekt sein. Ein fulminanter Wein ist der 2021 Grüner Veltliner Smaragd Ried Kirnberg. Der gehört zu den besten des Jahrgangs in der Wachau. Absolute Klasse. Dem hat das eine Jahr Flaschenreife so gutgetan. Ein unglaublich vornehmer Wein von seltener Brillanz und nobler Struktur.

Nicht zu vergessen bitte die 2022 Grüner Veltliner Steinfeder und der 2022 Gelber Muskateller. Beide sind einfach lustvoll zu trinken.

Beim 2021 Pet Nat Muskateller habe ich im vorigen Jahr geschrieben „nicht aufheben" – ein völliger Blödsinn. Der Wein steht da wie eine 1. Der wurde noch besser. Man darf auch sagen Heinz Sigl wird immer besser. Das Ganze hat ein hohes Niveau. Ich ziehe meinen unsichtbaren Hut. *as*

WACHAU DAC

★★ S €€ GV
2022 Grüner Veltliner Federspiel Rossatz + Ein hochwertiger pfeffriger Grüner Veltliner Ortswein, Kräuterwürze, Ringlotten, feine Exotik, Hauch von Schokolade, Orangenschalen, Mandarinen, Gewürznoten, fruchtig, Honigmelone, einige Tiefe.

★★ S €€ GV
2022 Grüner Veltliner Federspiel Ried Frauenweingärten + Pfefferwürze, Marille, Pfirsich, Ringlotten, exotische Töne, extraktreich, herrlich fruchtig, feines Säurespiel, Kräuter, Kamille, Ananas, gute Länge.

★★ S €€ GV FUN
2022 Grüner Veltliner Federspiel Ried Kirnberg + Reife Marille, Exotik, Pfeffer, Pomelo, Steinobst, Birnenfrucht, total eng, steinig, dicht und fest strukturiert, frische Säure, salzig, tiefgründig. Wachau pur.

★★★ S €€€ GV
2022 Grüner Veltliner Smaragd Ried Himmelreich + Feines Bukett, Steinobst, feine Exotik, die Marille dominiert, würzig-fruchtig, gelbe Früchte, gelber Apfel, mollige Textur, voller Harmonie, nobel strukturiert, charmant, frische Birne, etwas Tabak, voller Eleganz.

★★★ S €€€ GV
2022 Grüner Veltliner Smaragd Ried Frauenweingärten + Würzig, etwas Karamell, Marille, dezente Honignoten, gelber Apfel, Zitrus, Pfeffer, gehaltvoll, rauchig, gewisse Noblesse, charmant und schmelzig.

★★★ S €€€ GV
2022 Grüner Veltliner Smaragd Ried Zanzl + Tiefgründig, enorm salzig, Marille, Pfirsich, Karamell, extraktreich, ungemein spannend, wunderbare Frucht, reife Trauben, viel Mineral. Wachau at its best.

★★★★ S €€€ GV TIPP
2021 Grüner Veltliner Smaragd Ried Kirnberg + Hochelegant, fulminant, kühl, Pfeffer, Marille, Karamell, Zitrus, reifer Apfel, Exotik, herrliche Frucht, homogen, harmonisch, ziselierte Säure, schmelzig, nuanciert, erste Reife. Ein Wein von besonderer Klasse.

★★ S €€ RI
2022 Riesling Federspiel + Frische Marillen, reifer Apfel, saftige Frucht, kernige Struktur, guter Druck, voller Pikanz, rassig, Orangenzesten, Rhabarber.

★★★ S €€€ RI
2022 Riesling Smaragd Ried Kirnberg + Kandierte Marille, gelber Apfel, Marzipan, voller Spannkraft, dicht und fest, viel Mineralität, tiefgründig, auch elegant, salzig, dezent rauchig, ein Langstreckenläufer.

ÖSTERREICH

★★ K €€€ GM FUN
2021 Pet Nat + (GM degorgiert) Schaumig, Pfirsich, Apfel und Birne, Holunder, etwas Zimt, fruchtig, saftig, elegant, schön trocken, nie laut, erfrischend, kompakt, ernsthaft, bekömmlich. Ein toller PetNat.

Urbanushof
Paul Stierschneider

Paul Stierschneider
3601 Dürnstein, Oberloiben 17
Tel. +43 2732 727 50, Fax -28
weingut@urbanushof.cc, www.urbanushof.cc
6 Hektar, W/R 100/0, 35.000 Flaschen/Jahr

Paul Stierschneider sind im Jahr 2022 trotz aller Widrigkeiten, wie extreme Trockenheit, kaum Regen, oft zum falschen Zeitpunkt, wunderbare, klassische Wachauer Gewächse gelungen.
Die Federspiele sind durch die Bank ausgezeichnet, wobei mein Favorit der Grüne Veltliner vom Klostersatz ist. Der Riesling Federspiel Terrassen Loibenberg ist von faszinierender Rasse. Der Grüner Veltliner Smaragd Alte Reben, welche im Jahr 1936 gepflanzt wurden, ist von subtiler Schönheit. Grüner Veltliner Smaragd von der Ried Schütt lässt seine Größe bereits durchschimmern. Der Star bei den Grünen Veltliner Smaragden ist der Loibenberg – ein fantastischer Wein von mozartäischem Ausdruck. Selbiges gilt für den Riesling Smaragd aus derselben Lage. Das ist großes Kino. Knapp dahinter rangiert der Riesling Smaragd von der Ried Rothenhof, welcher in seiner Feingliedrigkeit und Eleganz viele Freunde gewinnen wird.
351 – auf dieser Seehöhe stehen die Rieslingreben am Loibenberg für diesen außergewöhnlichen Smaragd. Es ist die zweite Ernte. Es gibt knapp 1000 Flaschen davon - rasch ein paar Magnum sichern
Ein unglaublich positiver Wein ist der Muskateller Federspiel Ortswein „Guglzipf". Bei einem Gläschen davon verschwindet jedwede schlechte Laune. Kräftiger, ernsthafter präsentiert sich der Muskateller „Ovillus" = von unseren Schafen – hier weiden Schafe, ein ausdrucksstarker, tiefgründiger Muskateller vom Steinertal. Total ökologisch. *as*

WACHAU DAC

H S €€ GV
2022 Grüner Veltliner Federspiel Ried Klostersatz + Kräuternoten, Eibisch, Birnentouch, kühl, feingliedrig, salzige Mineralik, dicht strukturiert, kompakt.

HH S €€€ GV
2022 Grüner Veltliner Federspiel „produced by Valentin" + Rauchig, getrocknete Kräuter, würzig, saftige Frucht, reife Birne, kompakt und strukturiert, zeigt Länge. Hier ist die Frage ob Federspiel oder Smaragd noch nicht entschieden.

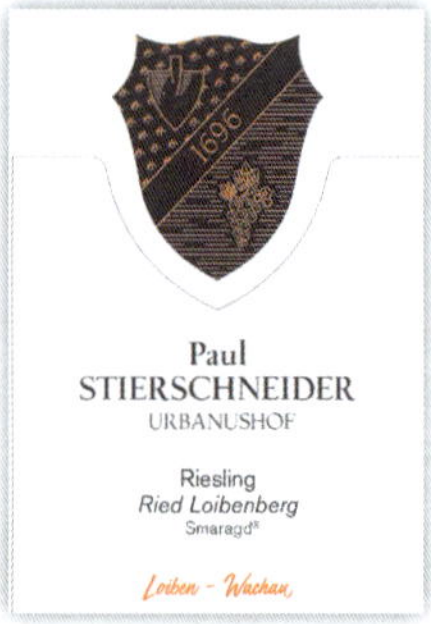

HH S €€€ GV
2022 Grüner Veltliner Smaragd Alte Reben + (gepflanzt 1936) Zitrus, Orangenzesten, Fruchtcharme, ungemein saftig, extraktreich, Birnenfeeling, vollmundig, einige Substanz, ein so richtig hübscher, anhaltender Wein voller Typus.

HHH S €€€ GV
2022 Grüner Veltliner Smaragd Ried Dürnsteiner Schütt + Kühl und steinig, Birnen, Steinobst, Ringlotten, weiße Blüten, feines Pfefferl, dezent rauchig, salzig, ein klassischer – eleganter – Wachauer. Klebt am Gaumen.

HHHH S €€€€ GV TIPP
2022 Grüner Veltliner Smaragd Ried Loibenberg + Ganz eindeutig Loibenberg, exotisch, steinig, kühl, Waldhonig, Ananas, Mango, Mandarinen, Birnen, subtil, feingliedrig, feinste Frucht, ausgewogen, noble Textur und Transparenz, ein wunderbarer Wein.

H S €€€ RI
2022 Riesling Federspiel Terrassen Ried Loibenberg + Zitrus, Orangenschalen, Steinobst, Rhabarber, Honigmelone, knackig, schliffig, spannend, präsent, rassig, so gehört Riesling.

HHH S €€€ RI
2022 Riesling Smaragd Ried Rothenberg + Reifer Apfel, Hauch von Stachelbeeren, Marillen, Weingartenpfirsich, Ananas, entwickelt Druck, ist saftig, reichhaltig, elegant, Riesensubstanz.

HHHH S €€€€ RI TIPP
2022 Riesling Smaragd Ried Loibenberg + Weingartenpfirsich, etwas Nougat, Mandarinen, fein und fast fragil wirkend, von distinguiertem Timbre, feingliedrig, voller Finesse, voller Pikanz, tief und reichhaltig, ein vornehmer Riesling. Viel Zukunft.

HHHH S €€€€ RI
2022 Riesling Smaragd Loibenberg 351 + (351 m Seehöhe) Kühl und spannend, Apfeltöne, Grapefruit, zupackend, extrem, mineralisch, salzige Textur, Orangenschalen, Steinobst, schliffig, dicht, straff, ganz feine Klinge. Ein großartiger, ein langatmiger Riesling mit ungemeinem Tiefgang.

HH S €€€ GM FUN
2022 Gelber Muskateller Federspiel Loibner „Guglzipf" + Ein betörend schöner, duftiger Muskateller, welcher einen an quellfrisches Wasser erinnert, herrlich aromatisch, subtil, elegant, feinfruchtig, Holunder, Rosenblüten, Orangenblüten, etwas Zimt, Blütenhonig, unglaublich zart besaitet, beschwingt, erfrischende Säure. Ein herrlich positiver Wein.

HH S €€€ GM
2022 Gelber Muskateller Smaragd „Ovillus" + (der ehemalige Steinertal) Dunkle Würze, kräftiger Ausdruck, getrocknete Kräuter, sehr ernsthaft, Zimt, Muskatnuss, rauchige Textur, total hintergründig, doch auch prägnant, dichte Struktur, langatmig, viel Zukunft.

Wein.Gut **Strawanzer**

Martin Donabaum
3620 Spitz, In der Spitz 3
Tel. +43 2713 2644
weingut@donabaum.at, www.donabaum.at
6,5 Hektar, W/R 80/20, 40.000 Flaschen/Jahr

Das Weingut Strawanzer ist ein alteingesessener Familienbetrieb mitten „In der Spitz“. Neben dem Weinbau betreibt die Familie Donabaum einen traditionellen Heurigen und führt in unmittelbarer Nähe an den östlichsten Ausläufern des Setzbergs das chice Boutiquehotel „Weinspitz“, von wo sich ein herrlicher Ausblick weit in den Spitzer Graben eröffnet. Ergänzend zu den Spitzer Lagen bewirtschaftet die Familie einige Parzellen in Willendorf, von wo auch deren begehrte Sekt-Varietäten in Rosé herkommen.
Das Sortenspektrum ist breit gefächert und umfasst Muskateller, Sauvignon Blanc, Chardonnay, Weißburgunder und Neuburger. Die Weinstilistik zeichnet sich durch Klarheit und Sortenspezifität aus, was man auf die Top-Lagen Setzberg, 1000-Eimerberg und Offenberg zurückführen kann. Die Federspiele vom Grünen Veltliner und Riesling sind alle gebietstypisch in knackiger Fruchtführung und in der jeweils ortstypischen kühlen Frische. Der Grüne Veltliner Smaragd von der Top-Lage 1000-Eimerberg präsentiert sich auch heuer mit viel Mineralität und Extrakt in Höchstform. Neu im Programm ist der Veltliner Smaragd vom unteren Teil des östlichen Setzbergs, der als Kirchnsteig benannt wird und aufgrund der alten Rebstöcke mit viel Tiefe und Dichte begeistert. Ein weiteres Juwel kommt heuer von der Komplementärsorte Weißburgunder Smaragd, der mit glockenklarer Struktur und Balance mit feinem Fruchtcharme förmlich strahlt. Ein klares Statement geben auch die diversen Roséweine des Hauses ab. Besonders die leichtere Version namens Womanizer überzeugt mit viel Fruchtcharme und zeigt mit den über siebzig Jahre alten Zweigelt-Rebstöcken auf, welch feine Fruchtnoten sich aus dieser Rebsorte für einen Apéro herstellen lassen. *us*

WACHAU DAC

★★★ S €€ GV — FUN
2022 Grüner Veltliner Ried Setzberg Federspiel + Feinwürziges Bukett, heller Tabak, fruchtig-saftig, gelbfruchtig mit etwas Ananas, perfekte Säure, geschmeidig, hat Körper, gute Länge, würziges Finale.

★★★ S €€€ GV — TIPP
2022 Grüner Veltliner Ried Setzberg Smaragd + Duftet nach alten Apfelsorten, saftige Aromatik, Pfirsich, rosa Grapefruit, feine Pimentwürze, knackig, dicht, Orangenzesten, kompakt, lebhafter Säurerückhalt, ausgesprochen pikantes Finale.

★★★ S €€€€ GV
2022 Grüner Veltliner Kirchnsteig Smaragd + Vollreife Gelbfrucht, animierender Mix aus Würze und Frucht, druckvoll, reifer Apfel, Ringlotte, Grapefruit, viel Körper, schmelzig im Nachhall.

★★★★ S €€€€€ GV
2022 Grüner Veltliner Ried 1000-Eimerberg Smaragd + Nach Marillen duftende Nase, saftiges Fruchtspiel, viel Kraft und Schmelz, Steinobst, dunkler Untergrund, feine Zitrusnoten im Hintergrund, blättrige Noten, etwas Gerbstoff, feines Säurespiel, vollmundig und fein strukturiert, viel Biss, juvenil, Potenzial.

★★★ S €€ RI
2022 Riesling Ried Setzberg Federspiel + Betörende Marillennase, weiße Blüten, saftig, knackig, kompakt, Limette, kräuterige Noten, gute Präsenz, feiner Fruchtschmelz, ausgewogen.

★★★★ S €€€€ RI
2022 Riesling Ried Setzberg Smaragd + Glockenklare Pfirsich-Zitrus-Melange, Melone, Steinobst, substanzreich mit aromatischer Dichte, vollreif, Kiwi, geschmeidige Textur, Exotik, knackige Säure, viel Extrakt, offenherzig, lebendig, Potenzial, lang im Finish.

★★★ S €€€ PB — TIPP
2022 Weißburgunder Spitz Smaragd + Blütenduftig, glockenklare Walnussnoten, hellfruchtig, feingliedrig, fast tänzelnd, saftige Mitte, etwas exotisch, griffig, hat Biss, gute Länge, gelungen.

★★★ S €€ GM
2022 Gelber Muskateller Spitzer Terrassen + Kühle Frische, feiner Rosenduft, Holunderblüten, seidige wie hellfruchtige Stilistik, feiner Säureschliff, harmonisch, lebendiges Fruchtspiel, feiner Apéro.

★★★ S €€€ SB
2022 Sauvignon Blanc Smaragd + Individuell nach Limette, Biskuit, Rosenholz, viel Würze, gelbe Frucht, Stachelbeere, kraftvoll, spritzig, fest, gute Länge.

★★★ S €€€ ZW
2022 Zweigelt Rosé Womanizer Limited Edition + Knackiges Fruchtspiel nach Erdbeergelee, Stachelbeere, ungemein saftig, vital, knackiges Säure-Frucht-Spiel, kühle Noten, leichtfüßig mit CO_2-Frische, zarte Ananasnoten, trinkanimierend, toller Sommerwein.

Weingut
Tegernseerhof

Familie Mittelbach
3601 Dürnstein, Unterloiben 12
Tel. +43 2732 85362, Fax -20
office@tegernseerhof.at, www.tegernseerhof.at
23 Hektar, W/Rosé 98/2

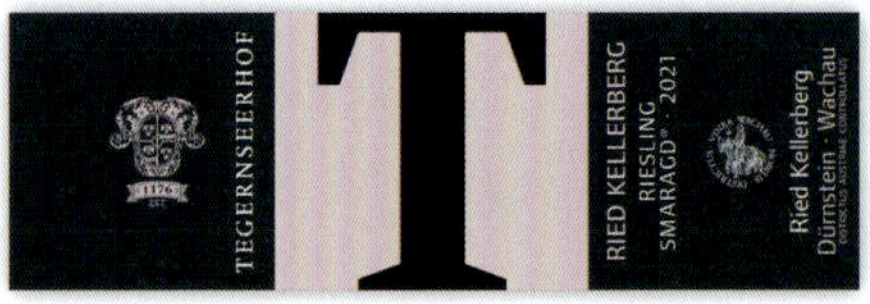

Man kann es drehen und wenden, wie man will, doch bessere Weine als die von Martin Mittelbach wird man in der Wachau nicht finden. Gleich gute, halt andere, doch was Martin Mittelbach aus seinen Wachauer Lagen herausholt, ist aller Ehren wert. Nicht zu vergessen der Riesling aus der Ried Steiner Pfaffenberg, also Kremstal. Martin Mittelbach führt das Weingut bereits in fünfter Generation. Die Geschichte des Tegernseerhofs reicht über 1000 Jahre zurück. Er wurde im Jahr 1176 errichtet. Martin Mittelbach bewirtschaftet einige der besten Lagen der Wachau wie die Rieden Steinriegl und Zwerithaler in Weißenkirchen, auf Letzterer steht der berühmte Gemischte Satz. In Dürnstein und Loiben hat er Lagen wie Höhereck, Loibenberg, Steinertal und Kellerberg. Daraus schafft Martin Weine, welche die Wachau in ihrer schönsten Form repräsentieren. Aus diesem Kreis außergewöhnlicher Weine möchte ich meine persönlichen Favoriten hervorheben. 2022 Grüner Veltliner Federspiel „Dürnstein", ein herrliches Ortswein Federspiel – unverwechselbar. Ungemein individuell ist wie immer der 2022 Gemischte Satz – so etwas von vielschichtig. 2022 Grüner Veltliner Smaragd Ried Loibenberg – grandios. Von dramatischer Größe zeigen sich die Riesling Smaragde 2022 aus den Rieden Loibenberg, Steinertal und Kellerberg. Da sollte jeder Weinfreund investieren. *as*

WACHAU DAC

★★ S €€€ GV
2022 Grüner Veltliner Federspiel Dürnstein + Marille, gelber Apfel, Ananas, ungemein kühl, wie eine Frühlingswiese, gelbfruchtig, frische Säure, ungemein süffig, elegant, voller Finesse, einfach fulminant.

★★ S €€€ GV
2022 Grüner Veltliner Federspiel Ried Superin + Reifer Apfel, Steinobst, Kräuter, Pfeffer, ein eher kräftiges, ausdrucksstarkes Federspiel, frische Kräuter, Birnen, fruchtige Frische, würzig, griffig, strukturiert. Ein hervorragender Wein, der im Herbst so richtig aufgehen wird.

★★★ S €€€€€ GS
2022 Gemischter Satz Smaragd + Gelbfruchtig mit einem Touch Holz, Kräuter, Kamille, gelber Apfel, Birne, Wacholder, fruchtig, schmelzig, gewisse Fruchtsüße, saftig, kühl, nussig, Pfefferwürze.

★★★ S €€€€ GV
2022 Bergdistel Grüner Veltliner Smaragd + Marille und Pfirsich, Apfel, etwas Zimt, Nelken, Frischehauch, elegant, leicht und springlebendig, pikant.

★★★ S €€€€ RI
2022 Bergdistel Riesling Smaragd + Rhabarber und reife Marille, Kräuterwürze, Ananas, ein dicht strukturierter Riesling mit fruchtigem Charme, Eleganz, saftig, rassig, geht in die Länge, einige Substanz.

★★★ S €€€€€€ GV
2022 Grüner Veltliner Smaragd Ried Höhereck + Ein tiefgründiger Grüner Veltliner mit schwarzen Pfeffernoten, Marille, Kräuterwürze, ziemlich strukturiert, stoffig, lang abgehend. Potenzial für viele Jahre.

★★★ S €€€€€ GV
2022 Grüner Veltliner Smaragd Ried Loibenberg + Anfangs reduktiv, öffnet sich ganz langsam, Marille, Pfirsich, Apfel, Gartenkräuter, braucht viel Luft, dezente Exotik, fruchtig, von innerer Harmonie durchzogen, doch noch wenig freigebend, dekantieren.

★★★ S €€€€€€ GV
2022 Grüner Veltliner Smaragd Ried Schütt + Pfeffer, getrocknete Kräuter, Lavendel, reife Birnen, zeigt Frische, spielerischer Tiefgang, feine Würze, elegant.

★★★★ S €€€€€ RI **TIPP**
2022 Riesling Smaragd Ried Loibenberg + Prachtvoll, reife Marillen, Bergkräuter, gelbe Apfeltöne, Orangenschalen, Ananas, ungemein vielschichtig und elegant, voller Rasse, prägnant, tiefgründig, feinster Loibner Charakteristik. Sämig, weiche Frucht, sich nie anbiedernd, ruhig strömend bei passender Säure.

★★★★ S €€€€€€ RI **TIPP**
2022 Riesling Smaragd Ried Steinertal + Viel Mineralik, steiniges Bukett mit Steinobst, rassig, Dichte, straffe Struktur, feingliedrig, Marille im Vordergrund, ein Hauch von Schoko, schlanke Strenge, tiefgründig, salzig, nervig, fordernd, so gehört Riesling.

★★★★ S €€€€€€ RI **TIPP**
2022 Riesling Smaragd Ried Kellerberg + Getrocknete Marille, gelber Apfel, Bergkräuter, Schokotouch, unglaublich dicht mit rassiger Säure, straff strukturiert, engmaschig, verkapselt, steht knapp vor der Explosion. Das wird großer Riesling, ewiges Leben.

KREMSTAL DAC

★★★ S €€€€€ RI
2022 Riesling Ried Steiner Pfaffenberg + Marille, Zitrus, Kräuter, Salbei, voller Rasse, Orangenzesten, Ananas, Blütenduft, fordernd, burschikos, geradlinig, lebendig, Blütenhonig. Knackiger Riesling von schlanker Struktur, der mächtig Spaß macht.

VINOTHEKEN

DÜRNSTEIN

Vinothek Domäne Wachau
3601 Dürnstein 107
Tel. +43 2711 371
office@domaene-wachau.at
www.domaene-wachau.at

KREMS

Leopold
Vinothek, Bar, Shop
3500 Krems, Utzstraße 1
Tel. +43 2732 72897
office@vinothek-leopold.at
www.vinothek-leopold.at

Weinhimmel
3500 Krems, Untere Landstraße 35,
Mobil + 43 664 75041992
office@weinhimmel.org
www.weinhimmel.at

WINE TIME

Bernhard Hintermeier
3500 Krems, Obere Landstraße 4
Mobil +43 676 6420411
office@winetime-krems.at

MELK

Wein und Wachau
Firma Gottwald
3390 Melk, Kirchenplatz 5
Tel. +43 2752 54987
office@weinundwachau.at
www.weinundwachau.at

SPITZ

IWB - Hubert Fohringer GmbH
3620 Spitz, Donaulände 1
Tel. +43 2713 2029
iwb@fohringer.at, www.fohringer.at

GASTRONOMIE/NÄCHTIGUNG

AGGSBACH-DORF

Residenz Wachau
Stella und Mario Pulker
3642 Aggsbach-Dorf 19
Tel. +43 2753 8221
info@residenz-wachau.at,
www.residenz-wachau.at

Das Romantikhotel „Residenz Wachau" ist der Hotel-Leitbetrieb am Südufer der Donau. Themenzimmer, große Seminar- und Wellnessbereiche und ein gut sortierter Weinkeller machen den Aufenthalt zum Erlebnis. Familienbetrieb, wunderschöne Terrasse. Im Moment sind die Küchenzeiten eingeschränkt, Reservierung erforderlich!
Für Hotelgäste: großer Garten mit Schwimmteich. Donauradweg und Schiffanlegestelle direkt vor der Haustüre, der Dunkelsteinerwald dahinter. TIPP!

ARTSTETTEN

Schlossgasthof Artstetten
Familie Niederleitner
3661 Artstetten, Schloss Straße 2
Tel. +43 7413 8303
office@schlossgasthof.at

Übersichtliche und interessante Speisekarte. Die Weine kommen aus der Wachau, dem Kamptal und dem Wagram, die Speisen aus der Region und teilweise aus der eigenen Landwirtschaft.

DÜRNSTEIN

Alter Klosterkeller
Jörg Grasl
3601 Dürnstein, Anzuggasse 237
Tel. +43 2711 292
office@klosterkeller.eu, www.alter-klosterkeller.at

Uriger alter Heuriger mit Baumpresse und riesiger, schattiger Terrasse mit Donaublick. Fast alle Weine vom Tegernseerhof Mittelbach, vieles glasweise. Deftige, aber sehr gute Schmankerlkarte. Nur wenige Minuten von der Schiffsstation Dürnstein entfernt, direkt an der alten Stadtmauer, inmitten der bekannten Riede Superin. TIPP!

Hotel-Restaurant Sänger Blondel
Familie Schendl
3601 Dürnstein 64
Tel. +43 2711 253
saengerblondel@aon.at, www.saengerblondel.at

Gutbürgerliches Restaurant mit sehr schönem Gastgarten vor dem berühmten blauen Barockturm. Übernachtungsmöglichkeit im angrenzenden komfortablen Hotel.

Richard Löwenherz
Franziska Thiery
3601 Dürnstein 8
Tel. +43 2711 222
hotel@richardloewenherz.at
www.richardloewenherz.at

Allein der malerische Gastgarten mit Blick auf die Donau lohnt den Besuch. Umso besser, wenn auch die Küche einiges zu bieten hat: Mit Martin Schnitzer steht ein engagierter Chef am Herd. Das angeschlossene Romantikhotel ist nicht gerade billig, wird seinem Namen aber durchaus gerecht.

Schloss Dürnstein
Christian Thiery &
Maria-Katharina Thiery-Schroll
3601 Dürnstein 2
Tel. +43 2711 212
hotel@schloss.at, www.schloss.at

Die umwerfende Schlossterrasse ist der schönste Logenplatz der Wachau. Mit wunderbarem Wintergarten samt versenkbarer Fensterflächen. Grazil fügt sich dieser ins Ensemble ein. Ein Meisterstück. Die Donau zu Füßen, die Blikke schweifen weit hinein ins Land. Dürnsteins exklusivstes und Niederösterreichs einziges Fünf-Sterne-Hotel bietet großteils mit kostbaren Antiquitäten ausgestattete Zimmer mit individuellem Charakter, fast alle klimatisiert. Zimmer haben Blick auf die hoch über Dürnstein thronende Ruine, das pittoresk verträumte Städtchen oder die malerische Donau. Die Hoteliers Marie-Katharina Thiery-Schroll und Christian Thiery bemühen sich persönlich um das Wohl der Gäste. Mitgliedsbetrieb von Relais&Châteaux seit über 40 Jahren. Neu ist die volldigitale Speisen- und Getränkekarte, sehr benutzerfreunlich und übersichtlich.
Das Restaurant bietet eine Kombination aus exquisiter Küche mit regionalen, traditionell österreichischen und internationalen Spezialitäten.
Der neue Küchenchef Mario Scandura bringt passendes mediaterranes Flair auf die Karte. Oder feinen Branzino in der Salzkruste. Die Produkte sind regionaler Herkunft, wo es sinnvoll ist und international, wo es notwendig ist. Flüssiger Flankenschutz kommt von der ausgezeichneten Weinkarte mit allen Preziosen aus der Region und vielen Schmankerln darüber hinaus, auch gereifte Raritäten und Magnums. Tolle Hausweine, u.a. vom Weingut Schloss Dürnstein. Das beste Marilleneis ever. Eigener Fährbetrieb Dürnstein–Rossatz, Motorzillenverleih (mit Fahrer). Leitbetrieb des wachau GOURMETfestivals, Eventlocation für Feiern aller Art. Must!

TIPP: Die Schloss-Greisslerei, wenige Meter entfernt an der Dürnsteiner Hauptstraße. Mit vielen Schmankerln der Schlossküche und aus der Region zum Mitnehmen und für kleine Imbisse. Original-Berkel-Schinkenmaschine, romantische Terrasse, feine Weine.

Grill-Heuriger im Küfferkeller
Christian Thiery
3601 Dürnstein, Schlossanger 142
Tel. +43 2711 212 777
grill@schloss.at, www.grill.schloss.at

Idyllischer Ableger von Schloss Dürnstein im romantischen Küfferkeller, 100 Meter vom Schloss entfernt. Mit uneinsehbarem Garten samt Terrassen, Schwimmteich und Gewölbekeller; ein Kleinod, eine Oase mit Blick direkt zur Donau. Grill auch für große Stücke von Fleisch und Fisch, warmes Speisenangebot von Specklinsen bis Roastbeef. Mittags oft Edel-Burger, u.a. Dry Aged vom Höllerschmid. Gut sortierte Vinothek. Do-Mo ab 17.00 Uhr. Tischgrill für Do-it-yourself-Griller. Auch für geschlossene Veranstaltungen. TIPP, auch im Winter!

Wachau Living
Christian Thiery
Tel. +43 2711 212 888
info@wachau-living.at
www.wachau-living.at

Der Schloss Dürnstein-Mastermind betreibt in und um Dürnstein eine Reihe von Ferienwohnungen mit Hotelservice, darunter auch die historische Villa Schönthal. Wer die Privatsphäre einer Ferienwohnung liebt, aber den Hotelservice bis zu „fullboard“ nicht missen möchte, ist hier angekommen.

Verlässlichkeit aus Tradition,
Qualität durch Hingabe
Gut zu wissen,
dass es noch etwas
von Bestand gibt
in Zeiten wie diesen.
Schloss Dürnstein
HOTEL | RESTAURANT
Auf Fels gebaut im Herzen der
UNESCO-Weltkulturerbe-Region Wachau.
Nah, sicher und preislich attraktiv.
Schloss Dürnstein
★★★★★ HOTEL | RESTAURANT
Hotel Schloss Dürnstein GmbH, Familie Thiery
3601 Dürnstein 2, Wachau, Österreich
T: +43 2711 212, www.schloss.at

EMMERSDORF

Zum schwarzen Bären
Familie Pritz
3644 Emmersdorf, Marktplatz 7
Tel. +43 2752 71249
hotel@hotelpritz.at, www.hotelpritz.at

Beliebtes Land- und Seminarhotel, in dem das hauseigene Restaurant für seine wachautypische Küche mit saisonalen Schwerpunkten bekannt ist. Tipp für Liebhaber der deftigen Hausmannskost: Wachauer Weinlandschnitzel. Gut sortierte Weinkarte mit zahlreichen Raritäten aus der weiteren Umgebung.

JOCHING

Prandtauerhof
Familie Holzapfel
3610 Joching, Prandtauerplatz 36
Tel. +43 2715 2310
weingut@holzapfel.at, www.holzapfel.at

Behutsam renoviertes, altes Barockanwesen mit einem der schönsten Arkadenhöfe der Region. Gestandene Regionalküche. Feine Weine aus bekannten Lagen und hervorragende Destillate aus eigener Brennerei. Gemütliche Gästezimmer im Haus, eigene Kapelle. Top für Feste, beliebt für Hochzeiten, atypische Öffnungszeiten, 2 Hauben.

Weingut und Restaurant Jamek
Josef-Jamek-Straße 45
3610 Joching
Tel. +43 2715 2235
info@weingut-jamek.at, www.jamekwein.at

Die Wachauer Institution ist fast 110 Jahre alt und wird von Jamek-Tochter Jutta Altmann und Sohn Johannes geführt. Geboten wird hervorragende regionale Küche mit saisonalen Schwerpunkten, die über die Jahre hinweg nur marginal Veränderungen unterworfen wurde, aber wohl genau deshalb immer stimmig und perfekt zubereitet auf den Tisch kommt. Bekannt ist das Haus auch für seine Mehlspeisen wie die klassischen Marillenknödel. Traditionelle Gerichte von Oma Jamek (z.B. Topfen-Haluschka, Grammeleierspeis, Hechtnockerln). Dazu gibt es die hochklassigen Weine aus eigenem Anbau, die zu den allerbesten der Wachau zählen. Top-Familienlage: Klaus in Weißenkirchen. Viele Weine auch glasweise. Reservierung während der Saison obligat, traumhafte Terrasse und Wintergarten, etwas atypische Öffnungszeiten, 2 Hauben.

LOIBEN

Loibnerhof

Josef Knoll
3601 Dürnstein, Unterloiben 7
Tel. +43 2732 82890
office@loibnerhof.at, www.loibnerhof.at

Ob im Winter im 400 Jahre alten Stammhaus oder im Sommer im wunderschönen, riesigen Garten – der Loibnerhof ist einer der kulinarischen Hotspots der Wachau. Kein Wunder: Die Küche leistet sich selbst bei größter Auslastung kaum einen Ausrutscher. Auf den Teller kommen verfeinerte regionale Gerichte, bei denen vor allem die Saison die Akzente setzt. Klassiker sind z.B. das Butterschnitzerl vom Kalb, die gebratene Gänseleber und das Parfait, die Waldviertler Bio-Ente, die tollen Donaufische (inkl. Waller, Huchen, manchmal Stör), Krebse aus der Traun, Hollerkoch und die unnachahmlich flaumige Cremeschnitte. Schönster Gastgarten der Wachau. Großes Bio-Angebot und immer saisonale Produkte aus der Region, auch vegane Gerichte. Fast die gesamte Weißwein-Palette von Cousin Emmerich Knoll auf der Karte, viele Raritäten, sinnvolle Ergänzung in Rot, multinational. 2 Hauben.

Loim

3601 Dürnstein, Unterloiben 61
Tel. +43 2732 794 32
restaurant@loim.at, www.loim.at

Neues Restaurant, etwas versteckt im Ortsteil Unterloiben, klassische österreichische Küche, auch für Kinder. Jüngstes Projekt der Betreiber der Kremser Weinbar Veit.

Wachauerstube Loiben

Gerald Diemt
3601 Dürnstein, Unterloiben 24
Tel. +43 2732 85950
bestellen@wachauerstube.at
www.wachauerstube.at

Kleinod im historischen Ortskern, direkt gegenüber dem „Tegernseerhof“ der Familie Mittelbach. Schon ein Klassiker in der Wachau. Gemütlicher Schanigarten. Geboten werden eine sehr feine regionale Küche und tageweise Klassiker, wechselnde Karte, die sich auch saisonal orientiert. Sehr gute Weinauswahl. Gemütliche Terrasse im Ortskern.

Heuriger Konrad

Elisabeth & Manfred Konrad
3601 Dürnstein, Unterloiben 22
Tel. +43 2732 74443
weinbau.konrad@aon.at, www.konrad-loiben.at

Gemütlich-uriger Heuriger in der alten Kellergasse von Unterloiben mit den wahrscheinlich besten Eigenbauweinen aller Wachauer Heurigen. Sehr engagierter Winzer, der auf Steinfeder verzichtet, dafür tolle Federspiele und Smaragde füllt. Veltliner und Rieslinge, exzellenter Muskateller, alle mit schönem Reifepotenzial. Feine Hauerjause aus besten Produkten, etwa der luftgetrocknete Hirschschinken. Tipp!

MARIA TAFERL

Restaurant Smaragd im Hotel Schachner
Familie Schachner
3672 Maria Taferl 24
Tel. +43 7413 6355
www.hotel-schachner.at

Zwei Hauben hat Küchenchef Wolfgang Bauer dem Gourmetrestaurant „Smaragd" längst erkocht, dem Flaggschiff der Hotels Schachner Haus Krone und Haus Kaiserhof, unbestrittene Nummer 1 im Wallfahrtsort Maria Taferl. Im Mai 2022 wurde ein spektakulärer Um-und Ausbau eröffnet, beachtliche Mittel wurden nochmals investiert; u.a. in einen riesigen Infinitypool. Das Hotel Schachner ist damit neuer Leitbetrieb der Wachau hinsichtlich Größe, Design, Wellness.
Die Häuser haben spektakulären Donaublick mit Wow-Effekt. Wolfgang Bauer ist ein Protagonist der verfeinerten Regionalküche mit allerlei Einlagen, sei es saisonal oder thematisch. Am besten man lässt sich vom Degustationsmenü überraschen. Top-Weinbegleitung mit ebensolcher Weinkarte, viele Schmankerl, reifere Jahrgänge, junge Winzer; gut sortiert auch bei ausländischen Rotweinen, etwa Bordeaux und Italien. Tolle Skylounge mit Dachterrasse, dazu große Gartenterrassen. Heirats-Hotspot. Leitbetrieb des wachau GOURMETfestival.

MAUTERN

Landhaus Bacher
Thomas & Susanne Dorfer;
Lisl Wagner-Bacher & Klaus Wagner
3512 Mautern, Südtiroler Platz 2
Tel. +43 2732 82937
info@landhaus-bacher.at
www.landhaus-bacher.at

Das Landhaus Bacher präsentiert sich konstant in absoluter Topform. Thomas Dorfer, bereits 2009 vom GaultMillau zum „Koch des Jahres" gekürt, mittlerweile mit 4 Hauben geadelt, läuft zu immer neuen Höchstformen auf. Seine Küche zählt zum allerbesten in Österreich und zu den besten in Europa. Extrem kreativ, ohne jemals überkandidelt zu werden, bodenständig, aber modern – eine herausragende Symbiose aus Klassik und Innovation. Dorfer ist Motor der Jeunes Restaurateurs (JRE), Botschafter der ChefAlps und Gründungsmitglied im koch.campus. Vier Menüs, davon immer eines vegetarisch, auf Wunsch mit Weinbegleitung, bereiten die Qual der Wahl. Tolle Geschmackskreationen mit dem Wow-Effekt. Kaum erwähnenswert, dass hier nur allerbeste Zutaten den Weg in die Küche finden, die dann sehr produktbezogen und geschmacksintensiv auf die Teller kommen. Thomas Dorfer forciert fast ausschliesslich regionale Produzenten, hat im Moment Seefische komplett von der Karte verbannt, stellt die Herkunft seiner Zutaten in den Mittelpunkt. Großes Kino.
Erstklassig die von Susanne Dorfer (Tochter von Lisl Wagner-Bacher und Klaus Wagner) feinsinnig betreute Weinkarte, die zusehends ihre Handschrift trägt; und jene der neuen Sommeliére Katharina Gnigler. Die Weinkarte ist völlig neu gestaltet, stark erweitert, mit zahlreichen Raritäten aus Wachau und Umgebung, Bordeaux, Burgund und Italien u.v.m., auch Großformate und Halbflaschen, große Champagner-Kompetenz. Johanna Stiefelbauer im Service ist Familie und Legende für sich. Leitbetrieb des wachau GOURMETfestivals. Wenige gemütliche Gästezimmer im Laura-Ashley-Stil, die schon allein wegen des Frühstücks eine Reservierung wert sind. Sonntags durchgehend Küchenbetrieb, ideal für eine Lunch-Dinner-Kombi am Nachmittag.

Nikolaihof Wachau
Familie Christine & Nikolaus Saahs
3512 Mautern, Nikolaigasse 3
Tel. +43 2732 82901
wein@nikolaihof.at, www.nikolaihof.at

Ältestes Weingut Österreichs, heute Vorzeigebetrieb in Sachen biodynamischer Anbau, seit über 30 Jahren nach Demeter zertifiziert, mit feinen Weinen, die im angeschlossenen Heurigen-Restaurant auch glasweise verkostet werden können. Extrem langlebige Weine, die bis zu 17 Jahre (!) im großen Holzfass reifen. Etwas anders als die anderen Wachauer. Seit 2014 Österreichs erster Winzer mit einem 100-Punkte-Wein nach Robert Parker (Veltliner Vinothek 1995), neuerdings auch zwei Naturweine („semicolon"). Im Heurigen werden herzhafte regionale Schmankerln ausschliesslich aus Demeter- und Bioprodukten geboten. Wild aus eigenem Revier, im Herbst Gansl-Klassiker. Viele vegane Speisen auf der strikten Demeter-Karte bis hin zu fast kalorienlosen Konjak-Nudeln aus der gleichnamigen Wurzel. Bei schönem Wetter sitzt man am besten im stimmungsvollen Innenhof mit Kaiserlinde.

ad vineas Gästehaus Nikolaihof
Elisabeth & Martin Samek
3512 Mautern, Kainzstraße 14
Mobil +43 676 4331828
wohnen@nikolaihof.at, www.advineas.at

Nur wenige Schritte vom Nikolaihof entfernt, bietet das im Wachauer Stil mit viel Holz erbaute Gästehaus 25 Zimmer vollklimatisiert mit Blick auf Göttweig und ein reichhaltiges Frühstücksbuffet – der Hausphilosophie entsprechend aus regionalen biologischen Produkten.

MELK

Kalmuck Wein | Bar
René Reinmüller & Mario Sassmann
3390 Melk, Hauptstraße 10
Mobil +43 660 5377388
office@kalmuck.net, www.kalmuck.net

Gekonnt durchgestylte Wein- und Cocktailbar in einem Melker Altstadtgewölbe. Zu kleinen Speisen – italienische Antipasti und regionale Schmankerln – wird eine gute Auswahl von Weinen aus der Region, viele davon glasweise, serviert, alles zu mehr als fair kalkulierten Preisen. Neu sind die Großflaschen im Sortiment.

MÜHLDORF

Weißes Rössl
Roman Siebenhandl
3622 Mühldorf, Markt 17
Tel. +43 2713 8257
info@7handl.at, www.7handl.at

Gemütlicher Gasthof mit bodenständiger, gutbürgerlicher Küche, etwas abseits der ausgetrampelten Touristenpfade. Preisgünstige Gästezimmer und Ferienwohnungen im Haus. Interessante Weine aus dem Spitzer Graben. E-Bike Verleih für Ausflüge in die umliegenden Weinberge im Spitzer Graben.

NÖHAGEN

Gasthaus Schwarz
Erwin Schwarz
3521 Nöhagen 13
Tel. +43 2717 8209
office@gasthaus-schwarz.at
www.gasthaus-schwarz.at

Der gemütliche Landgasthof von Erwin Schwarz ist seit Langem beliebtes Ziel für Genießer. Kein Wunder, geboten wird geschmackvolle, regionale Küche auf hohem Niveau plus einer beachtlichen Weinauswahl im glasweisen Ausschank. Große Speisekarte, fast alles aus der Region, legendär die Grammelknödel, die gebackenen Blunzenscheiben, die geschmorten Kalbsbackerln, die Freilandente, der Rostbraten vom Beiried. Unschlagbar der gebratene oder gebackene Karpfen. Ehrfurcht gebietend ist die Weinkarte mit hunderten Positionen der Winzerelite des In- und Auslands, die nicht ohne Grund den „Best of Award of Excellence“ vom „Wine Spectator“ bekommen hat. Zahlreiche Raritäten und gereifte Jahrgänge, auch in Großflaschen. Immer interessante (und auch gereifte) Weine glasweise. Unschlagbares Preis-Leistungs-Verhältnis, 3 Hauben.

ROSSATZ

Die Flößerei
Harald Schindlegger
3602 Rossatz 186
Tel. +43 2714 20077
floesserei@harrys.at
harrys.co.at/die-floesserei

Umringt von Weingärten mit dem vielleicht spektakulärsten Blick vom Wachauer Südufer hinüber nach Dürnstein mit Stift, Schloss und Ruine – Ansichtskarte pur! Früher war es ein Heuriger, dann kaufte die Familie Brandner, die in der Wachau auch eine Linienschifffahrt betreibt (MS Austria, MS Princess) Haus und Weingärten. Der Kremser Multigastronom Harald Schindlegger übernahm die Flößerei zur Saison 2023 und machte daraus einen hippen Treffpunkt für legere Leute und Familien, ohne Ruhetag, täglich ab 09.00 Uhr zum Frühstück geht's los. Küchenchef ist Florian Fink, der davor im Haubenrestaurant von Martin Prankl in Spitz zugange war. Parkplätze vorm Haus, große Terrasse Richtung Dürnstein.

Gasthof Naumann
Hannes Naumann
3602 Rossatz 21
Tel. +43 2714 6297

Im Herzen von Rossatz, sozusagen bei der Kirche ums Eck, hat die Bundesstraße 33 eine Depression aus zwei Engstellen zu überwinden. Zwischen denen versteckt sich der alte Gasthof Naumann. Ein Wirtshaus wie aus dem Museum. Mit alter Schank und ebensolchen Räumen. Einer großen Küche, wo neben dem Gasherd noch der Holzofen steht. Wirt Hannes Naumann passt perfekt in dieses Ambiente. Extravagant nennen ihn die einen, schräg die anderen. Gelernt hat er sein Handwerk bei Lisl Wagner-Bacher. In der Küche macht ihm daher niemand ein X für ein U vor. Seine Gansln sind die besten der Wachau, für viele auch die aus reinem Topfenteig hergestellten Marillenknödel. Die Wirtshausklassiker bis hin zum Wild gehören zu seinen Referenzen, die örtliche Jagdgenossenschaft hat hier ihren Sitz. Fast reiner Bio-Betrieb, im Gartl daneben gedeihen Obst und Gemüse, darunter viele rare Sorten. Gerne kocht Hannes Neumann auch auf Vorbestellung nach Wünschen der Gäste. Wenn er Lust dazu hat.Kleine Weinkarte. Guten Standardweine sind leichte Veltliner, Rieslinge und Rosè von der Domäne Wachau und von Sepp Dockner. Als einziges Lokal der Wachau ist er ein BYO-Betrieb: bring your own – bring' deinen eigenen Wein.

RÜHRSDORF

Pulker's Heuriger
Bernd Pulker
3602 Rührsdorf, Rührsdorfer Kellergasse
Mobil +43 664 3935312
heuriger@pulkers.at, www.pulkers-heuriger.at

Im schönen, lauschigen Heurigengarten samt Salettl in Rossatz-Rührsdorf, inmitten der Weingärten, kann man zur ausgezeichneten hausgemachten Heurigenküche die Hausweine, aber auch andere nationale wie internationale Topware genießen. Tipp: der beste Schweinsbraten, wenn möglich mit Krusterl, oder man nimmt gleich den Kümmelbraten! Kreative, regionale Schmankerl, von der Biobäuierin bis zu Thomas Dorfer („Gabelbissen"). Immer wieder wird Bernd Pulkers Heuriger als einer der allerbesten Niederösterreichs ausgezeichnet. Schweinsbraten- und Magnum-Kompetenzzentrum. Nirgends kann man so große und gute gereifte Weine beim Heurigen trinken. Fixe Säule des wachau GOURMETfestival, immer wieder große Wine & Dine-Events, teilweise mit internationalen Gastköchen. Wunderschöner Garten inmitten der Weinhänge.

Landgasthaus Winzerstüberl
Familie Essl
3602 Rossatz, Rührsdorf 17
Tel. +43 2714 6384
info@landgasthaus-essl.at,
www.landgasthaus-essl.at

Das Landgasthaus der Familie Essl liegt am rechten Donau-Ufer in Rührsdorf bei Rossatz. Das typische Ausflugsgasthaus ist nicht nur bei Touristen, sondern auch bei der lokalen Bevölkerung äußerst beliebt, weshalb Reservierung ratsam ist. In der Küche treffen schon seit vielen Jahren mit Sohn Philipp und Vater Franz Essl zwei Generationen aufeinander. Das Ergebnis ist kulinarisch Innovatives mit einem kräftigen Schuss Erfahrung. Christine Essl schupft das Service und ist eine perfekte Gastgeberin. Serviert wird klassische Wachauer und Waldviertler Küche – verfeinert und zeitgemäß interpretiert, mittlerweile auf internationalem Niveau, längst vom Geheim- zum Fixpunkt avanciert. Schöner Garten. Weinkarte mit großen Wachauer Weinen, guten deutschen Rieslingen und einigen internationalen Positionen zu moderaten Preisen. Sehr gemütlicher, idyllischer Garten. Top-Wirt-Sieger 2016 und aktuell neuerlich 2023, mittlerweile 3 Hauben, Aufsteiger in der Wachau.

SCHÖNBÜHEL

Gasthof Stumpfer
Harald & Susanne Stumpfer
3392 Schönbühel, Melker Straße 1
Tel. +43 2752 8510
office@stumpfer.com, www.stumpfer.com

Eines der wenigen Wirtshäuser, die über einen Campingplatz vor dem Haus verfügen, noch dazu einen direkt an der Donau. Mit Campingküche hat das Angebot von Harald und Susanne Stumpfer aber ganz und gar nichts zu tun. Harald ist nicht nur Wirt, sondern auch Biersommelier, Barista und Weinliebhaber, das macht sich im

Angebot ebenso positiv bemerkbar, wie der Hang zu Regionalität und Authentizität. Stehen bleibt man hier dennoch nicht, für angenehme Überraschungen am Teller und im Glas ist der Gasthof Stumpfer immer gut. Die Wachau ist natürlich stark auf der Weinkarte vertreten, der nahe Dunkelsteinerwald macht sich auf der Speisekarte mit zahlreichen Wildgerichten bemerkbar.

SPITZ

Donauschlössel
Fam. Johann Gritsch
3620 Spitz, Donaulände 3
Mobil +43 664 9156901
info@donauschloessel.at
www.donauschloessel.at

Der „Graben-Gritsch" aus Vießling im Spitzer Graben hat sich einen Herzenswunsch erfüllt und das Donauschlössel in Spitz wachgeküsst. Mit Genuss-Heurigen und Zimmern mit prächtigem Donaublick. Im Schlössel finden auch Gourmetveranstaltungen statt, sogar im Rahmen des wachau GOURMETfestival.
Dazu die sehr guten Weine von Josef „Graben" Gritsch, der in Vießling auch einen exzellenten Heurigen mit Panoramablick auf die bekannten Lagen, etwa Ried Bruck und Schön, betreibt. Der „Graben" dient der Unterscheidung der weitverzweigten Gritsch-Community in Spitz, darunter einige Winzer.

Weinerlebniswelt Mauritiushof
im Weingut Franz-Josef Gritsch
A-3620 Spitz, Kirchenplatz 3
Tel. +43 2713 2450
office@gritsch.at, www.gritsch.at

Die Wachau und Spitz sind um eine vinophile und weintouristische Attraktion reicher: Die Weinerlebniswelt Mauritiushof im Weingut Franz-Josef Gritsch ist das neue Schmuckstück am Kirchenplatz - ein multifunktionelles Genuss-Kompetenzzentrum ersten Ranges. Mit Degustationsräumlichkeiten, Kost- und Schaukeller, Eventflächen für bis zu 40 Personen, einer flexiblen Küche zur kulinarischen Unterstützung des Weinerlebnisses, Private Tasting & Cooking-Möglichkeiten sowie drei wunderschönen Ferienwohnungen samt Blick zur Ried Singerriedel. Immer wieder Wine & Dine Events sowie ständige Verkostungslocation für den Ab-Hof-Verkauf.

Altes Schiffermeisterhaus
Martin Prankl
3620 Spitz, Hinterhaus 16
Tel. +43 2713 2323
office@gasthof-prankl.at, www.gasthof-prankl.at

Martin Prankl setzt mit dem denkmalgeschützten Gasthof eine kulinarische Benchmark in der Westwachau. Klassische Wirtshauskost steht ebenso auf dem Programm wie internationale Kreativküche, die von Küchenchef Daniel Petz aus regionalen Grundprodukten kreiert wird. Großer Pluspunkt ist die ausführliche und preislich moderat gestaltete Weinkarte, die auch „alternative" Wachauer Winzer wie Veyder-Malberg, PAX oder Mutenthaler führt. In den nach berühmten Rieden wie Axpoint, Kollmütz oder Bruck benannten Suiten und Appartements kann man ausgezeichnet übernachten. Mit drei Hauben einer der absoluten Aufsteiger in der Wachau und Trendsetter, Wein-Hotspot, schöne – völlig neu gestaltete - Terrasse im Ortsverbund mit Donaublick. Tipp!

Laglers Weingut – Hotel Weinberghof
Familie Lagler
3620 Spitz, Am Hinterweg 17
Tel. +43 2713 2939
info@laglers.at, www.laglers.at

Komfortables Hotel in den Weingärten mit Sauna und Solarium. Im angeschlossenen Heurigen gibt es die ausgezeichneten, hauseigenen Weine und feine Schmankerln aus der Region. Top-Adresse und äußerst preiswert. Auch wenn man nicht hier wohnt, ist man zum Frühstück oder Verkosten gerne gesehener Gast. Tipp!

Das WeinSpitz
Martin und Alexandra Donabaum
3620 Spitz
In der Spitz 3
Tel. +43 2713 2644
weingut@donabaum.at, www.donabaum.at

Martin und Alexandra Donabaum führen nicht nur das Weingut „In der Spitz“ und den Schmankerlheurigen „Zum Strawanzer“, sondern seit kurzem auch ein bemerkenswertes Boutiquehotel, „Das WeinSpitz“. Ein modernes, sich sehr gut in die Landschaft einfügendes Haus mit elf exklusiven Suiten, alle mit spektakulärem Weingartenblick. Tolles Frühstück und laufend Weinverkostungen. Am Ende des Ortskerns von Spitz. Tipp!

ST. OSWALD

Gasthof zur „Roten Säge“
Familie Bamberger
3684 St. Oswald, Urthaleramt 2
Tel. +43 7415 7328
bamberger@rotesaege.at, www.rotesaege.at

Ein ansprechendes, verträumt gelegenes Wirtshaus, das die neue Zeit geschickt mit Gemütlichkeit und Tradition verbindet. Das Leitprodukt der Region, das Weiderind, wird hier von Christian Bamberger mit Speisen wie „Carpaccio mit hausgemachtem Pesto“ oder „Alt Wiener Backfleisch“ zelebriert.

WEISSENKIRCHEN

Restaurant Heinzle
Gerlinde & Gerhard Heinzle
3610 Weißenkirchen, Wachaustraße 280
Tel. +43 2715 2231
restaurant@heinzle.at, www.heinzle.at

Direkt am Donauufer gelegenes Restaurant mit ziemlich einzigartiger Fischauswahl. Schwerpunkte bilden Fische aus der Donau – bis zu Huchen und Stör – und aus dem Waldviertel. Klassische Küchenstilistik, große Portionen, eine Haube. Dazu passend eine Weinkarte mit allen großen Namen und dem Schwerpunkt auf der Wachau, immer wieder auch reifere Weine und Magnums verfügbar. Unschlagbar: die Donauterrasse, die nur vom Treppelweg vom Wasser getrennt wird. Eine Haube mit Potenzial, seit der Juniorchef in der Küche das Kommando übernommen hat.

Kirchenwirt
Familie Wildeis
3610 Weißenkirchen, Kremser Straße 17
Tel. +43 2715 2332
hotel@kirchenwirt-wachau.at
www.kirchenwirt-wachau.at

Perfekte Lage für WachaubesucherInnen: mitten in Weißenkirchen liegt dieses traditionsreiche Haus als idealer Ausgangspunkt für Wachauer Entdeckungsreisen. Beim stilsicher eingerichteten Kirchenwirt bemerkt man schon seit geraumer Zeit permanente Ausbruchstimmung unterm Kreuzgewölbe, die dem traditionellen Haus neue Dynamik verleiht. Auf dem Teller regionale, frische Wirtshausküche vom Feinsten: unprätentiös, gemütlich, elegant-gutbürgerlich, immer eine sichere Bank. Gut, dass man hier auch ausgezeichnet übernachten kann, schöne Zimmer, Gartenterrasse, Haube.

Buschenschank Hermenegild Mang
3610 Weißenkirchen, Landstraße 38
Tel. +43 2715 2276
astrid.mang@gmx.at
www.weingut-hermenegild-mang.at

Direkt an der Donau in Weißenkirchen gelegen, ist das Weingut & Heuriger Hermenegild Mang mehr als nur ein Ausflugstipp; beachtliche Buschenschank mit einem der wohl schönsten Gastgärten der Wachau, direkt gegenüber der Schiffstation. Güdis Frau Elisabeth war davor eine der besten Patisseusen weit & breit, was sich immer wieder in herrlichen Mehrspeisen dokumentiert. Dazu ein traditionelles Weingut, das sich in den vergangenen Jahren einer Qualitätsoffensive verschrieben hat. Kinderspielplatz. Auch für größere Gruppen und Feiern geeignet. Tipp!

Renaissancehotel „Raffelsberger Hof“
Claudia Anton-Krupp
3610 Weißenkirchen, Freisingerplatz 54
Tel. +43 2715 2201
office@raffelsbergerhof.at
www.raffelsbergerhof.at

Gediegenes Hotel in einem sehr schönen und behutsam renovierten Renaissancehaus. Mit allerlei Antiquitäten eingerichtete Komfortzimmer, Schmankerl- und Weinbar im uralten Keller.

Boutique-Hotel Weinquadrat
Gisela & Anton Schöpf
3610 Weißenkirchen, Landstraße 238
Tel. +43 2715 20008
info@weinquadrat.at, www.weinquadrat.at

Klein und individuell, lässig und komfortabel, von Gisela und Anton Schöpf liebevollgeführt. Nur 12 Zimmer, modernes Design. Mediterrane Atmophäre, stets – nomen est omen – gute Tropfen verfügbar. Im Ortskern, aber ruhige Lage. Hotel Garni, Weinverkostungen.

Das Bogerl
Lorenz Trautsamwieser
3610 Weißenkirchen, Kremser Straße 18
Mobil +43 660 43 88 710
buero@dasbogerl.at, www.dasbogerl.at

Junge Adresse in Weißenkirchen, Weinbar, Heuriger, Schmankerl, Lounge. Neben sehr guter Weinkarte auch exzellentes Bier und vor allem Gin. Treffpunkt auch der Wirte und Winzer. Weinverkostungen aller Art im alten Gewölbe aus dem 13. Jahrhundert; legere Athmosphäe, hohe Weinkompetenz, Trendfaktor. Zweites Standbein von Lorenz Trautsamwieser (mit Partner Bernd Mittermair) ist die MT Digital Wine Service GmbH, die „Blind Taste“ betreibt, ein Angebot zum Verkosten und Testen von anonymisierten Weinen in Kleinflaschen für zuhause oder online.

WÖSENDORF

Hofmeisterei Hirtzberger
Hartmuth Rameder & Erwin Windhaber
3610 Wösendorf, Hauptstraße 74
Tel. +43 2715 22931
restaurant@hofmeisterei.at
www.hofmeisterei.at

Der alte Lesehof mit beeindruckendem Gewölbe und wurde vor einigen Jahren von der Winzerfamilie Hirtzberger aus Spitz erworben und von Grund auf saniert. Patron und Sommelier Hartmuth Rameder führt den Service souverän. Er ist Pächter und Chef im Haus, gemeinsam mit Küchenchef Erwin Windhaber, der sich sehr souverän drei Hauben erkochte. Die Stilistik der Küche ist regional vom Feinsten, intensiv und, wenn nötig, durchaus mit einem Hang zu Geschmacksträgern und zu schrägen Kombinationen mit Wow-Effekt. Besser geht's nicht. Und immer wieder überrascht das Duo mit neuen Ideen, Kreationen und Interpretationen.
Die Weinkarte wird zum Fest mit über 2000 Positionen! Breites und viel glasweises Hirtzberger-Angebot bis hin zu sehr gereiften Jahrgängen. Dazu einiges aus der Wachau, vieles aus Bordeaux, Burgund, Italien und der neuen Welt (USA!), sinnvolle Naturweine. Schöne Magnumkultur. Montags geöffnet, wachau GOURMETfestival-Partner der ersten Stunde. Kleiner Garten, prunkvolle Banketträume, immer wieder hochklassige Weinevents.
Die Hofmeisterei ist Flaggschiff und Flagship-Store der „Wein-Hofmeisterei" von Matthias Hirtzberger, dem jüngeren Sohn der Dynastie. Seit acht Jahren in Betrieb, bereits eines der bemerkenswertesten Weingüter der Wachau.

KAMPTAL

Das Kamptal, das mittlerweile neben der Wachau jenes niederösterreichische Weinbaugebiet ist, das am meisten Prestige besitzt, wurde im Jahr 1985 als Kamptal-Donauland kreiert, den heutigen Namen erhielt es 1993. Früher war dieses Gebiet nach seiner zentralen Hochburg als Langenlois bekannt. Im Wesentlichen erstrecken sich die Weinberge des Kamptals tatsächlich am linken und rechten Ufer des Unterlaufs des Kamps.

Das Wahrzeichen des Kamptals, das nach wie vor ein ausgesprochenes Weißwein-Anbaugebiet darstellt, ist der weithin sichtbare, berühmte Weinberg Heiligenstein. Im Sommer ist hier ausgesprochen heiß. Die Kernlagen des Heiligensteins verfügen über verwitterten Wüstensandstein, der intensive und doch elegante Grüne Veltliner und in der Frucht ungemein brillante, kraftvolle Rieslinge von großem Lagerpotenzial hervorbringt. Ähnliches lässt sich von der benachbarten Lage Gaisberg behaupten, die diesen Sorten ebenfalls Kraft und Mineralität verleiht. Aber auch zahlreiche andere Lagen von Zöbing, Langenlois, Lengenfeld und rund um den bekannten Weinort Straß im Straßertale ergeben ausgesprochen niveauvolle Gewächse. Über die beiden Leitsorten hinaus wissen die Winzer auch mit den Sorten Weißburgunder, Chardonnay und Sauvignon Blanc, zum Teil auch mit Traminer sowie Zweigelt zu überzeugen.

Wer dieser malerischen Weinbaugegend einen Besuch abstattet, sollte unbedingt das „Ursin Haus" in Langenlois aufsuchen, wo ein Informationsbüro und eine Vinothek untergebracht sind. Für ein Erlebnis besonderer Art sorgt das architektonisch bemerkenswerte „Loisium", das von Stararchitekt Steven Holl entworfen wurde und Vinothek, Weinerlebnis und Hotel umfasst.

Die DAC Kamptal wurde für trockene Grüne Veltliner und Rieslinge eingerichtet. Es gibt „Kamptal DAC" mit und ohne Ortsangabe (Einreichung zur Prüfnummer frühestens ab dem 1. Jänner des auf die Ernte folgenden Jahres) sowie mit Ortsangabe und Riedenbezeichnung (Einreichung zur Prüfnummer frühestens ab dem 1. März) und „Kamptal DAC Reserve" (Einreichung zur Prüfnummer frühestens ab dem 1. Juli). Alle Nicht-DAC-Qualitätsweine tragen die Weinbaugebietsbezeichnung Niederösterreich. Die Mindest-Alkoholgehalte liegen zwischen 11,5% und 13%, wobei Riedenbezeichnungen ab 12,5% zulässig sind.

3.574 Hektar Weinanbaufläche
Die wichtigsten Rebsorten:
Grüner Veltliner, Riesling

Weingärtnerei
Aichinger

Maximilian Aichinger
3562 Schönberg am Kamp, Hauptstraße 15
Tel. +43 2733 8237
kamptal@wein-aichinger.at, www.wein-aichinger.at
12,5 Hektar, W/R 80/20

Seit 2019 führt Maximilian Aichinger den Betrieb in Schönberg am Kamp. Zuvor hatte er eine solide Ausbildung genossen: Nach Absolvierung der Vino-HAK in Krems an der Donau und einem Weinbaupraktikum in Australien studierte er an der Fachhochschule Krems „International Wine Business“ und schloss es mit dem akademischen Grad „Bachelor“ ab.
Naturnahe Bewirtschaftung ist gelebte Praxis im Betrieb, der mit dem Gütesiegel „Nachhaltig Austria“ zertifiziert ist. Die Trauben werden hundertprozentig von Hand gelesen. Behutsamkeit ist auch im Keller oberste Maxime: Maximilian Aichinger ist bestrebt, terroirbetonte Wein zu keltern.
Eine beachtliche Bandbreite an Sorten profitiert von unterschiedlichen Bodenarten, und zwar vornehmlich Gneis, Sandstein, Kies und Löss. Die erste Geige spielen Grüner Veltliner und Riesling, aber auch mit Weißburgunder aus der mit sehr alten Rebstöcken bestockten Ried Oberalbing vermag das Weingut mit einem komplexen Format zu punkten. Höhepunkt des aktuellen Sortiments ist die als gediegen zu bezeichnende 2021er Grüne Veltliner Ried Kalvarienberg Reserve.
In der seit zehn Jahren an Susanne Zimmermann verpachteten Weinstube Aichinger, die sich im Verband der örtlichen Kellergasse befindet, sind sämtliche Aichinger-Weine glasweise erhältlich, alle Gewächse werden dort auch zu Ab-Hof-Preisen verkauft. *jw*

KAMPTAL DAC

★★ S €€ GV
2022 Grüner Veltliner Kamptal + Feinfruchtiges Bukett nach grünem Apfel, hintennach auch Kräuterwürze, mineralisch-filigran, feine Bitternote, vital und süffig geprägt mit einem Pfefferl im Abgang.

★★ S €€ GV
2022 Grüner Veltliner Schönberg Löss + Frisch-fruchtige einladende Nase nach Äpfeln, feine Einsprengsel nach Kräutern, am Gaumen gelbfruchtige Akzente, einige Substanz, dezent hefige Akzente, mit einer Prise Salz unterlegt, animierend-frisch, süffig, zartes Pfefferl im Finish.

★★ S €€ RI
2022 Riesling Im Schütt Schönberg + Verführerisch-einnehmende Nase nach Marille und Honig, auch Kräuter und eine Prise Pfeffer treten hinzu, am Gaumen fruchtig nach Marille und Pfirsich, auch traubig, salzig geprägt, vitaler Säurebogen, leicht adstringent, verabschiedet sich mit einer zarten Thymiannote.

★★★ S €€ RI
2022 Riesling Terrassen Schönberg + Einnehmende Nase nach Marille, dahinter kräuterwürzig, auch ein Honigton tritt hinzu, üppige Weingartenpfirsichfrucht, einiger Körper, balanciert, vitaler Säurebogen, im Abgang eine Nuance Melone, gefolgt von einem Pfefferl.

★★★★ S €€€ RI
2021 Riesling Ried Rosenberg Reserve + Verführerisch im Bukett nach Pfirsich und Marille, zart nach Blütenhonig, am Gaumen auch Einsprengsel nach Mandarine, würzig, einiger Druck, erfrischender langer Säurebogen, Zitrusnote im Abgang.

★★★★ S €€€ GV TIPP
2021 Grüner Veltliner Ried Kalvarienberg Reserve + Feine gelbfruchtige Nase, Äpfel und Marillen klingen an, feine Kräuterwürze, etwas Kamille, ausgeprägte Fruchtigkeit am Gaumen, Pfirsich, Orange, feiner Honigton, dezent hefig, saftig geprägt, kompakt, guter Körper, feine Zitrusnote im vitalen Säurebogen, gediegen und druckvoll, zugleich ausgesprochen trinkvergnüglich, salzig im animierenden Abgang.

NIEDERÖSTERREICH

★★ S €€ GS FUN
2022 Gemischter Satz A2 + Einnehmendes fruchtbetontes Bukett nach grünem Apfel und Stachelbeere, dezent rosenduftig, auch weitere Blütenanklänge treten hinzu, zart nussig, frisch, fruchtig und saftig am Gaumen, süffig, gut als Aperitif einsetzbar.

★★★ S €€ PB PLV
2021 Weißburgunder Ried Oberalbing + Frische gelbfruchtige Nase nach Weingartenpfirsich und Marille, auch Kräuterwürze tritt hinzu, dezent nussig, am Gaumen Anklänge nach Apfel und Marille, filigran und zugleich komplex, vital und saftig geprägt, zieht gut durch, verabschiedet sich erfrischend mit einer zarten Mandarinennote.

★★★ K €€€ CS
2020 Rosé-Sekt Cabernet Sauvignon Brut + Zwiebelschaliges Rosa mit Silberreflexen, einnehmend-fruchtige Nase nach Erdbeeren, Traubenzucker, betont trocken, gaumenfüllendes Mousseux, hintennach feine Frucht nach Erdbeere und Pfirsich, erfrischend und animierend, Cassis im Finish.

Gegenwart braucht
HERKUNFT,
damit sie ZUKUNFT
gestalten kann.
TRADITIONSWEINGÜTER ÖSTERREICH
Bestellen Sie Ihr Lagenbuch unter:
traditionsweingueter.at
Österreichische Traditionsweingüter
1ÖTW ERSTE LAGEN®

Weingut
Allram

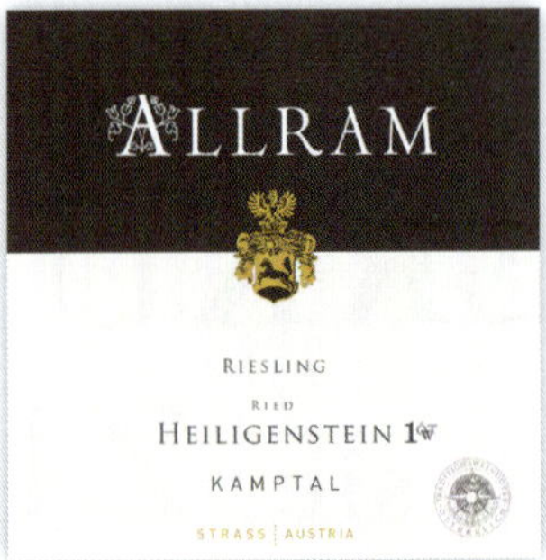

Lorenz Haas
3491 Straß im Straßertale, Herrengasse 3
Tel. +43 2735 2232, Fax -3
weingut@allram.at, www.allram.at
30 Hektar, W/R 90/10

„2022 war ein Jahr für Winzer", fasst Lorenz Haas den Jahrgang knapp zusammen, bevor er dann doch ein bisschen weiter ausholt. "„Wir sind grad im letzten Jahr der Umstellung auf biologische Landwirtschaft, und da war vor allem der hohe Infektionsdruck sehr herausfordernd. In der Biolandwirtschaft stehen uns da nur Kontaktmittel zur Verfügung, und die werden beim nächsten Regen großteils wieder abgewaschen. Wir haben aber alles richtig erwischt und in Folge ist, bei niedrigerem Ertrag, alles sauber geblieben." Der Veltliner Strass präsentiert sich als gemütlicher Klassiker. In der Ried Hasel haben die Reben vom „Löss als Wasserreservoir" profitiert, und die Alten Reben bringen wieder recht viel Wein bei moderatem Alkohol ins Glas. Die jüngsten Reben des Betriebs stehen in der Ried Rosengartl auf reinem Löss. Wie bei den Lagen üblich, wurde dezent mit großem Holz gearbeitet, die straffe Erscheinung lässt langsam Fruchtsüße durchscheinen, wobei für Lorenz die Frucht in seinen Weinen nie die Hauptrolle spielt. Der Renner eröffnet mit vielfältigem, wenn auch ruhigem Fruchtangebot, fast zischige Säure schaufelt noch mehr davon auf den Gaumen, auf etwas Gerbstoff und viel Terroir gräbt sich der Wein dann fest, braucht Beachtung und vor allem Zeit. Deutlicher, dabei einfühlsamer Holzeinsatz kennzeichnet den Gaisberg, spannungsgeladen mit viel Herkunft legt der Wein lange an der Luft zu.

Riesling- oder Veltlinerjahr? „Ich bin sehr happy mit den Rieslingen", meint Lorenz Haas strahlend. Man kann es am Ortswein nachvollziehen, doch mehr vom neuen Riesling gibt es aktuell noch nicht zu verkosten. Riesling Gaisberg ist überraschend würzig. „Der Gaisberg ist immer mit Würze und Kräutern unterlegt", bestätigt Lorenz. Er geht streng zur Sache, Spannung ist das durchgehende Thema, der kleine Zuckerrest wird von jahrgangstypischer Säure pariert. Das eilt nicht mit dem Konsum. Noch mehr Zeit kann man sich beim Heiligenstein lassen. Er beginnt ganz ruhig, souverän, verwöhnt Nase und Gaumen mit einer Fülle an Aromen und zieht sich schließlich mit dem Ausdruck großer Substanz in seine steinige Herkunft zurück. Wer Weißburgunder schätzt, bekommt Papageno, auf diesen Wein ist Verlass, er tritt immer mit großem Trinkvergnügen und viel Ahnung von Jahrgang und Terroir auf. Vom reinen Schiefer kommt der Chardonnay, ein feinsinniger, leichtfüßiger Wein, sommerlich, mediterran, der lange mit neuen Facetten erfreut. Beim bestens eingeführten Grauburgunder wurde über die Jahre ein Generationswechsel vollzogen, mit viel Respekt vor dem Schaffen von Vater Erich und „großer Akzeptanz der Fangemeinde". Der Wein wurde schlanker, trockener, verspielter mit weniger Holz. Unterhalb vom Chardonnay steht der Muskateller in den Steinterrassen. Leise und mit wohlgesetztem Ausdruck erzählt er von seiner Herkunft, lässt hie und da den Charme der Sorte aufblitzen. Ein feiner, in sich versunkener Wein, der Zuwendung braucht, ein Gegenentwurf zu allem, was laut, hektisch und wichtig erscheint. In diese Richtung ist auch der St. Laurent gedacht. Die Maische wird in offenen Gärständern händisch untergetaucht, Säureabbau läuft in gebrauchten französischen Barriques mit Medium-Toasting ab, dann wird der Wein die nächsten zwei Jahre nicht mehr angefasst, einmal gezogen und unfiltriert gefüllt. *db*

KAMPTAL DAC

★★ S €€ GV
2022 Grüner Veltliner Strass + Feine Kernobstfrucht, leicht gewürzt, Quitte; Birne schiebt sich in den Vordergrund, ein paar Kräuter, auch ein Klacks Kräuterhonig, Säure passt.

★★★ S €€ GV
2022 Grüner Veltliner Ried Hasel + Reifes, schon mürbes Kernobst, eine Prise Pfeffer, Nelke; Apfelmus, sitzt lössig auf dem Gaumen, herzhafter Grip, gute Fülle, Trinkspaß mit leichter Adstringenz, fruchtbesüßte Länge mit festem Grip.

★★★ S €€€ GV
2022 Grüner Veltliner Alte Reben + Gesetzte, reife Apfelfrucht, Akazienblüte, feinwürzig; breit aufsitzend mit viel Schmelz vom Löss, kalkig-straff unterfüttert, bisschen grüne Banane und würzige Pikanz sorgen im Hintergrund für ein straffes Finish, braucht Zeit.

★★★★ K €€€ GV FUN
2021 Ried Rosengartl Grüner Veltliner + Kernobst, Honigmelone, Birne, Tabak, Nüsse in Honig; recht straffe, trotzdem fruchtdurchflutete Erscheinung, etwas Gerbstoff, langsam kommt Fruchtsüße, Bananenmark, zarte Vanillenoten, gute Länge, ruhiger Wein.

★★★★ K €€€ GV
2021 Ried Renner 1ÖTW Grüner Veltliner + Ein wenig Holz, zart honigduftig, auch minzig-kühle Facetten, dichte, konzentrierte Kernobstfrucht, Richtung Apfelstrudel, ansonsten eher verhalten; geht ruhig und sehr mineralisch weiter, kesse Säure, im Finish noch etwas verkapselt.

★★★★ K €€€€ GV TIPP
2021 Ried Gaisberg 1ÖTW Grüner Veltliner + Deutliche Holznoten, samtig aufgeraut, Hauch Sandelholz, Vanille, Bergamotte, vanilledurchflochtene Apfelaromen, gelbfruchtig, leicht röstig, Honigmelone, Quitte, auch getrocknete Marille, einladend; holz-, frucht- und extraktsüß, deutlich pfeffrig, Steinmehl, leichtgängig bei gewisser Strenge, erste Reife, spannende Unterhaltung.

★★★ S €€€ RI
2022 Riesling Strass + Stahlig-straff, leicht fruchtsüß, minzig-kühl, kräuterig, vielfältiges Fruchtbild, klassisch, aber auch Botanicals und eine Gurkenscheibe, Spannung; streng mineralische Herkunft lässt noch wenig Frucht durch, peppige Säure, dennoch ernsthaft, kleiner Zuckerrest hübscht den Gaumen auf.

★★★★ K €€€€ RI
2021 Ried Zöbinger Gaisberg 1ÖTW Riesling + Streng, straff, mehr Stein als Riesling; Schiefer, Gneis und Frucht reiben einander fast auf, viel Substanz, kommt langsam in die Gänge, dann recht kraftvoll, sehr reifes Obst, ein paar Apfelschalen halten die Spannung bis ins Finale, hat noch Zeit.

★★★★★ K €€€€€ RI TOP
2021 Ried Zöbinger Heiligenstein 1ÖTW Riesling + Viel reife süße Zitrusfrucht, auch Zesten und Aranzini, Ringlotten, Kräuter, Estragon, leicht gpfeffert, leicht petrolig, schon im Duft ein Abguss seiner Herkunft; süßes Steinobst, dem kleinen Zuckerrest steht ausreichend Säure gegenüber, Stein und ein bisschen Gerbstoff haben die Hand drauf, hervorragende Länge.

NIEDERÖSTERREICH

★★★ S €€€ PB
2022 Weißburgunder Papageno + Kerniges, zitrusumspültes Steinobst, bisschen Holz, nussig natürlich, pfeffrig, steinig, recht straff, würzig fast wie ein Veltliner; kecke Säure, kleiner Zuckerrest verliert sich darin, cremiges Gegenspiel, unbeschwert leichtgängig, kalkiger Schleier sorgt für Spannung im Finish.

★★★★ S €€€ CH TIPP
2022 Chardonnay Ried Wechselberg + Rhabarberkuchen, sommerliches Flair, Aranzini, Zesten, reife Zitrusfrucht, leicht röstig, Bitterorange, Ringlotte; geschliffener Einstieg, fest zupackende Mineralik wird von hübscher Frucht und ausreichend Substanz abgefangen, feiner Grip, schlanker, leichtfüßiger, engmaschiger Wein, die Meeresfrüchte rufen.

★★★ K €€€€ PG
2021 Grauburgunder Reserve + Ein Klacks Vanille-Zitronen-Creme, kandierte Früchte, Pfirsich, Marille, Ananas, eleganter Holzausdruck; holz- und fruchtsüßer Einstieg, dann recht spannender Kontrast zwischen Säure, Gerbstoff und cremigem Fruchtspiel, Hasel- und Walnüsse, Säure begleitet die Herkunft in den Abgang, Holz ist gut eingebunden, sehr guter Ansatz.

★★ S €€ GM
2022 Gelber Muskateller Steinterrassen + Zart aromatische, noch verhaltene Frucht, stahlig-steinig; geht am Gaumen mit kleinem Zuckerrest weiter, lebhafte Säure, Holunderspritzer, elegante Struktur, kein Angeber, eher ein Mauerblümchen, straffes Finish.

★★★ K €€€ SL
2019 St. Laurent Ried Gaisberg Reserve + Sehr elegante Burgunderfrucht, feinduftig, Brombeere, Sauerkirsche, finessiger Cool-Climate-Style; geschliffene, seidige Gerbstoffe, feine Fruchtsüße, Cassislaub, fruchtbegleitete Länge, ein Genuss, egal ob kühl oder wohltemperiert gereicht.

Weingut
Am Berg

Michael Gruber
3550 Langenlois, Mittelberg 41
Tel. +43 2734 2965, Fax -90
office@weingut-am-berg.at, www.weingut-am-berg.at
15 Hektar, W/R 80/20, 80.000 Flaschen/Jahr

Die Familie Gruber aus Mittelberg, welches 400 m über Langenlois liegt, daher kühl, bewirtschaftet beste Lagen in Langenlois wie Loiserberg, Kellerberg, Steinhaus, Käferberg. Die Reben des Hauses wachsen auf drei Arten von Böden – Urgestein, Löss und Lehm. Die Weingärten werden naturnah bewirtschaftet. Die Monokultur wird durch Pflanzung von Bäumen und Pflanzen gezielt durchbrochen.
Die Grubers sind eigentlich so etwas wie Selbstversorger. Neben dem Wein gibt es frisches Obst und Gemüse, Säfte und Marmeladen. Für spezielle Anlässe wie Geburtstagsfeiern, Hochzeiten oder andere Anlässe wird auch der Heurige geöffnet.
Die Weine machen dem Kamptal alle Ehre. Sehr schöne Grüne Veltliner. Der 2022 Grüner Veltliner Kellerberg zeigt sich schon von seiner besten Seite. Der große Jahrgang 2021 beweist sich mit vorzüglichen Grünen Veltlinern Reserve aus der Ried Steinhaus und der Ried Käferberg sowie Riesling Reserve Ried Steinhaus. Sehr stimmig ist der 2022 Gemischter Satz Alte Reben. Eine vollmundige 2020 Burgunder Cuvée rundet das Sortiment ab.
Zwei Süßweine waren auch zu verkosten. Ein 2022 Eiswein vom Grünen Veltliner und eine 2022 Beerenauslese Grüner Veltliner. Beide präsentieren sich bestens und gehen auf die Reise.

as

KAMPTAL DAC

★★ S €€ GV
2022 Grüner Veltliner Ried Loiserberg + Pfeffer, Marillen, frischer Apfel, agile Säure, Zitrus, fruchtige Frische, dezente Würze, geht mit Luft auf, noch juvenil, kühl. Ein lebendiger, spritziger Grüner Veltliner.

★★★ S €€ GV
2022 Grüner Veltliner Ried Kellerberg + Frischer Apfel und Pfeffer, Mango, Marillen, Mandeln, sehr elegant, feine Frucht, unaufdringlich mit frischen Komponenten, zeigt Klasse, ganz feine Würze, mineralische Ader.

★★★ S €€€ GV
2021 Grüner Veltliner Reserve Ried Langenloiser Steinhaus + Frische Marille, gelber Apfel, ungemein weinig, hochelegant, feinste Frucht, pfeffriger Charme, exotische Töne wie Mango & Co., ungemein saftig, ein wunderbarer Wein von fast adeliger Ausprägung.

★★★ S €€€ GV
2021 Grüner Veltliner Reserve Ried Käferberg + Kräuterwürze, pfeffrig, Tannennadeln, Exotik – Mango, mineralische Aspekte, Marille, einiger Tiefgang, hochelegant, fein strukturiert, fruchtiger Schmelz, bisschen holzunterlegt. Ein fulminanter Grüner Veltliner mit Struktur und einiger Zukunft.

★★★ S €€€ RI
2021 Riesling Reserve Ried Steinhaus + Marillenfrucht, Pfirsich, ein Hauch von Pilzen, Fruchtsüße, ein knackiger Riesling mit Säurebiss, hochwertig, immer kühl, klassisch Riesling. Herrlich pikant. Gesicherte Zukunft.

NIEDERÖSTERREICH

★★ S €€ ME
2022 Merlot gleichgepresst Mittelberg + Strohgelb, dezente Honignoten, Kräuter, fruchtig, Pfirsich, elegant, ausgewogen, wunderbarer Schmelz, Bienenwachs, ein stimmiger Wein, schmackhaft, rund und geschmeidig bei passender Säure. Ein höchst angenehmer Wein.

★★ S €€ GM
2022 Gelber Muskateller Mittelberg + Zimt, Muskatnuss, frischer Apfel, Litschi, Holunder, frische Säure, kernige Struktur, voller Pikanz, typisch, knackig, ein perfekter Aperitif. Geht mit Luft auf.

★★★ S €€€ CW
2020 Burgunder Reserve Ried Rothenbichl + (GB/PB/CH) Feines Bukett, Ananas, dezent speckig, elegant holzunterlegt, Brotkruste, bisschen – cremige – Vanille, zeigt immer Frische, getrocknete Blumen, entwickelt sich langsam zu einem hervorragenden Wein.

★★ S €€€ ME
2018 Merlot Reserve Ried Mittelberger Vogelberg + Das Holz ist noch präsent, ein reifer Wein, bester Stoff, Kräuter, Cassis, Heidelbeeren, dunkle Schokolade, fest strukturiert, angenehmes Tannin, kann man schön langsam trinken.

★★★ S €€€ GV
2022 Eiswein Grüner Veltliner + (0,375-Liter-) Litschi, Aprikosen, Pilze, rassige Säure, nervig, intensiv, tiefgründig, relativ süß, Honig, ein dynamischer, homogener Wein, der straff strukturiert ist, mit großer Eleganz. Ewiges Leben.

★★★ S €€€ RI
2022 Beerenauslese Riesling + (0,375-Liter)Ein feines Bukett, Marille, Pilze, Mango, Kokos, Honig, feines Säurespiel, herrliche Süße, ein Wein mit enormem Tiefgang, Substanz für Jahrzehnte.

Weingut
Kurt Angerer

Kurt Angerer
3552 Lengenfeld, Annagasse 101
Mobil +43 676 430 69 01
kurt.angerer@aon.at, www.kurt-angerer.at
38 Hektar, W/R 60/40

Konsequenz in zwei Worten: Kurt Angerer. Ich kenne keinen selbstkritischeren Winzer wie Kurt Angerer. Er bewirtschaftet das Weingut bereits in vierter Generation. Kurt Angerer ist ein Mann der Scholle, mit dem Blick hinaus in die Welt. Neben den klassischen Rebsorten wie Grüner Veltliner, Riesling, Pinot Blanc, Grauburgunder oder Zweigelt gibt es hier auch Sémillon, Viognier, Syrah und natürlich auch Cabernet und Merlot.

Das Weingut liegt im westlichen Teil des Kamptals mit nach Südsüdwest ausgerichteten Lagen. Verschiedene Bodenformationen wie Löss, Kies und Urgestein. Dies dokumentieren auch die Namen der Weine.

Ich konnte diesmal nur die Weißweine probieren, doch hat Kurt Angerer auch eine exzellente Rotweinpalette.

Die Weißweine sind hervorragend bis genial. Hervorragend sind die beiden 2022 Grünen Veltliner aus Ried Frauenberg und Kies. Die Steigerung sind die 2022 Grünen Veltliner Eichenstaude & Loam. Geniale Weine sind 2022 Riesling Ried Ametsberg, 2022 Ried Schreckenstein und für mich heuer überdrüber der 2022 Grüner Veltliner Spieß. Dann gibt es noch den 2022 Riesling Essence – kommt von den ältesten Reben des Weingutes –, der Maßstäbe setzt. Gewohnt wunderbar präsentiert sich der 2021 Grüner Veltliner unfiltriert. Die Traminerfreunde kommen mit dem 2022 Gelber Traminer auf ihre Kosten.

Es sind Weine, die in ihrer Art nicht zu vergleichen sind. Denen man überragende Lagerfähigkeit attestieren kann. *as*

KAMPTAL DAC

★★★ S €€€ GV
2022 Grüner Veltliner Ried Frauenberg + Ein frisch-fruchtiger Wein, frischer Apfel, weißer Pfeffer, dezente Exotik, Ananas, elegante Fruchtigkeit, Birnentouch, balanciert, charmant, angenehm.

★★★ S €€€ GV
2022 Grüner Veltliner Loam + Birnen, Pfeffer, Kräuterwürze, Zitrus, Apfel, Exotik, kraftvoll, körperreich, fester Gerbstoff, Gewürze, dezente Bitternoten, benötigt unbedingt Flaschenreife. .

★★★ S €€€€ GV
2022 Grüner Veltliner Eichenstaude + Reifer Apfel mit feiner Exotik, Birnen, Mango, Pfirsich, ungemein frisch bei druckvollem Auftritt, Tabak, würzig, dezenter Gerbstoff, langatmig, das ist hohe Qualität.

★★★★ S €€€€€ GV TIPP
2022 Grüner Veltliner Ried Schreckenstein + Das ist/wird außergewöhnlicher Wein, Marille, dezente Exotik, ungemein elegant, engmaschig, salzig, Kräuter, mineralische Noten, da steckt immens viel drinnen, tiefgründig, alles noch verkapselt. Benötigt unbedingt Flaschenreife.

★★★★ S €€€€ RI
2022 Riesling Ried Ametsberg + Ein ungemein konzentrierter Riesling, noch verkapselt, geht ganz langsam auf, Steinobst, Limette, entwickelt Zug am Gaumen, gelbe Früchte, enorm salzig, wird elegant, mit Luft wird es ein spannender Riesling.

★★★★ S €€€€€€ RI TIPP
2022 Essence Riesling + Enorm mineralisch, tiefgründig, immens dichte Struktur, voller Spannkraft, unglaublich eng und lang, salzig, voller Intensität, Tiefe, Marille, Zitrus, voller Finesse, Orangenschalen, großartiger Riesling aus alten Reben.

★★★★ S €€€ GV TIPP
2022 Grüner Veltliner Spieß + Herrlich gelbfruchtig, pfeffrig, Äpfel und Birnen, Grapefruit, Zitrus, Mandarinen, elegant, feingliedrig, feinstes Säurespiel, zeigt Finesse, geht in die Tiefe, feste Struktur, mineralisch, voller Grip, standfest. Viel Substanz. Grandioser Grüner Veltliner mit salzigen Noten.

NIEDERÖSTERREICH

★★ S €€ GV
2022 Grüner Veltliner Kies + Marillen, frischer Apfel, Zitrusschale, Kräuter, liegt fest am Gaumen, lang abgehend, Pfeffer, würzig, trocken, passende Säure, typisch, noch etwas verhalten. Gute Substanz und Zukunft.

★★★★ K €€€€€ GV
2021 Grüner Veltliner unfiltriert + Fichtennadeln, röstige Noten, Brotkruste, mächtig, höherer Restzucker, getrocknete Kräuter, schwarzer Pfeffer, ungemein saftig, fruchtig, erdige Töne, straff und fest, einiger Tiefgang, stoffig. Viel Wein – viel Erlebnis.

★★★ S €€€€€ TR
2022 Gelber Traminer + Pfirsich, verblühte Rosen, fruchtig, gelbe Früchte, feine Frucht, elegant, einiger Tiefgang, ungemein langer Abgang, ziemlich ernsthaft, salzig, ein Wein für viele Jahre. Ein trockener Traminer mit viel Substanz.

BIO

Weingut
Martin & Anna Arndorfer

Martin Arndorfer, Anna Arndorfer
3491 Straß im Straßertale, Weinbergweg 16
Tel. +43 2735 2254
info@ma-arndorfer.at, www.ma-arndorfer.at
20 Hektar, W/R 85/15

Die Weine von Anna und Martin Arndorfer sind von ungemeiner Spannkraft, Authentizität, lebendiger Säure, charaktervoll, ausdrucksstark, immer elegant, immer leicht, voller Vitalität. Es sind starke Persönlichkeiten, welche die Böden der Weingärten widerspiegeln. Die Weine werden überwiegend nicht filtriert, teilweise maischevergoren, daher immer etwas hefetrüb. Mit Schwefel wird gespart. Hier bekommt man Wein pur voller Intensität. Bei diesen Weinen ist die Flasche im Nu leer. Es sind Gewächse von einer seltenen Bekömmlichkeit. Eigentlich sollten diese Weine auf jeder E-Card gespeichert sein, da sie zum Wohlbefinden beitragen. Statt irgendwelche chemischen Präparate zu verschreiben, sollten die Ärzte ein Glas Arndorfer empfehlen. Ich mache meinen nächsten Medizincheck im Weingut der beiden.
Die Weine sind alle hervorragend, die Verkostung war ein Erlebnis. Einen liebe ich ganz besonders, den 2021 Gemischter Satz Terrassen 1958 – eben in diesem Jahr gepflanzt, der hat es mir angetan. DANKE! *as*

ÖSTERREICH

★★★ S €€ GV
2022 Grüner Veltliner handcrafted + (unfined & unfiltered) Hefetrüb, Orangenschalen, Zitrus, Pfirsich, Pfeffer, frische Kräuter, frische Säure, stringent, lebendig, feine Würze, Kamille, zeigt viel Mineral.

★★★ S €€€ RI
2021 Riesling handcrafted + (unfined & unfiltered) Hefetrüb, konzentriert, tiefgründig, Grapefruit, Orangenzesten, Ananas, Steinobst, salzig, nervig, fordernd, spannend, lebendig, rassige Säure.

★★★ S €€ CW
L-vsw 22 Vereinter Schatz + (GV/RI) Hefetrüb, frische Marillen, reifer Apfel, Birnen, Mandarinen, saftig, elegant, süffig auf hohem Niveau, Teeblätter, Ananas, vielschichtig, elegant, zeigt Finesse.

★★★ S €€ GV
2021 Grüner Veltliner Strasser Weinberge + Anfangs reduktiv, Orangen und Zitrus, dunkle Tönung, Nougat, Pfeffer, Kräuterwürze, dezente Exotik, ziemlich guter Stoff, angenehme Säure, geht auf, wird salzig.

★★★ S €€€ RI
N.V. Riesling Strasser Weinberge + (2022/2021) Erst positive Oxidation, Orangen, Ananas, Marillen, Zitrus, Kümmel, fruchtig-saftig, dezenter Restzucker, etwas Karamell, Apfel, spannend, salzig, feines Säurespiel, pikant, vielschichtig, höchst individuell.

★★★ K €€€€€ CW
L-2021.w die Leidenschaft weisz + (Ried Gaisberg, CH/NB gemeinsam vergoren + GV/RI) Dezente Rösttöne mit Exotik, Kaffee, Gewürze, getrocknete Kräuter, Marille, gelbfruchtig, straff am Gaumen, dichte Struktur, Rasse, Leben, Birnen, Apfel und Zimt, weißer Nougat, ein vielschichtiger Wein. Hohes Niveau.

★★★ K €€€€ CU
L-rm 22 r-marie + (ZW Rosé Saft + GV maischevergoren) Kirschfarben, zartes Kirscharoma, zart rauchig, Himbeeren, Zwetschken, streng am Gaumen, immens dicht, salzig, Blutorangen. Ein spannendes Gewächs mit Rotweincharakter, enorm strukturiert, tiefgründig, individuell. Ein sensationeller Wein.

★★★ K €€€€ CW
L-av22 anina verde + (GV Saft + RI maischevergoren) Hefetrüb, positive Oxidation, Orangenschalen, voller Rasse, Mandarinen, frische Marillen, Pfeffer, Thymian, ein Wein voller Spannung, Rasse, nervig, tief, Brotkruste, der gibt nicht auf. Wie ein Krimi.

★★★ K €€€€€ NB
L-2021.h Herrengasse 4 + Dezent trübe Farbe, teilweise maischevergoren, nussige Töne, Orangenschalen, Wacholder, straff strukturiert, rassige Säure, einiger Tiefgang, nervig, voller Spannkraft, braucht viel Luft.

★★★ K €€€€€€ MT
2021 Müller-Thurgau Per Se + Hefetrüb, Apfel, Ananas, Mandarinen, Kräuter, Gewürze, die Säure ist fordernd, ziemlich nervig, braucht viel Luft, dann transparente Eleganz, leicht im Alkohol, strukturiert, charaktervoll. Was man aus Müller-Thurgau nicht alles machen kann.

★★★ K €€€€€ GV
2021 Grüner Veltliner Per Se + (unfined & unfiltered) Orangefarben, Orangen, Grapefruit, Himbeeren, Pfeffer, dicht, gerbstoffbetont, total eng, dicht, der totale Wahnsinn, trocknet den Gaumen aus, strukturiert, geht in die Länge, baut Frucht auf.

WEINLAND ÖSTERREICH

★★★★ K €€€€€ GS
2021 Gemischter Satz Terrassen 1958 + Exotik, Marillen, Kräuterwürze, Nüsse, Orangen, Ananas, Birne, Apfelnoten, Pfeffer, fest strukturiert, extrem dicht, rassig, voller Leben, der Wein hat Biss, ist unglaublich vielschichtig, voller Pikanz. Außergewöhnlich.

★★★ K €€€€€ RV
2021 Roter Veltliner Terrassen 1979 + Lebkuchen, Anis, Exotik, Orangen, Apfel, Ananas, kompakt, rassig, packende Säure, spannungsgeladen, fordernd individuell.

ZERTIFIZIERT 1234567 NACHHALTIG AUSTRIA

Weingut
Familie Brandl

Familie Brandl
3561 Zöbing, Lauserkellergasse 1
Tel. +43 2734 2635
office@weingut-brandl.at, www.weingut-brandl.at
9 Hektar, W/R 100/0, 50.000 Flaschen/Jahr

Das Weingut Brandl liegt in Zöbing am Fuße des Heiligensteins, ein reiner Familienbetrieb, in dem derzeit drei Generationen mitwirken. Günther Brandl versteht es, mit viel Fingerspitzengefühl die speziellen Bodenformationen vom Kogelberg sowie vom Heiligenstein im Glas abzubilden. Mit dem aktuellen Jahrgang 2022 ist es dem Winzer wieder gelungen, die typische Herkunft und das Kleinklima herauszuarbeiten. Das Jahr 2021 brachte besonders schöne und gesunde Trauben beim Riesling am Kogelberg, das Ergebnis ist ein außergewöhnlicher und lagerfähiger Riesling, der Alkohol, Säure, dezente Restsüße und Extrakt perfekt vereint. *gh*

KAMPTAL DAC

★★★ S €€ GV
2022 Grüner Veltliner Zöbing + Knackiger grüner Apfel, weiße Birne, von feiner Kräuterwürze unterlegt, etwas gelbe Grapefruit, alles dezent ausgeprägt; legt auf dem Gaumen deutlich zu, kühle Frucht, frisch-saftige Apfelaromen, passender leichter Gerbstoff, richtig trinkanimierend, gelbe Birne im Nachhall.

★★★ S €€ GV
2022 Grüner Veltliner Terrassen Zöbing + Reife gelbe Fruchtaromatik, feine Tabaknote, getrocknete Kräuter, Filets von rosa Grapefruit, eine Prise frischer Pfeffer; guter Druck, knackiger Apfel-Birnen-Mix, mineralische Assoziationen, angenehm salzig, dunkle Zitrus im Finish.

★★★★ S €€€ GV **TIPP**
2022 Grüner Veltliner Ried Kogelberg 1ÖTW Reserve + Kühler, von den großen Temperaturunterschieden geprägter Duft, Lage vor Sorte, nasser Stein, erinnert an einen Gebirgsbach, knackige Apfelaromen, getrocknete Kräuter, pointierte Zitrusfrucht, ganz feine Klinge; zeigt Vibration auf dem Gaumen, hochelegant, strukturiert, geht in die Tiefe, steirischer Apfel und rosa Grapefruit im animierenden Abgang.

★★★★ S €€€€ GV
2021 Grüner Veltliner Ried Lamm 1ÖTW Reserve + Vollreifes gelbes Kernobst, saftige Birne, Quittenanklänge, dicht und tiefgründig, akzentuierte Zitrusnoten, getrocknete Kräuter, vermittelt Frische; kraftvoll, hochreif, cremig, dabei elegant, strukturiert, Williamsbirne, Golden Delicious, Blutorange, rosa Grapefruit im langen Abgang, braucht viel Luft, großes Potenzial.

★★★ S €€ RI
2022 Riesling Terrassen Zöbing + Hochelegant, präzise, unaufdringliche Steinobstnoten, Weingartenpfirsich, saftige Marille, zart kräuterwürzig, etwas Honigmelone und Orangenzesten; setzt schlüssig auf dem Gaumen fort, kühle, feinziselierte Fruchtaromen, nasser Stein, immer kühl ausgeprägt, Filets von dunklen Zitrusfrüchten im anhaltenden salzigen Abgang.

★★★★ S €€€ RI
2022 Riesling Ried Kogelberg 1ÖTW Reserve + Ganz feine Klinge, Sorte und Lage in perfekter Harmonie, zart rauchig, Steinobstnoten schwingen mit, kühl geprägt, zeigt Mineralität, etwas gelbe Grapefruit; diese Charakteristik ist auch auf dem Gaumen schmeckbar, nasser Stein, feingliedrig, präzise, unaufdringliche Fruchtausprägung, etwas salzig, sehr gute Zukunftsprognose.

★★★★ S €€€ RI **TIPP**
2022 Riesling Ried Heiligenstein 1ÖTW Reserve + Feinwürzig, Mix aus getrockneten Kräutern, saftige gelbe Fruchtausprägung, Pfirsich, reife Mango, schön definiert, vermittelt das eigene Flair des Heiligensteins; ungemein saftig, Marille pur, exotische Noten à la Hawaii-Ananas schwingen mit, tiefgründig, angenehm salzig im langen Abgang.

NIEDERÖSTERREICH

★★★ S €€ GM
2022 Gelber Muskateller + Muskatnuss, Mandarinenfilets, Litschi, fruchtbetont angelegt, öffnet sich mit Luft, dezent kräuterwürzig, Holunderblüten; mittelgewichtig, passende Herbe, richtig trinkig, klingt mit viel Frische und saftig gelben Fruchtnoten aus, eine gelungene Interpretation eines niederösterreichischen Muskatellers.

★★★★ S €€€€€ RI **TIPP**
2021 Riesling Novemberlese Große Reserve + Cremig, saftig, konzentrierte Frucht, ungemein dicht, präzise Noten vom Weingartenpfirsich, vollreife Marille und Mango, auch gedörrte Marille, Rosinen, Biskuit, zeigt viele Facetten; kann auf dem Gaumen weiter zulegen, tolle Säurestruktur, mineralische Assoziationen ergänzen die gelbfruchtige Charakteristik, komplex, tiefgründig, fruchtsüß, noch immer ganz jung, sehr gute Persistenz, großes Potenzial.

Weingut
Bründlmayer

Wilhelm Bründlmayer
3550 Langenlois, Zwettler Straße 23
Tel. +43 2734 21720, Fax 3748
weingut@bruendlmayer.at, www.bruendlmayer.at
90 Hektar, W/R 70/30, 600.000 Flaschen/Jahr

Schon vor zwei Jahren hat man sich in diesem Vorzeige-Weingut entschlossen, die besten Lagenweine erst im zweiten Jahr nach der Lese auf den Markt zu bringen. Folgerichtig steht bei den Gebietsweinen der Jahrgang 2022 am Prüfstand, während die Veltliner von den Rieden Käferberg, Spiegel und Lamm und der Zöbinger Heiligenstein Riesling Alte Reben, aber auch der Chardonnay vom Steinberg aus dem großen Weinjahr 2021 stammen. Der frühere Lyra-Riesling ist ja bekanntlich in den „normalen" Heiligenstein eingeflossen, der aus 2021 leider restlos vergriffen ist. Bei den leichteren Veltlinern fällt auf, dass der solide Loiserberg diesmal dem spannungsgeladenen Berg Vogelsang durchaus Paroli bieten kann. Leichtfüßiger als früher ist, wie schon im Vorjahr konstatiert, der machtvolle, vor Frucht nur so strotzende Grüne Veltliner von der Ried Käferberg ausgefallen, während sich der kühle, dezente Spiegel Vincent noch in den Kinderschuhen befindet, doch für die nähere Zukunft ebenfalls viel verspricht. Apropos vielversprechend: Der bereits zur Legende gewordene Kammerner Lamm erscheint diesmal nicht so unnahbar wie in manchen Jahren zuvor und deutet sein riesiges Potenzial bereits schmeckbar an. In hervorragender Verfassung befand sich auch der Zöbinger Heiligenstein-Riesling von den Alten Reben, der 2021 sogar mit dunkelbeerigen Komponenten überrascht und nach dieser tollen Frühform alle Chancen hat, im Rennen um den Riesling des Jahres wieder einmal ganz vorne zu landen.
Auf dem (blass)roten Sektor gibt es mit dem Vincents Rosé aus der Rebsorte Merlot einen beachtlichen Neuzugang voll Esprit und Fruchttiefe zu vermelden. Über das Revival des Cabernet Franc haben wir an sich schon letztes Jahr erfreut berichtet, weshalb diesmal nur die Feststellung zu treffen wäre, dass er sich überaus positiv entwickelt und weiter harmonisiert hat. Ganz neu am Markt ist hingegen der sehr feinsinnige und aparte Pinot Noir vom Käferberg, mit dem man aber ebenfalls ein wenig Geduld haben sollte. Die Betonung der Rotweinkompetenz ist jedenfalls überzeugend gelungen, wobei die letztes Jahr vorgestellte, ausgezeichnete 2018er Zweigelt Reserve in diesem Zusammenhang nicht unerwähnt bleiben darf. Der schäumende Sektor war diesmal in Gestalt eines wahren „Superstars" präsent, denn der 2016er Blanc de Noirs realisiert gleichsam die Quintessenz dieses Sekttypus und vereint zarte Kirschfrucht mit kühlen Untertönen und bestens eingebundener Autolyse-Note in perfekter Weise. *vs*

KAMPTAL DAC

★★ S €€ GV
2022 Grüner Veltliner L & T + Zuckermais und Sauerklee, lebhaft und erfrischend, kühl unterlegt, spritzig und schlank, blitzsauberer, geradliniger Sommerwein mit Anspruch.

★★ S €€ GV
2022 Kamptal Grüner Veltliner Terrassen + Herbe Apfel- und Birnenfrucht gepaart mit Kräutertönen, kompakt und kernig, von der typischen Lösswürze getragen, pfeffrig, agil und staubtrocken.

★★★ S €€€ GV
2022 Ried Berg Vogelsang Grüner Veltliner + Hefegebäck, Orangenzesten und heller Tabak im vielfältigen Bukett, zahlreiche Facetten und viel Esprit, einiger Druck, angedeutete gelbfruchtige Aromen, saftig und balanciert – aus einem Guss.

★★★ S €€€ GV
2022 Ried Loiserberg Grüner Veltliner + Feinwürzige Nase nach schwarzem Pfeffer und Liebstöckel, rund und saftig, charmanter Veltliner, der Rebsorte wie Herkunft widerspiegelt, besitzt Fruchtspiel und Nuancen, sehr komplett und ausgewogen.

★★★ S €€ RI FUN
2022 Kamptal Riesling Terrassen + Ein überaus hübscher Reigen von Blütenduft, Limetten und weißen Pfirsichen, springlebendig und glasklar, vital und zupackend, ganz helle Frucht und nahezu stahlige Säure, hoher Spaßfaktor.

★★★★★ K €€€€€€ GV TOP
2021 Ried Käferberg Grüner Veltliner + Rhabarber, Marillenröster und vieles mehr im ausgesprochen freigiebigen Bukett, das einen weiten Bogen beschreibt, druckvoll, doch auch ungewöhnlich feingliedrig und ziseliert, Ringlotten und Netzmelone, gebündelt, ja fokussiert, alles im Gleichgewicht – wohl eine der besten Käferberg-Interpretationen aller Zeiten.

★★★★ K €€€€€€ GV
2021 Ried Spiegel Vincent Grüner Veltliner 1ÖTW + Kristallklares, vielfältiges Duftspiel, Ansätze von Fleur de Sel und Mandeln, verströmt quasi kühle Eleganz, gebündelt und sehr präzise strukturiert, ganz helle Fruchtaromen und klirrende Frische bei mittlerem Volumen, rassiger Nachhall, erst am Beginn, Zukunft.

★★★★★ K €€€€€€€ GV TOP
2021 Ried Kammerner Lamm Grüner Veltliner + Akazienhonig und Rosenblüten im Duett, von der Eiche bloß zart umrahmt, sehr engmaschig und konzentriert, aber nie üppig, hochelegant und finessenreich, ein fruchtsüßes Kaleidoskop von erstaunlicher Aromenvielfalt, ausdauernd und vielversprechend, ein großer Lamm am Beginn seiner Karriere.

★★★★★ K €€€€€€€ RI TOP
2021 Zöbinger Ried Heiligenstein Riesling Alte Reben + Zu Beginn etwas reduktiv und zurückhaltend, taut jedoch rasch auf und erweist sich als äußerst vielschichtig, betont vorerst die omnipräsenten Weingartenpfirsiche, setzt dann aber auf dunkelfruchtige Akzente wie Cassis und Brombeeren, enorm dicht und extraktreich, ohne dass der Trinkfluss je gehemmt wird, tolle Finesse und Ausdauer, jeder Schluck ein großer Wein.

NIEDERÖSTERREICH

★★★ K €€€€ GV
2021 Grüner Veltliner Langenloiser Alte Reben + Ausgereift und profund, Anklänge von Aranzini und Blockmalz, noch embryonal, satter Schmelz, einiges Volumen, vornehm wie dezent, gleitet sanft über den Gaumen, alle Anlagen für eine schöne Entwicklung.

★★★★ K €€€€€ CH
2021 Chardonnay Reserve Ried Steinberg + Erdnüsse und Mokka im leicht röstigen Bukett, ausgereift und prägnant, cremiger Schmelz, Anklänge von Mirabelle und Karamell, integriertes Fassholz, recht fleischig, dicht und salzig im langen Nachhall, erst ganz am Beginn der Entwicklung.

★★ S €€ ZW
2022 Rosé Zweigelt + Zitronenmelisse und ein Hauch von paprizierter Würze, erfrischend und kühl, zartblumige Art bei schlanker Textur, schon abgerundet und harmonisch, ideal für sommerliche Grillfeste.

★★★ S €€€ ME
2022 Vincents Rosé Merlot + Roter Paprika und Erdbeeren im erfrischenden Bukett, anregend, ja mundwässernd, recht kompakt und gebündelt, klares, rotbeeriges Spiel, geht mit seinem charmanten und zartblumigen Auftritt gewissermaßen schon über den sommerlichen Aperitif hinaus, eine Bereicherung.

★★ S €€€ ZW
2020 Zweigelt + Marzipan und Herzkirsche in der Nase, geradlinig und pikant, schlanke Textur, sehr sauber, sehnig und schwungvoll, unkomplizierter Weintyp für den Sommer.

★★★★ K €€€€€ PN TIPP
2019 Pinot Noir Reserve Ried Käferberg + Brilliert nach einiger Anlaufzeit mit glasklarer Himbeerfrucht, auch Verbene und weißer Spargel mischen mit, ebenso elegant wie fein strukturiert, kühle Note, Wacholder und Nadelholz, dezent und nobel, packt vor dem langen Finale noch einmal zu, zukunftsweisende Stilistik, dekantieren oder besser noch liegen lassen.

★★★★ K CF €€€€€ TIPP
2018 Cabernet Franc Reserve + Was für ein Duftreigen: Blutorange, Paradeiserlaub und eine Spur von Grafit, auch ein wenig Kakao, druckvoll wie balanciert, bleibt mit reifen Tanninen lange haften und hat sich schmeckbar harmonisiert, zeigt die Ressourcen großer Lagen auch für derartige „Nischenthemen“ eindrucksvoll auf, große Reserven.

ÖSTERREICH

★★★★★ K €€€€€ PN TOP
2016 Blanc de Noirs Extra Brut Reserve + Stetige, ganz feine Perlage, Blütenduft und Mandelwürze vereint mit zarten Kirschanklängen, kühle Untertöne, zupackend und engmaschig, Toastbrot und ein Hauch von Himbeere, hochelegant und druckvoll zugleich, schöne Balance und viel Biss im langen Abgang.

Weingut
Deim

Alfred Markus Deim
3562 Schönberg am Kamp, Mollandserstraße 14
Mobil +43 664 350 23 12, +43 664 509 11 48
weinbau@deim.info, www.deim.info
20 Hektar, W/R/S 76/23/1

„2022 ist ein hervorragender Jahrgang", sagen die Deims, die seit 250 Jahren im Stammhaus in Schönberg residieren. „Mit Anfang Oktober sind die tollen Qualitäten reingekommen", der manchmal etwas milder wirkenden Säure steht die steinige oder kalkige Herkunft hilfreich zur Seite. Im Zusammenspiel mit moderater Restsüße vor allem bei Riesling und Burgunder kann man sich über recht charmante Weine mit gutem Sortenausdruck freuen, und das noch immer zu höchst konsumentenfreundlichen Preisen. Die Veltliner stehen überwiegend auf Löss. Klassisch, geradlinig der Bernthal, vollmundig, vergnüglich trinkbar der Von den Terrassen. Stahlig straff mit guter Spannung zeigt sich die Kellerkatz noch ein bisschen zurückhaltend, während der seidige, sanft auftretende Chefwein (Urgestein) mit guter Länge schon angenehm zu trinken ist. Beim Wachauer Silberbichl muss man zweimal hinschauen, denn das ist für 11,5 % Alkohol sehr viel Wein. Die Rieslinge kommen vom Urgestein, da ist die Mauterner Alte Point bei sehr guter Gradation momentan noch am sprödesten. Beim Kamptaler Irbling gefallen die primärfruchtigen Noten sowie die rieslingtypische Säure, und beim Ogratzthal sorgt ein kleiner Zuckerrest für Vortrieb. Apropos: Für alle, die's nicht ganz trocken mögen, ist der Rivaner eine gut gestaltete Sortenrarität. Dem AURUM sollte man ein bisschen Luft gönnen, dann erfreut er mit reifen, fein aromatischen Riesling-Facetten. *db*

KAMPTAL DAC

★★ S € GV
2022 Grüner Veltliner Alte Reben Ried Bernthal + Weiches Kernobst, Prise Pfeffer, typisch; reifer Fruchtcocktail, Biskuit, Weingummi, hübsche Fülle.

★★★ S € GV
2022 Grüner Veltliner Von den Terrassen Ried Bühel + Vegetabil-würzig, gelbes und rotes Kernobst, dezent nussig; Apfeltarte, gut gesetzter RZ (4g/l), anregende Pikanz, vollmundig.

★★★ S € GV
2022 Grüner Veltliner Goldene Kellerkatz Ried Klopfhartsberg + Apfel, Birne, Rhabarber, verlockende Fruchtfülle; straff mit Spiel, mineralisch fokussiert, festes Fruchtfleisch, kontrastreich.

★★★★ S €€ GV **TIPP**
2022 Grüner Veltliner Ried Irbling „Chefwein" + Mundwässernd, frische Mahd, Kräuter, schwarzpfeffrig; stoffig, fruchtsüß, reifes Kernobst, griffig, belebende Säure, nicht bröseltrocken, sehr lässig.

★★ S € RI
2022 Urgesteins-Riesling Ried Irbling + Zitrusfrisch, Limette, geeister Pfirsich, verhalten; ätherische Aromatik, spannend, Rosenwasser, zischig, geradlinig.

★★ S €€ RI
2022 Riesling Bergwein Ried Ogratzthal + Vorsichtig angeschärfte Pfirsicharomatik, Trockenobst, Kamille; schüchtern mit guter Substanz und fester Säure, dezent aromatisch.

WACHAU DAC

★★★ S € GV **FUN**
2022 Grüner Veltliner Ried Mauterner Silberbichl + Fruchtsüße, sachte gepfefferte Vielfalt, reif, reichhaltig, knisternd; am Gaumen übernimmt der Stein, hüllt den Fruchtausdruck ein, sorgt für griffige Spannung, appetitliche Säure.

★★ S €€ RI
2022 Riesling Ried Mauterner Alte Point + Steinig unnahbar, angedeutete Aromatik; peppige Säure, spröd-steinig, Sortenausdruck muss sich noch manifestieren, Spannung und Anspruch.

NIEDERÖSTERREICH

★★ S € CH
2022 Chardonnay Markus Ried Kalvarienberg + Kamillenblüten, kräuterwürzige Stein- und Kernobstnoten, Limettenfrische; moderate Restsüße (6g/l) in passender Säure und mineralischem Grip charmant serviert, freundliches Wesen.

★★ S € GM **FUN**
2022 Gelber Muskateller Ried Irbling + Feinnervige, präsente, aufgeweckte Sortendarstellung verdient ein Wow!; etwas ruhiger am Gaumen, verspielt.

★★ K €€€€ GV
2019 Eiswein Ried Wöhrleiten + (13 % Alk., 154 RZ, 6,6 Säure) Würzig, röstig, eingelegte Walnüsse, bisschen Veilchenduft, gebrannte Mandeln, Ananas; seidig, fast cremig fließend, Trockenobst, karamellisierte Noten im Abgang.

★★ K €€€ RI
2020 AURUM Riesling Reserve Brut + Reife, satt aufgesetzte Rieslingfrucht, verspielte Facetten; kandierte Früchte, kleine Portion Gerbstoff bringt Struktur, feinperliges Mousseux.

Weingut
Gerhard Deim

Gerhard Deim
3562 Schönberg am Kamp, Kalvarienberg 8
Tel. +43 2733 8763
wein@deim.at, www.gerharddeim.at
20 Hektar, W/R 85/15

Am nördlichen Ende des Kamptals in Schönberg am Kamp werken die beiden Gerhards – Vater und Sohn Deim – kongenial Schulter an Schulter. Die beiden bewirtschaften beste Lagen wie die Ried Schönberger Bernthal – Löss, Lehm, Ried Kalvarienberg – südlich ausgerichtete Terrassen auf Verwitterungsboden aus Silikatgestein/Lösslehm, Ried Rosenberg – südwestlich ausgerichtete Terrassen, Ried Irbling – eine steil abfallende Südlage/Gneis, Schiefer – perfekt für Rieslinge. Die wichtigsten Rebsorten sind Grüner Veltliner und Riesling. Die Weine werden teils im Edelstahl, teils – vor allem die Lagenweine – in Holzfässern ausgebaut.

Die Weine sind klassische Kamptaler – Schönberger Gewächse von höchst individuellem Ausdruck. Immer kühl, immer eine wunderbare Symbiose zwischen Rebsorte und Lage. Davon zeugt der überragende 2021 Riesling Ried Irbling. Das ist ein Riesling von seltener Spannkraft. Le sacre du printemps von Igor Strawinsky und dieser Riesling bringen einem dem Wahnsinn nahe. Zurück zur Normalität – die beiden 2022 Ortsweine Schönberg von Grüner Veltliner und Riesling sind von fulminantem Ausdruck. Grandiose Grüne Veltliner 2021 aus den Rieden Bernthal und Kalvarienberg gehören zur Crème de la Crème des Kamptals. Ein wunderbarer 2021 Zweigelt Alte Reben Reserve ist der Beweis für die hohe Rotweinkompetenz des Weingutes. Eben der Gerhards. *as*

KAMPTAL DAC

★★ S €€ GV
2022 Grüner Veltliner Kamptal + Löss, Exotik, Pfeffer, Kamptal und Grüner Veltliner in Personalunion, überaus typisch, Apfelnoten, frisch und dezent würzig, trinklustig, unkompliziert auf hohem Niveau.

★★ S € GV FUN
2022 Weinzapfl Grüner Veltliner + Pfefferschleier, frische Kräuter, knackige Frische, grüner Apfel, herzhaft, rassig, entwickelt Zug am Gaumen, nicht nachdenken, trinken. Ein lustvoller Wein.

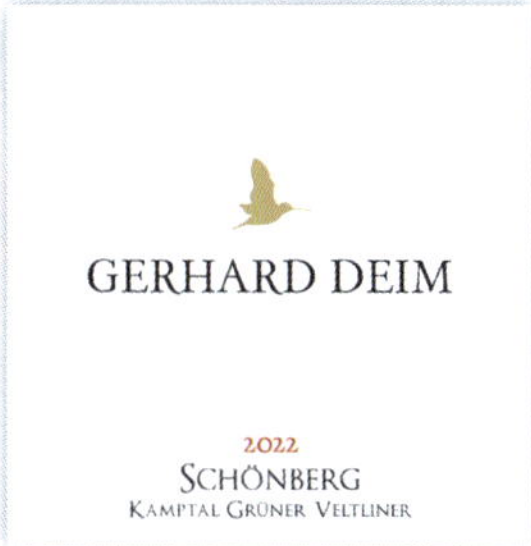

★★★ S €€ GV
2022 Schönberg Grüner Veltliner + Ein feingliedriger Ortswein mit kühler Note, Pfeffer, Äpfel und Birnen, Marille, Exotik – Mango, feinfruchtig, saftig, elegant, ein ungemein stimmiger Grüner Veltliner mit einiger Tiefe, typisch, frische Säure, voller Pikanz.

★★★ S €€ RI
2022 Schönberg Riesling + Mandarinen, Steinobst, kühl, voller Rasse, gibt Gas, erinnert an Nadelwald, geradlinig, zeigt Biss am Gaumen, immer zurückhaltend, niemals aromatisch, zeigt Charakter, ernsthaft, ein Riesling Ortswein mit salziger Mineralität.

★★★★ K €€€€ RI TIPP
2021 Riesling Ried Irbling + Man riecht den nahen Wald, immer kühl, Marille, Pfirsich, geht mit Luft so richtig auf, straff, rassig, nervig, zeigt viele Facetten, klirrt vor Mineralität, da geht es zur Sache, Grapefruit, immens dichte Struktur, langatmig, spannungsgeladen, Substanz für viele Jahre. Erinnert an beste Mosel-Rieslinge.

★★★ K €€€ GV
2021 Grüner Veltliner Ried Bernthal + Wachsnoten, Pfefferschleier, fast sakral wirkend, gelber Apfel, Pfirsich, Marille, Waldhonig, fruchtig-kernig, straffe Säure, lössige Intension, schmelzig, einige Exotik, verfügt über einigen Tiefgang. Ein wunderbarer, kompakter Wein mit einiger Substanz.

★★★★ K €€€€ GV TIPP
2021 Grüner Veltliner Ried Kalvarienberg + Gelber Apfel, reife Marille, Waldhonig, Quitten, gelbe Früchte, immer kühl, Nadelwald, frische Kräuter, fruchtige Würze, Birnentouch, wunderbare – cremige – Frucht, immer elegant, balanciert, integrierte Säure. Ein hervorragender Grüner Veltliner, der seine Klasse zeigt.

NIEDERÖSTERREICH

★★ S €€ GM
2022 Muskateller Zwei Gärten + Feines Bukett nach Holunderblüten, Melisse, Zimt, Zitrus, niemals laut, trocken, einladend, frische Säure, gibt Gas, mittlerer Abgang, Trinken ist angesagt.

★★ S € CW PLV
2022 Hauptsache Veltliner + (GV+ etwas SB) Charmant pfeffrig mit Aromen des Sauvignon Blanc, Apfel, Zitrus, etwas Holler, am Gaumen zupackend, rassig, ein Hauch von Paprika, präzise, knackige Frische, macht Spaß.

★ S €€ ZW
NV Zweigelt KK + (KK = coole Climate auf Österreichisch) Ungemein fruchtig, Mandeln, schwarze Beeren, Kirschen, charmant und elegant, so richtig schön und unkompliziert zu trinken. Ein Rotwein, der ganz einfach Spaß macht, ohne Anspruch auf Größe. Trinken und genießen.

♛♛♛♛ ZERTIFIZIERT NACHHALTIG AUSTRIA

Weingut
Eichinger

3491 Straß, Langenloiser Straße 365
Tel. +43 2735 5648, Fax -8
office@weingut-eichinger.at, www.weingut-eichinger.at
16 Hektar, W/R 100/0, 120.000 Flaschen/Jahr

Birgit Eichinger zählt zu den bekanntesten Winzerinnen Österreichs, ihre Weine zu den besten des Landes. Die Kamptalerin untermauert das auch heuer bei ihren 2022er- und 2021er-Weinen, die im Wesentlichen von Grünen Veltlinern und Rieslingen bestimmt und mit wenigen Spezialitäten ergänzt sind. Trittsicher in Birgit Eichingers Fußstapfen bewegt sich seit ein paar Jahren die nächste Generation mit Tochter Gloria.
Das Weinprogramm des erfolgreichen Mutter-Tochter-Gespanns beginnt mit zwei trinkvergnüglichen Straßer Ortsweinen vom Riesling und Veltliner. Dann gibt es nur noch Lagenweine, viele mit klingenden, großen Kamptaler Riedennamen. Beim Veltliner aus dem großartigen 2021er-Jahr bieten die Eichingers ein ausgezeichnetes Lagenwein-Dreigestirn mit Lamm, Gaisberg und Grub – wo es subjektiv nur um geschmackliche Vorlieben geht – objektiv jedoch der Lamm-Veltliner den Primus inter Pares gibt. Beim Riesling, wo schon in den jungen 2022er-Jahrgang gekostet werden konnte, ist der Heiligenstein der klare Star. Dieser Wein kommt zwar erst im September in den Verkauf, zeigt aber schon, ein großer Wein zu werden. Und wer Gutes abseits des „Kamptaler Mainstreams“ sucht, dem sei der vorzügliche Rote Veltliner Rosengartl ans Herz gelegt. *hp*

KAMPTAL

★★★ S €€ GV
2022 Grüner Veltliner Strass + Sanfte lössige Würze, viel Zitrus, Grapefruits, grüner Apfel, dezente Tabaknoten; schwarzer Pfeffer, passable Mineralität und Säure, Birnenfrucht, trinkvergnüglich mit Pfiff.

★★★ S €€ GV
2022 Grüner Veltliner Ried Strasser Hasel + Ziemlich würzig, weißer Pfeffer, Mandarine, gelbfruchtig, mürber Apfel, Orangenzesten; lössige Pfefferwürze, Zitrus- und Apfelnoten, sortentypisch, mittellang.

★★★ S €€€ GV PLV
2022 Grüner Veltliner Ried Strasser Wechselberg + Kühle Aromatik, Kräuterwürze, Frucht dezent, mehr schwarzer Pfeffer; kühle Würze, Birnenaromatik, Mandarinen, straffer Gerbstoff, hinten Mineralität, schon feiner Veltliner.

★★★★★ K €€€ GV TOP
2021 Grüner Veltliner Ried Strasser Gaisberg 1ÖTW + Präsente Pfeffer- und Kräuterwürze, torfig, Nussbrot, reife Ananas und Grapefruits, super Tiefe; am Gaumen mehr Kernobst, elegante Würze und Mineralität, hat Zug und Länge.

★★★★ K €€€€ GV
2021 Grüner Veltliner Zöbinger Grub + Zart-cremig, nussig, mineralisch durchsetzte Frucht, Litschi, Grapefruits; feiner Holztouch, geschmeidige Fülle, Vanille, heller Nougat, hinten straffer, mehr Mineralität und rosa Pfeffer, super Länge.

★★★★★ K €€€€ GV TOP
2021 Grüner Veltliner Ried Kammerner Lamm 1ÖTW + Viel Fruchtexotik, Mango, Dörrfrüchte, Tabak, feine Holznote; zart-röstig, etwas salzig, lebhafte Säure, griffiges Tannin, saftige Frucht, Blutorange, Mandarine, großer Veltliner mit eleganter Länge.

★★★ S €€ RI
2022 Riesling Strass + Saftiger Pfirsich, dezent Marillen, prägnantes Sortenbukett; straffe Mineralität, Steinobstnoten und Zitrusfrische, ziemlich trocken, knackiger Wein.

★★★★ K €€€€ RI
2022 Riesling Ried Zöbinger Gaisberg 1ÖTW + Füllige, dezent würzige Riesling-Frucht, eingelegte Marillen, gute Frische; saftig, viel Marille, Mineralität, Zug und Druck nach hinten, passende Länge.

★★★★★ K €€€€ RI TOP
2022 Riesling Ried Zöbinger Heiligenstein 1ÖTW + Sehr straff, pfirsichbetont, salzig-kühle Aromatik; feinstrahlige, straffe Säure, saftiger Pfirsich, Litschi, hocheleganter Heiligenstein-Purist mit beeindruckender Länge.

NIEDERÖSTERREICH

★★★ K €€€ RV
2022 Roter Veltliner Ried Strasser Stangl + Sehr frisch und saftig, Zitrus, Williamsbirne; frisch, stahlig, kernig; Limettenzesten, leicht salzig, zarte Gerbstoffkomponente, zugänglich.

★★★★ K €€€€ RV TIPP
2021 Roter Veltliner Ried Rosengartl + Viel Schmelz, füllig, Met, Honigmelone, bisschen Marzipan; vorn enorm saftig, hinten salzige Mineralität und Säure, Mango und Passionsfrucht, feine Länge. Toller Exote!

Weingärtnerei **Engelbrecht**

Wolfgang & Gabriele Engelbrecht
3492 Etsdorf am Kamp, Obere Marktstraße 1
Tel. & Fax +43 2735 2320
engelbrecht.wein@aon.at, www.engelbrecht-wein.at
23 Hektar, W/R 70/30

Wolfgang Engelbrecht bewirtschaftet beste Rieden in und um Etsdorf wie Stein, Wohra, Galgenberg. Die Weingärten befinden sich zu 95 % im Kamptal und zu 5 % im Wagram. Die Familie Engelbrecht gibt es mittlerweile in neunter Generation an dieser Stätte – erstmalig erwähnt 1664. Im Jahr 1967 wurde auf reinen Weinbau umgestellt. Die Weine aus dem nicht unproblematischen Jahrgang 2022 sind bestens gelungen. Wunderbare Grüne Veltliner wie die Kamptaler Terrassen und die Ried Galgenberg machen Lust auf mehr. Der Grüne Veltliner aus der Ried Stein gehört zu den besten in der Region. Aus 2021 gibt es eine Grüne Veltliner Novemberlese – ein großer Wein für Kenner. Die Rieslinge sind in gewohnter Manier – Stoakammerl in seiner rassigen Art, Ried Wohra ist wie immer eine Bank. Die Burgunder – Chardonnay, Grauburgunder und Weißburgunder – bezeugen das Geschick des Winzers. Bei Wolfgang Engelbrecht sind 100 % Einsatz für die höchste Weinqualität die Untergrenze. *as*

KAMPTAL DAC

★★ S € GV
2022 Grüner Veltliner Kamptaler Terrassen + Feinwürziges Bukett, weißer Pfeffer, exotisch, Kräuter, Birnen, Ananas, Mango, Bananen, Blüten, Anis, kernige Struktur, frische Säure, aus einem Guss.

★★ S €€ GV
2022 Grüner Veltliner Ried Galgenberg + Ananas, feine Exotik, Marille, Pfefferschleier, fruchtig, elegant und subtil, frisch und lebendig, frische Säure, dezente Würze, frische Kräuter, voller Pikanz, wird salzig.

★★★ S €€ GV
2022 Grüner Veltliner Ried Engabrunner Stein + Würzig, überaus typisc, steinige Mineralität, Marille, Zitrus, Pfeffer, Mandarinen, kühl, elegant, pikante Noten, balanciert, salzig, einige Substanz. Hier hat man einen tiefgründigen, dichten, mit viel Mineral ausgestatteten Wein im Glas, der Größe zeigt.

★★ S €€ RI
2022 Riesling Stoakammerl + Ananas, Marille, Pfirsich, Frühlingswiese, saftig, zeigt Eleganz, frische Birnen, voller Frische, knackig, Mandarinen, feinnervig, dynamisch, attraktiv, straff, setzt sich durch. So gehört Riesling – fordernd, nervig, strahlend.

★★★ S €€ RI **TIPP**
2022 Riesling Graphit Ried Wohra + Reife Marillen, Ananas, Pfirsich, Hauch von Schoko, feine Frucht, große Eleganz, voller Energie, Orangenschalen, Mango, voller Spannkraft, fruchtiger Charme, toller Riesling. Enorm viel Substanz, Rasse, erdige Noten, Stoff für viele Jahre.

★★★ S €€€ GV **TIPP**
2021 Grüner Veltliner Novemberlese + Schokonoten, Pfirsich/Marille, Ananas, kandierte Früchte, reife Birnen, Holzwürze, Zitrus, Gerbstoffnoten, erinnert an Grapefruit, Pfefferwürze, dunkelfruchtig, nussige Töne, rauchig, Tabak, noch etwas unruhig, muss noch zusammenwachsen, Holztouch, Struktur, langatmig, bleibt lange haften. Unbedingt dekantieren.

NIEDERÖSTERREICH

★★ S €€ CH
2022 Chardonnay Ried Galgenberg + Ein feingliedriger Chardonnay, kühle Noten, gelbe Früchte, reife Trauben, elegante Noten, Pfirsichtöne, frische Kräuter, ein feinfruchtiger Wein der eleganten Art in der noblen Robe. Fruchtsüße ausstrahlend, voller Pikanz, geht in die Tiefe.

★★ S €€ PB
2022 Weißburgunder Göttertrunk + Mandeltöne, Pfirsichtöne, exotische Nuancen, Mango & Co., gelber Apfel, gelbe Früchte, elegant fruchtig, Birnen, ein feiner, typischer Weißburgunder. Feine Würze, passende Säure, ein höchst angenehmer Wein mit einiger Zukunft.

★★ S €€ PB
2022 Weißburgunder Ried Kirchthal / Feuersbrunn + Feine Exotik, Ananas, Mango & Co., reifer Apfel, Blütenhonig, fruchtig, Mandeltöne, elegant, Anis, ein sehr angenehmer Wein von hervorragendem Niveau. Entwickelt sich mit Luft, geht in die Tiefe, wird griffig, charmant und deutet Potenzial an.

★★★ S €€ PB
2021 Weißburgunder Göttertrunk + Zartes Nusserl, Apfel und Birne, gelbfruchtige Eleganz, die Säure ist präsent, insgesamt ein homogener Wein, Holztouch, typisch, Ananas, weißes Nougat, feinstrahlend, zeigt Klasse und einigen Druck nach hinten.

★★ S €€ PG
2021 Grauburgunder + Kümmel, Zitrus, Bratensaft, fruchtig, weich, Kräuternoten, Anis, gelbfruchtig, zeigt Eleganz, dezente Exotik, ein stimmiger, typischer Grauburgunder, der sich bestens darstellt. Da gesellt sich Noblesse hinzu, wird druckvoll, geht in die Tiefe, ein super Wein.

★★ S €€ ZW
2021 Zweigelt Hengst + Fruchtcharmanter Rotwein, kirschig, Beerenfrüchte, dezente Herbe, dunkle Beeren, würzig, elegante Fülle, angenehm zu trinken mit Tanninrückhalt. Gute Struktur, charaktervoll.

Weingut
Wolfgang & Sylvia Groll

Wolfgang & Sylvia Groll
3553 Schiltern, Reith 59
Tel. +43 2734 8522
info@weingut-groll.at, www.weingut-groll.at

11 Hektar, W/R 78/22, 50.000 Flaschen/Jahr

„Wir sind grundsätzlich sehr zufrieden", resümiert Wolfgang Groll den aktuellen Jahrgang. Und dazu hat er allen Grund. Bei präsentem, aber nie lautem Fruchtausdruck zeigt sich sein aktuelles Sortiment vielleicht eine Spur schlanker als im Vorjahr, am Gaumen dafür fruchtbetonter, dabei immer balanciert, die Veltliner eine Prise pfeffriger. Der Veltliner vom Löss empfiehlt sich als leichter, unkomplizierter Wein für viele Gelegenheiten. Der Veltliner vom Stein hat seine Herkunft noch im straffen Griff, und mit seiner gehaltvollen Länge bietet der Kogelberg schon ersten anspruchsvollen Genuss. Den kräftigeren Sachen lässt er gerne ein bisschen mehr Zeit, von diesen empfiehlt sich die Käferberg Reserve als teilweise aus dem Holz gehobener Wein für die kühleren Tage des Jahres. Ein beschwingter Wein für jeden Tag ist der Riesling Urgestein, und mit ausgeprägtem Sortenflair weiß der Seeberg zu locken. Zitrusfrisch mit kecker Säure zeigt sich der Chardonnay in klassischer Aufmachung. Dezent mit festem Mittelstück ist der Muskateller ein Musterbeispiel für die Handschrift des Winzers: „Nie laut, der Gaumen ist wichtig." In Kombination mit dem Welschriesling setzt er sich im Frizzante ein bisschen deutlicher in Szene. Zweigelt gibt es in drei Spielarten – als noch jugendliche, üppig fruchtverzierte Reserve, als unterhaltsamen Rosé und sehr verführerisch als Frizzante. Das Preis-Genuss-Verhältnis ist wie immer ausgezeichnet. *db*

KAMPTAL

★★ S € GV
2022 Grüner Veltliner Vom Löss + Kühle, minzige Noten, grüner Apfel, zitrusaromatisch; bleibt auf der zitrusfrischen, knackigen Linie, im Abgang etwas Apfelfrucht, leicht und unkompliziert.

★★ S € GV
2022 Grüner Veltliner Vom Stein + Sorte und Würze angedeutet, gelbe und rote Äpfel; Herkunft lässt den Wein straff erscheinen, geht mit viel Luft auf, zeigt schöne Fülle und Eleganz, mineralisch, salzig, guter Ansatz mit Aussicht auf mehr.

★★★ S €€ GV
2022 Grüner Veltliner Ried Zöbinger Kogelberg + Bunter Apfelmix, auch Birne, feine Kräuterwürze; Fruchtsüße und kleiner Zuckerrest sorgen für sympathischen Schwung, leicht nussig, herzhafte Säure, druckvoll, saftiger Pfirsich mischt die reife Apfelfrucht auf.

★★★★ S €€€ GV **TIPP**
2021 Grüner Veltliner Ried Langenloiser Käferberg Reserve + Deutliches Holz, Bratapfel mit karamellisierten Aromen, ein paar Kokosflocken, kandierte Ananas, vielschichtig; geschmeidiger Einstieg, dezent süßes Holz, darin eingehüllt viel Frucht, Bananenbrot, dann fest zupackend über Säure und Herkunft, schon angenehm zu trinken.

★★★ S €€ RI **FUN**
2022 Riesling Urgestein + Reich geschmückte Rieslingaromatik, spritzig-saftiger Pfirsich, getrocknete Marillen; anregendes Frucht-Süße-Säure-Spiel, Urgestein sorgt für festen Stand, Steinobst trägt in einen erfreulich langen, fruchtsüß verzierten Abgang.

★★★ S €€ RI
2021 Riesling Ried Langenloiser Seeberg + Zart röstig, Pfirsich-Marillen-Gelee, Ringlotten, Ananas; festes Säuregerüst, kraftvoll, elegant und beweglich, schöne Fruchtfülle, ausgeprägtes Sortenflair, festes Mittelstück, sehr gute Länge, hat noch Zeit.

NIEDERÖSTERREICH

★★ S €€ CH
2022 Chardonnay + Zart-exotische Einschläge, bisschen Aromatik, Trockenblumen, zitrusfrisch, Limette, Kumquats; eine Scheibe Ananas auf dem Gaumen, kecke Säure, sehr süffig.

★★ S € GM
2022 Gelber Muskateller Selektion + Zart süß umhüllte Muskataromen; pfiffige Säure, festes Mittelstück, das der Frucht ausreichend Platz lässt, freundlicher Sommerbegleiter.

★★ S € ZW
2022 Rosé vom Zweigelt + Rote Beeren, frische Kräuter, duftig und freundlich; knackige Säure, feine Erdbeernoten, etwas Gerbstoff gibt Halt, unterhaltsame Länge.

★★★ S €€ ZW **FUN**
2021 Zweigelt Reserve + Anflug von Holz, geröstete Haselnüsse, Brombeeren, Rumtopf, Sauerkirsche, kündigt Tiefe an; erste Rundung, Süßholz, dunkle Schokolade, erfrischende Säure, gute Länge.

Weingut
Doris und Matthias Hager

Matthias Hager
3562 Mollands, Weinstraße 45
Tel. +43 2733 8283
wein@hagermatthias.at, www.hagermatthias.com
15 Hektar, W/R 70/30, 70.000 Flaschen/Jahr

Das Weingut Matthias Hager bewirtschaftet seit 2006 und seit 2008 nach Demeter die Weingärten nach biodynamischen Richtlinien. Die Reben hier im nördlichen Kamptal stehen auf verschiedenen Böden wie Löss, Lehm und Urgesteinsarten. Matthias Hager unterteilt seine Weine in verschiedene Linien wie in Blaue, Rote, Braune und Edelmetall.

Die Weine sind von außergewöhnlicher Individualität. Vor allem die Schaumweine wie PET NAT oder Sekt sind unglaublich gut. Ich meine, dass der 2017 Sekt PUR Blanc de Noir Zweigelt sich mit den besten Champagnern messen kann.

2020 Grüner Veltliner Reserve Seeberg, 2020 Grüner Veltliner Urgestein, 2017 Riesling Alte Reben Ried Steinleiten und 2018 Eiswein Zweigelt – diese bitte ich vor den Vorhang. Doch ist das nur eine rein subjektive Auswahl. Die Weine sind durch die Bank hochwertig und höchst bekömmlich.

Diese Weine kann man in der von Bruder Hermann Hager betriebenen Weinbeisserei probieren. Man speist hervorragend in dieser Atzungsstätte, mit einem tollen Ausblick in das Kamptal.

as

KAMPTAL DAC

★★ S €€ GV
2022 Grüner Veltliner Mollands + Reifer Apfel, Nüsse, dezente Birne, bisschen Ananas, dunkel getönt, herbe Noten, würzig, erdig, ein Jungspund, der sich nichts pfeift,ein echter Mollandser.

★★★ K €€€€ GV
2020 Grüner Veltliner Reserve Ried Seeberg + Da ist viel Mineral im Spiel, Blütenduft, Kräuter, salzig, Säurebiss, knackig, dabei immer tief und lang, dicht und eng, grundehrlich, charaktervoll.

NIEDERÖSTERREICH

★★★ K €€€€ GV
2018 Grüner Veltliner Ried Seeberg + Reife Farbe, speckige Noten, bisschen Orangen, immer noch jugendlich, kompakter Wein mit Charakter, konzentriert, dicht, in sich gefestigt und noch lange nicht auf seinem Höhepunkt. Salzige Noten, hat eine rassige Säure. Wo ist hier das warme Jahr? Lebendiger, tiefgründiger Wein.

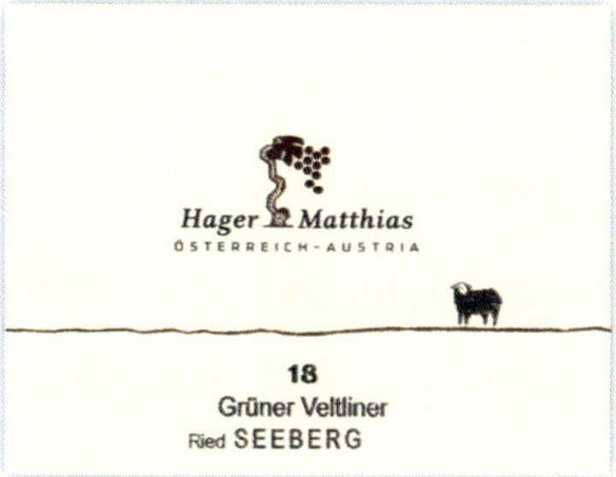

★★★★ K €€€€€ RI TIPP
2017 Riesling Alte Reben Ried Steinleiten + (lieblich, im Granitfass gereift) Getrocknete Marillen, weiße Schokolade, ein gereifter Wein mit toller Frucht, geschmeidig, hier ist alles im Lot, in sich harmonisch, feinste Frucht, ungemein saftig, mit einer unvergleichlichen Fruchtsüße, einer noblen Eleganz, enorme Konzentration, der Restzucker trägt ihn in höchste Sphären.

★★★ K €€€€ ZW
2017 Zweigelt PUR + (0 Schwefel, 8 Wochen auf der Maische, 16 Monate auf der Feinhefe) Ein konzentrierter, rassiger Rotwein, prägnant, Brombeeren, Kirschen, ziemlich eng, schlank, doch fest strukturiert, höchst individuell. Perfekter Essensbegleiter.

★★★ K €€€€ ZW
2018 Eiswein Zweigelt + (0,375-Liter-Flasche) Hellrote Farbe, Himbeergelee und Kirschen, Orangenschalen, Marillen, ein ungemein eleganter Wein mit einiger Süße, seidigem Glanz, einer einnehmenden Frucht, voller Transparenz, etwas lasziver Ausdruck. Ein hervorragender Süßwei

ÖSTERREICH

★★★ KK €€€ GV
2021 PET NAT Grüner Veltliner + (degog. L2/23) Zitrus mit Hefenoten, Orangenzesten, Apfel, Ananas, knochentrocken, eng strukturiert, tiefgründig, der steht wie eine 1, Grapefruit, ein fordernder Wein, dazu braucht man unbedingt Essen. Individuell, ausdrucksstark. Wahnsinn!

★★★ K €€€ ZW
2019 Sekt Rosé Brut nature Zweigelt + (30 Monate Hefelagerung, degog. L11/22) Frisches Bukett, Kirschen, rote Beeren, pikant bei bezwingender Leichtigkeit, Eleganz, Erdbeergelee, geht in die Tiefe und Länge, so richtig trocken, leichtfüßig, transparent, von ernsthaftem, weiblichem Charme. Fulminant!

★★★★ K €€€€ ZW TIPP
2017 Sekt PUR Blanc de Noir Zweigelt + (degog. L9/22) Hier wurde der Grundwein, der ein Jahr im Fass lag, mit gärendem Most von der nächsten Ernte versetzt und auf Flasche gebracht. Honiggelbe Farbe mit rotem Schimmer, Autolyse, hefige Noten, ungemein salzig, immens dicht, rassig, druckvoll, total eng, Wahnsinnssubstanz, erinnert an beste Champagner, der fordert einen unglaublich, gibt nicht nach. Unbedingt Essen dazu servieren. Mehr Individualität ist nicht möglich! Das ist Superklasse.

★★★ K €€ GV
2020 Natural Grüner Veltliner Urgestein + (teilweise maischevergoren, minimaler Schwefel) Zart hefiges Bukett, Zitrus, Orangenzesten, Grapefruit, Pfeffer, ungemein steinig am Gaumen, enormer Tiefgang, salzig, Substanz für Jahre, glasklare, dichte Struktur, eng und rassig, ungemein spannend, nervig, klirrt vor Mineralität. Fordert den Gaumen bis zum Anschlag.

Weingut **Haimerl**

3550 Gobelsburg, Schlossstraße 60-62
Tel. +43 2734 2124
weingut@haimerl.at, www.haimerl.at
25 Hektar, W/R 85/15

Ein Familienbetrieb mit stammkundengerechten Weinpreisen ist das seit 1829 bestehende Weingut Haimerl. Karl Haimerl vertraute die Kellerverantwortlichkeit kürzlich seinem Sohn Johannes Haimerl an. Zuvor hatte dieser die Matura an der Klosterneuburger Weinbauschule abgelegt und ein Fachpraktikum in Neuseeland absolviert.

Haimerls Grüne Veltliner gedeihen auf für die Sorte vorteilhaften Lössböden, wobei sich die einzelnen Lagenweine doch recht deutlich unterscheiden. Die nach Nordosten exponierte Ried Kirchgraben ist eine vergleichsweise kühle Lage, wohingegen die Ried Redling ausgesprochen füllige Weine hervorbringt. Die bei Langenlois situierte Ried Spiegel weist eine 40 Meter mächtige Lössschicht auf, profitiert von der vom Waldviertel herrührenden nächtlichen Abkühlung und bringt wiederum einen recht eigenständigen Grünen-Veltliner-Typ hervor. Ein herrliches Duo geben die beiden Rieslinge ab: Der günstigere Ortswein ist mineralisch, süffig und knackig geprägt, der Riesling aus der Ried Haid, welche die Kuppe des Gobelsbergs bildet, darf in seiner ebenso trinkvergnüglichen wie balanciert-noblen Art als geradezu feierlich bezeichnet werden.

jw

KAMPTAL DAC

★★ S €€ RI PLV
2022 Riesling Gobelsburg + Feines Bukett nach Weingartenpfirsich und Marille, hintennach Äpfel, traubige Akzente und Orangenanklänge à la Frucade, frisch und knackig, fein liniert und balanciert, langer Säurebogen, süffig, mineralisch, verabschiedet sich mit einer feinen Zitrusnote.

★★★ S €€ GV PLV
2022 Grüner Veltliner Gobelsburg Edition + Einladendes Bukett nach grünem Apfel, gefolgt von einer Prise Pfeffer, elegante Textur, salzig-würzig, vitaler Säurebogen, reichlicher Esprit, vorzüglicher Trinkfluss, Grapefruitnote im Finish, man wird nicht müde, ihn zu trinken.

★★★ S €€ GV
2022 Grüner Veltliner Ried Kirchgraben + Reifer gelber Apfel, der sich im Geschmacksbild prägend fortsetzt, hintennach zarte Einsprengsel nach Flieder, auch Birne klingt an, vollmundig und stoffig, leicht cremig, etwas nussig, Mandarinen im Finish.

★★★ S €€ GV
2021 Grüner Veltliner Ried Redling + Im Bukett nach Pfirsich und Marille, gefolgt von Blütenhonig, der auch weiterhin den Ton angibt, üppig und konzentriert, muskulöser Auftritt, dicht und straff, feines Säurespiel, dezente Bittertöne, alles in allem ein beachtliches Kraftpaket mit langem Abgang.

★★★★ K €€€ GV
2021 Grüner Veltliner Ried Spiegel + Einnehmende Nase nach Apfel, Pfirsich und Ringlotte, auch Kräuterwürze tritt hinzu, im Geschmacksbild üppig reifer Weingartenpfirsich, feiner Honigton, ausgesprochen saftig, einiger Körper, vielschichtig und strukturiert, vitaler Säurebogen, druckvoll und fokussiert, gediegener Abgang mit einer erfrischenden Apfelnote.

★★★★ S €€€ RI TIPP
2020 Riesling Ried Haid + Feine sortentypische Rieslingnase mit hellfruchtiger Prägung, Pfirsicharomen geben den Ton an, vitaler Säurebogen, straff und gebündelt, spannungsgeladen, einiger Tiefgang, sehr guter Trinkfluss, balanciert und feinziseliert, gediegener Abgang mit feiner salziger Note, evoziert eine feierliche Stimmung.

NIEDERÖSTERREICH

★★ S €€ GM
2022 Gelber Muskateller Gobelsburg + Nobles sortentypisches Bukett, weißfleischiger Pfirsich, Litschi, zart rosenduftig, vitaler Säurebogen, geradliniger Charakter, salzig-würzig, süffig auf gutem Niveau, Stachelbeere im Abgang.

★★★ S €€ GS FUN
2022 Gemischter Satz Gobelsburg + (MT/GM/GV) Frisch-fruchtige Nase, Apfel, Pfirsich und Blütenaromen, gefolgt von Stachelbeere, auch Kräuterwürze tritt hinzu, vital und süffig, gut balanciert, feine Zitrusnote im Finish.

★★★ S €€ CH
2021 Chardonnay Ried Redling + Gelbfruchtiges Bukett, Ringlotte, dezenter Bananenton, nussig, zart-würzig, feiner Schmelz, vital und süffig, druckvoll geprägt, guter Abgang, feine Salzigkeit im Nachhall.

★★★ S €€€ ZW
2019 Zweigelt Reserve + Purpurrote Farbe, im Bukett nach reifen Kirschen und Zwetschken, röstige Akzente mit Mokkaanklängen, samtig und saftig, feine Bitternote, vitales Säurespiel, einiger Körper, verabschiedet sich mit einer Nougatnote.

Weingut
Hiedler

Dietmar & Ludwig Hiedler
3550 Langenlois, Am Rosenhügel 13
Tel. +43 2734 2468, Fax -5
office@hiedler.at, www.hiedler.at
30 Hektar

Die Langenloiser Weinbrüder Ludwig und Dietmar Hiedler zeigen erneut ein beeindruckendes Weinportfolio, das sich mittlerweile über drei Jahrgänge spannt. Die jungen Langenloiser Ortsweine aus 2022 tragen seit heuer mit Tonmergel, Urgestein und Kalksand ihre Bodentypizität am Label. Mit je drei Veltlinern und Rieslingen zeigen die Hiedlers ihre Langenloiser Lagencharakteristika – wobei diese Weine bis auf die Thal-Lage aus dem herausragenden 2021er-Jahr stammen. Mit den markanten und sehr eigenständigen Maximum-Weinen aus 2020, die länger auf der Hefe und im Holz reifen, runden die Hiedlers ihre Top-Palette ab. Diese „Max-Weine" bündeln immer die hochreifen und mit sauberer Botrytis ausgestatteten Trauben der besten Lagen. Herausleuchtend: der Weißburgunder-Max!
Praktisch alle Weine durchlaufen einen biologischen Säureabbau – hier ist Kellermeister Ludwig Hiedler ein absoluter Könner, was sich in der Feinheit und Frische der Weine zeigt. Die Grünen Veltliner bestechen durch ihre Sorten- und Bodenprägung. Ganz groß präsentieren sich die Rieslinge – an der Spitze der Heiligenstein mit seinen rund 60 Jahre alten, vitalen Rebstöcken und der Gaisberg. Wermutstropfen: Die 2021er gibt es gibt es nur mehr im Handel. *hp*

KAMPTAL DAC

★★★ S €€ GV
2022 Grüner Veltliner Langenloiser Tonmineral + Frische, dunkle Würze, Kräuter- und kreidige Noten, wirkt straff, Granny Smith; würzig, dunkelfruchtig, feiner Gerbstoffgrip, Blutorange, kühle Aromatik, trinkvergnüglich.

★★★ S €€€ GV
2022 Grüner Veltliner Ried Thal Langenlois + Reife Birnen, viel Fruchtexotik, feine Würze, kalkig; saftig und frisch, reifes Kernobst, Grapefruit, viel Lösswürze mit kreidigen Noten, schwarzer Pfeffer.

★★★ D €€€€ GV
2021 Grüner Veltliner Ried Kittmannsberg Langenlois 1ÖTW + Rauchige, dunkle Pfefferwürze, gelbe Äpfel, Stachelbeere, Johannisbeere; tropische Fruchtsüße, Maracuja, Ananas, reife Grapefruits, lebhafte Säure, mineralischer Einschlag, gute Länge.

★★★★ D €€€€ GV TIPP
2021 Grüner Veltliner Ried Schenkenbichl Langenlois 1ÖTW + Rauchig-würzig, schwarzer Pfeffer, Orangen und Grapefruits, lebhaft, sortentypisch; straffe Säure, viel Zitrus, Grapefruit, Maracuja, super Gerbstoffzug und Länge, Wein mit Zukunft.

★★★★ D €€€€€ GV
2020 Grüner Veltliner Maximum + Dunkle Würze, cremig, burgundische Züge, grüne Oliven, rauchige Textur; super Würze, Gerbstoff und Röstnoten schieben an, super Fülle, Schokobananen, Blutorangenzesten, burgundisch, jugendlich. Potenzial.

★★★ S €€€ RI FUN
2022 Riesling Langenloiser Urgestein + Saftige Marille, tolle Sortenprägung, super Frische, mineralischer Kern; am Gaumen von süßen Marillen eingenommen, Pfirsichanklänge, kühle Aromatik.

★★★★ S €€€€ RI
2021 Riesling Ried Steinhaus Langenlois 1ÖTW + Gesteinsmehl, reifes Zitrus, Pfirsich, helle Würze; enorm straff und mineralisch, reife Säure, Pfirsich, tropische Früchte, tolle Aromatik und Mineralität, straff, lebhaft, markant.

★★★★ D €€€€ RI TIPP
2021 Riesling Ried Gaisberg Kammern 1ÖTW + Gewürzige, füllige Rieslingfrucht, Pfirsich, weiche, mineralische Note; saftige Südfrüchte, markante Säure, wirkt straff und trocken, eleganter Riesling mit Länge.

★★★★★ D €€€€€ RI TOP
2021 Riesling Ried Heiligenstein Zöbing 1ÖTW + Würzige, mineralische Frucht, Pfirsich pur, Weihrauch; Pfirsich und Feuerstein dominieren am Gaumen, extraktreich, klirrende Säure und Mineralität, extrem trocken, enorme Länge. Riesenwein vom Heiligenstein!

★★★★ D €€€€€ RI
2020 Riesling Maximum + Saftige Fülle, fleischiger Pfirsich, rosa Pfeffer, wirkt leichtfüßig und kühl-aromatisch, Wacholder; Botrytis- und Honigschmelz, dunkel getönte Fruchtsüße mit feinem Säurekick, eingelegte Marillen, Tanningrip, eigenständig.

NIEDERÖSTERREICH

★★★★ D €€€€€ PB
2020 Weißburgunder Maximum + Torfige Textur, Bienenwachs, viel Fülle und Tiefe, burgundisch geprägt mit feinem Toasting; super Fruchtschmelz und Körper, helles Nougat, reife Exotikfrucht, Ananas, Mango, dezent mineralisch, sehr elegant, lange Zukunft!

Weingut
Johannes Holzer

Johannes Holzer
3492 Engabrunn, Am Anger 8
Mobil +43 664 370 18 53
holzerwein@aon.at, www.holzerwein.at
10 Hektar, W/R 90/10, 50.000 Flaschen/Jahr

Johannes Holzer übernahm das Weingut im Jahr 1991 in dritter Generation. Er bewirtschaftet beste Rieden im Kamptal wie die Ried Karl – Löss und Schotter, ideal für Grüner Veltliner; Ried Haidsatz – eine südwestlich ausgerichtete Lösslage; Ried Ritzental – Südlage, Löss/Schotter; Ried Hasel – nach Südwest ausgerichtet, Löss; Ried Hütweg – Südlage mit Löss, perfekt für Chardonnay und Grüner Veltliner.
In der besten Lage in Engabrunn – Ried Stein, ca. 300 m Seehöhe, eine terrassierte Südlage mit Urgestein, Schotter, Löss – hat Herr Holzer einen erklecklichen Anteil. 50 % seiner Weingärten befinden sich in dieser Top-Lage. Diese Lage wurde schon im Jahr 1560 in den Chroniken des Stiftes Göttweig erwähnt.
Die Weine des Hauses sind immer ausdrucksstark, zeigen Eleganz und Finesse. Ein durchwegs höherer Restzucker verleiht den Gewächsen eine unwiderstehliche Creme, Harmonie und Feinheit. Johannes Holzer hat ein subtiles Händchen für Wein. Daher möchte ich auch keinen Wein hervorheben, da die Serie sich durchwegs stimmig darstellt. *as*

KAMPTAL DAC

★★ S € GV
2022 Grüner Veltliner vom Karl + Kühl und pfeffrig, Marille, feine Exotik, feingliedrig, zeigt Mineralik, steinige Noten, frische Säure, zeigt Eleganz, würzig, geht in die Tiefe, ein eng statuierter Grüner Veltliner, der seinen Weg geht.

★★★ S €€ GV
2022 Grüner Veltliner Alte Rebe + Getrocknete Marille, saftig, Fruchtsüße, säuregestützt, Ananas, druckvoll, kompakt, strukturiert, tolles Volumen, fruchtig-trocken, mineralische Anklänge, ein hervorragender Grüner Veltliner. Kamptal at its best.

★★★ S €€ GV
2021 Grüner Veltliner Ried Stein + Anfangs reduktive Noten, wird mineralisch, zeigt Klasse, geht richtig auf, Ananas, Marille, Blütenhonig, Orangenzesten, feine Exotik, pfeffrige Anklänge, ungemein charmant, cremige Noten, weiche Frucht, ziemlich hoher Restzucker von 7,3 g, ungemein süffig, harmonisch, attraktiv.

★★★ S €€ RI
2021 Riesling Alte Rebe Ried Stein + Kandierte Marillen, reife Trauben, salzige Noten, viel Mineralik ausstrahlend, Honigtouch, Pfirsich, Mandelblüten, feine Frucht, elegant, pikant, rassig, voller Frische, Zitrus, lässt Klasse aufblitzen. Zukunft!

★★★ S €€€ GV
2020 Grüner Veltliner Reserve Ganztraube vom Stein + Dezent brotig, Tabak, rauchig, kräuterig, doch schon gereift, gelber Apfel, mineralische Ader, der Wein verjüngt sich, spielt sich frei, frische Frucht, ist saftig, schlank, frisch.

★★★ S €€€ RI
2020 Riesling Reserve Ried Stein + Kühl, Apfelnoten, Marille, vollfruchtig, ein hoher Restzucker verleiht dem Wein Volumen, ungemein saftig, wunderbare Fülle, große Eleganz, passende Säure, dichte Struktur, straff durchgezogen. Viel Substanz.

NIEDERÖSTERREICH

★★ K €€€ RI
2019 Sekt Brut Riesling NÖ Klassik + (Flaschengärung, 18 Monate Hefelagerung) Zitruszesten, Pfirsichnoten, Kräuterwürze, Honiganklänge, trocken-fruchtig, reife Marillen, strukturiert, pikante, mineralische Noten, geradlinig, strukturiert, gute Länge.

★★ S €€ GS
2022 Gemischter Satz + Pfeffer, frische Kräuter, bisschen Zitrus, Apfeltöne, von transparenter Frische, elegante Noten, fruchtig, gewisser Charme, balanciert, ruhig, süffig, dezente Würze, passende Säure, höchst angenehm.

★★ S €€ SB
2022 Sauvignon Blanc Ried Stein + Cassis, karamellisierte Stachelbeeren, wunderbare Frucht, super Frucht, Holunder, Fruchtsüße, in sich harmonisch, perfekte Säure, immer ausgewogen, immer stimmig, ein etwas höherer Restzucker verleiht dem Wein cremige Noten, femininer Ausdruck.

★★ S €€ GM
2022 Gelber Muskateller Ried Ritzental + Holundrig, Rosenblüten, Zitrus, kühl, elegant und fruchtig, Marillentouch, feingliedrig, cremig vom Restzucker, verführerisch, feminin, ungemein saftig, traubige Noten, rund und harmonisch.

★★ S €€ CH
2022 Chardonnay Ried Stein + Haselnüsse, Apfelnoten, Nelken, fruchtig, mineralisch-salzig, guter Druck, gute Länge, Honigtouch, wirkt trockener als er ist, entwickelt Tiefgang, feine Würze.

Weingut
Jurtschitsch

Stefanie & Alwin Jurtschitsch
3550 Langenlois, Rudolfstraße 39
Tel. +43 2734 2116
weingut@jurtschitsch.com, www.jurtschitsch.com
60 Hektar

Alwin Jurtschitsch hat mir am Beginn seiner Winzerlaufbahn erzählt, wie wichtig ihm die einzelnen unterschiedlichen Lagen, gekoppelt mit dem jeweils typischen Kleinklima, sind. Riesling soll für ihn – auf den berühmtesten Kamptaler Weinberg bezogen – nach Heiligenstein und nicht primär nach Riesling schmecken. Mit seiner Frau Stefanie hat er die kongeniale Partnerin im vinophilen und privaten Bereich gefunden. Gemeinsam schaffen sie es, Jahr für Jahr ihren Traum zu leben. Die gemeinsame Grundsatzentscheidung am Beginn ihres Wirkens, auf biologische Bewirtschaftung umzustellen, war ein logischer Entschluss. Mit dem Jahrgang 2021 wurde erstmalig die sehr zu unterstützende Entscheidung getroffen, den Großteil der Riedenweine (1ÖTW) später auf den Markt zu bringen. Damit können im aktuellen Vinaria-Guide vier großartige Grüne Veltliner aus den Lagen Schenkenberg, Dechant, Käferberg und Lamm vor den Vorhang treten, und eines sei gleich vorweggenommen: Dieser Schritt hat sich mehr als bezahlt gemacht, eine erste Trinkreife ist mit etwas Luft bereits gegeben, Potenzial für die weitere Entwicklung in der Flasche ausreichend vorhanden. Das gilt natürlich auch für das Riesling-Aushängeschild, den Heiligenstein von den alten Reben. Das eingangs erwähnte Ziel von Stefanie und Alwin wurde in hohem Maße umgesetzt, hier ist die Bezeichnung Mineralität in jedem Fall zutreffend.

gh

KAMPTAL DAC

★★★ S €€ GV
2022 Grüner Veltliner Langenlois + Frischer Apfelmix, helle Blüten, feine Kräuterwürze, gelbe und rosa Grapefruit, frisch gemahlener Pfeffer; blitzsauber, passende Säure, richtig trinkanimierend, passende Herbe, dunkle Zitrusfrüchte im Finish, gelungen.

★★★ S €€ GV
2022 Grüner Veltliner Löss + Die Bodenbeschaffenheit ist im Duft nachvollziehbar, recht füllig, getrocknete Kräuter, gelber Apfel, saftige Williamsbirne, Orangenfilet; legt auf dem Gaumen weiter zu und die Aromen werden intensiver, die fruchtigen Eindrücke sind im Vordergrund, präzise dunkle Zitrusfrüchte, rosa Grapefruit im feinen Nachhall.

★★★ S €€ GV
2022 Grüner Veltliner Urgestein + Frische pur, klar liniert, kühle, elegante Fruchtausprägung, reife gelbe Birne, saftige Marille, pointierte Zitrusnoten, macht Lust auf den ersten Schluck; sehr gute Säurestruktur, nasser Stein, Mandarinenfilet, knackiger Apfel, rosa Grapefruit im anhaltenden Abgang.

★★★ S €€ RI
2022 Riesling Langenlois + Hochfeine Steinobststilistik, Weingartenpfirsich, Marille, Orangen- und Mandarinenanklänge, alles kühl ausgeprägt, vermittelt Frische pur; geradlinig, straff, präzise, passende Kräuterwürze, richtig lebendig, großes Trinkvergnügen ist garantiert, dunkle Zitrus im animierenden Finish.

★★★ S €€ RI
2022 Riesling Platin + Frische, reife Steinobstnoten, Weingartenpfirsich, frisch gepflückte und gedörrte Marille, Mandarinenfilet, etwas Maracuja; straff, alles kühl ausgeprägt, feine Pfirsichfrucht, dunkle Zitrus, mittelgewichtig und richtig trinkig.

★★★ S €€ CH
2022 Chardonnay Classic Langenlois + Dicht, hochreife, pürierte Birne, Quitte, Blutorange, Mix aus getrockneten Kräutern, nussige Akzente, vermittelt immer Frische; setzt schlüssig auf dem Gaumen fort, blitzsaubere, animierende dunkle Zitrusfrüchte, rosa Grapefruit im anhaltenden Abgang.

★★★★ K €€€ GV

2021 Grüner Veltliner Ried Schenkenberg 1ÖTW + Vollreife und zugleich präzise Apfelaromen, gelbe Birne, rosa Grapefruit in feinster Ausprägung, unterlegt von zarter Kräuterwürze, eine Brise frisch gemahlener Pfeffer, eleganter Sortencharakter; gelbe und rosa Grapefruitfilets, Mandarine, knackiger, saftiger gelber Apfel, Frische pur, das ist Trinkvergnügen auf hohem Niveau, klingt zart salzig und richtig animierend aus.

★★★★ K €€€€ GV TIPP

2021 Grüner Veltliner Ried Dechant 1ÖTW + Dicht, hochreif, getrocknete Kräuter, exotische Fruchtassoziationen, Hawaii-Ananas, etwas Karamell, saftig und fruchtsüß, dunkle Zitrusfrüchte bringen Frische; setzt schlüssig auf dem Gaumen fort, perfekte Säurestruktur, die hohe physiologische Reife und die präzise, animierende Zitrusaromatik harmonieren perfekt, wohldosiertes, passendes Holz, steht erst am Beginn seiner Entwicklung, klingt mit Mandarinenfilets und salzigen Noten lange nach.

★★★★ K GV TIPP

2021 Grüner Veltliner Ried Käferberg 1ÖTW + Kühle, hochfeine Definition, getrocknete Kräuter, präzise Fruchtvielfalt, spannt einen weiten Bogen über reife gelbe Birne, saftige Marille und dunklen Zitrusnoten, die Mineralität ist bei diesem Wein nachvollziehbar, wirkt bereits im Duft tiefgründig und komplex; die kühle Frucht zieht hochelegant über den Gaumen, bleibt auch bei dieser hohen Traubenreife immer mit großem Trinkvergnügen ausgestattet, nasser Stein, vibrierende Frische, toller Stoff, bleibt angenehm salzig und richtig lange haften, beste Zukunftsprognose.

★★★★★ K GV TOP

2021 Grüner Veltliner Ried Lamm 1ÖTW + Kraftvoll, feine Lösswürze, kräuterwürzig, saftige gelbe Birne, Williamsbirne, zeigt Tiefgang, tolle strukturgebende gelbe und dunkle Zitrusnoten, hochreif; auf dem Gaumen dominieren die fruchtigen Eindrücke, Mandarinenfilet, Exotik à la Maracuja, Blutorange, Frische pur, perfekte, lebendige Säure, ein großer Wein kündigt sich an, großes Reife- und Entwicklungspotenzial, perfekte Persistenz.

★★★★★ S €€€€ RI TOP

2021 Riesling Ried Heiligenstein Alte Reben 1ÖTW + Startet mit klirrender Frische, Assoziationen an einen kühlen Gebirgsbach, feinfühlige Fruchtausprägung, Weingartenpfirsich elegant definiert, passende dunkle Zitrusunterstützung; setzt auf dem Gaumen schlüssig fort, Mineralität und Heiligenstein pur, straff und komplex, Mandarine und Blutorange bringen viel Frische, Lage stets vor Sorte, vermittelt dabei Trinkvergnügen auf höchstem Niveau, klingt gefühlt ewig nach.

ÖSTERREICH

★★★★ K €€€€ CR

NV Jurtschitsch brut Rosé + (ZW/PN/SL) Hochfeiner Mix aus roten Früchten, Waldbeeren, Herzkirsche, Erdbeere, pointierte Würze, getrocknete Kräuter, alles klar liniert; präsentiert sich auf dem Gaumen knochentrocken mit feiner Perlage, perfektes Zusammenspiel aus Säure, Gerbstoff und Kohlensäure, animierend vom Anfang bis zum Abgang.

★★★★ K €€€€€ GV TIPP

2018 Jurtschitsch brut nature Große Reserve + (GV) Hochelegant, cremig, exotische Früchte, gelber Apfel, dezente Würze, gelbe Zitrus, animierende Kohlensäure; setzt schlüssig auf dem Gaumen fort, zeigt viel Finesse, feines Mousseaux, knochentrocken, gelbe Kriecherln, Maracuja, etwas Hawaii-Ananas, getrocknete Kräuter, alles fein ausbalanciert, zart salzig, vermittelt Frische pur, Trinkvergnügen auf hohem Niveau!

Bio-Weingut
Kemetner

Simon Kemetner
3492 Etsdorf, Obere Marktstraße 2
Mobil +43 660 462 68 18
weingut@kemetner.at, www.kemetner.at
10 Hektar, W/R 85/15

Das Weingut Kemetner gibt es seit über 375 Jahren. Aktuell wird es von Simon Kemetner in zwölfter Generation geführt. Man bewirtschaftet beste Lagen im Kamptal wie Ried Karl – Lehm, Sand Schotter, Ried Wohra – Urgestein, Gneis, Schotter, Ried Oberhasel – trockener Lehm. Um nur drei zu nennen. Die Weingärten werden bereits seit 2008 biologisch-organisch bewirtschaftet. Es gibt nur Handlese. Beim Rebschnitt und bei der Ernte richtet man sich nach den Mondphasen. Mit Schwefel wird gespart. Es gibt nur Spontangärung. Hier wird der sanfte Rebschnitt praktiziert. Es gibt keine Aufbesserung, keine Mostkonzentration. Eh klar! Natur pur!
Die Weine verfügen über eine tiefe Konzentration. Benötigen Zeit im Glas. Benötigen aktuell Flaschenreife. Ausnahme im Moment der 2020 Grüner Veltliner Reserve Ried Karl. Der präsentiert sich in großer Form bei noch einiger Zukunft. Sehr gut gefiel mir der 2022 Riesling Ried Wohra. Der geht seinen Weg. Der Natural Wine 2022 Sauvignon Blanc # no filter ist ungemein spannend. Ein ansprechender 2020 Pinot Noir Ried Oberhasel. Es geht vorwärts in diesem Weingut. *as*

KAMPTAL DAC

★★ S €€ GV
2022 Grüner Veltliner + Pfefferwürze, Steinobst, Exotik, Pomelo, würzig, frische Säure, fruchtig, guter Druck, gute Länge, typisch, kompakter Körper, entwickelt sich im Glas prächtig.

★★ S €€ GV
2022 Grüner Veltliner Grafenegg + Pfeffer, Orangenschalen, Mango, Apfel und Birne, gelbfruchtig, bisschen Schwarzbrot, griffig, gute Struktur, dunkle Töne, ziemlich würzig, pikante Noten. Ein hervorragender Ortswein, der noch Flaschenreife benötigt.

★★★ K €€ GV
2022 Grüner Veltliner Ried Karl + Exotik – Mango, Ananas, Marille, Mandarinen, Grapefruit, etwas Birne, rauchig, engmaschig, dichte Struktur, geht in die Tiefe, stoffig, ein Hauch Tabak, konzentriert, mineralische Aspekte. Einige Zukunft.

★★★★ K €€€ GV TIPP
2020 Grüner Veltliner Ried Karl – Alte Reben + Kühl, Marille, Pfeffer, feine Exotik, Papaya, elegant, einiger Tiefgang, Kräuterwürze, zeigt Finesse, gelbe Früchte, feine Würze. Ein wunderbarer Wein, der sich prachtvoll entwickelt hat. Noch lange nicht am Höhepunkt.

★★★ K €€€ RI
2022 Riesling Ried Karl + Pfirsich-Marille, Mango, ungemein rassig, der Wein zieht am Gaumen, knackig, intensiv, dicht, straffe Struktur, geht in die Tiefe, die Zukunft gehört diesem Wein.

★★★ K €€€ RI TIPP
2022 Riesling Ried Wohra + Ein ganz feines Bukett erwartet einen, Marille, Mango, gelber Apfel, Mandarinen, feine Frucht, sehr elegant, griffig, dicht, super Säure, zeigt Klasse. Ein toller Riesling mit einiger Substanz.

NIEDERÖSTERREICH

★★ S €€€ RM FUN
2022 Roter Muskateller + Holunder, Orangenzesten, Apfelnoten, etwas Zimt, Blütenhonig, Pfirsich, spritzige Säure, voller Frische, leicht (11 % Vol.), knackig, macht so richtig Spaß. Ein Aperitifwein wie es sich gehört.

ÖSTERREICH

★★ K €€€ SB
2022 Natural # nofilter Sauvignon Blanc + Orangefarben, Orangen, Speckwürfel, Marillen, abgestimmter Gerbstoff, trocken, trinkanimierend, charaktervoll, dicht, das ist hervorragender Wein, viel Struktur, langatmig, spannend.

★★★ K €€€ RM
2022 Natural # nofilter Roter Muskateller + Orangefarben, Bitterorangen, Kumquats, fester, animierender Gerbstoff, immer frisch, so richtig trocken, keine Frucht, extrem, eng, anhaltend, ein spannender Wein voll salziger Tiefgründigkeit, rassig, man braucht dazu unbedingt Essen.

★★ K €€ PN
2020 Pinot Noir Ried Oberhasel + Pilze, Unterholz, Leder, Himbeeren, Pflaumen, dezente Rösttöne, eng, dicht, betont trocken, das ist Wein mit Charakter, gereift, ganz klar Pinot Noir. Jetzt durchaus zu trinken, doch noch einige Zukunft.

♛♛♛

Weingut
Leindl

Georg Leindl
3561 Zöbing, Am Wechselberg 12
Tel. +43 2719 2609
info@weingutleindl.at, www.weingutleindl.at
8 Hektar, W/R 100/0, 27.000 Flaschen/Jahr

Nach dem Studium der Gärungstechnik an der Universität für Bodenkultur Wien war DI Georg Leindl jahrelang in der Forschung und Betriebsberatung tätig. Immer schon hatte er den Wunsch gehegt, selber Wein zu machen, und so erfüllte er sich 2013 seinen Lebenstraum, indem er sein eigenes Weingut gründete.

Nach Übernahme einer Rebfläche von sechs Hektar in Zöbing fokussierte er auf die Paradesorten des Gebiets, namentlich Riesling und Grüner Veltliner. Mit der im Zuge des Flächenerwerbs auf dem Zöbinger Seeberg vorgefundenen Sorte Viognier hat es eine besondere Bewandtnis: Eigentlich beabsichtigte Leindl eine Umveredelung auf Grüner Veltliner, da er Viognier keineswegs als tolle Sorte wahrgenommen hatte. Eine Lese davon brachte er jedoch zunächst ein. Nachdem der Wein längere Zeit auf der Hefe gelegen war, stellte er fest, wie herrlich sich dieser entwickelte. Zunehmend erkannte er, welch außerordentliches Potenzial dieser Wein hat, und es zeigte sich, dass das als Premiumwein ausgebaute Gewächs auch von den Kunden sehr geschätzt wird. So entschloss sich Leindl, den 0,3 Hektar umfassenden Viognier-Weingarten zu behalten.

Höhepunkt des aktuellen Sortiments ist zweifellos der vielschichtige, mit reichlich Finesse gesegnete 2022er Riesling aus der Ried Kogelberg, die zu den Ersten Lagen der Österreichischen Traditionsweingüter zählt. Als herausragend darf aber auch der Viognier gelten. *jw*

KAMPTAL DAC

★★★ S €€€ GV
2022 Grüner Veltliner Ried Eichelberg + Einnehmende Nase nach Apfel, Marille und Kräutern, dahinter elegante Pfirsichfrucht, pikant-würzig, feiner Schmelz, strukturiert und balanciert, zieht gut durch, feine Kräuternote im Finish.

★★★ S €€ GV FUN
2022 Grüner Veltliner Langenlois + Im feinwürzigen Bukett Anklänge nach Pfirsich und grünem Apfel, die sich am Gaumen fruchtig fortsetzen, würzig, hinzu tritt eine elegante Mandarinennote, saftig und vital, spannungsgeladen, verabschiedet sich mit einer elegant-stimmigen Grapefruitnote, ein edler Klassiker.

★★★★ S €€€€ GV
2022 Grüner Veltliner Ried Seeberg 1ÖTW + Helles Goldgelb, feines gelbfruchtiges Bukett, Wiesenkräuter, deutlicher Honigton, reifer Weingartenpfirsich, würzig und saftig, dicht, spannungsgeladen, vollmundig und tiefgründig, noble Charakteristik, feine Bitternote und ein Hauch Banane im Finish.

★★★ S €€ RI PLV
2022 Riesling Urgestein Kamptal + Sortentypisches Bukett, feine Pfirsichfrucht, Äpfel, ein Hauch Maiglöckchen und Kräuterwürze, saftig, filigran-eleganter Charakter, animierender Säurebogen, gut balanciert, ein toller und euphorisierender Wein, der herrliches Trinkvergnügen bietet.

★★★ S €€€€ RI
2022 Riesling Zöbinger Ried Heiligenstein 1ÖTW + Feine Nase nach Flieder, Wiesenkräutern und Kamille, am Gaumen Weingartenpfirsich und Kräuterwürze, ein Anflug von Thymian, saftig, druckvoll, klar definiert, sehr vital, üppige Kräuterfülle im Abgang, individualistischer Charakter, braucht noch Zeit.

★★★★ S €€€ RI TIPP
2022 Riesling Ried Kogelberg 1ÖTW + Feinfruchtig-elegantes Bukett, auch blumige Einsprengsel, dezent nach Kräutern, Zitronenmelisse, am Gaumen üppige Fruchtfülle, Pfirsich, Honigmelone und Thymian, saftig und vielschichtig, dabei fein ziseliert, guter Körper, salzig, feiner Schmelz, gepaart mit beeindruckender Finesse, feiner mineralischer Abgang mit guter Länge, ein gediegener Sortenvertreter wie aus dem Bilderbuch.

NIEDERÖSTERREICH

★★ S €€ GV
2022 Grüner Veltliner + Einnehmende Nase nach Apfel und Holunder, hintennach viel Würze, am Gaumen leicht gelbfruchtige Anmutung, salzige Pikanz, saftig geprägt, vital und süffig.

★★★★ S €€€€ VI TIPP
2021 Viognier + Floral-würzige Nase, rosenblütenduftige Anmutung, hintennach Wiesenkräuter und ein Hauch Banane, auch Pfirsichanklänge treten hinzu, feine Honignote, würzig, schwarzer Pfeffer, zart nussig, saftig und kompakt, dicht und druckvoll, komplex-vielschichtig, vital-animierender Säurebogen, wunderbarer Abgang mit feiner Salzigkeit.

BIO

Weingut **Loimer**

Fred Loimer
3550 Langenlois, Haindorfer Vögerlweg 23
Tel. +43 2734 2239
weingut@loimer.at, www.loimer.at

85 Hektar, W/R 80/20

„Ich finde die Herkunft ‚Weinland Österreich' am schönsten", sagt Fred Loimer, der immer mehr Weine unter dieser Herkunft verortet. Nur das Kamptal genießt für den Langenloiser Winzer ähnlich hohe Priorität. In vielen Dingen gilt Loimer seit fast 20 Jahren als Vordenker und Querdenker. Vieles wird hinterfragt, alles seiner biodynamischen Weinbau-Philosophie untergeordnet, die er als „Respekt-Winzer" nochmals schärfer denkt. Mit seinen 70 Hektar, die mehrheitlich rund um Langenlois sind, und seinem Engagement in Gumpoldskirchen hat Loimer eine Vielzahl von Wein-Charakteren zu bieten.
Hier wären an vorderster Front Loimers Kamptal-Weine, wo er an der Veltliner- und Riesling-Basis je einen typischen Gebiets- und Ortswein macht. Darüber öffnet sich der Weinfächer in seinen Ersten Lagen, die der ÖTW-Winzer erst im zweiten Jahr nach der Ernte in den Verkauf bringt. Mit den aktuellen 2021er-Lagenweinen kann Loimer voll punkten.
Über den Kamptaler Tellerrand schaut Loimer gleich dreifach ins Weinland – wo es „Prickelndes, Glückliches und Achtsames aus Österreich" gibt. Mit „Prickelnd" ist das mittlerweile sehr große Schaumweinsegment gemeint, das schon auf 15 % der Produktionsmenge zugeht. Was da von Loimer an Sekt – von A bis Z – gemacht wird, zählt zum Besten, was in Österreich an Winzersekten zu bekommen ist. Sein Erfolgsgeheimnis klingt einfach: „Unsere Sekt-Grundweine haben eine etwas höhere Reife von der Säure her. Wir haben dadurch eine weichere Säure und mehr Frucht – daher ist es für uns leichter möglich, mit weniger Dosage zu arbeiten."
Stark ist Loimer auch bei Alternativ-Weinen: Unter den Begriffen „Glueglich" und „Achtsam" ist Loimers mittlerweile schon sehr breites Naturweinspektrum zusammengezogen. Hier beschäftigt sich der Winzer mit den konventionellen Sorten auf natürliche Art. Und er denkt bereits weiter, indem er bei den PiWi-Sorten mit Donauriesling, Donauveltliner und seit Neuestem mit Souvignier Gris schon kräftig seine Spuren in den Kamptaler Weingärten zieht. Fad ist es damit nie beim Loimer! *hp*

KAMPTAL DAC

★★ S €€ GV
2022 Grüner Veltliner Kamptal + Grüner Pfeffer, Quitten, gelbapfelig; kühl-aromatisch mit feiner Würze, schwarzer Pfeffer, viel Mostbirnen, rauchig, milde Säure.

★★★ S €€€ GV
2022 Langenloiser Grüner Veltliner Kamptal + Weißer Pfeffer, Grapefruitzesten, Senfsaat, klassischer Veltliner; salzige Frische, viel Kernobst, vor allem gelbe Äpfel, grüne Oliven, betont trocken, bisschen Tanningrip, trinkvergnüglich.

★★★ K €€€ GV
2021 Grüner Veltliner Ried Loiserberg 1ÖTW + Suppige Würze, betont Kernobst, vor allem Apfel, viel Sortencharakter; saftig, gelbfruchtig, weiche Noten, milde Würze, gefällige runde Sache.

★★★★★ K €€€€€ GV TOP
2021 Grüner Veltliner Ried Käferberg 1ÖTW + (Erste Lagen ab September) Elegante Würze, exotische Fruchtfülle, Maracuja, Kiwi, Mandarinen; sehr straff, salzig-mineralisch, viel Kernobst, Granny Smith, dezent Steinobst, super Säure, lebhafter, feinstrahliger Veltliner mit Länge.

★★★ S €€€ RI
2022 Riesling Kamptal + Saftige Frucht, Marillen, dezente Würze, kühle Aromatik, Zitrus, Orangen; auch am Gaumen viel Marillen, bisschen zitronig, super Frucht-Säure-Balance, beschwingt, rund und ausgewogen.

★★★ S €€€ RI
2022 Langenloiser Riesling + Schon eleganter und subtiler, viel Pfirsichduft, klare Sortenprägnanz; ziemlich trocken, recht frisch, Kernobst, Weingartenpfirsich, zeigt schon Länge.

★★★ K €€€€ RI
2021 Riesling Ried Loiserberg 1ÖTW + Rauchig-würzig, bisschen blumig, dezente mineralische Note, weißer Pfirsich, helle Würze, wirkt straff; gut eingebundener Gerbstoff, saftige Frucht, reifes Zitrus, viel grüne Pfirsiche und Nektarinen, Blutorange, gerundet.

★★★★ K €€€€€ RI

2021 Riesling Ried Seeberg 1ÖTW + Helle Mineralität, dezent Pfirsich, Limetten, salzige Aromatik, wirkt rund und saftig; saftige Fruchtfülle setzt sich fort, Marillen, Lorbeer, auch blumige Noten, würziger Riesling mit super Säurebiss, gehaltvoll mit Zug nach hinten.

★★★★ K €€€€€ RI TIPP

2021 Riesling Ried Steinmassl 1ÖTW + Expressiv duftig, frisch und würzig, gute Tiefe, exotische Fruchtnoten; viel Pfirsichfrucht und Limetten, rassig, extratrocken, feiner Gerbstoff, druckvoll, präsenter Riesling mit lebhafter Säure und Länge.

★★★★★ K €€€€€€ RI TOP

2021 Riesling Ried Heiligenstein 1ÖTW + Dezent fruchtig, viel mehr Mineralität, feingliedrig, reife Pfirsiche, Limettenzesten; sehr straff, viel Spannung, Feuerstein, super Balance, neben eleganten Pfirsichnoten auch Südfruchte, puristischer Heiligenstein, der entdeckt werden will.

NIEDERÖSTERREICH

★★★ K €€€€ CR

Sekt Brut Rosé Reserve + (ZW/PN/SL – Non-Vintage, Dosage: 3 g/l) Geschmeidige Fülle, Beerenmix, gute Tiefe, Nougatfülle, balanciert; saftig, feine Waldbeernoten, Ribisel, Zitrus, lebhafter, zart nussiger Sekt mit Länge, betont trocken, von Dosage her sogar extratrocken.

★★★★ K €€€€ CW

Sekt Extra Brut Reserve + (ZW/PN/CH/PB/PG – Non-Vintage, Dosage: 2 g/l) Super Frische und Fülle, Weißbrot- und Briochenoten, salzige Oliven, Orangen, dezent nussig; würzige Fruchtexotik, Bitterorange, reife Grapefruits, Malve, Salzmandeln, zieht straff nach hinten, langer Nachhall.

★★★★ K €€€€€ CW TIPP

2017 Sekt Langenlois Große Reserve Blanc de Blancs Brut Nature + (WB/CH/PG – Zero Dosage) Feine samtige Fülle, Olivenpaste, weißes Nougat, zeigt auch viel Frische und Würze, eingelegte Pilze; feine Perlage, viel Stoff, straff und super trocken, viel Ausdruck, besteht blind bei jeder Champagnerverkostung.

★★★★ K €€€€€ CW

2021 Gumpold + (ZF/CH/RG) Sehr stoffig, füllig, Brioche, Weißbrot, bisschen Wacholder, zart-würzig, Lakritze, rauchig, Mandarinen, super Würze und Spannung, griffig, Kernobst, Quitten, Speckfisolen, super Säure, tolle Balance und Länge, mag man viel trinken.

★★★★ K €€€€€€ PN

2019 Pinot Noir Reserve + Viel Grafit, dunkle Beeren, rauchig-kühle Würze, wirkt straff, ledrige Noten, viel Burgunder-Typizität, dezentes Toasting; klare, saftige Burgunderfrucht, viel Himbeeren, betonte Säure, jugendlich frisch, etwas Gerbstoff, feine Länge.

ÖSTERREICH

★★★ K €€€ CW

2022 Pet Nat + (DR/GM – Schaumwein) Knackig-frisch, Mandarinen, viel Holunder, dezent Muskat, Weingartenpfirsich; super Sortenkombi, sehr aromatisch, wirkt relativ trocken, feiner Gerbstoff, enorm Zitrus, Orange, lebhaft bei guter Länge.

★★★ S €€ CW FUN

Glueglich Weiß + (NV) Reichhaltig, sehr gewürzig, brotig, Senfsaat, muskatig, Rosenblätter; betont trocken, Kräuternoten, Almkräuter, Heu und Wiesenblumen, hinten schotig und apfelig, abgerundet mit etwas Gerbstoff, trinkvergnüglich.

★★★ S €€ CR

Glueglich Rosé + (NV) Wirkt leichtgewichtig (hat nur 10,5 % Vol.), Erdbeeren, Litschi, grüne, säuerliche Kirschen, leicht gewürzig; leichtfüßig, zugänglich, Waldbeeren, Orange, Limetten, milde Säure, runder Spaßmacher.

★★★ S €€ CR PLV

Glueglich Rot + (NV) Viel Frucht, Wildkirsche, Ribisel, bisschen germteigig, weich und zugänglich, einige Würze; viel Frische, Herzkirschen und Walderdbeeren, bisschen tintig, kreidige Noten, ziemlich straff, rauchig, gute Balance, feine Länge.

★★★ D €€€€ GV

2021 Grüner Veltliner mit Achtung + Brioche, viel Kräuter, Anis, Kardamom und Fenchel, rund, mehr auf der gewürzigen Seite; relativ rauchig, Gerbstoffbitterl, Orangen, Hagebutten, reife Birnen, viel Biss.

★★★★ D €€€€ GS TIPP

2021 Gemischter Satz mit Achtung + Enorm duftig, aromatisch und facettenreich, Holunder, Brennnessel, Rosenblüten; straff, gerbstoff- und tanninbetont, ziemlich trocken, Zitronenzesten, auch Grapefruit, attraktive Länge.

★★★ D €€€€ CW

2021 Manhart + Kokosflocken, Nüsse, Frucht nur schüchtern, bisschen Zitrusnoten, Karamell; am Gaumen ziemlich frisch, betont trocken, feine Gerbstoffnoten, Bitterorangen, Limetten, einiger Biss, stoffiger Naturwein, trinkig.

★★★ K €€€€€€ PN

2021 Pinot Noir Reserve + (ab Herbst) Herzkirschen, dunkle Himbeeren, kühle Aromatik, gewürzig, Weihrauch und Wacholder, kühle Aromatik; sehr straff und trocken, rauchig-würzig, dunkelfruchtig, Ribisel, Kräuterwürze, Lakritze, mittellang bis lang. Potenzial.

★★★ K €€€€€€ PN

2021 Pinot Noir Anning + Feine Burgundernoten, reife, saftige Himbeeren, viel Sortenausdruck; guter Biss, burgundisch-füllig, viel Charme und Charakter, gute Substanz und Länge.

Weingut
Maglock-Nagel

Stefan Maglock
3491 Straß, Talstraße 116
Tel +43 2735 2648 Fax -1
info@maglock-nagel.at, www.maglock-nagel.at
15 Hektar, W/R 85/15

Das Weingut Maglock-Nagel liegt mitten im Straßertal. Es wird mittlerweile in fünfter Generation geführt. Die Weingärten befinden sich durchwegs in Straß. Man bewirtschaftet beste Rieden wie Gaisberg, Wechselberg, Hasel, Rosengartl. Leitsorten sind Grüner Veltliner und Riesling. Die gleiche Wertschätzung erfahren aber auch der Frührote Veltliner, Weißburgunder, Zweigelt und St. Laurent.
Die Philosophie des Hauses besteht darin, den Weinstock nachhaltig zu unterstützen. Angepasste Laubarbeit, artenreiche Begrünung und selektive Handlese bringen das Weingut Stück für Stück näher an ihre Vorstellung von Wein. Im Keller werden die Weine je nach Rebsorte und angestrebtem Weinstil in verschiedensten Gebinden ausgebaut. Die Einstiegs- und Riedenweine werden ausschließlich im Stahltank vinifiziert. Bei den Reserve-Weinen kommen teilweise auch kleine Holzfässer zum Einsatz.
Die Verkostung der Weine erwies sich durchwegs als freudvoll. Es sind Weine mit perfektem Sortenausdruck, immer von Frische, Finesse und Eleganz durchzogen. Meine subjektiven Favoriten waren ein überzeugender 2022 Frühroter Veltliner. Die beiden Weißburgunder aus der Ried Hasel sind vorzüglich. Der 2022 zeigt fast eine unverschämte Eleganz. Die 2021 Reserve stellte sich mit Charme und Finesse dar. Bei den 2022 Grünen Veltlinern hatte der Vertreter aus der Ried Rosengartl die Nase vorn. Dem 2021 Grüner Veltliner aus der Ried Gaisberg ist eine enorme Substanz zu attestieren. Beachtenswert ist der 2022 Riesling Ried Wechselberg. Beim 2021 Riesling Ried Gaisberg wächst Außergewöhnliches heran. Also, liebe Weinfreunde, ein Besuch im Weingut Maglock-Nagel lohnt sich auf alle Fälle. *as*

KAMPTAL DAC

★★ S € GV
2022 Grüner Veltliner Ried Hasel + Reife Birnen und Äpfel, frische Kräuter, dezent Zitrus, Pfeffer, angenehme Säure, kernig, frisch und lebendig, knackig, pikant, klassisch Grüner Veltliner.

★★ S €€ GV
2022 Grüner Veltliner Ried Wechselberg + Zart blumiges Bukett nach Kräutern, Pfeffer, Tabak, Apfel, bisschen Karamell, frische Säure, lebhaft, Zitrus, ungemein frisch, immer trinkig, macht so richtig Spaß.

★★★ S €€ GV
2022 Grüner Veltliner Ried Rosengartl + (Löss, Lehm, sandiger Ton) Seidiges Bukett, Apfel, dezent zimtig, ungemein frisch und lebendig, Birnen, ein bisschen Restzucker, welchen die Säure puffert, sorgt für Eleganz und Feinheit, da blitzt Klasse auf. Vorbildlich!

★★★ S €€ RI
2022 Riesling Ried Wechselberg + Zitrus, Steinobst mit Apfel, kühl, ein frischer Riesling mit lebhafter Säure, die Marille gewinnt die Oberhand, das ist Riesling pur, schlanke Tiefe, strukturiert, geht richtig auf.

★★★ S €€ GV
2021 Grüner Veltliner Ried Gaisberg + (teilweise Urgestein mit etwas Löss) Kräuter, Birne, Apfel, ziemlich hintergründig, Mandelbögen, weinig, zart buttrig, cremig, samtig, 6,6 g Restzucker sorgen für Balance, innere Harmonie, feine Noten ausstrahlend, immer elegant, ein Speisenbegleiter auf hohem Niveau.

★★★★ S €€ RI **TIPP**
2021 Riesling Ried Gaisberg + Ananas, Marille, schmelzig, fruchtig, der hohe Restzucker sorgt für Creme, Harmonie, Mineral, ganz feines Bukett, ungemein elegant, von innerer Harmonie durchzogen, weinig, perfekt ausgewogen, feingliedrig, mineralisch, herrlicher Riesling mit enormer Substanz.

NIEDERÖSTERREICH

★★ S € FV **FUN**
2022 Frühroter Veltliner + (Ried Lammberg, Löss/Lehm) Äpfel und Birnen im Verbund, Mandelnoten, Steinobstnoten, bisschen Exotik, weißes Nougat, am Gaumen wunderbar fruchtig-schmelzig, elegant, charmant, balanciert, leichtfüßig, beschwingt.

★★ S €€ PB
2022 Weißburgunder + (Ried Hasel, Löss) Honigmelone, frische Birnen, Nelken, Apfel mit Zimt, saftige Frucht, feines Säurespiel, voller Frische, dezent schokig, wirkt fast transparent, dabei von fester Struktur.

★★★ S €€€ PB
2021 Weißburgunder Reserve + (Ried Hasel, 50 % Stahl / 50 % Barrique) Haselnüsse, cremiges Holz, Nelken, Birnen, ungemein frisch und elegant, ausgewogen, niveauvoll, niemals überladen, immer fein zu trinken, gewisse Exotik, Mandarinen. Zukunft.

Weingut
Barbara Öhlzelt

Barbara Öhlzelt
3561 Zöbing, Eichelbergstraße 32
Tel. +43 2734 4857
barbara@weinberggeiss.at, www.weinberggeiss.at, www.verjus.at
6 Hektar, W/R 100/0

Vor 20 Jahren hat Barbara Öhlzelt mit dem Weinmachen auf damals bescheidenen 1,3 Hektar begonnen. Heute hat sie fünfmal so viel Weinfläche, gilt mit 6,5 Hektar immer noch als klein, macht daraus aber großartigen Wein. Öhlzelt gilt als Riesling-Spezialistin, der in ihren Kamptaler Weingärten 45 % ausmacht. Sie beherrscht jedoch auch den Grünen Veltliner, den Öhlzelt in fünf Ausformungen präsentiert – vom klassischen Kellerweingarten bis zum im Holz vergorenen Lamm-Lagenwein. Wobei sich in der Veltliner-Gruppe mit dem „20er GV" heuer ein neuer Wein findet. „Der Tank hat uns die ganze Zeit so gut gefallen, dass wir ihn solo abgefüllt haben", sagt die Winzerin über diesen Wein aus ihrer 20. Ernte.
Beim Riesling hält Öhlzelt vier Weine bereit: den Zöbinger Ortswein mit dem genialen Barock-Etikett, dann jenen aus der Ried Blauenstein, die früher einmal Seeberg geheißen hat, und zwei ÖTW-Lagenrieslinge, wobei der Heiligenstein immer der straffere, fein ziselierte ist und der Kogelberg immer fülliger auftritt und damit auch oft mehrheitsfähiger ist. Die Riesling-Puristen jedoch zeigen auf den Heiligenstein. *hp*

KAMPTAL

★★★ S €€ GV
2022 Grüner Veltliner Kellerweingarten + Kräuterwürze, dezent rauchige Textur, Quitten, gelbapfelig, guter Sortenausdruck; apfelige Frische, reife Grapefruitnoten, Litschi, Orange, kühle Aromatik mit knackiger Säure.

★★★ S €€ GV
2022 Grüner Veltliner Zöbinger + Öhlzelts Veltliner Ortswein mit mineralischer, dunkler Würze, gelbapfelig, getrocknete Kräuter; gute Frische, rosa Pfeffer, exotische Fruchtnoten, Maracuja, relativ straffe Säure, trinkig.

★★★ S €€€ GV FUN
2022 Grüner Veltliner „20" + Der „Jubiläumswein" ist Öhlzelts 20. Jahrgang als Winzerin. Frisch, saftig, Quitte, weißer Pfeffer, viel Sorte; Granny-Smith-Äpfel, reifes Zitrus, bisschen Weingartenpfirsich, feiner Säurebogen, süffig.

★★★ S €€€ GV
2022 Grüner Veltliner Ried Blauenstein + Weißer Pfeffer, bisschen kreidig, gewürzige Frucht, Williamsbirnen, rauchig, sehr lössig; ziemlich saftig, Birnen, dezente Würze, schwarzer Pfeffer, Tabakblätter, gut integrierte Säure, guter Zug.

★★★★ S €€€€ GV TIPP
2022 Grüner Veltliner Ried Lamm 1ÖTW + Exotische Fruchtfrische, grüne Ananas, dezent cremig, weißes Nougat, röstig, Bratapfel; saftig, Mandarinen, Litschi, gelbe Birnen, rassige Würze, dunkle Schokolade, straff, betont trocken, lang haftend.

★★ S €€ RI
2022 Riesling Zöbinger + Enorm duftig, viel Steinobst, Weingartenpfirsich, bisschen Holunderblüten mit Stängel; charmante Fruchtsüße, Marillenkompott, dezent mineralisch, ziemlich feste Säure, gerundetes Süße-Säure-Spiel, zugänglich

★★★ S €€€ RI PLV
2022 Riesling Ried Blauenstein + Viel Steinobstfrucht, saftige Marille, gute Tiefe, dezente Würze; sehr saftig mit etwas Fruchtsüße, jedoch balanciert mit feiner Säure und Mineralität, Pfirsich, lässiger, mittelgewichtiger Wein mit Trinkspaß.

★★★★ S €€€€ RI TIPP
2022 Riesling Heiligenstein 1ÖTW + Man riecht den straffen, salzig-mineralischen Heiligenstein-Typus, feine Pfirsichnoten, reifes Zitrus; Pfirsich zieht sich am Gaumen weiter, super Spannung, Feuerstein, ziemlich trocken, balanciert, hochelegant.

★★★★ S €€€€ RI
2022 Riesling Kogelberg 1ÖTW + Würziger und fülliger als der Heiligenstein, exotische Frucht, auch eingelegte Marillen, dezent mineralisch; viel Fruchtfülle, saftig, gute Säurepikanz, rund und zugänglich, feine Länge.

NIEDERÖSTERREICH

★★★ S €€€ CW
2019 Sekt Extra Brut + (PB/CH) Dezente Würze, rauchig, getreidig, rosa Pfeffer, Oliven, Grapefruits; sehr frisch, reifes Zitrus, apfelig, wirkt leichtfüßig, feine Fülle mit Druck nach hinten.

★★★ S €€€ CW
2022 HerzStück + (PB/CH) Rauchig, strohig, getrocknete Kräuter, Gewürzstollen, Grapefruitzesten; burgundische Frische, Zitronencreme, weiße Beeren, saftig, trinkvergnüglich.

Weingut
Rabl

Rudolf Rabl
3550 Langenlois, Weraingraben 10
Tel. +43 2734 2303
office@weingut-rabl.at, www.weingut-rabl.at
80 Hektar, W/R 70/30, 500.000 Flaschen/Jahr

Das Weingut Rabl ist ein Langenloiser Familienbetrieb mit großer Tradition, in dem schon seit vielen Generationen Weine mit hohen Qualitätsansprüchen gekeltert werden. Bereits 1946 wurden hier die ersten Flaschen von Rudolf Rabls Großvater Karl Pell gefüllt, und in den 1950er-Jahren gab es riedenreine Füllungen vom Käferberg (Grüner Veltliner) und Schenkenbichl (Riesling). Eingedenk dieser Tradition und dem damit verknüpften Wissen und der großen Erfahrung setzte der 1986 in das Weingut eingetretene Rudolf Rabl auf Erweiterung und Modernisierung. Heute zählt der 80-Hektar-Betrieb mit dem klassischen Rabl-Raben als Logo zweifellos zu den Leitbetrieben im Kamptal. Auch Rudi Rabls Kinder zeigen eine Affinität zu Wein bzw. verwandten Feldern: Tochter Johanna ist derzeit in Montreal und arbeitet im Bereich Lebensmitteltechnologie mit Hefen, Sohn Tobias hat 2022 an der HBLA Klosterneuburg maturiert und ist auf Praxis in Südafrika.

Das Weingut verfügt über Weingärten in einigen der besten Hanglagen rund um Langenlois. Dazu zählen Schenkenbichl, Käferberg, Steinmassl und Steinhaus – alles Urgesteinsrieden – ebenso wie die Lösslagen Spiegel und Kittmannsberg. Im durchaus umfangreichen Sortiment dominieren natürlich die Sorten Grüner Veltliner und Riesling. Im Keller ist Rudi Rabl ein Verfechter von Spontangärung und langem Maischekontakt. *psch*

KAMPTAL DAC

★★ S € GV
2022 Grüner Veltliner Terrassen + Sehr fruchtbetont, frische Birnen und Äpfel, recht verlockend, ein Hauch Zimt; am Gaumen zitrusbetont, recht straffe Struktur, dezente Frucht, feiner linearer Abgang.

★★★ S €€ GV FUN
2022 Grüner Veltliner Langenlois + Recht würzig im Duft, Wiesenkräuter, Kamille, Kernobst, grüne Ringlotten; griffig, recht straff, angenehmes mittleres Fruchtvolumen, geschmeidig, mittleres Finish.

★★★ S €€ GV
2022 Grüner Veltliner Vinum Optimum Reserve + Würzig, pfiffig, ausdrucksvoll, zart hefig, Lindenblüten, Birnen; mittelgewichtig, lebhaft, saftige Mitte, Nelken, ausgewogen, zartherb.

★★★ S €€€ GV
2022 Grüner Veltliner Ried Panzaun Reserve + Würzig, schwarzer Pfeffer, reife Gelbfrucht, Weißbrot und Grapefruit; am Gaumen zarter, saftige Mitte, Fruchtschliff, Nelken und Chinarinde, hinten filigraner.

★★★ S €€€ GV
2021 Grüner Veltliner Ried Loiserberg Alte Reben + Röstig, Kerzenwachs, recht pfeffrig, geriebene Haselnüsse, die Frucht noch dezent; recht saftige Frucht, leicht toastig und cremig, Orangen, zartherb, forsch, braucht noch, mittellang.

★★★★ S €€€ GV TIPP
2021 Grüner Veltliner Ried Käferberg Alte Reben + Reichhaltig, Hülsenfrüchte, Lokum, reife Fülle, leicht rauchig, Nussbrot; substanzreich, viel Fruchtschmelz, recht muskulös, robust, fest, lang.

★★★★ S €€€ GV TIPP
2021 Grüner Veltliner Dechant Alte Reben + Anfangs verkapselt, röstig-würzig, Wiesenkräuter, getrocknete Zitruszesten, Renetten; schmelzig und dicht, sehr reife Frucht, tolle Struktur, Kraft, Tabak im langen Abgang.

★★★ S €€ RI FUN
2022 Riesling Langenlois + Recht duftig, eingelegte Melonen, auch Mirabellen, kühl, glockenklar, Hauch von Limette; erfrischend, feine Kohlensäure, ungemein saftig, schöne Frucht, lebhaft, Säurebiss, mittellang, Trinkspaß pur, anregend.

★★★ S €€€ RI
2022 Riesling Ried Steinberg + Bisschen bedeckt zu Beginn, pikant, Zitrus, Wiesenblüten, leicht harzig, ätherisch; recht saftig, eher mittelgewichtig, feiner Biss, zarte Biskuitnote, zartherb.

★★★ S €€€€ RI
2021 Riesling Schenkenbichl Alte Reben + Recht volle Nase, Backapfel, Pfirsichkuchen, einladend, würzig, trockenes Laub; elegant gebaut, Zitrus, zart laktisch, geradlinig, trocken, zartherb, mittleres Finish.

★★★★ S €€€€ RI
2021 Riesling Steinhaus Rote Erde + Würzig, leicht reduktiv, kühl, Kräuternote, etwas Limette, ruhig und unaufgeregt; ungemein saftig, kernig, erfrischend, zart cremig, verlockend, gute Substanz, Biss, lang.

NIEDERÖSTERREICH

★★★ S €€ CH
2021 Chardonnay Vinum Optimum + Recht verhalten im Duft, Brioche, gewisse Fülle, reife Würze, etwas Striezel, dezent samtig; gerundet, recht saftig, mittelkräftig, cremig, hinten bisschen trocken, mittellang.

vinaria präsentiert:
wachau GOURMET festival
4. bis 18. April
2024
www.wachau-gourmet-festival.at

Weingut
Schloss Gobelsburg

Michael Moosbrugger
3550 Gobelsburg, Schlossstraße 16
Tel. +43 2734 2422, Fax -20
schloss@gobelsburg.at, www.gobelsburg.at
85 Hektar, W/R 80/20

Mittlerweile acht Weine der leichteren Linie laufen unter den markanten Etiketten der Domäne und der Schlosskellerei Gobelsburg, von denen aktuell der nicht ganz einfache Jahrgang 2022 auf dem Prüfstand steht. Mit Geduld und Beharrlichkeit und wohl auch gehörigen Mengeneinbußen ist jedoch ein erstaunliches Resultat erzielt worden. Alles in allem präsentiert sich nämlich eine Serie ohne Fehl und Tadel, die mühelos an die beiden hervorragenden Weinjahre 2021 und 2019 anschließt. Schon der Auftakt mit dem aus Zweigelt, Pinot Noir und St. Laurent gebildeten knusprigen und charmanten Rosé Cistercien, der als Inbegriff eines animierenden Sommerweines gelten kann, ist wohl gelungen. Unprätentiös und geradlinig gibt sich der blitzsaubere Messwein, und für die Spitze im Feld der leichteren Veltliner sorgt diesmal der pfeffrige und dichte Kamptaler unter dem Etikett der Domäne Gobelsburg. Ebenso auffallend gleitet der mit gelben Fruchtaromen nur so prunkende, geradezu überschwängliche Riesling der gleichen Provenienz über den Gaumen. Ein Sonderlob gebührt schließlich dem hellfruchtigen, ziselierten Riesling vom Urgestein, der ja aus den jüngeren Reben vom Gaisberg und Heiligenstein stammt und bereits die Feinheit und klare Frische dieser beiden formidablen Lagen ausstrahlt.

Bei den Top-Rieslingen aus 2021 profitiert der sehr lagentypische Gaisberg von der rassigen Note des tollen Riesling-Jahrganges. Für einen Höhepunkt sorgt dann der anfangs recht reduktive und verkapselte Heiligenstein, der mit Luftzufuhr schon einen ersten Ausblick in eine brillante Zukunft voll heller Fruchtnuancen und großer Finesse geboten hat. Von den drei Veltliner-Lagenweinen überzeugt diesmal der Lamm über die gewohnte Kraft und Noblesse hinaus mit tiefer Steinobstfrucht wie auch Temperament. Ebenfalls rundum gelungen erscheint der saftige, mit zahlreichen Facetten und viel Schwung aufwartende Renner, während man dem ebenfalls stattlichen Grub noch ein bisschen Zeit für die weitere Harmonisierung einräumen sollte. *vs*

NIEDERÖSTERREICH

★★★ S €€ CR FUN
2022 Schlosskellerei Gobelsburg Cistercien Rosé + Erdbeere und Melisse in der frischen, fordernden Nase, noch hefig, blitzsauber und anregend, sehr frisch und fordernd, schlank und spritzig, rotbeerige Aromen, charmant und rassig, für warme Sommerabende wie geschaffen.

★★ S €€ GV
2022 Löss Grüner Veltliner + Zuckererbsen und Popcorn im schwungvollen Bukett, frisch und konturiert, Melonen und Rhabarber, schlank, doch pfiffig, kernig und burschikos.

★★ S €€ GV
2022 Messwein Grüner Veltliner + Beginnt mit Grapefruit und Zitronengras, unterkühlte Würzenote, lebhaft und pointiert bei schlanker Mitte, etwas grüner Tee und ein Touch von Gerbstoff, herzhaft und straff, baldiger Trinkspaß garantiert.

★★★ S €€ RI FUN
2022 Schlosskellerei Gobelsburg Urgestein Riesling + Bezauberndes, traubiges Duftspiel nach Limette und weißem Pfirsich, auch Salbei und Thymian klingen an, reintönig und elegant, ganz helle Fruchtnuancen, fein strukturiert und nahezu filigran – vermutlich der Beste der letzten Jahre, einfach modellhaft.

KAMPTAL

★★★ S GV FUN
2022 Schlosskellerei Gobelsburg Kamptal Grüner Veltliner + Winterapfel und Mandarine im glasklaren Bukett, kompakt und vital, viel Elan auch am Gaumen, satter Fruchtkern, eine Spur von Brotrinde, pikant und zupackend, rundum gelungen.

★★★ S €€ RI
2022 Schlosskellerei Gobelsburg Kamptal Riesling + Zunächst ein wenig verschlossen, geht aber rasch auf und offeriert dann reife Marille und Haselnuss, auch schotig-paprizierte Einschübe, kompakt und saftig, passende Säure im Abgang, guter Trinkfluss.

★★★ S €€ GV PLV
2022 Domäne Gobelsburg Kamptal Grüner Veltliner + Rhabarber und Winteräpfel im Einklang, intensive pfeffrige Würze, agil und konturiert, heller Tabak, viel Schubkraft, engmaschig und reichhaltig, schöne Balance, bleibt auch gut haften – beeindruckende Performance für diese Preisklasse.

★★★ S €€ RI
2022 Domäne Gobelsburg Kamptal Riesling + Klar und ausgereift im Duftspiel nach Ananas und Zuckermelone, schwungvoll und nuanciert, öffnet sich langsam und wird erstaunlich dicht, ja druckvoll, erneut gelbfruchtiger Aromenreigen, vielfältig und von forscher Säure gestützt, vielversprechend.

★★★★ K €€€€€ GV
2021 Ried Lamm Grüner Veltliner 1ÖTW + Kamille und Safran im fein gesponnenen Bukett, reif und vital zugleich, fleischig und ausgewogen, derzeit quasi ein Chamäleon, das sich innerhalb kurzer Zeit stark verändert, die große Lage schimmert jedoch in jeder Phase durch – gute Prognose.

★★★ K €€€ RI
2022 Zöbing Riesling + Wacholder und rote Pfirsiche in der Nase, kühl unterlegt, erfrischend und pikant, herbe Kräuterwürze gepaart mit Menthol, schlanke Textur, noch etwas gehemmt, gute Anlagen, recht apart und griffig.

★★★★ K €€€ RI
2021 Ried Gaisberg Riesling 1ÖTW + Sehr hübsches, gesammeltes Bukett, in dem die an die Pfalz erinnernden lagentypischen Akzente von gelbem Pfirsich und Mandelwürze bereits dominieren, kraftvoll und doch leichtfüßig, viele Facetten, viel Spannkraft, sehr straff und fest geknüpft, rassiger Abgang, erst ganz am Beginn.

★★★★★ K €€€€ RI TOP
2021 Ried Heiligenstein Riesling 1ÖTW + Vorerst streng und verschlossen, reduktive Prägung, spielt sich langsam ein wenig frei und offeriert dann Limette und weißen Pfirsich, elegant strukturiert und vital, von „knisternder" Spannung durchzogen, beachtliche Substanz, engmaschig wie konturiert, harzige Untertöne, nahezu archaisch, doch in jeder Phase reintönig, ja kristallklar, lange nachklingend, benötigt unbedingt noch Flaschenreife.

★★★★ K €€€€ GV TIPP
2021 Ried Renner Grüner Veltliner 1ÖTW + Exquisites Bukett nach Ananas und Winteräpfeln, überaus präsent und verlockend, ausgereift und saftig, zeigt in jeder Phase Esprit und Fruchttiefe, anregend wie dicht verwoben, ausgewogen und lang – aus einem Guss.

★★★★ K €€€€€ GV
2021 Ried Kammerner Grub Grüner Veltliner 1ÖTW + Anfangs verschlossen, Anflug von Walnuss und Maroni, rauchig unterlegt, gediegen und makellos strukturiert, am Gaumen dann klare Birnenfrucht, gutes Volumen, aber noch ein bisschen gehemmt, zeigt Biss im Abgang und wird von einiger Flaschenreife sicher profitieren.

★★★★★ K €€€€€ GV TOP
2021 Ried Kammerner Lamm Grüner Veltliner 1ÖTW + Schon erstaunlich präsent und offenherzig, Boskop-Apfel und Rhabarber im tiefen, verlockenden Duftspiel, kraftvoll und komplex, eine Spur von Hefeteig und Safran, sehr standfest und konzentriert, aber auch fruchtbetont und vital, wohl ein ganz großer Lamm im Werden, Potenzial für viele Jahre.

Weingut
Andreas Schmid

3550 Gobelsburg, Schlossstraße 56
Mobil +43 664 220 43 84
trink@schmidwein.at, www.schmidwein.at
18 Hektar, W/R 70/25

Andreas Schmid ist immer experimentierfreudig. Lotet die Grenzen des Weinbaus aus. Ökologischer Weinbau ist hier selbstverständlich – Verzicht auf Herbizide und Insektizide. Die Weine sind für Veganer geeignet. Man ist nachhaltig Austria zertifiziert. Spontangärung wird angestrebt, doch nicht um jeden Preis. Neue Etiketten werden bald die Flaschen des Hauses zieren. In Bälde gibt es „sprechende" Flaschen bei Andreas Schmid. Mittels eines QR-Codes erzählt jeder Wein seine Entstehungsgeschichte.

Die Reben stehen auf herausragenden Lagen in und um Gobelsburg, wobei die Ried Spiegel die wichtigste ist. Die Weine sind perfekte Repräsentanten des Kamptals. Ausgezeichnete Grüne Veltliner in mehreren Varianten. Ein ungemein burgundischer 2021 Weißburgunder. Der 2021 Riesling Ried Loiser Berg ist von enormer Dichte – Begeisterung und Hurra-Rufe meinerseits. Ein 2021 Pinot Noir Tradition, den ich sofort ins Burgund verortet habe. Ein Kompliment für den Winzer, eine Niederlage für mich. Auch eine PIWI-Sorte namens Cabernet Cortis wird hier gepflegt. Der 2021er ist ein extremer, doch hochinteressanter Rotwein. Ein höchst vergnüglicher 2022 PetNat ist neu im Programm – und einiges mehr. Es gibt im Weingut Schmid auch einen Heurigen, in dem das Brot selbst gebacken wird. Insgesamt ist dieses Haus ein vinarisches und auch ein kulinarisches Highlight. *as*

KAMPTAL DAC

★★ S € GV
2022 Grüner Veltliner Kamptal + Ein feiner Gebietswein voller Würze, Exotik, Ananas, Orangenschalen, Zitrus, weißer Apfel, weißer Pfeffer, zart gelbfruchtig, Kräuterwürze, Pomelo, geradlinig, ein perfekter Einstiegswein.

★★ S €€ GV
2022 Grüner Veltliner Gobelsburg + (Löss und Schotter) Mürber Apfel, Birnen, Pfeffer, Kamille, würzig, gelbe Früchte, fruchtig, knackig, Pomelo, frische Säure, kernig, gute Substanz vorhanden.

★★★ S €€€ GV
2021 Grüner Veltliner Reserve Ried Haid + (Rollschotter, Ausbau in Slawonischer Eiche) Ein Wein von toller Konzentration, hellfruchtig, Senfsaat, Grapefruit, cremige Fülle, subtil holzunterlegt, charaktervoll, schmelzig, ungemein salzig, elegant, viel Mineral ausstrahlend.

★★★★★ S €€€ RI TOP
2021 Riesling Ried Loiser Berg + (30–40 Jahre alte Reben) Was für ein fulminanter Riesling, Kräuterwürze, Zitrus, Orangen, dezente Stachelbeeren, steinig, straff, fast karg wirkend, der pickt förmlich am Gaumen, schiefrige Noten, Mosel-Stilistik, enorm salzig, extrem in allen Belangen – 8 Promille Säure und 5 Gramm Restzucker ergeben einen Riesling, der einen fordert, ja nervt, doch auch begeistert. Absolute Klasse.

NIEDERÖSTERREICH

★★★ S €€ PB
2021 Weißburgunder Gobelsburg + Aber hallo, ein sensationeller, ungemein spannender Wein, voller burgundischer Finesse, Apfel, Quitte, Kamille, dezent rauchig, Feuerstein, Grapefruit, immens salzig. Ein Ausnahme-Weißburgunder, der viele Chardonnays alt aussehen lässt.

★★★★ K €€€ PN
2021 Pinot Noir Tradition + (Ried Spiegel) Ein toller Pinot Noir, den ich blind sofort in das Burgund verortet hätte, Himbeeren, Pilze, etwas Leder, Waldbeeren, total kalkig, perfekt unterlegtes Holz, feingliedrig, ausdrucksstark, tiefgründig, hochelegant, perfekt integrierter Alkohol, ganz feine Frucht. Ein Pinot Noir zum Verlieben.

★★ K €€€€€€ CC
2021 NERO Cabernet Cortis + (PIWI-Sorte aus CS und Solaris, 17 % Vol.) Tiefschwarz, Johannisbeeren hoch vier, enorm gerüchig, rote Rüben, kandierter Paprika, Marzipan, Schoko, dezente Animalik, extrem, üppig, mächtig, pikant, ein Kamptaler Amarone. Ein Erlebnis dieser Wein, für Kenner.

ÖSTERREICH

★★ K €€€ GM FUN
2022 PETNAT + (NEU, 100 % Muskateller, Lese am 9. Sep. 2022 mit 14 KMW, 10 % Vol., degorgiert) Dezente Schaumbildung, hefige Noten, null Schwefel, Holunderblüten, Zimt, Muskatnuss, Orangenschalen, ungemein duftig, betörend, ein wahrer Obstkorb, rassige Säure, unglaublich präzise, ein absolut hochwertiges Produkt von standfester Struktur.

inaria

SAVE THE DATE

WEIN & GENUSS KREMS

5. & 6. 4. 2024

Dominikanerkirche | 14 bis 20 Uhr

www.weingenusskrems.at

Zwettler

so schmeckt NIEDERÖSTERREICH

RESCH & FRISCH

Raiffeisen Niederösterreich

NIEDERÖSTERREICH Einfach erfrischend.

NENTWICH

donau niederösterreich

LWmedia

Weingut **Steininger**

Eva & Peter Steininger
3550 Langenlois, Walterstraße 2
Tel. 02734 2372
office@weingut-steininger.at,
www.weingut-steininger.at

„Es war ein durchwachsenes, letztlich aber zufriedenstellendes Jahr, bei dem der Oktober noch alles gerettet hat", meint Karl Steininger, der zwar die Zügel längst an seine charmante Tochter Eva und ihren engagierten Peter übergeben hat, sich aber immer noch unterstützend in das Geschehen einbringt. Während er vor allem im Weingarten und Keller dem Schwiegersohn unter die Arme greift, tut das Brigitte, die liebenswürdige Gattin des Seniors, in Richtung des Töchterleins bei allen administrativen und verkaufstechnischen Belangen.
Trotz der Größenordnung, die der Betrieb mittlerweile eingenommen hat, und einer 40%igen Exportquote freut sich die Familie besonders über den hohen Anteil an Ab-Hof-Verkäufen und den damit verbundenen Kontakten zum Letztverbraucher. Mit ein Grund dafür ist zweifellos die für Besucher günstige Lage des Weinguts mitten im malerischen Weinörtchen Langenlois, aber auch das gewaltige Angebot. Ganze 16 Sekte aus diversen Rebsorten und Lagen werden ebenso offeriert wie gleich viele Weißweine. Wer sich also einer Verkostung der angebotenen Spezialitäten stellt, muss wissen, dass dies hier mehr Zeit in Anspruch nimmt als anderswo.
Der Fokus liegt in erster Linie auf Grünen Veltlinern und Rieslingen, doch hält man Sortenvielfalt ebenfalls für wichtig. Ausgehend von der Entwicklung im Haus – erfolgreich war man zuerst mit den Sekten und erst danach mit den Weinen – wurde auf dem Klavier der Komplementärsorten virtuos gespielt, und somit finden sich Varietäten wie Weißburgunder, Chardonnay, Traminer, Muskateller oder Sauvignon Blanc im Sortiment. Hier strebt man vor allem Sortentypizität an, wohingegen bei den Lagenweinen und -sekten die Definition des Terroirs im Mittelpunkt steht. Insofern gefallen uns neben den Großen Reserven von Steinhaus, Heiligenstein und Panzaun heuer ganz besonders auch die hochmineralischen Weine aus den Superlagen Kittmannsberg, Kogelberg, Seeberg oder Lamm – jeder von ihnen eine höchst individuelle Persönlichkeit. *bb*

KAMPTAL

★★ S €€ GV
2022 Grüner Veltliner Kamptal + Kräuternase, feuchte Sommerwiese, Limetten, frisch, lebendig, klar, geradlinig; sitzt und passt.

★★ S €€ GV
2022 Grüner Veltliner Langenlois + Zitrusorientierte Nase, grüne Äpfel, Melisse, pfeffrige Akzente, Tabakblätter; kompakt, schnörkellos, ansprechend.

★★★ S €€ GV
2022 Grüner Veltliner Ried Loisium + Viel Frucht und Würze, Grapefruits, grüner Spargel, auch nussige Elemente; am Gaumen gelbe Früchte, zartes Pfefferl; stoffig, ausdrucksstark und offenherzig.

★★★ S €€€ GV
2022 Grüner Veltliner Grand Grü Reserve + Dunkler Würztabak, Hefebrötchen, Fenchel, dicht, voll, weiße Birnen, Mangos; streichelweiche Textur, klar gezeichnet, feine Länge.

★★★ S €€€ GV **TIPP**
2022 Grüner Veltliner Ried Kittmannsberg 1ÖTW Reserve + Wunderschöne lössig-mineralische Nase, sämiger Trinkfluss, Apfeltarte, Orangenzesten, helles Tabakblatt; extraktsüß, zerschmilzt förmlich am Gaumen; fein und reich ausstaffiert.

★★★★ S €€€€ GV
2022 Grüner Veltliner Ried Kogelberg Terrassen 1ÖTW Reserve + Dunkelwürzige, schieferige Mineralität, rauchiger Background vom Holz, Apfelspalten, Kumquats, eine Prise Wacholder, Thymian, zugleich kristallklar, straff, maskulin und doch in jeder Faser voll Eleganz und Finesse; Sorte und Terroir sind bilderbuchartig eingefangen.

★★★★ S €€€€ GV **TIPP**
2022 Grüner Veltliner Ried Lamm 1ÖTW Reserve + Großzügiger Würzefächer, weiße Schokolade, Honigblüten, Mandarinen, Zigarrenkistl, auch pfeffrige Ansätze kommen zu Wort; baut sich prachtvoll auf und fließt in ruhig strömender Harmonie über den Gaumen; nobler Veltliner mit weitem Horizont.

★★ S €€ RI
2022 Riesling Kamptal + Dominiert von grüner Steinfrucht; enges Säurekorsett, wirkt schlanker, leichtfüßiger als er ist; zart fruchtsüß, ausgewogen.

★★ S €€ RI
2022 Riesling Langenlois + Grüne und gelbe Früchte, Kriecherl, Stachelbeeren, auch Wiesenkräuter, Melisse; knusprige Säure, rustikale Handschrift; noch etwas zugeknöpft.

★★★ S €€€ RI
2022 Riesling Ried Steinhaus IÖTW Reserve + Dezenter Duft, Agrumen, Lemongras, grüne Ananas; erfrischender Säurebogen, stämmiger Unterbau; öffnet sich und lässt Mineralität aufblitzen; wird noch zulegen.

★★★★ S €€€ RI TIPP
2022 Riesling Seeberg IÖTW Reserve + Reife Pfirsiche, Marillen, Papayas, unterlegt von pikanter Säure nach Zitruszesten sowie salzig-mineralischen Einflüssen; ausnehmend saftig, vollmundig, aber nie opulent, sondern glasklar, facettenreich, mit feiner Fruchtbrillanz.

★★★★ S €€€€ RI
2020 Riesling Ried Kogelberg + Ein Hauch Vanilleglasur, Biskuit, dann die klassische Rieslingfrucht, Pfirsiche, Grapefruits; mittelkräftige Fasson, seidige Textur – ein delikater Mix aus Holz und Frucht, wobei Letztere vorne bleibt; langer, zart herber Ausklang.

NIEDERÖSTERREICH

★★ S €€ CS FUN
2022 Cabernet Sauvignon Rosé + Köstlicher Mix aus roten und schwarzen Beeren, ein Hauch Cassis; die lebhafte Säure ist gut eingegliedert – der Sommer kann kommen.

★★ S €€ GM FUN
2022 Gelber und Roter Muskateller + Kecke Nase, nimmt sich zurück und zeigt geradezu fragile Muskatnoten, Hollerbeeren, Robinien; alles ist frisch, spritzig und macht Appetit auf mehr.

★★ S €€ SB
2022 Sauvignon Blanc + Grün paprizierte Nase, etwas Zitrus und Ribisel, Cassislaub; herzhafter, nicht eben zimperlicher Säureschliff, sortentypisch.

★★★ S €€ PB
2022 Weißburgunder + Einladender Duft, Heliotrop, Haselnüsse, Brötchen, am Gaumen konterkariert von etwas spitzer Säure; nahezu schlanke, ranke Figur trotz Substanz und kräftigem Fundament.

NIEDERÖSTERREICH – SEKT

★★★ K €€€€ CS FUN
2020 Cabernet Sauvignon Rosé Sekt + Tiefe Waldbeeraromatik, Schlehen, Cassislikör; am Gaumen Erdbeercreme, Limetten; feiner, klarer Fruchtschliff, schmelzig, charmant.

★★★ K €€€€ GV
2018 Grüner Veltliner Sekt Reserve + Grünpfeffrige Nase, Kräutergarten, gelbe Früchte, Melonen; zart mineralische Ader, cremig, schön balanciert mit fein-herbem Ausklang.

★★★ K €€€€ RI
2020 Riesling Sekt Reserve + Grüne Pfirsiche, Stachelbeeren, Limonenzesten; rauchig-herbe Mitte, Grapefruits, pikanter Fruchtbiss, mineralisch, klar strukturiert mit zartem Gerbstoffnetz, fabelhaft.

★★★ K €€€€ SB
2018 Sauvignon Blanc Sekt Reserve + Archetypische Nase, grüne und gelbe Paprika, Brennnessel, Kräuterextrakt, nimmt sich am Gaumen kein Blatt vor den Mund; herrlich schräg und ausgeflippt.

★★★ K €€€€ MU
2020 Muskateller Sekt + Suggestive Frucht, Hollerkonzentrat, Muskatnüsse, ein bisschen Moschus; auch im weiteren Verlauf übermütig, aber nie aufdringlich; spritzig, mit lebhaftem Kern und feiner Länge.

★★★ K €€€€ TR
2018 Traminer Sekt Reserve + Verführerischer Duft nach gelben Rosen, Lindenblüten, Litschi und Mandarinenzesten; fruchtsüßer, mundfüllender Schmelz, die Sorte ist lupenrein abgebildet.

★★★ K €€€€ PB/CH/PN TIPP
2018 Burgunder Sekt Reserve + Duftet nach Milchbrötchen, grünen Nüssen, Spargelspitzen, ergänzt um Anklänge an Orangenzesten und eine Spur Kräuterbitter; sanft prickelnd; wunderbar pinotig, sehr gelungen.

★★★ K €€€€ PB
2017 Weißburgunder Sekt Reserve + Cashews, Orangenkuchen, Kokos, Mandeln; geschmeidig, mineralisch, glockenklar und finessenreich; ein Charmeur vom Scheitel bis zur Sohle.

★★★ K €€€€ CH
2020 Chardonnay Sekt Reserve + Heublumen, Nussbrot, überrascht dann mit präsenter Zitrusfrucht, Rhabarber, Melisse; klar liniert, delikater Säureschliff, lebhaft, von einnehmender Akkuratesse.

★★★★ K €€€€€€ GV
2017 Grüner Veltliner Sekt Steinhaus Große Reserve + Würztabak, Kräuter, Pfefferkörner, dunkle Mineralität, herbe Einflüsse, Orange-Bitter; kraftvoll, klar strukturiert, sehr attraktiv.

★★★★ K €€€€€€ RI
2018 Riesling Sekt Heiligenstein Große Reserve + Duftet nach Limonen und Marillenröster, am Gaumen der fruchtsüße rote Pfirsich; moderate Säure, fein akzentuiert, quicklebendig; viel Sorte, viel Terroir.

★★★★ K €€€€€€ PB TIPP
2017 Weißburgunder Sekt Panzaun Große Reserve + Walnüsse, Safran, Orangenzesten, Nusshaut, Mineralien; geschmeidige Textur, klar liniert, finessenbetont; prachtvoll, wie er Fülle mit Noblesse zu vereinen weiß.

Weingut
Manfred Steinschaden

Manfred Steinschaden
3553 Schiltern, Obere Straße 32
Tel. & Fax +43 2734 8224
info@weingut-steinschaden.at, www.weingut-steinschaden.at
18 Hektar, W/R 80/20, 100.000 Flaschen/Jahr

Manfred Steinschaden freut sich über einen „eher schlankeren, dafür umso fruchtigeren Jahrgang 2022. In anderen Gebieten wird gejammert, bei uns passen die Säurewerte. Die Riedenweine sind dicht und vielversprechend, nicht so alkoholisch und kräftig wie im Vorjahr, dafür mit sehr gutem Trinkfluss." Das ist allerdings nicht die ganze Wahrheit, denn trinkanimierende Weine findet man hier praktisch immer. Mit ihren Weinen glänzen die Steinschadens als erfolgreicher Stammgast bei diversen Vinaria-Verkostungen. Die Veltliner sind auch heuer sehr gelungen und erfreuen mit viel Sorten- und Herkunftstypizität. Während man sich mit großem Vergnügen an der Selektion labt, kann man dem vielschichtig fruchtverspielten Käferberg noch etwas Zeit zur Reife gönnen. Die Dechant Reserve, ein wunderschöner Wein für die kühleren Tage, ist noch spürbar vom kleinen Holz geprägt. Die Rieslinge sind mit einem nur erahnbaren Zuckerrest aufgehübscht und haben noch einiges an Weg vor sich. Der freundlich unkomplizierte Weißburgundersteht heuer mehr auf der kühlen Seite der Frucht. Während der wieder recht ruhige Sauvignon noch etwas Anlauf braucht, spult der Muskateller vom ersten Moment an sein aromatisches Sortenprogramm ab. Der fruchtstrahlende Zweigelt wird von einem preisgünstigen Rosé sekundiert. *db*

KAMPTAL DAC

★★ S € GV
2022 Grüner Veltliner Tradition + Klassisch, zart gepfeffert, kühl umspielt; bisschen Grapefruit, dunkles Kernobst, Stachelbeere, dezent aromatisch, hübsche Länge.

★★★ S € GV
2022 Grüner Veltliner Langenlois Selektion + Reife Kernobstfrucht, feine Veltlinerwürze, frische Kräuter, einladend zischig; bisschen Birne ergänzt den Fruchtreiz der Sorte, traubig, zum Reinbeißen, stützende Gerbstoffe, mineralisch-griffig, ein gut gelauntes Glas Kamptal.

★★★ S €€ GV TIPP
2022 Grüner Veltliner Ried Käferberg – Langenlois + Strahlende, mit Steinobstnoten aufgepeppte Veltlinerfrucht, dezent aromatische Zitrusfrische; fruchtvolle Substanz, schwungvolle Säure treibt Frucht über den Gaumen, Mineralik, belebendes Spiel, Birne im langen Abgang.

★★★ S €€ GV TIPP
2021 Grüner Veltliner Ried Dechant Reserve + Sattes Grüngelb, Nüsse in Honig, süßes Fruchtfleisch Richtung Bratapfel, eine Spur röstig, etwas aufgeraut vom Holz; zwischen Holzgerbstoff, Vanille und kecker Mineralik wartet viel Frucht, aufmunternde Säure.

★★ S € RI
2022 Riesling Urgestein Langenlois + Blutorange, Mandarine, knackiger Pfirsich, auch ätherische Noten; kernige Säure, etwas Gerbstoff und auch steiniger Grip machen den Wein eng, hübscher, fruchtverspielter Riesling.

★★ S €€ RI
2022 Riesling Ried Fahnberg – Langenlois + Hefezopf, Marillenfleck, helle Blüten, Kräuterextrakt, bisschen kühl; zischige Säure, mineralischer Grip, stützender Gerbstoff, spannender, kühler Ansatz.

NIEDERÖSTERREICH

★★ S € PB
2022 Weißburgunder + Minze und Melisse, fast ein Frucht-Smoothie, Nüsse kommen an der Luft deutlicher, bisschen süß; gute Fülle, zaghafter Ausdruck im Finish, lebendige Säure, gute Länge, warten.

★★ S € SB
2022 Sauvignon Blanc + Hellbeerig, weiße und rote Ribisel, Holunderblüten, gelbe Paprika, auch grünwürzige Noten; breit aufgesetzt, hübsche Säure, Boden und etwas Gerbstoff sorgen für Fokus, Frucht taucht im Nachklang auf, erbauliche Substanz.

★★★ S € GM FUN
2022 Gelber Muskateller + Würzig, fast pfeffrig, klassischer, strahlender Sortenauftritt, präsent und doch maßvoll; bleibt ausdrucksstark, zeigt ein paar dunkle Noten, geröstete Gewürze, Kardamom, Piment, Sternanis, einladende exotische Aspekte, ein herrliches Glas Wein für jeden Sommertag.

★★ S € ZW
2022 Zweigelt Rosé + Hübsches Pink, freundlich rotbeerig, wenn auch verhalten; knackige Säure, etwas Gerbstoff, unkompliziertes Vergnügen.

★★★ S €€ ZW
2021 Zweigelt + Kräftiges Rubinviolett, Weichseln und dunkle Beeren, stahliger, straffer Eindruck; klassische, dezent süß wirkende Zweigeltfrucht mit festem Kern, von akzentuierter Säure vorangetrieben, gerundete Gerbstoffe, typisch für Sorte, Jahrgang und Herkunft, süffig.

Weingut **Topf**

3491 Straß im Straßertale, Talstraße 162
Tel. +43 2735 2491, Fax -91
office@weingut-topf.at, www.weingut-topf.at
50 Hektar, W/R 90/10, 250.000 Flaschen/Jahr

Hans Topf überträgt Jahr für Jahr immer mehr Aufgaben seinen beiden Söhnen Hans-Peter und Maximilian – und zusammen als Trio sind sie noch stärker, was man auch vortrefflich schmecken kann. Der Weinjahrgang 2022 war der letzte in der Betriebsumstellung. Mit Herbst und dem kommenden Jahrgang 2023 ist das Weingut bio. Dass die Topf-Weine bei vielen ankommen, zeigt auch die Exportstatistik – zwei von drei Topf-Weinen gehen ins Ausland. Das Thema Sekt, wo das Weingut alles selbst macht, gewinnt immer mehr an Bedeutung – umfasst mittlerweile fast 10 %. Beim Wein sind es vor allem die Ersten Lagen, die begeistern – besonders die beiden Heiligenstein-Rieslinge, die jeweils nur 12,5 % Alkohol haben, sind heuer scharf wie ein Schwert. Während der „normale" Heiligenstein der Riesling-Purist ist, kommt bei der „Steinwand" mehr Gerbstoff ins Spiel, da bei etwa 15 % des Mostes die Beeren mitvergoren werden. Geschmackssache – denn überzeugend sind beide. *hp*

KAMPTAL DAC

★★★ S €€€ GV
2022 Grüner Veltliner Ried Wechselberg + Roter Pfeffer, leichte Mineralität, wirkt straff und sehr lösswürzig, reife Birnen; Kernobst, tabakig, Feuerstein, tief und recht lang.

★★★ S €€€€ GV
2021 Grüner Veltliner Ried Renner 1ÖTW + Kräuterwürzig, gelbfruchtig, tropische Frucht, weißer Pfeffer; Gaumen bleibt von Südfrüchten bestimmt, Grapefruit, Litschi, kernig, mittellang.

★★★★ S €€€€ GV
2021 Grüner Veltliner Ried Offenberg 1ÖTW + Gute Fülle, Kernobst, rauchig-tabakig, Wacholder, gewürzig; exotischer Fruchtmix, Ananas, Maracuja, lebhaft, transparent mit Druck und Trinkspaß.

★★★★ S €€€€ GV TIPP
2021 Grüner Veltliner Ried Gaisberg 1ÖTW + Anfangs verschlossen, braucht Belüftung, straff, Zitrus, mehr Mineralität als Frucht; Mineralität dominiert auch den Gaumen, gelbe Äpfel und Birnen, betont trocken, überzeugende Länge.

★★★★ S €€€ RI
2022 Riesling Ried Wechselberg + Fruchtfülle, Marillen, viel Sorte, reifes Zitrus, harmonisch; saftig und zugänglich, viel Marillen, charmant, Säurekick.

★★★ S €€€€ RI
2021 Riesling Ried Wechselberg Spiegel 1ÖTW + Reife Marillennoten, dezente Würze, mineralischer Charme, sortentypisch, füllig und offen; weiche Frucht, Marillenröster, sanfte Mineralität, Feuerstein, harmonischer Schmeichler.

★★★★★ S €€€€€ RI TOP
2021 Riesling Ried Zöbinger Heiligenstein 1ÖTW + Viel Marillen und Pfirsich, mega Fruchtausdruck, frisch, steinige Mineralität; straff, viel Feuerstein, Marillenchutney, Pfirsich, feine Extraktsüße, super Säurespiel und Länge.

★★★★★ S €€€€€ RI TOP
2021 Riesling Ried Zöbinger Heiligenstein 1ÖTW – Steinwand „M" + Viel Pfirsichfrucht, straffe, mineralische Heiligenstein-Stilistik; Gerbstoff gibt viel Struktur, Marillen und Pfirsich, straffe Eleganz, eigenständiger Heiligenstein-Purist mit klirrender Säure, Spannung und Länge.

NIEDERÖSTERREICH

★★★★ S €€€€€ GV TIPP
2020 Grüner Veltliner Ried Rosengartl „M" + Würzig und füllig, ziemlich burgundisch, röstig vom Holz; salzig, grüne Oliven, kreidig, Südfrüchte, Grapefruits, würziges Holz, Säure und Tannin.

★★★★ S €€€€ CH
2020 Chardonnay Ried Hasel + Waldboden, blumig, rauchig, dezente Würze, Vanille, ausgereifte Frucht; Mandarinen, Orange, burgundisch, Opulenz und Frische, herzhafter Tanningrip, jugendlich,.

★★★ K €€€€€ PN
2017 Pinot Noir Ried Stangl „HP" + Reife, saftige Burgundernote, rotbeerige Früchte, Ribisel und Walderdbeeren, dezente Würze; relativ straff, viel Grip, Zitrus, helle Beeren, Kirsche, Spannung, gerundet und trinkreif.

ÖSTERREICH

★★★ K €€€€ CW
Sekt Blanc de Blanc Reserve Brut NV + (CH/WB) Sehr frisch, kreidig, Grapefruits, Mandarinen; fester Grip, viel Oliven, Fruchtexotik, Litschi und Maracuja, lebhaft, prickelnde Säure, guter Zug.

★★★ K €€€€ ZW
Sekt Rosé Reserve Brut NV + Helle Kirschfrucht, dezent nussig, feincremig, guter Sortencharakter; Kirschfrucht setzt sich fort, etwas Zitrus, bisschen Nougat, runder Körper, lebhafte Kohlensäure.

♛♛♛ ZERTIFIZIERT NACHHALTIG AUSTRIA

Weingut **Waldschütz**

Markus & Reinhard Waldschütz
3491 Straß/Elsarn, Am Trautbach 3
Mobil +43 664 386 64 78
kontakt@weingut-waldschuetz.at,
www.weingut-waldschuetz.at

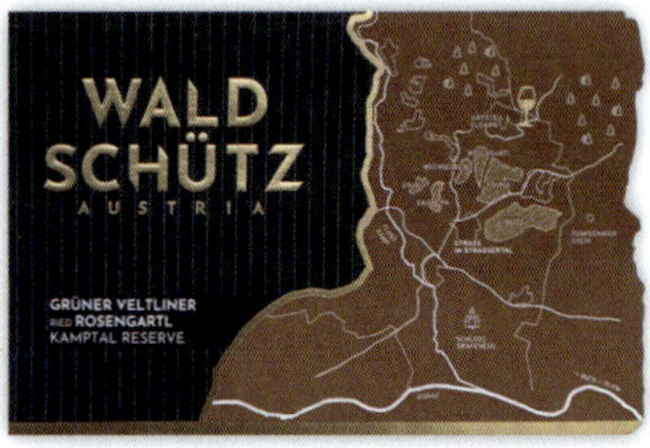

„2022 war eine große Herausforderung", so fasst Markus Waldschütz den neuen Jahrgang zusammen. Herausgekommen ist dennoch ein „guter klassischer Durchschnittsjahrgang". Das zeigt stellvertretend schon der animierend mittelgewichtige Veltliner Ortswein. Eine verlässliche Leistung liefert wieder der Aturo ab, die Rosengartl Reserve empfiehlt sich mit ihrem weitgefassten Fruchtspektrum für die besonderen Gelegenheiten. Weich, weinig, burgundisch erzählt die Grub Reserve vom Jahrgang 2020. Einen ersten erfolgreichen Auftritt konnte der Riesling Venesse schon bei den Sommerweinen absolvieren, das macht richtig viel Spaß. Deutlich in sich gekehrt präsentiert die Gaisberg Reserve hingegen viel kalkig-strenge Herkunft. Holz ist das Thema beim Weißburgunder, einem barocken Wein für Festtagsgerichte und lange kühle Abende. Die Steinvision vereint drei Jahrgänge und drei Sorten und bleibt wohl noch einige Zeit ihrem Namen treu. Mit fast plakativem Sortenausdruck findet der Muskateller wieder viele Freunde. Mit einigem Anspruch kann der Rosé vom Zweigelt punkten. *db*

KAMPTAL DAC

★★ S €€ GV
2022 Grüner Veltliner + Recht würzig, bisschen erdig, zart hefig, feine Zitrusnoten; klassisches Kernobst, rau, kalkig, gewürzig ausklingend.

★★★ S €€ GV
2022 Strass Grüner Veltliner + Klassische, leicht fruchtsüße Veltlinernase, ansprechende Würze, vielschichtig, dunkle Agrumen; kalkig gestützte, griffige Frucht, saftige Fülle, gewisse Molligkeit im Kontrast zu sprödem Druck und minzig-kühlem Eindruck, viel Wein.

★★★★ S €€€ GV
2022 Strass Grüner Veltliner Aturo + Fleischige Frucht mit herzhaftem Kick von Herkunft und Ausblick auf exotische Facetten, verspielt, zartes Pfefferl kitzelt die Nase; Boden sorgt für Spannung, die Brillanz vom Duft landet auf einem weichen Bett.

★★★★★ D €€€€ GV TOP
2022 Grüner Veltliner Ried Rosengartl Reserve + Kernobst, Kräuter, Waldmeister, Banane, fein aromatisch, Richtung Himbeere, Grapefruit, kalkig, staubig; anhaltender Säurebiss, Tabak, auch Steinobst, zischig, spannender, noch fordernder Wein, kraftvolle, fruchtverzierte Länge, schon anspruchsvolles Trinkvergnügen.

★★★ D €€€€ GV
2020 Grüner Veltliner Ried Grub Reserve 1ÖTW + Gepfeffertes, zart vanilliges Apfelmus, braucht Luft; cremige Fülle, Karamell, Trockenobst, etwas steinige Strenge, Frucht bleibt hinter Machart, Jahrgang und Herkunft.

★★★ S €€ RI PLV
2022 Riesling Strass Venesse + Marille, Ringlotten, ein paar Blüten, weiße, staubgezuckerte Ribisel, einladende Aromatik, leichte Röstnoten; lebendig, wie ein Riesling dieser Kategorie sein soll, fesche Säure, forscher Auftritt mit gutem Standing.

★★ S €€€€ RI
2020 Riesling Ried Gaisberg 1ÖTW Reserve + Steinig-straffe Rieslingfrucht, typisch, bisschen kühl, knackiges Steinobst, Himbeere und Walderdbeere, recht aparte Nase, die auch zu Beginn auf dem Gaumen ankommt, dann viel kalkig-strenge Herkunft.

NIEDERÖSTERREICH

★★★ D €€€€ PB
2020 Weißburgunder Große Reserve + Krokant, Vanille, Trockenobst, ruhig und breit fließend; wird mit Luft süßer, weich, fast cremig mit festem Kick von Jahrgang, Holz, Gerbstoff, druckvoll, zeigt noch einiges an Schwung.

★★★ D €€€€€ CW
Steinvision + (GV/RI/SB – 2019/2020/2021) Pfeffrig, kompakte Frucht, Dosenananas, kraftvoll, braucht sehr langen Anlauf, wird gewürzig, auch zart aromatisch, süßes Mittelstück, Pistazien in Honig, kontrastreiches Spiel zwischen kernig-strengen, steinigen Komponenten und hübscher Fruchtsüße, sehniges Finish.

★★ S €€ GM
2022 Gelber Muskateller + Grünwürzig, mit Macis, Piment, Nelken, weißem Pfeffer recht typisch; engmaschig, markige Sortendarstellung, zischig und klassisch.

★★ S €€ ZW FUN
2022 Rosé + Attraktives, sattes Pink, typisch rotbeerige, eher weiche Frucht; solide Erscheinung, bisschen Himbeere, Walderdbeere, weniger gegen Durst als ein seriöser Speisenbegleiter, freundliche Länge, gewisser Anspruch.

BIO

Weingut
Weszeli

Davis Weszeli
3550 Langenlois, Großer Buriweg 16
weingut@weszeli.at, www.weszeli.at
30 Hektar, W/R 100/0, 100.000 Flaschen/Jahr

In diesem traditionsreichen Langenloiser Weingut mit seiner beeindruckenden Palette an Weingärten in Top-Lagen in und um Langenlois steht der Respekt für die Natur im Mittelpunkt. Mastermind hinter dieser Philosophie ist Davis Weszeli, ehemals höchst erfolgreicher Unternehmer, dessen Wunsch, mit und in der Natur zu arbeiten, in Erfüllung ging, als sich 2011 die Möglichkeit bot, dieses historische Weingut zu übernehmen. Damals war es ein Sprung ins kalte Wasser, mittlerweile hat der innovative wie wissbegierige Winzer den Betrieb zu einem Weingut entwickelt, in dem die Zusammenarbeit mit der Natur mit all ihren Launen im Mittelpunkt steht. Über die Jahre wurden die Praktiken Stück für Stück in Richtung ökologische und biodynamische Bewirtschaftung adaptiert, seit der Ernte 2020 ist der Betrieb bio-zertifiziert, und mit der Ernte 2023 erfolgt die biodynamische Zertifizierung nach Demeter-Richtlinien. Im Weingarten steht Handarbeit seit Langem im Vordergrund. Spezielle Weingärten – etwa in den Rieden Steinmassl, Käferberg und Heiligenstein – werden schon heute zum Teil mit dem Pferd bearbeitet.

Natürlichkeit im Wein strebt Davis Weszeli auch im Keller an: So werden ungeschminkte Weine erzeugt, die die jeweiligen Böden bestens repräsentieren. Während die klassischen Kamptaler Weine und manche Reserven im Stahltank ausgebaut werden, reifen die Top-Reserven im großen Holzfass. Die klassischen Veltliner kommen im Jahr nach der Ernte in den Verkauf, beim klassischen Riesling vom Loiserberg ist 2021 aktuell. Die Reserven kommen dafür erst vier, fünf und mehr Jahre nach der Ernte in den Verkauf – derzeit sind die Reserven aus 2018 aktuell. Bemerkenswert ist die Tatsache, dass viele der Einzellagenweine trotz voller Fruchtkonzentration und Komplexität mit 12,5 % Alkohol am Etikett ausgewiesen sind. *psch*

KAMPTAL

★★★ S €€€ RI **FUN**
2021 Riesling Loiserberg 1ÖTW + Recht sanft, ausgewogen, Steinobst, dazu Zitrus, feuchtes Moos; knackiges Mittelgewicht mit anregender Zitrusfrucht, angenehm feinherb, leicht spritzig, mittleres Finish.

★★★ S €€€ GV
2019 Grüner Veltliner Purus + Elegant-würzig, Nussbrot, samtige Frucht, Orangen, leicht rauchig, ausgewogen; mittelgewichtig, saftiger Fruchtbiss, Grapefruits und Hülsenfrüchte, griffig, vital, mittleres Finish.

★★★ S €€€€€ GV
2018 Grüner Veltliner Schenkenbichl 1ÖTW + Rauchig, mollig, Linsen und Schwarzbrot, recht cremig, gebackener Kürbis; mittelkräftig, saftige Gelbfrucht, etwas Milchkaramell, dezente Säure, fest nach hinten.

★★★★ S €€€€€ GV **TIPP**
2018 Grüner Veltliner Käferberg 1ÖTW + Schwarzpfeffrige Würze, Gewürzbrot, gelber Apfel und Quittengelee, Kandis, auch Wacholder, cremig, konzentriert; satte saftige Frucht mit exotischen Anklängen, sogar bisschen Guave, reichhaltig, feinherb, fest, gute Länge.

★★★ S €€€€€ RI
2018 Riesling Steinmassl 1ÖTW + Samtig, zart reduktiv zu Beginn, Früchtebrot, Aranzini, Zimtstollen, reich, üppig, würzig; kerniges Entrée, dezente Frucht, mittlerer Körper, Zitrus, zartherb, trocken, mittleres Finish.

★★★★ S €€€€€ RI **TIPP**
2018 Riesling Seeberg 1ÖTW + Kühl und frisch, reif, sehr elegant, ziemlich exotisch, kandierte Papaya und Guave, Kompotthauch, auch Limette; herrlich geschmeidig, knackig, rosa Grapefruits, vital, toller Zug, bemerkenswerte Frucht, knackiger Biss, beeindruckend lebhaft für den Jahrgang.

★★★★ S €€€€€€ RI
2018 Riesling Heiligenstein 1ÖTW + Samtig und harmonisch, Limetten, duftig, schöne Fülle, mollig, eingelegte Pfirsiche, Ringlottengelee; kräftig, saftig, reichhaltig, Zitronenkonfitüre und eingelegte Frucht nach Melonen und Steinobst, mundfüllend, passende Struktur, sehr einnehmend.

NIEDERÖSTERREICH

★★★ S €€€€€ CW
2016 Sekt Blanc de Blancs Brut Nature Große Reserve + Helle, pfiffige Nase nach Melisse und Wiesenblüten, sehr frisch, elegant, verspielte Frucht, leicht hefig; saftig, elegant, erfrischend, lebhaft, schlank, zartgliedrig, schöne Zitrusfrucht, zartbitter, asketischer Stil.

Weingut **Winkler**

Manuel & Cornelia Winkler
3552 Lengenfeld, Gföhler Straße 32
Mobil +43 676 400 37 41
mail@weingut-winkler.at
37 Hektar, W/R 75/25

„2022 war aufregend aufreibend“, so fasst Manuel Winkler den Jahrgang zusammen. „Erst spät im Jahr hat sich ein kleines Zeitfenster aufgetan, in dem wir die Trauben ernten konnten, die unseren Vorstellungen entsprachen.“ Alle Weine wurden als Fassproben verkostet. Manuel lässt sie gerne an der langen Leine, „die wissen am besten, wo sie hinwollen.“ Er selbst sieht sich gerade in einem Wandel. Das mag teilweise seiner Rolle als junger zweifacher Vater geschuldet sein. Auf jeden Fall wird er beim langen Ausbau seiner Weine in Zukunft vermehrt auf die schützende Funktion der Hefe zugreifen, „die Weine bekommen dadurch mehr Struktur, mehr Zug, die Säure kommt besser zur Geltung.“ Letztlich ist ihm auch die Frage nach dem Sinn seines Berufes wichtig: „Was macht Spaß, wo kann ich mich verwirklichen, vielleicht sogar etwas bewegen, und was kann weg?“ Vom aktuellen Sortiment will man auf keinen einzigen der äußerst animierend kalkulierten Weine verzichten, so viel ist sicher. Veltliner ist der bestimmende Faktor im Weingut. Aufmachen und genießen ist das Motto beim Spund. Die Vielfalt der Selektion muss sich noch zusammenraufen, während es sich der Pfeiffenberg im Spannungsfeld zwischen vorwitzig zupackender Säure und kleinem Zuckerrest (4) schon recht gemütlich gemacht hat. Die Frage, wann und warum die Friesen in Lengenfeld gerockt haben, lässt sich am besten in Begleitung der Alten Reben diskutieren. Burgunder gibt es dreierlei. Ausdrucksstark mit zartem Touch vom großen Holz gefällt der Weißburgunder, den man sich mit allen zu vergebenden Attributen versehen vorstellen kann. Und schließlich ist da noch die Jahrgangscuvée vom Pinot Noir, die zwischen ernsthaft und frech ihren Weg sucht. Der Muskateller geht's geruhsam an, bei gutem Zug in die Tiefe belohnt er den aufmerksamen Trinker mit ernsthaftem Vergnügen. *db*

NIEDERÖSTERREICH

★★ S € GV
2022 Grüner Veltliner Spund + Grün-gelbe Äpfel, kräuterig, duftig, ansprechend; traubig, griffig, äußerst adrette Säure, macht Lust auf den nächsten Schluck, feiner, kleiner Veltliner mit Anspruch.

★★★ S € GV
2022 Grüner Veltliner Selektion + Sonnenwarmer Apfel, animierend, ein Tropfen Kräuterhonig, anregend pfeffrig, bunter Fruchtkorb; bringt den Charme mit ein paar Nüssen auf den Gaumen, Herkunft und feiner Gerbstoff sorgen für stabiles Gerüst.

★★★ S €€ GV FUN
2022 Grüner Veltliner Ried Pfeiffenberg Urgestein + Duftig, frisch gepresster Apfelsaft, nah am Vorjahr, Thymian; knackig, auch Apfelsorbet, gute Spannung, bleibt auf der Apfelschiene, macht mit Luft wunderbar auf, lang und sehr süffig.

★★★★ S €€ GV TIPP
2021 Grüner Veltliner Ried Friesenrock Alte Rebe + Kalkig, staubig, griffig, gepfeffertes Apfelkompott, süßer Apfel; straffer Einstieg, dann geschmeidige Fülle, Apfelstrudel, bisschen adstringent, super Länge, viel Wein mit vordergründig leichtem Gang.

★★★ S €€ PB
2021 Weißburgunder + Herbstlaub, Nüsse, leicht rauchig, pfeffrig, reife Zitrusnoten, Gelee; fester Grip, Pfeiffenberg Urgestein Gneisteil liegt im großen Holz, Gegenpart Schotter mit Kalk bringt Apfel, bisschen Dörrobst, auch kandierte Früchte, leichtgängig bei guter Länge und Fülle, starke Sortendarstellung.

★★★ S €€ PN
NV Pinot Noir Reserve + Ätherisch, würzig, fast aromatischer, auf jeden Fall eigenständiger Fruchtausdruck, straff, wenn nicht sogar streng, rote Beeren, Lorbeer, Salbei; bleibt straff, sehnig, Säure und Gerbstoffe im moderaten Bereich, Rote-Ribisel-Marmelade, sehr süffig, gute Länge, charaktervoll, freches Charmebinkerl.

★★ S €€ GM
2022 Gelber Muskateller Selektion + Dezent muskatig, wandernd zwischen Holunder, Bergamotte und wildem Kräutermix, zart fruchtsüß, straff, geht mit gewisser Ernsthaftigkeit in die Tiefe; Sorte kommt am Gaumen deutlicher, stark von Herkunft geprägt, resche Säure, kein Wein für nebenher.

WEINGUT
SCHLOSS
DÜRNSTEIN

Das Weingut Schloss Dürnstein in der Wachau bietet zwei bemerkenswerte Grüne Veltliner der Ried Rothenhof in Loiben. Die Ried ist Teil des Loibenbergs. Top Weine mit Ausdruck, Terroir, feiner Struktur und Balance, Kraft und Dichte. Besonders schöne Fruchtnoten, langer Abgang, animierend mit viel Potenzial. Absoluter Preis-Leistungs-Tipp! Mit Sepp Knorr, Kellermeister a.D. des Weinguts Bründlmayer, kam ein Önologe ersten Ranges als Winemaker an Bord. Manfred Konrad fungiert als perfekter Partner für Garten und Keller. Die Weine sind auf der Weinkarte im Restaurant erhältlich und zum mit nach Hause nehmen auch in der Schloss Greisslerei.

Weingut Schloss Dürnstein OG
3601 Dürnstein 2, Wachau, Österreich, office@weingut-schloss-duernstein.at
www.weingut-schloss-duernstein.at

VINOTHEKEN

GRAFENEGG

Vinothegg
Vinothek im Schloss Grafenegg
3485 Grafenegg 10
Tel. +43 2735 39939
info@vinothegg.at, www.vinothegg.at

LANGENLOIS

LOISIUM Kellerwelt
Betriebs GmbH & Co KG
3550 Langenlois, Loisiumallee 1
Tel. +43 2734 32240-0
weinwelt@loisium.at, www.loisium.at

Ursin Haus Vinothek & Tourismusservice GmbH
3550 Langenlois, Kamptalstraße 3
Tel. +43 2734 2000-0
info@ursinhaus.at
www.ursinhaus.at, www.langenlois.at

Das Ursin Haus beherbergt neben der Kamptaler Vinothek und dem Tourismusbüro auch die Bar „Café & Wein“. Mit einer bestechenden Auswahl an Kamptaler Weinen, aber auch lokalen Spezialitäten ausgestattet, ist das Ursin Haus eine Fixadresse für alle Wein- und Genussreisenden.

SCHÖNBERG AM KAMP

Vinothek Alte Schmiede
3562 Schönberg am Kamp, Hauptstraße 36
Tel. +43 2733 76476
info@alteschmiede-schoenberg.at
www.alteschmiede-schoenberg.at

STRAß

Weinkontraste – Vinothek Straß
3491 Straß, Langenloiser Straße 199
Tel. & Fax +43 2735 3900
info@weinkontraste.at, www.weinkontraste.at

GASTRONOMIE/NÄCHTIGUNG

HADERSDORF AM KAMP

Esslokal
Roland Huber
3493 Hadersdorf am Kamp, Hauptplatz 16
Tel. +43 2732 217 72
reservierung@esslokal.at, www.esslokal.at

Mit dem „Esslokal“ eine eigene Kategorie weit und breit erkocht hat sich Sternekoch Roland Huber, davor Chef im Le Ciel im Wiener Grand Hotel, Huber machte gemeinsam mit seiner Frau Barbara dem zum Kunststaulager der Spoerri Stiftung gehörende Esslokal gehörig Beine. Der Chef gehört unbestritten zu den allerbesten im Land, ist auch Mitglied bei den JRE. Das Esslokal ist fixer Bestandteil der gastronomischen Szene zwischen Krems und Wien. Viele Stammgäste pilgern auch von weit her. Neuerdings mit bereits 4 Hauben!
Huber realisiert seinen Traum von gehobener, aber nicht abgehobener Spitzenküche am Land. Von bodenständig bis asiatisch angehaucht, mit Elementen von Paris bis New York, tolle Kreationen, ganz viel Geschmack. Immer neue Überraschungen & Kreationen, stets geschmacklich am Punkt, zeugen von echt großen handwerklichem Können und Talenten. Romantischer Innenhof. Ehefrau Barbara ist die Herrin der Weinkarte, die auf das Kamptal setzt, mit viel bio, sinnvollen Ausschweifern in andere Regionen und ins Ausland. Gut trinkbare Naturweine gehören auch dazu. Viele Winzer sind Fans vom Esslokal, von Willi Bründlmayer abwärts. Großes Kino!

Färberstub'n
Stefan & Sissy Horky
3493 Hadersdorf am Kamp, Hauptplatz 12
Tel. +43 2735 2618
faerberstubn@aon.at, www.faerberstubn.at

Der diplomierte Sommelier und Gründer der Kamptaler „Wine-Trophy“ Stefan Horky stellt auch in seinem Lokal die Weine aus der Region in den Mittelpunkt – die Auswahl übertrifft mittlerweile so manche Gebietsvinothek. Serviert wird dazu bodenständige Hausmannskost in bester Kamptaler Tradition, wobei so manche in Vergessenheit geratene Klassiker ihr wohlverdientes Comeback feiern.

LANGENLOIS

Heurigenhof Bründlmayer
Viktoria & Martin Schierhuber
3550 Langenlois, Walterstraße 14
Tel. +43 2734 2883
office@heurigenhof.at, www.heurigenhof.at

Der beliebte Heurigenhof Bründlmayer hat sich längst zum gastronomischen Hotspot der Region gemausert. Dank dem Schaffen von
Martin und Viktoria Schierhuber als Gastgeber und dem innovativen Küchenteam. Ein kulinarisches Feuerwerk aus besten regionalen Zutaten, oft unkonventionell interpretiert, aber geschmacklich stets treffsicher. Tolles Degustationsmenü mit variabler Weinbegleitung, sonst kleine, aber feine Karte. Im Heurigenhof bekommt man neben feinen Köstlichkeiten auch so gut wie alle Bründlmayer-Weine und –Sekte glasweise, dazu viele Raritäten und gereifte Jahrgänge. Der Patron hat immer auch etwas außerhalb der Karte bereit. Schöner Gastgarten im renovierten Renaissance-Innenhof. Ab-Hof-Verkauf des Weinguts Bründlmayer. Drei stimmungsvolle Gästezimmer. Leitbetrieb der gehobenen Gasthauskultur, 3 Hauben.
Tipps: Das Bed & Breakfast Mühlenhof Rooms um die Ecke gehört ebenfalls den Schierhubers.

Braugasthaus zum Fiakerwirt
Jörg & Erwin Hartl
3550 Langenlois, Holzplatz 7
Tel. +43 2734 2150
office@fiakerwirt.at, www.fiakerwirt.at

Im Herzen der Weinstadt gelegenes uriges Gasthaus mit schönem Innenhof. Eigene Gasthausbrauerei, Weine ausschließllich aus dem Kamptal.Traditionelle, deftige Küche.

Restaurant Vineyard im Loisium-Hotel
Loisium Hotel Betriebs GmbH & Co KG
3550 Langenlois, Loisiumallee 2
Tel. +43 2734 771 00-0
hotel.langenlois@loisium.com
www.loisium.com

Das vom US-amerikanischen Architekten Steven Holl designte Wine & Spa Resort Loisium Hotel liegt mitten in den Weinbergen und wurde bereits zu einem der schönsten Spas weltweit gewählt. Die Küche ist jung, aber soldie, setzt auf regionale Produkte in zeitgemäßer Umsetzung. Eigenes Weinmenü, sehr gute Weinauswahl, laufend interessante Events. GrüVe-Lounge, Verkostungen, Kultur, Entertainment und Kulinarik. Auf Wunsch: Dinner im Weingarten. Tolles Designhotel, die Loisium-Weinwelt samt großer Vinothek vor der Haustüre.

Top-Heuriger Nastl
Renate & Günter Nastl
3550 Langenlois, Gartenzeile 17
Tel. +43 2734 2903
office@nastl.at, www.nastl.at

Die Original "Nastl Sausemmel" wurde von den Stammgästen vor mehr als 30 Jahren kreiert. Ein knusprig aufgebackenes Wachauer Laberl gefüllt mir herzhafter Brat'lfettn und würzigem Schweinsbraten wird mit frisch geschnittenen Zwiebeln belegt und rasch - möglichst noch warm - serviert. Sehr gute Eigenbauweine, gemütliches Ambiente, Langenlois-Klassiker.

MOLLANDS

Weinbeißerei
Hermann Hager
3562 Mollands, Altweg 5
Tel. +43 2733 780 80
genuss@weinbeisserei.at
www.hagermatthias.at

Luftige, moderne Architektur inmitten von Weinterrassen bietet die Weinbeißerei von Familie Hager. Hermann Hager, der sein Handwerk unter anderem bei Lisl Wagner-Bacher gelernt hat, liefert zu den – vielfach ausgezeichneten – Bioweinen seines Bruders Matthias Hager regionale Küche vom Feinsten. Die häufig biologischen Produkte kommen von Produzenten aus der Umgebung, das Wild von Jägern. Die Turopoljeschweine werden selbst gehalten. Eine der schönsten Terrassen des Landes. Top-Heuriger, einer der besten Österreichs und Ausflugs-Hotspot, oftmals ausgezeichnet und hoch gerankt.

SCHÖNBERG AM KAMP

Weinstube Aichinger
Susanne Zimmermann
3562 Schönberg am Kamp, In der Kellergasse
Tel. +43 2733 8411, Mobil +43 664 527 52 39
weinstube@wein-aichinger.at
www.wein-aichinger.at

Die Weinstube, engagiert geführt von Susanne Zimmermann, bietet international ausgezeichnete Weine, Klassiker der Heurigenküche und saisonal abgestimmte Spezialitäten aus der Region bis hin zu kulinarischen Überraschungen. Laufend spezielle Menüs und die gesamte Aichinger-Weinpalette auf der Karte, fast alles auch glasweise.

Gasthaus zur Schonenburg
3562 Schönberg am Kamp, Hauptstraße 38
Tel. +43 2733 8202
info@zurschonenburg.at
www.zurschonenburg.at

In Schönberg, gleich neben der liebevoll restaurierten Gebietsvinothek „Alte Schmiede" im idyllischen Kamptal, fällt dieser modern anmutende Bau auf. Drinnen freundliche Gastgeberschaft und ordentliche Wirtshauskost mit österreichischen Küchenklassikern und Weinen aus dem umgebenden Kamptal. Schattiger Gastgarten im Innenhof, 18 Doppelzimmer

STRASS IM STRASSERTAL

Eisenbock's Strasserhof
Nina & Alexander Eisenbock
3491 Straß, Marktplatz 30
Tel. +43 2735 2427
eisenbocks@strasserhof.at; info@strasserhof.at
www.strasserhof.at

Stilvoll renoviertes Landgasthaus mit angeschlossenem Seminarhotel. Die Küche bietet bodenständige, regionale Spezialitäten, als Begleitung gibt es die besten Tropfen aus der Region – und deren gibt es viele. Die Weinkarte ist eine Art Werkverzeichnis des Kamptals. Immer wieder Winzerevents, nicht nur von „Gaisberg uncorcked". Viele Winzer als Stammgäste, Strassertaler Kompetenzzentrum.

ZÖBING

Zur schönen Aussicht
Johann Gutmann
3561 Zöbing, Heiligensteiner Straße 32
Tel. +43 2734 2334
office@gasthaus-gutmann.at
www.gasthaus-gutmann.com

Gemütliches, urtümliches Wirtshaus mit Gastgarten hoch über der Straße, in dem die gute alte Hausmannskost hochgehalten wird (Gansl, Wild und Fasan im Herbst). Die leichte Küche sucht man hier zwar vergebens, aber dafür schmeckt's nach mehr. Topwirt-Aufsteiger des Jahres 2018 in Niederösterreich. Tolle Zöbinger Weinkarte, große, glasweise Auswahl. Eine Institution. Tipp!

KREMSTAL

Rund um die alte Weinstadt Krems erstreckt sich das Weinbaugebiet Kremstal, das bis 1985 schlicht „Krems“ hieß, kurz im Gebiet Kamptal-Donauland aufging und seit 1993 Kremstal heißt. Die Rebfläche ist auf drei unterschiedliche Zonen aufgeteilt, nämlich das eigentliche Kremstal und die historische Stadt Krems, deren westlicher Teil mit der Bezeichnung „Stein“ direkt an die Wachau anschließt, die östlich anschließenden mächtigen Lösslagen und die kleinen Weinorte südlich der Donau rund um das monumentale Stift Göttweig. Im Stadtgebiet und in der unmittelbaren Umgebung dominieren Urgesteinsverwitterungsböden, die ausgesprochen elegante wie rassige Weißweine hervorbringen. Ähnliches lässt sich von den Lagen westlich des Kremsflusses sagen, etwa oberhalb des Stadtteils Stein an der Donau.

Die übrigen Lagen der Stadt Krems, darunter so legendäre wie die Sandgrube oder der Weinzierlberg, sind von der Bodenstruktur her mit jenen des nördlich gelegenen Hochplateaus, das von Gneixendorf bis Droß reicht, oder mit den Böden der bekannten Weinbauorte Rohrendorf und Gedersdorf vergleichbar, wo mehr oder weniger schwere Lössböden dominieren, die hie und da von Schotter- und Sandablagerungen durchzogen werden. Die mächtigen Lössterrassen ganz im Osten des Gebietes finden mit dem Wagram ihre Fortsetzung. Eine Enklave befindet sich am rechten Donauufer unterhalb des Stiftes Göttweig, die bekanntesten Weinbauorte sind Furth, Palt und Hollenburg. Wie in der östlichen Wachau treffen hier die kontinentalen Einflüsse des Waldviertler Plateaus auf pannonische Klimacharakteristika aus dem Osten; dies alles wird vom Donaustrom als ausgleichendem Faktor stabilisiert.

Besonders attraktiv fallen in der Regel die Rieslinge vom Urgestein aus, aber auch die Löss-Veltliner von den genannten Lagen der Stadt sowie aus Rohrendorf und Gedersdorf sind vorbehaltlos zu empfehlen. Abgerundet wird die Palette durch Weißburgunder, Chardonnay und Sauvignon Blanc.

Seit 2007 gibt es die DAC Kremstal für Riesling und Grünen Veltliner in den Standardstufen „Kremstal DAC“ mit und ohne Ortsangabe, mit Ortsangabe und Riedenbezeichnung (Einreichung zur Prüfnummer in beiden Fällen frühestens ab dem 1. Jänner des auf die Ernte folgenden Jahres) und „Kremstal DAC Reserve“ (Einreichung zur Prüfnummer frühestens ab dem 1. Juli des auf die Ernte folgenden Jahres), jeweils trocken. Die Mindest-Alkoholgehalte liegen zwischen 12% und 13%, wobei Riedenbezeichnungen ab 12,5% zulässig sind, Reserven ab 13%. Es gibt neun Ortsweinherkünfte.

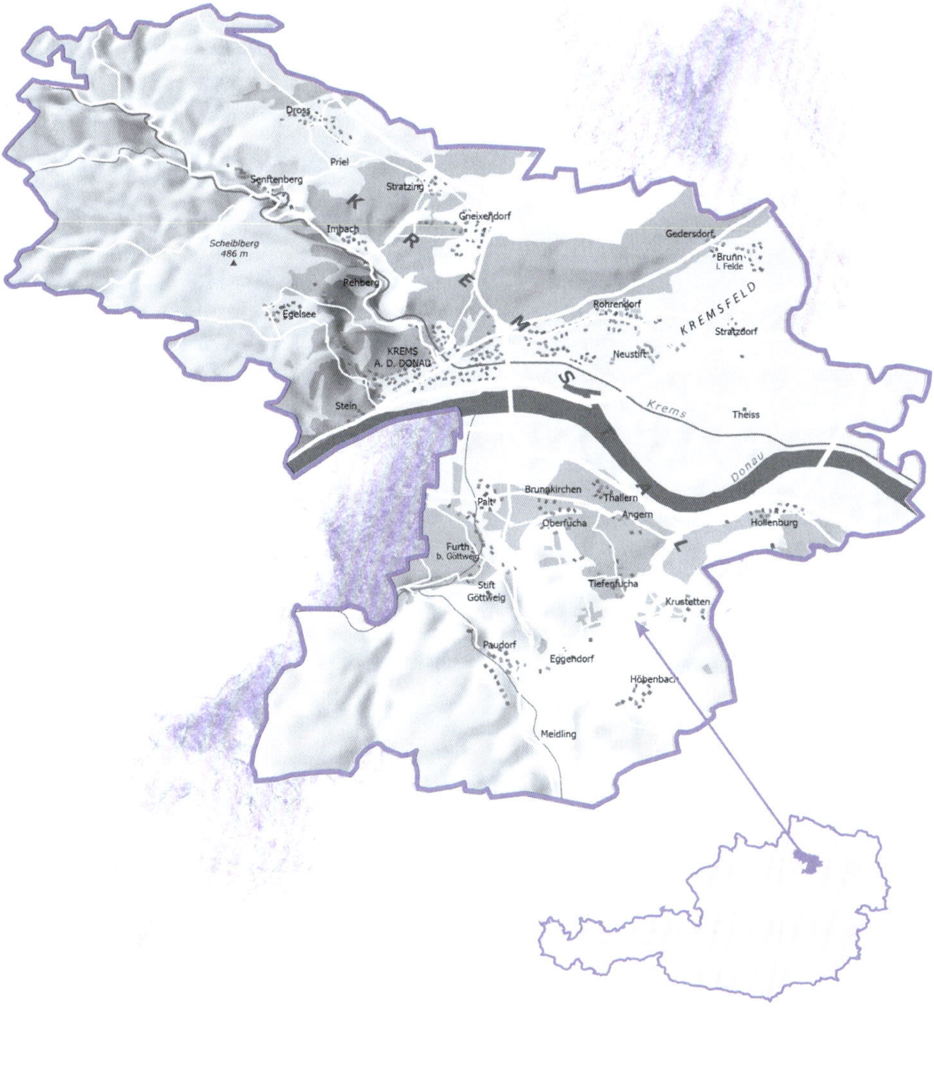

2.252 Hektar Weinanbaufläche
Die wichtigsten Rebsorten:
Grüner Veltliner, Riesling

Weingut
Aigner

Wolfgang Aigner
3500 Krems, Weinzierl 53
Tel. +43 2732 84558
info@aigner-wein.at, www.aigner-wein.at
19 Hektar

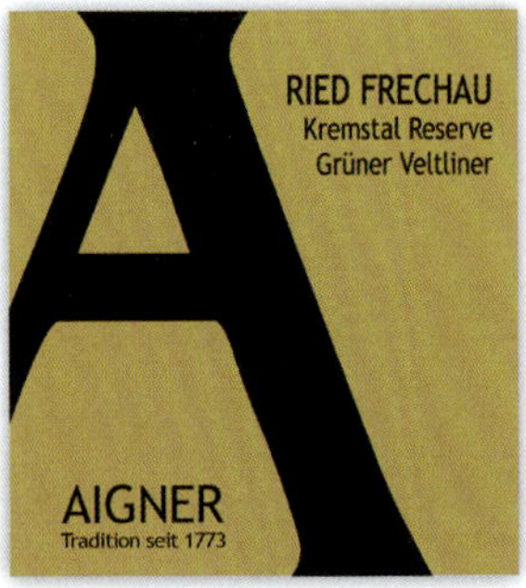

Das Weingut Aigner feiert 250 Jahre – 1773–2023 – in neunter Generation. Herzlichste Gratulation meinerseits und im Namen von VINARIA. 1773 erste urkundliche Erwähnung, 1979 Erwähnung im Buch „Die großen Weine Österreichs" von Dr. Helmut Romé. Wolfgang Aigner übernahm das Weingut im Jahr 1985 von seinen Eltern. Seit 38 Jahren hat er den Taktstock in der Hand und dirigiert das Weingut. Aktuell steht schon die nächste und übernächste Generation in den Startlöchern. Doch so schön die Vergangenheit ist, von der man aber nicht leben kann, so wichtig ist die Gegenwart. Diese ist aktuell vom Feinsten. Weine, die sich nicht nur national sehen lassen können. Ein Muskateller 2022 von einer Eleganz und Feinheit, die einen erschaudern lässt, wenn das Glas leer ist. Ein brillanter Wein von seltener Güte. Hervorragend ist der 2022 Grüner Veltliner Weinzurl – ein wunderbarer Vertreter seiner Sorte. Ungemein vielschichtig präsentiert sich der 2022 Grüner Veltliner Kremser Sandgrube. Unbedingt dekantieren und aus einem Burgunderglas genießen sollte man den 2021 Grüner Veltliner Reserve Obere Sandgrube Privat – ein Wein von überragender Klasse und Potenzial für Jahrzehnte. Beim 2022 Riesling Ried Kremsleithen ist selbiges zu behaupten. Ein grandioser Riesling mit Restzucker, welcher ihn in lichte Höhen führen wird. Ein Wein für die nächste Dekade. Aus aktuellem Anlass wurde der 2022 Grüner Veltliner Tradition 1773 kreiert. Eine Sonderedition in limitierter Auflage, mit Trauben aus den besten Lagen des Hauses. Klassisch und sortentypisch mit einer tiefen Mineralität ausgestattet, ist dieser Wein ein würdiger Vertreter für dieses Jubiläum. Das Flaschenetikett gestaltete der Kremser Künstler und langjährige Wegbegleiter des Hauses, HaRo Kail.
Weiterhin viel Glück und Erfolg. Bei diesen Weinen wohl kein Problem.

PS: Die Familie Aigner betreibt auch ein Gästehaus, in dem man nach der Verkostung der formidablen Weine sein Haupt betten kann. *as*

KREMSTAL DAC

★★ S €€ GV
2022 Grüner Veltliner Weinzurl + Reifer Apfel, Pfirsich, würzig, fruchtig, geschmeidig, balanciert, frische Kräuter, elegante Frische mit knackigen Noten. Ein überaus feiner, typischer Grüner Veltliner von fast samtiger Anmutung. Der Wein entwickelt sich herrlich im Glas. Macht großen Spaß. Hohes Niveau.

★★★★ S €€€ GV **TIPP**
2022 Grüner Veltliner Tradition 1773 + Kühle, schwarzpfeffrige Aromatik, Brotkruste, vollmundig, charaktervoll, würzig, gelber Apfel, Birnenfrucht, von Mineralität durchzogen, dichte Struktur, ungemein saftig, reichhaltig, weinig, große Eleganz, fein abgestimmt, in sich harmonisch, großzügig, von männlichem Charme durchzogen.

★★★ S €€ GV
2022 Grüner Veltliner Kremser Sandgrube + Ein Bild von Grünem Veltliner, weißpfeffrig, ein Früchtekorb, Äpfel, Birnen, Marillen, Zitrus, Mango & Co., feine Frucht, fein liniert, voller Pikanz, Wiesenkräuter, ungemein präzise, Mineralität zeigend, trinklustig auf ziemlich hohem Niveau.

★★★★ S €€€ GV **TIPP**
2021 Grüner Veltliner Reserve Ried Obere Sandgrube Privat + Karamell, Pfirsich, Ananas, Pfeffer, etwas holzunterlegt, voller Würze, rauchig, Bratapfel, Lebkuchen, enormer Stoff, voluminös, pikante Säure, extraktsüß, reife Trauben, knackige Frische, tiefgründig, druckvoll, langlebig. Ein außergewöhnlicher Kremser Grüner Veltliner. Unbedingt dekantieren! Burgunderglas!

NIEDERÖSTERREICH

★★★ S €€ GM
2022 Muskateller + Holunderblüten, Orangenschalen, Pfirsich, Zitruszesten, ein bestechend glockenklarer, überaus typischer Muskateller, traubige Eleganz, frische Säure, unglaublich lebendig, elegant, feine Frucht. Ein grandioser Muskateller voller Brillanz.

★★★★ S €€€ RI
2022 Riesling Ried Kremsleithen + (halbtrocken) Anfangs dezente Holznoten, würzig, getrocknete Marillen, ungemein saftig, vollfruchtig, Karamell, süß und charmant, mundfüllend, passende Säure, der Wein bewahrt sich bei aller Süße und Reichhaltigkeit immer eine subtile Note. Zeigt immer Charakter und Stärke. Ein großartiger Wein für Jahrzehnte.

Weingut & Gästehaus
Berger

Erich Berger
3494 Gedersdorf, Weinbergstraße 2
Tel. +43 2735 8234
office@weingut-berger.com, www.weingut-berger.com

25 Hektar, W/R 85/15

Die Angebotspalette von Erich Berger und Maximilian, seinem Sohn, hat sich gegenüber dem Vorjahr um einige Positionen verändert. Dennoch gibt es neben viel Neuem auch Altbewährtes, speziell bei den Grünen Veltlinern, wo wir auf fünf Sortenvertreter stoßen, die so gut wie alle Facetten dieser Varietät abdecken. Vom Einstiegswein „Gedersdorf" über die heuer besonders gut gelungenen „Lössterrassen" bis hin zu den wirklich großartigen Weinen aus 2021 – Optimis terrae, Ried Wieland und Ried Moosburgerin –, von denen der Letztgenannte wie schon im Vorjahr den oberen Stockerlplatz einnimmt. Zum ersten Mal haben wir also diese über ein Jahr gereiften drei Veltliner nebeneinander verkosten dürfen. Und dass 2021 ein großes Weinjahr war, ist mittlerweile ja amtlich.
Neu im Sortiment findet sich heuer ein Riesling-Extraktbündel vom Steiner Pfaffenberg, der allerdings zum frühen Verkostungszeitpunkt seine Grandezza nur zögerlich offenbart. Und nachdem der Wein ohnehin erst im kommenden Jahr auf den Markt kommt, werden wir, so wie viele Freunde der Berger'schen Weine, eben ein Jahr zuwarten. Vorfreude ist bekanntlich die schönste Freude. Vor den Vorhang bitten möchten wir aber auch den wundervollen Chardonnay Ried Zehetnerin sowie – neu im Sortiment – einen tiefdunklen, fleischigen Cabernet Franc aus dem Rotweinjahrgang 2018. Die Rebsorte offeriert hier so ganz nebenbei einen spritzigen, leicht süßen Abschluss in Form des Pet Nat Perlweins. *bb*

KREMSTAL DAC

★★ S € GV
2022 Grüner Veltliner „Gedersdorf" + Jugendlicher Auftritt, staubig-erdige Nase, Sommerwiese, Kräuter, Blüten, leicht und beschwingt, schönes Trinkanimo.

★★ S €€ GV PLV
2022 Grüner Veltliner Lössterrassen + Duftet nach Zitrus, Melisse und Heublumen; frisch, fruchtbetont, klar konturiert, mit einiger Substanz und festem Biss; rundum gelungen.

★★★★ S €€€ GV
2021 Grüner Veltliner „Optimis terrae" + Baumblüten, Fenchel, Waldboden; dann Orange-Bitter, Schwarzpfeffer, Würztabak; kraftvoll, dicht, mundfüllend, zugleich hochelegant, tolle Länge.

★★★★ S €€€€ GV TIPP
2021 Grüner Veltliner Ried Moosburgerin + Tannennadeln, Nüsse, Waldhonig, Havannas; kühlwürzige Mitte, zartes Pfefferl; Rebsorte und Lage präzise abgebildet, schöne Extraktfülle, kristallklar, nobel; bleibt lange haften.

★★★★ S €€€ GV
2021 Grüner Veltliner Wieland Reserve + Herrlicher Duftstrauß nach Orangenzesten, Mangos, vollreifen Trauben und Honigwaben; kraftvoll, komplex, mit Tiefgang und viel Finesse, lang.

★★ S €€ RI PLV
2022 Riesling Ried Spiegel + Stachelbeeriger Auftakt, grüne Ananas, am Gaumen bildschönes reifes Steinobst; mittelkräftig, etwas Mineralität, ganz feiner Säureschliff, glockenklar.

NIEDERÖSTERREICH

★★ S €€ PB
2022 Weißer Burgunder Ried Altmandl + Hülsenfrüchte, Zuckererbsen, weiße Birnen; deutet Extrakt an, bleibt aber schlank, mit klirrendem Säurespitzerl; geradlinig, trinkanimierend.

★★★ S €€ CH TIPP
2022 Chardonnay Ried Zehetnerin + Walnüsse, Biskuit, Panettone, weiße Blüten; gehaltvoll, mit bezaubernder Extraktsüße, reife Mandarinen, vollmundig und sehr burgundisch.

★★ S €€ GM
2022 Gelber Muskateller + Impulsive Muskatnase, Hollerbusch, Flieder, kecke Säure; nimmt sich am Gaumen zurück, bleibt dabei süffig und homogen.

★★ S € ZW
2021 Rosé vom Zweigelt + Zart herb nach Schlehen, Aroniabeeren, Erdbeerkuchen, pikante Säure, frisch, lebendig.

★★ S €€ ZW
2021 Blauer Zweigelt Ried Haid + Rote Johannisbeeren, Weichseln, am Gaumen viel Kirsche und Waldfrüchte; ansprechender Stil, saftig, entgegenkommend, Zweigelt klassisch.

★★★ S €€€ CF
2018 Cabernet Franc + Reife dunkle Früchte, Nelken, Zwetschkenröster, Mandeln, überzeugt mit explosiver Frucht, weichen Tanninen, Saft und Kraft; substanziell, peripherer Holztouch, Frucht bleibt vorne.

Weingut
Buchegger

Silke Mayr
3552 Droß, Herrngasse 48
Tel. +43 2719 30056, Fax 78056
buchegger@vorspannhof.at, www.buchegger.at
11 Hektar, W/R 90/10

Das einer traditionsreichen Gedersdorfer Winzerdynastie entstammende Weingut Buchegger ist seit 2006 in Droßa angesiedelt, wo eine gemeinsame Betriebsstätte mit dem Vorspannhof Mayr besteht. Der renommierte Betrieb mit Weingärten in den besten Gedersdorfer Lagen wird seit vielen Jahren von Silke Mayr und ihrem talentierten Kellermeister Michael Nastl geführt. Im Sortiment des Weinguts Buchegger dominieren klassische regionale Weißweinsorten, allen voran Grüner Veltliner, den es in mehreren Varianten gibt: von dem früheren halben Dutzend sind jedoch ab sofort nur mehr fünf Vertreter im Programm, da der finessenreiche Veltliner Ried Moosburgerin 2021 den letzten seines Namens ist. Als Einstieg gibt es den beschwingten HG, der bis zuletzt unter dem Namen „Holzgasse" firmierte, gefolgt von Geppling aus dem Kamptal sowie dem Pfarrweingarten. Die vollmundigere Reserve Leopold liegt für ein paar Monate im großen Holzfass. Top-Sortenvertreter ist der aus der 1ÖTW-Ried Vordernberg stammende Sortenvertreter, der von uralten Reben aus Anfang der Sechzigerjahre stammt und im großen Holz auf der Feinhefe gereift wird. Bei den Rieslingen ist der Einstiegswein als Kremstaler Dorflage aus Gedersdorf deklariert, an der Spitze stehen die Ersten Lagen vom Vordernberg sowie Moosburgerin.

Steht im Basissegment und im Mittelbau natürlich bereits der Jahrgang 2022 im Fokus, so ist bei den Riedenweinen mehrheitlich der herausragende Jahrgang 2021 aktuell, bloß beim Riesling Ried Moosburgerin steht ebenfalls schon der 2022er zur Verfügung.

Als Komplementärsorten in Weiß gibt es Roter Veltliner und Chardonnay, in Rot hingegen Zweigelt. Top-Qualität in schäumender Form bietet der tolle Sekt Extra Brut 2017 aus Chardonnay-Weingärten in der Riede Tiefenthal. *psch*

KREMSTAL DAC

★★★ S €€€ GV
2022 Grüner Veltliner Pfarrweingarten + Kühl, frisch, lebhaft, bisschen Blüten und Grapefruits, ein Hauch von Kriecherln, Linsen; mittelgewichtig, dezent saftig, zartherb, filigran nach hinten.

★★★ S €€€ GV
2022 Grüner Veltliner Reserve Leopold + Dezent cremig, kandierte gelbe Früchte, Ringlotten, Birne, duftig; saftiger Beginn, recht kernig, lebhafte Frucht, Zitronenzesten, zartherb, mittleres Finish.

★★★★ S €€€€ GV
2021 Grüner Veltliner Ried Moosburgerin 1ÖTW + Kühle, charmante Frucht, Litschis und weißfleischige Melonen, weiße Blüten; guter Biss, saftig, viel Frucht, hinten fest, ansprechend trocken.

★★★★★ S €€€€ GV TOP
2021 Grüner Veltliner Ried Vordernberg 1ÖTW + Profunde, doch vitale Frucht mit eleganter Würze, leicht harzig, reif, Bienenwachs, Honigmelonen, Biskuit; athletisch, subtile Fülle, verführerische Gelbfrucht, kraftvoll, lang.

★★★ S €€ RI FUN
2022 Riesling Gedersdorf + Duftig, schöne Frucht, ausgewogen, bisschen Melonen und Zitrus, leicht pikant; recht saftig, burschikos, leicht spritzig, Zitrus, viel Charme.

★★★★★ S €€€€ RI TOP
2021 Riesling Vordernberg 1ÖTW + Duftig mit kühlem Feeling, frisches Baguette, gelbes Steinobst, reife Birnen; herrlich saftiges Fruchtentrée, geschmeidig, feine Gerbstoffstütze, knackig, fein, lang.

★★★★ S €€€€ RI TIPP
2022 Riesling Moosburgerin 1ÖTW + Elegantes, helles Bukett, Hollerblüten und Litschis, weiße Birnen, duftig, floral; ungemein saftig, geht über vor Frucht, lebhaft, glockenklar, rosa Grapefruit, recht lang, beachtlich.

NIEDERÖSTERREICH

★★ S €€ GV
2022 Grüner Veltliner Holzgasse + Unmittelbar ansprechendes Kernobstbukett, recht expressiv, dezente Kräuterwürze; freundliche Frucht, gefällig und harmonisch, süffig.

★★★★ K €€€€ CH TIPP
2017 Buchegger Extra Brut Sekt Große Reserve + Elegant-duftiges Bukett, frische Wiesenblüten, Litschis, Weißbrot; knackig, sehr erfrischend, feine Frucht, zartgliedrig, ganz trocken, fester Biss, subtile Länge.

★★★ K €€€ RV
2022 Roter Veltliner Ried Tiefenthal + Recht würzig und brotig, Hauch von Schokobananen, recht reif und voll, Apfel; saftig, schöne Frucht, guter Schliff, mittellang, sympathisch.

Weingut
Eder

3494 Gedersdorf, Weinbergstraße 66
Mobil +43 676 346 73 33
office@weinguteder.at, www.weinguteder.at
16 Hektar, W/R 90/10

Seit 1849 betreibt die Familie Eder in Gedersdorf Weinbau. Geführt wird es aktuell von den Geschwistern Martin und Marina in siebter Generation. Martin ist der Winzer, Marina kümmert sich um den Vertrieb und die Finanzen.

Die Reben stehen auf den besten Rieden des Kremstals wie Spiegel, Weitgasse, Moosburgerin, Tiefenthal, Reisenthal, Gernlissen. Die Weißweine sind überaus typische Gewächse, welche die Lagen zur Geltung bringen. Sehr feine Grüne Veltliner wie die Lössterrassen oder Ried Gernlissen. Die Steigerung kommt von der Ried Spiegel – ein 2021 Grüner Veltliner vom Besten. Großartig ist der 2021 Grüner Veltliner Martin – ein mächtiger Wein von großer Klasse. Ebenfalls ein Ausnahme-Grüner-Veltliner aus 2021 kommt von der Moosburgerin. Als Rieslingfan bin ich begeistert vom 2022 Limited Edition. Das ist wohl Champions League. Beim 2021 Chardonnay ist noch viel Geduld vonnöten. Dieser muss die Portion Holz erst verarbeiten.

Resümee – die Weißweine sind hervorragend. Bei den Rotweinen ist noch einige Luft nach oben.

as

KREMSTAL DAC

★★ S €€ GV
2022 Grüner Veltliner Lössterrassen + Gelbe Früchte, weißer Pfeffer, Kamille, dezentes Nusserl, Kräuterwürze, fruchtig-würzig, voller Pikanz und Schmelz, Rosmarin, eng strukturiert, guter Druck, gute Länge. Ein stimmiger, typischer Grüner Veltliner voller Trinkspaß.

★★ S €€ GV
2022 Grüner Veltliner Ried Gernlissen + Weißer Pfeffer mit exotischen Tönen, Ananas, Mango, Orangenschalen, Zitrusnoten, saftige Frucht, viel frische Kräuter, kühl, balanciert, dezente Marillen, hier hat man ein Bild von Grünem Veltliner.

★★★ S €€ GV
2021 Grüner Veltliner Ried Spiegel + Hier erkennt man sofort die mineralische Ausstrahlung, Kräuter, Kamille, feine Exotik, reifer Apfel, dezent rauchig, liegt eng am Gaumen, feines Fruchtspiel, salzige Noten, gelbfruchtig, ausgewogen, feinstrahlig, hervorragend.

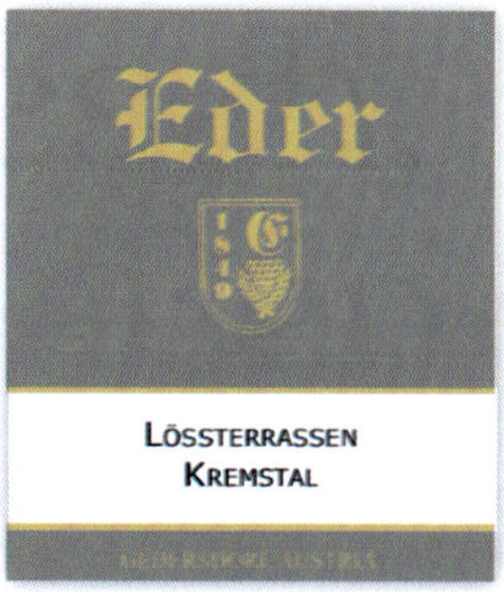

★★★ S €€€€ GV
2021 Grüner Veltliner Reserve Ried Moosburgerin + Dunkles Aroma, rauchig, schwarzer Pfeffer, mächtig, getrocknete Kräuter, Gewürzsträußchen, Koriander, Orangen, getrocknete Früchte, salzige Noten, voller Würze, die 15 % Vol. kann er nicht verleugnen, Exotik, Zitrus, der Wein braucht enorm viel Luft, unbedingt dekantieren und ein großes Glas. Ein klassischer Hauptspeisen-Wein. Substanz für viele Jahre.

★★★★ S €€€ GV TIPP
2020 Grüner Veltliner Reserve MARTIN + Orangenschalen, Grapefruit, kandierte Nüsse und Früchte, ein wahrer Obstkorb, reifer Apfel und Birne, Pfirsich, ein bisschen Holz, herrliche Fruchtsüße, insgesamt hellfruchtig, ganz reife Trauben, toller Schmelz, vollmundig, Ananas, Mango, Maracuja, herrliche Frucht, hochelegant, würzig, die 15 % Vol. sind kein Problem. Ein Wein für ein ganzes Leben. Ein großartiger Grüner Veltliner, der seine Klasse ausspielt.

NIEDERÖSTERREICH

★ S € ZW
2022 Rosé vom Zweigelt + Helles Pink, Kräuternoten, zart nach Himbeeren, Flieder, ein leichter, erfrischender Rosé, knackig, unkompliziert, Zitronenverbene, ein so richtig trinkiger Rosé. Da sollte man nicht auf den Sommer warten. Jetzt zwitschern.

★ S €€ GM
2022 Muskateller + Duftig, Muskatnuss, Holunderblüten, Zitrus, Orangenzesten, rassige Säure, ein knackiger Muskateller, knochentrocken, springlebendig, herzhaft, der perfekte Aperitif.

★ S €€ SB
2022 Sauvignon Blanc + Cassis, Paprika, weißer Pfirsich, Limette, Holunder, Orangen, Stachelbeeren, Brennnesseln, herz- und lebhaft, straff, frische Säure, knackige Frische, klassischer Antipasti-Wein.

★★★ S €€€ RI
2022 Riesling Limited Edition + Frische Marillen, Zitrus, ein halbtrockener Riesling voller Finesse mit filigranen Noten, feingliedrig, elegant, Pomelo, tolles Säurespiel, knackig, der zarte Restzucker puffert die hohe Säure, Pfirsich, der Wein entwickelt sich erst, da steckt enorm viel drinnen. Das ist ein ungemein spannender Riesling, ein fordernder, nerviger, doch großer Riesling, der noch in Jahren die Menschen begeistern wird.

★★★ S €€€ CH
2021 Chardonnay Reserve + Dominantes Holz, Eichenlohe, würzige Exotik, gelbfruchtig, hohe Traubenreife, Vanille, Orangen, kandierte Nüsse, ein Riesenstoff, das Holz ist noch deutlich spürbar. Holz- und Fruchtsüße, mit Luft kommen feine exotische Linien hinzu, Kokos, enormer Stoff, enorme Substanz. Momentan nicht leicht, diesen Wein zu bewerten. Kräftgier Alkohol und neues Holz – das braucht Zeit.

Wein- und Gästehof
Edlinger

Josef Edlinger
3511 Palt, Lindengasse 22
Tel. +43 2732 77622, Fax -17
office@edlingerwein.at, www.edlingerwein.at

EDLINGER
1842

Seit 1842 befindet sich das Weingut am Fuße des Göttweiger Bergs im Familienbesitz. Josef Edlinger – Winzer in fünfter Generation – wird in allen Belangen von Paul, dem Sohnemann, tatkräftig unterstützt. Für Marketing und Export zeichnet Gabriele, die charmante Gattin des Winzers, verantwortlich, während die Frau Mama das mit fünf Zimmern ausgestattete Gästehaus betreut. Der Papa verbringt hingegen die meiste Zeit in den Weingärten, wo er „seine" Reben pflegt und hegt.

Der neue Jahrgang hat der Familie ein feines Weinsortiment beschert, über das man sich entsprechend zufriedenstellend äußert. Bei einigen Weinen fallen allerdings leichte Veränderungen der Stilistik auf – zum Guten hin. Sie wirken frischer, bodenständiger und betonen zunehmend ihr Terroir. Josef Edlinger führt das darauf zurück, dass man soeben am Weg zur Biozertifizierung ist, die mit dem kommenden Jahr abgeschlossen sein wird. Nachhaltigkeit wird dem Weingut ohnehin bereits seit Jahren bescheinigt. Da ist es vermutlich kein Zufall, dass auch die Weinetiketten ab heuer ein moderneres Erscheinungsbild zeigen. *bb*

KREMSTAL DAC

★★ S € GV
2022 Grüner Veltliner Ried Höhlgraben + Heublumen, vegetabile Noten, Vogerlsalat, bisschen Radicchio; gut sitzendes Säurekleid, später auch pfeffrige Anklänge; rundum gelungen.

★★★ S €€ GV **PLV**
2022 Grüner Veltliner Ried Steinpoint + Mineralische Nase, weiße Ribisel, Renetten, dann die Gewürzlade, Kurkuma, Piment, heller Tabak, Prise Kräuterhonig; mittelkräftig, stoffig, saftig.

★★★★ S €€ GV
2022 Grüner Veltliner Optimas + Vielschichtige Nase, Steinobst, etwas Müsli, ab der Mitte Pfefferwürze und reifes Tannin; kraftvoller Unterbau, schöne Fülle, dabei fein gemeißelt, komplex; komplett, mit viel Potenzial.

★★★★ S €€€ GV **TIPP**
2020 Grüner Veltliner Ried Hintere Point Reserve + Delikates Entree, kandierte Früchte, weiße Blüten, Heliotrop; fließt sanft und facettenreich über den Gaumen, Nusscreme, Eibisch, Safran; extraktsüß, klar strukturiert, elegant, Holz kaum merkbar; heuer ein Gedicht.

★★ S €€ RI
2022 Riesling Furth bei Göttweig + Zitrusnase, Limonenzesten, Rhabarber; mittelgewichtig, knackig, klar und ausdrucksvoll, zart salzig, stoffig, feine Säure; sehr ansprechend.

★★★ S €€ RI
2022 Riesling Ried Neuberg + Herbe Nase, Bergamotte, Grapefruits, dann die volle Frucht reifer Marillen; kräftige Fasson, etwas rauchig mit fruchttragender Säure, glasklar, zart mineralisches Ende.

WACHAU

★★★★ S €€ GV **TIPP**
2022 Grüner Veltliner Ried Silberbichl + Verführerische Nase, weißer Pfeffer, Mineralien, Honigmelonen, Juchtenleder, Orangenzesten, saftstrotzend, konzentriert; mächtiges Fundament mit edler Struktur, Tiefgang und schöner Länge.

★★★★★ S €€ RI **TOP**
2022 Riesling Ried Silberbichl + Zögerliche Nase, deutet seinen Fruchtreichtum erst an, macht dann aber auf mit voller Pfirsichfrucht, Marille, Papaya; tolle Performance, kräftig gebaut, elegant, brillant, klar, aber man muss diesem Tiefstapler Zeit geben.

NIEDERÖSTERREICH

★★ S €€ GM **FUN**
2022 Gelber Muskateller Furth bei Göttweig + Klassisches Holunder-Bukett, Zitronenmelisse, Muskattrauben; am Gaumen keck, vorlaut, mit festem Biss, pikanter Säure und viel Trinkanimo.

Weingut
Forstreiter

Meinhard Forstreiter
3506 Hollenburg/Krems
Obere Hollenburger Hauptstraße 36, Tel. +43 2739 2296
weingut@forstreiter.at, www.forstreiter.at
54 Hektar, W/R 85/15, 500.000 Flaschen/Jahr

Meinhard Forstreiter hat mit seiner Frau Isabella das Weingut in Hollenburg bei Krems tiefgreifenden Veränderungen unterzogen. Der bislang letzte Akt war der Umzug in den modernen Verkostungspavillon mit Verkaufs- und Büroräumen direkt über dem Ufer der Donau. Seither ist auch Sohn Daniel voll im Weingeschäft integriert. Sukzessive kreiert der junge Mann neue Weine. Den Schwerpunkt im Portfolio bildet Grüner Veltliner, gefolgt von Riesling. Aber auch Komplementärsorten wie Sauvignon Blanc oder Gelber Muskateller werden mit der gleichen Sorgfalt vinifiziert. Und bei Rotwein hat Meinhard Forstreiter ebenfalls eine glückliche Hand. Der Winzer erwartet nicht, dass man vor seinen Weinen niederkniet: „Ich mache die Weine für mich. Nur die Weine, die mir schmecken, kann ich auch verkaufen."
Besonders hervorzuheben ist der Grüne Veltliner aus der Ried Tabor; die Trauben stammen von wurzelechten, rund 160 Jahre alten Reben. Es handelt sich dabei um einen der ältesten Weingärten Österreichs. Von Meinhard Forstreiters bestem Jahrgang bisher, 2013, wird es vermutlich nächstes Jahr einen Tabor late release geben. Das weiße Mammut, eine Reserve aus der renommierten Ried Hollenburger Kreuzberg, ist ein burgundischer Veltliner, wenn man so will. *ww*

KREMSTAL DAC

★★★ S €€ GV
2022 Grüner Veltliner Ried Kremser Kogl + Frische Äpfel, Kräuter, Prise Fichtennadeln; saftig, Äpfel geben den Ton an, feine Würze unterlegt, trinkanimierend bei mittlerem Gewicht.

★★ S €€ GV
2022 Grüner Veltliner Kalk & Stein + Nomen est omen, kalkiger Touch, zarte Frucht, helles Steinobst, gelbe Stachelbeeren, Prise Würze; einladende Frucht, angenehme Säure, im Finish leise Bodentöne.

★★★ S €€€ GV
2021 Grüner Veltliner Ried Schiefer + Sanfter Druck, dezent würzig, Anklänge von gelben Äpfeln, tief im Glas Marillen; schließt nahtlos an, feiner Schmelz, einige Substanz, hauchzarte, bodenstämmige Würze.

★★★★ S €€ GV **PLV**
2021 Grüner Veltliner Alte Reben + Leise Bodentöne, feinkörnige Würze, elegante Frucht, Hauch Tannennadeln; aromatisches Dacapo, feingliedrig, zartes Säurerückgrat, im langen Nachhall Frucht, Würze und bodenstämmige Aromen.

★★★★ K €€€€€ GV **TIPP**
2020 Grüner Veltliner Reserve Ried Tabor + Elegant, kompakt, viel gelbe Frucht, florale Akzente, etwas heller Tabak, Anklänge von Blütenhonig; breiter Aromenbogen auch auf dem Gaumen, Tiefgang, Gelassenheit, sanfte Säure, langer Abgang mit Frucht und Würze, vom sandigen Boden geprägt.

★★★ S €€ RI
2022 Riesling Schotter Krems + Unaufdringlich, Schotterboden, Anklänge von Pfirsichen, hauchzart auch Kräuter; Frucht im Geschmack präsenter, klar, belebendes Säurespiel, mittlere Länge, Trinkfluss.

★★★ S €€€ RI **PLV**
2021 Riesling Ried Schiefer + Glockenklar, kompakt, Weingartenpfirsiche, leise Bodentöne; saftig, Substanz, Pfirsiche, zugängliche Säure, im Nachhall neben der Frucht auch Boden zu erkennen.

NIEDERÖSTERREICH

★★ S €€ GM
2022 Gelber Muskateller + Markantes Sortenbukett, getrocknete Holunderblüten, Prise Muskatnuss, Kräuter, Grapefruits; schließt nahtlos an, gute Substanz, angenehme Säure, trinkanimierend, Holunderblüten klingen lange nach.

★★ S €€ SB
2022 Sauvignon Blanc + Charmant, einladend, Stachelbeeren, Kiwis, reife Pfirsiche, Prise Cassislaub; zeigt diese Aromen auch im Geschmack, sanfte Säure, mittlere Länge.

★★★ S € ZW
2022 Pink + (ZW) Freundlich, Kirschen, bisschen Ribiselgelee, Prise grüne Kräuter; rotfruchtig mit zarter Würze, nur ein Hauch von Gerbstoffen, feine Säure, durchaus ernsthaft.

★★★ S €€€ GV
2021 Grüner Veltliner Maische + Sanfter Druck, gelassen, feine Würze, traubig, hochreife Äpfel; druckvoll, Schmelz, Frucht und Würze innig verwoben, langer Nachhall, feinfühlige Maischegärung.

★★★★ S €€€€€ GV **TIPP**
2021 Grüner Veltliner Trockenbeerenauslese + Druckvoll, fokussiert, getrocknete Kräuter, Dörrobst à la Marillen und Feigen; getrocknete Früchte dominieren, feine Würze unterlegt, unaufdringliche Süße, Power, Bodentöne, Bienenwachs im Abgang und im langen Nachhall, monolithisch.

Weingut **Förthof**

Annika Hoffmann
3500 Krems, Förthofstraße 17 – Förthofstraße 7
Tel. +43 2732 83000
weingut@derfoerthof.at, www.derfoerthof.at
6 Hektar, 20.000 Flaschen/Jahr

Erich Erber, Biotech-Pionier, erwarb das Weingut Petz im Stadtteil Förthof/Krems mit 7 Hektar Rebfläche in besten Lagen wie Steiner Pfaffenberg, Steiner Gaisberg und Steiner Kögl mit altem Rebbestand. Geführt wird das Weingut von Kellermeisterin Annika Hoffmann. Der erste Jahrgang war 2021. Es ist das vielleicht jüngste Weingut in der Region Kremstal-Wachau, doch wird hier auf einen Erfahrungsschatz im Weinbau von Jahrzehnten zurückgegriffen. Vinifiziert wird momentan, bis zur Fertigstellung eines eigenen Weinkellers, in Krems-Hollenburg.
Was verbirgt sich hinter Rapoto und Walchun? Rapoto de Urfahr errichtete den Ansitz Förthof. Er und sein Vater, Walchun von Stein, scheinen als eine der ersten Lehnsnehmer der Fähre auf. Künftig wird der Förthof auch ein Hotel und Restaurant beherbergen.
Die Weine sind absolute Klasse. Betörend schöne Muskateller aus 2022 und 2021. Perfekte Ortsweine „Stein" – 2022 und 2021 – aus Grünem Veltliner und Riesling. Schlichtweg sensationell präsentieren sich die Lagenweine – 2021 Grüner Veltliner Steiner Gaisberg, 2021 Grüner Veltliner und 2021 Riesling Steiner Pfaffenberg sowie 2021 Riesling Steiner Kögl. Diese Weine spielen in der Champions League. Das sind außergewöhnliche Gewächse, die jeden Weinkeller adeln. Was ich immer zu sagen pflege – neue Winzer braucht das Land. *as*

KREMSTAL DAC

★★★ S €€ GV
2022 Grüner Veltliner Stein + Weißer Pfeffer, Exotik ausstrahlend, reifer Apfel mit Birnentönen, so richtig trocken, steinige Komponenten, griffig und straff, dicht strukturiert. Ein hervorragender Ortswein mit Rasse und knackigem Ausdruck. Ein Grüner Veltliner, der einen nicht loslässt.

★★★ S €€ RI
2021 Riesling Stein + (50 Jahre alte Reben) Ein ungemein strukturierter Riesling, Ananas, Steinobst, rassig und kantig, Feuerstein, dicht, kernig, Zitrus, viel Grip, viel Struktur, viel Stein, viel Ausdruck, das ist Riesling pur voller Tiefe, Grapefruit, strahlt förmlich vor Mineralität. Das ist Terroir pur.

★★★ S €€€ GV
2021 Grüner Veltliner Reserve Ried Steiner Gaisberg + (45 Jahre alte Reben) Orangenschalen, Tabak, Mandelblüten, Steinobst, gelbfruchtig, viele Kräuter, Anklänge von Mais, kräftig strukturiert, cremige Nuancen, feine Frucht, distinguiert, dezent schmelzig, exotische Noten. Ein Wein mit einiger Zukunft.

★★★★ S €€€ GV — TIPP
2021 Grüner Veltliner Reserve Ried Steiner Pfaffenberg + Marille und Apfel, kühle Noten, Bergkräuter, immer kühl, voller Frische, schlanke Struktur, fast rieslinghaft, Zitrus, so richtig griffig, rassig, steinige Mineralik, Ananas, eng, straff, immer elegant, niemals vordergründig, anhaltend, immer strukturiert. Das ist fulminanter Grüner Veltliner.

★★★★ S €€€ RI
2021 Riesling Reserve Ried Steiner Pfaffenberg + (50 Jahre alte Reben) Kühl, Limetten, Steinobst, Blütenduft, Orangenzesten, Ribisel, macht langsam auf, die Marille gewinnt die Oberhand, ein rassiger Riesling mit gelben Nuancen, fordernd, rotbeerig, Ananas, seidige Struktur, immer filigran, hervorragend.

★★★★ S €€€€ RI — TIPP
2021 Riesling Reserve Ried Steiner Kögl + (50 Jahre alte Reben) Mineralisch, rauchig, steinig, Kräuter, Zitrus, Steinobst, Mango, total hintergründig, rassig-griffig, Wahnsinnssäure, voller Grip, dicht, nervig und fordernd, salzig, glasklare Strukturen, total eng, explodiert förmlich am Gaumen. Tolle Substanz.

WACHAU DAC

★★ S €€ GV
2022 Walchun Grüner Veltliner + (Mautern) Gelbfruchtiges Bukett, feinpfeffrig, frische Kräuter, Ringlotten, Zitrus, feingliedrig und nuanciert, elegante Noten zeigend, am Gaumen rassig und straff, fordernd, spritzig, knackig mit Rückgrat.

NIEDERÖSTERREICH

★★ S €€ GM
2022 Rapoto Gelber Muskateller + Holunderblüten, Marillen, süß-sauer, etwas dropsig, Säure, bisschen barock, Dörrnoten.

★★★★ S €€€€ RI — TIPP
2021 Riesling Beerenauslese Ried Steiner Kögl + (0,375-l) Perfekte Botrytis, Litschi, Wachsnoten, Orangenzesten, Marille pur, weiße Blüten, Honigschmelz, ein hocheleganter Wein, süß und feingliedrig, feines Säurespiel, elegant, tiefgründig, total eng, voller Rasse und Strenge, das ist Stoff für Jahrzehnte.

Weingut
Hagen

Lukas Hagen
3500 Krems an der Donau, Seilerweg 45
Tel. +43 2732 78160
info@weingut-hagen.at, www.weingut-hagen.at
16 Hektar

Die Konstanz, mit der das Vater-und-Sohn-Gespann Toni und Lukas Hagen ihre Weinpalette gestalten, stellt klar, dass man sich hier auf das Wesentliche konzentriert. Man weiß, über welch exzellente Lagen man verfügt, und leistet Feinarbeit, um das Maximum an Terroir und Sortentypizität herauszuholen. Sandgrube, Holzgasse, Weinzierlberg, alle in Donaunähe gelegen, profitieren vom pannonischen Einfluss und dem Feuchtigkeitsversorger Donau, die „echten" Kremstaler Rieden, wie Thurnerberg, Kremsleithen oder der Rehberger Goldberg, werden hingegen von den kühlwürzigen Luftmassen des Waldviertels beeinflusst. Und wo die Letztgenannten durch die Bank karge, steinige Bodenschichten aufweisen, bestehen die Rieden an der Donau in erster Linie aus Sand- und Lössböden – ausgenommen die an der Grenze zur Wachau und somit am Strom gelegene Ried Altenburg, von der auch heuer wieder ein tiefmineralischer Riesling kommt, der sowohl mit präzisem Sortencharakter als auch mit hoher Finesse zu überzeugen weiß.
Ein Musterbeispiel dafür, wie Weine von ihrem unterschiedlichen Terroir in ihrer Gesamtanmutung geprägt werden, liefert das formidable Veltliner-Quintett ab – jeder einzelne von ihnen eine kleine oder große Persönlichkeit, dominiert von der alles überstrahlenden „Holzgasse Alte Reben Reserve", die sich in keinster Weise vor dem exzellenten 2021er verstecken muss. *bb*

KREMSTAL

★★ S € GV
2022 Grüner Veltliner Sandgrube + Maiglöckchen, Wiesenkräuter, grüne Äpfel, Zitronengras; klar gegliedert, saftig, mittelkräftig, wirkt trotzdem federleicht; fabelhaft süffiger Wein.

★★ S € GV — PLV
2022 Grüner Veltliner Ried Thurnerberg + Rauchige Nase, gebrochene Steine, zeigt die Lage her, saftig, grünpfeffrig, kühlwürzig nach Nadelwald; fein gestrickt, sehr homogen.

★★★ S €€ GV
2022 Grüner Veltliner Ried Rehberger Goldberg + Herbwürzige Nase, Teeblätter, Tamarinde, Grapefruits, Wildkräuter; mittelkräftige Statur, einnehmender, mundfüllender Stil, Veltliner-Klassiker.

★★★ S €€ GV — TIPP
2022 Grüner Veltliner Ried Holzgasse + Süßpfeffrige Nase, Baumblüten, gelbe Äpfel, Birnen, Lakritze, Maisflocken; hat Schmelz und zeigt viele Schichten; moderate Säure, gut balanciert, stoffig, mit schöner Länge.

★★★★★ S €€€ GV — TOP
2022 Grüner Veltliner Ried Holzgasse Alte Reben Reserve + Weit ausgebreiteter Aromenfächer, Orangenzesten, Blütenhonig, Eibisch, vollreife Äpfel, auch kräuterige Nuancen; bleibt am Gaumen facettenreich, extraktsüß, mit kräftigem Unterbau, aber auch feinstrahlig, klar strukturiert; Klasse-Veltliner mit beeindruckender Länge.

★★ S €€ RI
2021 Riesling Ried Kremsleithen + Kriecherl, Stachelbeeren, Zitronengras, auch etwas braune Trauben; knusprige Säure, appetitanregend, straff konturiert und trinkanimierend.

★★★ S €€ RI
2022 Riesling Ried Weinzierlberg + Rosa Grapefruits, Limonen, Melisse; sehr frisch und lebhaft, gut eingepackte reife Säure, hat Saft und Kraft, Riesling pur.

★★★★ S €€€ RI — TIPP
2022 Riesling Ried Altenburg Reserve + Herrlich duftiger Auftakt, Orangencreme, Maracuja, Papaya, auch am Gaumen Fruchtexotik pur, die reife Säure im Extraktpolster eingebettet; punktet gleichwohl mit Tiefgang und Eleganz, ausgewogen, lang nachklingend.

NIEDERÖSTERREICH

★★ S €€ CH
2022 Chardonnay + Nussiges Entree, Beeren, Getreide, am Gaumen auch Limetten; ab der Mitte durchaus burgundische Anmutung mit einem Säurespitzerl gegen Ende zu.

★★★ S €€ PB — TIPP
2022 Weißburgunder + Geröstete Nüsse, Birnen, zart nach Steinobst, Marillenkuchen, Limonen, viel Stoff und schmeichelnde Säure; kraftvoller Sockel, voluminös, verschwenderisch, total harmonisch und lang.

Weingut
Vorspannhof Mayr

Silke Mayr
3552 Droß, Herrngasse 48
Tel. +43 2719 30056, Fax 78056
weingut@vorspannhof.at, www.vorspannhof.at
14 Hektar, W/R 95/5

Der aus dem 15. Jahrhundert stammende Vorspannhof der Familie Mayr diente ehemals als Station, um Pferdegespanne zu wechseln. Seinen Aufstieg als Weingut erlebte der Hof unter Weinbau-Pionier und Qualitätsprediger Anton Mayr, der den Weinbaubetrieb als eine der besten Weißweinadressen Niederösterreichs etablierte. Viele Jahre unterstützte ihn dabei seine Tochter Silke, die 2014 das Weingut übernahm.

In den letzten Jahren wurde viel Zeit und Geld in die Weingärten investiert – etliche Rebanlagen wurden gerodet und die Flächen neu ausgepflanzt, wobei die Pflege der Jungreben gerade im Jahr 2022 der langen Trockenperiode im Sommer wegen eine besondere Herausforderung war.

Bei den Sorten dominieren die traditionellen Kremstaler Sorten Grüner Veltliner und Riesling, die es in vier bzw. drei Varianten gibt. Als Einstieg bei den Veltlinern gibt es einen leichten Vertreter mit der Bezeichnung Nussbaum, auf den drei Lagenweine folgen: Der Wolfsgraben dient als leichtfüßiger Klassiker, der Loiser Weg zeigt schon ordentlich Substanz und Ernsthaftigkeit. An der Spitze steht der reichhaltige und strukturierte Riedenwein vom Kremser Gebling. Beim Riesling stellt der „Löss" den Einstieg dar, als Riedenwein gibt es den pointierten Ried Kremsleithen und den reichhaltigeren Marthal, der in den letzten Jahren immer wieder exzellent ausgefallen ist.

Darüber hinaus stehen die Aromasorten Gelber Muskateller und Sauvignon Blanc sowie Chardonnay zur Verfügung sowie seit Kurzem auch ein Gemischter Satz von alten Reben.

Das von sommerlicher Trockenheit und herbstlichen Niederschlägen geprägten Jahr 2022 wurde sehr gut gemeistert. Die Premium-Riedenweine stammen alle noch aus dem tollen Jahrgang 2021, von dem auch ein Muskateller Eiswein zur Verfügung steht. *psch*

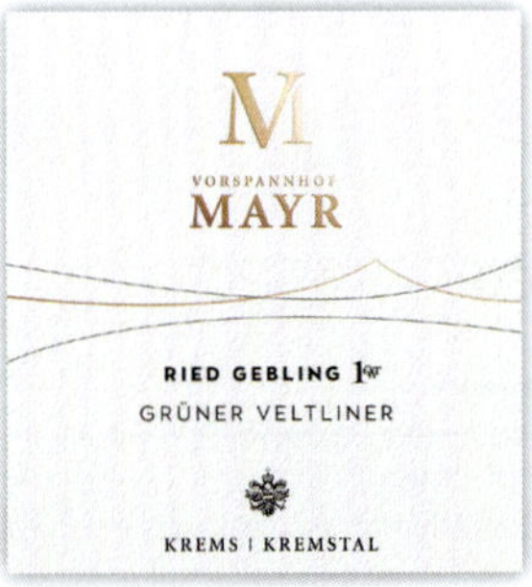

KREMSTAL DAC

★★ S €€ GV
2022 Grüner Veltliner Wolfsgraben + Hübsche Fruchtnase mit Unmengen Kernobst, roter Apfel, klar und frisch; elegant gebaut, schlanker Körper, schön balanciert, elegant, sanfter Trinkspaß.

★★★ S €€ GV — FUN
2022 Grüner Veltliner Ried Loiser Weg Stratzing + Leicht rauchig, ausgeprägte Würze, Tabak, Zitruszesten, Orange, etwas Schwarzbrot; mittlerer Schmelz, gute Fruchtfülle in der Mitte, geschmeidig, griffig.

★★★★★ S €€€ GV — TOP
2021 Grüner Veltliner Ried Kremser Gebling 1ÖTW Reserve + Rauchig, Zuckermais, reichhaltig, Rapshonig, Schwarzbrot, viel Würze, Marzipanhauch; reichhaltiger, satter Fruchtschmelz, vollmundig, Powerwein, zartherbe Begleitung, sehr lang.

★★ S €€ RI
2022 Riesling vom Löss + Kühle Frucht nach grünen Mirabellen und gelben Zitrusfrüchten; sanfter, fruchtbetonter Vertreter, harmonisch und süffig, schlanker Abgang.

★★★ S €€ RI
2022 Riesling Ried Kremsleithen Krems + Dezent, Wiesenkräuter und Birnen, Laub; Mittelgewicht mit einiger Frucht, Zitrus und etwas Pfirsich, leicht fruchtsüß, dezent knackig, mittleres Finish.

★★★★★ S €€€ RI — TOP
2021 Riesling Ried Kremser Marthal Reserve + Ausdrucksvoll, recht tiefgründige, elegante Frucht, Steinobst und dunkle Blüten, glockenklar; gelbe Pfirsiche, rosa Grapefruits, toller Biss, strukturiert, feinherb, straff, lang, toll.

NIEDERÖSTERREICH

★★★★ S €€ GS — TIPP
2022 Gemischter Satz Ried Kremser Gebling + Recht samtig, süße Gewürze, eingelegte Grapefruits, auch Melonen, Lindenblüten; anmutiger Fruchtausdruck, feinschmelziges Entrée, saftige Mitte, kernig nach hinten.

★★★ S €€ GM
2022 Gelber Muskateller + Kühle Anmutung, dezent, im Ausdruck, Blüten, leicht traubig, Zitrus, zart brotig; recht saftig, gerundet und gefällig, süffiger Trinkspaß, etwas kurz.

★★★ S €€ SB — PLV
2022 Sauvignon Blanc + Hübscher Ausdruck, dezent samtig, dunkle Blüten, etwas Schoten, elegant aromatisch; saftiger Biss, erfrischend, lebhaft, geht über vor Frucht, auch Stachelbeeren, hübsch.

★★★★ S €€€€€ GM
2021 Muskateller Eiswein + Verführerisch gelbtraubig mit Anklängen von Maracuja und Limetten, pikant; köstlich-saftiger Fruchtrausch mit ordentlich Restzucker und schriller Säure, lang, bildhübsch.

Weingut
Hermann Moser KG

Martin Moser
3495 Rohrendorf, Bahnstraße 36
Mobil +43 676 423 20 24
office@moser-hermann.at, www.moser-hermann.at
20 Hektar, W/R 80/20

Rund 400 Jahre ist der Name Moser mit dem Rohrendorfer Weingut verbunden, seit 2006 führen Martin und Carmen Moser den traditionsbehafteten Betrieb nunmehr in der 23. Generation. Das stark exportorientierte Weingut liefert rund 70 % seiner Weine in alle Welt, das meiste davon nach Amerika bzw. Kanada. Aber auch Deutschland, die Schweiz, Dänemark oder Hongkong stehen auf der Versandliste. Unterstützt werden die beiden von Hermann Moser, dem Herrn Papa, dessen bevorzugtes Gebiet die Weingärten sind. Der Betrieb befindet sich derzeit in der biologischen Umstellungsphase, die Zertifizierung wird bis 2025 erwartet.

Die mit Abstand wichtigste Rebsorte im Haus heißt Grüner Veltliner, der uns gleich in sechs verschiedenen Varianten vorgesetzt wird – jede von ihnen mit ganz individuellem Charakter, jeder eine eigene Persönlichkeit. Herausgreifen möchten wir die großartigen Lagenweine vom Gebling, bei denen heuer ein kühlwürziger, facettenreicher „Löss“ die Nase vorn hat vor der fast burgundisch anmutenden „Hannah“. Neu im Sortiment ist ein feiner, vielversprechender Zweigelt sowie erstmals auch ein trotz Maischevergärung gar nicht orange-, sondern hellfarbiger Veltliner, der bereits optisch signalisiert, was Martin Moser mit „Ein Orange-Wein für Normalsterbliche!“ kommentiert. Abgefüllt wird der Wein, frei nach dem Motto „back to the roots“, in 30 Jahre alte Weinflaschen, verkorkt und versiegelt. ***bb***

KREMSTAL

★★ S €€ GV
2022 Grüner Veltliner Per Due + Reduktive, etwas vordergründige Frucht, Ribisel, grüne Bananen, feiner Säuretouch; amikaler, herzerfrischend süffiger Wein.

★★ S €€ GV PLV
2022 Grüner Veltliner Karmeliter + Ausgeprägtes Pfefferl, tabakig, dann grüne Äpfel, etwas Zitrus; saftiger Mittelgewichtler, lebhaft, zum Beißen.

★★★ S €€ GV
2022 Grüner Veltliner Kaiserstiege + Würziges Entree, Pfefferkörner, Wildkräuter, gefolgt von Mangos und weißen Birnen; fest gebaut, fleischig, komplett.

★★★ S €€€ GV
2022 Grüner Veltliner Ried Gebling „Fortissimo“ Reserve + Florale Nase, weiße Blüten, auch traubige Einschlüsse, Orangenzesten; kraftvoll, rauchig, mit rustikalem Säuregrip, leicht phenolischer Background; vielschichtig, tadellos.

★★★★ S €€€ GV TIPP
2022 Grüner Veltliner Ried Gebling „Der Löss“ 1ÖTW Reserve + Verführerische Nase, Honignoten, Havannas, auch kühle, minzige Aspekte; die cremige Textur wird von feiner Säurepikanz austariert, extraktsüß, mineralisch, komplex; Idealkombi aus Fülle und Finesse, glasklar strukturiert, langer Ausklang.

★★★★ S €€€€ GV
2022 Grüner Veltliner Ried Gebling „Hannah“ 1ÖTW Reserve + Heliotrop, Crème Brûlée, dann die volle Veltlinerwürze, Wildkräuter, dezent umspielt vom subtilen Holzausbau, dicht, füllig, zart-herbes Finish; Riesenpotenzial.

★★★★★ S €€€ RI TOP
2022 Riesling Ried Gebling „Kellerterrassen“ 1ÖTW Reserve + Toller Fruchtfächer, viel Marille, Nektarinen, Papaya; kräftiges Fundament, fleischig, verschwenderisch, dennoch kristallklar, hochelegant; bleibt und bleibt und gibt nicht nach; bester Kellerterrassen ever!

NIEDERÖSTERREICH

★★ S €€ GM
2022 Gelber Muskateller + Freche Muskatfrucht, Hollerkonzentrat, Zitronenzesten; knackig-spritziger Biss, anregend, erfrischend.

★★ S €€ RO
2022 Rosé „Rosi Mosi“ + Erdbeerkuchen, auch geschmacklich an Fruchtjoghurt erinnernd; veritables Leichtgewicht, stilistisch und trinkanimierend dank knuspriger Säure.

★★★ S €€€ ZW
2022 Zweigelt + Kirsche, Schlehe, Weichsel, konsequent rotfruchtig mit einem Hauch Bitterschokolade und Waldfrüchten; geschmeidig und ausgewogen.

★★ S €€€ GV
2021 Grüner Veltliner „Reblaus“ unfiltriert + Maischevergoren, herb-würzig, Radicchio, Orange-Bitter, Baumharz, dann überreife Birnen, Kräuterlikör, leicht malzig-luftige Einflüsse, alles dezent und stimmig.

Weinkellerei
Lenz Moser

3495 Rohrendorf, Lenz-Moser-Straße 1
Tel. +43 2732 85541
office@lenzmoser.at, www.lenzmoser.at

Die Weinkellerei Lenz Moser arbeitet ausschließlich mit heimischen Winzern und Winzergenossenschaften aus Niederösterreich und dem Burgenland zusammen. Rund 3000 Winzer liefern ihre Trauben an dieses Haus. Kellereileiter Ing. Michael Rethaller achtet dabei penibel auf höchste Qualität. Man verarbeitet hier insgesamt um die 2775 Hektar Rebfläche. Das Team um Ing. Rethaller schafft das mit Bravour.
Zu den Weinen: Sehr fein ist der 2022 Kremstal DAC Rohrendorf – ein überaus stimmiger Ortswein vom Grünen Veltliner. In diese Kerbe schlägt der 2022 Lenz Moser Prestige Grüner Veltliner – ein hervorragender, typischer Vertreter seiner Sorte. Bestens präsentieren sich die beiden Rotweine Lenz Moser Prestige aus Zweigelt – voller Charme – und Blaufränkisch – überaus strukturiert. Ich gestehe, dass mein Herz für den NOAH schlägt, eine Rotweincuvée aus Mailberg, ausgebaut im neuen 1000-Eimer-Fass. Der 2017er – ein ganz großer Jahrgang – ist äußerst schmackhaft und betört einen Rotweinfreund wie mich. Hier gibt es zwei Weine der besonderen Leseart – Beerenauslese und Trockenbeerenauslese –, die in ihrer Ausprägung zu den besten des Landes zählen und absolute Preis-Leistungs-Hämmer sind. Überhaupt wäre zu sagen, dass die Weine des Hauses Lenz Moser immer fair kalkuliert sind. *as*

KREMSTAL DAC

★★ S €€ GV
2022 Grüner Veltliner Rohrendorf + Ringlotten, Zitrus, Orangenzesten, gelber Apfel, kühle Noten, frische Kräuter, salzige Noten, saftig, charaktervoll, eng strukturiert, würzig, knackig, ein toller Ortswein von hohem Niveau.

NIEDERÖSTERREICH

★★ S €€ GV
2022 Lenz Moser Selection Grüner Veltliner + Apfel, Orangenschalen, Zitrus, Pfeffer, Honigmelone, Heublumen, Birnentouch, zart-würzig, Pomelo, trinkanimierend, typisch, Steinobst, macht so richtig Spaß.

★★ S €€ GV
2022 Lenz Moser Prestige Grüner Veltliner + Grapefruit, Zitruszesten, Honigmelone, Orangen, gelbe Birne, Kräuterwürze, Gewürznoten, Exotik, Pfeffer, reife Trauben, kompakter Körper, in sich harmonisch, Mineralität ausstrahlend.

BURGENLAND

★ S €€ GM
2022 Gelber Muskateller + Holunderblüten, Orangenschalen, Rosenton, Pfirsichtouch, Muskatnuss, traubige Eleganz, Blütenduft, feine Säure, feingliedrig, warmes Timbre, stimmig und überaus fein zu trinken.

★★ S €€ ZW
2020 Lenz Moser Prestige Zweigelt Reserve + Kirschen mit Mandeln, rote Beeren, Himbeeren, Zwetschken, etwas Nougat, fruchtig, weiches Tannin, anmutig, subtil, süffig, schön rund, charmant, unkompliziert auf bestem Niveau. Wunderbar zu trinken.

★★ S €€ BF
2020 Lenz Moser Prestige Blaufränkisch Barrique + Feinwürziges Bukett, rote Beeren, Kirschen, Brombeeren, Zwetschken, Kaffee, Mandelbögen, weich, feine Würze, vollmundig, extraktreich, charaktervoll, saftig, zeigt Eleganz. Ein typischer, so richtig schön zu trinkender Blaufränkischer. Das kann sich sehen lassen.

★★★ S €€ CW FUN PLV
2018 Lenz Moser Prestige Beerenauslese + (0,375-Liter-Flasche) Gold, Orangen, Ananas, Marillen, Pfirsich, Mango, Maracuja, Mandarinen, ein Früchtekorb, Honig, Lebkuchen, harmonisch, passende Säure, reichhaltig, Kokos, Vanille, pannonisches Flair. Niemals klebrig. Immer wunderbar zu trinken. Ein Preis-Leistungs-Hammer.

★★★ S €€€ CW TIPP
2018 Lenz Moser Prestige TBA + (0,375-Liter-Flasche) Ein konzentrierter, überaus reichhaltiger Süßwein, eine wahre Essenz, Pfirsich, Mango & Co., Marillen, Orangenblüten, harmonisch, eine niemals klebrige Süße, große Eleganz, tolles Säurespiel, perfekte Botrytis. Ein großzügiger Wein der besonderen Leseart. Ein Erlebnis. Ein großartiger Wein, der einem Energie gibt.

NIEDERÖSTERREICH

★★★ S €€€ CR
2017 NOAH + (ZW/CS/ME – aus Mailberger Lagen, ausgebaut im 1000-Eimer-Fass) Beeren und Kirschen, Cassis, Brombeeren, Erdbeeren, Nougat, feinwürzig, elegant, eloquent, feine Früchte, Tabak, ein Hauch Vanille, der Wein ist perfekt balanciert, hat sich bestens entwickelt. Ganz hohes Niveau. Da macht Rotweintrinken Spaß!

Weingut
Müller

3508 Krustetten, Hollenburger Straße 12
Tel. +43 2739 2691
info@weingutmueller.at, www.weingutmueller.at

Das Weingut der Familie Müller konnte schon auf eine lange Geschichte zurückblicken, als es 1936 von Leopold Müller mit weniger als einem Hektar übernommen wurde. Erstmals urkundlich erwähnt wurde es als Lesehof des Stifts Göttweig bereits um 1270. Heute widmen sich die dritte und vierte Generation unter der Führung der engagierten Brüder Leopold und Stefan der Anbaufläche von beachtlichen 120 Hektar. Die ganze Familie ist aktiv eingebunden, alle haben klar definierte Verantwortlichkeiten, mit vereinten Kräften zieht man an einem Strang. Qualität steht ganz oben auf der Prioritätenliste. Die Weine sind keine Blender, alles Vordergründige ist ihnen fremd. Die Familie verfügt über eine Reihe renommierter Rieden mit zum Teil sehr unterschiedlichen Bodenverhältnissen und mikroklimatischen Randbedingungen, was für Abwechslung und Wiedererkennbarkeit der Weine sorgt. Das Spektrum reicht von tiefgründigem Löss über Verwitterungskonglomerat bis zu kargen Böden kristallinen Ursprungs. „Wir legen höchsten Wert auf nachhaltige Bewirtschaftung und Vinifizierung unserer Weine", hält Kellermeister Leopold Müller fest.
Die aktuelle Serie zeigt einladende und fruchtbetonte 2022er, die Lagenweine aus 2021 sind von ihrem Terroir geprägt. Wiederum ein heißer Tipp ist die Neuburger Reserve vom Kremser Kogl, ein bemerkenswertes Sortenkleinod. Die beiden Rotweine besitzen einen kühlen, trinkanimierenden Charakter, eine vielschichtige Aromatik und eine klare, feingliedrige Struktur. *ww*

KREMSTAL DAC

★★★ S €€ GV **PLV**
2022 Grüner Veltliner Ried Kremser Kogl + Einladend, fruchtbetont, gelbe Pflaumen, feine Sortenwürze; charmante Frucht, sanfter Schmelz, angenehme Säure, feinkörnige Gewürze eingestreut, mittleres Gewicht.

★★★ S €€€ GV
2021 Grüner Veltliner Ried Gottschelle + Sanfter Druck, reife gelbe Äpfel, leise Bodentöne, sortenaffine Würze; schließt nahtlos an, feines Säurerückgrat, hinten auch eine kleine Prise Zitrus, Zug, lebhaft.

★★★★ K €€€ GV **TIPP**
2021 Grüner Veltliner Reserve Ried Eichbühel + Gediegen, kündet Substanz an, reife Äpfel, Würze, ganz feine Bodentöne; aromatisches Dacapo, präzise strukturiert, Hauch Gerbstoffe hinten, gleitet ruhig über den Gaumen, Terroir.

★★★ S €€€ RI
2021 Riesling Ried Leiten + Sorte unverkennbar, reife Pfirsiche, leise Bodentöne; schließt aromatisch nahtlos an, animierendes Säurespiel ohne Aggressivität, Steinobst und eine Spur Zitrus klingen lange nach, vom Boden aus Verwitterungsgestein geprägt.

★★★★ K €€€€ RI **TIPP**
2021 Riesling Reserve Ried Goldberg + Druckvoll, geschmeidig, kalkig-kreidig, reife Weingartenpfirsiche und Marillen; profunde Frucht, Schmelz, Kraft ohne Üppigkeit, angenehme Säure, Bodentöne, reifes Steinobst und eine Prise Zitrus im langen Nachhall.

NIEDERÖSTERREICH

★★ S €€ GM
2022 Gelber Muskateller Göttweiger Berg + Freundlich, angenehm dezent, Sorte klar, Holunderblüten, Prise Muskatnuss, Grapefruits; zeigt diese Aromen auch im Geschmack, feinkörnige Säure, zugänglich, Trinkfluss.

★★★ S €€ SB
2022 Sauvignon Blanc Göttweiger Berg + Klassisches Sortenbukett, Kiwis, Karambole, schwarze Johannisbeeren, Cassislaub; Cassis und grünblättrige Würze geben den Ton an, mittleres Gewicht, glockenklar, einladend, im Nachhall auch grüne Bananen.

★★★★ K €€€€ NB **TIPP**
2021 Neuburger Reserve Ried Kremser Kogl + Sanfter Druck, nussig, Malz, Kletzen, hochreife Birnen; bringt diese vielschichtige Aromatik auch im Geschmack, druckvoll, Schmelz, sehr lang, bemerkenswert.

★★★ K €€€€ CR
2019 Diana + (ZW/CS/ME) Profunde Frucht, Kirschen, Pflaumen, dunkle Beeren, getrocknete Kräuter; diese Aromen fein verwoben auch im Geschmack, zarte Tannine, Säurespiel, feinfühliger Holzeinsatz, passende Länge, im Nachhall auch Nelken und Piment.

★★★ K €€€€€ CR
2018 Diana Große Reserve + (ZW/SL/ME) Feingliedrig, Weichseln, Prise Kräuter, tief im Glas Bergamotte und Schwarztee; viele Facetten, elegant, kühler Touch, zartes Gerbstoffnetz, fernab von Üppigkeit, spannend, Holz perfekt eingebaut, mittleres Gewicht, Trinkfluss.

Weingut **Nigl**

Martin Nigl
3541 Senftenberg, Kirchenberg 1
Tel. +43 2719 2609, Fax -4
info@weingutnigl.at, www.weingutnigl.at

Es ist immer ein Erlebnis, die Weine des Hauses Martin Nigl zu verkosten. Diese strotzen vor Mineralität, wachsen sie doch auf besonderen Böden wie Granit, Gneis, Glimmerschiefer und Amphibolit. Bei den Kremser Lagen gesellt sich noch Löss hinzu. Senftenberg befindet sich an der Anbaugrenze. Hier herrscht nachts eine Kühle aus dem Waldviertel, die den Weinen eine unvergleichliche Aromatiefe verleiht. Dass hier jede einzelne Flasche aus handgefertigtem Lesegut besteht, sei nicht unerwähnt.

Einzelne Weine hervorzuheben fällt mir schwer, es gehören alle vor den Vorhang. Die beiden Grünen Veltliner Gärtling und Freiheit sind wunderbar etwas früher zu trinken – ganz hohes Niveau. Grüner Veltliner Alte Reben – ein ungemein eleganter, feinfruchtiger Wein. Der Rehberger Grüner Veltliner Zwetl – diese Lage befindet sich am Fuße des Goldbergs 1ÖTW – ist von außergewöhnlicher Individualität. Von seltener Noblesse präsentieren sich Grüner Veltliner Pellingen und Grüner Veltliner Herzstück vom Kirchenberg – wobei Letzterer sich zu einem großen Wein auswachsen wird. Die Rieslinge – Piri, Goldberg, Hochäcker –, man wird fast wahnsinnig, sich für einen zu entscheiden. Befinden sich doch diese ziemlich auf Augenhöhe. Einer der besten Piri-Rieslinge der jüngeren Geschichte. Goldberg ist ungemein spannend. Beim Hochäcker ist alles klar, es ist Riesling von absoluter Weltklasse. Ich empfehle, sich genügend Magnumflaschen von diesen Weinen zurückzulegen. Da hat auch die nächste Generation etwas davon. Nicht zu vergessen auf den Gelben Muskateller und den Sauvignon Blanc.

Dass man hier auch hervorragend speisen und bestens das Haupt zur Ruhe betten kann, hat sich ebenfalls schon herumgesprochen. *as*

KREMSTAL DAC

★★ S €€€ GV
2022 Grüner Veltliner Piri + Gelbe Früchte, Limette, Grapefruit, viel Mineral, Marillen, Ananas, Kräuter, Stachelbeeren, steinige Aspekte, kühle Finesse, von kristalliner Struktur, total eng, langatmig, knackig, voller Pikanz, geht in die Tiefe. Ein hochwertiger Grüner Veltliner von ziemlicher Klasse und Ausdruck.

★★★ S €€€ GV
2022 Grüner Veltliner Alte Reben + (Weinzierlberg, 40–70 Jahre alte Reben, Löss und Glimmerschiefer) Marille, Kräuterwürze, dezent pfeffrig, deutet Mineralität und Klasse an, gelbe Früchte, dezente Exotik, überaus präsent am Gaumen, reifer Apfel, fleischig, Honigmelone, lebhafte Säure, weinig-cremige Textur, der geht seinen Weg. Ein so richtig wunderbarer Wein von hoher Typizität.

★★★ S €€€ GV
2022 Grüner Veltliner Ried Rehberger Zwetl 1ÖTW + (Löss und Amphibolit) Rote Beeren, Feuerstein, Pfirsich, Nelken, Orangenblüten, engmaschig, salzig, feine Frucht, elegant, spannend und überaus individuell. Ganz anders als die anderen. Benötigt unbedingt Flaschenreife. Der wird sich im Herbst von seiner besten Seite zeigen.

★★★★ S €€€€€ GV TIPP
2022 Grüner Veltliner Ried Pellingen 1ÖTW + (ca. 30 und 50 Jahre alte Reben) Aber hallo, ungemein stoffig, gelbfruchtig, Steinobst, Lindenblüten, weißes Nougat, Jasmin, Marille, Honigmelone, frische Kräuter, feine Frucht, feingliedrig, salzig, zart pfeffrig, große Eleganz, tiefgründig, von adeliger Struktur.

★★★★ S €€€€€ GV TIPP
2022 Grüner Veltliner Herzstück vom Kirchenberg + (Glimmerschiefer) Grapefruit, Orangenblüten, Waldhonig, Honigtouch, Blütenduft, Jasmin, Blutorange, Marille, Zitrus, ganz feine Würze, Kräuter, Gewürze, Tabak, Pfefferschleier, Kaffeenoten, dichte Struktur, ungemein weinig und balanciert, große Eleganz, ein bezwingender Wein von überragender Klasse. Ein wahrlich edler Wein.

★★★ S €€€ RI
2022 Riesling Piri + Voller Zitrusfrische und jugendlicher Fulminanz, Grapefruit, dezente Exotik, knochentrocken, dunkle Tönung, rassig, straff, Riesling pur, salzige Mineralik, Marille, reifer Apfel, dicht und knackig, spannend, fordernd, vielschichtig, nasser Stein, hohe Reife. Einer der besten Piri-Rieslinge ever.

★★★★ S €€€€€ RI
2022 Riesling Ried Rehberger Goldberg + (Amphibolit) Marillenfrucht, Orangenblüten, ungemein tiefgründig, rassige Säure, rauchig, Tabak, Kräuter, Gewürze, Ananas, enorm viel Mineral, dunkel, anhaltend, ein Riesling wie ein spannender Krimi. Dichte Struktur, viel Ausdruck, viel grandioser Riesling.

★★★★ S €€€€€ RI TIPP
2022 Riesling privat Ried Hochäcker 1ÖTW + Dunkles Gesteinsmehl, frische Marille, Zitrus, Quitte, gelber Apfel, tolle Frucht, straff, hochelegant, quietscht vor Mineralik, zeigt Finesse, enorme Substanz, voller Dynamik, schiefrige Noten. Einer der großen Rieslinge des Landes.

NIEDERÖSTERREICH

★★ S €€ GM
2022 Gelber Muskateller + Limette, Holunder, Johannisbeeren, Rosenblüten, ein Hauch von Zimt, ungemein fest strukturiert, Litschitöne, Muskatnuss, alles hintergründig angelegt, niemals laut, rassige Säure, griffig, ein perfekter Aperitif.

★★ S €€€ SB
2022 Sauvignon Blanc + Anfangs reduktiv, geht ganz langsam auf, total dunkel, alles ist noch verhangen, doch es ist toller Stoff, der geht seinen Weg, der braucht den Herbst. Gelber Paprika, zarte Brennnesseln, Holunderblüten, rauchiges Cassis, entwickelt Grip, viel Zukunft.

★★ S €€ GV
2022 Grüner Veltliner Gärtling + Tolles Pfefferl, Exotik, Ananas, Orangenschalen, Apfel und Birne, Marillen, Zitrus, Blüten, Kräuter, würzig, tolle Säure, druckvoll, attraktiv, gute Länge. Ein wunderbarer, typischer, süffiger Grüner Veltliner auf sehr hohem Niveau.

★★ S €€ GV
2022 Grüner Veltliner Freiheit + Dezentes Pfefferl, Orangenschalen, Zitrus, Pomelo, Hauch von Kakao, fruchtige Frische, herzhafter Biss, knackig und lebendig, Ananas, Apfel, charaktervoll, getrocknete Kräuter, beste Zukunftsperspektiven.

Weinhof
Christian Parzer

Christian Parzer
3511 Oberfucha, Ortsstraße 9
Tel. +43 2739 2414
office@weinhof-parzer.at, www.weinhof-parzer.at
8 Hektar, W/R 87/13

Seit 1843 ist das Weingut am Fuße des Göttweiger Berges mit einigen der besten Rieden wie Sprinzenberg, Richtern und Gaisberg im Besitz der Familie. Das Weinsortiment wird ergänzt durch Edelbrände und Marillen. Man betreibt auch eine Pension in wunderbarer Ruhelage inmitten von Wein- und Obstgärten, mit netten Zimmern und einem solarbeheizten Schwimmbad.
Der Fokus des Hauses richtet sich auf Grüner Veltliner und Riesling. Zu Beginn gibt es aber einen süffigen 2022 Gemischter Satz. Bestens präsentiert sich der 2022 Grüner Veltliner Ried Sprinzenberg, gesteigert vom 2022 Grüner Veltliner Ried Gaisberg. Bei dem 2021 Grüner Veltliner Ried Richtern spielt Zeit eine große Rolle – am nächsten Tag war er in brillanter Form. Weiter mit den Weinen: 2021 Riesling „Herzstück" lieblich – ein extremer Riesling mit Restzucker und einer Riesensäure. Mächtig und ausdrucksstark präsentiert sich der 2019 Grüner Veltliner Große Selektion – unbedingt zeitgerecht dekantieren und aus einem großen Glas genießen.
Zwei Weine namens JP – Johann Parzer – sind dem verstorbenen Vater von Christian gewidmet. Beide Weine kommen aus dem Jahrgang 2018 – ein Grüner Veltliner und eine Rotwein-Cuvée aus Merlot und Cabernet Sauvignon. Weine für die Ewigkeit – so werden sie genannt. Ein weiter Rotwein gehört vor den Vorhang, nämlich ein 2017 Cabernet Sauvignon Ried Gaisberg. *as*

KREMSTAL DAC

★★★ S €€ GV
2022 Grüner Veltliner Ried Sprinzenberg + Gelbe Früchte, Ringlotten, Pfefferschleier, frische Kräuter, Nelken, Apfel, elegant, zeigt Finesse, feingliedrig, glasklare Strukturen, Mineralität, gibt Gas.

★★★ S €€ GV
2022 Grüner Veltliner Ried Gaisberg + Pfeffrig, dezent rauchig, frischer Apfel, Birnen, Marille, Ananas, elegant, cremige Noten, feine Frucht, würzig, Säurebiss, bestens strukturiert, vielschichtig, aus einem Guss.

★★ S €€ RI
2022 Riesling Ried Sprinzenberg + Marille, bisschen Nougat, Apfelnoten, Zitrus, kühl, Ananas, knackige Säure, straff, lebhaft, fordernd, nervig, standfest.

★★★ S €€ GV
2021 Grüner Veltliner Ried Richtern + Weißbrot, Pfeffer, Tabak, fest strukturiert, einiger Tiefgang, salzig, Kernobst, dunkle Tönung, erdige Noten, Kräuter, griffig, ernsthaft, momentan im Umbruch, am Tag danach elegant, wird vielschichtig, geht lang ab.

NIEDERÖSTERREICH

★★ S €€ GS FUN
2022 Gemischter Satz + (CH/RI/GV/GM/GT) Frisch-fruchtiger, rassiger Sommerwein, Zitrus, etwas Pfeffer, Steinobst, schlank, lebendig, knackig, herzhaft.

★★ S € GV
2022 Grüner Veltliner „vom Urgestein" + Dunkel getönt, steinig, fruchtig, frische Säure, Kräuterwürze, Pfeffer, pikant, Zitrus, Apfel, schnörkellos, guter Druck.

★★★ S €€€ RI
2021 Riesling „Herzstück" + (lieblich, Ried Seebodenweg, 17 Monate im gebrauchten 500-Liter-Fass, 11 % Vol., 10 Säure, 33 g Restzucker) Kräuterwürze, Ananas, Pfirsich, Marille, die hohe Säure wird durch den Restzucker kompensiert, ungemein pikant, viel Mineral, ungemein fordernd, ein Riesling für die nächsten Jahrzehnte. Das wäre eine perfekte Taufbeigabe.

★★★ S €€€ GV
2019 Grüner Veltliner Große Selektion + () Sattes Gelb, brotige Noten, erdig, ungemein präsent am Gaumen, tiefgründig, eng, erste Reife, ungemein spannend, Kräuterwürze, Pfeffer, Gewürznoten, salzig, das ist Mineralik pur. Ungemein langer Abgang. Gereift, doch nicht alt,

★★★ S €€€€ GV
2018 Grüner Veltliner JP für die Ewigkeit + (Hommage an den verstorbenen Vater von Christian – Johann Parzer) Ein Wein mit noch fast jugendlichem Timbre, kühl, viel Mineral, salzig, Kräuter, Pfeffer, Gewürze, ein Hauch Kaffee, Tannenwipfel, am Gaumen mit frischer Frucht, einiger Eleganz, wo ist da der heiße Jahrgang?

★★★ S €€€€ CR
2018 JP für die Ewigkeit Cuvée + (ME/CS) Schwarzviolett, Cassis, Leder, rauchig, feste Tanninstruktur, griffig, Kirschen, Tomatenblatt, fruchtig, einiger Tiefgang, straff, Brombeeren, Heidelbeeren, das Tannin pickt an den Zähnen. Ein kraftvoller Rotwein, der mehr durch Kraft als Finesse beeindruckt.

★★★ S €€ CS
2017 Cabernet Sauvignon Ried Gaisberg + (14 Monate Ausbau in neuen und gebrauchten 500-LiterFässern) Johannisbeeren, Minze, Kirschen, Zwetschken, feines Bukett, ungemein saftig, straffes Tannin.

LANDESGALERIE
NIEDERÖSTERREICH
KUNSTSCHÄTZE
VOM BAROCK BIS ZUR GEGENWART
Kunstmeile Krems
13.05.2023–11.02.2024
lgnoe.at
Anton Romako, Mädchen mit Kaninchen, 1877, Öl auf Leinwand, © Landessammlungen NÖ
KULTUR
NIEDERÖSTERREICH

Weingut
Familie Proidl

Patrick Proidl
3541 Senftenberg, Oberer Markt 5
Tel. +43 2719 2458
weingut@proidl.com, www.proidl.com
28 Hektar, W/R 90/10, 120.000 Flaschen/Jahr

Das Familienweingut Proidl ist seit Jahren unter den allerbesten Weißweinbetrieben in Österreich. Das liegt einerseits am klaren Bekenntnis zu Charakter und Ausdruck der jeweiligen Terroirs, andererseits daran, dass bei der Erziehung der manchmal auch durchaus aufsässigen Kellerkinder auf gröbere Intervention verzichtet und folglich auf die Förderung der Eigenständigkeit gesetzt wird.
Das kompromisslose Streben nach Top-Qualitäten wurde bereits in den Neunzigerjahren unter Führung des ebenso impulsiven wie kreativen Franz Proidl und seiner Frau Andrea praktiziert. Diesem Weg hat sich Sohn sowie Weinbau- und Kellermeister Patrick Proidl – zehnte Familiengeneration in Senftenberg – ebenso bedingungslos verschrieben, wobei er dem unverfälschten Ausdruck der verschiedenen Terroirs sowie Fruchttransparenz und Finesse besonders große Aufmerksamkeit widmet.
Neben den klassischen Sorten Grüner Veltliner und Riesling, die in zahlreichen Varianten ausgebaut werden, gibt es auch Chardonnay sowie Muskateller und Traminer, dazu auch einige Rotweine sowie Rosé. Neben trockenen Weißweinen gibt es hier auch regelmäßig Süßweine der Spitzenklasse – von Auslesen bis zu TBAs. Seit ein paar Jahren werden auch immer wieder anregende PetNats erzeugt, etwa aus Riesling und Chardonnay.

Die Weingärten liegen in und um Senftenberg – zu einem guten Teil in bis zu 60 Grad steilen Hanglagen mit steinigen, kargen Böden. Vitikulturelles Herzstück des Betriebes ist die direkt unterhalb der Burgruine Senftenberg situierte Top-Lage Ehrenfels mit Riesling und Veltliner, weitere Spitzen-Crus sind Pfeningberg und Hochäcker (Riesling) sowie Pellingen. Ihrer Herkunft entsprechend sind Veltliner und Riesling tendenziell mit prägnanten Säurewerten versehen; die Zuckerreife kommt in den sonnengeküssten Lagen Senftenbergs aber auch nicht zu kurz – und so entstehen hier kraftvolle, extraktreiche Weißwein-Klassiker mit mineralischer Würze und transparenter Frucht; das große Potenzial beweisen vor allem die Lagenweine immer wieder in Altweinverkostungen.
Neben dem klassischen Segment mit Gebiets-, Orts- und Lagenwein gibt es auch Patrick Proidls eigene Premium-Linie unter der Bezeichnung „Generation X". Zuletzt wurde das Sortiment um den großes Potenzial andeutenden Veltliner „Holzhammer" ergänzt; beim Riesling ist die Weintalried als jüngerer Zugang zu verbuchen. Beachtlich ist auch die elegante Premiere vom Donauriesling ausgefallen, die nichts von der Breite mancher Vertreter aus dieser PiWi-Sorte hat. ***psch***

KREMSTAL

★★ S €€ GV
2022 Grüner Veltliner „Freiheit" Senftenberg + Leicht hefig, grüne Hülsenfrüchte, ein Hauch von Bananenschalen, ausgewogen; recht schlank am Gaumen, harmonisch, eleganter Schliff, bisschen Grapefruits, nicht allzu lang.

★★★ S €€ GV PLV
2022 Grüner Veltliner „Rameln" Senftenberg + Dezenter Duft nach Wiesenblüten, etwas Maisbrot, elegante Frucht, hübscher Ausdruck; recht saftig, viel Frucht, kernig, lebhaft, auch recht gute Struktur, gewisser Biss, wirkt straff.

★★ S €€€ GV
2022 Grüner Veltliner Ried Hausberg + Cremige Nase nach türkischem Honig und Striezel, recht elegant, zart duftig, Krachmandeln; dezent saftig am Gaumen, bisschen Kräuter, Zitruszesten, zartbitter, mittleres Finish.

★★★ S €€€€ GV
2022 Grüner Veltliner Ried Pellingen 1ÖTW + Cremig-hellwürzig, Bananenbrot, Mais und Linsen, kandierte Zitronenzesten, auch Schwarzpfeffer, frisch; mittelkräftig, ungemein saftig, reifer gelber Apfel, fest strukturiert, zartbitter, mittellang, knapp am 4. Stern.

★★★★★ S €€€€ GV TOP
2022 Grüner Veltliner Ried Ehrenfels 1ÖTW + Würzig zu Beginn, etwas Weizenkleie, pfeffrig, geriebene Nüsse, Quitten und Kerzenwachs, etwas Fenchel, Kamille; saftig, wunderbar saftige Apfelfrucht, vital und frisch, leichte Ananasnote, exotisch, leichtfüßig, gute Länge.

★★★ S €€ RI
2022 Riesling „Steilheit" Senftenberg + Kühle Frucht, duftig, eleganter Ausdruck, nach Pfirsich und etwas Mirabellen; schön saftig, elegant und lebhaft, feine Säure, fruchtbetont, einige Spannung, Trinkgenuss.

★★★ S €€€ RI
2022 Riesling Senftenberg Alte Reben + Bisschen cremig-weißbrotig, kühle Frucht, Zitrus, Ananas, etwas Würze, luftbedürftig; saftige Frucht, lebhaft, gewisse Fülle, Marillen, Melonen, zartherb, mittellang.

★★★ S €€€€€ RI
2022 Riesling Ried Pfeningberg 1ÖTW + Ungemein gelbfruchtig, Pfirsiche, eingelegte Birnen, etwas Weißbrot, verlockende Fülle, Lindenblüten; saftig, erfrischend, knackig, eher mittelgewichtig, dezente Frucht, zartherb nach hinten.

★★★★ S €€€€€ RI TIPP
2022 Riesling Ried Hochäcker 1ÖTW + Kühl und duftig, glockenklarer Ausdruck, frische Wiesenblüten, Holunderblüten, weißer Pfirsich; bildhübsch, klassisch; ungemein fein und ziseliert, wunderbar saftig, brillante Frucht, erfrischend, kernig, toller Biss, filigran, mittellang, traumhaft, hat das Zeug zur Größe.

★★★★★ S €€€€€€ RI TOP
2022 Riesling Ried Ehrenfels 1ÖTW + Duftig, samtig, ausgereift, pikant, exotische Fruchtfülle aus Beeren und Tropenfrucht, rote und weiße Ribiseln, Ananas, Litschis; herrlich saftiger Fruchtschmelz, vollmundig, geht über vor Frucht, rosa Grapefruits, Ananas, präzise, subtile Länge, nur Geduld!

NIEDERÖSTERREICH

★★★★ S €€€€€ RI TIPP
2021 Riesling Weintalried + Reichhaltige Nase, einige Kräuter, Kamille, Grüntee, Zuckermelonen, Lokum, kandierte Nektarinen; schmelzig, supersaftig, herrliche Fruchtsüße, opulent, tolle Frucht, Quitten, sehr lang.

★★★★★ S €€€€€€ RI TOP
2021 Riesling Proidl spricht Deutsch + Herrliche kandierte Gelbfrucht, Nektarinen, Mangos, Blütenhonig, dann kommen auch dunkle Blüten, Veilchen, samtig, tolle Fülle; geht über vor exotischen Noten, Nektarinen und Mangos, supersaftig, packender Biss, hochelegant und sehr lang.

ÖSTERREICH

★★★ S €€€ DR FUN
2022 Donauriesling + Anfangs etwas bedeckt mit würzig-mehligen Noten, dann Aranzini und getrockneter Pfirsich, pikant, hell; elegant-saftiger Biss, Zitronenmelisse, etwas spritzig, frische Zitronenzesten, Kumquats, zartbitter, mittellang.

Weinbau
Markus Redl

Christian & Markus Redl
1190 Wien, Kahlenberger Str. 32/3/15
Tel. +43 1 370 83 27
weinbau.redl@aon.at
2 Hektar, W/R 100/0

Das kleine Weingut von Markus Redl und seinem jüngeren Bruder Christian ist uns schon vor Jahren wegen seines bemerkenswert fairen Preis-Leistungs-Verhältnisses aufgefallen. Geführt wird der Betrieb im Nebenerwerb. Hauptberuflich sind die beiden Absolventen der Universität für Bodenkultur wissenschaftlich mit Wein beschäftigt – Markus an seiner Alma Mater, Christian an der Höheren Bundeslehranstalt für Wein- und Obstbau in Klosterneuburg.
Ihr zwei Hektar großes Weingut liegt mitten in den Kremser Lagen, der Betrieb ist in der renommierten Ried Holzgasse situiert. Aufgrund ihrer Ausbildung sind Zufälle bei der Weinwerdung praktisch ausgeschlossen. Ihrer Linie wollen sie treu bleiben und nicht aus Marketinggründen auf modische Trends setzen. Sie sind überzeugt, dass die Basis der Qualität in den Weingärten liegt. Daher wird schon beim Rebschnitt individuell auf jeden Rebstock eingegangen, weil sowohl Unterforderung als auch Überstrapazierung vermieden werden sollen. Das steigert die Chancen, die bis zu 100 Jahre alten Rebstöcke vital zu halten. Für geschmackliche Abwechslung ist gesorgt, denn sie wurzeln entweder in Löss oder in Schotterboden. Leitsorte, wenn man so will, ist der Grüne Veltliner. Komplettiert wird das übersichtliche Sortiment durch einen Riesling, und der wächst auf kargen und steilen Terrassen unterhalb der Donauwarte in Egelsee, der Untergrund besteht aus verwittertem Urgestein. Maschineneinsatz ist in dieser Lage ausgeschlossen, die jungen Männer müssen hier alles von Hand erledigen. Dieser Aufwand spiegelt sich nicht in den Preisen wider, die erfreulich moderat geblieben sind.

Die heuer vorgestellten Grünen Veltliner sind sortentypisch, die jeweiligen Böden kommen durch. Jener von der Ried Holzgasse präsentiert sich fruchtbetont mit einem exotischen Touch, der Grüne Veltliner Kremser Vinitor ist wiederum der druckvollste Wein in dieser Serie. Ein ausgesprochen charmanter Wein mit bemerkenswertem Trinkfluss ist der Riesling von den Kremser Urgestein-Terrassen. *ww*

NIEDERÖSTERREICH

★★ S € GV
2022 Grüner Veltliner Kremser Weingärten + Klares, sortentypisches Bukett, ätherische Würze erinnert an Piniennadeln, reife Äpfel, zarte Anklänge von hellem Steinobst; diese Aromen kommen auch auf dem Gaumen, zugängliche Säure, mittleres Gewicht.

★★★ S € GV
2022 Grüner Veltliner Kremser Ried Kerschbaum + Sanfter Druck, Lössboden kommt durch, Äpfel, sortentypische Würze; lebhaft, saftige Frucht, Säurespiel, im Abgang und im Nachhall Bodentöne und würzige Aromen.

★★★ S € GV PLV
2022 Grüner Veltliner Kremser Ried Holzgasse + Einladend, sortentypisch, viel Frucht, reife Marillen, exotischer Touch à la Babyananas, hauchzarte Würze; die Frucht gibt auch im Geschmack den Ton an, Schmelz, gute Länge, im Abgang feinkörnige Würze.

★★★ S € GV TIPP
2022 Grüner Veltliner Kremser Vinitor + Druckvoll, kompakt, Tannennadeln, saftige Frucht, Bodentöne; aromatisches Dacapo, Kraft ohne Üppigkeit, sympathische Gerbstoffe im Abgang erinnern an Pomelos, auch bodenstämmige Aromen, gute Länge, viel Wein fürs Geld.

★★★ S € RI PLV
2022 Riesling Kremser Urgestein-Terrassen Ried Braunsdorfer + Glockenklar, sortentypisch, Weingartenpfirsiche geben den Ton an, tief im Glas florale Anklänge; schließt mit saftigen Pfirsichen nahtlos an, animierendes Säurespiel, präzise, gute Länge, Weingartenpfirsiche klingen lange nach, vom kristallinen Boden geprägt, charmant bei bemerkenswertem Trinkfluss.

Weingut & Gästehaus
Josef Rosenberger

Josef Rosenberger
3495 Rohrendorf, Leisergasse 29
Tel. +43 2732 83843, Fax -4
mail@rosenbergerwein.at, www.rosenbergerwein.at
14 Hektar, W/R 80/20, 60.000 Flaschen/Ja

Unglaubliche 300 Jahre ist das Weingut im Besitz der Familie Rosenberger, nämlich seit 1722. Im Jahr 2003 übernahm Josef Rosenberger die Leitung, unterstützt von seiner Frau Helga und den beiden Kindern Lisa und Josef, der heuer im Jänner in den Betrieb eingestiegen ist. 2009 wurde ein völlig neuer, mit modernster Technik ausgestatteter Keller errichtet. Die Weißweine werden in Edelstahltanks ausgebaut, ausgewählte Rotweine in Eichenfässern in einem sehenswerten Barriquekeller. Der Winzer steht für naturnahen Weinbau im Einklang mit der Natur unter Anwendung moderner Kellereitechnik. Eine bedeutende Rolle spielt für ihn der Mond, nach dem sich die Weinlese und Verarbeitungsschritte wie das Umziehen, Filtrieren oder Abfüllen richten. Im abwechslungsreichen Sortiment spielt der Grüne Veltliner die erste Geige. Die Rieden des Weingutes weisen unterschiedliche Böden auf. So ist die Kaiserstiege von tiefgründigen Lössterrassen auf Konglomerat geprägt. Im Kellerweingarten stehen die Reben auf sehr alten Terrassen, sie wurzeln in tiefgründigen, ausgesprochen kalkreichen Böden aus Lehm und Löss. Die Familie Rosenberger verfügt auch über Anteile an der renommierten Ried Gebling, einer bemerkenswerten Terrassenlage aus kalkhaltigem Konglomerat-Verwitterungsgestein mit Lössauflage.

Die aktuelle Serie präsentiert sich ausgewogen und herkunftstypisch. Insbesondere den DAC-Weinen drücken die Böden sensorisch ihren Stempel auf. Gemeinsam ist ihnen eine angenehm unplakative Art, sie scheinen in sich zu ruhen. Die Preise sind ausgesprochen fair.

Der Betrieb verfügt über ein Gästehaus mit vier Zimmern und einem behindertengerechten Apartment; das Kaffeehaus ist vorübergehend geschlossen. *ww*

KREMSTAL DAC

★★ S €€ GV **FUN**
2022 Nachtfalter Grüner Veltliner + Herzhaft nach grünen Äpfeln, dezent würzig, einladend; saftig, trinkanimierend, beschwingt.

★★★ S €€ GV **PLV**
2022 Grüner Veltliner Alte Reben + Elegante Würze, feine Frucht, leise Bodentöne, Anklänge von Propolis; schließt aromatisch an, feingliedrig, zartes Säurerückgrat, viel Wein fürs Geld.

★★★ S €€€ GV **TIPP**
2022 Grüner Veltliner Ried Rohrendorfer Gebling + Dunkle Blüten, hauchzarte Gewürzaromen, Fichtennadeln, Äpfel; nobel mit sanftem Druck, Aromen vom Bukett kommen wieder, im Nachhall Prise Gerbstoffe, Würze und Boden.

★★★ S €€€ RI
2022 Riesling Exklusiv + Elegantes Sortenbukett, Bodentöne, Pfirsiche, auch grünfruchtig; aromatisches Dacapo, zartes Säurenetz, Zug, Schmelz, bemerkenswerter Trinkfluss.

NIEDERÖSTERREICH

★★★ S €€ GV
2022 Grüner Veltliner Kaiserstiege Lössterrassen + Dezent, floral, Äpfel und reife Nektarinen, zarte Würze; einladender Aromenmix, Substanz und gute Länge.

★★★ S €€ RI
2022 Riesling Lössterrassen + Sanft, einladend, sortentypisch nach frischen Pfirsichen; sanfte Säure, Steinobst, Schmelz, Lössboden kommt durch.

★★ S €€ CW
2022 Lössterrassen Cuvée + Ausgewogen, Äpfel, feine Würze; saftig, Säurespiel ohne Aggressivität, leichtfüßig, Frucht und Prise Würze im Nachhall.

★★★ S €€ FV
2022 Frühroter Veltliner + Dezente Würze, grünblättrige Noten, leise Bodentöne, Frucht blitzt durch; Frucht im Geschmack präsenter, Schmelz, lebhaft, zugänglich, Substanz.

★★★ S €€ PB
2022 Weißburgunder + Sortenaffin, geriebene Haselnüsse, helle Frucht à la Birnen; präsentiert sich auch auf dem Gaumen so, zartes Säurespiel, mittleres Gewicht, ausgewogen.

★★★ S €€ CH
2022 Chardonnay + Freundlich, Birnen, helles Steinobst, florale und nussige Akzente; schließt aromatisch an, feine Säure, trinkanimierend, hinten auch hauchzarte Würze, gute Länge.

★★★ S €€ SB
2022 Sauvignon Blanc + Fruchtbetont, einladend, unplakativ, tief im Glas Cassislaub; sonnig, freundlich, feiner Schmelz, gute Substanz, Trinkspaß.

Weingut
Tanzer

Franz X. Tanzer
3506 Krems-Thallern, Thallener Hauptstraße 1
Tel. +43 2739 2208
wein@tanzer.at, www.tanzer.at
10 Hektar, W/R 85/15, 40.000 Flaschen/Jahr

Franz Tanzer, umtriebiger Winzer in Thallern am Fuße des Göttweiger Bergs, wartet heuer mit einer ausgesprochen homogenen Palette an Weinen auf, die durch die Bank noch schöner, noch präziser ausgefallen sind, als dies im Vorjahr der Fall war. Hauptgrund dafür dürfte der Umstand sein, dass die Gerbstoffbelastung 2022 weitaus geringer war als ein Jahr zuvor, vielleicht aber auch, dass sich die Weine infolge des späteren Kostzeitpunkts besser präsentiert haben. Wie auch immer – wir können heuer nur Erfreuliches berichten, sei es über die formidablen Veltliner, angefangen beim „Kremser Jüngling“ – ein veritabler Preis-Leistungs-Hit – oder bei den drei Riedenweinen, von denen sich der stoffig-kühlwürzige Goldberg als Überflieger präsentiert. Abgerundet wird das Veltliner-Segment vom im kleinen Holz vinifizierten „Talarin Reserve“, der – aus 2020 stammend – eine entsprechend lange Hefegärung im Barrique hinter sich hat und nun in optimaler Form in den Verkauf kommt.
Wunderschön sind heuer auch die beiden Rieslinge ausgefallen – sowohl der saftstrotzende Steinhagen als auch sein elegantes Pendant vom „Schweren Zapfen“ verdienen einen Sonderapplaus. Den furiosen Schlusspunkt setzt ein herausragender, 36 Monate im kleinen Holz gelagerter Cabernet Sauvignon – unbedingt probieren!

bb

KREMSTAL DAC

★★★ S €€ GV
2022 Grüner Veltliner Ried Frauengrund + Weiße Ribisel, anfangs mehr Würze als Frucht, Unterholz, Teeblätter, dann etwas Melisse, Orangenzesten; fein akzentuiert, glasklar, ab der Mitte satte, fleischige Frucht, reife Orangen, Limonen, gute Länge.

★★★★ S €€ GV TIPP
2022 Grüner Veltliner Ried Goldbühel + Rauchig-mineralische Nase, Zigarrenkistl, reife Äpfel, Birnen, kühlwürziger Background, stoffig, elegant, mit herrlichem Orangenbitterl im langen Finish.

★★★ S €€€ GV
2020 Grüner Veltliner Talarin Reserve + Blütenstaub, Heliotrop, etwas Bienenwachs, Karamell; der subtile Holzeinsatz lässt auch die Rebsorte zu Wort kommen; cremiger Trinkfluss, transparent, am ersten Reifepunkt, jetzt und die nächsten zehn Jahre trinken!

★★★ S €€ RI
2022 Riesling Ried Steinhagen + Glockenklare Fruchtnase, Pfirsiche, Mirabellen, Ananas, Maracuja, mineralische Ader, facettenreich, saftstrotzend, extraktsüß, bemerkenswert ausdrucksstark für die mittlere Gewichtsklasse, lang.

★★★★ S €€ RI TIPP
2022 Riesling Ried Schweren Zapfen „Antonia“ + Kühle Steinfrucht, Mandarinenzesten, Minze, Waldboden; glänzt mit straffer Eleganz und Mineralität; kraftvoll, komplex, komplett, trotz enormer Fruchtfülle feinstrahlig, klar strukturiert; Prachtriesling.

NIEDERÖSTERREICH

★★ S € GV
2022 Grüner Veltliner „Kremser Jüngling“ + Sommerwiese, Kornfeld, Agrumen, frische, jedoch relativ mild wirkende Säure; saftige Mitte, leichtfüßig und quicklebendig; mehr als nur ein Einstiegswein.

★★ S € GV
2022 Grüner Veltliner Ried Herrentrost + Herbe Nase, Brotrinde, Radicchio, später Honigblüten, Marzipan, grüne Äpfel; mittelkräftige Statur, fruchtverspielt mit feinem Säureschliff, stoffig, sehr ansprechend.

★★★ S €€ PB
2022 Pinot Blanc Reserve + Nusshaut, dunkles Brot, Bergamotte, reife Limonen; Schmelz wird von pikanter Säure konterkariert, verbirgt seine Kraft hinter viel Frische und Jugendlichkeit.

★★ S €€ GM FUN
2022 Gelber Muskateller Classic + Dezent grünfruchtiger Start, Muskattrauben, Melisse, am Gaumen Limetten, etwas Holunder, knusprige Säure; schönes Trinkanimo.

★★★ S € RO
2022 Rosé „Francesco“ + Viele rote Beeren, Kornelkirschen, Zitronengras, Waldbeeren; knackige Säure, pikant, erfrischend, temperamentvoll.

★★★ K €€€ CS TIPP
2016 Cabernet Sauvignon „Le Grand Große Reserve“ + Luftig-duftige Nase, Kirschen-Confit, zarte Rösttöne, Lakritze, setzt sich konsequent fort mit Anklängen an Cassislikör und Bitterschokolade; mürbe, reife Tannine, dicht und pointiert, komplex, tolle Anlagen.

Weingut
Petra Unger

Petra Unger
3511 Furth bei Göttweig, Lindengasse 22
Mobil +43 676 8486 228 22, Fax +43 2732 76801
office@ungerwein.at, www.ungerwein.at

Petra Unger übernahm im Jahr 1999 die Verantwortung für das elterliche Weingut in Furth bei Göttweig. Die Absolventin der Universität für Bodenkultur in Wien verschaffte sich zuvor einen Überblick, was in der weiten Weinwelt so gemacht wird, unter anderem im Zuge eines Praktikums in Napa Valley. Sie ist Mitglied bei den Österreichischen Traditionsweingütern, kurz ÖTW. Mittlerweile ist die qualitäts- und umweltbewusste Winzerin im dritten Jahr der Umstellung auf organisch-biologische Bewirtschaftung, mit dem Jahrgang 2023 wird das Weingut zertifiziert. Für sie kommt nur händische Selektion der Trauben bei der Lese infrage.

Die Weingärten liegen beidseits der Donau, der Großteil davon auf dem Hochplateau beim Göttweiger Berg, wo der Grüne Veltliner vorwiegend in tiefem Löss wurzelt, ausgenommen die mit vielen Steinen durchsetzte Ried Gottschelle. Die Böden der Rieden Gaisberg und Hinters Kirchl jenseits des großen Stromes bei Krems hingegen bestehen aus verwittertem, kristallinem Gestein; hier steht der Riesling auf Terrassen mit Natursteinmauern.

Das gemeinsame Merkmal der heuer vorgestellten Serie ist ein bemerkenswerter Trinkfluss, dabei erheben selbst die einfacheren Weine Anspruch auf Seriosität. Die Lagenweine lassen den jeweiligen Untergrund klar erkennen. Das abwechslungsreiche Portfolio an Böden, von Löss über Konglomerat bis Gneis, spiegelt sich in den Weinen wider, die frei von Üppigkeit und klar strukturiert sind. *ww*

KREMSTAL DAC

★★★ S €€ GV
2022 Grüner Veltliner Furth + Feingliedrig, gelbe Äpfel, ansprechende Würze, Anklänge von hellem Steinobst; sanft, viel frische Frucht, Prise Würze eingestreut, mittleres Gewicht.

★★★ S €€ GV
2022 Grüner Veltliner Ried Hintere Point + Kräuter, Prise Pfeffer, Äpfel, helles Steinobst, ruhig; diese Aromen kommen auch im Geschmack, ausgewogen, zugängliche Säure, hellfruchtiger Abgang und Nachhall.

★★★ S €€€ GV
2022 Grüner Veltliner Reserve Ried Gottschelle ÖTW + Spontan ansprechend, fruchtbetont, grüne Äpfel, Schale von grünen Birnen, leise Bodentöne; schließt aromatisch an, feingliedrig und klar strukturiert, belebendes Säurespiel, bemerkenswerter Trinkfluss.

★★★★ S €€€€ GV TIPP
2022 Grüner Veltliner Reserve Ried Oberfeld ÖTW Alte Reben + Ernsthaft, gediegen, bodenstämmige Würze, Boskop-Äpfel; vielschichtig, angenehm unplakative Frucht, feiner Schmelz, sympathische Prise Gerbstoffe, würzig im langen Nachhall.

★★★ S €€ RI FUN
2022 Riesling Furth Terrassen + Lebhaft, knackige Pfirsiche, frisch geerntete Zitronen; viel Steinobst, belebendes Säurespiel, glockenklar, mittlere Länge, ungemein trinkig, Zitronenzesten im Nachhall.

★★★ S €€€ RI
2022 Riesling Ried Steinleithen + Präzise, sortenaffin, Weingartenpfirsiche, saftige Ananas; schließt nahtlos an, glockenklar, angenehme Säure, Substanz, Konglomeratboden kommt durch.

★★★★ S €€€€ RI
2022 Riesling Reserve Ried Gaisberg ÖTW + Sanfter Druck, vom Löss geprägt, Pfirsiche, hauchzarte Würze unterlegt; aromatisches Dacapo, Körper, Schmelz, angenehme Säure, im langen Abgang und im Nachhall betont fruchtig mit einem Hauch bodenstämmiger Noten.

★★★★ S €€€€ RI TIPP
2021 Riesling Reserve Ried Hinters Kirchl + Feingliedrig, fast steinig, kristalliner Boden zu erkennen, filigrane Frucht, auch florale Akzente; aromatisches Dacapo, präzise Struktur, zartes Säurerückgrat, lang, im Nachhall leise Bodentöne, Pfirsiche und ein Hauch Zitrus, Finesse vor Wucht.

NIEDERÖSTERREICH

★★ S €€ GM
2022 Gelber Muskateller Furth + Auf dezente Art sortenaffin, Muskatblüten, Holunder, Grapefruits, Kräuter; diese Aromen kommen auch im Geschmack, angenehme Säure, gute Substanz.

★★★ S €€ SB
2022 Sauvignon Blanc Furth + Freundlich, sonnig, fruchtbetont, Prise grünblättrige Würze und Johannisbeeren; kommt auch auf dem Gaumen so, lebhaft, Schmelz, passende Substanz, Trinkspaß fernab von Oberflächlichkeit.

Weingut
® Walzer

Richard Walzer
3500 Krems/Gneixendorf, Gneixendorfer Hauptstraße 28
Mobil +43 676 666 63 40
wein@richardwalzer.at, www.richardwalzer.at
4 Hektar, W/R 95/5, 20.000 Flaschen/Jahr

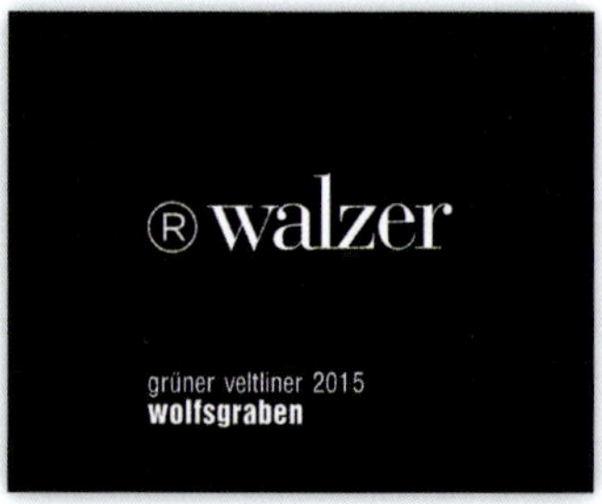

Richard Walzer, ambitionierter und unermüdlich hinterfragender Weinmacher aus Gneixendorf – dem Kremser Hochplateau, wie es einmal bezeichnet wurde –, hat es trotz des heuer relativ durchwachsenen Jahrgangs neuerlich geschafft, eine feine Weinpalette in seinem Keller vorweisen zu können. „Freilich war es erforderlich, die relativ spät erfolgende physiologische Reife abzuwarten, was in der Folge auch späte Erntetermine erforderlich machte", meint er, „außerdem war eine sehr selektive Lese angesagt. Die lange Reifezeit hat sich dann aber ausgezahlt!" Wunderschön sind heuer vor allem die drei Parade-Veltliner des Weinguts, gut abgestuft, vom kühlwürzigen Wolfsgraben über den heuer besonders duftig-würzigen Gebling bis hin zum mineralischen, extraktsüßen Kapuzinerberg, der erwartungsgemäß den obersten Platz am Stockerl einnimmt. Überzeugend auch der kristallklar strukturierte Riesling „Schotter & Löss" sowie die beiden Appetitmacher Gelber Muskateller und Rosé. Die große Überraschung bereitete heuer aber die im kleinen Holzfass ausgebaute Cuvée „Wolfsblut" aus dem prächtigen Jahrgang 2019, eine überaus geglückte Liaison aus tiefdunkler Frucht und noblem Eichenflair. Das Resultat ist ein Rotwein wie aus dem Bilderbuch.

Richard Walzer zählt zur erfolgreichen Spezies von Winzern, die sich nie mit dem Erreichten zufriedengeben. Jahr für Jahr wird die Arbeit in Weingarten und Keller auf den Prüfstand gestellt und dort optimiert, wo es seiner Meinung erfolgversprechende Ansätze dafür gibt. Zunehmend legt er den Fokus dabei auf seine Weingärten, ganz nach der Erkenntnis, dass man dort am ehesten an der Qualitätsschraube drehen kann. „Beobachten, begleiten und ein möglichst präzises Herausarbeiten der Lagenspezifika", lautet sein Leitsatz. *bb*

NIEDERÖSTERREICH

★★★ S € GV PLV
2022 Grüner Veltliner Ried Kremser Wolfsgraben + Kühl-würziges Entree, Hülsenfrüchte, Heu, Limonen, etwas Unterholz, auch pfeffrige Einschlüsse; mittelgewichtig, kompakt, völlig klar strukturiert, frisch und saftig.

★★★★ S €€€ GV TIPP
2022 Grüner Veltliner Ried Kremser Gebling + Toller Duftreigen, Wacholder, Honigblüten, Kumquats, dann etwas herbe, tabakige Akzente, Wildkräuter; fest gebaut, milde Säure, fast kalkige Mineralität, zart gerbstoffig unterlegt; besticht mit Substanz und Finesse.

★★★★ S €€€ GV TIPP
2022 Grüner Veltliner Ried Kapuzinerberg + Cremige Nase, Hefebrötchen, dann helles Tabakblatt, Marillenschaum, Orangenzesten, rauchig-mineralischer Background, kraftvoll, extraktsüß, mit klaren Konturen und enormer Strahlkraft; engmaschiger, facetten- und finessenreicher Veltliner mit tollem Potenzial.

★★★ S €€ RI
2022 Riesling „Schotter & Löss" + Archetypische Rieslingnase, grüne Marillen, Pfirsiche, Limetten, die vibrierende Säure wird von kaum merklicher Restsüße abgepuffert; mineralische Ader, saftig, kompakt und kristallklar strukturiert.

★★ S €€ GM
2022 Gelber Muskateller Krems + Hauchzarte florale Nase, Zitronengras, Margeriten, etwas Holunderblüten; bleibt durchgehend auf der fragilen Seite, knuspriger Säurebiss, straff gegliedert, mit viel Trinkanimo.

★★ S €€ CR
2022 Rosé + (CS/ME) Delikate Waldfrucht, Himbeeren, Erdbeeren, Schlehen, Lemongras; knochentrockene Mitte, frisch, knackig schwungvoll; im Sommer unterm Nussbaum.

★★★★ S €€€ CR
2019 Cuvée „Wolfsblut" Reserve + (70 CS / 30 ME) Nobles Bukett, Heliotrop, Crème Caramel, schwarze Johannisbeeren, Kirschen, Schokotrüffel, Röstkaffee; die reiche, reife Frucht wird vom feinen Holzeinsatz genial ummantelt; samtige Tannine, großzügig in jeder Weise.

Weinmanufaktur
Wandraschek

Gregor Wandraschek
3500 Krems, Landersdorfer Straße 67
Mobil +43 650 898 90 25
rotwein@wandraschek.at, www.wandraschek.at

Dieses Weingut hat sich den Ruf als Rotweinspezialist mitten im Kremstalvöllig zu Recht erworben. In der Tat sind die Rotweine von außergewöhnlicher Güte. Das sind Gewächse, die sich auch international nicht verstecken müssen. Was Wandraschek aus dem schwierigen Jahrgang 2020 in Rot gezaubert hat, ist begeisternd . Über drüber ist 2020 Cabernet Sauvignon Grande Reserve aber auch die anderen wie Zweigelt, Cabernet und Pinot.Zu den Weißen – die sind für mich Neuland. Keinen Wunsch offen lässt etwa der 2022 Riesling Windleithen – die Zukunft ist gesichert. Überragend ist der 2021 Grüner Veltliner Reserve Steiner Kögl – der geht auf die Reise. Noch einen darüber setzt der 2021 Riesling Reserve Windleithen. Ausgezeichnete Weine. Von internationaler Stilistik präsentiert sich der 2021 Rosé Selection vom Cabernet Sauvignon. Ich erkenne keinen Unterschied in der Qualität zwischen den Weiß- und Rotweinen.
Dieses Weingut hat die Zukunft vor sich. Sohn Gregor im Verbund mit Vater Wolfgang bringen dieses Weingut in die nächste Dekade. *as*

KREMSTAL DAC

★★ S €€ GV
2022 Grüner Veltliner + Würzig, rauchig, pfeffrig, gelbe Früchte, Ringlotten, elegante Fülle, vollmundig.

★★★ S €€ RI
2022 Riesling Ried Rohrendorfer Windleithen + Reife – kandierte – Marillen, Zitrus, etwas Kernobst, einnehmendes Bukett, rassige Frische, zieht am Gaumen, exotische Anklänge, hat Zukunft.

★★★★ K €€€ GV **TIPP**
2021 Grüner Veltliner Reserve Ried Steiner Kögl + Dunkle Tönung, schwarzer Pfeffer, reife Äpfel und Birnen, Exotik, etwas Schwarzbrot, kräftige, ausdrucksstarke Struktur, geht in die Tiefe, in die Länge, braucht viel Luft. Unbedingt dekantieren! Ein hervorragender, überaus typischer Grüner Veltliner.

NIEDERÖSTERREICH

★★★★ K €€€ RI **TIPP**
2021 Riesling Reserve Ried Rohrendorfer Windleithen + Marillen, Ananas, Marzipan, fest, eng, tief, rassig, der gibt Vollgas, ganz großer Stoff, langatmig, ausdrucksstarke Eleganz, tapeziert den Gaumen. Ein Riesling für viele Jahre. Bei solch einem Wein ist es nicht nötig, viele Worte zu verlieren.

★★★ K €€ ZW **FUN**
2020 Blauer Zweigelt + Weichseln und Zwetschken, etwas Schoko, rote Kirschen, ein fest strukturierter Zweigelt, hat Zug am Gaumen, rote Grütze, Heidelbeernoten, feines Säurespiel, von eleganter Ernsthaftigkeit, feine Würze, perfekte Balance.

★★★ K €€€ PN
2020 Pinot Noir + Pflaumen, Leder, Himbeeren, Moos, Pilze, Waldbeeren, Orangenzesten, erdige Noten, ein tiefgründiger, kerniger, typischer Pinot Noir. Eleganz pur, Frische pur, von ungemeiner Pikanz, einer agilen Säure, schwarze Kirschen, subtile Noten, ungemein präzise, ein Trinkvergnügen.

★★★ K €€€ CS
2020 Cabernet Sauvignon + Rote und schwarze Beeren, Cassis, Heidelbeeren, Zwetschken, Schokonoten, ganz feine Tanninstruktur, hochelegant, „süße“ Frucht, Himbeeren gesellen sich hinzu, schlank und doch fest, filigran, voller Finesse, subtile Noten.

★★★★ K €€€€ ME
2020 Merlot + Heidelbeeren, Pflaumen, Brombeeren, schwarze Kirschen, Cassis, Bitterschokolade, dezent röstig, fruchtig, angenehmes Tannin, saftig, feste Struktur, körperreich, Kräuterwürze, fruchtig, kräftige Statur, geht in die Länge, toller Rotwein.

★★★ K €€€ CR
2020 Cuvée Les Trois + (CS/ME/ZW) Dezente Rösttöne, Bitterschokolade, Cassis, perfektes Tannin, Körper, schwarze Beeren, tiefgründige Eleganz, jetzt kommen die roten Beeren, vielschichtig, ziemlicher Tiefgang, Tomatenblatt. Höchst vergnüglich.

★★★★ K €€€€ CS **TIPP**
2020 Cabernet Sauvignon Grande Reserve + Schokolade, reife Johannisbeeren, Feigen, Vanille, Heidelbeeren, die schwarzen Beeren hüpfen förmlich aus dem Glas, perfektes – seidiges – Tannin, fest strukturiert, einiger Tiefgang, straff, kompakt, voller Grip, komplex, immense Zukunft. Die roten Beeren erobern die Oberhand, der Wein gewinnt an Finesse, hat Fülle, Eleganz, Reichtum,Trinkvergnügen.

WEINLAND

★★★ K €€€ CS
2021 Rosé Selection + (CS) Holztouch, Kirschen, Cassis, Zimt, Bienenwachs, Harz, Weihrauch, ziemlich strukturiert, fruchtig, balanciert, Rotweincharakter, feine Fülle, Vanille, Waldboden, feine Würze, viele Kräuter, charaktervoll, nobler Anklang. Geht auf.

Weingut
Wess

Christina und David Juen-Wess
3500 Krems, Sandgrube 24
Mobil +43 660 220 21 01
info@weingut-wess.at, www.weingut-wess.at
15 Hektar

Frischer Wind im jungen Weingut Wess in der Kremser Sandgrube. Vor 20 Jahren hat Rainer Wess den Weinbetrieb gegründet, der heute über beste Kremstaler Lagen verfügt und noch extra einen Wein aus einem Weingarten am Loibenberg in der Wachau zieht. Seit Anfang des Jahres ist die nächste Generation am Ruder – mit Tochter Christina und Schwiegersohn David Juen-Wess. Die beiden haben den Betrieb übernommen, aber schon den Jahrgang 2022 alleinverantwortlich gemacht. Vater Rainer bleibt aber eine Stütze und ist vor allem in den Weingärten anzutreffen.

Das übergebene Potenzial ist groß. Die Wess-Weingärten haben im Durschnitt 50 Jahre alte Rebstöcke – und Christina Juen-Wess, die seit 2020 die Kellermeisterin ist, weiß bestens damit umzugehen: Alle Weine machen Spontangärung. Die Ortsweine und die Lagenweine kommen ungefiltert in die Flasche – und die Ersten Lagen kommen ab heuer zwei Jahre nach der Ernte in die Flasche. Somit ist ab September der Jahrgang 2021 im Fokus, der fein gelungen ist – besonders die Rieslinge, was auch für die Gebiets- und Ortsweine 2022 gilt.

Daneben gibt es weitere Entdeckungen: wie den „Companeros", eine naturbelassene Weißwein-Cuvée, die nicht nur Naturwein-Liebhaber spannend und trinkvergnüglich finden könnten. Als Rising Star gilt der noch junge, im 300-Liter-Holz ausgebaute Pinot Noir 2021. Der Wein ist zwar kein Schnäppchen und es gibt nicht viel davon, nur ein, zwei Barriques, aber das Entwicklungspotenzial für diesen Cool-Climate-Burgunder vom Schieferboden ist groß. Mit zwei, drei Jahren Reife geht der vierte Stern sicher auf. *hp*

KREMSTAL DAC

★★ S €€ GV
2022 Grüner Veltliner + Kernobst, Äpfel, Birnen, gute Würze, etwas reduktiv; grüne Birnen, Mandarine, Zitronenzesten, Bitterl im Finish, mittellang.

★★★ S €€€ RI
2022 Riesling + Kühle Aromatik, Weingartenpfirsich, weiche, cremige Textur; süße Marillen, etwas Restsüße, die von knackiger Säure gut ausbalanciert wird, lebhaft, trinkvergnüglich.

★★★ S €€€€ GV
2022 Grüner Veltliner Alte Reben Krems + Rauchige Textur, Tabakblätter, rote Äpfel, Quitten, wirkt füllig; schwarzer Pfeffer, Birnen, Limettenzesten, Gerbstoff, sortentypischer Kremser.

★★★ S €€€€ RI TIPP
2022 Riesling Alte Reben Krems + Einige Pfirsichfrucht, würzige Noten, klassisch; noch kernig, mineralisch, Gesteinsmehl, kühle Noten, Zitrus, weißer Pfirsich, straffer, gelungener Ortswein.

★★★ K €€€€€ GV
2021 Grüner Veltliner Ried Weinzierlberg lÖTW + Rosa und weißer Pfeffer, auch gewürzig, rote Äpfel, sortentypisch; lebhafte Säure, Kräuterwürze, mehr pfeffrig als fruchtig, salzig, mittellang bis lang.

★★★ K €€€€€ RI
2021 Riesling Ried Steiner Kögl lÖTW + Bisschen reduktiv, viel Würze, Südfrüchte, Banane, Limette, Physalis, straffe Noten; ziemlich saftig, Steinobst, balanciert, super Säure und Schliff, gute Länge.

★★★★ K €€€€€ RI TIPP
2021 Riesling Ried Steiner Pfaffenberg lÖTW + Frucht will entdeckt werden, Luft geben, Mandarinen, süße Orangen und Marillen; mineralisch, leichte Würze, Pfirsich, Limetten, anspruchsvoller, straffer Wein mit Frische, Gerbstoff und Länge, Potenzial.

WACHAU DAC

★★★★ K €€€€€ RI TIPP
2021 Riesling Ried Loibner Loibenberg + Wirkt warm und füllig, reife Pfirsiche, tropische Früchte, Mango, zart mineralisch; betont trocken, relativ straff, Marillen, Ananas, Frucht mit herzhafter Säure, attraktiver Loibenberg.

NIEDERÖSTERREICH

★★★ D €€€ CW FUN
2022 Companeros + (GM/TR/NB/SB – drei Tage auf der Maische, im großen Akazienfass vergoren) Orangenzesten und Grapefruits; frisch, viel Fruchtaromatik, apfelig, straffes Zitrus, super Würze und Säure, tiefgründiger Naturwein mit feinem Gerbstoffgrip.

★★ K €€€ CR
2021 Zweigelt I St. Laurent + Würzige helle Kirschen, Zitrus, feinherb; im Duft mehr Zweigelt, am Gaumen mehr weiche Laurent-Fruchtnoten, Weichseln, einfach unkompliziert, kühler trinken.

★★★ K €€€€€€ PN
2021 Pinot Noir + Reduktiv, rauchig-würzig, Kirschen, Brombeeren; jugendliche Struktur mit Gerbstoff, würzige Kirschnoten, mit Luft zunehmend burgundisch, Himbeeren, leicht floral, Kakaonoten, Entwicklungspotenzial.

Weingut
Winzer Krems

Ludwig Holzer
3500 Krems, Sandgrube 13
Tel. +43 2732 85511, Fax -6
office@winzerkrems.at, www.winzerkrems.at
1200 Hektar, W/R 78/22

Kein Jahr ohne Neuigkeiten von der Sandgrube 13! Diesen Slogan könnten wir tatsächlich Jahr für Jahr verwenden, denn auch heuer gibt es wieder viel Berichtenswertes von Winzer Krems. Zuallererst: Der über vier Jahre andauernde Umbau des Weinguts ist abgeschlossen. Weinkeller, Flaschenabfüllung und -lager wurden komplett erneuert und machen ab sofort vieles leichter, was Produktqualität und Nachhaltigkeit betrifft. Für Letzteres hat der Betrieb im Jänner d. J. die Zertifizierung „Nachhaltig Austria" erhalten, was den gesamten Herstellungsprozess, von der Traubenproduktion bis zur Vermarktung, miteinschließt. Es gibt auch neue Weine im Haus, dieses Mal aus der Ecke der pilzwiderstandsfähigen Rebsorten, kurz PIWI genannt. Zum bereits bestehenden Donauriesling hat sich ein trinkanimierender Donauveltliner gesellt sowie ein recht frecher Blütenmuskateller. Sie bedeuten nicht nur eine willkommene Ergänzung des Sortiments, sondern allein durch den geringeren Einsatz von Pflanzenschutzmitteln einen wesentlichen Schritt in Richtung nachhaltiger Bewirtschaftung.
Mit einer Neuheit kann auch die Besucherströme auslösende Wein-Erlebniswelt aufwarten – einem plastisch wirkenden Luftbild der Region Krems, das zu einer Weingartenwanderung in wenigen Schritten einlädt. Und bei den vielen auch heuer wieder im In- und Ausland eingeheimsten Auszeichnungen freut man sich ganz besonders über den in VINARIA (Heft 1/2023) mit 17,5 Punkten bewerteten Grünen Veltliner Kremstal Reserve 2019 – einen veritablen 5-Sterne-Wein. *bb*

KREMSTAL DAC

★★★ S €€ GV **PLV**
2022 Grüner Veltliner Ried Kremser Goldberg „Kellermeister Privat" + Mineralische Nase, Hefezopf, grünwürzig, Agrumen, auch gelbe Äpfel; kräftig, geschmeidig, stoffig.

★★★★ S €€€ GV **TIPP**
2021 Grüner Veltliner Kremstal Reserve + Bezaubernder Duft nach Blütenhonig, Nadelwald; cremige Textur, satt, voluminös, komplex; zart vom Holz geküsst, dennoch sortentypisch mit schöner Länge.

★★★★ S €€€ GV
2021 Grüner Veltliner Ried Kremser Wachtberg Reserve + Kräuter, dunkle, rauchige Komponenten, viel Terroir; grüne Äpfel, Wacholder, fest gemauert, aber auch fein ziseliert trotz Stoff und Fülle; Riesenpotenzial!

★★★ S €€ RI
2022 Riesling Ried Kremsleithen + Zart nach Hefegebäck, Steinobst, Kriecherl, Stachelbeeren, legt im Glas zu, lebhaft, frisch, knusprige Säure, offenherzig.

★★★★★ S €€€ RI **TOP**
2021 Riesling Kremser Kreuzberg Reserve + Volle Frucht, reife Pfirsiche, Limoncello, Maracuja; saftstrotzend, kraftvoller Biss, optimaler Säurekick; komplex, verschwenderisch, elegant und sehr lang.

TRAISENTAL DAC

★★ S € GV **PLV**
2022 Grüner Veltliner Traisental + Weißer Pfeffer, Lemongras, Baumblüten, später tabakig-kräuterige Anklänge, mittelgewichtig, süffig, klar und animierend.

NIEDERÖSTERREICH

★★ S €€ GM
2022 Gelber Muskateller „Kellermeister Privat" + Dezente Nase, Rosenholz, Holunder, knackige Säure, Zitrus, enorm frisch und spritzig.

★★ S €€ CH
2022 Chardonnay „Kellermeister Privat"+ Milchbrötchen, grüne Nüsse, Marzipan, Rhabarber, pikante Säure, fein, lebendig.

★★ K €€ ZW
2020 Zweigelt „Kellermeister Reserve" + Kirschnase, Veilchenduft, etwas herbe Fruchtfülle, Kräuterbitterl, phenolischer Background vom Fassausbau, ansprechend.

★★★ K €€€ CR **TIPP**
2021 Cuvée „Franz III" + (ZW/ME/CS) Blaubeeren, Zimtblüten, ein Hauch Cassis, Schwarzkirschen, zarte Röstnoten, Karamell, streichelweiche Tannine; sehr delikat, tolle Länge.

ÖSTERREICH

★★ S €€ DV
2022 Donauveltliner + Tabakige Nase, Löss-Charakteristik, Lakritze, Grapefruits; mittlere Maschen, amikaler Stil, süffig, animierend.

★★ S € DR
2022 Donauriesling + Fruchtbetont, Limonen, Marillenkuchen; frisch, kernig, straff und unkompliziert.

BIO

Weingut **Zederbauer**

Franz & Barbara Zederbauer
3511 Palt, Maria Lagergasse 30
Tel. +43 2732 82931
bio@weingut-zederbauer.at, www.weingut-zederbauer.at
11 Hektar, W/R 9/2

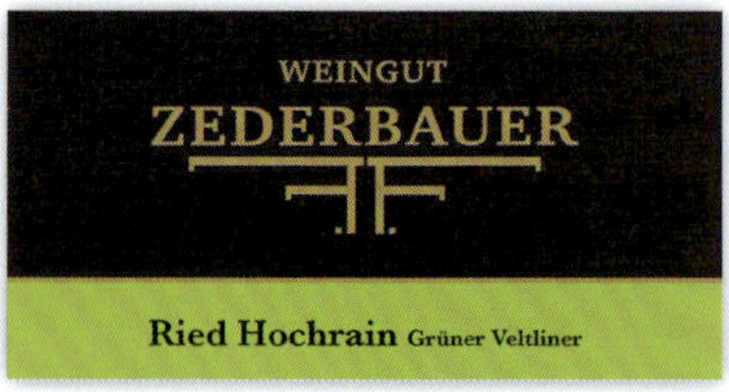

Das Weingut Zederbauer gibt es bereits seit 1854. Im Jahr 2019 übernahmen Franz und Barbara den Weinbaubetrieb in sechster Generation. Seit 2017 ist man bio-zertifiziert.

Ich hatte dieses Weingut bis dato nicht auf meinem Schirm und muss sagen – die Weißweine sind TOP. Da gibt es nichts zu meckern. Hervorragende Grüne Veltliner wie 2022 Der Zederbauer und 2022 Die Zederbäuerin – Weine, die dem Ehepaar gewidmet sind. Machen beide Spaß. Hervorragend ist die Wildblume, ein gekonnter Grüner Veltliner mit Klasse. Selbiges ist vom Grünen Veltliner Ried Hochrain zu behaupten. Großartig der 2021 Grüner Veltliner Reserve vom Höhlgraben.

Die Rieslinge sind ebenfalls vom Feinsten. Der 2020 Reserve Höhlgraben ist in seiner ersten Reife fulminant. Begeisterung stellt sich beim 2019 Vitis Pura – ein maischevergorener Grüner Veltliner – ein. Ein außergewöhnlicher Wein von individueller Klasse.

Bei den beiden Rotweinen hält sich meine Begeisterung in Grenzen. Da gibt es noch einige Luft nach oben. *as*

KREMSTAL DAC

★★ S €€ GV
2022 Grüner Veltliner Ried Höhlgraben + Ungemein würzig, pfeffrig, Apfel, leicht (11,5 % Vol.) und fruchtig-frisch, agile Säure, eine Spur Tabak, entwickelt Mineralität, wird tief und lang, dicht, geradlinig und statuiert. Ein Grüner Veltliner für Weinbeißer.

★★ S €€ RI
2022 Riesling Ried Höhlgraben + Ananas und Kräuter, straff und fest bei rassiger Säure, Steinobst, Pfirsichtouch, Orangenschalen, der Wein entwickelt sich minütlich, da steckt einiges drinnen, zeigt Grip, Dichte, ein noch verkapselter Riesling, der im Herbst all seine Vorzüge zeigen wird. Einige Substanz.

★★ S €€ GV
2022 Grüner Veltliner Ried Hochrain + Kamille, Löwenzahn, die Kräuter dominieren, ein ungemein feines Bukett, am Gaumen mit Zitrusfrische, lebendig, frisch, mit feiner Klinge, ein eleganter Wein mit vorwitzigem Charme und Charakter.

★★★ S €€€ GV
2021 Grüner Veltliner Reserve Ried Steinbühel + Dunkel getönt, Waldboden, Kräuterwürze, Pfefferwürze, Laub, dahinter lauern die Äpfel und Exotik, spielen sich frei, ungemein pikant, fast rieslinghaft, rassige Säure, bleibt haften, straff und anhaltend, würzig, kompakte Frische, Steinobst, wird filigran, fast leichtfüßig, ein eleganter Wein, der Luft benötigt.

NIEDERÖSTERREICH

★★ S €€€ GV FUN
2022 Die Zederbäuerin Grüner Veltliner + Blumiges Bukett, frische Kräuter, Dotterblumen, eine Sommerwiese tut sich auf, feine Exotik, Mandarinen, etwas Ananas, Pfeffer, am Gaumen fruchtig, cremige Anklänge, frische Säure, Apfelnoten, saftig, feine Würze, elegant, balanciert, voller Anmut.

★★ S €€€ GV
2022 Der Zederbauer Grüner Veltliner + Gelbfruchtig, Pfefferschleier, Kräuterwürze, frisch-fruchtig, von burschikoser Eleganz, sehnig-kernige Struktur, Apfelnoten, guter Druck, gute Länge, Tannennadeln, dezenter Gerbstoff, voller Pikanz. Ein Grüner Veltliner von muskulöser Statur mit einiger Zukunft

★★★ S €€ GV
2021 Die Wildblume Grüner Veltliner + Hier ist der Name Programm, eine Kräuterwiese empfängt die Nase, Pfeffer, frische Äpfel, ein eleganter Wein, balanciert, in sich gefestigt, stilvoll, dezente Exotik, ein Hauch von Zimt, filigrane Noten, leichtfüßig bei fester Struktur, Zukunft.

★★ S €€ PB
2021 Weißburgunder + Nelken, Kräuter und Gewürze, weiße Blüten, dezentes Nusserl, am Gaumen eher schlank mit etwas spitzer Säure, Apfelnoten, Birnen, frisch mit knackiger Säure, ein lebendiger Weißburgunder, der Spaß macht.

★★★ S €€€ RI
2020 Riesling Reserve Ried Höhlgraben + Herbstlaub, getrocknete Kräuter, Waldhonig, getrocknete Marillen, ein herbstlicher Wein, der hervorragend zu Wildgeflügel passt, wunderbar gereift, gehaltvoll, gediegen, geht herrlich auf, zarte Pilztöne, perfektes Säurespiel, ein fulminanter Wein voller Eleganz, Ausdruck und Tiefgang, gesicherte Zukunft.

WEINLAND

★★★★ S €€€€ GV TIPP
2019 VITIS PURA Grüner Veltliner + Naturtrüb, kühles, zartes, fast zerbrechliches Aroma, das nicht zu fassen ist, der Wein schwebt förmlich, Apfelschalen, Melonen, Ananas, Marillen, Pfefferanleihen, Getreide, die Säure bringt den Wein wieder in menschliche Sphären, der Wein strömt endlos, ist ziseliert, feingliedrig, immer präsent, beeindruckende Qualität.

Weingut
Zeger

Dr. Norbert Zeger
3394 Aggsbach Dorf, Mitterweg 4
Mobil +43 664 918 61 61
norbert@zeger.net, www.zeger.at
1,4 Hektar, W/R 100/0, 6690 Flaschen/Jahr

Dr. Norbert Zeger ist Notar von Beruf. Wein macht er im Nebenerwerb, weil er eine große Freude daran hat. Das Sortiment ist sehr übersichtlich, es besteht aus zwei Grünen Veltlinern. „Meine Idealvorstellung von Wein verbinde ich mit Spaß, Geselligkeit und Liebe zur Heimat." In den Jahren 2004 und 2006 kaufte er zwei kleine Weingärten in Gedersdorf und in Palt. So begann seine Laufbahn als Weinbauer. Die Trauben für den Grünen Veltliner Kremstal DAC kommen von hier. Das Weinmachen gefiel dem Juristen, weshalb er die Gelegenheit ergriff, als 2016 ein 1,1 Hektar großes, als Weinbauflur gewidmetes Grundstück in Aggsbach Dorf zu haben war. Dieser Weingarten in der Ried Hochfeld gehört aber gerade nicht mehr zum Weinbaugebiet Wachau, da es am Südufer der Donau liegt, wo sich dieses Anbaugebiet weniger weit nach Westen erstreckt als am linken, dem nördlichen Donauufer.

Mit dem Jahrgang 2014 übernahm der zukünftige Schwiegersohn Daniel Jungmayr vom gleichnamigen Weingut in Ebersbrunn die Vinifizierung. Und die ist State of the Art: Nach schonender Quetschung der Trauben liegen sie etwa vier Stunden auf der Maische, nach schonender Pressung wird im Stahltank bei Kellertemperatur vergoren. Nach Abschluss der Gärung wird der Wein mehrere Monate lang auf der Feinhefe gelagert.

Die Ausgabe 2022 des Grünen Veltliners Kremstal ist gleichsam selbsterklärend. Wiederum ausgesprochen feingliedrig präsentiert sich sein Bruder aus der Ried Hochfeld. Diesem Wein darf man getrost rieslinghafte Züge attestieren. Er bereitet großen Trinkspaß, ohne sich mit Oberflächlichkeit anzubiedern.

Die Weine kann man im Blockhaus in der Hauptstraße 35 in Aggsbach Dorf an jedem ersten Samstag im Monat von 10 Uhr bis 12 Uhr oder nach Vereinbarung verkosten und kaufen, und das zu sehr fairem Preis. *ww*

KREMSTAL DAC

★★ S € GV **PLV**
2022 Grüner Veltliner Kremstal + Spontan ansprechend und einladend, klassisch geprägte Sortenaromatik mit Äpfeln und ätherischer Würze, die an Fichtennadeln erinnert, tief im Glas auch florale Akzente; schließt aromatisch nahtlos an, zugängliche Säure, Fruchtschmelz, Substanz, selbsterklärend.

NIEDERÖSTERREICH

★★★ S € GV **FUN**
2022 Grüner Veltliner Ried Hochfeld + (Wein aus Aggsbach Dorf) Feingliedrig, einladend, rieslinghafte Anklänge, Steinobst, helle Blüten, hauchzarte Würze, leise Bodentöne; saftig, Säurespiel, lebhaft, fokussiert, feine Würze à la weißer Pfeffer im mittellangen Abgang, Trinkspaß fernab der Oberflächlichkeit.

Weingut
Alois Zimmermann OG

Alois Zimmermann
3494 Theiß, Obere Hauptstraße 20
Tel. +43 2735 8209, office@weingut-zimmermann.at,
www.weingut-zimmermann.at
12 Hektar, W/R 100/0

Alois Zimmermann hat nach Praktika im Ausland das Weingut 2007 von seinen Eltern Edeltraud und Alois übernommen. „Sie haben es mit den Augen von Visionären zur heutigen Größe aufgebaut. Dass ich ebenfalls Winzer werde, stand für mich außer Zweifel.“ Gegründet wurde der Betrieb 1902. Angebaut werden ausschließlich jene beiden Rebsorten, für welche das Kremstal am bekanntesten ist, nämlich Riesling und Grüner Veltliner.

Schon die Eltern von Alois Zimmermann waren naturverbunden. Das hat die Denkweise und die Philosophie des Sohnes geprägt. Sein Leitmotiv: „Konzentrieren auf ehrliche Qualität und die eigenen Stärken.“ Die Familie Zimmermann besitzt Anteile an renommierten Rieden wie dem Kremser Gebling, der Kremser Sandgrube oder dem Rosshimmel. Die Böden unterscheiden sich zum Teil signifikant, der Untergrund reicht von Löss über steindurchsetzten Lehm bis zu kristallinem Gestein. Diese Konstellation kommt den Intentionen des Winzers sehr entgegen; er legt großen Wert auf Lagencharakter in seinen Weinen. Deshalb vinifiziert er die Rieden separat. Doch auch die Gutsweine lassen keinen Zweifel an ihrer Herkunft. Der Ausbau erfolgt grundsätzlich in Edelstahltanks, die Weine bleiben möglichst lange auf der Feinhefe und werden erst dann abgefüllt, wenn sie der sensorischen Prüfung durch den Winzer standhalten. „Zeit darf da keine Rolle spielen“, sagt er.

Die heuer verkosteten Weine sind herkunftstypisch, lebhaft und trinkanimierend. Es ist gelungen, die Böden in den Weinen abzubilden. In einer eigenen Liga spielt der Grüne Veltliner Grande Reserve, ein druckvoller und vielschichtiger Wein, absolut eigenständig und erst am Anfang einer vielversprechenden Entwicklung. Ungemein charmant und trinkanimierend präsentiert sich der Blütenmuskateller. *ww*

KREMSTAL DAC

★★★ S €€ GV
2022 Grüner Veltliner Gernlüssen + Frisch, sortentypisch, grüne Äpfel, dezent würzig; saftig, animierendes Säurespiel, Äpfel, knackige Marillen, zarte Würze, mittleres Gewicht.

★★★ S €€ GV
2022 Grüner Veltliner Kremser Sandgrube + Ruhig, leise Bodentöne, Prise weißer Pfeffer, zarte Frucht; feingliedrig, präzise, unaufdringliche Säure, lebendig, würzig-apfelfruchtiges Finale.

★★★ S €€ GV PLV
2021 Grüner Veltliner Reserve Ried Kremser Gebling + Sanft, Lössboden zu erkennen, helle Frucht à la Äpfel und Pfirsiche, zarte Würze, ruhig; schließt aromatisch und charakterlich nahtlos an, Fruchtschmelz, gute Substanz, in sich ruhend, Trinkfluss.

★★★★ S €€€ GV
2021 Grüner Veltliner Reserve Ried Rohrendorfer Rosshimmel + Druckvoll, dunkle Würze, Bodentöne, reife Boskop-Äpfel; aromatisches Dacapo, feines Säurespiel, kräftig ohne Üppigkeit, Reserven.

★★★ S €€ RI
2022 Riesling Ried Rosshimmel + Freundliches Sortenbukett, gerade reif gewordene Marillen, florale Noten, tief im Glas Walderdbeeren, leise Bodentöne; saftig, verspielt, zum Trinken einladend, viel Frucht.

★★★ S €€ RI
2022 Riesling Ried Kapuzinerberg + Klare Frucht, steinig, kristalliner Boden zu erkennen; Pfirsiche, Nektarinen, feines Säurenetz, gute Substanz, im Abgang und im langen Nachhall knackige Weingartenpfirsiche, bemerkenswerter Trinkfluss.

★★★★ S €€€ RI
2021 Riesling Reserve Ried Kremser Kraxn + Druckvoll, dunkle Aromatik, Lindenblüten, Bodentöne, dezente Frucht; präsentere Frucht am Gaumen, kraftvoll, im langen Abgang ein Hauch strukturgebende Gerbstoffe und bodenstämmige Aromen.

NIEDERÖSTERREICH

★★★ S €€ SB PLV
2022 Sauvignon Blanc + Eigenständig, reife Stachelbeeren, Cassis, Holunderblüten und Wermut; vielschichtige Aromatik, angenehme Säure, sanfter Druck, gute Länge, im Nachhall auch reife Mangos.

ÖSTERREICH

★★★★★ K €€€€€ GV TOP
2021 Grüner Veltliner Grande Reserve + Druckvoll, geballte Frucht, reife Äpfel, kandierte Ananas, Karamell, elegante Gewürznoten; dazu gesellen sich Anklänge von Dörrobst, bemerkenswerte Substanz, Gewürze, Karamell und Bodentöne im langen Nachhall, absolut eigenständig, Reserven, legt mit Luft noch zu.

SANDGRUBE 13

weinsinn

Erleben Sie in einem geführten Rundgang durch unser Weingut 8 Stationen Weinerlebnis für alle Sinne!

WINZER KREMS, Sandgrube 13, ist eine der bekanntesten Weinadressen Österreichs. Die Lage ist einzigartig: Am Eingang zum Weltkulturerbe Wachau, einer der schönsten Flusslandschaften Österreichs.

www.winzerkrems.at

WINZER KREMS
Sandgrube 13

VINOTHEKEN

KREMS

Leopold – Vinothek, Bar, Shop
3500 Krems, Utzstraße 1
Tel. +43 2732 72897300
office@vinothek-leopold.at
www.vinothek-leopold.at

Vintage Weinhandel
Martin Buttinger
3500 Krems, Dr.-Meller-Gasse 2
Tel. +43 699 14411444
info@classic-weine.com, www.vin.at

Wine Time
Bernhard Hintermeier
3500 Krems, Obere Landstraße 4
Tel. +43 676 6420411
office@winetime-krems.at

Winzer Krems eG
Vinothekenkeller
3500 Krems, Bründlgraben 12
Tel. +43 2732 85511-33
sandgrube13weinsinn@winzerkrems.at
www.winzerkrems.at

Weinhimmel
3500 Krems, Untere Landstraße 35,
Mobil + 43 664 75041992
office@weinhimmel.org
www.weinhimmel.at

PALT

Wein.Depot Noitz
3511 Palt, Römerstraße 169
Tel. +43 2732 85656
wein.depot@aon.at
www.wein-handlung.at

GASTRONOMIE/NÄCHTIGUNG

HÖBENBACH/GÖTTWEIG

Winzerhof Dockner
3508 Höbenbach, Ortsstraße 30
Tel. +43 2736 7262
winzerhof@dockner.at, www.dockner.at

Beeindruckende Palette, bodenständiger Top-Heuriger – 2020 zum besten von Niederösterreich gekürt -, der von Chefin Gudrun Dockner geführt wird; mit regionalen Schwerpunkten (nicht nur das legendäre Gansl). Im Dockner'schen Genusszentrum einmal im Monat Jazzbrunch mit Wolfgang Friedrichs New Orleans Dixieland Band. Zahlreiche kulinarische Themenevents. Breite Kostpalette, alles glasweise, viele Großflaschen und tolle Rotweine (Sacra, Iosephus). Die wunderschöne Sektmanufaktur am Kremser Frauengrund am südlichen Donauufer (Hollenburg), wird als Heurigen-Zweigstelle und Eventlocation genutzt, mit tollem Ambiente und Rundumblick über die Donau bis in die Wachau hinein. Das moderne Kostzentrum samt dem JOE-Keller (benannt nach Sohn und Kellermeister Josef Dockner jun.) ist ein Kompetenzzentrum für Wein. Ein weiteres Standbein der Winzerfamilie ist die Kellergasse samt Sektmanufaktur am Kremser Frauengrund südlich der Donau. Nebenbei eine herrliche Eventlocation (tolle Blicke!), mitten im Wein- und Marillengarten.

FURTH BEI GÖTTWEIG

Landgasthof Schickh
3511 Klein-Wien, Furth bei Göttweig, Avastraße 2
Tel. +43 2736 7218
office@schickh.at, www.schickh.at

Was für die bürgerlichen Wiener „der Eckel“ in Sievering, das ist in Niederösterreichs Zentralregion „der Schickh“ in Klein-Wien. Generationen von Genießern gesellig-kulinarischen Glücks haben sich hier zu Hause gefühlt und tun es noch immer. Der nahezu über die Teller fahrende regelmäßige Triebwagen der Strekke Krems–St. Pölten gehört genauso dazu wie die Verlässlichkeit der Weinempfehlungen mit Schwerpunkt auf die umliegenden Regionen. Christian Schickh in der Küche, Schwester Evi im Service. Frische Fische aus eigenem Teich, Hummer und Krebse aus dem Becken. 2 Hauben. Regionale, auf die umliegenden Weinbaugebiete abgestimmte, feine Weinkarte, vieles glasweise. Einige einfache Zimmer.

KREMS

arte Hotel Krems
3500 Krems-Stein, Dr.-Karl-Dorrek-Straße 23
Tel. & Fax +43 2732 711-23
willkommen@arte-hotel.at, www.arte-krems.at

Am Rand von Krems inmitten der Weinberge, aber dennoch zentrumsnah, liegt das arte Hotel Krems beim Campusgelände. Moderne Design-Zimmer auf Preis-Leistungs-Niveau. Die Altstadt von Stein ist nur wenige Gehminuten entfernt. Hotel-Hauptquartier des wachau GOURMET-festivals. Gleich daneben liegt das hippste und erfolgreichste Restaurant der Stadt, der Steak & Burgertempel 2stein. Tipp!

Filmbar am Campus
Harry Schindlegger
3500 Krems an der Donau,
Dr.-Karl-Dorrek-Straße 30
Mobil +43 677 6161 8486
https://www.kinoimkesselhaus.at/de/ueber-uns/filmbar/filmbar

Coole Location am Campus Krems, studentisches Flair, urbanes Ambiente. Davor eine Wiese als Gastgarten, dahinter das auch sehr gute Programmkino im Kesselhaus. Wieder neu übernommen vom Kremser Multigastronomen Harry Schindlegger. Spezieller Tipp: Pinsa!

Ristorante Firenze Pizzeria
3500 Krems-Stein, Schürerplatz 9 und Steiner Donaulände 56
Tel. +43 2732 21340
office@firenze-krems.at, www.firenze-krems.at

„Nach Italien in 300 Meter rechts abbiegen", steht auf einem Wegweiser-Plakat nach dem großen Kreisverkehr bei der Schiffstation Krems-Stein. Seit knapp fünf Jahren bringt die Familie Gianfreda so richtig italienisches Flair nach Krems-Stein. Chef Vito legt enorm viel Wert auf frische und saisonale Zutaten direkt vom Markt. Original italienische Pizza, Pasta Fresca, Vongole, Miesmuscheln, Spezialitäten vom Grill und traumhaft frische Fische. Original italienisches Eis.
Den Wein wählt Vito selbst bei kleinen italienischen Winzern aus, gut sortiert. Ein Tipp: Nachfragen bei Vito lohnt sich immer, er erfüllt gerne individuelle Wünsche. Schön ist der Schanigarten am Schürerplatz. Mehrfach zur besten Pizzeria Niederösterreichs gewählt, großartiges Service durch authentisch italienisches Personal. Tipp!

Gozzo
Charly Teuschl
3500 Krems, Hoher Markt 11
Tel. +43 2732 747455
reservierung@gozzo.at, www.gozzo.at

Topgastronom Charly Teuschl führt souverän das Restaurant „Gozzo" in der historischen, rund 1000 Jahre alten Gozzoburg in der Altstadt von Krems, mit einem gewissen Hauch Exotik und einigem Asia-Stile. Internationale Gerichte und eine pfiffige Tageskarte tragen dem multikulturellen Publikum in Krems (fast 5.000 ständige Studenten aus –zig Ländern, zahllose Touristen) Rechnung . Kreative, große Karte mit einigen häufig wechslenden Teilen neben den Klassikern. Beliebt ist auch das zehngängige Überraschungsmenü in kleinen Portionen (La-Ten) und die Tagesteller. Mittlerweile die gastronomische Drehscheibe der Altstadt am Hohen Markt, kleine, beliebte & belebte Terrasse. Haube.

Wirtshaus Leindl
3500 Krems, Weinzierlbergstraße 10
Tel. +43 2732 820060
info@wirtshausleindl.at, www.wirtshausleindl.at

Alles neu beim früheren „Hutter" am Weinzierlberg: nach mehrfachen Pächterwechseln bespielte die Eigentümerfamilie Nigl die Location während des Umbaus ihres Stammhauses in Senftenberg selbst (Pop Up „Nigl goes Krems"). Mittlerweile ist der Nigl wieder dort, wo er hingehört, am Fuss der Ruine Senftenberg. Mit der Pächterfamilie Leindl scheint ein ambitionierter Neustart geglückt. Ab Mittags durchgehend Küche, 5 x pro Woche. Genialer Rundumblick über Donautal und auf Stift Göttweig, kreative Wirtshausküche mit saisonal orientierter Karte. Dazu eine fein ausgewählte Weinkarte mit weißem Schwerpunkt auf dem Weingut Nigl. In der warmen Jahreszeit lädt die herrliche Laube inmitten der Kremser Weinberge zum Verweilen ein. Schöne Gästezimmer.

Gasthaus Jell
Fam. Amon-Jell
3500 Krems an der Donau
Hoher Markt 8–9
Tel. +43 2732 82345
gasthaus@amon-jell.at, www.amon-jell.at

Idyllisch in der Kremser Altstadt ist es gelegen, das Gasthaus Jell. Mit urgemütlichen Stuben, einer Museums-würdigen Schank und einem lauschigen Schanigarten mit Laube, der sich ans alte Gemäuer kuschelt. Die Küche werkt an Kreativ-Bodenständigem und Saisonalem, urig-deftige Hausmannskost mit vielen Schmankerl. Schöne Weine aus den Regionen rundherum und mit Astrid Wölfl eine Serviceleiterin, die wie geboren scheint für dieses Haus. Solide Küchenbrigade unter Leitung des Hausherrn, die legendäre Wirtin Uli Amon-Jell ist mittlerweile so etwas wie emeritiert, der Sohn Laurent schwingt Zepter und Kochlöffel. Tipp!

Hotel Klinglhuber
3500 Krems, Wiener Straße 10
Tel. +43 2732 86960
hotel@klinglhuber.com, www.klinglhuber.com

Modernes Hotel und ein neues Suiten-Hotel gleich daneben mit Tagungsräumlichkeiten und ausreichend Parkplätzen, nur einen Steinwurf von der Fussgeherzone Untere Landstraße entfernt. Wirtin Astrid Klinglhuber hat sich 2021 spontan entschlossen „wegen Personalmangels" den großen, beliebten und gutbürgerlichen Gasthof gleichen Namens mit der markanten Terrasse über dem Kremsfluss zu schließen. Schade.

Leopold
Vinothek, Bar, Shop
Othmar & Julian Seidl
3500 Krems
Utzstraße 1
Tel.: +43 2732 72897300
office@vinothek-leopold.at
www.vinothek-leopold.at

Längst die beliebteste Weinbar der Wachau, direkt beim Steinertor in Krems, gegenüber dem Stadtpark. Das Leopold trägt den Namen des Landespatrons und versteht sich als Schnittpunkt der umliegenden Weinregionen Wachau, Kremstal, Kamptal, Traisental und Wagram. Großer Outdoor-Bereich zum Sehen und Gesehen-werden. Die umfangreiche und sehr gut sortierte Karte verfügt über bedeutende Positionen aus den umliegenden Weinbaugebieten und dem Burgenland, dazu einiges aus aller Welt sowie eine große Sekt- und Champagnerauswahl. Vieles glasweise oder in Magnums, wechselnde Raritäten und gereifte Jahrgänge. Kleine Speisekarte, schöner Schanigarten mit Blick auf Stadtpark und Südtirolerplatz. Immer wieder Verkostungen und Winzerevents. Das daneben liegende Schwesterlokal ist der große Biergasthof/-garten Hofbräu am Steinertor mit Bier vom Hofbräu München und klassischen Speisen à la Stelzen, Brez'n & Co, aber auch einem wechselndem Angebot glasweiser frisch-fruchtiger Weine der Region. Tipp!

Mezcal
3500 Krems, Steiner Donaulände 82
Mobil +43 664 9420365
hola@mezcal-krems.at
mezcalbar@hotmail.com

Weitgehend authentische mexikanische Küche in der Steiner Altstadt, viele vegane und vegetarische Speisen, aber auch Fisch und Fleisch. Wegen der Weine kolmmt man hier nicht her, wegen des breiten Angebots an guten Cocktails sehr wohl. Studentisches Publikum und Flair.

Heuriger & Riedenblick Müller
Weingut Müller GmbH
3508 Krems-Krustetten, Hollenburger Straße 12
Tel. +43 2739 2691
info@weingutmueller.at, www.weingutmueller.at

Einer der großen und vielfach ausgezeichneten Winzerbetriebe in Krems, Ortsteil Krustetten, am sonnigen Südufer der Donau, direkt gegenüber dem Göttweiger Berg mit seinem imposanten Stift. Sehr schöne Weine und Sortensekte, viele preisgekrönt, breite Palette, fast alles auch glasweise: geräumiger wie gemütlicher Top-Heuriger, seit über 25 Jahren. Klassische Heurigenkarte, schöner Innenhof. Das Lokal wurde aktuell um-und ausgebaut. Trotz der Größe des Weinguts ein Familienbetrieb mit Winzer „zum Angreifen". Brot aus eigenem Roggen, Wild aus eigener Jagd, Erdäpfel & Co vom eigenen Feld. Ausflugstipp.
Die Verkostungslocation Riedenblick liegt gleich beim Heurigen ums Eck am Weingut. Vielseitige Räumlichkeiten, große Terrassen mit traumhaftem Blick über Donau, südliches Kremstal, hinüber nach Göttweig und hinein in die Wachau. Für private Events zu mieten, Feuertaufe als PopUp-Restuarant mit 3-Hauben-Chef Andreas Herbst (Riederalm).

Heuriger Müllner
Michael Müllner
3500 Krems, Stadtgraben 50
Mobil +43 676 3420967
michimuellner@gmx.at
www.weingut-muellner.at

DER Kremser Stadtheurige mitten in der Altstadt mit wunderschönem Ziegelgewölbekeller und romantischem Garten mit Blick auf die Piaristenkirche. Eigenbauweine des familieneigenen Weinguts, das Bruder Erwin führt, darunter auch alte Kremser Lagen wie Wachtberg und Kraxen. Klassische Heurigenschmankerl mit einigen Spezialitäten. Häufig ausgesteckt, sehr beliebt.

Marktspiel
Otto Raimitz – OR Marktspiel GmbH
3500 Krems, Untere Landstraße 3
Tel. +43 2732 78754
office@markt-spiel.at; https://markt-spiel.at

Neueröffnung vor zwei Jahren, die voll eingeschlagen hat, im Herzen der Kremser Fußgeherzone Landstraße, am Täglichen Markt. Neueste Errungenchaft von Multigastronom Otto Raimitz, schöner Gastgarten mit Piazza-Flair, sehen & gesehen werden. Im Inneren auf zwei Ebenen mit Galerie. Kreatives Frühstück, Lunch-Menüs und schönes À la carte-Angebot. Klassische Weine, trendy.

Poldi Fitzka
Harry Schindlegger
3500 Krems, Museumsplatz 1
Tel. +43 2732 21165
gastwirtschaft@poldifitzka.at
www.poldifitzka.at

Mit dem „Poldi Fitzka“ eröffnete 2019 das Restaurant in der nagelneuen, spektakulären Landesgalerie, mit ausuferndem Schanigarten am Platz davor und Blick zur gegenüber liegenden Kunsthalle. Poldi Fitzka war der Name des uralten Wirtshauses, das dem Museumsneubau weichen musste. Das auf das Tagesgeschäft vom Frühstück bis um 18 Uhr ausgelegte Lokal bietet zahlreiche Klassiker der österreichischen Wirtshausküche, einen Mittagsteller, große Freiflächen mit urbanem Flair und vieles mehr. Beliebter & belebter Hotspot für Kaffee, Frühstück, Mittag, Sonntag, Terrasse – und nach der Kunst. Die Landesgalerie ist das Flaggschiff der Kremser Kunstmeile und zeigt laufend international viel beachtete Ausstellungen. Ein Kultur- und Architektur-Hotspot. Neuerdings auch Location des wachau GOURMETfestival.

Steigenberger Hotel & Spa Krems
mit Weinbergrestaurant
3500 Krems, Am Goldberg 2
Tel. +43 2732 71010-0
krems@steigenberger.at
www.krems.steigenberger.at

Mondäne Atmosphäre inmitten von Weingärten: Die große Terrasse bietet spektakulären Blick aufs Donautal, die First-Class-Zimmer bieten höchsten Komfort. Tolles, 3000 m2 großes World Luxury Spa. Das angeschlossene Weinbergrestaurant bietet eine feine Auswahl an regional beeinflussten Spezialitäten. Die Lounge mit Open-Air-Bar ist ein Unikat und erlaubt entspanntes Chillen mit Panoramablick, sehr gute Drinks Ein Zubau mit 32 spektakulären Suiten und Zimmern wurde 2019 eröffnet, ist sehr beliebt.

Hotel Unter den Linden
Familie Grech
3500 Krems, Schillerstraße 5
Tel. +43 2732 82115
hotel@udl.at, www.udl.at

Alteingesessener Familienbetrieb in fünfter Generation. Drei verschiedene Zimmerkategorien. Nahe dem Zentrum und dem Stadtpark, direkt an der Kunstmeile. Eigene Parkmöglichkeit. Hotel garni.

Weinstein
3504 Krems-Stein, Steiner Donaulände 56
Mobil +43 664 1300331
info@weinstein.at, www.weinstein.at

Johannes Teuschl hat seine Weinbar im Haus der Regionen in der Donaulände zum Fixpunkt in der Kremser Lokalszene gemacht. Regelmäßige Verkostungen mit Winzern aus der Region. Sehr gut sortierte Weinkarte, durchaus mit Jahrgangstiefe und Raritäten. Beliebter Schanigarten. Viel studentisches Publikum durch Donau-Uni, Fachhochschule und Zahnärzte-Universität, auch der Campus ist nahe.

Wine Time
Bernhard Hintermeier
3500 Krems, Obere Landstraße 4
Mobil +43 676 6420411
office@winetime-krems.at

Mitten in der Altstadt von Krems (FuZo Landstraße), umfangreiches Angebot an Qualitätsweinen aus verschienen Regionen bis hin zu Raritäten, Accessoires, Pestos und vieles mehr, Schwerpunkt Regionalität, immer wieder aber auch Ausreißer. Fragen Sie nach Weinen, die gerade nicht auf der Karte stehen, der Patron hat immer eine Idee. Vinothek und Feinkostladen. Tipp, auch für „day drinking“ und immer eine Bank.

Zum Kaiser von Österreich
Hermann & Silvia Haidinger
3500 Krems, Körnermarkt 9
Tel. +43 2732 86001
restaurant@kaiser-von-oesterreich.at
www.kaiser-von-oesterreich.at

Schöner, alter Platzl-Gasthof in historischem Gebäude in der Kremser Innenstadt. Verfeinerte regionale Küche mit gelungenen Ausflügen ins mediterrane Fach, aber auch exzellente Klassiker der österreichischen Küche. Sehr stimmige, nicht nur auf die Region beschränkte Weinkarte, darunter zahlreiche gereifte Weine. Sehr schöner Schanigarten. Leider nur abends geöffnet, SO+MO Ruhetag, darüberhinaus für Gruppen mit Voranmeldung, gemütliche kleine Terrasse am Körnermerkt, gegenüber Krems Museum und Minoritenkirche. 2 Hauben.

2Stein
Harry Schindlegger
3504 Krems-Stein, Dr.-Karl-Dorrek-Straße 23
Tel. +43 2732 71615
office@2stein.at, www.2stein.at

Angesagtestes Lokal in der Stadt mit großteils jungem und trendigem Publikum, fast immer voll. Begünstigt durch die Lage direkt am Campus von Donau-Uni und IMC-Fachhochschule. Burger & Bagels, Steaks & Klassiker, Salate & Pasta, Frühstück & Flammkuchen. Ein besonderes, unkonventionelles, gemütliches, schräges, lustiges Lokal, das sich zum Burger- und Steak-Kompetenzzentrum entwickelt hat. Inspiriert ist das 2STEIN von Kultlokalen großer Metropolen. Beeindruckende Weinkarte. Fast Tür an Tür mit dem arte-Hotel auch ein Hotspot für Hotelgäste, großer Schanigarten. Tolles Team im Service und immer wieder Neues auf der Karte. Flaggschiff des Gastroimperiums von Harry Schindlegger. Tipp!
Der 2Stein-Keller liegt ein paar hundert Meter entfernt im alten Ortsteil von Stein, ist ein wunderschöner, komplett renovierter Gewölbekeller, bestens bestückt mit Weinen aus dem In- und Ausland. Den Keller kann man für private Weinverkostungen und Feiern aller Art mieten, Cateringservice inklusive.

Schmid's
Harry Schindlegger
3500 Krems
Schmidgasse 8
Tel. +43 2732 21164
office@schmids.at, www.schmids.at

Gemütliches Lokal mitten in Krems, beim Steinertor um die Ecke. Ein traditioneller Wirtshausplatz mit Gewölbe und Schanigarten. Unvergleichliche Rauminszenierung mit viel Holz und ausgefallenem, aber bodenständigem Deko-Material. Küchenchef Niki Lackner trägt mit seiner stets roten Jacke nicht nur seine politische Gesinnung am eigenen Leib, sondern sorgt für Hochgenüsse eines durch die Bank jungen Publikums. Schwerpunkt auf Bier – mit der größten Craft Beer-Auswahl ever! – Burger, Bowls & Co. Heißer Tipp: immer frische Buchteln, wie in Belgien auch zum Bier. Gastgeberin Daniela Winter brilliert als Bier-Sommelière. Abonniert auf die Höchstwertung von 5 Krügerl im Guide von Bierpapst Conrad Seidl. Schanigarten. Tipp!

Veit
Hanslik & Mann OG
3500 Krems, Pfarrplatz 15
office@veitbar.at, www.veitbar.at

Die Weinbar Veit an der Ecke zum Pfarrplatz ist längst ein Klassiker. So manche feine Flasche halten der „Doktor“ und sein Kumpel stets bereit, viele Stammgäste, viel junges Publikum, gemütlicher Schanigarten mit Altstadtflair. Die Weinkarte ist bestens sortiert aus den umliegenden Regionen, mit Ausflügen in andere Bundesländer. Kleine, auch warme Gerichte, unkompliziert, bis spätabends. Ein Ort zum Sinnieren und Versumpfen, mit großer, sozialisierender Kompetenz, viele Stammgäste. Tipp!

PALT

Malat Weingut & Hotel
3511 Palt, Hafnerstraße 12,
Tel. +43 2732 82934
weingut@malat.at, www.malat.at

Schöner wohnen bei Familie Malat: exklusive Zimmer mit hochwertiger Ausstattung und Traumblick auf Stift Göttweig, dazu stylische Frühstückslounge und Terrasse. Mit dem Wein-Boutique-Hotel in Palt setzt das Kremstaler Topweingut neue Maßstäbe. Saisonal Wildbret aus eigenem Revier – und alle Malat-Schätze aus dem Weinkeller, darunter das Beste vom Riesling, die großen Pinot Noirs und Cabernets.

Hotel Weinresidenz Sonnleitner
Geraldine & Christian Sonnleitner
3511 Palt, Zeughausgasse 239
Tel. +43 2732 70446
office@weinresidenz.at, www.weinresidenz.at

Schmuckkästchen am Fuße des Göttweiger Berges. Umgeben von Weingärten in absolut ruhiger, aber dennoch zentraler Lage thront das Hotel Weinresidenz Sonnleitner. Jedes Zimmer ist individuell gestaltet und vereint Design mit Komfort und Gemütlichkeit, atemberaubend der Blick auf Stift Göttweig, viele Stammgäste.

SENFTENBERG

Weingut – Restaurant – Weinhotel Nigl
3541 Senftenberg, Kirchenberg 1
Tel. +43 2719 2609
info@weingutnigl.at, www.weingutnigl.at

Komplett um- und ausgebaut, neu konzipiert und erweitert, mit einem Wort: nigl-nagelneu. Traumhaftes Lokal am Fuße der Ruine Senftenberg und des Kirchenbergs gelegen, von dem Martin Nigl einen umwerfenden „Herzstück"-Veltliner macht, bietet das stilvolle Landhausambiente einen gemütlichen Rahmen für genussvolle Stunden und vinophile Highlights, namentlich aus dem Keller des Kremstaler Paradewinzers Martin Nigl, zu dessen Genussimperium auch dieses Objekt gehört. Sohn Betram managt hier die Gastronomie („Bertram kocht"). Viele Raritäten im Gewölbekeller, gereifte Jahrgänge und Großflaschen. Sehr schöne, ebenfalls neu gestaltete Zimmer und ebensolcher Innenhof, ein Platz für Romantiker und für Feste aller Art. Montags geöffnet. 2 Hauben. Tipp!

Neueste Errungenschaft ist das Weinhotel Nigl, das unterirdisch an den Gutshof angegliedert ist. Hier befinden sich 27 Zimmer mit großzügigem Spa Bereich. Der Infinitypool bietet großartigen Panoramablick über das obere Kremstal.

STRATZING

Gasthaus Brauneis
3552 Stratzing bei Krems, Untere Hauptstraße 19
Tel. +43 2719 2321
info@gasthausbrauneis.at
http://www.gasthausbrauneis.at

Wirtshaus-Tipp, der sich wohltuend vom Durchschnitt abhebt und auch gute Weine serviert, etwa die sehr guten Tropfen vom Bürgermeister des Ortes, Topwinzer Pepi Schmid. Die Familie Brauneis bringt bodenständige Küche auf den Tisch, wie man es sich von

einem guten Wirtshaus nur wünschen kann. Beliebt auf bei Golfern, die vom nahen Club in Legenfeld kommen.

TRAISENTAL

Seit dem Jahr 1995 existiert diese kleine Weinbaugegend als eigenes Weinbaugebiet, das sich an beiden Ufern der Traisen südlich der Donau etwa von Traismauer bis vor die Tore der Landeshauptstadt St. Pölten erstreckt. Historisch betrachtet gehört es zu den ältesten Weinregionen Österreichs überhaupt: Im idyllischen Franzhausen, einer der wichtigsten prähistorischen Fundstätten Europas, ließ sich das älteste Weinkorn Österreichs finden – ein Weinsamen, der nachweislich aus der Zeit um 2000 vor Christi Geburt stammt.

Die Einflüsse des pannonischen Klimas aus dem Osten wirken sich positiv aus, da sie das Erreichen der Traubenreife begünstigen. Kühle Nächte, für die der nahe Dunkelsteinerwald und die Flüsse Traisen und Donau verantwortlich sind, sorgen in Kombination mit den warmen Tagen für eine ausgeprägte Aromatik. Hier entstehen klar strukturierte, tieffruchtige Grüne Veltliner und Rieslinge von kühler Prägung und einer mineralischen Note, wie man sie auch von den Gewächsen der westlichen Wachau kennt.

Die Bodenstruktur ist sehr vielfältig und reicht von Löss über Urgestein sowie kalkhaltige Konglomeratböden bis zu schottrigem und sandigem Untergrund.

Um die Förderung des Prestiges dieses jungen Weinbaugebietes und seiner Produkte ist etwa die Markengemeinschaft Regio Tragisana - Vereinigte Traisentaler Weingärtner bemüht. Vor einiger Zeit haben sich diesem Weinbaugebiet auch die im westlichen Tullnerfeld gelegenen Weinbaugemeinden um Sitzenberg-Reidling, die vormals als Enklave zum Weinbaugebiet Donauland gehört haben, angeschlossen.

Seit dem Jahrgang 2006 kommen typische fruchtig-würzige Grüne Veltliner und kernige, mineralische Rieslinge unter der Bezeichnung Traisental DAC auf den Markt. Es gibt die Standardstufen „Traisental DAC“ mit und ohne Ortsangabe, mit Ortsangabe und Riedenbezeichnung (Einreichung zur Prüfnummer in beiden Fällen frühestens ab dem 1. Jänner des auf die Ernte folgenden Jahres) und „Traisental DAC Reserve (Einreichung zur Prüfnummer frühestens ab dem 1. Juli des auf die Ernte folgenden Jahres), jeweils trocken. Die Mindest-Alkoholgehalte liegen zwischen 11,5% und 13%, wobei Riedenbezeichnungen ab 12,5% zulässig sind.

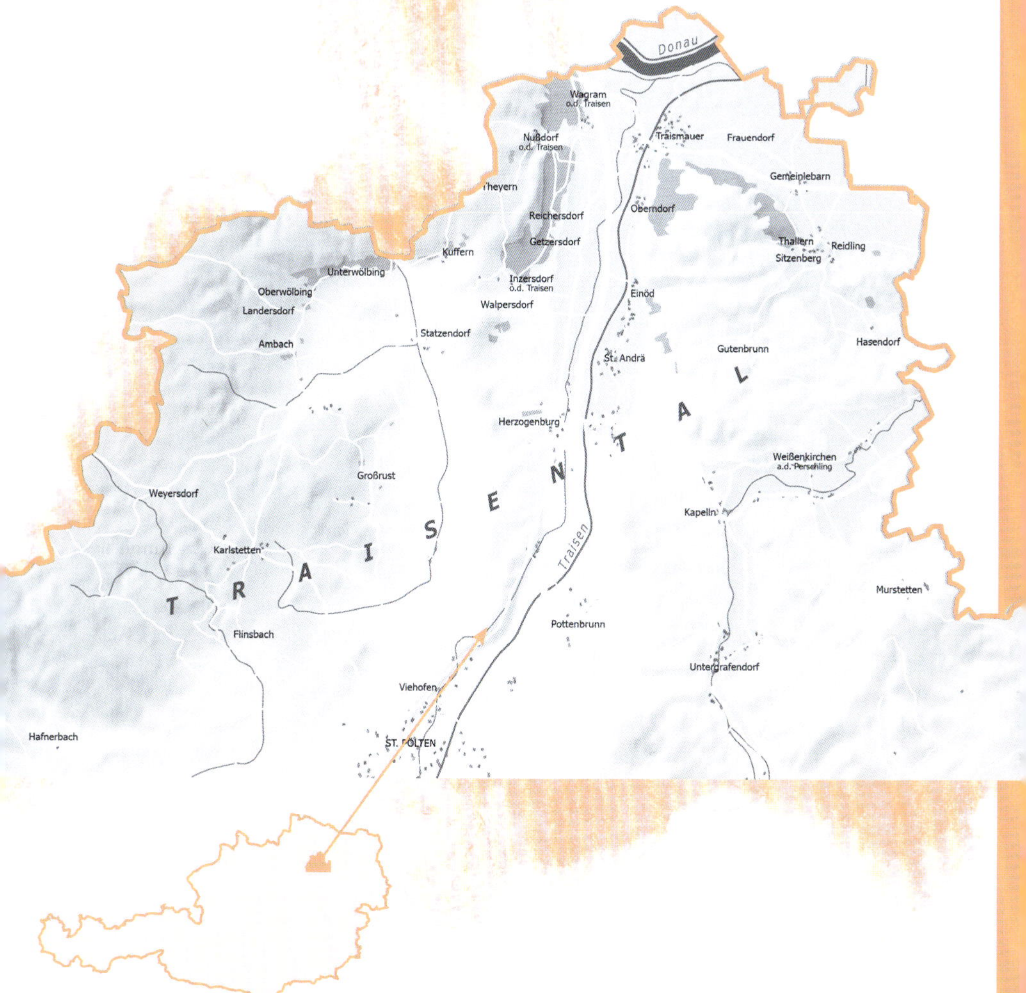

848 Hektar Weinanbaufläche
Die wichtigsten Rebsorten:
Grüner Veltliner, Riesling

Weingut
Tom Dockner

Tom Dockner
3134 Theyern, Traminerweg 3
Mobil +43 664 5441779
weingut@docknertom.at, www.docknertom.at
23 Hektar, W/R 93/7, 170.000 Flaschen/Jahr

2022 war für Tom Dockner ein „fordernder Winzerjahrgang, der trotz vieler Befürchtungen wieder super geworden ist". Mit GV Tom und dem Gemischten Satz hat er bei der Sommerweinkost schon bella figura gemacht. Und dieser Eindruck zieht sich durch das gesamte aktuelle Programm. Es ist dieses Spannungsgemisch aus oftmals spröder Herkunft im Zusammenspiel mit perfektem Sortenausdruck, verzückendem Süße-Säure-Spiel und herrlichem Fruchtschwung bei moderaten Alkoholgraden, was jeden einzelnen Wein zu einer Empfehlung macht. Schon für knappe 10 Euro lädt der Einstiegs-Riesling vom Parapluiberg zu einer Plauderstunde über Sorte, Jahrgang und Traisental ein. Für Tom ist es ein „22er-Phänomen, dass die Rieslinge schon so prächtig dastehen". Das stellt natürlich keine Abwertung der Veltliner dar, diese genießt man halt einfach später, was ganz in seinem Sinn ist. Eingerahmt wird das Sortiment von einem traumhaften Traminer und einem fest zupackenden Pinot Noir. Die Reben dafür stehen auf dem Konglomerat der Hollenburg-Karlstetten-Formation, eine Traisentaler Spezialität, die von der Ur-Traisen vor etwa 15 Mio. Jahren aus den Kalkalpen angeschwemmt wurde. *db*

TRAISENTAL DAC

★★★ S €€ GV **FUN**
2022 Grüner Veltliner Theyerner Berg + Apfel von der Blüte bis zum Gelee, zart gepfeffert, ein Spritzer Limettensaft, hübsche Kräuterwürze; kecke Säure, viel Fruchtcharme, knochentrocken, Steinstaub, appetitliche Kanten, gute Länge, macht Spaß in seiner direkten, unbeschwerten Art.

★★★ S €€€ GV
2022 Grüner Veltliner Nussdorf + Peppige Frucht, würzig, Minze, Melisse, Zitronenpfeffer; knackig, zischig, bunte Mischung aus Mineralik, knackigem Obst, kesser Säure und etwas Gerbstoff zieht sich ins noch etwas kantige Finale.

★★★ S €€€ GV
2022 Grüner Veltliner Ried Pletzengraben 1ÖTW + Ungewöhnlich frische, strahlende Frucht, Kernobst in allen Farben und Reifezuständen, eine ordentliche Prise Pfeffer; mächtige Säure, bremst sich mit quietschenden Reifen ein, spannend, steinig-streng, ein Spitzerl Peperoncino, braucht noch.

★★★★★ S €€€ GV **TIPP**
2022 Grüner Veltliner Ried Hochschopf 1ÖTW + Pfirsichfruchtig, zitrusfrisch gepimpte Apfelfrucht, ein Hauch Vanille, Ringlotten, die regieren mit ihrem säuerlich-fruchtsüßen Punch auch den Gaumen, Holz kommt als Spur Gerbstoff wieder, pfeffrig-pikant, streng, kalkig, großartiger Ansatz, elegant und kraftvoll, Rosenaromen im Abspann.

★★★ S €€ RI **PLV**
2022 Riesling Parapluiberg + Leicht pfeffrig, aromatische Südfrüchte, Bitterorange, reifes, noch bissfestes Steinobst, bisschen Steinmehl; ein unentschieden geführtes Süße-Säure-Spiel erfreut den Gaumen, lebendig, verspielt, tänzerisch, sehr legeres Riesling-Feeling, trinkanimierender Riesling mit viel Ahnung von Herkunft.

★★★ S €€€ RI
2022 Riesling Inzersdorf + Anregender Kontrast aus erfrischendem Pfirsich und komprimierter Marille, von Kräutervielfalt umspült, vielschichtig; im Einklang mit etwas Fruchtsüße spielt sich der Restzucker (8g/l) immer wieder ins Rampenlicht, feinschmelzend mit burschikosem Kick, igelt sich noch ein, gefällt in seiner direkten Art.

★★★★★ S €€€ RI **TOP**
2022 Riesling Ried Pletzengraben 1ÖTW + Frisch aufgeschnittener Pfirsich, Honigmelone, kandierte Kräuter, Zesten von Limette und Zitrone, Hauch von Süße (6g) kündigt sich an; mit markanter Mineralik und zischiger Säure bleibt auch dieses Spiel ausgeglichen, präzise Rieslingfrucht setzt sich fort, dezente Grapefruit-Bitternoten, sehr viel Stein im Finish, grandiose Länge, jetzt schon ein großes Vergnügen.

NIEDERÖSTERREICH

★★★★ S €€€ TR
2022 Traminer Konglomerat halbtrocken + Auf Kalkstein zerriebene Rosenblätter, Litschis, Bergamotte, auch Zesten, Walderdbeeren, noch zurückhaltend; die Sorte springt voller Wollust auf den Gaumen, gepusht von äußerst attraktiver Säure, Restzucker ist eigentlich kein Thema, klingt lange steinig-straff aus, Sellerie, kraftvoll, energisch, trotzdem verspielt, geiler Stoff.

★★★ S €€€ PN
2019 Pinot Noir Konglomerat + Schwarzer Pfeffer, leicht ledrig, rotbeerig, dezent röstig, Tabak, kalkig-straff; fruchtsüß, süffig, gute Länge, passende Substanz, feiner, kleiner Burgunder, etwas Lakritze im Abgang, feingliedrig, fest zupackend.

Weinhof
Englhart-Schoderböck

Michael Schoderböck
3131 Inzersdorf, Dorfstraße 24
Tel. +43 2782 82151
englhart@aon.at, www.weinengl.at

7 Hektar, W/R 80/20

„2022 war der August bis in den September hinein verregnet, mit dem schönen Herbst haben wir dann bis Ende Oktober tolle Gradationen erreicht und freuen uns jetzt über eine angenehm fruchtige Serie mit etwas mehr Alkohol als erwartet." Michael Schoderböck und Sohn Dominik packen die Vielfalt des Gebiets in wunderbar sortenaffine Weine, die sie zu sensationell günstigen Preisen u. a. beim Heurigen und freitags im Hofladen unters Weinvolk bringen. Wir freuen uns! Level ist der geradlinig aufmunternde Einstieg in die Veltlinerwelt des Hauses. Ried Rafasetzen ist ein höchst sympathischer Wein für viele Gelegenheiten, beim Weinengl kann man sich mit dem Genuss noch Zeit lassen. Ein Jahr mehr auf dem Buckel hat der Zwirch, der zwar schon ersten Genuss bietet, aber noch lange nicht dort ist, wo er hingehört, eindeutig ein Tipp. Der Riesling bringt immer gute Gradationen, im Vorjahr waren sie aber dann doch überrascht, wie schnell die richtigen Grade erreicht waren. Dem Restzucker steht kesse Säure gegenüber, das hat Schwung, das macht Spaß. Zu der relativ großen Fläche an Chardonnay müssen sie sich „jedes Jahr was einfallen lassen". Aktuell sind das ein leichtfließender halbtrockener 2022er. Aus 2020 stammt das „Handwerk von Dominik". Spontan auf der Maische vergoren, 12 Monate Holzfass, naturtrüb und ohne Schwefel gefüllt, zeigt die Aromatik in herbstliche bis vorweihnachtliche Richtung und ist in der Lage, kräftige Speisen zu begleiten. Der zu Anfang des Jahres 2022 gelesene Eiswein wird noch lange Freude bereiten, sowas passt immer und überall. *db*

TRAISENTAL DAC

★★ S € GV
2022 Grüner Veltliner Level + Pfeffrig, vegetabil-würzig, Melisse, Minze, angenehme Kühle, auch ein paar Kräuter; aufmunternde Kohlensäure, mittlere Substanz, grüne Äpfel.

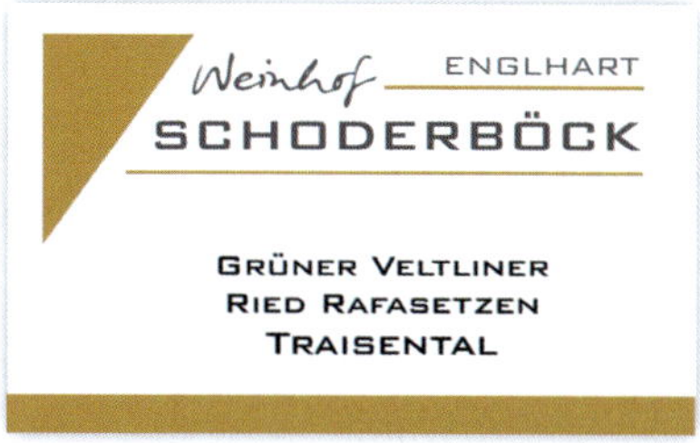

★★★ S € GV **TIPP**
2022 Grüner Veltliner Ried Rafasetzen + Klassische Würze, buntes Kernobst, Quitte, aromatische Anklänge; hübscher Fruchtbogen, bei gutem Tiefgang leichtgängig, angenehm mineralisch zupackend, mit großem Fruchtangebot ausklingend.

★★★ S € GV
2022 Grüner Veltliner Weinengl + Saftig, schwarz gepfefferte Frucht, ein Klacks Mandelmus; extraktsüß, erfrischende Säure, guter Gerbstoff und etwas kalkige Strenge, Limette, Zitronatzitrone, langes Finish, süffig, erst Rafasetzen, dann Weinengl.

★★★★ S €€ GV **TIPP**
2021 Grüner Veltliner Ried Zwirch + Weiche, traubige Frucht, würzig, fast harzig, röstig, mit Luft gelbfruchtig, ordentliche Prise Pfeffer, Blutorange, Pomeranze, Tiefgang, lebendig und aufmunternd; feste Säure, kraftvolle Erscheinung, Zesten, pfeffrig, klingt lange nach, eine Okkasion.

★★★ S € RI
2022 Riesling halbtrocken (10) + Nicht ganz durchgereifter Pfirsich, frische Kräuter, Rosenwasser, belebend, starker Ausdruck, Nase ist ein Gedicht; leichtgängig mit mineralischem Schliff, Steinobst und einige Zesten hängen sich lange ein, sehr lässiger, leichtlaufender Riesling.

NIEDERÖSTERREICH

★★ S € CH
2022 Chardonnay halbtrocken (10) + Druckvoll, Trockenobst, Strohblumen, leicht hefig, vielschichtig, Hauch Vanille; cremig eingefasste, dennoch knackige Säure, Fruchtcharme, hübscher Obstsalat, bisschen kantig, Biskuit, angenehme Erscheinung.

★★ S € GM **FUN**
2022 Gelber Muskateller + Spritzig frisch bis zart dunkelbeerige Aspekte, Piment, Macis, animierend; gibt sich bei peppiger Säure am Gaumen in sich gekehrter, Grapefruit, Pfirsich, griffig.

ÖSTERREICH

★★ K €€€ CH
2020 GET Orange + Helles Kupfer, ein bisschen Feuerwerk, viele rote Zesten, sehr würzig, bisschen holzig; Harz, Streichholz, Gerbstoff, Walnüsse, frisch und geröstet, gute, etwas fordernde Länge, wärmt den Leib, mit Luft kommen Rosinen, karamellisierte Zitrusfrüchte, verträgt deftige Begleitung, Walnüsse kommen im Abgang wieder.

★★★ S €€€ CH **TIPP**
2021 Eiswein + (26,5° KMW, 150 g/l RZ, 8 g/l Säure) Zartschmelzender Süßeindruck, bisschen röstig, Kamille, Minze, diverse Trockenfrüchte, Rosinen, Ananas, Mangos, leicht pfeffrig; konzentrierte und doch sehr leichtgängige Steinobstfrucht, anregende Balance zwischen Fruchtschmelz, Süße und pfiffiger Säure, kalkiges Netz und etwas Gerbstoff geben Halt, lässig.

♛ ♛

Weingut
Leopold Figl

Leopold Figl
3133 Traismauer, Ziegelofengasse 2
Mobil +43 660 1981035
office@weingut-figl.at, www.weingut-figl.at
12 Hektar

„2022 verdanken wir frische, fruchtige, knackige Weine, die Reserven sind noch sehr, sehr jugendlich, sie zeigen gutes Entwicklungspotenzial und haben auf jeden Fall noch über den Sommer Zeit zu wachsen", so stellt Leopold Figl sein aktuelles Sortiment dar. Dieses ist, typisch für das Gebiet, vom Veltliner dominiert. Man bekommt hier durch die Bank viel Wein für sein Geld. Der Veltliner vom Löss verrät schon im Namen, was er zu bieten hat. Von allem ein bisschen mehr zeigt der Ried Setzen und ist mit seinem Fruchtausdruck nah am Vorjahr. Die Sonnleithen Reserve liegt mindestens noch bis Oktober auf der Feinhefe, für Kellermeister Figl „ist der Wein noch gar nicht auf der Welt, er wird erst im Herbst geboren". Wir dürfen uns drauf freuen, er füllt schon als Fassprobe den Mund mit Wohlbefinden. Die Rosengarten Reserve liegt ebenfalls noch auf der Feinhefe und gehört zu den großen 22ern des Hauses. Die mächtige Große Reserve wird man noch einige Jahre beim Wachsen begleiten können. Fröhlich und unbeschwert vermag der Riesling Sonnleithen jetzt schon eine Menge vom Reiz der Sorte und seiner Herkunft zu erzählen. Mit seinem weiten, noblen Fruchtangebot weiß auch der Muskateller zu überzeugen. *db*

TRAISENTAL DAC

★★ S € GV
2022 Grüner Veltliner Vom Löss + Bunter Apfelmix, Kräuter, ansprechende Lösswürze; charmant, mit etwas Fruchtsüße breit aufgesetzt, reife Zitrusfrüchte, passende Säure, hübscher, animierender Veltliner.

★★★ S €€ GV
2022 Grüner Veltliner Ried Setzen + Ansprechende Mischung aus reifem Kernobst und frischen Kräutern, erfrischende Zitrusnoten; über Herkunft und etwas CO2 wieder recht straff, kleiner Zuckerrest, feine Fruchtsüße und gute Substanz sorgen für Abrundung, sehr gute Länge, macht viel Spaß, Sorte und Herkunft sehr gut getroffen, pikantes Pfefferl im Finish.

★★★★ S €€ GV **PLV**
2022 Grüner Veltliner Ried Sonnleithen Reserve + (Konglomerat mit Lössauflage) Herrliche Nase, pfeffrig, würzig, Veltliner!; der kleine Zuckerrest steht dem Gesamtbild ausgezeichnet, bleibt über Mineralik und pointierte Säure trocken, setzt sich lust- und druckvoll auf den Gaumen, vibrierend lebendig, süffig mit einigem Anspruch, Herkunft hinterlässt tiefe Eindrücke.

★★★★ S €€€ GV **TIPP**
2022 Grüner Veltliner Ried Rosengarten Reserve + Pfefferfrisch, liegt noch auf der Hefe, Melisse, Quitte, Anflug von Trockenobst, auch aromatische Marille, Melone, Thymian; herrliche Fülle, frucht- und auch ein bisschen restsüß unterlegt, Säure und vor allem Mineralik als Kontrast, gelungene Mischung aus Charme und Spannung, feiner, vielschichtiger Veltliner.

★★★ S €€ RI **FUN**
2022 Riesling Ried Sonnleithen + Unbeschwerter Auftritt, Minze, Melisse, grüner Pfeffer, Pfirsich von frisch geerntet bis eingekocht, freundlich elegante Aromatik; CO2 schiebt an, treibt die vielfältige Frucht in langen Wogen über den Gaumen, äußerst appetitliche Länge mit herrlichem Fruchtsüße-Säure-Mineralik-Spiel, Feuerstein, Süßholz.

NIEDERÖSTERREICH

★★★ S €€€ GV
2021 Grüner Veltliner Große Reserve + Ananas, bunte Agrumenvielfalt, leicht röstig, sehr pikant, traubig, starke Veltlinerdarstellung, bisschen brotig; mächtiger Auftritt, konzentrierte Veltlinerfrucht von aktivierender Säure und viel Herkunft in Schwung gebracht, Alkohol ist schon ein Thema, kleiner Zuckerrest hat ein Überborden vermieden, attraktive Fruchtsüße, bringt den Druck noch nicht ganz ins Finale, Zukunft.

★★ S €€ GM
2022 Gelber Muskateller + Ganz klassisch mit weitem, noblem Fruchtangebot, zart grünwürzig, eine Prise Pfeffer, Geleefrüchte, kecke Säure, bleibt dem Fruchtsortiment treu, fester, steiniger Kern, sehr gute Länge, ausgeprägter Spaßfaktor.

Weingut
Markus Huber

Markus Huber
3134 Reichersdorf, Weinriedenweg 13
Tel. +43 2783 82999, Fax -4
office@weingut-huber.at, www.huber.wine
50 Hektar, W/R 95/5

„2022 war ein Jahrgang wie anno dazumal. Das Wetter war mit ausreichend Niederschlägen ideal, der Sommer von den Temperaturen moderat, zusammen mit dem kühlen, trockenen Herbst hat alles wunderbar gepasst", schwärmt Markus Huber. Veltliner, Riesling und Burgunder sind die Weine, die mustergültig das Schaffen des Winzers, aber auch die Besonderheiten des Gebiets repräsentieren. Mit Zug in die Tiefe ist die Alte Setzen wieder ein aufbauend süffiger Wein, der den Gaumen frei macht für weitere Genüsse. Kalk ist das Thema in der Geologie des Traisentals, das der Zwirch mit großem Fruchtdruck aufnimmt und weiterspinnt, bei aller Spannung ein leichtgängiges Vergnügen. Der auch heuer wieder exzellente Ried Berg ist die weingewordene Verwandlung von lössigem Konglomerat in ein Hochamt aus Sorten-, Herkunfts- und Jahrgangstypizität großartiger Stoff. „Für einen Hauch internationaler Dimension" kam diesmal etwas gebrauchtes Holz zum Einsatz. Als verschmitzter Verführer erweist sich der Riesling Engelsberg®, der sich großzügig gibt und im nächsten Moment wieder zurücknimmt, der einmal die Sorte aufblühen lässt, um gleich darauf im kargen, kühlen, steinigen Kalkkonglomeratboden auszusetzen, frech, süffig, voller Überraschungen was für ein Spaß! Der Rothenbart, eine nach Südosten ausgerichtete warme Lage mit ganz kargem Boden, braucht hingegen einen langen Anlauf. Er reitet noch etwas unentschlossen auf seiner Herkunft herum, bevor er schließlich zögerlich Sortenappeal aufblitzen lässt, dann sprüht der Charme mit großem Fruchtansatz, kleinem Zuckerrest und kesser Säure, bis er seine Sachen packt und sich auf den nächsten Auftritt vorbereitet. Markus Huber kennt das: „Der Rothenbart entwickelt sich langsam." Der Berg ruft auch beim Riesling aus großer Höhe. Aus geflextem Gestein spritzen knisternde Fruchtfunken, schnell hat der Berg wieder die Hand drauf und verabschiedet sich straff, streng und bröseltrocken mit einem Augenzwinkern toll. Wie der Berg aus zwei so unterschiedlichen Sorten hervorragende Weine hervorbringen kann, ist schnell erklärt: „Das rote Kalkkonglomerat ist überall die Basis. Im unteren Bereich, wo die Veltlinerreben stehen, ist drüber eine dicke Lössschicht. Ab etwa 300 m Seehöhe ist nur noch ein bisschen Löss, dann Stein, dort steht der Riesling." Als Ergänzung zu den Lokalmatadoren stehen zwei Burgunder parat. Beim Weißburgunder Alte Reben, dem kräftigsten Wein des Jahrgangs, hat der Ausbau im großen Fass nur eine schmale Holzspur hinterlassen, der Wein gefällt mit seinem weitgefassten Fruchtbild und hält sehr lange im Anbruch. Ein Drittel neue 500-Liter-Fässer haben dem Chardonnay aus der Einzellage Spiegeln deutlich mehr Holz mitgegeben, mit einer „Idee von Meursault" gibt er sich bei kraftvollem Ansatz jugendlich forsch, er hat noch Zeit zum Wachsen. Im Rosé ist von Blauburger bis Zweigelt alles vertreten, was das Weingut in Rot zu bieten hat, Cabernet und Merlot kommen aus dem Holz, der Rest aus Stahl. *db*

TRAISENTAL DAC

★★★ S €€€ GV
2022 Grüner Veltliner Ried Alte Setzen 1ÖTW + Knackiges Kernobst, Vanille, deutet Tiefe an; straffe Säure, attraktives Pfefferl, kleiner Zuckerrest (4), geradlinig, süffig, mineralisch, pikant, zupackend trocken im Abgang.

★★★★ S €€€€ GV
2022 Grüner Veltliner Ried Zwirch 1ÖTW + Grüner Apfel, Langer Pfeffer, Blutorange, Mandarine, Limequats, verführerisch; animierendes Süße-Säure-Match auf kalkigem Spielfeld, betont pfeffrige Würze, vielschichtig, sehr elegant, scharf fokussiertes Finish, buntes Kernobst im Nachspann.

★★★★★ K €€€€€€ GV TOP
2022 Grüner Veltliner Ried Berg 1ÖTW + Recht geschmeidige, traubige, geleeartige Frucht auf steinigem Grund, gepfefferter Mix aus Stein- und Kernobst, frische Zitrusnoten, belebend, große Vorfreude; weit ausladende Fruchtdarbietung, Frucht- und etwas Restsüße in ausreichend Säure, etwas Gerbstoff und viel Herkunft gebettet, wunderschöne Länge, ein paar Zesten für die Haftung, schon jetzt ein Genuss.

★★★ S €€€ RI FUN
2022 Riesling Getzersdorfer Engelsberg® + Wunderbar zarte, feingliedrige Rieslingfrucht, klassisches Steinobst, frisch, kernig, fast ein wenig pikant, Minze, bisschen kantig, leicht süßer Touch; beginnt mit einer herrlich attraktiven, zart-süßen Fruchtwolke, igelt sich dann ein, stellt die Herkunft in den Vordergrund und klingt lange, höchst lebendig, fast trocken mit frecher Säure aus.

★★★★ S €€€€ RI FUN
2022 Riesling Rothenbart 1ÖTW + Recht steinig, in sich gekehrt, reine Herkunft mit ein bisschen Sorte, bunte Agrumen, salzig, pikant, wird mit Luft leicht rosenduftig; auch hier ist ein kleiner Zuckerrest geblieben, der länger auf den Papillen hängt, kernige Säure auf kalkigem Untergrund, viel Fruchtansatz, pikant, trockenes Finish, sehr lang, herrlich.

★★★★★ K €€€€€€ RI TOP
2022 Riesling Ried Berg 1ÖTW + Rauchig, staubig, zwischen Kalkstein zerriebene Salzzitronen, streng, straff, gleichzeitig vergnügt; Süße-Säure-Spiel blitzt kurz auf, dann hat der Berg den Wein im Griff, Frucht zieht sich zurück, sehr lang, großer Ansatz, braucht Zeit.

NIEDERÖSTERREICH

★★★ S €€€ PB FUN
2022 Weißburgunder Alte Reben + Hübsche Variationen vom Kernobst, leicht kühl angelegt, frische Walnüsse, klassisch, hochelegant mit Pfiff; charaktervoll, salzig, weiße Ribisel, Stachelbeere, nicht ganz reife Erdbeeren, weitgefasstes Fruchtbild, bisschen Gerbstoff, viel Boden, grüne Bananen sorgen für lange Haftung, schon jetzt ein Vergnügen mit Aussicht auf mehr.

★★★★ K €€€€ CH
2021 Chardonnay Reichersdorfer Ried Spiegeln + Frischer Pfirsich, reife Zitrusnoten, bisschen Vanille und ein paar Karamellnoten, auch ein bisschen Trockenfrucht; kraftvoller Ansatz, durchaus fordernde Säure, etwas griffiges Holz, Frucht zieht sich hinter Herkunft und Machart zurück, Trockenaromatik, mineralischer Schliff, viel Substanz, gute Länge.

★★ D €€€ CR
2022 Moments Organic Rosé + Freche, frische Frucht, helle Beeren, rote Ribisel, Erdbeeren, ein paar Kräuter, Limette; recht griffig von der Herkunft und bisschen Gerbstoff, dann sehr verführerische, leicht mollige Frucht, wunderbare Länge, aufmunternd, bisschen CO_2 für die Frische, Zuckerrest, hübsches Kräuterallerlei im Finish, Basilikum, Waldmeister.

Weingut
Ludwig Neumayer

Ludwig Neumayer
3131 Inzersdorf ob der Traisen, Dorfstraße 37
Tel. +43 2782 81110
neumayer@weinvomstein.at, www.weinvomstein.at
14,5 Hektar, W/R 100/0

„2022 hatten wir, wie viele andere auch, unsere Probleme mit Peronospora bei den Veltlinern. Riesling und Weißburgunder sind da nicht so empfindlich, letztlich hat alles gepasst, wir haben mächtige, reife Veltliner mit schöner Säure bekommen.“ Wenn man Ludwig Neumayer mit den richtigen Fragen anschubst, dann könnte man mit ihm alleine eine abendfüllende Sendung bestreiten. In Doppelconférence mit seinem Bruder Karl geht sich locker eine Serie aus. Zwischen beiden besteht seit Kindheit an eine enge Verbundenheit. „Wir waren fast wie siamesische Zwillinge“, denkt Karl zurück. „Da ist immer der Schmäh g'rennt; man muss früh erkennen, mit wem man herzhaft lachen kann im Leben.“ So richtig losgegangen mit dem Weinbau ist es Mitte der 1980er im Umfeld von Bundesweinmesse, Weinskandal und Tschernobyl. Mit dem 100-Punkte-Wein Weißburgunder 1986 waren sie dann plötzlich wortwörtlich in aller Munde und zusammen mit Triebaumers Mariental und Bründlmayers Chardonnay im Kreis der ganz Großen. Der von Karl geplante Weißweinkeller sorgte weit übers Traisental hinaus für Aufsehen. In Österreich waren sie mit die ersten, die ihre Trauben der Schwerkraft folgen ließen. „Wir zermanschen nix, der abgesetzte Most rinnt in die Gärtanks. Simple Technologie – klare Weine“, so lautet seither das Rezept für Ludwig, den „begeisterten Qualitätsfanatiker“. Nach Errichtung der „romanischen Verkostungskapelle“ konnten kleine Gruppen zu Weinandachten empfangen werden. Den beiden ist es „nie um Größe gegangen, sondern um einen Traum, befeuert von romantischer Wehmut mit dem Wein als Symbol für Schönheit“. In den Anfängen gab es noch ein bisschen Rotwein in Form eines mehr als akzeptablen St. Laurent. Auch Chardonnay wurde mit gutem Erfolg verarbeitet, bevor 2008 auf Veltliner umgesetzt wurde. „Chardonnay ist toll für Sekt, Veltliner müssen wir machen, Weißburgunder ist ein nettes Nebengeräusch“, stapelt Ludwig tief, weiß zugleich zu berichten, dass der 22er eine „Aromenbombe“ ist. Was sonst noch gepflegt wurde, lässt sich weiterhin im elegant verzierten Gemischten Satz Stoa begutachten, für ihn „eine kleine, leichte, kulinarische Spielerei“.
Die Schieflage, „der Noble von unseren Kalkrieden“, empfiehlt sich als erster Genuss und perfekter Einstieg in Herkunft und die Handschrift des Betriebs. Straff, streng, eng und fokussiert beginnend, verwöhnt der Zwiri im nächsten Moment schon mit großzügigem Fruchtangebot, wechselt behände zwischen Solist und Salonorchester, macht viel Freude. Der mächtige Stein erzählt vom „Glanz des Kalkterroirs“ und täuscht mit seinen Vanillenoten zarten Holzeinsatz vor, starker Stoff für Jahre. Beschwingt absolviert der Engelberg den Sortenwechsel. Wie allen Rieslingen ist ihm ein Zuckerrest geblieben. „Reif und knackig“ müssen seine Rieslinge sein, „die Säure muss passen, nur laut dürfen sie nicht sein“, betont Ludwig, der seine Weine so werden lässt, „wie sie die Natur gibt. Was letztlich auf dem Etikett steht, ist egal“. Der Grillenbart, ein Charmeur mit Tiefgang, ist deutlich halbtrocken, mit seinen 11 g RZ fördert er Unmengen an Frucht zutage, kalkiger Griff bewahrt ihn vorm Abgleiten in Kitsch – großartig. Kontrastreich, ein Füllhorn an Frucht und dann wieder in sich gekehrt, so reizt der Riesling vom Stein den Genießer. Der Weißburgunder täuscht wie schon der Veltliner Holzeinsatz vor, kommt aber ebenso aus dem Stahl. Er ist den anderen Steinen ebenbürtig, braucht momentan am längsten, bis er rollt. Neues Terrain betritt er mit dem lieblichen Sauvignon Giess, „der braucht einen eigenen Markt“. *db*

TRAISENTAL DAC

★★★ S €€€ GV
2022 Grüner Veltliner Schieflage + Steinig-mineralisch, fast streng schon im Duft, engmaschig, viel Terroir, Würzenoten, kräftig gepfeffert, bisschen Tabak; beginnt seidig, Marshmallow, kommt langsam auf Touren, bleibt der steinigen Linie treu, noch mehr Pfeffer, schon gute Länge, bisschen Hefe im Ausklang.

★★★★ S €€€ GV PLV
2022 Grüner Veltliner Zwiri + Klassisch aus alten Rieden. Zart fruchtsüß unterlegte Veltlinerwürze, zurückhaltend gepfeffert, stahlig-straff, sehr mineralisch; kleidet den Mund mit einer vielschichtigen Kernobstfrucht aus, bunter Apfelmix, bisschen Quitte, ein Pfirsich für den Kick, macht schnell auf, konzentrierte, fast karamellisierte Fruchtnuancen, kernige Säure, von steiniger Strenge unterstützt, Apfelgelee, Pfeffer, sehr gute Länge, bei aller sehnigen Spannung gemütlich.

★★★★ S €€€€€ GV TIPP
2022 Grüner Veltliner Der Wein vom Stein + Kühle Anmutung, sehr steinig, kalkig, konzentriertes Fruchtspiel, bunte Gummibären, Pfeffer, Eibischteig; bisschen rau, apfelsüß, vanillig, straff zusammengerafftes Fruchtbild, Apfelvielerlei, grandiose Länge mit Biss, erst am Anfang seiner Entwicklung, vanilliges Apfelkompott, ausgeglichenes Süße-Säure-Terroir-Spiel, mitreißend entspannend.

★★★ S €€€ RI FUN
2022 Riesling Engelberg + Geht mit Luft auf, präsentiert am Gaumen schnell die Reize von Sorte und Herkunft, große Spannung für einen kleinen Wein, engmaschig, fest zupackend, dunkle Aromen in Ansätzen, steinig-straffe Ausrichtung, ein beschwingtes Glas Wein mit viel Botschaft von Sorte, Gegend, Jahrgang, Winzer.

★★★★ S €€€ RI
2022 Riesling Grillenbart halbtrocken + Ein Charmeur mit Tiefgang, vielschichtiges, sehr elegantes Fruchterlebnis, saftiger Pfirsich auf kaltem Stein, öffnet sich langsam; verspielt und doch konzentriert, Kamille, großartiger Stoff.

★★★★★ S €€€€€ RI TOP
2022 Riesling Der Wein vom Stein + Zart und doch vielfältig, eine Spur Tabak, Earl Grey, Liebstöckel, Holunderblüten, Trockenaromen, Spekulatius, Aromen werden dunkler, bleibt ruhig und doch sehr beweglich, ein Sitztänzer; dreht am Gaumen auf, bleibt spurtreu, elegant, sehr hübsches Süße-Säure-Frucht-Spiel, Trockenobst, kleidet den Mund aus, man freut sich auf den nächsten Schluck, fast staubig trocken im Abgang, zieht sich wieder zurück, wird steiniger. Da capo sin al fine.

NIEDERÖSTERREICH

★★★ S €€€ CW
2022 Stoa Gemischter Satz + (FV/MT/NB/GS/RSilv/RI/MO/GM) Marille, hellblütig, kandierte Rosenblätter, Rahat, Szechuanpfeffer, dunkle Agrumen, beschwingt, einladend; molliger Einstieg mit kleinem Zuckerrest (5g/l), wird schnell steiniger, engmaschig, kalkig-straffer Unterbau, bleibt der dunklen Aromatik treu, griffiges, gleichzeitig geschmeidiges Finale, hat noch Zeit.

★★★★ S €€€€€ PB
2022 Weißburgunder Der Wein vom Stein + Der sommerlich-kräuterige Eindruck vom Vorjahr kehrt wieder, Aranzini, Blutorange, Ringlotten, braucht weiten Anlauf; sehr schönes Spiel, karamellisierte Frucht, gelber Apfel, Honigmelone, prickelndes Spiel von Säure und Stein geben Halt, sehr lang, viel zu jung, vielschichtig, fokussiert und doch weit ausholend.

★★★★ S €€€ SB FUN
2022 Sauvignon Blanc Giess + Zarter Frucht- und Sortenausdruck, staubgezuckerter Ribiselmix, Brennnessel, Holunderblütengelee; ein glatt gelutschtes Cassiszuckerl, herrliches Süße-Säure-Spiel, geschmeidig, wie ein leichtes Dessert, tolle Länge, sehr aparte Variation zum altbekannten Thema SB, Holundergelee begleitet den langen Abgang, fester steiniger Zugriff im Finish, süffig.

Weinkultur **Preiß**

Viktoria Preiß
3134 Theyern, Ringgasse 4
Tel. +43 2783 6731, Mobil +43 660 485 45 58
wine@kulturpreiss.at, www.weinkulturpreiss.at
12 Hektar, W/R 90/10

„2022 sind wir in die Bio-Umstellung gegangen, durch die häufigen Regenfälle war der Pflanzenschutz schwierig", weiß Viktoria Preiß zu berichten. „Als spätes Gebiet konnten wir im schönen Herbst bei durchschnittlicher Menge sehr gute bis teilweise sogar bessere Qualitäten als 2021 einbringen." Die Säure ist analytisch ein bisschen niedriger, was durch die steinig-straffe Herkunft gut ausgeglichen wird. Die Weine sind allesamt durch ihre Herkünfte geprägt; diese bringen eine gewisse Strenge, pfeffrige Würze, vor allem natürlich bei den Veltlinern, und sorgen für animierende Spannung, der Geschmackseindruck „steinig" zieht sich durchs gesamte Sortiment. Der Veltliner-Reigen beginnt mit dem schon einladend süffigen Kammerling. Der Hochschopf wirkt etwas gesetzter als im Vorjahr, zur bunten Obstvielfalt kommen ein paar exotische Einsprengsel. Die Nase vom Rosengarten zeigt viel Sortenflair, am Gaumen hat der Kalk das Sagen. Mit weit gefasstem Aromenbogen empfiehlt sich der Ried Berg als gemütlicher Wein für kräftige Speisen und laue Herbsttage. Mit Zimt, Kurkuma und kleinem Zuckerrest zeigt der Ried Brunndoppel schon Richtung Jahresende, die Sorte spielt hier die Nebenrolle. Mit viel Spaß und Spannung stehen schon die Rieslinge parat. Für kleines Geld zeigt der Kammerling Ausblick auf mehr, der Pletzengraben überzeugt mit gediegener, vielschichtiger Frucht und sympathischem Süße-Säure-Spiel. Mit seinem aromatisch-würzigen Auftritt ist der Muskateller recht nah am Vorjahr. Der elegante, feingliedrige Sauvignon ist dankbar für etwas Zeit im Glas. *db*

TRAISENTAL DAC

★★ S €€ GV
2022 Grüner Veltliner Kammerling + Blütenduftig, traubig, reifes, bisschen süßes Kernobst, vielfältig und gewinnend; ansprechende Mischung aus viel Frucht, kleinem Zuckerrest, ansprechender Säure und viel Herkunft.

★★ S €€ GV
2022 Grüner Veltliner Ried Hochschopf + (Konglomerat, Löss) Bunte Vielfalt aus Kern- und Steinobst, ein paar Kokosraspeln, behutsam gepfeffert; dichte, fast ein wenig cremige Substanz liegt auf festem Kalkbett, präsente Apfelfrucht, bisschen kühl im Finish.

★★ S €€€ GV
2022 Grüner Veltliner Ried Rosengarten + (Löss) Festes, süßes Fruchtfleisch, Traubengelee, ganz zart rauchig, kalkig, weißer Pfeffer; traubiger, leicht fruchtsüßer Einstieg, feine Aromatik, breit aufgesetzte Frucht, viel Kalk, braucht noch.

★★★ S €€€€ GV
2021 Grüner Veltliner Ried Berg Getzersdorf Reserve + Ruhig, reif, zart aromatisch, gemischter Obstkorb, Anklänge an in Honig eingelegte Nüsse, Pignoli, röstig, Tiefe andeutend; pikante Säure, sehr gute Substanz, fruchtsüß, eng gesponnener kalkiger Schleier als Gegenpol, „Süße" geht über in Bratapfelaromen, recht kompakte, konzentrierte Frucht, Herkunft schlägt einige Kerben.

★★★★ S €€€€ GV
2021 Grüner Veltliner Ried Brunndoppel Reserve + (Konglomerat) Reif, nussig, burgundisch, buntes, reifes Kernobst, ein paar Gewürze Richtung Zimt, Kurkuma; Säure, Substanz, Zuckerrest schon gut verwoben, kalkiger Untergrund hält noch die Hand drauf, braucht viel Luft.

★★★ S €€ RI **PLV**
2022 Riesling Kammerling + Sehr straff, knackige, strahlende Sorte auf viel Herkunft, Steinobst von frisch bis getrocknet, ansprechend, pfeffrig-würzige Note schwingt mit; bisschen CO_2, recht griffiger, spannender Riesling.

★★★★ S €€€ RI **TIPP**
2022 Riesling Ried Pletzengraben + Sehr gediegene, vielschichtige Steinobstfrucht, frische Pfirsiche, getrocknete Marillen, bisschen röstig, zart pfeffrig, ein paar Rosenblätter; Zuckerrest treibt viel Frucht über den Gaumen, guter Zug, fester, kalkiger Belag sorgt für trockenen Ausklang, Säure passt, schon recht gute Länge, spannend.

NIEDERÖSTERREICH

★★★ S €€ GM **FUN**
2022 Gelber Muskateller Kammerling + Ruhige, elegante, dennoch ganz typische Muskatellerfrucht, würziger Auftritt, zeigt Tiefe und kalkige Schärfe; bisschen CO_2 pusht die Frucht, gute Sortenpräsenz, fester Grip, traubig, Trinkspaß mit Anspruch.

★★★ S €€ SB
2022 Sauvignon Blanc Kammerling + Anklänge an Paprika, Stachelbeeren und Cassis, rosa Beeren; knackig, pikante Säure, hübsches, helles Fruchtspiel, steinig-trocken im Finish, elegant, feingliedrig.

Weingut
SIEDLER Alex

Alexander & Manuela Siedler
3134 Reichersdorf, Obere Ortsstraße 25
Mobil +43 699 117 341 10
office@weingut-siedler.at, www.weingut-siedler.at
W/R 90/10

„2022 hatten wir im Traisental großes Glück. Die Niederschläge kamen im Sommer zur richtigen Zeit. Das gesunde Traubenmaterial konnten wir lange auf der Hefe lassen, und so präsentieren wir wieder typische Traisentaler Weine mit viel Frucht, guter Säure und Balance." Leicht gepfeffert wird der Veltliner Tradition dieser Vorgabe von Alexander Siedler mit sympathischem Trinkfluss mehr als gerecht. Dem hohen Kalkanteil der Riede Buchhammer hat der Wein ein vielschichtig einnehmendes Gesamtbild abgerungen. Die Trauben für die Reserve stammen aus der mit 75 Jahren ältesten Anlage im Ort. Die Holzspur ist dezenter als im Vorjahr, sie überzeugt am Gaumen in der Kombination aus Holz(süße), Jahrgang, Sorte und Herkunft. Ein verspieltes Mittelgewicht mit deutlicher Ansage ist der Riesling Alte Setzen, der schlüssig von Sorte und Herkunft erzählt. Für mehr Substanz und Aromatik wurden bei der Reserve Engelreich etwa 10 % ganze Beeren mitvergoren. Herausgekommen ist ein sehr steiniger, dabei schon animierender Wein mit fein verteilten Fruchtspritzern, er lag zum Zeitpunkt der Verkostung noch auf der Feinhefe. Als reich verzierter Wein punktet der Weißburgunder auch mit seiner Fülle bei moderatem Alkoholgehalt. „Was Leichtes, direkt vom Stein" soll der Muskateller sein; bei allem Spaß mit seiner frechen Säure und direkten Art taugt er auch zu eingehenderer Betrachtung. Unkomplizierte Unterhaltung ist dann wieder beim Tramonto angesagt. Die selektierten Trauben wurden nach zehn Stunden Maischestandzeit abgepresst, daher rühren die kräftigere Farbe und ein sanft stützendes Gerbstoffgespinst. Alle Weine zeichnen sich durch äußerst konsumfreundliche Kalkulation aus. *db*

TRAISENTAL DAC

★★ S € GV
2022 Grüner Veltliner Tradition + Zartsüße Frucht, Quitte, Honigmelone, Sommerblumenwiese; frisch, mineralisch, bisschen fruchtsüß, auch kleiner Zuckerrest sorgt für Charme, trinkig.

★★ S € GV
2022 Grüner Veltliner Ried Buchhammer + Traubig, saftig, zart holzsüß; kräftiger, fleischiger Veltliner, zimtiges Apfelkompott, vielschichtig, einnehmend und griffig profitiert er wie alle Traisentaler Weine von etwas Luft und Zuwendung.

★★★★ S €€ GV TIPP
2022 Grüner Veltliner Ried Alte Setzen Reserve + Kraftvoll, rund, einladend, zum Kernobst kommen hübsche Zitrusnoten Richtung Kumquats; zwischen dem kleinen Holzanteil schlängelt sich viel Frucht bei sehr guter Substanz, leichtgängig mit belebender Säure, anregende Unterhaltung.

★★★ S € RI FUN
2022 Riesling Ried Alte Setzen + Marillengolatsche, reif, leicht aromatisch, von Zitrusfrische behutsam aufgepeppt; setzt sich schlüssig fort, dem gerade spürbaren Zuckerrest steht ausreichend Säure zur Seite, Hefegebäck, verspielt, gute Länge.

★★★ S €€€ RI
2022 Riesling Ried Getzersdorfer Engelreich Reserve + Bunte Mischung aus Kern- und Steinobst, reif bis getrocknet, in sich ruhend, in der Tiefe bewegt sich was; appetitanregende, fruchtbegleitende Säure ist das Thema, sehr steinig mit fein verteilten Fruchtspritzern, mehr Jahrgang und Herkunft als Sorte, starker Ansatz.

NIEDERÖSTERREICH

★★★ S € PB TIPP
2022 Weißburgunder Parapluiberg + Seidiger Duft vor kalkiger Kulisse nach ein bisschen Holz (10 %), ein paar Nüsse, Maroni, mit Luft kommen Karamell, auch ein paar Trockenfrüchte, wird beweglicher; fokussiert, viel Herkunft, festes Säuregerüst, extraktsüße Partikel dazwischen, griffig, trocken ausklingend, ein Genuss zu vielen Gelegenheiten.

★★ S € GM
2022 Gelber Muskateller Konglomerat + Dunkel gefärbte Frucht, straff, Steinmehl, Sternanis, Nelke, Piment; Säure von Kalk und Stein gepusht, weißer Pfeffer, anständige Länge, dunkle Noten kehren im Abgang wieder, sehr lässig.

★★ S € ZW
2022 Tramonto Rosé + Kräftiges Pink, bisschen röstig, rote Grütze; Restzucker ist perfekt gesetzt, ist charmant und fördert den Fruchtausdruck, animiert zum Weitertrinken, freundlich, unkompliziert, fruchtverzierte Länge.

VINOTHEKEN

TRAISMAUER

WEIN ARTZONE
3133 Traismauer, Hauptplatz 1
Tel. +43 2783 8555
tourismusinfo@schloss-traismauer.at
vinothek@weinartzone.at
www.weinartzone.at

GASTRONOMIE/NÄCHTIGUNG

FURTH BEI GÖTTWEIG

Landgasthof Schickh
3511 Klein-Wien, Furth bei Göttweig, Avastraße 2
Tel. +43 2736 7218
office@schickh.at, www.schickh.at

Bekannt wurde das Haus durch die legendäre Gerda Schickh, die Schwester von Lisl Wagner-Bacher, die bereits vor 40 Jahren Gourmetküche servierte. Der Stil hat sich geändert, hochwertig gekocht wird noch immer. Hin und wieder zischt auch noch immer ein Zug vorbei und im Garten steht für kleine Feiern ein alter Waggon der Mariazellerbahn. Die Küche von Christian Schickh bewegt sich zwischen gebackenen Blunz'nradeln und Hummer. Innerhalb dieser beiden Pole finden sich Weinbergschnecken, gebackenes Hirn mit Ei, geröstete Leber vom Sika-Hirsch oder Grammelknöderl auf Rieslingkraut. Ein Schickh(er) Klassiker sind auch die Marillenknödel mit goldbraunen Butterbröseln. Gute Weinkarte mit regionalen Schwerpunkten, selbst Sepp Dockners Sacra stets glasweise. 2 Hauben.

GEMEINLEBARN

Gasthof zum Jägerwirt
3133 Traismauer-Gemeinlebarn,
Tullner Straße 24
Tel. +43 2276 2289
gasthof@zumjaegerwirt.at, www.zumjaegerwirt.at

Hannes Windhör schafft es, die einheimischen Kartenspieler und die Fans tadelloser Wirtshausküche mit leichtem Touch Richtung Wild zu vereinen. Ausgezeichnet vor allem das Ragout vom Sika-Hirsch, den der Hausherr selbst schießt. Pluspunkte sind auch der flott-freundliche Service und natürlich alles Gute aus der breiten Palette der Traisentaler Weine. Einen Abstecher aus St. Pölten, Krems oder Tulln wert, vor allem auch in der Gartensaison. Zimmer.

HÖBENBACH/GÖTTWEIG

Winzerhof Dockner
3508 Höbenbach, Ortsstraße 30
Tel. +43 2736 7262
winzerhof@dockner.at, www.dockner.at

Beeindruckende Palette, bodenständiger Top-Heuriger – 2020 zum besten von Niederösterreich gekürt -, der von Chefin Gudrun Dockner geführt wird; mit regionalen Schwerpunkten (nicht nur das legendäre Gansl). Im Dockner'schen Genusszentrum einmal im Monat Jazzbrunch mit Wolfgang Friedrichs New Orleans Dixieland Band. Zahlreiche kulinarische Themenevents. Breite Kostpalette, alles glasweise, viele Großflaschen und tolle Rotweine (Sacra, Iosephus). Die wunderschöne Sektmanufaktur am Kremser Frauengrund am südlichen Donauufer (Hollenburg), wird als Heurigen-Zweigstelle und Eventlocation genutzt, mit tollem Ambiente und Rundumblick über die Donau bis in die Wachau hinein. Das moderne Kostzentrum samt dem JOE-Keller (benannt nach Sohn und Kellermeister Josef Dockner jun.) ist ein Kompetenzzentrum für Wein. Ein weiteres Standbein der Winzerfamilie ist die Kellergasse samt Sektmanufaktur am Kremser Frauengrund südlich der Donau. Nebenbei eine herrliche Eventlocation (tolle Blicke!), mitten im Wein- und Marillengarten.

KAPELLN

Gasthaus Nährer
3141 Rassing, Hubertusstraße 2
Tel. +43 2784 2224
office@gasthaus-naehrer.com
https://gasthaus-naehrer.com/

Chef Michael Nährer, einer der ersten Jungen Wilden (2006) und ausgebildet bei Glanzlichtern wie Walter Eselböck, Marc Veyrat und Thomas Dorfer, prägte seinen ganz eigenen, bodenständigen Stil. Neuerdings Leitfigur der „Mostviertler Feldversuche". Er hat, so behaupten Stammgäste, ein goldenes Händchen im Abschmecken, ist ein Koch aus Leidenschaft. Nährer gelingt, was nur einige wenige schaffen: In der Schank die glücklichen Einheimischen, im „Restaurant" die seligen Genießer. Näherer gehört den Jeunes Restauratuers Europe (JRE) an, einer Elitevereinigung junger europäischen Topköche. Bioprodukte kommen zum Einsatz wo immer es geht. Mehr als einen Umweg wert. 3 Hauben. Vernünftige Weinpreise, sehr gute Weinkarte mit vielen Schmankerl, oft auch reiferen Raritäten, Großflaschen und Naturweinen. Eigene Weinlinie mit Trauben aus den „vergessenen Gärten" des Perschlingtales, die der Koch revitailsiert. Die Weine der N-Linie entstehen mit Hilfe von Spitzenwinzer Tom Dockner. Ein kompletter Neubau soll im Herbst 2023 eröffnet werden und wird Michael Nährer in neue Dimensionen pushen.

Restaurant am Schlossgarten
Schloss Thalheim
3141 Kapelln
Tel. +43 2784 20079
reservierung@schlossthalheim.at
www.schlossthalheim.at

Mit riesigem Aufwand hat ein Investor aus der Ukraine das verfallene Schloss Thalheim in Kapelln bei St. Pölten restauriert, vom Gartenvirtuosen Thomas Nentwich traumhafte Gärten anlegen lassen und viel Geld in Zimmer, Tagungs- und Eventräume und Gastronomie gesteckt. Das A la carte-Restaurant „Am Schlossgarten" hat solide Tritt gefasst, 2 Hauben erobert und erfreut sich steigender Beliebtheit, neuerdings auch der Sonntagsbrunch. Die Weinkarte ist sehr gut sortiert und mit Augenmaß kalkuliert. Location für Feste aller Art, Hochzeits- und Tagungs-Hotspot. Beliebt sind die Grillabende (derzeit freitags) und der Sonntag-Gourmet-Table-Brunch.

KRUSTETTEN

Heuriger & Riedenblick Müller
Weingut Müller GmbH
3508 Krems-Krustetten, Hollenburger Straße 12
Tel. +43 2739 2691
info@weingutmueller.at, www.weingutmueller.at

Einer der großen und vielfach ausgezeichneten Winzerbetriebe in Krems, Ortsteil Krustetten, am sonnigen Südufer der Donau, direkt gegenüber dem Göttweiger Berg mit seinem imposanten Stift. Sehr schöne Weine und Sortensekte, viele preisgekrönt, breite Palette, fast alles auch glasweise: geräumiger wie gemütlicher Top-Heuriger, seit über 25 Jahren. Klassische Heurigenkarte, schöner Innenhof. Das Lokal wurde aktuell um-und ausgebaut. Trotz der Größe des Weinguts ein Familienbetrieb mit Winzer „zum Angreifen". Brot aus eigenem Roggen, Wild aus eigener Jagd, Erdäpfel & Co vom eigenen Feld. Ausflugstipp.

Die Verkostungslocation Riedenblick liegt gleich beim Heurigen ums Eck am Weingut. Vielseitige Räumlichkeiten, große Terrassen mit traumhaftem Blick über Donau, südliches Kremstal, hinüber nach Göttweig und hinein in die Wachau. Für private Events zu mieten, Feuertaufe als PopUp-Restuarant mit 3-Hauben-Chef Andreas Herbst (Riederalm).

KIRCHBERG AN DER PIELACH

Gasthof – Restaurant Kalteis
3204 Kirchberg/Pielach, Melker Straße 10
Tel. +43 2722 7223
office@kalteis.at, www.kalteis.at

Hubert Kalteis ist ein geborener Wirt, witzig und spritzig. Im ländlichen Gasthaus ziemlich hinten im Pielachtal traut er sich, auch schräge Gerichte zu servieren. Die „Kalteisklassiker" fehlen natürlich nicht, dazu saisonale Spezialitäten aus dem Dirndltal. Extrem umfangreiche Karte. Die charmante Chefin ist die Leitfigur im Service, Lieferantenangaben für alles und jedes, viel bio und aus der Region. Die Weinkarte setzt auf Österreich und ausgewähltes Internationales, viele junge Winzer, immer wieder Neues, großes Sortiment, auch gereifte Weine. Schnäpse aus dem Dirndltal, aber nicht nur. Neu ist das „Flussbett", ein Apartmenthaus.

LILIENFELD

Leopold – Unser Wirtshaus
3180 Lilienfeld, Marktler Straße 27
Tel. +43 2762 20200
office@wirtshaus-leopold.at
www.wirtshaus-leopold.at

Der stilsicher designte „Leopold" und sein Garten gehören zu den esskulturellen Stützpunkten zwischen Mariazell und Donau – was sich peu à peu auch unter den sportlichen Genießern des stark frequentierten Traisental-Radwanderweges herum gesprochen hat. Die Weinkarte will kein Buch sein, bietet aber eine überdurchschnittliche Breite qualitätsvoller „Offener".

MANK

Gasthaus Riedl-Schöner
3240 Mank, Hauptplatz 1
Tel. +43 2755 2289
gasthaus@riedl-schoener.at
www.riedl-schoener.at

In vierter Generation sorgt die Familie mit herzlicher Aufmerksamkeit für Gasthausgemütlichkeit. Die Räume sind modern-rustikal gehalten, was auf den Teller kommt durchaus ambitioniert-gutbürgerlich. Mit Produkten von nahen Biobauern und Landwirten wie Pielachtaler Räucherkäse, Natursäfte, Getreide, frisches Gemüse, Fleisch, Käse, Most, Chili oder Hanf. Der Chef kümmert sich um die Hausvinothek mit mehr als 100 Positionen. Auch Saft und Most der Region sollten auf die Bestellliste.

MICHELBACH

Landgasthaus Schwarzwallner
3074 Michelbach, Untergoin 6
Tel. +43 2744 8241
landgasthaus@schwarzwallner.at
www.schwarzwallner.at

Franz Schwarzwallner war Schüler von Werner Matt, hat einige noble Auslandspraxen im Rückspiegel. Den Weg seines Gourmet-Gast- hauses am tiefsten Land geht er trotzdem unbeirrt. Seine Fans folgen ihm voller Begeisterung. Gekocht, sehr gut übrigens, wird, was die Region an Originärem bietet. Auch vegetarische Gerichte, Fisch und wo immer es geht, einen erhöhten Obst- und Gemüseanteil. Ruhe für die Weinauswahl sollte man mitbringen, die Destillate-Karte krönt die Königin aller Schnapsfrüchte, die Adlitzbeere.

ROTHEAU/ESCHENAU

Rast- & Gasthof Pils
3153 Eschenau, Rotheau 6
Tel. +43 2762 68613
service@gasthof-pils.at, www.gasthof-pils.at

Seine Gäste halten „dem Pils" die Treue, auch wenn Karl Pils aus familiären Gründen die Öffnungszeiten schon vor langer Zeit einschränkte. Die Treue zahlt sich auf jeden Fall aus. Wo sonst gibt es denn in dieser Gegend noch beispielsweise heimische Fische von derartiger Delikatesse? Und auch sonst gelingt die Verquickung aus regionalen Produkten und sensibler Kochkunst, zum Niederknien. Hinsichtlich der Weinkarte wird der erstmals einkehrende Gast überrascht sein, von Vielfalt, Jahrgangstiefe, Raritäten und den günstigen Preisen. Schöne Zimmer, gutes Frühstück.

KARLSTETTEN

Dunkelsteiner Bräu
Familie Diesmayr
3121 Karlstetten, Schaubing 2
Mobil +43 664 4170485
office@brauhof-dunkelstein.at, www.schaubing.at

Das Dunkelsteiner Bräu, ganz in der Nähe der Landeshauptstadt St. Pölten. besticht – wie der Namer schon sagt – nicht mit seiner Weinkarte, sondern mit seinem Bier aus der Gasthausbrauerei. Bodenständige Schmankerl, saisonale Spezialitäten, großer Garten.

ST. AEGYD AM NEUWALDE

Zum Blumentritt
Christa Hollerer & Ulli Hollerer-Reichl
3193 St. Aegyd am Neuwalde, Markt 20
Tel. +43 2768 2277
office@zumblumentritt.at
www.zumblumentritt.at

„Die letzte kulinarische wie önologische Raststation vor Österreichs Wallfahrtsort Nummer 1", schrieben wir schon vor Jahren und das gilt auch aktuell. Mit feinem Gespür für die kreative Mitte zwischen Bodenständigem und Interessantem werkt Frau Ulli in der Küche, während sich Schwester Christa dynamisch um die Verbindung zur Außenwelt (bis zum Golfplatz Adamstal) kümmert und die Gäste auf neu entdeckte Wein-Geheimtipps aufmerksam macht, darunter viele rare Schnäppchen. Auch das Schnapsangebot hat eine ziemliche Breite. Für den Fall tiefergehender Erforschung: nette Zimmer stehen bereit. Nach wie vor unbestritten das beste Haus im oberen Traisental.

ST. PÖLTEN

Restaurant AELIUM
Rev Gastro GmbH
Fuhrmanngasse 1, 3100 Sankt Pölten
T: +43 2742 30515
restaurant@aelium.at; www.aelium.at

Das neue Gourmetrestaurant AELIUM – angelehnt an den römischen Namen der Stadt – rockt seit Herbst 2021 die Metropole in der Innenstadt. Die Zeichen stehen auf Fine-dining-Hotspot und Weinkompetenz-Zentrum, mit einer stets wechselnde Auswahl an regionalen und globalen Weintipps auf der Karte, darunter Stars & Newcomer, Klassiker & schräge Sachen, auch biodyn & natural. Gutes Preis-Leistungs-Verhältnis.
Drei Wachauer sind es, die hier Gas geben: Master of Wine-Studentin Elena Rameder – Frau von Hofmeisterei Hirtzberger-Capo Hartmuth Rameder - ist die Chefin, Christoph Vogler (zuvor Souschef in der Hofmeisterei) leitet als Küchenchef die kulinarischen Geschicke und Sommelier & Barista Christoph Essl den Service. Das Aelium hat 50 Plätze, bietet eine produktbezogene, saisonale, entdeckungsfreudige und weltumspannende Kücheninszenierung, die das Wesentliche im Fokus hat: den Genuss und die Freude an exquisiter Kulinarik..

Hotel-Restaurant Böck „Roter Hahn"
Familie Widgruber
3100 St. Pölten
Teufelhofer Straße 26
Tel. +43 2742 72906
rezeption@roter-hahn.at, www.hotel-boeck.at

Letztlich ist es für ein Restaurant nicht das schlechteste Zeichen, wenn man feststellen darf, dass qualitativ einfach alles beim Alten geblieben ist. Für den „Roten Hahn" am Autobahn-nahen südlichen Stadtrand von St. Pölten bedeutet dies: Gemütliches Ambiente in den diversen Räumlichkeiten und im wohl schönsten Gastgarten der Landeshauptstadt, solide Qualität in der Speisekarte, vernünftiges Preis-Leistungs-Verhältnis, viel regionale Qualität bei den Grundprodukten. Der Böck ist mittags wie abends Anlaufstelle für das Tagesmenü ebenso, wie für die wirklich gute Flasche Wein. Sogar eigene „Winzertage" gibt es hier bei Familie Widgruber, dazu noch 55 Betten.

Gaststätte Figl
3100 St. Pölten-Ratzersdorf
Hauptplatz 4
Tel. +43 2742 257402
office@gaststaette-figl.at, www.gaststaettefigl.at

Ein St. Pöltner Urgestein ist die Gaststätte Figl im nordöstlichen Stadtteil Ratzersdorf. Eine Minute von der S33-Abfahrt St. Pölten-Nord findet man ein urig-gemütliches Gasthaus, das die verfeinerte Wirtshausküche in die Tat umsetzte, Weinkultur inklusive. Pächter Matthias Strunz und Partnerin Julia sind beherzte und kompetente Gastgeber, Struntz hat den Figl zum „NÖ Topwirt des Jahres" geführt (2018). Gault&Millau setzte dem noch eine Haube drauf. Küchenchef Sebastian Kickinger setzt auf saisonale, bodenständige Ingredienzien vom Feinsten. Geradlinig, mit wenigen Zutaten, auf den Punkt gebracht. Ebenso unaufgeregt, aber höchst niveauvoll präsentiert sich die sehr gut sortierte Weinkarte. Immer wieder mit Neuentdeckungen und Raritäten! Der Figl ist sowas wie der Heimathafen der St. Pöltner Gastlichkeit geworden und das Flaggschiff ist er sowieso. Dazu gehört auch der prächtige Garten vor dem Wirtshaus unter der denkmalgeschützten Linde. Immer wieder Themenabende und Gourmetdinner. Feines Catering. Must!

Hotel-Gasthof Graf
Brigitte & Leo Graf
3100 St. Pölten, Bahnhofplatz 7
Tel. +43 2742 35 27 57
office@hotel-graf.at, www.hotel-graf.at

Am Bahnhofplatz hat sich Gastro-Turbo Leo Graf sein Refugium geschaffen. Das Stadthotel Graf verfügt nicht nur über 35 moderne Zimmer, sondern auch über ein unpräteniöses, kompetentes Restaurant mit guter regionaler Weinkultur, das sich - allerdings nur wochentags - großer Beliebtheit erfreut – mittags wie abends. Tipp!

Ristorante La Dolce Vita
3100 St. Pölten, Rathausplatz 5
Tel. +43 2742 20233
Support@Okawarisushi.com,
http://www.zanettigroup.at/ladolcevitastp/

Die Landeshauptstadt hat auch einen Qualitäts-Italiener – sogar mit Gault&Millau-Haube. An prominenter Stelle noch dazu mit einem Schanigarten am belebten Rathausplatz. Der Fisch ist frisch, das Meeresgetier von großer Vielfalt, die Pasta höchst fantasiereich und von gehobener Qualität. Die offenen südlichen Weine – natürlich gibt's auch ein paar Österreicher – von jener Art, die uns an wunderbare Urlaubstage oder Kunstreisen erinnert, und die Bouteillen in allen Reifestufen und Preislagen. Großer Schanigarten am Rathausplatz. Tipp!

Mandas
3100 St. Pölten, Rathausplatz 15/E01-E02 (Eingang Marktgasse)
Mobil +43 664 555 00 68
office@mandas.at; www.mandas.at

In der Marktgasse gibt es mit dem „Mandas" eine Adresse für Liebhaber der ausgefallenen Küche. Saleem Piridaus lädt hier zur kulinarischen Entdeckungsreise: Ausgehend von seiner Heimat Sri Lanka über Mexiko bis zur kreativen österreichischen Küche gibt's hier (fast) alles. Mit durchaus überraschenden Weinbegleitungen. Besonderes Highlight: Die Rum-Auswahl!

Vinzenz Pauli
3100 St. Pölten, Alte Reichsstraße 11–13
Mobil +43 650 620 20 77
frag@vinzenzpauli.at; www.vinzenzpauli.at

Etwas versteckt gelegen – beim St. Pöltner Alpenbahnhof – findet man im „Vinzenz Pauli" nicht nur klassische und raffinierte, „behaubte" Gerichte der neuen österreichischen Küche, sondern auch eine Weinkarte, die sich stets verändert und ständig weiterentwickelt. Der Fokus liegt auf Weinen mit Charakter und Eigenständigkeit, von Winzern, die auch einmal neue Wege gehen. Oftmals bio oder biodynamisch, manchmal auch naturnah oder sogar „orange". Partner von Gastgeber Maurice Harant und Küchenchef ist Werner Punz, der davor im Sternerestaurant des Wiener Grand Hotels zuwerke ging. Zahlreiche Räume, auch einzeln für Gesellschaften, romantischer Garten, äußerst beliebtes Gasthaus mit Stammgästen aus nah und fern. Tipp!

Gasthof Winkler
3100 St. Pölten, Mühlweg 64
Tel. +43 2742 364 944
gasthof.winkler@aon.at, www.gasthofwinkler.at

Ein Revival erlebt seit einiger Zeit der sehr traditionelle Gasthof Winkler am Mühlweg, das Fleisch- und Steak-Kompetenzzentrum der Stadt. Seit Generationen im Familienbesitz, wird heute die Tradition der österreichischen Küche hochgehalten. Dort werken Franz Winkler jun. & sen. Im Sommer ein Hit: der romantische Garten mitten in der Stadt. Preis-Wert-Tipp obendrein. Solide Weinauswahl.

Yesterday – die Bar
3100 St. Pölten, Frauenplatz 1
Mobil +43 676 736 22 71
oliver@yesterday-bar.at, www.yesterday-bar.at

Wer Cocktail sagt, muss in St. Pölten auch „Yesterday" sagen. Oliver Kloiber hat seine Bar in der Prandtauerstraße in den letzten Jahren noch viel gemütlicher gemacht, als sie sowieso schon war. Und er begeistert nicht nur mit Klassikern, sondern unter anderem auch mit selbstgemachten Tonic! Das macht Gin...

Rathausplatz & Herrenplatz
Neben dem belebten Rathausplatz hat sich auch rund um den nur wenige Gehminuten entfernten Herrenplatz so etwas wie eine „Bermuda-Zone" mit einer Fülle von Lokalen entwickelt. Für den Weinfreund bieten sich besonders die Osteria Cucina & Vini (www.cucina-vini.at) und die Weinbar Vino (www.vinobali.at) an. Letztere präsentiert über 40 Weiß- und Rotweine auch glasweise. Aber auch das Schubert (www.cafeschubert.at) und das Wellenstein (cafe-impalais.at) empfehlen sich dem Weinfreund als Rekreationsadressen.

Direkt gegenüber dem Rathaus ist das große Cafe-Restaurant Schau.Spiel (www.schauspiel.at) des Kremser Gastronomen Otto Raimitz, das sich in den letzten Jahren zum absoluten Hotspot entwickelt hat, mit großem Schanigarten. Ein Tipp am Rathausplatz ist das S'Zimmer (www.szimmer.at), wo Daniela Pottendorfer auf österreichische Küche setzt. Weniger wegen der Weinkompetenz, sondern wegen einer vertretbar guten Ethnoküche sei noch das griechische Restaurant Rhodos (www.rhodos-sanktpoelten.at) erwähnt.

WeinArtZone
Schloss Traismauer – Fam. Hofmann-Koschak
3133 Traismauer, Hauptplatz 1
Tel. +43 2783 8555
vinothek@weinartzone.at
www.weinartzone.at

Die besten Weine des Traisentales in lässiger Atmosphäre mit viel Kunst zum Angreifen und Design, u.a. von Sascha Rier. Gebietsvinothek, immer wieder kultige Events.

TRAISMAUER

Nibelungenhof
3133 Traismauer, Wiener Straße 23
Tel. +43 2783 6349
office@nibelungenhof.at
www.nibelungenhof.at

Rainer Melichar ist der wohl am höchsten bewertete Kochgeheimtipp Österreichs. Sein Können verkündet er nicht mit großem Marktgeschrei, nicht einmal seine zwei Hauben hängt er im Restaurant auf. Nach Jahren bei Karl Eschlböck und Jörg Wörther begann er im Nibelungenhof. Die Strukturen dort sind überschaubar: Er schupft allein die Küche, eine Frau den Service. Weil dieses Alleinsein eine Menge Effektivität verlangt, kreierte Rainer Melichar sein Succo-Well-System. Eine geniale Art, verdammt gute und intensive
Essenzen aus Gemüse, Kräutern oder Obst relativ einfach herzustellen. Basis für seine konzentrierte Küche, die mit so wenigen, meist regionalen Zutaten auskommt und so genial schmeckt. 3 Hauben, vielleicht die preiswertesten weit und breit. Tipp!

WALPERSDORF

Schlossküche
Sandra & Martin Blauensteiner
3131 Walpersdorf, Schlossstraße 2
Mobil +43 699 193 078 83
restaurant@blauenstein.at
www.blauenstein.at

Sandra und Martin Blauensteiner empfangen ihre Gäste in der Schlossküche und haben dafür Küchenchef Florian Mistelbauer ins Traisental geholt. Klassische, österreichische Speisen würzt er mit raffinierter Kreativität. Frische wird großgeschrieben. Die perfekte Weinbegleitung kommt von Martin Blauensteiner: eine gelungene Mischung aus dem In- und Ausland, aus Österreich vor allem dem Traisental und aus der Wachau. Komfortabel geheiratet werden kann im Schloss auch, das gehört zum Imperium von Gartenzampano Markus Lederleitner, der hier auch einen Handel mit schönen Dingen, Möbel und Accessoirs etabliert hat. Ausflugs- und Eventtipp.

WAGRAM

Das Weinbaugebiet, das 2007 von Donauland in Wagram umbenannt wurde, erstreckt sich südlich des sogenannten Wagram, einer von der Urdonau geschaffenen, in ihrer Mächtigkeit einzigartigen Löss-Stufe, die etwa auf halbem Weg zwischen Wien und Krems gelegen ist; die südlichen Abhänge des Wagram, auf denen tiefgründige Lössböden überwiegen, werden schon seit alters her für den Weinbau genützt. Hier reihen sich Weinbauorte mit klangvollen Namen wie Feuersbrunn, Gösing, Fels am Wagram, Kirchberg und Königsbrunn aneinander. Zwei Drittel der Rebfläche werden vom Grünen Veltliner besetzt, der also ganz eindeutig dominiert und charakteristische, fruchttiefe und pfeffrige Gewächse hervorbringt. Weißburgunder, Chardonnay und Riesling werden ebenfalls mit guten Resultaten gepflegt. Die regionale Spezialität Roter Veltliner wurde wiederentdeckt und gefördert. Auch der Rotweinanbau wurde etwas forciert, und aufgrund der klimatisch günstigen Verhältnisse konnten mit Zweigelt, Blauburgunder und Cabernet wiederholt Erfolge erzielt werden.

Zwei Markengemeinschaften haben sich die Förderung des Weinniveaus am Wagram auf ihre Fahnen geschrieben: die Vereinigung „Wagramer Selektion“ und die Winzergemeinschaft „Weingüter Wagram“.

Das Weinbaugebiet Wagram endet jedoch nicht am Wagram, wie man annehmen würde, sondern erstreckt sich auch auf eine südlich der Donau gelegene Enklave, auf die durchaus sehenswerten Lagen von Weidling und Klosterneuburg. Unangefochten als Leitbetrieb fungiert das größte österreichische Privatweingut Stift Klosterneuburg, das mit modernem Management und Kellertechnik am Puls der Zeit Weingeschichte in Österreich geschrieben hat.

Ab dem Jahrgang 2021 gibt es Wagram DAC mit drei Stufen: Gebietswein, Ortswein und Riedenwein. Die Gebietsweine sind ähnlich wie in der Wachau geregelt, zulässig sind 13 weiße und rote Rebsorten. Bereits ab 1. Dezember des Erntejahres dürfen die Winzer um die Prüfnummer ansuchen. Bei den Ortsweinen sind 27 Ortsangaben zulässig, also fast für jeden Ort eine. Allerdings sind hier nur sieben Rebsorten zugelassen, die zudem reinsortig ausgebaut sein müssen. Die Prüfnummer darf ab dem 1. Jänner des auf die Ernte folgenden Jahres zur Prüfnummer beantragt werden. Die Spitze der Herkunftspyramide bilden die Riedenweine, erlaubt sind die weißen Wagram-Leitsorten Grüner und Roter Veltliner sowie Riesling. Sie dürfen ab 1. März des auf die Ernte folgenden Jahres zur Prüfnummer eingereicht werden. Alle Weine müssen trocken sein, die Weißweine dürfen keinen dominanten Holzton aufweisen.

2.459 Hektar Weinanbaufläche
Die wichtigsten Rebsorten:
Grüner Veltliner, Riesling,
Roter Veltliner

BIO

Bioweingut
Familie Bauer

Josef Bauer
3471 Großriedenthal, Hauptstraße 68
Tel. +43 2279 7204
info@familiebauer.at, www.familiebauer.at
28 Hektar, W/R 77/23

Das Bioweingut der Familie Bauer ist seit dem Jahr 2012 biologisch zertifiziert. Nachhaltigkeit, Vielfalt und auch einmal etwas Neues auszuprobieren, liegen Josef Bauer sehr am Herzen. Deshalb hat er neben den klassischen Sorten Grüner Veltliner, Roter Veltliner und Riesling auch PiWi-Sorten wie den Donauriesling und den Donauveltliner. Beides sehr spannende Rebsorten, die vielleicht die Eleganz einer Vitis-Vinifera-Sorte nicht ganz widerspiegeln können, aber für sich sehr gute Vertreter ihrer Art sind. Natürlich beschäftigt man sich darüber hinaus auch mit dem Thema Naturwein, mit klingenden Weinen wie Bärig (Roter und Grüner Veltliner), URIG (Roter Veltliner), die auch sehr spannend sind. Der Pet Nat aus Grünem und Rotem Veltliner und Riesling ist ein perfektes Sommergetränk für die Terrasse – unkompliziert, mit Trinkfreude und Urlaubsfeeling. Im Vitis-Vinifera-Segment ragen aber Grüner Veltliner, Roter Veltliner und Riesling hervor.
Die klassischen Weine brillieren durch Frische, Eleganz und Trinkfreude. Die Riedenweine aus den Rieden Hinterberg und Goldberg werden spontan vergoren und bleiben bis zu einem Jahr auf der Vollhefe. Dadurch werden sie viel filigraner und engmaschiger. Der Grüne und Rote Veltliner wächst auf Lössboden und der Riesling auf Löss und Schotter. Josef Bauer ist ein Tüftler, der sicher noch einiges versuchen wird. Der Grundstock ist gelegt, und der ist fantastisch. *rk*

WAGRAM DAC

★★ S € GV
2022 Grüner Veltliner Terrassen + Ungezwungener Wein, Frische und Leichtigkeit, Golden Delicious, Weißer Pfirsich, Limette, Zitronenverbene, Würze von Pfefferoni, unkompliziert mit Anspruch.

★★★ S € GV PLV
2022 Grüner Veltliner Ried Goldberg + Kompaktes Fruchtspiel in der Nase, saftiger Red Delicious, Anklänge von Drachenfrucht, unterlegt mit Würze von Ingwer, gewisse Tiefe durch längere Hefelagerung, vielschichtig, fest und kulinarisch.

★★★★ S €€ GV
2021 Grüner Veltliner Ried Hinterberg + Weißer Pfirsich, reife Quitte, ein Blumenmeer an Krokussen und Veilchen, betörend, aber nie aufdringlich, untermalt von weißem Pfeffer, voller Körper durch Hefelagerung, fest zupackende Säure und Eleganz.

★★★ S € RV PLV
2022 Roter Veltliner Terrassen + Fester, eleganter Wein, frische Brombeeren, Marille, etwas Honigmelone, Limette, feste, kompakte Struktur, perfekter Sortenvertreter seiner Herkunft.

★★★★ S €€ RV
2021 Roter Veltliner Ried Hinterberg + Muskelbepackter Wein, Mango, Papaya, Butterscotch, Gerbstoff von Birnenschale, unterlegt von Verbenen-Tee, in der Mitte Blockmalz, sehr kulinarischer Wein mit Vielschichtigkeit.

★★★★ S €€ RI TIPP
2021 Riesling Ried Hinterberg + Nicht aufgeregt, in sich ruhender Wein, saftiger Pfirsich, Litschi, weißer Pfeffer, fester Körper mit feinem Gerbstoff, nie ausladend, mit Eleganz, straffe Säure, Lebendigkeit und Trinkfreude.

★★★ S €€ RI
2022 Riesling Ried Goldberg + Lebendige, seidige Nase, weißer Pfirsich, Anklänge von Maulbeere und Litschi, feine Struktur, steinige Mineralität, Buddhas Hand, pointiert mit einer lebendigen Säure und Trinkfreude.

ÖSTERREICH

★★ S €€ DV
2022 Donauveltliner + Klarapfel, Minze, zarte Verbene, floral, etwas rustikaler Gerbstoff, elegante Säurestruktur, im Abgang erfrischend, sehr kulinarisch.

★★ S €€ DR
2022 Donauriesling + Hibiskusblüte, etwas Rosenblätter, floral, weiße Ribisel, schlanker Gaumen, feine Gerbstoffstruktur, erfrischende Säure.

Weingut
Josef Bauer

Josef Bauer
3483 Feuersbrunn, Neufang 52
Tel. +43 2738 2309
weingut@josefbauer.at, www.josefbauer.at
13 Hektar, W/R 85/15

Ich meine, dass die aktuellen Weine von Josef Bauer die besten der letzten Jahre sind. Die Weine haben Zug, sind komplex, zeigen Tiefgang, haben Struktur, Charakter und Klasse. Es wird strikt zwischen Jung- und Altanlagen getrennt. Ausbau teils im Stahl, in Keramik oder Eiche. Naturnaher Weinbau ist in dieser Klimakrise das Gebot der Stunde. Ganz wichtig ist ein perfektes Bodenmanagement. Das bisschen Nass, welches vom Himmel kommt, erhalten. So machen es die Bauers. Vorbildlich ist auch die Zusammenarbeit zwischen Vater Josef und Sohn Florian. Es geht gemeinsam vorwärts.
Wie gesagt, die Weine sind durch die Bank hervorragend. Ich darf meine Favoriten vor den Vorhang bitten. Die beiden Grünen Veltliner Ried Rosenberg und Ried Spiegel sind fantastisch, wobei Letzterer vielleicht die Nase vorne hat. Die Saphir Linie – Roter Veltliner und Weißburgunder 2021 –, das Steckenpferd von Florian, ist eine eigene Dimension. Höchst individuell. Großes Kino. Der zweite Jahrgang vom Leandertaler – ein Natural Orange Wine vom Riesling – spielt in einer eigenen Liga. Ich finde ihn großartig. Ein Wein für Kenner oder die, die es noch werden wollen. Falls Ihnen der 2022 Riesling Ried Losling abgeht, der kommt erst im nächsten Jahr in den Verkauf. ***as***

WAGRAM DAC

★★ S €€ RV
2022 Roter Veltliner Feuersbrunn + Ein ungemein stimmiger Roter Veltliner, Lebkuchen, Bratapfel, Blütenhonig, Quitte, Mandarinen, feine Fülle, elegante Noten, höchst delikat, angenehme Säure, hervorragender Wein.

★★ S €€ SB
2022 Sauvignon Blanc + Ein noch etwas verhaltener Sauvignon Blanc, hintergründig, Holunderblüten, gelbfruchtig, Cassis, frische Säure, die von einem dezenten Restzucker (5 g/l) abgefedert wird, schmelzig, charmant, saftige Frische, gediegen, höchst angenehm.

★★ S €€ RI
2022 Riesling Feuersbrunn + Ein engmaschiger Riesling, Steinobst, Zitrus, Orangenschalen, Quitte, steinige Aspekte, Feuerstein, zeigt Finesse, rassig, voller Pikanz, guter Druck, fest strukturiert, viel Mineral ausstrahlend. Der geht seinen Weg.

★★★ S €€ GV TIPP
2022 Grüner Veltliner Ried Spiegel + Rauchige Würze, Pfeffer, Exotik, gelber Apfel, Kräuter, kompakt, körperreich, reife Trauben, ungemein ausdrucksstark, salzige Mineralität, entwickelt Druck, griffig, klebt am Gaumen, ein herrlicher Grüner Veltliner von überragendem Typus, viel Substanz, wird sich im Herbst perfekt präsentieren.

★★★ S €€ GV
2022 Grüner Veltliner Ried Rosenberg + Tolle Exotik, Ananas, Birne, gelbfruchtig, Pfefferschleier, Kräuter, Gewürze, Waldmeister, Kamille, sehr elegant, feine Frucht, fein liniert, lössige Anmutung, eine Ahnung vom Holzfassausbau. Perfekt strukturiert, ein hervorragender Grüner Veltliner.

★★★ S €€€ RV
2021 Roter Saphir Roter Veltliner + (Ausbau zu 2/3 in Keramik, 1/3 gebrauchte franz. Eiche, spontan vergoren) Herrlich exotisch, viele Früchte, Ananas, Mango, Pfirsich, Bratapfel, Lebkuchen, herrliche Frucht, salzig, tief, fest, lang, rauchig, hochreifes Traubengut, extraktreich, Kräuter. Ein fulminanter Roter Veltliner in Hochform. Potenzial für viele Jahre.

★★★ S €€€ PB
2021 Weißer Saphir Weißburgunder + (2/3 neues franz. Holz, 1/3 Keramik, spontan vergoren) Hier herrscht die Gösinger Kühle, ein höher gelegener Weingarten, ungemein salzig, Birnenfrucht, Mandelsplitter, gelbe Früchte, Ananas, Kamille, Orangen, etwas Vanille, erinnert an eine blühende Sommerwiese, von bezwingender Raffinesse, absolute Klasse.

NIEDERÖSTERREICH

★★ S €€€ CR
2019 Bella Viktoria + (ZW/CS) Schwarzviolett, feines Bukett, Kirschen, Cassis, Zwetschken, charmante Frucht, gute Tanninstruktur, etwas Schokolade, bestens eingesetztes Holz, Waldbeeren, Pfeffer, Preiselbeeren, geht richtig auf im Glas, macht große Freude.

★★★ K €€€ RI
2021 Leandertaler Riesling Natural Orange Wine + (Maische & spontan vergoren) Dezent hefetrüb, leuchtendes Gelbgrün, Marille, Pfirsich, Ananas, Orangen, Limette, dezent mostig, ungemein frisch, rassig, hohe Säure, die nicht sauer schmeckt, cremige Textur, etwas Holz, viel Struktur, knochentrocken, Zitrus in Hülle und Fülle, ein großartiger, individueller Wein für Kenner.

Weingut
Michael Bauer

Michael Bauer
3470 Kirchberg am Wagram, Mitterstockstall 27
Mobil +43 664 531 46 41, office@weingut-michaelbauer.at
www.weingut-michaelbauer.at
17 Hektar, W/R 90/10

2017 hat Michael Bauer das Weingut von seinem Vater übernommen. Was dieser junge Mann bis zum heutigen Tage bewegt hat, ist fantastisch. Das Weingut wurde umstrukturiert. Das heißt, Qualität, Herkunft und Zeit sind sehr wichtig geworden. Man spürt, wenn man mit ihm spricht, dass er voller Tatendrang ist. Alle Weine sind vegan. Das Thema Nachhaltigkeit ist auch irrsinnig wichtig. Die Etikette wurde modernisiert. Sie zeigt den Wiedehopf, der in der Region fast nicht mehr sichtbar war, aber jetzt wieder heimisch ist. Auch die Weine spiegeln diesen Drang nach Qualität wider. Vom Gebietswein Grüner Veltliner bis hin zum Grünen Veltliner alte Reben, sind das Thema Herkunft und dem Wein die nötige Zeit zu geben spürbar. In Zukunft will Michael Bauer mit seinen Weinen noch später auf den Markt kommen, denn er weiß, dass diese Zeit brauchen, um ihr ganzes Potenzial ausschöpfen zu können. Der Rote Veltliner ist ungemein kulinarisch und zeigt mit seiner Tiefe und Spannung auf. Mit dem Riesling 2022 ist ihm ein Wein gelungen, der Trinkfreude und Spannung verspricht. 2019 wurde auch sein Heurigenlokal fertiggestellt, mit dem er eine spannende Location zum Verkosten, Verweilen und Essen geschaffen hat.
Die Zukunft ist am Weingut angekommen, wir können uns auf eine spannende Reise mit Michael Bauer freuen. *rk*

WAGRAM DAC

★★ S €€ GV
2022 Grüner Veltliner Gebietswein + Ruhiger Stil, Maschansker Apfelschale, leicht röstige Aromen, dunkle Pfefferwürze, kompakt, schöne Balance von Gerbstoff, Säure und Körper. Spannung bis zum Ende, getrocknete Kräuter mit Verbene und Lorbeerblatt, stützende Säure.

★★★ S €€ GV
2022 Grüner Veltliner Ried Steinberg + Offene, fruchtige Nase, Rubinette Apfel, Orangenblüte, floral, Veilchen, leichte Lakritze, saftiger Gaumen, in der Mitte feste Struktur, Mandarine, Salzzitrone im Abgang, mit einer mittleren Länge an der Säurestruktur.

★★★★ K €€€ GV TIPP
2021 Grüner Veltliner Alte Reben + (unfiltriert) In sich ruhender Wein, klare, geradlinige Struktur, durch Hefe mehr Struktur am Gaumen, McIntosh Apfel, Wiesenkräuter-Tee, angenehme Gerbstoffe, die stützend sind, weißer Pfeffer, mit Luft kommt etwas Honigmelone, reife Feige, Zeit ist das große Thema bei diesem Wein, man merkt schon im Glas die Entwicklung zum Guten.

★★★ S €€ RV PLV
2022 Roter Veltliner Steinberg + Reife weiße Pfirsiche, Ringlotte, Heublumen, unterlegt mit etwas Butterscotch, weiße Brioche, saftig, mit fester Struktur, Mandarine, Tiefe mit Trinkfreude, mit Luft kommt etwas Apfelmus dazu, feine Säurestruktur mit Lebendigkeit.

★★★ S €€ RI
2022 Riesling + Strahlende Marille, saftig, trotzdem in sich ruhend, ganz zarte Ingwerwürze, fest, floral, Blutpfirsich, frische, strahlende Säure, lebendig und stützend, auch diesem Wein tut eine gewisse Flaschenreife gut.

★★★ S €€ PB
2022 Weißburgunder + Strahlende, ruhige Williamsbirne, beschwingte Leichtigkeit, leichter Anklang von weißer Brioche, Hauch von Sternanis, saftig, elegant, feste Struktur, angenehm stützender Gerbstoff, braucht ein großes Burgunderglas, um sich entfalten zu können.

Weingut
Stefan Bauer

Stefan Bauer
3465 Königsbrunn am Wagram, Rathausplatz 19
Tel. +43 2278 2771
stefan@weingutbauer.at, www.weingutbauer.at
12 Hektar, W/R 95/5, 80.000 Flaschen/Jahr

Das sympathische Winzer-Ehepaar Karin und Stefan Bauer machen nicht nur fantastische, geradlinige Weine vor allem vom Grünen und Roten Veltliner, sondern haben auch einen Heurigen, der es in sich hat. Alles der Reihe nach. Familie und Zusammenhalt sind ein wichtiger Motor für das Schaffen und Tun am Weingut. Nach dem neuen Herkunftssystem werden die zwei Kategorien Gebietswein und Riedenwein bespielt. Alles sehr geradlinige, sortenbezogene Weine, die immer Spannung und Trinkspaß vermitteln. Mit der Hutzler-Serie, die eine Hommage an die Großeltern Mathilde und Josef Hutzler ist, werden kontinuierlich hervorragende Weine aus den Rebsorten Grüner Veltliner, Roter Veltliner und Weißburgunder vinifiziert. Die Rebstöcke zählen zu den ältesten und besten rund um Königsbrunn und bringen Tiefe, Herkunft, Tradition und den puren Lössboden in die Flasche. Mit den Rieden Bromberg und Steinagrund gibt es noch weitere Weine in der Serie, die Eleganz und Tiefe haben.

Dass es auch andere Vinifikationen als die klassischen gibt, zeigt Stefan Bauer mit seinen spaßigen und trinkfreudigen Weinen vom Grünen Sylvaner und Müller-Thurgau. Beide sind maischevergoren und unfiltriert, zeigen Trinkfluss und Verspieltheit.

Der Heurige ein Kraftplatzl, wo es zu den fantastischen Weinen auch Wild aus der eigenen Jagd, Schweine- und Fischspezialitäten sowie regionale Köstlichkeiten gibt.

Auf die Familie – Freude und Zusammenhalt! *rk*

WAGRAM DAC

★★★ S €€ GV
2022 Grüner Veltliner Ried Königsbrunner Bromberg + Zugänglich, Rubinette Apfel, Kamille, Wiesenkräuter, saftige Birne, saftige Struktur, leichte Pfefferwürze, gute Länge, angenehme stützende Säure, die erfrischend ist.

★★★★ S €€€ GV TIPP
2021 Grüner Veltliner Ried Felser Steinagrund + Strahlender Golden Delicious, saftiger Körper, konfierte Williamsbirne, etwas Exotik, schmalziger Gaumen, fester Kern, lebendige, stützende Säure, sehr kulinarischer Wein.

★★★ S €€ RV PLV
2022 Roter Veltliner Wagram + Verspielte offene Nase, Orangen-Confit, Butterscotch, Schokobanane, Salzzitrone, Rote-Apfelschalen-Tee, saftig, unterlegt mit floralen Noten, trinkfreudig mit einem großen Aromenspektrum, mit einer erfrischenden Säure kommt noch mehr Trinkspaß dazu.

★★★★ S €€€ RV
2021 Roter Veltliner Ried Ruppersthaler Steinmeisel + Vielschichtige, expressive Nase, glasierte Ananas, Kumquats, Drachenfrucht, unterlegt mit Minze und Eukalyptus, nie überbordend, bleibt fest beisammen, baut am Gaumen einen guten Spannungsbogen auf, die Säure ist gut integriert und belebt den Wein.

★★★ S €€ RI FUN
2022 Riesling Wagram + Einladender saftiger Weingartenpfirsich, duftig, etwas Ingwer und rosa Pfeffer, kristallin, bringt mit seiner lebendigen Säure Trinkfreude in den Wein, Tee von der Zitronenverbene, Trinkfluss pur.

★★ S €€ PB
2022 Weißburgunder Wagram + Glasierte Nashi-Birne, Butterzopf, saftig, untermalt von leicht rauchigen Nuancen, eleganter Gerbstoff, kompakter Gaumen mit einer Säure, die etwas Zitronenzeste mit sich bringt.

ÖSTERREICH

★★★★ K €€ SI
2021 Grüner Sylvaner maischevergoren und unfiltriert + Animierende, zupackende Frucht, leichtfüßig, Brennnessel, Grapefruit, Kräutertee, weiße Stachelbeeren, eng, feiner stützender Gerbstoff, der nicht zu überbordend ist, vielschichtiger, spaßiger Wein, trinkanimierend und wertvoller Speisenbegleiter.

★★★ K €€ MT
2021 Müller-Thurgau maischevergoren und unfiltriert + Orangenblüte, weiße Maulbeere, Williamsbirne, unterlegt von Kräutern, Melisse, helle Vielschichtigkeit, feiner Gerbstoff, erfrischende Säure im Abgang, fest und trinkfreudig.

Weingut
Benedikt

Ing. Wolfgang Benedikt
3470 Kirchberg am Wagram, Mallon 26
Mobil +43 676 636 24 90, Fax +43 2279 2475-15
office@benedikt.cc, www.benedikt.cc
20 Hektar, W/R 80/20

Ing. Wolfgang Benedikt ist nicht nur Weinbauer, sondern war auch bis vor Kurzem Bürgermeister von Kirchberg am Wagram. Jetzt widmet er sich ausschließlich seinen Weinen und Weingärten. Diese wurden mit Klee und Kräutern versorgt, damit noch mehr Vielfalt in die Weingärten kommt. Auch der Rote Veltliner hat im Weingut Einzug genommen und wird seit dem Jahrgang 2021 erfolgreich in die Flasche gebracht. Nachdem die Rebanlagen noch jünger sind, findet man einen leichten, frischen Stil in der Flasche wieder. Der Riesling ist betörend und bereitet einem großes Trinkvergnügen. Dieser Wein ist auch ein heimlicher Favorit, der die Lebensfreude des Wagrams perfekt in die Flasche bringt. Die Grünen Veltliner von den Rieden Scheiben, Schafflerberg und Goldberg reifen auf Löss und Gestein und werden im Stahltank vergoren. Danach dürfen sie auf der Vollhefe noch im großen Holzfass und der Grüne Veltliner Ried Goldberg Große Reserve im kleinen Holzfass zur Ruhe kommen. Der letztgenannte Wein ist ein Monument, der nur so vor Reichhaltigkeit strotzt. Dieser Wein wird noch eine Zeit benötigen, um all seine Klasse zu zeigen. Die gesamte Linie hat einen roten Faden und zeigt die Reichhaltigkeit des Wagrams. *rk*

WAGRAM DAC

★★★ S € GV FUN
2022 Grüner Veltliner Wagram + Strahlend, fest, saftiger Gala Apfel, feiner Gerbstoff, Kräutertee, Limette, Anklänge von Gewürznelken, in sich ruhend, sehr guter Vertreter des Löss, gewisse Tiefe und Spannung.

★★ S €€ GV
2022 Grüner Veltliner Ried Scheiben + Litschi, Ananas im Auftakt, Schokobanane, Kräuterauszug aus Zitronenverbene und Wiesenkräutern, saftiger, geschmeidiger Körper, feiner Gerbstoff, der den Wein zusammenhält, elegante Säurestruktur, kulinarisch sehr wertvoll.

★★★ S €€ GV
2022 Grüner Veltliner Ried Schafflerberg + Bratapfel, Fruchtbiskuit, unglaubliches Fruchtspiel, in der Mitte fest und strukturiert, leicht Pfirsich und Limette, unterlegt von Szechuanpfeffer, erfrischende Säurestruktur, die den Wein belebt, die Reichhaltigkeit des Wagrams wurde in diesem Wein eingefangen.

★★★★ S €€€ GV TIPP
2022 Grüner Veltliner Ried Goldberg + Saftige, aber nicht ausladende Nase, Quitte, Rubinette Apfel, in der Mitte Honigwabe, Limette, weißer Pfeffer, Blutorange, saftiger, aber eleganter Wein, feiner Gerbstoff mit angenehmer Säurestruktur.

★★★★ S €€€ GV
2019 Grüner Veltliner Ried Goldberg Große Reserve + Geröstete Haselnuss, Spekulatius, glasierte Waldbeeren, Kletzen, reichhaltig, cremige Struktur, leichte Restsüße, röstige Aromen vom Holzeinsatz, Tiefe, ein Wein, der seine Muskeln spielen lässt, angenehmes Säurespiel, ein Monument, dem man Zeit geben muss.

★★ S €€ RV
2022 Roter Veltliner + Dezente Brombeere, Heidelbeere, Stachelbeere, unterlegt von Zitrus und Orangenverbene-Tee, mittelkräftiger Körper, stützende Säure, schöner Vertreter der Rebsorte.

★★★ S €€ RI PLV
2022 Riesling Wagram + Saftige, ausgereifte weiße Pfirsiche, ausdrucksstarker Wein, viel Trinkfreude, Zitronenpfeffer, Litschi, Limette, kompakt, aus einem Guss, im Abgang feste Säurestruktur und leicht florale Anklänge.

Weingut
Blauensteiner

Christoph Blauensteiner
3482 Gösing am Wagram, Obere Zeile 12
Mobil +43 664 242 49 25
weingut@blauensteiner.com, www.blauensteiner.com
8,5 Hektar, W/R 85/15

Das Credo von Leopold Blauensteiner lautet: klare Stilistik, ausgeprägtes Terroir und Lagerfähigkeit. Man kann durchaus behaupten, dass sich dieses genauso in den Weinen wiederfindet. Der nächsten Generation in Form des 1996 geborenen Sohnes Christoph eine intakte Umwelt zu vererben. Es wird im Weingarten nach dem Prinzip der Nachhaltigkeit gearbeitet – Gesunderhaltung der Böden, die Schaffung eines optimalen Lebensraumes für Nützlinge.
Die Weine des Hauses sind klar Wagramer Stilistik – Gösinger Gewächse, welche vom pannonischen und kontinentalen Klima profitieren. In den Weingärten der Blauensteiners wie Annaguld, Essenthal, Gmirk, Wilbling, Welfel und Fumberg dominiert der Löss.
Damit kommen wir zu den aktuellen Weinen: ein hervorragender 2022 Roter Veltliner Ried Fumberg, aus selbiger Riede kommen zwei grandiose Grüne Veltliner aus Jahrgang 2022 und privat 2021. Diese drei Weine seien nur stellvertretend für die anderen Weine genannt, welche außergewöhnliche Qualitäten darstellen. Fact ist, wo Blauensteiner am Etikett steht, ist Wagram drinnen. *as*

WAGRAM DAC

★★ S €€ GM FUN
2022 Gelber Muskateller + Duftig, Holunderblüten, Zimt, Muskatnuss, Orangenzesten, knackig, rassig, weißer Pfirsich, frisch, voller Pikanz, Säurebiss, ein typischer Muskateller, der einen fröhlich stimmt. Perfekt als Apero oder so.

★★ S €€ SB
2022 Sauvignon Blanc + Stachelbeeren, Brennnesseln, Holunderbeeren, knackige Säure, baut etwas Cassis auf, Apfelfrucht, ein eher zurückhaltender Sauvignon Blanc, der sich mit Flaschenreife im Herbst bestens darstellen wird. Einige Substanz. Ein überzeugender Sauvignon Blanc.

BLAUENSTEINER
weingut • gösing am wagram
www.blauensteiner.com

★★ S €€ CH
2022 Ferrara Chardonnay Gösing + Gelbe Banane, Mandeltöne, Birnen, exotische Nuancen wie Ananas & Co., fruchtig, herzhaft, pikante Noten, Apfelnoten, Zitrusfrische, ein Chardonnay für den Frühling und gewisse Vorspeisen.

★★ S €€ RV
2022 Roter Veltliner Ried Fumberg + Orangenschalen, Zitrus, dezenter Lebkuchen, Marille, Nougat, fruchtig, mineralische Noten, toller Stoff, Bratapfel, ein kerniger Wein, der lustvoll zu trinken ist. Nicht groß, doch überzeugend.

★★ S €€ GV
2022 Grüner Veltliner Ried Wilbling + Gelber Apfel, kandierte Früchte, Zimt, Anis, voller Frische, Säurebiss, knackig, kernige Struktur, ein Grüner Veltliner, der einen fordert und auch überzeugt.

★ S €€ GV
2022 Grüner Veltliner Ried Essenthal + Apfel und Zimt, rauchige Anklänge, Ananas, Birnen, fruchtig, frisch, gewisser Charme, lössig-pfeffrig, ein typischer Grüner Veltliner, der Spaß macht.

★★★ S €€ GV TIPP
2022 Grüner Veltliner Ried Fumberg + Reifer Apfel, Honigmelone, rauchig-steinige Mineralität, Birnen und Apfel, feste Struktur, Honigtouch, Zimt, gelbe Früchte, der Wein verändert sich ständig, ist – momentan – nicht einzufangen. Vielschichtig, elegant, geht dann so richtig auf. Ein Wein von außergewöhnlicher Klasse.

★★★★ S €€€ GV TIPP
2021 Grüner Veltliner privat Ried Fumberg + Exotik, Ananas, Orangen, Apfel, Pfeffer, Mango, Ingwer, hier regiert der Wagram in seiner feinsten Art, reife Marillen, ungemein saftig, hochelegant, füllig, immer frisch, die Säure ist passend. Ein reichhaltiger Grüner Veltliner, der sich blendend darstellt.

★★ S €€ RI
2022 Riesling Ried Gmirk + Marille pur, Orangen, frisch, rassig, knackig, ein Riesling, der einen herausfordert, Ananas, straff, dicht, zupackend, braucht viel Luft, wird mit der Zeit fruchtcharmant, ohne seinen Charakter zu verlieren. Klassisch Riesling von individuellem Ausdruck.

★★ S € ZW
2019 Zweigelt Gösing + Kirschen und Lebkuchen, Mandelsplitter, schwarze Beeren, Orangenschalen, fruchtig, druckvoll, tolle Säure, festes Tannin, ein kompakter Rotwein, der in die Tiefe geht und über gewissen Charme verfügt.

NACHHALTIG AUSTRIA

Weingut
Ecker – Eckhof

Bernhard Ecker
3470 Kirchberg am Wagram, Mitterstockstall 25
Tel. +43 2279 2440
weingut@eckhof.at, www.eckhof.at
31 Hektar, W/R 80/20

Der Eckhof von Bernhard Ecker ist mit dem aktuellen Jahrgang 2022 bio-zertifiziert. Der Winzer aus Mitterstockstall verarbeitet rund 30 Hektar und bietet eine große Vielfalt. Neben dem Grünen Veltliner, den es in fünf Varianten gibt – drei davon als charaktervolle Lagenweine –, entwickelt sich Ecker immer mehr zum Spezialisten bei Roter Veltliner, wo er neben der Wagram-Klassik mit dem Steinberg und dem Mordthal zwei facettenreiche und sehr empfehlenswerte Lagenweine macht; und in manchen Jahren noch eine Große Lagenreserve darüberstellt. Mittlerweile ist Eckers Roter-Veltliner-Spielwiese schon fünf Hektar groß – und die Weinsorte gilt „als Türöffner“ in neue Märkte und Lokale, betont der Winzer, der auch eine sichere Hand beweist, wenn es um Riesling geht.
Am gemütlichsten verkosten kann man die Ecker-Weine am Eckhof – beim Heurigen, der viermal im Jahr aufsperrt – und wo es alle Weine glasweise gibt. *hp*

WAGRAM DAC

★★ S €€ GV
2022 Grüner Veltliner Vom Eckhof + Streuobstwiese, viel Birnenaromatik, süße Äpfel, rund und kräuterwürzig; zitrusfrisch, gelbfruchtig, grüner Pfeffer, frisch, unkompliziert trinkvergnüglich.

★★★ S €€ GV
2022 Grüner Veltliner Kirchberg + Straffe Lösswürze, Grapefruits, Limetten, generell Zitrus, auch Granny Smith; sortenbetont, knackig-frisch, feine Pfefferwürze, viel Kernobst, dezent exotisch, Ananas, feines Mittelgewicht, mittellang.

★★★ S €€ GV FUN
2022 Grüner Veltliner Ried Großweikersdorfer Steinberg + Gute Frische, schwarzer Pfeffer, leichte Mineralität, Gesteinsmehl, Mandarinen; saftig, mineralisch füllige Kernobstnoten, charakteristischer Wagramer mit Kraft, Grip und Kräuterwürze.

★★★★ S €€ GV PLV
2022 Grüner Veltliner Ried Mitterstockstaller Schlossberg + Gute Fülle, viel Kräuterwürze, exotische Frucht, Orangenzesten; saftig, schwarzer Pfeffer, Ananas, Maracuja, viel Sorten- und Lagen-Typizität, extratrocken, guter Säurebiss und Länge.

★★★ S €€€ GV
2022 Grüner Veltliner Ried Ruppersthaler Mordthal + Pikante Würze, Marzipan und Nougat, weich und füllig, wirkt mächtig; saftig, feiner Tanninbiss, gute Struktur, fleischige Kernobstfrucht mit kühler Würze, rund, Trinkcharme.

★★★ S €€ RV
2022 Roter Veltliner Wagram + Heu- und Marzipannoten, gewürzig und aromatisch, Mandarinen, Stachelbeeren; gelbfruchtig, feiner Fruchtmix, grüne Ananas, Grapefruits, Litschi, viel Birnen, knackige Säure.

★★★★ S €€€ RV
2022 Roter Veltliner Ried Ruppersthaler Mordthal + Üppige Fülle, gewürzig, rote Beeren, etwas Marzipan, Oliven, ätherisch; charmante Fruchtsüße, viel Extrakt, super Säurestütze, lebhafte, kühle Aromatik, zart mineralisch, gute Spannung.

★★★★ S €€€ RV TIPP
2022 Roter Veltliner Ried Großweikersdorfer Steinberg + Wuchtig mit viel Tiefe, gewürzig, gelbe Banane, Marzipan, wirkt mollig; saftige, ausgereifte Frucht, viel Fruchtcharme und Extrakt, Mango, Ananas, Zuckermelone, schokoladig, Kakao. Langer Nachhall.

★★★ S €€ CW
2022 Burgunder Cuvée + (WB/CH) Gewürzig, Moos, Wacholder, torfig-rauchig, Mandarinen, wirkt saftig; ziemlich schmelzig, Oliven, kreidige Noten, straff, Mandarinen, Orangenzesten, dezenter Zuckerspitz, Säurepikanz, mittellang.

★★★★ S €€€ PB
2022 Weißburgunder Kalk + Frisch, kühle Aromatik, kreidig-straff, reifes Zitrus, Grafit, Streuobstwiese; exotische Fruchtnoten, Kiwi, Physalis, Orangen, Grapefruits, sanfter Fruchtschmelz, gelungen.

★★★ S €€ RI
2022 Riesling Wagram + Straffe, würzige Noten, Weingartenpfirsich, Zitrus, Wacholder; saftige Pfirsichnoten, appetitliche Säure, balancierter, trinkvergnüglicher Riesling mit charmanter Frucht und feinem Biss. Spargelwein.

★★★★ S €€€ RI TIPP
2021 Riesling Reserve + Viel Sortencharakter, Steinobst, Pfirsich, auch Zitrusnote, Limetten; eigenständig, erinnert an deutsche Riesling-Stilistik, super Schmelz, betonte Säure, trocken wirkend, süffig, elegant.

Weingut
Josef Ehmoser

3701 Tiefenthal 9
Tel. & Fax +43 2955 70442
office@weingut-ehmoser.at, www.weingut-ehmoser.at
17 Hektar

Mit der Ernte 2022 ist Josef Ehmoser jetzt auch biologisch zertifiziert. Energie, Spannung und Herkunft ist in jedem seiner Weine präsent und bringt das Beste aus dem Wagram mit. In sich ruhende Weine wie der Winzer selbst, der zusammen mit seiner Frau Martina Weine produziert, die Zeit im Fass haben, sich zu entwickeln, und auch die Zeit in der Flasche brauchen, um ihr gesamtes Potenzial ausspielen zu können. Der Grüne Veltliner ist der König am Weingut, daneben thronen Riesling und Weißburgunder. Die Entwicklung im Weingut ist beeindruckend. Unglaublicher Tiefe, Eleganz und Spannung bringt der Grüne Veltliner Ried Hohenberg mit seinem Löss mit sich, der mit seiner feinen Gerbstoffstruktur perfekt am Zahn der Zeit ist und eine Klarheit wie ein Bergsee hat. Der ruhige, etwas gesetzte, aber durch Tiefe und Spannung glänzende Ried Georgenberg (dem heiligen Georg gewidmet, da eine Kirche auf der Riede steht), der auf Löss und Donaukies steht, ist der Fels in der Brandung im Weingut. Für mich zwei Parade-Grüne-Veltliner, die zu den besten zählen, die Österreich zu bieten hat.

Der Gemischte Satz ist ein unglaublich kulinarisch wertvoller Wein, der mit Dichte, Verspieltheit und Frische glänzt. Der Riesling darf einen Tag in der Presse verbringen, um etwas Gerbstoff und Komplexität mitzunehmen, bevor er gepresst wird. 2021 gibt auch wieder einen Süßwein – die Auslese vom Gelben Muskateller mit 9,5 % Alkohol, 9 ‰ Säure und 130 g Restzucker. Harmonisch, frisch und reichhaltig, ohne kitschig zu werden. Abgerundet wird das fantastische Sortiment mit einem spaßigen Sommerrosé, der pure Lebensfreude ist, und einem Sankt Laurent, der Eleganz und Ausdruck hat. Sankt Laurent ist für mich eine der spannendsten Rebsorten in Österreich und fantastisch ist, wenn sie so schmeckt. Alles in allem eine der beeindruckendsten Serien im Wagram, wo man in jedem Wein die kompromisslose Qualität und Herkunft schmecken kann. *rk*

WAGRAM DAC

★★★ S € GV **FUN**
2022 Grüner Veltliner Wagram Terrassen + Geradlinig, saftig, elegant, ruhig, Golden Delicious, Zitronenverbene-Tee, weiße Blüten, gewisse Tiefe und feiner Gerbstoff, Trinkfluss, elegante Säure mit Limette und leichter Pfefferminze, Trinkfreude aus dem Wagram.

★★★★ K €€€ GV **TIPP**
2021 Grüner Veltliner Ried Hohenberg 1ÖTW + Vor Freude strahlender Wein, purer Löss, fest und elegant, in der Mitte zupackender Gerbstoff, kühl und in sich ruhend, elegante, feine Aromen, McIntosh Apfel, weißer Pfirsich, weißer Pfeffer, Gerbstoff von weißem Tee, filigrane, lebendige Säure, Spannung und Tiefe bis zum Ende. Dieses Ende dauert aber lange, da der Wein am Gaumen bleibt.

★★★★★ K €€€€ GV **TOP**
2021 Güner Veltliner Ried Georgenberg 1 ÖTW + Dichte, strukturierte Nase, Ringlotte, rote Williamsbirne, in der Mitte etwas Butterscotch, rosa Pfeffer, Sommerwiesenkräuter, leicht und subtil, angenehmer Gerbstoff, der dem Wein Eleganz und Tiefe verleiht, druckvoll mit seiner feinen Säure, aber nie zu mächtig.

★★★ S €€ RI
2022 Riesling Großweikersdorf vom gelben Löss + Ruhige, gesetzte Frucht, unaufgeregt wie der Winzer selbst, Weingartenpfirsich, Bergamotte, saftig mit leichtem Gerbstoff, Limettenzeste für die Frische, lebendige Säurestruktur, die Freude bereitet.

★★★★ K €€€ GS
2021 Gemischter Satz Unter der Burg + Steinige Frucht, erfrischende Tramineranklänge, leichte Rosenblätter, floral, Schokobanane, Litschi, Orangenzeste, feste Struktur, Gerbstoff kommt von kurzer Maischestandzeit, macht den Wein kompakt und erfrischt, stützende Säure, Wein wird mit Luft immer kulinarischer.

★★★★ S €€ PB
2022 Weißer Burgunder vom Gelben Löss + Hochelegant, saftige Williamsbirne unterlegt von weißem Brioche, saftig, ohne je seine Eleganz zu verlieren, Kamillentee, feste Struktur mit Tiefe und Finesse, Limettenzeste an der Säure, Mineralik – Körper – Frische in schöner Harmonie.

★★★★ K €€€ GM
2021 Gelber Muskateller Auslese + Betörende Muskatellerfrucht, Holunderblüte, Muskat, Zitrone, Minze, weiße Schokolade, Minzkaramell, ohne Kitsch, sehr kompakt, druckvoller Gaumen, fest, elegante, erfrischende 9-Promille-Säure, im Abgang sehr guter Trinkfluss, ohne zu opulent zu werden.

Weinhof
Ehn

Gerhard Ehn
3470 Engelmannsbrunn, Kapellenberg 47
Mobil +43 664 195 11 63, Fax +43 2279 27377
office@weinhofehn.at, www.weinhofehn.at
10 Hektar, W/R 90/10

2003 übernahmen Sonja und Gerhard Ehn die Geschicke am Weinhof Ehn. Nach einer Modernisierung am Weingut mit Kellerbau und Adaptierung der Etiketten auf eine klare Linie, wurde das Hauptaugenmerk auf Qualität gelegt. Der Weinhof Ehn ist auch Mitglied der „Wagramer Selektion“ (eine Vereinigung aus 12 Winzern, wo bei einer Verkostung nur die besten Weine diesen Namen tragen dürfen).
Wie so oft am Wagram ist auch bei diesem Weingut der Grüne Veltliner im Fokus. Dieser wird in vier verschiedenen Ausbauvarianten produziert. Vom leichten, ungezwungenen Sommer-Veltliner Swing bis zum komplexen, tiefgründigen Mordthal (hat nichts mit Agatha Christies Mordfällen zu tun). Der Begriff leitet sich von „am Ord“ ab, was so viel bedeutet wie „am äußersten Ende“. Diese Riede befindet sich in Ruppersthal auf 300 Metern Seehöhe. Der Unterboden ist geprägt von Schiefer und Konglomerat, überdeckt von Löss.
Die höchstelegante Ried Satz ist purer Lössboden. Eine 20 Meter hohe Lössformation, die kompakte, elegante und extraktreiche Weine hervorbringt. Der Hochrain auf 240 Metern Seehöhe oberhalb von Engelmannsbrunn, mit Kalkeinschlüssen, ist ein verlässlicher Lieferant für erfrischende, strahlende Weine mit einer feinen Zitronennote an der Säure. Mit der Ried Bromberg, die sich über zwei Gemeinden Kirchberg am Wagram und Königsbrunn am Wagram mit ihrem Lössboden erstreckt, der mit Schottereinlagerungen fantastische Rote Veltliner hervorbringt, schließt sich der Kreis. Der Ausbau erfolgt je nach Wein im Stahltank, im großen Holzfass oder im Barriquefass. Der Gehnius ist das Flaggschiff am Weingut. Dieser Wein darf ruhig noch ein wenig Zeit in der Flasche verbringen, um seine wahre Größe zu zeigen.
Bei allen Weinen hat man viel Spaß im Glas. *rk*

WAGRAM DAC

★★ S € FV PLV
2022 Frühroter Veltliner + Leichtigkeit, Mandarine, Litschi, verspielt, offene Struktur, angenehme Säure und Gerbstoff, Schmelz und appetitliche Säure mit Frische.

★★ S € GV
2022 Grüner Veltliner Swing + Ungeschminkter Grüner Veltliner, ohne verkopft zu sein, erfrischende rote Apfelaromen, rote Ribisel, etwas Pfirsich, angenehme Kräuterwürze, helle Wiesenkräuter, frecher Wein, der gute Laune macht.

★★★ S €€ GV
2022 Grüner Veltliner Ried Hochrain + Geradlinige, würzige, klare Struktur, Golden Delicious, reifer Weingartenpfirsich, Melisse, rosa Pfeffer, fester Gaumen mit Würze, im Abgang erfrischende Säure mit Zitronenzeste, Leichtigkeit mit Anspruch.

★★★ S €€ GV
2022 Grüner Veltliner Ried Mordthal + Ruhige, gelassene Frucht, fester Körper, reifer McIntosh Apfel, Quitte, unterlegt mit erfrischender Zimtstange, dunkle Aromen vom Langen Pfeffer, Lorbeerblatt, Zitronenverbene-Tee, lebendiger Wein mit Tiefe und Finesse.

★★★★ S €€ GV
2022 Grüner Veltliner Ried Satz + Klarer Veltliner ohne viel Schnörkel, helle Fruchtaromen, Weingartenpfirsich, Golden Delicious, strahlend und erfrischend, weiße Blüten, Hagebutte, rosa Pfeffer, unterlegt mit einer Säurestruktur von Limette, sehr schöner Vertreter vom Löss.

★★★★ S €€€ GV TIPP
2022 Grüner Veltliner Gehnius Große Reserve + Reichhaltig, komplexe Aromen mit Tiefe und Würze, reifer gelber Apfel, Zitronenverbene-Tee, getrocknete Wiesenkräuter, saftig ohne überbordende Aromen, feiner Gerbstoff mit Würze vom Langen Pfeffer, ein fantastischer Vertreter vom Lössboden mit Komplexität und Tiefe.

★★★ S €€ RV PLV
2022 Roter Veltliner Ried Bromberg + Unaufgeregter Wein, viel rote Frucht, Red Delicious, Ribisel, Hagebutte, Kräutertee, angenehmer Gerbstoff und animierende Säure, kompakter Wein, der sich mit Luft öffnet und zeigt, was er kann.

★★★ S €€ RI
2022 Riesling Ried Satz + Erfrischende, kompakte Struktur, Kamille, weißer Pfirsich, lebendige Säure, Würze von Ingwer, klare Aromen ohne Schnörkel, ein Spiel aus Leichtigkeit, Frucht, lebendiger Säure und Lebenslust.

Weingut
Ernst

Harald Ernst
3701 Großwiesendorf 34
Mobil +43 664 177 13 38
weingut.ernst@aon.at, www.weingut-ernst.at
14 Hektar

Harald Ernst hat bei all seinen Weinen einen roten Faden, und der heißt Frische, Kompaktheit und Eleganz. Alle Weine haben Würze und Spannung, die seinesgleichen sucht. Er lässt seine Weine einfach sein. In Akazienfässern, die 800 bis 1700 Liter groß sind, dürfen die Weine vergären und ruhen, bis sie auf die Flasche kommen. Die Weine aus den Top-Rieden – Steinberg mit Löss und rotem Sandstein und Hohenberg mit purem Löss – sind die Flaggschiffe. Besonders hervorzuheben sind die Weine vom Steinberg (Grüner Veltliner Reserve, Roter Veltliner und der Rote Veltliner Reserve), die mit Spannung, Eleganz und Reichtum um die Wette strahlen. Mit 60 % ist der Grüne Veltliner der Platzhirsch, gefolgt vom Roten Veltliner, Riesling und dem Frühroten Veltliner, der eher zufällig ausgepflanzt wurde, aber eine sehr gute Qualität hat. Harald Ernst kennt seine Heimat und bringt sie großartig in die Flasche. *rk*

WAGRAM DAC

★★★ S €€ GV
2022 Grüner Veltliner Classic + Leichtfüßiger Golden Delicious, Steinobst, Birnenschalentee, saftiger, fester Gaumen mit feinem Gerbstoff und appetitlicher Kräuterwürze von Pfefferminze und Kamillentee, Heublumen, animierende Säure im Abgang.

★★★ S €€ GV
2022 Grüner Veltliner Wagram + Ruhiger, klarer, würziger Grüner Veltliner, Maschansker Apfel, Langer Pfeffer, unterlegt von Quitte, Wacholder und Verbene, feste Struktur mit Spannung und gewisser Tiefe, trinkanimierende Säure und Körnigkeit.

★★★ S €€ GV
2022 Grüner Veltliner Reserve + In sich gekehrt, braucht Luft, um sich entfalten zu können, mit einer gewissen Zeit kommt ein saftiger Grüner Veltliner, Bergamotte, Veilchen, Pink Lady Apfel, Zuckerwatte, kompakter Gaumen, saftig, elegant, Birnenkompott, weißer Pfeffer, eleganter Abgang.

★★★★ S €€ GV
2022 Grüner Veltliner Ried Hohenberg 2022 + Hochelegante Nase, klare Struktur mit Klarapfel, Limettenzeste, Ringlotte und Propolis, knackiger Gaumen, rosa Pfeffer mit Kamillentee, kräftiger Veltlinerwürze und festem, elegantem Körper, rassiger, animierender Abgang, der Spaß macht.

★★★★★ S €€ GV TOP
2021 Grüner Veltliner Ried Steinberg Reserve + Kompakt dichte Nase, McIntosh, Steinobst, frischer Blumenstrauß mit Flieder und Veilchen, Mandarinenschale, saftiger, druckvoller Körper, der seine Muskeln spielen lässt, aber nie ausladend ist, etwas Butterscotch, druckvolle tasmanische Pfefferwürze, sehr gute Spannung, Länge und Tiefe.

★★★ S €€ RV FUN
2022 Roter Veltliner Wagram + Saftige, offene Nase, Apfelkompott mit Zwetschke, Erdbeersahne und Zuckerwatte, kulinarischer Gaumen, trinkanimierend, cremig mit Blockmalz, integrierte Säure mit guter Länge und Zitronenverbene.

★★★★ S €€€ RV TIPP
2022 Roter Veltliner Ried Steinberg + Kompakte, strukturierte Nase, Tee von roter Apfelschale, Blutorange, kandierte Haselnuss, Salzzitrone am Gaumen, fantastische Säure, Schwarzbrotrinde, hohe Eleganz mit Tiefe und Spannung von oben bis unten.

★★★★★ S €€€ RV TOP
2021 Roter Veltliner Ried Steinberg Reserve + Ein Reichtum an Birnenkompott mit Honigwabe, Creme Brûlée, kompakter, nicht überladener ästhetischer Körper, straffe Struktur, salzig, Buddhas Hand, wieder Spannung in der Säure, mit langem rosa Pfeffer, würziger Abgang, reichhaltig und trinkanimierend.

★★★ S €€ RI
2022 Riesling Ried Steinberg + Pures Steinobst, reifer Pfirsich in der Nase, geradlinig, eleganter, unaufgeregter Gaumen mit Spannung, Saftigkeit, Heublumen, Kamillentee, fester Gerbstoff von Birnenschale, packt fest zu und lässt nicht los, leicht anstrengend, glockenklar mit erfrischender, stützender Säure.

★★★★ S RI
2021 Riesling Ried Steinberg Selection + Puristische Nase, klarer, reifer Weingartenpfirsich, Orangenverbene, Pfefferminze, eleganter Körper, dicht, Spannung, floral am Gaumen mit weißem Pfeffer, elegant, wie eine Ballerina tänzelt der Wein am Gaumen, würziger Abgang mit lebendiger Säure.

Weingut
Josef Fritz

Josef Fritz
3701 Zaussenberg, Ortsstraße 3
Tel. +43 2278 2515
office@weingut-fritz.at, www.weingut-fritz.at
16 Hektar, W/R 94/6

Im dritten Jahr der Umstellung auf biologische Bewirtschaftung konnten die Herausforderungen des nicht ganz einfachen Jahrganges mit Bravour gemeistert werden. Das beweist unter anderem das tadellose Quintett der Roten Veltliner. Schon die tänzerisch über den Gaumen schwebende „normale“ Version namens Wagram Terrassen ist in ihrer Liga eine Klasse für sich. Immer besser gefallen auch der ebenso kraftvolle wie rassige Mordthal und der bereits legendäre Privat, der österreichweit ohnehin das Flaggschiff für diese Rebsorte ist. Nahezu auf dem gleichen hohen Niveau steht ihm diesmal der lange auf der Vollhefe im Betonei gelagerte Gondwana zur Seite, der mit herzhaftem Fruchtspiel und straffer Struktur überzeugt. Verlässlich präsentieren sich auch wieder die Grünen Veltliner, vor allem elegante Schlossberg. Von den „Komplementärsorten“ gefällt der 2021er Chardonnay mit der gekonnten Balance von Fassholz und Fruchtaromen und der rasanten Säure.

Schon in der zweiten Auflage ist aus dem Jahr 2020 der „Josef vs Johannes“ getaufte, geradezu energetisch erscheinende Rote Veltliner auf den Markt gekommen, der zu gleichen Teilen aus einer konventionell bereiteten Variante und einer 21 Tage auf der Maische vergorenen Variante besteht. Die natural wines sind ja auch eines der Steckenpferde von Sohn Johannes, der sich immer stärker im elterlichen Keller einbringt. Davon zeugen auch die auf der Maische vergorenen Weine unter der Bezeichnung Tertiär, von denen diesmal der als Tertiär T. bezeichnete Traminer mit seinem dezent maischigen und doch spannungsgeladenen Geschmacksbild besonders überzeugt. Aufgrund seiner mundwässernden Art und salzigen Herznote sollte er den idealen Begleiter für Rotkulturkäse oder asiatische Gerichte mit Fokus auf „Umami-Aromen“ bilden. *vs*

NIEDERÖSTERREICH

★★★ K €€€ GV
2022 Ried Schlossberg 1ÖTW Grüner Veltliner + Nach Kumquats und Ringlotten, zartblumig und apart, leichtfüßig und doch dicht verwoben, erstaunlich elegante Veltliner-Variante vom Löss, schöne Zukunft.

★★★ S €€ RV — FUN
2022 Roter Veltliner Wagram Terrassen + Zarte, dezente Duftnote nach Zuckerwatte und Himbeeren, erfrischend und feingliedrig, schlank und kühl, beweist Biss und Trinkfluss, einfach exemplarisch gelungen.

★★★ S €€€ RV
2022 Roter Veltliner Ried Steinberg + Salzkaramell und Szechuanpfeffer im Duett, überaus würzig, dennoch nahezu vornehm und elegant, gelbfruchtige Ansätze, vielfältig und klar strukturiert.

★★★★ K €€€ RV
2021 Ried Mordthal Roter Veltliner 1ÖTW + Walnuss und Maroni, dann auch rotbeerige Akzente, schwungvoll und multidimensional, rauchig unterlegt, Hirschbirnen und Dirndlbeeren, baut Druck auf, prägnante Würze im langen Nachhall, Potenzial.

★★★★★ K €€€€€ RV — TOP
2021 Ried Steinberg Privat Roter Veltliner 1ÖTW + Rosenblüten und Karamell im ausgereiften und beschwingten Bukett, komplex und zupackend, druckvoll und engmaschig, Marillenröster und Physalis, die ungemein rassige Säure verleiht eine zusätzliche Dimension, lang und zukunftsträchtig, überzeugend.

★★★★ K €€€€€ RV
2020 Roter Veltliner „Josef vs Johannes“ + Maischehauch, Menthol und Nadelholz, am Gaumen runder und fruchtbetonter, Wacholder und Salzmandeln, reichhaltig, spannungsgeladen, ausdauernd – Dekantieren.

★★★★ K €€€ CH
2021 Chardonnay Große Reserve + Spielt sich rasch frei, Babybananen und Karamell, ruhig strömend, hübscher Kontrast von Eiche und gelbfruchtigen Aromen, etwas Single Malt und Roggenbrot, individuell.

★★★ K €€€ TR
2020 Roter Traminer Große Reserve + Malz und Waldhonig, eine Spur von Litschi, fein abgestimmt, cremig, kraftvoll, vielfältig, überraschende Säurestruktur.

ÖSTERREICH

★★★★ K €€€ TR — TIPP
2021 Tertiär T. + (Traminer, maischevergoren) Orangenblüten und Kokosmark im suggestiven Bukett, satter Schmelz und ungezügelte Aromenvielfalt, temperamentvoll bis zum salzigen, langen Abgang.

★★★★★ K €€€€ RV — TOP
2021 Gondwana + (Roter Veltliner) Geballte Würze, Baumharz und Lakritze, rauchige Untertöne, dicht und lebhaft, zum Kauen, immer neue Facetten, tiefe Steinobstfrucht und rassiges Finale mit salzig anmutender Mineralität.

Weingut **Greil**

Norbert Greil
3465 Unterstockstall, Alte Weinstraße 4
Mobil +43 650 390 39 72
office@weingut-greil.at, www.weingut-greil.at

Bei Norbert Greil darf man die Wagram-Klassiker Grüner Veltliner und die Burgundersorten erwarten, doch der Winzer aus Unterstockstall ist auch stark bei den heimischen Randsorten wie Traminer und Frühroter Veltliner. Seine Weinpalette ist in drei Linien ausgerichtet, „damit mein Kunde weiß, was er bekommt, und jeder weiß, um was es geht" – nämlich um: die Gutsweine, wo sich vor allem der Grüne Veltliner in allen Schattierungen findet. Die Terra-Weine, wo Greil die Burgunder und den Traminer im Stahltank ausbaut, um die Frucht puristisch rauszubringen. Und die dritte Linie sind die Terra Grand Reserve-Weine, wo Greil den Wagram bewusst mit Holzausbau ein bisschen „internationalisiert" und auch diese Barrique-Weine etwas länger reifen dürfen.

Was bei Greil hervorzuheben ist: Fast jeder Wein punktet mit einem super Preis-Leistungs-Verhältnis. Mit acht bis zwölf Euro ist man fast überall mit dabei – und auch der jugendliche Fun-Faktor ist oft gegeben.

Viele Weine stammen von der Ried Schlossberg. „Das darf ich aber bei vielen Weinen nicht mehr raufschreiben", sagt Greil. Wie bei den Burgundern, die alle von dort sind.

Die Burgunder machen Freude. Für den Veltliner ist Greil bekannt. Spannung verspricht heuer auch der junge Riesling, der charmant ein paar Gramm Restsüße eingepackt hat, was aber mit einer klirrenden Säure ziemlich trocken und trinkvergnüglich wirkt. *hp*

WAGRAM DAC

★★ S € FV FUN
2022 Frühroter Veltliner + Heu und Wiesenblumen, dezente Walnuss-Aromatik, rosa Pfeffer; frisch und würzig, schwarzer Pfeffer pur, viel Küchenkräuter, gelbfruchtig, Limettenzesten, kerniger Biss, salzig, anspruchsvoll, Trinkspaß.

★★ S €€ GV
2022 Grüner Veltliner Zeiselgraben + Kräuterduftig, Thymian, Mandarinen und Quitten, grüne Ananas; frisch, lössgeprägter Veltliner, viel Pfefferwürze, knackige Birne, straffer Gerbstoff, schlank nach hinten, knochentrocken.

★★★ S €€ GV
2022 Grüner Veltliner Ried Steinthal + Exotische Frucht, Mandarinen und Zitronen, viel Würze, grüne Oliven; mineralisch, schwarzer Pfeffer, tropische Früchte, süße Ananas, Kräutertee, feine Frucht-Säure-Balance, trinkvergnüglich.

★★★ S €€ GV
2021 Grüner Veltliner Ried Schlossberg Große Reserve + Viel Kräuterwürze, Kernobst, bisschen Marillenchutney; süßliche Frucht, eingelegte Südfrüchte, Ananas und Mango, im Hintergrund Vanille, rauchige Textur, zeigt Länge.

★★★ S €€ RI FUN
2022 Riesling Ried Schlossberg + Eingelegte Marillen, wirkt weich und rund, dezente Würze; runder, saftiger Riesling mit zart molliger Fruchtexotik, lebhafte, knackige Säure, wirkt relativ trocken und straff, gute Länge.

★★★ S €€ CH
2022 Chardonnay Terra + Sehr sortentypisch, Steinpilze und Morcheln, Waldboden; dezenter Kräuteranflug, weicher Fruchtschliff, dezent salzige Mineralität, herzhafter Biss im Finish.

★★★★ S €€ CW TIPP
2021 Terra Inspiration + (CH/WB) Vanille und Olivenpaste, weiße Schokolade, rauchig-tabakig; Holz ist prägnant, aber nicht überbordend, jugendlicher Grip und Biss, Bitterorangen, Orangenzesten, Bananencreme, gutes Potenzial.

★★★★ K €€€€€ CW
2018 Trockenbeerenauslese + (RI/TR – Restzucker: 300 g/l) Viel Honigmet, ätherisch, weihnachtliche Gewürze, Anis, Tannennadel, Datteln; exotische Fruchtfülle, eingelegte Pfirsiche, essenzhaft, aber herzhafter Säurebiss, gute Länge. Eine Nachspeise für sich.

NIEDERÖSTERREICH

★★★ S €€ GS
2022 Gemischter Satz Turmfalke + (GV/RV/FV/GM) Aromatisch geprägt, gewürzig, Stachelbeeren, Brennnessel und viel Holunderfrucht; sehr frisch mit knackiger Säure, Kräuterwürze, ausgewogen, charmantes Zuckerspitzerl, runder Trinkfluss.

★★★★ S €€ TR TIPP
2022 Roter Traminer Terra Ried Rainthal Reserve + (halbtrocken) Rosenblüten pur, viel Sortentypizität, rosa Pfeffer, Kokos; Rosenblüten, Schokolade, Litschi, Kumquats, Restzucker fein mit lebhafter Säure verbunden, salzig im Finish.

Weinhof **Grill**

Gudrun Grill-Gnauer
3481 Fels am Wagram, Untere Marktstraße 19
Mobil +43 664 421 10 22
gudrun.grill@aon.at, www.weinhof-grill.com
10 Hektar, W/R 80/20

Es ist wiederum eine hinreißende Serie, die Gudrun Grill in diesem so schwierigen Jahrgang 2022 hingelegt hat. Da bleibt kein Wunsch offen. Da ist immer Wagram drinnen, wo Wagram draufsteht. Die Weine sind immer von bezwingender Typizität, Authentizität und unbändiger Trinklust. Das beginnt bei den leichten Weinen und endet bei den besten Lagenweinen.

Hauptsorte ist der Grüne Veltliner, wo schon der 2022 Wagram aufzeigt, wohin die Reise geht. Die Steigerung bieten die beiden 2022 Grünen Veltliner Ried Scheiben und Ried Scheiben Selektion. Von überragendem Ausdruck ist zum einen der 2022 Grüner Veltliner Ried Brunnthal – strotzt vor Mineralität – und zum anderen der 2021 Grüner Veltliner Runa von der Ried Scheiben. Dieser ist ein Langstreckenläufer. Substanz für viele Jahre.

Auch der Riesling ist hier ein Star. 2022 Ried Wora zeigt bereits seine Klasse. 2022 Ried Brunnthal geht voll in die Tiefe. Ein großartiger Wein für viele Jahre. Nicht übersehen sollte man den 2022 Roter Veltliner – ein perfekter Vertreter seiner Sorte und Herkunft. 2022 Emilia – ein Wein der Tochter des Hauses gewidmet. Aller Ehren wert.

Dieses Weingut haben Franz und Gertrude Grill im Jahr 1971 übernommen und sich voll und ganz dem Qualitätsweinbau verschrieben. Tochter Gudrun ist seit 2009 die Chefin und hat den Betrieb zur Spitze des Wagrams geführt.

Gudrun ist ein althochdeutscher Name und bedeutet Geheimnis, Zauber – so zauberhaft wie ihre Weine. *as*

WAGRAM DAC

★★ S €€ GV **FUN**
2022 Grüner Veltliner Wagram + Pfefferl, gelbfruchtig, Apfelnoten, dezente Exotik, würzig, frisch, zügige Säure, entwickelt Druck, Kräuter, nussige Aspekte, gute Länge, ein süffiger, hochwertiger Wagramer Grüner Veltliner.

★★ S €€ RV
2022 Roter Veltliner Fels + Lebkuchen, Pfeffer, Äpfel und Birnen, fruchtig, kompakte Frische, Kräuterwürze, kernige Säure, Marillentouch, ein feiner Wein, ungemein süffig, unproblematisch. Hervorragend.

★★★ S €€ GV
2022 Grüner Veltliner Ried Scheiben + Kühle Pfeffernoten, Birnen, Apfelschalen, Zitrus, Tabak, kernige Struktur, zarte Exotik, mineralische Aspekte, immer frisch und lebendig, fruchtiger Charme. Ein feiner Grüner Veltliner mit Eleganz.

★★★ S €€ GV
2022 Grüner Veltliner Selektion Ried Scheiben + Pfefferwürze, gelber Apfel, Birnen, frische Kräuter, kompakt und fruchtig, mollige Frische, angenehme Säure, langatmig, Orangenschalen, Ananas, eng gebaut, auch elegant, lebendig, ein sehr feiner Wein.

★★★ S €€ GV
2022 Grüner Veltliner Ried Brunnthal + Apfelspalten, Pfefferwürze, Pfirsich, Ananas, voller Pikanz, fruchtiger Charme, ziemlich eng, frische Säure, Zitrus, straffe Struktur, würzig, eng, ganz klar hochwertiges Wagram. Einige Substanz.

★★★ S €€ RI
2022 Riesling Ried Wora + (Granit/Schiefer) Marille, gelber Apfel, rassig, nervig, Rhabarber, Zitrus, schiefrige Anklänge, ein fordernder Riesling mit viel Mineralien, der geht in die Tiefe, knackig, Pfirsich kommt ins Spiel, viel Substanz, einiger Tiefgang. Puristisch, klassisch, eben Riesling.

★★★★ S €€ RI **TIPP**
2022 Riesling Ried Brunnthal + Marille, Pfirsich, Ananas, Marzipan, herrlich gelbfruchtig, Honignoten, super Säure, voller Rasse, vielschichtig, ungemein ausdrucksstark, tief, das ist ein fulminanter Riesling. Unvergleichlicher Charme. Aber hallo!

★★★★ S €€€ GV
2021 Grüner Veltliner Runa Ried Scheiben + Dunkle Würze, Apfelnoten mit Zimt, brotige Intension, rauchig, feste Struktur bei pikanten Noten, immer frisch, Honigtöne, da steckt viel drinnen, stramm und straff, frische Säure, einiger Tiefgang, immer präsent, immer kühl, immer ehrlich, immer stimmig, immer ernsthaft. Viel Zukunft.

NIEDERÖSTERREICH

★★★ S €€ CW
2022 Emilia Cuvée + (CH/PB) Exotik mit Nelken, Mandeln, feine Frucht, feminine Eleganz, Birnenanmutung, Honigtöne, saftige Frische, präsente Säure, gelbe Früchte, dezent rauchig, griffig, Kräuterwürze, Steinobst, Ananas, voller Frische. Ein hervorragender Wein mit einiger Trinklust.

Familienweingut
Kolkmann

Horst & Gerhard Kolkmann
3481 Fels am Wagram, Kremser Straße 53
Tel. +43 2738 2436
office@kolkmann.at, www.kolkmann.at
60 Hektar

Wer ist bei den Kolkmanns der Chef? Die gesamte Großfamilie seit vier Generationen. Da ziehen alle an einem Strang, unter tätiger Mithilfe des Kellermeisters Daniel Schön. Damit kommen wir zu den Weinen, die in ihrer Vielfalt immer eines zeigen – den Wagram. Hier bekommt man einen repräsentativen Überblick über die Region, wie z. B ein wunderbarer Weißburgunder. Toll der 2022 Roter Veltliner Ried Scheiben. Ebenso die 2022 Grünen Veltliner aus den Rieden Brunnthal und Scheiben. Beide sind Weine vom Feinsten. Viel Substanz! Von dramatischer Größe präsentieren sich die beiden Grünen Veltliner aus dem Jahrgang 2021 Ried Brunnthal und Ried Scheiben, wobei Letzterer mein Favorit ist. Wenn ich mich für einen einzigen Wein aus dieser Serie entscheiden müsste, dann fiele meine Wahl auf den 2021 Roter Veltliner Reserve Ried Scheiben. Zum Glück fragt man mich nicht. Ich mag nämlich alle.
Anmerken sollte man noch, dass der überwiegende Teil der Weingärten biologisch bewirtschaftet wird. Die Zertifizierung erfolgt in Bälde.
Verkosten kann man diese Weine in einem der schönsten Verkostungsräume des Landes. Lichtdurchflutet, luftig, elegant, mit kompetentem Service und einer respektablen Glaskultur. *as*

WAGRAM DAC

★★ S €€ GM FUN
2022 Gelber Muskateller + Holunderblüten, Rosenblüten, Muskatnuss, leicht, doch mit Grip, kompakt, druckvoll, knackig, Zitrus, engmaschig, voller Trinklust, ernsthaft, Länge zeigend

★★ S €€ GV
2022 Grüner Veltliner Lössmann + Gelbe Früchte, lössige Textur, Pfeffer, Exotik, Steinobst, knochentrocken, kompakt, fruchtig, würzig, Körper, ausdrucksvoll, typisch, geht in die Länge. Weit mehr als ein Einstiegswein.

★★ S €€ RI
2022 Riesling Ried Fumberg + Noch versteckte Marillenfrucht, Lederapfel, Rhabarber, Ananas, Kumquats, salzige Noten, Pilznoten, toller Stoff, Fruchtschmelz, stoffig.

★★ S €€ PB
2022 Weißburgunder Fels + Rauchig, Nelken, gelbe Früchte, salzig und steinig, Mandeln, Orangenschalen, reife Birne, dezente Creme, Salzkaramell, stimmige Säure, perfekt holzunterlegt, fest strukturiert, mineralisch, einiger Tiefgang, engmaschig, langatmig.

★★★ S €€ RV
2022 Roter Veltliner Ried Scheiben + Sattes, leuchtendes Gelb, ungemein gelbfruchtig, hochelegant, etwas Lebkuchen, ein Hauch Vanille, frische Kräuter, Kamille, Gewürznoten, reife Trauben, Zitrus, Steinobst, kalkige Noten, dezente Exotik, feine Fülle, elegant. Hervorragend.

★★★ S €€€ GV
2022 Grüner Veltliner Ried Brunnthal + Schwarzer Pfeffer, Kräuterwürze, etwas Karamell, Gewürze, Exotik, steinige Mineralität, kalkige Nuancen, Pfirsich, Birnentouch, toller Körper. Ein Grüner Veltliner, der seinen Weg geht.

★★★ S €€€ GV
2022 Grüner Veltliner Ried Scheiben + Rauchig, Senfkörner, Pfeffer, Exotik – Mango & Co., Orangen, pikante Noten, salzig, strukturiert, druckvoll, perfekter Holzfassausbau, Kräuterwürze, Birnen, ein hochwertiger Wein.

★★★★ K €€€€ GV
2021 Grüner Veltliner Reserve Ried Brunnthal + Exotik, kandierter Paprika, reife Birne, Honignoten, gelbfleischig, feine Würze, Nüsse, Pfeffer, Limette, Grapefruit, rauchig, dunkle Tönung, tiefgründig. Das ist großartiger Wein von enormer Substanz.

★★★★ K €€€€ GV TIPP
2021 Grüner Veltliner Reserve Ried Scheiben + Exotik, Orangenschalen, Mango, rauchig, Pfeffer, salzig, Senfkörner, dezent holzunterlegt, viel Struktur, Kräuterwürze, tiefgründig, absolute Klasse, Tabak, cremige Textur, kraftvolle Eleganz, ein Hauch Vanille, Gewürznoten, Walnüsse, enorm vielschichtig. Das wird – ist – großer Wein.

★★★★ K €€€€ RV TIPP
2021 Roter Veltliner Reserve Ried Scheiben + Lebkuchen mit Exotik, Ananas, Mango, Schokoton, gelbe – kandierte – Früchte, Marillen, Birnen, perfekt holzunterlegt, Tannenwipferl, strukturiert, langatmig, dicht, kompakt, absolute Klasse. Ein Wagramer Referenzwein.

NIEDERÖSTERREICH

★★ S €€ CW
2022 Burgunder vom Löss + (CH/PB) Mandeln, Nelken, Pfirsich, cremig, guter Druck, gewisse Noblesse, strukturiert, stimmig, ein feiner, fruchtiger Wein, der perfekt zu Fischgerichten passt.

Weingut
Leth

Franz Leth
3481 Fels am Wagram, Kirchengasse 6
Tel. +43 2738 2240, Fax -17
office@weingut-leth.at, www.weingut-leth.at
52 Hektar, W/R 85/15

Die Familie Leth betreibt Weinbau in mittlerweile dritter Generation mit dem Credo: unverwechselbar, authentisch, terroirtypisch. Das Weingut ist seit 2015 Mitglied der Österreichischen Traditionsweingüter. Daher ist es verpflichtend, die Charakteristik der Gegend, Böden, des Klimas und der Rebsorten zum Ausdruck zu bringen. Das Weingut Leth verfügt über zwei klassifizierte, außergewöhnliche Lagen: Ried Scheiben und Ried Brunnthal. Doch sollte man nicht die anderen Lagen wie Schaflerberg, Schillingsberg, Gmirk oder Fumberg übersehen. Den Charakter der Weine prägt der Löss. Das Sortiment der Leths ist vielfältig. Eben für jeden Geschmack etwas.
Vater und Sohn Franz Leth haben sich eine stupende Sektkompetenz erarbeitet. Davon zeugt der 2018 Brut Nature Große Reserve nur aus Weißweinsorten. Ein kraftvoller, ausdrucksstarker Schaumwein. Das Gesicht des Wagrams repräsentiert wohl der Rote Veltliner, welcher im Jahr 2021 aus der Ried Scheiben bei Leth hervorragend ist. Bei den Grünen Veltlinern ist zum einen der Felser Ortswein wunderbar, zum anderen zeigen die beiden aus den Rieden Scheiben und Brunnthal ihre überragende Brillanz. Über den beiden steht wohl der überragende 2021 Grüne Veltliner Gigama. Über einige Substanz verfügen die beiden Burgunderweine 2021 Felser Pinot Blanc Reserve und 2021 Felser Chardonnay Grande Reserve. Ein wohlschmeckender 2021 Riesling Ried Brunnthal. Die beiden Rotweine 2020 Pinot Reserve und 2020 Gigama Zweigelt Grande Reserve sind auch nicht von schlechten Eltern. Zu diesem Weingut gehört das größte lebende Rebsorten-Museum Österreichs, angelegt und ausgestattet von Franz Leth sen. 230 verschiedene Rebsorten umfasst diese Sammlung. Ein Fundus für Wissenschaftler der Rebzüchtung. *as*

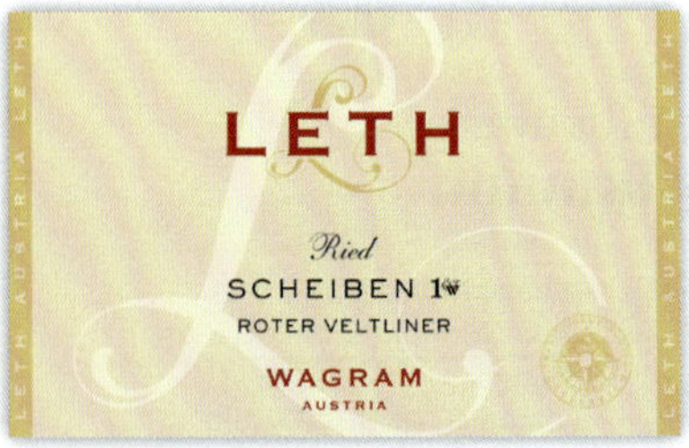

WAGRAM DAC

★★ S €€€ GV
2022 Grüner Veltliner Ried Schaflerberg + Weißer Pfeffer, Apfel, frisch-fruchtig, Nelken, frische Säure, Ringlotten, mittlerer Druck, braucht Flaschenreife.

★★★ S €€€€ RV
2021 Roter Veltliner Ried Scheiben 1ÖTW + Lebkuchen, Orangen, brotig, kompakt, vollmundig, Birnen, Bratapfel, Ananas, Zitrus, harmonische Frucht, gute Länge.

★★★ S €€€€ GV
2021 Grüner Veltliner Ried Scheiben 1ÖTW + Reifer Apfel mit Marzipan, Kamille, Ananas, frische Kräuter, saftig, weich, elegant, fast feminin, prachtvoll.

★★★★ S €€€ GV TIPP
2021 Grüner Veltliner Ried Brunnthal 1ÖTW + Kräuterwürze, reifer Apfel, Pfeffer, zeigt Finesse, gelbfruchtig, weinig, in sich harmonisch, dezente Exotik, Mango & Co., elegant, feine Frucht, Weihrauch, ein ganz feiner Wein, der minütlich zulegt.

★★★ S €€€€ RI
2021 Riesling Ried Brunnthal 1ÖTW + Marille, Ananas, knackige Säure, straff, dicht, Riesling, der fordert, sehr pikant, eng, viel Substanz, tiefgrundig, toll.

★★★ S €€€ PB
2021 Fels Weißburgunder Reserve + Nussig, Nelken, strukturiert, frische Säure, Apfelfrucht, fruchtig, saftig, nobel, etwas Zimt, Holzhauch, fein, geht in die Tiefe, klare Struktur, bei aller Kraft immer elegant.

★★★ K €€€€ CH
2021 Fels Chardonnay Grande Reserve + Ein Hauch von Holz, etwas Vanille, ungemein fruchtig, saftig, druckvoll, gelbe Früchte, engmaschig, animierende Bittertöne, Grapefruit, Orangenschalen, Zukunft.

★★★★ S €€€€ GV TIPP
2021 Gigama Grüner Veltliner + Apfelfrucht, Birnen, sanfte Frucht, Wachs, Mannerschnitte, Schoko, nussig, dezente Exotik, Ananas, Südfrüchte, Pfeffer, gelbe Früchte, elegantes Flair, ausdrucksstark, reife Trauben. vollmundig, Wagramer Spitzenklasse.

NIEDERÖSTERREICH

★★★ K €€€€ CW
2018 Sekt Austria Brut Nature Blanc de Blancs Große Reserve + Brioche, nussig, Pfirsich, Weißbrot, beintrocken, würzig, salzig, kompakt, druckvoll, erste Reife, weinige Struktur, ein Sekt für Hauptspeisen.

★★★ K €€€ PN
2020 Pinot Noir Reserve + Pilze und Leder, ganz elegant und tiefgründig, warmes Timbre, Gerbstoff, dichte Struktur, Unterholz, straff, Bittertöne, viel Potenzial.

★★★ K €€€€ ZW
2020 Gigama Zweigelt Grande Reserve + Rösttöne, Preiselbeeren, Heidelbeeren, Zwetschken, stoffig, tiefgründig, gut eingesetztes Holz, Schokotöne, energiegeladen, Kirschen, viel Substanz und Kraft.

Familienweingut
M. Mayer

Matthias Mayer
3465 Königsbrunn am Wagram, Kremserstraße 19
Mobil +43 676 882 344 42
weingut@m-mayer.at, www.m-mayer.at

Seit 25 Jahren bewirtschaftet Matthias Mayer sein Weingut und die Weinberge in Königsbrunn am Wagram. Der Grüne Veltliner ist die Leitsorte im Betrieb, gefolgt von Rotem Veltliner und Riesling, wobei der Rote Veltliner in den nächsten Jahren Zuwachs bekommen wird. Die Bewirtschaftung erfolgt mit der Natur im Einklang und so naturnah wie nur möglich. Der Löss zieht sich durch alle Rieden. Mit dem Grünen Veltliner Stoamasl und Ried Bromberg wird die Latte hochgelegt. Im neuen Herkunftssystem wird der Gebietswein und die Riede bespielt. Mit den Gebietsweinen, die klassisch ausgebaut werden, bekommt man Weine, die durch ihre Sortentypizität und Geradlinigkeit bestechen. Mit dem Grünen Veltliner Ried Mordthal – Ruppersthal Reserve, der in 700-Liter-Akazienfässern mindestens ein Jahr seine Zeit verbringen darf, gibt es einen Wein, der durch Tiefe und Struktur brilliert. Dieser Wein wird seine Größe erst in Zukunft ausspielen. Die Roten Veltliner sind ungemein kulinarisch, mit Saftigkeit und verspielter Frucht.

Das Thema Riesling hat im Wagram eine Spannung und Frische, die Freude macht. Abgerundet wird das Sortiment durch den Grünen Sylvaner, Gelben Muskateller, der durch seine Frische und Lebendigkeit ein spaßiger Wein ist, sowie Zweigelt und Sankt Laurent.

Alles in allem lebt Matthias Mayer das Wagram und spiegelt es mit seinen Rebsorten perfekt wider. Wenn man in der Nähe ist, kann man die Weine im hervorragenden Heurigen verkosten, der in der Königsbrunner Kellergasse liegt. *rk*

WAGRAM DAC

★★ S € GV
2022 Grüner Veltliner Stoamasl + Geradliniger Sortenvertreter, Rubinette Apfel, würzige, klare Struktur, weißer Pfeffer, herbale Kräuterwürze, unterlegt mit Quitte, erfrischende Säurestruktur mit Limette, feste und klare Struktur.

★★★ S €€ GV
2022 Grüner Veltliner Ried Bromberg + Saftige, kompakte Aromen, Klarapfel, weißer Pfirsich, getrocknete Wiesenkräuter, weiße Blüten, engmaschig, feine Gerbstoffstruktur, lebendige, stützende Säure.

★★★★ S €€€ GV TIPP
2021 Grüner Veltliner Ried Mordthal – Ruppersthal Reserve + Old Fashion Grüner Veltliner, Kräuterwürze, Lorbeerblatt, feste Struktur, saftiger roter Apfel, stützender Gerbstoff, rote Williamsbirnen-Schale, Abrieb von der Limette, angenehme Säurestruktur, die belebend ist. Ein Wein, der Zeit braucht, um sich entwickeln zu können.

★★★ S €€ RV
2022 Roter Veltliner Ried Steinberg – Ruppersthal + Zugängliche rote Beerenfrucht, Brombeeren, rote Stachelbeere, dunkle Würze gepaart mit Saftigkeit und Kompaktheit, frische Säurestruktur, die dem Wein Lebendigkeit und Länge verleiht.

★★★ S €€ RI PLV
2022 Riesling + Fantastische glasklare Rieslingaromen, reifer Weingartenpfirsich, feine Würze von Melisse und Kamillentee, elegante Säure mit Länge und Frische, ein Wein, der mit der Sonne des Wagram um die Wette strahlt.

★★ S €€ GM
2022 Gelber Muskateller + Zitronengelbe Farbe, Holunderblüte, Wiesenkräuter, Limette, schöne Frucht, ohne kitschig zu sein, spaßiger Wein.

BIO VEGAN

Weingut
Mehofer – Neudeggerhof

Stephan Mehofer
3471 Neudegg 14
Tel. +43 2279 7247
neudeggerhof@mehofer.at, www.mehofer.at
W/R 75/25

Den Neudeggerhof gibt es seit 1709 – es ist eines der ältesten Weingüter am Wagram. Tradition ist wichtig, aber bei diesem Weingut spürt man den Fortschritt. Seit 30 Jahren biologisch zertifiziert, Weine mit Tiefe, Eleganz und Herkunft – ein Spannungsbogen, der sich über das gesamte Sortiment zieht und niemals nachlässt. Herkunft ist nicht nur eine Floskel, sondern wird in diesem Weingut geatmet und gelebt. Es gibt im Weinkeller ausschließlich Eiche aus Österreich. Die Gebietsweine sind die jüngeren Rebanlagen und werden im Stahltank vergoren. Der Riesling Ried Wadenthal bleibt auch im Stahltank und bekommt dadurch seine Tiefe, Festigkeit und Eleganz.
Mit den Rieden Neudegg und vor allem der Ried Wadenthal, die in österreichischer Eiche ausgebaut wird, werden Weine mit Spaß, Trinkfreude und Anspruch vinifiziert. Die Fässer sind 2500 bis 3000 Liter groß, für die Ried Wadenthal kommt ein 1000-Liter-Eichenfass ins Spiel und darf auf der Vollhefe ein Jahr darin verbringen. Dadurch bekommt der Wein seine Tiefe und Länge. Die Ried Neudegg hat den klassischen Lössboden, in der Ried Wadenthal ist neben Löss auch Schotter dabei. Die Stöcke sind zwischen 30 und 40 Jahre alt. Der Pinot Noir vom Löss wird im Stahltank vergoren und ruht in 5 bis15 Jahr alten Barriquefässern. Der spaßige PiWi-Wein Johann zeigt, wie diese Rebsorten Johanniter und Bronner Spaß machen können. Alles in allem zeigt dieses Weingut, wie man mit Herkunft nicht nur ein Marketingtool hat, sondern auch, dass man es lebt und liebt Weine zu machen, die zeigen, wie großartig das Wagram ist. *rk*

WAGRAM DAC

★★ S € GV PLV
2022 Grüner Veltliner Wagram Klassik + Erfrischender, spaßiger Grüner Veltliner, saftiger Golden Delicious, kernige Mitte, saftig und unaufgeregt, Kräuterwürze mit Verbene und Zitronenmelisse, erfrischende Säurestruktur mit Zitronenzeste unterlegt.

★★★★ S €€€€ GV
2021 Grüner Veltliner Ried Wadenthal + Offene, animierende Nase, McIntosh Apfel unterlegt mit Zimt, Kompott von der Williamsbirne, offener Ausbau, gut ausbalanciert, nicht zu extravagant, saftig und kulinarisch, im Abgang gute Säurestruktur, die mit Limette untermalt ist.

★★★ S €€€ GV
2022 Grüner Veltliner Ried Neudegg + Zugängliche Nase, Red Delicious, Zwetschke, Marshmallow, feiner Gerbstoff, der Frische bringt, Sternanis, der Wein ist ausgereift und mundfüllend, gute Balance von Gerbstoff, Säure und Körper, braucht Luft, um sich entfalten zu können.

★★★ S €€ RV PLV
2022 Roter Veltliner Wagram Klassik + Animierende, verspielte Nase, Birnen, Äpfel, Datteln, unterlegt mit Mohn und Zimtrinde, saftiger Gaumen, spiegelt das Jahr mit der Rebsorte perfekt wider, hinten feste Struktur mit Grip und Trinkfreude.

★★★ S €€€ RV
2022 Roter Veltliner Ried Neudegg + Ausgelassen im Ausbau, frei und ungezwungen, Pink-Lady-Kompott, vielschichtig mit Zimtrinde, Mandarine, Spekulatius, Wiesenkräuter, fängt sich am Gaumen mit einem feinen Gerbstoff, erfrischende Säure, sehr kulinarischer Wein, der ein perfekter Speisenbegleiter ist.

★★★★★ S €€€€ RV TOP
2021 Roter Veltliner Ried Wadenthal + Was für ein fantastischer Roter Veltliner, voll mit Lebensfreude und Komplexität, dicht verwoben, Eleganz und Trinkfreude, Gala Apfel, Kumquats, Zwetschke, Grapefruit, unterlegt von leichter Zimtrinde, Zitronenverbene-Tee, lang anhaltende Säurestruktur, erfrischende Limettenzeste, feiner, stützender Gerbstoff, alles in allem ein fantastischer Roter Veltliner, der Zeit braucht, um sich entfalten zu können.

★★★★ S €€€ RI TIPP
2021 Riesling Ried Wadenthal + Reifer Pfirsich mit weißem Pfeffer, dicht und verwoben, saftig mit Trinkspaß, perfekter Lesezeitpunkt, in sich ruhender Kraftsportler, der seine Muskeln spielen lässt, aber nie zu kitschig wird, Anklänge von Maracuja, an der Säure etwas Buddhas Hand, ein sehr stimmiger Wein mit Tiefe, Länge und Struktur.

★★★ S €€ GS
2021 Johann + Besteht vorwiegend aus PiWi-Sorten, spaßiger, duftiger Wein, im Vordergrund Muskataromen, Zitrone, Holunder, Honigmelone, Zitronenverbene-Tee, geradlinig, fest und verspielt, leichtfüßig mit Trinkspaß. Der etwas andere Sommerwein.

★★★★ S €€ PN
2019 Pinot Noir vom Löss + Elegante, aber trotzdem saftige Frucht, Herzkirsche, Weichsel, Ribisel, feiner, ausgereifter Gerbstoff, unterlegt mit weißer Schokolade, Tannine und erfrischende Säure in Balance, trinkfreudig mit Anspruch und gewisser Tiefe, aber nie zu verkopft.

Weingut
Nimmervoll

Claudia & Gregor Nimmervoll
3470 Engelmannsbrunn, Steingassl 30
Mobil +43 676 950 36 82
office@nimmervoll.cc, www.nimmervoll.cc
18 Hektar W/R 85/15

Wenn man Gregor Nimmervoll zuhört, spürt man seine Verbundenheit zum Wagram, zu seinen Rieden und seinen Weingärten. Zusammen mit seiner Frau Claudia bewirtschaftet er seine Weingärten so naturnah wie möglich. Der Pflanzenschutz ist biologisch, und zur Stärkung und Vitalisierung des Bodens wird Kompost aufgebracht. 2010 wurde ein neuer Weinkeller gebaut, der 2017 weiter ausgebaut wurde.
Der Boden in den Weingärten ist eine spannende Mischung an der Ried Eisenhut mit rotem Schotter und sandigem Löss. Hier stehen Roter Veltliner und Traminer. Die Riede Mittersteig bei Gösing besteht aus tiefem Löss, auf dem sich der Weißburgunder wohlfühlt. Der Schafflerberg bei Fels mit seinem kräftigen Lössboden beheimatet alte Grüne-Veltliner-Anlagen. Die kleine Riede Fuxberg mit seinem kühlfeuchten, lehmigen Lössboden bringt hochelegante Weine vom Gelben und Roten Traminer hervor, die dann in Akazienfässern ausgebaut werden. Nur in den besten Jahren werden Weine der Engilmar-Linie auf den Markt gebracht, benannt nach dem keltischen Namen von Engelmannsbrunn, was so viel heißt wie „von den Engeln geliebt“. Nicht nur von den Engeln geliebt, ist dieser Wein atemberaubend und besticht durch Tiefe und Komplexität. Der Riesling wächst auf einer Erhebung im Wagram auf Schotterboden (Wagram Schotter). Alle Rieden werden spontan vergoren, was den Weinen wiederum eine Dimension mehr gibt und diese dadurch noch mehr Profil und Tiefe bekommen.

rk

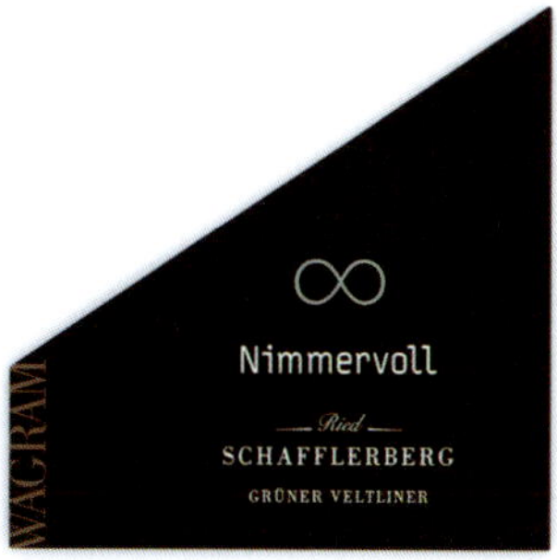

WAGRAM DAC

★★★ S €€ GV PLV
2022 Grüner Veltliner Wagram Löss + Beschwingtheit, Leichtigkeit, gelber Apfel, Zitronenverbene, Pfeffermarillen, frische, lebendige Säure, Kräutergarten, Zitrone, hell und geradlinig, erfrischend, perfekter Sortenvertreter.

★★★ S €€€ GV
2022 Grüner Veltliner Schafflerberg + Reichhaltige, ausgereifte Aromenvielfalt, Schale vom Gravensteiner Apfel, pikante Würze von Pfefferoni, Rinde von weißem Toast, saftig, feiner Gerbstoff, einladender Trinkgenuss, lebendige Säure, die mit Limette unterlegt ist.

★★★★ S €€ RV
2022 Roter Veltliner Ried Eisenhut + Ausgereiftes Aromenspiel, Mandelöl, salzige Erdnuss, Hagebutte, roter Apfel, leichte Gerbstoffstruktur, rosa Pfeffer, lebendige, stützende Säure, wunderschöner Herkunftswein.

★★★★ S €€€€ RV
2021 Roter Veltliner Engilmar + Von Beginn an faszinierend, konfierte Ringlotte, Wiesenblumen, Verbene, saftig und verwoben, im Nachhall leichte Süße, weiße Blüten, weiße Schokolade, betörende Länge und Vielschichtigkeit.

★★★ S €€ RI
2022 Riesling Wagram Schotter + Elegante, reife Marille, untermalt von Wiesenkräuterwürze und Langem Pfeffer, feste Struktur mit Tiefe, straffe, vibrierende Säure, unterlegt mit Limette, ein Wein mit hoher Eleganz und Sinnlichkeit.

★★★ S €€ TR
2021 Traminer Wagram Löss + Ziemlich unaufgeregte, vielschichtige Nase, gelbfruchtig, leicht rote Rosenblätter, Muskat, Kumquat, weiße Schokolade, saftig, nicht anstrengend, ausgeglichen, feste, nie ausladende Struktur, eingebundene Säurestruktur, kulinarisch ungemein wertvoll.

★★★★ S €€€€ TR
2021 Roter und Gelber Traminer Ried Engelmannsbrunner Fuxberg + Eine Pralinenschachtel voller Reichhaltigkeit, Litschi, Mango, kandierte Orange, Rosenblüten, kompakt, wunderbare Tiefe und Länge, fester Grip, zupackend, lässt einem nicht los, Meditationswein, in dem man sich verlieren kann.

BIO

Weingut
Bernhard Ott

Bernhard Ott
3483 Feuersbrunn, Neufang 36
Tel. +43 2738 2257
bernhard@ott.at, www.ott.at
50 Hektar, W/R 100/0

Innovation, Kreativität und Dynamik prägen seit jeher den Weg von Bernhard Ott – so war er Pionier bei der Einführung neuer bzw. Wiederbelebung traditioneller Methoden und beeinflusste so etliche Entwicklungen in der heimischen Weinlandschaft. Dank seines unbestreitbaren Könnens und Talents sowie seines kompromisslosen Qualitätsstrebens zählt Bernhard Ott schon seit mehr als zwei Jahrzehnten zu den allerbesten Winzern Österreichs.

Im Rebenreich des Feuersbrunner Traditionsweinguts ist Grüner Veltliner die unumstrittene Nummer eins. Dennoch ist hier von Einseitigkeit keine Spur, ganz im Gegenteil – die Vielfalt an Facetten und Aspekten, die Bernhard Ott dieser Sorte entlockt, ist größer als viele sortenmäßig überreich bestückten Paletten. Ampelografische Seitensprünge gibt es einerseits in Gestalt des Rosé Rosalie und eines Rieslings sowie der Cuvée Spektrum aus Welschriesling, Neuburger, Müller-Thurgau, Traminer, Silvaner, Roter Veltliner und weiteren Sorten.

Bereits 2006 wurde der Betrieb auf biologisch-dynamische Bewirtschaftung umgestellt, bald darauf zertifiziert. Waren früher noch Umstellungsflächen dabei, so ist seit 2018 die gesamte Palette bio. Besonderes Augenmerk gilt der Pflege der Böden und Rebanlagen, und in diesem Bereich zählt das Weingut zweifellos zu den besten und innovativsten Betrieben: Kompostausbringung und Begrünung sind selbstverständlich, ebenso wie Grünlese, Laubarbeit und penible Traubenselektion. Die Lese erfolgt seit jeher mit Hand – aufgrund des großen Selektionsaufwands werkten 2022 bis zu 75 Erntehelfer in den Weingärten. In Sachen Traubenverarbeitung ist man hier extrem schlagkräftig: Ein höchst kompetentes Team sorgt für rasche Verarbeitung des makellosen Traubenguts; mehrere Pressen der Spitzenklasse stehen zur Verfügung. State of the Art sind hierbei die besonders schonenden automatischen Korbpressen, von denen es mittlerweile bereits vier im Betrieb gibt – diese werden für sämtliche Trauben aus den eigenen Weingärten eingesetzt.

Die Moste werden überwiegend spontan vergoren bzw. mit der eigenen Hefe versetzt, 2022 wurde auf biologischen Säureabbau verzichtet. Durch lange Lagerung auf der Hefe und späte wie sparsame Schwefelung gewinnen die Weine an Facetten und Tiefgang. Zunehmend größere Bedeutung bekommt seit etlichen Jahren der Ausbau in großen, neutralen Holzfässern.

Den Einstieg in die Veltliner-Welt bildet der Wein namens Am Berg, als mittelgewichtige Lagen-Cuvée gibt es den Fass 4. Im gehobenen Bereich gibt es die Rieden-Cuvée Der Ott, und das Premiumsegment besetzt ein Trio aus Einzellagenweinen – Feuersbrunner Rosenberg und Spiegel sowie der Engabrunner Stein aus dem Kamptal. Als JRE-Edition (Jeunes Restaurateurs) gibt es einen Sortenvertreter von der Ried Kirchthal. Ortsweine kommen von Gösing und Feuersbrunn.

Die Basisweine aus dem hervorragenden Jahrgang 2022 begeistern mit ihrer Energie, feinen Frucht und Pikanz, die Reserven und Lagenweine aus dem kühleren Jahrgang 2020 glänzen durch Balance und Tiefgang. Profitieren alle Lagenweine von Flaschenreife, so trifft das besonders auf den Wein von der Ried Rosenberg zu, der bei der Top-Weinverkostung die Spitzenkategorie knapp nicht erreichte; hier braucht es Geduld. ***psch***

WAGRAM

★★★ S €€€€€ GV
2021 Grüner Veltliner Kirchthal Feuersbrunn + Fruchtbetont nach alten Apfelsorten, leicht cremig, Weißbrot, auch würzig; feinschmelzig, elegant gebaut, saftige Mitte, lebhaft, Orangen, griffig.

★★★★★ S €€€€ GV TOP
2021 Grüner Veltliner Der Ott Feuersbrunn + Cremig, reichhaltige Fülle, ausgereift, tiefe Frucht, Boskop-Apfel, Renetten, bisschen süße Schoten, exotischer Hauch; herrlich saftig, tolle Frucht, auch etwas Bitterorangen, knackig, kernig, viel Biss, konturiert mit feiner Länge.

★★★★ S €€€€€€ GV TIPP
2021 Grüner Veltliner Ried Spiegel 1ÖTW Feuersbrunn + Dezenter Start nach weißen Blüten und frisch geheuter Wiese, dezente Pikanz, dann zusehends samtige Frucht; einnehmend saftiger Fruchtbiss, geschmeidig, subtile Fruchtfülle, auch Quitten und Grapefruits, pikant, lang, geht toll auf.

★★★★★ S €€€€€€ GV TOP
2021 Grüner Veltliner Ried Rosenberg 1ÖTW Feuersbrunn + Schwarzer Pfeffer und Piment, leicht rauchig, Gewürzbrot, lauernde Fruchtfülle, etwas süße Schoten, samtig und tief; kraftvoll, griffig, substanzreich, braucht Luft, Würze und reife Zitrusnoten, Biss, sehr lang, tolles Potenzial.

KAMPTAL

★★★★ S €€€€€€ GV
2021 Grüner Veltliner Ried Stein 1ÖTW Engabrunn + Reiche, ausgereifte Nase, bisschen Biskuit, etwas gelbe Exotik, Mango, ein Hauch von Marille; satte Substanz, feinherb strukturiert, saftige Mitte, guter Extrakt, fest, viel Biss, kernig, lebhaft, recht lang.

NIEDERÖSTERREICH

★★ S €€€ GV
2022 Grüner Veltliner Am Berg + Ausgewogene, recht würzige Nase nach Dinkelbrot und Kamille, weißer Pfeffer, Renetten; am Gaumen nach Kernobst und Zitrus, recht straff, zarte Gerbstoffstütze.

★★★ S €€€ GV
2022 Grüner Veltliner Fass 4 + Dezente Fülle, elegante Kernobstnoten, zart nach Grapefruits und gelben Pflaumen, pikant; kernig, elegant gebaut, einiger Biss, zartherb, Grapefruits, straff, mittleres Finish.

★★★ S €€€ CW FUN
2022 Cuvée Spectrum + Zart cremig, helle Frucht, charmant, Quitten, frische Wiesenblüten, Melisse, sanft-samtig; elegant saftige Frucht, ausgewogen, lebhaft, leicht spritzig, erfrischend, feines Tannin, glockenklar, Trinkspaß pur.

★★★★ S €€€€ RI FUN
2021 Riesling Kabin(O)tt + Pikant, frisch, duftig, verlockende Pfirsichfrucht, kandierte Zitrusfrüchte, gewisse Würze, samtig; supersaftig, ein wahrer Fruchtrausch, pikante Säure, straff, feine Länge.

Weinbau
Familie Reinberger

Alfred & Dagmar Reinberger
3484 Grafenwörth, Kremserstraße 10
Mobil +43 664 415 48 94
weinbau@reinberger.at, www.reinberger.at
10 Hektar, W/R 90/10

Die gesamte Serie von Alfred Reinberger ist wie aus einem Guss. Jeder Wein für sich individuell, aber alles in allem mit einer klaren Handschrift versehen. Mit dem Grünen Veltliner, der 60 % der Bewirtschaftung ausmacht, hat man einen Partner gefunden, mit dem man auf Löss, mit Einschlüssen von Sand und Ton, unverwechselbare Weine produziert. Mit den drei Herkünften Gebietswein, Ortswein „Feuersbrunn" und den Riedenweinen Feuersbrunner Gmörksteig,Felser Dorner,Gösinger Fumberg und Felser Scheiben, die mit dem Zusatz Reserve betitelt werden, werden terroirbezogene Weine produziert, die richtig Spaß machen. Die Sortenvielfalt ist im Portfolio nicht das Wichtigste. Viel wichtiger ist es, mit den Rebsorten, die man hat, das ganze Potenzial auszunutzen und in die Tiefe zu gehen. Der Riesling, der auf verwittertem Schotter wächst, wird fantastisch umgesetzt und die Weine strahlen mit der Sonne des Wagrams um die Wette. Seit drei Jahren werden nun auch große 1000- bis 2000-Liter-Holzfässer vorwiegend für die Reserven verwendet. Diese bleiben sehr lange ohne Schwefel in den Fässern und kommen nach einem Jahr auf den Markt. Die klassischen Weine werden im Stahltank vergoren. Vor allem bei den Reserven wird das Thema Zeit ganz groß geschrieben, denn diese Weine sind Langstreckenläufer, die ihr gesamtes Potenzial erst in Zukunft zeigen werden. *rk*

WAGRAM DAC

★★ S € GV
2022 Grüner Veltliner Wagram + Leicht dropsiger grüner Apfel, weißer Pfeffer, animierende Säure, Trinkspaß, gewisse Saftigkeit, Orangenverbene-Auszug, Leichtigkeit und gute Struktur.

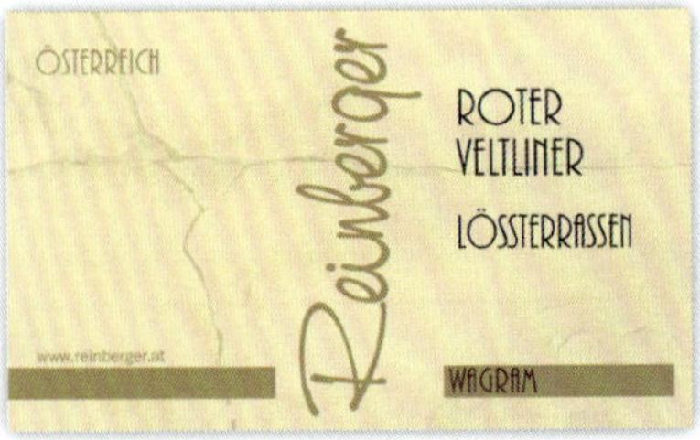

★★★ S €€ GV
2022 Grüner Veltliner Ried Feuersbrunner Brenner + Klassischer Rubinette Apfel, in sich gekehrt, klar, feingliedrig, Auszug aus Zitronenverbene und Estragon, straffer Gaumen, etwas rosa Pfeffer, Limette, animierende Säure.

★★★★ S €€ GV
2021 Grüner Veltliner Ried Felser Dorner Reserve + Animierende, vielschichtige Nase, Honigmelone, Apfelmus, Zimtrinde, saftig, druckvoller Gaumen, unterlegt von Ingwer und Wiesenkräutern, feste Struktur, stoffig, animierende Säure, zeitloser Trinkspaß.

★★★★ S €€€ GV TIPP
2020 Grüner Veltliner Ried Felser Scheiben Große Reserve + Floral, in sich ruhend, sehr gute Spannung, Bienenwachs, Maschansker Apfel, Quittenkompott, getrocknete Wiesenkräuter, Eleganz, Tiefe, feiner Gerbstoff. Ein Wein, der seine Zeit braucht, um sein gesamtes Potenzial zeigen zu können.

★★★ S €€ GV
2022 Grüner Veltliner Rose Grün + Klare, frische Apfelfrucht, geradlinig, ohne viel Schnickschnack, fester, trinkanimierender Gaumen, weißer Pfirsich, weißer Pfeffer, belebende Zitrone in der Säure, leichtfüßig und purer Trinkspaß.

★★★ S €€ RV PLV
2022 Roter Veltliner Lössterrassen Feuersbrunn + Reichhaltig, leicht kandierter Pink Lady Apfel, Minztee, Kräuterwürze, Currykraut, rote Ribisel, mundfüllend, im Abgang erfrischend mit festem Körper und Eleganz.

★★★ S €€ RV PLV
2022 Roter Veltliner + Animierende Nase, floral, Veilchen, Kräuterstrauß, Koriander, Estragon, rote Stachelbeere, saftig, animierende Säure, gute Länge, im Abgang mit Limette unterlegt.

★★★★ S €€€ RV
2021 Roter Veltliner Ried Gösinger Fumberg Reserve + Offene, lebendige Nase, Heublumen, Krokus, vornehm und ansprechend, Apfelmus, Kletzen, reichhaltig, aber nicht ausladend, feste Struktur.

★★★ S €€ RI FUN
2022 Riesling Feuersbrunn + Klarer, heller, saftiger Weingartenpfirsich, belebende Säurestruktur, frisch, knackig, geradlinig, weiße Blüten, elegante, feingliedrige Säure.

★★★★ S €€ RI
2021 Riesling vom Gestein Ried Feuersbrunner Gmörkstein Reserve + Ruhige florale Nase, saftiger Weingartenpfirsich, leicht würzige Tabaknoten, vielschichtig, Quittenkompott, animierende, vielschichtige Aromen, feiner Gerbstoff mit einer langen, lebendigen Säure.

Weingut
Franz Sauerstingl

Franz Sauerstingl
3481 Fels am Wagram, Parkstraße 11
Mobil +43 676 704 80 70
franz@sauerstingl.at, www.sauerstingl.at
12,5 Hektar, W/R 90/10

Franz Sauerstingl ist wiederum ein Jahrgang gelungen, der einen staunen lässt. Ich sage mal fast auf Augenhöhe mit dem großen 2021er. Er hat eben ein subtiles Händchen für Wein. Das beginnt schon mit dem 2022 Gemischten Satz. Der Sommer kann kommen. Den trinke ich aber auch schon vorher. Ein hervorragender 2022 Roter Veltliner von hoher Attraktivität. Er hat noch eine 2022 Rote Veltliner Reserve im Fass, der bis in einem Jahr darin verbleiben sollte. Wird eine Granate. Ein formidabler 2022 Weißburgunder, bei dem man sich die Lippen abschleckt. Von Genialität durchzogen – eigentlich schon als Kultweine zu bezeichnen – sind die Grünen Veltliner Löss 1 bis Löss 4. Vier Flaggschiffe, wer hat das schon. Es sind unverwechselbare Weine in ihrer Art. Löss 1, ein Wein für alle Tage, für die, die besonders gut trinken wollen. Löss 2 wird ca. 2 Wochen später geerntet und zeigt seine Klasse – ganz hohes Niveau. Die Einzellagen Löss 3 Ried Scheiben und Löss 4 Ried Brunnthal stammen aus altem Rebbestand, werden spät gelesen, aus hochreifen Trauben, welche von höchster Konzentration und Ausdruck sind. Diese sind höchster Wagramer Adel.
Damit sei alles gesagt. Lassen wir die wunderbaren Weine sprechen. *as*

WAGRAM DAC

★★ S € GV
2022 Grüner Veltliner Löss 1 + Feinwürziges Bukett, Pfirsich, Marille, frische Kräuter, fruchtiger Charme, zeigt Eleganz, Apfelnoten, feste Struktur, zeigt Länge, quasi der Einstiegswein des Hauses. Aber hallo, ist der gut!

★★ S €€ GV
2022 Grüner Veltliner Löss 2 + Dezent rauchig, gelbfruchtig, reife Trauben, Pfefferwürze, Exotik ausstrahlend, balanciert, Zitrus, Melonen, Kräuter, Pfirsich, Honiganklänge, salzige Noten. Ein hochwertiger, typischer Löss Veltliner mit hohem Spaßfaktor.

★★★ S €€ GV
2022 Grüner Veltliner Löss 3 Ried Scheiben + Leuchtendes Gelbgold, feine Aromatik, gelbe Früchte, feine Exotik – Ananas, Bienenwachs, Honignoten, traubig-cremig, Zwetschken, Pfeffer, vollmundige Eleganz, tolle Würze, dezent barocke Anklänge. Ein fulminanter Wagramer.

★★★★ S €€€ GV **TIPP**
2022 Grüner Veltliner Löss 4 Ried Brunnthal + Dicht und engmaschig, fokussiert, enormer Stoff, dabei immer elegant und feinfruchtig, fein verwoben, Orangenschalen, Zitrus, Mango, Maracuja, Steinobst, ungemein pikant, kompakt und stoffig, überaus vielschichtig, frische Kräuter, Pfeffer, viel Substanz. Einer der außergewöhnlichen Wagramer Weine. Potenzial für viele Jahre.

★★ S €€ RV
2022 Roter Veltliner + Ein pointierter, süffiger, sehr schöner, fein linierter Roter Veltliner, trinkanimierend, Zuckerwatte, etwas Lebkuchen, Orangen, Zitrus, etwas Bratapfel, Grapefruit, Waldhonig, Marzipan, zeigt viele Facetten. Strukturiert, präsent, gibt Gas, geht in die Tiefe.

NIEDERÖSTERREICH

★ S € GS **FUN**
2022 Gemischter Satz + (MT/FV/GV) Ein attraktiver Wein, leicht, frisch und duftig, ein klassischer Sommerwein, unkompliziert, erquickend, Apfel & Birne, bisschen Pfeffer, Kräuter, dezente Exotik, knackig, pikant, sehr gefällig. Hohes Niveau.

★★ S €€ PB
2022 Weißburgunder + Gelb leuchtend, ein Hauch von perfekter Botrytis, Pilze, Zitrusnoten, gelbe Früchte, frische Säure, Pfirsich, Mandeltöne, reifer Apfel, gewisse Noblesse, elegante Noten, feiner Schmelz, einige Zukunft.

♛♛♛ BIO

Weingut
Familie Schuster

Thomas Schuster
3471 Großriedenthal, Hauptstraße 61
Tel. +43 2279 7203, Fax -4
office@weingut-schuster.at, www.weingut-schuster.at

Thomas Schuster hat eine Idee – und die zieht er bei jedem Wein durch. Die Thematik Herkunft hat er verinnerlicht und diese spiegelt sich auch in seinen Weinen wider. Jeder Wein brilliert durch seine Eleganz, Festigkeit und Geradlinigkeit. Seit 2016 ist das Weingut biologisch zertifiziert. Die Aufteilung der Rebsorten ist ungefähr 1/3 Grüner Veltliner und 1/3 Roter Veltliner. Pinot Noir ist ebenso eine fantastische Rebsorte des Weinguts, die durch die kühlere Region bevorzugt ist und auf Löss mit etwas Kalkeinfluss auf 337 Höhenmetern einen sehr guten Vertreter seiner Art hervorbringt. Seit 2016 beschäftigt sich Thomas Schuster schon mit dem Thema Ortswein aus Großriedenthal. Riedenthal ist etwas kühler. Durch die Vinifikation mit der Vollhefe ohne Schwefel im Stahltank – und der etwas längeren Lagerung gewinnt der Wein an Ruhe und Straffheit, die man im Wein wiederfindet.
Der Rote Veltliner Ried Berg Eisenhut wird in 500-Liter-Akazienfässern mit der Vollhefe ausgebaut, darf ein Jahr darin bleiben und gewinnt dadurch an Tiefe und Eleganz. Der Grüne Veltliner Ried Eisenhut wird in 500-Liter-Eichenfässern und großen Eichenfässern vinifiziert und ist ein perfekter Vertreter seiner Lössherkunft in Verbindung mit Kompaktheit und Frische. Die Gutsreserve Grüner Veltliner 2020 rundet mit Tiefe und Komplexität das Festspiel ab. Dieser Wein ist ein Langstreckenläufer, der Zeit braucht, um sich zu entfalten.
Wer möchte, kann diese fantastischen Weine auch vor Ort genießen und in einem der zwei Apartments wohnen, die von Carina Schuster betrieben werden. *rk*

WAGRAM DAC

★★★ S €€ GV
2022 Grüner Veltliner Wagram DAC + Saftige Struktur, gewisse Tiefe, kompakt, frischer, ausgereifter Klarapfel, Kräuterwürze, Anklänge von weißem Pfeffer, mittelkräftiger Gaumen, appetitlicher Abgang, angenehme Säurestruktur.

★★★ S €€ GV — TIPP
2022 Grüner Veltliner Großriedenthal Alte Reben + In sich ruhende Nase, kompakt, Schwarzbrotrinde, Maschansker Apfelschale, weißer Pfeffer, sehr gut strukturiert, angenehmer feiner Gerbstoff, Spannung, lebendige Säure, Herkunftswein vom Löss, lang anhaltend.

★★★★★ S €€€ GV — TOP
2021 Grüner Veltliner Ried Eisenhut + Offene gelbfruchtige Nase, Pfeffermarille, Lindenblüten, sommerliche Wiesenkräuter, saftiger fester Körper, angenehme Hefearomen, die dem Wein Tiefe geben, hinten feiner Gerbstoff, animierende Säure, unterlegt mit Limette, Langstreckenläufer, lang anhaltender Abgang, Wein für die Zukunft.

★★★★ K €€€€ GV
2020 Grüner Veltliner Gutsreserve + Saftiges, strahlendes Goldgelb, einladend ruhige Nase, Golden Delicious, weißer Pfirsich, unterlegt von dezentem Ingwer und Currykraut, saftiger, aber nicht überbordender Gaumen, ruhig und verwoben, etwas Honigmelone und Honigwabe, angenehme röstige Haselnuss, unterlegt von Marzipan, stützende frische Säure mit feinem Gerbstoff im Abgang, braucht Luft und Zeit.

★★★ S €€ RV — TIPP
2022 Roter Veltliner Wagram DAC + Klare rotbeerige Frucht, leichte Ribisel, gelbe Stachelbeere, Veilchen, saftiger Gaumen, beschwingte Frische, kompakt, trinkfreudig mit Anspruch.

★★★★ S €€ RV
2022 Roter Veltliner Ried Berg Eisenhut + Kompakte, feste Nase, Kamille, Zitrone, Mandarine, saftiger Körper, Würze, viel Frische, sehr gute Säure, feiner Gerbstoff, trinkanimierend.

★★★★ S €€€ RV
2022 Roter Veltliner Ried Altweingarten + Apfelkompott, fleischig, Sternanis, alles kompakt, nicht vordergründig, fester Körper, gewisse Tiefe, Langstreckenläufer, sehr kulinarisch, Spannung, Säure, super Balance.

★★★ S €€€ RV — FUN
2021 Roter Veltliner Weitblick + Offene Nase, kandiert, Blockmalz, karamellisierte Nuss, Fleur de Sel, Zitrone, gewisse Tiefe, feiner Gerbstoff, stützende Säure, hinten etwas Stachelbeere, trinkanimierend, braucht Luft, wertvoller Speisenbegleiter.

★★★★ S €€ RI
2021 Riesling Ried Felser Diebstein + Klare Steinfrucht, betörend, saftige Marille, elegante Säure, viel Frische und Lebendigkeit, straff mit Struktur, Verbene, vibrierender, leichtfüßiger Abgang.

★★★ S €€€ PN
2020 Pinot Noir Ried Eisenhut Reserve + Betörende Nase, frische Waldbeeren, wärmend, rauchige Aromen vom Holz, angenehme Fruchtsüße, frische Tanninstruktur, saftig, trinkfreudig.

BIO

Bioweingut
Soellner

Daniela Vigne & Toni Söllner
3482 Gösing am Wagram, Hauptstraße 34
Tel. +43 2738 3201
kontakt@weingut-soellner.at, www.weingut-soellner.at
15 Hektar, 80.000 Flaschen/Jahr

Ein guter Jahrgang bei Toni Soellner, kommt zwar nicht an 2021 heran, doch durchaus zufriedenstellend. Es war halt sehr trocken, wenig Regen. Er meint, dass es für den Grünen Veltliner bald zu warm wird. Er macht sich Sorgen. Außerdem steht bei ihm die DAC-Regelung ziemlich in der Kritik. et sich nur nach Rebsorten,nicht nach Lagen. Bei ihm steht die Lage über der Sorte. Da rennt er bei mir offene Türen ein.

Die aktuellen Weine: ungemein trinkig ist der DE GOZICHNE – herzhaft und voller Frische. Sehr gut ist der Riesling. Die Grünen Veltliner: TONI – unkompliziert, Wogenrain – ungemein trinkfreudig, Ried Hengstberg – hohes Niveau, Ried Fumberg – jetzt wird es ernst, Ried Weelfel – 2022 noch sehr jung, große Zukunft, 2021 ist ganz einfach großartig – langes Leben. Ein hervorragender 2022 Roter Veltliner. Ein großartiger 2022 Roter Veltliner Berg Eisenhut. Ganz große Klasse. Der 2022 Donauveltliner ist sehr attraktiv und wunderbar zu trinken.

Die Weine von Toni Soellner sind immer höchst individuell, verbiegen sich nie, zeigen immer Charakter, Seele, sind niemals alkohollastig und von höchster Bekömmlichkeit.

Übrigens, Daniela Vigne führt ein Gästehaus namens Greisslerei. Von diesem Stützpunkt aus kann man den Wagram trefflich erkunden. *as*

WAGRAM DAC

★★ **S €€ RV**
2022 Roter Veltliner von Gösing + Lebkuchen, Apfel und Birne, saftig-fruchtig, Mandarinen, feine Würze, blumig, subtiler Ausdruck, elegant, niemals aufdringlich, entwickelt Druck, wenig Alkohol, voller Trinklust. Schmeckt hervorragend!

★★ **S €€ GV**
2022 Grüner Veltliner Wogenrain + (= die sanfte Hügellandschaft des Wagram) Reife Trauben, kühl, würzig, karge Frucht, eng am Gaumen liegend, mineralisch, straff, lebendig mit passender Säure, leicht, trinkfreudig, salzige Noten. Ein Vorspeisenwein vom Feinsten.

★★ **S €€ GV**
2022 Grüner Veltliner Ried Hengstberg + (371 m Seehöhe) Kühl, kalkige Frische, Orangenschalen, Pfeffer, Kräuter, Zitrus, steinige Mineralität, Säurebiss, reifer Apfel, Birnentouch, Orangennoten, liegt eng am Gaumen, würzig, feingliedrig, zeigt Finesse.

★★★ **S €€ GV**
2022 Grüner Veltliner Ried Fumberg + Ein fulminanter, hochwertiger Grüner Veltliner, Honigmelone, vollreife Trauben, Noblesse zeigend, feine Exotik, Kamille, Löwenzahn, elegant, saftig, würzig, herrlich gelbfruchtig, Kräuter, fruchtig, in sich harmonisch. Stoff für viele Jahre.

★★★ **K €€€ GV**
2022 Grüner Veltliner Ried Weelfel + (Urmeersand) Frische Kräuter, kühl, elegant, straff und trocken, Apfeltöne, salzig, einprägsam, fest strukturiert, einiger Tiefgang, Pfeffer, weiße Blüten, feine Würze, viel Mineral ausstrahlend, geht in die Länge. Ein absolut toller Grüner Veltliner.

★★★ **K €€€ GV**
2021 Grüner Veltliner Ried Weelfel + Orangenblüten, zart pfeffrig, feinstrahlig, zeigt viel Boden, Pomelo, hochelegant, steht noch ganz am Anfang seiner Entwicklung, dichte Struktur, sehr elegant, feingliedrig, wenig Alkohol, umso mehr Ausdruck, viel Mineral, gehört unbedingt dekantiert.

★★★ **K €€€ RV**
2022 Roter Veltliner Berg Eisenhut + (vergoren im Steinzeug) Ein beeindruckender Wein voller Typus, kalkig, lebendig, dezenter Bratapfel, Orangenblüten, Limette, Salzkaramell, etwas Lebkuchen, Kräuter, gelbe Früchte, ein dezenter Restzucker (7–8 g), der ihm bestens steht. Baut Schmelz auf. Perfektes Säurespiel, von absoluter Klasse.

NIEDERÖSTERREICH

★ **S € CW** FUN
2022 DE GOZICHNE + (= der alte Name von Gösing – MT/RI/GM) Duftig, feinfruchtig, geradlinig, Zitrus, frische Kräuter, frischer Apfel, Pomelo, Hefeschleier, frisch und fruchtig, leicht, macht Spaß.

★ **S € CR**
2022 Dani Rosé + (ZW/ME/PN/CS) Leicht und delikat, Wiesenkräuter, Hauch von Himbeeren, fruchtig, Zwiebelschalen, guter Druck, wunderbar trocken, straff, tolle Säure, anhaltend.

★ **S €€ DV**
2022 Donauveltliner + (Danubio – Goldberg auf Löss) Feine gelbe Früchte, Kräuter, Kamille, honigliche Anklänge, reifer Apfel, balanciert, elegant, saftig-fruchtig, dezente Würze, einem Grünen Veltliner verblüffend ähnlich.

Weingut
Stift Klosterneuburg

Wolfgang Hamm
3400 Klosterneuburg, Stiftsplatz 1
Tel. +43 2243 411-528
weingut@stift-klosterneuburg.at,
www.stift-klosterneuburg.at, 110 Hektar

Das Weingut Stift Klosterneuburg bewirtschaftet Weingärten im Wagram, in Wien und in der Thermenregion. Dieses Weingut hat eine hohe Sekt-Kompetenz, wie die Verkostung der beiden Reserve Brut und Große Reserve Brut Nature bezeugen. Ein hervorragender 2022 Wiener Gemischter Satz DAC aus der Ried Wiesleiten. Ein gediegener Wiener Weißburgunder Ried Jungherrn. Ein betörender 2022 Gewürztraminer erinnert einen daran, dass man viel zu wenig Traminer trinkt. Der 2022 Riesling Wagram DAC ist ausgezeichnet. Überragend präsentiert sich der Wagram DAC Grüner Veltliner Ried Hengstberg. Der großartige 2021 Rotgipfler Große Reserve Ried Hofpoint ist ein klassischer Gumpoldskirchner, der an die große Tradition dieser Gemeinde anschließt. Sehr schön ist der 2020 Chorus von der Ried Stiftsbreite.
Insgesamt herrscht höchste Zufriedenheit bei der Verkostung dieser Weine, ich kann dem Weingutsleiter Herrn Hamm nur gratulieren. *as*

WIEN

★★★ K €€€ CH
NV Sekt Austria Mathäi Reserve Brut + (g.U. Wien, degorgiert 17.01.2023) Anhaltendes Mousseux, kleinperlig, Steinobst, Zitrus, weiße Blüten, dezentes Brioche, ein Sekt mit Finesse und Frische, elegante Noten, feingliedrig, hellfruchtig, cremige Textur, frische Kräuter, feine Herbe, ausgewogen, schön trocken, ist komplex mit einiger Tiefe.

★★★★ K €€€€ CW
2016 Sekt Austria Mathäi Große Reserve Brut Nature + (g.U. Wien, degorgiert 19.10.2022 Wiener Nussberg) Feines Mousseux, kleinperlig, Briochenoten, Kräuter und Gewürze, dezente Exotik, Steinobst, Orangenzesten, Vanille, gelbe Früchte, kräftig, engmaschig, wunderbar trocken, Lindenblüten, gelbfruchtig, kreidige Noten, ziemliche Länge. Ein kompakter Sekt, der Hauptspeisen perfekt begleitet.

★★ S €€ GS
2022 Wiener Gemischter Satz DAC + Zitrus, Orangennoten, frische Kräuter, Marillen, Nougat, fruchtig, angenehme Säure, frisch, lebendig, unkompliziert, pikante Noten, weißes Nougat, gewisse Eleganz, vergnüglich.

★★★ S €€€ GS
2022 Wiener Gemischter Satz DAC Ried Wiesleiten + Frische Kräuter, Mandarinen, Marillen, Ananas, feine Frucht, sehr elegant, Nektarinen, gewisse Exotik, sehr gediegen, hochwertig, burgundergeprägt, nobler Ausdruck, da wächst Besonderes heran.

★★★ S €€€ PB
2022 Weißburgunder Ried Jungherrn + Mandeltöne, eine Ahnung von Pfirsich, reifer Apfel, auch Birnen, fruchtiger Charme, gediegen, mit einer gewissen Noblesse, einer inneren Harmonie, einem feinen Fruchtspiel, liegt charmant am Gaumen.

★★★ S €€ GT
2022 Gewürztraminer Wien + Rosenblüten, Pfirsich, Litschi, Apfelfrucht, kühl, saftig, die Birnen gewinnen die Oberhand, fein und elegant, subtile Frische, niemals laut oder breit, immer mit Feinheit, cremige Textur. Ein Wein ganz am Anfang seiner Entwicklung.

WAGRAM DAC

★★ S €€ GV
2022 Grüner Veltliner Klosterneuburg + Pfeffer, Gewürze, Zimt, Wiesenkräuter, frisch und würzig, auch elegant, milde Säure, mittlerer Druck, gewinnt mit Luft, ein attraktiver Klosterneuburger von bürgerlichem Adel.

★★ S €€ RI FUN
2022 Riesling Klosterneuburg + Frische Marille, ganz feines Bukett, ein hervorragender Riesling, attraktiv, feingliedrig, ganz feine Frucht, große Eleganz, tolles Säurespiel, subtiler Ausdruck, macht enormen Spaß. Von ungemeiner Trinklust.

★★★ S €€ GV
2022 Grüner Veltliner Ried Hengstberg + Kräuterwürze, Pfeffer, dunkle Tönung, exotische Noten, Waldhonig, Gewürznoten, Pfirsich, fruchtig, vollmundig, milde Säure, angenehm, in sich harmonisch, reife Trauben, Grapefruitzesten, Orangennoten, ein vielschichtiger Grüner Veltliner von hohem Niveau.

THERMENREGION

★★★★ K €€€€€ RG TIPP
2021 Rotgipfler Große Reserve Ried Hofpoint + Frischer Apfel, Honigwaben, buttrige Noten, wird enorm gelbfruchtig, geht enorm auf, brotig, ungemein reichhaltig, Orangen, Ananas, satte Frucht, kraftvoll, feurig, großzügiger Alkohol, Marzipan, ein mächtiger Wein für viele Jahre. Das ist Gumpoldskirchen in höchster Vollendung.

★★★ K €€€€ CR
2020 Chorus Ried Stiftsbreite + (CS/ME/SL) Kirschen mit Mandelkernen, Lebkuchen, frische Kräuter, der St. Laurent dominiert, ein kompakter Wein von guter Struktur, vollmundig, angenehmes Tannin, liegt fest am Gaumen, die Zukunft ist gesichert.

Weinhof
Ulzer

3484 Seebarn am Wagram, Hauptstraße 3
Mobil +43 676 745 83 10
info@weinhof-ulzer.at, www.weinhof-ulzer.at
15 Hektar

Da sich der Steinkauz in den Weingärten der Ulzers wohlfühlt, passiert selbiges mit uns, wenn wir einen Wein dieser beiden im Glas haben. Die Zwillingsbrüder Andreas und Michael Ulzer sind ein kongeniales Team. Michael ist zuständig für die Weingärten, Andreas ist der Wirtschaftler und kümmert sich um den Verkauf. Die beiden kultivieren Weingärten in den besten Lagen wie Brunnthal, Scheiben, Wora, Hammergraben, Dorner.
Es sind durchwegs stupende Weine, die ich verkostet habe. Wagram-Gewächse, die sich sehen lassen können. Der 2022 Grüner Veltliner Ursprung ist ein fulminanter Grüner Veltliner vom Feinsten. Schwerelos schwebt der Grüne Veltliner 2022 über den Gaumen. So geht es weiter mit 2021 Grüner Veltliner Geminus. Absolute Klasse haben die beiden 2021 ul-tima Reserven – vom Grünen Veltliner und Riesling.
Ich kann den Brüdern nur ein Kompliment aussprechen. Die Weine sind von überzeugendem Niveau. Dass man sich diese auch noch leisten kann, ehrt die beiden. *as*

WAGRAM DAC

★★★ **S €€ GV** TIPP
2022 Grüner Veltliner Ursprung + Gelbfruchtig, Orangenblüten, Ananas, Marillen, Pomelo, saftige Frucht, elegant, würzig, Birnenfrucht, mineralische Noten, traubige Eleganz, ein toller Stoff, geht in die Tiefe und Länge, viel Substanz. Ein spannender Wein.

★★★ **S €€ GV**
2021 Grüner Veltliner Geminus + (Ulzer und Ulzer) Gelbe Farbe, Mandarinen, Eichentouch, fest strukturiert, eng, salzig, getrocknete Kräuter, Pfefferwürze, Marillen, füllig-fruchtig, immer mit Eleganz, Tiefgang, einem besonderen Ausdruck, cremige Anmutung, ein Herrenwein.

★★★ **K €€€ GV**
2021 Grüner Veltliner ul-tima reserve + Karamellnoten, getrocknete Marillen, reifer Apfel, Birnen, nussige Anklänge, Zitruszesten, Orangenschalen, Fruchtwürze, füllig, gewisse Noblesse, immer in der Balance, der Pfeffer erscheint, hier hat man einen Sir im Glas, der sich stilvoll präsentiert, immer mit Eleganz.

★★★ **K €€€ RI**
2021 Riesling ul-tima reserve + Anfangsreduktion, kandierte Marillen, Orangen, reifer Apfel, Zuckerwatte, enormer Fruchtcharme, von bezwingender Fruchtfülle, schmelzig, ungemein saftig, etwas höherer Restzucker, der ihn adelt, voller Charme, ein ungemein schmackhafter Wagramer Riesling von lössiger Struktur.

NIEDERÖSTERREICH

★★ **S € GV** PLV
2022 Grüner Veltliner schwerelos + Ein Wein voller Frische, Würze, Kräuter, feingliedrig, Honigmelone, Pfefferschleier, geradlinig, lebhafte Säure, Apfelnoten, Birnen, Ananas, Steinobstanklänge, unkompliziert auf hohem Niveau. Zeigt Kraft und Struktur.

★★ **S €€ GV** FUN
2022 Steinkauzwein Grüner Veltliner Athene + (Ried Wagramer Wora) Pfefferwürze, Gewürznoten, frischer Apfel, Nashi-Birne, Wiesenkräuter, feine Exotik, Steinobst, pikante Noten, lebendig, agile Säure, so richtig trinkig, leicht, eine Spur salzig. Ein Grüner Veltliner mit einigem Tiefgang und Grip am Gaumen.

BIO

Bioweingut
Urbanihof – Paschinger KG

Franz Paschinger
3481 Fels am Wagram, St. Urbanstraße 3
Tel. +43 2738 2344 13
office@urbanihof.at, www.urbanihof.at
42 Hektar, W/R 80/20

Das Weingut Urbanihof – Paschinger ist seit 2016 bio-organisch zertifiziert. Man produziert den eigenen Wirtschaftsdünger auf Basis von Pferdemist. Damit werden die Reben nachhaltig und optimal versorgt und den nächsten Generationen gesunde Böden hinterlassen. Man bewirtschaftet das Weingut in elfter Generation, die zwölfte steht schon in den Startlöchern.

Die Weine sind klassische Wagramer Gewächse. Unverwechselbar. Es beginnt mit dem U4 – ein typischer Grüner Veltliner. Mit dieser Sorte geht es weiter zum Classic, der die Steigerung darstellt. Hervorragend ist der 2022 Grüne Veltliner Ried Brunnthal. Hier ist die besondere Lage ausschlaggebend. Ein angenehmer Merlot Rosé 2022. Zwei gute Rotweine sind zum einen der 2020 Zweigelt, zum anderen ein Cabernet Sauvignon 2019. Der 2021 Grüner Veltliner Alte Reben ist hervorragend – höchst respektabel. Der 2021 Grüner Veltliner „1598" – das Gründungsjahr aus der Ried Dorner – ist bester Stoff. Halt viel Holz. Dieses muss auch der 2017 Grüner Veltliner Grande Reserve erst verarbeiten. Ein stoffiger 2021 Roter Veltliner, der auch die Portion Holz erst verarbeiten muss. Geduld ist angesagt.

as

WAGRAM DAC

★★ S €€ GV
2022 U4 Grüner Veltliner leicht + Pfefferwürze, lössig, Exotik – Ananas, Mango, Zitrusgelee, Bananen, Birnen, fruchtig, kompakt, fruchtig, kernig, angenehme Säure, in sich harmonisch, mittlerer Druck, würzige Pikanz.

★★ S €€ GV FUN
2022 Grüner Veltliner Classic + Kühle Pfefferwürze, Apfel und Birne, Nüsse, Orangenschalen, Mango, rote Beeren, frisch und lebendig, elegant, dezent salzig, knackig, feine Würze, typisch. Ein Wagramer Grüner Veltliner vom Feinsten.

★★★ S €€ GV
2022 Grüner Veltliner Wagramer Selektion Ried Brunnthal + Exotik pur, Mango, Papaya, Ananas, weißer Pfeffer, Mandarinen, reifer Apfel, Zitrus, Orangenzesten, ein Wein, der Klasse zeigt, hier spürt man die Mineralität der besonderen Lage. Ein hervorragender Grüner Veltliner.

★★★ S €€ GV
2021 Grüner Veltliner Alte Reben Ried Dorner + Zitrus, Pfeffer, Apfelnoten, fruchtige Frische, frische Säure, Kräuterwürze, feine Fülle, ein attraktiver Wein mit Ausdruck, Kühle, ein Grüner Veltliner von respektablem Wagramer Typus, so richtig elegant.

★★★ K €€€ GV
2021 Grüner Veltliner „1598" Ried Dorner + Bratapfel, Zimt, Holz, schwarzer Pfeffer, röstig, Haselnuss, barocke Ausrichtung, einiger Stoff, einige Tiefe, stoffig, milde Säure, hat noch einiges Holz zu verarbeiten.

★★★ S €€€€ GV
2017 Grüner Veltliner Grande Reserve Ried Dorner + Reife Farbe, Orangenschalen, röstige Noten, schwarzer Pfeffer, Exotik, Apfel, Zitrus, ungemein saftig, auch elegant, gelbe Früchte, das ist besonderer Stoff, viel Substanz, gelbe Früchte, barocke Eleganz, der Wein ist noch lange nicht am Ende. Noch dominiert das Holz.

★★★ S €€€ RV
2021 Roter Veltliner + Harzige Noten, Karamell, einiges Holz, röstig, am Gaumen mit Frische, Exotik, Bratapfel, Ananas, Zitrus, Blutorange, braucht viel Luft, danach wird der Wein komplex, hat Frucht und Spiel, wird vielfältig, attraktiv. Ob der Wein das Holz verarbeiten kann?

★★★ S €€€ CH
2021 Chardonnay + Gelbe Früchte gepaart mit dezenten Holznoten, Vanille, reifer Apfel, Ananas, Zitrus, Fichtennadeln, das Holz späht hervor, Marille, ein vielschichtiger Wein mit einiger Substanz.

NIEDERÖSTERREICH

★★ S €€ ME
2022 Rosé Merlot + Rosa Farben, frische Kräuter, Zitrusgelee, Flieder, feingliedrig, Blütenduft, filigrane Noten, leicht, zeigt Frische, weinig, ruhig strömend, elegante Noten, zart-fruchtig, balanciert. Ein milder Rosé, der Spaß macht.

★★ K €€ ZW
2020 Zweigelt Classic + Kirschig, etwas Schoko, Himbeeren, fruchtig, elegant, Kirschen, herbe Noten, griffig, zieht am Gaumen, zeigt Mineralik, ein Zweigelt, der nicht nachgibt. Das ist richtig guter Wein.

★★ K €€€ CS
2019 Cabernet Sauvignon Ried Dorner + Tiefschwarz, Kirschen, fleischig, fruchtig, saftig, Cassis, festes Tannin, total eng, viel Stoff, braucht viel Luft, Heidelbeeren, tiefgründig.

Weingut
Gerald Waltner

Gerald Waltner
3470 Engelmannsbrunn, Am Berg 18
Mobil +43 664 926 60 90
info@weingutwaltner.at, www.weingutwaltner.at
11 Hektar, W/R 80/20

Im Jahr 2003 hat Gerald Waltner die Verantwortung für seinen elterlichen Betriebs übernommen. Mit diesem Startschuss wurde dann auch der Grüne Veltliner noch mehr in den Fokus gerückt. Mit seinen 11 Hektar in Engelmannsbrunn und Gösing bewirtschaftet er zu 65 % Grünen Veltliner.
Geradlinig, zielstrebig, schnörkellos, ohne viel herumzuschweifen. So sind alle seine Weine. Der Erfolg gibt ihm recht mit all seinen Auszeichnungen wie SALON oder dem VINEUS Newcomer Award.
Mit dem Jahrgang 2022 gibt es nun auch einen hervorragenden frischen Roten Veltliner. Dieser wurde 2020 gepflanzt und hatte seine Jungfernlese. Nachhaltigkeit und Umweltschutz ist auch in diesem Haus sehr wichtig. Die Böden sind wie überall im Wagram vom Löss geprägt. Die Lage Steinberz in Gösing liegt auf 360 Meter und hat auch schottrige Einschlüsse. Der Dorner ist seine Paraderiede in Gösing, mit klassischem Löss und mit böhmischem Gneis als Unterlage. Die Vinifikation ist sehr geradlinig. Alle Riedenweine liegen bis vor der Abfüllung auf der Hefe. Man merkt in jedem Wein die Verbundenheit des Winzers mit seinen Böden und Trauben. Alle Weine sind fest strukturiert und mit einer klaren Vorstellung vinifiziert. Man bekommt bei diesem Weingut für sehr moderate Preise eine fantastische Qualität mit Tiefe und Lebendigkeit. *rk*

WAGRAM DAC

★★ S €€ GV FUN
2022 Grüner Veltliner Ried Engelmannsbrunner Hochrain + Ruhiger, geradliniger Wein, Rubinette Apfel, getrocknete Wiesenkräuter, weißer Pfirsich, straffer Körper, feine Säure mit Zitrone unterlegt, sehr sympathischer Wein mit trinkfreudiger Leichtigkeit.

★★★ S €€ GV
2022 Grüner Veltliner Ried Steinberz + Klassischer Grüner Veltliner, Jonagold Apfel, weißer Pfeffer, Kamillentee, helle Blüte, Williamsbirnenmus, kompakter, zielstrebiger Wein, saftig mit Spannung, belebende Säurestruktur, Limette, sehr schöner Vertreter des Lösses.

★★★★ S €€€ GV
2022 Grüner Veltliner Gösinger Dorner + Strukturiert, Golden Delicious, herbale Kräuterwürze, leichte Tabakanklänge, dunkle Würze, schwarzer Langer Pfeffer, erfrischende Limette, saftiger Körper, im Abgang fest und animierend, sehr kulinarisch.

★★ S €€ RV
2022 Roter Veltliner Wagram + In sich ruhende rote Beeren, Ribisel, rote Stachelbeere, Erdbeere, Litschi, floral nach Veilchen anmutend, kompakt, erfrischende lebendige Säure, belebender Wein mit Reichhaltigkeit und Eleganz.

★★ S €€ PB
2022 Weißburgunder Wagram + Saftige helle Williamsbirne, Haferflocken, Weißbrotrinde, zart, elegant, unterlegt von einer Limettenzeste, unaufgeregter Wein, der die feinen Akkorde spielt.

★★ S €€ CH PLV
2022 Chardonnay Wagram + Offene zugängliche Nase, Mandarine, Zitrone, etwas Butterscotch, cremiges Mundgefühl, im Abgang etwas fester mit erfrischender Säure und Beschwingtheit.

BIO

Familienweingut
Wimmer-Czerny

Johann Czerny
3481 Fels am Wagram, Obere Marktstraße 37
Tel. +43 2738 2248
weingut@wimmer-czerny.at, www.wimmer-czerny.at
15 Hektar, W/R 90/10, 60.000 Flaschen/Jahr

Liebe zur Natur / Liebe zum Wein – das Credo des Hauses. Biodynamische Bewirtschaftung der Weingärten, sanfter Rebschnitt, Bodenbegrünung, eigener Kompost, biodynamische Präparate und Pflanzentees. Keine Reinzuchthefe, mit Schwefel wird gespart. Dies alles verspürt man bei den Weinen von Hans Czerny. Die Weine vibrieren vor Spannung, sind unglaublich lebendig, vielfältig, versprühen eine verführerische Eleganz. Es sind überaus bekömmliche Weine voller Charakter und Lagerfähigkeit. Individueller ist nicht möglich.

Ich liebe diese Weine und kann Hans Czerny nur gratulieren und den Hut ziehen. Die Weine machen großen Spaß, sind von einem unendlichen Trinkfluss, sind nie belastend. Faszinierend.

Ob der 2022 Roter Veltliner Fels am Wagram oder selbige Rebsorte aus der Ried Brindlsgraben 2022. Beide repräsentieren das Gesicht des Wagrams.

Ein höchst attraktiver 2022 Frühroter Veltliner. Überaus langatmig ist der 2022 Grüner Veltliner Ried Fumberg. Enorme Substanz. Beim 2020 Grüner Veltliner Ried Weelfel wird es dramatisch. Der sprengt alle Grenzen. Aus derselben Riede kommt ein sensationeller 2021 Riesling von unvergleichlicher Dynamik. Nicht vergessen darf man den 2021 Weißburgunder Ried Scheiben, der sich prachtvoll darstellt.

Mein Appell an alle Weinfreunde: Probiert diese Weine. Sie werden euch überzeugen. *as*

WAGRAM DAC

★★★ S €€ GV
2022 Grüner Veltliner Ried Fumberg + Schwarzer Pfeffer, dunkle Tönung, rauchig, Karamell, etwas holzunterlegt, ziemlich strukturiert, tolle Exotik, Ananas, Orangen, Mango, Marillen, Zitrus, kompakter Körper, kraftvoll, ohne zu belasten, langatmig. Wagram at its best.

★★★ S €€€ GV
2020 Grüner Veltliner Ried Weelfel + (liegt zum Zeitpunkt der Verkostung am 15.04.2023 noch im Fass) Sattes Gelb, Karamell, holzunterlegt, Toast, Zitrusnoten, Exotik, getrocknete Kräuter, Orangenschalen, Pfefferwürze, druckvoll, kraftvoll, Tannennadeln, schmelzige Frische, tolle Länge. Ein tiefgründiger Grüner Veltliner für den Herbst und Hauptspeisen.

★★ S €€ RV
2022 Roter Veltliner Fels am Wagram + Lebkuchengewürz, Bratapfel, Steinobst, Kräuterwürze, etwas Kümmel, fruchtige Frische, elegant, balanciert, angenehme Säure, höchst anspruchsvoll. So richtig schön zu trinken.

WEINLAND

★★ S €€ FV FUN
2022 Frühroter Veltliner + Eine Frühlingswiese, feine Blume, bisschen Steinobst, dezente Exotik – Ananas, Orangenblüten, frischer Apfel, Zitrus, elegant und feingliedrig, ungemein süffig, feine Frucht, homogen, angenehme Säure. Ein hochwertiger Frühroter Veltliner, der sich blendend darstellt.

★★★ S €€€ RV
2022 Roter Veltliner Ried Brindlsgraben + Obstige Noten, Birnen, Apfel, hefige Noten, Zitrusfrische, entwickelt Zug am Gaumen, Mandarinen, frische Säure, zeigt Finesse, Eleganz, von transparenter Struktur, einer seltenen Eleganz. Präsentiert sich momentan in Höchstform. Er wird irgendwann in ein tiefes Loch fallen, sich verschließen, um dann wie Phönix aus der Asche aufzusteigen. Viel Zukunft.

★★★★ S €€€ RI TIPP
2021 Riesling Ried Weelfel + (liegt bei der Verkostung am 15.04.2023 noch im Fass) Rauchig, zart-positive Oxidation, Apfel, Steinobst, Zitrus, straff, spannend, fordernd, Orangen, Grapefruit, klebt am Gaumen, rassig, dichte Struktur, engmaschig, muskulös, straff durchgezogen, salzig. Ein sensationeller Riesling, enormes Potenzial, Ausdruck, Tiefgang. Atemlos spannend.

★★★★ S €€€ PB TIPP
2021 Weißburgunder Ried Scheiben Alte Reben + (liegt bei der Verkostung am 15.04.2023 noch im Fass) Apfelnoten, Birnen, Mandeltöne, Nelken, Wurzelwerk, alles noch versteckt, cremige Anmutung, dicht strukturiert, zieht am Gaumen, ist unglaublich spannend, voller Leben, der Wein gewinnt mit Luft enorm, herrliche Fruchtfülle, in sich harmonisch, feinstes Säurespiel, ein prachtvoller Wein. Gesicherte Zukunft.

VINOTHEKEN

KIRCHBERG AM WAGRAM

Weritas Wagram
3470 Kirchberg, Marktplatz 44
Mobil +43 676 451 30 02
info@weritas.at, www.weritas.at

Die bestens etablierte Wagramer Gebietsvinothek im auffälligen architektonischen Kleid präsentiert gut 50 Winzer der Region. Dank fachkundiger Beratung von Sommelier und Betreiber Gerhard Hintermayer und der eleganten Regionalküche im Weritas hat sich die Vinothek längst zu einem Hotspot der Region entwickelt. Feine Speisekarte, die die Vinothek auch zum gefragten Restauranttipp macht. Unglaubliche Wagramer Weinauswahl, großes glasweises Angebot, tolle Terrasse. Einkaufen zu Ab-Hof-Preisen. Perfektes Schaufenster der dynamischen Wagramer Weinszene. Immer wieder Winzer- und Weinevents; auch als Eventlocation mietbar.

GASTRONOMIE/NÄCHTIGUNG

BIERBAUM AM KLEEBÜHEL

Landgasthof Zum goldenen Hirschen
Familie Solich
3462 Bierbaum am Kleebühel, Landstraße 51
Tel. +43 2278 2538
solich@dawirt.at, www.dawirt.at

Ein idealtypisches Dorfwirtshaus. Hier sitzen die Arbeiter neben den Jägern beim Beuscherl, im heimeligen Stüberl lässt es sich ein hiesiger Weinbauer samt Familie schmecken.

FEUERSBRUNN

Gasthaus zum Goldenen Kreuz
Familie Bauer
3483 Feuersbrunn, Weinstraße 11
Tel. +43 2738 2342
office@gasthausbauer.at, www.gasthausbauer.at

Bodenständiges Gasthaus mit ebensolcher Küche in erstklassiger Qualität, gemütlich, viel Saisonales von Bärlauch bis Wild. Eigenbauweine, dazu vieles aus den umliegenden Weinregionen. Terrasse, Innenhof.

Toni M. & Zur Traube & Hotel am Wagram
Toni Mörwald
3483 Feuersbrunn, Kleine Zeile 13–17
Tel. +43 2738 2298-0, Mobil +43 676 842 298 81
traube@moerwald.at, rezeption@moerwald.at
www.moerwald.at

Im Herzen der Weinbauregion Wagram, ist das Restaurant „TONI M." im Stammhaus der Familie Mörwald ein Beweis für die Qualität der öster-reichischen Küche. Das Relais & Châteaux Gourmet bietet eine besondere Art von kreativer und zeitgemäßer Küche, die fest im Boden der österreichischen Kochtradition verankert ist, dabei weltoffen. Das Restaurant ist das Flaggschiff der Mörwald-Gruppe, nur abends geöffnet (Di-Sa), 4 Hauben.Das Stammhaus „Zur Traube" im selben Komplex hat den Charme des einstigen Dorfwirtshauses behalten. Hier werden die Klassiker der österreichischen Küche angeboten in zeitgemäßer Zubereitung. Landgasthaus, gemütliche Gaststube, Gourmetstüberl, Wintergarten., 2 Hauben.
Kochschule, Weinbar, Vinothek mit beachtlichem Wagram-Sortiment, aber nicht nur. Die großen Weinkarten mit zahllosen Top-Positionen, ein Tipp sind auch die guten Eigenbauweine von Bruder Erhard Mörwald. Sehr gute Übernachtungs-Möglichkeit im eigenen Design-Hotel am Wagram gegenüber der Restaurants.

HAUSLEITEN

Gasthaus Amstätter
Gabriele und Franz Amstätter
3464 Hausleiten, Bahnhofstraße 27
Tel. +43 2265 7272
www.amstaetter.com

Der Top-Wirt 2012, direkt am Bahnhof gelegen, bietet Wirtshausgefühl pur. Von Geheimtipp kann man nicht mehr wirklich reden, aber die Fahrt dorthin kommt schon einer Entdeckungsreise gleich. Einer Reise, die sich absolut lohnt. Zur perfekten Wirtshausküche gibt's Wagramer und Weinviertler Weine. Nur für Barzahler.

KIRCHBERG

Weinhaus Kirchberg
3470 Kirchberg am Wagram, Marktplatz 33
Mobil +43 676 415 70 45
office@weinhaus-kirchberg.at
weinhaus-kirchberg.at

Im Zentrum von Kirchberg freuen sich Lukas Humer und Rafael Reisser, Gäste mit regionalen Speisen, Weinhaus-Kleinigkeiten oder einfach nur einem Glas Wein empfangen zu dürfen. Die Weinkarte legt einen detailreichen Schwerpunkt auf den Wagram und abgestuft dann auf die benachbarten Regionen. Die Speisekarte bietet ein Weinhaus- und ein Klassikermenü, jede Position ist aber auch als Einzelgang erhältich. Buchbar auch für geschlossene Gesellschaften.
Tipp: Zwei Zimmer stehen im Weinhaus zur Verfügung.

Weritas Wagram
Gerhard Hintermayer
3470 Kirchberg am Wagram, Marktplatz 44
Tel. +43 2279 201 79-10
info@weritas.at, www.weritas.at

Das Weritas - Vinothek, Weinbar und Restaurant - ist das Weinzentrum des Weinbaugebiets Wagram. Gut 50 Top Winzer der Region präsentieren ihre besten Tropfen inmitten moderne Architektur und tollem Rundumblick, Weine zum Ab-Hof-Preis. Einzigartiges Weinerlebnis. moderne Architektur, atemberaubender Wagramblick. Patron und Sommelier Gerhard Hintermayer hat stets die besten Tipps parat, die Küche präsentiert sich sehr solide, regional, saisonal und mit Pfiff. Immer wieder Events und Präsentationen, Winzermenüs. Hier schlägt das vinophile Herz des Wagrams, viele Winzer sind Stammgäste. Tipp!

KÖNIGSBRUNN

Landgasthof Mann
Raimund Mann
3465 Königsbrunn am Wagram, Rathausplatz 14
Tel. +43 2278 2334
gasthaus@mann.co.at,

Direkt im Ortskern liegt dieser gemütliche Gasthof. Was den Familienbetrieb so besonders macht, ist die angegliederte Fleischhauerei, die dank erstklassiger Produkte von kleinbäuerlichen Betrieben nicht nur regionale Bekanntheit erlangt hat, sondern natürlich auch der eigenen Wirtshausküche zugutekommt. Dank eigener Jagdpassion laufend saisonale Wildspezialitäten, empfehlenswert ist auch das Catering des Hauses. 1 Haube.

LANGENLEBARN

Gastwirtschaft Floh
Josef Floh
3425 Langenlebarn, Tullner Straße 1
Tel. +43 2272 628 09
floh@derfloh.at, www.derfloh.at

Gastronomischer Trendsetter Nummer 1 und Niederösterreichs Topwirt 2022/23! Tausendsassa Pepi und Familie Floh bieten kompetenten, liebevollen Service und eine großartige Küchenlinie: Die erstklassigen Grundprodukte kommen von ausgewiesenen Qualitätsproduzenten, die mehrheitlich aus der Region stammen und namentlich aufgeführt werden. Ohne die Bodenhaftung zu verlieren, kocht Josef Floh klassisch und ideenreich zugleich – durchwegs auf sehr hohem Niveau, selbst wenn das große Lokal gerammelt voll ist. Botschafter der Regionalität, kauft, wann immer möglich, im Umkreis von maximal 66 Kilometern zu (Flohs Route 66). Die Weinkarte zählt zu den allerbesten in ganz Österreich und wurde vielfach ausgezeichnet, unter anderem mit dem „Best of Award of Excellence" des amerikanischen „Wine Spectator". Hunderte Positionen, darunter viele Raritäten, auch aus dem Ausland, Burgunder-Kompetenzzentrum, ebenso Bordeaux, Italien, Deutschland. Immer wieder Events in Bennis Weinclub (Sommelier Benni Neiber) und andere Aktivitäten. Genuss-Greißlerei. Der Floh ist und bleibt ein Gesamterlebnis, seit über 25 Jahren. 3 Hauben

Das Wolf
Christian Wöber & Christoph Mayer
3425 Langenlebarn, Bahnhofstraße 58
Tel. +43 2272 62567
restaurant@daswolf.at, www.daswolf.restaurant

Die Speisekarte bietet Feines von Fleisch und Fisch sowie kreative vegetarische Köstlichkeiten. Küchenchef Christoph Wöber kocht auf hohem Niveau, vielfach mit regionalen Produkten der Saison. Absolut einen Umweg wert. Gastgeber Christoph Mayer ist auch Herr über eine ansehnliche Weinkarte, weiß nur Österreich, rot auch international. Modern designtes und entspanntes Innenleben mit Stüberl, Kaminzimmer, Bar, Veranda und Garten. Empfehlenswert die regelmäßig abgehaltenen Winzermenüs. 3 Hauben.

OBERSTOCKSTALL

Restaurant Gut Oberstockstall
Elke & Matthias Salomon
3470 Kirchberg am Wagram, Ringstraße 1
Tel. +43 2279 2335-0
restaurant@gutoberstockstall.at
www.gut-oberstockstall.at

Die gotische Gutskapelle und das ganze herrschaftliche Ambiente bieten einen historischen Rahmen für jene kreative Regionalküche, zu deren Mitbegründern Eva Salomon gehört. Über 30 Jahren stand sie der Küche vor, Sohn Matthias und seine Frau Elke sind die Gastgeber. Hier wird seit Jahrzehnten biologisch, mittlerweile biodynamisch gewirtschaftet. Was das Gut hergibt, wandert straks in die viel gerühmte und mit zwei Hauben ausgezeichnete Küche. Auf der Karte auch köstliche vegetarische Gerichte und Menüs. Vieles kommt mit Leichtigkeit, Kräutern und zu saisonalen Themen auf die Teller.

Herrlicher Innenhof. Eines der Glanzlichter der Gourmetszene in Niederösterreich und jederzeit Tipp für eine unvergessliche Landpartie, zumal mittlerweile auch gut ausgestattete Zimmer zum Gut gehören; schlafen in metallfreien Holzbetten, rundum natürliche Materialien.
Passend die hauseigenen Weine, ebenfalls nach Demeter zertifiziert. Die ausgeklügelte und umfangreiche Weinkarte hat sich bereits vor einigen Jahren radikal gewandelt und präsentiert neben regionalen Winzern eine überaus breite Palette an Natural & Orange Wines aus Österreich und aller Welt. Auch ganze Weinländer gilt es unter diesem Aspekt zu entdecken, etwa die Schweiz. Immer wieder Raritäten, gereifte Jahrgänge und Magnums. Event- und Hochzeitslocation. Grandoses Gesamterlebnis, großes Kino, 3 Hauben. Must!

TULLN

Gasthaus Goldenes Schiff
3430 Tulln, Wiener Straße 10
Tel. +43 2272 62671
office@zumgoldenenschiff.at
www.zumgoldenenschiff.at

Ein Wirtshaus, das nichts anderes als ein Wirtshaus sein möchte und dem dies auch mit unaufdringlichem Charme, Gelassenheit und auffallender Sorgfalt gelingt. Seit 150 Jahren. Dazu noch eine handverlesene Weinkarte regionaler Prägung und als besonderes Highlight: rund 30 Weine, die man auch glasweise verkosten kann.

's Pfandl
Das Wirtshaus am Hauptplatz
Kurt Hoffmann
3430 Tulln, Hauptplatz 25
Tel. +43 2272 666 70
essen@s-pfandl.at, www.s pfandl.at

Am schön gestalteten Hauptplatz von Tulln lädt das im Landhausstil gehaltene „'s Pfandl" zu kulinarischen Erlebnissen mit regionalem Schwerpunkt. Gemütlicher Schanigarten , im Erdgeschoß befindet sich das eigentliche Wirtshaus, im 1. Stock gotische Räumlichkeiten und gemütliche Weinterrasse.

Zur Sonne
Josef & Gertrude Sodoma
3430 Tulln, Bahnhofstraße 48
Tel. +43 2272 646 16
www.gasthaussodoma.at

Bilderbuch-Gasthaus, das seinen Platz an der Sonne bereits sicher hat. Josef Sodoma hält den guten Service am Laufen und Gerti Sodoma zeigt ihr Talent für verfeinerte Regionalküche und Wirtshausklassiker. Die nächste Generation ist bereits fixer Bestandteil des Teams. Ob man lieber rustikaler in der gemütlichen Gaststube oder eleganter speisen möchte: beim „Sodoma" ist beides möglich. Klassiker wie Grammelknödel, Beuschl und Zwiebelrostbraten gelingen hier zur Perfektion; ebenso der Wildfang-Branzino oder die an der Gräte gebratene Seezunge. Allen Saisonen wird hier kulinarisch in Vollendung gehuldigt. Jener vom Spargel oder Bärlauch ebenso wie denen vom Wild und den Pilzen. Die Martinigansl sind einfach himmlisch, die ebensolche Ente gibt es immer wieder (und auf Vorbestellung), die präferiert auch die Chefin.
Ganz egal wo, es lohnt auf jeden Fall, sich vom Patron „Pepi" Sodoma beraten zu lassen. Die Weinkarte gilt als mustergültig, ob Wachauer Smaragde, Geheimtipps vom Wagram und aus dem Traisental, deutsche Große Gewächse oder Bordeaux und Italien: die Karte ist umfangreich, aber intelligent zusammengestellt und fair kalkuliert. Dazu immer wieder eine spannede Tageskarte, die der Wirt an jedem Tisch persönlich referiert und auf kleinen Kreidetafeln festschreibt. Sehr gutes Käseangebot. Ein stiller Fels in der Brandung, aber umso größer. Für Barzahler. Bahnhof quasi vor der Haustüre, beste Verbindungen nach Wien. 3 Hauben.

ZAUSSENBERG

Restaurant Himmelreich
Marco Gangl
3701 Zaussenberg am Wagram, Ortsstraße 4
Tel. +43 2278 282 41
reservierung@restaurant-himmelreich.at
www.restaurant-himmelreich.at

Top-Winzer Josef Fritz erfüllte sich vor einigen Jahren den Traum vom eigenen Restaurant in einem 300 Jahre alten Bauernhaus in Zaußenberg. Gerade einmal 24 Sitzplätze fasst der Gastraum vom „Himmelreich". Pächter seit einem Jahr ist der junge, höchst talentierte Koch Marco Gangl, ein gebürtiger Steirer. Gangl hat das Himmelreich schon fest im Griff und viele Stammgäste aus nah und fern erobert. Er war davor im Landhaus Bacher, als Küchenchef im Restaurant Bründlmayer und im 3-Sterner Frantzen in Stockholm tätig.
Gekocht wird eine puristische Küche mit nordischem Einfluss. Kompromisslose Qualität und Regionalität der Grundprodukte spielen eine große Rolle. Derzeit freitags bis montags ab 12.00 Uhr, bis abends durchgehend.
Das Weinangebot umfasst das Werkverzeichnis von Josef Fritz, darunter die hochbewerteten Roten und Grünen Veltliner und die spannende maischevergorene Serie von Junior Johannes Fritz; dazu ausgewählte Weine befreundeter Winzer.

AUSTRIAN WINE
WILL WALTZ
ACROSS YOUR
PALATE
#austrianwine
AUSTRIAN WINE

CARNUNTUM

Dieses kleine Weinbaugebiet grenzt unmittelbar an den Osten von Wien und zieht sich dann am südlichen Donauufer bis zur Grenze zur Slowakei entlang; einige kleine Ausläufer bestehen südlich der Leitha. Das Zentrum des Gebietes erstreckt sich um dessen Mitte, rund um die Weinbauorte Göttlesbrunn, Arbesthal und Höflein, wo sich eine sehr qualitätsorientierte und auch mit geschicktem Marketing punktende Winzerschaft für ihre kraftvollen und samtigen Rotweine, speziell aus der Rebsorte Zweigelt, einen Namen gemacht hat. Ein weiterer Schwerpunkt sind die Weinberge rund um Prellenkirchen und Berg. Diese Rieden eignen sich sehr gut für die Rebsorte Blaufränkisch, wobei die Toplage Spitzerberg ihr Renommee immer deutlicher verfestigt.

Zweigelt und Blaufränkisch sind auch jene Rebsorten, die für den gut eingeführten Markenwein dieser Herkunft, den Rubin Carnuntum, verantwortlich sind. Darüber hinaus ausgepflanzt sind St. Laurent, Cabernet, Merlot und Syrah, in kleinerem Umfang auch Blauburgunder. Bei den Premiumweinen der führenden Erzeuger handelt es sich allerdings zumeist um Cuvées, die in neuem oder gebrauchtem Holz ausgebaut werden und deren beste zur österreichischen Elite zählen. Besonders die Leitbetriebe haben die Sorte Zweigelt im Premiumbereich etabliert, und zwar im sortenreinen Ausbau. Bei den roten Varietäten hat sich speziell der St. Laurent ein neues und positives Image verschafft.

Carnuntum zieht Vorteile aus den starken Einflüssen des pannonischen Klimas, die Sonnenscheindauer im Gebiet ist mit jener der Weinorte am Westufer des Neusiedlersees vergleichbar, allerdings ohne die hohe Luftfeuchtigkeit, welche die Edelfäule begünstigt, durchaus ein Vorteil für die Lesephase der Rotweine.

Alles in allem hat sich Carnuntum – gemeinsam mit dem zur Thermenregion gehörenden Steinfeld – in der im stetigen Umbruch befindlichen österreichischen Rotweinlandschaft als feste Größe etabliert.

Seit dem Jahrgang 2019 gibt es für die Rebsorten Chardonnay, Weißburgunder, Grüner Veltliner, Zweigelt und Blaufränkisch die Bezeichnung Carnuntum DAC, auch rote und weiße Cuvées, die mindestens zu 2/3 aus diesen Varietäten bestehen, sind zulässig. Es handelt sich um ein Pyramidensystem: Gebietswein, Ortswein und Riedenwein. Der Antrag zur Erlangung der staatlichen Prüfnummer darf bei Weißwein nicht vor dem 15. März und bei Rotwein nicht vor dem 1. November des auf die Ernte folgenden Jahres erfolgen. DAC-Weine müssen trocken sein, der Alkohol eines roten DAC muss bei mindestens 12% liegen.

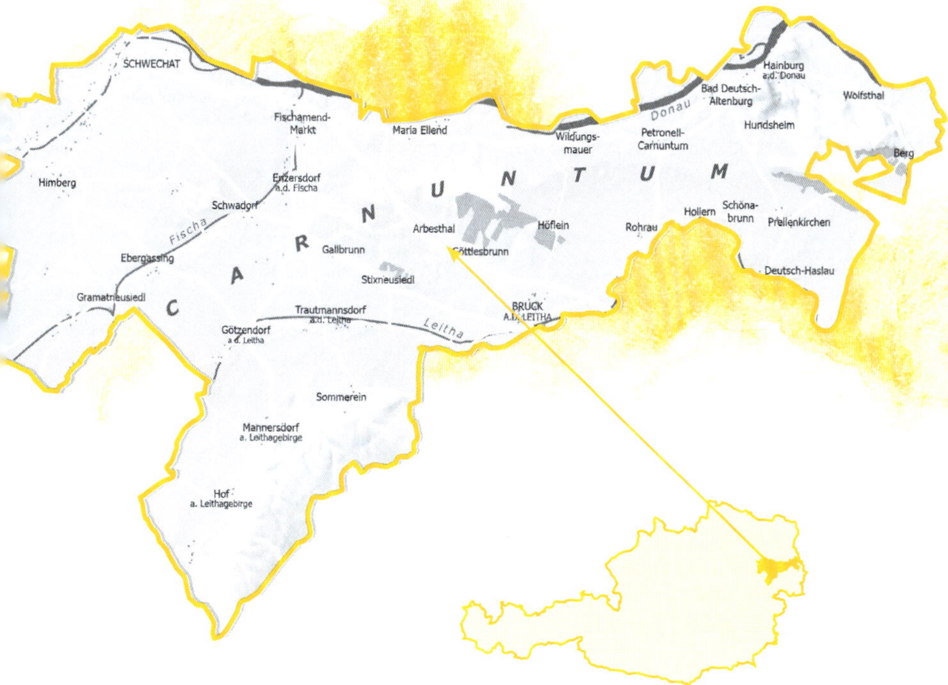

832 Hektar Weinanbaufläche
Die wichtigsten Rebsorten:
Zweigelt, Blaufränkisch

BIO

Weingut **Artner**

Familie Artner
2465 Höflein, Dorfstraße 93
Tel. +43 2162 63142
weingut@artner.co.at, www.artner.co.at
40 Hektar, W/R 40/60

„2022? Hmm, gute Frage! Ich glaube, er wird sich in den Kreis der besten Jahrgänge einreihen, da gibt's nicht viel zu meckern. Bei den Roten haben die Franzosen die Nase vorn, Cabernet, Merlot und Syrah waren schon lange nicht mehr so extrem gut", schwärmt Peter Artner. Im weißen Segment spielt der Veltliner seine Vorzüge aus, sei es zusammen mit anderen Sorten im Spazierer oder mit ein bisschen Holz und etwas mehr Chardonnay. Als Solist gefällt der Kirchberg in seiner eigenständigen, nicht bröseltrockenen Art. Rubin Carnuntum bietet mit seinem hübschen Fruchtspiel schon erstes Trinkvergnügen und Ried Steinäcker präsentiert sich als beachtliches Beispiel für Rot 2020. Auch der Blaufränkisch läuft in dieser Liga. Die Roten brauchen alle sehr viel Luft, sie erfreuen dann mit viel Fruchtcharme und haben in weiten Bereichen die Untiefen des Jahrgangs gut umschifft. Bei den Cuvées zeigt sich das Können des Kellermeisters, oder besser des Blendmasters, ganz besonders. Aubühl lässt sich von allen momentan noch am meisten bitten. Das Match Syrah and ever vs. Amarok zog sich über etliche Runden, letztlich konnte der einsame Wolf mit seiner stimmigen Gesamterscheinung sogar noch gegenüber dem massive a. punkten. *db*

CARNUNTUM DAC

★★★ S €€ GS
2022 Spazierer + (GV/WR/PB/GM) Würziger, veltlinergeprägter Einstieg, Fenchel, Quitte, saftig; Kernobst, kleiner, gewinnender Zuckerrest, lässig.

★★ S €€ CH
2022 Chardonnay + Reifes, weiches Kernobst, zischiger Pfirsich, Duftigkeit von getrockneter Marille, ein Strich Kalk; kontrastreiches Fruchtspiel, Muschelkalk, mit kleinem Zuckerrest angenehm griffig ausklingend.

★★★ S €€€ GV FUN
2022 Grüner Veltliner Ried Kirchberg Höflein + Honignoten, Apfelbalsam, Quitte, Melone, Mosto Cotto, würzig mit fruchtsüßem Druck; gemütlicher, druckvoller Wein, griffiges Finale, ungewöhnlich, auf jeden Fall einen Versuch wert.

★★★ K €€€ ZW FUN
2021 Rubin Carnuntum + Ledrig, würzig, reife Dunkelfrucht, Holztouch, Kick von Sauerkirsche; viel Frucht über festem Tannin, leicht holzsüß, kräftiger Biss im Finish, hübsches Fruchtspiel.

★★ K €€€ CR
2021 Höflein Rot + (ZW/BF/ME) Mediterran kräuterduftig, Frucht von Holz getragen, Lakritze, malzig; fruchtsüß, fester Tanninblock, Melisse und Minze, straffer Aufbau, Fruchtsüße trägt lange.

★★★ K €€€€ ZW
2020 Ried Steinäcker 1ÖTW Zweigelt + Dunkle, süß ummantelte, kandierte Frucht, Cocktailkirsche; geradlinig, moderate Säure und Tannine, fruchtsüß, Vanille, dezentes Holz, leichtgängig mit etlichen Kräutern im Finish.

★★★ K €€€€ BF
2020 Ried Kirchweingarten 1ÖTW Blaufränkisch + Röstig, Maul- und Brombeeren, eine Prise Zimt, einladend; süßes Holz, dunkler Fruchtausdruck, sortentypische Säure, griffige Gerbstoffe, schokoladiger Schmelz im Ausklang.

★★★ K €€€€ CR
2020 Ried Aubühl 1ÖTW + (ZW/BF/ME) Kräuterumrankte, dunkelbeerige Frucht, zart vanillig; streng, passabler Fruchtausdruck, präsente Säure, Frucht schafft's auf den Gaumen.

★★★ K €€€€ SY
2020 Syrah and ever + Rotbeerig, Frucht, vegetabil-würzige Noten, Lakritze, getrocknete Oliven, kandierte Früchte, öffnet sich; schmeichelnd mit Frucht und Holz, markante Gerbstoffe, belebende Säure, beschwingte Länge, Süßholz im Nachhall.

★★★★ K €€€€ CR TIPP
2020 Amarok + (ZW/BF/ME/SY) Holzröstig, Weichsel und rote Beeren, Lorbeer, Thymian, Salbei, Tabak, Pfeffer, ein Tropfen Jod; Fruchtmenge wird von Säure gepusht, moderat süßes Holz zum Ausgleich, extrem schönes Mittelstück, ausgezeichneter Trinkfluss, elegant, Respekt.

★★★ K €€€€€€ CR
2020 massive a. rot + Teer, Grafit, Minze, dunkle Beeren, gepfeffert, Waldboden, zart röstig; fruchtsüß, extraktdicht, straff mit genug Fleisch auf den Knochen, dunkles Beerenmus, Kräuterverzierungen, Fruchtdruck bleibt lange aufrecht.

NIEDERÖSTERREICH

★★★★ K €€€€€ CH
2021 massive a. weiß + Feinsinnige Allianz aus stoffiger Chardonnayfrucht und moderatem Holz, Biskuit, Vanillecreme, muskulös mit guter Definition, reife Agrumen, Aranzini, leicht geröstete Haselnüsse; cremig, weich fließend, Marille, Waldmeister, Himbeere, gute Länge.

Weingut
Michael Auer

2465 Höflein, Hoher Weg
Mobil +43 699 116 082 81
office@weingut-auer.com, www.weingut-auer.com

Michael Auer zählt zu jenen renommierten Weinbaubetrieben in Carnuntum, die ihr hohes Qualitätsniveau durch wohlüberlegte Optimierungen stets zu steigern wissen. So zeigt sich sein Weinportefeuille heuer um einen weiteren Schritt pointierter strukturiert, um die Spezifika des Terroirs in seiner adäquaten vinifikatorischen Interpretation klar zur Geltung kommen zu lassen, und das in allen Kategorien von Weiß, Rosé und Rot.
Im weißen Bereich wird dem Chardonnay das besondere Augenmerk zuteil, der in diesem Weinbaugebiet, so der Winzer, aufgrund der kalkigen Böden optimale Bedingungen für aussagekräftige und tiefgründige Weine vorfindet. Überzeugend bringt dies die Klassikversion ebenso zur Geltung wie auch die nun neu als Monopol bezeichnete Chardonnay-Premiumversion. Diese zählt mit ihrer straff-kalkigen Stilistik eindeutig zu den besten Vertretern des Landes. Ein weiterer Fokus liegt auf dem Rosé, der in der zweiten Version, genannt Fancy, in einer verspielten wie wohlstrukturierten Interpretation besonders hervorsticht.
Rubin Carnuntum und der Blaufränkisch Klassik erhalten noch etwas Flaschenreifung, sodass der Nachfolge-Jahrgang erst wieder in der nächsten Guide-Edition aufgenommen wird. Die rote Premiumlinie ist im sortenreinen Ausbau als auch in der Cuvée-Variante von den Top-Lagen Aubühl und der lössdurchzogenen Ried Bühl Zweigelt unisono als hervorragend in strukturierter Feinheit und wohldosiertem Holzeinsatz zu bezeichnen. Herausragend präsentiert sich der reinsortige Syrah, der von einer Altanlage vom Vater des Winzers herrührt und neuerdings mit wohldosiertem Barriqueeinsatz, stoffiger Dichte mit warmem Fruchtcharme samt feinem Würzehintergrund zu einem der gelungensten Jahrgangsinterpretation zu zählen ist. *us*

CARNUNTUM DAC

★★★ S €€ CH
2022 Chardonnay + Gelbfruchtige Aromatik, Limettenzesten, saftig, kompakt, grüne Walnuss, vollreif, vital, feine Säurestruktur, kalkige Finesse.

★★★★★ K €€€€€€ CH **TOP**
2020 Monopol + Exotik pur, Maracuja, Ananas, druckvoll, dicht, feines Würzespiel à la Thymian, Trockenkräuter, perfekter Holzeinsatz, alles in nobler Balance, feine Salzigkeit im Nachhall, lang, großes Entwicklungspotenzial.

★★★★★ K €€€ ZW **TOP**
2021 Zweigelt Ried Bühl + Feines Bukett nach Herzkirsche, gehaltvolle wie pointierte Waldbeerenpräsenz, strömt ruhig mit viel Fruchttiefe, kühle Anmutung, tiefgründig, feiner Holzhintergrund, Kräuterwürze, stoffige Textur, perfekt strukturiert, hochfeines Tannin, herrliches Fruchtspiel in beeindruckender Sorteninterpretation, sehr lang im Finish, viel Potenzial.

NIEDERÖSTERREICH

★★ S €€ CR
2022 Rosé + (90 % ZW / CS) Vitales Fruchtspiel, Himbeere, etwas Erdbeere, schwungvoll, cremiger Touch, ausgewogen.

★★★ S €€ CR
2022 Rosé Fancy + (60 % BF / ZW) Rosa Grapefruit, etwas Zitrus, vital, stoffige Mitte, perfekte Frucht-Säure-Balance, strukturgebender Gerbstoff, klar strukturiert, vielschichtig, lang im Nachhall.

★★★ S €€ CR
2021 Cuvée Debüt + (ZW/ME/CS) Paradeisblatt-Bukett, Kornelkirsche, attraktives Fruchtspiel, helle Kirsche, Weichsel, stoffig, würzig hinterlegt, tolle Struktur, gelungen.

★★★ S €€ PN
2021 Pinot Noir + Klare, sehr pointierte Fruchtaromatik, helle Kirsche, Himbeere, ausgewogen, geradlinig, fein strukturiert, balanciert, tolle Sorteninterpretation, genussvoll auf hohem Niveau.

★★★★ K €€€ SY **TIPP**
2021 Syrah + Feines Aromenspiel von Waldbeeren, Cassis, Weichsel, dicht, extraktreich, Würze, etwas Paprikapulver, kompakte Struktur, zeigt viel Tiefe, perfekter Holzeinsatz, alles in Balance, lang, große Zukunft.

Weingut
Böheim

Stefanie & Johann Böheim
2464 Arbesthal, Hauptstraße 38
Mobil +43 660 210 86 93
wein@gut-boeheim.at, www.gut-boeheim.at
20 Hektar, W/R 50/50

„2022 war durch die Trockenheit ein eher schwieriger Jahrgang", darin sind sich Vater und Tochter Böheim einig. „Das, was wir in den Keller und letztlich in die Flasche bringen konnten, haben wir nicht erwartet. Wir freuen uns über einen überraschend guten Jahrgang, der eine Spur leichter ist als gewöhnlich." Veltliner & Friends, „unser wichtigster Wein", besticht durch seinen würzig, duftig, zart aromatischen Auftritt. Der Solo-Veltliner wird wahrscheinlich Alte Reben heißen. Die Fassprobe brilliert neben fast verschwenderischer Fruchtfülle mit einer durchaus kecken Säure. Der Chardonnay, „ein wichtiger Wein für Handel und Gastro", kommt aus der Toplage Stuhlwerker. „Burgunder können wir, die passen in die Gegend", meint er, womit er für den herrlich leichtgängigen Wein recht hat, aber auch gleich für Tochter Stefanie spricht, denn die kann auch Weißburgunder. Bei dem spontan im Barrique vergorenen Wein gefällt das runde Ganze aus Sorte, Herkunft, Machart und Jahrgang. Der Rote Veltliner ist heuer eine Spur leichter und imponiert mit seinem heiteren Fruchtausdruck. Der Sauvignon liefert punktgenau, was man von der Sorte erwarten darf. Die Roten waren zum Verkostungszeitpunkt auf dem Weg zum Feinschliff. Der Rubin ist eine Fruchtorgie, Sauerkirsche², anstelle einer Säurekorrektur könnte man sich auch ein breites Fettrandl dazu vorstellen. Vergnügtes Fruchtspiel gepaart mit einiger Ernsthaftigkeit prägt den Merlot, den die aktuelle Säure schlanker erscheinen lässt, als er aufgrund der Extraktwerte ist. Vom neuen Stuhlwerker waren nur Zweigelt und Merlot zu besichtigen, die gefallen schon mit ihrem tiefdunklen, sehr kompakten Fruchtausdruck, Blaufränkisch wartet noch auf seinen Einsatz, als Fragment noch nicht seriös zu bewerten. *db*

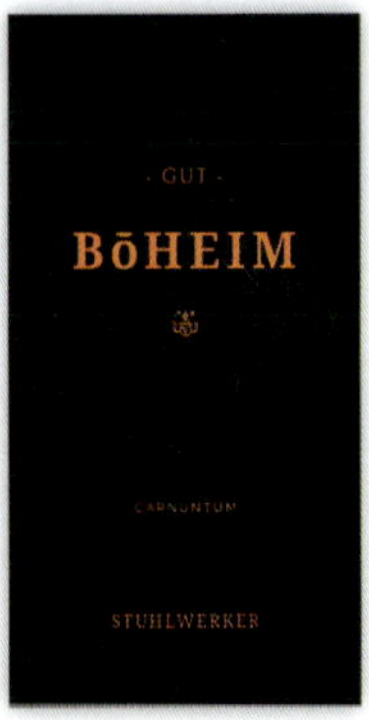

CARNUNTUM DAC

★★ S €€ CW
2022 Veltliner & Friends + (GV/RI/SB) Feine Würze, Sauvignon dringt durch, zart rosenduftig; Riesling bringt die Säure, hinten bisschen Apfelspalten, fruchtiger Ausklang.

★★★ S €€ GV — PLV
2022 Grüner Veltliner Alte Rebe + Frisch zerriebener Pfeffer, buntes Obstkompott, Blutorangen, fast vorwitziger Einstieg, hell, strahlend, vegetabile Würze, Waldmeister; knochentrocken, großer Fruchtdruck, reife Zitrusnoten, auch fruchtsüß, dann arbeiten Säure und Boden (Kalk) dagegen, engen den Wein ein, wirkt dadurch schlanker, als er ist, voller Charme und Spannung.

★★★ S €€ CH — FUN
2022 Chardonnay + Duftig, Pfirsicheis, gelbe und rote Äpfel, Honigmelone, leicht aufgeraut, dabei vielfältig und voll wirkend; straff, fruchtsüß, griffig, herzhafte Säure auf gut gepolstertem Untergrund, leicht salzige Noten, kalkig-straff, bisschen cremig, lückenloses Vergnügen, apfelverzierte Länge, viel Wein.

★★★ S €€€ PB — TIPP
2021 Weißer Burgunder Ried Stixbergen + Zart nussig, frisch und verlockend, Apfel-Birnen-Strudel, leicht geröstete Haselnüsse, Sommerwiese, bisschen Vanille, fruchtsüß, Prise Pfeffer; nur eine Ahnung vom Holz über zartem Gerbstoffgrip, braucht viel Luft, hochelegant, gute Länge, hält.

★★★ S €€ SB
2022 Sauvignon Blanc + Elegante, freundliche Sauvignonfrucht, dezent aromatisch, geht schnell ins Dunkle, Cassis; hellfruchtig, gute, griffige Unterstützung, lässiger Wein mit passendem Sortenflair.

★★★ S €€ ZW
2022 Rubin Carnuntum + Fette Nase, sehr dunkle Frucht, eine Scheibe Schwarzbrot; aktueller Säurestand, Gerbstoff und Kalk sind eine Ansage, Frucht bleibt klassisch Zweigelt, läuft jetzt schon wunderschön.

★★★★ S €€€ ME
2021 Merlot Reserve + Dunkle Schokolade, Herzkirschen, bisschen Rumtopf, eingelegte Früchte; straffes Holzgerüst, Säure engt noch ein, extraktdicht und fruchtsüß, röstig, rauchig, Tinte, großartiger Ansatz.

NIEDERÖSTERREICH

★★★ S €€ RV
2022 Roter Veltliner + Leicht gepfefferte Birne, Kräuterhonig, trotz Stahl etwas röstig, Tabak, Tee, auch türkischer Honig; sanft und seidig beginnend, Süßeeindruck kommt noch nicht auf dem Gaumen, fast rassige Säure, streng, straff, kalkig, kontrastreiches, noch etwas forderndes Spiel bei guter Länge.

BIO

Weingut
Walter Glatzer

Walter Glatzer
2464 Göttlesbrunn, Rosenbergstraße 5
Tel. +43 2162 8486
info@weingutglatzer.at, www.weingutglatzer.at
50 Hektar, W/R 30/70, 250.000 Flaschen/Jahr

Walter Glatzer vorzustellen hieße wohl, Eulen nach Athen zu tragen. Daher bitte ich Tochter Hanna vor den Vorhang. Sie macht tolle, zeitgemäße Weine, immer leicht, nie beschwerlich, voller Optimismus. Es sind individuelle Gewächse, welche großen Spaß machen. Mein Favorit ist der 2021 Traminer – ein außergewöhnlicher Wein. Ich liebe den 2022 Rosé – ein feiner, eleganter Wein. Ein 2020 Cabernet Sauvignon, ohne neuem Holz – Balsam für den Gaumen. Der 2022 Welsch ist in seiner Leichtigkeit ungemein trinklustig.
Jetzt zum Vater. Ich danke ihm erstmal, dass er seinem Töchterl freie Hand lässt, damit diese so bezaubernde Weine bereiten kann. Lieber Walter, auch deine Weine sind großartig. Dein 2022 Sauvignon Blanc Weißer Schotter hat es mir angetan. Der Chardonnay Ried Kräften ist wunderfein. Bei den Roten bist du sowieso ein Meister – ein charmanter 2021 Zweigelt Dornenvogel, ein ausdrucksstarker 2021 Gotinsprun, ein hervorragender 2021 St. Laurent Alte Reben. Die beiden übergroßen Rotweine wie 2021 Ried Bärnreiser Blaufränkisch und 2021 Ried Rosenburg sind alleinstehende Gewächse mit enormem Lagerpotenzial. *as*

CARNUNTUM DAC

★★★ S €€€ SB
2021 Sauvignon Blanc Weißer Schotter + Reife Stachelbeeren, Brennnesseln, Holunder, Cassis, dezenter Schotenton, fruchtig-saftig, frische Säure, geht in die Tiefe, zieht am Gaumen, würzig, ausdrucksstark, klassisch Sauvignon Blanc. Trinkanimierend auf höchstem Niveau.

★★ S €€ PB
2021 Weißburgunder + Mandeln, Orangenzesten, Zitrus, Nelken, Steinobst, elegant und gediegen, balanciert, Zimtanklänge, pikante Noten, fruchtig, zeigt Mineralität, gute Länge. Ein hochwertiger Weißburgunder mit einiger Zukunft.

★★★ K €€€ CH
2021 Chardonnay Ried Kräften + Ein Hauch Vanille, doch ohne Holz, Marille, Birnen, Gewürznelken, etwas Mango, Ananas, nuanciert, balanciert, elegant, feinfruchtig und charmant. Ein Chardonnay mit noblem Charakter.

★★★ K €€€ ZW
2021 Zweigelt Dornenvogel + Schwarze Kirschen, schwarze Beeren, Schokonoten, voller Fruchtcharme gepaart mit angenehmen Tanninen, feinem Fruchtspiel, einer eleganten Note, niemals belastend.

★★★ K €€€€ CR
2021 Gotinsprun Cuvée + Pflaumen, Lebkuchen, Preiselbeeren, schwarze Kirschen, etwas Schokolade, saftig, kompakt, strukturiert, ungemein fruchtig, ziemliche Länge, straffes Tannin, geht in die Tiefe. Ein Rotwein von Klasse.

★★★★ K €€€€ BF
2021 Ried Bärnreiser 1ÖTW Blaufränkisch + Dunkle Schokolade, Rösttöne, Pflaumen, Vanille, Schwarzbrot, Brombeeren, Heidelbeeren, Kaffee, noch dominiert das Holz, doch trägt es diesen Wein in eine große Zukunft. Enorm strukturiert, festes Tannin, lang anhaltend, würzig. Stoff für viele Jahre.

★★★★ K €€€€ CR
2021 Ried Rosenberg 1ÖTW + (BF/ZW/ME) Tiefschwarz, feinste Vanille, rote und schwarze Beeren, dezente Rösttöne, süße Kirschen, Mokkatöne, Schokolade, tiefgründig, mächtige Eleganz, markantes Tannin, kraftvoll, enorme Länge, ein Rotwein für die nächste Dekade.

NIEDERÖSTERREICH

★★★ K €€€ SL
2021 St. Laurent Alte Reben + Weichsel, Lebkuchen, ungemein saftig, Granatapfel, Oliven, Kakao, saftige Frucht, geschmeidig, entwickelt Druck, mineralischer Touch, Tiefgang. St. Laurent in Perfektion.

WEINLAND

★★ K €€€ WR FUN
2022 Weiß Welschriesling Hanna + Zarte Trübung, frischer Apfel, Birnentouch, Pfirsich, frische Säure, feingliedrig, Mandeln, Hefeschleier, der zischt so richtig am Gaumen. Ein frisch-rassiger Welschriesling zum unkompliziert Trinken.

★★ K €€€ CR
2022 Rosé Hanna + Feines Aroma, Himbeeren, Erdbeeren, Rhabarber, frische Kirschen, Säurebiss, voller Leben, schlanke Frische, elegant, voller Pikanz. Macht mächtig Spaß. Mehr als nur ein Sommerwein.

★★★ K €€€ TR
2021 Weiß Traminer Hanna + Orangefarben, hefetrüb, maischevergoren, verblühte Rosen, Pfirsich, Marzipan, weißes Nougat, schön trocken, dezenter Gerbstoff, trinkanimierend, Rosenöl, bleibt haften. Ein wunderbarer Traminer und Wein zum verlieben.

★★★ K €€€ CS
2020 Rot Cabernet Sauvignon + Brombeeren, Cassis, Herzkirschen, seidiges Tannin, fast feminin, elegant, klare Struktur, ein Labsal für den Gaumen. Der Wein hat Feinheit, Tiefgang, ist nie ermüdend. Danke, Hanna.

Weingut
Philipp Grassl

Philipp Grassl
2464 Göttlesbrunn, Am Graben 4–6
Tel. +43 2162 8483
office@weingut-grassl.com, www.grassl.wine
30 Hektar, W/R 30/70

„Alles wird gut" erfährt man auf der Website des Weinguts Philipp Grassl. Nach Genuss der hauseigenen Kreszenzen wird Weinliebhabern allerdings schnell bewusst, dass diese Phrase weniger als Aufmunterung für das zukünftige Seelen- oder Weltenheil zu verstehen ist, sondern sich vielmehr auf das hier bestehende Qualitätslevel bezieht.

Philipp und Angelika Grassl führen einen „mittelkleinen Familienbetrieb in dritter Generation" in Göttlesbrunn, der seit vielen Jahren zur heimischen Elite zählt. Die Bausteine zum Erfolg sind denkbar einfach: Man biete Konstanz über die Jahre und Kontinuität quer durch alle Kategorien und erzeuge Charakterweine mit relevanten Botschaften und Lagerpotenzial, die schließlich auch noch den Beweis antreten, dass sich Komplexität und Trinkspaß nicht gegenseitig ausschließen.

Obwohl die Weine aus diesem Musterbetrieb echte Carnunteser sind, bestechen sie doch durch eine eigenständige Stilistik: Bemerkenswert ist die in diesem sonnenverwöhnten Gebiet nicht überall selbstverständliche Eleganz und Transparenz fast aller Weine, die darüber hinaus über tolle Balance und unprätentiöses Auftreten sowie ausgeprägten Sorten- und Bodencharakter verfügen.

Das Weinsortiment gliedert sich in Gebiets-, Orts- und Lagenweine – das gilt für alle jene Weine, die sortenmäßig in die junge DAC Carnuntum hineinpassen. Jene Sorten bzw. Cuvées, die dort nicht inkludiert sind, finden sich in der Gruppe „Superweine" – ein Sammelsurium an Sorten und Kategorien reichend vom Basis-Welschriesling über aromatische, pinke und burgundische Kreszenzen bis hin zum Kultwein Reserve (ehemals Bärnreiser Reserve).

Wird Philipp Grassl für seine exzellenten Rotweine besonders geschätzt, so sollte man die Weißen hier keinesfalls unterschätzen: Die Klassikweine präsentieren sich stets als transparente Sortenvertreter mit Trinkanimo. Mit dem Einzellagen-Chardonnay vom Rothenberg hat Grassl vor einigen Jahren einen hoch seriösen, komplexen Vertreter ins Sortiment aufgenommen. Und seit Kurzem gibt es einen neuen Charakterwein in Weiß in Gestalt des Welschriesling Alte Reben aus der Riede Neuberg mit tonig-fettem Boden, dessen 2021er-Vertreter neue Maßstäbe für diese Sorte im trockenen Ausbau setzt.

Bei den Rotweinen dominiert der Lokalmatador Zweigelt, gefolgt von der Charaktersorte St. Laurent. Neben eleganten, fruchtbetonten Varianten mit wohldosiertem Gerbstoffgerüst gibt es von den Rotweinklassikern auch Premiumweine in Gestalt der St. Laurent Reserve und des Lagen-Zweigelt aus der Riede Schüttenberg. Blaufränkisch ist reinsortig durch den Ortswein Prellenkirchen vertreten. Besonderen Status haben Rotwein-Cuvées im Hause Grassl: Der im Mittelpreissegment angesiedelte Ortswein Neuberg Göttlesbrunn zählt zu den herausragenden Rotweinen in diesem Preissegment, Lagen-Cuvée Bärnreiser – ebenfalls Herkunft Carnuntum – sowie die reichhaltige Reserve 2019 zählen fraglos zu den Spitzenrotweinen Österreichs. ***psch***

CARNUNTUM

★★ S €€ GV
2022 Grüner Veltliner + Ansprechende Nase mit schönen Fruchtnoten, Apfel, leichte Honigakzente, geschmeidig mit Schliff; knackig, erfrischend, lebhaft, zart spritzig, am Gaumen auch viel Zitrus, hinten schlanker, süffig.

★★★ S €€ CH
2022 Chardonnay + Recht klassische Nase nach Biskuit, gelbes Steinobst, ausgewogen, leichte Würze, Marzipanhauch vom Holz, röstig, cremig; elegant saftig, schöne Frucht, einiger Biss, lebhaft, elegant-geschmeidig.

★★★ S €€€ CH PLV
2022 Chardonnay Höflein + Anfangs zurückhaltend, Mandelnote, mineralische Würze mit röstigen Tönen, Melonen, grüne Birnen, Wiesenkräuter, kalkig; saftig, tolle Frucht, Grapefruits, ausgereift, sehr lebhaft, straff mit Biss, gute Länge, nahe am 4. Stern.

★★★★ K €€€ CH
2021 Chardonnay Ried Rothenberg + Noch recht röstig, Cracker, feine Reduktion, exotische Fruchtanklänge, reife Papaya, Ananas, auch traubig, dabei elegant; dezent cremig, dicht, eleganter Schmelz, mittelkräftig, deutet reichhaltige Frucht an, noch verkapselt, mittellang, Geduld.

★★★ K €€ ZW
2022 Rubin Carnuntum Zweigelt + Geht über vor Frucht, reife rote und schwarze Kirschen, Kakaohauch, duftig, dunkle Blüten; wunderbar saftig, kernig, am Gaumen auch rotfruchtige Anteile, mittelgewichtig, hinten Spur schlanker, mittellang.

★★★★ K €€€€ ZW TIPP
2021 Ried Schüttenberg Zweigelt + Kühle Frucht, glockenklar und jugendlich, Marzipan und kandierte Schwarzkirschen, etwas Earl Grey, samtig-tief; köstlich saftig, Weichseln, Kraft und Eleganz, tolle Fruchtbegleitung, packender Biss, lebhaft, kernig, pointiert, präzise, lang, großes Potenzial.

★★★ K €€€ CR FUN
2021 Göttlesbrunn Neuberg + (ZW/BF/ME) Opulent, satte Frucht, reif und süß, bisschen Vanille, Schwarzkirschen, dunkle Beeren, dichte Frucht; schmelzig, saftig, am Gaumen dunkle Waldbeeren, gute Säure, fester Tanningrip, recht lang, beachtlich.

★★★★★ K €€€€ CR TOP
2021 Ried Bärnreiser + (ZW/BF/ME) Rauchiges Bukett, Heidelbeeren, Hyazinthen, Maulbeeren, etwas Flieder, tolle Tiefe und Reichhaltigkeit, Gesteinsmehl; kernig, herrlich saftiger Schmelz, gediegene Power, sehr dunkelbeerig am Gaumen, griffig, viel Biss, tolle Länge.

NIEDERÖSTERREICH

★★★ S €€ SB
2022 Sauvignon Blanc + Ganz klassisch, duftig, Holunderblüten, bisschen Wachsnoten, kühle Kräuter, süßer Salbei, duftig, dunkle Trauben und Beeren; ungemein saftig, dezent knackig, mittelgewichtig, elegant, schöne Vitalität, mittleres Finish.

★★ S €€ GM
2022 Gelber Muskateller + Duftig, nach hellen Wiesenblüten, bisschen Zitrus, etwas Wildkräuter, dezente Frucht, Zitronenschalen; ausgewogen, knackig, anregender Fruchtbiss, sehr trinkig, hinten rassig.

★★★★★ K €€€ WR TOP
2021 Alte Reben Weiß Welschriesling + Samtig, ungemein viel Frucht, reif, Quitte und etwas Kiwi, auch dunkle Aromen, samtig; ungemein saftige, zugleich tiefgründige Fruchttextur, cremiger Hauch, bisschen Quittenkompott und viel Zitrus, hinten Bitterorange, packender Biss, lang, toll.

★★ K €€ SL
2022 St. Laurent + Vibrierend frische Fruchtnase nach dunklen Waldbeeren, auch Schwarzkirschen, glockenklar, expressiv; saftig, lebhaft, glockenklare Frucht, feiner Säurebiss, Weichseln, mittlerer Abgang.

★★★ K €€€ PN
2021 Pinot Noir Reserve + Expressive Waldhimbeerfrucht, samtig, fast wie Himbeersaft, sehr verlockend, leichte Nelkennote, Kletzenbrot; recht saftig, feingliedrig, leichte Cremigkeit, sehr harmonisch, dezenter Tanningrip, mittlere Struktur und Finish.

★★★★ K €€€€ SL TIPP
2021 St. Laurent Alte Reben + Rauchig-würzig, Waldboden, Dunkelbeeren, Aronia, Weichseln, Moos, Efeu, etwas Schwarztee, noch wild, Tintenblei, Volumen und Tiefe; elegant-schmelzig, wunderbare Frucht, supersaftig, festes Tannin, kraftvoll, sehr kompakt, rassig, und gebündelt, lang.

★★★★ K €€€€€€ CR
2020 Bärnreiser Reserve + (ME/BF/ZW) Rauchige Nase, Schoko, ziemlich balsamisch, opulent, Dörrfrüchtebrot, Zimt, Datteln, kandierte Erdbeeren, ausgereift, tiefe Fülle; kraftvoll, mittelkräftiger Schmelz, sehr viel Beerenfrucht, gute Reife, opulente Fülle, zieht gut gefüttert in den Abgang, lang.

Weingut
Leo Jahner

Leo Jahner
2403 Wildungsmauer, Feldgasse 35
Tel. +43 2163 2326
weingut@jahner.at, www.jahner.at
10 Hektar, W/R 50/50

Leo Jahner, dessen Betrieb sich im zweiten Jahr der Umstellung auf biologischen Weinbau befindet, ist auch sonst sehr bemüht, die Weingärten möglichst schonend zu bearbeiten und bei der Vinifikation ohne gröbere Eingriffe auszukommen. So werden die Weißweine ohne Aufzuckerung und Säurekorrektur ausgebaut und mithilfe des ersten gewonnenen Mostes möglichst spontan vergoren. Bei den stets mittels Naturhefe vergorenen Rotweinen wird auch auf den Saftentzug verzichtet. Von den Carnuntum-DAC-Weißweinen gefällt schon der einer Knoll-Selektion entstammende, saftige wie pfeffrige Grüne Veltliner mit Vitalität und Temperament. Eine Bank ist auch wieder der intensive, aber keineswegs grasige oder vorlaute Sauvignon Blanc, während für den Muskateller neue, leicht alternative Wege beschritten wurden, was sich in einem sehr ernsthaften, hefig-rauchigen Geschmacksbild niedergeschlagen hat.
Durchwegs vielversprechend haben sich die sehr gut strukturierten wie „natürlich" bereiteten Rotweine in Szene gesetzt. Das gilt schon für den soliden, mit reichlich Tannin versehenen Rubin Carnuntum und setzt sich mit dem herzhaften, noch ganz juvenilen Dauerbrenner Small Wall linear fort. Als rundum überzeugender Neuling ist der sehnige, mit klarer Beerenfrucht punktende Blaufränkische aus Prellenkirchen einzustufen. Nächstes Jahr wird dann ein Premium-Blaufränkischer aus der Top-Lage Aubühel das Trio vervollständigen. Apropos Ergänzungen und Novitäten: In der Pipeline oder besser gesagt im kleinen Fassholz befindet sich auch ein pointierter Rosé aus Zweigelt und Pinot Noir. Gleichsam am obersten Ende des roten Spektrums steht der nur in den allerbesten Rotweinjahren realisierte Wild Wall, eine mächtige, dunkelfruchtige wie tanninige Cuvée aus Zweigelt, Cabernet und Merlot. *vs*

CARNUNTUM DAC

★★★ S €€ GV — PLV
2022 Grüner Veltliner + Zunächst viel Pfeffer, geht aber bald in die gelbfruchtige Richtung, vielfältig und rauchig unterlegt, Ananas und gelber Pfirsich, schöne Balance von Frucht und feiner Würze, mittleres Volumen, alles im Lot.

★★★ S €€ CH
2022 Chardonnay + Beginnt mit Blütenhonig, auch etwas Babybanane, saftig und gepolstert, fleischige Art, reichhaltig und fruchtsüß, durchaus druckvoll, ausgewogenes Gesamtbild.

★★★ K €€€€ ZW
2020 Rubin Carnuntum + Zwetschken und Brombeeren, auch etwas Grafit in der ganz dunkel getönten Nase, profund, fest und gebündelt, merklicher, doch feinfühliger Holzeinsatz, erneut dunkelfruchtiger Aromenreigen, reichlich reife Tannine im Abgang.

★★★★ K €€€ BF — TIPP
2021 Blaufränkisch Prellenkirchen + Sofort in die Tiefe gehendes, spannungsgeladenes Bukett nach Vogelbeeren und Kornelkirschen, schotige Pikanz, elegant wie konturiert, gute Dichte und viel Trinkfluss, zarte Fruchtsüße, viel Temperament und schöne Länge – Zukunft.

NIEDERÖSTERREICH

★★★ S €€ SB
2022 Sauvignon Blanc + Ziseliert und fein verwoben, Anklänge von Holunderblüten und Johannisbeerblättern, markant, aber nicht vorlaut, sehr rund und saftig, ein bisschen weißer Spargel sowie Cassis im Ansatz, reintönig und verspielt, einige Länge.

★★★ S €€ GM — FUN
2022 Gelber Muskateller + Nach längerer Maischestandzeit präsentiert sich diesmal ein anderer, sehr gelungener Muskateller-Stil: zunächst reduktiv, nach Selchspeck, hefig und rauchig unterlegt, pfeffrig wie pfiffig, Mandarine und Zitronenmelisse, gediegen und straff, feinstrahlig bis zum salzigen Nachhall.

★★★ K €€€ BF
2020 Small Wall + (BF) Beginnt mit pfeffriger Würze, dann Preiselbeeren und Dirndlbeeren, eng verwoben und druckvoll, bleibt hinter den Zähnen, agil und lebhaft, einige Substanz, angedeutete Extraktsüße, viel Trinkfluss, erst ganz am Beginn, benötigt noch Flaschenreife.

★★★★ K €€€€ CR — TIPP
2019 Wild Wall + (ZW/CS/ME) Ausgereiftes Bukett nach Powidl und Tintenblei, später auch Cassis vom Cabernet-Anteil, multidimensional, kraftvoll, ja mächtig, geht wunderbar auf und wird zusehends molliger und geschmeidiger, feine Fruchtsüße sowie Unmengen samtiger Tannine, große Länge, großes Potenzial.

Weingut
Gerhard Markowitsch GmbH

Gerhard Markowitsch
2464 Göttlesbrunn, Pfarrgasse 6
Tel. +43 2162 8222
weingut@markowitsch.at, www.markowitsch.at
95 Hektar, W/R 30/70

Dieses hervorragende österreichische Familienweingut wird von Christine und Gerhard Markowitsch seit Jahrzehnten kontinuierlich auf Top-Niveau geführt. Seit etlichen Jahren gibt es auch starke Unterstützung durch die Töchter Johanna und Helene. Nach dreijähriger Tätigkeit bei Wein & Co im Marketingbereich sowie Praxisaufenthalten in Südafrika und Deutschland ist Johanna seit einiger Zeit ganz in den Betrieb integriert und erzeugt bereits seit Jahren eine Weinlinie unter eigenem Etikett. Die jüngere Schwester Helene, die das Bachelorstudium International Wine Business an der Fachhochschule Krems absolviert hat, arbeitete bei der Ernte 2022 voll mit.

Fruchtklarheit und Eleganz sowie eine stets optimal zur jeweiligen Kategorie passende Substanz und Struktur prägen die Markowitsch'schen Weine, die dank dieser Verquickung von Eigenschaften über makellose Ausgewogenheit und Harmonie verfügen. Dazu kommt die exzellente Lagerfähigkeit der hierfür vorgesehenen Kreszenzen.

Mit der Einführung der DAC wurde das angesichts der Betriebsgröße keinesfalls überbordende Sortiment im Hause Gerhard Markowitsch neu strukturiert. Dieses teilt sich einerseits in die Herkunftsweine der Stufen Gebiets-, Orts- sowie Lagenweine, andererseits in die Kategorie Sortenvielfalt auf. Letztere tragen die Herkunftsbezeichnung Niederösterreich.

Eine eigene Kategorie gibt es für Johanna Markowitsch' JOMA-Weine, die PetNats sowie Weine namens Halligalli und Spektakel umfassen. Darüber hinaus gibt es noch den Rosé Mardonna, der allerdings ausschließlich über den Handel vertrieben wird.

Bei der Verarbeitung wird sehr sanft agiert, diverse Eingriffe werden im Lauf der Jahre reduziert. Die Weißen werden nun mehrheitlich als ganze Trauben angequetscht, auf Pumpen wird großteils verzichtet, um die Gerbstoffe in möglichst zarter Ausprägung zu erhalten. Bei den Rotweinen geht man in Sachen Extraktion tendenziell zurück. Spontanvergärung kommt mittlerweile bei den meisten Weinen zum Tragen, eine malolaktische Gärung ist bei den Roten selbstverständlich Standard, bei den Weißen wird sie je nach Stufe und Charakter eingesetzt. Für die Lagerung werden neben Edelstahl und Holz auch Betoneier eingesetzt, jedoch hauptsächlich bei den Weißweinen.

Im Weißwein-Bereich haben Chardonnay und Grüner Veltliner die größte Bedeutung – beide gibt es in einer klassischen Variante, dazu den charaktervollen Schüttenberg als Chardonnay-Lagenwein im Premiumsegment sowie den preisgünstigen Alte-Reben-Veltliner. Seit einigen Jahren pflegt der Winzer auch eine heimliche Liebe zu Pinot Blanc, der bei den Ortsweinen eine wesentliche Rolle spielt. Besonders beeindruckend ist der Göttlesbrunn Weiß aus 70 % Chardonnay und 30 % Weißburgunder, der aus Hanglagen in Waldesnähe stammt und der nach biologischem Säureabbau in einem Mix aus Holzfässern und Betoneiern ausgebaut wurde. Er zeigt sich großzügiger und tiefgründiger als der zu 100 % aus Pinot Blanc bestehende Ortswein aus Prellenkirchen.

Der Rotweinsektor wird durch einen abwechslungsreichen wie hochwertigen Mix aus sortenreinen Weinen – Zweigelt, Blaufränkisch und Pinot Noir – und Cuvées abgedeckt. Bereits im Einstiegsbereich und im mittleren Segment sind alle Weine hervorragende Vertreter ihrer Kategorie. An der Spitze des aktuellen Sortiments stehen die Cuvée Rosenberg und der Zweigelt Kirchweingarten aus 2021, bildhübsch ist auch der Pinot Noir. Der legendäre M1 stammt aus dem eleganteren Jahrgang 2020.

psch

CARNUNTUM

★★ S €€ GV
2022 Grüner Veltliner + Würzig, etwas Pfeffer, Maisbrot, zurückhaltende Frucht, leichte Apfelnoten; ziemlich schlank, am Gaumen mehr Kernobst, saftige, fruchtbetonte Mitte, süffig.

★★★ S €€ CH
2022 Chardonnay + Präsente Gelbfrucht, Melonen und gelbe Birnen, harmonisch, süß und verlockend; mittelgewichtig, am Gaumen recht viel Zitrus, gute Substanz, saftig, kräftig, robust.

★★★ S €€ SB
2022 Sauvignon Blanc + Klassische Sortennase, reif-schotige Würze, Cassis, dunkles Laub, exotischer Hauch, Fülle; knackig, sehr saftige Mitte, feiner Gerbstoffgrip, Zitrusfrische, mittellang, braucht Zeit.

★★★ S €€€ GV
2022 Grüner Veltliner Alte Reben + Elegant-würzig, Pfefferoni, schwebende Aromatik, Blüten, Grapefruits, auch etwas Quitte und Apfel; schön saftig, kräftig, athletisch, schöner Schliff, griffig, fest, gute Länge, knapp am vierten Stern.

★★★★ S €€€ CW TIPP
2021 Göttlesbrunn Weiß + (CH/PB) Reif, viel Brioche, samtige Fülle, Lederapfel, Birnen, bisschen Ringlotten; Unmengen saftige Frucht, großzügig, Kern- und Steinobstfrucht, dazu feinherbe Stütze, hinten dann toller Biss, kernig, fest, rassig, lang.

★★★ S €€€ PB
2021 Prellenkirchen Weißburgunder + Recht ruhige Nase, anfangs etwas verhalten, cremig, Kümmel, gelbfruchtig, etwas Kriecherln, zarte Apfelnote; recht cremig bei mittlerer Fülle, wirkt derzeit etwas unruhig, mittlere Tiefe und Finish.

★★★★ K €€€€ CH TIPP
2021 Ried Schüttenberg Chardonnay + Kühl, exotisch, duftig, eleganter nobler Ausdruck, feine Kokosnote, Wiesenblüten, Ananas; verlockend saftig, elegant und samtig, tiefgründig, tolle Frucht, wunderbar, feinherb, zieht lang und fein nach hinten, subtiles Finish.

★★★ S €€ ZW PLV
2021 Zweigelt Rubin Carnuntum + Fruchtdurchtränkte Nase, Schwarzkirsche, frische Pflaumen, Süßholz, Schokohauch; eleganter Fruchtbiss, Kirschen und Sauerkirschen, passendes Tanninrückgrat, Trinkvergnügen, mittellang.

★★★ K €€€ CR
2021 Göttlesbrunn Redmont + (ZW/BF) Reif, opulente Frucht, Brombeeren, samtig, auch Efeu und Schoko, Vanille, Stollen; saftiger Fruchtschmelz, fest, bisschen herber Unterbau, noch fordernd, Geduld.

★★★★★ K €€€€ ZW TOP
2021 Kirchweingarten 1ÖTW + (ZW) Reich und samtig, Marzipan, Kirschengelee, Amarena, Eisennote, Gips, feine Würze, Tintenblei, tolles Volumen; ungemein saftig, viel Biss, lebhaft, reichhaltig, tolle Fruchttiefe, gediegene Power, profund, herrlich lang, toll.

★★★★★ K €€€€€ CR TOP
2021 Ried Rosenberg 1ÖTW + Reichhaltig, Mix aus eingemachten Waldbeeren, Cassis, Brombeeren und Heidelbeeren, puristische Frucht, herrliche Frische, bisschen Pfeifentabak; kraftvoll, köstlich saftig, tolles Fruchtreservoir, reif, kraftvoll, exzellent strukturiert, vollmundig und sehr lang.

NIEDERÖSTERREICH

★★★★ K €€€€€ PN TIPP
2021 Pinot Noir Reserve + Etwas ätherische Nase, kalter Rauch, Himbeeren, Wacholder, Orangenzesten, tiefe Fülle; seidig, hocheleganter Fruchtschliff, feiner Schmelz, toll verwoben, feinkörniges Tannin, saftiger Trinkgenuss, bildhübsch.

★★★★ K €€€€€€ CR
2020 M1 + (ME/BF) Schöne Duftfülle, Paraffin, dichte Frucht, Preiselbeeren, Ribiseln, etwas Erdbeeren, ein Hauch von Vanille und Zimt; saftig, recht seidig, guter Biss, viel Frucht, eher rotbeerig am Gaumen, ausgewogen, vital, recht lang.

ÖSTERREICH

★★★ K €€€ CR
2022 Mardonna Rosé + (BF) Fruchtbetont nach Erdbeeren und roten und weißen Ribiseln, recht pikant, pfiffig; runde, geschmeidige Art, zart cremig, viel Frucht, mittlere Struktur und Finish.

Weingut
Lukas Markowitsch e.U.

Lukas Markowitsch
2464 Göttlesbrunn, Kiragstettn 1
Tel. +43 2162 8226, Fax -99
weingut@lukas-markowitsch.com,
www.lukas-markowitsch.com, 15 Hektar

Das Weingut Lukas Markowitsch ist bereits seit vielen Jahren für das breit gefächerte und qualitativ hochwertige Rotweinsortiment bekannt. Im Weißweinsegment wurde der Jahrgang 2022 perfekt gemeistert, die Weine stehen auf einer Stufe mit den ausgezeichneten 2021ern, die aktuell mit den Burgundersorten aufzeigen können. Das beste Fass des Chardonnays aus 2020 verspricht großes Entwicklungspotenzial und wird Ende des Jahres limitiert erhältlich sein. Eine erfreuliche Performance in Weiß und Rot, wobei das Preis-Leistungs-Verhältnis immer passt. *gh*

CARNUNTUM DAC

★★★ S €€ GV TIPP
2022 Grüner Veltliner Perfektion + Würze und Frucht perfekt abgestimmt, getrocknete Kräuter, eine Prise Pfeffer, knackige Apfel-Birnen-Melange, zeigt Sortencharakteristik; Frische pur, lebendig, blitzsauber, rosa Grapefruit, grüner Apfel, richtig trinkig, wird mit etwas Flaschenreife noch weiter zulegen.

★★★ K €€€ CW
2021 Göttlesbrunn weiß + (CH/WB) Dicht, reife Apfel-Birnen-Aromen, exotische Noten, nussig, etwas Blütenhonig, leicht würzig, eine Prise Pfeffer; der Gaumen verstärkt den Eindruck im Duft, saftige, hochreife Früchte, Holz schwingt im Hintergrund mit, dunkle Zitrus im anhaltenden Abgang.

★★★ S €€ CW
2022 Wild Wein Weiß Waidmannsheil + (CH/WB/SB) Kühle, gleich ansprechende Fruchtausprägung, saftige Birnennoten, zart nussig, frische dunkle Zitrusfrucht; strukturiert, guter Druck, passende Säure, Stachelbeere, Cassis, gelbe Grapefruit im animierenden Finale.

★★★ K €€€ CH
2021 Ried Rosenberg Reserve + Kräftig, Karamell, reife Birne, Haselnuss, sehr guter, wohldosierter Holzeinsatz, dunkle Zitrusnoten vermitteln Frische; setzt schlüssig auf dem Gaumen fort, druckvoll, süße, einladende Fruchtausprägung, bleibt lange haften.

★★★★ K €€€€ CH
2020 Jubiläumsfass + (CH) Hochfeine, vielschichtige Nase, perfekt vom wohldosierten Holz unterstützt, Wein steht im Vordergrund, reife Birnenaromen, Orange und rosa Grapefruit, zart nussig, harmonisch; Holz auf dem Gaumen präsenter, frische Fruchtausprägung, passende Säure-Tannin-Struktur, klingt mit angenehmer Salzigkeit und Haselnussnoten lange aus.

★★★ K €€ ZW TIPP
2021 Rubin Carnuntum + (ZW) Vollreife dunkle Kirsche, etwas Nougat, präzise, saftig, gleich präsent, feine Kräuterwürze, richtig einladend; kann auf dem Gaumen weiter zulegen, reife Tannine, zeigt Spannung, Weichsel pur, ungemein frisch, vermittelt großes Trinkvergnügen, vielleicht der bisher beste Rubin Carnuntum des Hauses.

★★★ K €€€ CR
2021 Ried Eisenbach + (ZW/ME) Saftig, fruchtbetont, Waldbeeren, Herbsthimbeere, frische Weichsel, öffnet sich schnell; guter Druck, deutet bereits Harmonie an, passende Tannine, in sich sehr stimmig, blitzsauberer Fruchtmix, klingt schwungvoll mit Kirschnoten aus.

★★★★ K €€€€ ZW SALON 23 TIPP
2021 Ried Haidacker Zweigelt 1ÖTW + Dicht, kräftig, Eleganz kommt nicht zu kurz, hochreife Kirsch-Weichsel-Noten, etwas Bitterschokolade, zeigt Tiefgang; ungemein saftig, reifes Tannin, Waldheidelbeeren, angenehme Würze, strukturiert, klingt mit Frische und dezenter Adstringenz aus.

NIEDERÖSTERREICH

★★★ S €€ GM
2022 Gelber Muskateller + Blitzsaubere, frische Fruchtausprägung, feinfühlig, wird nie laut, Mandarinenfilet, Holunderblüten, etwas Weingartenpfirsich; mittelgewichtig, passender Gerbstoff, wirkt animierend, Orange im Finish.

★★★ S €€ SB
2022 Sauvignon blanc + Frische, keineswegs laute Sortenstilistik, grüner und gelber Paprika, Cassis, Jostabeere, gleich ansprechend, lebendig, pointierte Zitrusfrucht; animierende Vegetabilität, gepaart mit passender Zitrusaromatik, bleibt haften, vermittelt großes Trinkvergnügen, gelungen.

★★★ K €€€ ME
2021 Merlot + Würzebetonter Beginn, dunkle Fruchtaromen, Kirsche, Heidelbeere, vollreif, dicht, vermittelt Frische; strukturiert, reife Tannine, noch ganz jung, klingt mit passender Adstringenz aus, braucht noch Zeit, sehr gute Anlagen.

★★★★ K €€€€ CR TIPP
2021 Cuvée Lukas + (ME/ZW) Hochreif, konzentrierte dunkle Frucht, Waldheidelbeere, Waldbrombeere, Holz dezent im Hintergrund, kraftvoll, Schoko-Kirsch; passende Tanninstruktur, getrocknete Kräuter, dunkle Weichsel, am Beginn seiner Entwicklung, adstringenter, anhaltender Nachhall.

♛ ♛ ♛

Weingut
Meinrad Markowitsch

Meinrad Markowitsch
2464 Göttlesbrunn, Am Graben 18
Mobil +43 664 434 39 21
meinrad@markowitsch.com, www.markowitsch.com
W/R 50/50

Meinrad Markowitsch legt mit der aktuellen Serie in Weiß wie in Rot ein überzeugendes Weinportefeuille vor. Starten wir mit den Weißweinen, die reinsortig vom Grünen Veltliner, Chardonnay und Riesling kommen und ein besonderes Kleinod darstellen. Entsprechend den klimatischen Rahmenbedingungen wurde beim Grünen Veltliner dieses Jahr auf Begrünung im Weingarten zurückgegriffen, was sich durch filigrane wie klarfruchtige Stilistik besonders vorteilhaft auswirkte. Chardonnay kommt von großteils gemischten Löss-Schotterböden, durchlief den biologischen Säureabbau und beeindruckt durch Fruchtklarheit samt druckvoller Verve, was in Summe ein absolutes Highlight ergab. Mit dem Riesling gibt der Winzer Jahr für Jahr ein selbstbewusstes Sorten-Statement ab, was stilistisch in feinster Kräuter-Frucht-Balance eine kongeniale Sorteninterpretation abgibt.

Dass Meinrad Markowitsch bei den Rotwein-Cuvées ein gutes Händchen hat, wird durch zahlreiche Vinaria-Prämierungen seines sogenannten „Purple“ als auch durch den in der etwas kräftigeren und vollmundigeren Variante des Rubin Carnuntum eindrucksvoll unter Beweis gestellt.

Als Vorzeigeweine gelten die beiden Top-Weine, der reinsortige Blaufränkisch aus der Ried Haidacker und die Sorten-Cuvée „X-TREME“. Der Blaufränkisch aus der mit Lehm durchzogenen Top-Lage Haidacker glänzt heuer besonders durch unglaubliche Dichte und Fruchtfrische und gibt zugleich ein großes Statement für diese Rebsorte ab. Konträr in der Stilistik ist die Cuvée konzipiert, die mit etwas weniger Zweigelt-Anteil als in letzten Jahren durch geballte Kraft mit markantem Holzeinsatz und Röstaromen auftritt. Letztere Version ist noch sehr juvenil und wird ihre Vorzüge erst in etlichen Jahren im Sinne eines Vin de Garde ausspielen. Es ist reine Geschmackssache, welcher Stilistik hier der Vorzug gegeben wird, großartig sind beide Rotwein-Varietäten aus dem Hause Markowitsch. Gratulation! *us*

CARNUNTUM DAC

★★ S € GV
2022 Grüner Veltliner + Feines blütenduftiges Bukett, frische, stringente Fruchtführung, saftig-feine Birnenaromatik, feine Würze, alles aus einem Guss, sehr animierend.

★★★ S €€ CH **FUN**
2022 Chardonnay + Saftiges Fruchtspiel nach gelben Früchten, Exotik à la Maracuja, puristische Stilistik mit feiner Saftigkeit und Frische, balanciert, viel Trinkspaß.

★★ S € CR
2020 Purple + (70 % ZW / 20 % BF / ME) Feine Kirschnase, vitale Rotbeerigkeit, fruchtbetont, feine Kräuterwürze, harmonisch, balanciert, rauchige Noten im Nachhall, fein und trinkanimierend.

★★★ S €€ CR
2021 Rubin Carnuntum + (50 % ZW / 30 % BF / ME) Intensive, saftige Schwarzkirsche, Walderdbeere, kompakt, straff, Darjeeling-Tee-Noten, druckvoll mit feiner Holzeinbindung, würzig, lebendig mit noch etwas Kanten, fein strukturierte Interpretation.

★★★★ S €€€ BF **TIPP**
2021 Blaufränkisch Ried Haidacker + Hochreifer, feiner Beerenmix, Brombeere, Herzkirsche, Waldheidelbeere, etwas Bitterschokolade, saftig, reichhaltig, kräftiges Tannin, vielschichtig, Tabaknoten, perfekt strukturiert, druckvoll bis ins lange Finale, viel Trinkgenuss.

★★★★ S €€€ CR **TIPP**
2021 Purple X-TREME + (50 % ZW / ME / BF) Reichhaltiger Früchtecocktail, satte und dichte Rot- und Blaubeerigkeit, Kirsche, Heidelbeere, Maulbeere, druckvoll, vielschichtig, harmonische Verschmelzung von dunkelfruchtiger Prägung und röstaromatischer Holzeinbindung, reifes Tannin, viel Potenzial und sehr lang im Finish.

NIEDERÖSTERREICH

★★★ S €€ RI
2022 Riesling + Prägnante Steinobstnase, viel Pfirsicharomatik, kernig mit viel Grip, ziselierte Säure, toller Spannungsbogen, glockenklar, lang und beeindruckend.

★★ S € ZW
2022 Rosé Zweigelt + Zart blütenduftiges Bukett, saftiges und fein ziseliertes Fruchtspiel, Walderdbeere, Himbeere, hellfruchtig, lebendige und perfekt eingebundene Säure, feiner Apéro.

Weingut
Andreas Muhr

Andreas Muhr
2463 Stixneusiedl, Hauptstraße 7
Mobil +43 669 114 635 02
office@amuhr.at, www.amuhr.at
6 Hektar, W/R 50/50

Der romantische Weinort Stixneusiedl südlich von Göttlesbrunn gelegen ist die Heimat von Andreas Muhr. Dort betreibt er heute ein kleines und feines Familienweingut, das er gemeinsam mit seiner Lebensgefährtin Bettina seit Herbst 2021 mit einem charmanten Dorfheurigen erweitert hat. Begonnen hat alles vor 15 Jahren, als er sich entschied, parallel zu seinem Hauptberuf als Kellermeister im Weingut Netzl, den familieneigenen Keller seines Großvaters zu reaktivieren und einen traditionellen Weinbaubetrieb aufzubauen.

Wissend um die herausragenden Lagen seiner Umgebung, betreibt Andreas Muhr entsprechend seiner Maxime einen naturnahen Weinbau mit herkunftstypischer Prägung. Die Weine in Weiß wie in Rot bilden eine perfekte Balance zwischen Tradition und Moderne und zeichnen sich durch klare Struktur und hohen Trinkgenuss aus.

Die Sorten Grüner Veltliner, Welschriesling und Weißburgunder bilden eine fokussierte Klassiklinie in höchster Qualität. Alle Varietäten entstammen von alten, mindestens dreißigjährigen Weingärten. Ganztraubenpressung ist ebenso obligat wie Spontanvergärung und der Ausbau im Edelstahltank. Die Weine zeichnen sich durch tiefgründige Frucht mit salziger Finesse von den kalkhaltigen Böden aus, denen im Jungstadium ein etwas kantiger Charme eigen ist. Der Chardonnay Gaisberg in vollmundiger Stilistik in Holzfassausbau (500 Liter) rundet das weiße Portefeuille ab.

Die roten Premiumweine in der DAC-Kategorie werden allesamt spontan vergoren und im Tonneau (500 Liter) ausgebaut. Die Sorteninterpretation des Zweigelt besticht aufgrund der kalkigen Böden aus der Ried Stixenberg durch vitale Finesse samt betörender Dichte. Neu im Sortiment istdie Sorte Blaufränkisch, die in nobelster Sorteninterpretation mit viel Tiefgründigkeit und Vielschichtigkeit bezaubert und ein enormes Entwicklungspotenzial aufweist. *us*

CARNUNTUM DAC

★★★ S € GV
2022 Grüner Veltliner + Grüner Apfel, Zitrus, exotische Früchte, pointiert und dicht, zart würzig, vornehme Knackigkeit, vital, animierende Salzigkeit im Nachhall.

★★★ S €€ CH
2022 Chardonnay Ried Gaisberg + Kreidige Nase, feine Ananas, Maracuja, viel Gelbfrucht, vollmundig, saftig-knackiger Kern, dicht, kompakt, mineralischer Hintergrund, salzig, lang im Finish, Potenzial.

★★★ S €€ PB
2022 Weißburgunder + Hellfruchtiges Bukett, vollreife Gelbaromatik, präsente Williamsbirne, engmaschig, tolles Säureprofil, nussig, vital-salziger Nachhall.

★★★ K €€ CR
2022 Cuvée Carnuntum + (BF/ZW) Betörende Veilchennase, blaubeerige Aromatik, saftig, kompakt, Kirsche-Schoko-Noten, geradlinig, strömt ruhig, dabei mit präsentem Spannungsbogen, mediterrane Anklänge (Nordrhône), toller Trinkfluss, Potenzial.

★★★ S €€ ZW
2022 Zweigelt + Feine helle Kirsch-Schoko-Nase, saftige Frische, engmaschig, gehaltvoll, zarte Würzekomponenten, sehr animierend, kühle Frische, idealer Speisenbegleiter.

★★★★ K €€€ ZW
2021 Zweigelt Stixenberg + Konzentrierte, engmaschige Rotbeerigkeit, viel Kirsche, etwas Maulbeere, druckvoll, perfekt strukturiert, vitale Säure, gehaltvoll, lang im Finish, Entwicklungspotenzial.

★★★★ K €€€ ZW TIPP
2019 Zweigelt Stixenberg + Vollreife Fruchtaromatik, Herzkirsche, Waldbeeren, sattes Fruchtspiel, dicht, perfekt strukturiert, feiner Säurehintergrund, lang im Finish, erste Trinkreife.

★★★★★ K €€€ BF TOP
2021 Blaufränkisch Gaisberg + Vollreife dunkelbeerige Aromatik, Kirsche, Blaubeere, engmaschig, perfekt strukturiert, vielschichtig in eleganter Stilistik, feine Tabaknoten, vielversprechend, ewig lang im Abgang, beeindruckend.

NIEDERÖSTERREICH

★★★ S € WR FUN
2022 Welschriesling + Feine Würzenase, präsente Fruchtaromatik, grüner Apfel, Zitrus, knackig mit feinem Säurespiel, balanciert, zeigt Kanten, aber trinkanimierend.

★★ S € ZW
2022 Zweigelt Rosé + Erdbeer-Himbeer-Melange, zarte Würze, strömt ruhig in runder Manier, gut strukturiert, feine Säurekomponenten, feine Tabakwürze, salzig-vital im Abgang, tolle Sorteninterpretation.

BIO

Weingut
Franz & Christina Netzl

Christina Artner-Netzl
2464 Göttlesbrunn, Rosenbergstraße 17
Tel. +43 2162 8236, Fax -14
weingut@netzl.com, www.netzl.com
30 Hektar, W/R 40/60

Franz und Christina Netzl bilden im Weingut in Göttlesbrunn ein höchst erfolgreiches Vater-Tochter-Team. Ein Team mit Dynamik und Zusammenhalt, das sich in ihren Fähigkeiten mit Fleiß, Erfahrung und Können perfekt ergänzt. Diese Kombination bildet die unverwechselbare Grundlage der Netzl-Weine. Jedes noch so unbedeutend erscheinende Detail wird gemeinsam besprochen, mit Leidenschaft getüftelt, bis beide zufrieden sind. So vinifizieren sie nuancenreiche Weine mit Charaktertiefe. Pur und ehrlich, keinem oberflächlichen Weintrend zugeneigt, sondern zeitlos wertvoll. Die Grundlage dazu bilden die einzigartigen Böden im Zusammenspiel mit dem Klima der Arbesthaler Hügelkette. Die Basis aller Weine sind die besondere Herkunft, die Carnuntum darstellt, und die vitalen Reben unter der sorgsamen Bewirtschaftung nach biologischen Richtlinien. Die Kombination all dieser Umstände führte geradewegs zum Aufstieg zu einem der führenden Rotweingüter Österreichs.

kk

CARNUNTUM DAC

★★★ S €€ CH PLV
2022 Chardonnay + Saftige Kernobstnase, gebündelte Exotik; geradlinig, eleganter Säurebogen, frische Zitronenmelisse, etwas Limette, samtig und stoffig, Spur Birnenkuchen, hohe Sortentypizität, freudig zu trinken.

★★★★ K €€€ PB
2022 Weißburgunder Ried Altenberg + Nobler Kernobstduft, gelber Apfel, Limetten-Kumquat-Mix; komplex am Gaumen, frische Säure, Blumenwiese, würziges Brot, gelbe Beeren, Honigmelone, elegant mit fruchtiger Extraktsüße, Hauch Exotik, feine Salzader im Finale.

★★ S €€ GV
2022 Grüner Veltliner Carnuntum + Duftiges Apfelbukett, etwas Quitte; eleganter Einstieg, bisschen Birnenmus, helle Kräuterwürze, animierende Grapefruits, vegetabil in eleganter und stabiler Substanz.

★★★★ K €€€ GV
2021 Grüner Veltliner Ried Rothenberg + Betörende Tropenfrüchte, Birne und Banane; dicht und facettenreich, cremiger Fruchtschmelz, saftige Säure, Ananas und Clementinen, auch vegetabile Würze, Hauch grüner Tee, mit kräftiger Eleganz, gut ausgewogen, im pikanten Abgang eine straffe Mineralspur.

★★★ S €€€ CW
2021 Göttlesbrunn + (CH/GV/SB) Aromatischer Früchtekorb, Johannisbeeren; Apfelblüten und Grapefruits, gelbschotige Würze, Hauch Biskuit, samtige Säure, kompakt und fein cremig, facettenreich ausgewogen, mit kühlen Aromen, dezent kreidig-salzige Mineralspur im Abgang.

★★★ K €€ ZW PLV
2020 Zweigelt Rubin Carnuntum + Animierende Kirschblüten, Schwarzkirschen und Zwetschken; Hauch Marzipan, geschmeidig und herzhaft, eleganter Tanningrip, etwas Peperoni, pikante Säure reifer Weichsel, sortentypischer, saftiger Abgang.

★★★★ K €€€€ ZW
2020 Zweigelt Ried Haidacker + Dichtes Weichsel-Kirsch-Bukett, etwas Zwetschken; konzentriert und satt, samtige Schokonoten, feine Nussaromen, süßer Tabak, extraktreich mit saftigem Fruchtdruck, Hauch Feigenkaffee in wuchtig-seidigen Tanninen, elegante Kraft, mit fruchtiger Würze, hinterlässt bleibenden Eindruck.

★★★★ K €€€€€€ CR TIPP
2020 Anna-Christina Ried Bärnreiser 1ÖTW + (ZW/BF/CS/ME) Dunkle Beerenaromen tiefe Kirsch-Weichselfrucht; straff und kompakt, Brombeere, betörende Würze, fein rauchig, Hauch Zwetschke, Cassis, füllige Tannine, Nougat, etwas Peperonata und Kräuter, mit tollem Potenzial.

NIEDERÖSTERREICH

★★★ K €€€€ CS
2020 Cabernet Sauvignon + Würzige Cassisnase, Maul- und Heidelbeere; elegant, fruchtsüße Agrumen, Herzkirschen, elegante Tannine, Orangenschokolade, zartes Leder, etwas Backwerk, Hauch Kräutersalz im Abgang.

★★★★ K €€€€ ME TIPP
2020 Merlot + Füllige Brombeernase, Zwetschken und Weichselkonfit; saftig und reif, komplexer Aromabogen, satte Tannine, Orange, Nuss und Schokolade, elegant gaumenfüllend, feinröstige Tabakwürze im Finale.

★★★★ K €€€€ SY
2020 Syrah + Dunkle Kräuterwürze, schwarzbeerige Frucht, bisschen Pfefferkuchen mit Hauch Powidl, dunkle Vegetabilität, feine Edelholzwürze, etwas Clementinenzeste, geschmeidige Tannine, Grafitspur im eleganten Nachhall.

Weingut
Martin Netzl

Martin Netzl
2464 Göttlesbrunn, Rosenbergstraße 1
Tel. +43 2162 8201, Fax -4
weingut@netzl.net, www.netzl.net
12 Hektar, W/R 50/50

Martin Netzl hat sich in die Phalanx der Spitzenwinzer im Gebiet Carnuntum eingereiht. Der Beweis dafür sind seine aktuellen Weine. Es gibt keine Schwachstelle. Die Weine sind von hoher Konzentration, einer engmaschigen Tiefe, von besonderem Ausdruck und einer Substanz für eine lange Lagerung. Genug mit der Lobhudelei. Lassen wir die Weine sprechen.
Ein feiner 2022 Riesling; ein 2022 Gelber Traminer, bei dem man Tränen in den Augen hat, wenn die Flasche leer ist; ein 2021 Göttlesbrunner Ortswein weiß von besonderer Güte; ein formidabler 2021 Chardonnay aus der Ried Steinriegl; 2021 Rubin Carnuntum ist ein angesagter Rotwein; der Oide Schwoaze 2020, der Klassiker des Hauses in gewohnt guter Manier. Jetzt wird es dramatisch – neu im Programm: 2020 Ried Haidacker 1ÖTW Zweigelt von prachtvoller Ausdrucksweise.
2020 Ried Rosenberg 1ÖTW – eine Rotweincuvée, welche in ihrer zauberhaften Art mit so manchem Margaux konkurrieren kann. Stilvoll und hochelegant, große Lage, außergewöhnlicher Wein.
Falls dem geneigten Leser der Blaufränkisch vom Spitzerberg in dieser Analyse abgeht – 2020 wurde kein Wein aus dieser Lage gekeltert. Doch liegt der 2021er noch im Fass. Darüber wird in einem Jahr berichtet. *as*

CARNUNTUM DAC

★ S €€ GV
2022 Grüner Veltliner + Reifer Apfel und Birne, Ananas, das typische Pfefferl, Mandelsplitter, fruchtig, dezent cremig, angenehme Säure, dezente Exotik. Macht Spaß.

★★★ S €€€ CW
2021 Göttlesbrunn weiß + (GV/CH) Dunkle Tönung, schwarzer Tee, schwarzer Pfeffer, Zitruszesten, Grapefruit, hell- und dunkelfruchtig zugleich, Honigmelone, auch nussige Komponenten, dezente Cremigkeit, entwickelt Mineralität, feine Würze, Mandeln, weinige Struktur, Gewürznoten. Ein eher hintergründiger, gediegener Ortswein von besonderem Ausdruck.

★★★ S €€€ CH
2021 Ried Steinriegl Chardonnay + Limette, Ananas, frische Kräuter, feine Aromatik, helle, feine Frucht, dezent cremig, elegant, Grapefruitzesten, ein Hauch von Röstton, dezenter Schmelz, strukturiert, dezent rauchig, exotische Töne, ziemliche Länge.

★★ K €€ ZW
2021 Rubin Carnuntum + So richtig beerig, rote und schwarze Beeren, Schokoton, Hagebutten, salzige Anklänge, engmaschig, würzig, kernige Struktur, gute Substanz, griffiges Tannin, fruchtig-saftig, präzise, feine Klinge.

★★ K €€€ CR
2020 Göttlesbrunn rot + (ZW/BF/ME) Rote Kirschen, rote Beeren, Brombeeren, Heidelbeeren, kühl, eng, straff, zeigt Finesse und Eleganz, festes Tannin, griffig, standfest, Kräuter, Blaufränkische Würze, fruchtig, balanciert. Ein roter Ortswein, der seinen Weg geht.

★★★ K €€€€ CR
2020 Oida Schwoaza Cuvée + (ZW/BF/ME – Höflein und Göttlesbrunn) Ein feiner Rotwein von nobler Pikanz, Eleganz, subtile Noten, schwarze Beeren, Cassis, Brombeeren, Vanille, Schoko, homogen, schwarze Kirschen, etwas Kaffee, unterlegtes Holz, schliffig, vollmundig, präzise. Rotwein vom Feinsten!

★★★ K €€€€ ZW
2020 Ried Haidacker 1ÖTW + (100 % Zweigelt – NEU) Sofort als besonderen Rotwein taxierend, dunkle Frucht, feine Beerenfrüchte, Kirschen, Nougat, voller Charme, betörendes Fruchtspiel, feine Tanninstruktur, noble Fülle, sehr elegant, langatmig, so richtig schön zu trinken mit ziemlicher Substanz.

★★★★ K €€€€€ CR TIPP
2020 Ried Rosenberg 1ÖTW + (ZW/BF/ME) Ein fulminanter Rotwein mit Facetten wie ein hochwertiger Margaux, mit einer unvergleichlichen Eleganz, perfekt eingesetztes Holz, Beerenfrüchte, Kirschen, Cassis, Vanille, Nougat, das Ganze entwickelt eine Salzigkeit, von edlem Ausdruck, das Timbre eines außergewöhnlichen Weines ausstrahlend. Ein Referenz-Göttlesbrunner aus der vielleicht besten Lage des Gebietes.

NIEDERÖSTERREICH

★ S €€ RI
2022 Riesling Gmoa + (Ried Steinriegl, Schotter) Pfirsicharomen, Marillenröster, Ananas, filigrane Noten, knackig, typisch, so richtig trinkig, niveauvoll, perfektes Säurespiel, welches die 3 g Restzucker perfekt ausbalanciert. Da passt einfach alles.

★★★ S €€€ TR
2022 Gelber Traminer + (Ried Steinriegl) Hier hat man die Sonne im Glas, voller Facetten, Litschi, Holunder, Ananas, reifer Apfel, Rosenblüten, exotisch, fast orientalisch, zart gewürzig, ein wahrer Obstkorb. Feinster Gerbstoff, wunderbar trocken, Tiefgang, griffig, viel Zukunft. Ein Traum in Traminer.

Weingut
Oppelmayer

Franz Oppelmayer
2464 Göttlesbrunn, Kirchenstraße 9
Mobil +43 664 919 33 61
weingut@oppelmayer.at, www.oppelmayer.at

Man muss eine Lanze brechen für die beiden Jahrgänge 2020 und 2022, die man leider etwas verteufelt – zu Unrecht, vor allem in der Region Carnuntum. Bei Oppelmayer sind das prachtvolle Gewächse, die keinen Wunsch offen lassen.

Franz Oppelmayer ist ein passionierter Waidmann und hochbegabter Maler. Ein Mann mit vielen Talenten. Ein Winzer, welcher sich die Flaschenetiketten selbst gestaltet mit Tiermotiven wie der Fasan, die Elefanten, das Reh, der Fuchs u. v. a. Diese künstlerische Ader findet sich auch in seinen Weinen.

Der Welschriesling Hirschensprung ist von seltener Feingliedrigkeit. Ein „Burgunder" Gemischter Satz, der ein angenehmes Mundgefühl hervorruft. 2020 Rubin Carnuntum – ein Zweigelt von hochwertiger Eleganz. Auf der Ried Haidacker 1ÖTW wurde 2020 ein hervorragender Zweigelt gekeltert, welcher sich höchst anspruchsvoll präsentiert. 2018 Merlot Mythos trinkt sich momentan wunderbar – macht großen Spaß. Heuer – 2023 – kommt ein gereifter 2017 Merlot Große Reserve – gefüllt 2021 – in den Verkauf. Er befindet sich in seiner ersten Reife mit noch einigen Reserven. Der 2020 Matador – eine Rotweincuvée –, das Flaggschiff des Hauses, ist von gewohnt hochwertigster Qualität, von feinster Stilistik und Strahlkraft.

Die Weine von Franz Oppelmayer sind hochwertige Repräsentanten des Weinbaugebietes. Hier bekommt man Gewächse von höchster Qualität zu fairen Preisen. Und eine lecker Hirschwurst!

as

CARNUNTUM DAC

★★ K €€ ZW
2020 Zweigelt Rubin Carnuntum Der Fuchs + Reife Herzkirschen, Zwetschken, Schokoton, Heidelbeeren, Preiselbeeren, dezenter Holzkuss, orientalischer Touch, trukturiert bei festem Tannin, ziemliche Länge, absolut sorten- und regionstypisch.

★★★ K €€€ ZW
2020 Zweigelt Ried Haidacker 1ÖTW + Ein hochwertiger Zweigelt von vielschichtigem Ausdruck, ganz feines Bukett, rote und schwarze Beeren, Kirschen, Schokoton, Vanilleanklänge, saftig, elegant, festes Tannin, mineralische Ader, tolle Länge, charmante Fülle, voller Finesse. Ein hochwertiger Zweigelt aus bester Lage.

NIEDERÖSTERREICH

★ S € WR
2022 Welschriesling Hirschensprung Der Fasan + Frisch und duftig, Apfelschalen, frische Birnen, zartes Nusserl, knackig, Fruchtcharme, angenehme Säure, feingliedrig und elegant, weiße Blüten, Zitrus, ein so richtig stimmiger Welschriesling. Mehr als unkompliziert. Mehr als ein Einstiegswein. Hohes Niveau.

★ S €€ GS
2022 Gemischter Satz Die Elefanten + (PB/CH) Haselnuss, etwas Weißbrot, Tabak, frische Birnen, Kräuter, Zitrus, Orangenschalen, cremige Pikanz, lebhafte Säure, insgesamt balanciert, angenehmes Mundgefühl.

★ S €€ SB
2022 Sauvignon Blanc Der Schmetterling + (Schüttenberg) Aromatisch, der hüpft förmlich aus dem Glas, Paprika, Stachelbeeren, Brennnesseln, Litschi, Cassis, animierende Grüntöne, rassige Säure, zupackend, lebendig, überaus typisch. Ein Kneippwein.

★★★ K €€€ ME
2018 Merlot Mythos Die Eule + Rote und schwarze Beeren, Schoko, Vanille, mürbes Tannin, Marzipan, Pflaumen, Heidelbeeren, Tabak, Veilchen, edles Timbre, elegant, feine Frucht, ausgewogen, füllig. Ein charaktervoller Rotwein von internationaler Struktur.

★★★ K €€€€ ME
2017 Merlot Große Reserve + (kommt heuer – 2023 – in den Verkauf, 2021 gefüllt, 100 % neues Holz, das sich bestens integriert hat, 100 % Ried Rosenberg, erste Reife) Schwarze Beeren, Kirschen, Himbeeren, Nougat, Cassis, kernige Struktur, dicht, braucht einige Luft, um sich darzustellen. Ein hervorragender Rotwein, den man sich in den Keller legen sollte.

★★★ K €€€€ CR TIPP
2020 Matador Cuvée Der Tiger + (ME/ZW/CS) Ein vielschichtiger Rotwein von großer Eleganz, angenehmes Tannin, Cassis, Zwetschken, Himbeernoten, Hagebutten, Preiselbeeren, Brombeeren, Wacholder, Vanille, Nougat, filigraner Ausdruck mit Charme, zeigt viele Facetten, feiner Eichentouch, balanciert. Das Flaggschiff des Hauses, welches sich bestens präsentiert.

Weingut
Gerhard Pimpel

2464 Göttlesbrunn, Kirchenstraße 19
Mobil +43 664 463 66 50
weingut@gerhardpimpel.at, www.gerhardpimpel.at

Der Betrieb von Gerhard Pimpel liegt südlich der Donau und nördlich des Neusiedlersees, im Weinort Göttlesbrunn, dem Zentrum des Weinbaugebiets Carnuntum. Hier dominiert das pannonische Klima, das von kühlen Nordwestwinden aufgefrischt wird und dadurch nuancenreich fruchtige Weißweine und saftige Rotweine entstehen lässt. In diesem Umfeld erreichte es Gerhard Pimpel mühelos, Mitglied der Österreichischen Traditionsweingüter (ÖTW) zu werden. Die Windrose, das Logo der Traditionsweingüter, stellt symbolisch die wesentlichen Naturelemente dar, die das Gedeihen der Rebstöcke bestimmen. Das Symbol weist auf die Stellung von Sonne und Mond, die Jahreszeiten sowie auf die dynamische Spannung zwischen Tag und Nacht hin. Auch Kellermeister Gerhard Pimpel mit seinem offenen und respektvollen Umgang mit der Natur erkennt diese Zusammenhänge und orientiert sich an diesem Kompass in der komplexen Umwelt von Geologie, Klima und anderen energetischen Einflüssen. In diesem Sinne lebt er seine Philosophie ehrlich und konsequent im Weingarten und Keller und erschafft damit unter tatkräftiger Mithilfe seiner Familie unverwechselbare Weine, im Wesen charaktervoll und beruhigend erdverbunden. *kk*

CARNUNTUM DAC

★★★★ S €€€ CH
2021 Chardonnay Ried Rosenberg + Kühles Apfel-Kräuter-Bukett, helle Blüten, Hauch gelbe Ringlotten; straff geführte, dichte Struktur, mit feinen Limettenaromen, auch Brioche, etwas Kakao, zarte Nuss, burgundische Anklänge, Zitronenmelisse und Kaffeenoten im gefühlvoll mineralischen Abgang.

★★★★ S €€€ CH
2021 Chardonnay Ried Altenberg + Duftende Exotik, Feigen; feiner Schmelz am Gaumen, geschmeidige Fruchtsüße, weicher Edelholzeinsatz, Vanille und heller Pfeifentabak, ananasfruchtige Säure, wohlig gaumenfüllend, helles Beerenmus, etwas Kräuterwürze und kalkige Spur im Echo.

★★★ K €€ ZW **PLV**
2021 Zweigelt Rubin Carnuntum + Zweigelt pur, reifer Kirsch-Weichsel-Mix; kühle Fruchtfülle, Weichselgelee, Heidelbeere und etwas Zwetschke, feiner Fruchtschmelz in eleganter Säure, geschmeidige reife Tannine mit etwas Mokka und dunkle Kräuter, kerniger Körper, Olivinspur im Finale.

★★★★ K €€€€ ZW **TIPP**
2020 Zweigelt Ried Bärnreiser ÖTW Erste Lage + Herzkirschenduft, Weichselkonfit; saftig warme Fruchtaromen dunkler Beeren, etwas Zwetschke dahinter, samtig und komplex, extraktreich mit charmanter Säurestruktur, feine Röstaromen, etwas Trockenfrüchte, kompakt und stimmig, langer Nachhall mit feinem Fruchtschmelz.

★★★★ K €€€€ ZW
2020 Zweigelt Ried Rosenberg ÖTW Erste Lage + Saftige Kirsch-Cassis-Nase, animierender dunkler Beerenmix; beeindruckendes Fruchtbild, reif und vollmundig, elegant mächtiger Körper, präzise strukturiert, geschmeidiger Fruchtschmelz, extraktreich und dicht, feine Würze, kernige reife Tannine mit etwas Kaffeearomen, Orangenzesten und Preiselbeerkonfit, ein Hauch roter Paprikawürze im eindrucksvollen Abgang.

★★★ K €€€ BF
2021 Blaufränkisch + Frisches Brombeerbukett; elegante Sortentypizität, jugendlich dynamisch, saftige Waldbeeren, zart röstige Tannine, Hauch Blutorange, schwungvoll rotbeerige Säure, etwas Kirsche darunter, mit feinrauchigem Fruchtschmelz, dicht und komplex, elegant mit viel Zukunft.

NIEDERÖSTERREICH

★★★★ K €€€ ME **TIPP**
2020 Merlot Optime + Dichtes dunkles Fruchtbukett, Cassis und Peperonata; tiefgründig und kompakt am Gaumen, fleischig komplex, mit griffig reifem Tanningerüst, bisschen Orangenschokolade, extraktreich mit ätherischen Anklängen, etwas Minze, straff geführt, etwas Zwetschkenkonfit und Maulbeeren, elegante Grafitader im fruchtig-würzigen Finale.

★★★ K €€€ PN
2022 Sekt Pinot Noir + Munter kleinperlig, zero Dosage, duftige Waldbeeren; klar und vielfältig am Gaumen, feine Fruchtsüße, Hauch Preiselbeere, zarte Kräuterwürze, präzise mit vornehmer Tanninstruktur, eleganter Charakter, ein hochwertiges Trinkvergnügen.

Weingut
Pitnauer

Johannes Pitnauer
2464 Göttlesbrunn, Weinbergstraße 4
Tel. +43 2162 8249
weingut@pitnauer.com, www.pitnauer.com
22 Hektar, W/R 20/80

Johannes Pitnauer führt seit 2018 das traditionelle Familienweingut behutsam, aber zielsicher in die neue Zukunft. Unter seiner Ägide erhalten die von den kalkreichen Schotterablagerungen der nahen Donau geprägten Weine noch mehr an Terroir-Charakteristik und glänzen mit fruchtbetonter Transparenz im forciert lagenreinen Ausbau. Dies zeigt sich bereits anhand der rein im Edelstahl ausgebauten klassischen Weißweinlinie. Der bereits im letztjährigen Guide aufgenommene Grüne Veltliner Classic 2021 erhielt auf der 25th Japan Wine Challenge 2022 den Silver Award, was ihn als besten österreichischen Weißwein auszeichnet. Als „größerer Bruder" ist der Veltliner Ried Hagelsberg zu bezeichnen, der vollreifer mit einem Quäntchen mehr an Fruchttiefe und Mineralik überzeugt. Neu im Programm ist der Chardonnay Ried Kräften, der über 15 Vol.-% Alkoholgehalt aufweist, dies jedoch mit mineralischer Frische und saftiger Fruchtdichte bravourös konterkariert.

Seit 1986 ist der reinsortige Zweigelt namens „Bienenfresser" der Inbegriff eines fruchtcharmanten Rotweinklassikers mit großem Reifepotenzial. Der Jahrgang 2020 schließt nahtlos an die großen Jahrgänge 2015, 2018 und 2019 an. Der Intention des Jungwinzers entsprechend, gewinnt diese Lagen-Cuvée zusehends an Finesse, die mit einer kräftig-stoffigen Stilistik unterlegt wird. Als geheimer Zweigelt-Star gilt der von der 1ÖTW-Lage stammende Ried Haidacker, der durch transparente Frucht, Frische und kühl gehaltener Stilistik einen Idealtypus dieser Rebsorte abgibt.

Zur Zweigelt-Premiumlinie wird komplementär dazu seit vielen Jahren die Kategorie der reinsortig ausgebauten „Großen Reserven" von französischen Rotweinsorten geführt: Das sind Merlot „Quo Vadis", Syrah „Pegasos" und der nur in ausgewählten Jahren produzierte Cabernet Franc names „Ouroboros" (= sich in den Schwanz beißende Schlange als Sinnbild der Ewigkeit).

Wohin zukünftig die Qualitätsreise geht, zeigt eindrucksvoll der aktuelle Jahrgang 2020 vom reinsortig ausgebauten Merlot, der punkto Klarheit, Dichte und Bekömmlichkeit neue Maßstäbe im Hause Pitnauer setzt. *us*

CARNUNTUM DAC

★★★ S €€€ GV
2021 Grüner Veltliner Ried Hagelsberg + Präsente Boskop-Apfel-Frucht, feinste Kräuterwürze à la Thymian, stringent, vital, viel mineralische Prägung, dicht, lang anhaltend.

★★★ S €€€ CH **TIPP**
2021 Chardonnay Ried Kräften + Blütenduftige Nase, sattes wie kräftiges Fruchtspiel, Papaya, kandierte Mango, engmaschig, dezente Tabaknoten, feines Säurespiel, ziseliert, druckvoll, lang, viel Potenzial.

★★★ S €€ CR
2021 Carnuntum Rot Classic Cuvée + (80 % ZW / SL / ME) Herzhafte Weichsel-Kirsch-Aromatik, knackig-straffe Fruchtführung etwas Bitterschokolade, zarter Holztouch, Kräuterwürze, balanciert, feiner Trinkfluss.

★★★★ K €€€ ZW
2020 Bienenfresser Göttlesbrunner Zweigelt Reserve + Feine rotbeerige Aromatik, Schwarzkirsche, Waldbeeren, strömt ruhig, samtiges Tannin, vital, perfekte Holzeinbindung, Harmonie pur, modellhafte Sorteninterpretation, erste Trinkreife.

★★★★ K €€€€ ZW **TIPP**
2020 Zweigelt Ried Haidacker 1ÖTW + Feine Kirschnase, am Gaumen dunkle Waldbeeren, Herzkirsche, etwas Bitterschokolade, vollreif, herrliche Saftigkeit, klar strukturiert, geradlinig, festes Tannin, vielschichtig, viel Potenzial, lang im Finish.

NIEDERÖSTERREICH

★★ K €€€ CR
Rosé Brut Sekt + (SY/ME – degor. April 2022, Zero Dosage) Leuchtendes Ziegelrot, feine Erdbeer-Himbeer-Nase, vollmundiger Charakter, reife Waldbeeren, schwarze Walnüsse, feines Mousseux, etwas Waldboden, Kräuterwürze im Nachhall.

★★★★ K €€€€ ME **TIPP**
2020 Quo Vadis Merlot vom Schotter, Große Reserve + Feine Walderdbeernase, Paradeislaub, ungemein saftige Kirschfrucht, rote Beeren, fein ziseliert, Fruchttiefe, delikat, komplex, feine Holzeinbindung, großer Wein mit viel Potenzial.

★★★★ K €€€ SY
2019 Pegasos, Große Reserve + Feine, elegante Würze, getragene, vollmundige Rotbeerigkeit, klar strukturiert, runde Tannine, rauchig, kompaktes Tannin.

Weingut
Taferner

Karoline Taferner
2464 Göttlesbrunn, Pfarrgasse 2
Tel. +43 2162 8465, Fax -4
weingut@tafi.at, www.tafi.at
25 Hektar, W/R 40/60, 200.000 Flaschen/Jahr

Das Tandem Vater Franz und Tochter Karoline funktioniert perfekt. Das bezeugen auch die Weine der beiden. Es sind immer authentische Gewächse mit unverwechselbarem, eigenständigem Charakter. Die Weingärten werden biologisch und nachhaltig bewirtschaftet.
Der Muskateller unterstreicht Taferners hohes Ansehen für diese Sorte. Der 2022er explodiert förmlich am Gaumen. Ein formidabler Göttlesbrunner weiß Ortswein (CH, PB und GV) macht Werbung für die Gemeinde. Von außergewöhnlicher Klasse sind die beiden Burgunder – 2021 Weißburgunder Ried Altenberg und 2021 Chardonnay Ried Schüttenberg. Wobei Letzterer noch einiges vor sich hat.
Die Rotweine sind vom Feinsten. Ein formidabler 2021 Rubin Carnuntum ist ein Zweigelt mit wunderbarem Trinkfluss. Beim 2020 Ried Bärnreiser verbinden sich Lage und Rebsorte zu einer unvergleichlichen Symbiose – ein grandioser Rotwein mit hohem Suchtpotenzial. 2020 Excalibur – eine Rotweincuvée von der Ried Haidacker – ist wohl der Klassiker des Hauses. Da steckt einiges drinnen. Der 2020 Tribun – für mich einer der besten Cabernet Sauvignon des Landes – zeigt immer seinen männlichen Charme. V.I.B – Very Important Bottle – ein Rotwein, der auch international für Furore sorgt. So weit, so gut. Zufriedenheit macht sich bei mir breit. *as*

CARNUNTUM DAC

★★ S €€ CH
2022 Chardonnay + Aschantinuss, Kräuterwürze, Orangenzesten, Steinobst, Apfelnoten, griffig, kompakt, dezente Exotik, fruchtige Frische, Zitrus, gute Länge, passende Säure, typisch.

★★★ S €€ CW
2022 Göttlesbrunn weiß + (CH/PB/GV) Vielschichtiger Göttlesbrunner, Orangenschalen, Zitrus, Kräuterwürze, Steinobst, ungemein elegant, saftig, Ananas, reifer Apfel, Senfkörner, nussig, seidige Frucht, dezent cremig, ausgewogen, Birnen, harmonisch.

★★★ K €€€ PB
2021 Weißburgunder Ried Altenberg + Exotik, holzunterlegt, Brioche, Melone, Ananas, Orangenzesten, Marille, Birnen, reifer Apfel mit Zimt, Nelken, Nüsse, Wildkräuter, kompakte Fülle, weich, harmonisch, Mandeln, Zitrus, der Wein präsentiert sich jetzt prachtvoll, fruchtiger Schmelz, nobler Ausdruck.

★★★★ K €€€€ CH
2021 Chardonnay Ried Schüttenberg 1ÖTW + Apfel und Birne, Pfirsich, Kräuter, kandierte Nüsse, Orangenschalen, kerniger Fruchtcharme, lebendige Säure, salzige Noten, Grapefruit, Zitrus, Ananas, etwas Karamell, Tiefgang, Finesse, elegant, ungemein saftig, fruchtig, in sich harmonisch. Viel Zukunft.

★★★ S €€ ZW
2021 Rubin Carnuntum + Kühl, Weichsel, Kirschenkerne, Brombeeren, Zwetschken, frische schwarze Beeren, Mandelnoten, kernige Struktur, Schokonoten, Tabak, charmant, noch jung, baut Frucht auf, zeigt Klasse, druckvoll, langatmig, ein toller Zweigelt.

★★★★ K €€€€ ZW TIPP
2020 Ried Bärnreiser 1ÖTW + (Zweigelt) Schwarzviolett, ganz feines Bukett, Schoko-Kirsch, Orangenschalen, ein hocheleganter Wein, voller Charme, rote und schwarze Beeren, Heidelbeeren, Zwetschken, fleischig, harmonisch, ein hochwertiger Zweigelt. Geht mit Luft sensationell auf. Ein Referenz-Zweigelt.

★★★ K €€€€ CR
2020 Ried Haidacker 1ÖTW Excalibur + (ZW/ME/CS) Rotbeerig, Schoko, Weichsel, dezent röstig, druckvoll, kompakt, schwarze Kirschen, Kaffee, Heidelbeeren, ein Hauch von Rumtopf, fruchtig, angenehmes Tannin, weiche Frucht, jetzt richtig schön zu trinken.

NIEDERÖSTERREICH

★★ S €€ GM FUN
2022 Gelber Muskateller + Holunderblüten, Zitronengras, Melisse, Zimt, Muskatnuss, knackig, traubig, voller Frische, saftig, Ananas, Rosenblüten, Erdbeeren, Finesse, balanciert, vorbildlicher Muskateller.

★★★ K €€€€ CS
2020 Tribun Cabernet Sauvignon + Schwarzviolett, Cassis pur, Nougat, süße Kirschen, füllig, Heidelbeeren, ganz feine Tannine, sehr elegant, männlicher Charme, perfekter Holzeinsatz, Lakritz, Tabak, Mokka, Cabernet pur, extraktsüß, fest strukturiert, typischer Cabernet von imponierendem Ausdruck.

★★★★ K €€€€€€ CR TIPP
2020 V.I.B. Very Important Bottle + (CS/ME – Ried Haidacker) Tiefschwarz, „süße" Frucht, Vanille, Cassis, Heidelbeeren, Brombeeren, Schoko, schwarze Oliven, Zwetschken, harmonisch, Kaffee, einiges Holz, das gut verarbeitet wurde, Rösttöne, stoffig, dicht, extraktsüß, voller Reichtum, orientalische Anklänge, perfektes Tannin, ein Rotwein von internationaler Dimension. Ein toller Powerful-Rotwein für Hedonisten.

VINOTHEKEN

BRUCK/LEITHA

Der G‘selchte, Vinothek im Restaurant
2460 Bruck/Leitha, Altstadt 5
Tel. +43 2162 62252
info@dergselchte.at, www.dergselchte.at

GÖTTLESBRUNN

Bittermann, Vinothek im Restaurant
2464 Göttlesbrunn, Abt-Bruno-Heinrich-Platz 1
Tel. +43 2162 81155
info@bittermann-vinarium.at
www.bittermann-vinarium.at

DERjungWIRT, Vinothek im Restaurant
2464 Göttlesbrunn, Landstraße 36
Tel. +43 2162 8943
info@derjungwirt.at, www.derjungwirt.at

HAINBURG

Zum Goldenen Anker
Vinothek im Hotel-Restaurant
2410 Hainburg, Donauländе 27
Tel. +43 2165 648-10
restaurant@goldeneranker.at
www.goldeneranker.at

GASTRONOMIE/NÄCHTIGUNG

BRUCK/LEITHA

Zum Goldenen Adler – „Der G'selchte"
2460 Bruck/Leitha, Altstadt 5
Tel. +43 2162 62252
info@dergselchte.at, www.dergselchte.at

Die alten, holzvertäfelten Stuben sind sehenswert. Dazu passt die bodenständige Küche von Thomas Scherhaufer. Dass er sein Handwerk bei Größen wie Jörg Wörther und Heinz Hanner gelernt hat, schmeckt man. Scherhaufer verbindet Altes mit Neuem und Bodenständiges mit Feinem. Vinothek mit hervorragender Auswahl an Weinen aus der Region Carnuntum.

Schenzel-Wallner
2460 Bruck/Leitha, Feldgasse 36
Tel. +43 2162 63260
weingut@schenzel.com, www.schenzel.com

Moderner Heuriger im ehemaligen Stall. Serviert werden kalte und warme Fleischspezialitäten aus eigener Erzeugung, Würste-Paradies.

DEUTSCH HASLAU

Arkadenhof
Familie Bayer
2473 Deutsch Haslau, Obere Hauptstraße 41
Tel. +43 2145 2216
info@amarkadenhof.at
www.amarkadenhof.at

Ferien für die Sinne am Bauernhof. Nette Ferienwohnungen, Swimmingpool und viele Tiere. Zum Frühstück gibt es einige Produkte aus der eigenen Landwirtschaft: den prämierten Carnuntumschinken, scharfe Chiliwurzen, Salami und Marmeladen. Wein, Schnäpse und Liköre aus Eigenproduktion.

GALLBRUNN BEI SCHWECHAT

Muhr
2463 Gallbrunn, Hauptstraße 87
Tel. +43 2230 2858, Fax -58
info@muhr.co.at, www.muhr.co.at

Weg von der traditionellen Gaststube, hin zum zeitgemäßen Restaurant. Mit modernen Stoffen, warmen Holzwandverkleidungen und einer edlen Stein-Bar ist die Aufgabe gelungen. Die Küche ist schon längst im Heute angekommen. Jakob Muhr verbindet Bodenständiges mit Exotischem. Gutes Weinangebot mit Schwerpunkt Carnuntum. 1 Haube.

GÖTTLESBRUNN

bittermann – Vinarium Göttlesbrunn
2464 Göttlesbrunn
Abt-Bruno-Heinrich-Platz 1
Tel. +43 2162 81155
info@bittermann-vinarium.at
www.bittermann-vinarium.at

Adi Bittermanns ehemalige Schule wurde längst zu seinem Zuhause und zum mustergültigen Edelwirtshaus. Das Restaurant steht für gehobene Österreichküche, gepaart mit der richtigen Dosierung Fantasie. Seine Liebe zu Innereien lebt Adi Bittermann natürlich auch aus, Nierndl'n, Kaninchenleber und Schweinehirn sind fixe Standards. Als Bittermann dereinst ins Carnuntum-Gebiet zog, „taten die Leute Kutteln als Hundefutter ab, mittlerweile sind sie Fans geworden". Eine Karte ohne Grillgerichte ist bei Bittermann auch nicht vorstellbar, der Chef ist schließlich mehrfacher Grillweltmeister. Laufend gut gebuchte Grillkurse. Umfangreiches, fair kalkuliertes Weinangebot in der Vinothek, darunter alles Namhafte aus Carnuntum, vieles mit Jahrgangstiefe. Haube.

DERjungWIRT
2464 Göttlesbrunn, Landstraße 36
Tel. +43 2162 8943
info@derjungwirt.at, www.derjungwirt.at

Johannes Jungwirth war der Pionier in Carnuntum. Er erkannte das Potenzial der Weinregion und mit seiner hervorragenden Küche machte er es zum kulinarischen Ausflugsgebiet. Die Atmosphäre ist entspannt, die Stube mit Holztramen und offenem Kamin ein Anziehungspunkt. Die regional verwurzelten Kreationen beweisen eine feine Hand und gute Ideen. Jungwirth überzeugt mit klassischen Gerichten wie Kalbsbeuschel, Tafelspitz, Wiener Schnitzel und Backhendl, aber auch mit Fine-Dining-Varianten.. Das Signature Dish muss immer auf der Karte sein: gebackenes Göttlesbrunner Weide-Ei mit Erdäpfelpüree, Nussbutter und Forellenkaviar. Hauseigene Gebietsvinothek mit rund 100 Weinen zum Ab-Hof-Preis. 2 Hauben.

Gästezimmer Edelmann
2464 Göttlesbrunn, Rosenbergstraße 31
Mobil +43 664 2780244, Tel. +43 2162 8455
weingut@edelmann.co.at, www.edelmann.co.at

Sehr nettes und idyllisch gelegenes Gästehaus von Familie Edelmann mit privater Atmosphäre. Stilvoll puristische und moderne Zimmer schauen in einen ruhigen Innenhof mit Laube und angenehmer Lounge-Ecke im Freien. Die Eigenbau-Weine werden von Gerhard Markowitsch vinifiziert. Bestes Preis-Leistungs-Verhältnis.

20er Schulz
2464 Göttlesbrunn, Kirchenstraße 15
Mobil +43 664 4077668, Tel. +43 2162 8247
info@schulz.co.at, www.schulz.co.at

Schöner Innenhof mit gemütlicher Laube. Die Gerichte reichen von Aufstrichen bis zu kaltem Roastbeef und einigen Käsen. In der Region Carnuntum müssen auch die Wildspezialitäten sein, zum Beispiel Wildschweinschinken oder Wildschweinwurst. Passend dazu der Rubin Carnuntum.

HAINBURG

Altes Kloster Hainburg
2410 Hainburg, Fabriksplatz 1a
Tel. +43 2165 64020
hotel@altekloster.at, www.altekloster.at

Stilvoll renoviertes Hotel auf 4-Sterne-Niveau im ehemaligen Minoritenkloster im Zentrum der Mittelalterstadt. Die Zimmer sind elegant und harmonisch in Weiß- und Brauntönen gestaltet. Schöner Blick auf den Fluss und auf den Nationalpark Donau-Auen, Wellnessbereich und zwei technisch bestausgestattete Tagungsräume.

Zum Goldenen Anker
2410 Hainburg, Donaulände 27
Tel. +43 2165 648-10
restaurant@goldeneranker.at
www.goldeneranker.at

360 Jahre altes, picobello herausgeputztes Hotel und Gasthof mit Tonnengewölbe, Gastgarten und Terrasse mit sehenswertem Donau-Blick. Donau-Fische und Rind aus hauseigener Bioproduktion spielen Hauptrollen in der guten Regionalküche.

HASLAU

Haslauerhof
2402 Haslau/Donau
Hauptstraße 17
Tel. +43 2232 80221
info@haslauerhof.at, www.haslauerhof.at

Roland Lukesch greift gerne und gekonnt deftige kulinarische Themen auf, kombiniert etwa Blunzenstrudel und Gänseleber mit Apfelkompott, Jus und einem Hauch von Mango – herrlich zart. „Vor 15 oder 20 Jahren wäre so ein Gasthaus noch nicht möglich gewesen, zusammen mit dem Wein haben wir uns aber alle entwickelt", sagt Lukesch, der den Haslauerhof selbst seit 25 Jahren ständig up-to-date hält. Auch auf Fleisch versteht sich der Top-Wirt-Sieger 2009, die Steakkarte ist ausführlich, fein auch das 24 Stunden in Rubin geschmorte Ochsenwangerl und der – so der Chef – „wahrscheinlich beste Zwiebelrostbraten Österreichs". Donaufische spielen auf der Speisekarte eine große Rolle. Jeden Donnerstag wird der alte Küchenofen mitten im Gastraum angeheizt, dann koch Lukesch auch dort. Große Weinkompetenz, die Region Carnuntum rauf und runter, aber auch viel anderes, super Service dank Sommelier Rado, der gerne auch interessante Weine aus seiner nahen slowakischen Heimat mitbringt. Mit 3 Hauben kulinarisches Flaggschiff der Region.

HÖFLEIN

Artner
2465 Höflein, Dorfstraße 43
Tel. +43 2162 63148
heuriger@artner.co.at, www.artner.co.at

Besonders stimmungsvoll ist es hier in diesem alten Streckhof. Das Angebot der hauseigenen Weine ist seitenlang, auf den Teller kommen Beinschinken von Thum, Kärntner Schinkenspeck und Wildkräutersalat. Oder Ziegenkäse im Speckmantel, Blunz'n und Jiddische Hühnerleber im Glas. Und dann noch diese wunderbare Schokotorte, dazu der hauseigene Port Portuguese Love aus Syrah- und Blaufränkisch-Trauben, klassisch mit den Füßen gestampft.

PETRONELL-CARNUNTUM

Hotel Marc Aurel
2404 Petronell-Carnuntum, Hauptstraße 10
Tel. +43 2163 2285
info@marcaurel.at, www.marcaurel.at

Einfaches, sehr nettes Hotel in Donaunähe, helle Zimmer in frischen Farben. Restaurant und Vinothek.

SOMMEREIN

Landgasthaus Schiller
2453 Sommerein, Hauptstraße 31
Mobil +43 676 9444049
info@landgasthausschiller.at
www.landgasthausschiller.at

Ländliche Gasthausküche mit Blick über den Tellerrand. Das Handwerk dafür holte sich Gerhard Schiller bei Werner Matt, Helmut Österreicher und lange Zeit im Steirereck in Wien. Neben den Klassikern der österreichischen Küche gibt es meist auch Menüs und avantgardistische Gerichte.. Gekocht wird sehr klar und ohne Chichi. Kein Aromen-Tohuwabohu, keine gekünstelte Kreativität. 2 Hauben.

WEINVIERTEL

Auf das größte österreichische Weinbaugebiet entfällt nahezu ein Drittel der gesamten österreichischen Rebfläche. Das Weinviertel wird im Westen vom Manhartsberg, im Norden von der Grenze zu Tschechien, im Osten von March und Thaya und somit der Staatsgrenze zur Slowakei und im Süden von der Donau oder vom sanften Höhenzug des Wagram begrenzt.

Das Weinviertel ist ein ausgesprochenes Weißweinland, rund 75 Prozent entfallen auf weiße Rebsorten. Doch die Rotweinreben nehmen stark zu, was besonders für den Zweigelt gilt, der auch in Weinbaugemeinden ausgepflanzt wurde, die bisher fast ausschließlich Weißwein produzierten.

Der Größe des Gebietes entsprechend sind die Bodentypen vielfältig: Sie reichen von Lössböden, Schwarzerdeböden oder Lehmböden über Sandböden bis zu Urgesteinsböden. Auch die klimatischen Einflüsse – generell dominiert ein gemäßigtes Kontinentalklima – sind doch sehr verschieden, da Gegenden im Süden und Südosten vom Einfluss des warmen pannonischen Klimas profitieren und deshalb meist eine deutlich frühere Traubenreife aufweisen.

Im Allgemeinen werden für das Weinviertel drei Subzonen unterschieden: das Veltlinerland, das Weinviertel West und das Weinviertel Süd. Ein historisch gewachsenes Weinbauzentrum ist das Veltlinerland bzw. die nördliche Brünner Straße, also der Bereich von Mistelbach bis nach Poysdorf, Falkenstein und Herrnbaumgarten, wo in „Österreichs Champagne“ die Grundweine für die Versektung gedeihen. Neben Grüner Veltliner werden hier auch Chardonnay, Weißburgunder und Riesling mit gutem Erfolg gekeltert. Als Weinviertel West bezeichnet man das nordwestliche Weinviertel, das ungefähr von Retz über das Pulkautal bis zum Mailberger Kessel reicht, wobei im Süden eine Kette von Weinbauorten anschließt. Hier finden sich abgesehen von rassigen Veltlinern und Rieslingen auch anspruchsvolle Rotweine.

Den südlichen Abschluss des Weinviertels bilden die im Norden von Wien angrenzenden Bisamberger Rieden sowie die sanften Weinberge rund um Wolkersdorf; östlich an dieses Gebiet schließt das Matzner Hügelland an, das noch weichere, rundere Weißweincharaktere hervorbringt; im äußersten Südosten, entlang der March, werden aufgrund der pannonischen Klimaeinflüsse bereits Weißweine gewonnen, die eher jenen des Nordburgenlandes gleichen als denen des übrigen Weinviertels.

Das Regionale Weinkomitee des Weinviertels war das erste, das sich für die Einführung einer DAC, und zwar bereits mit dem Jahrgang 2002, für den Grünen Veltliner entschieden hat – eine logische Wahl, sind doch rund 50 Prozent der Rebfläche mit dieser Leitsorte bestockt. Mittlerweile gibt es drei Qualitätsstufen, nämlich Weinviertel DAC (Einreichung zur Prüfnummer ab 1. Jänner des der Ernte folgenden Jahres, Alkohol mindestens 12,0%), Wienviertel DAC Reserve (Einreichung zur Prüfnummer ab 15. März des der Ernte folgenden Jahres, Alkohol mindestens 13,0%) sowie Weinviertel DAC Große Reserve (Einreichung zur Prüfnummer ab 1. November des der Ernte folgenden Jahres, Alkohol mindestens 13,0%). Reserven und Große Reserven müssen trocken im Sinne des Weinrechts sein, für die Basis-DAC ist ein Restzuckergehalt bis 6 g/l zulässig.

13.911 Hektar Weinanbaufläche
Die wichtigsten Rebsorten:
Grüner Veltliner, Zweigelt

♛♛♛

Weingut
Bannert

Manfred Bannert
2073 Schrattenthal, Obermarkersdorf 198
Tel. +43 2942 8337
office@weingutbannert.com, www.weingutbannert.com
50 Hektar, W/R 70/30

Das Weingut von Nici und Manfred Bannert ist nicht nur ein Vorzeigebetrieb der Region Retzer Land und des gesamten Weinviertels in Sachen Top-Weine, es ist auch eine optische Augenweide, inmitten der Weingärten am Ortsrand von Obermarkersdorf gelegen. Seines unvergleichlichen Aussehens wegen finden das Jahr über verschiedene Veranstaltungen statt, wie Wein und Kulinarik, je nach Jahreszeit in der Genusslounge über den Weingärten. Als Drive-in mit dem Fahrrad ist das Weingut ebenso beliebt wie als Hochzeitslocation mit allen Möglichkeiten.
Trotz aller nationalen und internationalen Erfolge ist Manfred Bannert ein bodenständiger, ehrlicher und zugänglicher Winzer geblieben, mit Weitblick und großem Interesse für Neues, ausschließlich in optimaler Qualität. So schmecken seine Weine – vom leichten, trinkfreudigen Sommerwein bis zum „Gold im Glas“ als Auslese, Beerenauslese und Strohwein. Nach ausführlicher Beschäftigung mit edlen Süßweinen kommen heuer grandiose Qualitäten aus dem Prädikatsweinsektor auf den Markt. Seit vielen Jahren gehören seine Weißweine zur österreichischen Spitze. Zweigelt, St. Laurent, Pinot Noir und die Cuvée Schatzberg sind wunderbare Rotweine von internationalem Stil, die große Beachtung verdienen. *wh*

WEINVIERTEL DAC

★★ S €€ GV
2022 Grüner Veltliner Ried Geyern + Typisch würziges Bukett nach Birne und Apfel, deutliches Pfefferl, delikate Säure, gehaltvoll, massiver Körper, elegant, ausgewogen, lang und angenehm am Gaumen – herrlicher Veltliner der Region.

NIEDERÖSTERREICH

★★★ S €€ GV
2022 Grüner Veltliner Selection Ried Rosenhügel + Kräftiges Grüngelb, sehr typische Nase, gereifte Äpfel und Birnen, feine Exotik, würzig, süßliche Extrakte, weißer Pfeffer, elegant, harmonisch, schmelzig, vollmundig, hochwertig und lange am Gaumen.

★★★ S €€ RI
2022 Riesling vom Urgestein Ried Sündlasberg + Anfangs etwas verhalten, öffnet sich dann wie eine Melange aus reifen Marillen und Pfirsichen mit exotischen Noten, angenehme delikate Säure, körperreich und harmonisch, feine Mineralik, sehr angenehm und lang am Gaumen – ein Parade-Riesling.

★★★ S €€ SB FUN
2022 Sauvignon Blanc Ried Geyern + Ribisel, grasig, Brennnessel, Paprika, frische Kräuter, Stachelbeeren, typisch und vielschichtig, Pfirsich im Hintergrund, eine Aromabombe, sehr ausgewogen mit angenehmer Säure, elegant und sehr lang im Abgang.

★★★★ S €€ CH
2022 Chardonnay Selection Ried Nussberg + (Ausbau 40 % im Akazienfass mit Säureabbau und 60 % im Stahltank, bis zur Abfüllung auf der Hefe) Duftige Nase nach reifem Apfel und frischer Ananas, exotisch nach reifer Mango, Orange, Vanille, etwas Gewürznelken, ausgewogen und kraftvoll, delikat, aromareich und unendlich lang – hochwertiger Wein!

★★★★★ K €€€ PN TOP
2019 Blauer Burgunder Reserve Ried Hochberg + Leuchtendes Rubin mit reifen orangen Rändern, duftige Burgundernase nach Himbeeren, Walderdbeeren, Walnüssen, Zwetschken, Vanille, feine Röstnoten, weiche Tannine, Finesse, Körper, Kraft, süßliche Extrakte, harmonisch und sehr gaumenfreundlich – sehr gefälliger Rotwein.

★★★ S €€ SL
2019 St. Laurent Reserve Ried Kreuzberg + Tiefes Rubin, dunkle Beeren, vollreife schwarze Herzkirschen, kräftige Würze, viel Frucht und Aroma, Extraktsüße, Finesse, kompakt und kraftvoll, dicht, angenehm und sehr lang – gefälliger Top-Wein.

★★★★ S €€€ PB TIPP
2021 Weißburgunder Reserve Sündlasberg + Typischer Pinot mit enormer Kraft und Körper, Duft nach Akazienblüten, Mandeln, Karamell, Ananas, Mango, extrakt- und finessenreich, uneingeschränktes Aroma, Eleganz pur, kompakter Wein – eine Bombe. Großes Versprechen für die nächsten Jahre.

★★★ S €€ TR SALON 23
2020 Traminer Auslese + Traminer-Flair pur – würzig-blumige Nase nach duftenden Rosen, exotischen Früchten und Honig, klar strukturiert und aromareich mit einem finessenreichen Süße-Säure-Spiel, zart nach Gewürznelken, ausgewogen und sehr lang.

★★★★★ S €€€ GM TOP
2021 Gelber Muskateller Strohwein + Gold im Glas, Aroma-Explosion am Gaumen – Mango, Ananas, reife Marillen, Honig, Karamell, Rosenöl, heißes Biskuit, Zimt, Nelken, Vanille, perfekte Süße-Säure-Balance, Finesse, blumig und vielschichtig – ein ausgezeichneter Wein, der seinesgleichen sucht.

BIO

Weingut
Christoph Bauer

Christoph Bauer
2053 Jetzelsdorf 49
Tel. +43 2944 2304
office@bauerwein.at, www.bauerwein.at
20 Hektar, W/R 60/40

„2022? Ende gut, alles gut!" Nach einem „trockenen Jahr mit Regen am letzten Drücker" ist Christoph Bauer mit dem Jahrgang durchaus zufrieden. „Die Weine sind ein bisschen schlanker als 2021, deutlich strukturierter als 2020, und das bei passender Menge." Aktuell sind vier Jahrgänge im Verkauf. Der „kleine" DAC sprüht geradezu vor Vitalität, so geht Weinviertel! Sehr reife, kleine Beeren haben eine Menge Frucht in den Spezial gebracht, er braucht noch Zeit. Auch die mächtige Privat Reserve wird bis zum Ende des Jahres noch einiges zulegen. Spontan vergoren und im großen Akazienfass ausgebaut beeindruckt der Alte Schatz schon als eigenständige, animierende Veltliner-Variante. Ein Klassiker ist der Grauburgunder, wer sich auf diesen nicht ganz bröseltrockenen Wein eingetrunken hat, kann jedes Jahr zugreifen. Der Pinot Noir Gerichtsberg war Christophs bester Roter aus 2020. Er überzeugt durch seine verführerische Fruchtfülle und viel Pinot-Flair. Der Rote Schatz, ein Bordeaux-Blend, hat über kräftig zupackende Gerbstoffe noch einige Reserven, und auch der Portugieser Privat zeigt erst nach langem Anlauf, was wirklich in ihm steckt. Appetit beim Trinken und wach macht der PetNat vom Cabernet mit seiner sportlichen Säure. *db*

WEINVIERTEL DAC

★★★ S € GV
2022 Grüner Veltliner + Getrocknete Almkräuter, reichhaltige Kernobstfrucht; peppige Säure, erfrischend unbeschwert, gelbfruchtig, ein Spritzer Limettensaft, schwungvoll, anregend, stützende Gerbstoffe.

★★★★ K €€€€ GV — TIPP
2021 Grüner Veltliner Privat Reserve + Kompakt, eine Idee von Holz, hübsche Kräutervielfalt, Anflug von Wermut, zart röstig, ein Klacks Vanillecreme, Sternanis; schmeichelnde Holzsüße, nussig, eine Prise Traubenzucker, ein Vielerlei an Trockenfrüchten, fruchterfülltes Finale, Exotik, Waldmeister, Dörrobst.

★★★ S €€€ GV — TIPP
2021 Grüner Veltliner Alter Schatz Reserve + Nussig, Brennnessel, dunkle Birne, Lageräpfel, Quitte; zart-süßer Holzkuss, fest zupackende Säure auf guter Substanz, gelungene Machart steht über der Sortencharakteristik, mürbes Kernobst, auch ein paar Apfelschalen, wird an der Luft zugänglicher, baut Fruchtsüße auf, feinziselierte Länge.

NIEDERÖSTERREICH

★★★ S €€ GV — PLV
2022 Grüner Veltliner Spezial + Traubig, Richtung Gelee mit zart röstiger Würze, deutliche Birne, dunkles, reifes Kernobst, erfrischende Zitrusnoten; kalkiger Background und eine Spur Gerbstoff engen den Wein ein, beträchtlicher Fruchtansatz steht parat, kleiner Zuckerrest sorgt für Schmelz, baut mit Luft Länge auf, fruchtsüßes Finish.

★★★ S €€ PG
2022 Grauer Burgunder + Leicht prizzelndes Steinobst, Limette, auch ein bisschen Bergamotte, anziehende Exotik, frisch, belebend; setzt sich schwungvoll fort, mittlere Substanz, kleiner Zuckerrest folgt auf appetitliche Säure, süffig, bisschen cremig im Ausklang, wie immer ein Genuss.

★★★ S €€€ PN
2020 Pinot Noir Ried Gerichtsberg + Gelee aus roten Ribiseln, Walderdbeeren und ein paar Himbeeren; enorme Fruchtfülle, die Beeren werden dunkler, kraftvoller und doch feingliedriger Ansatz, geschliffene Gerbstoffe, süffiger, vergnüglicher Stoff.

★★★ S €€€ CR
2019 Roter Schatz + (CS/ME) Erste Reife, durchaus elegant, Cassis, getrocknete Kräuter, Brombeergelee, Mokka; Beerenfrucht, Kräuterwürze, Süßholz, Nelken, runde, noch zupackende Gerbstoffe, lebendige Säure, schlankes, trinkanimierendes Finish.

ÖSTERREICH

★★★ K €€€€ BP
2021 Blauer Portugieser Privat + Zart harzig, holzig, rote und ein paar dunkle Beeren, kühl, minzig, feingliedrig; Lakritze, herzhafter Gerbstoffbiss, Cassis, Tabak, ledrig im Ausklang, elegante Länge.

★★ K €€€€ CS
2021 PetNat + Grünwürzig, frisch geschnittenes Gras, Brennnessel, Zündhölzer; sportliche Säure, meine Güte, die rüttelt einen zurecht, helle Beeren, weiße Ribisel, Stachelbeeren, Marillengelee, tragfähige Substanz, knochentrocken, feiner Gerbstoff.

Weingut
Norbert Bauer

Gisela, Norbert und Willy Bauer
2053 Jetzelsdorf 180
Tel. +43 2944 2565
office@bauer-wein.com, www.bauer-wein.com
90 Hektar, W/R 60/40

„2022 hatten wir eine leichte Beziehungskrise mit Happy End", so bringt Willy Bauer das vergangene Jahr sehr anschaulich auf den Punkt. „Mit viel Liebe zum Detail haben wir einen recht ordentlichen Jahrgang eingebracht." In den 300 Jahren, die die Bauers in Jetzelsdorf werken, dürfte es dann doch mehr als ein Happy End gegeben haben, sonst hätten sie sich wohl ein anderes Betätigungsfeld gesucht. „Wir sind in Weiß und Rot sehr gut aufgestellt", fasst er die aktuelle Situation zusammen. „Allerdings habe ich mir noch nie so schwer getan mit der Vorhersage, was aus den Weinen werden wird. Die Natur richtet's zum Schluss. Manche Sachen haben sich überraschend entwickelt, andere wieder, wie die aromatischen und dünnschaligen Sorten, haben sich schwer getan, bei den Roten sehe ich kein großes Aha." Aber der Reihe nach. Die Kellerselektion gefällt mit gutem Druck und hübscher Primärfrucht, beim Diermannsee sind es exotische Einsprengsel und die warme Lössaromatik. Die Reserve empfiehlt sich als barocker, gemütlicher Wein für kräftige Speisen. Einen gelungenen Auftritt hatte der fidele Riesling schon bei den Sommerweinen, und der Muskateller zeigt sich in prächtiger Verfassung nah am Vorjahr. Mit ausgeprägtem Fruchtcharme und unerwartetem „Aha" punktet die Haugsdorfer Freyheit. Bei den sehr respektablen Schatzbergen will er in Zukunft mit dem Holz zurückfahren, Sorte und Frucht sollen in den Vordergrund. Der Cabernet Franc hat ihm so gut gefallen, dass er ihn, zum Glück für uns alle, separat gefüllt hat, als „Leuchtturmprojekt in der Rotweininsel". Und mit dem Orange Wine ist ihm ein witziger, kontrastreicher Riesling gelungen. *db*

WEINVIERTEL DAC

★★ S €€ GV
2022 Grüner Veltliner Kellerselektion + Dunkel gefärbter Apfel, Birne, vielschichtig, anziehend, frisch gepresster Apfelsaft; zart fruchtsüß, mild, feiner Gerbstoff, mineralisch-kalkiger Unterbau, süffig.

★★ S €€ GV
2022 Grüner Veltliner Alte Rebe Ried Diermannsee + Kräuterwürzig; weiche Frucht, stützender Gerbstoff, Apfelkompott, ganz gute Länge, geschmeidig.

★★ S €€€ GV
2021 Grüner Veltliner Reserve Retzer Stein Ried Holzweg + Reife Apfelfrucht, dezenter Holztouch, Weingummi; Kernobst, anschmiegsam, etwas CO_2, kleiner Zuckerrest, sehr würzig.

NIEDERÖSTERREICH

★★★ S €€ RI FUN
2022 Riesling Ried Altenberg + Duftig, Steinobst, Zitronengelee, deutet eine Spur Süße an, die der eher kernige Gaumen nicht ganz bestätigt, lebhaft mit Minze, Melisse, Waldmeister.

★★ S €€ ZW FUN
2022 Zweigelt Haugsdorfer Freyheit + Klassisch, fruchtbetont, dezentes Holz, Nelke, Weichselkompott; schwungvoll animierende Substanz, dunkle Beeren, frucht- und holzsüßes Finale.

★★ K €€ ZW
2019 Zweigelt Reserve Ried Schatzberg + Süßes, röstiges Toasting, Kakao, Mokka, Zwetschkenröster; weich, geschmeidig, Lakritze, Leder, dunkles Beerenconfit, geschliffene Gerbstoffe, gut entwickelter Zweigelt auf gutem Niveau.

★★★ K €€€ CR
2019 Schatzberg Reserve + (CS/ME/BF/SL) Fruchtsüß mit ein paar Kanten, griffig, würzig, pfeffrig, Cassis, getrocknete Oliven; geschmeidiger Stoff, der Sortenmix hat schon gut zusammengefunden, Cabernet blitzt im Finish grünwürzig auf.

★★★ K €€€ CF TIPP
2019 Cabernet Franc Reserve + Jede Menge Dunkelfrucht, frisch und auch konzentriert, Lorbeer, Salbei, vielfältig, mediterran; Holz und Gerbstoffe zeigen Präsenz, lassen der Frucht Raum, belebendes Säurespiel, guter Sortenausdruck, süffig bei guter Länge.

ÖSTERREICH

★★★ S €€€ RI
2021 Orange Wine + Duftig, leicht holzig, Petrol, getrocknete Rose, kandierte Früchte mit Kräutern, Ananas, Efeu, grünwürzig, Feuerstein, Grafit, dann weiche Noten; bleibt steinig, streng, wechselt zwischen Spannung und Unterhaltung, appetitliche Gerbstoffe, Bitterorangen, kesse Säure, die die unkonventionelle Frucht vorantreibt, gute Länge, überraschend.

♛♛

Weingut
Joe Beyer

Josef Beyer
3714 Roseldorf, Birnzeile 24
Mobil +43 676 645 71 18
office@weingutbeyer.at, www.weingutbeyer.at
10 Hektar, W/R 85/15, 50.000 Flaschen/Jahr

Hier befindet man sich auf historischem Boden. Dereinst lebten hier die Kelten. Die Keltensiedlung am Sandberg zwischen Roseldorf und Platt gilt als die größte keltische Freilandsiedlung Österreichs.

Doch zurück zur Gegenwart und zu den Weinen. Es beginnt mit einem hervorragenden, unkomplizierten 2022 Gemischter Satz, einem feinen 2022 Riesling Ried Berg, einem so richtig guten 2022 Sauvignon Blanc und einem formidablen 2021 Weißburgunder Ried Berg.

Bei der envoy-Linie geht es dann so richtig los. Diese Linie beinhaltet die besonderen Weine des Hauses. Spät gelesene Kreszenzen mit Körper und außergewöhnlichem Ausdruck. Hochwertig der 2021 Grüner Veltliner envoy, hochelegant der 2021 Riesling envoy, wunderbar der 2021 Sauvignon Blanc envoy, von komplexer Eleganz und stilvollem Auftritt der 2020 Weißburgunder envoy.

Heuer wird der Verkostungsraum, welcher sich gerade im Bau befindet, fertig. Sehr einladend, um die Weine zu probieren. Es geht vorwärts in diesem Weingut. *as*

WEINVIERTEL DAC

★★ S € GV
2022 Grüner Veltliner + Das typische Pfefferl habend, dezente Exotik, Zitrus, Wachsnoten, rauchig, pikante Noten, würzig, typisch, geht mit Luft auf, herzhaft, voller Trinklust, gutes Niveau.

★★★ S €€€ GV
2021 Grüner Veltliner Reserve envoy + Kühl und prägnant, voller Pfefferwürze, Marillenröster, hat eine Frische wie ein Riesling, Steinobst, eleganter Auftritt, salzige Noten, der geht richtig auf, steht ganz am Anfang seiner Entwicklung, Orangenschalen, Ananas, reifer Apfel, pikante Säure, feine Textur.

NIEDERÖSTERREICH

★★ S €€ RI
2022 Riesling Ried Berg + Rosenblüten, Rhabarber, Babybananen, Blütenhonig, Zitrus, Marillen, saftige Frische, Frucht, Säure, Pikanz, schmeckt so richtig. Ein herzhafter Riesling mit Biss, der Fruchtsüße zeigt.

★★ S €€ SB
2022 Sauvignon Blanc Ried Schlossberg + Eher zurückhaltender, ruhiger, doch typischer Vertreter, zart fruchtig, weißer Pfirsich, ein Hauch von Brennnesseln und Stachelbeeren, eine Spur Paprika, auch Cassis, in sich harmonisch, angenehm fruchtig, niemals laut, fast schüchtern, doch Charakter zeigend.

★ S € GV
2022 Grüner Veltliner Classic + Exotische Töne, weißer Pfeffer, etwas Tabak, Apfel, Säurebiss, voller Rasse, grünfruchtig, knackig, ein klassischer, rescher Grüner Veltliner für Weinbeißer.

★★ S €€ GV
2022 Grüner Veltliner Keltenwein Sandberg + Pfefferschleier, feine Exotik, reifer Apfel, Kräuterwürze, Birnentouch, fruchtig, herzhaft, pikante Noten, lebhafte Säure, würzig, frisch, Ananas, gute Struktur.

★★ S €€ PB
2021 Weißburgunder Ried Berg + Ein Wein, der einige Luft benötigt, um sich darzustellen, Apfelnoten, etwas Zimt, Apfelstrudel, mandelige Töne, verschließt sich wieder, fruchtig, ziselierte Säure, frische Birnen, Nelken, Orangenschalen, Nougat, der Wein ist wie ein Chamäleon, verändert sich dauernd.

★★★★ S €€€ PB **TIPP**
2020 Weißburgunder envoy + Ein Hauch von Holz, Honig, kandierte Nüsse, Orangen, Salzkaramell, Marillentouch, der Wein präsentiert sich fast noch jugendlich – Jahrgang 2020 – frisch, Grapefruitzesten, sehr elegant, von großzügiger Noblesse, ein so richtig feiner Wein, der Klasse zeigt, in sich ruhend, abwartend, ungemein komplex, Eleganz, stilvoll. Toller Wein!

★★★ S €€€ RI
2021 Riesling envoy + Fast überreife Marille, ein Hauch von Karamell, ein herrlich traubiger Riesling, Marille/Pfirsich, Marzipan, Ananas, tolle Säure, pickt am Gaumen, rassig, tiefgründig, nervig, ein fordernder Riesling, enorm prägnant, Wahnsinnssubstanz, dicht strukturiert, der lässt einen nicht kalt, reife Trauben, ein Hauch von Schokolade, sehr überzeugend, straff, eng, dicht, Klasse.

★★★ S €€€ SB
2021 Sauvignon Blanc envoy + Ein in sich ruhender Sauvignon Blanc, weißer Pfirsich, reife Trauben, reife Stachelbeeren, ein Hauch von Cassis, vollmundig, voller Pikanz, alles schimmert durch, ein substanzreicher Sauvignon Blanc, der sich absolut hintergründig präsentiert, ästhetisch, mit einer eleganten Fülle, einer gewissen Noblesse, einer besonderen Würze.

★★ S €€ ZW
2020 Zweigelt Reserve + Weichselkirschen, angenehme Aromatik, kühl, feingliedrig, elegant, Zwetschken, druckvolle Eleganz, pointierter Ausdruck, süffig, guter Druck, zeigt auch Länge.

Weingut
Blaha

Martin Blaha
3743 Röschitz, Im Winkl 7
Mobil +43 664 446 46 79
office@weingut-blaha.at, www.weingut-blaha.at

Martin Blaha weiß die Vorzüge der Lagen in Röschitz wohl zu schätzen und keltert mit Können und seiner Erfahrung mit den einzigartigen Böden charakteristische und sortentypische Grüne Veltliner. Auch entstehen bei ihm mineralisch unterlegte Rieslinge mit rassiger Säure und feinwürziger Frucht. So kann man die Wirkung kristalliner Gesteinsschichten in Kombination mit ozeanischem und kontinentalem Klima in der Charakteristik der Weine gut nachempfinden. Die heißen Sommertage und der geringe Niederschlag sind nicht allein ausschlaggebend, erst in Verbindung mit den niedrigeren Temperaturen in der Nacht und dem kühlen Weinviertler Herbstwind ergibt sich diese für die Weinstöcke ideale Situation. Nachhaltige Betreuung der Weingärten und kompromisslose Kellerarbeit führt jedes Jahr zu blitzsauberen und klaren Weinen. Ähnlich wie in den letzten Jahren zeigen die Weine von Martin Blaha viel Frucht, Typizität und hohe Trinkfreude. Es sind Weine mit Charakter und Herz, die von der Handschrift des Winzers geprägt sind. Der einladende Verkostungsraum bietet ein angenehmes Ambiente, wo man die Charakteristik der Weine gemeinsam mit Martin Blaha bestens kennenlernen und vieles über seine Arbeit das Jahr hindurch erfahren kann. *wh*

WEINVIERTEL DAC

★★ S € GV
2022 Grüner Veltliner Ried Marktweg + Aus tiefgründigen Lössböden – leuchtendes Grüngelb, duftig nach Apfel und Birne, würzig, feines Pfefferl, schlanker Körper, saftig mit Finesse, lang am Gaumen.

NIEDERÖSTERREICH

★★★ S €€ GV
2022 Grüner Veltliner Ried Reipersberg + Fruchtig-würzig, reifer Apfel, hoher Extrakt, pikantes Pfefferl, mineralisch und kräftig im Körper, animierend und klassisch, saftig und trinkfreudig im langen Finish.

★★★ S €€ GV
2022 Grüner Veltliner Exclusiv Ried Galgenberg + Kräftiges Grüngelb, duftig nach reifen Äpfeln, feine Exotik, würzig-pfeffrig, etwas nervig, mineralisch und ausgewogen, angenehme Extrakte im langen Abgang.

★★★★ S €€ GV TIPP
2021 Grüner Veltliner Ried Himmelreich + Strohgelb, duftig nach gereiftem Obstkorb, Äpfeln, exotischen Früchten, würzig, grüne Blätter, schwarzer Pfeffer, enormer Körper, elegante Finesse, delikat mit großer Trinkfreude.

★★★★ S €€€ GV
2020 Grüner Veltliner Reserve Ried Mühlberg + Eindrucksvolle, intensive Fruchtnase nach Mango und Maracuja, vielschichtiger Veltliner-Duft, extraktsüß, vielschichtige Aromen, mineralisch und elegant, delikater langer Abgang.

★★ S € GS FUN
2022 Gemischter Satz + (GV/SB/WR) Sortenaromen deutlich erkennbar – grüne Äpfel, Würze, Paprikaschoten, angenehm-delikate Säure, Finesse und Aroma, reife gemischte Früchte – schlanker, unkomplizierter Wein.

★★★ S € RI
2022 Riesling vom Urgestein + Duftig nach Weingartenpfirsich, kräuterwürzig, extraktreich und mineralisch, schlank und saftig, aromareiches Finale.

★★ S €€ GM
2022 Gelber Muskateller + Angenehm-intensiver Duft nach Holunderblüten, Trauben und etwas Pfirsich, harmonisch und feinwürzig, schlank und trinkfreudig – Sommerwein.

★★ S € SB FUN
2022 Sauvignon Blanc Püppi + Typische, vielschichtige Nase nach Paprika, Stachelbeere, Cassis, würzig mit feinen Brennnesselnoten, saftig, leicht und frisch – Trinkfreude pur.

★★ S €€ ZW
NV Rosé Frizzante + Zarte Kräuternoten und deutlicher Duft nach Weichseln und hellen Beeren, leicht und jugendlich mit rassiger Säure und erfrischender Perlage – Sommerwein.

Weingut **Deutsch**

Josef Deutsch
2102 Hagenbrunn, Weinberggasse 40
Tel. +43 2262 672562, Fax -5
office@weingut-deutsch.at, www.weingut-deutsch.at
8 Hektar, W/R 70/30

Das Familienweingut Josef und Sabine Deutsch blickt bereits auf drei Generationen zurück, die erfolgreich Weinbau betrieben haben. Beginnend nur als Nebenerwerb, doch die Leidenschaft zum Wein gewann mit der Zeit Oberhand. So spiegelt sich heute die Freude am Weinbau durch das Keltern charakterstarker, sortentypischer Weine wider. Von den unterschiedlichsten Bodenformationen im Raum Bisamberg begünstigt, werden von Josef und Sabine Deutsch der jeweiligen Lage entsprechende Sorten erfolgreich kultiviert. Der Erfolg begründet sich nicht nur durch gefühlvolle Arbeitsweise im Weingarten, durch individuelle Behandlung jedes Rebstockes und Respekt gegenüber der Umwelt, sondern auch durch schonende Behandlung der Weine im Keller. Das alles findet man bei beiden, verbunden mit persönlicher Erfahrung und Können, was letztendlich zu dieser erstklassigen Qualität ihrer Weine führt. Die Bekanntheit – und damit die Beliebtheit – der Weine von Josef und Sabine Deutsch wird durch den Familienheurigen erfolgreich unterstützt, und ist auch durch das Angebot an hervorragenden gebietstypischen Weinen begründet. *kk*

WEINVIERTEL DAC

★★ S € GV
2022 Grüner Veltliner + Feiner Kernobstduft; Granny Smith und Golden Delicious, treffende Sortentypizität, Hauch Holunderblüten, gelbe Beeren, Limonenzesten, anregende Säure, klar strukturiert, feines Gerbstoffgerüst, jugendlicher Körper, vegetabile Noten, grüner Pfeffer und zarte Kräuterwürze im straffen Abgang.

NIEDERÖSTERREICH

★★ S € GV
2022 Grüner Veltliner classic + Marillenblüten; saftiges Kernobst, fein gelbfruchtig, Ringlotten und Apfelmix, bisschen Stachelbeere, reife Agrumen, saftige Säure, ausgewogener Fruchtschmelz, seidig am Gaumen, etwas grüne Oliven, pikante Würze, typisch Weinviertel.

★★★ S €€ GS FUN
2022 Gemischter Satz + Elegante Steinobstnoten, Macisblüten; Orangenzesten, Waldmeisterkraut, animierende Fruchtsüße, gelbe Beeren, Honigmelone, limonenfruchtige Säure, etwas Holunder, guter Druck, kompakt und ansprechend, Hauch Steinmehl im fruchtig-würzigen Finale.

★★★ S €€ GM
2022 Muskateller Ried Herrenholz + Duftige Muskatnoten; tief traubig, Clementinenfilet und Rosenblüte, Zitronenmelisse, tropische Frucht, Hauch Litschi, betörend fruchtig, ziselierte pikante Säure, feine Fruchtsüße mit zartem Schmelz, Hauch Nelkenpfeffer im schwungvollen Finish.

★★★ S €€ RI
2022 Riesling Ried Kellerberg + Saftiges Steinobstbukett; glasklare Frucht, Marillen, Ringlotten, Hauch gelber Pfirsich, elegante Säure mit feinen Zitrusnoten, potenter Körper, etwas Tropenfrucht und zarte Kräuterwürze, dicht und vielschichtig, pikanter Fruchtschmelz, mineralische Spur im Nachhall.

★★★ S €€ SB PLV
2022 Sauvignon Blanc Ried Aichleiten + Holunderblütenduft; seidige Cassisaromen, würzige gelbe Paprikaschote, Hauch Limette und Tropenfrucht, kandierte Grapefruitzesten, saftige Fruchtsüße, geschmeidige Säure, vital und animierend, extraktreich mit zart salzigem Echo.

★★ S € ZW
2022 Zweigelt Rosé + Saftiger roter Beerenmix; Himbeere, Kirschengelee und etwas Minze, jugendlicher Körper, muntere Säure, charmanter Fruchtdruck, zart schmelzig, etwas Weichsel, Hauch Mandel dahinter, geschmeidig und animierend.

★★★ K €€ ZW
2020 Zweigelt reserve + Dunkler Kirsch-Weichsel-Duft; vollreife Schwarzkirschen, Weichselkonfit, bisschen Zwetschkenröster, kirschfruchtige Säure, feine Edelholzwürze, etwas Leder, süßer Tabak, geschmeidige Tannine mit Aromen von Weichselschokolade, seidiger Körper, zarte Würze im dunkelbeerigen Ausklang.

★★★★ K €€€ CR TIPP
2020 Cabernet & Merlot + Klares Cassisbukett; etwas Heidelbeere, gebratene rote Paprikaschoten, kernig-reife Tannine, Mokka und dunkler Tabak, gefühlvoller Holzeinsatz, darunter Kokosnoten, fleischiger Körper, dicht und kräftig, wohlig gaumenfüllend, Spur Dörrpflaumen, weihnachtliche Backgewürze, zarte Kreidespur im fruchtigen Nachhall.

Weingut
Dürnberg

2162 Falkenstein, Neuer Weg 284
Tel. +43 2554 85355-0, Fax -30
weingut@duernberg.at, www.duernberg.at
60 Hektar, W/R 85/15, 400.000 Flaschen/Jahr

Das Weingut Dürnberg wurde 1991 von Christoph Körner gegründet. Er – als Weinmacher – und seine Partner Matthias Marchesani und Georg Klein wollen nicht die erzeugte Menge steigern, sondern die Qualität. Man will sich in dieser Hinsicht als Flaggschiff des Weinviertels etablieren. Dazu wurde ein unkonventioneller Weg eingeschlagen, nämlich via Crowd Funding das erste Weingut Europas zu werden, das als Aktiengesellschaft seinen Fans gehört. Mittlerweile ist man auch international sehr erfolgreich, mehr als die Hälfte der jährlichen Produktion geht in europäische Länder, nach Nordamerika und Asien.
Erklärtes Ziel der drei Dürnberger ist es, das besondere Klima und die Böden im Wein abzubilden, die Handschrift des Winzers soll erkennbar sein. Zudem achten sie auf einen kleinen CO_2-Fußabdruck, fahren so selten wie möglich mit Traktoren durch die Weinberge und sind dank einer großen Photovoltaikanlage auf einem guten Weg zur Energieautarkie.
Christoph Körner im O-Ton: „Das Weinviertel ist das wohl am wenigsten erforschte Weinbaugebiet Österreichs, es birgt unglaubliches Potenzial in sich. Unsere Weine sollen seine Frische und Ausgewogenheit atmen und dabei kristallklar sein wie eine Winternacht“, bringt er seine Sichtweise poetisch zum Ausdruck.
In der Buschenschank „Schmitt'n“ können alle Weine probiert und gekauft werden. *ww*

WEINVIERTEL DAC

★★ S €€ GV
2022 Grüner Veltliner Falkenstein + Sortentypisch, gelbe Äpfel, Pfefferl; schließt aromatisch an, angenehme Säure, leise Bodentöne, mittleres Gewicht, Trinkfluss.

★★★ S €€ GV
2022 Grüner Veltliner Alte Reben + Vielschichtig, Äpfel, Grapefruits, Prise Pfeffer; schließt so an, ausgewogen, kompakt, angenehme Säure, hinten auch Kräuter und leise Bodentöne.

★★★ S €€€ GV
2021 Tradition Grüner Veltliner Reserve + Sanfter Druck, Äpfel, getrocknete Kräuter, Prise Pfeffer; saftig, Äpfel, Kiwis, Säurespiel, Substanz, im Nachhall viel Frucht und zarte Würze.

★★★ K €€€€ GV
2021 Ried Rabenstein Grüner Veltliner Reserve + Feingliedrig, zarte Gewürzaromen, florale Akzente, leise Bodentöne, Frucht; feine Klinge, zartes Säurenetz, frische Äpfel, Würze, Hauch Gerbstoffe geben Struktur, gute Länge, im Nachhall auch Propolis, nobel.

★★★★ K €€€€€€ GV TIPP
2021 Endlos Ried Rabenstein Grüner Veltliner Große Reserve + Eigenständig, Wacholder, Lorbeerblatter, Bodentöne, Boskop-Äpfel; aromatisches Dacapo, lebendig, Würze, sehnig, bar jeglicher Üppigkeit, im langen Nachhall Frucht, Gewürznoten und Bodentöne.

NIEDERÖSTERREICH

★★★ K €€€€ PG
2021 Grauburgunder Reserve + Druckvoll, Birnen, Kletzen, Hauch Malz, Salzkaramell, tief im Glas Orangen; großer Aromenbogen auch im Geschmack, frei von Üppigkeit, zartes Säurerückgrat, kräftig, sympathische Gerbstoffe und feine Würze, lang, Reserven.

★★★★ K €€€€ CW TIPP
2021 Ortolan Cuvée Prestige Reserve + (CH/PB/PG) Kalkig, Mangos, Birnen, zarteste Kräuternote; Schmelz, Druck, saftig, sanfte Säure, Aromen vom Bukett kommen wieder, exotische Frucht im Abgang und im langen Nachhall.

★★★ K €€€€ GS
2021 Ried Kirchberg Gemischter Satz Reserve + Einnehmend, Äpfel, gelbe Pflaumen, Marillen, Karamell, zarte Würze; aromatisches Dacapo, Schmelz, Rosen, einige Kraft, ausgewogen, elegantes Säurespiel, fruchtbetonter Nachhall.

★★★ S €€ CH
2022 Chardonnay Falkenstein + Freundlich, kalkig, Birnen, Prise Würze; fokussiert, frische Frucht, lebendig, sympathische Prise Gerbstoffe und Bodentöne im Abgang.

★★★ K €€€ PB PLV
2022 Weißburgunder Falkenstein Reserve + Nobel, steinig-kalkig, zarte Frucht, winzige Prise Kräuter; schließt nahtlos an, elegant, zartes Säurenetz, langer und fruchtbetonter Nachhall, kalkiger Boden kommt durch.

★★★ K €€€ CH
2021 Chardonnay Falkenstein Reserve + Sanfter Druck, kalkig, fein nach Birnen und reifen Marillen, Hauch Dörrobst; bringt diese Aromen auch im Geschmack, hauchzarte Gewürznoten, lebhaft, null Fett, Zug, gute Länge.

BIO

Weingut
Ebner-Ebenauer

Manfred & Marion Ebner-Ebenauer
2170 Poysdorf, Laaer Straße 3–5
Tel. +43 2552 2653
office@ebner-ebenauer.at, www.ebner-ebenauer.at
20 Hektar, W/R 80/20

Die wichtigste Ressource des Weingutes Ebner-Ebenauer sind – neben den Böden – die uralten Rebstöcke. Davon hat man hier genug. Erst ab einem Alter von 30 Jahren werden diese auf dem Etikett als Riede ausgewiesen. Bei den Alten Reben sind es 50 bis 70 Jahre alte Stöcke. Alles wird hier biologisch-organisch bewirtschaftet. Es gibt nur Lese von Hand. Das ist nicht mehr die Normalität in diesen Zeiten. Ebner-Ebenauer hat einen Exportanteil von 70 %. Anscheinend zählt der Prophet im eigenen Land nichts.
Neben den großen Weißweinen aus Grüner Veltliner, Riesling. Weißburgunder und Chardonnay gibt es hier auch wunderbare Rotweine aus Pinot Noir, Zweigelt und St. Laurent. Die große Liebe der beiden gehört den Schaumweinen. Poysdorf gilt als die Champagne Österreichs. Ein Blanc de Blancs Zero Dosage – Chardonnay – streng limitiert. Noch limitierter ein Blanc de Noir.
Es handelt sich um das burgundischste Weingut des Landes. Dabei immer Poysdorf/Weinviertel. Immer authentisch. Immer herrlich zu trinken. Schon der 2022 Weinviertel DAC macht ungemein Spaß. Der Ortswein „Poysdorf“ macht der Gemeinde alle Ehre. Beim Verkosten des Grüner Veltliner 2022 Ried Hermannschachern geht einem das Herz auf. Beim 2022 Grüner Veltliner Ried Bürsting wird man sentimental. Der 2022 Grüner Veltliner Ried Sauberg ist mein erklärter Liebling. Die beiden Black Edition 2021 sind von internationaler Dimension. Die beiden 2022 Rieslinge – vor allem der Alte Reben – gehören zu den Feinsten des Weinviertels. Vielleicht sogar Niederösterreichs. Ein formidabler 2022 Weißburgunder Alte Reben.
Ich behaupte, dass dieses Weingut zur Elite des Landes zählt. Das Weingut ist seit dem Jahrgang 2021 in biodynamischer Bewirtschaftung und mit 2023 neues Mitglied bei respekt-BIODYN. ***as***

WEINVIERTEL DAC

★★ S € GV
2022 Grüner Veltliner + Überaus typisch, voller Frische, Pfeffer, Äpfel und Birnen, Marzipan, Zitrus, kernig, frische Säure, schnörkellos, dezente Würze.

NIEDERÖSTERREICH

★★★ S €€€ GV
2022 Grüner Veltliner Ried Hermannschachern + Frisch gemahlener Pfeffer, dezent rauchig, elegant, feine Fülle, exotische Töne, Ringlotten, saftig, Kräuter, cremige Ansätze, herrlich. Wie ein Gemälde.

★★★ S €€€ GV
2022 Grüner Veltliner Ried Bürsting + Exotik, Mango, Ananas, Quitte, reifer Apfel, Pfefferwürze, fruchtig, cremige Textur, frische Kräuter, balanciert, elegant, in sich ruhend, feine Frucht.

★★★★ S €€€ GV
2022 Grüner Veltliner Ried Sauberg + Kühl, Zitrus, Ananas, hochelegant, feingliedrig, viel Klasse, Tabak, Grapefruit, ungemein strukturiert, zeigt Finesse, homogen, Mineralität, subtil, Pfefferwürze, ein besonderer Grüner Veltliner, das ist mein Liebling!

★★★★ S €€€ GV TIPP
2022 Grüner Veltliner Alte Reben + Pfefferwürze, Zitrusfrische, Grapefruit, filigran, reifer Apfel, straff, mineralisch, feste Struktur, Gesteinsmehl, Marille, Orangenzesten, feines Säurespiel, das hat Klasse,.

★★★★★ K €€€ GV TOP
2021 Black Edition Grüner Veltliner + Limone, Grapefruit, frische Kräuter, Orangenschalen, viel Mineralik, kühl, steinige Aspekte, feinst liniert, feinstrahlig, von überragender Eleganz, mit einer salzigen Note, bestens unterlegtes Holz, immer stilvoll. Das ist beste burgundische Stilistik aus Poysdorf.

★★★ S €€ RI
2022 Riesling + Frische Marille, Marzipan, Pfirsich, Rhabarber, rassig, ungemein tiefgründig, straff, chillig, dabei immer charmant, Ananas, griffig.

★★★★ S €€€ RI
2022 Riesling Alte Reben + Kalkige Frische, Marille, ungemein dicht, rassig, tiefgründig, strukturiert, glasklare Struktur, griffig, etwas Karamell, Marzipan. Fruchtcharmant. Weibliche Eleganz, herrlich.

★★★★ S €€ PB
2022 Weißer Burgunder Alte Reben + Mandeltöne, kalkig, Waldhonig, fruchtig, einige Mineralität, Apfeltöne, liegt streng am Gaumen, voller Rasse, Zitrus, Pomelo, nervige Struktur. Viel Zukunft.

★★★★ K €€€€ CH
2021 Chardonnay Black Edition + Vanille, etwas Birne, rauchig, dunkel getönt, strukturiert, Zitrus, Orangenzesten, straff, Kräuterwürze, kompakt, tiefgründig, unterlegtes Holz, ein starker Wein. Salzige Noten, viel Mineral, enorme Zukunft.

Weingut
Ecker

Josef Ecker
3722 Grafenberg 11
Mobil +43 699 126 140 66
office@weingut-ecker.com, www.weingut-ecker.com
2 Hektar, W/R 75/25

Das Familienweingut Josef Ecker in Grafenberg kann bereits auf eine 100-jährige Weinbautradition zurückblicken. Begünstigt durch einzigartige Klimaverhältnisse, welche sich in den kühlen Winden des nahen Waldviertels bemerkbar machen, bilden sich ausdrucksstarke Aromastoffe in den reifenden Trauben. Dazu kommt die sorgfältige Handlese und der sensible Umgang des Kellermeisters Josef Ecker mit dem durchwegs gesunden Traubenmaterial. Sein Können stellt er nicht nur im eigenen Betrieb unter Beweis, sondern er hat auch als Kellermeister der HBLA Klosterneuburg seine Schüler erfolgreich daran teilhaben lassen. Das Ehepaar Ecker optimiert laufend die Qualität ihrer Weine, achtet genau auf die Selektion des Rebmaterials und unterstützt mit enger Bepflanzung und hoher Laubwand die Qualität der Trauben. Die Vorzüge des Terroirs werden im Keller gefühlvoll eingebunden, befinden sich doch die besten Lagen – die Rieden Kogeln und Sätzen – auf klassischen Lehm- und Lössböden. So entstehen im Weingut der Familie Ecker durchwegs kristallklare und fruchtige Weine mit hoher Sortentypizität. *kk*

WEINVIERTEL DAC

★★ S € GV FUN
2022 Grüner Veltliner Klassik + Animierender Kernobstduft, saftige Grapefruits; klar und jugendlich, kühle gelbfruchtige Aromen, bisschen Klarapfel, feine Zitrusnoten in harmonischer Säure, trinkfreudig und schwungvoll.

★★★ S €€ GV PLV
2022 Grüner Veltliner Alte Reben + Würzig-fruchtiges, vegetabiles Bukett, Golden Delicious, kühle Steinobstaromen; pikante gelbe und grüne Schoten, frische Ringlotten, Hauch rosa Grapefruit, etwas Melone, solide glasklare Struktur, feiner Fruchtdruck, zart grünwürzig mit Hauch Artischocke, ausgewogen eleganter Körper, weißer Pfeffer im Abgang.

NIEDERÖSTERREICH

★★★ S €€€ GV
2022 Grüner Veltliner Ried Sätzen + Vanillewürze, Orangenkonfit und getrocknete Früchte; saftig und füllig, betont burgundisch, vollreife Zitrusnoten, Nussbrot, etwas Kakao, Feige und Dattel, geschmeidig dichte Struktur, wohlig gaumenfüllend, samtige hellmalzige Holzwürze, stoffig mit Druck, kompakt und vielschichtig, Spuren von Kokos im anhaltenden Finale.

★★★ S €€€ GV
2019 Grüner Veltliner Ried Sätzen + Hochelegantes kühles Fruchtspiel, helle Beeren, Grapefruitsorbet; kristallklar und präzise am Gaumen, dynamische Eleganz, komplexes Aromabild, feine Kräuterwürze, gefühlvoll eingebundene Säure, gute Dichte, zarte Hibiskusnoten, Hauch rotbeerig, kernig-elegante Struktur, geschmeidiger Körper, kühlfruchtig und feinpfeffrig mit zart salziger Ader im Finish.

★★ S €€ RI
2022 Riesling Ried Kogeln + Heller Weingartenpfirsich, Hauch Marille und Limette; gefühlvolle Steinobstaromen und etwas Orange am Gaumen, glasklar und feinsinnig gewoben, ziselierte fruchtige Säure, mit Luft tropische Nuancen, etwas Litschi und Ananas, saftig-eleganter Körper, kleine Prise Kräutersalz im fruchtbetonten Nachhall.

★★ S €€ SB
2022 Sauvignon Blanc Ried Kogeln + Noble Stachelbeere, Holunderblüte, bisschen Limette; fruchtig-floral, klar und saftig, reife Würze gelber Schoten, etwas Eibisch, gefühlvoll und trinkfreudig, strukturierter schwungvoller Körper, elegante Cassisnoten, Hauch Exotik, Johannisbeermix im zart kräuterwürzigen Abgang.

★★★ S €€€ CR
2020 Kogelstein Rot Reserve + (ME/CS) Konfit dunkler Beeren, noch junge röstige Edelholzwürze; saftige Brombeeraromen, würzige Peperonata, Tabak und Mokka, etwas Lakritze, reife schokoladige Tannine, gehaltvolle Dichte, präzise Struktur, fülliger Körper mit dunkler Mineralspur im fruchtig-röstigen Finale.

★★★★ S €€€ CR TIPP
2019 Kogelstein Rot Reserve + (ME/CS) Hocheleganter Beerenmix, feinfruchtig dicht, animierende Würze; perfekt ausgewogen, reif und geschmeidig, vornehmer Körper, saftiges Fruchtspiel zu rotschotiger Würze, reife Tannine mit Hauch Orange, stoffig-fruchtige Säure, zeitlos lebendig, Schokolade und Mokka, etwas Juchtenleder, rotes Fruchtfleisch, vielschichtig und elegant, Heidelbeere und Hauch Zwetschke im klassischen Nachhall.

Weingut **Eichberger**

Gotthard Eichberger
2203 Eibesbrunn, Großebersdorfer Straße 12
Tel. +43 2245 2476
office@weinguteichberger.at,
www.weinguteichberger.at

Gleichsam in Tuchfühlung mit der Bundeshauptstadt steht das Weingut Eichberger, nur zehn Kilometer nördlich von Wien gelegen. Der Fokus liegt auf dem Pfeffer des Weinviertels, dem Grünen Veltliner. Den gibt es in mannigfacher Ausprägung – von leicht verständlich über vielschichtig aus diversen Lagen bis zur Großen Reserve. Dieser Grüne Veltliner aus der Linie „ich bin ich" wurde von Julia Eichberger 2021 erstmals vinifiziert. „Das ist ein Papa-Tochter-Projekt, in dem ich meine Vorstellungen von Wein umsetzen kann", so die junge Dame. Doch auch mit anderen Rebsorten wissen die Eichbergers umzugehen. Julias Erstlingswerk aus der Serie „ich bin ich" ist der schon letztes Jahr als Fassprobe vorgestellte Chardonnay Große Reserve aus 2020, der nun abgefüllt ist und sich als ernsthafter Wein mit Lagerreserven präsentiert.
Übertriebene Eile kann man der Familie Eichberger nicht unterstellen. Die Grand Cuvée Reserve aus 2019 beispielsweise ist nun erhältlich. Für diesen Rotwein wurde der Ertrag stark reduziert, zusätzlich wurden die Trauben halbiert. Rotweine werden ganz traditionell in alten Bottichen vergoren und täglich drei- bis viermal händisch untergetaucht. Noch weniger eilig hatte man es mit der ausgesprochen eigenständigen Trockenbeerenauslese vom Welschriesling, die seit dem Jahrgang 2015 im Keller lag und nun erhältlich ist. Der Untergrund der Rieden besteht aus Lösslehm. Die Lagenunterschiede sind auf das jeweilige Mikroklima zurückzuführen – Oberes Feld höher mit kühlen Winden und am Wald gelegen, Kirchtal eine warme Lage, Hundspoint ein reiner Südhang. Die Familie legt großen Wert auf naturnahe Bewirtschaftung. Für Bienen, Regenwürmer und Insekten wurden eigens Biodiversitätsflächen angelegt, „die als Wohlfühloasen dienen und Lebensraum für unsere tierischen Freunde bieten sollen", wie es Julia fast poetisch formuliert. *ww*

WEINVIERTEL DAC

★★★ S €€ GV PLV
2022 Grüner Veltliner Ried Kirchtal + Feingliedrig, fruchtbetont, Äpfel, Birnen, feine Würze; einladende Frucht, angenehme Säure, ein Hauch weißer Pfeffer, mittlere Länge, Äpfel und helles Steinobst im Nachhall.

★★★ S €€€ GV
2021 Grüner Veltliner Reserve + Sanfter Druck, Quitten, gelbe Äpfel, bodenstämmige Würze; kraftvoll ohne Opulenz, viel Frucht, sympathische Prise Gerbstoffe für die Struktur, im Abgang und im Nachhall saftige Frucht und leise Bodentöne.

NIEDERÖSTERREICH

★★★★ K €€€ GV TIPP
2021 „ich bin ich" Grüner Veltliner Große Reserve + Gediegen, kündigt Kraft an, Kräuterwürze, sanfte Gelbfrucht à la Quitten, leise Bodentöne, Prise Pfeffer; gelassen und kraftvoll, feine Fruchtaromen, kompakt, fest strukturiert, Boden kommt durch, lang, feine Gerbstoffe im Abgang und im Nachhall erinnern an Pomelos, gediegene Frucht und Würze klingen lange nach, für diese Kategorie ungewohnt agil, gewissermaßen ein Rohdiamant, noch sehr jung.

★★★★ K €€€€ CH TIPP
2020 „ich bin ich" Chardonnay Große Reserve + Fokussiert, sortentypisch, Gewürze, zarteste Anklänge von Dörrobst à la Kletzen und Feigen, Birnen, Biskotten, ein Hauch Haselnüsse und Orangen; führt die feine Klinge, Spannung, sehnig-kraftvoll, da ist nichts Schwerfälliges oder Üppiges, wird hinten eng, fast steinige Anmutung im langen Abgang, Reserven.

★★★ K €€€ CR
2019 Grande Cuvée Reserve + Frische Frucht, Sauerkirschen, Brombeeren, tief im Glas frische Zwetschken, Kräuterwürze, Hauch Kakaopulver; schließt mit diesen Aromen an, feines Säurespiel, zartes Gerbstoffnetz, behutsamer Holzeinsatz, kühler Touch, würziger Nachhall.

★★★ K €€€ GV
2021 Beerenauslese Grüner Veltliner + Frisch, glockenklar, getrocknete Marillen und Ananas, tief im Glas grünfruchtige Anklänge à la Galiamelonen und hochreife Kiwis; fast leichtfüßig, beschwingt, angenehme Süße, lebhaft, im Abgang und im Nachhall Tropenfrüchte und ein Hauch Champignons, Trinkfluss.

★★★★ K €€€€ WR
2015 Trockenbeerenauslese Welschriesling + Eigenständig, Lindenblüten, Dörrobst à la Marillen, Datteln und Rosinen, Prise getrocknete Kräuter, kandierte Orangen, Hauch Zitronenzesten, feine Würze; fast ölige Textur, Restsüße von Säure austariert, die Aromen vom Bukett finden sich auch auf dem Gaumen, im Finish auch Bananenchips und Anklänge von dunklem Tabak, lang, lebhaft, Reserven.

Weinbau
Willi Eminger

Wilhelm Eminger
2224 Niedersulz 90
Mobil +43 664 121 96 91
weinbau@willi-eminger.at, www.weinbau.willi-eminger.at
14 Hektar, W/R 60/40, 50.000

„2022 ist ein trinkfreudiger Jahrgang mit ausgewogenem Verhältnis von Reife und Säure“, so fasst der stets bescheiden und ruhig wirkende Willi Eminger das vergangene Jahr zusammen. Bei klarem Fruchtausdruck präsentiert er ein geradliniges, stimmiges Programm. Mit den Veltlinern ist er sehr zufrieden, auf die ist Verlass, „die Sorte steht nicht umsonst im Weinviertel“. Der Sulzer, ein Klassiker, ist nah am Vorjahr, und aus den Steinbergen kommt wieder ein druckvoller, leicht kühl hinterlegter Vertreter. Spaß mit Anspruch bietet nicht nur der Gemischte Satz, das ist eine Kombination, die sich durch das gesamte Sortiment zieht, und das bei sehr moderaten Preisen. Der kleine Zuckerrest steht sowohl dem Riesling als auch dem Muskateller hervorragend, knackige Säure unterstreicht die Pracht der Sorte. Bei guter Ausgangslage gibt sich der Sauvignon noch etwas zurückhaltend im Sortenausdruck. Der Zweigelt erfreut mit unbändigem Fruchtcharme, der Merlot entwickelt sich mit viel Luft zu einem feinen, gediegenen Roten, der Cabernet ist jetzt am Punkt. *db*

WEINVIERTEL DAC

★★ S € GV
2022 Grüner Veltliner „Sulzer“ + Buntes Pfeffer-Potpourri, angenehme Mischung aus gelbem und rotem Kernobst, erfrischende Pfirsichnoten; hübsche Würze, Pfirsich zieht sich durch, wieder recht griffig, mittlere Substanz, ein verlässlicher, klassischer Weinviertler.

★★★ S €€ GV PLV
2022 Grüner Veltliner Exklusiv Ried Niedersulzer Steinbergen + Aus dem bunten Obstkorb sticht wieder die Birne heraus, frische Kräuter, feine Fruchtsüße; wieder ein typischer, mittelkräftiger Veltliner, durchaus druckvoll, Birne bleibt auch am Gaumen präsent, hat seine Kanten, gute Länge, eng anliegend, feines Gerbstoffgespinst, passt.

NIEDERÖSTERREICH

★★ S € GS FUN
2022 Gemischter Satz + (WR/PB/RI/GT/SÄ/SB) Steinobst und Rosen zeigen Richtung Riesling, auch Anklänge an Cassis, recht pfeffrig; kalkig-griffig, ganz gute Substanz, solide Erscheinung, hübsches Spiel im Ausklang.

★★ S € PB
2022 Pinot Blanc + Klassisch, nussig mit reifen Zitrusnoten verziert, frischer, sehr animierender Einstieg; geschmeidig, gute Substanz, guter Trinkfluss mit Anspruch, Grapefruitbitterl im Ausklang.

★★★ S € RI FUN
2021 Riesling + Klassische Rieslingfrucht, ansprechende Aromatik, Pfirsich frisch und als Sorbet, dann getrocknete, dunkle Aromen; hübsches Süße-Säure-Spiel, festes Gerbstoffgerüst, gute Länge, fruchtsüß im Ausklang, süffig.

★★ S € GM
2022 Gelber Muskateller + Strahlende, kernige Sortenaromatik, Nelkenpfeffer, Pikanz, kalkiger, fast strenger Grip schon im Duft, bisschen salzig; knackig mit kleinem Zuckerrest, Sorte hängt fest am Gaumen, animiert zum Weitertrinken, gute Spannung.

★★ S €€ SB
2022 Sauvignon Blanc Ried Obersulzer Baumleiten + Gestaubzuckerte rote Ribisel, mit Luft werden die Aromen dunkler, Weingelee, kandierte Kräuterwürze, Rosmarin, Lavendel; fester Grip, kernige, noch etwas fordernde Erscheinung, Zesten von Blutorange und Grapefruit, mineralische Strenge.

★★ S €€ ZW
2021 Zweigelt Selektion Ried Niedersulzer Steinbergen + Klassisch ausgebauter Zweigelt mit enorm viel Fruchtcharme, kleiner Zuckerrest forciert den Fruchtausdruck; reife, noch zupackende Gerbstoffe, gute Fülle, mit dunkelbeerigem Fruchtreigen ausklingend.

★★★ S €€ ME
2017 Merlot Reserve Ried Obersulzer Baumleiten + Dunkelfruchtig, reife, ruhige Rotweinnase, dunkle Beeren, braucht Anlauf, da steht nichts vor, da drängt sich nichts auf, Holz im Hintergrund; gute Balance von Alkohol, Gerbstoff, pfiffiger Säure, getrocknete Kräuter, dunkle Beeren, etwas Lakritze.

★★ S €€€ CS
2017 Cabernet Sauvignon Reserve Ried Obersulzer Baumleiten + Sehr freundlicher, gut gereifter Roter, Kakao, dunkle Schokolade, Dörrfrüchte, Zwetschke, Weichsel, Holunderkoch; Säure pusht die Frucht, schon geschliffene Gerbstoffe, eleganter, redlicher Rotwein.

♛♛

Weingut **Fein**

Bernhard Fein
2102 Hagenbrunn, Schloßgasse 40
Tel. +43 2262 672682
office@fein-wein.at, www.fein-wein.at

Das Traditionsweingut Bernhard Fein ist genau die richtige Adresse, wenn man eben feine Weine sucht. Mit Freude und Begeisterung packt die ganze Familie im Betrieb mit an. Die zahlreichen Familienmitglieder haben die Arbeit sinnvoll untereinander aufgeteilt und präsentieren sich so als junges und tatkräftiges Team. Die Liebe zum Wein besteht hier schon seit Generationen und ist zur Passion geworden.
Geprägt von dem typischen Terroir rund um den Bisamberg, werden individuelle und dabei sehr sortentypische Weine gekeltert. Sauber und klar, mit all ihren charaktervollen Nuancen. Diese einzigartigen Lagen in den Ausläufern der Alpen bieten dafür die besten klimatischen und geologischen Voraussetzungen. Die Familie Fein bearbeitet erfolgreich die kalkreichen Rieden, die einst Meeresgrund waren: Ried Aichleiten, wo der saftige Zweigelt gedeiht, Ried Bruch mit ihrer feinen Mineralik, Ried Mühlfeld mit dem charmanten Chardonnay, Ried Sandfeld, wo der knackige Grüne Veltliner gedeiht, oder Ried Veiglberg, aus der der rassige Riesling stammt.
kk

WEINVIERTEL DAC

★★★ S € GV **PLV**
2022 Grüner Veltliner Ried Bruch + Anregendes Kernobstbukett; Limonenparfait, reife Quitte, Apfelblüten und Zitronenmelisse, vielschichtig, animierend grünwürzig, beschwingter Körper, lebhafte fruchtige Säure, saftig mit Stoff, leicht salzig mit grünem Pfeffer im Abgang.

★★★ S €€ GV
2021 Grüner Veltliner Ried Bruch Reserve + Noble Kernobstnase; tiefgründig, komplexer Aromabogen, Apfel, Grapefruit, Hauch rote Beeren, reife schotige Würze, stoffig und extraktreich, gefühlvolles Gerbstoffgerüst, kräftiger Körper mit viel Substanz, zart rauchig, vegetabile Anklänge, etwas steinig, geht gut geerdet in sein anhaltendes Finale.

NIEDERÖSTERREICH

★★ S € GV
2022 Grüner Veltliner Ried Sandfeld + Duftiger Granny Smith; feine Agrumen, Hauch dunkle Kräuter, gelbe Ringlotte, straffer Körper, fruchtige Säure, bisschen tropische Frucht, etwas Limette und reife Peperoni im würzig-fruchtigen Ausklang,

★★ S € SÄ **FUN**
2022 Sämling 88 Ried Bruch + Betörende Marillenblüten; zartgliedrige Aromen von Blutorange und Marillengelee, verspielt jugendlich, etwas Limoncello, Waldmeisterkraut, Hauch Muskat, feiner Schmelz, unaufdringlich aromatisch, nuancierte Frucht im filigranen Nachhall.

★★★ S € GS
2022 Gemischter Satz + Gelbes Apfelbukett; Hauch Steinobst, feine Kräuterwürze, seidiger Körper, pikante Säure von Limone und Grapefruitzesten, elegant mit hohem Trinkanimo, Blumenwiese und reife gelbe Schoten im mineralischen Finale.

★★★ S € GM
2022 Gelber Muskateller Ried Bruch + Delikate Macisblüten; Holunderbeeren, Zitronenmelisse und Clementine, feinfruchtig, elegant aromatisch, Pfirsichmus, Waldkräuter, ein Hauch Cassis, etwas Pimentwürze, animierende Säure, schwungvoll und elegant im jugendlichen Nachhall.

★★★ S €€ RI **TIPP**
2021 Riesling Ried Veiglberg + Reifer Steinobstduft; Marille und gelber Pfirsich, etwas Feige, Orangenaromen und Litschi in straffer Säure, feine Fruchtsüße, lebhaft und knackig mit Zug, perfektes Gerbstoffgerüst, nuancenreich und trinkfreudig, mit feiner mineralischer Ader.

★★ S € CR
2022 Rosé + (ZW/RÖ) Pikanter Waldbeerduft; Kirschsorbet, etwas Hagebutte und Rosenblätter, vornehme Säure roter Beeren, seidig und geschmeidig am Gaumen, Hauch Kräuterwürze, am Ende eine Spur pikanter Preiselbeere.

★★ S € ZW
2022 Zweigelt + Dunkler Beerenmix; Weichsel mit Herzkirschen, Heidelbeere, bisschen Maulbeere, fruchtbetont und saftig, griffige Tanninstruktur, Mandelkerne, dunkle Schokolade mit Marzipanaromen, kernig-fruchtig im fruchtigen Abgang.

Weingut
Rudolf Fidesser

Norbert & Gerda Fidesser
2051 Platt 39
Tel. & Fax +43 2945 2592
weingut@fidesser.at, www.fidesser.at
15 Hektar, W/R 80/20

Die Weine von Norbert Fidesser zu probieren ist immer ein Erlebnis. Man spürt die Liebe und Leidenschaft der ganzen Familie für den biodynamischen Weinbau nach Rudolf Steiner. Hier wird absolut nachhaltig gearbeitet. Im Mittelpunkt steht der geschlossene Kreislauf: Boden – Pflanze – Tier – Mensch – Kosmos.
Die Weine sind authentisch, verfügen durchwegs über einen animierenden Gerbstoff, welcher von reifen Trauben stammt und diese in eine gesicherte Zukunft trägt.
Was hat sich seit dem letzten Jahr geändert? Es gibt keinen reinsortigen Muskateller mehr. Der ist jetzt in einen fidesser*orbis Wein gewandert. Es gibt auch keinen Traminer Sandberg mehr. Der ist jetzt im Orange Wein. Achtung: Vom Petnat 2022 gibt es nur 3500 Flaschen. Aus diesem überragenden Sortiment ragt ein Wein besonders heraus – 2022 Weißer Traminer Höhweingarten. Der absolute Wahnsinn. *as*

NIEDERÖSTERREICH

★★ S €€ GV
2022 Platter Grüner Veltliner + Feine Kräuterwürze, gelbfruchtig, blumig, weißer Pfeffer, leicht, dabei immer präsent, animierender Gerbstoff, wunderbar trocken, angenehme Säure.

★★★ K €€€ GV
2022 Grüner Veltliner Ried Sonnleiten + (der frühere Retzer Stein/Obernalb – Urgestein) Anfangs etwas reduktiv, nasser Stein, dunkle Mineralität, Kräuterwürze, Grapefruit, salzig, Zitrus, toller Stoff, einiger Tiefgang. Viel Zukunft.

★★★ K €€€ GV
2022 Grüner Veltliner Ried Kapellenberg + Gelbfruchtig, viel Mineral ausstrahlend, zarte Fülle, Pfeffer, Zitrus, cremiger Touch, dichte Struktur, Pomelo, zieht am Gaumen, rauchig, elegantbei langem Abgang.

★★ S €€ SB
2022 Platter Sauvignon Blanc + Frische Minze, Kräuter, reifer Apfel, Grapefruit, zart-würzig, schwarze Ribisel im Finish, ein hintergründiger Sauvignon Blanc von griffiger Struktur, guter Länge, angenehmem Gerbstoff, baut schön langsam einen Mix aus Paprika & Co. auf.

★★★ K €€€ SB
2022 Sauvignon Blanc Ried Sandberg + Gelb-grüne Farbe, gelbe Früchte, Brennnesseln, hochreife Trauben, frische Kräuter, Holunderbeeren, kräftig statuiert, langatmig, ein Hauch von gelbem Paprika, salzige Noten, viel Substanz.

★★★★ K €€€ GT TIPP
2022 Weißer Traminer Ried Höhweingarten + Sattes Gelb, ein enorm ausdrucksstarker Traminer von unendlicher Vielfalt, aufgeblühte Rosen, Litschi, weißer Pfirsich, Hauch von Senfsaat, Mango, Wiesenkräuter, tolle Exotik, Kamille, ein animierender Gerbstoff, salzig, dichte Struktur, wunderbar trocken, hochelegant. Ein Traminer von absoluter Weltklasse. Galaktisch.

★★★ K €€€ PN
2021 Pinot Noir Ried Kapellenberg + Zwetschken, Leder, Pilze, Waldboden, Unterholz, rote Beeren, Preiselbeeren, Orangenschalen, wunderbar trocken, kernige Struktur, das ist kein Schmeichler, liegt eng am Gaumen, salzige Noten, griffig, so gehört Pinot Noir.

ÖSTERREICH

★★ K €€€ CR FUN
2022 fidesser*orbis pet nat Rosé + (ZW/PN) Degorgiert – anhaltender Schaum, pinkfarben, rote Ribisel, Zwetschken, kandierte Kirschen, Himbeeren, knochentrocken, viele rote Früchte, ungemein erfrischend und unkompliziert. Ein hervorragendes Produkt für Jung und Alt.

★★★ K €€€ CW
2022 fidesser*orbis weiß + (RV/GV/RI/CH/MT – 20 % maischevergoren) Herrliche Kräuterwürze, Apfel, Birnentouch, Pomelo, Pfeffer, Lebkuchen, Orangenschalen, rote Ribisel, pikant, toller Gerbstoff, balanciert, vielschichtig, kompakt und engmaschig.

★★★ K €€€ GV
2022 fidesser*orbis grün + (GV – 100 % maischevergoren für 3 Wochen) Sattes Gold, hier erlebt man die ultimative Pfefferwürze, dieses Aroma kommt von den Kämmen, Bitterorangen, Grapefruit, Ananas, so richtig trocken, perfekter Gerbstoff. Ein Wein, welcher einen nicht loslässt, tiefgründig.

★★★ K €€€ CW
2022 fidesser*orbis orange + (FV + etwas Traminer) Orangefarben, Rosenton, Blüten, Zitrus, getrocknete Kräuter, dezentes Fruchtspiel, rauchig, kompakte Eleganz, Pomelo, null Schwefel, animierender Gerbstoff, braucht enorm viel Luft.

★★★ K €€€ CW
2022 fidesser*orbis gelb + (Muskateller + etwas Traminer) Komplexes Wechselspiel von Holunderblüten, Litschi, Rosen, Teeblättern, Kamille, Kräutern, ungemein vielschichtig, verspielt, gelbfruchtig, mit einer beeindruckenden Eleganz, perfekter Gerbstoff.

Weinbau
Fink & Kotzian

3730 Eggenburg, Gauderndorf 40
Mobil +43 664 390 26 02
christian@weinfink.at, www.weinfink.at
9 Hektar, W/R 98/2, 40.000 Flaschen/Jahr

Früher als Quereinsteiger bezeichnet, haben sich Christian Fink und Petra Kotzian seit 2013 längst in der Winzerelite etabliert. Die vielfältigen Bodenarten und die biologische, naturnahe Bearbeitung der Weingärten ergeben charakteristische, sortentypische Weine von Format. Die Weine sind inzwischen vielfach ausgezeichnet, sind langlebig und brauchen etwas mehr an Reife, um ihre Vorzüge noch stärker zeigen zu können. Christian Fink bezeichnet sich selbst als „glücklicher Winzer", der seiner Berufung gefolgt ist und zu einem erfolgreichen Weinmacher geworden ist. Außergewöhnlich ist nicht nur die Qualität der Weine, auch die künstlerische Gestaltung der Flaschenetiketten – je nach Rebsorte mit großem Wiedererkennungswert. Verkostet man mit Christian Fink seine Weine, gibt es viele spannende Überraschungen. Von der Cuvée MOJO über die fruchtig-reifen typischen Grünen Veltliner, herrliche Rieslinge, gehaltvolle Burgunder bis zum nach einen ganzen Rosenstrauß duftenden Roten Traminer machen die Weine große Freude am Gaumen. Ganz besonders hochwertig und gaumenfreundlich zeigt sich momentan der O.T. Reserve 2021 aus 100 % Chardonnay, der sich nach Belüftung in großen Gläsern als großer Weißwein präsentiert. *wh*

WEINVIERTEL DAC

★★ S €€ GV
2021 Grüner Veltliner Ried Hintern Dorf + Strohgelb, fruchtig-würzig und frisch, typisches feines Pfefferl, frischer Apfel und Zitrusnoten, angenehme Säure, ausgewogen, leicht und gaumenfreundlich.

NIEDERÖSTERREICH

★★ S €€ CW
MOJO + (ohne Jahrgang, gelesen 2021) Sehr fruchtbetont nach reifen Äpfeln, würzig, weißer Pfeffer, Pfirsich, Nüsse, rassig und frisch, schlank und ausgewogen, angenehmer Weißwein.

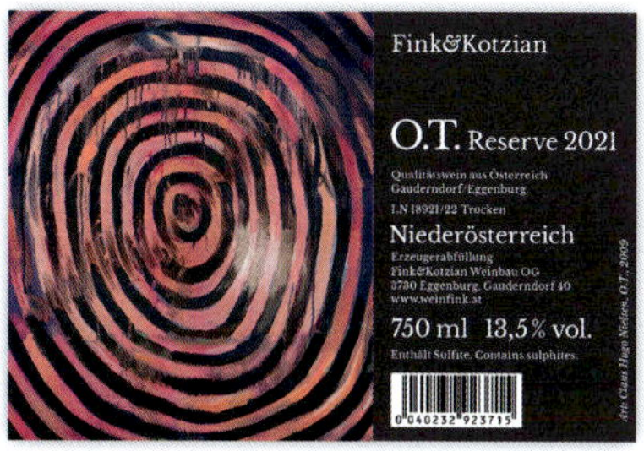

★★★★ S €€ GV **TIPP**
2021 Grüner Veltliner Ried Königsberg + Einladend intensiver Duft nach reifen Äpfeln, Würze und feinem Pfefferl, schmelzig und extraktreich, harmonisch,typischer Veltliner mit sehr reifen Früchten im langen Abgang.

★★★★ S €€ RI
2021 Riesling Berg und Meer + Auf Böhmischem Granit und Meeresboden gewachsen, duftig-fruchtig nach reifem Pfirsich und Marillen, viel Extrakt und Finesse, typische delikate Säure, enormes Aroma, animierend und trinkfreudig im langen Nachgeschmack.

★★★ S €€ SB
2021 Sauvignon Blanc + Strohgelb, typischer Duft nach Paprika, Johannisbeeren (Ribisel), Brennnessel, würzig, nasse Blätter, etwas Holunder, viel Extrakt, mächtiger Körper, rund und reif, animierend im langen Abgang.

★★★ S €€ PB
2021 Pinot Blanc Ried Königsberg + Animierender Duft nach Mandeln und Orangenzesten, etwas reife Äpfel, kraftvoll und cremig am Gaumen bei viel Extrakt und gut eingebundener Säure, jugendlich und trinkfreudig.

★★★★ S €€€ PG
2021 Pinot Gris Ried Hintern Dorf + Strohgelb mit grauen Reflexen, reife Birnen, Bratapfel, zart-würzig, wuchtig und extraktreich, cremig, kräftig, harmonisch mit eleganter Säure, sehr ausdrucksstark und enorm lang am Gaumen.

★★★★★ S €€€ CH **TOP**
2021 O.T. Reserve + (100 % CH) Goldgelb, fruchtbetontes Bukett nach Birnen, Pfirsich, Ananas, Mango, Nussschalen, feine Holznoten von der Weidlinger Eiche, kraftvoller Körper, schmelzig, delikate Säure, extreme Extrakte, Vanille, feine Röstnoten und enorm lang am Gaumen – braucht viel Luft und große Burgundergläser.

★★★ S €€ CW
2021 O.T. + (PB/CH) Basisburgunder als Cuvée mit deutlichem Duft nach Mandeln und Ananas, etwas Exotik, sehr aromatisch und extraktreich, cremig und finessenreich, nicht allzu schwer, trinkfreudig und lang im Abgang.

★★★★ S €€ TR **PLV**
2021 Roter Traminer + Goldgelb, intensives Bukett nach Rosen und exotischen Früchten, Zimt und Gewürznelken, vielschichtig und extraktreich, dicht mit harmonischer Säure, unendlich lang und fordernd am Gaumen – ein hochwertiger, ausgezeichneter Wein für besondere Anlässe.

Weingut **Frank**

DI Harald Frank, Katrin Frank Msc
2171 Herrnbaumgarten, Kellergasse 5 & 11
Tel. +43 2555 2300
frank@weingutfrank.at, www.weingutfrank.at
23 Hektar, W/R 80/20

„2022 war sicher einer der schwierigen Jahrgänge, vom Frühjahr an enorm trocken, mussten wir so extrem ausdünnen wie schon lange nicht mehr. Durch den Regen im Herbst hatten wir beim Burgunder ein bisschen Botrytis, davon abgesehen konnten wir sehr gesunde Trauben ernten und freuen uns über fruchtbetonte, fein strukturierte Weine."
Aus den besten Lagen stammen die Trauben für den DAC, herausgekommen ist ein ansprechendes Glas Weinviertel. Kalk und Löss sind kongeniale Partner, der eine sorgt für Spannung, der andere für Substanz, zusammen ergeben sie viel Wein für viele Gelegenheiten. Baumgartleiten, eine bis zu 30 % steile Südostlage mit steinigem Muschelkalkboden, wurde spontan auf der Maische angegoren, das große Holz hat im Duft nur eine Ahnung hinterlassen, am Gaumen unterstützt es die Fruchtsüße und gibt dem fast puristischen Wein ausreichend Halt. Viel Freude bereiten die Ortsweine – beginnend mit einem gut gelaunten Gemischten Satz. Auf Pinot & Co. ist Jahr für Jahr Verlass, der Riesling erfreut mit seinem jugendlichen Sortenflair, er braucht noch etwas Zeit. Ab sofort und mit großem Genuss ist der Merlot zu trinken, er bietet jede Menge Fruchtcharme für kleines Geld, aber Vorsicht – der rinnt praktisch von alleine. Die Reben für den Pinot Noir stehen auf Sedimentboden in der kalkreichen, kargen Riede Krainholz. Er überzeugt ebenfalls durch seine Fruchtfülle, über Säure und präsente Gerbstoffe braucht der feinsinnig, elegante Wein noch ein bisschen zur vollen Entfaltung. *db*

WEINVIERTEL DAC

★★ S €€ GV
2022 Grüner Veltliner + Feine Kräuterwürze, etwas blättrig, reifer, knackiger Kernobstmix, Apfelstrudel; anregende Säure, guter Fruchtausdruck, erfrischende Zitrusnoten, dezente Fruchtsüße, pfeffrig, gute Länge.

NIEDERÖSTERREICH

★★★ S €€ GV PLV
2022 Grüner Veltliner – Kalk & Loess + Fruchtfreundliche Mischung aus reifem Apfel und knackigem Pfirsich, zum Reinbeißen, minzige Kühle, zartes Pfefferl, der Untergrund sorgt schon im Duft für Finesse; setzt sich mit prächtigem Fruchtspiel fort, lebendige Säure, bisschen CO_2, viel Wein.

★★★ K €€€ GV TIPP
2021 Grüner Veltliner Ried Baumgartleiten + Macht schnell auf, bisschen salzig, konzentrierte Apfelfrucht, bisschen Birne; am Gaumen deutlich holzsüß, noch zurückhaltend vom Fruchtausdruck, Limequats, Cedra, weinig, steinig, stützender Gerbstoff, bröseltrocken, sehr gute Substanz, finessenreich, spannend.

★★ S €€ GS
2022 Gemischter Satz Herrnbaumgarten + (WR/PB/TR) Pfeffrig, nussig, Apfel-Birnen-Mus mit Zimt, ein bisschen würzig, einladend; Birne bleibt, gute, fruchtsüße Fülle, passende Säure, frische Kräuter, straffes Finish, griffig, fruchttragende Länge.

★★ S €€ CW
2022 Pinot & Co. Herrnbaumgarten + Auch darauf ist Verlass, Fleisch und Zesten von Blutorange und Grapefruit, fein schmelzend; deutlich herkunftsgeprägt, straff, in seiner burgundisch-kreidigen Erscheinung nah am Vorjahr, Säure passt, solide Basis, kalkiger Grip.

★★★ S €€ RI
2022 Riesling Herrnbaumgarten + Zart rosenduftig, Pfirsichsorbet, Melisse, verhalten, aber typisch; CO_2 und kleiner Zuckerrest forcieren den Fruchtausdruck, noch fest zupackendes Mittelstück, hübsches Sortenflair im Ausklang, gute Länge, feiner, kleiner, beschwingter Riesling.

★★★ S €€ ME PLV
2021 Merlot Herrnbaumgarten + Leder, Brombeere, frisch und auch als Gelee, leicht tabakig, Beerencreme, Schokomuffin, freundlich, strahlender Ausdruck; ein bisschen holz-, vor allem aber fruchtsüß, Kakao- und Mokkanoten, Leder kommt wieder, Zesten von Blutorangen, seidige Gerbstoffe, belebende Säure, Frucht bleibt dunkel, vielfältig, sehr gute Länge.

★★★ K €€€ PN
2021 Pinot Noir Krainholz + Kalkreiche, karge Riede, Sedimentboden, ansprechende Mischung aus einem Hauch Holz, Tabak und reifen Waldbeeren, Mieze Schindler, zart ätherische Noten; fruchtsüße Fülle, schon geschmeidige Gerbstoffe mit gewissem Kick, kecke Säure lässt den Wein schlanker wirken, warten.

Vegan Weingut
Fürnkranz

Gerald Fürnkranz
2061 Obritz 323
Mobil +43 676 966 48 41
info@vegan-wein.at, www.vegan-wein.at
21 Hektar, W/R 70/30

An alle Veganer, diese Weine sind schlichtweg perfekt für euch. Eigentlich für alle. Im Jahr 2013 hat Gerald Fürnkranz den Betrieb übernommen, seitdem wird Wert gelegt auf vegane Weinbereitung. Hier achtet man auf ein absolut gesundes Lesegut. Der Histamingehalt der Weine ist gering, nahezu gegen null. Zur Schönung werden nur pflanzliche Mittel, wie Erbsenprotein, eingesetzt. Gerald Fürnkranz bewirtschaftet seine Weingärten naturnah, es gibt weder Insektizide noch Herbizide, dafür Dauerbegrünung.
Zwei hervorragende 2022 Grüner Veltliner – zum einen Green BIO, zum anderen Weinviertel DAC, wobei mir Letzterer sehr gut gefällt. Ein stimmiger 2022 Sauvignon Blanc Ried Buchberg. Auch sogenannte PIWI-Sorten finden sich im Sortiment, nämlich zwei Donauriesling – einmal halbtrocken und einmal als fulminanter Natural Wine, der grandios ist. Nicht zu vergessen den hervorragenden 2020 Rösler Exklusiv Reserve.
Die Weingärten des Hauses befinden sich in der Großlage Retzer Land und verteilen sich auf vier Einzellagen wie Ried Wartberg/Löss – Ried Simetler/Löss, Kalkgestein – Ried Buchberg/Löss, Muschelkalk – Ried Kaltenberg/Löss, Kalkgestein. Es sind Weine für Geist und Seele. *as*

WEINVIERTEL DAC

★★ S €€ GV
2022 Grüner Veltliner + Zitruszesten, Marillentouch, Kernobst, Pfefferschleier, fruchtige Würze, saftig, frische Säure, etwas Tabak, klar strukturiert.

NIEDERÖSTERREICH

★★ S €€ GV FUN
2022 Grüner Veltliner Green Bio + Kräuter, frischer Apfel, Zitrus, fruchtig, Birnen, frisch und lebhaft, würzig, pfeffrig, guter Grip, ein pfiffiger Grüner Veltliner und ungemein süffig.

★★ S €€ SB
2022 Sauvignon Blanc Ried Buchberg + Paprikaschoten, Stachelbeeren, Cassislaub, Brennnesseln, ein Wein mit Frische, Rasse, Eleganz, knackig, absolut typisch, macht Spaß.

★★ S €€ GM
2022 Gelber Muskateller Ried Simetler + Holunderblüten, etwas grünfruchtig, rassig-knackig, nervig-fordernd, gnadenlose Säure. Ein perfekter Muskateller zum Aperitif. Macht Lust auf kommende Genüsse.

★★ S €€ BM
2022 Blütenmuskateller Ried Wartberg + Grüner Apfel, Zitrus, knackige Frische, ein Hauch Pfirsich, bisschen Holunder, grüne Noten, voller Leben, pikant, griffig, dezente Exotik.

★★ K €€€ CW
2019 Sauvignon-Traminer Exklusiv + (20 Monate Holzfasslagerung) Das Holz dominiert, Nüsse, fruchtige Fülle, fast mächtig, viel Frucht, weitmaschig, milde Säure, viel Wein, von Holz durchzogen. Ein ambivalenter Wein, wo mir alles zu viel ist.

★★ K €€ ZW
2020 Blauer Zweigelt Exklusiv Ried Buchberg + Erdbeeren, Feigen, Exotik, Honignoten, dezent röstige Töne, Zwetschken, guter Stoff, kraftvoll, Fichtennadeln, Rumtopf, schlanke Struktur. Kann man schon trinken.

ÖSTERREICH

★★★ S €€ DR
2022 Natural Wine Donauriesling + (maischevergoren in einer Tonamphore) Hefetrüb, ungemein frisches Bukett von Hefe durchzogen, Orangenschalen, Zitrus, Ananas, Papaya, Marillen, frischer Apfel, ein wahrer Obstkorb, zugig am Gaumen, frisch, Säurebiss, attraktiv, macht Druck nach hinten. Ein hervorragender Wein mit Grip.

★★ S €€ DR
2022 Donauriesling + (halbtrocken) Marille, Apfel, ein Wein mit Frische, zünftige Säure, der Restzucker wird von der Säure gepuffert, knackig, ein stimmiger Wein für Weinbeißer.

★★ S €€ GM
2022 Gemischter Satz + (lieblich) Steinobst, Kräuter, frische Marillen, feine Frucht, elegante Noten, der Restzucker sorgt für zusätzliche Nuancen, reifer Apfel, zuckrige Ribisel, bisschen Pfeffer, ein hervorragender Wein mit Finesse und einiger Zukunft.

★★★ S €€€ PB
2022 Weißburgunder Exklusiv Große Reserve + Hefetrüb, Eichentouch, schwarzer Pfeffer, Zitrus, dezent brotig, exotische Töne, Ananas, am Gaumen dezente – animierende – Bittertöne, Birnen, perfekte Säure, das Holz sorgt für den Unterbau, oben befinden sich die Aromen. Ein Wein ganz am Anfang seiner Entwicklung.

★★ K €€€ RÖ
2020 Rösler Exklusiv Reserve + Kirschen, Zwetschken, Gewürznoten, frische Kräuter, schwarze Beeren, elegante Noten, transparente Struktur, Mandeltöne, festes Tannin, pickt am Gaumen, gute Länge, griffig, unterlegtes Holz, guter Wein mit Rückhalt und Zukunft.

Weingut
Gilg

2102 Hagenbrunn, Hauptstraße 64–66
Tel. +43 2262 672781
weingut@gilg.at, www.weingut-gilg.at
10 Hektar, W/R 85/15

Das Jahr 2022 war im Gebiet geprägt von Sommerhitze und Trockenheit, gefolgt von einem kühlen und feuchten Herbst. Der Regen im September erforderte genaue Selektion der Trauben und Abstimmung des Lesezeitpunktes. Deshalb präsentieren sich die Weine 2022 besonders sortentypisch und durch den moderaten Alkoholgehalt sowie der eleganten Säure auch sehr trinkfreudig. Zudem gibt die geologische und klimatische Besonderheit der Region, die sogenannte „Flyschzone", den Weinen die charakteristische Mineralität und Finesse. Aus dem Spitzenjahrgang 2021 überzeugt die Weinviertel DAC Reserve Ried Tagnern. Erstmals gibt es aus diesem Jahrgang auch eine Merlot Reserve. Für 2023 ist die Investition in drei Photovoltaikanlagen geplant, der gesamte Strombedarf von Weingut und Heurigen kann dann selbst produziert werden, ein wichtiger Schritt in Richtung Nachhaltigkeit.

kk

WEINVIERTEL DAC

★★★ S €€ GV
2022 Grüner Veltliner Classic + Klassische Veltlinernase; animierend, duftige Apfelnoten, rosa Grapefruits, gelbe Ringlotten, Hauch Peperoni, jugendlich und sortentypisch, Stachelbeersorbet und grüner Pfeffer im Abschluss.

★★★★ S €€ GV TIPP
2021 Grüner Veltliner Reserve Ried Tagnern + Saftiges Kernobstbukett; samtig-kühler Fruchtschmelz, dicht und komplex, geschmeidige gelbfruchtige Aromen, reife Agrumen, saftige Säure, Hauch Birne, fein gelbschotig, zart nussig, helles Malz und Kakao, mit eleganter Kraft gaumenfüllend, burgundische Akzente darunter, feine mineralische Ader im langen Nachhall.

NIEDERÖSTERREICH

★★★ S €€ GV
2022 Grüner Veltliner Ried Hofmauer + Apfel- und Orangenblüten; feinsinnig und elegant am Gaumen, pikante Apfelnoten, Zesten vollreifer Limonen, mit gefühlvoller Kraft, vielschichtig mit ausgeprägt kreidiger Mineralität, straff geführter Säurebogen, feine Würze heller Kräuter und gelber Schoten, weißer Pfeffer im Abgang.

★★★ S €€ GM
2022 Gelber Muskateller + Duftiges Muskatbukett; Limette und Clementinenfilet, pikantes Säurespiel, Pfirsichsorbet, schwungvoll, mit kühl-traubigem Extrakt, Hauch Litschi und junge Marille, feinwürziges Waldmeisterkraut, elegant und ausgewogen.

★★ S €€ GS
2022 Gemischter Satz + (GV/WR/CH) Granny-Smith-Bukett; straff und kühl, elegant geradlinig, Apfel und weiße Johannisbeeren, würzige Bergwiese, Grapefruit mit saftigem Biss, etwas Zitronenbiskuit, unkompliziert mit Extrakt und viel Trinkvergnügen.

★★★ S €€ SB
2022 Sauvignon Blanc + Vornehme Holunderblüten; reife gelbe Beeren, unaufdringlich eng verwoben, Stachelbeeren, Cassisnoten, mit tropischem Fruchtspiel, schwungvolle Säure, etwas Ananasaromen, eleganter Körper mit Terroir-Feeling, komplex im Ausdruck.

★★★★ S €€ TR TIPP
2022 Gelber Traminer + Betörender Duft kandierter Rosenblätter; dichtes Orangenkonfit, bisschen Ananasgelee, wohlig mundfüllend, extraktreich, Früchtebrot, etwas Dörrobst, kompakt fruchtige Säure ergänzt Fruchtsüße perfekt, elegant-mächtiger Körper, Hibiskusblüten, etwas Pimentwürze, samtiger Schmelz, präzise im lang anhaltenden Nachhall.

★★★ S €€ RI PLV
2022 Riesling Aichleiten + Saftiger Marillenduft; reifer Pfirsich, Litschi und Ananas in rassiger Säure, fruchtige Extraktsüße, dynamisch mit nobler Kraft und geradliniger Führung feinkörniger Gerbstoffe, Hauch Mandel, viel Exotik, vielschichtig und ausdrucksstark, zart salzig im Abgang.

★★★ S €€ ME
2021 Merlot Reserve + Straffes Kirschbukett; rotwürzige Frucht, diszipliniert und glasklar, Lakritze und feines Edelholz, kühler Johannisbeermix, weichselfruchtige Säure, etwas Peperonata, kräftiger Körper, Mokka und Leder in griffigen Tanninen, Zwetschke und dunkler Rauch im straff-fruchtigen Finale.

★★ S €€ GM FUN
2022 Muskateller Frizzante + Duftige Macisblüten; trocken mit feiner Fruchtsüße, beschwingtes Wesen, Muskataromen, feine Limette, etwas Mandarine, zart-würzige Zitronenmelisse, mit eleganter Mineralik, sehr animierend.

BIO

Weingut
Graf Hardegg

DI Maximilian Hardegg
2062 Seefeld-Kadolz, Großkadolz 1
Tel. +43 2943 2203, Fax -10
office@guthardegg.at, www.grafhardegg.at
30 Hektar, 75/25

Für uns steht die Schaffung eines hochwertigen Ökosystems im Mittelpunkt. Eine zukunftsfähige Landwirtschaft braucht Feld- und Singvögel, Insekten, Niederwild und lebendige Böden. Das ist gelebte Artenvielfalt – O-Ton Maximilian Hardegg. Hier wird sie gelebt. Diese Philosophie wird in der Landwirtschaft, Tierzucht und im Weinbau umgesetzt. Alle Weingärten werden seit 2006 kontrolliert organisch-biologisch bewirtschaftet. Die Weingärten mit seinen wichtigsten Rieden liegen in unmittelbarer Nähe zum Schloss. Dass es in diesem formidablen Weingut grandiose Weine gibt, hat sich schon herumgesprochen. Man denke an die Schaumweine – Große Reserven in Rosé und Weiß sowie NEU ein Sekt „V" vom Viognier, welcher wohl weltweit der einzige aus dieser Rebsorte ist. Auch der Stillwein aus dieser Rebsorte ist aller Ehren wert. Ebenfalls NEU ist ein 2021 Roter Veltliner Jungfernlese aus der Ried Steinbügel. Das Bemühen um Nachhaltigkeit wird bei zwei Weinen verdeutlicht – 2021 Grüner Veltliner Edition Girlitz und 2022 Rosé Edition Gimpel.

Die Weine zählen durch die Bank zur Elite des Weinviertels, eigentlich Österreichs. Ob leicht in Weiß, Rosé, Rot – Pinot Noir –, hier findet jeder Weinfreund seinen Wein. Es wird unterschieden in Weine Edition Vogel, Weine vom Gut, Weine vom Schloss und Ried Steinbügel, auf welcher die hochwertigsten Weine entstehen wie Grüner Veltliner, Riesling, Viognier, Chardonnay, Roter Veltliner, Pinot Noir und Reserve Weine.

Doch es gibt nicht nur hervorragende Weine, sondern auch Mehl, Honig, natives Öl kaltgepresst und Vogelfutter mit Futterhäuschen.

Zum Digestif wird ein XO 20 Jahre alter Weinbrand gereicht. *as*

ÖSTERREICH

★★★ K €€€€ CR
2019 Sekt Austria Brut Rosé Große Reserve NÖ g.U. + (PN/ZW) Kleinperlig, Kräuterwürze, Himbeeren, engmaschig, dichte, kernige Struktur, ganz trocken, druckvoll, Weichsel, Kirschblüten, Flieder, straff durchgezogen, zart nach Himbeeren, nussige Töne.

★★★ K €€€€ CR
2019 Sekt Austria Brut Große Reserve NÖ g.U. + (CH/PN) Rauchig, Brioche, Tabak, feine Ananas, Apfel, Birnen, ein Hauch Vanille, Zimt, zupackend, herrlich trocken, dicht strukturiert, vielschichtig, herzhaft, mineralisch, Wahnsinnslänge, total eng.

★★★ K €€€€ VI — TIPP
NV Sekt Brut Nature „V" + (2019 – Viognier, degorgiert: August 2022) Pfirsich, Grapefruit, zarter Rosenton, etwas Lakritz, Biskuit, dezente Exotik, nussige Anklänge, knochentrocken, salzig, engmaschig, komplex, spannend, dicht strukturiert, steinige Aspekte, Feuerstein, langatmig, höchst individuell.

★★★ S €€€€ VI
NV „V" + (2021) Pfirsich, Tannennadeln, Kräuterwürze, dezente Exotik, ungemein elegant, saftig, feine Würze, perfekt eingesetztes Holz, das nicht merkbar ist, Lavendel, florale Noten, harmonisch, Mandarinen, feingliedrig, hintergründig, hervorragend.

NIEDERÖSTERREICH

★★ S €€ CR — FUN
2022 Rosé Edition Gimpel + Frische Erdbeeren, Flieder, kandierte Kirschen, leicht und frisch, filigran, feine Frucht, homogen, unkompliziert.

★★★ S €€€ GV
2022 Grüner Veltliner vom Schloss + Hauch von Holzfass, Pfeffer, Kräuterwürze, gelbfruchtig, Ananas, Kamille, feine Würze, angenehme Säure.

★★★ S €€€ RI
2022 Riesling vom Schloss + Fast überreife Marille, Rhabarber, voller Fruchtcharme, komplex, von subtiler Charakteristik, zarte Erdbeernoten, Lederapfel, elegant, frische Säure, filigran, fulminanter Riesling.

★★★ S €€€€ RV
2021 Roter Veltliner Ried Steinbügel + Lebkuchen, Kräuterwürze, Gewürze, frisches Heu, fruchtig, angenehme Säure, Bratapfel, ausgewogen, ruhig strömend.

★★★ S €€€ CH
2021 Chardonnay Ried Steinbügel + Exotik mit Vanille, dezente Briochenoten, Apfel/Zimt, karamellisierte Nüsse, Brotkruste, fruchtige Würze, getrocknete Kräuter, ziemlich ernsthaft mit eleganten Noten.

★★★ S €€€ PN
2019 Pinot Noir vom Schloss + Leder, Zwetschken, Himbeeren, Pilznoten, klar Burgunder, transparente Festigkeit, Veilchen, Bitterorangen, erdig, Grafit, feingliedrig, statuiert, immer elegant mit Tiefgang.

Weingut
Gschweicher

Bernhard Gschweicher
3743 Röschitz, Winzerstraße 29
Tel. +43 2984 3800, Fax -4
office@gschweicher.at, www.gschweicher.at
15 Hektar, W/R 100/0

Das Weingut Gschweicher ist zu einem Leitbetrieb von Röschitz, vom Retzer Land, vom ganzen Weinviertel geworden. Als klassischer Familienbetrieb konzentriert man sich ausschließlich auf Weißweine. Bernhard Gschweicher versteht es bestens, durch seine große Naturverbundenheit und seine mit viel Hingabe bearbeiteten Rebstöcke Weine mit Charakter und unverwechselbarem Stil zu produzieren. Seine Philosophie ist eine einfache – lebendige, gepflegte Böden in Verbindung mit alten Rebstöcken und viel Freude an seiner Arbeit ergibt außergewöhnliche Weine. Spezialisiert auf den Grünen Veltliner in verschiedensten Ausbaustufen, sind drei Viertel der Rebstöcke dafür über 50 Jahre alt, für die Spezialität „Primary Rocks" sogar 80 Jahre alt. Bemerkenswert auch Riesling, Chardonnay, Sauvignon Blanc, Grauburgunder und Roter Traminer. Die Weine sprechen ihre eigene klare Sprache in den Gläsern – mit viel Eleganz und Langlebigkeit. Etiketten mit hohem Wiedererkennungswert schmücken die Flaschen, mit Ausnahme des Primary Rocks, diese zeigt sich in schlichtem Weiß.

wh

WEINVIERTEL DAC

★★★ S €€ GV — FUN
2022 Grüner Veltliner GrooVee + Leuchtendes Strohgelb, duftig nach Kernobst, fruchtig und würzig mit deutlichem Pfefferl, feine Zitrus- und Grapefruitnoten, saftig und frisch, mineralisch, Apfelaromatik im Abgang – trinkfreudig.

★★★★ S €€€ GV
2022 Grüner Veltliner Ried Kellerberg Reserve + Goldgelb mit vielschichtiger Nase nach Mango, Papaya, Birne, weißem Pfeffer, reifem Apfel, am Gaumen sehr gefällig, kraftvoll, feinwürzig, pikant mit enormem Potenzial – tapeziert den Gaumen.

NIEDERÖSTERREICH

★★★ S €€ GV
2022 Grüner Veltliner Ried Galgenberg + Klassischer, kühler, typischer Grüner Veltliner, grüner Apfel, vollreife Birne, zarte Exotik, füllig und animierend saftig, gehaltvoll im langen Abgang.

★★★ S €€ GV
2022 Grüner Veltliner Ried Königsberg + Würzig-fruchtiger und animierender Duft, Orangenzesten, mineralische Anklänge, klare Linie, sehr zugänglich mit delikater Säure, erfrischend langer Nachgeschmack.

★★★★★ S €€€€ GV — TOP
2022 Grüner Veltliner Primary Rocks + Seit 2002 eine Besonderheit an voller Frucht, Würze, Kraft, ausgeprägtem Körper, Finesse, Vielschichtigkeit, Harmonie, auf kargem Urgestein an über 80-jährigen Rebstöcken gewachsen – ein großer Wein von Format.

★★★★ S €€€ RI
2022 Riesling Urgestein Ried Reipersberg + Ausgeprägte Nase nach Steinobst wie reife Marillen und Weingartenpfirsich, mineralisch und saftig mit viel Eleganz, ausgewogen und sehr animierend im langen Finish.

★★★★ S €€ CH — PLV
2022 Chardonnay + Einladender Duft nach grünem Apfel und reifer Ananas, delikat und mineralisch, harmonisch und schlank, gaumenfreundlich und charmant im langen Nachgeschmack.

★★★★ S €€€ PG
2022 Grauburgunder Ried Gebirg + Strohgelb, dicht, würzig, vollmundig, cremig, Vanille, Walnüsse, Marzipan, feine Exotik, Schwarztee, vielschichtig und mineralisch, sehr ausgewogen – ein Wein für Kenner und ein idealer Speisenbegleiter.

★★★ S €€€ SB
2022 Sauvignon Blanc Ried Reipersberg + Ausgewogen-harmonischer Duft nach Holunder, Cassis und nasse Blätter, leicht grasige Noten, saftig, elegant und sehr trinkfreudig, typisch leichter Sauvignon wie man ihn gerne hat.

★★★★ S €€ TR
2022 Roter Traminer Ried Mühlberg + Elegant-blumige Nase nach Rosen, ein ganzer Rosengarten, cremig, traubig, enorme Extrakte, kraftvoll und komplex, reichhaltiges Aroma bleibt unendlich lang am Gaumen – hochwertiger Traminer.

Weingut
Hagn

2024 Mailberg, Hauptstraße 154
Tel. +43 2943 2256
info@hagn-weingut.at, www.hagn-weingut.at

„2022 hat uns durch die Niederschläge gute Extraktwerte beschert, wir sind sehr glücklich mit dem Jahrgang", so fasst Wolfgang Hagn das neue Weinjahr knapp zusammen. Im Weingut stehen Veränderungen an. „Ich bin kein großer Fan mehr von schnell lesen und schnell füllen, vor allem den Lagerweinen werden wir in Zukunft mehr Zeit zum Reifen lassen", gibt er einen Ausblick auf die nächsten Jahre. Reifepotenzial sieht er auch im leichten Segment, was der Filius trefflich belegt. Der im Frühjahr noch vorwitzige Sommerwein hat sich zu einem ernsthafteren Vertreter entwickelt, der dennoch viel Genuss für Terrasse und Garten bereithält. Der Antlasbergen ist in seiner gewürzigen Art herbstlich getönt, der kräftigere Hundschupfen braucht noch ein bisschen Anlauf, spontan im großen Eichenfass (500 l) vergoren wurde die Hunter Reserve. Mit barocker Opulenz und zartem Süßetouch empfiehlt sich der Chardonnay für besondere Gelegenheiten. Seriöser tritt auch der Sauvignon auf, er bleibt dabei ein Spaßmacher auf sehr gutem Niveau. "Merlot wird bei uns irrsinnig reif", kein Wunder also, dass er ein gern gesehener Partner in den gelungenen Rotweinen des Betriebs ist. *db*

WEINVIERTEL DAC

★★ S €€ GV
2022 Grüner Veltliner Classic + Frische gelbe und rote Äpfel, leicht kühl hinterlegt, etwas grüne Banane, bisschen röstig, klassische Weinviertler Erscheinung; karamellig-fruchtsüß, fester mineralischer Grip, gutes Säurepolster, Holunderblüten, gewisse Spannung, zarte Exotik im Abspann.

★★★ S €€€ GV
2021 Green Hunter Reserve Bio + Melange aus Holzsüße und reifer Apfelfrucht, Röstnoten, Quitte, Weingummi, bisschen Exotik; Karamell, Dörrobst, herzhafter Grip, belebendes Säurespiel, feste, engmaschige Struktur, holz- und fruchtsüß im Abgang.

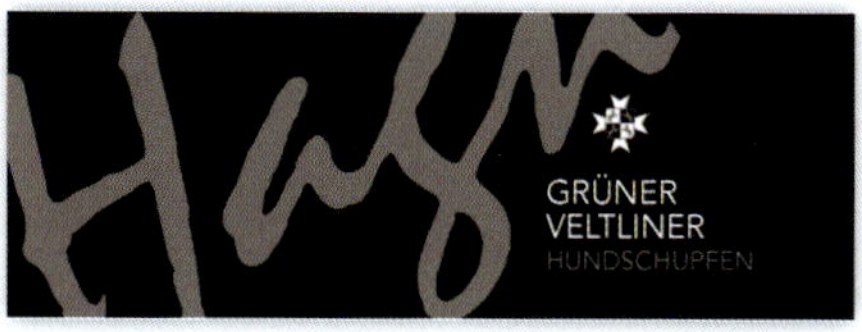

NIEDERÖSTERREICH

★★ S €€ GV
2022 Grüner Veltliner Filius + Zart pfeffrig, grüner Apfel, helle Blüten, hübsche Würze, zart ätherisch, zitrusfrisch; Kernobst ist das Thema, fruchtsüß, gewisse Fülle, erfrischende Säure von ein bisschen CO_2 aufgepeppt, seriöser Auftritt, brauchbare Länge.

★★★ S €€ GV
2022 Grüner Veltliner Ried Antlasbergen + Recht gewürzig, reifes Kernobst, Lebkuchengewürz, ruhig, herbstlich getönt, auch schon etwas kühl; weich und gemütlich, hübscher Fruchtsalat, lebendige Säure und steiniger Unterbau kitzeln den Gaumen, solide Länge, ein paar Bitternoten im Nachklang.

★★★ S €€ GV
2022 Grüner Veltliner Ried Hundschupfen + Kräftige Erscheinung schon in der Farbe, reifer Obstkorb, auch Birne, schwarzer Pfeffer, braucht bisschen Anlauf, etwas Trockenobst; geht Richtung Apfelmus, Kompott, bisschen Vanille, Gerbstoff und mineralischer Grip, eher milde Säure, komfortable Länge, passt.

★★★ D €€€€ CH
2019 Chardonnay unique BIO + Nussig, mächtiger Ansatz, minzig-kühler Einschlag, fleischig, opulent mit verspieltem Unterbau, mineralisch griffig, verführerisch, sehr gute Länge, straffes Finish, Nüsse in Honig.

★★★ S €€ SB FUN
2022 Sauvignon Blanc + Expressiv, grüne und rote Paprika, vegetabil-würzig nach Holunder- und Johannisbeerblättern, auch dunkelbeerige, reife Facetten; wirkt am Gaumen ruhiger, sehr saftig, Cassisgeleezuckerl, pikante Säure, Marillengelee im Nachklang.

★★★ D €€ CR PLV
2020 Cuvée Komptur + (PN/ME) Holzunterlegte, dunkelbeerige, kompakte Frucht, bisschen würzig, Nelken, Vanille, Trockenobst; feste Frucht, seidiger Gerbstoffrückhalt, Himbeeren, Cassis, holzsüß, frische Kräuter, extrem süffig.

★★★ D €€€ CR
2020 Cuvée Colloredo + (CS/ME) Tiefe schwarzbeerige Frucht, zartsüßes Holz in Ansätzen, harzig, Tannenzweigerl; fleischig, dicht, kompakt, Cassis, Brombeeren, Pfeffer, getrocknete Kräuter, bei aller Tiefe viel Schwung, intensive Röstaromen, Mokka, auch etwas Kakao, etwas ernsthafter als der Komptur.

★★★ D €€€ CR TIPP
2019 Cuvée Avus + (BF/ZW/ME) Tiefschwarze Beerenfrucht, fruchtsüß umspielt, Marzipan, Lakritze, etwas Pech, Teer und Leder; frucht- und holzsüßer Einstieg, intensiv röstig, sehr dunkle Schokolade, Zesten von Bitterorange, Gerbstoffe noch griffig, viel Cassis, getrocknete Beeren, hat noch Zeit.

Weingut
Familie Hahn

Paul Hahn
2223 Hohenruppersdorf, Marktplatz 13
Tel. +43 2574 8296
verkauf@weinguthahn.at, www.weinguthahn.at

Das Familienweingut Paul Hahn liegt an einem idyllischen Anger in Hohenruppersdorf, einem Weinviertler Weinort. Paul Hahn führt den Betrieb mit Können und Fleiß und wird tatkräftig und mit kundiger Hand von seiner Tochter Melanie unterstützt.
Hier wird naturnaher, umweltbewusster Weinbau im Sinne einer kontrollierten, integrierten Produktion betrieben. Dadurch wird auf chemische Düngung verzichtet, der Rebschnitt und die Laubarbeit werden gefühlvoll durchgeführt. Freiwillige Ertragsbeschränkung, Sorgfalt bei der Lese, kombiniert mit gefühlvoller Kellerarbeit bescheren der Familie Hahn hochwertige Weine. Dieses Streben nach bester Qualität in Verbindung mit charakteristischer Sortentypizität führte zu vielen SALON-Auszeichnungen, wie dem SALON Bundessieger, und wie man am Vinaria-Sieger der Sommerweine sieht, ist noch lange nicht Schluss. *kk*

WEINVIERTEL DAC

★★ S €€ GV
2022 Grüner Veltliner Klassik + Würziger Duft gelber Früchte, dunkle Kräuter; geschmeidig-reife Golden Delicious, Grapefruitzesten, Ringlotte, Peperoni, mittlerer Körper, attraktive Säure, charmante Fruchtsüße, feiner Trinkfluss.

★★★ S €€ GV
2022 Grüner Veltliner Ried Gaisruck + Saftige Birne, Hauch Honigblüte, Apfelmus; bisschen Steinobst, pikante Säure, samtig-solider Körper, leicht malzig, Feige im zart erdigen Abgang.

NIEDERÖSTERREICH

★★ S €€ GM FUN
2022 Gemischter Satz Sommergewitter + (GV/SB/MU/MO/RI) Einladende Aromafülle, komplexe Frucht, freundlich und sympathisch, Steinobst, Orangenzesten, Hauch Exotik, lebhafte Säure, schmelzig mit Substanz, mit herzhaftem Trinkfluss.

★★ S €€ SB
2022 Sauvignon Blanc + Deutliches Sortenbukett, Holunder, Cassis, gelbgrüne Paprikaschote, Limette; saftige Stachelbeere, Wiesenblumen, schwungvolle Säure, pikant, gewisse Tiefe, feinkörnige Mineralität im Finale.

★★ S €€ CR
2022 Rosé + (PN/ZW) Duftige Waldbeeren, Kirschblüte; lebhaft, charmante Säure roter Johannisbeeren, etwas Zitronenmelisse, Hauch Preiselbeere im beschwingten Trinkfluss.

★★★ S €€ PB PLV
2022 Pinot Blanc + Reifes Kernobstbukett, tropische Früchte, etwas Backgewürze; samtig-stoffige Struktur, fruchtiger Biss, Hauch Nusskuchen, Säure reifer Limonen, elegant und saftig.

★★ S €€ RI
2022 Riesling + Animierender Steinobstduft, Marillenblüten, Kräuterwürze; nobler Fruchtschmelz, feingliedrige Mineralik, saftige Sternfrucht-Säure, eleganter Körper, nuancenreich im pikanten Abgang.

★★ S €€ GM
2022 Muskateller + Betörende Muskatblüten, Hauch Sultaninen, Kumquats; Zitronenmelisse in lebendiger Säure, etwas Litschi, tropische Akzente, bisschen Veilchen, schwungvoll und animierend.

★★★ K €€€ ZW
2019 Zweigelt Exklusiv + Kompakte Schwarzkirsche, Blutorange, Grafit; geradlinig, fruchtige Weichsel, Marzipan, Walnuss und Mokka in rauchigen Tanninen, straff und zügig, Hauch Vanille im Nachhall.

★★ K €€€ SY
2019 Syrah + Saftiges dunkles Beerenmus, Lederwürze, Veilchen; fleischig-geschmeidig, schwarze Olive, Hauch Minze, kraftvolles Tanningerüst, vollmundige Kirschschokolade, Hauch Zwetschkenröster und Tabak.

★★ K €€€ CS
2019 Cabernet Sauvignon Exklusiv + Eleganter Waldbeerenduft, Hauch Cassis, vegetabile Würze; saftig und präzise, fein rauchig, rote Schoten, Mokka, elegante Tannine, feine Mineralspur im Finish.

★★ K €€€ CR
2019 Mela Rossa Exklusiv Nr. 22 + (ZW/CS/ME/SY/BB) Munterer Johannisbeermix, Rosenpaprika, zarte Edelholzwürze; elegant beschwingt, Nougat, Kirschkonfit, etwas Zimt, feingliedrig und zugänglich.

★★★ K €€€€ CR TIPP
2019 Hahn 1 Exklusiv + (ME/CS) Ansprechendes Cassisbukett, Heidelbeere; Kirschschokolade, Pfeifentabak, schwarze Maulbeeren, Kräuterwürze, etwas Peperonata, geschmeidig reife Tannine mit Haselnuss, elegant und muskulös, Zwetschke im potenten Finale.

ÖSTERREICH

★★★ K €€€ PN
Pinot Noir Rosé Brut + (degorgiert Nov. 2021) Lebhafte Perlage; elegante Beerenaromen, bisschen Kirschkuchen, Preiselbeere; kühle Herzkirsche, etwas dunkle Kräuterwürze, Himbeersorbet, elegant hefig-mineralisch im Echo.

Weingut
Hindler

Karl Hindler
2073 Schrattenthal 13
Mobil +43 664 500 07 27
info@weingut-hindler.at, www.weingut-hindler.at
23 Hektar

Es ist immer wieder ein Erlebnis, mit Rosi und Karl Hindler ihre Weine zu probieren. Vom Weinviertel DAC bis zur Reserve, vom Weißwein bis zum Rotwein verkostet man Weine von exzellenter Qualität, je nach Bodenzusammensetzung und Qualitätsstufe, nach Ausbauart und Lagerdauer. Es erfreuen einem zugängliche, ausgewogene, finessenreiche, trinkfreudige und aromareiche Weine mit oft großem Potenzial für längere Lagerung. „Lebendiger Boden und naturnahe Pflege der Reben ist die Grundlage für unsere Weine", ist Karl Hindler überzeugt. Der Rote Malvasier ist eine echte Weinviertler Rarität. Auf Kalk gewachsen, nach altbewährter Methode auf der Maische vergoren, naturbelassen, unfiltriert – Kernobst, Blüten, extraktreiche Würze – von 60-jährigen Reben. Der aktuelle Jahrgang überzeugt mit lebhafter Frische und wurde vollständig biologisch-organisch gekeltert. So kommt die persönliche Handschrift noch authentischer in den Weinen zum Ausdruck, ist Karl Hindler überzeugt. In Zeiten der Klimaveränderung mit allen seinen wechselhaften Wetterphasen wird der Weinbau nach biologischen Grundsätzen zur wahren Herausforderung. Doch im Einklang mit der Natur gelingen Weine, die das Handwerk und die Herkunft deutlich widerspiegeln und sie zu Spezialitäten und Raritäten werden lassen, für die das Weingut schon lange bekannt ist. Beim Weinstammtisch jeden Samstagnachmittag kann man alles Wissenswerte rund um die Weine erfahren und im Gespräch mit der Familie Hindler sein Weinwissen stärken und erweitern. *wh*

WEINVIERTEL DAC

★★ S € GV
2022 Grüner Veltliner Vom Löss + Fruchtig-würzig, deutliches Pfefferl, frische Zitrusnoten, grüner Apfel, spritzig und saftig, ausgewogen, animierender Botschafter der Region.

★★★ S €€ GV
2022 Grüner Veltliner Ried Steinperz + Animierende Frucht nach grünem Apfel, etwas Birne, würzig, Extraktsüße, mächtiger Körper, deutliche, aber feine Mineralik, ausgewogen, viel Potenzial, lang im Finish.

★★★ S €€ GV
2022 Grüner Veltliner Ried Längen + Frische, ausgeprägte Frucht und Würze, Pfirsich, Ringlotten, gute Balance, sehr gehaltvoll mit Körper, Finesse und belebender Säure, langer, ausgewogener Nachgeschmack.

★★★ S €€€ GV
2021 Grüner Veltliner Ried Öhlberg Reserve + Im 1000-Liter-Fass ausgebaut, elegante, charmante Frucht in der Nase, feine Exotik und Pfefferwürze, überreife Äpfel, feine Mineralik und Finesse, enormes Potenzial, angenehmer, langer Abgang.

NIEDERÖSTERREICH

★★★ S €€ SB
2022 Sauvignon Blanc Classic + Sehr fruchtbetont und duftig nach Stachelbeeren, Holunder, Paprika und Kräuterwiese, extraktsüß, gehaltvoll mit delikater, frischer Säure, sortentypisch und gefällig im trinkfreudigen Nachgeschmack.

★★★ S €€ RI
2021 Riesling Ried Kalvarienberg + Auf Urgestein gewachsen, sehr fruchtig und aromatisch, geprägt von Vielschichtigkeit, Marillen und Weingartenpfirsiche, mineralisch und kraftvoll, eingebettete Säure, viel Schmelz und Extrakte, sehr typisches und langes Finale.

★★★★ S €€ CH TIPP
2021 Chardonnay Reserve + Exotisches Duftspiel nach Mango, Banane, Maracuja, Mandeln, Ananas, Vanille, Karamell – eine Aromabombe, cremig, extraktsüß, enormes Potenzial, ein herrlicher Chardonnay!

★★★ S € BP FUN
2021 Blauer Portugieser Ried Längen + Dunkles, leuchtendes Rubin, kräftige Beerennoten von Brombeeren über Heidelbeeren bis Cassis in der Nase, sehr fruchtbetont und ausgewogen, einladender Trinkfluss, deutliche Beerenfrucht im Abgang.

★★★ K €€€ CR
2019 Cuvée Ried Hüttenberg Reserve + (ZW/ME/CS) Dunkle Beeren, schwarze Kirschen, Kräuterwürze, Bitterschokolade, feine Röstnoten, eingebundene Tannine, kraftvoll und harmonisch, kompakt, fast wuchtig, viel Finesse im charmanten, langen Nachgeschmack.

★★★ K €€€ MA
2021 Malvasier Tradition + Maischevergoren und naturbelassen, zeigt sich goldgelb bis kupferfarbig, blumig-fruchtige Kernobstnase nach reifen Äpfeln und Birnen, Rosenholz, Mandeln, sehr gehaltvoll und mineralisch, extraktreiche Würze im langen, angenehmen Abgang.

Weingut **Hirtl**

Martin Hirtl
2170 Poysdorf, Brunngasse 72
Mobil +43 699 140 006 11
office@weingut-hirtl.at, www.weingut-hirtl.at
25 Hektar, W/R 75/25, 100.000 Flaschen/Jahr

Das Weingut Hirtl ist schon seit vielen Jahren ein starker Eckpfeiler in der durchaus vielfältigen Weinlandschaft des nordöstlichen Weinviertels rund um Poysdorf, was auch zahlreiche Auszeichnungen belegen. Ein großes Anliegen sind Andrea und Martin Hirtl eine ökologisch sinnvolle Bewirtschaftung der Weingärten und eine vernünftige Ertragssteuerung. Auch wenn sich die Burgundersorten hier schmeckbar wohlfühlen, dominiert der Grüne Veltliner in seinen Spielarten – wie kann es an der nördlichen Brünnerstraße auch anders sein – eindeutig das Geschehen. Und so können wir nachfolgend gleich sechs verschiedene Veltliner vorstellen, davon fünf aus dem keineswegs einfachen Weinjahr 2022. Doch die Hirtls und ihr Team haben ganze Arbeit geleistet. Schon die Einstiegsqualitäten erscheinen sehr zupackend und „natürlich", während sich die Lagenweine ausgesprochen rassig und reintönig präsentieren und bereits frühes Trinkvergnügen vermitteln. Schwer zu sagen, ob man den besonders rassigen Waldberg oder den geschmeidigen Kirchberg vorziehen sollte; von der zuweilen beklagten Säure- und Extraktarmut kann hier jedenfalls keine Rede sein. Den Höhepunkt der „grünen" Serie realisiert allerdings ein gereiftes Gewächs in Gestalt der kraftvollen wie eleganten 2019er Reserve. Bemerkenswert war auch die Fassprobe des markanten Weißburgunders aus 2022, der der näheren Herkunft ebenso gerecht wurde wie dem Sortencharakter. *vs*

WEINVIERTEL DAC

★★ S €€ GV
2022 Grüner Veltliner Franz + Apfel und Quitte im klaren, burschikosen Bukett, kompakt und herzhaft, vegetal-schotige Untertöne, Kräutergarten, salopp und ungeschminkt.

★★★ S €€€ GV
2022 Grüner Veltliner Ried Kirchberg + Birne und Quitte in der archetypischen Nase, kreidige Note, frisch und akzentuiert, schöne Fülle, einschmeichelnd und fleischig, recht sanft und balanciert im Abgang.

★★★ S €€€ GV PLV
2022 Grüner Veltliner Ried Waldberg + Limetten, Mandarinen und Zitronengras im weit ausschwingenden Duftspiel, zartblumig, feingliedrig und nuanciert, paprizierte Würzenote, straff und blitzsauber, stahlige Art, langer Nachhall.

★★★★ S €€€ GV TIPP
2019 Grüner Veltliner Reserve + Hirschbirne und ein Hauch von Waldhonig, profund und facettenreich, kraftvoll und mollig, Ananas und Mokka, extraktsüß und terroirbetont, ausgewogener, eleganter Veltliner-Typ mit Länge und Lagerreserven.

NIEDERÖSTERREICH

★★ S € GV
2022 Grüner Veltliner Classic + Zitronat und Kernobst sowie eine Prise weißer Pfeffer, kühl und zupackend, recht fest verwoben, etwas grüner Spargel, tatsächlich klassischer, unkomplizierter Brünnerstraßler.

★★★ S €€ GV
2022 Grüner Veltliner Ried Bürsting + Erinnert an Winteräpfel, auch Grapefruit und Melisse, alles in hübscher Eintracht, sehr sauber und griffig bei mittlerem Volumen, noch leicht hefig, baldiges Trinkvergnügen garantiert.

★★★ S €€ PB
2022 Weißburgunder Exklusiv + Feiner Mix aus nussiger Würze und gelbfruchtigen Aromen, ausgereift, saftig und rund, traubige Note, herzhaft und körperreich, individueller Stil, der Herkunft und Rebsorte gut widerspiegelt, besitzt Schmelz und Länge.

★★ S €€ CH
2021 Chardonnay Soleil lieblich + Helle, beschwingte Duftnote, Akazienblüten und Pfirsich, zart und subtil, eher schlank, feinrassiges Süße-Säure-Spiel, Ananas und Bergamotte, quasi im Stil einer süßen Spätlese von anno dazumal.

★★ S €€ CH
2020 Chardonnay halbtrocken + Exotisch anmutende Melange aus Melonen und Agrumen, intensiv, ja nahezu betörend, tropische Früchte auch am Gaumen, schlank, doch herzhaft, der Restzucker wirkt etwas isoliert.

Weingut
Hofbauer-Schmidt

Johannes Hofbauer-Schmidt
3472 Hohenwarth, Hauptstraße 54
Tel. +43 2957 221
weingut@hofbauer-schmidt.at,
www.hofbauer-schmidt.at

Sucht man nachhaltig produzierte Top-Weine, so ist man im Familienweingut Hofbauer-Schmidt in Hohenwarth genau richtig. Hier entstehen klare und aromatische Weine mit viel Charakter, welche die Eigenschaften der Böden und das Klima des Wagrams, Kamptals und des nordwestlichen Weinviertels vereinen. Man findet eine breite Palette an Sorten, natürlich mit Schwerpunkt Grüner Veltliner und Roter Veltliner, dessen Rebfläche in den letzten Jahren deutlich vergrößert wurde. Auf den kalkreichen, schottrigen Hohenwarther Lössböden fühlen sich der Grüne Veltliner und die autochthone Sortenrarität Roter Veltliner besonders wohl. Die Reben der Neupflanzung sind aufgrund der hohen Lage von beinahe 400 m weniger frostanfällig und dafür spätreifender. Umstände, welche in den immer wärmer werdenden Jahren einen deutlichen Vorteil darstellen. Der Einsatz und Fleiß von Petra, Leopold und Johannes wird getragen von einer lebendigen Leidenschaft zu Natur und Weinbau. Ein Familienbetrieb, wo diese Leidenschaft bereits seit acht Generationen gelebt wird und Entscheidungen gemeinsam getroffen werden – goldrichtige Entscheidungen, wie die hohe Qualität der Weine beweist. *kk*

WEINVIERTEL DAC

★★★ S €€ GV
2022 Grüner Veltliner Ried Hochstrass + Gelbfruchtiger Apfelduft; Quittenmus und pikante Grapefruitzesten, samtig und vielschichtig, klare Frucht, dunkle Würze, ziselierte Säurestruktur, etwas Fenchel und fein pfeffrig, charaktervoll im vergnüglichen Finale.

★★★★ K €€€ GV TIPP
2021 Grüner Veltliner Reserve Ried Kellerberg + Nuanciert fruchtiges Bukett; komplex und eigenständig, feine Extraktsüße, tiefwürzig, wohliger Schmelz, saftiges Kernobst, feines Pfirsichmus, belebende Säure, etwas blättrig, dicht und kernig, gut geerdet, pfeffrig im mineralischen Nachhall.

NIEDERÖSTERREICH

★★ S €€ RV
2022 Roter Veltliner klassik + Orangenblütenduft; gelbfruchtiges Aromaspiel, Apfel, Honigblüte und Birnencreme, klare Struktur, pikant und unbeschwert, etwas Marzipan und Kumquats runden die Säure ab, ein niveauvoller Sorten-Einstiegswein.

★★★ S €€ RV PLV
2022 Roter Veltliner Ried Hochstrass + Duftiges Birnen-Apfel-Bukett; hocharomatisch, gelbe Ringlotte, etwas Quitte, Clementinenzesten, geschmeidige Säure, kalkiger Mineralgrip, Nusskuchen, Backgewürze im samtig-fruchtigen Ausklang.

★★★★★ S €€€ RV TOP
2022 Roter Veltliner Alte Reben + Vollreife Orange und Melone; ausdrucksstark und saftig, etwas Bischofsbrot und Clementinengelee, feine Karamelltöne, Mandelkuchen und konzentrierte Frucht, fleischiger, extraktreicher Körper, elegant und gaumenfüllend, geschmeidiger Schmelz im tropischen Säurespiel, kräuterwürzig im Hintergrund mit kerniger Mineralität im endlosen Abgang.

★★★ S €€ SB
2022 Sauvignon Blanc Ried Mühlweg + Ausgeprägtes Cassisbukett, rassige Vegetabilität neben vollreifen Stachel- und Johannisbeeren, kühles Neuseeland-Feeling, dunkle Kräuterwürze in knackiger Säure, prägende Sortentypizität, hohe Spannung und Dynamik, geht mit fruchtigem Druck in ein langes Finish.

★★★ S €€ SI
2022 Grüner Sylvaner Ried End des Berges + Pikanter, vegetabiler Quittenduft; reife Stachelbeere, kühle grünschotige Würze, dynamisch und animierend, junge tropische Früchte, Ananas, grüne Banane, lebhafte reife Fruchtsäure, Kernobst mit Zitronenmelisse, schwungvoll mit mineralischer Spur im saftigen Trinkfluss.

★★★ S €€ RI
2021 Riesling Ried Ziersdorfer Köhlberg + Traumhaftes Rieslingbukett; saftiger Fruchtschmelz am Gaumen, begleitet von nerviger Säure, feine Exotik schwingt mit, etwas Litschi neben jungen Weingartenpfirsichen, insgesamt pikante Sortentypizität, eleganter Extrakt, von straffer Mineralspur unterlegt.

★★ S € ZW FUN
2022 Zweigelt Rosé + Duftige Kirschblüten; frischer, animierender Waldbeerenmix, auch saftige Weichsel mit etwas Mandel, schwungvoll fruchtige Säure, bereitet hohes Trinkvergnügen.

BIO

Bio-Weingut
HuM Hofer

Hermann & Maria Hofer
2214 Auersthal, Neubaugasse 66
Tel. & Fax +43 2288 6561
office@weinguthofer.com, www.weinguthofer.com
25 Hektar, W/R 75/25, 125.000 Flaschen/Jahr

„2022 haben wir nach einem sehr trockenen Sommer schon Mitte September mit der Lese begonnen, für unsere Verhältnisse ist das recht früh. Bei den Weinen ist interessant, dass der Säuregehalt analytisch nach weniger ausschaut als er sich dann, dem niedrigen pH-Wert sei Dank, am Gaumen präsentiert." Neu im Betrieb und in Folge im Sortiment ist Schwiegersohn und Quereinsteiger Manfred Ottendorfer. Sein Gesellenstück ist Fred.dO, ein frisch-frecher Veltliner mit Witz und Charakter. Als straffer, fast strenger Typ präsentiert sich derzeit noch der vielschichtig fruchtverzierte Vogelsang. Starker Stoff für festliche Anlässe und Speisen ist die Reserve vdR 2021.
Einfach zum Nachschenken ist der zart aromatische Gemischte Satz praktisch ein Selbstläufer, während der eigenständige Welschriesling einer kulinarischen Begleitung nicht abgeneigt ist. Der Weiße vom Zweigelt hat ein bisschen Farbe abbekommen, er empfiehlt sich als sympathischer Geselle für laue Sommerabende. Aufmachen und trinken lautet das Motto für den freundlich fruchtverzierten Blauburger. Der schon im Vorjahr präsentierte Zweigelt glänzt noch mit jugendlichem Fruchtcharme, der St. Laurent hingegen hat jetzt den Höhepunkt seiner Entwicklung erreicht. Der hell-kupferfarbene KISS, ein Rosé aus Cabernet Carol, ist ein witziger, deutlich restsüßer Ausblick in die Welt der pilzwiderstandsfähigen Sorten. *db*

WEINVIERTEL DAC

★★ S €€ GV
2022 Grüner Veltliner Fred.dO + Knackige, saftige Birne, Limette, Melisse; griffig-kalkiges Grundgerüst, Apfelkompott, Zimt, Gerbstoff, gute Länge.

★★ S €€ GV
2022 Grüner Veltliner Ried Vogelsang Bockfließ + Apfelfrucht, weiße Ribisel, Stachelbeere, eine Prise Staubzucker; pikant, würzig, etwas harzig, Kamille, weißer Pfeffer, Limette, Mandarine, prickelnd, freut sich über Zubrot, spannend, eigenständig, gute Länge.

★★★ S €€ GV PLV
2021 Grüner Veltliner vdR Reserve + Dunkles, reifes Kernobst, bisschen Vanille, Karamell, Nüsse in Honig; kraftvoller Ansatz, Alkohol ist gut versteckt, gut eingefügte Säure, Frucht bleibt hinter Weinigkeit zurück, geschmeidig mit gewisser Spannung, braucht Luft, hat noch Zeit.

NIEDERÖSTERREICH

★★ S € GS FUN
2021 Gemischter Satz + (FV/MT/GV/WR/GM/PB) Dezent aromatisch, Strohblumen, verführerisch, gewisse Substanz andeutend; lebhafte Säure, Substanz bestätigt sich, nussige Noten, Aromatik bleibt, feste Prise Pfeffer.

★★ S € WR
2022 Welschriesling Ried Frauenberg Bockfließ halbtrocken + Verhalten duftig mit Stein- und Kernobstmix, Kamille, Blütenhonig; leicht gesüßtes Apfelmus, Zuckerrest steht gegen Gerbstoff und Kalk, bleibt apfelig, schalig, eigenwillig.

★★ S €€ ZW
2022 Weißer vom Zweigelt halbtrocken (14) + Rote Ribisel, Erdbeeren, freundlich; zischige Kohlensäure, weiße und rote Ribisel, sehr fruchtbetont und animierend, kleiner Rest Gerbstoff gibt Rückendeckung, unbeschwerter Genuss.

★★ S €€ BB FUN
2022 Blauburger + Intensive rot- bis dunkelbeerige Frucht, Zwetschke, Leder, Jod; straffe Gerbstoffe, mittlere Substanz, hübsches Fruchtspiel.

★★ S €€ ZW
2019 Zweigelt Klassik + Kirschkompott, dunkle Beeren, leicht ledrig, sehr freundlich und doch eigenständig, feine Würze, frische Kräuter; Fruchtsüße auf robuster Substanz, angenehme Kanten, weiterhin recht kräuterwürzig, legt weiter zu, geschliffen, immer noch jugendlich.

★★ S €€ SL
2016 St. Laurent + Steht jetzt mit vielen getrockneten Aromen sehr gut da, bleibt pikant und konzentriert; öffnet sich recht schnell am Gaumen, die vormals kräftigen Gerbstoffe sind sanfter geworden, Frucht ist auf dem Rückzug, leicht gekühlt und ohne Umschweife genießen.

ÖSTERREICH

★★ S €€ Cabernet Carol
2021 KISS + (96g/l RZ, 6,5 ‰, 10 %, 0,375 l) Die eigenständige Duft- und Aromenvielfalt hat sich auf den Gaumen zurückgezogen, der Restzucker ist in ausreichend Säure gepackt, etwas Gerbstoff gibt zusätzlich Halt, mit hellen Aromen nach Ribiseln, Erdbeeren, Rhabarber macht er Lust auf eine ausgelassene Gartenparty.

Familienweingut **Honsig**

Norbert Honsig
2051 Platt 15
Mobil +43 664 732 164 01
weingut.honsig@aon.at, www.weingut-hosnig.at
6,5 Hektar, W/R 75/25

„Als Familie heißt es zusammenhalten." Maria und Norbert Honsig sowie ihre drei Söhne Thomas, Johannes und Martin erledigen fast alles selbst. Gelesen wird ausschließlich händisch, verarbeitet werden nur eigene Trauben. In den letzten Jahren haben die Jungen neue Ideen eingebracht und neue Weinstile etabliert. Die Linie JOIE wurde 2020 eingeführt; das französische Wort bedeutet Freude, und die soll den Konsumenten geschenkt werden, wenn sie diese Weine genießen. Die zweite Sonderlinie namens JUJU verkörpert die Freude der Jugend – Jubilum Juventutis – und besteht bislang aus einem PetNat, von dem es die überschaubare Menge von 500 Flaschen gibt.
Ungefähr die Hälfte der Weingärten liegt in Platt, wo die Reben in Meeressedimenten wurzeln, teilweise in Kombination mit Löss, aber auch sandig-lehmigen Inseln. Die andere Hälfte der Rieden befindet sich in Zellerndorf, wo der Untergrund aus Löss besteht. Hier stehen die Reben des Grünen Veltliners der Ried Längen, sie bringen es auf das beachtliche Alter von mehr als 50 Jahren. Auch sein Bruder „Vier Gärten" stammt von hier, ebenso die Sauvignons, Blauer Portugieser und die Beerenauslese vom Grauen Burgunder. Schon im Weingarten steht Qualität im Fokus, von gezielter händischer Laubarbeit bis zur Ertragsreduktion.
Die Grünen Veltliner sind sortentypisch und trinkanimierend, der Riesling ist selbsterklärend. Eigenständig ist der PetNat aus dieser Rebsorte. Primus in der Serie ist die Burgunder-Cuvée Esprit. Sie hält, was die Linie JOIE verspricht. Das gilt auch für den Grünen Veltliner Vier Gärten und den ungewöhnlich noblen Blauen Portugieser aus dieser Linie. *ww*

WEINVIERTEL DAC

★★★ S €€ GV
2021 Grüner Veltliner Ried Längen + Dezent, Äpfel, zarte Würze; lebhaft, sanfter Schmelz, passende Substanz, leise Bodentöne, fruchtbetonter Nachhall.

NIEDERÖSTERREICH

★★★ S €€ GV
2022 Grüner Veltliner Exklusiv St. Ulrich + Freundlich, gelbe Äpfel, Pfirsiche, Prise Würze; feines Säurespiel, Struktur, sanfter Druck, nie üppig, fruchtiges Finale.

★★★ K €€ GV
2021 JOIE Grüner Veltliner Vier Gärten + Kompakt, unaufdringlich, kündigt Kraft an, Boskop-Äpfel, Prise Kräuter, Hauch Bienenwachs und Pfeffer; Balance, kraftvoll ohne Üppigkeit, Zug, Quitten, wie aus einem Guss, gute Länge, eigenständig.

★★★ S €€ RI FUN
2021 Riesling Ried Sandberg + Feingliedrig, Pfirsiche, freundlich; schließt nahtlos an, zartes Säurenetz, als Sorte selbsterklärend, Trinkfluss.

★★★ S €€ PG
2021 Grauer Burgunder Ried Kirchleiten + Unaufdringliches Sortenbukett, Birnen, Hauch Kletzen; frisch, lebhaft bei guter Fülle, Säurespiel, sympathische Prise Gerbstoffe und helles Steinobst im Abgang.

★★★★ K €€ CW TIPP
2021 JOIE Cuvée Esprit + (PB/PG) Sanft, Babybananen, Papaya, nussig, Birnen, helles Steinobst, frische Kräuter, leise Bodentöne; Weißburgunder gibt den Ton an, animierende Frucht, Pistazien, Substanz, ausgewogen, kaum merkliche Gerbstoffe, hinten auch Kumquats, langer und fruchtbetonter Nachhall.

★★ S €€ SB
2022 Sauvignon Blanc Traditionell + Kräuterwürze, Stachelbeeren, Ribisel; auch im Geschmack, unaufdringliche Säure, passende Substanz, ausgewogen.

★★★ S €€€ PG
2021 Grauer Burgunder Beerenauslese + (lieblich) Frisch gedroschenes Korn, reife Äpfel, Pfirsiche; fruchtbetont, süffige Restsüße, agil, Säure und ein Hauch Gerbstoffe geben Struktur, fruchtiges Finish.

★★★ K €€ BP
2019 JOIE Blauer Portugieser + Ungewöhnlich elegantes Sortenbukett, Kirschen, Preiselbeeren und deren Laub; schließt nahtlos an, balanciert, feines Säurespiel, klare Frucht, perfekt integrierte Tannine, Frucht und zarte Würze im langen Nachhall.

★★★ S €€ ZW
2020 Blauer Zweigelt Ried Kirchleiten + Klare und dunkel getönte Frucht, Schwarzkirschen, blaue Pflaumen; schließt mit viel Frucht an, Säurespiel, kühler Touch, unauffällige Tannine, Trinkfluss bei mittlerer Länge.

ÖSTERREICH

★★★ K €€€ RI FUN
NV JUJU Jubilum Juventutis Riesling Pétillant Naturel + Interessant, Mostbirnen, Nüsse, Getreide, Kräuter; aromatisches Dacapo, angenehme Säure, animierend, samtige Perlage, gute Länge, hellfruchtiges Finale.

Weingut
Hugl-Wimmer

Martin & Sylvia Hugl
2170 Poysdorf, Auf der Schanz 28
Tel. +43 2552 20369
office@huglwimmer.at, www.huglwimmer.at
35 Hektar, W/R 80/20

Das noch relativ junge Familienweingut von Martin und Sylvia Hugl-Wimmer entstand durch die Vermählung der beiden seit vielen Generationen bestehenden elterlichen Weinbaubetriebe, wobei der Doppelname ganz bewusst gewählt wurde, um die Fortführung der Familientraditionen mit neuer persönlicher Handschrift zu signalisieren. Das Hauptaugenmerk im Betrieb gilt natürlich der Leitsorte der Region, dem Grünen Veltliner. Dieser wird in seiner ganzen Vielfalt ausgebaut – vom unkomplizierten, fruchtigen Trinkwein bis hin zu kräftigen Lagenweinen. Den Einstieg bilden Vertreter wie der leichte, spritzige „Poysdorfer Saurüssel" oder auch der „Classic", es folgen Gebietsweine mit Weinviertel DAC, die mit pfeffrigem Bukett punkten, bis hin zur kraftvollen, schmelzigen Weinviertel DAC Reserve aus der Ried Rösselberg. Darüber hinaus umfasst das Sortiment noch zahlreiche weitere Sortenweine.
Die Weingärten befinden sich in einem Umkreis von fünf Kilometer rund um Poysdorf. Trotz der räumlichen Nähe gibt es zahlreiche Unterschiede bei der Bodenbeschaffenheit: Sie reicht von leichten, sandigen Böden in den nördlichen Lagen über mittlere Lehmböden bis hin zu tiefgründigen Löss-Lehmböden.
2014 wurde eine moderne Kellerei gebaut, wo Traubenübernahme und Vinifikation sowie Abfüllung und Flaschenlagerung erfolgen. Dort gibt es auch einen Präsentationsraum. Die Weißweine werden kühl vergoren, der Ausbau erfolgt fast ausschließlich in Edelstahltanks. Die Rotweine werden mit den Schalen vergoren und im Eichenfass gereift. Das Weingut ist Nachhaltig Austria zertifiziert. *psch*

WEINVIERTEL DAC

★★ S €€ GV
2022 WV Grüner Veltliner + Recht würziges Bukett nach Wiesenkräutern und etwas Kernobst, pfeffrige Würze, recht ausgeprägt; griffig, straff, Zitrus, auch Grapefruitnoten, gewisser Biss, leicht spritzig, durchaus griffig nach hinten.

★★ S €€ GV
2022 Grüner Veltliner Alte Geringen + Ansprechende Fruchtnase, Äpfel und Limettenschalen, helle Würze, exotischer Touch, Wachs; knackig, schlank mit einiger Frucht, reintönig, spritzig, anregend.

★★★★ S €€ GV TIPP
2020 WV Reserve Grüner Veltliner Ried Rösselberg + Mollige Fülle, Backapfel, ausgereift, etwas Anis, Kuchennoten, cremig, wirkt reichhaltig; mittelkräftig, fest, einige Frucht, Grapefruits mit etwas Kokos und Zimt, recht guter Extrakt, Biss, schön trocken, gute Länge.

NIEDERÖSTERREICH

★★ S €€ GM
2022 Gelber Muskateller + Recht gewürzig im Duft, auch dunkle Tönung, dunkles Laub, grüner Pfeffer, Salbei, Zitrus; griffig, viel Biss, ziemlich spritzig, lebhaft, wenn auch recht schlank, anregend.

★★ S € GV
2022 Grüner Veltliner Classic NÖ + Recht würzige Fruchtnase, grünschotige Akzente, Laub, etwas Apfel, zart aromatisch, Aranzini; dezent saftiges Entrée. Fruchtdacapo, spritzig, klar, zartbitter, mittleres Finish, anregend, filigran.

★★★ S € PB
2021 Weißburgunder Ried Junge Geringen + (halbtrocken) Sehr würzige Nase, geröstete Nüsse, Majoran und Oregano; ungemein saftige Frucht, Orangen, fruchtsüß mit knackigem Biss, passender Extrakt, mittlere Tiefe und Finish, trinkig.

★★★ S € CH FUN
2021 Chardonnay Ried Zapfelsberg + (halbtrocken) Erst zurückhaltend, dezent cremige Fülle, etwas Weißbrot, gelbfruchtig, zart nach Zitrus; mittelkräftig, saftig-geschmeidige Fruchtfülle, dezenter Biss, spritzig, mittellang.

★★★ S € RI
2021 Riesling Ried Steinberg – Ketzelsdorf + Anfangs schüchtern, ruhig, frische Orangenzesten, exotischer Hauch; mittelgewichtig, etwas ausladend, dezente Frucht, mittleres Spiel und Länge, nervig, trinkig.

★★ S €€ ZW
2019 Zweigelt Reserve + Ziemlich rauchig-würzig, etwas gereifte Frucht, Dörrzwetschken, Lanolin, getrocknete Kirschen; schon sehr zugänglich, gefällige Kirschfrucht, zart laktisch, fruchtsüß, rundes Finish.

Winzer **Jassek**

Christian Jassek
2053 Ragelsdorf 16
Mobil +43 664 465 07 98
office@winzer-jassek.at, www.winzer-jassek.at
10 Hektar, W/R 50/50, 25.000 Flaschen/Jahr

Dieser Christian Jassek, ein spätberufener Winzer, übernahm nach 20 Jahren bei Wein & Co den Betrieb. Er ist einer, der weit über den Tellerrand hinausschaut. Er versteht Weinbereiten als Handwerk. So definiert Jassek seinen Beruf. Für ihn ein Traumberuf, wenn auch seine Arbeitsstätte kein Dach hat. Betriebstemperaturen von minus 25 Grad bis plus 39 Grad. Also Blut, Schweiß und Tränen. Dieser Christian Jassek ist ein ganz Gewiefter. Er gibt in so manche Moste ganze Beeren von Weintrauben hinzu. Oder eben auch Blätter und Stielgerüste. Das intensiviert die Dichte, den Körper und die Aromatik. Dazu wäre zu sagen, dass Jassek dies nicht erfunden hat. Das ist überliefertes Wissen. Keine moderne Önologie.

Hervorragende Weißweine, wie ein überaus stimmiger 2022 Sauvignon Blanc, ein pfiffiger 2022 Grüner Veltliner DAC. Ein gereifter 2019 Grüner Veltliner Reserve vom Berg. Ein wunderbarer 2022 Rosé – an den habe ich mein Herz verloren. Von außergewöhnlicher Güte präsentieren sich die Rotweine: 50/50 ZW/BP – eine Jahrgangscuvée. Der 2020 Cabernet Franc ist genial. Ebenso die 2016 Schatzberg Cuvée – großartig! Doch beim 2019 Blauer Portugieser erschauere ich vor Freude. Haben Sie Dank, Christian Jassek, dass Sie sich so für diese schon fast vergessene Rebsorte einsetzen. Ein wunderbarer Rotwein und viel zu billig. Dieser Jassek ist ein Jass. *as*

WEINVIERTEL DAC

★★ S €€ GV
2022 Grüner Veltliner + Pfeffrig, Zitrus, Orangenzesten, eine Ahnung von Paprika, Ananas, frisch und rassig, etwas grün, da geht es zur Sache. Ein klassischer Weinviertler Grüner Veltliner. Dazu braucht man unbedingt Essen.

★★ S €€ GV
2019 Grüner Veltliner Reserve Vom Berg + Schwarzer Pfeffer, Brotkruste, Birnentouch, Ananas, voller Pikanz, ein Wein, der Ausdruck zeigt, griffig, dicht, frische Säure, Marille, der Wein ist noch immer verschlossen. Noch immer einige Zukunft.

NIEDERÖSTERREICH

★★ S €€ CW FUN
2022 Sommer Cuvée + (WR/GV/SB) Grüner Apfel, zart nach Holunder, dezent schotig, ein Hauch von Pfeffer, frisch mit knackiger Säure, ein klassischer Sommerwein, unkompliziert, süffig, macht Spaß.

★★ S € WR FUN
2022 Welschriesling + Grüner Apfel, zart nach Birnen, Zitrus, frisch, duftig, glockenklar, reintönig, wie eine Frühlingswiese, blitzsauber, macht Spaß.

★★ S €€ SB
2022 Sauvignon Blanc + Schotig, Brennnesseln, Stachelbeeren, bisschen Cassis, auch Holunder, Spargeltöne, frisches Gras, grüne Noten, frisch und knackig, toller Trinkfluss, voller Pikanz, überaus typisch. Entwickelt sich mit Luft enorm, wird fruchtig.

★★ S €€ PB
2021 Weißburgunder Ried Haidsatz + Mandeln, Nelken, Mandarinen, rassige Frische, noch total jung, knackig, Äpfel und Birnen, dezente Exotik, Ananas, Kräuter, schlanke Struktur.

★★★ K € BP
2019 Blauer Portugieser + Ein gereifter Rotwein, Mandeltöne, Zwetschken, Waldbeeren, Kirschenkerne, Teeblätter, elegant, feingliedrig, würzig, balanciert, getrocknete Kräuter, Waldboden, elegant, feine Frucht, hat Statur, Tiefgang. Ein besonderer Blauer Portugieser und Preis-Leistungs-Hammer.

★★★ S €€ CR
NV Cuvée Fifty Fifty 50/50 + (BP/ZW) Schwarze Kirschen, Brombeeren, Pilze, Mandeln, feine, saftige Frucht, rote und schwarze Beeren, kompakter Ausdruck, strukturiert, einiger Tiefgang, beste Tanninstruktur.

★★★ K €€€€€€ CF TIPP
2020 „On the right way to wrong" Cabernet Franc Große Reserve Ried Schatzberg + Tiefschwarz, Kakao, Orangen, Zitrus, elegante Fülle, feine Exotik, kühl und frisch, Zwetschken, Hagebutten, feste Struktur, einige Tiefe, voller Würze. Der Wein ist immer kühl, immer ausgewogen, passende Säure, immer elegant.

★★★ K €€€€ CR
2016 Best of Schatzberg + (ZW/ME/BB – 36 Monate im kleinen Eichenfass gereift) Rumtopf, „süße" Frucht, etwas morbid, Heidelbeeren, Brombeeren, viel Frucht, vollmundig, weiche Tannine, kraftvoll, mächtiger Ausdruck. Langatmig, in sich harmonisch.

ÖSTERREICH

★★ S €€ CR
2019 Rosé Pink + (BP/ZW/ME – Schaumwein mit zugesetzter Kohlensäure) Kirschen, Hagebutten, Kräuter, Waldbeeren, dezent erdig, trocken, liegt eng am Gaumen, zart fruchtig, erste Reife, entwickelt Druck, gute Balance, einige Zukunft. Kernige Struktur.

Weingut
Jatschka

Sebastian Jatschka
2100 Stetten, Hauptstraße 47
weingut@jatschka.com, www.jatschka.com
6 Hektar, W/R 90/10, 30.000 Flaschen/Jahr

Angefangen hat alles vor 100 Jahren. 1922 hat Franz Jatschka seinen ersten Weinstock gepflanzt. Seither hat sich viel getan. Sebastian Jatschka ist in nunmehr dritter Generation für sieben Hektar Weingärten verantwortlich, von denen die Hälfte mit dem Pfeffer des Weinviertels, dem Grünen Veltliner, bestockt ist. Für die Reserven reifen die Trauben länger, der Ausbau erfolgt in großen Holzfässern. Daneben kultiviert der junge Mann auch andere Rebsorten. „Gemischter Satz, Riesling, Gelber Muskateller und unser Roter, der Zweigelt, haben einen fixen Platz auf unserer Weinkarte und runden das Sortiment ab." Er legt großen Wert auf ein intaktes Ökosystem. „Die Natur ist unser Arbeitgeber, unsere Heimat und unsere Begeisterung." Um die natürlichen Randbedingungen bestmöglich zu erhalten, wird nach den Richtlinien der integrierten Produktion gearbeitet. „Und so manche Ideen hole ich mir aus dem Bio-Landbau", erklärt Sebastian Jatschka.

Zum Weingut gehört auch eine Buschenschank, im Herzen von Stetten am Kirchenberg gelegen. Die Ried Hundsleiten grenzt direkt an.

Die Weißweine der aktuellen Serie sind zugänglich, fruchig und trinkanimierend. Die beiden Rotweine sind kühl und fruchtbetont und spiegeln ihre Herkunft wider. Sehr gut entwickelt hat sich die Beerenauslese vom Weißburgunder, sie präsentiert sich heuer ausgewogener als noch vor einem Jahr. *ww*

WEINVIERTEL DAC

★★★ S € GV **PLV**
2022 Grüner Veltliner Ried Hundsleiten + Feines und unaufdringliches Sortenbukett, frische Äpfel, Prise weißer Pfeffer und Kräuter; viel Frucht, zarte Würze, feines Säurespiel, mittelgewichtig, Trinkfluss.

NIEDERÖSTERREICH

★★ S € MT
2022 Rivaner + Helles Steinobst, feine Kräuternoten, tief im Glas Muskatblüten; schließt aromatisch an, charmant, angenehme Säure, zugänglich, einladend.

★★ S € GS
2022 Gemischter Satz + Braucht ein wenig Luft, helles Steinobst, Äpfel, dezente Kräuterwürze; fruchtig-würzig, getrocknete Kräuter, kernig, mittelgewichtig.

★★ S € WR
2022 Welschriesling Ried Mitterviertel + Eigenständig, freundlich, fruchtbetont, knackige Äpfel, Nektarinen; schließt mit diesen Aromen nahtlos an, belebendes Säurespiel, zugänglich, passende Substanz, Trinkfluss.

★★★ S € PB
2022 Weißburgunder vom Flysch + Feingliedrig, sanft, Bananen, Anklänge von Pfirsichen, Birnen und frischen Mandeln; aromatisches Dacapo, Schmelz, zugängliche Säure, mittleres Gewicht, fein.

★★★ S € RI **PLV**
2022 Riesling Ried Neuberg + Sorte unverkennbar, saftige Weingartenpfirsiche und Marillen, leise Bodentöne; bringt diese frische und animierende Frucht auch im Geschmack, Säurespiel, Körper, gute Länge, fruchtbetonter Nachhall, mineralisch.

★★ S €€ GM
2022 Gelber Muskateller Kirchen + Angenehm unplakativ, Holunderblüten, Kräuter, Anklänge von roten Zitrusfrüchten à la Mandarinen; schließt aromatisch nahtlos an, angenehme Säure, mittleres Gewicht, frische Frucht und Holunderblüten klingen nach.

★★ S € ZW
2022 Rosé + (ZW) Rotfruchtig, Kirschen, Himbeeren, Ribiselgelee, charmant; diese Aromen kommen auch im Geschmack, angenehme Säure, Trinkfluss, Gerbstoffe nur zu erahnen, fruchtbetonter Nachhall.

★★★ S €€ ZW
2019 Zweigelt Reserve + Kühl, reife Frucht, Herzkirschen, Anklänge von Zwetschken; herzhafte und glockenklare Frucht auch im Geschmack, feines Gerbstoffnetz, Säurespiel, lebhaft, im Abgang und im Nachhall hauchzarte Gewürzaromen.

★★★ K €€ CR
2019 Arthos Cabernet Sauvignon x Zweigelt + Kühler Touch, beide Rebsorten gleichberechtigt, Kirschen, schwarze Johannisbeeren, Prise Cassislaub und Wacholderbeeren; saftige und einladende Frucht, dunkel getönt, angenehme Gerbstoffe, unaufdringliche Tannine, im Abgang auch eine Prise Kakaopulver.

★★★ S €€ PB **TIPP**
2018 Weißburgunder BA + (Beerenauslese) Ansprechende Melange aus Dörrobst und feinen Kräuternoten, Marillen, Feigen, Liebstöckel, hauchzart auch Majoran; aromatisches Dacapo, angenehme Süße, Säure hält das Gleichgewicht, Trinkfluss, getrocknete Früchte und Kräuter klingen lange nach.

VEGAN

Weingut **Jordan**

Simone & Hannes Hiller-Jordan
3741 Pulkau, Groß-Reipersdorf 12
Mobil +43 664 411 26 62
office@weingut-jordan.at, www.weingut-jordan.at
W/R 50/50

Von Anni und Karl Jordan in jahrzehntelanger, penibler Arbeit aufgebaut, führen Tochter Simone und Hannes Hiller-Jordan dieses Lebenswerk weiter und haben es zu einem modernen, innovativen Weingut der heutigen Zeit entwickelt. Mit viel Überzeugung und modernen Erkenntnissen werden Weine produziert, die im Gedächtnis bleiben. Beispielsweise einen Grünen Veltliner Reserve „Steinzeit", der im Granitfass reift und als Besonderheit absoluten Hochgenuss garantiert. Auch die DAC Reserve aus 50 Jahre alten Reben, die – im 600-Liter-Holzfass aus Weinviertler Eiche ausgebaut – ihrer Reife als charaktervoller Spitzenwein entgegenschlummert. Crushed Chardonnay als zugänglich-feiner Orange Wine ist ebenso erwähnenswert wie die Rotweine Zweigelt Rubin Reserve mit seiner charmanten Art als wahrer Schmeichler oder der 42 Monate alte „Double Oaked" Zweigelt Große Reserve, der genussvolle Freuden bereitet. Eine Neuheit, auch im Hinblick auf die warme Jahreszeit, ist der „Blanc de Noir 2020 Brut Reserve" aus Zweigelt mit Fruchttiefe, feiner Perlage und enormer Trinkfreude. Dazu gilt nach all dem Streben nach bester Qualität die Überzeugung: „Es lebe der Wein, es lebe das Leben!" *wh*

WEINVIERTEL DAC

★★ S €€ GV
2022 Grüner Veltliner Pulkau + Klassische, typisch duftige Nase nach weißem Pfeffer, Apfel, Birne, mineralisch, saftig und frisch, würzig, leicht, schlank, unkompliziert, trinkfreudig.

★★★★ K €€€ GV
Grüner Veltliner Reserve Alte Reben + Feine Exotik, reife Äpfel und Birnen, deutliches Pfefferl, frische Säure, pikant und würzig, Vanille, cremig, mineralisch, gehaltvoll, und elegant, kraftvoll, Kräuter und Finesse, charaktervoller Top-Wein mit viel Länge.

NIEDERÖSTERREICH

★★ S €€ ZW FUN
2022 Blanc de Noir + Helles Rosa bis lachsfarbig, fruchtig-frisch nach hellen Beeren und Kirschen, leicht, grüne Blätter, delikate Säure, unkompliziert.

★★★ S €€ GV
2022 Grüner Veltliner Simonel Wine & Queen + Würziger, typischer Duft, frischer schwarzer Pfeffer, saftige Säure, mineralisch, feine Kräuter, elegant und ausdrucksstark, deutliche Extrakte – herrlicher Veltliner mit sprühender Trinkfreude.

★★★★ K €€€€€ GV TIPP
2020 Grüner Veltliner Reserve Steinzeit + Im Granitfass gereift, Duft nach Steinobst, Mango, Maracuja, reife Ananas, Zitrus und reife Marillen, Vanille, sehr vielschichtig, elegant und harmonisch, cremig und gehaltvoll, lang und ausgezeichnet, ein absoluter Hochgenuss. Unbedingt lüften.

★★★ S €€€ RI
2021 Riesling vom Urgestein Ried Wehrleiten + Intensiver Duft nach Weingartenpfirsich und Marillen, auch Mango und Grapefruit, trocken, mineralisch und kompakt mit saftiger Säure, gehaltvoll und ausgewogen, Finesse und Extraktsüße, lang und sehr angenehm.

★★★ K €€ SL
2020 St. Laurent Reserve Ried Satzen + Kirschig, würzig, feine Röstnoten, Mandeln, dunkle Beeren, weiche Tannine, vielschichtig und ausgewogen, samtig und angenehm, Marzipan im langen Abgang.

★★★ K €€ ME
2020 Merlot Reserve Bruckweingärten + Von 30-jährigen Reben und sandigen Böden, helles Rubin, Duft nach Cassis, Erdbeeren, feinen Röstnoten, etwas Kaffee im Hintergrund, gutes Tanningerüst, kraftvoll, Finesse und Extrakte im langen Abgang.

★★★ K €€€ ZW TIPP
2020 Zweigelt Rubin Reserve + Tiefes, leuchtendes Rubin, typisches Bukett nach reifen schwarzen Kirschen, eleganten Extrakten, feine Röstnoten, ausgewogene Tannine, vielschichtig und gaumenfreundlich, sehr lange – Schmeichler, der Luft braucht.

★★★★ K €€€€€ ZW TIPP
2018 Zweigelt Große Reserve 42 + 42 Monate im Barrique gereift, leuchtendes Rubin, volle, typische Fruchtnase nach schwarzen Herzkirschen, Amarena, Bitterschokolade, Brombeeren, kraftvoll, dicht und vielschichtig, feine Röstnoten, weiche Tannine, strotzt vor Harmonie, Finesse und Potenzial, unendlich lang am Gaumen.

★★★ K €€€ GV
2020 Grüner Veltliner Sekt Brut Reserve + Prickelnder Genuss mit 18 Monaten Flaschengärung, würzig-frisch, kühl, anhaltend feinperlig, Zitrusnoten, trocken, leicht, saftig, fein-salzige Noten, animierender, trinkfreudiger Sekt, der Spaß macht.

★★★ K €€€ ZW
2020 Zweigelt Brut Reserve Blanc de Noir + Sortentypische Nase nach Kirschen und Weichseln, würzig, trocken, schlank und lebendig, leicht, frisch, saftig und delikat, gerade für den Sommer wie geschaffen.

Weingut
Julius Klein

Julius Klein
2052 Pernersdorf 37
Mobil +43 680 115 44 87
mail@weingut-klein.at, www.weingut-klein.at
20 Hektar, W/R 85/15, 120.000 Flaschen/Jahr

Julius Klein erinnert mich immer mehr an den großen F.X. Pichler. Julius Klein ist dem Altmeister in seiner Konsequenz, Authentizität und – ja auch – Sturheit sehr ähnlich. Julius ist am liebsten zu 120 % im Weingarten oder Keller. Die Ausrichtung nach außen überlässt er seiner überaus charmanten Lebensgefährtin. Er lässt lieber seine Weine sprechen. Und die haben einiges zu erzählen. Da kommt der 2022 Sauvignon Blanc zu Wort – ein feiner Wein. Ebenfalls der 2022 Grüner Veltliner Lehm & Löss – hervorragend. Da melden sich beide 2022 Gemischten Sätze in Weiß und Rosé. Mit diesen beiden kann man höchst vergnügliche Stunden verbringen. Die Ried Wiege Grüner Veltliner 2022 hat auch einiges zu plaudern. Mit sonorer Stimme meldet sich das Urmeer – ein gewaltiger 2021 Grüner Veltliner Grande Reserve. Bei solch einem großartigen Wein verstummt jedes Gespräch. Ich bin auch so wie Julius Klein. Am liebsten rede ich mit den Weinen. *as*

WEINVIERTEL DAC

★★ S €€ GV FUN
2022 Grüner Veltliner Lehm & Löss + Exotik, weißer Pfeffer, Zitrus, Orangenzesten, Ringlotten, rassig, Kräuterwürze, griffig, frisch bei dezentem Schmelz.

★★★ S €€ GV
2022 Grüner Veltliner Ried Wiege + (Löss, Kessellage) Würzig, etwas Karamell, salzig, voller Pikanz, Kamille, reifer Apfel, Orangenschalen, Kamille, dichte Struktur, Steinobst, geht in die Länge, straff..

★★★ S €€€ GV
2021 Grüner Veltliner Reserve Ried Steinberg + Dicht und hochmineralisch mit Holztouch, Akazienblüten, schwarzer Pfeffer, steinig, salzig, schmelzig, Exotik, Mango, Maracuja, straff und vielschichtig. Zukunft.

NIEDERÖSTERREICH

★★★★ K €€€€ GV TIPP
2021 Grüner Veltliner Grande Reserve Urmeer + (Ausbau in neuem Holz aus Akazie und Eiche) Großer Stoff, kaum Holz merkbar, das hat der Wein geschluckt, ungemein tiefgründig, rauchig, Pfeffer, Honigklänge, cremige Textur, engmaschig, extraktreich, toller Körper, Exotik blitzt auf, unglaublich vielschichtig, intensiv und stilvoll. Ein Langstreckenläufer.

★★★ S €€ GV
2022 Grüner Veltliner Ried Rustenberg + (Molasse, Muschelkalk) Rauchig, schwarzer Pfeffer, Teeblätter, Exotik, gelbfruchtig, viel Mineral, weinige Struktur, einiger Tiefgang, passende Säure, balanciert. Absolut überzeugend.

★★ S €€ CH
2022 Chardonnay + (Rustenberg – 10 % gebrauchtes Holz) Ein hervorragender, würziger Chardonnay, die Trauben kommen aus einem jungen und einem alten Weingarten, Lebkuchen, Nelken, Kakao, Waldhonig, frische Säure, kompakt, Hauch von Nüssen, Fruchtschmelz, sehr schön und gediegen.

★★ S €€ RI
2022 Riesling Ried Steinberg + Anfangs verhalten, spielt mit der Zeit Steinobst aus, Marillenfrucht, weißes Nougat, elegante Fülle, rassige Säure, Druck aufbauend, gelbe Früchte, Ananas, ungemein attraktiv.

★★ S €€ SB FUN
2022 Sauvignon Blanc + (Ried Wiege) Frische Minze, kühl, eher zart besaitet, wirkt fast zerbrechlich, feine Frucht, niemals laut, immer frisch und lebendig, feingliedrig, Spargeltöne, Wiesenkräuter, baut mit der Zeit zögerlich Paprika, Stachelbeeren & Co. auf, präzise. So was von attraktiv. Da beweist der Winzer seine feine Klinge.

★★ S €€ CW FUN
2022 Rebhuhn Gemischter Satz weiß + (alte Weingärten mit teilweise fast vergessenen Rebsorten) Zarte Holunderblüten, Zitrus, Orangenblüten, frische Kräuter, Pfirsichtöne, so richtig frühlingshaft, blitzsauber, Apfel, Birne, super Frische, perfektes Säurespiel, macht einen Mordsspaß.

★★ S €€ ZW
2019 Zweigelt + Dezent pilzig, Weichsel, rotbeerig, ein höchst individueller Zweigelt mit Ecken und Kanten, kein Schmeichler, charaktervoll, vielschichtig, tolle Säure, pikant mit Eleganz.

★★ S €€ CR
2021 Johannisberg + (80 % ME / CS) Johannisbeeren, Schokonoten, Waldbeeren, Lebkuchen, Kirschen, angenehmes Tannin, rund und geschmeidig, saftig, elegant, zeigt Charakter, angenehme Säure, einige Zukunft.

★★★★ S €€€ GT TIPP
2021 Gewürztraminer Spätlese + (Rustenberg) Ein faszinierender Wein, ein fulminanter Gewürztraminer, Rosenblüten, Zitrus, Butterflocken, Pfirsich, Marillen, vollreife Trauben, ungemein reichhaltig, vielschichtig, feingliedrig, hochelegant, zarte Würze, niemals belastend, die Säure puffert den Restzucker von 116 g/l, leicht im Alkohol, macht höllisch Spaß. Man sollte mehr Gewürztraminer trinken.

Hofkellerei des Fürsten von **Liechtenstein**

Stefan Tscheppe
2193 Wilfersdorf, Brünner Straße 8
Tel. +43 2573 2219-27
wein@hofkellerei.at, www.hofkellerei.com

„2022 war eine Zitterpartie. Die Zuckergrade sind nur sehr langsam gestiegen, es war lange nicht sicher, ob sich das für unsere Vorstellungen – gut gereift, aber nicht zu hoch – ausgeht. Es ist sich ausgegangen, und aktuell erfreuen uns vor allem die Veltliner mit extrem interessanten Fruchtnuancen", berichtet Stefan Tscheppe, der seit 2019 die Betriebsführung der fürstlichen Weingüter innehat. In diesen wenigen Jahren hat sich schon viel getan. In Wilfersdorf wurde ein neues Presshaus inkl. Gär- und Füllkeller gebaut, ein repräsentatives Entrée geschaffen, die Umstellung auf bio ist auf der Zielgeraden. „Wir sind international extrem gut unterwegs, wir wollen uns als Vorzeigebetrieb positionieren und für das Weinviertel eine Vorreiterrolle übernehmen." Auf dem Weg dorthin wird auch mit alten Vorstellungen aufgeräumt. „Die Herkunft muss in den Mittelpunkt, nicht die Sorte", und das machen sie mit den Cuvées Herrnbaumgarten und Ried Karlsberg deutlich. Riesling und Veltliner, zwei laut stillschweigender Übereinkunft als unvermählbar geltende Sorten, werden symbiotisch vereint. Vom Riesling kommt die Duftigkeit und auch die Säure, die die Würze und Frucht des Veltliners pusht, der Veltliner sorgt für Substanz und Struktur, gemeinsam interpretieren sie ihre Herkunft vom kalkhaltigen Löss, jeder auf seine Art. Maischegärung, Holz für Riesling? Alles wird auf Tauglichkeit abgeklopft. „Den Mut zum schönen Gerbstoff" präzisiert Produktionsleiter Josef Stumvoll: „Gerbstoff soll Wein in die Länge ziehen, nicht den Gaumen schließen." Die sortenreinen Weine gefallen in ihrer Weinigkeit, der spannenden Balance zwischen Herkunft und Fruchtausdruck. Spannung, gepaart mit Eleganz, kommt vom Leithaberg in Form eines finessigen, zart aromatischen Chardonnays und eines ebenso feingliedrigen, rotfruchtig auftretenden Blaufränkisch. Verkost- und erlebbar sind die Weine im Gut in Wilfersdorf und in der Vinothek im Park des Gartenpalais in Wien. *db*

WEINVIERTEL DAC

★★ S €€ GV
2022 Grüner Veltliner Clos Domaine + Fröhliche Zitrusfrucht, würzig, reifes, feines Gerbstoffgespinst, fester Grip vom Boden, süffig, pfiffige Säure, schwungvoll mit einer Prise Ernst.

NIEDERÖSTERREICH

★★★ S €€€ GV
2021 Grüner Veltliner Ried Karlsberg + Dicht, straff, fast spröde, feines Parfum, lebendig und charaktervoll, hübsche Fruchtsüße, trotzdem bröseltrocken, Frucht trägt lange, zitrusfrisch im Finish.

★★★ K €€€€€ RI
2020 Riesling Karlsberg Privat + Prächtige, lebendige Erscheinung, sehr gute Substanz, zarte Petrolnoten, ruhig, ausdrucksstark, lässt nicht aus, pikantes Finish.

★★★★ K €€€€€ RI TIPP
2021 Riesling Karlsberg Privat + Zart röstig, pfiffig mit cremigem Beiton, vielschichtige, klassische Rieslingnase, sehr elegant; gemütliche Fülle, Extraktsüße federt Herkunft und etwas Gerbstoff ab, aussagestarker Riesling, hübsche Rundungen im langen Ausklang.

★★★ S €€€ CW FUN
2021 Herrnbaumgarten + Leicht röstig, nussig, man kostet einen Tanz, einmal engumschlungen, dann geht jede Sorte ihren eigenen Weg, keine führt, Rieslingduft, Veltlinerwürze wechseln einander ab; fruchtsüße Substanz, straff, reizvolle Säure, herzhafter Biss, mit einem markanten, auf viel Fruchtschmelz gebetteten Pfefferl hat der Veltliner das letzte Wort, herrliche, feinseidige Länge.

★★★ K €€€€€ CW
2020 Ried Karlsberg + Burgundisch kalkig, diskrete Holznoten, festfleischiges dunkles Kernobst und Glanz vom Pfirsich; ruhige, spannend unterlegte Länge, nicht die Frucht, sondern das Gesamtbild ist wichtig, elegant, zieht endlos seinen Weg, Trockenobst, pikantes Pfefferl im Finish.

LEITHABERG

★★★ K €€€€ CH
2021 Chardonnay + Zarte Aromatik, Bergamotte, Kräuter, Brennnessel, hochelegante Nase; dicht, geht wunderbar auf, heftet sich an den Gaumen, nur ganz leicht holzig, sehr lang, bittersüße Zitrusnoten, extrem elegant, Wacholderbeeren im Nachklang, schwung- und kraftvoll.

★★★ K €€€€ BF TIPP
2019 Blaufränkisch + Hübsche Ecken und Kanten, Lakritze, rotbeerige Frucht, pikant; fruchtige Würze, elegante Statur, feingliedrig, straff, pfeffrige Würze mit ausgleichender Fruchtsüße im Abgang, sehr lang.

Weingut
Gerhard J. Lobner

Gerhard J. & Benita Sophie Lobner
2261 Mannersdorf an der March, Hauptstraße 62
Mobil +43 664 463 50 85
gerhard@weingut-lobner.at, www.weingut-lobner.at
10 Hektar, W/R 90/10

Mit dem herausfordernden Jahrgang 2014 hat Gerhard Lobner die Verantwortung des Familienweingutes im südöstlichen Teil des Weinviertels, im beschaulichen Mannersdorf an der March, übernommen. Nach Absolvierung der Klosterneuburger Weinbauschule im Jahre 1999 folgten mehrere Praktika im Ausland. Seit dem Jahre 2007 ist Gerhard Lobner als erfolgreicher Weingutsleiter der Wiener Weingüter „Mayer am Pfarrplatz" und „Rotes Haus" tätig. Die Doppelbelastung wird bravourös gemeistert, im persönlichen Gespräch das eigene Weingut als „Wien im Kleinformat" bezeichnet. So spielt auch bedingt durch das Kleinklima der Marchauen – anders als im Weinviertel üblich – der Riesling die erste Geige. Die 1648 errichtete Rochuskapelle prägt die Etiketten, von ihr aus sind auch die beiden vom Löss geprägten Lagen Rochusberg und Gelsenberg sichtbar. Benita, Gerhards Tochter, hat zusätzlichen „frischen Wind" in das Weingut gebracht, ihre Lebensfreude und ihr positiver Zugang zum Thema Wein sind auch in der aktuellen Weinserie erkennbar. Viel Zeit verbringt Benita im Weingarten und kann sich damit als weiterer wichtiger Qualitätsfaktor einbringen. Mit dem Welschriesling wird wieder einmal aufgezeigt, welche Möglichkeiten in dieser unterschätzten Rebsorte stecken. Die Rieslinge sind allesamt sehr gut gelungen, der trockene Wein vom Gelsenberg braucht nur mehr Luft und etwas Zeit, die liebliche Variante „Unterm Kirschbaum" lässt wieder Assoziationen an Gewächse von der Mosel aufkommen. *gh*

WEINVIERTEL DAC

★★ S €€ GV
2022 Grüner Veltliner + Zarte Fruchtausprägung, vollreife Birne, gelber Apfel, etwas Kräuterwürze, passende Zitrusnoten, wirkt stimmig; Frucht intensiviert sich auf dem Gaumen, blitzsauber, sehr animierend, gelbe und rosa Grapefruit im schwungvollen Finish.

★★★ S €€ GV
2022 Grüner Veltliner Mannersdorf + Reife und zugleich knackige Apfel-Birnen-Aromen, ausgeprägte, passende Kräuterwürze, typische Grapefruitnoten, geradlinig und präzise; saftige rosa Grapefruit in feinster Ausprägung, grüner Apfel, vermittelt viel Frische, richtig trinkig, sehr guter, animierender Nachhall.

NIEDERÖSTERREICH

★★★ S €€€ GV
2022 Grüner Veltliner Ried Rochusberg + Vorerst von Kräuterwürze geprägt, Mix aus getrockneten Kräutern, reife Apfel-Birnen-Aromen, dunkle Zitrusanklänge, Orange; Frucht prägt den Gaumen, rosa Grapefruit pur, vermittelt Frische und Trinkvergnügen, klingt mit guter Länge aus.

★★★ S €€ WR
2022 Welschriesling Ried Gelsenberg + Reife, saftige gelbe Birne, gute Fülle, elegante Fruchtausprägung, zarte Würze, etwas Zitrus, alles gut abgestimmt; dunkle, sauber ausgeprägte Zitrusfrüchte prägen den Gaumen, angenehme, zarte Herbe, Grapefruit im lebendigen Finish, gelungen.

★★★ S €€ RI
2022 Riesling an der March + Fruchtbetont, einladende Steinobstnoten, Weingartenpfirsich, getrocknete Marille, etwas Hawaii-Ananas, kühl, straff; Marille prägt den Gaumen, blitzsauber mit einnehmender Frische, lebendige Säure, gelbe und dunkle Zitrusfrucht im Nachhall.

★★★ S €€€ RI
2022 Riesling Ried Gelsenberg + Frisch gepflückte Marille, etwas gedörrte Früchte, Weingartenpfirsich, alles fein ausgeprägt; straffe, noch fordernde Säure, kühle Frucht, animierende Zitrusnoten, Marille zeigt sich wieder im Finish, etwas Flaschenreife empfohlen.

★★★★ S €€€ RI **TIPP**
2022 Riesling Ried Gelsenberg Unterm Kirschbaum + Hochreifer, süßer Pfirsich, gedörrte Marille, blitzsauber, tiefe Frucht, dabei elegant, feine dunkle Zitrusnoten; saftige, frisch gepflückte Marille, Mango, etwas Waldheidelbeere, tolles Süß-Säure-Spiel, Spannung und Frische vor Restsüße, ausbalanciert, sehr gute Persistenz.

★★★★ S €€€ CW **TIPP**
2022 Ried Rochusberg Terra Aurea + (RI/GV/WR/TR) Etwa 15 % der Rebstöcke wurden 1945 ausgepflanzt, vollreife Frucht, Quitte leicht im Vordergrund, saftige Birne, etwas Pfirsich, dunkle Zitrusnoten, zeigt viele Facetten; füllig, guter Druck, passende Herbe, Steinobstnoten, exotische Anklänge, Blutorange, vielschichtig, animierend im anhaltenden Abgang.

Weingut
Machalek

Martin Machalek
2052 Pernersdorf 179
Tel. +43 2944 81812
office@machalek.at, www.machalek.at
8 Hektar, W/R 80/20, 30.000 Flaschen/Jahr

Das Weingut Machalek ist seit 2019 bio-zertifiziert. Das bedeutet Kompost ausbringen, Begrünung aussäen, um den Boden zu durchwurzeln, um Nährstoffe zu erschließen und Wasser zu speichern. Den Boden durch Komposttees mit Nährstoffen zu versorgen. Ihn für die nächste Generation zu erhalten.

Martin Machalek hat ein kleines Sortiment, umso intensiver kann er sich um die Weine kümmern. Seit 2004 ist der Weingarten seine Arbeit. Die besten Arbeitskräfte von Machalek sind die Nützlinge wie Bienen, Regenwürmer, Spinnen und Käfer.

Also, lieber Martin Machalek, Ihre klassischen Weine sind hervorragend, doch die Natural/Orange Wines sind ganz einfach sensationell. Da bin ich hin und weg. Das soll keine Abwertung ihrer konventionellen Weine sein, doch die sogenannten Alternativweine sind große Klasse. Vor allem der 2019 Orange. Das ist großes Kino. Ein Hoch auf die Füchse! *as*

WEINVIERTEL DAC

★★ S €€ GV
2022 Grüner Veltliner Ried Wiege + Ein Obstkorb mit Pfeffer, frischer Apfel, Birnen, Melonen, Kräuter, zart-würzig, schlank strukturiert. Ein klassischer spritziger Weinviertler. Insgesamt balanciert und trinklustig.

NIEDERÖSTERREICH

★★ S €€ ZW FUN
2022 Rosé Zweigelt „Emma Fröhlich“ + Hellrosa, Erdbeeren, Kirschen, Ribisel, fruchtig-frisch, feine Säure, zart-würzig, attraktiv, elegant, balanciert, ein feingliedriger Rosé mit guter Länge. Trinkt sich wirklich „fröhlich“.

★★ S €€ GM
2022 Gelber Muskateller + Zitrus mit Holunder, knackige Frische, Apfel, frische Säure, Grapefruit, voller Pikanz, Orangenzesten, unglaublich lebendig, der zischt so richtig über den Gaumen. Macht Spaß, voller Trinklust.

★★ S €€ SB
2022 Sauvignon Blanc + Heuiges Bukett mit Stachelbeeren, Brennnesseln, Paprika, Holunderblüten, kernige Säure, etwas grüne Noten, leichtgewichtig, knackig, voller Frische, ein klassischer Antipasti-Wein.

★★ S €€ GV
2022 Grüner Veltliner „Paul Feucht“ + Frisch gemahlener Pfeffer, Äpfel und Birnen, frische Kräuter, Honigmelone, ein Hauch von Nüssen, dezent Ananas und Mandarinenzesten, am Gaumen zarte Grüntöne, die animieren, dezente Würze, stringent, ein Kneippwein, der sehr gut schmeckt.

★★★ S €€ GV
2021 Grüner Veltliner Ried Rustenberg + Rauchig, Pfeffer, Ananas, Mandarinenschalen, reifer Apfel, etwas Anis, Marzipan, Marille, am Gaumen strukturiert, dezente Würze, herzhaft, gewisser Charme, braucht einige Luft, um sich darzustellen. Entwickelt Mineralität.

★★★ S €€€ GV
2021 Grüner Veltliner Reserve Ried Rustenberg + Gelbe Früchte, weißer Pfeffer, rauchig, reifer Apfel, Exotik wie Ananas, Marzipan, Kräuter und Gewürze, eine Ahnung von Holz, straffe Struktur, muskulös, entwickelt Druck und Länge. Gesicherte Zukunft.

WEINLAND

★★★ K €€€ GV
2020 „FUKS du hast die Früchte gestohlen“ Ried Wiege + Mandarinen, Mandeln, Ananas, Zitrus, Marille, Honigtöne, Fichtennadeln, so richtig trocken, der Gerbstoff tapeziert den Gaumen, total eng, der lässt die Muskeln spielen, dichte Struktur, stoffig, ungemein pikant, verfügt über einige Tiefe.

★★★ K €€€ GV
2020 „FUKS du hast die Kräuter gestohlen“ Ried Rustenberg + Orangefarben, Orangen und Marillen, Rosenblüten, stringenter Gerbstoff, dicht und kompakt, das ist absolut toller Wein, ungemein vielschichtig, klebt förmlich am Gaumen, die Säure passt, ungemein präsent, das ist nix für Weicheier.

★★★★ K €€€ GV
2019 Orange Grüner Veltliner „FUKS du hast die Gewürze gestohlen“ + (2 Wochen auf der Maische) Helles Orange, ungemein vielfältig, Kurkuma, Ingwer, Kräuter, Wacholder, Orangenschalen, Ananas, Marillen, salzig, der Wein hat eine dezente Fruchtsüße, zeigt Eleganz, nuancierter Gerbstoff, von fast subtilem Ausdruck, ein vielschichtiger Wein mit Trinkfluss. Selten so einen guten Orange Wineprobiert. Viel Zukunft.

Sekthaus
Christian Madl

Christian Madl
2172 Schrattenberg, Hauptstraße 49
Mobil +43 664 422 51 42
office@madlsekt.at, www.madlsekt.at
3,3 Hektar, W/R 80/20, 25.000 Flaschen/Jahr

Christian Madl aus Schrattenberg im Weinviertel zählt fraglos zu den allerbesten Sektproduzenten Österreichs – kein Wunder, verbindet er doch profunde Kenntnisse über schaumweinrelevante Themenbereiche mit einmaligem Fingerspitzengefühl in Sachen Sekterzeugung. Aus einem kleinen Familienbetrieb stammend, kam Christian Madl im Alter von 16 Jahren im Zuge eines Auslandspraktikums bei Raumland Sekt in Rheinhessen mit dem Schaumweinhandwerk intensiv in Berührung. Nach weiteren Praktika u. a. in der Champagne (Sanger) kehrte er 1995 nach Hause, wo er sich dem Sektmetier intensiv widmete. Seit 2003 führt er seinen eigenen kleinen Betrieb mit inzwischen etwas mehr als drei Hektar Rebfläche. Die tiefgründigen wie kalkreichen Lehm- und Lössböden sind überwiegend mit Welschriesling und Chardonnay sowie Grüner Veltliner, Zweigelt und den Pinot-Sorten in Weiß und Rot bestockt. Die Ernte erfolgt ausschließlich per Hand.

Der schmucke wie funktionelle Madl-Keller gibt im Inneren ungeahnte Dimensionen frei: Gleich drei Gewölbekeller wurden hier von Christian Madl und seinem Vater in Eigenregie innerhalb von fünf Jahren verbunden, um der Sektkellerei genügend Platz zu bieten. Hier liegen Tausende Flaschen „sur latte" auf der Hefe und warten darauf, nach meist mehreren Jahren Lagerung degorgiert zu werden.

Das Sektsortiment besteht aus zwei Linien: Einerseits gibt es die „Schretenperg"-Linie, die bis zuletzt trockene und halbtrockene Sekte mit ein bis zwei Jahre Hefelagerung umfasste; bei den jüngsten Varianten ist Madl merklich mit der Dosage zurückgegangen, wodurch diese Sekte an Konturen gewonnen haben. Die Top-Linie der Madl-Sekte umfasst Vertreter mit drei bis acht Jahren Hefelagerung, wobei das Sortiment eine teils wechselnde Besetzung aufweist – je nachdem, welche Schaumweine bei Christian Madl ihre Reifeprüfung erfolgreich absolviert haben. Unter „Oenothek" laufen Premiumprodukte mit extrem langer Hefelagerung.

Sehr gelungen ist die ganz neue Etikettenlinie, die sehr gediegen und edel wirkt und die hervorragenden Sekte auch äußerlich weiter aufwertet.

psch

ÖSTERREICH

★★★ K €€€ CW
Schretenperg Cuvée brut Sekt + (hpts. WR – 2018/2019) Kräftig, reife Stilistik, Streuobstwiese, röstig-würzig, Gewürzbrot; ansprechende Frucht und fester Kern, strukturbetont, zartherb, schön trocken.

★★★ K €€€€ ZW
Rosé Zweigelt Brut Sekt + (2017/2018) Pikante Nase, leichte Reduktion, helle Anmutung, duftig, dann hübsche Frucht, Sauerkirschen; schlank, vibrierend frisch, knackiger Fruchtbiss, lebhaft, recht rassig, ansprechend trockenes Feeling.

★★★★ K €€€€ CW **TIPP**
Von den Weißen Brut Sekt + (WR/GV/RI – 2017) Elegant-florales Duftspiel mit anmutiger Frucht, hell und frisch, weiße Birnen und etwas Holunderblüten, pikant, weißer Pfeffer; helle, transparente Fruchtaromen, elegant-saftig und klirrend frisch, präzise, puristisch, feine Perlage, feine Länge.

★★★ K €€€€ CW
2018 Brut Nature Sekt + (WR/CH/RI/GV) Frisch-hefige Nase, schöne Fruchtnoten nach kandierten Zitronen und Melisse, duftig, ausdrucksvoll, reifes Fruchtfeeling; griffig und strukturiert, ausgeprägte Zitrusnoten, guter Biss, zartherb, kompakt, direkt, mittleres Finish.

★★★ K €€€€€ CU
Cuvée Speciale Brut Sekt + (CH/PN/PB – 2015) Hell und frisch, duftiges Bukett nach Zitrusfrüchten und Wiesenblüten, bisschen Heublumen, etwas brotig-röstige Noten; herzhaft und burschikos mit leicht maischigem Touch, leicht herber Touch, fest, mittellang.

★★★★ K €€€€€ CW **TIPP**
Blanc de Blancs Brut Sekt + (CH/PB – 2013/16, degorg. 10.01.2023) Akazienblüten mit cremigen Akzenten, Weißbrot, elegante Fruchtnoten, Navelorangen, bisschen Steinobst, ungemein saftig, erfrischend, guter Extrakt, lebhaft, pikant, straff, schön trocken, recht lang.

Schlossweingut
Souveräner Malteser-Ritter-Orden

2024 Mailberg, Schafflerhof
Vertrieb: 3495 Rohrendorf bei Krems, Lenz Moser Straße 1
+43 2732 85541, office@lenzmoser.at
www.schlossweingut-malteser-ritterorden.at
50 Hektar

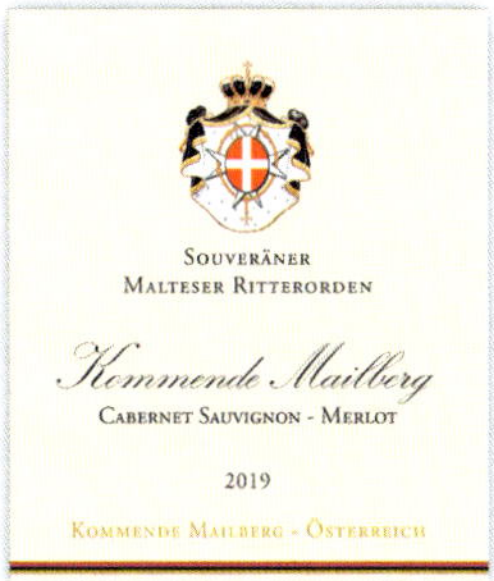

Seit 1969 werden die Weingärten des Schlossweingutes Souveräner Malteser Ritterorden von der Weinkellerei Lenz Moser bewirtschaftet. Es ist eine Erfolgsgeschichte, die sich weiterhin fortsetzt. Aktuell umfasst das Weingut 50 Hektar Rebfläche. Die älteste Anlage wurde 1970 gepflanzt.

Die Mailberger Böden sind sehr kalkhaltig und mit lehmigem Sand und Löss bedeckt. Die Weine sind typisch „Mailberg Valley". Tolle Grüne Veltliner – Ried Hundschupfn 2022 –, ein prachtvoller Wein mit dem typischen Pfefferl und äußerst hochwertig. Der 2022 Chardonnay zeigt viel Struktur und Ausdruck. Eine ultimative Empfehlung ist der 2019 Grüne Veltliner Reserve, den es nur in Magnumflaschen gibt. Ein gereifter Wein zur Freude der Feinschmecker. Der Klassiker des Hauses ist die Kommende Mailberg, komponiert aus Cabernet Sauvignon und Merlot. Der 2019er schmeckt wie immer vorzüglich. Dieser Wein hält die hohe Qualität seit Jahrzehnten mit einem fast unschlagbaren Preis-Leistungs-Verhältnis. Dieses Weingut bürgt eben für höchste Qualität. *as*

WEINVIERTEL

★ S €€ GV FUN
2022 Grüner Veltliner + Ein leichter, kühler, trinklustiger Grüner Veltliner von unkompliziertem Ausdruck, trinkig, frisch, klare Strukturen, leichtfüßig, Apfeltöne, Zitrus, Birnen, Honigmelone, tolle Säure, ein typischer Grüner Veltliner für alle Tage.

NIEDERÖSTERREICH

★★ K €€ CW
2020 Sekt Klassik Brut g.U. NÖ + (GV/CH/PN – Tankgärung) Kleinperlig, Kräuter, Heublumen, pfeffrige Aspekte, gelbe Früchte, Apfelnoten, Zitrus, klare Strukturen, geradlinig, dezente Frucht, ein absolut empfehlenswerter Schaumwein von gefälliger Struktur und wunderbarem Trinkfluss.

★★ S €€ GV
2022 Grüner Veltliner Ried Hundschupfn + Hier regiert das Pfefferl, Tabak, frische Kräuter, würzig, saftig, fruchtig, toller Körper, rauchige Noten, reifer Apfel, Steinobstanklänge. Ein Klassiker des Hauses mit vielschichtiger Stilistik, hochwertig, typisch, sehr überzeugend.

★★ S €€ CH
2022 Chardonnay + Ausgeprägtes Haselnussbukett, rauchig, kein Holz, tolle Struktur, kompakt, einiger Tiefgang, ernsthaft, toller Körper, Orangenzesten, Pomelo, Nelken, füllige Eleganz. Ein Wein für Fischgerichte.

★★★ S €€€€ GV
2019 Grüner Veltliner Reserve + (Magnum) Vollmundig, Pfeffer, exotische Töne, gelbfruchtig, weiche Frucht, cremige Textur, elegante Fülle, erste Reife, nobel strukturiert, großzügig, extraktsüß, Kräuterwürze, distinguiert, schmelzig, ein hochwertiger Wein für Feinschmecker.

★★ S €€ ZW
2020 Blauer Zweigelt Großes Holzfass + Kirschen, Mandelsplitter, voller Fruchtcharme, balanciert, feingliedrig, guter Druck nach hinten, Weichsel, etwas Nougat, feine Herbe, ein hervorragender Zweigelt.

★★ K €€€ ME
2020 Merlot Barrique + Tomatenmark, Vanille, fein unterlegtes Holz, fruchtig, charmant, schwarze Beeren, schwarze Kirschen, Oliven, Kräuter, feine Fülle, weiches Tannin, in sich harmonisch. Immer elegant und stimmig.

★★★ K €€€ CR
2019 Kommende Mailberg + (CS/ME) Tomatenblatt, Cassis, rote und schwarze Beeren, Heidelbeeren, ganz dezente Rösttöne, Nougat, Lakritz, Tabak, fester Ausdruck, präsentes, doch angenehmes Tannin, kompakter Körper, guter Nachhall, ein Rotwein, der nie enttäuscht. Einer der verlässlichsten Rotweine zu einem immer fairen Preis.

Weingut
Roland Minkowitsch

Martin Minkowitsch
2261 Mannersdorf, Kirchengasse 64
Mobil +43 650 590 00 62, Fax +43 2283 3639
weingut@roland-minkowitsch.at, www.roland-minkowitsch.at
12,5 Hektar, W/R 100/0

Martin Minkowitsch hat im Jahre 2014 den traditionsreichen Familienbetrieb in 15. Generation übernommen und ist der Betriebsphilosophie treu geblieben. Die Freude an der Arbeit im Weingarten und die Fähigkeit, jede Herausforderung anzunehmen, zeichnen den Winzer aus. Wenn dann im Herbst das optimale Traubenmaterial eingebracht wird, erfolgt die Verarbeitung mit einer Baumpresse, die seit dem Jahre 1820 im Einsatz ist. Vielleicht gelingt es auch deshalb, eigenständige, finessenreiche und immer trinkfreudige Weine zu vinifizieren. Die Harmonie und angenehme Atmosphäre zeichnen das Weingut aus, genauso sympathisch schmecken auch die Weine. *gh*

WEINVIERTEL DAC

★★★ S € GV
2022 Grüner Veltliner + Frisch und lebendig, fruchtige und kräuterwürzige Noten zu gleichen Teilen, knackige Apfel- und Birnenaromen, feines Pfefferl, etwas Zitrus; saftig, fleischig, Orange und rosa Grapefruit, richtig trinkanimierend, blitzsauber, zart salzig, Thema perfekt getroffen.

NIEDERÖSTERREICH

★★★ S €€ WR
2022 Welschriesling + Feiner, gleich präsenter Birnenmix, lebendige Zitrusausprägung, bereits im Duft zupackend, zarter Blütenduft, macht Vorfreude auf den ersten Schluck; straff, viel helle Zitrusnoten, Zitronenzesten, Frische pur, jugendlich und lebendig.

★★★ S €€ GV
2022 Grüner Veltliner Rochus + Recht füllig, feine Fruchtausprägung, gelbe Kriecherln, Apfelaromen, zarte Kräuterwürze, vermittelt viel Frische; Granny Smith, rosa Grapefruit, Limonenzesten, knackig und zupackend, vermittelt großes Trinkvergnügen, gelungen.

★★★ S €€€ GV TIPP
2021 Grüner Veltliner Reserve Ried Rochusberg + Intensiver, hochfeiner Duft, präzise Fruchtausprägung, saftiger Apfel, Quittenanklänge, frische Zitrus, Orangenfilet, etwas Trüffel, zart kräuterwürzig; saftig-knackiges Kernobst, Birnenaromen, strukturiert, vielschichtig, zeigt viel Frische, Mandarinenfilet und rosa Grapefruit im schwungvollen Abgang.

★★★ S €€ RI
2022 Riesling de vite + Angenehm rauchig, reifer Pfirsich, feingliedrig, getrocknete Brombeerblätter, etwas Waldbrombeere, liniert; geballte Steinobstaromatik, gedörrte Marille, etwas dunkle Waldbeeren, straffe Säurestruktur, im Nachhall saftige, frisch gepflückte Marille, noch ganz jung.

★★★★ S €€€ RI TIPP
2022 Riesling de vite Ried Lange Lissen + Kühle, gleich präsente Pfirsichnoten, Kräuterwürze, elegant, reife Marille, wirkt straff, etwas Zitrus; animierende Säure, Limette, passender Gerbstoff, Marille und rosa Grapefruit im lebendigen und von Frische geprägten Finish, braucht Zeit und Flaschenreife.

★★★ S €€ GM
2022 Gelber Muskateller + Zeigt Sortencharakteristik, intensive Holunderblütenaromen, Mandarinenfilet, etwas Orange, exotische Früchte à la Maracuja, zart vegetabil, wird nie zu laut; Frucht dominiert auch auf dem Gaumen, schwungvoll, animierender, zarter Gerbstoff, aus einem Guss.

★★★ S €€ CH
2022 Chardonnay + Gelbes Birnenmousse, etwas Zuckerwatte, zarte Vanille, feiner Blütenhonig, leicht würzig, exotische Anklänge, Kumquat; setzt schlüssig auf dem Gaumen fort, cremig, schmelzig, frische Säure, dunkle Zitrusfrüchte, Blutorange, saftige Birne, Haselnussanklänge, klingt mit viel Frische nachhaltig aus.

★★★ S €€€ TR
2021 Gewürztraminer Premium + (halbtrocken) Fruchtige Aromen im Vordergrund, gedörrte Marille, Orangenfilet und Orangenzesten, zarter Rosenduft, reife Mango; harmonisch, elegant angelegt, Restzucker perfekt eingebunden, exotische Früchte, Kumquat und frische Marille im schwungvollen Nachhall.

★★★ S €€ GM
2021 Gelber Muskateller Reserve + (halbtrocken) Hochfeiner, unaufdringlicher Duft, Mandarinenfilet, gelber Paprika, zarte Blütenaromen; dunkle Zitrusnoten, animierende Herbe, Frucht prägt den Gaumen, feinfühlig, elegant und tiefgründig, sehr gute Persistenz.

★★★★ S GM TIPP
2021 Gelber Muskateller Ried Rochusberg Beerenauslese + Tolle Frucht, Exotik pur, Biskuit, getrocknete Marille, gedörrte Mango, vermittelt viel Frische; perfektes Süß-Säure-Spiel, frucht- und extraktsüß, alles fein ausbalanciert, hochreife, süße Steinobstfrucht, Blutorangenfilet, langer Abgang, ein Süßwein, der Trinkfreude garantiert.

Weinbau
Alex Nebenführ

Alex Nebenführ
2070 Mitterretzbach, Winzergasse 1
Mobil +43 664 421 91 69
alex@nebenfuehr.com, www.nebenfuehr.com
8 Hektar, W/R 60/40

Seit Alex Nebenführ 2019 den Betrieb von seinem Vater übernommen hat, ist seine Handschrift des Weinmachens deutlich zu spüren. Seine Rebstöcke stehen auf Urgesteins- und Lössböden am Fuße des Manhartsberges, die er mit Freude und Liebe zur Natur pflegt, fordert und unterstützt, um jenes Ergebnis zu bekommen, das in den Flaschen den Weinfreunden und Genießern viel Spaß bereitet. Vom Gemischten Satz über den Weinviertel DAC, Riesling, den Rosé ENCATO aus Merlot bis zum halbtrockenen Gelben Traminer oder Sauvignon Blanc und Chardonnay bis hin zu den Rotweinen begeistern die Weine mit sortentypischem Stil, viel Frucht und Aroma sowie angenehmer Trinkfreude. Besonders erwähnenswert ist das gute Preis-Leistungs-Verhältnis. *wh*

WEINVIERTEL DAC

★★ S € GV
2022 Grüner Veltliner Ried Retzbacher Bergen + Typisches Bukett nach Kräuterwürze, schwarzem Pfeffer, knackiger Apfel, am Gaumen Grapefruit, rassige Säure, Extrakt und Eleganz, ausgewogen, recht lang und angenehm im Abgang.

NIEDERÖSTERREICH

★★★ S €€ GV
2022 Grüner Veltliner Retzbacher Kappenhaiden + Animierender, exotischer Duft nach Mango, Maracuja, auch Birne, Apfel, Zitrus, intensive Würzenase, kraftvoll, aromatisch, dicht und schmelzig, elegant und kompakt, herrliches Süße-Säure-Spiel am Gaumen, langes Finish.

★ S € GS
2022 Gemischter Satz + (GV/MT/TR/RI) Frisch und fruchtig, saftig, grüner Apfel, Pfeffer, fruchtbetont, würzig und delikat, gehaltvoll, knackig und rassig mit fruchtbetontem Abgang – animierender Sommerwein.

★★ S €€ SB
2022 Sauvignon Blanc + Duftig nach Holunderblüten, Stachelbeeren, etwas Cassis, fruchtiges Aroma, gehaltvoll mit perfektem Süße-Säure-Spiel, harmonisch, halbtrocken und enorm lang im Abgang.

★★★ S € CH PLV
2020 Chardonnay + Ein Jahr im Akazienfass gereift, goldgelb, animierende Nase nach Honig und Melone, reife Ananas, reife Äpfel, zarte Kräuternoten, wirkt trocken trotz 15 Gramm Restzucker, kraftvoll, harmonisch mit feiner Säure, viel Finesse und zarte Karamellnoten im langen, angenehmen Nachgeschmack.

★★★ S €€ TR
2022 Gelber Traminer Ried Retzbacher Satzen + Gold im Glas, sortentypisches Rosenaroma, blumig und fruchtig zugleich mit exotischen Aromen, halbtrocken mit delikater Säure, enormem Körper, Dichte, Extrakten, cremig-buttrige Noten, unendlich langer Nachgeschmack – Top-Wein für Umami-Geschmack.

★ S € ME FUN
2022 Rosé Encanto + Merlot mit leuchtender Zwiebelschalenfarbe, duftig-fruchtig nach hellen Beeren, Kräuter, Cassis, gehaltvoll, saftig-frisch mit Körper und Finesse – hochwertiger Rosé und trinkfreudiger Sommerwein.

★★ S € ZW
2020 Zweigelt Ried Retzbacher Mitterpointen + Ein Zweigelt vom Löss, junges Rubin mit schwarzem Kern, sehr fruchtig und typisch nach Weichseln und Kirschen mit viel Aroma, deutliche Tannine, ausgewogen, saftig und leicht am Gaumen, lang im Abgang.

★★★ S € ZW PLV
2019 Zweigelt Ried Retzbacher Eben + Dichtes Rubin bis brombeerfarbig, Duft und Aroma nach dunklen Beeren, schwarzen Kirschen, Bitterschokolade mit kräftigem Körper, Dichte, Tiefgang und enormes Potenzial, feine Röstnoten im unendlich langen Nachgeschmack.

Weingut
Neunteufl

Rudolf Neunteufl
2013 Viendorf 33
Mobil +43 650 979 73 57
neunteufl.florian@gmail.com, www.weinbau-neunteufl.at
5,5 Hektar, W/R 90/10, 12.000 Flaschen/Jahr

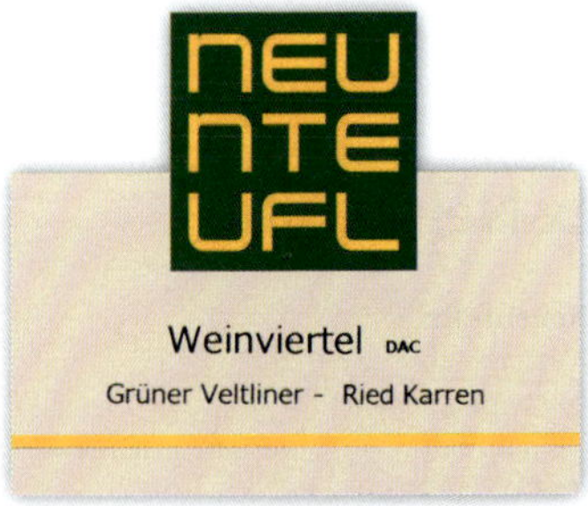

Ich verkoste die Weine des Weingutes Neunteufl nun schon einige Jahre hindurch. Die Weine werden von Jahr zu Jahr besser – noch authentischer, noch spannender, noch tiefer, noch trinklustiger. Ich gratuliere herzlich.

Das Weingut Neunteufl kultiviert mittlerweile seit vier Generationen Weingärten in der Region auf verschiedensten Böden wie etwa Schotter, Sandstein oder Löss. Wichtigste Rebsorte ist der Grüne Veltliner. Das Weingut Neunteufl befindet sich im südwestlichen Teil des Weinviertels. Hier ist fast jeder zweite Rebstock ein Grüner Veltliner.

Die Weißweine werden durchwegs als ganze Trauben gepresst. Ausbau im Edelstahl, teilweise auch im Eichenholzfass, worin sich auch die Rotweine wiederfinden.

Wie oben schon bemerkt, die Weine sind hervorragend – ein bezwingender Gelber Muskateller, ein hervorragender Sämling 88, ein sehr guter Frühroter Veltliner, ein strammer Riesling, ein Weißburgunder mit Noblesse, ein charmanter 2021 Zweigelt. Absolut empfehlenswert sind die Grünen Veltliner. 2022 Ried Pucher Graben ist ganz einfach prachtvoll. Der Ried Karren geht seinen Weg. Sehr schön präsentiert sich die 2021 Reserve Stock & Stein.

Mehrmals im Jahr ist hier auch „Ausg'steckt" – ein Heuriger, den die Familie in der Viendorfer Kellergasse, mitten unter alten Kastanienbäumen, betreibt. Hier bietet sich auch die Gelegenheit, neben den angebotenen Heurigenschmankerln die formidablen Weine zu probieren. *as*

WEINVIERTEL DAC

★★ S € GV PLV
2022 Grüner Veltliner Ried Pucher Graben + Feines Bukett, Pfeffer, Steinobst, Kernobst, ein Hauch von Marzipan, feinfruchtig, elegant, saftig, so richtig typisch, ein prachtvoller Grüner Veltliner, immer frisch bei perfekter Balance. Macht Spaß.

★★ S € GV
2022 Grüner Veltliner Ried Karren + Ein Obstkorb mit weißem Pfeffer, Apfel, Birne, Mango & Co., bisschen Kakao, fruchtige Fülle, würzig, männliche Eleganz, gute Länge, gediegen, feines Säurespiel, zeigt Klasse. Ein hochwertiger Grüner Veltliner mit einiger Substanz. Viel Wein um wenig Geld.

★★ S €€ GV
2021 Grüner Veltliner Reserve Stock & Stein + Exotik – Ananas, Mango, Mandarinen, Äpfel, Birnen, bisschen Karamell, Zimt, Pfeffer, weinig, fruchtig, traubig, Kakao, druckvoll bei harmonischem Ausdruck, gute Zukunft. Ein sehr schöner Wein für Meditationszwecke.

NIEDERÖSTERREICH

★★ S €€ GM FUN
2022 Gelber Muskateller vom Schottergestein + Zart duftig nach Holunderblüten, Zitrus, weißer Pfirsich, Ananas, Apfelnoten, etwas Zimt, Muskatnuss, fruchtige Frische, lässige Säure, entwickelt Druck am Gaumen, ist unglaublich trinklustig. Ein so richtig stimmiger Muskateller mit Rückhalt.

★★ S € SÄ FUN
2022 Sämling 88 Scheurebe + Marille, Zitrus, ein Wein voller Pikanz mit frischer Säure, griffig, niemals laut, gelbfruchtig, lebendig, dezente frische Birnen, der Wein hat Rückhalt, ist fruchtig, geradlinig, ein wunderbarer, ungemein süffiger Wein auf hohem Niveau.

★★ S € FV
2022 Frühroter Veltliner + Apfelspalten, fruchtige Fülle, saftig, etwas Birne, eine Ahnung von Zimt, rauchig, guter Körperbau, würzige Noten, geht in die Tiefe, gute Balance, ein sehr angenehmer Wein, der sich blendend darstellt.

★★ S € RI
2022 Riesling „Rudolf IV" + Kandierte Marille, Pfirsich, Ananas, ein Riesling voller Rasse, einiger Tiefgang, der steht seinen Mann, straff und dicht, ein Wein, der aufzeigt. Ganz klar, Riesling!

★★★ S € PB
2022 Weißburgunder + Mandeln und Nelken, bisschen Ananas, Mandarinen, feines Aroma, vornehme Eleganz, „süße" Frucht, feine Säure, pikante Noten, gediegen, höchst angenehm zu trinken. Ein wunderbarer, typischer Weißburgunder von weiblichem Ausdruck.

★★ S € ZW
2021 Zweigelt + Ein fein-herber Zweigelt, Mandeln, Kirschen, angenehmes Tannin, liegt druckvoll am Gaumen, straffe Struktur, perfekte Säure, die präsent ist, ein dichter Zweigelt von charmanter Präsenz. Ein sehr gutes Glas Rotwein, das wenig kostet.

Weingut **Neustifter**

Karl Neustifter
2170 Poysdorf, Laaerstraße 10
Tel. +43 2552 3435
info@weingut-neustifter.com, www.weingut-neustifter.at
24 Hektar, W/R 70/30, 150.000 Flaschen/Jahr

Karl und Brigitte Neustifter konnten nun den gesamten Betrieb auf biologischen Weinbau umstellen, was ihrer Einstellung gerecht wird, in den Weingärten möglichst schonenden Umgang mit den natürlichen Ressourcen zu pflegen. Dementsprechend wird auch bei der Vinifikation nur schonend eingegriffen und auf Spontangärung und längeres Lager auf der Hefe gesetzt. Vor allem aber ist es den Neustifters ein Anliegen, mit ihren Weinen das spezielle Terroir der engeren Herkunft möglichst ungeschminkt und kompromisslos wiederzugeben. Grüner Veltliner und Chardonnay werden zudem auch jeweils in einer unfiltrierten und ungeschwefelten Variante ausgebaut. Musterbeispiele für diese individuelle Stilistik sind etwa die dichten und kernigen Veltliner von der Poysdorfer Paradelage Hermannschachern, aber auch der überaus markante und rassige 2020er Saurüsseln hat seine Meriten. Bemerkenswert und lobenswert erscheint auch der Umstand, dass ausreichend reifere Jahrgänge noch im Verkauf stehen.
Apropos Reife: Ein Kapitel für sich ist die seltene Stockkultur. Auf einem halben Hektar der Riede Steinberg wurden 4500 Veltliner-Stöcke ausgepflanzt, um die Vorzüge dieser allerdings höchst arbeitsintensiven Anbauweise aufzuzeigen. Diese bestehen unter anderem in der geringeren Belastung des einzelnen Weinstocks, in der tieferen Verwurzelung und damit besseren Wasserversorgung sowie in der raschen physiologischen Reife und dem überlegenen Extraktgehalt.
Die vom Weinviertler Künstler LAF Wurm sehr repräsentativ gestaltete Flasche ist zweifellos ein exklusives Geschenk für besondere Gelegenheiten, denn aufgrund des beschriebenen Verfahrens hat sie freilich ihren (hohen) Preis. Aktuell ist gegenwärtig der exzellente Jahrgang 2017 erhältlich, doch sind von diesem Format auch noch Flaschen aus den Jahren 2011 bis 2018 verfügbar.

vs

WEINVIERTEL DAC

★★ S €€ GV
2022 Grüner Veltliner Klassik + Nach Schwarzbrot und Liebstöckel, rauchig unterlegt, lebhaft und burschikos bei schlanker Textur, herbe Apfelfrucht, pfeffrige Töne, ganz guter Säurebiss.

★★★★ S €€€ GV TIPP
2019 Terroir Grüner Veltliner Reserve Ried Hermannschachern + Tropischer Früchtesalat, vor allem Ananas, auch malzig-rauchige Einschübe, druckvoll und fleischig, dicht und ausgewogen, Ringlotten und Vanilleschoten, expressiv und ausdauernd.

NIEDERÖSTERREICH

★★ S €€ GS
2022 Gemischter Satz + (GV/RI/SB/GM) Blumiger Beginn, Holunderblüten und Pfirsich, muskatiger Einschlag, schlank und spritzig, lebhaft und verspielt, animierende Art, typischer Brünnerstraßler mit Anspruch.

★★★ S€€ GV
2021 Grüner Veltliner Exklusiv Ried Hermannschachern + Feiner Mix aus Winteräpfeln und Agrumen, auch schotige Komponenten, saftig, fest und kernig, etwas Brotrinde, dicht und herkunftstypisch.

★★★ S €€ GV PLV
2020 Terroir Grüner Veltliner Ried Saurüsseln + Dezente Nase nach Quitten und Williamsbirnen, glasklar und quicklebendig, hefige Untertöne, hübscher Kontrast von nussiger Würze und Kernobst, auch Schwarzbrot, profund wie eigenständig.

★★★★ K €€€€€€ GV TIPP
2017 Grüner Veltliner Stockkultur Ried Steinberg + Hochfeines, ziseliertes Duftspiel nach Clementinen und Bourbonvanille, Szechuanpfeffer kitzelt die Nase, reichhaltig wie komplex, Brioche und gelbfruchtige Aromen, noch merkliche Eiche, beweist Spannung und Strahlkraft, dicht und ausdauernd, quasi burgundisches Flair – einfach noch zu jung, doch an der Grenze zur Höchstwertung, Potenzial für Jahrzehnte!

★★★ S €€€ CR
2020 Terroir Ried Maxendorf + (ZW/ME/CS) Rumfrüchte, Kokosflocken und schwarze Johannisbeeren im Verein, ausgereift, rund und cremig, saloppe Kirschfrucht, fruchtsüß und offenherzig, gut integriertes Fassholz, feinkörnige Tannine – eine Überraschung.

Weingut
Andreas Ott

Andreas Ott
2102 Hagenbrunn, Schloßgasse 9
Tel. +43 2262 672120
office@andreasott.at, www.andreasott.at
12 Hektar, W/R 70/30

Andreas Ott gilt als erfolgreicher Nachwuchswinzer im Weinviertel, ein Ruf, den er sich durch Fleiß und Können redlich erarbeitet hat. Der Betrieb des jungen Kellermeisters befindet sich im beliebten Heurigenort Hagenbrunn in den Ausläufern des Bisambergs. Die von ihm bewirtschafteten Rebflächen liegen sowohl auf der niederösterreichischen als auch auf der Wiener Seite des Bisambergs und weisen einzigartige Böden auf, welche den Charakter seiner Weine mitbestimmen. Dieses besondere Terrain ist die Flyschzone, die vor vielen Millionen Jahren als Meeresgrund mit seinen Sedimenten entstand. Dies verleiht den Weinen ihre glasklare Mineralik und ihr Facettenreichtum. Tradition und Ehrgefühl, definiert als Verlässlichkeit aller Familienmitglieder, sowie Respekt vor der Natur als Teil eines sensiblen und schützenswerten Kreislaufs sind die Grundlagen des großen Erfolgs von Andreas Ott. *kk*

WEINVIERTEL DAC

★★ S €€ GV
2022 Grüner Veltliner Ried Hofmauer + Marillen-Apfel-Bukett; Pfirsich und Mirabellen, vornehme Zitrusaromen, feinnervige Säure, frische Frucht, animierend und schwungvoll, schmelzig am Gaumen, knackige Würze, schlanker Körper, zart floral im Abgang.

★★★ S €€ GV PLV
2022 Grüner Veltliner Ried Aichleiten + Kernobstduft; kühle Aromatik, Birne, Hauch Quitte, gemähte Blumenwiese, kernige Säure, mit tropischer Frucht unterlegt, charmanter Körper, pikante Kräuterwürze, Zitronenschale, dahinter leicht vegetabil, etwas nasser Stein, mit Spuren von grünem Pfeffer und Ananas in ein schwungvolles Finale.

★★★ S €€€ GV TIPP
2021 Grüner Veltliner Ried Sätzen Reserve + Vielschichtiges Fruchtbild; auch am Gaumen komplex und dicht, reife Agrumen, etwas Tropenfrüchte, etwas Honigblüten und gelbe Ringlotten, charmante Fruchtsüße, seidiger Schmelz, fruchtige Säure, extraktreich-muskulöser Körper, feinkörniges Gerbstoffgerüst, zart rauchig, Hauch Vanille, leicht salzig im anhaltenden Nachhall.

NIEDERÖSTERREICH

★★★ S €€ GS
2022 Gemischter Satz + Reifer gelber Apfel; bisschen Birne, feine Zitrusaromen und Sternfrucht in feinziselierter Säure, gelbe Ringlotten und helle Blüten, bisschen Biskuit, Küchenkräuter im stimmigen Finish.

★★ S €€ GM
2022 Gelber Muskateller + Betörende Macisblüten; elegant muskattraubig, Clementinen und Zitronenmelisse, etwas Litschi in schwungvoller Säure, hellblättrige Würze, leichtfüßiger Körper, animierend mit feiner Mineralspur.

★★★ S €€ TR
2022 Traminer Ried Aichleiten + Duftiges Kumquatbukett; Rosenblüten, Hauch Eibisch, lebendige Säure reifer Blutorangen, samtiger Schmelz, herbe Würze dunkler Kräuter, hoch aromatisch, geschmeidiger Trinkfluss, betörende Fruchtsüße, dichte saftige Struktur, pikant-schmeichelnd am Gaumen.

★★★ S €€ SB
2022 Sauvignon Blanc + Elegantes Holunderbukett; Cassis, reife schotige Würze, Stachelbeerkonfit, etwas Steinobst, pikant am Gaumen, anregende fruchtige Säure, Sternfrucht und Limettenzesten, dunkle Kräuter, nuancenreich, charmant schmelzig im floral-fruchtigen Nachhall.

★★★ S €€ RI
2021 Riesling Veiglberg + Klares Steinobstbukett; saftige Marille, gelber Pfirsich, vital und nobel, feiner Fruchtschmelz, zarte Kräuterwürze, etwas Blumenwiese, ziselierte Säure, Hauch Exotik, Mineralspur im charmanten Abgang.

★★ S €€ ZW FUN
2022 Zweigelt Rosé + Walderdbeernase; herzhafte Frucht, Hauch Kirschblüten und Zitronenmelisse, saftiger Fruchtschmelz, etwas roter Apfel, feine Eukalyptusnote, jugendlich keck, mit belebender Frische.

★★★ S €€ ZW PLV
2021 Zweigelt + Dichte Weichselaromen, saftig und pikant; feinfruchtiger Druck, Beerenkonfit, Hauch Zwetschke, rotwürzig, fleischig, feine Röstaromen mit Pfeifentabak, Säure reifer Weichseln, geschmeidiges Tannin, Hauch Minze im schwungvollen Ausklang.

★★★ S €€€ ME
2021 Merlot Reserve + Reife Waldbeeren, etwas Fichtennadel, Tomatenwürze; dunkle Kirsche, Johannisbeerkonfit, Blutorange im seidigen Tannin, schmeichelnd fruchtsüß, feine Holzwürze, Zimtschokolade, zart rauchig, eleganter Körper, geschmeidig im Finale.

Weingut
Pleil

Christian Pleil
2120 Wolkersdorf, Adlergasse 32
Tel. +43 2245 2407, Fax -4
weingut@pleil.at, www.pleil.at
18 Hektar, W/R 85/15, 100.000 Flaschen/Jahr

Das Weingut der Familie Pleil in Wolkersdorf gehört zu den traditionsreichen Betrieben. Aktuell führt Christian Pleil Regie. Er wollte immer schon Winzer werden, sagt er, schon als Kind. Folgerichtig absolvierte er die Weinbauschule in Klosterneuburg, vertiefte sein Wissen im Rahmen von Auslandsaufenthalten in Deutschland, Kalifornien, Südafrika und Australien, um dann das elterliche Weingut zu übernehmen. Ungeachtet dieser Erfahrungen ist der Grüne Veltliner seine Lieblingssorte; rund 45 % der Rebfläche des Familienbetriebes sind damit bestockt. Dass er auch mit anderen weißen Sorten und Rotwein sehr gut umgehen kann, beweist die aktuelle Serie. Piwis gehören mittlerweile ebenfalls zum Portfolio.
Grundsätzlich werden die Weißweine in gekühlten Tanks vergoren und ausgebaut. Rotwein hat einen Anteil von rund 25 %, er wird in Holzfässern geschult, zum Teil auch in Barriques. Abgerundet wird das Sortiment durch Sekt und Prädikatsweine. Der Betrieb gehört zur Gruppe der Premiumweingüter Weinviertel.
Die heuer vorgestellten Weißweine sind glockenklar, einladend und trinkanimierend. Aufmerksamkeit fordert der zarte und feingliedrige Riesling, das ist richtiggehendes Understatement. Der Blütenmuskateller empfiehlt sich als fruchtbetonter und angenehm unplakativer Ersatz für Gelben Muskateller, der Donauriesling zeigt sensorisch große Ähnlichkeit mit einem Riesling. Ausgesprochen feingliedrig sind der Merlot und die Cuvèe Reserve ausgefallen, sie glänzen mit Trinkfluss und Tanningrip, das Holz ist feinfühlig eingesetzt. Die Preisgestaltung ist ausgesprochen fair. *ww*

WEINVIERTEL DAC

★★ S € GV
2022 Grüner Veltliner Klassik + Einnehmend, Wiesenblumen, gelbe Äpfel, feinkörnige Würze; saftig, zugänglich, Frucht gibt den Ton an, Würze unterlegt, mittleres Gewicht.

★★★ S €€ GV PLV
2022 Grüner Veltliner Ried Sonnleiten + Golden Delicious, Boskop, zart würzig; Frucht und Würze innig verwoben, freundlich, zugängliche Säure, mittlere Länge, feinste Bodentöne im Nachhall.

NIEDERÖSTERREICH

★★★ S €€ GS
2022 Gemischter Satz Ried Wienerfeld + Einladend, Äpfel, helles Steinobst, etwas Kräuter; saftig, feines Säurespiel, Frucht gibt den Ton an, hauchzarte Würze eingestreut, trinkanimierend.

★★★ S €€ RI PLV
2022 Riesling + Hauchzart nach Pfirsichen und Nektarinen, filigran; glockenklare Frucht, feines Säurerückgrat, im Abgang und im Nachhall auch Limettenblätter und leise Bodentöne, Understatement.

★★★ S €€ SB
2022 Sauvignon Blanc + Unverkennbar, aber nicht vorlaut, Stachelbeeren, Hauch grünblättrige Würze, grüner Paprika angedeutet; schließt aromatisch nahtlos an, fein, trinkanimierend, mittleres Gewicht.

★★★ S €€ BM
2022 Blütenmuskateller + Kühl, angenehm unplakativ, Grapefruits, Grapefruitzesten, Hauch Holunderblüten, Pfirsiche blitzen durch; bringt diese Aromen auch im Geschmack, zugänglich, im Abgang und im Nachhall reife Pfirsiche.

★★★ S € ZW
2022 Zweigelt Klassik + Frisch, glockenklar, Kirschen, einladend; schließt nahtlos an, feines Säurespiel, unaufdringliche Tannine, saftige Kirschen im Nachhall.

★★★ S €€ ZW PLV
2021 Zweigelt Ried Kirchbergen + Feingliedrig, fruchtbetont, Kirschen, Anklänge von Pflaumen, winzige Prise Gewürze; elegante Textur, Frucht und Würze innig verwoben, mittlere Länge, Trinkfluss, Nelken und Piment klingen nach.

★★★ S €€ ME
2021 Merlot Ried Gerichtsberg + Kühl, präzise, sortenaffin, dunkle Beeren, würzig, Hauch schwarze Oliven; schließt nahtlos an, feiner Tanningrip, dunkle Frucht, Würze, lebendig, Zug, nie fett, würziges Finale.

★★★★ S €€€ CR TIPP
2021 Cuvée Reserve + (ZW/ME) Melange aus dunkler Frucht, Kirschen und Gewürzaromen, tief im Glas Lorbeerblätter; zartes Gerbstoffnetz, null Opulenz, balanciert, lebendig, gute Länge, elegante Würze klingt lange nach.

BIO-WEINGUT
POLLERHOF

Erwin Poller
3743 Röschitz, Winzerstraße 48
Mobil +43 676 628 96 12
weingut@pollerhof.at, www.pollerhof.at
18 Hektar, W/R 80/20, 130.000 Flaschen/Jahr

Seit über 100 Jahren betreibt die Familie den Pollerhof. Erwin Poller ist die Sensibilität in Person – ungemein feinfühlig mit einer besonderen Sensorik. Er bewirtschaftet seine Weingärten organisch-biologisch. Die Weine sind alle vegan. Nach dem großartigen Jahrgang 2021 lässt sich auch 2022 sehr gut trinken. Zu Beginn unserer gemeinsamen Verkostung überraschte Erwin Poller mit einem Frizzante aus Gelbem Muskateller, den er „Kleinen Onkel" nennt – ein duftiger Schaumwein mit viel Trinkfreude. Auch der Frührote Veltliner „Apoll" und der Rote Veltliner „Goassbugl" überzeugen mit Qualität. Die Grünen Veltliner „Hühnergarten" und der legendäre „Frau Mayer" genießen ja bereits Kultstatus. Eine Cuvée aus Sauvignon Blanc und Gelbem Muskateller, genannt „Vom Löss", ist eine weitere Kuriosität aus Erwin Pollers Keller – der Boden des Weingartens ziert die Flasche anstatt der Etikette –, eine Qualität von ungemeiner Trinkfreude. Ein Sommerwein, wie man ihn gerne hat, ist der Zweigelt Rosé, der Zweigelt 2018 „Himmelreich" erfreut die Rotweinfreunde einmal mehr. Sein Vorhaben, möglichst viel Natur in die Flaschen zu bringen, gelingt ihm sehr eindrucksvoll. *wh*

NIEDERÖSTERREICH

★★ S €€ GM — FUN
2022 Frizzante Kleiner Onkel + (Gelber Muskateller) Blumig, duftig nach Holunderblüten und Gewürzen, feine Stilistik, erfrischende Säure, delikat und elegant, animierende Frucht, hohe Trinkfreude und angenehme Perlage – Sommerwein, der Spaß macht.

★★ S €€ FV
2022 Frühroter Veltliner Apoll + Etikettenkunst aus den 1920er-Jahren, blumig-duftig und feinwürzig in der Nase, saftige Säure, ausbalanciert, schlank, trinkanimierender, jugendlicher, unkomplizierter Sommerwein.

★★★ S €€€ RV
2022 Roter Veltliner Goassbugl + Reife Äpfel und Birnen, feinwürzig, saftig-frische Säure, schlank im Körper, ausgewogen und lang am Gaumen.

★★ S €€ GM
2022 Gelber Muskateller Marktweg + Duft nach Muskateller-Trauben, Holunderblüten und reifer Pfirsich, etwas Blutorange, feine Exotik, mineralisch und gehaltvoll, animierende Säure, unglaublich lang am Gaumen – attraktiver Wein für die warme Jahreszeit.

★★★ S €€€ GV
2022 Grüner Veltliner Hühnergarten + Auf Granit gewachsen, von Hühnern gedüngt, exotischer Duft, würziges Pfefferl, sehr mineralisch, saftig-rassige Säure, aromareiche Exotik auch am Gaumen, typischer Veltliner mit langer, großer Trinkfreude.

★★★★ S €€€ GV — TIPP
2022 Grüner Veltliner Frau Mayer + Von über 80 Jahre alten Reben, auf Urgesteinsböden gewachsen, reife Frucht, typisch würziges Pfefferl, Ananas, Melonen, Birnen, mineralisch, ausgewogen und gehaltvoll, hochwertiges Aroma – ein Veltliner, wie man ihn gerne hat!

★★★ S €€€ CW — FUN
2022 Vom Löss + (SB/GM) Intensiver Duft, frisch, grasige Würze, Holunderblüten, auch ein Hauch Traminer ist dabei, traubig, pikant, delikate Säure, aromareich, fruchtig und trinkanimierend.

★★ S €€ ZW
2022 Zweigelt Rosé + Zwiebelschalenfarbe, Weichseln, Walderdbeeren, Himbeeren, Kirschen, Kräuter, Würze, vielschichtig, animierender, delikater, schlanker Sommerwein.

★★ S €€ ZW
2018 Zweigelt Himmelreich + Junges, kräftiges Rubin, typischer Duft nach Kirschen und Weichseln, nach feinen Kräutern, kraftvoll und körperreich, gut eingebundene Tannine, angenehmer Rotwein, dem Luft guttut.

BIO

Weingut
Wine by S. Pratsch

Stefan Pratsch
2223 Hohenruppersdorf, Milchhausstraße 5
Mobil +43 676 624 97 73
office@pratsch.at, www.pratsch.at
50 Hektar, W/R 50/50

Das Weingut Stefan Pratsch in Hohenruppersdorf hat seinen Ursprung in der Vereinigung zweier alter, ortsansässiger Weinbaufamilien. Bereits vor 25 Jahren war Vater Willi Pratsch überzeugt, dass der naturnahe Weinbau der richtige Weg ist, so war er einer der Ersten, die im Weinviertel mit Bio-Weinbau begonnen haben. Diese Leidenschaft und Philosophie übertrug sich wie von selbst auf den jungen Kellermeister Stefan Pratsch. Wie sich heute zeigt, war die Umstellung auf biologisches Wirtschaften ein wichtiger Schritt auf dem Weg in eine erfolgreiche Weinzukunft. Stefan Pratsch erkannte den hohen Stellenwert des Bodens als Lebensraum für Fauna und Flora. Der von ihm gefühlvoll behandelte lebendige Boden überträgt dadurch seine positive Energie in die reifenden Trauben.

kk

WEINVIERTEL DAC

★★ S €€ GV
2022 Grüner Veltliner Classic + Zitrusduft, Klarapfel, vegetabile Würze; Kernobst, helle Beere, Melone, würzige gelbe Schote, pikant mit Charakter.

NIEDERÖSTERREICH

★★★ S €€ GV
2022 Grüner Veltliner Ried Rotenpüllen + Elegant sortentypisch, Kernobst, etwas vegetabil, reife Limone; zitrusgeprägte Säure, Birne, samtiger Körper, Melisse, zart pfeffrig, Kreidespur im Finale.

★★★★ S €€€ GV
2022 Grüner Veltliner Ried Heiligenberg + Kühles Kernobst, Pfirsich, Kräuterwürze; Ringlotte, schmelzig-fruchtig, kandierte Grapefruitzeste, feinkörnige Gerbstoffe, vital, zart salzig im Nachhall.

★★★★ S €€€ GV
2022 Grüner Veltliner Ried Steinberg Reserve + Komplex, Apfel, Biskuit, helles Malz, Haselnuss, reife Agrumen; Quitte, Melone, etwas Feige, Hauch Ananas in kompakter Säure, zart rauchig, vornehme Holzwürze, kraftvoll, steiniges Echo.

★★★★ K €€€€ GV
2021 Grüner Veltliner Erdverbunden Natural Wine + Charaktervolles Bukett, Zitronentee; kernig-nussig, getrocknete Kräuter, Zitronenmelisse, Physalis, Hauch Tabak, Zimt, voluminös und stoffig, straffe Säure, herbe Eleganz, leicht salzig im Nachhall.

★★★ S €€ RI — PLV
2022 Riesling Ried Heiligenberg + Steinobst, Marillenblüten, Pfirsich, Zitronenmelisse; schmeichelnder Schmelz, tiefgründig, fruchtiger Extrakt, Litschi, Ananas, pikante Säure, kräuterwürzig, steinig-fruchtiger Abgang.

★★★★ S €€€€ RI — TIPP
2022 Riesling Ried Heiligenberg Sonderabfüllung + Kompakt, nobel, weißer Pfirsich, Marillenblüte, gelbe Schote; rassig-pikant, Ananas, Maracuja, fruchtsüß, kandierte Marille, wohlig gaumenfüllend, cremig und extraktreich, salzige Quarzader, süße Kräuter im komplexen Nachhall.

★★ S €€ SB
2022 Sauvignon Blanc Classic + Stachelbeere, Quitte, Kräuter; geschmeidig saftig, Johannisbeermix, fruchtsüß, Honigmelone, gelbschotige Würze, pikante Säure.

★★★ S €€€ SB
2022 Sauvignon Blanc Ried Kittel + Strahlende Cassisnote, Hauch Quitte, Wiesenwürze; dicht und saftig, extraktreich, straffe Kraft, Stachelbeere, Holunderblüten, Sternfrucht-Säure, Steinobst, Mineralspur im langen Nachhall.

★★ S €€ ZW
2021 Zweigelt Rosé + Animierender Waldbeerenduft, Weichselsorbet; pikante Säure, bisschen Himbeergelee, Mandel, kräuterwürzig, jugendlich belebend.

★★ S €€ SL
2021 Sankt Laurent Ried Erdpress + Dunkle Beerenfrucht, Kirsche, Waldboden; Maulbeere, Hauch rote Beete, stabil und dicht, elegante Tannine, kirschfruchtige Säure, etwas gebrannter Lehm im dunkelfruchtigen Echo.

★★★★ S €€€ CR
2020 Baron Cuvée Reserve + (ME/CS) Nobles Kirsch-Weichsel-Gelee, erdige Noten, Peperonata; pikante Säure, reife Tannine, komplex mit Tiefe, Weichselschokolade, Johannisbeermix im haftenden Nachhall.

ÖSTERREICH

★★★ S €€ ZW
2022 Zweigelt Rosé Frizzante extra brut + Verspieltes Mousseux, glasklare Beerenfrucht, Kirscharomen, Erdbeersorbet; kühl und frisch, etwas Bergkräuter, beschwingt mit mineralischen Akzenten.

★★★ S €€ ZW — FUN
2022 Zweigelt Rosé Frizzante trocken + Lebhafte Perlage, Waldbeeren, Blutorange; saftiger Schmelz, fruchtige Säure, Hauch Marzipan, florale Akzente, Herzkirsche, schmeichelndes Finish.

Weingut
Prechtl

Franz und Petra Prechtl
2051 Zellerndorf 12
Tel. +43 2945 2297
weingut@prechtl.at, www.prechtl.at
18 Hektar, W/R 92/8, 150.000 Flaschen/Jahr

Franz Prechtl, ein Fels in der Brandung, macht seit einer halben Ewigkeit herrliche Weine, welche das Weinviertel – Retzer Land – in sich tragen. Ein Meister des Grünen Veltliners in seiner Vielfalt. Von leicht, unkompliziert bis zu ganz großen Gewächsen. Diese stehen auf den verschiedensten Böden – Molasse, Löss oder Urgestein.

Neben den wertvollen Grüner-Veltliner-Preziosen darf man keinesfalls die anderen Rebsorten des Hauses Prechtl abwertend betrachten. Was Prechtl dem Riesling herauslockt, ist aller Ehren wert. Gehört mit Sicherheit zu den besten des Weinviertels. Der Gelbe Muskateller präsentiert sich schlichtweg genial wie auch der Sauvignon Blanc.

Unter den Grünen Veltlinern findet jeder Weinfreund den seinen. Classic wie immer frisch und herzhaft. Alte Reben und Ried Altenberg heben dann das Niveau. Für den Ried Längen schlägt mein vinophiles Herz – immer ein besonderer Wein. Schlichtweg großartig sind die beiden Grünen Veltliner Ried Äußere Bergen und Ried Leitstall aus dem großen Jahrgang 2021, welche immer ein Jahr später auf den Markt kommen. Ist der Äußere Bergen von einer herrlich hellen Fruchtigkeit, so ist der Leitstall in seiner barocken Ausprägung komplett konträr. Beide Weine sind in ihrer Art fulminant.

Was sagt Franz Prechtl zum Jahrgang 2022? Es war halt sehr trocken, daher sind bei manchen Weinen die Säurewerte geringer. Bei den später gelesenen Weinen ist – wie er meint – der 2022er auf Augenhöhe mit 2021.

Dass es bei Prechtl nur Lese von Hand gibt, sei nicht unerwähnt, da es nicht immer die Regel ist. Es wird größter Wert auf naturnahen Weinbau gelegt. Daher wird seit jeher kein Herbizid verwendet.

Die Weine des Gutes kann man in Petra Prechtls Sommerladen probieren. Neben den vielen Accessoires, die man dort bewundern kann. *as*

WEINVIERTEL DAC

★★ S €€ GV
2022 Grüner Veltliner Alte Reben + (verschiedene Lagen und Böden, ca. 40 Jahre alte Reben) Ein attraktiver, typischer Grüner Veltliner, der über ein gediegenes Bukett verfügt, Tabak, Gewürznoten, getrocknete Kräuter, schwarzer Pfeffer, feine Exotik, vollmundig, langatmig, schmelzig, in sich harmonisch.

★★★ S €€ GV
2022 Grüner Veltliner Ried Längen + Kühl und mineralisch, Pfefferschleier, elegant, beschwingt auf hohem Niveau, strahlt so richtig, gelbfruchtig, reifer Apfel, exotische Anklänge, Birnentouch, dezenter Schmelz, elegant, frisch, gewieft. Wichtigster Wein des Hauses.

★★ S €€ GV
2022 Grüner Veltliner Ried Altenberg + Gelbfruchtig, dunkle Würze, pfeffrig, Birnen, Ananas, dunkles Gestein, balanciert, feine Frucht, seidige Textur, vollmundig, sehr angenehm zu trinken.

★★★★ S €€€ GV **TIPP**
2021 Grüner Veltliner Ried Äußere Bergen + Der klirrt förmlich vor Mineralität, ungemein kühl, ja vibrierend, kalkiger Touch, salzig bis zum Anschlag, stahlige Textur, Zitrus, Pfeffer, das Urgestein schimmert aus dem Glas, hellfruchtig, tolle Exotik, Orangenschalen, Ananas, kompakt, ausdrucksstark, komplex, fast rieslinghaft, hochelegant.

★★★ S €€€ GV
2021 Grüner Veltliner Reserve Ried Leitstall + (ausgebaut im Akazienholzfass) Kräuterwürze, Gewürznoten, mächtig, tiefgründig, barocke Textur, schwarzer Pfeffer, Maroni, Kamille, dunkelfruchtig, ausdrucksstark, körperreich, dezent speckig, liegt eng am Gaumen, tolles Volumen, etwas Karamell, gelbe Früchte.

NIEDERÖSTERREICH

★★ S €€ RI
2022 Riesling Ried Wartberg + Urgestein blinzelt aus dem Glas, Steinobst, Marzipannoten, Zitrus, saftig, feingliedrig, etwas weißes Nougat, straff, rassig, fordernd, viel Mineral, so gehört Riesling, ungemein stimmig, spannend, elegant, vielschichtig, nuanciert. Einer der besten Rieslinge des Weinviertels.

★★ S €€ GM **FUN**
2022 Gelber Muskateller Ried Maulavern + Holundrig, Zimt, ein Hauch von Paprika, Rosenblüten, Zitrus, gelbfruchtig, voller jugendlicher Frische, feine Fruchtnoten, voller Pikanz, Eleganz, tropische Noten, da kommt man so richtig ins Trinken. Ein Wein voller Trinklust und subtiler Schönheit.

Weingut **Pröll**

Maximilian & Andreas Pröll
3710 Radlbrunn 48
Mobil +43 664 527 86 75
proell@weingut-proell.at, www.weingut-proell.at
20 Hektar, W/R 80/20

Es ist ein alteingesessener Familienbetrieb im Weinviertel, in Radlbrunn, im westlichen Teil des Weinviertels. Die Prölls sind seit weit über 300 Jahren in Radlbrunn ansässig. Hier bekommt man ein Stück Weinviertler Lebensgefühl in Form der authentischen Weine. Hier wird in Generationen gedacht. Andreas Pröll überlässt peu à peu die Agenden des Betriebes seinem Sohn Maximilian. Der Generationswechsel geht harmonisch vor sich. Im Jahr 2022 wurde ein funktioneller Weinkeller gebaut, der diesen Betrieb zukunftsfit macht.

Der Grüne Veltliner ist nicht nur das Gesicht des Weinviertels, sondern auch das Antlitz des Weingutes Pröll. Diesen gibt es in einer seltenen Vielfalt auf den verschiedensten Lagen und Böden. Das bringt mich zu den Weinen.

Dass die Grünen Veltliner dominieren, ist Fakt. Dass diese in ihrer Typizität auch ihre Fans haben, ist logisch. Doch sollte man nicht auf den wohlschmeckenden 2022 Rosé „Der frische Pröll" vergessen, auch nicht auf den 2022 Frühroten Veltliner Ried Fellingen oder den 2022 Rivaner aus selbiger Riede. Wäre schade. Beim 2021 Grüner Veltliner Ried Lehlen „Der Geistliche Pröll" wird es klerikal. Einschenken, ein Gebet sprechen und lustvoll genießen. Das ist würdig und recht.

Aus der Ried Kirchberg – ein steiler Südhang – kommt ein hervorragender 2021 Grüner Veltliner Reserve. Das ist Wein der besonderen Art. In diese Kerbe schlägt auch der 2021 Grüne Veltliner Maximus No 1 – unfiltriert, gekeltert aus den ältesten Rebstöcken des Gutes.

Der 2020 Chardonnay Reserve – den es nur in Magnumflaschen gibt – ist ein Musterbeispiel, dass das Weinviertel nicht nur aus Grünem Veltliner besteht.

as

WEINVIERTEL DAC

★★ S € GV
2022 Grüner Veltliner Ried Lehlen + Birnen, nussige Nuancen, Apfel, Zitrus, Pfirsich, fruchtig, Ananas, guter Druck, frische Säure, straff, positiver Rustikus.

★★ S € GV
2022 Grüner Veltliner Ried Steiningen + Marillentöne, Birnen, mandelig, am Gaumen etwas grün, wenig Frucht, knackig, rassige Säure.

★★★ K €€ GV
2021 Güner Veltliner Reserve Ried Kirchberg + Kandierter Apfel, Birnen, Karamell, Zimtnelken, fruchtiger Schmelz, ein bisschen Holz, gelbe Früchte, Steinobst, würzig, voller Pikanz, Zitrus, Orangenschalen, Pomelo, straff, rassig, Ananas, feste, geschmeidige Struktur.

NIEDERÖSTERREICH

★★ S € CR FUN PLV
2022 Rosé „Der frische Pröll" + Ribisel, kandierte Kirschen, Himbeergelee, feines Bukett, Weichseln, fruchtig, elegant, charmant, angenehme Säure.

★★ S € FV PLV
2022 Frühroter Veltliner Ried Fellingen + Frische Birnen, fruchtig-würzig, Apfeltöne, gewisse Mineralität, Blütenduft, fruchtig, balanciert, passende Säure, saftig, sehr angenehm zu trinken.

★★ S € GV
2022 Grüner Veltliner Ried Brenner + Zimtschnecken, Pfeffer, Steinobst, voller Frische, lebhafte Säure, zart würzig, geradlinig, süffig, unkompliziert, klassisch Weinviertel. So richtig schön zum Zwitschern.

★★ S € GV
2022 Grüner Veltliner Ried Galgenberg + Marille, Orangenschalen, Pfefferwürze, Mango, Ananas, knackig, Kernobst, frische Kräuter, grünfruchtig, animierend, typisch.

★★★ S €€ GV
2021 Grüner Veltliner Ried Lehlen „Der Geistliche Pröll" + Nüsse, Apfel, Wiesenkräuter, weinige Struktur, Pfeffer, lössige Anmutung, exotisch, zart schmelzig, fruchtig, strukturiert, Birnen, dezent würzig.

★★★ K €€€€ CH
2020 Chardonnay Reserve + (Magnum) Sattes Gelb, Eichentöne, Haselnuss, röstige Noten, kandierte Früchte, kandierte Nüsse, Exotik, Ananas, Karamell, stoffig, Apfel, Marille, kühl, Zitrus, Fruchtschmelz, saftig, guter Zug nach hinten, Pikanz am Gaumen.

WEINLAND

★★★ S €€ GV TIPP
2021 Grüner Veltliner Maximus No 1 + Feine Exotik, Ananas, stoffig, Pfirsich, Birnen, fruchtig, straff und pikant, rassige Säure, fest strukturiert, einiger Tiefgang, typisch, voller Frische.

Winzerhof
Leo Rögner

Leo Rögner
2212 Großengersdorf, Kurze Zeile 62
Tel. +43 2245 88113
wein@leoroegner.at, www.leoroegner.at
6 Hektar, W/R 75/25, 30.000 Flaschen/Jahr

Leo Rögner bewirtschaftet das Familienweingut in dritter Generation. Großengersdorf liegt im südlichen Weinviertel, östlich von Wolkersdorf. Die Reben stehen überwiegend auf Löss. Hier dominiert das pannonische Klima.

Es sind wiederum hervorragende Weine aus 2022 und 2021 in Rot. Schmackhafte, balancierte Gewächse, die Trinkfreudigkeit auf hohem Niveau vermitteln. Ein wunderbarer Grüner Veltliner DAC. Ein Gemischter Satz, der alle Stückerln spielt. Ein knackiger Welschriesling. Die gschmackigen Sorten wie Muskateller und Sauvignon Blanc sind niemals laut. Sehr trinkig. Großes Kompliment! Zwei Weißweine stechen hervor – 2022 Riesling Ried Weberberg und ein formidabler 2022 Grüner Veltliner Reserve Ried Satzen. Sehr gute Rotweine gibt es ebenfalls hier – 2020 Blaufränkisch Ried Kohlberg ist von wunderbarem Typus und richtig gut. Den drei Leopolds ist ein formidabler Rotwein gewidmet – 2020 Leopold Grande Reserve, ein Referenz-Roter vom Feinsten. Große Klasse.

Übrigens – die Rögners betreiben an jedem Samstag am Wiener Yppenmarkt einen Verkaufsstand und bieten dort ihre Weine, Obst und Fruchtsäfte an.

Nicht unerwähnt soll bleiben, dass diese sehr guten Gewächse absolut fair kalkuliert sind. *as*

WEINVIERTEL DAC

★★ S €€ GV
2022 Grüner Veltliner klassik + Gelbfruchtig, feines Pfefferl, Ananas, Apfel, dezente Exotik, Honigmelone, Kräuterwürze, ein quicklebendiger, typischer Grüner Veltliner, der dem Weinviertel alle Ehre bereitet. Trinklustig auf gutem Niveau, macht Spaß, stellt sich nicht in den Vordergrund.

★★★ S €€ GV
2022 Grüner Veltliner Reserve Ried Satzen + Pfeffrige Gelbfruchtigkeit, Ananas, Mango, Pfirsich, ein Wein voller Finesse, Eleganz, gelbe Früchte, cremige Fülle, ein hervorragender, typischer, hochwertiger Wein. Feine Frucht, in sich harmonisch, ein so richtig schöner Grüner Veltliner mit einiger Zukunft.

NIEDERÖSTERREICH

★ S €€ WR FUN
2022 Welschriesling Ried Holzberg + Grüner Apfel, leicht, frisch, tolles Säurespiel, Heublumen, knackig, pikante Noten, ungemein trinkfreudig, balanciert, sehr schön zu trinken. Ein herzhafter Welschriesling mit Zug am Gaumen.

★ S €€ GS
2022 Gemischter Satz klassik + (WR/SB/GM/GV) Frische Birne, auch Apfeltöne, dezenter Rauchton, auch bisschen Pfefferwürze, Kräuter, der Wein spielt eine feine Eleganz aus, entwickelt Druck, ist ungemein süffig, frisches Heu, angenehme – lebhafte – Säure, ausgewogen, von spielerischer Leichtigkeit.

★★ S €€ GM FUN
2022 Gelber Muskateller klassik + Duftig, Holunderblüten, Pfirsich, Apfel, Zitrus, verblühte Rosen, knackige Frische, einfach betörend, voller Leben, einfach lustvoll zu trinken. Ein toller Muskateller, der sich von seiner besten Seite zeigt.

★★ S €€ SB
2022 Sauvignon Blanc klassik + Dunkle Würze, anfangs reduktive Noten, noch etwas verhangen, zögerlich, frische Kräuter, am Gaumen präsenter, fruchtig, frisch, entwickelt Cassis, spielt sich nach einiger Zeit frei, zeigt Eleganz, ist feingliedrig, niemals laut oder überheblich, in sich gefestigt, von jugendlichem Charme. Schmeckt vorzüglich.

★★★ S €€ RI
2022 Riesling Ried Weberberg/Pilichsdorf + Steinobst und gelber Apfel, straff strukturiert, rassig, gelbe Früchte, streng, viel Mineral, viel Tiefe, da steckt viel drinnen. Ein nerviger, fordernder Riesling mit viel Substanz, ein fester Riesling mit einiger Zukunft. Ein Riesling wie ein Adler, voller Spannung.

★★★ K €€ BF
2021 Blaufränkisch Ried Kohlberg in Bockfließ + Ein fruchtbetonter Blaufränkisch, Beerenfrüchte, Kirschen, Zwetschken, Mandelbögen, Gewürznoten, deutet Mineralität an, saftig, angenehmes Tannin, feine Säure, Johannisbeeren, ein wunderhübscher Rotwein, voller Charme, subtiler Holzeinsatz. Vorbildlich.

★★★ K €€ CR
2020 Leopold Grande Reserve + (BF/ZW/RÖ – eine Hommage an drei Generationen Leopold, 14 Monate im kleinen Eichenfass gereift) Anfangs ein bisschen schüchtern, entwickelt ein feines Aroma, zarte Rösttöne, Kirschen, Brombeeren, Heidelbeeren, Zwetschken, eine Ahnung von Kaffee, Schokonoten, wunderbare Frucht, natürlich noch ganz am Anfang seiner Entwicklung. Gesicherte Zukunft. Transparente Struktur. Ein toller Rotwein, der den Leos alle Ehre macht.

Bio Weingut
Josef Salomon

Josef Salomon
2162 Falkenstein 24
Mobil +43 664 211 10 36
josef@weingut-salomon.at, www.weingut-salomon.at
4 Hektar, W/R 90/10

Josef und Maria Salomon führen das kleine, aber feine Weingut im idyllischen Falkenstein mit Verve und viel Einfühlungsvermögen. Die Weintypen profitieren von dieser behutsamen Herangehensweise ebenso wie von den kalkreichen Lössböden der Falkensteiner Paradelagen. In der Vinifikation lässt Josef Salomon den Jungweinen größtmöglichen Spielraum. Dementsprechend beginnt die Vergärung spontan und dauert eben so lange, wie es die freiheitsliebenden Weine wollen. Hohe Alkoholgehalte, die durch radikale Ertragsbegrenzung sowie sommerlichen Klimawandel nahezu vorgegeben sind, vermögen den besonnenen Kellermeister ebenso wenig aus der Ruhe zu bringen wie höhere Restzuckerwerte. Diese werden 2022 beispielsweise den Sauvignon Blanc, Gewürztraminer und Riesling auszeichnen, wobei sich deren Integration bereits abzeichnet. Für einen Höhepunkt der verkosteten Palette verantwortlich ist zweifelsohne die feinsinnige wie von tiefer Fruchtfülle geprägte Cara Mia 2021, ein auf 500 Flaschen limitierter Gemischter Satz. Ebenfalls aus diesem Weinjahr stammt der „Großvater-Alte Rebe", ein als Hommage an Großvater Heinrich Salomon geschaffener Grüner Veltliner, der nur aus jenen Reben einer Parzelle am Rosenberg gekeltert wurde, die alle auf den einzigen Weinstock zurückgehen, der dem Ahnen vor mehr als hundert Jahren zur Vermehrung gedient hat. Vater Heinrich Salomon hat überdies bereits ab 1978, als er mit der konsequenten Ertragsminderung begann, eine sehenswerte Vinothek mit vielen Weinschätzen aufgebaut, die zum Teil noch im Verkauf stehen. Schließlich sei noch der „Schmankerl-Heurige", in dem Maria Salomon mit zur reichen Weinauswahl passenden kulinarischen Delikatessen aufwartet, lobend erwähnt. Wer sich nach ausgedehnter Degustation lieber zur Ruhe begeben möchte, findet zudem in den gepflegten wie individuellen Appartements des Gästehauses „Eulen Nest" eine attraktive Unterkunft. *vs*

NIEDERÖSTERREICH

★★ S €€ CS
2022 Bella Vita Rosé Cabernet Sauvignon Schaumwein + Frisch und munter, verlockender Heidelbeer- und Cassisduft, deutlicher Restzucker, charmanter und unkomplizierter Aperitif.

★★ S €€ GV
2022 Grüner Veltliner Ried Rosenberg + Der als Weinviertel DAC Reserve konzipierte mächtige Veltliner erscheint noch embryonal: zarter Blütenduft und etwas Birnenfrucht, rund und einschmeichelnd, der großzügige Alkoholgehalt wird gut kaschiert, ungeschminkt und apart, ein „grüner" Riese, der weitere Fass- und Flaschenreife genießen sollte.

★★★ S €€ GS
2022 Gemischter Satz Ried Kirchberg + (WR/NB/GV/SB/PB) Feine, minzige Würze im ausgewogenen Duftspiel, ausgereift, großzügig und balanciert, druckvoll und rund, satter Schmelz, Anflug von Thymian und Salbei, gute Länge, vielversprechend.

★★★ S €€€ SB **TIPP**
2022 Sauvignon Blanc Ried Kirchberg halbtrocken + Sofort einnehmende, intensive Nase nach schwarzen Johannisbeeren und Stachelbeeren, apart und saftig, der Restzucker wird bereits gut eingebunden, Crème de Cassis und etwas Minze, nuanciert und überaus charmant, nahezu Spätlese-Charakter, beste Prognose.

★★★ S €€ TR **PLV**
2022 Gewürztraminer Ried Kirchberg halbtrocken + Charakteristisches Bukett nach Duftrosen und Maschansker-Äpfeln, feinstrahlig und dezent, glockenklar und strukturiert, auch gelbfruchtige Einsprengsel, baut Druck auf und verbleibt balanciert, ungewöhnlicher Säurebiss, Potenzial.

★★ S €€ RI
2022 Riesling Schlawiner Ried Rabenstein + Recht ungestüm, kein Wunder bei 40 Gramm Restzucker und forscher Säure, dennoch feine Klinge, nach Melisse und Weingartenpfirsichen, pikantes Süße-Säure-Spiel, zahlreiche Facetten und prickelnde Frische, erfordert etwas Geduld.

★★★ K €€€€ GS **TIPP**
2021 Cara Mia Gemischter Satz Grande Reserve Ried Kirchberg + (GV/WR/PB/NB/SB) Die auf 500 Flaschen limitierte Edition wurde in Weinviertler Eiche gereift und gefällt schon durch ihr vielschichtiges Duftspiel, geht sofort in die Tiefe und bietet einen gelbfruchtigen Aromenreigen, der von Ringlotte und Physalis bis zu Honigmelone reicht, opulent und doch feinnervig, eine noble Hommage an unsere Teuren.

Weingut
Schüller

Kerstin & Nadine Schüller
2073 Pillersdorf 15
Mobil +43 676 787 08 13
info@weingut-schueller.at, www.weingut-schueller.at
16 Hektar, W/R 70/30

Das „3-Damen-Weingut" von Helga, Kerstin und Nadine Schüller liegt in Pillersdorf, wenige Kilometer vor der Weinstadt Retz. Die gelebte Tradition der drei Damen in ihrem Familienbetrieb hat sich so entwickelt, dass Kerstin für Weingärten und Keller verantwortlich zeichnet, Nadine für Marketing zuständig ist und Mutter Helga das Weingut nach außen hin bei den Kunden präsentiert. Der Professionalität wegen entsteht immer wieder Frauenpower pur. Mit Respekt zur Natur in Verbindung mit bedingungslosem Qualitätsanspruch, Vertrauen in das Winzerhandwerk, viel Liebe zum Detail und modernster Kellertechnik entstehen Weine mit Persönlichkeit, Charakter und den gewissen Extras. Besonderes Augenmerk legt Kerstin Schüller auf reifes, gesundes Traubenmaterial, natürlich im Einklang mit der Natur. Ganz besonders mit eingebunden wird der jeweilige Jahrgang mit seinen Eigenheiten, damit nicht Masse sondern Qualität entsteht. Auf steinigen, mineralischen Böden bis Lehm-Löss-Böden stehen die Rebstöcke. Die vor Jahren zur schönsten Kellergasse gewählte „Ölbergkellergasse" am Rande von Pillersdorf ist von der Lage „Hochsteinberg" eingebettet. Rund um den Ort werden auf einer Art Rotweininsel gehaltvolle, dichte, oft besonders hochwertige Zweigelt kultiviert.

Die Schüller-Weine sind in der Gastronomie und in Vinotheken erhältlich, werden aber auch von vielen Privatkunden geschätzt und im Weingut abgeholt. Sowohl Mama Helga wie auch Kerstin Schüller vertraten ihre Region und auch das gesamte niederösterreichische und bundesweite Weinland als Weinkönigin und Weinprinzessin. Heute laden beide auch zu Kellergassenführungen ein. *wh*

WEINVIERTEL DAC

★★★ S €€ GV
2022 Grüner Veltliner Hinterleiten + Jugendliches Grüngelb, typisch würziger Duft nach Zitrus und Pfeffer, athletischer, gehaltvoller Körper, saftig und mineralisch, Veltlinerwürze im langen Abgang.

★★★★ S €€€ GV TIPP
2016 Grüner Veltliner Reserve + Gereifte Farbe und Nase, reife Aromatik nach Äpfeln und feiner Exotik, deutliches Pfefferl, viel Extrakte, kraftvoll im Körper, cremig, angenehme, gut eingebundene Säure und viel Potenzial.

NIEDERÖSTERREICH

★★ S €€ RI
2020 Riesling + Zeigt sich mit hellem Strohgelb, mit elegant-duftiger Nase nach reifen Marillen und Weingartenpfirsichen, frisch und saftig, ausgewogene Säure, sehr attraktiv im langen, fruchtbetonten Finale.

★★ S €€ PB
2021 Weißburgunder + Jugendlich-feiner Duft nach exotischen Früchten und grünen Nüssen, extraktreich und kompakt mit cremigen Nuancen, Finesse, saftig und lebendig im Abgang.

★★★★ S €€€ CH
2020 Chardonnay Selection + Schon die Nase verspricht hier viel – Apfel, Ananas, Melone, Zitrustöne, Vanille, feine Röstnoten; all das wird am Gaumen gehalten, dazu Kraft, Dichte, cremige Extrakte, Finesse, Reife und ein angenehm langes Finale.

★★ S €€ CW FUN
2022 Inflagranti + (GM/MT) Aromatischer Duft nach Mango, Maracuja, Banane mit schlankem Körper, fruchtbetonter, saftiger und lebendiger Säure – eine duftig-fruchtige Aromabombe für die warme Jahreszeit.

★★★★ K €€€ CR
2019 Exclusiv Nadine + (RÖ/ZW/SY) Junges Rubin bis brombeerfarbig, reife Kirschen, Brombeeren, Heidelbeeren, dunkle Gewürze, Schokolade, Vanille, Leder – eine große Vielfalt an Düften und Aromen hat man hier vor sich, dazu kommt enorme Kraft, Körper, Tannine, feines Toasting und enormes Potenzial für noch lange Reifung – ein besonderer Wein, der nach Lüftung in großen Rotweingläsern auch jetzt schon viel Freude bereitet.

★★★★ K €€€ GV
2015 Grüner Veltliner Eiswein + Gold im Glas, attraktiver, intensiver Duft nach Honig, gereifter Ananas, Mango und Maracuja, perfektes Süße-Säure-Spiel am Gaumen, sehr harmonisch, kraftvoll und animierend, mit Fortdauer im Glas kommen Karamell und Biskuittöne dazu – ein vielschichtiger, finessenreicher, ausgezeichneter Prädikatswein, etwas Besonderes zum Meditieren.

Bio-Weingut
Schwarz

Familie Schwarz
2172 Schrattenberg, Kleine Zeile 8
Tel. +43 2555 2544, Fax -4
office@schwarzwines.com, www.schwarzwines.com
W/R 25/75

Anna Maria und Alois Schwarz haben sich mit eigenständigen Weinen einen Namen gemacht. Zu Hause sind sie in Schrattenberg, einer Rotweininsel im nördlichen Weinviertel. Entsprechend liegt der Schwerpunkt bei roten Sorten. Weißweine und – bei passender Witterung – auch süße Kreszenzen runden die Produktpalette ab.

Der Betrieb ist biologisch zertifiziert, denn der Grundstein für hohe Qualität werde im Weingarten gelegt. Der Keller ist in technischer Hinsicht State of the Art, für den Ausbau ihrer Weine wendet die Familie Schwarz traditionelle Methoden an. Sie reifen – je nach Weintyp – in Stahltanks, in großen Holzfässern oder in Barriques aus französischer Eiche.

Den Weinen wird jene Zeit gegeben, die sie für ihre Entwicklung brauchen. So zum Beispiel ist die Grande Reserve aus 2018 erst jetzt im Verkauf, eine feingliedrige Assemblage aus Cabernet Sauvignon, Zweigelt, Blaufränkisch und Merlot, zur Gänze erzogen in neuen Barriques; hier steht Finesse vor Wucht. Der Pinot Noir glänzt mit sortenaffinen Aromen, Kühle und bemerkenswertem Trinkfluss. Bei den Weißweinen ist der Traminer Premium eindeutig Primus, ein fester und klar strukturierter Wein mit Sortentypizität und eigener Persönlichkeit. Die Auslese vom Riesling empfiehlt sich mit dezenter Frucht, unaufdringlicher Süße und Trinkanimo. *ww*

NIEDERÖSTERREICH

★★ S k.A. CW
2022 Blanc de Noirs + (SL/ZW/BP) Frische grüne Äpfel, Anklänge von Marillen, Birnen und Sternfrucht; saftig, animierendes Säurespiel, Steinobst, mittlere Länge.

★★ S k.A. GS
2022 Gemischter Satz + (GV/PB/MT/WR/TR) Eigenständig, Walnüsse, Haselnüsse, knackige Äpfel, Kräuter, helles Steinobst; zu diesen Aromen kommen gelbe Birnen, angenehmer Schmelz, zugängliche Säure, nussiger Nachhall.

★★★ S k.A. RI
2021 Riesling Selection + Zart, florale Akzente, Frucht blitzt durch, Akazienholz zu erahnen; Frucht im Geschmack präsenter, Weißbrot, Blüten, zugänglich, gute Länge, eigenständige Sorteninterpretation.

★★★ G k.A. TR **TIPP**
2021 Traminer Premium + Kompakt, Eichenaromen, Blüten, Kräuter, zarteste nach Tropenfrüchten; Frucht präsenter als im Bukett, feine Holznoten, Rosenholz, klar strukturiert, lebhaft, einige Länge.

★★ S k.A. CR
2020 Tradition + (BF/SL/ZW) Kirschen, grüne Kräuter, kühl, frisch; saftig, transparente Frucht, Sauerkirschen, feine Gerbstoffe, Säurespiel, mittleres Gewicht, trinkanimierend, klassische Prägung ohne schmeckbares Holz.

★★★ G k.A. PN
2020 Pinot Noir Premium + Kühles, ansprechendes Sortenbukett, Kirschen, Himbeerschlag, ätherische Noten; kühl und fast distanziert, sensibler Holzeinsatz, klare Frucht, Zug, unaufdringliche Gerbstoffe, mittlere Länge, bemerkenswerter Trinkfluss.

★★★ G k.A. ZW
2019 Zweigelt Premium + Nobel, würzebetont, Wacholderbeeren, Lorbeerblatt, Kirschen, dunkle Beeren, winziger Hauch Nelken und Piment; schließt so an, kühl, Zug, zarte Holzaromen zur Untermalung, ausgewogen, Säurespiel, zarter Tanningrip.

★★★★ G k.A. BF **TIPP**
2019 Blaufränkisch Premium + Sortentypisch, Schwarzkirschen, Mon Chérie, feinkörnige Gewürze, elegant; aromatisches Dacapo, feine Klinge, kühler Touch, glockenklar, zartes Gerbstoffnetz, Trinkanimo.

★★★★ G k.A. CS
2019 Cabernet Sauvignon Premium + Reife schwarze Johannisbeeren, feine Gewürznote, winziger Hauch Nougat und Nüsse; schließt so an, Prise Kakaopulver und dunkle Schokolade, Tanningrip, feste Struktur, dunkle Frucht und Würze im langen Nachhall.

★★★ G k.A. SY
2018 Syrah Premium + Freundlich, rotfruchtig, Vogelbeeren, Sauerkirschen, Kräuter, tief im Glas nussig; schließt mit diesen Aromen nahtlos an, angenehme Säure, null Fett, gute Länge.

★★★★ G k.A. CR **TIPP**
2018 Grande Reserve + (CS/ZW/BF/ME) Nobel, dunkle Frucht, Kirschen und Gewürze innig verwoben, Prise Liebstöckel; saftig, Spiel, Pikanz, feinmaschige Textur, Holz super eingebunden, Trinkfluss, Finesse vor Wucht.

★★★ S k.A. RI
2022 Riesling Auslese + Zarte Anklänge von Marillen, gelben Pflaumen und Nektarinen; charmante Frucht, zurückhaltende Süße, feine Säure, Trinkfluss.

Weingut **Schwarzböck**

2102 Hagenbrunn, Hauptstraße 56–58
Tel. +43 2262 672740
weingut@schwarzboeck.at, www.schwarzboeck.at
23 Hektar, W/R 85/15

Die Schwarzböcks haben aus dem herausfordernden Jahrgang – speziell die Grünen Veltliner haben unter der sommerlichen Trockenheit gelitten – wieder eine solide Serie herausgeholt, auch wenn dies zum Teil mit erheblichen Mengeneinbußen verbunden war. Von den leichteren Weinen gefallen etwa der zartblumige, diesmal ein wenig ruhigere Muskateller und der zisch-frische, unverblümte Hagenbrunner Riesling in besonderer Weise, aber auch der pfeffrige und sehr herkunftstypische Sätzen-Veltliner hat seine Meriten. Erneut sehr gelungen ist der Gemischte Satz von der Top-Lage Aichleiten, in dem Riesling und Veltliner noch um die Vorherrschaft ringen. Ein Fall für fortgeschrittene, „tolerante" Weinliebhaber ist sicherlich der individuelle, ja ungewöhnliche Grauburgunder, der ganz auf die Stärken dieser sehr speziellen Rebsorte setzt und sozusagen als Gegenentwurf zum „Pinot Grigio-Typ" angesehen werden kann. Noch in den Kinderschuhen steckend, aber bereits als Volltreffer zu erkennen ist der mächtige, geduldig im Akazienfass ausgebaute Privat-Veltliner der Großen-Reserve-Kategorie, der offensichtlich ein ganz langes Leben vor sich hat und in einigen Jahren vielleicht sogar an die bereits legendäre 2009er Philipps Reserve herankommen könnte. Das rote Segment ist diesmal unter anderem mit der 2019er Zweigelt Reserve von der Ried Braschen vertreten, welche die feine Fruchtsüße gekonnt mit der diskreten Fassnote zu verbinden versteht. *vs*

WEINVIERTEL DAC

★★ S €€ GV
2022 Weinviertel DAC Hagenbrunn + Markantes Pfefferl, dahinter Apfel- und Quittenfrucht, herzhaft und offen bei schlanker Textur, früh gerundet und herkunftstypisch.

★★★ S €€€ GV
2021 Weinviertel DAC Reserve Ried Aichleiten + Akazienblüte und Walnuss in der Nase, feinstrahlig und vielfältig, Fenchel und angedeutete Birnenfrucht, sehr komplett und recht engmaschig, herbe Würze im relativ langen Abgang, positive Entwicklung.

★★★★ S €€€€ GV TIPP
2021 Weinviertel DAC Große Reserve Privat + Lindenblüten und Akazienhonig im sofort einnehmenden, ausgereiften Duftspiel, vital, facettenreich und ausdrucksstark, legt viele Schichten frei, voll Saft und Kraft, noch sehr jugendlich und ungestüm, leicht tanniniger, langer Nachhall, große Ressourcen.

NIEDERÖSTERREICH

★★ S €€ GM FUN
2022 Gelber Muskateller + Beginn mit Holunderblüten und Zitronenmelisse, apart und zartgliedrig, eher diskrete Aromatik am Gaumen, rund und einschmeichelnd, schlanke Mitte, nahezu sanfter Ausklang.

★★★ S €€ GV
2022 Grüner Veltliner Ried Sätzen + Pointierte, durchaus lagentypische Nase, Wassermelone und grüne Nüsse, relativ schlank, jahrgangsbedingte herbe Würze, doch in sich ruhend, pfeffrige Note vor dem Abgang, schon früh trinkreif.

★★★ S €€ RI PLV
2022 Riesling Hagenbrunn + Winterapfel und roter Pfirsich im fest verwobenen und verlockenden Duftspiel, fein gezeichnet und zupackend bei schlanker Stilistik, mundwässernde, rassige Art.

★★ S €€ GS
2022 Gemischter Satz Hagenbrunn + Herb-würziger Start, etwas Pfirsich und Agrumen, zeigt noch Ecken und Kanten, leichte Gerbstoff-Note vor dem Abgang.

★★ S €€€ PB
2022 Weissburgunder Stützenhofener Hohe Ried + Eisenkraut und Hirschbirne, kernig, herzhaft und burschikos, leicht phenolisch, einige Spannkraft.

★★★ S €€€ GS
2022 Gemischter Satz Premium Ried Aichleiten + (GV/RI/PG) Fruchtbetontes Bukett, in dem Pfirsich und Birne den Ton angeben, reintönig und vielfältig, profunde, fleischige Art, klar strukturiert und balanciert, multidimensional und ausdauernd, besitzt Profil und Rasse.

★★★★ S €€€ PG TIPP
2021 Grauburgunder Reserve Ried Aichleiten + Einprägsames Bukett nach Karamell und brauner Butter, auch ein Hauch rotbeerige Aromen, gut eingebundenes Fassholz, Kakao und Roggenbrot, körperreich, cremig und fleischig, harmonische wie individuelle Interpretation der Rebsorte – ein Meditationswein mit Charakter und Reserven.

★★★ S ZW
2019 Zweigelt Reserve Stammersdorfer Ried Braschen + Marzipan und Kirschlikör im Verein mit der wohl temperierten Eichennote, ruhig strömend und verführerisch, spielt die süße Frucht des Ausnahmejahrganges voll aus, aber keineswegs üppig, harmonisch, lang und eigenständig, kann noch lange reifen.

Weingut **Setzer**

3472 Hohenwarth, Hauptstraße 64
Tel. +43 2957 228, Fax -8
setzer@weingut-setzer.at, www.weingut-setzer.at
30 Hektar

Für Hans und Uli Setzer gehören Weinmachen und Weingenießen zum Lebensstil – als Leidenschaft und Herausforderung zugleich. Seit 1705 ist das Weingut in Familienbesitz und wird mit Verantwortungsgefühl und Liebe zum Wein von Generation zu Generation weitergegeben. So gestalten bereits heute die im Weinbau gut ausgebildeten Kinder Marie-Theres und Eugen die Zukunft des Weinguts tatkräftig und leidenschaftlich mit. Die Lagen in Hohenwarth sind prädestiniert für den Grünen und Roten Veltliner, die das Herzstück des Weinguts bilden und individuell mit viel Gefühl zu Top-Weinen ausgebaut werden. Nicht zuletzt begründet dies den beständigen, langjährigen Erfolg, der nicht nur in Österreich, sondern auch international auf den Weinkarten der Spitzengastronomie von San Francisco bis Shanghai, Australien und den Malediven zu erkennen ist. *kk*

WEINVIERTEL DAC

★★★ S €€ GV
2022 Grüner Veltliner Ausstich + Pikanter Limonenduft, Golden Delicious und gelbe Blüten; beherzt fruchtig, mit charmanter Säure reifer Grapefruits, etwas gelbe Zucchini, fein-süßliche Kräuterwürze, geschmeidig mit klassischer Sortentypizität, etwas grüner Pfeffer im Abgang.

★★★ K €€€ GV
2022 Grüner Veltliner Reserve Ried Kronberg + Apfelmus, helle Birne, ein wenig Ananasaromen und Clementine; Hauch Melisse, mit eleganter Fruchtsüße, geschmeidig kräftiger Körper, vielschichtig und saftig, cremiger Fruchtfächer mit frischer Säure, zart pfeffrig und bisschen kandierte Kräuter im anhaltenden Echo.

★★★★ K €€€ GV
2022 Grüner Veltliner Reserve Ried Kirchengarten + Duftiger Obstkorb, Honigblüten, Pfirsichnoten; fruchtig-mineralisch, feinkörniges Gerbstoffgerüst, dicht und dynamisch, pikante Kräuterwürze, florale Noten im muskulösen Körper, perfekt abgestimmte Säure, geradlinig mit angenehm straff pfeffrigem Finale.

★★★★ K €€€€ GV
2022 Grüner Veltliner „8000" Reserve Ried Laa + Granny Smith, Hauch Exotik, Honigmelone und gelbe Blüten, etwas blättrige Würze; komplexer Fruchtfächer, feine Extraktsüße, auch süße Kräuternoten, Ringlottenkonfit, unaufdringlich cremig-füllig, pikante weiße Pfeffernoten, gefühlvoll feine Gerbstoffe, dynamisch fruchtige Säure, salzig-kreidig im potenten gelbfruchtigen Abgang.

NIEDERÖSTERREICH

★ S €€ GV FUN
2022 Grüner Veltliner Fliegengewicht + Knackig grüner Apfel, gelbschotige Würze, Stachelbeere, Zitronenmelisse; mit jugendlicher Leichtigkeit, schlank und lebendig, frisches Kernobst, schwungvolle Säure, pikant mit viel Trinkfreude.

★★ S €€ PB
2022 Weißburgunder + Duftige Granny Smith und Golden Delicious, süße gelbe Blüten; betont fruchtig und beschwingt, reife Limonen, helle Kräuter, mittlerer Körper, saftige gelbfruchtige Säure, cremige Struktur, hochelegantes Trinkvergnügen.

★★★ S €€ CH
2022 Chardonnay + Pikante Limonenzesten, etwas Macisblüte, Apfelmix und bisschen Steinobst; weißer Pfirsich, Zitronenbiskuit, animierender Säurebogen, Hauch Litschi, feine kühle Kräuteraromen, samtig-fruchtig mit zarter Mineralspur im Abgang.

★★★★ K €€€ RV TIPP
2022 Roter Veltliner Ried Kreimelberg + Quittenmus, gelbe Ringlotten und Honigmelone, Physalisaromen; vielschichtig und dicht, braucht Luft zum Entfalten, bisschen Marzipan und Rosenblätter, exotische Nuancen, Hauch Trockenfrüchte, pikante Säurestruktur, harmonische Extraktfülle, wohlig gaumenfüllend, präzise Führung des kräftigen Körpers, bisschen Kernobst, feiner Mineraltouch im eindrucksvollen Finale.

Weingut **Stadler**

Johannes Stadler
2162 Falkenstein, Stürzenbühel 104
Tel. +43 2554 85417
info@weingut-stadler.com, www.weingut-stadler.com
35 Hektar, W/R 90/10, 200.000 Flaschen/Jahr

„2022 hat zu einem normalen Lesezeitpunkt eine gute, unkomplizierte Ernte erbracht. Die Gradationen haben gepasst, Säure war ausreichend, wir sind happy", lässt Johannes Stadler die vergangene Ernte Revue passieren. Die Reben für den Rabenstein stehen auf kalkhaltigem Boden, der Wein daraus ist eine rundum klassische Erscheinung mit gutem Zug, während der Veltliner aus der warmen Lage Rosenberg bei gutem Ansatz noch ein wenig zur Entfaltung braucht. „Ein Wein für die Ewigkeit" ist die Reserve aus dem 500-Liter-Fass. Der kalkhaltigen Ried Kirchberg am Fuße der Ruine entspringt ein Riesling, der mit feinem Aromen-Süße-Säure-Spiel zu überzeugen weiß. Viel Luft braucht hingegen der mit seinen Sortenattributen noch geizende, dafür sehr mineralische Sauvignon Blanc. Spaß mit Spannung verbindet der Rosé, der auch als Frizzante dieser Richtung treu bleibt. Mit seiner leicht harzig-ätherischen Art und der dunkelbeerigen Frucht rückt der Zweigelt den Blaufränkisch-Anteil seiner Herkunft ins rechte Licht. Sehr animierend präsentiert sich der Muskateller heuer als Frizzante. *db*

WEINVIERTEL DAC

★★ S €€ GV
2022 Grüner Veltliner Ried Rabenstein + Reife Apfelfrucht, feinwürzig, zart nussig, kalkiger Schleier sorgt schon im Duft für gewisse Spannung; angenehme Fruchtsüße, reifes Kernobst bleibt Thema, mineralischer Schliff sorgt für gute Haftung, passende Säure, solide Länge.

★★ S €€ GV
2022 Grüner Veltliner Ried Rosenberg + Weicher, runder, saftiger als der Rabenstein, auch ein bisschen nussig, traubig; Frucht ist noch nicht ganz entfaltet, bisschen Apfelschale im Ausklang, recht guter Ansatz, braucht noch.

★★★ S €€€ GV
2021 Grüner Veltliner Reserve + Grüne Banane, dann Karamell und etwas Vanille, ein zarter Anflug von getrockneten Pilzen, Traubengelee, ein paar Kräuter, holzsüß, zeigt Kraft und Vielfalt, braucht Luft; bleibt kraftvoll, holz- und fruchtsüß, pikante Säure, appetitlicher Gerbstoffgrip, gute Länge.

NIEDERÖSTERREICH

★★★ S €€ RI PLV
2022 Riesling Ried Kirchberg + Steinobst, frische und getrocknete Marille, straff, fast streng, weißer Pfeffer, bisschen Rosenduft, Kamille; Zuckerrest bestätigt sich am Gaumen, engmaschig, griffig, passende Säure, der Kalk hat noch die Hand auf der Frucht.

★★ S €€ SB
2022 Sauvignon Blanc + Sehr verhalten im Sortenausdruck, zarte Aromatik, grünwürzig, bisschen kühl; straffe Mineralik, gegen die sich die Sorte noch durchsetzen muss, braucht Luft.

★★ S €€ CR
2022 Rosé Sortenvielfalt + (ZW/SL/ME) Helles Pink, vielschichtige, helle bis rote Beeren, animierend; knackige Säure, Mandel, Marzipan, kleiner, sehr sympathischer Zuckerrest, feiner Gerbstoff gibt Rückhalt, im Nachklang tauchen ein paar dunklere Beeren auf, Spaß mit Spannung.

★★★ S €€ ZW FUN
2021 Zweigelt Selektion + Strahlendes Rubin, feinwürzige, dunkle Frucht, ätherisch, fast ein wenig harzig, Richtung Blaufränkisch, Waldboden, braucht ein bisschen Zeit, zeigt immer mehr Kräuter, Brom- und Heidelbeeren; höchst appetitliche Säure treibt viel Frucht über den Gaumen, Holz hat eine ganz zart-süße Spur hinterlassen, lebendig, süffig, fruchtverwöhnte Länge, macht Lust auf den nächsten Schluck, präsente Gerbstoffe, Potenzial.

ÖSTERREICH

★★ S €€ GM FUN
2022 Gelber Muskateller Frizzante trocken (18) + Freundlich, Holunderblüten, hübsche, dezente Sortendarstellung; am Gaumen sitzt die Sorte auf einem gut gemachten Bett aus cremigem Mousseux, peppiger Säure und gut platziertem Zuckerrest, die muskatigen Aromen bleiben im Abgang lange haften.

★★ S €€ CR
2022 Rosé Frizzante trocken (18) + (SL/ZW/PN) Kühl unterlegter hellroter Beerenmix, Melisse, Waldmeister, Walderdbeeren, Himbeeren; überzeugt auch am Gaumen mit viel Fruchtcharme, gebändigt von etwas Gerbstoff und belebender Säure, die Beeren begleiten in den animierenden Abgang.

Winzerhof **Stift**

Franz & Regina Stift
3743 Röschitz, Lange Zeile 6
Tel. +43 2984 3144, Mobil +43 664 302 53 23
office@winzerhof-stift.at, www.winzerhof-stift.at
10 Hektar, W/R 95/5

Röschitz entwickelt sich seit Jahren zu einem Weinort von zunehmender Bedeutung, mit unzähligen Spitzenweingütern, eines davon ist der Weinhof Stift. Großen Eindruck macht der gepflegte, bildhaft schöne Innenhof, wo die beliebten Jazzkonzerte den richtigen Rahmen finden, sowie der hochmoderne, durchdachte Neubau des Weinkellers. Ihre eigene Sprache sprechen aber die Weine in den Gläsern. Hier lässt sich vom leichten, fruchtbetonten Jungwein bis zur gehaltvollen, körperreichen Reserve viel Spannendes entdecken. Klarerweise dominiert der Grüne Veltliner in all seinen Facetten. Der DAC Classic und „Vom Urgestein" zeigen im leichten Ausbau fruchtige Frische und klare Linien. Einen besonderen Stellenwert haben die Lagenweine vom Galgenberg, Reipersberg und „Tante Mitzi" mit ihrem charakteristischen Pfefferl, ihrer Finesse und Eleganz. Auf 70 Jahre alten Rebstöcken wächst der „Methusalem", dessen Potenzial ihn lange reifen lässt. Der DAC Reserve „Maximos" aus bestmöglicher Qualität überzeugt mit allem, was einen gern getrunkenen Wein ausmacht. Auch Riesling, Chardonnay, Sauvignon Blanc und Gelber Muskateller schließen sich dem hohen Qualitätslevel an. Speziell für die warme Jahreszeit bestens geeignet sind die Rosé aus Cabernet Sauvignon oder „Franzis Frizz" Frizzante – beides wunderbare Grillparty-Weine! *wh*

WEINVIERTEL DAC

★★★ S €€ GV
2022 Grüner Veltliner vom Urgestein + Klassische, feine, mineralische Würze mit feinem Pfefferl unterlegt, frisch und saftig, grüne Äpfel, erfrischende Zitrusnoten, animierend, schlank und angenehm.

★★★★★ S €€€ GV **TOP**
2021 Grüner Veltliner Reserve Maximos + Maximale Qualität, brillante, dichte Veltliner-Frucht-Würze-Nase mit deutlichem Pfefferl und einladender Aromatik nach Mango, Maracuja, Papaya und Ananas, delikate, harmonische Säure, enorme Extrakte und Dichte, unglaubliches Potenzial.

NIEDERÖSTERREICH

★★★ S €€ GV
2022 Grüner Veltliner Tante Mitzi + Feinwürzig, weißer Pfeffer, etwas gereiftes Kernobst, gehaltvoll und ausgewogen, zarte Finesse, lebendige Säure und angenehme Trinkfreude – ein ansprechender Wein.

★★★ S €€ GV
2022 Grüner Veltliner Ried Reipersberg + Fruchtiger, eleganter Duft nach Äpfeln mit feiner Exotik, kühle Aromatik, mineralische Noten, kraftvoll und kompakt, deutlich das berühmte Pfefferl, Würze und Eleganz – charmanter Wein.

★★★★ S €€ GV
2022 Grüner Veltliner Methusalem + Von 70 Jahre alten Rebstöcken, dichte, würzige Nase nach Bratapfel, Orange, Gewürznelken, Zitrone, vielschichtiges Aroma, saftige Säure, voller Körper, viel Extrakt, hohes Potenzial, harmonisch und schmelzig-cremig im langen Abgang.

★★★ S €€ RI **PLV**
2022 Riesling vom Urgestein + Typischer Duft nach Steinobst, reife Marillen und Weingartenpfirsiche, Zitrusnoten, Blumenwiese, gehaltvoll, mineralisch, elegantes Süße-Säure-Spiel, saftig, cremig – absolut trinkfreudiger Riesling aus dem Weinviertel.

★★★ S €€ RI
2022 Riesling Lampelschweif + Konzentrierte Nase nach reifen Pfirsichen und Marillen, etwas Mango, Extraktsüße, Harmonie, Finesse, Körper und Aroma, delikate Säure, Fruchtschmelz im mineralisch-saftigen Nachgeschmack.

★★★ S €€ CH **TIPP**
2022 Chardonnay + Frischer, klarer Duft nach grünem Apfel, frischer Ananas, Birnen, Zitrusnoten, feine Exotik, gehaltvoll, kräftig, eingebundene Finesse und Mineralik, kompakt und unendlich lang – ein Wein zum Merken.

★★★★ S €€ SB
2022 Sauvignon Blanc + Typisches, jugendliches Sortenbukett nach Holunder, grüner Paprika, grüne Blätter, frisch gemähtes Gras, weißer Pfeffer, Zitronenzesten, elegant und gehaltvoll, harmonisch, lebendige Säure, lang und angenehm am Gaumen – trinkfreudiger Sauvignon.

★★ S €€ CS
2022 Rosé vom Cabernet Sauvignon + Fruchtbetontes frisches Bukett nach Ribisel, Walderdbeeren, Himbeeren, saftige Säure, frisch und fruchtig, schlank und trinkfreudig, leichter Wein für die warme Jahreszeit – Grillparty-Wein!

Weingut
Studeny

Herbert Studeny
2073 Obermarkersdorf 174
Tel. +43 2942 8252, Fax -20
office@studeny.at, www.studeny.at
16 Hektar, W/R 80/20

Mit seinen Hauptrebsorten Grüner Veltliner, Riesling und Sauvignon Blanc hat Herbert Studeny schon seit Jahren großen Erfolg. Absolute Top-Lagen wie Atschbach, Nussberg, Triftberg und Sündlasberg sowie seine präzise Weingartenarbeit und ausgefeilte Kellertechnik garantieren die guten Qualitäten in den Flaschen. Das eher kühle Klima von Obermarkersdorf mit oft großen Temperaturschwankungen sorgt gerade bei den Weißweinen für sehr fruchtbetonte, aromareiche Weine, sogar mit deutlich exotischen Noten, die mit viel Trinkfreude überraschen. Um den Weinen mehr Ausdruck und Harmonie zu verleihen, setzt Herbert Studeny seit Jahren auf Spontangärung, längere Maischestandzeit und möglichst langes Belassen auf der Feinhefe. Mit dem Weinjahr 2023 ist auch die Umstellung auf biologische Landwirtschaft abgeschlossen. Große Aufmerksamkeit erregt Studeny auch mit seinen Rotweinen. Ob mit der alten regionalen Sorte Blauer Portugieser oder dem noch selten reinsortig kultivierten Rösler, dem international arrivierten Pinot Noir oder die verschiedenen Cuvées unter den Bezeichnungen „Cuvée Hangenstein" und „Kronos" Rotweincuvée – alles fein gemachte Weine, teils von internationalem Format. *wh*

WEINVIERTEL DAC

★★ S € GV
2022 Grüner Veltliner Obermarkersdorf + Jugendliches Strohgelb, fruchtig-saftig nach grünem Apfel, Zitrusfrucht und Birne, etwas Grapefruit, zartes Pfefferl, gehaltvoll, würzig und typisch, leicht, rassig und animierend im Nachgeschmack.

NIEDERÖSTERREICH

★★★ S €€ GV
2022 Grüner Veltliner Ried Atschbach + Bemerkenswerter Grüner Veltliner von 45-jährigen Stöcken – volles Strohgelb im Glas, volle Fruchtwürze und jugendliches Zitrus in der Nase, auch ein Hauch Birne, deutliches Pfefferl, viel Kraft, Körper, Finesse, vielschichtig und kompakt, elegant und cremig im langen Abgang.

★★★ S €€ RI
2022 Riesling Obermarkersdorf + Klassische Nase nach Marillen und Pfirsich, auch würzig, hohe Viskosität und Extraktsüße, saftig-frische Säure, gehaltvoll und fein-salzig mit deutlicher Mineralität, schlank und erfrischend, sehr trinkanimierend und lang am Gaumen.

★★★ S €€ RI
2022 Riesling Urgestein Ried Triftberg + Strohgelb mit grünen Reflexen, extraktreiche, typische Rieslingnase nach Weingartenpfirsich, reifen Marillen, süßliche Extrakte und delikate Säure, viel Finesse und Mineralik, gehaltvoll und cremig, viel Potenzial, entwickelt sich an der Luft, wirkt sehr angenehm und lange am Gaumen nach.

★★★★ S €€ SB **TIPP**
2022 Sauvignon Blanc Ried Sündlasberg + Sehr sortentypischer Duft nach Holunder, Stachelbeeren, feiner Paprika, Brennnessel und Kräuter, grüne nasse Blätter, schlanker Körper, frische, anregende Säure, mineralisch und trocken, animierender, erfreulicher Riesling.

★★ S €€ GM
2022 Gelber Muskateller Obermarkersdorf + Holunderblüten, traubig, Stachelbeeren, feines Muskat, sehr typisch, leicht und schlank mit pikanter Säure, etwas Grapefruit, ein unkomplizierter, trinkfreudiger Aperitif- und Sommerwein.

★★★ S € CR **FUN**
2022 Rosé Obernalb + (ME/CS) Helles Rosa bis zwiebelschalenfarbig, herrlicher Duft nach Erdbeeren, Himbeeren, rote Ribiseln, im Hintergrund etwas Grapefruit, leicht und schlank, lebendige Säure, leichte Kräuter im gefälligen Abgang.

★★★★ S €€ CR
2019 Rotweincuvée Kronos + (ME/RÖ/CS) Nach dem griechischen Gott der Ernte benannt, zeigt er sich tiefdunkel bis schwarz, mit einem Duft nach Brombeeren, schwarzen Johannisbeeren, viel Würze, enormer Körper, eingebundene Tannine, ausgewogen und kompakt, viel Extrakte und Potenzial – hochwertiger Wein, der viel Luft und große Gläser braucht.

Weingut **Sutter**

Doris & Leopold Sutter
3472 Hohenwarth, Weinviertler Straße 6
Tel. +43 2957 200, Fax +43 2957 217
office@weingut-sutter.at, www.weingut-sutter.at
20 Hektar, W/R 80/20

Doris und Leopold Sutter widmen sich leidenschaftlich dem Roten Veltliner, den sie gekonnt in verschiedenen Stilrichtungen vinifizieren und so alle Nuancen dieser besonderen Sorte spannend herausarbeiten. Auch die Vielfalt des Grünen Veltliners wird nicht vernachlässigt, wie man am umfangreichen Sortiment erkennen kann. Die Leidenschaft gilt auch für den Pinot Noir, dessen Fläche an kalkreichen, mittelschweren Böden nun um 1 Hektar erweitert wird. Denn dem Pinot Noir kommt in dieser Region die Klimaerwärmung sehr zugute. Diese sensible Sorte stellt zwar im Weingarten und Keller eine besondere Herausforderung dar, die aber von beiden durch gekonnte Vinifikation gemeistert wird. Der Lohn ist ein sehr hochwertiger und lagerfähiger Pinot Noir mit schillerndem Aromaspektrum. *kk*

WEINVIERTEL DAC

★★ S €€ GV
2022 Grüner Veltliner Klassik + Frisches Kernobstbukett; jugendliche Frucht, unbeschwert, würzige Blumenwiese, frischer Apfel, pikante Säure, schwungvolles Echo.

★★★ S €€ GV **PLV**
2021 Grüner Veltliner Alte Reben + Reifer Apfel, etwas Pfirsich, Hauch Marillenblüten; Spur Exotik, Orangenzesten, saftiger Extrakt, samtiger Schmelz, feste Säure, nussig-röstige Noten, pfeffrig mit Mineralspur.

★★★ S €€€ GV
2021 Grüner Veltliner Reserve Ried Kellerberg + Reifer Fruchtfächer, Tropenfrucht, Kernobst, Clementinen, animierende Extraktsüße, bisschen floral, Walnuss und Kräuterwürze, straff geführt, dicht mit mineralisch-pfeffriger Ader.

★★★★ S €€€€€ GV **TIPP**
2018 Grüner Veltliner Reserve Privat + Quitte, Mirabelle, Blutorange; schmelzige Golden Delicious, Waldkräuter, tropische Nuancen, Hauch Honigblüten, kraftvolle Substanz, elegant und extraktreich, kreidig-mineralisch im langen Nachhall.

NIEDERÖSTERREICH

★★ S € GV
2022 Grüner Veltliner „Daham" + Pikantes Kernobst; klar, frische Zitrusnoten, lebendige Säure, feinwürzig, unkompliziert, dynamisch-fruchtiger Trinkfluss.

★★★ S €€ GV **PLV**
2022 Grüner Veltliner Ried im Steinbruch + Ringlotten, Limone und Golden Delicious; gefühlvoll, reife gelbe Schote, animierend, straffer Körper, pikante Säure saftiger Grapefruitfilets im Nachhall.

★★ S €€€ FV
2022 Frühroter Veltliner + Birnenduft; Golden Delicious, Clementinenzesten, Honigblüten, samtige Säure, etwas tropische Frucht, süßwürzige Küchenkräuter, charmantes Finish.

★★ S €€€ RI
2022 Riesling Tradition + Klares Steinobstbukett; schwungvolle Säure mit ausbalancierter Fruchtsüße, junge Marille, bisschen Pfirsich, mit feiner Kräuterwürze, saftig und dicht mit zart salziger Mineralspur.

★★ S €€ SB **FUN**
2022 Sauvignon Blanc + Holunderblüte, Stachelbeere, Cassisnoten; animierendes Fruchtspiel in rassiger Säure, knackige Würze gelber und grüner Paprikaschoten, kühler fester Biss, Wiesenkräuter im Abgang.

★★★ S €€€ RV
2022 Roter Veltliner Ried Hochstrass + Birnenduft und Granny Smith, gelbe Schote; Zitronenmelisse, dynamisch und vielschichtig, Hauch Ananas, bisschen Marzipan, saftige Säure, ein pikanter Sortenvertreter.

★★★ S €€€ RV
2021 Roter Veltliner Alte Reben + Straffe Quitte, reife gelbe Paprikaschote, Limette; samtig am Gaumen, frische Gartenkräuter, Hauch Orange und Mango, bisschen Marzipan, animierende fruchtige Säure, elegant muskulös, fruchtig-würzig im mineralischen Ausklang.

★★★★ S €€€€€ RV **TIPP**
2018 Roter Veltliner Privat + Zart karamellisiertes Kernobst, Ringlottenkonfit, Physalis, Birnenmus; ätherische Würze, Fenchel und Laub, bisschen rote Beeren und Marzipan, ziselierte Säure, vollmundig nobel, Pfirsich im komplexen Echo.

★★ S €€ ZW
2020 Blauer Zweigelt Dominator + Kirschfrucht, Marzipanhauch, rote Beeren; saftiges Weichselgelee, pikante Säure, dunkler Rauch, bisschen Lakritz und Grafitspur im fruchtigen Finale.

★★ S €€ CR
2020 Cuvée + (ZW/PN) Saftige Waldbeeren, Kranbeere, feiner Schmelz; Kumquats in animierender Säure, fleischig mit geschmeidigen Tanninen, Schokolade, stoffig-samtig, fein rauchig, saftig im Nachhall.

Weingut **Taubenschuss**

2170 Poysdorf, Körnergasse 2
Mobil +43 676 356 69 01, Fax +43 2552 2589-4
weingut@taubenschuss.at, www.taubenschuss.at
22 Hektar, W/R 100/0

Seit 1670 besteht das aus Poysdorf und dem Weinviertel nicht mehr wegzudenkende Weingut Taubenschuss, das heute von den Brüdern Markus, zuständig für Weingärten und Kellerwirtschaft, sowie Thomas, verantwortlich für Marketing und Vertrieb, geführt wird, wobei sich die Eltern Monika und Helmut freilich noch tatkräftig in den Betrieb einbringen. Derzeit befindet es sich im letzten Jahr der Umstellung auf biologische Wirtschaftsweise; schon seit einiger Zeit genießen die Weingärten die Beweidung durch eine tatenhungrige Schafherde. Im Keller wurden erstmals alle Gewächse – abgesehen von den Einstiegsweinen – spontan vergoren, was deren Individualität weiter gefördert hat. Die ersten Ausblicke auf den Jahrgang 2022 lassen durchaus vielversprechende Veltliner und Weißburgunder erwarten, denen es weder an Extraktgehalt noch an Säure mangelt. Schon seit jeher kann man ja die Weine aus diesen beiden Rebsorten als besondere Stärke des Poysdorfer Traditionsbetriebes ansehen. Sehr gut herausgearbeitet werden auch die lagentypischen Unterschiede und Eigenheiten der Veltliner-Rieden Weißer Berg, Hermannschachern, Neidharden, Tenn und Maxendorf. Die Top-Lagen Tenn und Maxendorf betonen einen kreidigen, straffen Charakter, der eher die Würze und Mineralität betont. Folgerichtig werden diese beiden Lagen auch für die erst wesentlich später auf den Markt gelangenden Reserven und Großen Reserven herangezogen.

Die hohe Weißburgunder-Kompetenz des Weingutes ist seit Jahr und Tag erwiesen; Gemischte Sätze, Gelber Muskateller und der selten gewordene Grüne Sylvaner runden dessen Portefeuille ab. Neu ist hingegen ein im eigenen Keller erzeugter Blanc de Blancs Extra Brut der Großen-Reserve-Kategorie aus Weißburgunder und Chardonnay, der vielleicht auch dank der wertvollen Ratschläge des befreundeten Sekt-Spezialisten Christian Madl wohlgelungen ist. *vs*

WEINVIERTEL DAC

★★ S €€ GV
2022 Grüner Veltliner Ried Weißer Berg + Weißer Spargel und ein Hauch von Sellerie, fein nuanciert, ein Mix aus schotig-vegetalen und an Kernobst erinnernden Akzenten, klar und saftig, gute Balance.

★★★★ S €€€ GV **TIPP**
2019 Grüner Veltliner Ried Tenn Reserve + Kreidig-kalkiger Start, traubig, erfrischend und animierend, Mandarine und Zitronenmelisse sowie eine Prise Szechuanpfeffer, feinstrahlig und fest verwoben, beachtliche Substanz, mineralische Herznote, hat sich bestens entwickelt, elegante wie rassige Reserve-Version.

NIEDERÖSTERREICH

★★★ S €€€ GV
2022 Grüner Veltliner Ried Hermannschachern + Überrascht mit Rosenduft, aber auch Steinobst, vor allem Marille, zartblumig und reichhaltig, am Gaumen etwas Zuckermelone und Agrumen, rund und extraktsüß, satter, cremiger Schmelz.

★★★ S €€€ GV
2021 Grüner Veltliner Ried Neidharden Reserve + Lindenblüten und weißer Pfirsich in der floralen Nase, frisch, pikant und lebhaft, noch nicht ganz integrierter Zuckerrest, dennoch elegant und glasklar, kühl, eigenständige Veltliner-Variante mit Charme.

★★★★ K €€€€ GV **TIPP**
2019 Grüner Veltliner MX Alte Reben Große Reserve + Expressives Duftspiel nach Ananas und Mango, Vanilleschoten und Haselnüsse, fest geknüpft und mächtig, die Finesse betonend, ein reichhaltiges und vielschichtiges Veltliner-Monument für Fortgeschrittene, lange nachklingend, immenses Potenzial.

★★★ S €€ PB
2021 Weißburgunder Ried Weißer Berg + Feinkörniger, leicht pfeffriger Auftakt, Hefegebäck, Walnüssen und Navel-Orangen, zartgliedrig, kompakt und unterkühlt, feinkörniger, rassiger Pinot Blanc-Charakter.

★★★★ K €€€€ PB **TIPP**
2019 Weißburgunder Selection + Nach Grapefruit und Papaya duftend, kühl unterlegt, kreidige Note, gebündelt und voluminös, sehr elegant und balanciert, packt vor dem Finale noch einmal ordentlich zu und erinnert in seiner stahligen, beintrockenen Art ein wenig an Top-Chablis, modellhafte Interpretation.

ÖSTERREICH

★★★ K €€€€ CW
2019 Blanc de Blancs Extra Brut Sekt Austria Große Reserve + Aus Weißburgunder und Chardonnay ist diese nach 30 Monaten Hefelager degorgierte Novität: feine Perlage, rauchig und feinkörnig, etwas Brioche und ausgiebige helle Frucht, Zitronat und Haselnuss, charmant und elegant, salzige Töne im recht langen, rassigen Nachhall, gelungener Erstling.

Weingut
Waberer

Alexander Waberer
2130 Mistelbach, Franz-Josefstraße 123
Tel. & Fax +43 2572 4134
post@wabererwein.at, www.wabererwein.at

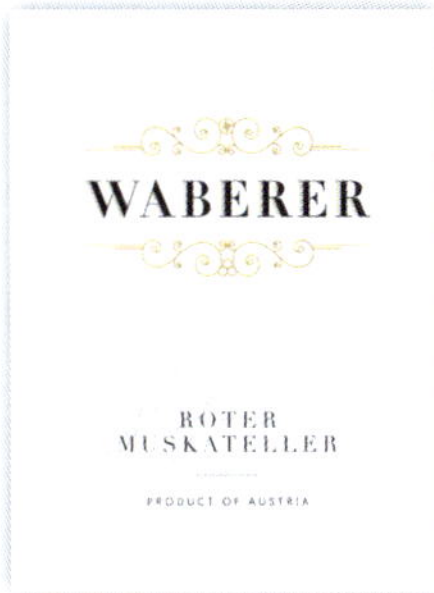

„2022 war kein einfacher Jahrgang", blickt Alexander Waberer im ersten Nachdenken auf ein Jahr mit extremen Wetterkapriolen und daraus resultierenden höchst unterschiedlichen Reifestadien zurück. Herausgekommen sind dann doch wieder Weine, „wie man sie gern hat – fruchtig, nicht zu schwer, mit passender Säure". Ein bisschen kühl, mit angedeuteter Exotik, ist der Schneiderberg nah am Vorjahr. Die schlichte Bezeichnung Classic ist fast zu wenig für den recht anspruchsvollen DAC. Die Selection aus der Ried Tiergarten bezeichnet einen kräftigen, gut gereiften Veltliner aus 2020. UNUM ist neu im Sortiment und steht für behutsam im Holz veredelte Weine. Das sind heuer ebenfalls ein Veltliner und ein Sauvignon Blanc, mit denen er sich langsam an seine Vorstellung von kleinem Holz und großem Wein herantasten will. Geplant ist der UNUM für jedes Jahr, es könnte auch mal ein Traminer sein. Eine große Freude ist der außergewöhnlich charaktervolle Welschriesling. Für seinen vorbildlichen Sommerwein 2019 wurde Alexander Waberer jüngst mit der Vinaria Weintrophy geehrt. Seit Jahren ist er ein verlässlicher Performer bei unseren Verkostungen, etwa auch bei den Rotweinen bis 12 Euro, was ihn besonders freut, sieht er sich doch überhaupt nicht als Rotweinwinzer. *db*

WEINVIERTEL DAC

★★ S € GV
2022 Grüner Veltliner Ried Schneiderberg + Weiße Ribisel, Apfelduft, auch steinobstige Anklänge, zart kühl, leicht griffig; packt über Säure und Herkunft fest zu, kühle Noten bleiben, aufkommende Exotik im Abgang.

★★★ S € GV FUN
2022 Grüner Veltliner Classic + Apfelfrucht, Birne, festfleischig, schnörkellos, ein paar Trockenaromen, kalkig-steinige Anmutung; hübscher Fruchtschmelz auf passender Säure und herzhaftem Grip, anspruchsvolles Spiel, animierende Länge.

NIEDERÖSTERREICH

★★ S € WR TIPP
2022 Welschriesling + Fester Fruchtausdruck, fast schon ernsthaft mit getrockneten Blüten, Kräutern und Blättern, feste Apfelfrucht, reife Erscheinung; bleibt auf der gesetzten, ruhigen Schiene, appetitliche Säure, gefällt in seiner eigenständigen Art.

★★ K €€ GV
2021 UNUM Grüner Veltliner + Hefezopf, zitrusduftig, cremige Textur, zarter Touch vom gebrauchten Holz, reifer Eindruck, bisschen würzig, Weihrauch, Honignoten; Holz zieht sich an der Luft zurück, feinschmelzend, zart griffig, ein ruhiges Glas Wein.

★★ S €€ GV
2020 Grüner Veltliner Ried Tiergarten Selection + Reife Noten, mürber Apfel, Kräuterwürze, cremige Anmutung, Karamell; cremig, fester mineralischer Grip, gutes Gefüge, karamellisiertes Obst, kräftiger, gut erhaltener Veltliner.

★★★ S €€ SB PLV
2022 Sauvignon Blanc + Ruhiger, straffer, tiefgehender Sortenausdruck, Stachelbeere, kandierte Kräuter, Eibisch; reife, leicht süßliche Kräuterwürze, gelber, süßer Paprika, Cassis, bisschen fruchtsüß, geeister Pfirsich im Nachhall, leicht fließend mit Spannung.

★★ K €€ SB
2021 UNUM Sauvignon Blanc + Durchsichtige Holzschicht auf sehr dunkler Frucht, Cassis(!), spannend, pfeffrig, Blätter von Johannisbeere und Holler, grünwürzig; dezent rauchig, feine Sauvignon-Frucht, bisschen cremig, resche Säure, etwas Gerbstoff, Baiser, Granatapfelkerne, eigenständiger Sauvignon Blanc, wird mit Luft immer länger.

★★★ S €€ TR FUN
2022 Gelber Traminer Selection + Zwei, drei Umdrehungen, dann zarter Lavendelduft, Rosenblätter; leicht crunchy, respektable Säure, Frucht muss sich freischwimmen, Rosenwasser, feiner Gerbstoffgrip, spannender Ansatz, wird mit Luft süßer, auch präsenter, Früchtebrot, langer Nachhall, sympathischer Trinktraminer.

★★★ S €€ ZW
2021 Zweigelt + Mokkanoten, Schwarzkirsche, Kräuter, geschliffene, entgegenkommende Frucht, pikant; gerundete Gerbstoffe, freundlicher Fruchtausdruck, dunkle Beeren, guter Trinkfluss.

★★★ K €€ CR PLV
2021 Sì Belle Cuvée Reserve No. 6 + (BF/ZW/ME) Dunkler, röstiger Fruchtauftritt, vorweihnachtliche Noten, getrocknete Früchte, angenehme Fülle; dunkle Beeren in sonder Zahl, recht samtige Gerbstoffe, kalkig-straffer Unterbau, fruchtverzierte Länge, lässig mit charmanter Fruchtsüße.

Weingut
Weinrieder

Lukas Rieder
2170 Kleinhadersdorf, Untere Ortsstraße 44
Tel. +43 2552 2241, Fax +43 2552 3708
office@weinrieder.at, www.weinrieder.at
20 Hektar, W/R 100/0

Friedrich und Sohn Lukas Rieder betreuen gemeinsam die Weingärten und den Keller, während sich Gattin Melanie der Büroarbeiten und Besucher annimmt; Sohn Bernhard ist wiederum für den gesamten Verkauf und den Export zuständig, der bei Weinrieder den rekordverdächtigen Anteil von 93 % erreicht. Die ungewöhnliche Präsenz in den renommiertesten Restaurants in Europa und Übersee kommt freilich nicht von ungefähr oder infolge unablässigen Marketings, sondern ist das wohlverdiente Ergebnis akribischer Arbeitsabläufe in den Weingärten und einfühlsamer wie geduldiger Weinbereitung. Aus den Top-Lagen Schneiderberg, Kugler und Hohenleiten werden auf diese Weise Weine herausgeholt, die sich stilistisch zwar stark unterscheiden, aber eines gemeinsam haben. Es sind keine laut auftrumpfenden „Marktschreier", sondern vielmehr Weine der leisen Zwischentöne, die sich überdies kulinarisch wunderbar einsetzen lassen. Aus dem aktuellen Sortiment bestach von den preisgünstigen Tropfen beispielsweise der Riesling Bockgärten mit seiner puristischen Ader und dem verlockenden Früchtecocktail, während der Chardonnay von der Hohenleiten mit Balance und Trinkfluss überzeugte. Bei den Veltlinern scheint Lukas Rieder mit extrem später Lese ein Geschmacksbild anzustreben, wie es die besten Gewächse und Weinjahre von anno dazumal aufgewiesen haben, was in der Version der Lagenreserve „by Lukas" quasi kulminiert. Die große Liebe der Weinrieders dürfte allerdings dem Riesling gehören, der gleich in fünf ausgezeichneten Varianten präsentiert wird, wovon ein Trio in der obersten Qualitätsschiene angesiedelt ist. *vs*

NIEDERÖSTERREICH

★★★ S €€ RI FUN
2021 Ried Bockgärten Riesling + Mit Luftzufuhr aber geradezu expressiv, Zitronenmelisse, Salbei und Grapefruit, Pfirsich und Lorbeer, cremig, ziseliert, auf feiner Säurespur nachklingend, ein Kleinkunstwerk.

★★★ S €€€ CH
2021 Ried Hohenleiten Chardonnay + Auftakt mit Hefeteig und Haselnuss, helle, gelbfruchtige Aromenfülle, ausgewogen und kraftvoll, ja mollig, Physalis und Ananas, auch Salzmandeln, überhaupt salzige Note im relativ langen Abgang.

★★★ K €€€ GV
2020 Grüner Veltliner Alte Reben + Aus siebzigjährigen Rebstöcken der Ried Hohenleiten stammt dieser facettenreiche und balancierte Grüne, der viele Assoziationen hervorruft: Ananas und Birne sowie ein Hauch von Mokka, ein sanft strömender Powerwein von nostalgischer Anmutung und mit großem Potenzial.

★★★ K €€€ GV
2021 Grüner Veltliner Reserve + Die siebzigjährigen Reben ergeben ein vielschichtiges Bukett, in dem Waldhonig, Ahornsirup und Dörrfrüchte aufeinandertreffen, kraftvoll und mollig, weiche Fülle mit malzigen Untertönen, bekommt im letzten Drittel noch einmal Schubkraft, feines Säurespiel.

★★★★ K €€€€€ GV TIPP
2021 Grüner Veltliner by Lukas + Erst Ende November gelesen wurde dieser bis September nächsten Jahres auf der Vollhefe gelagerte neue Veltliner-Typ: konzentriert und opulent, Duft nach Karamell, Honig und Walnüssen, muskulös und engmaschig, bewahrt sich aber auch viel Spannung und stützende Säure, agil wie finessenreich, große Ausdauer, große Zukunft.

★★★★ K €€€€ PB
2020 Ried Kugler Lagenreserve Alte Burgunder-Selektion + Bezauberndes, fruchttiefes Entree mit Anklängen von Mirabellen, Navel-Orangen und Biskuit, feinstrahlig und dicht verwoben, erneut gelbfruchtig, extraktsüß und harmonisch, beachtliche Länge.

★★★★ K €€€€€ RI TIPP
2021 Ried Schneiderberg Riesling Lagenreserve halbtrocken + Akzentuiertes, sofort in die Tiefe gehendes gelbfruchtiges Duftspiel nach Steinobst mit einem Touch von Blankleder und Myrrhe, rauchig unterlegt, saftig, rund und harmonisch, Ananas und Ringlotte, vermittelt gewissermaßen tänzerische Leichtigkeit, sehr elegant und ausdauernd.

★★★★ K €€€€€€ RI
2018 Ried Schneiderberg Grande Reserve Riesling lieblich + Ausgereift, aber nicht zu üppig, Marillenröster und Mango, druckvoll, geschmeidige Art, reintönig und balanciert, deutlicher, doch optimal eingebetteter Restzucker, das exotisch anmutende Fruchtspiel hält bis zum langen Abgang durch, Zukunft.

★★★★ K €€€€€€ RI TIPP
2019 Ried Schneiderberg Sweet Selection süß + Ein hochelegantes Feuerwerk an Aromen, aus dem reife Erdbeeren, gelbe Pfirsiche und Ananas noch hervorragen, konzentriert und feinkörnig, doch vor allem pure Finesse, streichelt förmlich den Gaumen mit feinsten Fruchtfacetten, exzellenter Dessertwein.

Weingut
Weinwurm

Lisa & Georg Weinwurm
2181 Dobermannsdorf, Hauptstraße 65
Mobil +43 676 955 37 33
wein@weinwurms.at, www.weinwurms.at

30 Hektar, W/R 65/35

„2022 war ein toller Jahrgang, wir sind mehr als happy", berichtet Georg Weinwurm. Wichtigste Neuigkeit ist das im Herbst 2022 eröffnete Territorium Wein. Aus dem ehemaligen Weinlager wurde „ein Ort, an dem der Wein Menschen zusammenbringt, damit sie ihre Freude am Genuss zelebrieren können". Mit dem zischigen Meinviertel brachte Georg Weinwurm schon einen gelungenen Vorboten des Jahrgangs als Sommerwein ins Rennen. Klassisches Veltliner-Flair bietet der Schilling, der Kugelberg punktet mit kühlen Kräuternoten. Spitzbub gefällt als schwungvoller, eigenständiger Welschriesling. Ein kleiner Teil Muskateller sorgt beim Schmatz für eine sympathische aromatische Andeutung. Der schon recht zugängliche Weißburgunder täuscht mit leicht röstigen Noten Holzkontakt vor, er kommt aber nach langem Hefelager klassisch aus dem Stahl. Der Chardonnay überrascht mit seiner Duftigkeit, wobei die Sorte noch hinter der Herkunft aus dem Holz steht. Mit großer Spannung zieht der Rote Muskateller die Aufmerksamkeit auf sich und zeigt als ungewöhnlicher, doch höchst amüsanter Orange Wine weitere Facetten seines Aromenspiels. Ein gut aufgelegter Rosé führt ins rote Segment. Reinsortig wird der Zweigelt manchen Glücksmoment begleiten. Syrah und Merlot sind gelungene Beispiele für Cool-Climate-Wein, der Merlot liegt punkto Ausdruck und Substanz momentan einen Herzschlag vorne. *db*

WEINVIERTEL DAC

★★★ S €€ GV
2022 Grüner Veltliner Meinviertel + Hellbeerige Frucht, Klarapfel, Thymian, feiner, filigraner Typ, knackig und doch anschmiegsam, frisch gemähte Wiese, charmant, sehr weinig.

NIEDERÖSTERREICH

★★★ S €€ GV
2022 Grüner Veltliner Ried Schilling + Reifes Kernobst, hübsche Würze, bisschen vegetal, feuchtes Gras, recht pfeffrig; fruchtverspielte, cremige Substanz, wunderbar süffig, mineralischer Grip, anständige Länge.

★★ S €€ GV
2022 Grüner Veltliner Ried Kugelberg + Apfelkompott, ein Spritzer Limettensaft, frische Kräuter, bunter Pfeffer; ruhig, griffig, Säure schiebt an, guter Fluss, kalkiger Schleier im Finish.

★★ K €€€ GV
2021 Grüner Veltliner Hommage Reserve + Reife Äpfel, Karamell, Vanille, Muskatnuss, bisschen kühl, dezent röstig, Traubengelee; druckvoll, kesse Säure, holzsüß und vanillig, steinig, kalkig rau, ein paar Grapefruit-Bitternoten, bisschen Apfelschale, warten.

★★★ S €€ WR FUN
2022 Welschriesling Spitzbub Ried Schilling + Kokosflocken, helle Blüten, frische Wiesenkräuter, Strohblumen, aromatische Ansätze, Stachelbeere, animierend; bleibt vielschichtig, gelbfruchtige Länge.

★★★ S €€ PB TIPP
2022 Weißburgunder Liebkind Ried Schilling + Zitrusfrisch anregend, Melisse, Minze, ganz leicht röstig; feste Statur, Anflug von Kernobst, zart kalkiger Schleier, feiner Burgunder.

★★★ K €€€ CH
2021 Chardonnay Hommage Reserve + Intensiv duftig, fast ein bisschen parfümiert, Orangenzesten, steinig straff, Marille frisch, getrocknet und als Gelee; bleibt straff, fast fordernd, burgundisch mit viel Herkunft.

★★ S €€ RM
2022 Roter Muskateller Ried Schilling + Pfeffrig, würzig, Zitrusvielerlei, auch Zesten, dunkle Aromatik; knackig, muskatig, gewisse Adstringenz, Grapefruitschale, kein Wein für nebenher.

★★ S € CR
2022 FUNdament Rosé + (ZW/ME) Einladende hell- bis rotbeerige Frucht; am Gaumen stimmt einfach alles, bisschen Gerbstoff sorgt für Halt, kleiner Zuckerrest für Charme, rotbeeriges Finish.

★★★ S €€ ZW PLV
2021 Zweigelt Ried Schilling Glücksmoment + Pralle Weichseln, Thymian, Leder, zart fruchtsüß; dunkelbeerig, Trockenfrüchte, anschmiegsame Gerbstoffe, moderater Holzeindruck, freundlich.

★★★ S €€ ME PLV
2021 Merlot Ried Schilling Herzblut + Salbei, Lorbeer, Cassis, bisschen ledrig, minzig kühl; ganz zarte Röstaromen, viel dunkle Frucht, zartsüße Substanz, noch kräftig zupackend, braucht sehr viel Luft.

ÖSTERREICH

★★★ K €€€ RM FUN
2022 Roter Muskateller Hommage + Orange Wine, feines Parfum, Menthol, Muskatnuss, Macis, Zitrusschalen, rosa Pfeffer, leicht blütenduftig, eigenständig, elegant; weich, dann immer festerer Gerbstoffbiss, darin gefangene Aromen treiben erst nach und nach an die Oberfläche, knochentrocken, Zesten von Limetten und Blutorangen.

Weingut & Heuriger
Niki Windisch

Niki Windisch
2212 Großengersdorf, Kurze Zeile 66
Mobil +43 699 128 674 71, Fax +43 2245 882285
niki@weingut-windisch.at, www.weingut-windisch.at
11,5 Hektar, W/R 65/35, 50.000 Flaschen/Jahr

Der Jahrgang 2022 war ein schwieriger, so Niki Windisch, sehr trocken, der Regen kam zum falschen Zeitpunkt, 1/4 weniger Ertrag, trotz allem herrscht Zufriedenheit. 2021 war natürlich nicht zu übertreffen.
Die Grünen Veltliner in aufsteigender Reihenfolge: 2022 Großengersdorf – ein formidabler Ortswein, 2022 Ried Hofweingarten – ungemein attraktiv, 2022 Ried Sonnleithen – ein klassischer Herbstwein, und 2022 Ried Holzberg – welcher nach zwei Jahren Ausfall wegen Hagel heuer ein Comeback feiert und mir sehr attraktiv erscheint. Ein sehr schöner 2022 Riesling Ried Aggsthal. Der 2022 Muskateller Ried Satzen ist zwar sehr gut, doch erreicht er nicht die Größe der vorherigen Jahrgänge. Sehr gefällig ist der 2021 Pinot Noir Ried Bergrund. Da bleibt kaum ein Wunsch offen. Die Cuvée Anaconda 2021 ist ziemlich sicher die beste aller Zeiten. Eleganz pur. Der Merlot Sandwühler 2021 ist wie immer eine sichere Bank, doch erreicht dieser Rotwein nicht die Klasse und Finesse der beiden Blaufränkisch Ried Leiten. Der 2020 Ried Leiten setzt den kleineren Jahrgang außer Kraft – ein außergewöhnlicher Tropfen. Blaufränkisch ONE STEP MORE 2020 setzt noch eines drauf. Den Blaufränkisch Ried Leiten sollte man jedenfalls preislich dem Merlot Sandwühler angleichen. Er würde es sich verdienen. *as*

WEINVIERTEL DAC

★★★ S €€€ GV
2022 Grüner Veltliner Reserve Ried Sonnleithen + (eine Lage in Kronberg, Ost-West-Lage steil abfallend, Löss/Kalk, alte Rebstöcke) Frische Kräuter, Pfeffrig, reifer Apfel und Birne, kühle Anmutung, florale Noten, Zitrus, pikant und voller Grip, strukturiert, dezente Exotik, geht in die Tiefe, dezent cremig.

★★★ S €€€ GV
2022 Grüner Veltliner Reserve Ried Holzberg + Gelbfruchtig, feinpfeffrig, mineralische Ader, Zitruszesten, Honigmelone, frische Kräuter, dezenter Schmelz, perfektes Säurespiel, balanciert, tieffruchtig, angenehme Opulenz, attraktiv, zeigt Eleganz.

NIEDERÖSTERREICH

★★ S €€ GV
2022 Grüner Veltliner Ried Hofweingarten + (Wolkersdorfer Lage, alte Reben, Löss) Kräuterwürze, schwarzer Pfeffer, reifer Apfel und Birne, dezent gewürzig, cremige Textur, ruhig strömend, entwickelt Druck am Gaumen.

★★★ S €€€ GM
2022 Gelber Muskateller Ried Satzen + (19 KMW) Herrliches Aroma, Zimt, Litschi, Muskatnuss, Holunderblüten, Zitrusgelee, Orangenzesten, rassig, engmaschig, traubig, fordernd, knackig, ein Muskateller, der Klasse zeigt.

★★ S €€ RI
2022 Riesling Ried Aggsthal + Dezent hefige Noten, Ananas, Steinobst, knackige Frische, perfektes Wechselspiel von Säure (7,5 g) und Restzucker (5 g), Honigmelone, fruchtig, knackig, fast kristallin, zeigt Eleganz, ist typisch, ein Langstreckenläufer.

★★ S €€€ PN
2021 Pinot Noir Ried Berggrund + (Lage in Kronberg, Muschelkalk, 50 % neues Holz / 50 % gebraucht) Geht sofort in die Tiefe, Himbeeren, Zwetschken, Leder, geht so richtig auf, tolle Frucht, samtiger Auftritt, warmes Timbre, elegant, in sich harmonisch, weich und geschmeidig. Sehr guter Wein.

★★★ S €€€ CR
2021 Anaconda Cuvée + (65 % ZW /BF/ME – 40 % neues Holz, Allier) Ein feiner, ungemein charmanter Rotwein, feingliedrig, schwarze Kirschen, Beerenfrüchte, Schokolade, zarter Eichentouch, reichhaltig, Brombeeren, feinkörniges Tannin, Vanille, hochelegant, gute Länge, super Säure, internationales Niveau.

★★★ S €€€ BF
2021 Blaufränkisch Ried Leiten + (100 % neues Holz) Brombeeren, Heidelbeeren, Vanille, Eichentouch, Kirschen, Hauch von Kaffee, edel verwoben, feinste Frucht, perfekte Tanninstruktur, vielschichtig, authentisch, typisch, hochwertig. Ein Rotwein von absoluter Klasse.

★★★★ S €€€€€€ BF TIPP
2020 ONE STEP MORE Blaufränkisch Ried Leiten + (aus dem Filetstück der Ried Leiten, Kalk/Ton) Schwarze Beeren, Herzkirschen, Zwetschken, Schokolade, strahlt Mineralität aus, feinste Vanille, Frucht und Tannin in Perfektion, ausgewogen, hier wird der kleinere Jahrgang ad absurdum geführt.

★★★ S €€€€ ME
2021 Merlot Sandwühler + (23 KMW Rieden Holzberg & Leiten, 100 % neues Holz) Schwarze Beeren, Nougat, Heidelbeeren, Cassis, Preiselbeeren, dezent röstig, Hagebutten, Vanille, bisschen Rumtopf, vollmundig, angenehmes Tannin, zeigt Tiefgang, guter Rückhalt. Sehr guter Rotwein mit einigem Potenzial.

ExclusivWeine
Rudi Woditschka

Rudi Woditschka
2171 Herrnbaumgarten, Hauptstraße 131
Mobil +43 664 482 33 35
office@woditschkaweine.at, www.woditschkaweine.at

„2022 hat vollsten Einsatz verlangt", fasst Rudi Woditschka das Weinjahr knapp zusammen. Dafür hat er „viel mehr Freude als mit dem Vorgänger", eine Einschätzung, die auch von seinen Kunden bestätigt wird. „Bei der Säure mussten wir schauen, dass wir so viel wie möglich erhalten konnten. Die Weine sind sehr mineralisch, mit maximal 13 % Alkohol sehr trinkig und überzeugen mit guter Sortendarstellung." Das stimmt alles. Warum die Weine aber gar so beschwingt ausgefallen sind, möchte er nicht an die große Glocke hängen. Vielleicht verrät er seine Geheimmittel vertrauenswürdigen Kunden bei einem lauschigen Kellergespräch. Die Weine zu kosten war eine Passion. Die Veltliner präsentieren sich bestens gelaunt mit gerade wahrnehmbarem Zuckerrest der Johannesberg, bröseltrocken der Druxenberg. Der Duft vom Welsch macht Lust auf den ersten Schluck, er trinkt sich im Anschluss praktisch von alleine. Zum Reinbeißen ist der Riesling Rosenberg, eine klassische Sortenschönheit mit Säure und Restzucker in reizvoller Balance. „Gar nicht so einfach" war der Pinot Blanc, der sich mit ein bisschen Holz und kleinem Zuckerrest schon recht zugänglich zeigt. Gleich halbtrocken geblieben ist der Chardonnay aufgrund der hohen Gradation. Im Duft weitläufig, am Gaumen verhalten, braucht der Muskateller bei gutem Potenzial noch etwas Zeit. „Immens viel Säure" und ausgeprägte Mineralik engen den Sortenausdruck des Sauvignon ein, ist trotzdem ein feiner Wein. Rosé und Frizzante sind freundliche Spielereien, die das stimmige Sortiment für vielerlei Gelegenheiten abrunden. *db*

WEINVIERTEL DAC

★★★ S € GV **PLV**
2022 Grüner Veltliner Johannesberg + Viel Kernobst, reif, saftig, knackig, helle Blüten, leicht fruchtsüß, pfeffrig, Steinobst, animierend, traubig; kalkiger Schliff, belebende Säure, gute Substanz, gediegene Länge, erfrischender Abgang.

NIEDERÖSTERREICH

★★★★ S €€ GV **TIPP**
2022 Grüner Veltliner Ried Druxenberg Premium + Ausdrucksstarke, klassische Veltlinerfrucht, sehr würzig, ein bisschen kühl im Hintergrund, zarte Aromatik als zusätzlicher Aspekt, geeister und gepfefferter Pfirsich, schon der Duft ist ein Genuss; setzt sich in begeisternder Klarheit am Gaumen fort, da stimmt einfach alles, gute, leicht fruchtsüße Substanz, kompakte Fruchtfülle, Zesten, Limette, kalkiger Grip, herrliche Länge, viel Wein.

★★★ S € WR
2022 Welschriesling Selektion + Darauf ist Verlass, zitrusfrisch, helles Kernobst, pfefferwürzig, beschwingt; herrliches Spiel, knackige Säure, ansprechende Fruchtsüße, mineralischer Unterbau, gewisser Anspruch.

★★★ S €€ RI
2022 Rheinriesling Ried Rosenberg Premium + Typisch duftig, Steinobst, bisschen Rose, viel Marille in verschiedenen Darreichungsformen, zartsüßer Hintergrund, ausgesprochen charmant und verführerisch; pfiffige Säure, wie es sich gehört, klassischer Sortenausdruck, steiniger Grip, kleiner Zuckerrest.

★★★ S €€ PB **FUN**
2022 Pinot Blanc Premium + Bunter Obstsalat, saftiger Unterbau, zischige Verzierungen vom Steinobst, milchige Walnüsse, Limette, frische Kräuter; mollige Substanz sitzt auf frecher Säure und gut verwobenem stützenden Gerbstoff, mit Luft Ananas, ein paar Kokosflocken, appetitlich und zugänglich.

★★ S €€ CH
2022 Chardonnay Premium halbtrocken + Reifes Steinobst, Nüsse in Honig, Kokosraspel, karamellig; exotisch verziertes Süße-Säure-Spiel, Cremeschnitte mit Banane und Marille, leicht pfeffrige Würze, recht süffig, stützender Gerbstoff, Grapefruitbitterl im Nachklang.

★★ S €€ GM
2022 Muskateller Selektion + Feingliedriges, weitgefasstes Aromenspiel, auch kandierte Früchte wie Marillen, Ananas, Maracuja; zeigt verhalten die Aromenvielfalt, brizzelige Säure sorgt für Schwung, kleiner Zuckerrest für Charme.

ÖSTERREICH

★★ S €€ RI
2022 RRR RheinRieslingRosenberg – Frizzante extratrocken (7) + Klassischer Riesling mit festem, knackigem Steinobst, sehr duftig und verlockend; wieder sehr ansehnliches Zusammenspiel aus Frucht, Säure, Süße und cremiger Perlage, bisschen grapefruitbitter im Abspann.

Weingut
Leo & Dagmar Wunderer

Leo & Dagmar Wunderer
2020 Oberfellabrunn, Hollabrunnerstraße 7
Mobil +43 676 707 44 67
leo.wunderer@aon.at, www.wein-leo-dagmar-wunderer.at

Das Weingut von Leo und Dagmar Wunderer liegt in Oberfellabrunn im westlichen Weinviertel und kann auf eine lange Tradition zurückblicken. Beide betreiben den Weinbau mit Begeisterung und Fachwissen und vinifizieren charaktervolle Weine mit deutlicher Sortentypizität. Aufgrund der hohen Qualität, die unter anderem ihren Ursprung in der harmonischen Verbindung von Tradition und Zeitgeist hat, entstehen hier sehr langlebige Weine. Grundlagen sind auch die schonende Behandlung von Rebstock und Boden im Einklang mit der Natur sowie die gefühlvolle Kellerarbeit, die jedem Wein seine Persönlichkeit belässt. Die entsprechenden Erfolge ließen auch nicht lange auf sich warten, zuerst mit dem Zweigelt Limited Grande Reserve 2017, der 2020 zum österreichischen Bundessieger gekürt wurde. Auch Dagmar Wunderer ist mit ihrer „Woman"-Serie maßgeblich am gemeinsamen Erfolg beteiligt, so wurde ihre Kreation „Red Woman" 2020 und 2021 als Preis-Leistungs-Sieger ausgezeichnet. *kk*

WEINVIERTEL DAC

★★ S €€ GV
2022 Grüner Veltliner Ried Greuberg + Granny Smith, ausgeprägte kühle Zitrusaromen, animierend duftig; gelbfruchtiger Apfel und Birne, straffe Säure junger Ringlotten, Melisse, feinkörniges Gerbstoffgerüst, anregend schwungvoll im Abgang.

★★ S €€ GV
2022 Grüner Veltliner Ried Altenberg + Reifer Kernobstduft, Limone und helle Birne; samtiges Fruchtbild, charmante Säure junger Äpfel, hohe Pikanz, Hauch Marille, etwas süßer Pfeifentabak, saftige Grapefruits, schwarzer Pfeffer, kernig mit feiner Schieferspur.

★★★★ S €€ GV PLV
2021 Grüner Veltliner Reserve vom Sandstein + Pfirsichkonfit, Quittenmus, Hauch Bratapfel, reife Limone; tropische Fruchtnuancen, bisschen süßer Rauch, Nusskuchen, kompakt und kräftig, seidige Honignoten im Nachhall.

NIEDERÖSTERREICH

★★ S €€ GV
2022 Grüner Veltliner Classic + Quittenmus, cremig gelbfruchtig, Apfel-Bananen-Mix; geschmeidig und unkompliziert, eingebundene Säure, bisschen Orangenaromen, fruchtiger Aromabogen, Hauch Anis im frischen Finish.

★★ S € WE
2021 Welschriesling + Anregendes Apfelbukett, reife helle Birne, Honigblüten, bisschen helles Malz; saftiger Druck, saftiges gelbes Kernobst, zarte Kräuterwürze, eingebundene Fruchtsüße, wirkt zeitlos klassisch.

★★★ S €€ PB
2021 Weißburgunder + Eleganter Agrumenduft, gelbe Blüten, etwas Stachelbeere; zitrusgeprägt, bisschen Brioche, Wiesenwürze im mittleren Körper, elegant mit pikanter Säure im animierenden Trinkfluss.

★★ S €€ CW FUN
2022 Cuvée White Woman + (GM/SB/GV) Einladende Macisblüten, Zitronenmelisse; Holunderblüten, reife Stachelbeere, Hauch Marille, Limettengelee, Clementinen, etwas Litschi, elegante Fruchtfülle, leichtfüßig munter mit Charme.

★★ S €€ CR
2022 Cuvée Pink Woman + (ZW/BB/BP) Duftige Waldbeeren, Weichselsorbet, Kirschblüten; Mandel, Johannisbeermix, lebhafte Eleganz, pikante Tannine, beschwingter Körper, klare Frucht, feine Mineralspur im Echo.

★★★★ S €€€€ CS TIPP
2011 Cabernet Sauvignon + Dichter Waldbeerenduft, elegante Cassisnote, Rosenpaprikawürze; Heidelbeere, Grafit und Hauch Zwetschke, Peperonata, fleischig-röstig, kraftvoll mit Fruchtdruck, rund und wertig, kernige Tannine, dunkle Kräuter, zart nussig, Hauch Feigenkaffee, etwas Kranbeere im seidigen Nachhall.

★★★ S €€€ ZW
2018 Zweigelt Limited Grande Reserve + Präzise Weichselfrucht, Juchtenleder, Kirschkonfit; warme Fruchtaromen, betonte Vanille-Edelholz-Würze, Kakao und Piment, eingelegte Nüsse, etwas Mon Chérie, dunkle Schokolade in reifen Tanninen, Karamellnoten, stoffig mit viel Kraft, Kirsche und Feige im Finale.

★★★ S €€€€ CR
2019 Cuvée Der Schotte Grande Reserve + (CS/ZW/BB) Maulbeere und Wacholdernoten, bisschen Nelkenpfeffer und Lakritze; eigenwillig mit Charakter, Aromavielfalt, dunkle Beerenfrucht, etwas gebratene Orange, fruchtsüße Waldbeeren, schwarzer Pfeffer, feine Medizinalnote, Spur Getreidemaische, Waldboden, rotes Laub, Hauch Torf, geschmeidige Tannine, geht erdverbunden salzig-fruchtig ab.

Winzerhof
Paul Zimmermann

Paul Zimmermann
3710 Ziersdorf, Radlbrunn 18
Mobil +43 664 928 48 03
wein.zimmermann@gmail.com
www.winzerhof-zimmermann.com, 11 Hektar

Dieser Paul Zimmermann ist nicht nur ein äußerst sympathischer Jungwinzer, der für den Sauvignon Blanc brennt, sondern auch ein kompetenter Betriebsführer mit einiger Erfahrung. Der junge Mann steht dem Weingut in sechster Generation vor. Das Weingut Zimmermann fußt auf Ferdinand Ausobsky – ein polnisches Findelkind –, dem der Betrieb im Jahr 1898 von Josefine Scharinger geschenkt wurde. Für die Ausobsky Weinlinie werden nur die besten und reifsten Trauben verwendet.

Die Weine sind Weinviertler Gewächse im besten Sinn. Ausgestattet mit einer charakteristischen Säure, mit genügend Frucht und einem straffen Ausdruck.

Man sollte Paul Zimmermann dann doch nicht in das Sauvignon-Blanc-Eck verorten, da auch die Grünen Veltliner hervorragend sind. Mir ist dieser junge Mann schon bei etlichen Weinverkostungen positiv aufgefallen, ich werde ihn weiter mit Argusaugen beobachten. Der geht seinen Weg, da bin ich mir sicher. *as*

WEINVIERTEL DAC

★ S €€ GV
2022 Grüner Veltliner Ried Galgenberg + Kräuterwürze, Kamille, Löwenzahn, gelbe Früchte, Marillen, Pfeffer, rauchig, fruchtig, saftig, frische Säure, typisch, dunkle Tönung. Ein klassischer Weinviertler mit etwas rustikalem Ausdruck.

★★★ K €€ GV
2020 Grüner Veltliner Reserve Ried Lehlen + Gelbe Früchte, Holz ist im Spiel, vollmundig, rauchig, Pfeffer, cremig, Birne und Quitte, gewisse Transparenz, Eleganz, in sich harmonisch, Zitrus, Kräuterwürze, Wachsnoten, fruchtig, frische Säure, gediegener Ausdruck, gute Balance. Ein feiner Grüner Veltliner, der Größe zeigt.

NIEDERÖSTERREICH

★★ S €€ SB
2022 Sauvignon Blanc Ried Galgenberg + Frische Kräuter in Hülle und Fülle, gelbfruchtig, anfangs etwas schüchtern, am Gaumen zart-würzig, knackig, Gewürznoten, am Gaumen poppt gelber Paprika auf, ein Hauch Brennnessel, guter Druck am Gaumen Ein hervorragender Wein, der im Herbst aus sich herausgehen wird.

★★ S €€ SB
2021 Sauvignon Blanc Ried Galgenberg + Die Aromen des Weines mussten sich erst von einer gewissen Reduktion befreien, um dann die Brennnesseln & Co. zum Vorschein zu bringen. Frische Kräuter, Paprika, etwas grünfruchtig, eine Ahnung von Holunder, pikante Säure, typisch, geht mit Luft richtig auf. Klassisch Sauvignon Blanc der knackigen Art.

★★★ S €€€ SB
2021 AUSOBSKY Sauvignon Blanc Ried Fellingen + Ein straffer, fest strukturierter Sauvignon Blanc, Grapefruit, Bitterorangen, Johannisbeeren, voller Pikanz, wunderbar trocken, knackige Säure, grünfruchtig, geht in die Tiefe.

★★★ K €€€ GV TIPP
2021 AUSOBSKY Grüner Veltliner Ried Lehlen + Dezente Vanillenoten, Nelken, schwarzer Pfeffer, feste Struktur, voller Würze, Zitrus, Orangenschalen, Exotik, Ananas, Minzehauch, Apfelfrucht, ein eleganter Wein mit feinem Fruchtspiel, balanciert, gute Länge, hervorragend.

ÖSTERREICH

★★ K €€€ SB
NV Petillant Naturel „Ogrosl" Sauvignon Blanc + Hefetrüb, zart-hefiges Bukett gepaart mit den typischen Sauvignon-Blanc-Aromen wie Cassis, Stachelbeeren/Ogrosl, Brennnessel, auch reifer Apfel, gelber Paprika, Birne, fruchtig-süffig, voller Frische, anhaltende Perlage, Kräuterwiese, herzhaft trocken, knackig, total eng am Gaumen, sorgt für ein überschäumendes Lebensgefühl.

Weinbau
Karl Ziß

Karl Ziß
3743 Röschitz, Winzerstraße 16
Mobil +43 676 364 47 32
office@ziss.at, www.ziss.at
7 Hektar, W/R 100/0

„Man muss seine Trauben lieben, um guten Wein machen zu können", sagt Karl Ziß und präsentiert mit Freude seine Weine. Schon sein Frühroter Veltliner, eine Rebsorte, die schon selten geworden ist, vermittelt als bestens passender Sommerwein viel Trinkspaß. Sein Grüner Veltliner, als „Sommerwein" bezeichnet, macht seinem Namen alle Ehre, die Rieden-Veltliner „Mühlberg" und „Hundspoint" sind wahre Tipps geworden. Der von typischem Duft und Eleganz geprägte Sauvignon Blanc überzeugt ebenso verwöhnte Gaumen wie der DAC Reserve vom „Galgenberg", der geradezu vor exotischem Duft, Körper und Finesse strotzt. Unterschiedliche Bodentypen aus Urgestein und Löss mit angemessener Mineralik und ausgeglichenen Klimaverhältnissen sowie die Arbeit des Winzers garantieren Jahr für Jahr Weine, wie man sie von Karl Ziß gewöhnt ist – unverkennbar und überzeugend, mit dem Qualitätssiegel „Biologischer Anbau". *wh*

WEINVIERTEL DAC

★★ S € GV
2022 Grüner Veltliner + Fruchtig-frischer Duft nach Apfel und Birne, feinwürzig und weißer Pfeffer, saftig und animierend nach grünem Apfel und ganzem Fruchtkorb, mit langem Nachgeschmack.

★★★★ S €€€ GV **TIPP**
2021 Grüner Veltliner Reserve Galgenberg + Goldgelb, animierender Duft nach exotischen Früchten, Mango, Ananas, etwas Honig, vollfruchtig und würzig mit enormem Körper, viel Finesse und schmelzigen Extrakten, delikater Säure, ausbalanciert und endlos lang im Abgang – bereits ein herrlicher Wein.

NIEDERÖSTERREICH

★★ S € FV
2022 Frühroter Veltliner + Strohgelb, deutlicher Duft nach Zitrus und grünem Apfel, saftig und jugendlich frisch mit rassiger Säure, leicht und trinkanimierend – erfreulicher Wein.

★★ S € GV
2022 Grüner Veltliner Sommerwein + Duftig, fruchtig und würzig mit feinem Pfefferl, leicht, jugendlich-delikate Säure und sehr animierend – macht seinem Namen alle Ehre.

★★★ S €€ GV
2022 Grüner Veltliner Mühlberg + Goldgelb, elegante Frucht nach reifen Äpfeln, Körper, Finesse, Kraft, deutliche Grapefruitnoten mit zartem Bitterl, feine Mineralik im Hintergrund, bereitet bereits große Trinkfreude, bleibt lange am Gaumen.

★★★★ S €€ GV **TIPP**
2022 Grüner Veltliner Hundspoint + Strohgelb, elegante Exotik, gepaart mit feiner Apfelfrucht, enormer Körper und viel Kraft, viel Extrakte und deutliches, würziges Pfefferl, sehr ausgewogen – tapeziert den Gaumen, viel Potenzial mit langem Abgang, macht bereits große Freude.

★★ S € SB
2022 Sauvignon Blanc + Feiner, typischer, aber eleganter Duft nach grünem Paprika, Blätter und etwas Brennnessel, sehr trocken, würzig und frisch mit vegetalen Noten, gehaltvoll und ausgewogen mit angenehmem Nachgeschmack.

BIO

Weingut
Zuschmann – Schöfmann

2223 Martinsdorf, Winzerstraße 52
Tel. +43 2574 84 28
office@zuschmann.at, www.zuschmann.at
17 Hektar, W/R 70/30

In diesem Hause herrscht eine hohe Sektkompetenz. Zuschmann-Schöfmann gehört zu den besten Schaumweinproduzenten Österreichs. Mit diesen Qualitäten hat man auch ein internationales Standing. Hier wird von der Traube bis zum fertigen Schaumwein alles im Haus produziert. Handlese, Ganztraubenpressung und die ausschließliche Verwendung des ersten Traubensaftanteils sind die Basis für die Sektgrundweine. Dass die Weingärten biologisch bewirtschaftet werden, ist hier selbstverständlich.
Neben diesen großartigen Schaumweinen gibt es adäquate Stillweine in Weiß und Rot. Ein betörender 2022 Gelber Muskateller, 2022 Grüner Veltliner Muschelkalk, 2019 Pinot Noir Muschelkalk Selektion, 2019 Privat rot unfiltriert usw. usw. usw. Man kann in diesem Weingut auch einen entspannten Urlaub verbringen. Es gibt wunderschöne Suiten, die zum Verweilen einladen und eine hofeigene Greißlerei. Dass man da auch die formidablen Weine verkosten kann, macht es umso schöner. Italien kann warten, Martinsdorf ist wichtiger. *as*

NIEDERÖSTERREICH

★★ S €€ CR FUN
2022 BLUSH Cuvée Rosé + Rote Kirschen, Ribisel, Himbeeren, Erdbeergelee, Apfelnoten, Blütenduft, leicht und elegant, feine Säure, frisch, weinig, feine Frucht, ungemein süffig, anregend, unkompliziert auf einigem Niveau. Ein Terrassenwein.

★★ S €€ GM FUN
2022 Gelber Muskateller + Holunder, Zitrusfrische, Zimt, Muskatnuss, glockenklares Bukett, frisch und lebendig, frische Säure, Pomelo, sprüht vor Optimismus, hellfruchtig, quicklebendig, perfekter Aperitif.

★★★ S €€ SB
2021 Sauvignon Blanc Urdonau-Schotter + Getrocknete Kräuter, braucht viel Luft, entwickelt sich extrem langsam, in der Nase wenig Prägnanz, am Gaumen eine Andeutung von gelbem Paprika, floral, alles bleibt verhangen, Mandarinen, Orangen, Zitrus, Cassis, alles nur erahnbar, gelbe Früchte, zeigt Mineralität, passende Säure, Boden, niemals laut, immer gediegen, fast unnahbar. Ein Wein, der noch Flaschenreife benötigt, doch ein hochinteressanter Wein ist. Niemals vordergründig. Geduld. Geduld.

★★★ K €€€€ PN
2019 Pinot Noir Muschelkalk Selektion + Pilze, Leder, viel Mineral, Himbeeren, Unterholz, Zwetschken, kraftvoll, streng, Säure, Gerbstoff, noch unentwickelt, doch viel Zukunft, vibrierend, Orangenschalen. Erinnert an Burgund.

ÖSTERREICH

★★★ K €€€€ CR FUN
2020 Sekt Austria Rosé Brut Reserve g.U. NÖ + Anhaltender Schaum, Himbeeren, Kirschen, Orangenschalen, Zitrusfrüchte, ein hocheleganter Sekt von fast transparenter Struktur, ganz ein feines exotisches Bukett, wirkt spielerisch am Gaumen, leichtfüßig, feingliedrig, von herrlich operettenhaftem Flair.

★★★ K €€€€ CH
2020 Sekt Austria Extra Brut Reserve Chardonnay g.U. NÖ + Vanilleschoten, ganz zart buttrig, gelber Apfel, cremige Noten, Zitrusgelee, Orangenzesten, Grapefruit, ungemein elegant, feinste Frucht, liegt eng am Gaumen, so richtig trocken, charmant, feminine Noten, voller weiblicher Anmutung.

★★★★ K €€€€ CH TIPP
2019 Sekt Extra Brut Große Reserve Chardonnay g.u. NÖ + Feines Mousseux, Briochenoten, erste Reife, Vanillecreme, salzig, dezente Autolyse, Zitrus, Kräuternoten, dezente Exotik, tiefgründig, engmaschig, dichte Struktur, ein Hauch Karamell, eine Ahnung von dunkler Schokolade, griffig, fest.

★★★★ K €€€€ GV
2019 Sekt Große Reserve Brut Nature Grüner Veltliner g.U. NÖ + Hefenoten, weißer Pfeffer, welcher sich mit der Grüner-Veltliner-Creme vermählt, Tabak, Zitrus, bisschen Ananas, Vanille, eine Spur Karamell, enorm salzig, engmaschig, dicht, reifer Apfel, der zieht am Gaumen, Kräuterwürze, Melone, langatmig.

★★ S €€ PB
2022 Weißer Burgunder Muschelkalk + Kalkige Frische, Honigmelone, frisch gemähtes Gras, Mineralität, Zitrus, Apfel, klare Strukturen, lebendig.

★★★ K €€€ GV
2022 Grüner Veltliner Muschelkalk + Pfeffer, Orangenzesten, Mandarinen, Ananas, rassige Säure, ziemlich spannend, geht in die Tiefe, ungemein fest, tief, voller Grip, strotzt vor Mineralik, ist salzig.

★★★ K €€€€ CR
2019 Privat Rot unfiltriert + (CS/ME) Cassis, Heidelbeeren, festes Tannin, kompakt, geht in die Tiefe, streng, enorme Substanz, auch Rösttöne sind im Spiel, kraftvoller Rotwein, der so gar nicht in die Stilistik des Weingutes passt. Aber er ist hervorragend.

★★ K €€€€ CR
NV Himmel & Hölle Solera unfiltered + (ZW/ME) Tiefschwarz, portweinartig, Zwetschken, Heidelbeeren, Kirschen, prägnanter Ausdruck mit passender Säure, trocken, Tannin, da steckt viel drin.

VINOTHEKEN

AUERSTHAL

Vinothek Weinladen Auersthal
Im Hotel-Gasthof Sommer
2214 Auersthal, Hauptstraße 112
Tel. +43 2288 22530
office@hotel-sommer.at
www.hotel-sommer.at

MAILBERG

Schlossvinothek Mailberg
2024 Schloss Mailberg
Tel. +43 2943 30301
reservierung@schlosshotel-mailberg.at
www.schlosshotel-mailberg.at/de/
schlossvinothek

MISTELBACH

BauernArnt
2130 Mistelbach, Winzerschulgasse 50
Tel. +43 2572 20048-2
mail@bauernarnt.at, www.bauernarnt.at

POYSDORF

Weinmarkt Poysdorf
2170 Poysdorf, Brünner Straße 28
Tel. +43 2552 20371-22
weinmarkt@poysdorf.at
www.weinmarkt-poysdorf.at

RETZ

Gebietsvinothek Retzer Land
2070 Retz, Althofgasse 14
Tel. +43 2942 3711
reservierung@althof.at
www.althof.at/gebietsvinothek-retzer-land

Weinquartier Retz
2070 Retz, Hauptplatz 4–5
Tel. + 43 2942 20488
office@weinquartier.at
www.weinquartier.at

SIEBENHIRTEN

Wein & Genuss Vinothek Hausgnost
2130 Siebenhirten, Sportplatzgasse 286
Tel. +43 2951 27280, 0676 5237008
e.hausgnost@aon.at
www.hausgnost-weingenuss.at

GASTRONOMIE/NÄCHTIGUNG

FALKENSTEIN

Siebenschläfer
2162 Falkenstein, Kellergasse 8
Tel. +43 2554 88086
sevi@7schlaefer.at, www.7schlaefer.at

Eine Tour zu den Winzern von Falkenstein macht hungrig. Der Siebenschläfer hilft da weiter. Bis 20 Uhr kann man im Lokal in der Falkensteiner Kellergasse frühstücken oder Severin Webers bodenständig-jugendliche Küche probieren. Beliebt sind auch die Frühstücksbrunches und die Frühschoppen, meistens mit Livemusik. Neue Terrasse.

GUNTERSDORF

Hausgnost – Gasthaus an der Kreuzung
2042 Guntersdorf, Oberort 110
Tel. +43 2951 22290
info@hausgnost.at, www.hausgnost.at

Hübsch herausgeputztes Gasthaus mit hellen, modernisierten Räumen. Manfred Hausgnost kocht bodenständig und versteht sich vor allem auf die Fleischklassiker. Zwischendurch darf es auch avancierter sein, bei gegrilltem Welsfilet auf Krenpüree und glacierten Karotten oder bei gegrilltem Rosmarinkotelett auf Paprikachilicouscous. Elisabeth Hausgnost führt nebenan die Vinothek. 1 Haube.

HANFTHAL

Gasthaus Herbst
Matthias Herbst
2136 Hanfthal 48
Tel. +43 2522 2480
hanfthal48@gmail.com, www.gasthaus-herbst.at

Küchenchef, Sommelier, Käsesommelier, Barkeeper und staatlich anerkannter Schaf- und Ziegenzüchter: Matthias Herbst, ein Wirt, der auf sein Bauchgefühl hört. Viel herum gekommen ist in der Spitzengastronomie und das seit 80 Jahren in Familienbesitz befindliche Gasthaus mit Herzblut führt. Der Lohn sind treue Stammgäste und eine Haube. Kombination aus Tradition und Moderne, Der Chef ist ausgesprochener Kräuter- und Beef-Fan. Gute regionale Weinkarte. Die besten Weine des Weinviertels werden gesammelt präsentiert.

HAUSLEITEN

Gasthaus Amstätter
3464 Hausleiten, Bahnhofstraße 27
Tel. +43 2265 7272
www.amstaetter.com

Ein gestandenes Landgasthaus mit ehrlicher Wirtshausküche. Der Top-Wirt 2012, direkt am Bahnhof gelegen, bietet Wirtshausgefühl pur. Die Anreise kann allerdings zu einer Entdeckungsreise werden, die sich absolut lohnt. Köstlich sind Spinatknödel mit Schmorparadeisern, Schweinsbraten oder Brathendl mit Semmelfülle. Fast schon legendär die Marillenknödel. Am Wochenende sind Brathendl und Schweinsbraten die Hits, zum Abschluss die Cremeschnitte. Zur perfekten Wirtshausküche gibt's Wagramer und Weinviertler Weine.

HOLLABRUNN

Wagners Wirtshaus
Christoph & Philipp Wagner
2020 Hollabrunn, Gschmeidlerstraße 32
Mobil +43 676 308 65 36
catering@diewagners.at
www.diewagners.at

In Christoph Wagners Küche wird regional & saisonal gekocht und moderne Kochideen in „bester Wirtshaustradition" umgesetzt. Das stillvolle Ambiente steht der kreativen Küche in nichts nach. Einer der Klassiker des Hauses ist das gebackene Gulasch. Die Karte ist vom ersten bis zum letzten Gericht ein Genuss. Im bestens sortierten Weinkeller lagert Philipp Wagner exklusive Raritäten ebenso wie beliebte Klassiker. Eines der besten Restaurants im Weinviertel, gefragt sind auch die Caterings, 2 Hauben.

KORNEUBURG

Donaurestaurant Tuttendörfl
2100 Korneuburg, Tuttendörfl 6
Tel. +43 2262 72485
restaurant@tuttendoerfl.com
www.tuttendoerfl.com

Die Lage direkt an der Donau mit atemberaubendem Blick über den Fluss und nach Klosterneuburg ist ein Hit. Unter Küchenchef Bernhard Bayer vereinigen sich Tradition und Moderne. Saisonale Höhepunkte sind selbstverständlich, der Schwerpunkt liegt auf einer gehobenen Fischküche. Als Abschluss ist die Marillenmarmelade-Palatschinke beliebt. Romantischer Kastaniengarten, Lounge, sehr gut sortierte Vinothek.

LAA/THAYA

Gasthaus Martin Weiler
2136 Laa an der Thaya, Staatsbahnstraße 60
Tel.+43 2522 2379
martin@weilerlaa.at, www.weilerlaa.at

Ein lebendiges Haus, das sich als Wirtshaus und Restaurant versteht. Klassiker wie Beuschel, Schweinskotelett und Paniertes gelingen perfekt. Martin Weiler kann aber mehr, bei Gänseleberparfait mit Marillen-Chutney und Pfeffer oder herrlich zarten Rindsbackerln mit Thymiankruste und Selleriepüree beweist er die Bandbreite seines Könnens. Sonntag in der Früh ist der Brunch ein Fixpunkt. Viel Sensibilität verrät auch die Zusammenstellung der Weinkarte. 2 Hauben.

MAILBERG

Genusswirtschaft
2024 Mailberg 252
Tel.: +43 2943 30056
www.genusswirtschaft-mailberg.at

Küche wie Service agieren auf auf Topniveau – und das zu Preisen, die mehr als fair sind. Christoph Schüller holt aus den Produkten der Region das Maximum heraus, immer raffiniert und überraschend. Taube, Rebhuhn, Ente, Wels, Reh – er wird von ausgesuchten Produzenten beliefert und verarbeitet die Tiere im Ganzen. Mittlerweile hat sich die Genusswirtschaft zu einem Fisch-Kompetenzzentrum (Süß- und Salzwasser) im Weinviertel entwickelt. Verena Schneider leitet den sehr pesönlichen Service, ist Christoph Schüller auch privat verbunden. Tolle Desserts, sehr gutes Weinangebot. 2 Hauben.

Schlosskellerei Mailberg
2024 Mailberg 1
Tel. +43 2943 30301
reservierung@schlosshotel-mailberg.at
www.schlosshotel-mailberg.at

Imposantes Schloss mit großzügigen, luxuriösen Zimmern mit Stil und verträumtem Blick auf die Weinstraße. Jedes Zimmer ist individuell, elegant, mit feinen Materialien und Antiquitäten. Das Restaurant konzentriert sich auf die Klassiker wie gekochter Kavalierspitz, Zwiebelrostbraten und Wiener Schnitzel. Hauseigene Schlossvinothek.

Hagn Weindomizil
2024 Mailberg, Hauptstraße 154
Tel. +43 2943 2256
reservierung@hagn-weingut.at
www.weindomizil.at

Mit spannender Architektur und Glasfassade, die einen großartigen Blick auf das Weinland freigibt, punktet das Weindomizil Hagn. Die klassische Österreichküche baut auf regionale, biologisch erzeugte Zutaten. Auch asiatische Schlenker kommen gut an. Die schönen Gästezimmer sind empfehlenswert. Das Weindomizil Hagn ist ein Genuss-Hotspot und eine gefragte Eventlocation geworden, dazu passen die zahllosen Auszeichnungen der Weine: schon sieben Mal Weingut des Jahres in NÖ, vielfacher Landessieger, großartige Weine in Weiß und Rot. Solide Qualität in allen Bereichen.

MARTINSDORF

Weinlodge Zuschmann-Schöfmann
2223 Martinsdorf, Winzerstraße 52
Tel. +43 2574 8428
office@zuschmann.at, www.zuschmann.at

Helle, moderne Winzerzimmer oder Apartments, gemütlicher Innenhof und Naturgarten zum Sonnen. Viel Wert wurde auf natürliche Materialien und schlichte, aber liebe- und niveauvolle Gestaltung gelegt. Sportfans können Mountainbikes mit Radkarte und Helm gratis ausleihen. Zum Mitnehmen gibt es nicht nur die hauseigenen Weine, in der Greißlerei warten Weinviertler Köstlichkeiten wie traditionelle Erdäpfelsorten, Öle, Hummls Himbeerprodukte, Wildschweindelikatessen oder Galloway-Beef.

MISTELBACH

Hotel Restaurant Zur Linde
2130 Mistelbach, Josef-Dunkl-Straße 8
Tel. +43 2572 2409
polak@zur-linde.at, www.zur-linde.at

Von wegen Bahnhofswirtshaus. Zu Mittag ist bodenständige Küche mit Standards wie Fleischstrudelsuppe, Wildschweingulasch oder gekochtes Rindfleisch angesagt. Am Abend gibt es auch ambitionierte Gerichte. Gerne kocht Karl Polak mit asiatischen Einflüssen. Mit Beef Tatar, Avocado und Senfeis oder Schlögel vom Maibock mit Schwammerln und Kirschknöderln zeigt er seine Lust, das Traditionelle mit jungen Ideen zu verbinden. Am Sonntag wird der Holzofen befeuert und Schweinsbraten gebrutzelt. Die Weinkarte ist mit der Region bestens bestückt. Wunderschöner Gastgarten und komfortable Hotelzimmer.

OBERROHRBACH

Gasthaus Goldenes Bründl
Gerhard Knobel
2105 Oberrohrbach, Waldstraße 125
Tel. +43 2266 80495
gasthaus@goldenesbruendl.at
www.goldenesbruendl.at

Schöne Lage mitten im Wald. Und doch nur wenige Minuten von der Autobahn entfernt. Die Küche unter Norbert Steiner steht für gutbürgerliche Gerichte mit gehobenen Ansprüchen. Das souveräne und herzliche Team serviert Saisonales und Regionales, vieles davon in moderner Interpretation. Zahlreiche leichte Gericht mit viel Gemüse, auch vegatarisch. Französisch-mediterran beherrscht die Küche
ebenfalls. Gerhard und Regine Knobl führen das Haus mit Charme, Geschmack und Fingerspitzengefühl, er ist auch Herr über ein 700 Positionen umfassende Weinangebot. Motto: Über den Tellerrand blicken und alle Sinne fein stimmen. Sonntag ist der Brunch ein Tipp, auch für Kids.

POYSDORF

Hotel & Restaurant Neustifter
2170 Poysdorf, Am Golfplatz 9
Tel. +43 2552 206060
info@hotel-neustifter.at
www.hotel-neustifter.com

Nach dem Bauchfleck des davor Hotel Veltlin genannten Hauses hat die Winzerfamilie Neustifter das Hotel übernommen und adaptiert. Sehr schöne, moderne Zimmer, großes Frühstücksbuffet, Wellnessbereich. Solide regionale Weinviertler Küche, alle Neustifterweine, vieles glasweise und noch mehr. Vier Kellergassen sind innerhalb einer Viertelstunde zu Fuß erreichbar, ein Golfplatz liegt vor der Haustür. Ideal für Genussfreunde, Urlauber, Radler und Geschäftsreisede. Einer der Leitbetriebe im Weinviertel, 4 Sterne.

RETZ

Der Althof
2070 Retz, Althofgasse 14
Tel. +43 2942 3711
willkommen@althof.at, www.althof.at

Der Gutshof auf dem großzügigen Gelände wurde perfekt revitalisiert und im modernen Landhausstil gestaltet. Im Restaurant wird regional und international gekocht, abgerundet durch Retzer Weine aus der hauseigenen Vinothek. Im Freizeitbereich gibt es Sauna, Dampfbad, Solarium und Whirlpool. Beliebt sind die wechselnden Themenevents auf der Terrasse im romantischen Arkadenhof. Das Haus gehört zu Landhaus & Spa-Linie der Hotelgruppe der Familie Ipp.

STOCKERAU

Dreikönigshof
2000 Stockerau, Hauptstraße 29–31
Tel. +43 2266 627880
familie@hopfeld.at, www.dreikoenigshof.at

Küchenchef Martin Mocnik versteht es, österreichische Gerichte mit hauptsächlich regionalen Produkten zu verfeinern und mit pfiffigen Ideen aufzuwerten. Im historischen Kellergewölbe lagern rund 180 Weine aus Österreich. Einmal monatlich lockt ein Sonntagsbrunch.

UNTERRETZBACH

Retzbacherhof
Sonja & Harald Pollak
2074 Unterretzbach, Bahnstraße 1
Tel. +43 2942 20171
pollak@retzbacherhof.at, www.retzbacherhof.at

Der Retzbacherhof ist ein idealtypisches Wirtshaus. Große alte Veranda, viel Holz, elegant weiß gedeckte Tische, ein wunderschöner Gastgarten – so müssen gediegen-kreative Landwirtshäuser aussehen. Dazu ebensolche Speisen; gekocht wird vorwiegend mit Produkten aus dem Wein- und Waldviertel. Sonja und Harald Pollak haben es damit geschafft, den Ansprüchen der unterschiedlichsten Gäste gerecht zu werden. Ein Konzept, das ein breites Publikum erfreut: die „kartelnden" Einheimischen genauso wie den anspruchsvollen Genießer. Als Top-Wirt des Jahres 2013 und Obmann der Niederösterreichischen Wirtshauskultur ist Harald Pollak mittlerweile auch zur zentralen Figur dieser erfolgreichen Gastroinitiative mit rund 200 Mitgliedern geworden. Beruhigend: die Weine des Hauses lagern bei optimaler Temperatur im ehemaligen Eiskellergewölbe des Gasthofes. Koch- und Weinschule, solide Haube.

WILFERSDORF-HOBERSDORF

Neunläuf
Familie Krammer
2193 Wilfersdorf-Hobersdorf
Wiener Straße 4
Tel. +43 2573 25999
office@neunlaeuf.at, www.neunlaeuf.at

Aktueller Topwirt Weinviertel 2022/23! Hübsch herausgeputzte Stuben, ein Tanzstadl und ein großer Garten, verbunden mit feiner Wirtshausküche, harmonieren hier miteinander. Roland Krammer versteht sich auf Wild, Herzhaftes (Beuschel, Backhendl), aber auch Gehobenes. Außergewöhnlich ist die Weinkarte, die man auf dem iPad durchschaut. Das Angebot reicht weit über das Weinviertel, auch Süß- und Schaumweine sind vertreten, Mitnahme zu Ab-Hof-Preisen.

WULZESHOFEN

Gasthaus mit Gästehaus Bsteh
2064 Wulzeshofen 57–58
Tel. +43 2527 203
gasthaus@bsteh.at, www.bsteh.at

Wenn man sich ein ideales Dorfwirtshaus wünschen könnte, so wie hier würde es wohl aussehen. Die Atmosphäre ist gemütlich, und die Küche beherrscht die tadellos bodenständige Kost. Markenzeichen ist auch der Einsatz von Blüten und Kräutern. Wunderbar der Innenhofgarten mit hundertjährigen Kastanienbäumen. Der Bauernbrunch beim Bsteh zählt zu den beliebtesten des Landes. Wirtshauskultur-Aufsteiger des Jahres 2016. Gästehaus und Greißlerei.

ZISTERSDORF

Zum Grünen Baum
Familie Kruder
2225 Zistersdorf, Landstraße 1
Tel. +43 2532 81555
gasthaus.zumgruenenbaum@utanet.at
www.gasthauszumgruenenbaum.at

Im Sommer sitzt man im Schatten des grünen Baums, eine mächtige Kastanie, an kühleren Tagen sind die ländliche Schankstube und das Stüberl mit weißer Tischwäsche und hübschen Pölsterchen Anziehungspunkt. Auf die gutbürgerliche Küche kann man sich verlassen, Georg Kruder führt vertraute Geschmäcker aber auch gerne mit Augenmaß in die Neuzeit. Sehenswert ist der 500 Jahre alte, weitläufige Weinkeller mit viel Weinviertler Stoff.

THERMENREGION

Die Thermenregion, die im Sprachgebrauch nicht nur der Wiener Weinfreunde wohl immer die „Südbahn" bleiben wird, ist das unmittelbar im Süden an Wien angrenzende Weinbaugebiet. Es kann auf eine große Tradition zurückblicken, wurde doch der Gumpoldskirchner schon am kaiserlichen Hof serviert; in der Zeit des Dritten Reiches wurde der berühmten Gumpoldskirchner Lage Wiege – ex aequo mit dem Bernkasteler Doktor – der höchste Einheitswert zugewiesen.

Die an den sanften Südhängen von Eichkogel und Anninger gelegenen Weinberge, die zu den Weinbaugemeinden Mödling, Gumpoldskirchen, Guntramsdorf, Pfaffstätten und Traiskirchen zählen, erinnern vom Landschaftsbild her etwas an Burgund, was übrigens auch für die Bodenstrukturen gilt, denn hier herrschen ungewöhnlich kalkhaltige Untergründe vor. Diese eignen sich bestens für die Pinot-Familie sowie für Chardonnay.

Das Lokalkolorit von Gumpoldskirchen, Traiskirchen und Co. wird jedoch durch die autochthonen Sorten Zierfandler, Rotgipfler und Neuburger geprägt, wobei die Raritäten Rotgipfler mit rund 110 Hektar und Zierfandler mit etwas mehr als 60 Hektar weltweit beinahe nur hier anzutreffen sind. Der Rotgipfler eignet sich gut für den Ausbau im Eichenfass, aber auch als Cuvéepartner für den Zierfandler – der traditionelle Verschnitt wird oft als „Spätrot-Rotgipfler" bezeichnet. Der Zierfandler kann mit Rasse, Finesse und Persistenz punkten.

Aus den traditionellen Südbahn-Weißweinsorten können auch prachtvolle Prädikatsweine gekeltert werden, von der Auslese bis zu Trockenbeerenauslese und Eiswein; durch die lebhafte Säure und eine exotische Frucht ergeben sich äußerst individuelle, aber auch lagerfähige Gewächse. Neben Rust und dem Seewinkel befindet sich hier gewissermaßen die dritte Säule der österreichischen Süßwein-Produktion. Bei den Rotweinsorten dominiert in qualitativer Hinsicht der Zweigelt. Die kleinere Rotweininsel der Thermenregion befindet sich im Bereich um Bad Vöslau, Baden und Sooß, wo neben Zweigelt und Blauer Portugieser auch St. Laurent, Blauburgunder, Cabernet Sauvignon, Merlot und Co. kultiviert werden. Ungefähr den gleichen Rebsortenmix findet man auch auf den kargen Schotterböden des Steinfeldes rund um Tattendorf, Teesdorf und Trumau, wobei sich diese Weinorte aber besonders mit St. Laurent und Blauburgunder profilieren wollen. Die im Tannin eher samtigen Rotweine werden auch als Blends ausgebaut.

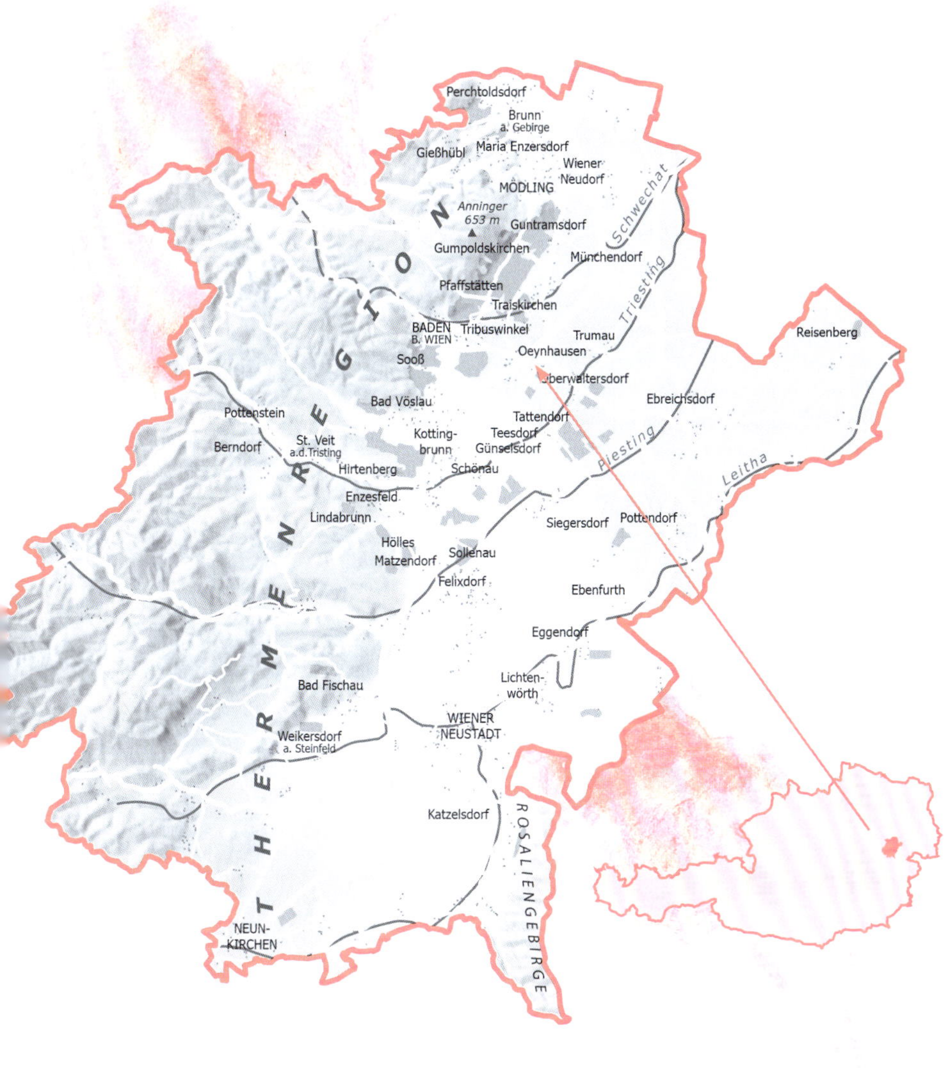

1.872 Hektar Weinanbaufläche
Die wichtigsten Rebsorten:
Zierfandler, Rotgipfler, St. Laurent, Pinot Noir

Weingut
Alphart

Florian und Claudia Alphart
2514 Traiskirchen, Wienerstraße 46
Tel. +43 2252 52328
weingut@alphart.com, www.alphart.com
30 Hektar, W/R 70/30, 200.000 Flaschen/Jahr

Der renommierte Betrieb der Familie Alphart kann auf eine 250-jährige Tradition zurückblicken. Hier entstehen Weine von höchster Qualität mit klaren regions- und sortentypischen Merkmalen. Der Fokus ist auf die Sorte Rotgipfler gerichtet, die auf den schottrigen Muschelkalkböden besonders charaktervolle Weine entstehen lässt. Die Basis dafür ist der respektvolle Umgang mit der Natur, behutsame Pflege der Weinstöcke, Ertragsreduktion, selektive Handlese und der ideale Lesezeitpunkt. Die schonende Verarbeitung ermöglicht es, der feinen Eleganz der Trauben in den Weinen Ausdruck zu verleihen. Trotz dieser intensiven Beschäftigung mit den burgundischen Weißweinen werden die eleganten Rotweine nicht außer Acht gelassen. Ganz besondere Beachtung verdient der 2021 Pinot Noir Reserve Ried Rosenberg, mit dem Florian Alphart einen perfekt gelungenen Sortenvertreter geschaffen hat! *kk*

THERMENREGION

★★★ S €€ NB PLV
2022 Neuburger Ried Hausberg + Mandel, gelbe Früchte; freundlich, geschmeidig-animierende Kernobstfrucht, Mandarine, Biskuitnoten, fruchtige Säure, mit eleganter Leichtigkeit, animierend und pikant.

★★★ S €€ RG
2022 Rotgipfler vom Berg + Saftige Tropenfrüchte; Orangenzesten, Küchenkräuter, Mandel und Honigmelone, reif mit animierender Säure, schwungvoll mit Saft und Kraft, strukturierte Aromafülle, fruchtig im fröhlichen Abgang.

★★★★ S €€€ RG PLV
2021 Rotgipfler Ried Rodauner + Pikante Kumquats, anregend gelbfruchtig, Kernobst, saftige Agrumen, florale Noten, feine Fruchtsüße, Quittengelee, cremiger Druck, etwas kreidig, Orangenkuchen im geschmeidigen Nachhall.

★★★★★ S €€€€€ RG TOP
2021 Rotgipfler Ried Rodauner Top Selektion + Tiefe Fruchtnase; Orangenzesten, reife Exotik, saftiges Steinobst, elegant mit Fülle, extraktreich, geschmeidige Säure, feinröstig, etwas Malz, Feigenkaffee, dicht, fruchtsüß mit nussigen Noten, komplex und wertig, eindrucksvolles Finale.

★★★★ S €€€€€€ RG
2020 Rotgipfler Ried Rodauner PUR + Geschmeidig intensive Exotik; substanzreich, mit Fruchtdruck verwoben, nuanciert und präzise, pikante Ananas und Papaya, gepaart mit saftigem Steinobst, Kokos und Bananen, verströmt wohlige Fruchtsüße mit mineralischer Führung, bleibt unendlich lange präsent.

★★ S €€ CH
2022 Chardonnay vom Berg + Duftiger Obstkorb; zart malzig, saftige Birne und gelber Apfel, feinkörnige Gerbstoffe, Hauch Feigenkaffee, samtig im Finale.

★★★★ S €€€€ CH
2021 Chardonnay Tagelsteiner + Asketische Tropenfrucht, Apfel; straff und pointiert, Agrumenzesten, Nussbrot, Ananasnuancen in fruchtiger Säure, zart röstig, Kaffee, muskulöser Körper, disziplinierte Gerbstoffspur mit salzig-steiniger Mineralik, im kräftigen Abgang feines Kernobst.

★★★ S €€€€ CH
2021 Chardonnay Reserve Ried Stein + Reife gelbe Früchte; warm am Gaumen, Honigblüten, gebratene Quitten, malzig mit Nougat, spürbar rauchiger Holzeinsatz, dicht und saftig, süße Tabaknoten, Rösttöne, hat Zukunft, noch gut lagerfähig.

★★★★ S €€€€€ CH
2021 Chardonnay Privat + Komplexe Nase; elegant massiv, breites Aromaspektrum, Tropenfrucht bis Backgewürze, dunkles Brot, Hauch Lebkuchen, Nüsse, belebende Säure, straffes Edelholz, bisschen Kokos, sensibel trotz Kraft, ziselierte, kreidig-salzige Mineralik, bisschen Zitrus, Malznoten, kompakt anhaltender Ausklang.

★★★★ S €€€€ CR
2019 Cuvée Alpha + (CS/ME) Konzentrierte dunkle Früchte; weihnachtlich feiner Rumtopf, Backgewürze, Heidelbeeren, Maulbeeren, etwas Powidl, reife rote Paprikaschoten, Kaffeenoten im markanten Gerbstoffbau, gut lagerfähig, noch etwas dominierende röstig-rauchige Edelholznoten.

★★★★ S €€€€ PN TIPP
2021 Pinot Noir Reserve Ried Rosenberg + Markant beerig-würzig; stoffig und charmant mit Tiefe, ätherisch, kühle Waldbeeren, etwas Zwetschke, Mokka-Kirsch, feine Würze, perfekt ausgewogener Tanningrip, markante Grafitspur, pointierte Sortentypizität, straff anhaltender Nachhall.

Weingut
Familie Auer

2523 Tattendorf, Pottendorfer Straße 14
Tel. +43 2253 81251
office@weingutauer.at, www.weingutauer.at
23 Hektar, W/R 30/70

Im Familienweingut Auer in Tattendorf spürt man den Geist der nächsten Generation: Winzer Poldi Auer lässt seinen Söhnen immer mehr Raum. Lukas und Matthias Auer verantworten im Keller bereits die Weißweine. Und die Brüder spielen in ihrem jugendlichen Entdeckerdrang auch mit dem Thema Naturwein, wo sie zwei konturierte und trinkvergnügliche Cuvées kreierten: In Weiß den „Bienenweingarten", ein Spezialitäten-Mix aus den Thermenregion-Sorten Zierfandler und Rotgipfler aus der Ried Preisen in Pfaffstätten, wo die Auers Bienenstöcke stehen haben. In Rot wurden Pinot Noir und St. Laurent im „Schafweingarten" vermählt, wo die Winzer die Schafe grasen lassen. Bei beiden Naturweinen werden die Trauben mit den Füßen eingestampft, spontan im Stahl vergoren und im gebrauchten kleinen Barrique ausgebaut. Der Schafweingarten-Wein hat ein Drittel neues Barrique.
Darüber hinaus kann man am Bio-Weingut Burgundisches in bewährt hoher Qualität bekommen sowie erstmals einen Eiswein, auf den die Auers sehr stolz sind. *hp*

THERMENREGION

★★★ S €€€ RG
2021 Rotgipfler Premium + Geschmeidig, Weißbrotnoten, zarter Schmelz, geriebene Mandeln, getrocknete Früchte, harmonisch; am Gaumen ziemlich trocken und reduktiv, mit Belüftung üppige Fruchtfülle, Bratäpfel, Mango, Ananas, feine Würze.

★★★★ K €€€€ RG TIPP
2021 Rotgipfler Ried Preisen Pfaffstätten + Kräuterbetonte Frucht, leicht rauchig, Banane, Maracuja; super fruchtcharmant, Orangen; Limetten und Ananas, viel Würze, rosa Pfeffer, sehr harmonisch und trinkvergnüglich bei guter Länge.

★★★ K €€€€ ZF
2021 Zierfandler Ried Preisen Pfaffstätten + Getrocknete Kräuter, dezente Würze, rauchig-torfig, Frucht nur dezent, Zitrus; am Gaumen offener, tropische Frucht, Röstigkeit vom jungen Holz, betont trocken, kernig, straffes Finish.

★★★ S €€€ CW PLV
2021 Eiswein + (RG/RR/CH – Restzucker 210 g/l) Saftige Birnenaromatik, dazu die feine Würze, bisschen Honig, sanft und rund; super Zucker-Säure-Balance, Bratapfel, Nelken und Zimt, flüssiger Apfelstrudel mit weihnachtlichen Gewürzen, gelungen, trinkig.

★★ S €€ PN
2021 Pinot Noir + Bisschen Himbeeren, auch Heidelbeeren, rund und saftig wirkend; relativ saftig, zugänglich, einfacher Gebietswein, der alles mitbringt, was die Sorte und das Gebiet transportiert. Mittellang.

★★★ S €€ SL
2020 St. Laurent + Ziemlich würzig, Ribiselfrucht, Kirschen, Fichtennadeln; viel Sortenprägung, würzige Kirschen, dezent Himbeere, bisschen Grapefruitzesten, schlanker, straffer, strukturierter Laurent mit Gerbstoffbiss.

★★★ S €€€ CR FUN
2020 Pino Laurent Premium + (PN/SL) Reife Himbeerfrucht, Pinot dominiert das weiche, fruchtcharmante Bukett; rote Kirschen, dezente Würze, mehr Laurent spürbar, Nougatschokolade, rund, saftig, leichter Tanninbiss. Biss, gaumenfüllend, trinkvergnüglich.

★★★★ K €€€€ PN
2020 Pinot Noir Ried Holzspur Reserve + Viel Sortencharakter, Himbeeren, eingelegte rotbeerige Früchte, wirkt füllig; feine Röstaromen, Tannennadeln, rauchig, straff, guter Fruchtmix, Ribisel, Heidelbeere, einige Kräuter, gute Länge.

★★★ K €€€€ SL
2019 St. Laurent Ried Holzspur Reserve + Gute Dichte und Tiefe, etwas Grafit, dunkelbeerig, Kirsche; Holz gut integriert, feine Würze, viel Frucht, Schwarzbeeren, Johannisbeeren, Rote Rüben, Wacholder, feine Gerbstoffstütze.

ÖSTERREICH

★★★ K €€€€€ CW
2020 Die Geschichte vom Bienenweingarten + (RG/ZF) Kühle, aromatische Art, Wachsnoten, viel Blütenhonig; am Gaumen straffe Frucht mit feinem Gerbstoff, Grapefruits, Mandarinen, leichtfüßig, für Naturwein-Probierer – charaktervoll und trinkig.

★★★★ K €€€€€ CR TIPP
2019 Die Geschichte vom Schafweingarten + (PN/SL) Wurzelgemüse, dunkle Beeren, wirkt rund und saftig, Rote Rüben; würzig, kompakt, Ribisel, Herzkirschen, dunkle Schokolade, strukturgebender Gerbstoff, super Struktur und Länge, feinziselierter Naturwein.

Weingut
Leo Aumann

Leo Aumann
2512 Tribuswinkel, Oberwaltersdorfer Straße 105
Tel. +43 2252 80502, Fax -50
office@aumann.at, www.aumann.at
45 Hektar, W/R 40/60

Leo Aumann gehört in der Thermenregion zum erlesenen Kreis der neuen ÖTW-Winzer, der Österreichischen Traditionsweingüter. Seine Weine gehören seit 20 Jahren kontinuierlich zum Besten, was dieses Weingebiet hervorzubringen vermag. Und Aumann tritt dabei in beiden Gebietswelten – in Weiß und Rot – sehr stilsicher mit verlässlich hoher Qualität auf. Sein Rotgipfler-Weingarten Flamming und seine Zierfandler-Riede Hofbreite sind künftig Erste Lagen – genauso wie seine Lage Bockfuss in Baden.

Viel Weingewicht bringt Aumann auch bei den Burgundern ins Spiel, wo er beim Pinot Noir und beim St. Laurent je eine Reserve sowie einen Lagenwein hat. Vom Merlot, wovon Aumann schon 15 Hektar hat, zeigt Aumann einen großen Schaffensbogen – von der preisattraktiven Merlot Reserve bis zum Top-Wein vom Harterberg. Auch in Aumanns Signature-Wein, in der Cuvée Harterberg, spielt der Merlot die Hauptrolle. *hp*

THERMENREGION

★★★ S €€€ RG
2022 Rotgipfler Ried Flamming 1ÖTW Baden bei Wien + (ab September) Rauchig, Marzipan, dezente Würze, mehr Streuobstwiese und Kräuternoten denn Frucht; am Gaumen tropische Fruchtfülle, reife Orangen, Kräuterwürze, strukturiert.

★★★ S €€€ RG
2021 Rotgipfler Ried Rodauner Traiskirchen + Wirkt straff, kräuterwürzig, auch Wiesenkräuter; reifes Zitrus, reifer Apfel, viel Streuobst, gute Säurestruktur, dadurch betont trocken, mittelgewichtig, mittellang.

★★★★ S €€€ RG PLV
2020 Rotgipfler Ried Wiege Baden bei Wien + Rauchig und röstig, Lorbeer, gewürzig; vitale, weiche Frucht, Banane, Mandarinen, cremige Noten, hinten straffer, Fruchtnoten von Mandarinen und Bitterorangen, fester Grip.

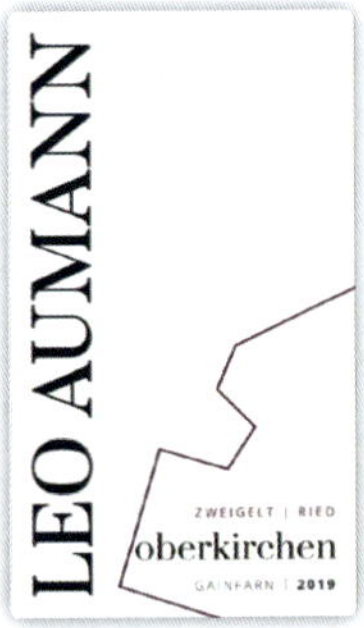

★★★★ S €€€ ZF TIPP
2022 Zierfandler Ried Hofbreite 1ÖTW Gumpoldskirchen + (ab September) Reife Banane, weiße Schokolade, Biskuit, zart schmelzig; nur dezentes Toasting, mehr exotische Fruchtfülle und Frische, auch Äpfel, viel Spiel, viel Grip, feiner Extrakt, feine Länge.

★★★★ S €€€ CH
2021 Chardonnay Ried Bockfuss 1ÖTW Baden bei Wien + (ab Jahresende) Weiche, füllige Aromatik, burgundisch, Steinpilze, viel Sorte und präsentes Holz; anfangs reduktiv, straffe Röstigkeit, Kochschokolade, Schokobanane, Kiwi, jugendlich mit Zukunft!

★★★ S €€ ME PLV
2021 Merlot Reserve + Weichseln, dezentes Cassis, viel Würze, Lebkuchen, Tabak; Kräuterwürze tonangebend, dazu Cassis, Sauerkirschen und Ribiseln, strukturgebender Gerbstoff, lebhafter Wein, dem man Luft gönnen sollte.

★★★ S €€€€ PN
2020 Pinot Noir Ried Bockfuss Baden bei Wien + Füllige Burgunderfrucht, Himbeermarmelade, Ribisel-Schoko-Kuchen, Nougat; am Gaumen straffer, feines Toasting, Holz gut eingebunden, eleganter Burgunder mit kühler Frucht und Länge.

★★★ S €€€ SL
2021 St. Laurent Reserve + Germkuchen, gewürzige Frucht, Ribisel, Kirschen, viel Sortentypizität; straff, Kirschen, mittelgewichtig, trinkvergnüglich, rundes Tannin, Länge.

★★★★ D €€€€ SL
2021 St. Laurent Ried Ronald Pfaffstätten, + (ab Dezember) Sauerkirsche, Weichseln, viel Fruchtsüße, rauchige Röstaromen, Weihrauch, Wacholder; kompakt und fest, fleischiger Wein mit Biss, dunkle Kirschen, feiner Tanningrip, röstig, gute Länge.

★★★★ D €€€€ ZW TIPP
2021 Zweigelt Oberkirchen Gainfarn + (ab Herbst) Grafit, rauchige Frucht, Gesteinsmehl, Ribisel, dunkle Kirschen; straff, jugendliches Holz, würziges Toasting, viel Struktur, Sauerkirsche und Weichseln, kraftvoller Zweigelt mit Potenzial.

★★★★ D €€€€ CR
2020 Harterberg Reserve + (ME/CS/ZW – ab Herbst) Vanille, Wurzelgemüse, Lakritze, rauchig, Frucht dezent, Ribisel und Cassis; Bordeaux-Stilistik, sehr würzig, Sauerkirschen und Cassis, kerniges Tannin, Mokka, mittellang bis lang.

★★★★★ K €€€€€ ME TOP
2019 Harterberg Merlot + Enorm saftige Frucht, Cassis, sehr gewürzig, Nougatschokolade, super Tiefe, Lebkuchen; füllige Frucht, viel Cassis und saftige Kirschen, tintig, rauchige Kräuterwürze, große Eleganz, tolle Länge, langes Leben. Großer Wein.

Weinbau **Barbach**

Katharina Prüfert-Barbach & Wilhelm Prüfert
2380 Perchtoldsdorf, Rudolfgasse 8
Tel. +43 1 869 83 73, Mobil +43 664 142 72 37
mail@weinbau-barbach.at, www.weinbau-barbach.at
5 Hektar, W/R 85/15

Die Barbachs sind ein Familienbetrieb in dritter, bald vierter Generation. Die Weine kommen durchwegs aus eigenen Rieden in Perchtoldsdorf – 80 % Weißwein. Die Weine sind immer von einer klaren Typizität, frisch und fruchtig und bieten ungemeines Trinkvergnügen.
Zu den Schmankerln, die der Heurige anbietet, kann man eine sehr stupende Weinbegleitung genießen. Als Aperitif einen tollen Frizzante oder den 2022 Jungcuvée und 2022 Sommercuvée. Zwischendurch den 2022 Gemischten Satz von der Tante Christl und den 2022 Grüner Veltliner. Danach kommen die außergewöhnlichen Weißweine des Hauses zu ihrem Recht – 2022 Sauvignon Blanc Reserve, ein wunderbarer 2021 Rotgipfler Ried Haspel und der 2021 Chardonnay Ried Hochrain. Dazwischen den weinigen 2022 Rosé. Zu den Hauptgerichten dann Rotwein wie etwa 2020 S-Klasse (CS/ME) und 2018 Zweigelt Selektion Ried Sommerhagenau. Eine vinarische und kulinarische Reise in aller Gemütlichkeit, die zu einem behaglichen Gefühl führt. Gepflegte Gastlichkeit mit besten Weinen ist das Motto der Barbachs. Diesem Motto komme ich gerne nach.

as

THERMENREGION

★ **S €€ CW**
2022 Sommercuvée + (SÄ/SB – BIO) Paprika, Stachelbeeren, Brennnesseln, Litschinoten, der singt so richtig, Kräuterwürze, ungemein süffig, jugendliche Frische, trinkanimierend. Ein Appetitmacher der gehobenen Art. Macht ungeheuren Spaß.

★ **S € GS**
2022 Gemischter Satz aus Tante Christls Weingarten + (BIO) Frische Kräuter, Wiesenblumen, pfeffrig, Ringlotten, Apfel und Birne, nussige Anklänge, würzig, straffe Säure, Zitrus, schön trocken, zupackend, griffig, ein Kneippwein, der einen nicht loslässt.

★ **S € GV**
2022 Grüner Veltliner + (BIO) Würzig, gelbfruchtig, Pfeffer, Mandeln, zart nach Ananas, fruchtig, passende Säure, einladend, typisch, schliffig, bisschen Marille, hier kommen die Grüner-Veltliner-Freunde voll auf ihre Kosten.

★★ **S €€ RI**
2022 Riesling + (BIO) Reife Marillen, Pfirsich, Ananas, wunderbar fruchtig, Zitrus, knackige Frische, saftig, elegante Noten, entwickelt Druck am Gaumen. Ein absolut hervorragender Riesling mit einiger Zukunft.

★★ **S €€ SB**
2022 Sauvignon Blanc Reserve + (BIO) Reife Stachelbeeren, Paprikaschoten, animierende Grüntöne, Weingartenpfirsich, straff und rassig, Holundertöne, Wachsnoten, knackige Struktur, entwickelt Frucht, noch total jung, sehr guter Stoff für einige Zukunft. Der wird im Herbst all seine Vorzüge zeigen.

★★ **S €€ RG**
2021 Rotgipfler Ried Haspel + (BIO) Bratapfel, Mango, Ananas, nussig, Pfeffer, Gewürznelken, fruchtcharmant, pikante Säure, Wiesenkräuter, bisschen Brot, Honignoten, ein herzhafter, körperbetonter, hervorragender Wein.

★★★ **S €€ CH**
2021 Chardonnay Ried Hochrain + Reifer Apfel, Zimtschnecken, Nelken, gelbe Früchte, Honigtouch, saftig, strukturiert, kein Holz merkbar, Mandelbögen, dezenter Schmelz, Pfirsich, seidiger Glanz, elegant, frische Kräuter, etwas Karamell, das ist guter Wein.

★ **S €€ CR**
2022 Rosé + (CS/ME – BIO) Dunkelrot, Walderdbeeren, frischer Paprika, Stachelbeeren, erinnert fast an einen Uhudler, am Gaumen ungemein süffig, burschikoser Charakter, saftig, rote Kirschen, weinige Struktur, trinkt sich fabelhaft. Wunderbar passend zu vielen Gerichten.

★★ **S €€ CR**
2020 S-Klasse + (CS/ME – BIO) Veilchen, Cassis, Heidelbeeren, Schoko, Kirschen, feste Tanninstruktur, geht in die Tiefe, druckvoll am Gaumen, fruchtiger Charme, elegant, saftig, ein wohlschmeckender Rotwein, der wunderbar zu trinken ist. Absolut empfehlenswert.

★★ **S €€ ZW**
2018 Zweigelt Selektion Ried Sommerhagenau + Schwarze Kirschen, schwarze Beeren, Schokonoten, Hagebutten, Mandeltöne, männlicher Charme, festes Tannin, geht in die Tiefe, druckvoll, einige Substanz, gerbstoffbetont, ein Rotwein, der nach Essen schreit.

ÖSTERREICH

★ **S €€ CW** FUN
2022 Frizzante + (GM/RI – BIO) Feine Perlage, weißer Pfirsich, zarte Holundernoten, knackig, herzhaft, frisch-fruchtig, unkompliziert, belebend, auch charmant, gibt etwas zögerlich seine Aromen preis, der Wein hat durchaus Substanz, dezente Exotik, voller Pikanz. Ein zum Trinken einladender Frizzante.

Weingut
Biegler

Othmar Biegler
2352 Gumpoldskirchen, Wiener Straße 16–18
Tel. +43 2252 62196
weingut.biegler@kabsi.at, www.weingut-biegler.at
10 Hektar, W/R 85/15

Ein romantisches Hauerhaus im Ortszentrum von Gumpoldskirchen ist seit jeher Sitz des Weinguts Biegler, das schon seit Langem zu den hervorragendsten Weinbaubetrieben der Thermenregion zählt. Regisseur des Weinguts ist der erfahrene Winzer Othmar Biegler, der Weine von hoher Eleganz und Fruchttransparenz keltert, die kompetente Botschafter ihres jeweiligen Terroirs und der Sorte sind. Besonderen Wert legt Biegler bei seinen Weinen auf Trinkvergnügen und Harmonie. Das kommt bei seinen zu rund 70 % aus Endverbrauchern bestehenden Kunden ganz offenbar bestens an, sind doch die mit gutem Preis-Leistungs-Verhältnis ausgestatteten Weine teils relativ früh ausverkauft. Schon vor etlichen Jahren hat sich der Winzer auf vegane Weine spezialisiert.
Das Weinsortiment wird zu vier Fünftel von Weißweinsorten bestritten. In diesem Bereich steht ein in der Gegend durchaus üblicher, recht breiter Sortenmix zur Verfügung: Neben den autochthonen Sorten Rotgipfler – diese Spezialität steht in mehreren Varianten zur Verfügung – und Zierfandler findet man auch weiße Burgundersorten nebst Aromatikern à la Muskateller und Sauvignon, dazu Grüner Veltliner sowie ungemein charaktervolle Rieslinge. Bei den Rotweinen stehen Frucht, Reife und Ausgewogenheit im Vordergrund. Je nach Jahrgang gibt es immer wieder auch ausgezeichnete Prädikatsweine.

psch

THERMENREGION

★★ S € GS
2022 Gemischter Satz + Glockenklare Frucht nach rotem Frühapfel, duftig und charmant, etwas Weißbrot; knackig, Kernobst und etwas gewürzige Noten, griffig, mittelgewichtig, recht fest.

★★ S €€ GM
2022 Gelber Muskateller + Kühle Fruchtnoten, Mandarinenschalen, dunkles Laub, klar, grüntraubig; klassische Aromatik, herbe Kräuter, grüntraubig, mittleres Finish, straff.

★★★ S €€ SB
2022 Sauvignon Blanc Ried Zistl + Duftig und klar, kandierte Stachelbeeren, reife gelbe Kriecherln, leicht schotig, weißer Pfeffer, süße Fülle; vollmundige Frucht, kraftvoll, robust, griffig, recht fest, etwas rassig.

★★★ S €€ PB
2022 Pinot Blanc Badener Weg + Ziemlich volle Nase mit ausgereifter Frucht, etwas phenolisch, samtige Fülle, dunkle Blüten; saftiger Schmelz, kräftig, recht griffig, lebhafte Zitrusfrucht, mittellang.

★★★ S €€ RI
2022 Riesling Ried Mitterwiese + Pikant, duftig, klassischer Thermenregion-Riesling, Limetten, klarer Ausdruck; recht saftig, einige Frucht, Zitronenzesten, dezenter Säuregrip, zartherb, mittleres Finish.

★★★ S €€€ RI FUN
2022 Riesling Ried Grimmling + Leicht röstige Nase, hell, frisch, Grapefruitanklänge, ziemlich pfiffig, pikant, zart schotig; knackig, klirrend frisch, leicht spritzig, sehr lebhaft, saftige Mitte, packend, legt sich an, Biss, ganz nahe am 4. Stern.

★★★ S €€ ZF FUN
2022 Zierfandler Ried Badener Weg + Kühle, duftige Stilistik nach Birnen und reifen Ringlotten, reif und voll; saftiger Biss, kräftig, zartherb, leichte Orangennote, herzhaft, mittlere Struktur, mittellang.

★★★★ S €€ RG TIPP
2022 Rotgipfler Ried Brindlbach + Leicht röstig, etwas Weihrauch, duftig, weiße Wiesenblüten, etwas Litschis, gelbe Melonen; kraftvoll, griffig, strukturiert, sehr viel Frucht in der Mitte, fest und lang, braucht Luft.

★★★★ S €€€ RG
2022 Rotgipfler Reserve Ried Oberer Badener + Röstig-toastig im Duft, ausgereift, kraftvoll, exotische Frucht, Melonen und etwas Papaya, Hauch Bananen; kraftvoll strukturiert, viel Biss, ganz trocken, fest, viel Grip, abwarten.

★★★★ S €€€ RG TIPP
2022 Rotgipfler Ried Schwaben TBA + Opulentes Bukett nach eingemachten Mangos und Nektarinen, Blütenhonig, kandierte Noten, herrlich verlockend; schmalzig, rosinig, vollmundige Frucht, griffig, auch viel Blutorange, pikanter Biss, feine Länge, beachtlich.

BIO

Weingut **Hannes Dachauer**

Johannes Dachauer
2523 Tattendorf, Raiffeisenplatz 9
Tel. +43 2253 81293
office@weingut-dachauer.at, www.weingut-dachauer.at
7 Hektar, W/R 40/60

WEINGUT HANNES DACHAUER
TATTENDORF - THERMENREGION

Das Bio-Weingut Hannes Dachauer befindet sich im traditionsreichen Weinort Tattendorf. Die gelebte Naturverbundenheit beschert seinem Weinbaubetrieb in jedem Lesejahr ausgezeichnete, bio-zertifizierte Weine, welche die in der Familie traditionell empfundene Achtung vor der Natur widerspiegeln. Der dynamische Winzer verbindet behutsame Kellertechnik mit biologischer Bewirtschaftung und schafft damit echte Top-Weine. Den Sorten Rotgipfler, Pinot Noir und St. Laurent wird besonders viel Liebe gewidmet, diese werden durch umweltbewusste Arbeit zu Charakterweinen vinifiziert. Jeder Wein wird der Sorte, Jahrgang und Lage entsprechend individuell betreut. Dies beginnt bereits im Weingarten durch naturnahen Weinbau und findet im Keller durch schonendes Pressen und kontrollierte Vergärung seine Fortsetzung. Für Hannes Dachauer sind dies die Grundvoraussetzungen, um sortentypische und hochqualitative Weine zu schaffen. Die klassischen, fruchtigen Weißweine kommen in den Edelstahltank und bewahren dadurch ihren Aromareichtum, der kräftige Chardonnay und der saftige Rotgipfler reifen für ein Jahr in 500-Liter-Holzfässern, wie auch alle Rotweine in Holzfässern ausgebaut werden, in Barriques reifen die Lagenwein-Reserven, die man unbedingt probieren muss! *kk*

THERMENREGION

★★ S €€ MT FUN
2022 Rivaner + Duftiges Steinobst; pikante frische Aromen junger Pfirsiche, Marillenblüten und Hauch Orange, animierende fruchtige Säure, etwas Kräuterwürze im anregenden Finish.

★★ S €€ GV
2022 Grüner Veltliner Pepper Hill + Frischer Apfelduft; helle Wiesenkräuter, gelbe Blüten, etwas Honigmelone und Ringlotten, Marillen im schwungvollen Körper, straffe Gerbstoffspur, Hefegebäck im pikanten Nachhall.

★★ S €€ GM
2022 Gelber Muskateller + Holunderblütenbukett; Johannisbeeren und bisschen Limettencreme, feinziselierte Säure, helle Muskataromen und Clementinenzesten, würzige Küchenkräuter, Hauch Piment, animierend und frisch.

★★★ S €€€ CH PLV
2021 Chardonnay + Apfel-Bananen-Mix; kühle gelbe tropische Aromen, Hauch Ananas, animierende Zitrusnoten, etwas Hefegebäck im Hintergrund, gelber Apfel, kraftvoll und eigenständig, Walnuss, Vanille, etwas Kakao, feine Holzwürze, fruchtsüßer Extrakt, mächtiger Körper, erdige Noten im langen Abgang.

★★★ S €€€ RG
2021 Rotgipfler + Duftiger Obstkorb; Lindenblüten, Zitronengras, Quittenparfait, zart schmelzig und vielschichtig am Gaumen, samtige Säure reifer Mandarinen, etwas Ananas dabei, gelber Apfel, Backgewürze, helle Blüten im cremigen Extrakt, charmant und gaumenfüllend, Marillenröster im fruchtigen Finale.

★★ S €€ ZW
2021 Zweigelt + Kompaktes Kirschbukett; Weichselkonfit, Hagebutte, charmante rotbeerige Säure, zartgliedrige Tannine, mittlerer Körper, Hauch Mandel-Zimt-Aromen, bisschen junge Zwetschke im Abgang.

★★★ S €€€ PN
2021 Pinot Noir Ried Frauenfeld Reserve + Duftige Waldbeeren; kühler Kirsch-Kranbeeren-Mix, fein rauchig, Himbeerschokolade in feinkörnigen Tanninen, zart malzig, saftig am Gaumen, geschmeidig, Hauch Zwetschken-Zimt-Aromen, etwas dunkelgrüne Würze, feine Kreidespur, noch verhalten, aber sehr elegant im Finale.

★★★★ S €€€ SL
2021 St. Laurent Ried Frauenfeld Reserve + Dichtes Heidelbeerbukett; Zwetschkenröster, Maulbeeren und Hauch Cassis, extraktreich und schmelzig, Backgewürze, straffe Tannine, Orangenzesten, etwas Preiselbeeren, feines Juchtenleder und kernig-rauchige Tanninstruktur, mineralische Ader, vital und feinwürzig im langen Abgang.

★★★★ K €€€ CR TIPP
2021 Cuvée Ried Frauenfeld Reserve + (CS/ME/SY) Dunkles Fruchtfleisch; extraktreicher dunkler Beerenmix, Zwetschke, Heidelbeere, saftige Cassisnoten, Rosenpaprika und würzige rote Schoten, bisschen schwarze Oliven, fleischig-saftig am Gaumen, etwas Tabak, dunkle Schokolade, zart röstige Edelholzaromen, angenehme Persistenz der straffen Tannine, ausbalanciert, hat Zukunft.

BIO

Weingut
Christian Fischer

2504 Sooß, Hauptstraße 33
Tel. +43 2252 87130
christian@weingut-fischer.at, www.weingut-fischer.at
14 Hektar, W/R 20/80, 70.000 Flaschen/Jahr

Christian Fischer war einer der ersten Winzer der Thermenregion, der sich schon früh mit der Kultivierung internationaler Rotweinsorten in seinem Heimatort Sooß beschäftigt und das Sortenspektrum des Gebiets geprägt hat. Daneben förderte er auch gebietstypische Rebsorten und zeigt besonders beim Zweigelt und Rotgipfler, welches Potenzial sich in den Böden und im Klima der Region verbirgt. Der seit 2013 bio-zertifizierte Betrieb halbierte den Einsatz von Schwefel, und durch kompromisslose Hygiene im Keller und die konsequente Lese nur gesunder Trauben wird auch im Keller die Entwicklung des Weins nicht beeinflusst. Grundlage seines Erfolges ist auch, dass er den Weinen ihre Persönlichkeit ohne Rücksicht auf vordergründige Gefälligkeit belässt. In seinem Keller kann jeder Wein seinen komplexen Charakter entwickeln, der mit eleganter Tanninstruktur und feinwürziger Frucht zutage tritt. Auch seine kühl-mineralischen, fast asketischen Weißweine entsprechen Christian Fischers Charakter, individuell und authentisch zu sein. *kk*

THERMENREGION

★★ S €€ RG FUN
2022 Rotgipfler classic + Frischer Obstkorb; kühle Ringlotten, helle Beeren, etwas Exotik, schlank, animierend, bisschen Zitronenmelisse, steinige Spur im Abgang.

★★★ S €€ CH
2022 Chardonnay classic + Kernobstbukett; feine Agrumen, Toastbrot, Hauch gelbe Blüten, weiße Johannisbeeren, Küchenkräuter, vornehmer mittlerer Körper, feste Säure, feinkörnige Gerbstoffe, ein universeller Speisenbegleiter.

★★★ S €€ SL
2021 St. Laurent classic + Dunkelrote Beeren; Zwetschken, Kranbeere, pikante Säure roter Johannisbeeren, schwungvoll und kernig, zart rauchig, dunkler Tabak, charmante Tannine, etwas Ziegelstaub und feinherbe rote Beeren im Finish.

★★★ S €€ PN
2021 Pinot Noir classic + Waldbeerenduft; Heidelbeersorbet, Preiselbeere und Hauch Zwetschke, kalter Zigarrenrauch, etwas Unterholz, straffer Körper, elegant und erdverbunden, dicht nach Maulbeere, etwas Grafit im Nachhall.

★★★ S €€ ZW PLV
2021 Zweigelt classic + Duft schwarzer Kirschen; kühle dunkle Würze, etwas Lakritze, gedecktes Weichselkonfit, Johannisbeermix, geerdet und solide, straffe Tannine, Mokka fein rauchig unterlegt, Olivin-Touch im Abgang.

★★★★ K €€€€ PN
2021 Pinot Noir Premium + Himbeer-Brombeer-Mix; feinwürzig und kühl, zart ätherischer Flair, diszipliniert geradlinig, Hauch Grapefruit, fein rauchig, mit Preiselbeere unterlegte Tannine, Hauch rotschotig, vielschichtig und dynamisch, Zwetschkenaromen in ausklingender Mineralspur.

★★★ K €€ ZW PLV
2021 Zweigelt Ferabam Premium + Charmant rotbeerig; Hagebutte, Herzkirschensorbet, animierend elegant, Hauch Melisse, etwas Schokolade, präzise Führung, Säure saftiger Weichsel, helle Mineralik im Echo.

★★★★ K €€€€ ZW
2021 Zweigelt Gradenthal Premium + Kirsch-Weichsel-Mix; Heidelbeergelee, dynamisch mit Charakter, Terroir-Feeling, pikante rotbeerige Tannine, Hauch Grapefruit, zart röstig, feiner Rauch, Edelholzwürze dahinter, etwas Peperonata im schmelzigen Finale.

★★★★ K €€€€ ME
2021 Merlot Premium + Kernig rotfruchtig; saftig-kühler Fruchtschub, fleischig mit eleganter Kraft, muskulös straff, nussige Beeren, Maulbeermus, kompakt reife Tannine, Kaffee, Hauch Kumquats, feine Holzwürze, Spur rote Tonerde, vollmundige Cassisnoten, viel Schmelz im Rückaroma.

★★★★ K €€€€€ BF
2021 Blaufränkisch hundred cases + Vornehmes Brombeerbukett; nuancenreich gefühlvoll, ätherischer Hauch, kühle Frucht, straffe reife Tannine, diszipliniert und komplex, bisschen Orange und Mokka, herbe Nuss, rote Beeren und Grafit im zart rauchigen Finish.

★★★★ K €€€€€ CF TIPP
2021 Cabernet Franc hundred cases + Rotwürziger Duft; kühles Cassis, rotschotige Würze, Rosenpaprikapulver, charmant und präzise, geschmeidiges Juchtenleder, junge Zwetschke, fruchtig-würzige Säure, Kaffeenote, reife rotbeerige Tannine, elegant im komplexen Abgang.

Freigut
Thallern

DI Katharina Graner, M.A.
2352 Gumpoldskirchen, Thallern 1
Mobil +43 664 889 220 15
vinothek@freigut-thallern.at, www.freigut-thallern.at
30 Hektar, W/R 60/40

Im Freigut Thallern wird seit 1141 Weinbau betrieben – es ist eines der ältesten Weingüter Österreichs. Die Weingärten befinden sich in den besten Lagen, die von den Vorzügen der klimatischen Bedingungen und der Böden aus Braunerde und Muschelkalk profitieren. Hier entstehen – in Partnerschaft mit örtlichen Spitzenbetrieben – aus den Trauben Weine mit kühler Aromatik und brillanter Sortentypizität. Hier gedeihen die regionstypischen Sorten Rotgipfler und Zierfandler sowie weiße und rote Burgundersorten besonders gut. Geleitet wird der Betrieb sehr erfolgreich von DI Katharina Graner. Sie ist auch mit der Geschäftsführung der Gebietsvinothek im ehemaligen Presshaus des Freiguts betraut. Dort kann man über 30 Weine glasweise verkosten und man findet mehr als 200 Weine der regionalen Betriebe. *kk*

THERMENREGION

★★ S €€ GS **FUN**
2022 Gemischter Satz + Fruchtiger Aromabogen, frisches Kernobst; Apfel, Pfirsich, Grapefruits, muntere fruchtige Säure, unbeschwerter Körper, schwungvoll mit viel Trinkfreude.

★★★ S €€€ ZF
2021 Zierfandler Gumpoldskirchen + Helles Kernobstbukett, pikante Zitrusnoten, schotige Würze; Winterbirne, blättrige Kräuteraromen, straffe Säure heller Beeren, gut geerdet, mittlere Struktur mit Charakter, Mineralspur im Nachhall.

★★★ S €€ RG
2021 Rotgipfler Pfaffstätten + Golden Delicious, Quitte, tropische Fruchtnuancen; kühlaromatisch, Orangenzesten, pikante Säure, kernige Fruchtsüße, stoffig-würzig, Kakaospur und etwas Zitrus im mineralischen Echo.

★★★★ S €€€ RG **PLV**
2021 Rotgipfler Ried Pressweingarten + Einladender Obstkorb, tropische Frucht; Ananas, Maracuja, gelbe Ringlotte, Stachelbeere, getrocknete Kräuter, Hauch Marzipan, animierende Zitrusnote, zart rauchig, disziplinierter Körper, saftiger Fruchtschmelz, Karamellspur, straff-salzige Limone im Abgang.

★★★★ S €€€€ RG **TIPP**
2019 Thallern Reserve Rotgipfler + Kompakt reifer Fruchtschub, Marillenröster, Physaliscreme, karamellisierte Ananas; gelbfruchtig, helle Tabakwürze, wohlig gaumenfüllend, samtiger Schmelz, elegante Kraft, straff stützende Säure, feinkörniges Gerbstoffgerüst, fruchtig-mineralisch, anhaltendes Finale.

★★★★ S €€€€ RI
2022 Riesling Ried Student Alte Reben + Einladender Steinobstduft, ziselierte Zitrusnoten, Hauch Exotik; saftiger Weingartenpfirsich, Marillenblüten, Melisse, ananasfruchtige Säure, charmant fruchtsüß, ausgewogen, Mineralspur und bisschen Kräuter im eleganten Finish.

★★★ S €€ PN **PLV**
2021 Pinot Noir Gumpoldskirchen + Sortentypischer Duft, Granatapfelsorbet, elegant herbe Würze, feiner Fruchtschmelz, Bitterschokolade, griffige Tannine, mittlerer Körper, Weichsel in feiner Grafitspur.

★★★ S €€€ PN
2020 Pinot Noir Reserve + Waldbeerkonfit, Weichsel und Zwetschke; dunkles Fruchtfleisch, geschmeidig dicht, saftiger Schmelz, Tabakwürze, Kakaoaromen in reifen Tanninen, fleischiger Körper, eingebundene Säure, bisschen Preiselbeergelee im eleganten Nachhall.

★★★ S €€€ SL
2020 Sankt Laurent Ried Ronald + Zwetschkenröster, Bischofsbrot, bisschen Backgewürze; Heidelbeere, Lakritzespur, dunkle Würze, Mokka in seidigen Tanninen, pikantes Fruchtspiel, Grafithauch im samtigen Finale.

★★★★ S €€€ CR **TIPP**
2021 Thallern Reserve + (CS/ME) Dunkler Beerenmix, balsamische Noten, dicht und saftig, pikante Säure roter Johannisbeeren; Cassisnote, Brombeere, feiner Fruchtschmelz, straffe schokoladige Tannine, vitaler Körper, hochelegant, Preiselbeerkonfit, zart rauchig, Peperonatawürze, Weichseln im delikaten Abgang.

ÖSTERREICH

★★★ K €€€ CW
NV Brut Reserve + (CH/GV/PN/ZW) Lebhafte Perlage, Zitronenbiskuit, heller Apfel; fruchtig-stoffige Zitrusaromen, feine Kräuterwürze, dynamisch, cremige Hefespur, bisschen gelbe Blüten im mineralischen Finale.

★★ K €€€ CR
NV Brut Rosé + (ZW/PN) Kraftvolles Mousseux, feiner Ribiselkuchen, geschmeidig, beschwingt rotbeerig, zarte Kernobstnuancen, komplex mit Eleganz, munter im Abgang.

BIO

Bioweinbau
Gasslwasinger

Lukas Wasinger
2372 Gießhübl, Hauptstraße 112
Tel. +43 2236 45110
heuriger@gasslwasinger.at, www.gasslwasinger.at

Seit vielen Jahren zertifizierter Bio-Betrieb, zählt der in Gießhübl in Waldnähe gelegene Weinbau Gasslwasinger zu den beliebtesten Buschenschänken der nördlichen Thermenregion. Kein Wunder, werden doch hier die Gäste mit typischen Eigenbauweinen und schmackhaften Gerichten bestens versorgt, die im urgemütlichen Ambiente des Heurigenlokals oder auch im großen, mit alten Bäumen bestückten Gastgarten genossen werden können.
Winzer und Heurigenwirt Lukas Wasinger bewirtschaftet diverse Weingartenflächen in der näheren Umgebung, wobei die in der anschließenden Gemeinde Maria Enzersdorf situierten Weinbaubereiche Rauchkogel und Bamhartstal zu den wichtigsten Lagen im Betrieb zählen.
Die Sortenpalette beginnt mit Grüner Veltliner, der hier leicht und süffig ausgebaut wird – der 2022er ist ein echter Trinkspaßwein, der den etwas strengeren Riesling in diesem Jahrgang übertrumpft. Wichtige Weißweinsorten im Betrieb sind auch Rotgipfler sowie die weißen Burgundersorten Chardonnay und Weißburgunder. Letzterem gilt die besondere Wertschätzung des Winzers, der daraus üblicherweise neben der klassischen Version, die 2022 sehr hübsch ausgefallen ist, auch einen Reservewein aus dem Bamhartstal keltert. Hier zeigt sich 2022 zart und leicht, aber mit Niveau, der 2021er mit dezenter Reifenote ziemlich strukturiert und griffig. Im Rotweinbereich werden Zweigelt und Merlot kultiviert, als spritziger Aperitif dient der süffige Rosé-Perlwein namens „Frizzi". *psch*

THERMENREGION

★★ S € GV FUN
2022 Grüner Veltliner + Dezente Würze nach Wiesenkräutern, bisschen Melisse, dann kommt etwas Kernobst und Zitrus, dezent; spritziger, sehr lebhafter Beginn mit Grapefruitnote, dezent saftig, pikant, anregend, Apfel im Finish, Trinkspaß.

★★ S €€ RI
2022 Riesling + Anfangs etwas belegte Nase mit Anklängen von Marillen, bisschen Zitrusfrische, auch getrocknete Kräuter; straffer Biss am Gaumen, im Vordergrund Zitrusfrüchte, auch Zitronen, zartherb, direkte Art.

★★ S €€ CH
2022 Chardonnay + Zurückhaltend, helle Aromatik mit weißbrotiger Würze, Wiesenblüten, exotischer Hauch, dezent; vital mit spritziger Kohlensäure, zart cremig, Hauch Ananas sowie Zitrus, mittleres Spiel, Körper und Länge.

★★★ S €€ PB FUN
2022 Weißer Burgunder + Dezent samtige Nase mit zarten Noten nach Orangengelee, leicht gewürzig, etwas geröstete Nüsse und Mandeln, rauchig; recht kräftig, herzhafte Frucht, kernig, guter Grip, Bratapfel, recht saftig, anregende Frucht, kompakt, mittellang, sehr schön.

★★ S €€ RG
2022 Rotgipfler + Zu Beginn etwas getragene Art, Schwarzbrot mit phenolischen Anklängen, eingelegte Gelbfrucht, Nussnoten; kraftvoll, vollmundige Gelbfrucht mit zartherbem Grip, saftige Mitte, recht fest, rassig, mittellang, nahe am dritten Stern.

★★★ S €€€ PB
2022 Weißburgunder Maria Enzersdorfer Ried Bamhartstal + Samtig und floral nach roten Blumen und etwas Wassermelonen, bisschen Grießkoch; fein mit schlankem Körper, recht saftig, elegant, Pomelos, feine Säure, leicht spritzig, filigranes Finish, ungemein süffig.

★★★ S €€€ PB
2021 Weißburgunder Bamhartstal + Recht würzig, rauchig und cremig, bisschen süß-saure Fruchtnoten, Steinobstkompott, auch Dörrfrucht, recht voll; reif und saftig mit viel Frucht, auch tropische Akzente, saftiger Biss, Mandeln, feste Struktur, ordentlich Biss, bleibt haften.

Wachauer
VOLKSFEST
Volksfest
Wachau
Wein
Bier
Gourmet
Action
Klassiker
www.wachauervolksfest.at
LWmedia
ems
NV
TRANSGOURMET
Wieselburger Bier
brantner
green solutions
WINZER KREMS
Sandgrube 13
Raiffeisen
Niederösterreich

Weingut
Johannes Gebeshuber

Johannes Gebeshuber
2352 Gumpoldskirchen, Jubiläumsstraße 43
Tel. +43 2252 61164
office@weingut-gebeshuber.at
www.weingut-gebeshuber.at

Mit seinem klaren Bekenntnis zu seiner historischen Heimatgemeinde Gumpoldskirchen mit ihrem Reichtum an hervorragenden klassischen Rieden, aber auch zur Thermenregion insgesamt, sowie mit seinem Fokus auf die klassischen Südbahnsorten ist Johannes Gebeshuber ein vortrefflicher Botschafter seiner vinophilen Herkunft.

Der Gumpoldskirchner zählt schon seit Jahren zur Elite der Weißweinwinzer in diesem Gebiet. Dabei gründete Johannes Gebeshuber sein Weingut erst vor etwas mehr als zwei Jahrzehnten, als er die früheren Kellerräumlichkeiten der ehemals renommierten Winzergenossenschaft Gumpoldskirchen übernahm. In den Anfangsjahren machte sich Gebeshuber mit Thermenregion-Blends aus Rotgipfler und Zierfandler bzw. Pinot Noir und St. Laurent in drei Qualitätskategorien unter dem Label Spaetrot einen Namen. Später kreierte der engagierte Winzer die Gebeshuber-Linie mit Weinen aus biologischer Bewirtschaftung, die inzwischen tonangebend ist. Vor fünf Jahren startete er mit der Umstellung auf biodynamische Bewirtschaftung, inzwischen führt er das erste zertifizierte Demeter-Weingut der Thermenregion.

Großes Engagement für die historische Herkunft bewies der Winzer auch bei den langwierigen Verhandlungen zur Schaffung der dreistufigen DAC Thermenregion mit Gebietswein, Ortswein und Riedenwein, die mit der Ernte 2023 in Kraft tritt und die klassischen Südbahnsorten im Fokus hat. Aufgrund seiner Strukturierung ist das Gebeshuber-Sortiment schon jetzt voll DAC-tauglich: Die Palette umfasst nämlich jeweils drei Kategorien in Weiß und Rot. Den Einstieg in das Gebiet bilden je ein Gemischter Satz namens Querfeldein, den es auch als Rosé gibt. Die Weine mit engerer Herkunftsbezeichnung werden fast durchwegs sortenrein gefüllt – die einzige Ausnahme bildet der mit dem Jahrgang 2021 neu im Sortiment befindliche Zierfandler Rotgipfler als klassische Cuvée. Dabei kommen ausschließlich die Sortenklassiker der Südbahn zum Zug: Rotgipfler und Zierfandler für die Weißweine, Pinot Noir und St. Laurent für die Roten. Ortsweine aus Gumpoldskirchen bilden das mittlere Segment, im Premiumbereich gibt es mittlerweile je Sorte zwei Einzellagenweine: Rotgipfler Laim und Student, Zierfandler Modler und Wiege, St. Laurent Glas und Satzing sowie Pinot Noir Viereck und Gendl. Vergoren wird überwiegend spontan, eine malolaktische Gärung erfolgt zum Teil (Ortsweine) oder zur Gänze (Riedenweine), jedoch auch immer spontan, danach folgt ein langer Ausbau auf der Feinhefe in gebrauchten bzw. neuen Eichenholzfässern mit nur zartem Toasting. ***psch***

THERMENREGION

★★ S €€ GS
2022 Querfeldein Gemischter Satz Weiß + Elegante Frucht, etwas Kernobst, helle Aromatik, hübscher Ausdruck, duftig; recht schlanke Statur, recht guter Biss, knackig, viel Zitrus, auch Zitronen, anregend.

★★ S €€€ CW
2021 Gumpoldskirchen Zierfandler Rotgipfler + Hübsche Frucht nach Birnen, dazu einige Würze, getrocknete Wiesenkräuter, Striezel, ausgewogen; elegant gebaut, erfrischend, dezent saftige Mitte, ansprechende Frucht, straff nach hinten, mittleres Finish.

★★★ S €€€ RG
2021 Rotgipfler Gumpoldskirchen + Volle, ausgereifte Frucht, gelbe Exotik, Früchtebrot, samtig, Zimthauch, Kuchen, schön ausgewogen; saftige Frucht, gute Mundfülle, kernig mit geschmeidigem Fruchtschmelz, vollmundig im Abgang.

★★★ S €€€ ZF
2021 Zierfandler Gumpoldskirchen + Kühl, leicht reduktiv, Birne, Würze, traubig, ein Hauch Spargel, Fenchel, auch Zitrus; griffig, saftige Frucht, knackig, erfrischend, Limetten, feine Klinge mit Biss, mittleres Finish.

★★★ S €€€€€ ZF
2021 Zierfandler Ried Wiege + Pikant, leicht schotig, weiße Blüten, elegante Fülle, Wachsanklänge, schöne Frucht, feincremige Art; kerniger Biss, zart cremig, elegante Zitrusnoten, auch Orangen, saftige Mitte, fest, griffig, recht lang, braucht noch.

★★★★ S €€€€€ ZF TIPP
2021 Zierfandler Ried Modler + Gewürzig, reiche Frucht, Orangen und Mandarinen, frisch geriebene Nüsse, leicht rauchig, samtig, Mais; kraftvoll, beintrocken, viel reife Frucht, ungemein saftige Fülle, strukturiert, lang.

★★★★ S €€€€€ RG
2021 Rotgipfler Ried Laim + Cremig, Riesenfrucht, gelbe Melonen, Grapefruithauch, pikante Würze, bisschen hefig, hell und frisch; ungemein saftig mit Schliff, sehr elegant, dabei Reife verströmend, griffig, tolle Struktur, ziseliert, lang.

★★★★ S €€€€€ RG TIPP
2021 Rotgipfler Student + Röstig, reif, dicht, anfangs Kräuterwürze und brotige Noten, auch Paraffin, leicht reduktiv, dann immer mehr Gelbfrucht; saftig, satter Schmelz, cremig, geschmeidige Gelbfrucht mit einem Hauch Ananas, reif und sehr lang.

★★★ S €€€ SL PLV
2019 St. Laurent Gumpoldskirchen + Bisschen rauchige Nase nach dunklen Früchten, Moos und etwas Schokolade, warm und reif; recht saftiger Fruchtbiss, vital, am Gaumen Sauerkirschen, harmonisch trinkig.

★★★ S €€€€€ SL
2020 St. Laurent Ried Glas + Ziemlich würzig, ausgeprägte Laubnoten, reif, Wildkirschen, Sauerkirschen, Unterholz, leicht reduktiv, Sauerampfer-Fülle; recht saftige Frucht, kraftvoll und strukturiert, geht schön auf, gewinnt an Eleganz, recht fest, mittellang, aus einem Guss.

★★★★ S €€€€€ PN FUN
2019 Pinot Noir Ried Viereck + Sehr fruchtbetont, Himbeeren und Erdbeeren mit würzigem Unterton, Nelken, etwas Efeu und dunkle Blüten; sehr saftige Frucht, elegant gestrickt, knackig, griffig, gute Struktur, extraktreich und saftig nach hinten.

NIEDERÖSTERREICH

★★★ K €€€€ ZF
2019 Zierfandler Gumpoldskirchen NÖ Reserve Extra Brut Zero Dosage + Sehr fruchtbetonte Nase, duftig, weiße Wiesenblüten, elegante Würze, Birnen, charmant; saftig, elegant, ganz frisch, recht geschmeidig, gelbe Grapefruits, straffer Biss.

★★★★★ K €€€€ ZF TOP
2018 Zierfandler Gumpoldskirchen NÖ Große Reserve Extra Brut Zero Dosage + Reif, Mandelspekulatius, etwas Aranzini, auch Ananas, subtiler Tiefgang, feinwürzig, schöne Fülle, etwas Cracker; herrlich saftige Frucht, feinschmelzig, tolle Fülle, ausgereift, dicht, mundfüllend, viel Biss, lang, toll.

Burgundermacher Weingut
Johann Gisperg

Johann Gisperg
2524 Teesdorf, Hauptstraße 13
Tel. +43 2253 81464, Fax -50
wein@weingut-gisperg.at, www.gisperg.wine
17 Hektar, W/R 35/65, 90.000 Flaschen/Jahr

Das Weingut Johann Gisperg hat ein breites Weinspektrum mit etwa 30 unterschiedlichen Weinen. Die neue DAC-Struktur mit der dreistufigen Herkunftspyramide, die demnächst in der Thermenregion gelten soll, findet sich beim Teesdorfer Weingut schon seit zwei Jahren auf der Flasche: Die Gebietsweine, auf die wir an dieser Stelle nicht näher eingehen wollen, bilden die Basis. Die Ortsweine in der Mitte sind bei Gisperg die „Exklusiv-Weine", bei denen heuer besonders die Burgunder-Cuvée „Teesdorf" hervorzuheben wäre. Die Lagenweine an der Spitze liefert Gisperg in einem Burgunder-Trio aus der Teesdorfer Riede Gestein, in dem vor allem der Chardonnay sich anschickt, der rastlose Könner zu werden.

Bei den roten Reserven, die alle aus dem Jahr 2021 und der Tattendorfer Riede Holzspur sind und ab Herbst in den Verkauf kommen, hat Gisperg mit dem Zweigelt einen eloquenten Sortenvertreter mit viel Ausdruck. Im jährlichen Reserve-Match zwischen Pinot Noir und St. Laurent ist diesmal im Weinjahr 2021 der St. Laurent mit einer Nasenspitze vorne. Ob sich das umdreht? Vielleicht? Probieren Sie es aus. Es ist spannend ... *hp*

THERMENREGION

★★★ D €€€€ PB
2021 Weißburgunder Teesdorfer Ried Gestein Reserve + (Gestein-Weine ab Herbst) Burgundischer Klang, Haselnussnoten, grüne Banane, Honigmelone, leichte Würze, ziemlich kalkig, bisschen salzig, dezent mineralisch, Orangenzesten, straff, extratrocken, mittellang.

★★★★ D €€€€ PG
2021 Pinot Gris Teesdorfer Ried Gestein Reserve + Gute Fülle, exotische Fruchtnoten, gelbe Banane; Grauburgunder trägt das Holz mehr nach vorn, mehr Gerbstoff; salzig und mineralisch, aromatischer Fruchtschmelz, reife Grapefruit, mit Luft saftiger, gute Länge.

★★★★ D €€€€ CH TIPP
2021 Chardonnay Teesdorfer Ried Gestein Reserve + Getrocknete Kräuter, Oliven, salzig; ziemlich straff-burgundisch mit salzigem Nachhall, betont trocken, Bittermandeln, kräuterwürziger, kreidiger Burgunder, jugendlich, Entwicklungspotenzial.

★★★ D €€ SL PLV
2021 St. Laurent Teesdorf Exklusiv + Reife Kirsch- und Weichselfrucht, üppig, Mürbteig, bisschen Schoko, wirkt weich; saftig, dezente Rauchnoten vom Holz, Grafit, reife Weichsel, Würze und Gerbstoff dominieren bis nach hinten, gute Säure, trinkcharmant.

★★★ D €€ PN
2021 Pinot Noir Tattendorf Exklusiv + Zarte Burgundernote, helle Himbeeren, bisschen Weihrauch, dezente Reduktion; dunkle Schokolade, recht jugendlich, straffer Gerbstoff.

★★★ D €€ CR PLV
2021 Terroir de Pierre Tattendorf Exklusiv + (SL/CS/ME) Dunkelfruchtig und an Bordeaux angelehnt, viel Cassis und Kräuterwürze; noch bisschen hartes Tannin, Gerbstoffbiss, mit Luft kommt Cassis, zeigt Druck und Zukunft, einer der besten Terroir de Pierre.

★★★★ D €€€€ PN
2021 Pinot Noir Tattendorfer Ried Holzspur Reserve + (alle Reserven ab Herbst) Süße Burgunderfrucht, Himbeeren, milde Orangen, dezente Würze; reduktive Noten, leicht tabakig, auch kalkig, rotbeerig, zarter Gerbstoffgrip, viel Sortenprägung und Länge.

★★★ D €€€€ SL TIPP
2021 St. Laurent Tattendorfer Ried Holzspur Reserve + Reife Frucht, Zwetschken, Sauerkirschen, viel Würze, ätherisch; feine Fülle, Kirsche, vielschichtig, elegant, leicht salzig, wirkt daher straff, sehr präzise im Ausdruck, trotz der Jugend ziemlich elegant und verspielt.

★★★★★ D €€€€ ZW TOP
2021 Zweigelt Tattendorfer Ried Holzspur Reserve + Dunkle Würze, Sauerkirsche pur, zarte Nougatnoten; sehr würzig und rauchig, gut eingebundenes Holz, saftig, reife Kirschen, feiner Extrakt, körperreich mit eleganter süßer Frucht. Feine Länge. Langstrecken-Zweigelt.

★★★★ D €€€ CR
2020 Kontrast + (RÖ/ME/SL/CS) Cassis und Kräuterwürze, Wacholder, Bordeaux-like angehaucht; straffe Frucht, stark Merlot-geprägt, Minze, Eukalyptus, würzige Kirsche und Ribisel, ansprechende 20er-Cuvée. Mittellang bis lang.

Weingut
Heggenberger KG

Andreas Heggenberger
2523 Tattendorf, Badnerstraße 6
Tel. +43 2253 81432
weingut@heggenberger.at, www.heggenberger.at
19 Hektar, W/R 40/60, 100.000 Flaschen/Jahr

Andreas und Jakob Heggenberger waren in der Thermenregion eines der ersten Weingüter, das seine Weine komplett mit Drehverschlüssen versehen hat – das war im Jahr 2007, und das Vater-Sohn-Gespann aus Tattendorf ist damit bis heute gut und stilsicher gefahren. Zusammen mit Ehefrau und Mutter Sigrid wirken sie als eingespieltes Team. Seit ein paar Jahren hat Jakob im Keller die Verantwortung, die Eltern sind jedoch nach wie vor voll dabei und schupfen vor allem den schmucken Familienheurigen.
Bei den Weinen wird die große Vielfalt der Thermenregion ausgerollt – wobei jedoch die Besonderheiten des Gebiets auch bei den Heggenbergers herausleuchten: nämlich Rotgipfler und Zierfandler in einer besonders schwungvollen und empfehlenswerten Cuvée, wo der Winzer zeigt, wie gut die beiden Sorten zusammengehen. Und bei den roten Sorten setzt Heggenberger seit Jahren sein Ausrufezeichen bei den Burgundern – Pinot Noir und St. Laurent, wo es immer nur um „linker oder rechter Fuß“ geht, denn stehen tun beide Sorten im Weingut Heggenberger sehr gut.

hp

THERMENREGION

★★ S € GS
2022 Querbeet + Gute Frische, Kräuterwürze, Quitten, zeigt gewisse Fülle; saftig, viel Zitrus und spritzige, grüne Birnen, knackiger Sommerwein, knackige, etwas metallische Frische.

★★ S € NB
2022 Neuburger + Dezent nussige Noten, Limettenzesten, Birnen, getrocknete Kräuter; Mandeln, aromatisch, frisch-fruchtiger, zitrusbetonter Neuburger, relativ viel Säurebiss.

★★★ S €€ RI FUN
2022 Riesling + Steinobstanklänge, auch Kernobst, Quitte und Zitronenzesten, guter Sortencharakter; knackige Frucht, Weingartenpfirsich, Zitronenzesten, Sommerwein mit Biss.

★★★ S €€ PB
2021 Weißburgunder + Füllig, Nussstrudel, dezente Würze; geschmeidige Fülle, grüne Oliven, salzig und kalkig, das macht den Wein recht straff, exotisch, Maracuja wie Blutorange, gute Länge.

★★★ S €€ RG
2021 Rotgipfler + Feine Würze, grüne Ananas, Blutorange, feinherb; stahlig-mineralische Noten, dezent salzig, Walnüsse, Birnenfrucht, Säurebiss und Würze, mittellang.

★★★ S €€ CW PLV
2022 Ziero + (ZF/RG) Gute Fülle, Marzipan, Bratapfel, reife Williamsbirnen, sanft; am Gaumen straffer, grüne Ananas, auch Grapefruits, knackige Säure, betont trocken, super Harmonie und Trinkvergnügen.

★★ S €€ RG
2022 Rotgipfler Auslese + Gewürzig, viel Zimt und Fülle; süße Strudeläpfel, weihnachtliche Gewürze, Nelken und Zimtstangen, ausgewogenes Süße-Säure-Spiel, mittellang.

★ S € CR
Rosé 2022 + (CS/ME) Dezente Würze, Kräutertee, zarte Beerennote, bisschen Cassis; geschmeidige Frucht, metallisch-frisch, helle Kirschfrucht, bisschen Schoko, runder Schmeichler.

★★ S € CR
2021 Cuvée Klassik + (ZW/BB) Würzig, helle, rotbeerige Frucht; straff, leicht gewürzig, grüne Kirschen, etwas Ribiselfrucht, gerundeter, unkomplizierter Spaghettiwein.

★★ S € ZW
2021 Zweigelt +Würzige Kirschfrucht, schlanker geradliniger Körper, bisschen metallisch, stahliger Grip, Kirschen und Zitronenfrucht, gerundet, einfach zugänglich.

★★★ S €€ PN
2020 Pinot Noir Klassik + Ziemlich würzig, Himbeeren, etwas Erdbeeren, dezent Nougat; saftige Frucht, viel Kirsche, kompakte Säure und Gerbstoffbiss, gute Länge.

★★★ S €€ SL
2020 St. Laurent Klassik + Viel Frucht und Würze, betont Schwarzkirschen, dezent nussig; straff, viel Zitrus- und Kirschfrucht, Weichseln, jugendlicher, lebhafter Wein, trinkig.

★★★★ S €€€€ PN TIPP
2020 Pinot Noir Ried Lores + Weiche Frucht, Himbeerkompott, dezent Schokolade und Würze; jugendlich, ziemliches Tannin, dunkle Schokolade, Lakritze, schüchterne Frucht, Länge und Potenzial gegeben.

★★★ S €€€€ SL
2020 St. Laurent Ried Holzspur + Gewürzige Kirschen, warme, offene Art, Lakritze, eingelegte Weichseln und Zwetschken; saftig mit viel Frische und feinen Gerbstoffnoten, würzige Kirsch-Weichsel-Aromatik.

Weingut
Knötzl

Andreas Knötzl
2523 Tattendorf, Badnerstraße 7
Mobil +43 699 190 121 99
knoetzl.weingut@gmail.com, www.weingut-knoetzl.at
W/R 35/65

Die Familie Knötzl ist ein eher kleines Weingut mit 4,5 Hektar Rebfläche – davon entfallen 70 % auf regionstypische Rebsorten wie St. Laurent, Pinot Noir, Zweigelt und Blauer Portugieser. 30 % sind mit Weißwein-Rebsorten bepflanzt mit dem Fokus auf Neuburger. Daneben wird auch Riesling, Muskat Ottonel und Chardonnay kultiviert. Fünfmal im Jahr heißt es bei den Knötzls „ausg'steckt is" – ein netter Heuriger mit hausgemachten Schmankerln, wo man die Weine des Hauses dazu probieren kann. Eben den 2022 Rosé Prima Sophie, welcher mit seinen herben Noten wunderbar zu vielerlei Gerichten passt. Bei den Weißweinen gefällt der 2022 Neuburger bestens – ein selbstsicherer Wein mit Substanz und Tiefgang. Man sollte sich überhaupt vermehrt um den Neuburger kümmern. Sehr stimmige Rotweine bietet das Haus – ein feiner 2020 Zweigelt, welcher zwischen herben Noten und charmanten Anklängen changiert. Zwei typische Pinot Noir Weine, zum einen aus 2021 einen hervorragenden Pinot von Eleganz und einen 2020 Reserve, der sich momentan blendend darstellt. Die beiden St. Laurent aus 2021 und 2020 Reserve sind gekonnte Vertreter ihrer Sorte.
Insgesamt wäre zu sagen, dass die Weine durchwegs gut bis sehr gut sind, obgleich noch einige Luft nach oben ist. *as*

THERMENREGION

★★ S € ZW
2022 Rosé Prima Sophie + (ZW) Frische Kräuter, Waldbeeren, Kirschen, Orangenschalen, frisch und herb am Gaumen liegend, Tanninschub, kompakt, trocken, straff, ein Wein, der nach Essen schreit.

★★ S € RI
2022 Rheinriesling + Anfangs etwas verhangenes Bukett, im Hintergrund lauern die Ananas, Zitrusnoten, Birnen, fruchtig, transparent, elegant, frisch, trocken, angenehme Säure. Ein netter Riesling der unkomplizierten Art für Vorspeisen.

★ S € CH
2022 Chardonnay + Anfangs Reduktion, Kräuter, gerbstoffbetont, bittere Noten, Pomelo, etwas Toast, ungemein herb, braucht viel Luft und Zeit. Abwarten, wie er sich entwickelt.

★★ S € NB
2022 Neuburger + Feines Bukett, frischer Apfel, Nüsse, exotische Noten wie Mango, fruchtig-trocken, herbe Noten, gute Länge, dezenter Gerbstoff, guter Grip, typisch. Ein hervorragender Neuburger mit einigem Tiefgang und Substanz.

★ S €€ CH
2019 Chardonnay Reserve Prima Nina + Goldgelb, Eiche mit Exotik, reifer Apfel, röstig, Marille, fruchtig, das Holz dominiert, bisschen Karamell, Birnen, bitterer Abgang. Ob er Zukunft hat?

★★ S € ZW
2020 Zweigelt + Kirschen, Mandelsplitter, Brombeeren, herbe Noten, schön trocken, charmante Anklänge, welche vom bestimmenden Gerbstoff gefangen werden. Geht in die Länge. Zukunft! Ein so richtig stimmiger Zweigelt, welcher großen Spaß macht.

★★★ S € PN
2021 Pinot Noir + Zwetschkenfarben, Pilze, Waldboden, Zwetschken, Waldbeeren, Moos, Himbeeren, fruchtig herb, Tanninrückhalt. Ein kerniger, typischer Pinot Noir mit Struktur, Rückhalt und Eleganz. Ein Wein mit nobler Robe.

★★ S €€ PN
2020 Pinot Noir Reserve + (Ried Gestorne, kalkhaltiger Schwemmlandboden) Kalkige Noten, kühl, feste Struktur, gerbstoffbetont, dezentes Aroma, Pilze, Unterholz, Himbeeren, gute Zukunft.

★★ S € SL
2021 St. Laurent + Kirschen, Lebkuchen, Zwetschken, fester Gerbstoff, dichte Struktur, griffig, gute Länge, verfügt über einigen Tiefgang. Ein hervorragender St. Laurent, der Klasse zeigt.

★★★ S €€ SL
2020 St. Laurent Reserve + Erste Reife, fruchtig, Lebkuchen, Kirschen, Mandeltöne, etwas Kakao, dezent rauchig, balanciert, typisch, guter Druck, hat Zug am Gaumen. Gute Länge.

Weingut
Krug

Gustav Krug
2352 Gumpoldskirchen, Kirchenplatz 1
Mobil +43 676 845 666 100
office@krug.at, www.krug.at
35 Hektar, W/R 60/40, 200.000 Flaschen/Jahr

Herz des Familienweinguts Krug ist das Alte Zechhaus direkt am Kirchenplatz in Gumpoldskirchen. Im etablierten Heurigen-Restaurant kann man fast ganzjährig einkehren und bekommt neben einer feinen regionalen Küche praktisch alle Weine glasweise zu kosten – und das bei den Premiumweinen oft in einer Jahrgangstiefe, die zum Staunen anmutet. Bis auf die beiden Spumante läuft das gesamte Weinprogramm unter der Herkunft Thermenregion.

Winzer Gustav Krug hat alle seine Weingärten rund um seinen Heimatort. Die regionstypischen Rotgipfler und Zierfandler sowie Chardonnay passen bestens zu den kredenzten Heurigenschmankerln. Der Rotgipfler Rasslerin ist der Klassiker des Hauses. Der Zweigelt Reserve ist das Rotwein-Pendant und hat früher Eichkogel geheißen. Viele Weine brillieren durch ein gesundes Preis-Leistungs-Verhältnis.

Als Premiumweine – und Flaggschiffe von Krug – gelten die Weiße und die Rote Versuchung. On top sind in Rot noch der Privat – ein reinsortiger Cabernet, der für 18 Monate im Holz ausgebaut wurde, sowie die Vollendung, ein lupenreiner Rotgipfler. Dritte Speerspitze sind die Grande-Reserve-Weine – Chardonnay und Zierfandler 2019 und Rotgipfler 2018 –, die wir schon im Vorjahr vorgestellt haben, aber noch immer aktuell im Programm sind. *hp*

THERMENREGION

★★ S €€ RG
2022 Rotgipfler Ried Rasslerin + Rauchige Würze, rosa Pfefferkörner, Kernobst, Quitte, gelbapfelig; mittelkräftig, geschmeidig, mollige Frucht, Marzipan- und Nusscreme, Orangen, mild und süffig.

★★★ S €€ ZF
2022 Zierfandler + Blumig, Sommerwiese, helle Würze, Weißbrot, Grapefruitzesten generell exotische Fruchtnoten; straff und metallisch, Orangen, gelbe Birnen, ziemlich trocken, mittellang.

★★★ S €€ CH PLV
2022 Chardonnay Reserve + Kräuterpilze, fruchtsüß, Limetten, Pfirsiche; weiche Textur, Zitronencreme, weiße Schokolade, süße Mango, Papaya, erfrischende Säure, trinkvergnüglich, mittellang bis lang.

★★★ D €€€€ PG
2022 Die Weiße Versuchung + Schöne Würze, Kräutermix, Anis, Fenchel, Blutorangen, gute Tiefe, wirkt saftig; relativ weich und füllig, süße Saftigkeit, Schokonoten, hinten straffer, exotische Frucht, Maracuja, strukturgebender Gerbstoff, gute Länge.

★★★★ D €€€€ RG TIPP
2022 Die Vollendung + Gewürzige Noten, Marzipan, Bratapfel, rauchige Textur, leicht röstig, dunkle Schokolade, Blutorangen; viel Fülle, Maracuja, Litschi und Blutorangen, Säurebiss, Würze, dezent salzig, körperreich, jugendlich-elegant, Potenzial.

★★★ S €€ ZW
2021 Zweigelt Reserve + (vom Eichkogel) Schwarzkirschfrucht, rauchig, Wacholder, feine Würze, viel Zweigelt-Typizität, Preiselbeeren; füllige Frucht, Kirschkompott, bisschen Gerbstoff, üppiger Zweigelt mit Tanninbiss.

★★★★ K €€€€ CR
2020 Rote Versuchung + (CS/ME – ab Herbst) Feine Fruchtnoten, Cassis, Preiselbeeren und Herzkirschen, weiße Schokolade, würzig; saftige, kräuterwürzige Frucht, Johannisbeere, Weichseln, griffige Tannine, Lorbeer, Wacholder, gute Länge.

★★★★ K €€€€ CS TIPP
2021 Cabernet Sauvignon Privat + Wuchtig, Johannisbeeren, Kirschen, dunkle Schokolade, rauchiges, süßes Toasting; viel Volumen, Fichtennadeln, Cassis, Weichseln, süßer Fruchtschmelz, weiches Nougat, integriertes Tannin, zugänglich.

★★★ D €€€€ ME
2021 Merlot Reserve + Ätherische Noten, Wacholder, rauchig, dunkelwürzig, Kräuter, jugendliches Holz, gewürzig, eingelegte Kirschen; Tannennadeln, Grafit, Paprika, Heidelbeere, schwarze Nüsse, viel Tannin und Röstaromen. Jung, Flaschenreife abwarten.

ÖSTERREICH

★★★ D €€ CH
Spumante Blanc de Blancs Extratrocken + Spritzig und frisch, Pilze, viel Kräuterwürze, dezent würzig; saftige Zitrusfrucht, grüne Ananas, Frucht, cremiger Schmelz, balanciertes Kohlensäure-Frucht-Spiel.

★★★ D €€ PN
Spumante Rosé trocken + (PN) Dezent rotbeerig, Walderdbeeren, zart nach Himbeeren, rauchig; sehr fruchtsüß, Erdbeeren, flüssiges weißes Nougat, charmant, Sommerdrink mit Eiswürfel und roten Beeren serviert.

BIO

Weingut **Niegl**

Martin Niegl
2345 Brunn am Gebirge, Feldstraße 27
Mobil +43 664 224 22 90
wein@weingut-niegl.at, www.weingut-niegl.at
8 Hektar

Martin und Karin Niegl führen dieses empfehlenswerte Bio-Weingut mit angeschlossenem Heurigen in Brunn am Gebirge. Trotz reichlich Zulauf der lokalen Bevölkerung gibt man sich hier nicht mit der Erzeugung einfacher Schankweine zufrieden, sondern strebt nach hochwertigen Qualitätsweinen – und das mit Erfolg. Weiß wie Rot gelingen sehr gut, dazu gibt es ab und zu einmal Süßweine und auch einige vielversprechende Experimente mit Natural Wines. Der umtriebige Bio-Winzer pflegt auch agrikulturelle Beziehungen abseits des Weinbaus: So stehen rund zwei Hektar Obstgärten sowie eine Schar an eierlegenden Hendln zur Verfügung – selbstverständlich auch bio. Jeden Samstag gibt es von 10 bis 13 Uhr einen Ab-Hof-Verkauf.

Das Sortenspektrum ist breit aufgestellt – im Weißweinbereich reicht es von Welschriesling, Grüner Veltliner und Muskateller über Chardonnay und Pinot Blanc sowie Rotgipfler bis hin zu Gemischten Sätzen und einigen Raritäten. Dabei gibt es von einem Wein oft mehrere klar unterschiedliche Varianten: So stellt etwa im Bereich Gemischter Satz der Brunner Berg den mineralischeren, strafferen Typen dar, während die Goldtruhe mollig und schmalzig daherkommt. Auch die zwei Varianten vom Chardonnay – der lebhafte Herzogberg und die rund-saftigere Heugasse – zeigen die Vielfalt der Sorte auf unterschiedlichen Terroirs. An der Spitze stehen heuer in Weiß der Rotgipfler und die tolle Große Reserve, unter den trinkanimierenden Roten der Cabernet. *psch*

THERMENREGION

★★ S € WR
2022 Welschriesling Selektion + Hübsche ausgewogene Frucht, reifer Apfel, schon zugänglich, Zitrus, ruhig; saftig, angenehm fruchtsüß, zeigt viel Frucht, lebhaft, zartherb, mittleres Finish, sehr trinkig.

★★ S € GS
2022 Gemischter Satz Goldtruhe + (WR/CH/NB) Recht üppig, Brioche, gedörrte und kandierte Gelbfrüchte, würzig; mittelgewichtig, schmelzig-fruchtbetontes Entrée, mittlere Struktur und Länge.

★★★ S € GS FUN
2022 Gemischter Satz Brunner Berg + (RI/NB/WR) Anfangs zarter Hefeschleier, dann Pfirsich, leichte Kräuterwürze, etwas Pikanz; kernig, schlank, saftige Mitte, erfrischend, rassiger Biss, leicht spritzig, hübscher Ausdruck, feine Struktur.

★★ S € GV
2022 Grüner Veltliner Ried Goldtruhe + Ausgewogenes Bukett nach Kernobst, Sommerwiese, leichte Zitrusfrische; dezente Frucht, Zitrus, fest, zartherb strukturiert, klassisch trocken, schlankes Finish.

★★★ S €€ CH
2022 Chardonnay Herzogberg + Elegant-samtige Nase nach Ananas und Grapefruits, anmutig, sanfte Aromatik; saftig, feiner Biss, zartes Biskuit, Grapefruits und etwas Exotik, schöne Balance, kernig.

★★★ S €€ CH
2022 Chardonnay Heugasse + Leicht reduktiv zu Beginn, reifes Zitrus, gewisse Würze, Fruchtkuchen, getrocknete Gelbfrucht; schmelzig und gerundet, gelbfruchtig, getrocknete Marillen, zartbitter nach hinten.

★★★★ S €€€ RG
2021 Rotgipfler Goldtruhe + Voll ausgereift, satte Frucht, gedörrte Mangos, Marillen und Biskuit, geröstete Nüsse; großzügig, köstlich saftige Gelbfrucht, Hauch Rosinen, schmalzig, lang.

★★★★ S €€€ CW TIPP
2019 Große Reserve + (CH/RG) Cremige Fülle, Bienenwachs, Brioche, helle brotige Noten, kandierte gelbe exotische Früchte, reich und tief; schmelzig und dicht, saftig, ziemliche Power, viel Gelbfrucht, wuchtig, fordernd und lang.

★★★ S €€€ SL
2021 St. Laurent Reserve Ried Sonnenrosen + Kühle Anmutung, dunkles Laub, etwas Holler und dunkle Kirschen; samtig-sanfter Ausdruck, geschliffenes Tannin, trinkfreudig, jugendlich.

★★★ S €€ ZW
2021 Zweigelt Ried Sonnenrosen + Etwas rauchig, sehr klar, kandierte Kirschen und etwas Pflaumen, Gewürzbrot, Grafit; kraftvoll, kernig, schöner Ausdruck, ausgewogen, bildhübsch, mittleres Finish.

★★★ S €€€ CS FUN
2019 Cabernet Sauvignon + Archetypische Cassisnoten, opulent, geht über vor Frucht, auch Veilchen, Weihrauch; sehr saftig, kraftvoll, fruchtbeladen, schöne Säure, idealtypischer klassischer Cabernet.

BIO

Weingut & Heuriger
Pferschy-Seper

Birgit Pferschy-Seper
2340 Mödling, Friedrich-Schiller-Straße 6
Tel. +43 2236 892845
wein@pferschy-seper.at, www.pferschy-seper.at
8 Hektar, W/R 70/30, 30.000 Flaschen/Jahr

Starke Frauen: Seit über 300 Jahren im Familienbesitz, wird das Mödlinger Weingut Pferschy-Seper bereits in vierter Generation von Winzerinnen geführt: Birgit Pferschy leitet diesen Musterbetrieb in Mödling, der einen ebenso schmucken wie kulinarisch und vinophil empfehlenswerten Heurigen beherbergt. Die Weiterführung unter weiblicher Hand ist dank dreier Töchter ebenfalls gesichert. Die älteste Tochter Anna ist Weinbau- und Kellermeisterin und hat ein Bakkalaureat in International Wine Business; sie arbeitet bereits seit mehreren Jahren im Betrieb fix mit. Ihre Schwester Kathi absolviert ein umweltbezogenes Masterstudium in Wageningen (NL), und die jüngste Tochter Leni studiert in Geisenheim (D).

Das Weingut verfügt über Weingärten in Mödling, Guntramsdorf und Gumpoldskirchen, die ihrer mehrheitlich tiefgründigen, lehmigen Böden wegen mit einem breiten Spektrum an weißen Sorten bepflanzt sind, sowie einen zweieinhalb Hektar großen Weingarten mit sehr steinigem Boden am Fuß des Römerbergs in Sooß, wo Rotweine sowie ein Teil des Rotgipflers gepflanzt sind. Die ältesten Anlagen sind bereits über 50 Jahre alt. Seit 2000 werden die Weingärten biologisch bewirtschaftet, im Jahr 2003 erfolgte die Zertifizierung. Jüngst werden teilweise auch biodynamische Präparate eingesetzt.

Die Vergärung der Moste erfolgt temperaturkontrolliert, ausgebaut werden die Weine je nach Sorte und Kategorie in Edelstahltanks, großen Holzfässern oder 300-Liter-Fässern aus Wienerwaldeiche. Neben dem familienfreundlichen Top-Heurigen mit großem Garten und Kinderspielplatz gibt es ein Verkaufslokal im Nebengebäude des Weinguts. Außerdem steht ein toller Veranstaltungsraum für bis zu 60 Personen zur Verfügung, der für diverse Events, Feiern und/oder Seminare gebucht werden kann. *psch*

THERMENREGION

★★ S € GV
2022 Grüner Veltliner Kabinett + Anfangs recht fruchtig, Sortenwürze, dann röstig-schwarzbrotig, Dörrapfel; schlank, süffig, gefällige Frucht, direkt.

★★★ S €€ GS PLV
2022 Gemischter Satz Kabinett + Schotig zu Beginn, grüner Pfeffer, Holunderblüten, eingekochte Orangen, Weißbrot; knackig, erfrischend, leicht spritzig, saftige Mitte, feinherbes Finish, aus einem Guss.

★★ S €€ GM
2022 Gelber Muskateller Kabinett + Elegante, leicht traubige Nase mit feiner Kräuterwürze, bisschen Weißbrot, Zitrus, ausgewogen; recht zart, dezent saftig, eingelegte Zitronen, zartbitter, frisch, Biss.

★★ S €€ RI
2022 Rheinriesling Kabinett + Frisch, pikante Ader, Orangen und Ringlotten, Wiesenkräuter, Weißbrot, dezent; schlank gebaut, zugängliche, ansprechende Frucht, griffig, aber filigran im Finish.

★★★ S €€ CH
2021 Chardonnay Ried Himmelstiege halbtrocken + Kühl-pikant, Blüten und Steinobst, zart cremig, leicht schotig; verlockend saftiger Fruchtschliff, knackiges Fruchtsüße-Säure-Spiel, straff, mittellang.

★★★ S €€ PB FUN
2021 Weißburgunder Klassik Ried Himmelstiege + Kühl und frisch, Sommerwiese, frisches Ciabatta, zurückhaltend, Mandelnote; elegant und ausgewogen mit dezenter Frucht und moderater Säure, leicht spritzig, lebhaft, feine Struktur, Zitrus nach hinten.

★★★★ S €€€ RG TIPP
2021 Rotgipfler Ried Rasslerin + Schöne biskuitige Nase, Brioche, Fruchtsalat, Spargel, Schwarzbrot, Gewürznoten, Umami, cremig-reichhaltig, Bratapfel; schmalzig, satte Fülle, reichhaltig, ausgereift, extraktsüß, vollmundig, Milchkaffeehauch, sehr gute Länge.

★★★ S €€ SL
2021 St. Laurent Ried Leithen + Schöne Sortenwürze, Tannenharz, dunkle Kirschen, Paraffin, gebratenes Fleisch; saftig, griffig, gute Substanz, kräftig, recht strukturiert, mittleres Finish.

★★★ S €€ ZW FUN
2021 Zweigelt Reserve Ried Leithen + Einnehmende Fülle, süße Gewürze, samtig, Pflaumen, hübsche Kirschfrucht; voller Frucht mit passender Holznote, recht guter Biss, kernig, lebhaft, gut abgestimmt, mittellang.

★★★ K €€€ ME
2021 Merlot Barrique Ried Leithen + Rauchig, dicht, schotig, Cassis und Walderdbeeren, Kakao, etwas Tabak, würzig, Christstollen; saftiger Fruchtschmelz, kraftvoll, recht herb, strukturiert, Säurebiss, frisch, braucht noch.

BIO

Weingut
Johanneshof Reinisch

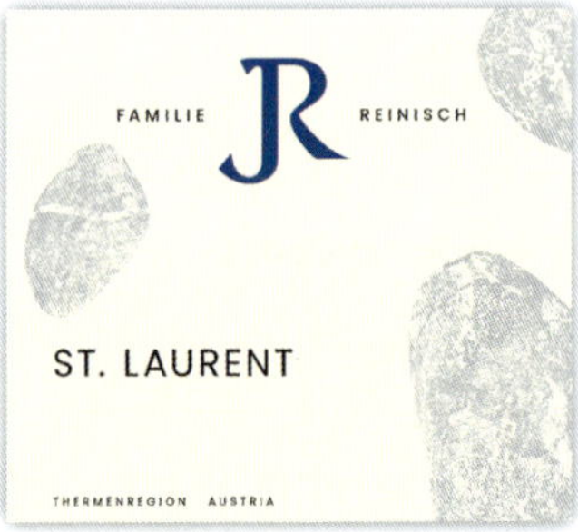

Familie Reinisch
2523 Tattendorf, Im Weingarten 1
Tel. +43 2253 81423
office@j-r.at, www.j-r.at
40 Hektar, W/R 30/70, 200.000 Flaschen/Jahr

Die ausgedehnte Verkostung des aktuellen Repertoires des Johanneshofs versetzt immer wieder in Erstaunen, hat doch kaum ein anderes Weingut eine derart umfassende Palette an Klasseweinen in Weiß und Rot vorzuweisen. Bei den leichteren Gewächsen fiel diesmal die grundsolide Vorstellung des temperamentvollen Dialogs positiv auf, aber auch der „einfache" Chardonnay und vor allem der von nahezu trockener Eleganz geprägte Traditions-Gumpoldskirchner haben deutliche Formsteigerungen bewiesen. Auf dem Sektor der weißen Lagenweine kann diesmal der pfeffrige Rotgipfler von der Ried Satzing dem seidig-feinen Zierfandler aus dem Clos Spiegel Paroli bieten. Allerdings sollte man bedenken, dass die Reifezeit für diesen Cru eine große Rolle spielt, wie die vergleichende Degustation des nunmehr hervorragenden Spiegel-Zierfandlers aus dem ebenfalls „kühlen" Weinjahr 2016 gezeigt hat. Für die größte Überraschung im Gumpoldskirchner Weißweinsegment hat allerdings eine schlicht „Gumpoldskirchen S" getaufte Novität aus den beiden Spitzenlagen (und bald Ersten Lagen) Spiegel und Rassing gesorgt. Der traditionelle Blend aus Zierfandler und Rotgipfler hat mit einer das kalkreiche Terroir perfekt widerspiegelnden Vorstellung gezeigt, was nach fünf Jahren Flaschenreife aus unseren sentimentalen Favoriten unter den Rebsorten heranwachsen kann. Überaus gelungen ist auch der diesmal mit schlanker Eleganz punktende Lores-Chardonnay, während sein Pendant von der extremen Gumpoldskirchner Riede Kästenbaum in puncto Finesse und Equilibre neue Maßstäbe setzt – ob man ihn verdeckt wohl von einem Chassagne-Montrachet Premier Cru unterscheiden kann?

Im roten Segment setzt wieder einmal der taufrische, in seiner Preiskategorie nicht zu übertreffende Pinot Noir ein Ausrufezeichen. Der ehemalige Grillenhügel kommt ab 2021 aus mehreren Gumpoldskirchner Lagen und besitzt jetzt einen etwas kräftigeren Körperbau, ohne dass dies zulasten von Struktur und Frucht geht. Die größte Änderung und Steigerung hat jedoch der St. Laurent vom Frauenfeld realisiert, da vermutlich der Anteil von 30 % Ganztraubenpressung für ein noch frischeres und pointierteres Geschmacksbild gesorgt hat. Wieder eine Bank ist sein großer Bruder in Gestalt des eleganten, 2020 mit viel Esprit und Biss versehenen Holzspur St. Laurent. Das Finale der Eloge muss freilich dem Kästenbaum Pinot vorbehalten bleiben, der aus dem tollen Rotweinjahr 2019 neue Höhen betreffend Finesse und Komplexität erreicht. *vs*

THERMENREGION

★★ S €€ CW
2022 The First + (SB/CB) Frisch und feinporig, zartblumige Art, weiße Ribiseln und Holundermark, intensive, paprizierte Würze, Sommerwein par excellence.

★★★ S €€ CW FUN
2022 Dialog + (CH/SB) Holunderblüten und Birne, zupackend, klar und transparent, der Sauvignon gibt den Ton an, schlank und springlebendig, straff und präsent.

★★★ S €€ CH
2022 Chardonnay + Duftet nach frischem Striezel, auch Ananas und Marille, saftig und konturiert, frühe Balance und Präsenz, geschickt abgestimmt.

★★ S €€ RG
2022 Rotgipfler + Apfel-Birnen-Mix im Bukett, apart und saftig, besitzt noch Ecken und Kanten, herzhaft und kernig, blitzsauber, erst ganz am Beginn.

★★★ S €€ CW PLV
2022 Gumpoldskirchner Tradition + (ZF/RG) Zarter Stachelbeerduft vom vorerst dominanten Zierfandler, überaus elegant und fest verwoben, wesentlich trockener als bisher, rund, geschmeidig und charmant, sehr stilvoll, insgesamt eine deutliche Steigerung.

★★★ K €€€ RG
2021 Rotgipfler Ried Satzing + Changiert zwischen Babybanane und Braeburn-Apfel, auch rauchige Komponenten, pfeffrige Würze à la Veltliner, zeigt Pikanz und harzige Töne, streng und straff, benötigt noch ein wenig Flaschenreife.

★★★ K €€€ ZF
2021 Zierfandler Ried Spiegel + Die vom Stift Melk gepachtete und von einer 600 Jahre alten Mauer umgebene Monopollage ergab auch 2021 einen bemerkenswerten, unverwechselbaren Zierfandler-Typ: Pistazien und Mandeln in der glasklaren Nase, noch etwas glasige Härte, dicht und muskulös, aber auch viele Nuancen, wird mit Flaschenreife sicher noch zulegen (wie der vergleichsweise verkostete 2016er eindrucksvoll bewiesen hat).

★★★★ K €€€€€ CW TIPP
2017 Gumpoldskirchen „S“ + (ZF/RG) Aus den Rieden Rassing und Spiegel stammt dieser nach fünf Jahren Flaschenlagerung auf den Markt kommende trockene Spätrot-Rotgipfler: vornehmes Duftspiel nach Pistazien und Biskuit, rauchig unterlegt, kreidige Note vom kalkreichen Boden, reichhaltig und feinkörnig, nach Nougat und Waldhonig, quasi ein „Gumpolds“ neuer Stilistik.

★★★ K €€€ CH TIPP
2021 Ried Lores Chardonnay + Die 1987 ausgepflanzte Riede hat sich mittlerweile zu einem Klassiker des Johanneshofs entwickelt: feine Melange aus Ananas, Brioche und Nougat, viel Schliff, kühle Untertöne, nahezu schlanke Eleganz, in seiner kreidigen Art an Chablis erinnernd, zartgliedrig wie rassig.

★★★★★ K €€€€€€ CH TOP
2019 Ried Kästenbaum Chardonnay + Vielschichtiges, fein strukturiertes Bukett, das sofort an große weiße Burgunder erinnert, Salzmandeln und Haselnüsse im Verein, gelbfruchtige Aromen im Hintergrund, cremiger Schmelz und frühe Harmonie, sehr dezenter Holzeinsatz, aufkeimende Steinobstfrucht, perfektes Equilibre, große Länge, großes Potenzial – ordnet sich hiermit unter den Allerbesten dieser Stilrichtung ein!

★★★ S €€ RG
2021 Rotgipfler Auslese + Duett von Banane und Klarapfel, frisch und anregend, pikant bei schlanker Textur, ganz helles Fruchtspiel, ziseliert und rassig präsentiert sich ein unkomplizierter Süßwein, sollte gut mit Obstdesserts harmonieren.

★★ S €€ ZW
2021 Zweigelt + Nase nach Kirschen und Zwetschken, recht feingliedrig und zart, schlanke Mitte, sehr sauber, geradlinig und agil, guter Biss.

★★★ K €€€ ZW
2021 Zweigelt Ried Frauenfeld + Ausgereift und ruhig strömend, Rumfrüchte gepaart mit Kornelkirsche, zartblumig, pikant und gebündelt, unaufdringlicher Holzeinsatz, auch gelbfruchtige Komponenten à la Ringlotte, sehr ausgewogen.

★★★ S €€ PN PLV
2021 Pinot Noir + Weißer Spargel und Wassermelone im piekfeinen Bukett, kühl, frisch und akzentuiert, Eisenkraut und rote Ribiseln am Gaumen, transportiert die Rebsorte in jeder Phase, jugendlicher Charme und puristischer Sortenausdruck, beeindruckendes Preis-Leistungs-Verhältnis.

★★★ K €€€ PN
2021 Pinot Noir Gumpoldskirchen + Der ehemalige Grillenhügel beginnt mit roten Paprikaschoten und Frühkirschen, auch etwas Menthol, erfrischend wie anregend, feine Fruchtsüße, geht langsam auf und wird druckvoll und nuancenreich, pikant und lebhaft, noch ein bisschen unruhig.

★★★ S €€ SL
2021 St. Laurent + Klassisches Bukett nach Weichseln und Zwetschken, rauchig unterlegt, fest und kompakt, ungeschminkt und blitzsauber, dunkelbeerige Akzente, beweist frühe Balance und reife Tannine.

★★★ K €€€ SL
2021 St. Laurent Ried Frauenfeld + Die Ganztraubenpressung von rund 30 % des Lesegutes ergab einen etwas geänderten, sprich härteren und noch frischeren Geschmacksausdruck, Sanddorn und Schlehen in der Nase, pfeffrige Pikanz, herzhaft und kernig, einiges Volumen, tanninige Präsenz und viel Biss im Abgang, Zukunft.

★★★★ K €€€€€ SL TIPP
2020 Ried Holzspur St. Laurent + Blutpflaumen und schwarze Kirschen geben zunächst den Ton an, eine Spur von Menthol, glockenklar, gebündelt und anregend, schwungvoll und agil, ein wenig schlanker als gewohnt, gelbfruchtige Aromen klingen ebenfalls an, feine Tanninspur, passender Säurebogen, Zukunft.

★★★★ K €€€€€ PN
2020 Ried Holzspur Pinot Noir + Verbene und Spargel dominieren vorerst das akzentuierte Duftspiel, sehr fein gezeichnet, viele Facetten, vielleicht jahrgangsbedingt etwas feinmaschiger und leichtgewichtiger, jedenfalls sehr elegant und klar definiert, apart und vielfältig, erst ganz am Beginn, großes Potenzial.

★★★★ K €€€€€€ PN TIPP
2019 Ried Kästenbaum Pinot Noir + Startet mit einem verführerischen Aromenreigen, der von Herzkirschen und Himbeeren bis zu Schlehen und Nadelholz reicht, feinste Nuancen, komplex und finessenreich, hochelegant und von süßem, rotbeerigem Fruchtspiel geprägt, frische Feigen und Dirndlbeeren, lange nachklingend, beste Perspektiven, vermutlich der bisher beste Kästenbaum – besitzt mit dieser Performance in Österreich ein Alleinstellungsmerkmal!

BIO

Bio Weingut
Georg Schneider

Georg Schneider
2523 Tattendorf, Badner Straße 3
Mobil +43 664 730 461 01
office@weingut-schneider.co.at, www.weingut-schneider.co.at
16 Hektar, W/R 35/65

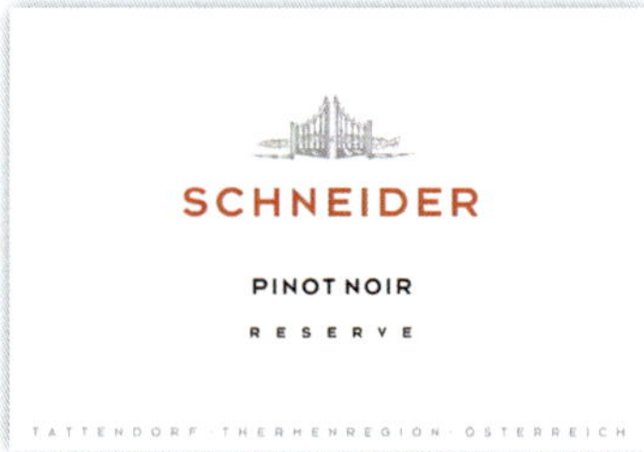

Georg Schneider ist seit diesem Jahr Mitglied der Österreichischen Traditionsweingüter „ÖTW" – und gilt auch als Leuchtturmbetrieb der Thermenregion. Seine Lagen hat er in Tattendorf, wo er zu Hause ist, und in Pfaffstätten – 16 Hektar, die er seit nunmehr 15 Jahren biologisch bewirtschaftet. Bei den Weißweinen, die etwa ein Drittel der Rebflächen ausmachen, geht es vor allem um die Burgunder und die Thermenregion-Spezialität Rotgipfler. Wobei mittlerweile alle Jahre auch der Riesling eine tolle Empfehlung ist – davon hat der Winzer nicht viel, das Wenige, das da ist, pfeift aber! Beim Rotgipfler ist die Lage Tagelsteiner das Nonplusultra.

Beim Rotwein zielt Schneider besonders auf Pinot Noir und St. Laurent mit sehr soliden und trinkvergnüglichen Weinen im klassischen Bereich sowie die Reserven, wo er zu 30 Prozent neues Holz verwendet. Beim aktuellen 2021er Burgunderjahr ist gemessen an Struktur und Eleganz der Pinot einen Tick vorn. *hp*

THERMENREGION

★★★ S €€ CH
2022 Chardonnay + Viel frische Kräuter, blumige Noten, wirkt straff und kreidig; saftige Frucht, Grapefruit und Mandarinen, Orangenzesten, dezent cremig, rund.

★★★ S €€ PB
2022 Weißburgunder + Heu- und Kräuteraromatik, Stachelbeeren, Haselnuss, Lorbeer; exotischer Fruchtbogen, Sternanis, Papaya, Litschi, Oliven, lässige Salzigkeit, lebhafter Wein mit feiner Säure, zeigt Länge.

★★★★ S €€ RI FUN
2022 Riesling + Klirrende Säure von dezenter Fruchtsüße eingefangen, Steinobstfrucht, Weingartenpfirsich, dezent Marille; präsente, saftige Pfirsichfrucht, balancierter Prince Charming, den jeder mag.

★★★ S €€ RG
2022 Rotgipfler + Dezent rauchig und torfig, Quitten, grüne Banane, angenehm reduktiv; würzige Frucht, kernig, super Säurebiss, rosa Grapefruit, Limettenzesten, etwas Gerbstoff, gute Struktur.

★★★★ S €€€ RG
2022 Rotgipfler Pfaffstätten + Zarte Würze, Mandeln, geschmeidig, cremige Noten, Vanille, einiges Volumen, saftig, vorne reife Äpfel und Birnen, läuft fruchtexotisch aus, gute Länge.

★★★★ S €€€ RG TIPP
2021 Rotgipfler Ried Tagelsteiner Pfaffstätten + Kandierte Früchte, bisschen Stachelbeere, Hibiskus, gewürzig, reichhaltig, gute Tiefe; zart röstig, Vanille, Ananas, stoffig trotz straffem Gerbstoff, Powerwein mit Länge und Entwicklungspotenzial.

★★★ S €€ ZW
2021 Zweigelt + Helle Kirschen, sortentypisch, dezent gewürzig, Lebkuchen und Wacholdernoten; rund und saftig, würzige Kirsche, balanciertes, sauberes Zweigelt-Mittelgewicht.

★★★ S €€€ PN
2021 Pinot Noir + Feine Himbeernoten, Walderdbeeren, dezent rauchig, viel Sortentypizität; Waldboden, getrocknete Kräuter, rauchig-torfig, dunkle Ribiselfrucht, bisschen schokoladig.

★★★ S €€ SL
2021 Sankt Laurent + Füllige Frucht mit einiger Würze, eingelegte Weichseln; am Gaumen dunkle Kirschen, rosa Grapefruit, feiner Gerbstoffgrip, dunkles Nougat.

★★★ S €€€ PN
2021 Pfaffstättner Pinot Noir + Zart reduktiv, Waldboden, Tannennadeln, Wacholder, rauchig-kühle Aromatik, kühle Himbeeren; ziemlich saftig, Ribisel, Hagebutte, bisschen rauchig, Bitterschokolade.

★★★ S €€€ SL
2021 Tattendorfer Sankt Laurent + Weiche, füllige Frucht, viel Kirsche, sehr würzig; sehr saftig, fleischig dichte Frucht, Minzschokolade, feine Würze, gute Spannung und viel Zug.

★★★★ S €€€€ PN TIPP
2021 Pinot Noir Reserve + Feines Burgunderstinkerl, kreidig, Lakritze, würzige Beerenfrucht, dezent Ribisel; Noisette-Schokonoten, feines Toasting, elegant saftig, gehaltvoller Burgunder mit Grazie. Super Länge.

★★★★ K €€€€ SL
2021 Sankt Laurent Ried Frauenfeld Reserve + Üppiger Fruchtcharme, Weichseln, Wacholder, gewürzige Art, viel Kräuter; weich, Kirsche, Milchschokolade, dezent rauchiges Toasting, noch jugendlich, Entwicklungspotenzial.

★★★ K/S €€€ CR PLV
2021 Cuvée Noir Reserve + (CS/ME/SL/PN) Cassis und Kräuterwürze, Bordeaux-Anklänge, junges Tannin; rauchige Würze, gute Fülle, viel Kräuterwürze, schwarze Johannisbeere, Kirschen, schwarzer Pfeffer, jugendlich, aber schon trinkvergnüglich.

Genuss.Wein.Gut.
Schwertführer 47er

Martin Schwertführer
2504 Sooß, Hauptstraße 47
Tel. +43 2252 87191
weingut@47er.at, www.47er.at
24 Hektar, W/R 50/50

Martin Schwertführers Leitmotiv „Weil Genuss Freude macht" ist nachvollziehbar, wenn man seine Weine aufmerksam verkostet. In seinem Keller oder in seinem gemütlichen Heurigenlokal kann man dies in Form seiner edlen Weine genießen. Besonders freudig empfindet der Weinliebhaber auch seine für jedermann erschwinglichen Weinpreise, die das hervorragende Preis-Leistungs-Verhältnis bestätigen und der Philosophie Martin Schwertführers zugrunde liegen. Die Leistung, die dahintersteckt, kann man nicht nur selbst „erkosten", sondern das beweisen auch die unzähligen Auszeichnungen des Weinguts. Eine Sternstunde war auch die Eisweinlese am 13. Dezember 2022 am klirrend kalten Harterberg, der als Lohn Trauben mit 27,5 KMW bei rassiger Säure bescherte. *kk*

THERMENREGION

★★ S € PB
2022 Pinot Blanc + Apfelduft; kühle Frische, Mandarinenzesten, Quittengelee, animierende Ananas, feine Würze, gelbe Blüten, bisschen Weißbrot, ausgewogenes Finish.

★★★ S €€ CH
2022 Chardonnay Harterberg + Saftiges Quittenbukett; Melonenparfait, gelbe Blüten, fleischig-reife Agrumen, Hauch Limette, Obstkuchen, extraktsüß mit straffendem Gerbstoffgerüst, fester Gaumendruck, zarte Salzigkeit im kompakten Finale.

★★★ S €€ RG
2022 Rotgipfler Top Edition + Feiner Marillenduft; Steinobst, rote Beeren, Kumquatfilets, Hauch Bratapfel, etwas Grafit, engmaschig und extraktreich, Brotrinde, dunkle Würze, Hauch Kakao, fleischige Frucht im Nachhall.

★★★★ S €€ PB — PLV
2022 Weißburgunder Ried Römerberg Reserve + Samtiges Steinobstbukett; Orangenkuchen, Karamell, gebratene Golden Delicious, Kakao, etwas Feigen, heller Tabak, blättrige Würze, eleganter, kräftiger Körper, kompakte Säure, feste Struktur, nussige Mineralspur im langen Echo.

★★★★ K €€€ CH — PLV
2020 Chardonnay Ried Mitterschossen Große Reserve + Vollreifes Kernobst; Birnenkonfit, füllige Apfel-Birnen-Aromen, nuancenreich, extraktsüß mit malzigem Fruchtschmelz, Nougat, Backgewürze, röstig, kompakt und mächtig, stabiles Gerbstoffgerüst, samtige Säure, Kletzenbrot und Feigenkaffee, ein komplexes Monument.

★★★ K €€ PN
2020 Pinot Noir Top Edition Ried Bärenschwanzl + Heidelbeermus; schwarze Beeren, Herzkirschgelee, etwas Grafit und Maulbeeren, straffe rotbeerige Säure, Preiselbeere, animierend elegant, feinkörnige Tannine, nobler Nachhall.

★★ S €€ SL
2021 St. Laurent Selektion + Schwarzkirschenbukett, Heidelbeersorbet, Grafithauch, elegante Kühle, dunkle Würze, Mokka, Schwarztee, pikantes Fruchtspiel, Hauch Lakritze, animierendes Finale.

★★★ K €€ SL — PLV
2021 St. Laurent Top Edition Ried Römerberg + Reifer Waldbeerenduft; kandierte Kranbeere, Hauch Sultaninen, Himbeer-Kirsch-Essenz, geschmeidige Textur, Zwetschkenmus, florale Noten, saftige Säure, schokoladige Tannine, gleitender Trinkfluss.

★★★ K €€ CF
2021 Cabernet Franc + Rotwürziges Bukett; Cassis, fleischige rote Paprikaschoten, Schwarzkirsche, etwas Powidl, rassig-vital, Juchtenleder, gebrannte Aschanti, Rosenpaprikapulver, lebendiger Tanningrip, rauchige Mineralik, Schmelz im geschmeidigen Nachhall.

★★★★ K €€ ME — PLV
2020 Merlot Top Edition Ried Mitterschossen + Saftiger Beerenmix; Peperonata, Zwetschkenmus, Schokolade, Tabakaromen, rauchig-röstig, Säure roter Beeren, Hagebutte und Cassis, etwas Kirsche, schokoladige Tanninfülle, kräftiger, vollmundiger Körper, Maulbeeren im samtigen Finale.

★★★★ K €€ CR — PLV
2021 Gladiator + (ZW/ME/CS) Zimtzwetschken; füllige Eleganz, konzentrierte Waldbeeren, Backwerk, Nougat, Cassisnoten und Kirsch-Weichsel-Konfit, seidiger Fruchtschmelz, komplex extraktreich, ziselierte Säure, griffige Tannine, Mokka, mineralisches Echo.

★★★★ K €€€ CR — TIPP
2019 Privat Cuvée + (ME/CS) Intensiver Beerenröster; Fruchtschub, wohlig mundfüllend, ätherische Anklänge, Peperonata, Kräuterwürze, Cassis, mächtiger schmelziger Körper, reifer Tanninblock, Schokolade, extraktreich, üppig und doch diszipliniert, Leder, Tabak, röstige Mineralspur, Zwetschken und Kranbeere im Finale.

Weingut
Stadlmann

Mag. Bernhard Stadlmann MBA
2514 Traiskirchen, Wiener Straße 41
Tel. +43 2252 52343, Fax+43 2252 56332
kontakt@stadlmann-wein.at, www.stadlmann-wein.at
20 Hektar, W/R 90/10

Das seit Ende des 18. Jahrhunderts bestehende Familienweingut Stadlmann hat durch seinen Kellermeister Bernhard Stadlmann mit dessen Philosophie eine Brücke zwischen elementarer Liebe und Respekt zur Natur sowie Bewahrung der gebietstypischen Rebsorten gebaut. Sein Verständnis und seine Definition der Weine drückt sich in der gefühlvollen Vinifikation aus, die allen Weinen ihren natürlichen Charakter bewahrt. Die von Boden, Sorte und Kleinklima geschaffenen Voraussetzungen lässt Bernhard Stadlmann in seinen Weinen wirken und die jeweiligen Eigenschaften kommen dadurch auch perfekt zum Ausdruck. Diese Behutsamkeit ergibt, dass sich die Weine auch in ihrer Tiefe langsam weiterentwickeln. Erst die Reifezeit zaubert ihr wahres Wesen auf den Gaumen des Verkosters. Bernhard Stadlmanns Kreszenzen sind keine Weine für ungeduldige Trinker, sondern den für feine Nuancen zugänglichen Weinliebhabern gewidmet. *kk*

THERMENREGION

★★★ S €€ RI
2022 Riesling Badener Berg + Kühle Steinobstnoten, gefühlvoll und präzise; Hauch Orangenblüten, junge Marillen, kandierter weißer Pfirsich, feinfühlig strukturiert, subtile Granitspur, hochelegant und stimmig, mit glasklarer Zitrusfrucht im Ausklang.

★★★ S €€ ZF
2022 Zierfandler Anning + Gelbes Ringlottensorbet, Zitronenmelisse, zart gelbschotig; ananasfruchtige Säure, tropischer Hauch, Stachelbeere und junge Birne, straff geführt, vielschichtig mit saftigem Extrakt, angenehm feines Gerbstoffgerüst, fruchtig-würzig im Finale.

★★★★ K €€€ ZF
2022 Zierfandler Ried Traiskirchner Igeln + Reife gelbe Früchte, Orangencreme, kräuterwürzig; Quitte und weißer Pfirsich, kandierte Zitronenmelisse, junge Tropenfrucht, etwas grüne Stachelbeere und roter Pfeffer, dynamischer Körper, geradlinig mit Tiefe, stoffig-rauchige, steinige Spur, charaktervoll im elegant fruchtsüßen Abgang.

★★★★★ K €€€€€ ZF TOP
2021 Zierfandler Traiskirchner Ried Mandel-Höh + Brillanter Duft nach Tropenfrucht, kühl und klar, komplex verwobene Aromen, Honigblüten bis rote Beeren; bisschen Quittengelee, wohlig dicht am Gaumen, mit extraktreicher eleganter Kraft, saftige Fruchtsüße neben mineralischer Linie, mit Luft noch mehr Tiefe, feine traubige Nuancen zu pikanter Kräuterwürze, Agrumenaromen in stimmiger Säure, zart rauchig, Kakaospur und Mandel, im beeindruckenden Finale vitaler Fruchtdruck neben feiner Kreidespur, haftet endlos am Gaumen!

★★★ K €€ RG PLV
2022 Rotgipfler Anning + Subtiler Steinobstduft, Blutorange und Clementinenfilets; Hauch Mango, straffe fruchtige Säure, disziplinierte Struktur, dicht am Gaumen, bisschen kandierte weiße Johannisbeeren, pikant kräuterwürzig und leicht salzig im mineralischen Abgang.

★★★★ K €€€€ RG
2022 Rotgipfler Ried Pfaffstättner Tagelsteiner + Einladender Quitten-Mango-Duft, reif und cremig, Honigmelone und Mandarinengelee, Hauch Basilikum; animierende fruchtige Säure, nuancenreich mit dichter Struktur, etwas Fruchtkaramell, bisschen gebratener Pfirsich, fleischig-rauchig, viel Persönlichkeit, auch florale Komponenten, komplex und vornehm im kreidig-fruchtigen Nachhall.

★★★ K €€ PB PLV
2022 Weißer Burgunder Anning + Blütenduft, helle Beeren, feine Agrumenaromen, Spuren reifer grüner Schoten; samtig am Gaumen, Zitronenbiskuit, straff mit Extrakt, stoffig-kerniger Körper, weiße Birne, leicht vegetabil dahinter, mit steiniger Spur im gelbfruchtigen Ausklang.

★★★★ K €€€€ PB
2022 Weißer Burgunder Ried Pfaffstättner Höfen + Prägend gelbfruchtiger Duft, Hauch weißer Bratapfel, Honigmelone und gelbe Blüten; pikante Blutorange in fruchtiger Säure, helle Brotrinde, blättrige Würze, diszipliniert geführt, Ringlottenmus, fein nussig-rauchig dahinter, zarte Mineralspur im komplexen Echo.

YESTERDAY
I WANTED
AUSTRIAN WINE
TODAY
I'M DRINKING
AUSTRIAN WINE
FOLLOW YOUR
DREAMS!
#austrianwine
AUSTRIAN WINE

VINOTHEKEN

BADEN

Badener Hauervinothek
2500 Baden, Brusattiplatz 2
Tel. +43 2252 45640, Fax 206664
badener.hauervinothek@aon.at
www.badenerwein.at/badener-hauervinothek

BAD VÖSLAU

Gebietsvinothek Bad Vöslau
Hawlik's Schlemmereck
2540 Bad Vöslau, Hauptstraße 1
Tel. & Fax +43 2252 75388
www.schlemmereck.at

PERCHTOLDSDORF

Ortsvinothek Perchtoldsdorf
2380 Perchtoldsdorf, Marktplatz 10
(im Rathaus)
Tel. +43 1 8668340-0
www.perchtoldsdorf.com/vinothek09.htm

THALLERN

Gebietsvinothek
2352 Gumpoldskirchen, Thallern 1
Tel. +43 2236 53477, Fax -4
vinothek@freigut-thallern.at
www.freigut-thallern.at

Moderne Gebietsvinothek in den ehrwürdigen Gemäuern des Freiguts Thallern. Mehr als 40 Winzer aus dieser historischen Herkunft mit insgesamt über 300 einzigartigen Weinen sind hier vertreten, darunter Winzergrößen wie Alphart, Aumann, Biegler, Fischer, Gebeshuber, Krug, Reinisch und Co., ebenso wie zahlreiche Geheimtipps aus allen wichtigen Weinbauorten. Darüber hinaus werden ausgewählte kulinarische Delikatessen geboten. Zum Probieren gibt es eine ständig wechselnde Auswahl von Weinen im glasweisen Ausschank.

WIENER NEUSTADT

Vino Neustadt
Gebietsvinothek Thermenregion
2700 Wiener Neustadt, Marienmarkt 4.3
Mobil +43 676 381 30 86
vino@vino-neustadt.at
www.marienmarkt.at/gebietsvinothek-thermenregion

Vino Neustadt betreibt einen Stand auf dem Marienmarkt mit der Gebietsvinothek Thermenregion, der von Mittwoch bis Freitag (ab 16 Uhr) sowie Samstag (ab 10 Uhr) geöffnet ist, und wo mehr als 25 Winzer aus der Thermenregion, von Perchtoldsdorf bis Lanzenkirchen, eine Auswahl ihrer Weine präsentieren. Eine regelmäßig wechselnde Weinkarte lädt zum Verkosten und Gustieren ein. Abgerundet wird die Produktpalette durch italienische und spanische Schmankerl.

GASTRONOMIE/NÄCHTIGUNG

BADEN

Café Blickweit
Kaiser Franz Josef Museum
2500 Baden, Hochstraße 51
Tel. +43 2252 41100
www.blickweit.at

Das im Kaiser Franz Josef Museum in Baden situierte Café Blickweit mit herrlichem Ausblick wird von Szilvia Maurer betrieben. Dienstag bis Sonntag von 8 bis 14 Uhr wird Brunch geboten, die Speisekarte umfasst diverse Klassiker.

Casino Restaurant Baden
2500 Baden, Kaiser-Franz-Ring 1
Tel. +43 2252 43502
baden.restaurant@casinos.at
www.casinos.at/de/baden/restaurants/casino-restaurant

Das Restaurant im Casino Baden lockt spielfreudige Gourmets abends mit zwei viergängigen Menüs – Noir und Rouge –, bei denen schmackhafte, elegante Gerichte mit regionalen Schwerpunkten im Mittelpunkt stehen. Weinmäßig wird der Thermenregion genügend Platz eingeräumt, für Hopfen-und-Malz-Fans gibt es Craft-Biere.

Edelsberger
2500 Baden, Marchetstraße 30
Tel. +43 2252 209454
www.edelsberger.at

Im Edelsberger werden Gerichte für die verschiedensten kulinarischen Ausrichtungen geboten: Einerseits gibt's fleischliche Klassiker à la Wiener Schnitzel & Co., andererseits heimische Süßwasserfische und schließlich auch noch eine Selektion von vegetarischen und veganen Gerichten. Dazu gibt es eine kleine Weinauswahl aus der Thermenregion, Wien dem Blaufränkischland und anderen Herkünften.

El Gaucho
2500 Baden, Josefsplatz 2
Tel. +43 2252 80399
steakhouse@elgaucho.at, www.elgaucho.at

Das El Gaucho in Baden ist Teil des Gastro-Imperiums der steirischen Familie Grossauer. Hier gibt es Steaks vom Feinsten und eine umfangreiche Auswahl von passenden Weinen aus der Thermenregion und Rest-Österreich sowie klassischen Anbauregionen in der ganzen Welt.

Marktamt
2500 Baden, Brusattiplatz 5
Tel. +43 2252 256930
meintisch@marktamt.at, www.marktamt.at

Im Marktamt bietet Markus Trocki nicht nur köstliche Hummergerichte und frische Saiblinge, sondern auch Garnelen, Muscheln und Oktopus sowie verschiedenste Variationen von Rostbraten (Zwiebel, Girardi, Vanille etc.), Risotto und andere Leckereien. Dazu gibt es eine gute Auswahl von regionalen Weinen sowie Guinness vom Fass und im Sommer Cider vom Fass.

Gasthof Pension Gustav Martinek
2500 Baden, Jägerhausgasse 7
Tel: +43 2252 48440
anfrage@gasthofmartinek.at
www.gasthofmartinek.at

Beim Martinek fühlen sich Freunde herzhafter, traditioneller Küche wohl – hier gibt es Klassiker wie Bierbratl, Cordon bleu, Forelle und Gebackenes in sehr guter Qualität, Samstag gibt's jeweils ein Fünf-Gang-Galamenü. Der Weinschwerpunkt liegt in der Thermenregion.

Amterl
2500 Baden, Hauptplatz 2
Tel. +43 2252 45953
anfrage@amterl.at, www.amterl.at

Im Herzen von Baden befindet sich das empfehlenswerte Amterl, das von dem aus der Telekombranche stammenden Patron Michael Dvoracek und Betriebsleiter und Chef de Cuisine Ali Caner geführt wird. Letzterer erfreut mit schmackhaften Kreationen, dazu gibt es eine große Auswahl von regionalen Weinen. In der Bar im Obergeschoß bekommt man Cocktails und verschiedenste Digestive.

BAD VÖSLAU

Hawlik's Schlemmereck
Familie Hawlik
2540 Bad Vöslau, Hauptstraße 1
Tel. & Fax +43 2252 75388
hawlik.schlemmereck@aon.at
www.schlemmereck.at

Gemütliches Gasthaus, in dem die Gäste von der Familie Hawlik umsorgt werden. Küchenmäßig setzt man auf eine verfeinerte Hausmannskost aus frischesten Rohstoffen. Je nach Saison werden thematische Schwerpunkte gesetzt; in der hauseigenen Gebietsvinothek lagert alles, was in der Thermenregion Rang und Namen hat.

Allerley
Johannes Ley
2540 Bad Vöslau, Tattendorfer Straße 2
Mobil +43 664 5341069
office@allerley.at, www.allerley.at

Von Johannes Ley geführtes Restaurant mit bewusst klein gehaltener Wein- und Speisekarte, die dafür regelmäßig wechselt. Zahlreiche Reisen inspirieren den Koch zu internationalen Gerichten, wobei Schwerpunkte bei regionalen und mediterranen Gerichten gesetzt werden.

GAADEN

Landgasthof Pöchhackers Krone
2531 Gaaden, Hauptstraße 57
Tel. +43 2237 7204
restaurant@kronegaaden.at
www.kronegaaden.at

Ein traditionsreicher Familienbetrieb im besten Sinne ist die Krone in Gaaden, wo Elisabeth und Robert Pöchhacker bereits die sechste Generation darstellen. Hier isst man in angenehmer Atmosphäre ganz ausgezeichnet – Gerichte von klassisch bis modern aus regionalen Zutaten, mit Produkten aus biologischem Anbau. Dazu gibt es regionale Weine.

GUMPOLDSKIRCHEN

Heurigen Restaurant 3er Haus
Sabine Höbarth & Christian Nehr
2352 Gumpoldskirchen, Schrannenplatz 3
Mobil +43 664 7837090
reservierungen@3erhaus.at, www.3erhaus.at

Heurigenschmankerl und gehobene Wirtshausküche, dazu feine Weine aus der Thermenregion, da kann eigentlich nichts schiefgehen. Sabine Höbarth aus der bekannten Gumpoldskirchner Winzerdynastie Roschmann setzt voll auf Regionalität. Gemütliches Haus mit kompetenter Weinkarte und ebensolcher Beratung durch Chef Christian Nehr.

Gasthof Keller
2352 Gumpoldskirchen, Am Kanal 12
Tel. +43 2252 62235
info@gasthof-keller.at, www.gasthof-keller.at

Gutbürgerliche Küche von leicht bis deftig, von vegetarisch bis fleischig bekommt man im alteingesessenen Gasthof Keller unterhalb der Bahn am Wiener Neustädter Kanal. Die alle drei Wochen wechselnde Speisekarte ist stark auf saisonale Produkte ausgerichtet, die Weinkarte setzt regionale Schwerpunkte. Essen und trinken kann man bei Schönwetter auch im wettergeschützten Gastgarten, und wer nicht mehr fahren möchte, kann im angeschlossenen Hotel nächtigen.

Heuriger Spaetrot – Johanna Gebeshuber
2352 Gumpoldskirchen, Wiener Straße 1
Mobil +43 664 1459159; Tel. +43 2252 62230
johanna.gebeshuber@heuriger-spaetrot.com
www.heuriger-spaetrot.com

Untergebracht in renovierten und modernisierten Räumlichkeiten des legendären Heurigen der Familie Bruckberger im Herzen von Gumpoldskirchen, bietet sich der im Sommer 2012 eröffnete Heurigen Spaetrot für Weinfreunde an, die sich nach gehobener Heurigenkultur sehnen: Angeboten werden regionale Spezialitäten mit Schwerpunkt bio – und das auf höchstem Niveau. Wirtin Pipsi Gebeshuber wurde vor nicht allzu langer Zeit zur Heurigenwirtin des Jahres gewählt. An Weinen gibt es die gesamte Palette der Weingüter Spaetrot und Gebeshuber. Angeschlossen ist die „Spaezerei", wo man diverse Spezialitäten bekommt.

Klostergasthaus Thallern
Florian Fritz
2352 Gumpoldskirchen, Thallern 2
Tel. +43 2236 53326
office@klostergasthaus-thallern.at
www.klostergasthaus-thallern.at

Florian Fritz führt erfolgreich das ausgezeichnete Klostergasthaus des Stiftsweingutes Heiligenkreuz in Thallern. Die gutbürgerliche Küche zelebriert beste regionale Produkte, dazu gibt es eine exzellente Weinkarte mit regionalen, nationalen und internationalen Highlights. Das gemütliche Gasthaus umfasst zahlreiche Gastzimmer und -säle, bei Schönwetter lockt ein herrlicher Garten.

Freigut Thallern
GF Katharina Graner
2352 Gumpoldskirchen, Thallern 1
Tel. +43 2236 53477
office@freigut-thallern.at, www.freigut-thallern.at

Das Angebot im Freigut Thallern ist ebenso hochwertig wie vielfältig: Das Freigut ist eine tolle Hochzeitslocation, bietet einen bestens ausgestatteten Seminarbetrieb, verfügt über ein schmuckes Hotel im Grünen mit hochwertigen Zimmern sowie eine bestens bestückte Regionalvinothek, wo auch die gesamte Range der Thallern-Weine angeboten wird.

GUNTRAMSDORF

Jagdhof
Familie Fakler
2353 Guntramsdorf, Hauptstraße 41
Tel. +43 2236 52225
info@jagdhof.cc, www.jagdhof.cc

Renommiertes Landhotel mit angeschlossenem Restaurant, in dem österreichische Klassiker und mediterrane Küche angeboten werden. Eine Erwähnung verdient der Weinkeller des Hausherrn, der neben den „Platzhirschen" aus der Region auch so manche Raritäten aus Frankreich bietet.

HINTERBRÜHL

Hotel-Restaurant Höldrichsmühle
2371 Hinterbrühl, Gaadnerstraße 34
Tel. +43 2236 262740
office@hoeldrichsmuehle.at
www.hoeldrichsmuehle.at

In der Höldrichsmühle in der Hinterbrühl im Wienerwald verweilte schon gerne Franz Schubert. Das stimmungsvolle Hotel-Restaurant südlich von Wien ist die passende Location für Seminare und Tagungen, Familienfeiern und Events. Es gibt auch eine hoteleigene Reit- und Voltigier-Sportschule. Im stimmungsvollen Gewölbe oder im lauschigen Gastgarten kann man gut essen und trinken und zu den Mahlzeiten oder zwischendurch Kaffee und Kuchen genießen. Selbstverständlich gibt es eine ansehnliche Selektion an Thermenregion-Weinen.

MÖDLING

Babenbergerhof
Carl Breyer
2340 Mödling, Babenbergergasse 6
Tel. +43 2236 222460, Fax -6
hotel@babenbergerhof.com
www.babenbergerhof.com

Das traditionsreiche Haus präsentiert sich mit viel Schwung, in stilvoller Landhausatmosphäre pflegt man moderne Wirtshausküche mit sowohl bodenständigen wie auch kreativen Nuancen; manch mediterraner Einfluss lässt sich nicht verleugnen. Hier kann man „genussfrühstücken", mittags ein herzhaftes Menü einnehmen, untertags Snacks genießen und abends zwischen Wirtshausklassikern, modernen Gerichten mit kreativem Touch und vegetarischen Speisen auswählen. In der hauseigenen Vinothek lagern die Weine ausgesuchter heimischer Winzer, ein Schwerpunkt liegt auf der Thermenregion. Neue Hotelzimmer in aktuellem Design.

Amterl
2340 Mödling, Kaiserin Elisabethstraße 11
Tel. +43 2236 20888
reservierung.moedling@amterl.at
www.amterl.at

In der Fußgängerzone von Mödling befindet sich das zweite Amterl, Ableger des Badener Stammhauses von dem aus der Telekombranche stammenden Patron Michael Dvoracek und Betriebsleiter und Chef de Cuisine Ali Caner. Es gibt Menüs und schmackhafte Kreationen, dazu eine große Auswahl von regionalen Weinen.

MÖLLERSDORF

Hotel-Restaurant Holzinger
Dagmar und Martin Schotte
2514 Möllersdorf, Teichgasse 2
Tel. +43 2252 52455, Fax -4
info@hotel-holzinger.at,
www.hotel-holzinger.at

Seit 1959 bestehendes, für sehr gute Hausmannskost bekanntes Restaurant, in dem 2015 eine neue Genuss-Philosophie eingeführt wurde, die auf regionale und nachhaltige Küche setzt, die Grundprodukte stammen durchwegs von ausgesuchten Erzeugern. Der Schwerpunkt liegt auf biologischen Spezialitäten, vegetarischen und veganen Gerichten wird viel Raum gewidmet. Die Weinliste ist rein österreichisch mit Schwerpunkt Thermenregion.

PERCHTOLDSDORF

Alexander
2380 Perchtoldsdorf, Marktplatz 10
Tel. +43 1 8659759
alexander@dasrestaurant.com
www.dasrestaurant.com

Das neue Rathausrestaurant heißt jetzt Alexander; in den luftig gestylten alten Gewölben wird mittags bis 16 Uhr klassische bodenständige Gasthausküche serviert, abends kann man ausschließlich auf Reservation ab zehn Personen dinieren. Wunderschöner Innenhof, Bar und Zigarrenzimmer, abwechslungsreiche Weinkarte.

SULZ

Landgasthaus Stockerwirt
Katharina und Georg Stocker
2392 Sulz im Wienerwald, Hauptstraße 36
Tel. +43 2238 82590
www.stockerwirt.com

Katharina und Georg Stocker pflegen in ihrem Landgasthaus Stockerwirt in Sulz im Wienerwald Gastlichkeit auf hohem Niveau, die mittlerweile immer mehr Genießer auch von weither anlockt. Serviert wird traditionelle österreichische Küche – mit frischen, gesunden Zutaten aus der Region. Saisonale Highlights sind unter anderem Wild oder Marchfelder Spargel. Toll sortierte, umfangreiche Weinkarte. Der Gastgarten mit Teich ist eine Sache für sich, Wintergarten und offener Kamin schaffen ein besonderes Ambiente. Der Charme einer Wirtshausstube wird hier perfekt mit den Ansprüchen der Moderne verbunden.

TATTENDORF

Landgasthaus im Weingarten Johanneshof
2523 Tattendorf, Im Weingarten 1
Tel. +43 2253 8142316
essen@thomasimjohanneshof.at
www.j-r.at/restaurant/

Das Restaurant im Johanneshof Reinisch ist jüngst nach Zusammenarbeit mit diversen Pächtern und wechselnden Konzepten wieder in Familienhand übergegangen. Seit Kurzem kocht hier Thomas Reinisch, Sohn von Johannes, der nach seiner Ausbildung in Baden und verschiedenen kulinarischen Stationen (zuletzt Döllerer) heimgekehrt ist. Vom Angebot her soll der Betrieb zwischen Wirtshaus und Restaurant angelegt sein, das angenehm überschaubare Speisenangebot bietet für viele Präferenzen die passenden Speisen, Kindergerichte gibt es auch. Das Getränkeangebot umfasst natürlich die gesamte Palette an Johanneshof-Weinen, darüber hinaus aber neben allerlei Alkoholfreiem auch mehrere frisch gezapfte Biere und diverse Spirituosen.

Weingasthaus Rebhof Schneider
2523 Tattendorf, Badner Straße 1
Tel. +43 2253 81428
www.rebhof-schneider.at

Gepflegte Gastlichkeit und herzliche Gastfreundschaft werden im empfehlenswerten Weingasthaus Rebhof Schneider geboten. In der gemütlichen Gaststube, im hellen Wintergarten und im idyllischen Gastgarten wird verfeinerte regionale Küche serviert. Natürlich bekommt man auch eine breite Auswahl von Weinen vom benachbarten Weingut Schneider.

WIENER NEUSTADT

Altes Backhaus
Bernhard Gruber
2700 Wiener Neustadt, Bahngasse 1
Tel. +43 2622 81089
restaurant@altes-backhaus.at
www.altes-backhaus.at

Bernhard und Petra Gruber führen diese kulinarische Wiener Neustädter Institution im historischen Gebäude einer ehemaligen Bäckerei. Regionale Produkte, aber auch ein neugieriger Blick über Österreichs Grenzen hinaus kennzeichnen die Küchenlinie. Sehr abwechslungsreiche Weinkarte mit heimischen Gewächsen sowie leistbaren Positionen aus Deutschland, Frankreich, Italien und Spanien.

Marienmarkt
2700 Wiener Neustadt, Am Hauptplatz
www.marienmarkt.at

Auf dem beliebten Marienmarkt in Wiener Neustadt findet man zahlreiche Standerln mit kulinarischen Köstlichkeiten verschiedenster Art. Seit Kurzem gibt es auch eine Außenstelle der Gebietsvinothek Thallern, wo mehr als 25 Winzer aus der Thermenregion, von Perchtoldsdorf bis Lanzenkirchen, eine Auswahl ihrer Weine präsentieren.

WIEN

Der Name der Bundeshauptstadt Wien geht auf das römische Vindobona und das nachrömische Venia zurück. Wohl die Ersten waren die Kelten, die Wein rund um das heutige Wien angebaut haben. Auf eine geordnete Grundlage wurde der Wiener Weinbau aber sicherlich erst durch die Römer gestellt, deren Soldatenkaiser Marcus Aurelius Probus im Jahre 276 das bestehende Pflanzverbot für Reben aufgehoben hat.

Im späten Mittelalter erlebte dann der Wiener Weinbau eine erste Hochblüte. Damals waren nicht nur die Heurigenvororte mit Weinreben bestockt, sondern auch Teile der Innenstadt sowie nahezu der gesamte dritte und vierte Bezirk. Nach den Zerstörungen durch die Türkenkriege hat sich der Wiener Weinbau in die Vororte zurückgezogen, wo er bis heute überlebt hat. Der Großteil der Wiener Weingartenfläche ist heute an den nördlichen und nordöstlichen Wienerwald-Ausläufern im Gemeindebezirk Döbling gelegen, wo zum Teil ausgeprägte Muschelkalkböden vorherrschen, die den Weinen viel Mineralität verleihen, und wo die Niederschlagsmengen etwas höher sind als am linken Ufer der Donau.

Die Weinbaufluren rund um den Bisamberg teilen sich die drei Weinbauorte Strebersdorf, Jedlersdorf und Stammersdorf, wo Löss- und Braunerdeböden, aber auch schottriger Untergrund vorherrschen. Während aus den Döblinger Lagen die Rieslinge vom Nussberg und aus den Grinzinger Rieden vielleicht das höchste Ansehen genießen, fühlen sich die Reben der weißen Burgunderfamilie rund um den Bisamberg besonders wohl und liefern beachtliche Weine. Mit kleinen Weingärten in Ottakring, Dornbach und Oberlaa im äußersten Südosten besitzt Wien auch drei winzige Weinbau-Enklaven. Das dritte, etwas größere Gebiet ist in Mauer und Rodaun im äußersten Südwesten situiert, wo Muschelkalkböden mit schweren Lehmböden abwechseln und durchaus eine Vergleichbarkeit mit den angrenzenden Weinherkünften der nördlichen Thermenregion besteht. In den letzten Jahren haben Rotweine aufhorchen lassen, wenn auch das derzeitige Verhältnis Weiß zu Rot von 80 zu 20 wohl als zweckmäßig beibehalten wird.

Der Aufschwung des Wiener Gemischten Satzes, der 2013 eine neue DAC bekommen hat, ist ungebrochen. Gegenwärtig nimmt der Gemischte Satz schon rund 38 Prozent der Rebfläche der Bundeshauptstadt ein und ist damit der wichtigste Wein seiner Herkunft. Gemäß DAC-Regelwerk darf der größte Sortenanteil einer Rebsorte nicht höher als 50% sein, der drittgrößte Anteil muss zumindest 10% ausmachen. Weine ohne Riedenangabe müssen trocken und ohne markanten Holzgeschmack sein, sie dürfen ab dem 1. Dezember des Erntejahres verkauft werden. Zusätzlich ist der Wiener Gemischte Satz DAC auch mit einer Lagenbezeichnung zulässig. Lagenweine müssen nicht der Geschmacksangabe „trocken“ entsprechen und dürfen nicht vor 1. März des auf die Ernte folgenden Jahres verkauft werden. Der Alkoholgehalt muss in jedem Fall mindestens 12,5% betragen.

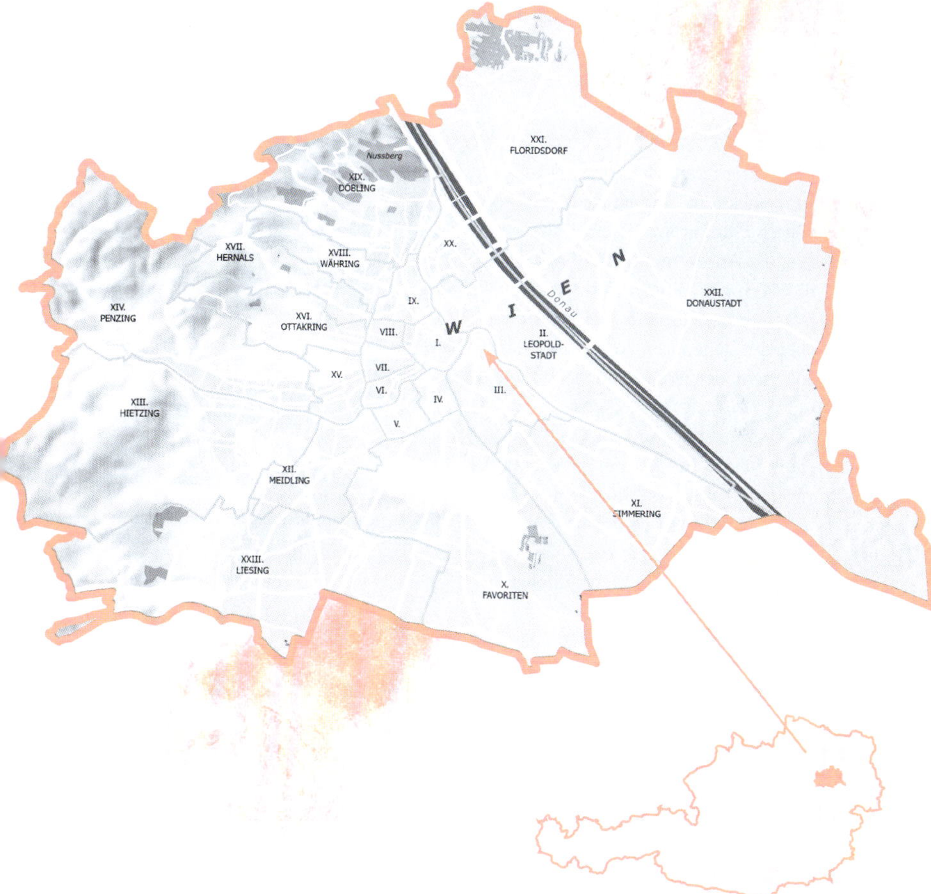

575 Hektar Weinanbaufläche
Die wichtigsten Rebsorten:
Gemischter Satz, Grüner Veltliner,
Riesling

Weingut **Bernreiter**

Peter Bernreiter
1210 Wien, Amtsstraße 24–26
Mobil: +43 699 117 147 60
office@bernreiter.at, www.bernreiter.at
11 Hektar, W/R 80/20, 25.000 Flaschen/Jahr

Der bekannte Wiener Weinbaubetrieb der Familie Bernreiter blickt auf eine lange Tradition und bewegte Geschichte zurück. Peter Bernreiter übernahm 1995 als Absolvent der HBLA Klosterneuburg das Weingut seiner Eltern in einer Zeit, wo sich immer mehr die Bouteille gegenüber dem „Doppler" behaupten konnte und das Qualitätsbewusstsein der Weinliebhaber einen Quantensprung machte. Der junge Kellermeister Peter Bernreiter war schon damals fähig, diesen Ansprüchen durch Fleiß und Können gerecht zu werden. So machte er den Traditionsbetrieb zu einem der beliebtesten Heurigenlokale Wiens, das heute noch – allerdings nur mehr für geschlossene Gesellschaften – den Weingenießern zur Verfügung steht.
Der Weinbau steht im Mittelpunkt seines Schaffens, und seine Bekanntheit hat den Ursprung im Keltern charakteristischer Weißweine aus der Sortenfamilie der Burgunder, für die er schon immer ein besonderes G'spür hatte und die in seinen Händen zu einmalig sortentypischen Top-Weinen avancierten. Aber auch beim Rotwein beweist er sein Können als Kellermeister durch das hohe Niveau dieser gelungenen Weine.
kk

WIENER GEMISCHTER SATZ DAC

★★ S €€ GS
2022 Wiener Gemischter Satz + Elegante Steinobstnase; heller Apfel und Weingartenpfirsich, zart grünschotige Würze, pikante vegetabile Note, straffe Führung, frisch mit schwungvoller Säure, rosa Grapefruitzesten, etwas Steinmehl und Agrumen im Abgang.

★★★ S €€ GS
2022 Wiener Gemischter Satz Bisamberg + (PB/CH/TR/GV) Duftige Kernobstaromen; Rosenblüten, bisschen Orangenfilets, muntere Säure, eleganter Körper mit feinem Fruchtschmelz, etwas Exotik, würziges Waldmeisterkraut und Hauch Mandeln im fruchtig-würzigen Nachhall.

★★★★ S €€€ GS **TIPP**
2022 Wiener Gemischter Satz Ried Gabrissen + (GV/RI/PB/PG) Seidige Marillen- und Apfelblüten; saftiges Steinobst, rassiger Säurebogen, mit eleganter Kraft ausgestattet, Grapefruits, Stachelbeere und weiße Johannisbeere, mit charmant grünschotiger Note, etwas Fenchel, grüner Pfeffer, animierende mineralische Ader im Finale.

WIEN

★★ S €€ GV
2022 Grüner Veltliner + Korb frischer Äpfel; feine Zitrusnuancen, vegetabile Noten, Hauch Fenchel, vollmundig und kompakt, eingebundene Säurestruktur, feinkörnige Gerbstoffe, pikante Kräuterwürze, pfeffrig im sortentypischen Nachhall.

★★★★ S €€€ GV
2022 Grüner Veltliner Ried Rothen + Betörender Kernobstduft; komplex und nuancenreich, Ringlottenkonfit, junge Pfirsiche, bisschen helles Früchtebrot, kandierte rosa Grapefruitzesten, schwungvolle Säure, stabiles Gerbstoffgerüst, kräftiger Körper, grüner Pfeffer und gelbe Beeren im fein-mineralischen Abgang.

★★★ S €€ CH **PLV**
2022 Chardonnay + Steinobstbukett; Marille und gelber Apfel, reife Limone, feiner Fruchtschmelz, saftige Struktur, bisschen Biskuit, Orangenfrucht, harmonisch mit pikanter Säurestruktur, saftig und dicht, Mineralspur im Nachhall.

★★★ S €€ PB
2022 Weißburgunder + Duftende Orangenblüten; Klarapfel, Weingartenpfirsich und Honigmelone, saftiger Fruchtschmelz, reife Limonen, schwungvolle Säure, heller Malzton, passende Gerbstoffstruktur, Mandelbrot, Marille im Hintergrund, fleischig und saftig im geschmeidigen Finale.

★★★ S €€ PG
2022 Grauburgunder + Bratapfel, eingekochte Birne, Hauch Quitte; Malz und Kakaoaromen, samtiger Schmelz, pikante Säure, braucht viel Luft, zartherbe Gerbstoffnuancen, Kumquats, kräftig und satt, etwas Kräuterwürze im stoffigen Finish.

★★★ S €€ GM **FUN**
2022 Gelber Muskateller + Macisblütenbukett; aromatisch traubig, Limetten, Zitronenmelisse, Litschi, Hauch exotischer Früchte, saftige Säure, Muskat, etwas Pimentwürze, mit eleganter Frische im animierenden Abgang.

★★ S €€ ZW
2022 Zweigelt Rosé + Jugendlicher Erdbeerduft; beschwingt rotbeerig am Gaumen, animierend und charmant, pikante Kirschnote, saftig, unbeschwert und trinkfreudig.

LANDESGALERIE
NIEDERÖSTERREICH
KUNSTSCHÄTZE
VOM BAROCK BIS ZUR GEGENWART
13.05.2023–11.02.2024
lgnoe.at
unstmeile Krems
KULTUR
NIEDERÖSTERREICH
Anton Romako, *Mädchen mit Kaninchen*, 1877, Öl auf Leinwand, © Landessammlungen NÖ

Weingut
Christ

Rainer Christ
1210 Wien, Amtsstraße 10–14
Tel. +43 1 292 51 52
info@weingut-christ.at, www.weingut-christ.at

25 Hektar, W/R 80/20, 120.000 Flaschen/Jahr

Rainer Christ zählt zu den allerbesten Winzern der Bundeshauptstadt und – eines sei gleich vorweggenommen – konnte mit seinem umfangreichen Sortiment in jeder Kategorie und unterschiedlichen „Gewichtsklasse" überzeugen. Das Gründungsmitglied der Winzergruppe WienWein bewirtschaftet ausschließlich Lagen am Bisamberg. Im Keller gelingt es dem Winzer, das perfekte Traubengut behutsam zu vinifizieren, immer mit dem Ziel vor Augen, Herkunft und Sorte bestmöglichst herauszuarbeiten. Gravitation ist Programm, Trauben und Most werden ausschließlich mithilfe der Schwerkraft transportiert. Die Weißweine des Jahrgangs 2022 präsentieren sich mit Sortentypizität sowie Präzision und vermitteln stets Trinkvergnügen auf hohem Niveau, ein mehr als würdiger Nachfolger des ausgezeichneten 2021ers. Die beiden Lagenweine mit der Bezeichnung 1ÖTW aus 2021 sind wieder eine Klasse für sich und zeigen eindrucksvoll die Vorzüge der besten Wiener Weißweine auf. Bei den Rotweinen ist der Jahrgang 2019 aktuell im Programm, eine wunderbare Serie wurde präsentiert, die zeigt, welches Potenzial auch bei den Rotweinen der Bundeshauptstadt möglich ist. *gh*

WIENER GEMISCHTER SATZ DAC

★★★ S €€ GS
2022 Wiener Gemischter Satz + Gleich präsente, blitzsaubere Fruchtvielfalt, Apfel- und Birnenaromen, feiner Blütenduft, frische Zitrusnoten; Frische pur, animierende helle und dunkle Zitrusfrüchte, exotische Anklänge, klingt schwungvoll aus, der perfekte Sommerwein.

★★★ K €€€ GS
2022 Wiener Gemischter Satz Petershof Bisamberg + Intensive gelbfruchtige Noten, Pfirsich, Maracuja, Orange, getrocknete Marille, blitzsauber, zündet ein Fruchtfeuerwerk; kann auf dem Gaumen voll mithalten, vollreife, saftige Marille, Mandarinenfilet, wieder dominieren die vielschichtigen fruchtigen Eindrücke, klingt lange nach und macht Lust auf den nächsten Schluck.

★★★★ K €€€ GS TIPP
2022 Wiener Gemischter Satz Bisamberg + Vielschichtiger, hochfeiner Start, saftige, reife Fruchtvielfalt, Steinobst, Williamsbirne, frische Zitrusnoten, zart nussig, bleibt immer elegant und fein liniert; legt weiter zu, vermittelt Mineralität und Komplexität, passende Säurestruktur, animierende feine Herbe, dicht und tiefgründig, etwas Kakao, klingt lange nach.

★★★★★ K €€€€ GS TOP
2021 Wiener Gemischter Satz Ried Wiesthalen 1ÖTW + Kräftig, dicht, druckvoll, ungemein vielfältig, feine Fruchtnoten schwingen angenehm mit, getrocknete Kräuter, frische Blüten, etwas Walnuss, hochelegant und nobel; intensiviert sich auf dem Gaumen, ohne den Charakter zu verändern, super Fruchtausprägung, vermittelt immer Frische und Trinkvergnügen auf hohem Niveau, leicht salzig, perfekte Persistenz.

WIEN

★★ S €€ GV
2022 Grüner Veltliner Bisamberg + Grüner und gelber Apfel, reife gelbe Birne, Honigmelone, rosa Grapefruit, von Kräuterwürze unterlegt, lebendig; mittlerer Körper, passender dezenter Gerbstoff, Apfelaromen im Vordergrund, zartes Pfefferl, Sommerwein.

★★★ S €€ GV
2022 Grüner Veltliner Bruch + Blitzsauber, kühle Fruchtausprägung, frische Erdbeere, kandierte Früchte, animierende Zitrusnoten; straff, steinig, strukturiert, Kumquat, grüner Apfel, schwungvoll, gute Länge, Trinkvergnügen auf hohem Niveau.

★★★★ S €€€ GV TIPP
2022 Grüner Veltliner X Ried Gabrissen + Vibrierende Frische, nasser Stein, Lage vor Sorte, kühle Fruchtausprägung, exotische Anklänge à la Kiwi und Sternfrucht (Karambole), rosa Grapefruit, hochelegant; kann auf dem Gaumen weiter zulegen, Karamell und dunkle Zitrus perfekt abgestimmt, Waldheidelbeere, druckvoll, tiefgründig, langer Abgang.

★★★ S €€ RI
2022 Riesling Ried Wiesthalen + Filigran und feinfühlig, weißer Pfirsich, Marillenblüten, weiße Stachelbeere, etwas dunkle Zitrus; saftige Marille, mit Luft Williamsbirnen-Mousse, steinig, Orangenzesten, nobel, vermittelt großes Trinkvergnügen, feiner Nachhall mit zart salziger Ausprägung.

★★★★ S €€€€ RI TIPP
2022 Riesling Ried Zwerchbreiteln + Definierte kühle Frucht, etwas Pfirsich und gelbe Ringlotte, feine Zitrusnoten, hochelegant, kristallklar, erinnert an einen Gebirgsbach; Frucht verstärkt sich auf dem Gaumen, Steinobst, knackige Marille, gelbe und rosa Grapefruit, Spannung bleibt immer erhalten, getrocknete Kräuter, klingt mit viel Frische lange nach.

★★★ S €€€ CH
2022 Chardonnay + Saftige gelbe Birne, angenehm cremig, pointierte Zitrusfrüchte, elegant angelegt; frische, lebendige Säure, reife Mango, präzise, ungemein trinkig, gute Spannung, Mandarinenfilets im anhaltenden und animierenden Finish.

★★★ S €€€ PB
2022 Weißburgunder Der Vollmondwein + Sanft strömend, Birnenaromen, etwas Quitte, fein unterlegt von dunklen Zitrusnoten, leicht nussig; saftig, cremig, reife Banane, Hawaii-Ananas, gut strukturiert, passende Säure, bereits gut entwickelt, pointierte gelbe Grapefruit im lebendigen Nachhall, bei Vollmond verkostet.

★★★★ K €€€€ PB TIPP
2021 Weißburgunder Ried Falkenberg 1ÖTW + Hochfein, burgundisch definiert, saftige gelbe Birne, etwas Blütenhonig, Orangenzesten, vermittelt kalkige Assoziationen, frisch und einladend; toll strukturiert, Mineralität pur, vibriert richtig auf dem Gaumen, tolle Fruchtvielfalt, präzise ausgeprägt, feine Kräuterwürze, animierend salzig, bleibt am Gaumen richtig haften.

★★★ S €€ SB
2022 Sauvignon blanc Ried Breiten + Frucht und vegetabile Noten im Einklang, Maracuja, Kiwi und schwarze Johannisbeere, grüner Paprika, etwas Pfefferoni, blitzsauber, Orange; saftig, lebendige Säure, wird nie aufdringlich, etwas Holunderblüten, klingt schwungvoll mit Orangenzesten aus.

★★★ S €€ GM
2022 Gelber Muskateller + Zeigt eleganten, traubigen Sortencharakter, feiner Rosenduft, Holunderblüten, zarte Würze, exotische Anklänge, Mandarinenfilet, einladend; setzt schlüssig fort, Frische pur, dunkle Zitrusfrüchte, sehr animierend, viel Wein für 11 Vol.-%, großes Trinkvergnügen.

★★★ K €€€ TR
2021 Traminer Ried Kirchberg + Dicht, hochreife gelbe Frucht, zarter Rosenduft, getrocknete Kräuter, Blutorange, feinziseliert, etwas Bittermandel; legt auf dem Gaumen weiter zu, komplex und tiefgründig, frucht- und extraktsüß, animierende dunkle Zitrusfrüchte, etwas Karamell und Hawaii-Ananas im anhaltenden Abgang, eine gelungene eigenständige Traminer-Interpretation.

★★★ S €€ ZW
2022 Rosé Petershof + (ZW) Helles Rosa, feine Frucht, Erdbeeranklänge, weiße Ribisel, etwas Kirsche, Blütenduft, frische Zitrusnoten; auf dem Gaumen ungemein trinkig und animierend, leichtfüßig, fruchtbetont mit zarter Würze; Mandarine im Finish.

★★★ K €€ ZW
2019 Blauer Zweigelt + Knackige Weichsel, straff, kühl ausgeprägt, Zwetschkenanklänge, feiner Waldbeerenmix, erdig; saftig-frische Herzkirsche, rote Weichsel, lebendige Säure-Tannin-Struktur, zartwürzig, klingt leicht adstringierend mit viel Frische aus.

★★★★ K €€€ SY TIPP
2019 Shiraz + (mit 10 % CF) Konzentrierte und zugleich definierte dunkle Fruchtausprägung, Cassis, sortentypische Würze, frischer Pfeffer, dunkle Oliven, Maulbeere, wirkt bereits im Duft fruchtsüß; druckvoll, tiefgründig, sehr gute Tanninstruktur, Waldheidelbeere, Brombeere und schwarze Johannisbeere, Waldboden, beste Ressourcen.

★★★ K €€€ CR
2019 Mephisto + (ZW/CS/ME) Dichter dunkelbeeriger Duft, hochreife schwarze Johannisbeere, etwas Jostabeere und Waldbrombeere, fruchtsüß und einladend; füllt den Gaumen richtig aus, extraktsüß, reife Tannine, dunkle Kirsche, Maulbeere, wieder viel Cassis, jugendlich, adstringenter, anhaltender Abgang, sehr gute Reifeprognose.

★★★★ K €€€€ CR TIPP
2019 XXI + (ME/CS) Noble, hochfeine schwarze Johannisbeere, Waldbrombeere, eingelegte Weichsel, etwas Schoko, Kräuterwürze, Schwarzkirsche; frische Säure-Tannin-Struktur, Beerenmix, rote Weichsel, fruchtsüß, Bitterschokolade, zugleich straff und fordernd, braucht Luft und Zeit, sehr gutes Potenzial.

WEINLAND

★★★ K €€€ GS
2021 Kraut & Rüben + Intensive würzige Ausprägung, getrocknete Kräuter, Kamille, Mostapfel, Cider, typische Charakteristik; passender Gerbstoff, intensive Apfelaromen, „Apfelwein“, saftige gelbe Birne, vermittelt eine gewisse Spannung, leicht adstringierend im Finish.

★★★★ K €€€€ PN TIPP
2019 Pinot Noir Kastanienwald + Rauchig, eine Vielfalt an getrockneten Kräutern, Waldboden, mit etwas Luft zeigt sich die Herbsthimbeere, elegant und feinfühlig; auf dem Gaumen Himbeere pur, angenehm fruchtsüß, passende Säure, rote Früchte im animierenden und anhaltenden Abgang, ein Versprechen für die Zukunft.

Weingut
Wien Cobenzl

Ök.-Rat. Ing. Thomas Podsednik, Akd. Dipl.-Önol.
1190 Wien, Am Cobenzl 96
Tel. +43 1 320 58 05, Fax +43 1 328 22 86
office@weingutcobenzl.at, www.weingutcobenzl.at
60 Hektar, W/R 80/20, 450.000 Flaschen/Jahr

Wien ist das einzige Weinbaugebiet der Welt, das zur Gänze innerhalb der Stadt liegt. Das renommierte Weingut Wien Cobenzl trägt hiermit zur kulturellen Identität der Stadt bei. Im Sommer 2020 wurde der Umstieg auf totalen Bio-Weinbau begonnen. Dieser Prozess ist mit der Lese des Jahrgangs 2023 nach Ablauf der Umstellungszeit vollzogen. Ab dem Jahrgang 2023 dürfen die Weine des Weinguts als „Bio-Wein“ vermarktet werden. Unter der Leitung von Kellermeister Ing. Thomas Podsednik werden aus den Weingärten in Grinzing, am Nussberg und am Bisamberg herausragende Qualitätsweine vinifiziert. Entsprechend der Vielfältigkeit aus Lagen und Rebsorten findet der Weinliebhaber hier ein breites Sortiment an Qualitätsweinen vor. *kk*

WIENER GEMISCHTER SATZ DAC

★★ S € GS
2022 Wiener Gemischter Satz + Kernobstduft; kühler grüner Apfel, Stachelbeere, Pfirsichnoten, Hauch Marillenblüten, kräuterwürzig, Grapefruit, lebendige Säure, animierend.

★★★ S €€ GS
2022 Wiener Gemischter Satz Ried Reisenberg Grinzing + Duftiger Obstkorb; Rosenblätter, Blutorange, Waldmeister, etwas Eibisch, saftiger Körper, muntere Säure, feine Gerbstoffstruktur.

★★★ S €€ GS PLV
2022 Wiener Gemischter Satz Ried Nussberg + Frisches Kernobst; Hauch Quitte, Pfirsichsorbet, reife Limonen, lebendiger Körper, pikant grünwürzig, mineralische Ader.

★★★★ K €€€€ GS TIPP
2021 Wiener Gemischter Satz Ried Steinberg 1ÖTW + Nobel gelbfruchtig; Golden Delicious, Blutorange, Marillenblüten, Quitte, dicht und saftig, eleganter Körper, saftige Säure reifer Agrumen, feinkörnige Mineralik, vielschichtig, kompakt langer Nachhall.

WIEN

★★ S € GV
2022 Grüner Veltliner classic + Duftiger Apfelmix; kernig und beschwingt, hellbeerig, feine Gerbstoffspur, Grapefruitzesten, keck-fruchtige Säure, Küchenkräuter, unkompliziert geradlinig.

★★★ S €€ GV
2022 Grüner Veltliner Grinzing + Quittenbukett; Apfelblüten, Williamsbirnen, saftig und pikant, knackige Säure grüner Äpfel, zart nussig, gelbe Schoten, feine Würze im Abgang.

★★★ S €€ GV
2021 Grüner Veltliner Ried Pfeffer + Einladendes Fruchtbukett; Maracuja, gelber Apfel, bisschen Zitronenmelisse, fruchtige Säure, vegetabil, Orangenzesten, feines Gerbstoffgerüst, zart rauchig, bisschen Pfirsich, schwungvoll mineralisch.

★★ S €€ PB
2021 Weißburgunder Grinzing + Saftiges Limoncello; Granny Smith, junge Birne, stramme Säure rosa Grapefruits, Melisse, dynamisch fruchtbetont, Kräuterwürze im Echo.

★★★ S €€ PB
2020 Weißburgunder Ried Reisenberg + Herzhafter Ringlottenduft; jugendlich, Birne, Hauch Stachelbeere, erfrischend fruchtig, gelbe Paprikaschoten, elegant, animierend, kernige Säure reifer Limetten, Kräuterwürze, Mandel, lebendiger Abgang.

★★★★ K €€€€ PB TIPP
2021 Weißburgunder Ried Seidenhaus 1ÖTW + Vollreifes Kernobst; Quitte, Karamell, nuancierte Frucht, Zitronenmelisse, etwas Kumquats, Honigmelone, Ringlottenkonfit, Hauch Malz, helle Blüten, seidiger Schmelz, etwas Nusskuchen, kreidig-fruchtig im langen Ausklang.

★★★ S €€ RI
2021 Riesling Nussberg + Nobles Steinobst; Ringlotten, Honigblüten, Pfirsichcreme, Limette in animierender Säure, charmant fruchtsüß, Hauch Staubzucker, elegant, zart salzig im Finish.

★★★★ K €€€€ RI
2021 Riesling Ried Preussen Nussberg 1ÖTW + Duftiger Weingartenpfirsich; glasklare Fruchtaromen, junge Marille, etwas Exotik, Hauch Ananas und Litschi, Cassis, animierender Fruchtschmelz, bisschen Honigblüten, saftige Säurestruktur, kreidig-mineralisch im Nachhall.

ÖSTERREICH

★★ K €€ ZW FUN
2021 Sekt Rosé Brut g.U. + Anregendes Mousseux, Kirsche, Waldbeere, etwas Preiselbeere; geschmeidig, fruchtsüß, sanfter Schmelz, Hauch Marzipan, saftig-fruchtig im Ausklang.

★★★ K €€€€ GS
2019 Sekt Gemischter Satz Brut Reserve g.U. + Quirlige kleine Perlen, Grapefruit, Kernobst; bisschen Biskuit, charmante Säure, etwas floral, vornehme Agrumen, komplex und nobel, beschwingter Abgang.

BIO

Weingut
Edlmoser

Michael Edlmoser
1230 Wien, Maurer Lange Gasse 123
Tel. +43 1 889 86 80, Fax +43 1 886 01 81
office@edlmoser.com, www.edlmoser.com
15 Hektar

Ein gewisser Paradigmenwechsel wird im Weingut Edlmoser gleich bei der Degustation der untadeligen Wiener Gemischten Sätze schmeckbar, denn schon der Maurerberg erscheint so leichtfüßig und konturiert wie nie zuvor. Noch markanter äußert sich dieser im prickelnd frischen Himmel und im wunderbar vielschichtigen Sätzen, dem der hohe Riesling-Anteil offensichtlich sehr gut getan hat, auch weil die bislang dominanten Burgunder-Sorten zunehmend zu reif geworden sind. Auch der stets einen Verkostungsschluck werte Muskateller wurde diesmal gänzlich anders, nämlich viel leichter konfiguriert und wirkt äußerst anregend, ja mundwässernd. Als überzeugender Kandidat für einen weiteren Riesling-Ehrenplatz nach 2019 und 2020 hat sich der ebenso schneidige wie finessenreiche Riesling Kalkstein vorgestellt, den diesmal eine an deutsche Appellationen gemahnende Cassisnote adelt. Nahezu auf gleichem Niveau befindet sich der ebenso elegante, gelbfruchtige Weißburgunder, der auch in der Ried Sätzen gedeiht. Das glorreiche Trio wird schließlich von einem Neuling in Gestalt des erstmals präsentierten Veltliners aus der gleichen Lage komplettiert, der es in puncto Tiefgang und Nuancenreichtum bereits beinahe mit den beiden Vorgenannten aufnehmen kann.

Pfeffrige Pikanz und dunkelfruchtiges Geschmacksbild prädestinieren den kühl strömenden Erbstück St. Laurent als optimalen Begleiter zur sommerlichen Grillerei. Auch der Syrah namens „La Paz" hat sich relativ deutlich gewandelt und verwirklicht nunmehr eine wesentlich leichtere, elegante Ausbaurichtung. *vs*

WIENER GEMISCHTER SATZ DAC

★★ S €€ GS
2022 Wiener Gemischter Satz + Lebhaft wie agil, nach Äpfeln und Agrumen, pfeffrige Würze, kompakt und kernig, schlanke Mitte, der höhere Veltliner-Anteil verleiht viel Schwung.

★★★ S €€€ GS
2022 Maurerberg Wiener Gemischter Satz + Hirschbirne und Walnuss im charaktervollen Bukett, pikant, gebündelt und druckvoll, dunkelfruchtiges Spiel, profund, ausdauernd, individueller als bisher.

★★★★ S €€€ GS TIPP
2021 Ried Himmel Wiener Gemischter Satz 1ÖTW + Weit ausholendes Bukett nach Zitronenzeste, Grapefruit und Blütenhonig, auch kreidige Note vom hohen Kalkanteil der Riede, vital und zupackend, fest verwoben, funkelt so richtig am Gaumen, extraktsüß und sehr dicht – an der Grenze zur Höchstwertung.

★★★★★ S €€€€ GS TOP
2021 Ried Sätzen Wiener Gemischter Satz 1ÖTW + Riesling-affine Nase nach Limette und weißem Pfirsich, zartgliedrig und rauchig unterlegt, offenbart viele Schichten und geht sofort in die Tiefe, fruchtsüß wie hochelegant, kandierte Früchte und ein Hauch von Nougat, passender Säurebogen.

WIEN

★★★ S €€€ RI
2021 Maurerberg Riesling + Verspielte Zitrusfrucht, vor allem Mandarine, geradlinig und unkompliziert auf gutem Niveau, saftig und balanciert, mittleres Volumen, viel Fruchtcharme, passender Säurefonds.

★★★★ S €€€ GV
2021 Grüner Veltliner Ried Sätzen 1ÖTW + Ausgereift, ja mächtig, nach Melisse und Senfsaat sowie eine Spur von Fassholz, rauchig und reichhaltig, wird mit Luftzufuhr immer lebhafter, Rhabarber und Stachelbeere, feine Kräuterwürze, gute Ausdauer.

★★★★★ S €€€€ RI TOP
2021 Riesling Kalkstein Ried Sätzen 1ÖTW + Weiße Blüten sowie Limette und ein Hauch von Cassis, druckvoll und komplex, ein Feuerwerk an Fruchtnuancen, fruchtsüß und finessenreich, gebändigte kreidige Einflüsse, große Länge und Potenzial für Jahrzehnte.

★★★★ S €€€€ PB TIPP
2021 Weißburgunder Ried Himmel 1ÖTW + Schälnüsse und Aranzini kennzeichnen das sortentypische Bukett, von der Eiche nur umrahmt, am Gaumen ein wenig Karamell und Waldhonig plus satter gelbfruchtiger Aromenreigen, viel Schmelz, fleischig und dicht gewoben, aber auch einschmeichelnd, glockenklar und elegant, bestechende Stilistik.

★★★ K €€€ SL
2020 Erbstück + (SL) Weichselkirsche und Blutpflaume, aber auch gelbfruchtige Einsprengsel à la Mirabelle im vielfältigen Bukett, pfeffrige Pikanz und animierende Frische, ausgewogen und zupackend, schlanke Textur und kühle Note.

★★★★ K €€€€€ SY TIPP
2020 La Paz + (Syrah) Archetypisches Duftspiel nach Lagerfeuer, Jod und rohem Fleisch, anregend und akzentuiert, saftig bei mittlerem Körper, kühl strömend.

Weingut
Fuhrgassl-Huber

Thomas Huber
1190 Wien, Neustift am Walde 68
Tel. +43 1 440 14 05 12
weingut@fuhrgassl-huber.at, www.fuhrgassl-huber.at
38 Hektar, W/R 80/20, 280.000

Das Weingut Fuhrgassl-Huber hat sich bereits in der Vergangenheit vielen Rebsorten gewidmet. Seit Thomas Huber den Betrieb übernommen hat, gibt es fast jedes Jahr neue Ideen und innovative Produkte, der Qualitätsanspruch steht dabei natürlich an oberster Stelle. Mit den aktuellen Weinen beweist der Winzer sein Gefühl für unterschiedliche Sorten in unterschiedlichen Jahren. Tipp: In der gemütlichen und traditionellen Buschenschank in Neustift können die meisten Weine verkostet werden. *gh*

WIENER GEMISCHTER SATZ DAC

★★★ S €€€ GS
2022 Wiener Gemischter Satz Ried Mitterberg + Startet mit frischer Fruchtvielfalt, Orange, Mandarine, Kumquat, knackiger Apfel, feiner Blütenduft, schwungvoll, richtig einladend; Kernobst, gelber Apfel, saftig und fleischig, animierender, dosierter Gerbstoff, rosa Grapefruit im Finish.

★★★ S €€€ GS
2022 Wiener Gemischter Satz Ried Neuberg + Vielschichtiger, feiner Fruchtkorb, saftige, reife Birne, Apfelanklänge, angenehme Zitrusnoten, vermittelt Frische und Tiefgang; Frucht intensiviert sich, strukturiert, lebendige Säure, Kumquat, Limette, grüner Apfel, bleibt gut haften.

★★★★ S €€€€ GS TIPP
2021 Wiener Gemischter Satz Ried Gollin 1ÖTW + Fein definierte, hochreife Fruchtvielfalt, Golden Delicious, Birnen- und Pfirsichanklänge, Erbsenschote, etwas dunkle Zitrusfrucht; cremig, saftig, zeigt viele Facetten, vielfältige Fruchtaromen fein abgestimmt, druckvoll, komplex, Maracuja und Mandarine im langen Abgang.

WIEN

★★★ S €€€ RM
2022 Roter Muskateller Neustift + Klementine, Orangenzesten, feiner Blütenduft, zartwürzig, blitzsaubere, frische Frucht; leichtfüßig, dezente Bitternote, saftige grüne Birne, schwungvoll, richtig trinkig.

★★★ S €€€ SB
2022 Sauvignon blanc Neustift + Unaufdringliche Vegetabilität, grüner Paprika, weiße Stachelbeere, etwas Cassis; fruchtbetont, dunkle Zitrus, gelber Paprika, Jostabeere, klingt mit viel Frische aus, sehr guter Sommerwein.

★★★★ S €€€€ GV TIPP
2021 Grüner Veltliner Ried Gollin 1ÖTW + Sanft strömend, saftiger, reifer gelber Apfel, etwas gelbe Kriecherln, feine dunkle Zitrusanklänge, zarte Kräuterwürze; jugendlich, Frische pur, knackig und dann cremig, rosa Grapefruitfilet, Kumquat, alles blitzsauber definiert, animierender, anhaltender Abgang.

★★★ S €€€ NB
2021 Neuburger Alte Reben Handwerk + Gelber Apfel, Birnenanklänge, zart nussige Noten, dunkle Zitrusfrüchte, feinfühlig; intensiviert sich deutlich auf dem Gaumen, saftig-knackiger Apfelmix, Filets von gelber und rosa Grapefruit, Limonenzesten, geriebene Walnuss, frisch und animierend.

★★★ S €€€ GV
2021 Grüner Veltliner Alte Reben Schönherr + Frische Apfelaromen, knackig, präzise, gleich ansprechend, Birnenanklänge, rosa Grapefruit, eine Prise frisch gemahlener Pfeffer; frisch-saftige steirische Apfel-Birnen-Cuvée, Blutorange, klingt animierend mit Grapefruitfilet aus.

★★★ S €€€ WR
2021 Welschriesling vom Muschelkalk + Vollreifer, saftiger Apfel, zarte Kräuterwürze, frischer Blütenduft, gelbe Zitrusfrucht; gute Substanz, lebendig und richtig trinkig, fein definiert, klingt mit animierender Zitrusfrucht leicht salzig aus.

★★★ S €€€ TR
2021 Traminer Nussberg + Feiner Rosenduft, zarte Kräuterwürze, Weingartenpfirsich, etwas dunkle Zitrus, elegant; saftige, reife gelbfruchtige Noten, zarte Herbe, Grapefruitfilet und Limonenzesten im Finish.

★★★★ S €€€€ RI TIPP
2021 Riesling Ried Preussen 1ÖTW + Intensive, vollreife süße Marille, präzise Pfirsichfrucht, lebendig, frisch, saftig, dosierte Zitrusnoten, kraftvoll und zugleich elegant; straffe Säurestruktur, Steinobst und Zitrus prägen den Gaumen, kalkig, tiefgründig, großes Potenzial, langer Abgang.

★★★ S €€€ CR
2018 Cuvée Fidelio + (BF/SL/CS) Heller und dunkler Waldbeerenmix, kühle Fruchtausprägung, Kräuterwürze, Waldboden, vermittelt Frische; Brombeere, Cassis, guter Grip, Weichsel, leicht adstringierend, braucht Luft.

ÖSTERREICH

★★★ K €€€€ GS TIPP
2020 Wiener Gemischter Satz Brut Nature Reserve + Saftig, gelbfruchtig, im Duft weinig, Birnen- und Apfelaromen, frisch, zeigt viele Facetten; präsentiert sich auf dem Gaumen knochentrocken, feine Perlage, Granny Smith, richtig animierend, eine feine Interpretation eines prickelnden Gemischten Satzes.

Weingut
Hajszan Neumann

Ing. Fritz Wieninger
1190 Wien, Grinzinger Strasse 86
Tel. +43 1 290 10 12
wein@hajszanneumann.com, www.hajszanneumann.com

15 Hektar, W/R 90/10 , 80.000 Flaschen/Jahr

Das Weingut Hajszan Neumann befindet sich in Döbling und ist im Besitz von Fritz Wieninger. Die Weingärten werden biodynamisch bewirtschaftet. Hier befindet sich wohl das Weinherz von Wien.
Dieses Weingut ist international angesehen und hat eine Exportquote von 80 %.
Die beiden Wiener Gemischten Sätze 2022 – Nussberg und Ried Weisleiten – sind vom Feinsten, wobei Letzterer ein ganz besonderer ist. Fulminant präsentiert sich der 2022 Weißburgunder aus der Ried Gollin von seltener Noblesse. Der Riesling Ried Steinberg – aktuell 2022 – zählt längst zu den spannendsten in Wien. Hier gibt es eine Reihe von hochwertigen Natural Wines wie Grüner Veltliner, Gemischter Satz, Muskateller, Traminer und Zweigelt. Es sind höchst individuelle Gewächse nicht nur für Kenner. Man ist hier also traditionell und innovativ. *as*

WIENER GEMISCHTER SATZ DAC

★★★ S €€€ GS
2022 Wiener Gemischter Satz DAC Nussberg + Blütenhonig, dezent kräuterig, dezentes Steinobst, kühle Noten, kalkige Textur, Grapefruit, Orangenzesten, vielschichtig und stimmig.

★★★ K €€€€ GS **TIPP**
2022 Wiener Gemischter Satz DAC Ried Weisleiten + Aus der kühlsten Lage – Nordost – des Nussbergs kommt ein engmaschiger, ausdrucksstarker Wein, reifer Apfel, gelbe Früchte, Steinobst, Birnen, Zitrus, salzig, strukturiert, vielschichtig, frische Kräuter, langatmig, einfach grandios.

WIEN

★★ K €€€ CW **FUN**
2022 PetNat + (MT/NB/RI/GM – degorgiert) Tolle Schaumbildung, Zitrus, Orangenschalen, Kirschnoten, Zitrus, Mineralität ausstrahlend, dicht, mehr als nur ein Wein für den Sommer. Perfekt als Aperitif oder zu Vorspeisen.

★★ S €€€ GV
2022 Grüner Veltliner Nussberg + Feine Würze, Honigmelone, Kräuternoten, rassige Säure, zischt am Gaumen, total jung, viel Stoff. Der geht auf die Reise.

★★ K €€€ RI
2022 Riesling Nussberg + Steinige Konturen, Marille, Blütenhonig, Rhabarber, rassig, spannend, ziselierte Säure, voller Pikanz, viel Mineral, gute Substanz. Da steckt einiges drinnen.

★★★ K €€€€ RI
2022 Riesling Ried Steinberg 1ÖTW + Grapefruit, Marillen, Marzipan, gelbfruchtig, kalkige Noten, salzig, gelber Pfirsich, nervig, fordernd, zeigt Finesse, dichte Struktur, faszinierend, steinig, hochreife Trauben, enormer Stoff. Ein klassischer Herbstwein.

★★★ K €€€€ PB
2022 Weißburgunder Ried Gollin 1ÖTW + Ein nobler, eleganter Wein mit feiner Würze, Mandeltöne, Nektarinen, Nelken, salzige Noten, Nougat, exotische Noten, feingliedrig, ein Hauch Vanille, hellfruchtig, gediegen, kalkige Frische. Weißburgunder vom Feinsten!

WEINLAND

★★ K €€€ GV
2022 Natural Grüner Veltliner + Salzig, schwarzer Pfeffer, Zitrus, gelber Apfel, Kräuter, knochentrocken, betonter Gerbstoff, rassige Säure, knackig, griffig, dicht, das ist der nackte Wahnsinn.

★★★ K €€€€ GS
2022 Natural Gemischter Satz + (Amphore) Kräuterwürze, Pfeffer, Wiesenblumen, Mandarinen, Steinobst, Grapefruit, Quitte, stringent, engmaschig, das ist großer Stoff. Viel Zukunft.

★★★ K €€€€ GM
2022 Natural Muskateller + (Amphore) Holunderblüten, feinster Gerbstoff, dichte Struktur, tapeziert den Gaumen, Grip, Apfelnoten, Zimt, agile Säure, frisch, dabei ernsthaft, absolut hintergründig, charaktervoll.

★★★ K €€€€ GT
2022 Natural Traminer + (Amphore) Rosen, weißer Pfirsich, weiße Blüten, Wachsnoten, Butterflocken, fest, angenehmer Gerbstoff, sehr typisch, passende Säure, Exotik, ein herrlicher Wein für die festliche Tafel.

★★★ K €€€ ZW
2021 Natural Zweigelt Nussberg + Saftige Kirschen, Orangenzesten, extrem würzig, griffig, tolle Säure, ein Zweigelt mit Biss, mit Kern, mit viel Substanz. Ein ausdrucksstarker Rotwein, bei dem die Lage über der Sorte steht.

Weingut & Buschenschank **Kroiss**

Erika & Roland Kroiss
1190 Wien, Sieveringer Straße 108
Tel. +43 1 320 39 92
sievering@kroiss.wine, www.kroiss.wine
6 Hektar

Erika, Julia und Roland Kroiss haben auch den aktuellen Jahrgang 2022 mit Bravour gemeistert. Besonders hervorheben möchte ich die vier Wiener Gemischten Sätze, die die großen qualitativen Möglichkeiten dieses Wiener Traditionsweines in vielen unterschiedlichen Ausprägungen widerspiegeln. Ein Tipp – natürlich auch was die weitere Entwicklung in der Flasche verspricht – sind die beiden Weine von Julia, ein Chardonnay und ein Riesling aus der Riede Hackenberg vom Jahrgang 2021. Der Zweigelt vom Hackenberg wird sich auch wieder im Kreis der besten Wiener Rotweine finden. *gh*

WIENER GEMISCHTER SATZ DAC

★★★ S €€€ GS
2022 Wiener Gemischter Satz Sievering + Geprägt von ausgewogener Fruchtvielfalt, frischer, präziser Zitrusaromabogen, Limonenzesten, wirkt bereits im Duft animierend; richtig knackiger grüner Apfel, Steinobstnoten, fruchtsüße Marille, vermittelt großes Trinkvergnügen, klingt mit viel Frische, Kumquat und rosa Grapefruit aus.

★★★ S €€€ GS
2022 Wiener Gemischter Satz Ried Mitterberg + Kühler, fruchtiger Beginn, nasser Stein, weiße Stachelbeere, Jostabeere, reifer gelber Apfel, Birnenaromen, grüner und gelber Paprika, feinfühlig, alles elegant ausgeprägt; kann auf dem Gaumen weiter zulegen, druckvoll, passende, stets animierende Herbe, tolle Zitrusaromatik, Mandarinenfilet im langen Abgang.

★★★ S €€€ GS
2022 Wiener Gemischter Satz Ried Reissern + Hochfeine Fruchtausprägung, Pfirsich, Marille, gelber Apfel, Birnennoten, dunkle Zitrusfrüchte, frische Blüten, Honigmelone, getrocknete Kräuter; saftige gelbe Birne, sehr gute Säurestruktur, Zitruszesten, Orange, schwungvoll und animierend, dezente Herbe, zieht mit viel Frische über den Gaumen.

★★★★ K €€€€ GS TIPP
2022 Wiener Gemischter Satz Ried Hackenberg + Dicht, vielschichtig, hochelegant, blitzsaubere Frucht, nichts sticht hervor, punktet mit Harmonie, mit Luft Stachelbeere und Cassis, feine dunkle Zitrusnoten, etwas Kräuterwürze; kann auf dem Gaumen weiter zulegen, vermittelt stets Frische und Trinkvergnügen auf hohem Niveau, animierende Säure, Steinobstnoten schwingen mit, wieder Eleganz vor Kraft, sehr gute Persistenz.

WIEN

★★★ S €€ GV
2022 Grüner Veltliner + Knackiger grüner Apfel, frischer Mix aus hellen und dunklen Zitrusfrüchten, feine Kräuterwürze, helle Blütenaromen, macht Vorfreude auf den ersten Schluck; saftige, animierende Fruchtausprägung, Apfel- und Birnennoten, etwas Quitte, typische rosa Grapefruit und eine Prise Pfeffer im lebendigen Nachhall, Sorte sehr gut interpretiert.

★★★★ K €€€€ GV
2022 Grüner Veltliner Ried Neuberg + Kräuterwürze pur, getrocknete Kräuter, gelber Apfel, reif, alles fein ausgeprägt, kraftvoll, dabei präzise und elegant, etwas rosa Grapefruit; setzt schlüssig auf dem Gaumen fort, Birnenaromen, gelbe und dunkle Zitrusnoten, lebendig, passende Säure, klingt mit viel Frische lange nach, gesichertes Ausbaupotenzial.

★★★★★ K €€€€ RI TOP
2021 Riesling Ried Hackenberg Julia + Elegant, feingliedrig, kühle Fruchtausprägung, präzise, Steinobstnoten schwingen leise mit, etwas Orange, zeigt viele Facetten; perfekte Säure, Riesling pur, Assoziationen mit Gewächsen aus Rheinhessen, knochentrocken, dabei saftig, zeigt Spannung, reife Marille, klingt lange nach, wird mit Flaschenreife noch weiter zulegen.

★★★★★ K €€€€ CH TOP
2021 Chardonnay Ried Hackenberg Julia + Nobel und hochelegant, Holz wohldosiert eingesetzt, der Wein steht immer im Vordergrund, dicht, hochreife Frucht, saftige, frische Birne, richtig feinfühlig, wirkt bereits harmonisch und ausbalanciert; auf dem Gaumen naturgemäß intensiver, Holz schwingt angenehm mit und wird sich mit etwas Flaschenreife perfekt einbinden, saftige gelbe Frucht, pointierte Zitrusnoten, langer Nachhall, sehr gutes Reife- und Entwicklungspotenzial.

★★★ K €€€ ZW
2021 Zweigelt Ried Hackenberg + Kräftig, dicht, reife dunkle Kirschfrucht, frische Weichsel, alles fein und klar liniert, Schoko-Kirsch, angenehme Würze, wirkt bereits recht harmonisch; zeigt sich auf dem Gaumen noch ganz jugendlich, reife Tannine, gut strukturiert, knackige Weichsel, passende Säure, braucht nur mehr Zeit und Flaschenreife.

Heuriger & Weingut
Karl Lentner

Karl Lentner
1210 Wien, Amtsstraße 44
Tel. +43 1 292 51 23
info@karl-lentner.at, www.karl-lentner.at
7 Hektar, W/R 70/30, 25.000 Flaschen/Jahr

Das Weingut und der Traditionsheurige von Karl Lentner liegt am Fuße des Bisambergss am Wiener Stadtrand. Seine Eltern betrieben ursprünglich einen existenztragenden landwirtschaftlichen Betrieb mit Ackerbau und Viehzucht, im Nebenerwerb den Weinbau mit einer bescheidenen Jausenstation. Heute dominiert längst der Weinbau, und dank des Fleißes von Karl Lentner, der in Krems die Weinbauschule absolvierte, konnte er einen erfolgreichen Weinbaubetrieb aufbauen. Seine Bemühungen und sein Können wurden im Jahr 2004 durch die Aufnahme seines Chardonnay Privat in den Salon österreichischer Weine belohnt. Es folgten bald zahlreiche prämierte Weine, wie der GV Total, der zum 1. Wiener Landessieger gekürt wurde, gefolgt vom Wiener Gemischten Satz DAC Bisamberg.
Im Heurigenlokal im 21. Wiener Gemeindebezirk im Ortsteil Groß-Jedlersdorf kann man sich von seinen ausgezeichneten und sortentypischen Weinen überzeugen. Die klassische Verpflegung vom bodenständigen Buffet, das Karl Lentners Frau Eva mit ihrer Kochkunst ambitioniert leitet, kann man im einladenden Garten oder im gemütlichen Gastraum perfekt dazu genießen.

kk

WIENER GEMISCHTER SATZ DAC

★★ S €€ GS
2022 Wiener Gemischter Satz DAC Ried Bisamberg + Vornehmer Apfelduft; kühler gelber Apfel, Hauch Limette, rosa Grapefruitzesten, etwas kräuterwürzig mit grünem Pfeffer, mittlerer Körper, bisschen frisches Weißbrot, fruchtig-geschmeidige Säure, klingt gelbfruchtig aus.

★★★ S €€ GS **PLV**
2022 Wiener Gemischter Satz DAC Ried Gabrissen + Korb reifer Äpfel; helle Johannisbeeren, reife Stachelbeere, Orangen-Limetten-Mix, muntere Säure, pikant mit etwas gelbem Peperoni, dicht und geschmeidig, feine Extraktsüße, straffer Körper, klare Mineralspur im Finale.

WIEN

★★★ S €€ GV **TIPP**
2022 GV total + Animierendes Kernobstbukett; Hauch Quitte und helle Küchenkräuter, mit Orangenzesten unterlegte lebhaft-fruchtige Säure, etwas Tropenfrüchte dabei, bisschen Pfeifenrauch, mit festem Körper, dicht und finessenreich, grüner Pfeffer, animierend feinschotig und zart salzig im charmanten Nachhall.

★★ S €€ PB
2022 Weißburgunder + Pfirsichbukett; gelber Apfel, etwas Banane, reife Agrumen in der gut eingebundenen fruchtigen Säure, rund und geschmeidig, saftiger Körper, etwas Biskuit, dunkle Kräuter im Finale.

★★★ S €€ RI
2022 Riesling Ried Falkenberg + Reifes Marillenbukett; klassische Rieslingaromen, munter und schwungvoll, komplex und animierend, rassige Säure, etwas tropische Früchte, feines Gerbstoffgerüst, dezente Kräuterwürze dahinter, fruchtig-mineralisch im Abgang.

★★ S €€ ME **FUN**
2022 Merlot blanc + Saftige Himbeernase; geschmeidig am Gaumen, elegante Fruchtsüße roter Beeren, Kirschblüten, mittlerer Körper, etwas Blutorange, Hauch Erdbeere und Marzipan, frisch und jugendlich.

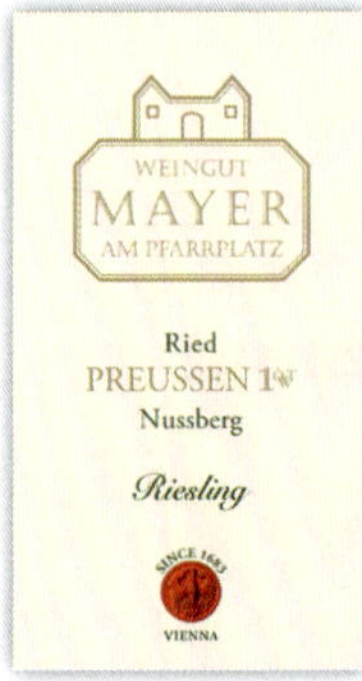

Weingut
Mayer am Pfarrplatz

Gerhard J. Lobner
1190 Wien, Pfarrplatz 2
Tel. +43 1 336 01 97
weingut@pfarrplatz.at, www.pfarrplatz.at
70 Hektar, W/R 95/5

Gerhard Lobner und sein engagiertes Team haben dem wankelmütigen Weinjahr zum Trotz wieder eine tadellose Palette vorgelegt, die naturgemäß auch davon profitiert, dass die Nussberger Lagenweine ja zum Großteil dem erstklassigen Jahrgang 2021 entstammen. Aber auch so mancher 2022er überrascht mit tadelloser Performance und fällt gegenüber dem Vorjahr keineswegs ab. Dies gilt bereits uneingeschränkt für die beiden Gemischten Sätze des leichteren Bereichs. Während für den „Einstiegswein" aus verschiedenen Weinbaufluren Jahr für Jahr ein gewisser Hausstil mit Wiedererkennungswert gesucht (und auch gefunden) wird, wird mit dem ausdrucksvollen Nussberger, der von so renommierten Rieden wie Langteufel und Golin stammt, schon ein sehr anspruchsvoller Tropfen realisiert. Von den Lagenweinen gefällt der elegante Preussen mit klarem Fruchtspiel, wird aber diesmal vom ausgesprochen puristischen und feinkörnigen Langteufel sogar noch um einen Tick überflügelt. Die deutlichen Fortschritte, die wir bereits letztes Jahr für die Grünen Veltliner konstatiert haben, hat das aktuelle Trio wieder eindrucksvoll bestätigt, was in besonderem Maß für den mächtigen, dunkelfruchtigen Schenkenberg zutrifft.

Ebenfalls sehr stilsicher präsentieren sich schon die 2022er Rieslinge, wobei diesmal der hauchfeine, nuancierte Nussberg hervorsticht, der übrigens zur Gänze von der Ried Ungern stammt. Wie immer eine Bank und ein heißer Kandidat für den Wiener Riesling des Jahres ist der heuer schon frühzeitig harmonische, mit viel Finesse und Rasse aufwartende Weiße Marmor. Nahezu gleichwertig steht ihm freilich der 2021er Preussen-Riesling gegenüber, der nach langer Anlaufphase nunmehr sein Equilibre gefunden hat und zarte Pfirsichfrucht wie Terroir-Feeling verströmt. Bei den Sauvignons überzeugt der Alsegger mit druckvoller Textur und nuancierter Beerenfrucht. *vs*

WIENER GEMISCHTER SATZ DAC

★★ S €€ GS
2022 Wiener Gemischter Satz + Duft nach weißen Blüten gepaart mit Melisse und Orangenzeste, blitzsauber und schlank, leicht pfeffrige Würze, früh gerundet und ausgewogen.

★★★ S €€€ GS FUN
2022 Nussberg Wiener Gemischter Satz + Nach reduktivem Start sehr straff und fest verwoben, etwas Thymian und Pfeffer, vital und kernig, kühl unterlegt, viele Facetten und mundwässernde Pikanz, individueller Stil.

★★★ K €€€€ GS
2021 Ried Preussen-Nussberg Wiener Gemischter Satz 1ÖTW + Lebhaft und schwungvoll, nach Physalis und Nektarine, recht dicht strukturiert, leicht kreidige Note, aber auch viel gelbfruchtiger Charme, rassige Präsenz.

★★★★ K €€€€€ GS
2021 Ried Langteufel-Nussberg Wiener Gemischter Satz 1ÖTW + Rauchiger Start, puristisch, jugendlich und elegant, momentan mehr Feuerstein-Würze als Fruchtspiel, fein verwoben und nuanciert, engmaschige Art, helle Fruchtakzente keimen erst langsam auf, sollte sich als „Langstreckenläufer" erweisen.

WIEN

★★★ S €€€ GV
2022 Grinzing Grüner Veltliner + Waldboden und feuchtes Laub, später auch ein wenig Kernobst-Frucht, saftig, geballte Würze, dann auch dunkelfruchtige Akzente, ein ausgereifter Ortswein mit betontem Herkunftscharakter, herzhaft und kompakt.

★★★★ S €€€€ GV TIPP
2021 Ried Schenkenberg Grüner Veltliner 1ÖTW + Ebenso bestechendes wie ungewöhnliches Bukett aus dunklen Beeren, kraftvoll, ja mächtig, doch niemals opulent, reichhaltig und fleischig, agil und ausdrucksvoll, ungemein individueller Veltliner-Typ mit klarem Profil, der die Lage in jeder Phase anklingen lässt, großes Potenzial.

★★★ S €€€ RI
2022 Ried Alsegg Riesling + Gelber Pfirsich und Aranzini in der Nase, frisch, lebhaft und saftig, leicht erdige Würze, cremiger Schmelz, profund und ausgewogen, passender Säurebogen.

★★★ S €€€ RI TIPP
2022 Nussberg Riesling + Kreidiger Start, der die Nussberger Herkunft verrät, dann aber Agrumen und Haselnuss im Duett, fein gezeichnet und zurückhaltend, verspielt und elegant, zarte Frucht nach Weingartenpfirsichen, zahlreiche Facetten, beweist Pikanz wie Rasse und steht dem Lagen-Riesling kaum mehr nach.

★★★★ S RI
2021 Ried Preussen-Nussberg Riesling 1ÖTW + Reichhaltig, ausgereift wie druckvoll, angedeutete Pfirsichfrucht und viel Feuerstein, klar strukturiert wie engmaschig, geht mit Luftzufuhr schön auf und offeriert dann viele Facetten, feinmaschig bei unterkühlter Eleganz, hat sich schon harmonisiert, dennoch ist Dekantieren zu empfehlen.

★★★★★ K €€€€€€ RI TOP
2022 Nussberg Weißer Marmor Riesling + Passionsfrucht und Limette im ziselierten, hochfeinen Duftspiel, distinguiert und nobel, dicht und substanzreich, definiert sich aber wieder über die ihm immanente Finesse, viele Details, zarte Frucht nach Stachelbeere und Kiwi, alles in schöner Eintracht, gewinnt vor dem rassigen, langen Abgang noch einmal an Schubkraft, Zukunft.

★★ S €€ SB
2022 Sauvignon Blanc + Bukett nach Geißblatt und roten Schoten, offenherzig und saftig, etwas schwarze Johannisbeeren im Geschmacksbild, geht langsam auf und legt an Tiefenschärfe zu, ausgeglichen und unkompliziert, braucht noch Flaschenreife.

★★★★ K €€€ SB
2022 Hernals Sauvignon Blanc + Anfangs etwas verkapselt und unruhig, wird jedoch rasch klarer und aussagekräftiger: gelbe Stachelbeeren und rosa Grapefruit, fein liniert und elegant, engmaschig und noch eine Spur kantig, verspielt und extraktsüß, legt diesmal überraschenderweise den Fokus auf hellfruchtige Komponenten, ausdauernd.

Weingut
Rotes Haus

Gerhard J. Lobner
1190 Wien, Pfarrplatz 2
Tel. +43 1 336 01 97
weingut@pfarrplatz.at, www.pfarrplatz.at
9 Hektar, W/R 100/0

Das Rote Haus setzt nach wie vor in erster Linie auf den Wiener Gemischten Satz aus den Rieden im Herzstück des Nussbergs, die vor allem mit der Burgunder-Familie bestockt sind. Ergänzt wird dieses Quartett diesmal von einem 2021er Chardonnay, der zwar im Barrique ausgebaut wurde, aber keine malolaktische Fermentation absolviert hat und jedenfalls deutlich an Profil gewonnen hat.
Für Gaumenfreuden der anspruchsvollen Art sorgt bereits der aus fünf Rebsorten komponierte Gemischte Satz vom Nussberg, der es beispielhaft versteht, Fruchtsüße mit der speziellen Terroirnote zu vereinen. Von den Lagenweinen erscheint der Preussen dieses Mal gar schüchtern – er kommt trotz eleganter, reintöniger Grundstruktur noch nicht so recht aus den Startlöchern. Ganz im Gegensatz hiezu präsentiert sich der Langteufel geradezu expressiv und überschwänglich: sattes Fruchtspiel wird von dichtem Körperbau und komplexer Stilistik bestens komplettiert, hier zeichnet sich ein vin de garde von großer Strahlkraft und Langlebigkeit ab.
Im Kellergebäude in der Kuchelauer Hafenstraße befindet sich übrigens auch eine chice Vinothek, in der sämtliche Weine vom Roten Haus und des Schwester-Weingutes Mayer am Pfarrplatz in gepflegtem Ambiente verkostet werden können, wobei im Sommer auch eine großzügige Terrasse zur Verfügung steht. *vs*

WIENER GEMISCHTER SATZ DAC

★★ S €€ GS
2022 Wiener Gemischter Satz + Bourbon-Vanille und ein wenig Pfeffer, rund und gesammelt, offenherzig und leicht fruchtsüß, ruhig strömend.

★★★ S €€€ GS TIPP
2022 Nussberg Wiener Gemischter Satz + Nach Walnüssen und Mandarinen duftend, saftig und ausgewogen, „burgundischer" Einschlag, malzige Note, auch Blutorange, sehr hübscher, einschmeichelnder Nussberger klassischer Prägung.

★★★ K €€€€ GS
2021 Ried Preussen-Nussberg Wiener Gemischter Satz 1ÖTW + Zunächst reduktiv und ziemlich verkapselt, Anklänge von Wermutkraut und Melisse, feinkörnig und verspielt, auch elegant, aber zurückhaltend, gute Ansätze, abwarten.

★★★★★ K €€€€€ GS TOP
2021 Ried Langteufel-Nussberg Wiener Gemischter Satz 1ÖTW + Ein exotischer Früchtecocktail im Bukett, Ananas und Salzmandeln, pointiert wie reichhaltig, auch spannungsgeladen, besitzt die puristische Ader dieser exemplarischen Nussberger Riede, satter Schmelz und viel Finesse, die vornehme gelbe Frucht hält bis zum langen Nachhall durch.

WIEN

★★★ K €€€€ CH
2021 Nussberg Chardonnay + Zarter Rauchton in der Nase, etwas nach Banane und Erdnuss, von der Eiche bloß dezent umrahmt, viel Spiel und Schwung, markanter Säurefonds, deutlich verbessert.

BIO

Weingärtnerei
Peter Uhler

Peter Uhler
1190 Wien, Hackenberggasse 29/7/4
Mobil +43 660 533 75 51
peter.uhler@chello.at, www.weinuhler.at
3,2 Hektar, W/R 90/10, 12.000 Flaschen/Jahr

Musik & Wein, da tauchen gleich viele Parallelen auf. Peter Uhler hat es mit Leidenschaft und viel Einfühlungsvermögen geschafft, sich auch beim Wein auf unterschiedliche Interpretationen einzulassen. Eine Hälfte seiner Rebfläche steht am Nussberg, die andere am Reisenberg. Die biologisch-dynamische Bewirtschaftung ist für Peter Uhler der zeitgemäße Weg, und wenn man den sympathischen Winzer persönlich kennengelernt hat, schlüssig und nachvollziehbar. Der Jahrgang 2022 ist ganzheitlich sehr gut gelungen, einige Weine stecken noch naturgemäß in den Kinderschuhen, die Verkostung über mehrere Tage hat das Entwicklungspotenzial aufgezeigt. Feinfühligkeit und Tiefgang – immer mit großem Trinkvergnügen verknüpft – zeichnen die aktuelle Serie aus. Der Rosé „Monia" hat bereits in den letzten Jahren öfter aufhorchen lassen, 2022 ist er wieder besonders gut geglückt, der Sommer kann kommen! *gh*

WIENER GEMISCHTER SATZ DAC

★★★ S €€€ GS
2022 Wiener Gemischter Satz Ried Mitterberg + Leicht rauchig, zart und unaufdringlich, feine gelbfruchtige Aromenvielfalt, etwas Marille, dunkle Zitrusnoten, vermittelt Mineralität; Frucht intensiviert sich auf dem Gaumen, reife Agrumen, Limonenzesten, Zitronenmelisse, Hawaii-Ananas, etwas Paprika, alles kühl ausgeprägt, zeigt viel Frische.

★★★ S €€€ GS
2022 Wiener Gemischter Satz Ried Reisenberg + Seidige gelbe Frucht, Honigmelone, saftige grüne Birne, fein strömend, etwas Blütenhonig, elegant angelegt; passende Säurestruktur, jugendlich frisch, es dominieren feine, animierende Zitrusnoten, Kumquat, etwas Steinobst, florale Akzente, klingt lebendig aus.

★★★★ S €€€ GS **TIPP**
2022 Wiener Gemischter Satz Ried Obere Schos + Hochfeiner, vielschichtiger Fruchtkorb, Birnenaromen leicht im Vordergrund, gelbe Kriecherln, rotbeerige Assoziationen, präzise Zitrusnoten; kann auf dem Gaumen weiter zulegen, alles perfekt abgestimmt, strukturiert, feinfühlig, elegante Frucht, reifer Pfirsich, vibrierende, kalkige Ausprägung, zeigt viel Spannung, punktet mit Eleganz, langer, leicht salziger Abgang.

WIEN

★★★ S €€€ GM
2022 Gelber Muskateller Ried Reisenberg + Blitzsauberer, fruchtgeprägter Beginn, Mandarinenfilet, Pfirsich, Orangenzesten, Holunderblüte und Muskatblüte, alles fein ausgeprägt; vermittelt viel Frische, lebendige Säure, helle Zitrusnoten, gelbe Grapefruit, straff und richtig animierend.

★★★ S €€€ GV
2022 Grüner Veltliner Ried Langteufel + Knackiger grün-gelber Apfelmix, weißer Pfirsich, frische Blüten, Anklänge an Veilchen, von Kräuterwürze unterlegt; wieder viele Apfelaromen, straff, feinkörnig, passende leichte Herbe, rosa Grapefruit, getrocknete Kräuter, Oregano, feiner weißer Pfeffer im schwungvollen Finish.

★★★ S €€€ GV
2022 Grüner Veltliner Ried Reisenberg „Der Jubilar" Reserve + Getrocknete Kräuter, zeigt viel Würze, Apfelaromen, frische, präzise Zitrusnoten; druckvoll, rosa Grapefruit pur prägt positiv den Gaumen, etwas grüner Apfel, weißer Pfeffer im lebendigen, salzigen Finish, gute Persistenz, sicheres Potenzial.

★★★ S €€€ RI
2022 Riesling Ried Reisenberg + Leicht rauchig, etwas Weingartenpfirsich, dunkle Zitrusnoten, Frucht intensiviert sich mit Luft, präzise, vermittelt kühle Frische; auf dem Gaumen dominiert die blitzsaubere, knackige Marille, auch gedörrte Frucht, animierende Säurestruktur, exotische Anklänge, schwungvolles Finish, bleibt haften.

★★★ S €€€ CW **TIPP**
2022 Burgundercuvée Ried Ring „Grinzinger Kirchturm" + (CH/WB) Ganz feine Fruchtausprägung, Birnennoten, Quitte, Walnuss, Zitrusaromen bringen Struktur und Frische; kann auf dem Gaumen weiter zulegen, guter Druck, feingliedrig, kalkige Assoziationen, klingt mit angenehmer, zarter Herbe animierend aus.

★★★ S €€ CR
2022 Rosé „Monia" Ried Reisenberg + (ZW/PN/BP) Zart strömende, frische Frucht, Kirsche, etwas Erdbeere, dunkle Zitrusnoten, kräuterwürzig, alles fein ausgeprägt; wird auf dem Gaumen deutlich intensiver, saftig, ungemein animierend, Säure und dezenter Gerbstoff sehr gut abgestimmt, Orangenzesten und Mandarinenfilet im Nachhall.

Weingut **Wieninger**

Ing. Fritz Wieninger
1210 Wien, Stammersdorfer Straße 31
Tel. +43 1 290 10 12
weingut@wieninger.at, www.wieninger.at
55 Hektar, W/R 70/30, 500.000 Flaschen/Jahr

Das Weingut Wieninger bewirtschaftet Lagen auf beiden Seiten der Donau, am Bisamberg und in Döbling, biodynamisch. Es sind ungemein spannende Weine, die immer Frische und Leben ausstrahlen – immer authentisch, charaktervoll, nachhaltig und immer WIEN.

Es steht schon die nächste Generation am Start. Die Geschwister Wieninger schufen im Jahr 2022 gemeinsam ihre ersten Weine – einen Sauvignon Blanc namens SOMA und einen Blaufränkisch namens KASOMA aus Stammersdorfer Lagen. Aber hallo, Hut ab.

Doch noch hat der Vater das Zepter in der Hand. Er lässt seine Weine in Form von verschiedenen Gemischten Sätzen sprechen. 2022 Rosengartel und 2021 Ulm stechen da hervor. Ein 2021 Chardonnay Grand Select gehört zu den besten des Landes. Der 2021 Pinot Noir Grand Select ist fraglos Weltklasse. Neu ist ein 2017 Sekt Brut Nature Große Reserve aus Pinot Noir, der Hauptspeisen wunderbar begleitet.

Hier findet jeder Weinfreund seinen Wein auf höchstem Niveau. *as*

WIENER GEMISCHTER SATZ DAC

★★ S €€€ GS
2022 Wiener Gemischter Satz DAC + Ungemein kräuterwürzig, frische Säure, dezente Exotik, reife Äpfel und Birnen, stoffig, eng, Pomelo, Zitrus, unkompliziert, hervorragend.

★★★ K €€€ GS
2022 Wiener Gemischter Satz DAC Bisamberg + Burgundergeprägt, dunkel getönt, Birnenfrucht, salzig, griffig, einiger Tiefgang, druckvoll, langatmig, etwas Pfeffer, würzige Noten.

★★★ K €€€€ GS
2022 Wiener Gemischter Satz DAC Ried Falkenberg 1ÖTW + Grapefruit, Ananas, reifer Apfel, Blütenhonig, Zitrus, gelbe Früchte, zeigt Mineralität, toller Zug am Gaumen, langatmig. Ein Bisamberger vom Feinsten.

★★★★★ K €€€€€€ GS TOP
2022 Wiener Gemischter Satz DAC Ried Rosengartel 1ÖTW + Der Riesling dominiert, Pfirsich, Ananas, Orangenzesten, gelber Apfel, Honignoten, kalkig, salzig, Kräuterwürze, hochelegant, feine Würze, von adeliger Struktur, ein großer Wiener Wein voller Strahlkraft.

★★★★ K €€€€ GS
2021 Wiener Gemischter Satz DAC Ried Ulm 1ÖTW + Frische Kräuter, Steinobst, sehr elegant, nobel strukturiert, feinste Fülle, zeigt Finesse, ungemein langatmig, weißer Pfirsich, Nougat, etwas Pfeffer, Nüsse, vielschichtig. Einfach grandios.

WIEN

★★★ K €€€ PN
2017 Sekt Blanc de Noirs Brut Nature Große Reserve + (g.U. Wien, Méthode Traditionelle, 40 Monate auf der Hefe, 100 % Pinot Noir, degorgiert März 2023) Dunkel, ungemein salzig, Karamell, druckvoll, toller Körper, knochentrocken, geht voll in die Tiefe und Länge. Ein neues großartiges Produkt des Hauses Wieninger. Ein Schaumwein für die Tafel!

★★★ K €€€ CR
NV Sekt Rose Brut Nature Reserve Cuvée Katharina + (ZW/PN – g.U. Wien, degorgiert 30.01.2023) Himbeeren, Kirschen, Flieder, Kräuter, schlanke, doch feste Struktur, wunderbar trocken, anhaltend, zieht am Gaumen, griffig, dicht, toller Schaumwein.

★★★ K €€€ GV
2022 Grüner Veltliner Ried Herrenholz/Bisamberg + Rauchig, Tabak, Pfeffer, würzig, dunkle Tönung, druckvoll, Kräuterwürze, salzige Noten, klassischer Stammersdorfer.

★★★ K €€€€ GV
2022 Grüner Veltliner Ried Kaasgraben/Sievering + Kühl und elegant, dezente Exotik, Steinobst, Ananas, feinwürzig, Grapefruit, Mineralik pur, dichte Struktur, langatmig. Ein Langstreckenläufer.

★★★★ K €€€€€ GV
2022 Grüner Veltliner Ried Preussen 1ÖTW + Kräuterwürze, Steinobst, Blütenhonig, kalkige Aspekte, gelbfruchtig, dichte Struktur, dezente Exotik, tiefgründig, präsent am Gaumen, langatmig. Der geht seinen Weg.

★★★ K €€€€ RI
2022 Riesling Nussberg + Ananas, voller Finesse, vielschichtig, kalkig, ungemein kühl, kalkig, mineralische Ader, feingliedrig, immer stimmig, macht ungeheuren Spaß. Burgundischer Klang.

★★★★ K €€€€€ RI TIPP
2022 Riesling Ried Rosengartel 1ÖTW + Ein ungemein kalkiger Riesling, Ganztraubenpressung, enorm salzig, total eng, Orangenzesten, Steinobst, dicht strukturiert, enorme Substanz. Großer Wein!

★★★★ K €€€€€ RI TIPP
2022 Riesling Ried Preussen 1ÖTW + Ein herrlicher Riesling, hochelegant, Weingartenpfirsich, Marille, hellfruchtig, hochelegant, filigran, feines Säurespiel, dezente Kräuterwürze, ein grandioser Wiener Wein.

★★ S €€€ CH
2022 Wiener Chardonnay + Ein gediegener Wein, ausgewogen, straff, tolles Säurespiel, griffig, salzig, ziemlich dicht, Blüten, Nelken, Honigmelone, macht großen Spaß.

★★★ K €€€€ CH
2021 Chardonnay Select + Etwas Kaffee, dezent röstig, dunkel getönt, ziemlicher Grip, strukturiert, gute Länge, ungemein salzig, eine absolute Empfehlung.

★★★★ K €€€€€€ CH TIPP
2021 Chardonnay Grand Select + Kräuter, Gewürze, Honig, Vanille, etwas Karamell, perfekter Holzeinsatz, in sich harmonisch, ungemein gelbfruchtig, kompakt, salzig, rauchig, Mandarinen, Grapefruit, positive Reduktion, da steckt enorm viel drinnen. Ein Wein von internationaler Klasse.

★★★ K €€€€ PN
2021 Pinot Noir Select + Kirschen, Himbeeren, Zwetschken, Leder, Mandeltöne, griffig, dicht, immer elegant, überaus typisch, unglaublich hochwertig. Ein druckvoller Pinot Noir auf hohem Niveau. Vielleicht der beste Pinot Noir Select der Geschichte.

★★★★ K €€€€€€ PN TIPP
2021 Pinot Noir Grand Select + (Achtung: Es gibt von diesem außergewöhnlichen Pinot Noir nur 1300 Flaschen.) Das ist Pinot Noir von burgundischer Größe, Tiefe, kompromisslos, dicht, enorm strukturiert. Zwetschken, Kirschen, Waldbeeren, Tabak, salzig, etwas Unterholz, dezente Himbeeren, unglaublicher Tiefgang. Hier ist Weltklasse angesagt.

★★★ K €€€€€€ SL
2021 St. Laurent Grand Select + Weichsel, Lebkuchen, bisschen Nougat, fest und tief, Zwetschken, etwas Karamell, feines Tannin, elegant, ziemlich ausdrucksstark.

★★★ K €€€€€€ CR
2020 Danubis Grand Select + (CS/ME/ZW) Marzipan, Schokolade, Cassis, schwarze Beeren, reife Kirschen, dezent schotig, festes Tannin, ziemlich Bordeaux-like. Substanz für Jahrzehnte.

★★★ K €€€€€ ME
2020 Merlot Grand Select + Schokolade, feinstes Tannin, Hagebutten, hochelegant, vollmundig, schwarze Beeren, Kirschen, in sich harmonisch, ein Wein von großer Klasse. Viel Zukunft.

★★★ S €€€ CR
2019 Wiener Trilogie + (ZW/CS/ME) Reife Kirschen, Cassis, Brombeeren, Schokonoten, Zwetschken, Heidelbeeren, stoffig, ziemliche Substanz, balanciert, elegant, feinfruchtig, angenehmes Tannin. Das ist vielleicht der unterschätzteste Rotwein Wiens.

★★★ K €€€€ CW
2020 Beerenauslese Grinzinger + (RI/NB – 0,375-Liter-Flasche) Goldgelb, Marille, Orangenschalen, Ananas, tolles Säurespiel, exotisch, Mango, Maracuja, Honig, Pilze, perfekte Botrytis. Niemals zu süß, wunderbar zu trinken. Ewiges Leben.

VINOTHEKEN

1010 INNERE STADT

Julius Meinl am Graben GmbH
1010 Wien, Graben 19
Tel. +43 1 5323334
office@meinlamgraben.at
www.meinlamgraben.at

O boufés - Konstantin Filippou
1010 Wien, Dominikanerbastei 17
Tel. +43 1 512222910
www.konstantinfilippou.com

Tinto Rosso – Die Weinbar
Gerlinde Kast und Kurt Perko
1010 Wien, Dr.-Karl-Lueger-Platz 4b
Mobil +43 699 19995012
wein@tintorosso.at

Vinothek St. Stephan
1010 Wien, Stephansplatz 6
Tel. +43 1 5126858
info@vinothek1.at
www.vinothek1.at

Vinothek Unger & Klein
1010 Wien, Gölsdorfgasse 2
Tel. & Fax +43 1 5321323
weinbar@ungerundklein.at
ungerundklein.wine

Wein & Co Schottentor
Shop.Bar
1010 Wien, Universitätsring 12
Tel. +43 5 07 06 3142
lue@weinco.at

Wein & Co Stephansplatz
Shop.Bar.Restaurant
1010 Wien, Jasomirgottstraße 3-5
Tel. +43 1 50706-3121
jasbar@weinco.at

Zum Schwarzen Kameel
1010 Wien, Bognergasse 5
Tel. +43 1 5338125
info@kameel.at, www.kameel.at

Billa Corso Hoher Markt
1010 Wien, Hoher Markt 12
office.hohermarkt@billa.at
www.billa.at/unsere-maerkte/corso/billa-corso-hoher-markt

1020 LEOPOLDSTADT

Barolista – Piemontweine
1020 Wien, Alliiertenstraße 12
Tel. + 43 1 2126951
info@barolista.at, www.barolista.at

Vinothek Zawadil
1020 Wien, Freudenau 255
Tel. +43 1 7266628, +43 664 3846223
vinothek@zawadil.at, www.zawadil.at

1030 LANDSTRASSE

Heunisch & Erben
Weinbar – Restaurant – Weinhandel
1030 Wien, Landstrasser Hauptstrasse 17
Tel. +43 1 2868563
erben@heunisch.at, www.heunisch.at

Weinskandal
1030 Wien, Ungargasse 28 (im Hof)
Mobil +43 676 83858182
shop@weinskandal.at, www.weinskandal.at
Öffnungszeiten: Mo–Fr 15–18 Uhr

Lingenhel
1030 Wien, Landstraße Hauptstraße 74
Tel. +43 1 7101566
office@lingenhel.com

1040 WIEDEN

Eulennest Vinothek in Wieden
Stefan Friedenreich
1040 Wien, Operngasse 30
Tel. +43 1 8902272
eule1040@eulennest.at, www.eulennest.at

Edelgreisslerei Opocensky
1040 Wien, Favoritenstrasse 25
Tel. +43 1 5036311
office@opocensky.at, www.opocensky.at

Pro Vino Lang & Partner KEG
1040 Wien, Große Neugasse 6
Tel. +43 1 5815040
provino@aon.at

1050 MARGARETEN

Pub Klemo Weinbar Wien
Robert Brandhofer
1050 Wien, Margaretenstraße 61
Mobil +43 699 11091332
info@pubklemo.at, www.pubklemo.com

Vinothek La Cave
Catherine Sajus & Michael Klonfar
1050 Wien, Bacherplatz 12
Tel. +43 1 5447383
vinothek@lacave.at, www.lacave.at

1060 MARIAHILF

Wein & Co Bar Am Naschmarkt
1060 Wien, Getreidemarkt 1
Tel. +43 5 07 06 3101
nas@weinco.at

Wein & Co Cáfe Bar
Peter Hainz
1060 Wien, Mariahilfer Straße 36
Tel. +43 50706 3020
mar@weinco.at, www.weinco.at

1070 NEUBAU

Vinonudo
1070 Wien, Westbahnstraße 30
Mobil +43 650 8215552
office@vinonudo.at
www.vinonudo.at

Wein & Co Mariahilfer Straße
Shop & Bar
1070 Wien, Mariahilfer Straße 36
Tel: +43 5 07 06 3020
mar@weinco.at

1080 JOSEFSTADT

La Trouvaille
Bücher & Weine
1080 Wien, Blindengasse 2
Mobil +43 699 888 16590
info@la-trouvaille.com
www.la-trouvaille.com

VINOE Die Niederösterreich-Vinothek
1080 Wien, Piaristengasse 35
Tel. +43 1 4020961, Mobil +43 676 7879959
vinoe@aon.at, www.vinoe.at

1090 ALSERGRUND

Hofkellerei im Gartenpalais Liechtenstein
Vinothek und Bar (mit Garten)
1090 Wien, Fürstengasse 1
Tel. +43 1 3195767 300
vinothek@hofkellerei.at
www.hofkellerei.at/de/vinothek-bar.html

Mast
1090 Wien, Porzellangasse 53
Tel. +43 1 9226679
contact@mast.wine
www.mast.wine

Walletschek
Weinversand Café Vinothek Greißlerei
1090 Wien, Sobieskiplatz 8
Tel. +43 1 3151061, Mobil +43 664 2103206
cafe.walletschek@chello.at
www.walletschek.at

1130 HIETZING

1130 Wein Vinothek
Robert Sponer-Triulzi
1130 Wien, Lainzerstrasse 1 Top5
(gegenüber Altgasse 27)
Mobil +43 699 18000002
vinothek@1130wein.at
www.1130wein.at

Wein & Co Hietzing
Shop & Bar
1130 Wien, Hietzinger Hauptstraße 22
Tel. +43 5 07 06 3171
hie@weinco.at

1180 WÄHRING

Vinophilia & Cetera
1180 Wien, Währinger Straße 145
Tel. +43 1 4700 1110
office@vinophilia.at
www.vinophilia.at

1190 DÖBLING

Wein & Co Muthgasse
Shop & Bar
1190 Wien, Muthgasse 56-58
Tel. +43 5 07 06 3081
mut@weinco.at

1210 FLORIDSDORF

Wein & Co Wien Nord
Shop
1210 Wien, Seyringer Straße 6-8
Tel. +43 5 07 06 3211
ssp@weinco.at

NEUSIEDLERSEE

Im Norden und Osten des Neusiedlersees breitet sich das nach ihm benannte Weinbaugebiet bis zur ungarischen Grenze aus. Es reicht von den Hügeln der Weinstadt Gols über den flachen Heideboden bis hinunter in den beschaulichchen Seewinkel. Die wichtigsten und bekanntesten Weinbauorte sind Gols, Mönchhof, Halbturn, Podersdorf, Frauenkirchen, Illmitz, Apetlon und Andau.

Durch die Einführung der DAC Neusiedlersee im Jahre 2011 hat sich das Weinbaugebiet etwas verkleinert; die am Westufer des Sees gelegenen Gemeinden Jois und Winden gehören nunmehr nicht mehr zum Weinbaugebiet Neusiedlersee. Weine, die dort gewachsen sind, tragen entweder die DAC Leithaberg oder die Herkunft Burgenland.

Die österreichweite Tendenz zur Auspflanzung von Rotweinen hat dazu geführt, dass einstige Weißweinzentren wie Gols zu Rotwein-Hochburgen geworden sind. War früher der Trend zu französischen Sorten wie Cabernet Sauvignon, Merlot und Syrah kaum aufzuhalten, so ist seit einigen Jahren die Rückbesinnung auf Zweigelt, St. Laurent und Blaufränkisch merkbar. Es gibt zwei DAC-Stufen, nämlich „Neusiedlersee DAC“ für trockenen Zweigelt und alle fruchtsüßen weißen Qualitätsweinrebsorten (Restzucker mindestens 45 g/l) und „Neusiedlersee DAC Reserve“ (Zweigelt trocken und edelsüße weiße Qualitätsweinrebsorten mit ebenfalls mindestens 45 g/l Restzucker).

Die große Wasserfläche des Neusiedler Sees wirkt stabilisierend auf Temperatur und Luftfeuchtigkeit und kann auch die im Jahresschnitt sehr geringe Niederschlagsmenge zum Teil wettmachen. Dieses klimatische Phänomen bewirkt im Verein mit den meisten Sonnenstunden Österreichs eine hohe Zuckerreife. Diese wirkt sich auch positiv aus für jene Zonen, die für die Gewinnung hoher und höchster Prädikatsweine geeignet sind. Das Zentrum der Süßwein-Produktion liegt im Seewinkel im äußersten Süden des Gebietes rund um Weinbauorte wie Podersdorf, Illmitz und Apetlon. Vor allem die seenahen Lagen profitieren von der fast regelmäßig auftretenden Botrytis – Prädikate wie Beerenauslese (BA) und Trockenbeerenauslese (TBA) können in manchen Jahrgängen in erheblichen Quantitäten erzeugt werden. In Jahren, in denen der Herbst trocken verläuft, wird versucht, mittels der Eisweinerzeugung oder der Kelterung von Strohweinen bzw. Schilfweinen, Abhilfe zu schaffen. Viele Süßwein-Spezialisten haben mit aromatischen Sorten wie Scheurebe (Sämling), Muskat-Ottonel oder Traminer besonders überzeugen können, aber auch mit Welschriesling, Chardonnay und Weißburgunder.

6.110 Hektar Weinanbaufläche
Die wichtigsten Rebsorten:
Welschriesling, Zweigelt

BIO

Weingut
Paul Achs

Paul Achs
7122 Gols, Neubaugasse 13
Tel. +43 2173 2367, Fax -7
office@paul-achs.at, www.paul-achs.at
25 Hektar, W/R 20/80, 150.000 Flaschen/Jahr

Paul Achs hat das sehr gute Rotweinjahr 2021 offensichtlich wieder dazu genutzt, bereits im roten „Mittelbau" jene elegante, unaufdringliche Stilistik zu realisieren, für die das Weingut schon seit vielen Jahren bekannt ist. Diese kommt im fruchtbetonten und charmanten Pannobile ebenso zum Ausdruck wie im wesentlich härteren, doch archetypischen Syrah 2021. Ein besonderer Coup ist jedoch mit dem hinsichtlich Fruchtexpression unübertrefflichen 2022er Zweigelt Alte Reben geglückt – der 2021er ist aufgrund der geringen Menge bereits vergriffen –, der einfach Begeisterung entfacht und große Vorfreude auf den kommenden Rotweinjahrgang weckt.
Erst jetzt auf den Markt gekommen ist der Blaufränkische aus der Top-Lage Spiegel, der ganze fünf Jahre in einem großen, 3000 Liter fassenden Holzfass heranreifen durfte. Das Ergebnis kann sich wirklich schmecken lassen, denn dieser „unplugged" bereitete Blaufränkische präsentiert sich nun immer ausgeglichener und charaktervoller, wobei Sorten- und Lagencharakter freilich auf andere Art, nämlich in einer ungewohnt hellfruchtigen und dezenten Weise zur Geltung kommen. Aus der Trilogie der Lagen-Blaufränkischen ragt diesmal der ungemein elegante und komplexe Spiegel hervor, der die Struktur und Strahlkraft dieser kalkreichen, zwischen Salzberg und Gabarinza gelegenen Riede auf das Trefflichste zum Ausdruck bringt. Während der kernige wie dunkelfruchtige Ungerberg-Blaufränkische noch etwas Flaschenreife genießen sollte, zeigt der Altenberg aus dem kühleren Jahrgang 2020 schon jene Attribute, die ihm in den Jahren 2016, 2017 und 2019 jeweils die Vinaria-Höchstwertung eingebracht haben. *vs*

BURGENLAND

★★ S €€ MO
2022 Muskat Ottonel + Orangenblüten, ein Hauch von Zimt, cremig und rund, schlank bei weicher Textur, schon genussreif, pannonisch anmutender Aperitif.

★★★ K €€€€ CH
2021 Chardonnay Alte Reben + Reduktiv-hefiger Start, findet jedoch rasch zur Harmonie, Bananenchips und Toastbrot, etwas Ananas, dezenter Holzeinsatz, satter Schmelz und einiger Fruchtcharme, erst am Beginn.

★★★★ S €€€€ ZW TIPP
2022 Zweigelt Alte Reben + Maulbeeren und Schwarztee im weit ausholenden Bukett, geht gleich in die Tiefe, ausgereift wie engmaschig, dichte Textur und laserartige Definition, Herzkirschen und Waldbeeren, elegant, auf feinkörnigen Tanninen ausklingend.

★★★ K €€€€ SY
2021 Syrah + Wildbret, Jod und ein wenig Himbeeren, leichte Reduktion, doch hohe Sortentypizität, dunkelfruchtiger Aromenreigen am Gaumen, saftig und zupackend, kühl, lebhaft wie markant, viel Biss.

★★★ K €€€€€€ PN
2021 Pinot Noir Reserve Selektion P + Traubig und offenherzig, Granatäpfel und Orangenzesten, noch etwas verkapselt, doch feinmaschig und konturiert, gute Substanz, rotbeeriges Fruchtspiel, harzige Untertöne, benötigt noch (viel) Flaschenreife.

★★★ K €€€€ CR
2021 Pannobile + (BF/ZW) Beginnt mit Hefeteig, dunkle Kirschen und Brombeeren folgen prompt, reichhaltig und charmant, viele Details und frühe Balance, fruchtbetont, fleischig und geschmeidig, von passender Säure umrahmt.

★★★★ K €€€€€ BF TIPP
2017 Blaufränkisch Reserve + Vorerst Waldboden und Irisch Moos, zurückhaltend, aber feinkörnig und in sich ruhend, helles, rotbeeriges Fruchtspiel, zahlreiche Nuancen, leichte Extraktsüße, quasi im Stil von anno dazumal, wird immer attraktiver.

★★★★ K €€€€€€ BF TIPP
2021 Blaufränkisch Ried Spiegel + Intensives, feingliedriges Duftspiel nach Holunder und Weichseln, glockenklar und animierend, vielschichtig und hochelegant, bringt die kalkreiche Lage so richtig zum Klingen, viel Temperament und Biss, Zitrushauch im langen Nachhall – Chapeau!

★★★★ K €€€€€€ BF
2021 Blaufränkisch Ried Ungerberg + Herb-würziges Bukett nach Vogelbeeren und Granatäpfeln, erdiger Touch, kernig und robust, tintiger, noch etwas ungestümer Blaufränkisch-Charakter, herzhaft und tanninreich, viel Biss, wird von Flaschenreife noch profitieren.

★★★★ K €€€€€€ BF TIPP
2020 Blaufränkisch Ried Altenberg + Noble, ganz dunkelfruchtige Aromen, Brombeeren und Schlehen, auch Tintenblei und nussige Würzenote, vielfältig und fest verwoben bei mittlerem Volumen, reintönig wie fein strukturiert, salziger, tanniniger Abgang, hier wurde vermutlich das Maximum aus dem Jahrgang herausgeholt.

★★★ (crowns)

Weingut
Werner Achs

Werner Achs
7122 Gols, Golberg 5
Tel. & Fax +43 2173 23900
kontakt@wernerachs.at, www.wernerachs.at
11 Hektar, W/R 0/100

Werner Achs keltert an sich nur zwei Rotweine – einen Zweigelt aus der Ried Goldberg, welcher einer der besten des Landes ist, und die Rotweincuvée XUR, ebenfalls eine der größten unter den hiesigen Kreszenzen. In großen Jahrgängen – davon haben wir in letzter Zeit einige – gibt es den WERNER ACHS ausschließlich in Magnumflaschen. Also maximal drei Weine, die im Nu ausverkauft sind. Er konzentriert sich auf diese drei Gewächse, die wahrlich außergewöhnliche Qualitäten darstellen.

Aktuell stehen der 2022 Zweigelt Ried Goldberg und die 2021 XUR am Start. Die gehen ihren Weg. Gesicherte Zukunft. Dann gibt es aus dem Jahrgang 2020 eben den WERNER ACHS nur in Magnum. Potenzial für ein Leben. Diese drei Rotweine traue ich mir, in jede Verkostung mit internationaler Beteiligung zu stellen. Ich bin sicher, dass sie sehr gut abschneidenwürden.

Zu bemerken wäre noch, dass Werner Achs ein Händchen für die richtige Wahl des Holzfasses für den Ausbau seiner Weine hat. Ein wichtiger Baustein im Weinbau. *as*

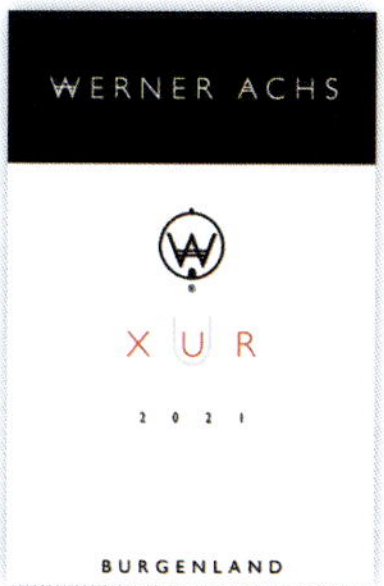

BURGENLAND

★★★ **S €€ ZW**
2022 Blauer Zweigelt Ried Goldberg + Schwarze Kirschen, Johannisbeeren, Vanille, Pflaumen, Heidelbeeren, Kaffee, bestens unterlegtes Holz, Schoko, fest strukturiert, perfektes, präsentes Tannin mit dem Hinweis auf samtige Fülle, dezent röstig, pikante Säure, natürlich noch viel zu jung, ungemein präzise. Das wird – ist – ein großer Zweigelt, das ist großer Stoff, immens dicht, einen einnehmend männlichen Charme ausspielend. Vielleicht der beste Zweigelt ever mit einem unschlagbaren Preis-Leistungs-Verhältnis. Einige Zukunft.

★★★★ **K €€€€€ CR** TIPP
2021 Xur + (BF/ZW/SL) Tiefschwarz-violett, schwarze Kirschen, Brombeeren, Heidelbeeren, Cassis, Zwetschken, Blutorangen, Nougat, straffes Tannin, tiefgründig, enorme Dichte, würzig, fein verwobenes Tannin, klebt förmlich am Gaumen, pfeffrige Noten, von kraftvoller Finesse, enormer Ausdruck, salzig. Das ist Rotwein von außergewöhnlicher Klasse, mit einer Präsenz am Gaumen, wie es nur die besten dieser Welt haben. Substanz für Jahrzehnte.

★★★★★ **K €€€€€€ CR** TOP
2020 Werner Achs+ (BF/ME, MAGNUM) Tiefschwarz-violett, rote und schwarze Beeren, Maulbeeren, Cassis, kühles Aroma, Blutorangen, Nougat, Vanille, ein großartiger Rotwein von tiefgründiger Eleganz, bei aller Kraft niemals belastend oder ausladend, das Tannin tapeziert den Gaumen, perfekter Holzeinsatz, enorm ausdrucksstark und dicht, dabei immer ausgewogen, von innerer Harmonie durchzogen. Ein wahrlich edler Rotwein. Hier ist ein absoluter Spitzenwinzer am Werk, der sein Handwerk versteht.

Weingut
AMSEE Pirker-Preisinger

Franz Pirker
7122 Gols, Neubaugasse 19
Mobil +43 664 750 386 76
office@wein-amsee.at, www.wein-amsee.at
W/R 5/95

„Freude am Wein und Genuss" – diese Leidenschaft von Franz Pirker löste vor rund zehn Jahren aus, dass er das Weingut AmSee in sein Leben brachte. Da Pirker zwar klare Weinvisionen hatte, aber keine Weingärten, fand er mit seinem langjährigen Winzerfreund Helmut Preisinger aus Gols einen kongenialen Partner. 2012 haben sie mit AmSee klein angefangen. Klein und fein ist noch heute das Sortiment und zieht sich dabei über mehrere Jahrgänge.

Das kleine Weißweinsegment beschränkt sich im Wesentlichen auf den Chardonnay, der einfach frisch-fruchtig über den Gaumen läuft – was dieser Wein in seiner Anmutung mit dem jungen Zweigelt vom Golser Goldberg teilt.

Viel zu sagen hat Pirker in Rot. Die Ausrichtung liegt dabei auf langem Holzausbau für kräftige und langlebige Lagenweine. Auf der aktuellen Weinkarte stehen gerade ein Cabernet Franc aus dem 2019er-Jahr, der sich im gebrauchten Holz entwickelte und daher schon im Programm ist.

Sehr jugendlich zeigen sich die beiden 2017er Roten, sie sind noch etwas hart, stehen mit straffer Holztönung und zarter Frucht da. Die Weine sind erst am Beginn ihrer Zeitreise – und wer sie jetzt schon öffnet, sollte unbedingt die Weinkaraffe zur Aromenentwicklung nehmen. Der Blaufränkisch V36 – das 36 steht für 36 Monate Eichenfass-Lagerung – kommt von der Ried Altenberg, ein Südwesthang am Rand der Parndorfer Platte. Der Cabernet Sauvignon aus der Lage Alte Satz, ein sanfter Südwesthang am Ortsrand von Gols, atmet auch drei Jahre im Barrique mit einem großen Neuholzanteil. Alle AmSee-Weine sind mit Glasverschluss zugemacht. *hp*

BURGENLAND

★★ G €€ CH
2022 Chardonnay + Viel Kräuterwürze, Streuobstwiese, Heu, mehr Kräuterfrische als Frucht; bisschen metallisch, schlanker, geradliniger Chardonnay mit salziger Frucht, Maracuja und Zitrusaromatik.

★★★ G €€ ZW **FUN**
2022 Zweigelt Ried Goldberg + Rauchig, Lebkuchen, Kirschen, ziemlich sortentypisch; geradliniger, mittelgewichtiger Zweigelt mit viel Kirschfrucht, auch Ribiseln, dezente Würze, rund und süffig, mittellang.

★★★ G €€€ CF **TIPP**
2019 Cabernet Franc + Betörender Duft, kräuterwürziges Cassis, gute Tiefe; rauchige Würze, ziemlich röstig, jugendlich, viel Ribisel und kerniges Cassis, eigenständiger, griffiger Charakterwein, gute Länge. Potenzial gegeben.

★★★ G €€€€€ BF
2017 Blaufränkisch V36 + Ziemlich üppige, teilweise rosinige Fruchtaromen, Pflaumen, gibt viel Fülle vor, röstige Mokka-Noten; wirkt am Gaumen noch immer jugendlich, viel Holz, straffes Tannin, ätherisch, Tannenzapfen, Heidelbeere, Weichseln, braucht Belüftung.

★★★ G €€€€€ CS
2017 Cabernet Sauvignon Alter Satz + Rauchig, dunkle Würze, Tannenreisig, Frucht etwas im Hintergrund, reifes Cassis; am Gaumen noch vom Holz belegt, kühle Rauchigkeit, dominantes Toasting, schüchterne Frucht, Johannisbeeren, Schwarzbeeren. Dekantieren!

Weingut
Zur Dankbarkeit

Christine Glück & Mitges.
7141 Podersdorf, P.A. Winklergasse 30
Tel. +43 2177 2829, weingut@dankbarkeit.at
www.weingutzurdankbarkeit.at
11 Hektar, W/R 50/50

Schon das fünfte Jahr führen Christine und Andreas Glück das Podersdorfer Weingut zur Dankbarkeit und den dazugehörigen Heurigenbetrieb. Die junge Generation hat dabei schon mutig ihre Weinzukunft verändert, jedoch die Traditionen aus 90 Jahren Weinbau mitgenommen. „Wir fahren zwei Linien. Die ‚frischer Wind Weine' bilden die Ideen von uns Jungen ab. Die gehaltvollen kräftigen Weine, sichtbar mit einer Feder am Etikett, sind unsere Tradition", erzählt Andreas Glück, der den Keller macht. Seine Frau Christine, die in der Dankbarkeit aufgewachsen ist, macht die Buschenschank.
Tradition, das heißt Burgundersorten und Süßwein. Auch der dreifache „Haustrunk" gehört dazu: Dankbarkeit in Weiß, Rosé und in Rot. Die Neuausrichtung der Jugend zielt auf Grüner Veltliner und Blaufränkisch. Diese Sorten waren zwar immer im Betrieb, doch werden sie jetzt auch sichtbar und mehr. Beim Veltliner spielt man sich schon mit 1,5 Hektar. In diesen Weinen spürt man die Aufbruchstimmung. Mit Holzausbau konnte man hierimmer schon gut umgehen. Das junge Blaufränkisch-Abenteuer, das Christine Glück injiziert hat, profitiert davon. Der aktuelle 2017er war 13 Monate im Holz. Gelungen! ***hp***

NEUSIEDLERSEE DAC

★★ S €€ ZW
2020 Zweigelt + Mix an Beeren, Heidelbeeren, vor allem Kirschen, dezente Würze, viel Zweigelt-Charme; feste Säure, würzige Tannine, Schwarzkirschen, lebhafte Säure.

★★★ S €€€ WR
2020 Welschriesling Beerenauslese Ried Schrammel Reserve + Honigmet, Birnenkompott, vielschichtig; straffer Zug einerseits, viel Waldhonig andererseits, Maracuja, Kräuterwürze, Kamille, rund, gewisse Länge.

★★★★ S €€€ WR TIPP
2020 Welschriesling Trockenbeerenauslese Ried Schrammel Reserve + Waldhonig, dezente Würze, Maracuja und Bratapfel, feiner Schliff; viel Honigschmelz, Karamellnoten, süßes Toasting, schokoladig, fleischig-üppige Frucht, harmonisch, balanciert, lang.

BURGENLAND

★★★ S € WR
2022 Welschriesling + Knackige Birnen, grüner Apfel, Zitronenzesten, Heuduft; Zitrusfrische, feine Linien, beschwingter, leichtfüßiger Terrassenwein im Retro-Etikett.

★★★ S € GV
2022 Grüner Veltliner + Weißpfeffer-Würze, Quitten, Blutorangenzesten, rauchig, kühl; Leichtwein mit Frische und viel Zitrus, etwas salzig, balanciert, trinkvergnüglich.

★★ S €€ CW
2021 Dankbarkeit Weiß + (PB/CH/NB) Anfangs reduktiv, straffe, würzige Noten, nussig, Kräuteranflug; weich und mollig, cremiges Fruchtjoghurt, Maracuja, Ananas, Schmeichler.

★★★ S €€€ GV PLV
2021 Grüner Veltliner Franziska + Schwarzpfefferwürze, dezent salzig, viel Frische, Äpfel wie Birnen; straffe, rauchige Veltliner-Typizität, grüne Ananas, frisch, würzig, harmonisch.

★★★ S €€€ CH
2021 Chardonnay Barrique + Weißes Nougat, füllige Fruchtexotik, sautierte Pilze, leicht röstig; charmant cremig, Manner Schnitten, dunkle Schokolade; Vanillecreme, Pilze, Röstnoten, Kakao, feiner Holzeinsatz, mittellang.

★★★★ S €€€ PG TIPP
2021 Pinot Gris + Wacholder, Kräuterwürze, Orangenzesten; reife Südfrüchte, rosa Grapefruit, Maracuja, Haselnussschnitten, junger, wuchtiger Burgunder mit Länge und Entwicklungspotenzial.

★★★ S €€€ CW
2021 Wiedehopf + (PG/CH/GM) Aromatisch, mehr schotige Noten als burgundische Züge; straffe, salzige, von Holunderblüten geprägte Textur, cremig, eigenständiger, aromatischer Burgunder.

★★★ S €€ CR
2021 Dankbarkeit Rot + (ZW/BF) Wirkt leicht und frisch, rotbeerig, dezente Würze und etwas Tannin, Kirschschokolade; Mokka, Tabak, Ribisel, Stachelbeeren, jugendlich, aber bereits süffig.

★★★ S €€ BF PLV
2017 Blaufränkisch + Schwarzkirschen, Weichseln, dunkle Schokolade, röstig; einiges Volumen, üppige Frucht, Pflaumen, Sauerkirschen, noch jugendlich, Holz ist markant, aber nicht überpräsent, Gerbstoffbiss, gute Länge.

★★★ S €€€ PN
2020 Pinot Noir + Erdige Noten, Walderdbeeren, schwarzbrotig, Lakritze, dunkle Schoko; Pfefferkuchen, Ribiselfrucht, reife Kirschen, Lebkuchen, Pinot mit Volumen.

Weingut
Alexander Egermann

Alexander Egermann
7142 Illmitz, Apetlonerstraße 28
+43 2175 3293, wein@alexander-egermann.at
www.alexander-egermann.at
20 Hektar

Wer ist Alexander Egermann? Ein Weinverrückter. Da wird alles andere untergeordnet. Ein Perfektionist. Ein kompromissloser Arbeiter im Weingarten und Keller. Perfekte Laubarbeit, Traubenreduktion, perfektes Wassermanagement. Die Böden der Lagen sind vielfältig. Sand, Schotter, Schwarzerde – oder die Kombination aller. Auch Lehm findet man hier.

Die Weine von Egermann sind spannend, dabei immer von fast spielerischer Intensität.

Zu den Weinen – wo beginne ich, wo höre ich auf? Also, ich beginne mit dem 2021 Weißburgunder, welcher ein wunderbarer Wein ist, noch viel zu jung. Das ändert sich ab sofort. Der Chardonnay 2021 zeigt seine Klasse, doch offenbaren wird er diese erst in den nächsten Jahren. Der Zweigelt 2021 ist von unnachahmlicher Trinklust. Ein selten guter Zweigelt. Beim 2019 Zweigelt Reserve Ried Römerstein wird es sehr ernsthaft. Da haben wir es mit einem außergewöhnlichen Rotwein zu tun. Ganz große Klasse. Die beiden Reserveweine vom Merlot und Cabernet Sauvignon – beide 2021 – sind von einer Intensität, die ihresgleichen sucht. Ein noch changierender Merlot, der seinen Weg gehen wird, und ein unglaublich männlicher Cabernet Sauvignon mit enormen Zukunftsperspektiven.

Alexander Egermann gilt als großes Winzertalent. Ich meine, er ist schon darüber hinaus – er zählt schon zu den wichtigsten. *as*

NEUSIEDLERSEE DAC

★★ K €€€ ZW
2021 Zweigelt + Schoko-Kirsch, rote & schwarze Beeren, Waldbeeren, Zwetschken, Hagebutten, kühl, unglaublich jugendlich, stoffig, straffes Tannin, doch ist immer Trinklust garantiert, der pickt am Gaumen, ist präsent, ein starker Zweigelt mit viel Zukunft.

★★★ K €€€€ ZW
2019 Zweigelt Reserve Ried Römerstein + Was für ein Aroma, Waldbeeren, Pilze, Kräuter, Heidelbeeren, Brombeeren, Lebkuchen, Weichsel, Zwetschke, Himbeeren, perfekt unterlegtes Holz, Schokonoten, rauchige Noten, Tabak, speckig, straffes Tannin, etwas Kaffee, kräftig statuiert, ziemlicher Ausdruck, langatmig, viel Zukunft. Ein fulminanter Rotwein, der sich permanent verändert, immer neue Facetten zeigt. Große Klasse.

BURGENLAND

★★ S €€ PB
2021 Weißburgunder + Apfel und Quitte, Mandeltöne, Steinobst, frische Kräuter, Kamille, feste Struktur, würzig, Briochenoten, salzig, ernsthafte Frische, guter Zug am Gaumen, gediegenes Flair, stoffige Eleganz, passende Säure. Ein hervorragender Weißburgunder, der Spannung aufbaut, Länge zeigt und noch total jung ist. Da steckt einiges drinnen.

★★★ S €€€ CH
2021 Chardonnay Reserve + Sattes Gelb, feine Eichennoten gepaart mit zauberhafter Exotik, Orangen, Mango, Zitrus, reife Banane, Birne, Nussschale, dezentes Brioche, Gewürznoten, ungemein saftig, vielschichtig, balanciert, noch jugendliche Creme, die Säure passt, Nougattöne, überaus stimmig. Da ist nichts zu viel und nichts zu wenig. Da spielt die Musik am Gaumen.

★★★ K €€€ ME **TIPP**
2021 Merlot Reserve + Rote und schwarze Beeren, Heidelbeeren, Brombeeren, Hagebutten, Powidl, dezente Räuchernoten, kandierte Kirschen, Kräuternoten, der Wein ist bei aller Kraft immer kühl, lebendig, festes Tannin, ist komplex, Schwarztee, ist fast filigran. Er lässt sich fast nicht einfangen. Entwischt immer wieder. Verhält sich wie ein weibliches Wesen, das sich ziert. Ein Rotwein mit Eleganz, Transparenz und subtilen Noten. Gesicherte Zukunft.

★★★★ K €€€ CS **TIPP**
2021 Cabernet Sauvignon Reserve + Cassis und Schoko, Brombeeren, pfeffrige Noten, eine Ahnung von Paprika, Tannin in Hülle und Fülle, griffig, Tabak, kraftvoll, männlich, muskulös, generös, ungemein spannend, ein grandioser Stoff, unglaublich fest, der verschließt sich, das ist ein gutes Zeichen. Stoff für Jahrzehnte. Das ist kein Schmeichler, der gibt nicht auf.

Weingut
Etl Wine & Spirits

Josef & Erich Etl
7131 Halbturn, Erzherzog-Friedrich-Straße 54
Mobil +43 699 113 530 68
office@weingut-etl.at, www.weingut-etl.at

Im Weingut Etl wird natürlich überwiegend Wein produziert, doch auch Traubensäfte, Edelbrände und Spirituosen. Herausragend sind hier der Heathland Whiskey und der Heathland Gin in vier Geschmacksrichtungen. Man kann auch eine Patenschaft über einen eigenen Rebstock übernehmen, also Rent a Rebstock. Das Ganze geht bis zu einem Kühlanhängerverleih.

Doch hier geht es um die Weine. Ein frisch-fröhlicher 2022 Welschriesling. Ein Sauvignon Blanc 2022 macht seiner Sorte alle Ehre. Ein St. Laurent 2020, der jetzt schön zu trinken ist. 2019 Sperling Selection zeigt seine Klasse. Für die Schleckermäuler gibt es einen Frizzante Muskateller und einen tollen Sweet Dream aus Weißburgunder. Hier findet wohl ein jeder seinen Wein.

Es gibt auch einen fertig gemischten Spritzwein. Altbürgermeister Häupl wäre hier glücklich. *as*

NEUSIEDLERSEE DAC

★★ S € ZW
2020 Zweigelt + Kirschen, Zwetschken, rote und schwarze Beeren, straff und eng, herbe Noten, kernige Struktur, doch auch Eleganz zeigend. Ein stimmiger Rotwein für alle Tage, trinkig, klare Strukturen, macht Spaß.

BURGENLAND

★ S € WR FUN
2022 Welschriesling + Grüner Apfel, spritzig, pfiffig, leicht, lebendig, unkompliziert, glockenklar, Birnentouch, Wiesenblumen, so richtig erfrischend. Ein Welschriesling voller Pikanz zum Durstlöschen. Perfekt zur Brettljause.

★★ S € SB
2022 Sauvignon Blanc + Ein eleganter Sauvignon Blanc mit dem pannonischen Flair, ruhiges Bukett, niemals aufdringlich, zarte Eibischnoten, bisschen Holunder, etwas Pfirsich, eine Ahnung von gelbem Paprika, ein Hauch von Stachelbeeren und Brennesseln, frische Säure, knackig,

★★ S € SL
2020 St. Laurent + Zwetschkenkompott, Kirschen, Lebkuchen, Dörrbirnen, ein schlanker St. Laurent der freundlichen Art, schon etwas gereift, doch jetzt hervorragend zu trinken, Mandeltöne, kaum Tannin, unaufgeregt, doch auch typisch. Ein leichter Rotwein, der im Moment Spaß macht.

★ S €€ ME
2020 Merlot Kaiserberg + Schon sehr gereift, geht schon in die oxydative Richtung, Granatapfel, Zwetschken, rotbeerig, schlanke Struktur, hauchzarte Rösttöne, gewisse Pikanz zeigend, Kirschenkern. Ein Rotwein, den man bald trinken sollte.

★★ S €€ CR
2019 Sperling Selection + Schwarze Beeren, Schokotöne, fruchtig, mürbes Tannin, schwarze Kirschen, ein angenehmer Rotwein mit Rückhalt, Mandelsplitter, Orangenzesten, stimmig, würzig, harmonisch. Das ist wirklich guter Rotwein, der einen froh stimmt. Höchst vergnüglich.

★★ S € PB FUN
2022 Sweet Dream Weißburgunder + Anfangs reduktive Noten, Nussschale, Apfel und Birnen, leicht (9% Vol.) und süß, voller Pikanz, ungemein saftig, fruchtig, tolle Exotik, Ananas & Co. Ein ungemein eleganter Wein, der einen seine Sorgen vergessen lässt.

ÖSTERREICH

★★ S € GM FUN
NV Frizzante Gelber Muskateller + Holunderblüten pur, reifer Apfel, Birnen, betörendes Bukett, ein dezenter Restzucker verleiht diesem Wein filigrane Noten, traubige Eleganz, bestechend sauber und reintönig, kandierte Früchte, Zuckerwatte. Ein Wein, der einen positiv stimmt, wo man das Glas permanent zum Mund führt.

Weingut
Robert Goldenits

Robert Goldenits
7162 Tadten, Untere Hauptstraße 8
Tel. +43 2176 2294
robert@goldenits.at, www.goldenits.at
37 Hektar, W/R 25/75

Das Weingut von Robert Goldenits befindet sich in Tetuna – der alte Name für Tadten. Inmitten der Großlage Heideboden. Schotter-Sandböden, Schwarzerde, mittlerer Tongehalt.
Leute, ich sage euch – es sind hervorragende Weine, die ich verkostet habe. Ein 2022 Chardonnay, der alle Stückerln spielt. Ein 2022 Sauvignon Blanc von überzeugendem Ausdruck. Der 2020 Tetuna weiß ist ein Wein vom Feinsten. Von unvergleichlichem Charme präsentiert sich der 2022 Tetuna Rosé mit einem überaus eleganten Zuckerspitzerl. Ein Zweigelt Heideboden 2020, der anders ist als die anderen. Der 2020 Cabernet Franc ist von höchster Qualität. Solch einen CF findet man selten. Ebenso verhält es sich mit dem 2019 CS Reserve. Ganz hohes Niveau. Überragend der 2019 Tetuna Reserve, ein Rotwein, der international reüssiert. Den aktuellen Mephisto konnte ich noch nicht verkosten. *as*

BURGENLAND

★★★ S €€ CH
2022 Chardonnay + Kräuterwürze gepaart mit sanfter Exotik, Birnen, ungemein fruchtig, straffe Eleganz, eine Spur Honig, Nüsse, gebändigter Gerbstoff, liegt kompakt am Gaumen, anhaltend, etwas Marille, geht richtig auf, wird ein prachtvoller Chardonnay. Der Wein bekommt nach einigen Minuten eine wunderbare Extraktsüße. Er strahlt eine große Eleganz und Komplexität aus. Perfekte Balance.

★★ S €€ SB
2022 Sauvignon Blanc + Reife Stachelbeeren, Cassis, Brennnesseln, Zitrusfrische, voller Leben, Holundernoten, Blütenhonig, ein Hauch Paprika, von musischer Eleganz, feingliedrig, pikante Noten, dezent würzig, in sich harmonisch, saftige Frucht, höchst angenehme Säure. Absolut überzeugend.

★★★ K €€€ CW
2020 Tetuna weiß + Sattes Gelb, Holzwürze, Zimtnelken, Waldhonig, Karamell, Fruchtsüße, noch dominantes Holz, Kräuterwürze, stoffig, Bratapfel, Dörrfrüchte, ein saftiger Wein mit einiger Zukunft. Salzige Noten, gelbfruchtig, Pomelo, Orangenschalen, der Wein verändert sich permanent. Ein sehr schönes Gewächs.

★★ S € CR FUN
2022 Tetuna Rosé + (halbtrocken – ZW/BF/SY/CS/ME) Lachsrosa, Himbeeren, Kirschen, kandierte Früchte, Orangenschalen, voller Charme, fruchtig, elegant, feingliedrig, pfiffig, balanciert, voller Frische, Fruchtsüße, feminin strukturiert, macht ungemeinen Spaß. Eine wahre Schönheit.

★★ S €€€ ZW
2020 Zweigelt Heideboden + Herzkirschen, Zwetschken, ledrige Noten, etwas Unterholz, Waldbeeren, Lakritz, Schokonoten, Orangenschalen, von kraftvoller Finesse, strukturiert, einiger Tiefgang, liegt eng am Gaumen, ziemlich ernsthaft. Ein schmackhafter Zweigelt, der einen nicht schmeichelt.

★★★ K €€€ CF
2020 Cabernet Franc Reserve + Rote und schwarze Beeren, Hagebutten, Orangenzesten, Kirschen, immer ein kühles Bukett habend, am Gaumen mit beschwingter Frucht, sehr elegant, feine Tanninstruktur, Zwetschken, perfektes Säurespiel, ein hervorragender Rotwein, niemals vordergründig, fast spielerisch. Da kommt man ins Trinken auf ganz hohem Niveau. Chapeau, Herr Goldenits.

★★★ K €€€ CS
2019 Cabernet Sauvignon Reserve + Tiefschwarz, Cassis pur, Heidelbeeren, perfekt Holz unterlegt, ungemein saftig, angenehmes Tannin, geht in die Tiefe, entwickelt Druck, männliche Struktur, Schokotöne, engmaschig, dicht, passende Säure, niemals überladen, immer einladend, ungemein attraktiv. Vorbildlich gemacht.

★★★★ K €€€ CR
2019 Tetuna Reserve + (BF/ZW/CS) Johannisbeeren, Heidelbeeren, kraftvolle Eleganz, voller Tiefgang, voluminös, ohne aufdringlich zu sein, Cabernet-betont, festes Tannin, straff, kompakt. Das ist außergewöhnlicher Rotwein von internationaler Dimension.

BIO

Bio.Weingut
Haider

Theresa und Gerhard Haider
7142 Illmitz, Seegasse 16
Mobil +43 664 523 37 77
office@weinguthaider.at, www.weinguthaider.at

14 Hektar, W/R 80/20, 40.000 Flaschen/Jahr

Gerhard Haider und seine Frau Theresa gelten als ausgewiesene Süßweinspezialisten mit internationalem Ruf. Denn das Illmitzer Winzerpaar exportiert 60 % seiner Weine. Das süße Schaffen ist umfangreich, geht von Spätlesen bis zu Trockenbeerenauslesen. Im dezent-süßen Bereich, den Spätlesen und Auslesen, ist Haider vor allem beim Riesling eine Empfehlung – mit der generell höheren Säure und dem salzig geprägten Illmitzer Terroir. Bei den Hochprädikaten liegt im TBA-Bereich der Fokus auf den Seewinkel-typischen Sorten Sämling und Chardonnay. Beim Grünen Veltliner zielt Haider mehr Richtung Eiswein – das ist 2020 fein gelungen. 2019 dagegen wollte die Natur den ganzen Winter über nicht ins Eiskalte. So wurde Haider nach monatelangem Zuwarten mit einer TBA beschenkt – mit 38° KMW und 300 Gramm Restzucker, eine außergewöhnliche Essenz vom Veltliner.
Neben den Süßen finden sich auch einige „Spinnereien", so fassen die Haiders ihre Natural Wines zusammen. Super spannend präsentiert sich der junge Traminer aus der Ried Domkapitel, mit 50 Jahren alten Rebstöcken ist das der älteste Weingarten der Haiders: betont trocken, vom feinen Gerbstoff geleitet und sortentypisch. Sehr eigenständig, ernsthaft und super trinkvergnüglich sind auch der Pet Nat vom St. Laurent sowie der Pink-Rosé by Theresa Haider. Alle drei Natural Wines sind aus 2022 – und damit bio, denn dieser Jahrgang ist die erste bio-zertifizierte Ernte der Haiders. *hp*

BURGENLAND

★★ S €€ RI
2022 Riesling Spätlese + (RZ: 55 g/l) Dezent reduktiv, würzige Frucht, Weingartenpfirsich, Mandarine; eingelegte Pfirsiche, würzige Ananas, viel Säure und salzige Mineralität – wirkt trocken, trinkanimierend.

★★★ K €€ MO PLV
2021 Muskat Ottonel Spätlese + (RZ: 60 g/l) Dezent gewürzig, traubig, Schokonote, Kakao, mild; wirkt relativ trocken, Grapefruitzesten, Limetten, zartherb, gewürzig, guter Sortencharakter, straffer Gerbstoff, salzig, vielschichtig.

★★★ S €€ ME
2021 Merlot Spätlese + (RZ: 40 g/l) Dunkle Kirschen, Weichseln, feinherb, dezent rauchig, Johannisbeere; lebhafter Gerbstoff, eingelegte Pflaumen und Feigen, Sauerkirschen, feste Säure, Tannin, bisschen Amarone-Charme.

★★★ S €€ RI
2021 Riesling Auslese + (RZ: 85 g/l) Kühle Aromatik, Pfirsich-Touch, Honigmelone, gewisse Würze, getrocknete Kräuter; saftiger Pfirsich, Marille, gute Frucht-Säure-Balance, zart Honig, feiner Säure- und Gerbstoffbiss.

★★★ K €€€ GV
2020 Grüner Veltliner Eiswein + (RZ: 120 g/l) Marzipan und Waldhonig, geschmeidig, torfig-würzig; Schwarzer-Pfeffer-Noten, salzig, Schwarzbrot, Blutorange, reife Birnen, kühle Aromatik, klare Sortenprägung.

★★★ K €€€€ SÄ
2021 Sämling 88 TBA + (RZ: 265 g/l) Gewürzig, kräuterwürzige Fruchtexotik, rosa Grapefruit; viel Honig und Met, Botrytis-Schmelz, Nusscreme, lebhaft, Orangenzesten, salzige Säurestruktur, aromatischer Schmeichler mit Druck.

★★★★ K €€€€ CH TIPP
2019 Chardonnay TBA + (RZ: 220 g/l) Viel Kräuterfrische, Hibiskus, Lorbeer, Blütenhonig, Briochenoten; Nougat, sautierte Pilze, straffe Säure, fester Biss, Grapefruits, Maracuja, komplexe TBA mit Potenzial.

★★★★ K €€€ GV TIPP
2019 Grüner Veltliner TBA + (RZ: 300 g/l) Üppig wie füllig, Honig pur, würzig, Tannennadeln; nektarhafte Frucht, Mango, Ananas, süße Strudeläpfel, salzig-mineralischer Säurebiss, konzentrierte TBA, super Länge.

ÖSTERREICH

★★★★ K €€€ TR TIPP
2022 Traminer Ried Domkapitel + Natural Style, aber sortentypisch, Rosenblüten, Bratapfel, Nelken; trocken und straff, feiner Gerbstoff verleiht Zug, nie wuchtig, jugendlich, würzig, Bitterorange, Wein mit Esprit und Länge.

★★★ K €€ CR
2022 Pink by Theresa Haider + (BF/CS) Beerenmix, Walderdbeeren und Heidelbeeren, straffe, salzige Noten, dezent rauchig; Gerbstoff gibt Struktur und Natural Feeling, schwarze Ribisel, Cassis, dunkelwürzig, kühle Aromatik, trinkig.

★★★ KK €€€ SL
NV Pet Nat SNKT LRNT + (Zero Dosage) Saftige Frucht, Erdbeeren, Fruchtgummi, animierend; spritzig, wieder Erdbeernote, Nougat, leichtgewichtiger, trinkvergnüglicher Sommer-Sprudel.

Weingut
Hareter Dieter & Yvonne

Dieter Hareter
7121 Weiden am See, Triftstraße 11
Mobil +43 664 198 08 42
office@wein-hareter.com, www.wein-hareter.com
8 Hektar, 40.000 Flaschen/Jahr

In diesem Weingut beschäftigt man sich schon seit dem 17. Jahrhundert mit Wein. Die Weingärten dieses Familienbetriebes befinden sich an den Hügeln in Weiden am See. Mildes pannonisches Klima. Dieter und Yvonne drehen permanent an der Qualitätsschraube, was den beiden bestens gelingt. Die Weine bestechen durch ihre Charakterfestigkeit, Ausdrucksstärke und spiegeln das Terroir des Gebietes wider. Die Verkostung der Weine bewies dieses.

Ein filigraner 2022 Zweigelt Rosé begleitet einen höchst vergnüglich in die Verkostung. Der 2022 Grüner Veltliner ist die Steigerung, um dann vom 2022 Weißburgunder Ried Zeiselberg übertroffen zu werden. Bei den Rotweinen haben mir die beiden Zweigelt Reserve Ried Rosenberg aus den Jahrgängen 2021 und 2020 bestens gefallen. Vielleicht ist der 2021 der Größere, doch macht jetzt der 2020er so richtig Spaß. Dramatisch wird es dann bei den Süßweinen. Ein überragender 2018 TBA Pinot Gris, gemacht für ein Leben. Da braucht man kein Essen dazu, solch ein Wein ist Nahrung genug. Es gibt dann noch zwei gereifte Süßweine. Ein BA Ruländer aus 1996 – ein perfekter Begleiter für reifen Käse. Ein 1998 BA Ruländer, der leider etwas korkbeeinträchtigt war. War halt Flaschenpech.

Es stellte sich Zufriedenheit nach dieser Verkostung ein. Wir werden noch einiges von den beiden hören – besser gesagt trinken. *as*

BURGENLAND

★ S € WR
2022 Welschriesling Ried Bühl + Tabakwürze, rauchige Noten, reife Marille, fruchtig, weinig, charmant, Apfelnoten, kompakt und elegant zugleich, Zitrus, Pomelo, lebhafte Säure, doch immer in der Balance.

★★ S €€ PB
2022 Weißburgunder Ried Zeiselberg + Gelbe Früchte, reife Birne, Apfel, Nelken, knackige Frische, zarte Exotik, Ribisel, frische Säure, zeigt Frische, Mandeltöne, pikante Noten zeigend, ein guter Wein, der Flaschenreife benötigt.

★ S €€ ZW
2022 Zweigelt Ried Rosenberg + Frische Kirschen, Zwetschken, rotbeerig, fruchtig-frisch, süffig, unkompliziert, zartes Nougat, stimmig, schnörkellos, jetzt trinken.

★ S €€ CR
2022 Cuvée Neuberg + (BF/BB) Rumtopf, Kirschen, rote und schwarze Beeren, Blaufränkisch Würze, jugendlich, lebhafte Säure, pikante Noten, mittlere Tiefe. Ein kühl zu trinkender Rotwein für alle Tage.

★★ S €€€ ZW
2021 Zweigelt Reserve Ried Rosenberg + Tintige Farbe, dezente Rösttöne, Holzkohlen, schwarze Kirschen, Zwetschken, Beerenfrüchte, Orangenschalen, Kakao, füllig – doch auch frisch – am Gaumen, kräftig, eng. Ein hochwertiger, ausgewogener Zweigelt, jetzt wunderbar zu trinken. Verfügt über einige Substanz.

★★ S €€ ZW
2020 Zweigelt Ried Rosenberg + Hier befindet sich alles im Umbruch, die Aromen nehmen Gestalt an, rote und schwarze Beeren, Kirschen, Schokotouch, transparente Stilistik, das Holz rückt etwas in den Hintergrund, doch noch immer zarte Röstnoten, rauchig, guter Druck, guter Wein, Eleganz.

★★★ K €€€ PG TIPP
2018 TBA Pinot Gris + (0,375-Liter-Flasche) Tiefes Gold, Karamell pur, Orangen, Lebkuchen, Zitrus, Honig, am Gaumen wird der Wein trotz seiner Mächtigkeit unglaublich elegant und frisch, wirkt – ist – total jung, tolle Säure, süß (199,5 g/l), immenser Ausdruck, tiefgründig, konzentriert, Botrytis pur, Ananas, Papaya, ungemein saftig, eine Essenz.

★★★ K €€€ PG PLV
1996 Beerenauslese Ruländer + Gereiftes Dunkelrot, Pilze, Leder, Orangenschalen, salzige Noten, Weißbrot, Zwetschken, riecht nach Marillen, eher schlank am Gaumen, natürlich gereift, zeigt – schlanke – Eleganz, mittlerer Druck, perfekte Säure, Karamell, kühl, es ist nicht der große, doch der gute, gereifte Süßwein. Jetzt trinken. Perfekt zu gereiftem Käse.

★★ S €€ PG
2022 Pinot Gris Ried Ungerberg + Sattes Gelb, Bratapfel, Exotik, Zimtnelken, frische Säure mit Restzucker (74,8 g/l), Karamellnoten, Zitrus, Orangenschalen, Süße am Gaumen, lebendig, leicht, beschwingt, getrockneter Apfel, total jung, enorme Zukunft.

WEINLAND

★★ S € ZW FUN
2022 Rosé Zweigelt + Kräuterwürze mit einem Touch Himbeeren, Weichseln, Zitrus, Orangenzesten, transparent, elegant, feingliedrig, feines Säurespiel, Himbeergelee. Ein hübscher Rosé voller Pikanz, niemals aufdringlich, macht einfach Spaß. Wie eine Frühlingswiese.

Weingut
Heinrich

Gernot & Heike Heinrich
7122 Gols, Baumgarten 60
Tel. +43 2173 3176, Fax -4
weingut@heinrich.at, www.heinrich.at
95 Hektar, W/R 25/75

Schaut man von Gernot Heinrich in Gols vom Salzberg direkt ans andere Ufer des Neusiedler Sees, sieht man drüben den Leithaberg mit den Ortschaften Breitenbrunn und Winden. Die zwei Wein-Terroirs links und rechts vom Wasser bilden Heinrichs Weinwelt und könnten unterschiedlicher nicht sein, obwohl sie in Sichtweite sind.

Auf der einen Seite ist Heinrichs Golser Heimat, wo er seit fast 25 Jahren mit dem Salzberg und dem Gabarinza zwei markante Lagen-Cuvées auf der Parndorfer Platte kultiviert, die an der österreichischen Rotwein-Spitze einen Fixplatz einnehmen. Das Geheimnis der beiden Weine besteht aus dem speziellen Boden: ein ständig wechselnder Mix aus Ton, Schluff, Kalk, Sand und Schotter. Die beiden extrem warmen Sonnenlagen sind prädestiniert für Merlot und Blaufränkisch.

Auf der anderen Seeseite ist Heinrichs zweite Weinheimat – am Leithaberg, wo der Golser seit vielen Jahren schon große Blaufränker herauszieht. Vor allem in der Ried Alter Berg in Winden, wo er schon vor 15 Jahren begonnen hat, hat Heinrich mittlerweile eine große Spielwiese auf diesem speziellen Kalksockel. Vergleicht man diesen Wein mit Heinrichs zweiten großen Blaufränker vom Leithaberg – aus der Ried Edelgraben in Breitenbrunn –, so zeigt sich der Edelgraben noch straffer als Alter Berg, was auf den mineralischen Schieferboden abzuleiten ist.

Doch der biodynamisch arbeitende Golser Respekt-Winzer steht für viel mehr als für diese Top-Lagenweine. Seine nachhaltige biodynamische Bewirtschaftung spürt man in allen Heinrich-Weinen. Die kompromisslosesten Weine sind Heinrichs „Freyheiten", die im Weinkeller durch rigorosen Verzicht entstehen – Natural Wines ohne Zusätze, dafür Maischestandzeiten, spontanvergoren, langer Hefekontakt, Holzfasslagerung und betonter Gerbstoff. Wer sich diese Freyheiten gönnt, sieht konturierte Weine von zeitloser Schönheit. *hp*

LEITHABERG DAC

★★★★ G €€€ CH
2022 Chardonnay + Straffer Körper und straffe Frucht, grüne Oliven, Pilze, rosa Grapefruit; von feinem Gerbstoff geprägt, mediterrane Kräuter, saftige, würzige Frucht, auch salzig, Wildkräuter, Feigen, Williamsbirnen, Limetten, gehaltvoll, zeigt viele Facetten, einige Länge.

★★★★ G €€€€€€ BF
2018 Blaufränkisch Ried Windener Alter Berg + Rotbeerige Fruchtfülle, Weichseln, Schwarzkirschen, dunkle Schokolade, würziges Tannin; super Gerbstoff, reifes Tannin, gewürzig, Herzkirschen, viel Struktur, zart mineralisch, saftiges Trinkvergnügen mit Druck und Länge.

★★★★ G €€€€€€ BF TIPP
2018 Blaufränkisch Ried Breitenbrunner Edelgraben + Kräuterwürzige Frucht mit mineralischem Unterbau, Schwarzbeeren und Brombeeren; viel Fruchtschmelz, Herzkirschen und Ribisel, super Spannung, kalkig-mineralisch, kühle Aromatik, salzig, seidiges Tannin, langes Finish.

BURGENLAND

★★★ G €€€€ CR
2020 Pannobile + (BF/ZW) Getrocknete Kräuter, leichte Würze, Lebkuchen, dunkle Schokolade, Heidelbeere und Pflaume; sehr saftig, Ribisel, Waldhimbeeren, reichhaltig, würzig, leichtfüßig und trinkvergnüglich, mittellang.

★★★★ K/G €€€€€ CR
2018 Ried Golser Gabarinza + (ZW/BF/ME) Gute Fülle, dunkle Schokolade-Noten, Lebkuchen, eingelegte Kirschen, saftige Brombeeren, helle Würze, Weihrauch, Süßholz; saftige Tanninsüße und Fruchtfülle, Potpourri an roten Beeren, super ausgereift, Dörrfrüchte, bisschen Anis, feiner Extrakt, kühle Aromatik, zarter Gerbstoffgrip. Attraktive Länge.

★★★★★ K €€€€€€ CR TOP
2018 Ried Golser Salzberg + (ME/BF) Feine Kräuterwürze, Schwarzkirschen, viel Johannisbeeren und Pflaumen, ätherische Noten, Tannennadeln, Wacholder, füllig, feiner Fruchtschmelz, Preiselbeeren, Kirschen, dunkle Schokolade, salzige Umrahmung, großer Salzberg, der schon mächtig Spaß macht und Kraft hat für viele weitere Jahre.

ÖSTERREICH

★★★ K €€€€ CW
2021 Graue Freyheit + (WB/GB/CH/) Kupferorange, gute Fülle bei straffer Eleganz, Blutorange, Rhabarber und Stachelbeeren, rauchig, Nussbrot; straffe Burgundernoten, viel Zitrus, reifes Kernobst, salziger Säurebogen, Kräuterwürze, betontes Tannin, eigenständig, gute Länge.

★★★★ K €€€€ TR TIPP
2021 Roter Traminer Freyheit + Viel Sortenprägung, Rosenblätter, Mix an Küchenkräutern, rotbeerig, gute Fülle, eingelegte Zwetschken, Biskuit; Sorte schmeckbar, straff, Zitrusnoten, Orangen, mineralische Würze, mit Belüftung zunehmend Fülle, helles Nougat, Kakao, saftig, feiner, milder Gerbstoff, balanciert, super Länge.

Weingut
Markus Iro

Markus Iro
7122 Gols, Neubaugasse 55
Tel. +43 2173 2139
wein@markusiro.at, www.markusiro.at
22 Hektar, W/R 30/70

Markus Iro ist mittlerweile in die Riege der Golser Winzer aufgestiegen und zählt zu den besten. Authentisch, eigenständig und mit feinem Gespür, so arbeitet er im Weingarten und Keller. Er macht Weine mit Charakter und klarer Sortentypizität. Er macht grandiose Weine, hervorragende Weiße, überragende Rote. Überhaupt die Rotweine sind von außergewöhnlicher Klasse, die auch einen überaus fairen Preis haben. Ein charmanter 2021 Zweigelt DAC, ein überragender 2021 Zweigelt Ungerberg. Der 2022 Cabernet Franc von überzeugendem Ausdruck. Der 2021 Pinot Noir Ried Hochreit ist momentan nicht in Form – abwarten. Absolut in Form ist – wie immer – der St. Laurent Ried Herrschaftswald. Einer der besten seiner Zunft. Beim 2021 Meisterwerk ist der Name Programm. Ein großartiges Werk mit enormer Zukunft.
Ich liebe Splitterfasernackt – ich meine natürlich den Wein. Ein etwas anderer Wein von großer Klasse. *as*

NEUSIEDLERSEE DAC

★★★ S €€ ZW PLV
2021 Zweigelt + Schwarz-violett, reife Kirschen, schwarze Beeren, ein kerniger, fest strukturierter Zweigelt mit Charakter, Charme, Ausdrucksstärke, liegt eng am Gaumen, verfügt über einige Tiefe, tapeziert den Gaumen, eine vorwitzige Eleganz, der geht seinen Weg.

BURGENLAND

★★ S €€ CH
2022 Chardonnay classic + Gelbe Früchte, nussig, etwas Steinobst, bisschen Exotik, Wiesenkräuter, feine Würze, gute Balance, zeigt Frische, ein lebendiger Chardonnay mit frischer Säure, gewisser Dichte und Trinklust.

★★ S € CR FUN
2022 Rosé think pink + Pinkfarben, Erdbeeren, Kirschen, ein leichter Rosé von Frische, Fliedernoten, feingliedrig, Säurebiss, Grip, macht Spaß, zeigt Eleganz.

★★ S €€ SL
2022 St. Laurent tradition + Schwarz-violett, Lebkuchen, Weichseln, ganz feines Bukett, elegante Fülle, kompakte, samtige Struktur, perfektes Tannin, fest am Gaumen, pikant, ein hervorragender Rotwein ohne Anspruch auf Größe, dabei wunderbar zu trinken, mit einiger Zukunft.

★★★ S €€ CF
2022 Cabernet Franc Heideboden + Rote und schwarze Beeren, Kühle ausstrahlend, Brombeeren, Heidelbeeren, ein Rotwein mit Frische, ohne an Substanz zu verlieren, immer voller Ausdruck, niemals opulent, immer stringent, rote Ribisel, geht in die Tiefe, mit einer pikanten Säure. Ein vorbildlicher Cabernet Franc. Absolut empfehlenswert.

★★★ K €€€ ZW
2021 Zweigelt Ried Ungerberg + Schwarze Kirschen, Zwetschken, Mandeltöne, Kaffee, rauchig, dezent speckig, tolle Frucht, reife Trauben, feine Fülle, von großer Eleganz, geht unbändig in die Tiefe, absolute Klasse zeigend, salzige Noten, eng am Gaumen, dichte Struktur, ein grandioser Zweigelt weit über das normale Maß hinausgehend.

★★★ K €€ ME
2021 Merlot Ried Gabarinza + Kühle Aromen, rote und schwarze Beeren, Heidelbeeren, feine Frucht, Hagebutten, etwas Nougat, frische Säure, agil, überaus komplex, niemals breit oder opulent, doch immer konzentriert, vielfältig, hier ist kundige Winzerhand am Werk.

★★ K €€€ PN
2021 Pinot Noir Ried Hochreit + Pilze, Leder, Himbeeren, etwas Waldboden, schlank, filigran, eher schlank, pikante Säure, eher wenig Ausdruck, ein Hauch von Rumtopf, frische Säure, momentan nicht in Form.

★★★★ K €€€ SL
2021 St. Laurent Ried Herrschaftswald + Lebkuchen, Rumtopf, Marzipan, Kirschen, dunkle Schokolade, ungemein saftig-fruchtig, einiger Tiefgang, von barocker Fülle, von opulenter Eleganz, samtiger Robe, adelige Struktur, fast majestätisch, geht so richtig auf, erobert den Gaumen. Ein vorbildlicher St. Laurent.

★★★★ K €€€€ CR TIPP
2021 Meisterwerk + (CS/ME/ZW) Erster Eindruck – große Eleganz, Kirschen und Marzipan, Heidelbeeren, weißes Nougat, ganz dezente Rösttöne vom Holz, das perfekt integriert ist, festes Tannin, enormer Tiefgang, präsente Säure, ein Rotwein, den man einfach nicht fassen kann, ein ganz großer Stoff, mächtig, doch nie breit, immer von ungeheurer Präsenz. Ein Rotwein für die nächsten Jahrzehnte. Hier ist der Name Programm.

WEINLAND

★★★ K €€€ CW
NV splitterfasernackt + (Natural Wine) Naturtrübe Farbe, Rosenaromatik, zeugt von Traminer, Kräuterwürze, Limone, Mandarinen, Ananas, Quitte, geht mit Luft so richtig auf, Maracuja, Orangenschalen, animierender Gerbstoff, ein ungemein vielschichtiger Wein, salzig, Zitrus, von unbändiger Lebenslust, enormer Frische, Rasse, ein schräger Wein, der mich fasziniert. Wie Zwölf-Ton-Musik auf höchstem Niveau, z. B. Lulu von Alban Berg. Ein Wein, der fordert, nervige Säure, Charakter und Individualität, der Wein ist der nackte Wahnsinn.

Weingut
Juris

Axel Stiegelmar
7122 Gols, Marktgasse 12–18
Tel. +43 2173 2748, Fax +43 2173 3323
office@juris.at, www.juris.at

20 Hektar, W/R 20/80, 100.000 Flaschen/Jahr

Das Golser Weingut Juris ist untrennbar mit den Burgundern verwachsen. Rund die Hälfte der 20 Hektar sind mit Pinot Noir und St. Laurent bestockt. Zehn unterschiedliche Burgunder arbeitet Winzer Axel Stiegelmar heraus – zwei Ortsweine, drei Reserven, vier Lagen-Pinots und einen Lagen-Laurent. Kein anderes Weingut in Österreich hat bei diesen Sorten diese Vielfalt und Tradition. Und: Stiegelmar lässt seinen Weinen Zeit. Bei den Lagen-Burgundern klopfen gerade die 2017er an.

Bei Pinots verwendet Stiegelmar ausschließlich gebrauchte Barriques, um die Frucht nicht mit Holz zu überladen. „Reserve" bedeutet für ihn „Wein von alten Rebstöcken, die älter als 30 Jahre sind". Die St. Georg Reserve ist immer ein spezieller Wein. Die Burgunder-Cuvée gibt es bei Juris seit fast 40 Jahren und verbindet das Beste aus beiden Sortenwelten, wobei der St.-Georg-Blend immer stoffiger, würziger und tanninbetonter ist als die sortenreinen Reserven.

Der junge Herrschaftswald-Pinot ist ein bisschen „Naturwein-angehaucht" – den macht Stiegelmar-Sohn Georg, der bei der später geernteten zweiten Hälfte des Leseguts die Beeren mit den Kämmen vergoren hat. Bei den anderen Lagen-Pinots ist Stiegelmar wieder im traditionellen Sinn unterwegs: Die Ried Haide wurde vor 40 Jahren ausgepflanzt, ist ein frühreifer französischer Klon, der auf sandigem Lehm mit Aktivkalkanteil steht. Dadurch ist der Wein weicher und zugänglicher als der Pinot Hochreit, der auf rotem Schotter mit viel Eisenanteil steht und dadurch mehr Kanten und Charakter hat. Die Haide ist der Pinot-Schmeichler für jetzt, Hochreit ist in die Zukunft gerichtet zu trinken.

In Weiß hat Stiegelmar einen Lagen-Burgunder – vom Altenberg, der 100 % in neuem Holz geatmet hat – und sich fein in seine Premium-Linie einfügt. Immer ein Juris-Klassiker – zuverlässig auf hohem Niveau – ist die „Ina'mera" Cuvée 2020; und heuer auch die Cabernet Sauvignon Reserve. Seine Kraft holt der 2019er aus 30 Jahre alten Rebstöcken. Es gibt nur eine kleine Menge davon, aber die macht große Freude! *hp*

BURGENLAND

★★ S €€ SB
2022 Golser Sauvignon Blanc + Kühle, würzige Frucht, rosa Pfeffer, ziemlich schotig, Johannisbeere, viel Sortencharakter; erfrischend, Zitrus, getrocknete Kräuter, trinkfein.

★★ S €€ MO
2022 Golser Muskat Ottonel + Dezente Muskatnoten, Zuckerwatte, Reiswaffel, rauchig-gewürzig, Grapefruits; zitrusfrisch, Limetten, saftig, relativ straffe Säure, Sommerwein.

★★★★ K €€€€€ CH
2021 Chardonnay Ried Altenberg + Feine Burgunderfülle, kreidig, weißer Nougat, feiner Schmelz; saftig, helle Schokonoten, Pilze, Olivenpaste, mildes Toasting, feiner Tanningrip, Südfrüchte, Golser Chardonnay internationalen Zuschnitts, jugendlich mit großem Potenzial.

★★★ S €€ ZW PLV
2019 Golser Zweigelt + Feine Zweigelt-Würze, viel Kirschfrucht, dezente Schokonoten, rauchig, Wacholder; viel Sortencharakter, würzig, Herzkirschen, Zwetschken, jugendlicher, aber ernsthafter Zweigelt im Holz, druckvoll.

★★ K €€€ CR
2020 Wolfsjäger + (BF/ZW) Blaufränkisch markant, würzige Frucht, Heidelbeere, Ribisel; knackig und straff, Johannisbeere, Kirschen, schlanker, eigenständiger Wein mit Pfiff.

★★★★ K €€€€ PN
2019 Pinot Noir Reserve + Himbeeren und Pflaumen, kreidige Noten, Nougat; frisch, junges Tannin, mit Belüftung immer mehr Burgunder, eingelegte Weichseln, Ribisel, hat Biss und Länge.

★★★ K €€€€ SL
2019 St. Laurent Reserve + Weichseln und Kirschen, helle Würze, zarter Holzeinsatz, Wacholder, gewürzig; rotbeerig, wirkt leichtgewichtiger als der Burgunder, dafür runder und zugänglicher.

★★★★ K €€€€ CR TIPP
2018 St. Georg Reserve + (PN/SL) Dunkelfruchtig, viel Kirscharomatik, Ribisel, rauchige Würze, gute Tiefe; elegant, Schoko- und Nougatnoten, festes, gut integriertes Tannin, Himbeeren und Weichseln, kraftvoll elegant, super Länge.

★★★ K €€€€ PN
2020 Pinot Noir Ried Herrschaftswald + Fülliger Beerenmix, Pflaumen, Schwarzbeeren, Ribisel, Lakritz, Karamell; markantes, gut eingebundenes Tannin, feine Schokonoten, Johannisbeeren, balanciert, zugänglich.

★★★ K €€€€ PN
2017 Pinot Noir Ried Haide + Würzige, ausgereifte Frucht, Ribisel, Himbeeren, füllig, Schokonoten; viel Volumen, Nougat, rauchiges Toasting, etwas üppiger ausgeformter Burgunder mit viel Fruchtcharme.

★★★★ K €€€€ PN
2017 Pinot Noir Ried Hochreit + Schwarzbeeren, zeigt Würze und Mineralität, schlank und fokussiert; lebhaft, gute Säurepikanz, viel Ribisel und Himbeeren, Kräuterwürze. Charakter-Burgunder, den man erwarten muss.

★★★★ K €€€€ SL
2017 St. Laurent Ried Goldberg + Rotbeerige, gewürzige Frucht, rauchige Textur, Lorbeer, Preiselbeeren; straff und tanninbetont, Gerbstoffgrip, kühle Aromatik, Heidelbeeren, Weichseln, noch immer jugendlich, viel Zukunft.

★★★★ K €€€€€ BF
2017 Blaufränkisch Ried Ungerberg + Üppige Frucht, aromatische Kräuterwürze, Sauerkirschen, rauchige Textur; rassiges Tannin, fester Gerbstoff, Johannisbeere, Schwarzbeeren, feine Länge. Belüften. Potenzial.

★★★★ K €€€€€ CS TIPP
2019 Cabernet Sauvignon Reserve + Schönes Duftspiel, sortentypisch, würzige Johannisbeere, mag man ausriechen, gute Tiefe; Schoko- und Kakaonoten, Cassis, mit Luft immer saftiger, strukturgebender Gerbstoff, jung, viel Potenzial.

★★★★ K €€€€€ CR TIPP
2020 Ina'mera Reserve + (BF/ME/CS) Kühle Aromatik, würzig, Heidelbeeren, Kirschen, jugendlich; rauchige Kräuterwürze, Wacholder, samtiges Tannin, Weichseln, Johannisbeere, balanciert, weich und saftig auslaufend, gute Länge.

ÖSTERREICH

★★★★★ K €€€€€€ BF
2020 Tricata + Getrocknete Früchte, Datteln, viel Schmelz und Würze, Lorbeer; „passito" mit straffer Frucht, aber kaum fruchtsüß durch festes Tannin und Gerbstoffbiss, würziges Johannisbeermus, gute Länge.

Weingut
Keringer

Ing. Robert Keringer
7123 Mönchhof, Wiener Straße 22
Tel. +43 2173 80380, Fax -40
weingut@keringer.at, www.keringer.at
W/R 20/80

Robert und Marietta Keringer haben im Jahr 2004 den Familienbetrieb mit dem Ziel, außergewöhnliche Weine zu keltern, übernommen. Das ist überzeugend gelungen. Die beiden haben wohl für jeden Weinfreund den richtigen Wein. Ob Sparkling, Rosé, Weiß trocken, Rotweine oder süß. Die Keringers spielen auf allen (Wein-)Klaviaturen. Nicht umsonst ist das Haus Keringer eines der meistprämierten Weingüter des Landes.

Keringer ist vor allem ein Rotweingut mit einem Anteil von 80 %. Dass die wichtigsten Weine von Keringer zum einen der Massiv rot, zum anderen die Serie der „100 Days" sind, hat sich schon herumgesprochen. Zu Recht stehen diese Kreszenzen an der Spitze. Doch beeindruckend ist der Unterbau wie ein Commander St. Laurent oder der Blaufränkisch Aviator. Der 2020 Grande Cuvée stellt quasi den Zweitwein hinter dem Grand Vin Massiv rot dar. Eine Stufe darunter befindet sich die Heideboden Cuvée rot und die Serie der „Every Days". Das sind hochwertige Rotweine zu einem mehr als vernünftigen Preis.

Resümee der Verkostung: Hier gibt es Weine für jeden Anlass auf hohem und höchstem Niveau.

Wenn ich mir noch erlauben darf den Wein meines Herzens zu nennen – es ist der 2020 Neusiedlersee DAC Zweigelt Reserve 100 Days.

Ein Besuch in diesem Weingut ist absolut empfehlenswert. *as*

NEUSIEDLERSEE DAC

★★ S €€ ZW FUN
2021 Zweigelt Every Days + Kirschen, Schoko, schwarze Beeren, voller Fruchtcharme, Heidelbeeren, fest strukturiert, Zwetschken, ein höchst attraktiver Zweigelt mit Eleganz und Ausdruck.

★★★ K €€€ ZW TIPP
2020 Zweigelt Reserve 100 Days + Enorme Fruchtfülle, Zweigelt von hoher Qualität, Rösttöne, schwarze Kirschen, Schokolade, eine überragende Saftigkeit, immer elegant, immer mit feiner Klinge auftretend, einem Charme, den man sich nicht entziehen kann, einer Kraft, die unwiderstehlich ist.

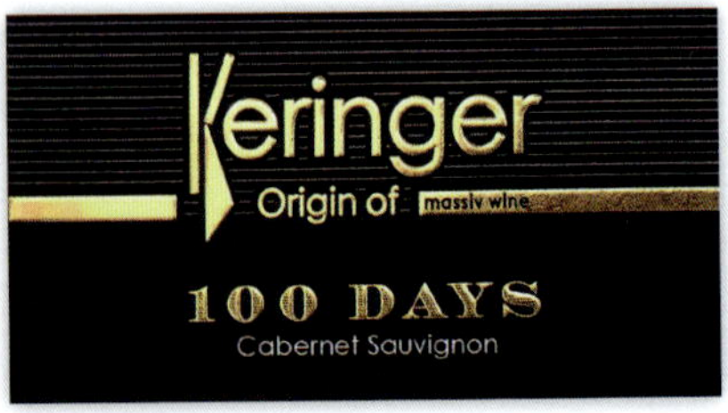

BURGENLAND

★★ S €€ CH
2022 Heideboden Chardonnay + Apfelnoten, Birnen, Wiesenkräuter, nussig, so richtig trocken, rassig, würzig, eng, straff, fordert einen. Kompakt, ausdrucksstark, zeigt Tiefgang.

★★ S €€ CR
2021 Heideboden Rotweincuvée + (ZW/BF/SL/ME/CS) Pflaumen, Kirschen, Mandeltöne, Lebkuchen, fruchtig, herbe Noten, gute Tanninstruktur, griffig, herber Charme, guter Druck, gute Länge.

★★ S €€ SL
2021 Commander + Dunkelfruchtig, schwarze Kirschen, Lebkuchen, dezente Rösttöne, Brombeeren, ein vollmundiger, tiefgründiger St. Laurent mit Länge, Schokonoten, weißes Nougat, ungemein saftig bei druckvollem Ausdruck, standfestes Tannin und ausdrucksvolles Antlitz.

★★ S €€ BF
2021 Aviator Blaufränkisch + Minzehauch, Orangenzesten, frische Beeren, Brombeeren und Heidelbeeren, rote Kirschen, ein eleganter, feingliedriger Blaufränkisch mit Würze, Struktur, festem Tannin, kühlen Noten, herbem Charme und Rückhalt.

★★★ K €€€ CR
2020 Grande Cuvée + (ZW/RA) Ein feines Bukett, dezente Rösttöne, attraktiv, Zwetschken, schwarze Beeren, fest strukturiert, straffes Tannin, kühler Ausdruck, zieht am Gaumen, ist immer eng, immer druckvoll, enormes Potenzial.

★★★ K €€€ ME
2020 Merlot 100 Days + Schoko mit Rösttönen, schwarze Beeren, Rumtopf, Zwetschken, Kirschen, festes Tannin, kompakt, orientalische Noten, Zimt, dominantes Holz, hier regiert die Kraft. Der Wein hat Substanz, Volumen, Ausdruck und Potenzial.

★★★ K €€€ CS
2020 Cabernet 100 Days + Röstig bis zum Anschlag, enormes Tannin, ein Wein, der viel Luft benötigt, alles ist noch verdeckt, ein männlicher Rotwein, Wahnsinnsstoff, undurchdringlich, alles überdeckend, kaum Aroma, Holzkohle, braucht enorm viel Luft und Jahre. Nach längerer Öffnungszeit entwickelt sich Cassis, Heidelbeeren, ganz zögerlich entwickelt sich eine „süße" Frucht. Unbedingt zeitgerecht dekantieren.

★★★★ K €€€€€ CR TIPP
2019 Massiv + (BF/RA/ZW/CS/ME) Teenoten, Mandelbögen, der Wein entwickelt bei aller Kraft und Rösttönen eine gewisse Eleganz, strotzt natürlich vor Kraft, ist muskulös, Cassis, schwarze Beeren, Kirschen, Kaffee, total eng, ist enorm präsent, ein vinarischer Krieger. Der macht keine Gefangenen. Hier ist Massiv wohl Programm. Potenzial für viele Jahre.

Weingut
Jacqueline Klein

Jacqueline Klein
7163 Andau, Baumhöhäcker 10
Mobil +43 664 751 245 05
info@klein-wein.at, www.klein-wein.at
42 Hektar, W/R 15/85

Jacqueline Klein ist erstmals im Vinaria-Weinguide. Die Winzerin aus Andau stellt sich dabei gleich bestens ins Licht. Seit dem Jahr 2010 macht Klein Wein – da hat sie sechs Hektar Weingärten von der elterlichen Landwirtschaft bekommen. Heute bestellt die umtriebige Winzerin 42 Hektar von Andau bis Tadten. Der Fokus liegt auf Rotweinen – wo sie neben der betrieblichen Hauptsorte Zweigelt vor allem auf die großen französischen Sorten steht, die sie reinsortig ausbaut, aber auch in feinen Cuvées vermählt. Klein hat an der Basis ihre Klassik-Linie, deren Weine sie verschraubt. Darüber befindet sich die Exklusiv-Linie, ab hier werden die Weine mit Kork verschlossen. Die rote Weinspitze bildet die „Edition JK" – das JK steht für Jacqueline Klein. Beim Ausbau liebt die Winzerin das Spiel mit dem Holz und traut sich, kräftig ins neue Barrique zu gehen – wie bei ihrer Zweigelt DAC-Reserve, Jahrgang 2017, die Klein 18 Monate im neuen Holz atmen ließ und jetzt auf ihrer Weinkarte steht. Jacqueline Klein lässt sich auch auf alkoholkräftige Weine ein, 14,0 und 14,5 Vol.-% sind Normalität. Auch 15 PS kommen vor. Aber da kommt das Holz wieder ins Spiel, das den Weinen Struktur gibt und den Alkohol förmlich „schluckt". Am Ende fließen kräftige und tanninbetonte Weine als trinkvergnügliche Fruchtbomben ins Glas, an denen man lange Freude hat. *hp*

NEUSIEDLERSEE DAC

★★★ S €€ ZW FUN
2021 Zweigelt + Rotbeerige Frucht, Herzkirschen, ätherische Gewürznoten, Wacholder, Tannenreisig; kernige Tannine, etwas Gerbstoff, Weichseln, kompottige Kirschfrucht, üppiger Wein mit Struktur, mittellang.

★★★ K €€€€ ZW
2017 Zweigelt Reserve + Rauchige Würze, mittleres Toasting, Lakritze, eingelegte Kirschen, Lebkuchen, mollige Art; barocke Frucht, Weichseln, Kirschen, fester Tanningrip, wuchtiger Wein im neuem Holz, Zeit geben.

BURGENLAND

★★★ K €€ CH
2021 Chardonnay Exklusiv + Gute Tiefe, cremige Vanille, Rosmarin, Fruchtexotik, auch rote Äpfel; sehr frisch, straffes, gut eingebundenes Holz, dunkles Nougat, Oliven, Säurepikanz, Länge und Potenzial.

★★★ S €€ ME PLV
2021 Merlot + Viel Kräuterwürze, reife Johannisbeeren, feiner Sortencharakter; viel Volumen, schokoladige Würze, Mokka, Schwarzbeeren, rauchiges Tannin, noch jugendlich streng.

★★★ S €€ CR
2019 Aridus + (ZW/SY) Viel Kräuterwürze, rotbeerig, rosinige Noten; ziemliche Fülle, getrocknete Beeren, lebhaftes, straffes Tannin, Lakritze, kernige Säurestruktur, gute Länge.

★★★ K €€€ ZW
2021 Zweigelt Exklusiv + Tannenreisig, Honigschmelz, Gewürznoten, Anis, Dörrfrüchte, Zwetschken; lebhaft und würzig, reife Herzkirschen, Ribisel, Blaubeeren, das Tannin ist noch etwas kantig, feine Zukunft.

★★★ K €€€ CR PLV
2020 Tribus + (ZW/ME/CS) Rauchige Würze, geschmeidige Fülle, schokoladiges Tannin, dezente Frucht; vom Holz bestimmt, feine Tannine, Kakao, kräuterunterlegte Beerenfrucht, Trinkcharme mit Länge.

★★★ K €€€ CR
2020 Crassus + (CF/ZW/SY) Blättrig, grün-würzig, Hibiskus, relativ weich und füllig, Kräuter, Wacholder, Anis; Lebkuchen, Beerenmix, straffes Tannin, mittellang.

★★★ K €€€ CR
2020 Alius + (ME/SY) Grafit, sehr fruchtig, helle Kirschen, Ribiseln, Preiselbeeren; Gaumen noch vom Holz belegt, rauchig, viel Grip und Würze, süßliche Frucht, Herzkirschen, Cassis, gute Länge.

★★★ K €€€ CS
2020 Cabernet Sauvignon + Sehr kräuterwürzig, Johannisbeere, torfig-kreidig; klassischer Sortenausdruck, grün-würziges Cassis, auch Grapefruits, gute Spannung, straff, braucht Belüftung.

★★★ K €€€ SY
2019 Syrah + Viel Würze, Wacholder, Efeu, Lorbeerblätter, Blaubeeren; ziemlich stoffig, rotbeerige Frucht, Preiselbeeren, weicher und zugänglicher als der Cabernet Sauvignon, trinkvergnüglich.

★★★★ K €€€€ CF
2020 Cabernet Franc + Weiche Fülle, reife rotbeerige Frucht, feine Tiefe; geschmeidig, fleischige Weichseln und Brombeeren, kräuterunterlegtes Cassis, Kakao, balanciert.

★★★★ K €€€€ ME TIPP
2019 Merlot Edition JK + Rhabarber, gewürzig, Tannennadeln, Heidelbeeren; einschmeichelnde Waldbeerfrucht, strukturiert und trinkvergnüglich, feine Länge.

♛♛♛♛♛

Weinlaubenhof **Kracher**

Gerhard Kracher
7142 Illmitz, Apetloner Straße 37
Tel. +43 2175 3377, Fax -4
office@kracher.at, www.kracher.at

Das Weingut Kracher zählt den großen seiner süßen Zunft und ist für Österreichs Weinwirtschaft einer der bedeutendsten Botschafter. Kracher Weine sind in vielen Ecken der Welt zu finden – in den feinsten Restaurants wie auch auf Kreuzfahrtschiffen. Der süße Horizont von Winzer Gerhard Kracher ist dabei weit geöffnet und beinhaltet eine reichhaltige Palette: Da wären einmal die preisgekrönten Trockenbeerenauslesen, die von Kracher immer eine Nummer je nach aufsteigendem Zuckergehalt bekommen. Diese TBA sind entweder im Holzfass ausgebaut, dann sind sie erkennbar als Nouvelle-Vague-Linie, oder sie sind im Stahltank ausgebaut, dann tragen sie „Zwischen den Seen“ auf der Flasche.
Die jungen 2019er TBA sind erst seit Kurzem aus Krachers Keller geflossen, aber ab Weingut praktisch schon wieder vergriffen. Am Markt findet man sie natürlich – und mit Glück auch lange, denn vom Reife- und Lagerungspotenzial gehen diese Weine weit über die normale Weißwein- und Rotwein-Vorstellungskraft hinaus. Enorme Spannung und elegante Fruchtfülle zeigt diesmal der Rosenmuskateller No. 7, eine Rebsorte, die Kracher schon lange hat und gefällt, aber die erst seit dem Jahr 2017 als Qualitätsrebsorte zugelassen ist. Besonders hübsch ist auch der Muskat Ottonel TBA No. 2 mit seiner duftigen, schmeichlerischen Sortenprägnanz und straffen Salzigkeit.
Kracher-Süßwein-Fans dürfen sich schon aufs neue Nummernspiel freuen: Mit Herbst kommt Krachers neue TBA-Kollektion des Jahrgangs 2020. Sie besteht diesmal aus sechs Nummern. Allen 2020er TBA gemein ist die packende Säurestruktur, die den edelsüßen Weinen innewohnt und sie dadurch enorm trocken erscheinen lässt und damit super trinkvergnüglich macht – obwohl diese Weine Langstreckenläufer sein werden und man sich an diesen TBA Jahrzehnte erfreuen kann. Die zwei Highlights bilden die Aromasorten: die No. 3, die Scheurebe, und die No. 6, der Welschriesling. Zweiterem kennt man die 300 Gramm Restzucker nicht an, weil die Säure und herkunftstypische Salzigkeit bei dieser Nektaressenz für einen enorm straffen Zug sorgen. Aber auch die Grande Cuvée als No. 4 zeigt Extraklasse. Sie ist Gerhard Krachers wichtigster Wein, denn diese TBA wird aus Krachers wichtigsten Sorten geformt, Welschriesling und Chardonnay – und sie ist laut Kracher immer ein „Abbild des Süßwein-Jahrgangs“.
Aber Kracher bedeutet viel mehr als nur TBA. Besonders im Beerenauslesebereich hat er mit seiner „Haus-Cuvée“ vom Welschriesling und Chardonnay – das sind die wichtigsten Sorten des Guts – einen Wein, der zu vielen Köstlichkeiten Spaß macht und in seiner Zucker-Säure-Balance und seiner salzig-mineralischen Frische auch solo locker ein, zwei Gläser funktioniert. Wer nur den Süßekitzel sucht, kann bei Kracher getrost zu seinen Spätlesen und Auslesen greifen, die auch preislich viel Gusto machen. Und was bei Kracher jedes Jahr besonders ist: Er zeigt, dass auch Rotweine in Süß fein schmecken. Heuer ist das beispielsweise die Rosé-Spätlese vom Merlot: wenig Alkohol, viel Trinkvergnügen. Aber das trifft praktisch auf alle Sweets von Gerhard Kracher zu. *hp*

BURGENLAND

★★★★ K €€€ CW PLV
2018 „K“ + (WR/SÄ/CH – halbtrocken) Feine Fülle mit salzigem Charakter, kräuterwürzig, Oliven, tropischer Fruchtmix, Litschi, Grapefruits, weiche Haselnussnote; würzige Ananas, Feigen, getrocknete Marillen, straffer Gerbstoffzug, burgundisch geprägter Wein mit Struktur und Länge.

★★★ S €€ CW
2021 Spätlese Cuvée + (PB/CH/WR – RZ: 60 g/l) Süße, reife Birnen, Mandarinen und Quitten, rund, saftig, im Hintergrund zarte Würze; süßfruchtig, Nektarinen, eingelegte Feigen, milde Säure, ausgewogen, gerundet.

★★★ S €€ ME FUN

2021 Spätlese Rosé + (RZ: 86 g/l) Süße Kräuterwürzigkeit mit viel Merlot-Anklängen, rotbeerige Früchte, Hagebutte, dezent Nougat im Hintergrund; saftig, reife Ribisel, Kirschensaft, Gerbstoffwürze kitzelt und gibt Halt, wirkt trockener als die weiße Spätlese.

★★★ S €€ CW

2021 Auslese Cuvée + (CH/WR – RZ: 84 g/l) Tropische Früchte, Zitrusbetonung, Orangen, Mandarinen, auch süße Strudeläpfel; feiner Schmelz gewürzt mit Kräutern und Minzblättern, würziger Bratapfel, grüner Pfirsich, mittellang, milder Säurebogen.

★★ S €€ MO

2020 Muskat Ottonel Auslese + (RZ: 117 g/l) Süße, gewürzige Muskatnote, Südfrüchte, Maracuja und Kiwi-Noten, dezent ätherisch; am Gaumen weich, Gewürzlade, viel Waldhonig, Mandarinen, viel Sortenprägnanz, zieht geradlinig und schlank nach hinten.

★★★ K €€€ ZW

2020 Zweigelt Beerenauslese + (RZ: 140 g/l) Viel rote Beerenfrucht, süße Herzkirsche, reichlich Brombeeren, dezente Würze im Hintergrund, fruchtschmeichelndes Bukett; Kirsch-Schoko-Noten bestimmen den Gaumen, süßer Kakao, milde Säure, trinkvergnüglich, balanciert.

★★★ K €€€ CW

2019 Beerenauslese Cuvée + (WR/CH – RZ: 133 g/l) Blütenhonig mit ätherischen Kräutern, Anis, Fenchel, wirkt sehr rund; Gewürzigkeit setzt sich fort, reife Äpfel, reife Grapefruits, hinten ziemlicher Säurebiss und mineralische Salzigkeit, mittellang. Klassiker des Hauses!

★★★ K €€€€€ TR

2019 Traminer No. 1 Nouvelle Vague + (RZ: 158 g/l) Viel Waldhonig, Tannennadeln, ätherisch und füllig, Biskuit, ziemlich weich, weißes Nougat; enorm cremig, Rosenholz, Kaffeenoten, Karamell, mollig, rauchig, würziges Tannin im Finish, sehr eigenständig.

★★★★ K €€€€€€ MO TIPP

2019 Muskat Ottonel TBA No. 2 Zwischen den Seen + (RZ: 179 g/l) Würzig-aromatische TBA, Almkräuter, muskattraubig, leicht salzig, exotische Frucht, Maracuja; gewürzig, viel Sortencharakter, reife Grapefruits, Brennnesseln, viel Kräuter und süßer Lebkuchen, balanciert, lang haftend.

★★★★ K €€€€€€ ZW

2019 Zweigelt TBA No. 4 Nouvelle Vague + (RZ: 218 g/l) Gebähtes Brot, schwarze Nüsse, dunkelfruchtig, Weichseln, mit Belüftung rauchig, ölig, betontes Tannin; flüssige Nougatschokolade, eingelegte Kirschen, Holz bestens integriert, hinten Säure und Salzigkeit, mittellang bis lang, saftige rote TBA.

★★★★ K €€€€€€ TC TIPP

2019 Rosenmuskateller TBA No. 7 Nouvelle Vague + (RZ: 261 g/l) Viel Dörrfrüchte, Zwetschken und Datteln, gemahlene Haselnüsse, Nadelholz, bisschen Rosmarin; Kirschen- und Walderdbeerkonzentrat, rauchig, saftig-süße Tannine, super integrierte Säure, feine Länge, lang haftend.

★★★ K €€€€€€ ZW

2020 Zweigelt TBA No. 1 Nouvelle Vague + (RZ: 152 g/l) Rosinierte Kirschfrucht, dezente Würze, feine Honignoten, Met, schmeichelnde Fruchtsüße; flüssige Nougatschokolade, Lebkuchen, Dörrfrüchte, Feigen und Datteln, herzhaft würzig, feiner Säurebiss, gute Länge.

★★★★ K €€€€€€ TR

2020 Traminer TBA No. 2 Nouvelle Vague + (RZ: 180 g/l) Ungewöhnlich viel Frische, Blütenhonig, Wiesenkräuter, Rosenblüten, Wacholder, viel Animo; sehr saftig, reife Birnen, fleischiger Pfirsich, zartes Toasting, Unmenge an Säurepikanz, offenherziger Traminer mit Zug und Länge.

★★★★★ K €€€€€€ SÄ TOP

2020 Scheurebe TBA No. 3 Zwischen den Seen + (RZ: 209 g/l) Tropische Fruchtnoten, Maracuja, Passionsfrucht, super Frische, zart-mineralisch, helle Würze; straff und salzig, durch den Säurebiss wirkt die TBA fast trocken, saftige, exotische Fruchtfülle, reife Grapefruits, Ananas. Riesenwein! Riesenlänge!

★★★★ S €€€€€€ CW TIPP

2020 Grande Cuvée TBA No. 4 Nouvelle Vague + (RZ: 210 g/l) Rauchig-würzig, Waldhonig, dunkle Schokolade, Kakaonoten, geschmeidige Fruchtfülle, Grapefruits, Bitterorange; schokoladig, saftige Mandarinen, würzige Ananas, gewürziger Bratapfel, feiner Gerbstoff- und Säuregrip, zart röstig, schwungvoll mit feiner Länge.

★★★ K €€€€€€ TC

2020 Rosenmuskateller TBA No. 5 Nouvelle Vague + (RZ: 252 g/l) Süße Gewürze, viel Zimt, Schokobananen, rotbeerig, eingelegte Weichseln, würzige Kirschen, Karamellnoten; geschmeidige Fülle, Kirschkuchen, seidige Tannine, salzig, mit Säurekitzel auslaufend.

★★★★★ K €€€€€€ WR TOP

2020 Welschriesling TBA No. 6 Zwischen den Seen + (RZ: 305 g/l) Saftiges Steinobst, würziger Marillenröster, exotischer Fruchtmix, vor allem Mango, Ananas, viel Frische; üppige Nektarinenfrucht, Bratapfel, reife Limonen, Nektaressenz, die aber durch super Säure und salzige Noten enorm straff wirkt, langer Nachhall.

BIO

Weingut
Leitner

Gernot Leitner
7122 Gols, Quellengasse 33
Tel. +43 2173 2593, Fax +43 2173 21547
weingut@leitner-gols.at, www.leitner-gols.at
10,5 Hektar, W/R 15/85, 70.000 Flaschen/Jahr

Der Pannobile-Winzer Gernot Leitner ist bekannt für elegante Golser Rotweine. Seine zweigelt-betonte Pannobile-Cuvée ist alle Jahre eine Visitenkarte für einen herkunftstypischen Rotwein, der auf Jahre Trinkvergnügen bereitet. Leitners rote Lagenweine kommen ausschließlich aus Gols – vom Ungerberg, vom Altenberg und der Schafleiten.
Leitners weiße Top-Lage ist der Salzberg, wo er verlässlich Jahr für Jahr einen sehr prägnanten, mineralischen Pinot Blanc ins Weinglas bringt
Bei Leitners Weißweinen merkt man generell viel Frische und Zug – das hat auch mit der biologischen Bewirtschaftung zu tun und zeigt, dass sich der Winzer bei den Weißen genauso wohlfühlt. Man muss hier auch die Prädikatsweine mitnehmen, wo Leitner mit dem Riesling eine Bank ist. Je nachdem wie gnädig der Wettergott für Süßwein ist, macht Leitner eine Auslese, Beerenauslese und eine Trockenbeerenauslese. 2021 gibt es eine Riesling-TBA, die so was von pfeift; eine Modellathletin mit einem Säurerückhalt, dass der hohe Zucker praktisch am Gaumen verpufft. Hochelegant!
Dass Leitner mit Riesling gut kann – übrigens auch mit Gemischtem Satz –, zeigt er mit seinen Natural Wines. Natürlich schmecken die anders – diese „Shake Me" mit Gerbstoffgrip aus dem 700-Liter-Holzfass. Das „Shake Me" ist vorm Trinken Gebot. Die Jungen lieben diese Art der Sommerweine, coole Aufmachung inklusive. *hp*

BURGENLAND

★★ S €€ SB
2022 Sauvignon Blanc + Viel Frische, sortentypisch gelbe Paprika, gewürzig, rosa Pfeffer, fruchtcharmant; zart cremige Noten, Südfrüchte, Limette, passender, kerniger Säurebiss.

★★★ S €€ PB
2022 Pinot Blanc Ried Salzberg + Salzige und würzige Noten, Hibiskus, Flieder, Lorbeer; betont Zitrusfrucht, Limetten, Grapefruit, relativ straff und salzig, lebhafter Weißburgunder.

★★ S €€ GS FUN
2022 Gemischter Satz Ried Obere Breite + Viel Kräutercharme, Lorbeer, Orangenzesten, Blutorange; ziemlich aromatisch und saftig, Mandarinen, Weingartenpfirsich, Gewürzlade, herzhaft trinkig.

★★★ K €€€ PN
2020 Pinot Noir Schafleiten + Gewürzige Noten, kräuterbetont, zarte Beerenfrucht; kühle Burgunder-Stilistik, Ribisel und Himbeeren, gute Struktur, relativ schwungvoll, einige Länge.

★★★ K €€€ SL
2019 St. Laurent Gols + Moosig, füllig, Walderdbeer-Kompott, würzige Anklänge; sanft bei moderatem Alkohol, Ribiseln, Kirschen und auch Zitrusnoten, guter Biss, Gerbstoff-Rückhalt, trinkvergnüglich.

★★★★ K €€€€ CR TIPP
2020 Pannobile rot + (ZW/BF/SL) Feine Kakaonoten, Schokobanane, mineralischer Kern, rauchige Würze, Lakritze; weich, zart Cassis, dunkle Kirschen, Schokonoten, harmonisch, super Jahr, super Pannobile, super Länge.

★★★ K €€€€ SY
2018 Syrah Ried Schafleiten + Gewürzig, Lebkuchen, eingelegte Pflaumen, Cassis; würzige Frucht, Johannisbeere, Kirschen, einige Kräuterwürze, Traubenschokolade, gute Länge.

★★★★ K €€€€€ BF
2018 Blaufränkisch Ried Ungerberg + Weich und saftig, Kirschkompott, Lebkuchen, gute Tiefe; super Fruchtfülle, Weichseln, Cassis, viel Kräuteraromatik, überzeugende Länge.

★★★★★ K €€€€ RI TOP
2021 Riesling TBA + (RZ: 240 g/l) Enorm aromatisch, mineralisch und salzig, reife Marillen, viel Sortencharakter; verführerischer Riesling in super Frucht-Säure-Balance, frisch, saftiger Pfirsich, wirkt durch die klirrende Säure trinkvergnüglich und trocken, flüssige Nachspeise. Große TBA, die ewig hält!

ÖSTERREICH

★★★ K €€€ GS
2022 Shake Me! + Frisch, kernig, Mandarine, Zitronenzesten, Laub; präsente, aromatische Frucht, Stachelbeere, Holunder, weiche Birnenaromatik. Jugendlicher Fun-Wein in cooler Aufmachung.

★★★ K €€€ RI
2022 Shake Me Riesling + Straffer Natural Wine, einiges Tannin spürbar, grüne Oliven, mehr rotbeerig, zart Steinobst; lebhafter Wein mit Gerbstoffbiss, Zitrusfrische, Nektarinen, kernig bis zum Schluss.

★★★ K €€€ SY FUN
2021 #nofilter + Würzige Weichseln, auch Cassis, rauchig, viel Kräuterwürze; straff, man spürt griffigen Gerbstoff, der Halt gibt, viel Kirsche, lebhaft, frisch, unbedingt kühler trinken.

Weingut
Münzenrieder

Johannes Münzenrieder
7143 Apetlon, Wallernerstraße 27
Mobil +43 676 701 49 71
info@muenzenrieder.at, www.muenzenrieder.at

Johannes Münzenrieder ist ein vielseitiger Winzer. Mit seinem reichhaltigen Weinprogramm in Rot-Weiß-Süß hat der Apetloner Fans im In- und Ausland. Die Nummer 1 am Weingut ist der Zweigelt, dann kommt der Chardonnay. Beide Rebsorten sind auch der Treibstoff für Münzenrieders spannendste Weine. Beim Chardonnay ist der Heideboden die jugendliche, trinkcharmante Version, bei der Münzenrieder nur dezent mit dem Holz spielt – im Gegensatz zur Chardonnay Reserve, die sich komplett im gebrauchten Barrique entfaltet. Den Heideboden gibt es auch als rote Cuvée, es ist der wichtigste Wein des Weinguts mit einem Preis-Leistungs-Ausrufezeichen. Holzeinsatz hat der Winzer bei seinen kräftigen Weinen gern, wodurch immer Belüftung guttut. Für seine Premium-Cuvée Mavie und seine Zweigelt-Reserve Römerstein verwendet Münzenrieder fast nur neue Fässer. Ausschließlich neue Barriques werden nur für die Cuvée Zweiglas verwendet, was dieser Blockbuster-Wein aber locker schluckt. *hp*

NEUSIEDLERSEE DAC

★★ S € ZW
2022 Zweigelt + Rauchige Würze, leicht röstig, Herzkirschen; saftig, Sauerkirschen, Weichseln, dunkle Schokolade, bisschen Gerbstoff, gerundet, mittellang.

★★★★ D €€€ ZW
2020 Zweigelt Ried Römerstein Reserve + Gute Fülle, saftige Aromatik, Wildkirsche, dunkle Beeren, bisschen nussig, Tintenblei; Schwarzbeeren, Ribiseln, straff und jugendlich, Zweigelt im dunkeltönigen Holz mit rauchiger Würze.

★★★★ K €€€ WR
2018 Welschriesling Siddhartha TBA Reserve + (RZ: 230 g/l) Waldhonig, süße Südfrüchte, Mango, Maracuja, bisschen Würze; üppig, essenzhaft, rosinenhafte Frucht, lebhaft, viel Säurepikanz.

BURGENLAND

★★★ S € CW FUN
2022 Sauerstoff + (SB/GV/CH/GM) Sehr aromatisch, Cassis, grüner Paprika, Holler, Duftsorten Sauvignon und Muskateller dominieren in der Nase; gute Fülle und Schmelz vom Chardonnay, mineralisch-kreidig, harmonisch-süffig.

★★ S € SB
2022 Sauvignon Blanc + Grüner Paprika mit Holunder-Touch, Wacholder, Lorbeer; milde Säure, viel Kräuternoten, schotig, begleitet von etwas Gerbstoff.

★★ S € GM
2022 Gelber Muskateller + Klassisch Holundernoten, Almkräuter, limohafter Charakter; charmant, zartes Zuckerspitzerl, „Holundersaft“, viel Sorte, weiche Säure, einfach trinkvergnüglich.

★★★ S €€ CH
2022 Chardonnay Heideboden + Cremige Fülle mit leichter Würze, rosa Pfeffer; saftige Fülle, Speckfisolen, Haselnusscreme, kreidig, rauchig, stoffiger Wein mit Holz-Touch, feines Preis-Leistungs-Verhältnis.

★★★ D €€€ CH
2020 Chardonnay Reserve Ried Salzgründe + Rauchig-würzig, Vanille, Schokobanane, weißer Nougat, Karamellnoten, Nusscreme; süße, schmeichelnde Frucht, Maracuja, Grapefruits, salzig, anschmiegsames Holz, mittellang bis lang.

★★ S €€ ME
2021 Merlot Classic + Geräucherte Noten, dunkle Beeren, bisschen Kräuter; ziemlich mächtig für „Classic“, gebähtes Schwarzbrot, rauchige Würze, markanter Gerbstoff, dezent rotbeerig. Luft geben.

★★★ S €€ CR PLV
2020 Heideboden Reserve + (ZW/BF/ME) Lebkuchen, weich, Ribiseln, rauchig; viel Zweigelt-Würze, helle Kirschen, Hagebutte, Schokonoten, viel Biss, straffes Toasting noch vordergründig, profitiert von Belüftung.

★★★ S €€ ME
2020 Merlot Reserve + Sehr gewürzig, auch kräuterwürzig, dezentes Cassis, Kirschen; saftig, Heidelbeere, Rispentomaten, kraftvolles Toasting, Mokka, Milchschokolade, jugendliches Toasting, druckvoll.

★★★ S €€ PN PLV
2021 Pinot Noir Reserve + Dunkle Himbeeren, Weichseln, dezent Schoko, Weihrauch; balanciert in Frucht und Holz, dunkle Schoko, saftig, Heidelbeere, Ribisel, einige Länge. Charmantes Trinkvergnügen.

★★★★ D €€€ CR TIPP
2020 Mavie + (ME/ZW/CF) Rotbeerig, Cassisnoten mit frischen Kräutern und Würze, Merlot schlägt durch; Herzkirschen und Preiselbeeren, helle Nougatfülle, Gerbstoffgrip, aber trinkcharmant, feine Länge.

★★★★ K €€€€ CR TIPP
2020 Zweiglas + (CF/ME/ZW) Ätherische Noten, Tannenreisig, Cassis und Würze, viel Tiefe und Fülle; samtiges, feinkörniges Tannin, saftig mit Kräuterwürze, Blaubeeren, Cassis, flüssiges Nougat, balancierte, kräftig-elegante Cuvée mit super Länge. Dekantieren!

Weingut
PMC Münzenrieder

Christoph Münzenrieder
7143 Apetlon, Triftgasse 31
Tel. +43 2175 26700
office@weingut-pmc.at, www.pmc-muenzenrieder.at
25 Hektar, W/R 50/50, 150.000 Flaschen/Jahr

Der große Weinschatz der Apetloner Brüder Christoph und Peter Münzenrieder ist die Ried Neubruch, eine Lage nur knapp vier Kilometer vom Neusiedler See entfernt, dadurch wirken viele Weine aus diesem kargen Boden oft salzig – das ist ganz typisch für die Weingärten zwischen See und Salzlacken. 14 Hektar haben die Münzenrieders im Neubruch, woraus vier Lagenweine gezogen werden, je zwei Weiße (Chardonnay und Sauvignon Blanc) und zwei Rote (Pinot Noir und Zweigelt), die alle in neuen, nur leicht getoasteten 500-Liter-Fässern ausgebaut werden.
Generell benützt Kellermeister Christoph Münzenrieder bei seinem in neuen Holz ausgebauten Weinen nur schwach getoastete Barriques, um bei seinen Weinen die Frucht in den Vordergrund zu bringen. Besonders gut ist ihm das im Jahrgang 2021 beim Chardonnay Neubruch gelungen sowie bei seinem neuen Wein – dem Blaufränkisch Glimmerschiefer und Kalk. Das ist Münzenrieders erster Wein, der nicht aus dem Seewinkel ist, sondern vom Leithaberg, und Alte Reben als Kraftspender hat.
Bei Münzenrieders Premium-Cuvée Diabolus hat er dagegen den Blaufränkisch eliminiert und durch Cabernet Franc ersetzt. Mit diesem Move schmeckt der Diabolus jetzt etwas internationaler. Die Hauptbestandteile Zweigelt und Merlot sind jedoch gleich geblieben. Und wer im Seewinkel zu Hause ist, hat natürlich auch Süßwein – mit der typisch salzig-mineralischen Frische. *hp*

NEUSIEDLERSEE DAC

★★★★ D €€€€ SÄ
2021 Scheurebe TBA Reserve + (RZ: 250 g/l) Lebhaft, saftige Ananas, süße rote Äpfel, Mango, reichhaltig; gewürzige, tropische Fruchtfülle, pikante Würze, durch die Salzigkeit schmeckt die TBA deutlich trockener, trinkvergnüglich mit Länge.

BURGENLAND

★★★★ D €€€€ SB
2021 Sauvignon Blanc Ried Neubruch + Reifes Cassis, Limetten, fleischiger gelber Paprika, salzbetonte Frucht mit internationaler Stilistik, jugendliches Toasting; sehr frisch, viel Säurepikanz, salzig, Mandarinen, Johannisbeeren, feiner Gerbstoffbiss.

★★★★ D €€€€ CH TIPP
2021 Chardonnay Ried Neubruch + Kräftigeres Toasting als der Sauvignon, reichhaltige tropische Fruchtsüße, Mango, Maracuja, Litschi, reife Banane; mineralisch-salzig, exotische Frucht, Bittermandeln, helle Schokonoten, balanciert, stoffiger Burgunder mit Spannung und Länge.

★★★ D €€€€ PN
2021 Pinot Noir Ried Neubruch + Dunkle Ribisel, auch Himbeeren und Weichseln, dezent rauchig, dunkle Schokolade; lebhaftes Tannin, jugendlich, zitrusbeladene Frucht, Grapefruitzesten, nur zart burgundisch, noch Reserven, mittellang.

★★★ D €€€ CR
2021 Diabolus + (ZW/ME/CF) Reichhaltiger reifer Beerenmix, Weichseln, schwarze Johannisbeere, rauchiges Toasting, dunkle Schokolade, Kakao; kühle Würze, Tabakblätter, etwas Cassis, kernig, jung, Potenzial.

★★★★ D €€€€€ BF TIPP
2021 Blaufränkisch Glimmerschiefer und Kalk + (ab Herbst) Straffe kreidige Frucht, Blaubeeren, Ribiseln, Sauerkirschen, leicht mineralisch, super Tiefe; schiefrige Mineralität, feines Tannin, Schwarzbeeren, würzige Herzkirschen, vibrierende Spannung. Überzeugende Länge.

★★★ D €€€€€ CR
2021 Merlot-Cabernet Franc + Mächtige Fülle, Heidelbeere, Johannisbeere, ätherische Noten, Kräuterwürze, jugendlich; fleischige Frucht mit würzigem Toasting, Preiselbeeren, Cassis, opulent, aber strukturiert, rauchiges Toasting.

★★★ D €€€€ CH
2021 Chardonnay TBA + (RZ: 205 g/l) Zarte Honignoten, nussig, Pilze, enorme Frische; feine Gewürznoten, Met, saftige Ananas, Litschi, expressive tropische Früchte mit feiner Säurestütze, Nougat, Kakao, mittellang.

★★★ D €€€€ WR
2020 Welschriesling TBA + (RZ: 230 g/l) Honignoten, Met, saftige Fülle, reife Feigen, eingelegte Marillen; viel Fruchtcharme, Ananas, Papaya, zarte Würze, stoffiger Wein mit feiner Länge.

Weingut
Gerhard + Brigitte Pittnauer

7122 Gols, Neubaugasse 90
Tel. +43 2173 3407, Fax +43 2173 20088
weingut@pittnauer.com, www.pittnauer.com
18 Hektar, W/R 30/70

Das Golser Winzerpaar Gerhard und Brigitte Pittnauer gilt nicht nur als feines Bio-Dynamiker-Paar mit einer beeindruckenden Palette an Natural Wines, die weit über Österreichs Grenzen begehrt werden. Die „Pittis“ haben sich auch zu einem Rosé-Spezialisten und -Meister entwickelt. Fünf verschiedene Rosé-Spielarten gibt es – und mit dem ungemein fesselnden und charaktervollen Rosé by Nature 2022 haben die Pittis heuer den Vinaria-Sieg im großen Rosé-Jahrgangs-Tasting geschafft. Blaufränkisch ist dabei der Dominator – Kellermeister Pittnauer hält diese Sorte beim Rosé-Stil „unter allen heimischen Sorten am geeignetsten“ und gibt diesem Wein als feine Ergänzung einen Schuss Cabernet Sauvignon mit. 100 % Blaufränkisch fließt in den Rosé Dogma, der straffer und mächtiger ist, die Trauben kommen vom Ungerberg, und der in der Amphore ausgebaut wird.
Auch beim Rotwein gehört das Respekt-Biodyn-Weingut zur Österreich-Spitze. Die Lagenweine leuchten mit erkennbarer Winzer-Handschrift und eigenem Charakter. Spannend dabei: Pittnauer zeigt stilsicher bei seinem St. Laurent vom Rosenberg und beim Blaufränkisch vom Ungerberg, dass große Weine nicht viel Alkohol brauchen, sondern auch mit 12,0 und 12,5 Vol.-% kraftvoll elegante Langstreckenläufer sind. *hp*

BURGENLAND

★★ D €€€ BF
2021 Blaufränkisch Heideboden + Ziemliche Fülle, viel Heidelbeeren, schwarze Ribisel, Weichseln, dezent würzig; weiche, saftige Frucht, griffiges Tannin, Wildkirsche, Ribiseln, harmonisch mit viel Zug.

★★★★ D €€€€ CR
2020 Pannobile + (BF/ZW) Süße Gewürze, Heidelbeeren, eingelegte Kirschen, Tannennadeln, rauchig, Tiefe; Schwarzkirschen, Ribiseln, lebhafte Frucht, feines Tannin, süßer Gerbstoff, überzeugende Länge.

★★★★ D €€€€€ BF
2020 Blaufränkisch Ried Ungerberg + Rauchige Würze, Tabak und Lakritze, Heidelbeeren; stoffig und extraktsüß, rote Beeren, betontes Tannin, kräuterwürzig, Wacholder, gehaltvoll trotz mittlerem Alkohol.

★★★★ D €€€€€ SL TIPP
2020 St. Laurent Ried Rosenberg, Weiden am See + Geschmeidige Frucht, schwarze Ribisel, Herzkirschen, Lebkuchen, dunkle Schokolade; super Fruchtspiel, Weichseln, Blaubeeren, milde Säure, süße Röstigkeit, Kakaokuchen, tolle Länge.

★★★★ D €€€€€ CR
2020 Altenberg Reserve + (ME/BF/CS) Tiefgründiges, intensives Bukett, gereifter Beerenmix, füllige Frucht, Sauerkirschen, schwarze Ribisel; eleganter Schmelz mit Kräuterwürze, Pfefferkuchen, seidiger Tanningrip, gute Spannung und Länge.

ÖSTERREICH

★★★ KK €€€ GS
2022 Pitt Nat Blanc + (Perlwein) Sehr duftig, viele Fruchtnuancen, Grapefruits, Holunderblüten, Muskat, verlockend; fruchtfrisch, Holunder, grüner Apfel, Zitrus, betont trocken mit feiner Bitternote, sommerlicher Pet Nat mit Pfiff.

★★★ S €€ CR FUN
2022 Rosé König + Feine Fruchtnuancen, Walderdbeeren, würzige Frische; lebhafter Gerbstoff, saftige Frische, viel Zitrus, Maracuja, Ribisel, feste Säure, trinkvergnüglich, druckvoll mit Länge.

★★★★ KK €€€ CR TIPP
2022 Rosé by Nature + (BF/CS) Samtiges Bukett, charmante Fruchtfülle, saftige Erdbeeren, reife Grapefruits; balanciertes Süße-Säure-Spiel, saftiger Schmelz, saftige Fülle, Brombeeren und Ribiseln, mineralischer Biss, super Länge. Großer Rosé.

★★★★ D €€€ BF
2022 Rosé Dogma + Rauchig, fein gerbstoffig, dunkle Beeren, Kirschkuchen, Weihrauch, sanft; stoffig, druckvoller Gerbstoff, Birnen, Südfrüchte, leichte Kräuterwürze, lebhafter Wein mit Säurebiss und Potenzial.

★★★★ D €€€ CW PLV
2022 Blonde by Nature + Super duftig und fruchtfrisch, Holunder- und Stachelbeer-Aromatik, würzige Ananas; saftige Frucht mit feiner Gerbstoff-Unterlegung, super trocken, reife Ananas, gute Struktur und Länge.

★★★ D €€€ CW
2022 Perfect Day + Sehr duftig, muskatig, schotig; am Gaumen blumige Aromatik, zart und leichtfüßig, Holunder-Touch, Wacholder, mittelgewichtig, zugänglich.

★★★ D €€€€ CW
2022 Mash Pitt + (GV/CH/SB) Rauchige Würze, Tabak, weiche Frucht, Mango und Ananas; gewürzig, Rosenholz, konturierter Gerbstoff, grüne Oliven, viele Schichten, jugendlicher, puristischer Naturwein.

Weingut **Pöckl**

7123 Mönchhof, Zwergäcker 1
Tel. +43 2173 80258
info@poeckl.at, www.poeckl.at
40 Hektar, W/R 1/99

Pöckl-Weine sind nicht für den schnellen Moment gemacht. Pöckl-Weine brauchen Zeit und wollen entdeckt werden. Und Pöckl-Weine halten – auch für Jahrzehnte. Pöckl-Weine sind immer alles andere als Mainstream. Jeder Wein hat seinen eigenständigen Charakter – und allen Pöckl-Weinen gemein ist die klar erkennbare Keller-Herkunft und Winzer-Handschrift.

„Mir ist die Weingutstilistik das Allerwichtigste. Das geht über alles; auch über die Gebietsherkunft und über eine Lagencharakteristik", sagt Winzer René Pöckl. Er liebt es, mit Barrique und kräftigem Toasting zu spielen. Und er beherrscht die Rebsorten, die das Aushalten. „Zweigelt, Cabernet Sauvignon, Merlot und Syrah – das sind meine Sorten."

Der Zweigelt ist überhaupt Pöckls große Nummer. Er macht etwa 50 % im Mönchhofer Weingut aus, ist die Zugnummer in Pöckls Signature-Wein Admiral; und auch im „Kleinen Admiral", dem Rosso e Nero, ist der Zweigelt der Hauptdarsteller.

Zum vierten Mal macht der Winzer auch eine DAC-Reserve vom Zweigelt. „Ich möchte damit untermauern, dass ich Zweigelt-Fan bin." Es ist kein gewöhnlicher Neusiedlersee-DAC und auch keine typische Zweigelt-Reserve – vielmehr ist es ein typischer Pöckl: kräftiger Holzeinsatz, konzentrierte vollreife Frucht. Da klopft mit dem Jahrgang 2021 ein großer Pöckl-Zweigelt an. Dasselbe gilt für die Premium-Cuvées Admiral und Reve de Jeunesse, die auch im Herbst Pöckls Keller verlassen werden – als Top-Weine eines großen Jahrgangs. „2021 war heiß und relativ trocken. Wir haben niedrige pH-Werte und höhere Säurewerte, das ergibt Weine mit viel Frische und Komplexität", sagt der Winzer. Wir sagen: klares Kaufsignal! *hp*

NEUSIEDLERSEE DAC

★★★★ K €€€€€€ ZW
2021 Zweigelt Reserve + Gewürzige Noten, viel Herzkirschen und Zwetschken, üppiges Volumen; kräftige Tannin-Struktur, fleischige Fruchtkonzentration mit seidiger Säure und Mineralität, zart salzig, vollreife Kirschen, elegante Frische, sehr eigenständiger Zweigelt im straffen Pöckl-Stil mit Druck und Länge.

BURGENLAND

★★★★ K €€ ZW **PLV**
2021 Zweigelt Classique + Rauchige Würze, einige Fruchtfülle, Schwarzkirschen, Weichseln, Wacholder, etwas ätherisch; saftig, kirschig, eigenständiger, straffer Zweigelt mit viel Tanninbiss und leichter Mineralität.

★★★ K €€ BF
2021 Blaufränkisch Classique + Dunkle Würze, auch gewürzig, Blaubeeren, dezent Johannisbeeren; sehr frisch, knackig, stoffige Frucht, Brombeeren, kräuterwürzig, lebhaft, feste Tanninstruktur, jugendlicher Biss, mittellang.

★★★ K €€€ SL
2020 St. Laurent Classique + Viel Weichseln und Kirschfrucht, helles Nougat, gute Tiefe und Fülle; sehr würzig, wilde, rauchige Aromatik. seidiges Tannin, saftige Walderdbeeren, dunkle Himbeeren, stoffig mit Länge.

★★★★ K €€€€ CR
2021 Rosso e Nero + (ZW/ME/CS – alle Cuvées kommen ab Herbst) Feine Fülle, saftige Frucht, Kirschenkompott, Pflaumen, gewürzig, zart Schoko, gute Tiefe; super Grip, reifer Gerbstoff, viel Substanz, Heidelbeeren, Schwarzkirschen, getrocknete Kräuter, Wein mit Zug und Spannung.

★★★★ K €€€€€€ CR **TIPP**
2021 Admiral + (ZW/CS (ME) Viel Fruchtschmelz, getrocknete Früchte, Datteln, gewürzige Herzkirschen, Grafit; fleischige Frucht, eingelegte Kirschen, Weichseln, enormer Tanninzug, viel Biss, zart-mineralisch, Kraft und Spiel, super Länge, super Admiral, super Pöckl.

★★★★ K €€€€€€ CR **TIPP**
2021 Reve de Jeunesse 42 + (CS/ME/SY/ZW) Sehr frisch, viel Kräuterwürze, deutlich Cassis, duftet „international" im Stil eines großen Bordeaux; super Grip, schwarze Johannisbeeren, Ribisel, lebhafte Kräuterwürze, Mokka, kompaktes, würziges Tannin, dunkles Nougat, jugendlicher Langläufer. Typischer Pöckl, großer Reve!

Weingut
Helmut Preisinger

Helmut Preisinger
7122 Gols, Neubaugasse 19
Tel. +43 2173 2362
office@weingut-preisinger.at, www.weingut-preisinger.at

Der Golser Helmut Preisinger sitzt mit seinem Weingut am Kalbskopf, „der kleinsten Lage, die in Gols als Lage geführt wird", sagt der Winzer. Nur 1,5 Hektar umfasst die Riede, aus der Preisinger seinen durchaus lebhaften Neuburger zieht. Sein Weißwein-Segment macht ein Viertel aus und ist typisch burgenländisch – mit Welschriesling und den Burgundersorten. In Rot ist mengenmäßig der Zweigelt die Nummer 1, „obwohl ihm der Merlot schon nahekommt", betont Preisinger. Die französischen Sorten Merlot, Cabernet Sauvignon und Syrah dominieren jedoch Preisingers Premium-Rote, die er grosso modo maximal 24 bis 30 Monate im Fass ausbaut – Gebrauchte und Neuholz in Balance: „Ich mag meine Weine auf der fruchtigen Seite halten."
Seine Bordeauxsorten-Cuvée Mithras vom Altenberg ist sein gut eingeführter Premium-Klassiker. Aktuell hat Preisinger den 2020er ausgerollt. Der Mithras bekommt aber mit dem jungen 2021er Merlot vom Salzberg gerade einen feinen Mitspieler. Der Salzberg-Jahrgang ist die Jungfernlese, „daher gibt es nicht viel", sagt der Winzer. Das Wenige von diesem reinsortigen Merlot schmeckt jung, aber ausgezeichnet.
Beim Rosé lässt Preisinger seiner Tochter Johanna freien Lauf. Herausgekommen ist ein Syrah aus Direktpressung (kein Saftabzug) – ein leichtgewichtiger Sommer-Rosé, dem nichts fehlt. ***hp***

BURGENLAND

★★ S € WR
2022 Welschriesling + Grüne Birnen und Äpfel, bisschen Limette, wirkt frisch, leicht gewürzig; knackig auch am Gaumen, gelbe Äpfel, Zitronenzesten, beschwingter Terrassenwein.

★★ S €€ NB
2022 Neuburger Ried Kalbskopf + Ziemlich duftiger Neuburger, gewürzig, Walnuss, klassisch; cremig, gelbfruchtig, dezent exotische Fruchtnoten, Maracuja, milde Säure, gerundet, trinkig.

★★★ S €€ PG PLV
2022 Grauburgunder + Viel Kernobst, Quitten und gelbe Äpfel, ziemlich gewürzig, rosa Pfeffer; schon einige Fülle, süße Würze, tropische Fruchtnuancen, Orangen, feiner Gerbstoffbiss, mittellang.

★★ S €€ SY
2022 Rosé vom Syrah + Schöne Würzigkeit, bisschen rotbeerig, Erdbeeren, Wacholder; rund, trotz der Alkoholleichtigkeit spürt man charmante Fruchtfülle, Kirschen, Limettenzesten, einiger Säurebiss.

★★ S €€ SY
2021 Syrah + Rauchig, ziemlich saftige Frucht, Weichseln, eingelegte Kirschen, dezente Würze; am Gaumen straff und würzig, Lorbeerlaub, Kräuternoten, würzige Herzkirschen.

★★★★ G €€€€ CR
2020 Mithras Ried Altenberg + (CS/ME) Zartes Cassis mit viel Kräuterwürze, Merlot schlägt durch, etwas Senfsaat und Lakritze; sehr saftig, viel Frucht, dunkle Kirschen, Johannisbeeren, Ribisel, Tannin spürbar, jugendlich, aber schon jetzt spannend. Potenzial.

★★★★ G €€€€€ ME TIPP
2021 Merlot Ried Salzberg + (kommt im Herbst) Dezent würzig und fruchtig, Kirschen, Holz und Tannin noch bestimmend, Schoko- und Kaffeenoten; am Gaumen offener, schokoladig, Heidelbeeren und Weichseln, bisschen Cassis, straffes Finish, aber schon trinkvergnüglich und lang.

Weingut
Hannes Reeh

7163 Andau, Augasse 11a
Tel. +43 2176 27011
wein@hannesreeh.at, www.hannesreeh.at
65 Hektar, W/R 80/20

Andau ist mit rund 2400 Sonnenstunden der sonnenreichste Ort Österreichs. Es ist auch eine der regenärmsten Plätze des Landes. Das merkt man bei den Weinen von Hannes Reeh. Weine mit einem warmen Timbre, weicher Fülle, milder Säure, voller Harmonie, kraftvoll mit Eleganz. Es sind Weine mit authentischem Herkunftscharakter, welche sowohl Laien als auch Kenner begeistern.
Hannes Reeh übernahm das elterliche Weingut im Jahr 2007 und führte es in lichte Höhen. Die Weinlinien von Hannes Reeh beinhalten vier verschiedene Kategorien: Haus & Hof – Heideboden – Andauer Ortsweine – Unplugged. Ein stimmiger 2021 In Bloom Rosé – perfekt für die Terrasse. Hochinteressant ist der Zweigelt Schaumwein „Reehbellion". Klassisch Seewinkel – Heideboden Cuvée weiß 2022 und 2020 Heideboden Cuvée rot. Die Premiumlinie des Hauses ist wohl „Unplugged" – ein hervorragender 2022 Chardonnay, ein typischer 2021 Zweigelt und die mächtigen 2019 Cabernet Sauvignon und Cabernet Franc.
Also, liebe Weinfreunde, auf zur Verkostung der Weine des Neusiedler Sees. *as*

BURGENLAND

★ S €€ CR
2021 IN BLOOM Rosé + (BF/CS) Helle Farbe, Kräuter, Blütenduft, frisch und fruchtig, dezenter Restzucker, zart nach Kirschen, elegant, ausgewogen, frühlingshaft, schlank, transparent, perfekt für die Terrasse.

★★ S €€ CW
2022 Heideboden Cuvée weiß + Kräuter, Zitrus, Orangenschalen, gelbfruchtig, Kamille, reifer Apfel, saftig-fruchtig, reife Trauben, harmonisch, angenehme Säure, warmes Timbre, wunderbar zu trinken. Ein guter Wein, typisch Seewinkel.

★★★ S €€€ CH
2020 Unplugged Chardonnay + Sattes Gelb, holzunterlegt, rauchig, dezente Rösttöne, Karamell, würzig, Honigtöne, erste Reife, salzige Noten, gelbe Früchte, Honigtöne, Löwenzahn, ein Wein voller Harmonie, warm, weich, milde Säure, ein hervorragender, typischer Chardonnay, Mineralität zeigend. Ein sehr guter Wein von schmackhaftem Ausdruck.

★★ S €€ CR
2020 Heideboden Cuvée rot + Kirschen und Pflaumen, schwarze Beeren, kühle Noten, trockenes Tannin, Bittertöne, Bitterschokolade, kräftige Struktur, straff, dicht, doch fehlt die Frucht. Ein Wein, der unbedingt Essen braucht.

★★★ K €€€€ ZW
2021 Unplugged Zweigelt + Feines Bukett, bestens eingesetztes Holz, Kirschen, schwarze Beeren, passende Säure, Rösttöne, Bitterschokolade, fest, tief, einiger Stoff, perfekte Tanninstruktur, viel Wein. Gesicherte Zukunft.

★★★ K €€€ CS
2019 Unplugged Cabernet Sauvignon + Cassis, Heidelbeeren, kühle Noten, fruchtig, reich, festes Tannin, Pflaumen, Schoko, viel Frucht, Rösttöne, tapeziert den Gaumen. Ein Kraftlackel, der in die Tiefe geht.

★★★ K €€€ CF
2019 Unplugged Cabernet Franc + Rote und schwarze Beeren, Schokolade, vollfruchtig, Granatapfel, stoffig, Heidelbeeren, festes Tannin, trocknet den Gaumen aus, dichte Struktur, die Säure passt, das ist viel Wein. Ein saftiges Steak dazu und die Welt ist wieder in Ordnung.

ÖSTERREICH

★★ K €€ ZW FUN
NV Frizzante Reehbellion Zweigelt + Gute Schaumbildung, Zwetschkenfarben, Kirschen, rote und schwarze Beeren, Zwetschken, dezent speckig, fruchtige Herbe, dezenter Restzucker, zart prickelnd, schmelziger Charme, durchaus elegant, bisschen Schoko, guter Druck, perfekte Balance, saftig, stimmig. Ein hervorragender roter Schaumwein, der sehr gut schmeckt. Voller Pikanz.

BIO

Weingut
Erich Sattler

Erich Sattler
7162 Tadten, Obere Hauptstraße 10
Tel. & Fax +43 2176 28182
erich@erichsattler.at, www.erichsattler.at
12 Hektar, W/R 15/85

Die Weingärten – welche rund um Tadten liegen – von Erich Sattler sind vom Schotter geprägt, mit dünner Braunerde-Auflage. Dieser Schotter stammt von der Ur-Donau, welche auf ihrem Weg zum Schwarzen Meer jede Menge Schotter anspülte. Diese Schotterbank erstreckt sich über mehr als 5 Kilometer. Gemeinsam mit dem pannonischen Klima – die Trauben finden hier die höchsten Temperaturen Österreichs vor – und der Speicherfähigkeit der Böden werden die Trauben hochreif. Es gibt nur eine selektive Handlese in Kisten geerntet.

Die Weingärten sind überwiegend mit Zweigelt und St. Laurent bestockt, von denen einige mehr als 40 Jahre alt sind. Darüber hinaus werden auch Syrah, Cabernet Sauvignon, Chardonnay, Grüner Veltliner und Chardonnay gekeltert.

Die Weine – vor allem die Roten – sind überaus klassische Vertreter des Seewinkels, immer mit einem warmen Timbre versehen, immer in der Balance, immer mit Tanninrückgrat ausgestattet. Pannonien pur!

Hinweisen sollte man auf die überaus faire Preiskalkulation der Weine. In Zeiten wie diesen ist Erich Sattler der Dank vieler Weinfreunde gewiss.

as

NEUSIEDLERSEE DAC

★★ K €€€ ZW
2020 Zweigelt Reserve + Kakao, Zimt, Gewürznoten, Nusskuchen, schon ziemlich trocken am Gaumen, doch mit kräftigem Ausdruck, Ledertöne, Zwetschken, rote und schwarze Beeren, ein Wein, der unbedingt Essen benötigt. Der ist momentan im Umbruch. Der Herbst wird es entscheiden.

BURGENLAND

★★ S € WR FUN
2022 Welschriesling + Apfelschalen, Birnen, fruchtiges Bukett, Zitrus, herzhaft trocken, voller Frische, feines Säurespiel, insgesamt balanciert, entwickelt Druck, pikante Noten, geht in die Tiefe. Mehr als nur ein Sommerwein. Höchst vergnüglich zu trinken.

★★ S € ZW
2022 Rosé Zweigelt + Rosarot, dezent herb, rotbeerig, Zitrusgelee, Kirschen, Himbeeren, ruhig strömend, Wiesenkräuter, fruchtige Frische, in sich harmonisch, feines Säurespiel, weinig, elegant, hervorragender Rosé und ein exzellenter Speisenbegleiter.

★★ S € CH
2022 Chardonnay + Dezente Stachelbeeren, Honigmelone, Zitrusfrische, zart nach Apfel, elegant und subtil, Pomelo, seidige Frucht, frische Säure, grüne Banane, saftig, macht Spaß. Chardonnay unplugged.

★★★ S €€ CR
2020 Heideboden + Kirschfarben, eingelegte Kirschen, Zwetschken, trocken und kernig, Schokotouch, Lakritz, Gewürznoten, eher wenig Frucht, festes Tannin, kühle Noten, mittellang, durchaus attraktiv, hat noch einige Substanz.

★★★ S €€ ZW
2021 Zweigelt + Schwarzviolett, die schwarzen Kirschen hüpfen aus dem Glas, Mandelbögen, fruchtig mit festem Tannin, geht in die Tiefe und Länge, engmaschig, griffig, passende Säure, da geht es zur Sache. Ein hervorragender, würziger Zweigelt ganz am Anfang seiner Entwicklung. Da gibt es nichts zu meckern.

★★ S €€ SL
2021 St. Laurent + Lebkuchen, prägnante Säure, Kirschen, schwarze Nuss, Waldbeeren, fester Stoff, dichte Struktur, einiger Tiefgang, total jung, fest strukturiert, ein rassiger Bursche.

★★ S €€€ SL
2020 St. Laurent Reserve + Lebkuchen, Wacholder, dunkle Aromatik, Tabak, erdige Noten, schwarze Nuss, Nougattöne, Zwetschken, schon sehr trocken, momentan schwer zu beurteilen, dezent fruchtig, Trinken ist angesagt.

Weingut
Schaller vom See

Gerhard & Brigitte Schaller
7141 Podersdorf am See, Frauenkirchner Straße 20
Mobil +43 650 217 72 25
wein@schallervomsee.at, www.schallervomsee.at
10 Hektar, W/R 45/55

Ich oute mich jetzt zum wiederholten Mal. Ich bin ein Fan der Weine von den Schallers. So schwungvolle Weißweine, richtige Charmebolzen, lustvoll trinkige Weine. Auch die Roten gehen in diese Richtung. Ich möchte diese Kreszenzen eigentlich nicht mit Punkten oder Sternen bewerten. Ich mag sie nur lustvoll genießen. Daher werde ich auch keinen dieser Weine hervorheben. Wäre den anderen gegenüber unfair. Es sollen die Weine sprechen. Siehe unten.
Es gibt ein Leben ohne Schaller Weine, doch es ist nicht lebenswert. *as*

NEUSIEDLERSEE DAC

★★ S €€ ZW
2021 Zweigelt + Schokokirsch, seidige Frucht, sehr gute Tanninstruktur, voller Fruchtcharme, schwarze Beeren, Mandeltöne, ein Zweigelt, wie es sich gehört, anschmiegsam, mit Charakter, immer im feinen Zwirn, langatmig, niemals aufdringlich, vorbildlich.

★★ S €€€ ZW
2020 Uferlos Zweigelt Reserve + Kirschen mit zart-röstigen Klängen, Rumtopf, Schokolade, Vanille, hier ist Holz im Spiel, Zwetschken, schwarze Beeren, Johannisbeeren, straff strukturiert, festes Tannin, total ernsthaft, Potenzial für einige Jahre. Ein stoffiger Rotwein, der Luft benötigt.

BURGENLAND

★ S € WR FUN
2022 Welschriesling + Einladendes Bukett, frische Äpfel und Birnen, Zitrus, frische Kräuter, frisch-fruchtig, beschwingt, saftig, balanciert, perfekte Säure, homogen und charmant.

★ S € GV
2022 Grüner Veltliner + Pfefferschleier mit feiner Exotik, Zitrus, Ananas, Mango & Co., cremige Anmutung, würzig, fruchtig, elegant, typisch, höchst angenehm. So macht Grünen Veltliner trinken Spaß.

★ S € CW
2022 Swingin White + (WR/GV/GM) Leicht, frisch, unkompliziert, lebhafte Säure, frische Kräuter, ein Hauch von Holunder, eine Ahnung von Pfeffer, nicht nachdenken – trinken. ★ S € GM
2022 Gelber Muskateller + Ungemein aromatisch, Holunder, Zimt, Muskatnuss, Zitrus, Ananas, frische Säure, feine Exotik, leicht, erfrischend, der Sommer kann kommen. Ein kecker, vorwitziger Wein, der einen auf der Nase herumtanzt und man ist glücklich. Das ist Musik am Gaumen.

★ S €€ CH
2022 Chardonnay Ried Prädium + Ein Bukett, das an Mandeln erinnert, dezente Exotik, Birnen, fruchtig-saftig, liegt eng am Gaumen, elegant, ein feiner Herr, charmant, gelbe Früchte, der singt so richtig.

★★ S €€ CH
2022 Uferlos Chardonnay + Jetzt wird es ernst, hier hat man einen gediegenen Wein im Glas, sehr elegant, ein Hauch von Vanille, bisschen Kaffee, angenehme Säure, cremig, ganz feine Frucht, toller Stoff, verfügt über einigen Tiefgang, zeigt seine Klasse, das ist Trinken auf hohem Niveau.

★★ S €€ CR
2021 Heideboden + (ZW/SL) Tiefschwarz-violetter Rand, Rumtopf, Waldboden, Unterholz, Rösttöne, etwas Lebkuchen, schwarzbeerig, Zwetschken, schwarze Kirschen, stoffig, Tannin, doch auch ernsthafter Fruchtcharme, warmes Timbre, man hat viel, sehr guten – Wein im Glas, einiges Potenzial.

★★ S €€ CR
2021 Patfalu + (CS/ZW/SL) Kirschen und Cassis, eine charmante Symbiose, Holz ist im Spiel, Rösttöne, Powidl, Schokolade, festes Tannin, Cassis, der Cabernet dominiert, ungemein saftig, feste Struktur, ziemlicher Rückhalt.

★★ S €€ CS
2021 Cabernet Sauvignon + Cassis pur, Waldbeeren, ein sehr eleganter Rotwein mit fester Tanninstruktur, straff durchgezogen, der Ausbau im Holz ist bildend, geht in die Tiefe, Schokonoten, Cassis, Rösttöne, ganz typisch Cabernet Sauvignon, der steht seinen Mann. Ein körperreicher Rotwein von stoffigem Ausdruck, viel Substanz, überzeugt.

★★ S €€ CS
2020 Uferlos Cabernet Sauvignon + Cassis pur, viele schwarze Beeren, das ist Cabernet pur, offenherzig, voller Charme, enorme Frucht, dezent röstig, straff und fest, dichte Struktur, einiges Holz, Holzkohle, stoffig, tiefgründig, das ist viel Wein, viel Cabernet.

★★★ S €€ SL
2020 Uferlos St. Laurent + Kirschen und Lebkuchen, absolut typisch, Kokos, vollmundig, straff und tief, feurig, spannend, da geht es zur Sache, feste Struktur, tiefgründig, kernig, ein ausdrucksstarker Wein, der voll überzeugt.

★★ S €€ CR
Red Fred + (SL/ZW/CS) Brombeeren und Heidelbeeren, auch Cassis, fruchtig und voller Charme, Zwetschken, Kirschen, Zimt, Lebkuchen, saftig, fruchtig, fest strukturiert, das Tannin beißt zwischen den Zähnen. Viel Struktur, viel Ausdruck, viel Abenteuer. Hier hat man pannonisches Flair, diese Wärme, welche das Burgenland ausmacht.

Weingut **Schwarz**

Michael Schwarz
7163 Andau, Langengasse 19
Tel. +43 2176 3231, Fax -4
office@schwarz-weine.at, www.schwarz-weine.at

Genuss und Lebensfreude pur, immer die perfekte Harmonie zwischen Wein und Speisen im Kopf, sympathisch und bodenständig – so würde ich Hans Schwarz, der im Jahre 1999 seinen ersten eigenen Wein auf den Markt gebracht hat, beschreiben. Hans hat eine perfekte Basis geschaffen, die sein Sohn Michael – natürlich weiterhin in enger Zusammenarbeit mit seinem Vater – seit dem Jahre 2017 nun weiterführt. Die Weine mit der Bezeichnung „The Butcher" gibt es in Weiß und Rot, vinifiziert aus den wichtigsten Rebsorten des Betriebes. So spielt der Chardonnay bei den Weißweinen die entscheidende Rolle, ein sehr gut gelungener Preis-Leistungs-Wein, der viel Trinkfreude vermittelt und mit angenehmer, dezenter Holzunterstützung ausgebaut wurde. Bei den Top-Weinen Schwarz Weiß und Schwarz Rot darf dann natürlich auch Kraft, Dichte und der Druck am Gaumen nicht fehlen. Deutlich schmeckbar ist diese Entwicklung in den letzten Jahren, die Weine haben spürbar an Finesse und Vielschichtigkeit – immer mit einer passenden Holzdosis ausgestattet – dazugewonnen und versprechen eine sehr gute Entwicklung in der Flasche. Besonders erfreulich ist die Tatsache, dass es wieder zwei mehr als gelungene Strohweine im Programm gibt. Als würdige Begleiter süßer Nachspeisen oder alternativ solo genossen sind diese sicher eine sehr gute Empfehlung. *gh*

BURGENLAND

★★★ S €€ CH
2022 The Butcher + (CH) Intensive, zugleich feine Fruchtausprägung, Hawaii-Ananas, Mango, vollreife Birne, dosierte dunkle Zitrusnoten, harmonisch und anregend; dezenter Holzeinsatz bringt eine passende Gerbstoffnote, saftige gelbe Birne, gut strukturiert, alles wohldosiert, animierender Nachhall.

★★★★ D €€€€ CW
2021 Schwarz Weiß + (CH/GV) Haselnuss, Röstaromen, Holz ist noch deutlich spürbar, reife Williamsbirne, mit etwas Luft spielt sich der Wein in den Vordergrund, cremig, Karamell, geröstete Mandel, Hawaii-Ananas, zeigt viele Facetten; strukturiert, sehr gute Säurestruktur, lebendige Zitrusnoten, Holz beginnt sich bereits langsam einzubinden, klingt mit viel Frische und Blutorange lange aus, sollte sich mit Flaschenreife sehr gut entwickeln.

★★★★ D €€€€€€ ZW **TIPP**
2021 Schwarz Rot + (ZW) Konzentrierte, hochreife Frucht, eingelegte Weichsel, Schoko-Kirsch, fruchtsüß, Schokolade, dunkle Waldbeeren, feine Kräuterwürze, tiefgründig, eigenständig; frische, präzise Fruchtausprägung, Herzkirsche in seiner schönsten Form, harmonisch, alles fein abgestimmt, zarte Moccatöne, Herbsthimbeere im attraktiven und stets trinkfreudigen Abgang, beste Zukunftsprognose.

★★★★ D €€€€€€ GM **TIPP**
2020 Schwarz Gold Strohwein + (GM) Feine Honignote, konzentrierte Frucht, vermittelt exotisches Feeling, süße Mango, vollreifer Pfirsich, Blutorange, rosa Grapefruit, gedörrte Marille, Karamell, vermittelt dabei immer Frische; wunderschönes Süß-Säure-Spiel, Restzucker ist gut eingebunden, ungemein saftig und fruchtsüß, Maracuja, Marillengelee, hochreife gelbe Birne, Blütenhonig, Artischocke, definierte dunkle Zitrus, klingt elegant und lange nach.

★★★★ D €€€€€€ ZW
2020 Schwarz Schwarz Strohwein + (ZW) Konzentrierte, tiefe Frucht, Schwarzkirsche, eingelegte frische Weichsel, Waldheidelbeergelee, Bitterschokolade, feine Kräuterwürze, Portweinassoziationen; perfekte Süße, wird nie aufdringlich, sehr gut ausbalanciert, Frische geht nie verloren, die Eindrücke im Duft setzen sich auf dem Gaumen fort, schwarzfruchtig und feinwürzig, klingt mit passender Säure trinkanimierend aus, sehr gute Persistenz, eine flüssige Nachspeise oder zum dunklen Mousse.

Winzerhof
Julius Steiner

Julius & Mariella Steiner
7141 Podersdorf am See, Seezeile 2
Tel. +43 2177 2743, Mobil +43 664 524 84 10
info@julius-steiner.at, www.julius-steiner.at
9 Hektar, W/R 60/40

Winzer Julius Steiner und seine Frau Mariella bieten eine Wohlfühloase am Neusiedler See. Das Familienweingut bietet einen reichhaltigen Mix aus burgenländischer Sortenvielfalt in Weiß und Rot sowie Süßweinen mit einem super Preis-Leistungs-Verhältnis – und auch das Thema Schaumwein prickelt seit mehr als zehn Jahren bei den Steiners in Podersdorf. Zu bekommen ist das alles in der eigenen Wein-Greisslerei, in der Mariella Steiner neben hausgemachten Spezialitäten auch schmucke Dekosachen anbietet und jedes Jahr zum Oster- und Weihnachtsmarkt einlädt. Einen Wein-Urlaub kann man bei den Steiners auch machen – in ihrem Haus Mariella mit Zimmern und Appartements mit insgesamt 29 Betten quasi direkt am See. Feine Steiner-Rundum-Genusswelt. *hp*

NEUSIEDLERSEE DAC

★★★ S €€€ ZW
2018 Zweigelt Sapientia + Reifer Zweigelt, eingelegte Pflaumen, dezente Holznoten, bisschen Honigmet; würzige Herzkirschen, rauchiges Toasting, Schwarzbrot, gerbstoffiger Zweigelt mit Entwicklungspotenzial.

BURGENLAND

★★★ S € GV
2022 Grüner Veltliner Muschelkalk + Straff, leicht gewürzig, grüne Äpfel, Limettenzesten; straffer, kalkig betonter Veltliner, Grapefruits, Birnen, Weißpfefferwürze, mineralisch, trinkig.

★★★ S € SB FUN
2022 Sauvignon Blanc Ried Zeiselfeld + Reifere Fruchtstilistik, einige Fülle, grüner Paprika, Brennnesseln; feine Sortenprägnanz, fruchtcharmant, reife Schoten, Mandarinen, gut eingebundene Säure.

★★★ S € PB
2022 Weißburgunder Ried Strassäcker + Helle Würze, nussig, Zitrusfrucht, rosa Grapefruit, salzige Oliven; saftig und rund, Maracuja, Mandarinen, feine Gerbstoffstruktur, kräftiger Burgunder mit milder Säure.

★★ S € CH
2022 Chardonnay Ried Zeiselfeld + Würzig, Waldboden, Pilze, gebähtes Brot, klassischer Sortencharakter; kräuterwürzige Fülle, Grapefruit, Toastbrot, straffer Gerbstoff.

★★★ S €€ CW
2021 Laurentina weiß by Patricia + (GB/CH/WB) Üppig, schwarze Oliven, Brioche, rauchig-gewürzig mit torfigen Noten; weich, Honig, heller Nougat, Schokocreme, Karamellnoten, würziges Toasting.

★★★★ S €€ CH TIPP
2021 Chardonnay Rohrwolf Ried Zeiselfeld + Salzige Oliven, mineralischer Schliff, Kernobst und Südfrüchte, Biskuit; würziges Holz fein integriert, Haselnussschoko, saftig, gute Länge.

★★ S € SÄ
2022 Scheurebe Ried Grossfeld + (halbtrocken) Bisschen schotig, feinherb, Mandarinen; aromatisch, gerundete Zitrusfrucht, molliger Wein mit gewisser Spritzigkeit im Finish.

★★★ K €€€ TR
2019 Gewürztraminer Fidelis Beerenauslese + (RZ: 104 g/l) Gewürzig, Kräuternoten, Pfefferwürze, Bratapfel und Nelken; fruchtcharmant, gewürzig, Muskat, Nelken, Rosenholz, super Struktur und Länge.

★★ S €€€ CR
2021 Laurentina Rot + (SL/ZW/ME) Viel Weichseln und dunkle Kirschen, dunkle Schokolade, Lorbeer, Lakritze; füllig, jugendliches Tannin, Mokka, rauchige Textur.

★★ D € BF
2021 Blaufränkisch Ried Mühlsatz + Relativ viel Fülle, Heidelbeeren und Weichseln; üppige, rosinierte Frucht, Weichseln, zieht dann relativ straff mit Gerbstoffnote nach hinten.

★★★ S €€ ME FUN
2021 Merlot Heideboden + Füllige Frucht, eingelegte Kirschen, Heidelbeeren, viel Pflaume, leicht rauchig; saftige Frucht, getrocknete mediterrane Kräuterwürze, trinkvergnüglich, mittellang.

★★ S €€ SL
2021 St. Laurent Heideboden + Weichseln, feine Würze, Wacholder, bisschen Liebstöckel, dezent Nougat, zugänglich; grüner Pfeffer, Wildkirschen, straff, etwas Gerbstoff und Tannin, trockene Würze.

ÖSTERREICH

★★ K €€€ MO
Sekt Muskat Ottonel Brut + Dezent muskatig, Litschi und Limetten, aromatisch, Bienenwachs; exotische Frucht, abgerundete Süße, unkompliziert trinkig, Sekt für den Sommer.

★★★ S €€ CR FUN
Frizzante Rosé Rosenrot + (ZW/ME/BF – Schaumwein) Rotbeerige Frucht, Walderdbeeren und Kirschen; frisch, relativ trocken, viel Kirschenaromatik, dezent Zitrus, Nougatschoko, Säurekick im Finale.

GROSSE KUNST.
OHNE ALLÜREN.
WINE in MODERATION
CHOOSE | SHARE | CARE
Österreichs Weine sind daheim im Herzen Europas, wo kontinentale Wärme mit kühler Nordluft tanzt. In diesem einzigartigen Klima wachsen edle Weine mit geschützter Ursprungsbezeichnung – zu erkennen an der rotweißroten Banderole auf der Kapsel und der staatlichen Prüfnummer auf dem Etikett.
österreichwein.at
ÖSTERREICH WEIN
Große Kunst. Ohne Allüren.

Weingut
Hans Tschida – Angerhof

7142 Illmitz, Angergasse 5
Tel. +43 2175 3150
weingut@angerhof-tschida.at, www.angerhof-tschida.at

Hans Tschida gilt mit seinen prägnanten Süßweinen aus dem Seewinkel als Abräumer von Auszeichnungen. So hat der Illmitzer bereits zum achten Mal den Titel „Sweet Winemaker of the Year" geholt. Diese International Wine Challenge in London gilt als einer der wichtigsten und einflussreichsten Weinwettbewerbe weltweit. London gilt überhaupt als das Mekka für ausgezeichnete Süßweine – und dort hat Hans Tschida diesen Frühsommer den nächsten Ritterschlag für seinen süßen Edelstoff erhalten: Beim größten Weinwettbewerb der Welt, bei den Decanter World Wine Awards in London, wurde sein Schilfwein Muskat Ottonel 2021 als „Best of Show" ausgezeichnet, sprich als weltbester Wein des gesamten Wettbewerbs – bester unter 18.250 eingereichten und bewerteten Weinen.
Der Schilfwein gehört verlässlich zum Top-Standardprogramm von Hans Tschida, denn „ich kann beim Schilfwein jedes Jahr Top-Qualität produzieren, ohne zittern zu müssen, ob Botrytis kommt". Schilfwein oder Strohwein ist seit 2002 im österreichischen Weingesetz als Prädikatsstufe verankert. Schilfwein wird aus vollreifen Trauben erzeugt, die zumeist schon im September geerntet werden. Die Trauben werden vor der Kelterung mindestens zwei bis drei Monate auf Schilf gelagert. Der Traubensaft muss nach drei Monaten eine Zuckergradation von mindestens 25° KMW haben. Erreicht der Most nach zwei Monaten bereits 30° KMW, dürfen die Trauben schon früher verarbeitet werden. „Durch die natürliche Konzentration gleichen diese Weine einem Botrytis-Wein und überzeugen mit reifer Frucht und einer großartigen Balance", sagt Tschida.
Der Illmitzer Winzer produziert im Jahr, „400.000 Flaschen Süßwein, und die verkaufen wir auch", sagt der Winzer.
Die süße Bandbreite ist dabei enorm. Von der Spätlese bis zur Trockenbeerenauslese reicht sein Schaffenskreis. Bei den Spätlesen, Auslesen und Beerenauslesen könnte man jedem Wein das Prädikat „Top-Preis-Leistungs-Verhältnis" umhängen.
Bei den Trockenbeerenauslesen schreibt Tschida seit drei Jahren stolz den Seewinkel zum DAC-Neusiedlersee auf die Flaschen, um die Herkunft dieses unvergleichlichen Terroirs zu unterstreichen. Diese TBA ringen große Bewunderung ab und gehören zu den besten in Süß, die man in Österreich bekommt.
Seine Weine brillieren durch enorme Frucht- und Sortentypizität. „Wir haben alle Süßweine im Stahltank", betont Tschida. Auf Holz werde verzichtet. „Und wir sind mit unseren Weinen bis zur Flaschenfüllung auf der Feinhefe. Das macht viel aus fürs Potenzial." *hp*

NEUSIEDLERSEE DAC

★★★★★ G €€€€€ SÄ TOP
2020 Sämling 88 Ried Lüss TBA Reserve Seewinkel + (RZ: 218 g/l) Viel Frische und Mineralität, Pfirsichnoten, Mango, salzig; elegant mit viel Mineralität, geschmeidige Fruchtexotik, Marillenkompott, sehr salzig, viel Seewinkel-Terroir, wirkt straff, endlos lang.

★★★★★ G €€€€€ WR TOP
2021 Welschriesling Ried Domkapitel TBA Reserve Seewinkel + (RZ: 260 g/l) Viel Fülle, Birnenkompott, weißer Pfeffer, elegant; Nektaressenz mit Säurepikanz und feiner Salzigkeit, exotische Frucht, auch Pfirsich, Schliff und Eleganz, tolle Länge. Langstreckenläufer.

BURGENLAND

★★★ S €€ CW
2022 Spätlese + (CH/WR/MO – RZ: 113 g/l) Süßapfelnoten, Schwarzer-Pfeffer-Würze, gelbe Pfirsiche; saftig, exotische Fruchtnoten, Mango, Nektarinen, fein unterlegte Säure, salziges Aroma, ausgewogen.

★★ S €€ SÄ
2022 Illmitzer Spätlese + (SÄ – RZ: 110 g/l) Helle Pfefferwürze, Mix aus Südfrüchten, Kiwi und Litschi, Feigen; Exotik auch am Gaumen, Litschi und Papaya, mineralisch, feine Säure, rund, mild auslaufend.

★★★ S €€ ME
2022 Merlot Spätlese + (RZ: 113 g/l) Ribiseln, Walderdbeeren, animierender Rotweincharakter; Erdbeeren, helles Nougat, Schmeichler, von dem man mehr trinken kann, läuft trocken mit kühler Aromatik aus.

★★★ G €€ CW
2022 Auslese + (RZ: 131 g/l) Viel Würze, rosa Pfeffer, fleischiger Pfirsich, gute Tiefe; Pfirsichkompott, knackige Säure im Hintergrund gibt Grip, relativ trocken und trinkvergnüglich, mittellang.

★★★ G €€ CW
2022 Muskat Ottonel Auslese + (RZ: 136 g/l) Typische Muskatnoten, süß-traubig, gewürzig, viel Sortenausdruck; knackige Säure macht die Auslese trockener, muskatig-schotig, salzig, gute Balance und Länge.

★★★ G €€€ CW
2021 Welschriesling Beerenauslese + (RZ: 185 g/l) Sehr würzig, viel Fruchtexotik, Litschi, süße Grapefruits; Pfirsichnoten markant, Honigmelone, süße Ananas, ausgewogen, endet mit herzhafter Mineralität.

★★★ S €€€ MO
2021 Muskat Ottonel Beerenauslese + (RZ: 180 g/l) Markante Muskatnoten, Traubengelee, gewürzig; rund und saftig, Mandarine, Melone, Bratapfel, Kräuteraromatik, dezenter Gerbstoff im Finale, wirkt trockener als eine BA.

★★★★ G €€€ CH PLV
2021 Chardonnay Beerenauslese + (RZ: 203 g/l) Frisch und pikant, Waldboden, getrocknete Steinpilze, rauchige Textur, wirkt reichhaltig; tropische Früchte, Orange, Litschi, Mango, saftige Strudeläpfel, balanciert, super Schliff, gehaltvoll.

★★★ G €€€ SÄ
2019 Sämling 88 Beerenauslese + (RZ: 179 g/l) Reife Fruchtfülle, getrocknete Birnen und Bananen, reife Ananas, getrocknete Kräuter; balanciert am Gaumen, viele Fruchtnoten, Mandarinen, Blutorange, würzige Ananas, rauchiger Ausklang, mittellang.

★★★★★ G €€€€€ MO TOP
2021 Muskat Ottonel Schilfwein + (RZ: 308 g/l) Reife Frucht, Mandarinen, Orangen, elegant traubig, geschmeidige Fülle; saftige Exotik mit straffem Säurespiel, mit keiner Faser üppig-süß trotz 300 g/l Restzucker, flüssiges Manna, das nie fad wird, hochgradig elegant.

Weingut **Umathum**

Josef Umathum
7132 Frauenkirchen, St. Andräer Straße 7
Tel. +43 2172 2440, Fax +43 2172 21734
office@umathum.at, www.umathum.at
45 Hektar, W/R 20/80, 250.000 Flaschen/Jahr

Josef Umathum bewirtschaftet Weingärten in zwei burgenländischen Weinbaugebieten – jeweils zur Hälfte Neusiedler See und Leithaberg. Man verarbeitet Trauben ausschließlich aus eigenen Flächen in ökologischer Bewirtschaftung und nur Lese von Hand. Das muss betont werden in Zeiten mit vermehrter Maschinenlese.
Dem Boden mehr zu geben als entnommen wird, das ist die Grundlage einer Landwirtschaft. Eigene Komposterzeugung auf Basis von Rindermist aus dem Nationalpark Neusiedler See. Josef Umathum verwendet bis zu 130 verschiedene Behälter bei der Lese, da jede Parzelle einzeln verarbeitet wird. Umathum experimentiert auch mit sogenannten PIWI Reben.
Dass die Weine von Umathum zu den besten des Landes zählen, hat er schon vielfach bewiesen. Auch die aktuelle Serie zählt dazu. Ein höchst vergnüglicher 2022 Rosa – Rosé Saignee. Eine Spezialität des Hauses ist der Lindenblättrige – gepflanzt 2005, eine trockenresistente Rebsorte, die perfekt in den Seewinkel passt. Ein hervorragender 2021 Pinot Gris. Faszinierend ist der 2021 Gelber & Roter Traminer. Entzücken macht sich breit. Bei solch einem Wein wird man zum Traminerfan. Großartig – 2017 Blaufränkisch Joiser Kirschgarten, ein außergewöhnlicher BF aus der einzigen Steinterrassen-Anlage des Burgenlandes. Der Klassiker des Weingutes kommt aus der Ried Hallebühl – ein 2018 Zweigelt in Perfektion. Für mich am Größten ist der 2017 St. Laurent vom Stein – einer der Laurents Österreichs. *as*

BURGENLAND

★★★ G €€€ CR **FUN**
2022 Rosa –Rosé Saignee + Rötliche Farbe, Himbeeren und Kirschen im Einklang, ein höchst einladendes Bukett, ganz feine Klinge, weinige Struktur, hochelegant, voller Fruchtcharme, perfektes Säurespiel, immer mit Finesse, immer mit Pfiff, immer mit einem Lächeln im Gesicht. Rosé vom Feinsten!

★★★ G €€€ HU
NV Königlicher Wein MMXIX + (Glimmerschiefer; Lindenblättriger/Harslevelu) Nashi-Birne, Lindenblüten, rassige Säure, Zitrus, Orangenschalen, würzig, strahlt Mineralität aus, feste Struktur, einiger Tiefgang, wunderbar trocken, steinige Aspekte, klingt lange nach. Der Wein braucht viel Luft.

★★★ G €€€ PG
2021 Pinot Gris – Grauburgunder Reserve + Bratenduft, florale Noten, rauchig, Nüsse, Birne, Quitte, vollmundige Eleganz, salzig, engmaschig bei feiner Frucht, cremige Textur, niemals opulent, immer mit feiner Note, ein Referenz-Grauburgunder.

★★★ G €€€ TR
2021 Gelber & Roter Traminer + Aufblühende Rosen, Blütenhonig, Pfirsich, trocken mit feinstem Gerbstoff, exotische Nuancen, fast zart und transparent, niemals laut, niemals üppig, delikat, strukturiert, cremige Konsistenz, immer stilvoll, von hintergründiger Noblesse. So wird man ein Traminerfan.

★★ G €€€ BF
2019 Blaufränkisch + Dunkle Tönung, Brombeeren, Kirschen, fruchtig, frische Säure, würzig, Himbeertöne, griffig, herzhaft, zeigt Charakter, noch immer zu jung, doch immer attraktiv, auch Klasse zeigend.

★★ G €€€€ CR
2019 Haideboden + Rotweincuvée (ZW/CS/BF) Reife Kirschen, Cassis, Schokonoten, pfeffrig, rauchig, Heidelbeeren, vollmundig, mollig, weiches Tannin, Schmelz, Fülle, saftig, weinig, sanft, angenehm. Charmanter Rotwein ohne Ecken und Kanten.

★★★ G €€€€€ PN
2019 Pinot Noir Unter den Terrassen + Unterholz, Moos, Himbeeren, Leder, eingelegte Kirschen, schlank bei fester Struktur, einiger Tiefe, straffe Struktur, dabei filigran, am Anfang seiner Entwicklung.

★★★★ G €€€€€€ SL **TIPP**
2017 St. Laurent Vom Stein + Lebkuchen, Leder, Kirschen, Orangenschalen, Marzipan, am Gaumen von unvergleichlicher Eleganz, einer Rasse, die dem Wein Flügel verleiht, zart animalisch, salzig, straffe Tiefe, bestechende Säure, enormer Tiefgang. Ein Wein für Jahrzehnte. Einer der großen St. Laurent des Landes.

★★★★ G €€€€€€ BF
2017 Blaufränkisch Kirschgarten + Mineralik pur, steinige Aspekte, Kirschen, Brombeeren, Zwetschken, Haselnüsse, salzige Anklänge, Feuerstein, straff, rassig, ausdrucksstark. Der transportiert viel Mineral mit. Dichte Struktur, die Säure ist präsent

★★★★ G €€€€€€ ZW **TIPP**
2018 Ried Hallebühl Zweigelt + (Eisenhaltiger Kieselstein) Dunkle Schokolade, Kirschen, Heidelbeeren, schwarze Beeren, röstige Töne, Flieder, ungemein saftig, kraftvoll, tiefgründig, vielschichtig, salzige Noten, ein Wein, der viel Zukunft ausstrahlt. Die Eleganz in Person. Große Zukunft.

© ÖWM / Peter Kramar

VINOTHEKEN

APETLON

Nationalpark Vinothek
7143 Apetlon, Illmitzer Straße 25
Tel. +43 2175 2241

FRAUENKIRCHEN

Sailer's Vinothek
7132 Frauenkirchen, Kirchenplatz 27
Mobil +43 664 4109697
vinothek@sailers.at, www.sailers.at

GOLS

Weinkulturhaus Gols –
Vinothek und Tourismusinformation
7122 Gols, Hauptplatz 20
Tel. +43 2173 20039
info@weinkulturhaus.at
www.weinkulturhaus.at

NEUSIEDL AM SEE

Weinwerk Burgenland
7100 Neusiedl am See, Obere Hauptstraße 31
Tel. +43 2167 20705
vinothek@weinwerk-burgenland.at
www.weinwerk-burgenland.at

PODERSDORF AM SEE

Ortsvinothek Podersdorf – Weinclub 21
7141 Podersdorf, Seestraße 37
Tel. +43 2177 21170
info@weinclub21.at, www.weinclub21.at

GASTRONOMIE/NÄCHTIGUNG

ANDAU

Tauber am See
7163 Andau, Am Badesee
Tel. +43 2176 2180
www.tauberamsee.at

Die Lage am Andauer Badesee und der Charme der pannonischen Tiefebene entschleunigen. In lässigem Bistroambiente in einem Bungalow mit viel Holz und großen Glasfronten wird auch leger gekocht. René Tauber serviert Gansl und Seefisch, das Burger-Fleisch ist vom Steppenrind. Herzhaft präsentieren sich die Kalbswangerl mit Kartoffelpüree, Wels und Zander gibt es gebraten oder gebacken. Mittwoch ist Schnitzeltag, Freitag Pizza- und Samstag Backhendltag.

Scheiblhofer The Resort
7163 Andau, Resortplatz 1
Tel. +43 2176 2610800
www.theresort.at

Quasi im Nichts steht dieser richtungsweisende Bau, der auch einem Science-Fiction-Film entsprungen sein könnte. Elegant, exklusiv, faszinierend. Das Hotel ist der neueste Wurf von Winzer Erich Scheiblhofer. Nächtigen kann man in Zimmern und Suiten, die Big John oder Legends heißen. Eines der Herzstücke ist der Spa-Bereich – 4000 Quadratmeter mit Saunawelt, Indoor- und Outdoorpool sowie Fitnessraum.

APETLON

Residenz Velich
7143 Apetlon, Seeufergasse 12
Tel. +43 2175 54000
www.velich.at/residenz

Die Residenz besteht aus drei Zollhäusern, die behutsam renoviert und in ein stilgetreues Hotel umgewandelt wurden. Natürliche Materialien und hochwertige italienische Möbel garantieren behaglichen Wohnkomfort. Auf dem Frühstückstisch finden die besten Käse aus Frankreich sowie Wurstwaren aus Italien und Spanien genauso einen Platz wie heimische Spezialitäten. Im Restaurant verbinden sich das Seewinkler Terroir und burgenländische Tradition mit französischem Verständnis für gutes Essen.

Gasthaus zum fröhlichen Arbeiter
Familie Tschida
7143 Apetlon, Quergasse 98
Tel. +43 2175 2218
www.froehlicherarbeiter.at

Der Name ist nicht mehr Programm. Fröhlich sind die Gäste nach wie vor, die Klientel hat sich aber deutlich vergrößert. Dank der feinsinnigen pannonischen Küche. Hannes Tschida schöpft aus dem, was der Seewinkel alles hergibt: Fisch aus dem See, Wild, Lamm und Mangalitza-Schweine, Steppenrind aus dem Nationalpark und Seewinkler Gemüse. Die Geflügelleberterrine trifft auf Leithaberger Kirschen, das Wildbeuschel auf Safranknödelchen. Das Weinangebot schaut weit über den Seewinkel hinaus: von Bordeaux bis zum Libanon, vom Furmint bis zu Orangeweinen, vieles mit Jahrgangstiefe.

FRAUENKIRCHEN

Altes Brauhaus
7132 Frauenkirchen, Kirchenplatz 27
Tel. +43 2172 2217
www.altesbrauhaus.at

Auf mehr als 300 Jahre Geschichte blicken die originalen Stuben mit Wandvertäfelung und der oleandergeschmückte Arkadenhof zurück. Die Küche bietet kaum Veränderungen – und das ist gut so. Der Fokus liegt auf pannonischen Aromen: burgenländische Krautsuppe, Halászlé (ungarische Fischsuppe), Bakonyíer (Putengeschnetzeltes mit Paprikarahmsauce und Butternockerln) oder Hortobágyer Palatschinken (mit Fleischfülle und Sauerrahm) – alles ausgezeichnet. Das Weinangebot ist stimmig und regional-patriotisch.

St. Martins Therme & Lodge
7132 Frauenkirchen, Im Seewinkel 1
Tel. +43 2172 20500
www.stmartins.at

Zwei Dinge treffen hier zusammen: die faszinierende Nationalpark-Landschaft im Seewinkel und die gekonnt modern gestaltete Therme. Entspannen kann man sich auf der Liegewiese, am Kiesstrand und im Badesee. Die Lodge mit stilechtem Moskitonetz über dem Bett vermittelt Safarigefühl, Ranger unternehmen mit den Gästen Vogelbeobachtungstouren. Jede Menge Ausblicke bietet auch das Restaurant mit Open-Air-Terrasse.

GOLS

Landhotel Restaurant Birkenhof
7122 Gols, Birkenplatz 1
Tel. +43 2173 23460
www.birkenhofgols.at

Eine Institution in der Region. Anziehungspunkte sind die moderne, helle Orangerie oder die Terrasse. Das Restaurant vertraut auf die lokalen Produkte: vom fangfrischen Zander aus dem Seewinkel über Wild aus dem Golser Jagdrevier bis zum herrlich-aromatischen Gemüse. Burgenländische Krautfleckerl, gebratene Blunzenscheiben mit einbrennt'n Grammeln und Sauerkraut oder Ragout vom Reh mit Semmelknödel machen Freude. Die Weinkarte bietet das Beste aus der Region, außerdem Weine aus den eigenen Weingärten.

B & B Domizil
7122 Gols, Untere Hauptstraße 5
Mobil +43 680 3342103
www.domizil-gols.at

Ria Korpan-Wenzl und ihr Mann Siegfried richteten die Zimmer geschmackvoll und mit liebevollen Details ein. Im Sommer sitzt man bei einem Glas Wein im pannonischen Innenhof, gutes Frühstück mit regionalen Produkten, hausgemachtem Kuchen, Sekt und Marillen-, Uhudler- und Zwetschkenmarmelade aus der Domizil-Minimanufaktur. Zum Domizil gehören auch die nahe gelegenen Studios Am Anger und das Cottage Gols. Im Café & Shop findet man wunderbare Wein- und Wohnaccessoires.

Heimlichwirt – Speiselokal
7122 Gols, Neustiftgasse 3
Mobil +43 660 6664260
www.heimlichwirt.com

Bevor Peter Müller sein eigenes Lokal aufsperrte, war er 13 Jahre Chefsommelier bei Drei-Sterne-Koch Nils Henkel, dann verschlug es ihn in den Taubenkobel. Als kochender Sommelier liefert er nun kreative Gerichte quer durch das globale Aromenbeet ab, die Zutaten sind aber möglichst regional und bio. Knusprige Blunzen-Samosas mit Camembertcreme, Patisson und fermentiertem Pak-Choi oder mediterrane Frühlingsrollen mit Olivencreme, Paprika und Rosmarinpolenta sind ein Genuss. 350 Weine warten darauf geöffnet zu werden, eine Verbeugung an die hiesigen Winzer mit ihren besten Flaschen.

HALBTURN

Knappenstöckl – Im Schloss Halbturn
7131 Halbturn
Tel. +43 2172 82390
www.knappenstoeckl.at

Wenn man an warmen Tagen unter alten Bäumen im idyllischen Schlosshof sitzt, ist die Welt in Ordnung. Serviert wird eine ambitionierte regionale Landhausküche mit den Produkten der Umgebung – Biorind aus dem Nationalpark, Wild aus der eigenen Schlossjagd u. v. m. Die Weinkarte: feine Eigenbauweine, kleine Ausflüge in die Wachau und ein Schnuppertrip in die Steiermark.

ILLMITZ

Johannes-Zeche
7142 Illmitz, Florianigasse 10
Tel. +43 2175 23350
www.johannes-zeche.at

Nettes Landhotel. Rustikale Gemütlichkeit im Restaurant mit Kaminecke, in der Tandlerstube mit Kachelofen oder im Garten mit Grillecke – ganz gleich, wo es einem am besten gefällt: Die pannonische Küche bringt den Geschmack des Seewinkels auf den Teller. Halászlé (ungarische Fischsuppe), Krautsuppe, Kesselgulasch, Opa Taubers Wildsuppe und flaumige Esterházyschnitten gehören zu den Standards. Dazu werden Weine aus der eigenen Seewinkel-Vinothek serviert.

Die Zimmerei & Landgasthaus Karlo
7142 Illmitz, Seegasse 43
Mobil +43 699 10981422
www.zimmerei-hotel.at

Direkt am Ausläufer des Illmitzer Nationalparks stehen zehn Tiny Houses. Wohnen in den schicken Häusern (24 m2) in Holzriegelbauweise mit eigener großer Terrasse und Aussicht auf den Nationalpark Neusiedler See-Seewinkel ist ein Genuss.

Hotel Nationalpark
7142 Illmitz, Apetloner Straße 56
Tel. +43 2175 3600
www.hotel-nationalpark.com

Modernes Vier-Sterne-Hotel. Neben solarbeheiztem Pool sowie Sauna- und Relaxbereich mit Sonnenterrasse bietet das Haus auch ein Restaurant mit zeitgemäßer pannonischer Küche. Ideale Lage für Ausflüge in das Naturschutzgebiet.

Presshaus Illmitz
7142 Illmitz, Apetloner Straße 13
Tel. +43 2175 2730
www.presshaus.com

Grammelknödel und Schweinebauch – im Traditionsgasthaus mag man es bodenständig. Aber auch mediterrane Leichtigkeit gelingt, etwa, wenn Bärlauch-Ricotta-Ravioli mit Basilikum-Butter-Sauce serviert werden. Die Weinkarte mit über 600 Positionen beschränkt sich nicht auf Österreich, auch Flaschen anderer Weltgegenden – vor allem Frankreich – lagern im Keller.

Rosenhof Hotel Weingut Restaurant
7142 Illmitz, Florianigasse 1
Tel. +43 2175 2232
www.rosenhof.cc

Im Arkadenhof mit den Rosen fühlt man sich wohl. Bodenständige Gerichte und manche Ausflüge in die zeitgemäße Küche findet man auf der Karte. Paprizierte Fischsuppe mit Zander und Karpfen, Gulasch vom heimischen Hirsch mit Rotweinbirne auf der einen Seite und Burger vom österreichischen Fleckvieh oder Tortilla mit weißen, geräucherten Bohnen, Reis, Paradeiser-Chutney, Avocadocreme und geröstetes Schweinskarree auf der anderen Seite vertragen sich. Dazu der Wein aus dem hauseigenen Weingut.

JOIS

Winzerhof Kiss
7093 Jois, Josef-Haydn-Gasse 1
Tel. +43 2160 8256
www.winzerhof-kiss.at

Wunderschöner Innenhof mit Wiese, Baum und Arkaden. Um den Hof reihen sich die Zimmer und Appartements, die liebevoll eingerichtet und im gemütlichen Landhausstil mit viel Holz gestaltet wurden. Hausherr Ronny Kiss bietet Tastings seiner prämierten Rotweine im Designerverkostungsraum an. Seine Frau Gerda ist die gute Seele des Hauses.

Seejungfrau
7093 Jois, Hafen 1
Mobil +43 650 4200743
www.seejungfrau.org

Eine der schönsten Locations am Neusiedler See, die Lage am Schilfgürtel ist ein Traum. Eine Mischung aus Strandcafé, Ort zum Chillen und Abendrestaurant. Gehobene Küche mit kreativen Akzenten, dazu passt Joiser Wein.

MÖNCHHOF

Rosso 19
7123 Mönchhof, Sandhöhe 19
Mobil +43 664 88540930
www.rosso19.at

Ein ehemaliger Weinkeller mit modernem Flair. Eine Wand besteht nur aus Glas, man hat das Gefühl, im Weinberg zu sitzen. Nach der Neuübernahme ist das Rosso 19 noch besser geworden. Die Karte vermittelt Urlaubsflair mit vielen mediterranen Klassikern: Gegrillte Jakobsmuscheln, Trüffelburrata mit gemischtem Salat, hausgemachte Gnocchi mit Hirschragout und Zitronenrisotto mit gegrillten Scampi machen gute Stimmung.

NEUSIEDL AM SEE

Das Stadtgasthaus am Nyikospark
7100 Neusiedl am See, Untere Hauptstraße 59
Tel. +43 2167 8542
www.nyikospark.at

Das Da Capo wurde zum Stadtgasthaus. Geblieben ist das angenehme Ambiente mit lichtdurchflutetem Wintergarten und schattigem Garten mit uralten Nussbäumen. Familie Tösch setzt nun auf gutbürgerliche Küche mit leichten und regionalen Fischspezialitäten.

Mole West
7100 Neusiedl am See, Strandbad-Westmole
Tel. +43 2167 20205
www.mole-west.at

2004 der Pionier aller Neusiedler-See-Strandlokale, das Ibiza-Feeling war schon immer perfekt. Unter neuer Führung wurde aber umdesignt. Casual Fine Dining ist weg, das neue Selbstbild lautet jetzt einfach: der Strandklub am Neusiedler See. Für den kleinen gepflegten Hunger gibt es eine schöne Auswahl an Toasts, etwa mit Trüffel und Eierspeise. Dann kommen Beef oder Thunfisch-Tatar, King Prawns, Branzino und Rinderfilet vom Grill. Burger und Wiener Schnitzel dürfen auch sein.

Stadthaus
7100 Neusiedl am See, Kirchengasse 2
Tel. +43 2167 2883
marina@stadthaus-neusiedl.at
www.stadthaus-neusiedl.at

Das Stadthaus kann auf eine lange, traditionsreiche Geschichte als Kirchenwirt zurückblicken, Marina und Christian Roth brachten jetzt frischen Wind. Das romantische Landhausflair vergangener Tage kombinierten sie mit einer zeitgemäßen, schlichten Eleganz. Auf der kleinen Restaurantkarte finden sich Klassiker wie Wiener Schnitzel, Cordon bleu, Zanderfilet oder Wildgulasch.

Zum echten Leben – Wein- & Kaffeehaus
7100 Neusiedl am See, Obere Hauptstraße 31
Mobil +43 680 2015132
https://zumechtenleben.at

Im denkmalgeschützten historischen Altbau befindet sich ein Treffpunkt für alle, die sich nach klassischer Kaffeehaustradition und lebendigem Austausch mit und rund um den Wein sehnen. Die Küche bietet eine ganze Reihe feiner Jausen, auch jiddische Hendlleberpastete ist dabei.

PAMHAGEN

Vila Vita Pannonia
7152 Pamhagen, Storchengasse 1
Tel. +43 2175 21800
www.vilavitahotels.com

Feriendorf im Seewinkel am Rand des Nationalparks. 200 Hektar großes Gelände, Aktiv- und Wellnessfans finden genügend Betätigung: Reiten, Tennis, Beachvolleyball, Schilfhüttensauna, Hochseilklettergarten, Naturschwimmteich und Wellnesspark. Übernachten kann man in luxuriösen Suiten oder in typisch burgenländischen Dorfbungalows. Lounge, Bar, Café und Restaurant mit großer Sonnenterrasse und Strandflair bietet Die Möwe. Die Lage am hauseigenen See in einer ruhigen Naturlandschaft ist die Bühne für eine ambitionierte mediterrane Küche.

PARNDORF

Pannonia Tower
7111 Parndorf, Pannoniastraße 3
Tel. +43 2166 22252
www.pannoniatower.at

Die Aussicht vom zwölften Stock ist eine Wucht. Moderne, gut ausgestattete Zimmer im Designerstil. Ein idealer Stützpunkt: Man geht ins Designer Outlet Parndorf nebenan shoppen oder erkundet die nahen Weinbaugebiete Carnuntum, Neusiedlersee und Leithaberg, Rust und Rosalia.

OX Steakhouse
Im Entertainment Center Parndorf
7111 Parndorf, Gewerbestraße 3
Tel. +43 2166 43044
office@ox-parndorf.at, www.ox-parndorf.at

OX spannt den Bogen von qualitativ hochwertigen Steaks, die auf dem Lavasteingrill zubereitet werden, und Burgern über Fischgerichte bis hin zu mediterranen Vorspeisen. Die Sushi-Bar und Pizza erweitern die Auswahl.

Restaurant Landhaus Parndorf
7111 Parndorf, Neudorferstraße 35
Tel. +43 2166 22250
reservierung@landhaus-parndorf.at
www.landhaus-parndorf.at

Sehr gemütlich und rustikal – auch die Küche liebt es deftig. Hausmannskost wie Schweinsbraten, Tafelspitz, Stelzen, Tiroler Gröstl und Steaks sind beliebt.

PODERSDORF AM SEE

Zur Dankbarkeit
7141 Podersdorf am See, Hauptstraße 39
Tel. +43 2177 2223
www.dankbarkeit.at

Man sitzt in urigen Räumen, wird vom netten Personal verwöhnt und genießt eine originäre Pannonienküche. Die Basis sind die guten Produkte, die vor der Haustür wachsen. Auf die Teller kommen Hausklassiker wie die jiddische Hühnerleber, dann ein kleines, saftiges Mangalitza-Bratwürstl mit Paprikakraut. Ein Traum ist auch das Geschmorte vom Steppenrind mit Rahmkohl und Serviettenknödel. Auf der Weinkarte findet man neben den eigenen Weinen eine Auswahl österreichischer Spitzenvertreter und ausgesuchte Flaschen aus dem Rest der Welt. Tipp: Ums Eck wartet der Buschenschank der Familie, hübsche Gästezimmer gibt es auch.

Lokalaugenschein
7141 Podersdorf, Seestraße 58
Mobil +43 699 11967631
www.lokalaugenschein.eu

Seewinkler Grundprodukte sind die Basis für Klassiker, die modern und innovativ interpretiert werden. Beliebt sind die Etageren, etwa Viererlei vom Mattersburger Bauernhendl, Viererlei von Vargas Fisch aus dem Neusiedler See, vom Podersdorfer Seespargel oder von der Podersdorfer Kirsche. Neben Weinen gibt es auch alkoholfreie Hauskreationen.

WEIDEN AM SEE

Zur Blauen Gans
7121 Weiden am See, Seepark
Tel. +43 2167 70000
www.zurblauengans.at

Bei den Produkten bleibt Oliver Wiegand vor allem in der Region verwurzelt, bei der Fantasie kennt er keine Grenzen. Fein sind Gansl-Grammelknödel mit Champagnerkraut und Schafkäse oder die glacierte Welsleber mit Kräuterrisotto. Auch Vegetarier werden ein ausreichendes und abwechslungsreiches Angebot finden. Spannend sind auch Themenabende wie das 9-Gang-Fingerfood-Menü. Das gut sortierte Weinangebot hat das Burgenland im Fokus.

Das Fritz
7121 Weiden, Seebad 1
Tel. +43 2167 40222
www.dasfritz.at

See, Schilf und Sonnenuntergang, dazu ein Strandlokal direkt am Neusiedler See, das mit viel Holz und Design alle Register zieht. Die Küche arbeitet nach dem Motto „Burgenland trifft die Welt“, da gibt es Gänge wie Lachsforellen-Ceviche mit Passionsfrucht oder Tatar vom Almochsen und rosa Thunfisch. Abgerundet wird das Ganze mit einer Weinauswahl von mehr als 400 Positionen. Das Plus ist der extrafreundliche Service.

Nils am See
7121 Weiden, Seepark-Feriendorf 1
Tel. +43 2167 43434
www.nilsamsee.at

Neues, lässiges Boutiquehotel direkt am See, sehr lifestylig in modernem Design. Von Doppelzimmern bis zu Bungalows mit 95 m2 ist alles da. Im Bistro werden Snacks für den kleinen und großen Hunger serviert, den Abend lässt man in der hoteleigenen Bar Sundeck ausklingen.

LEITHABERG, RUST & ROSALIA

Das Weinbaugebiet **Leithaberg** ist seit 2009 eigenständig; davor war es ein wichtiger Teil von Neusiedlersee-Hügelland. Es liegt westlich des Neusiedler Sees an der burgenländischen Seite des Leithagebirges und zählt zu den ältesten Weinbauzonen der Welt. Hauptsächlich werden Weißburgunder, Chardonnay und Blaufränkisch angebaut, daneben auch Varietäten wie Welschriesling oder Sauvignon Blanc. Das prägende Element der trockenen Weine sind die Böden am Abhang des Leithagebirges, wo zwischen kalkreichen Schichten immer wieder saure kristalline Schiefer und Gneise anzutreffen sind.

Die kleinklimatischen Vorteile des Gebietes, das natürlich auch von der regulierenden Wirkung der großen Wasserfläche des nahe liegenden Neusiedlersees profitiert, dokumentieren sich auch in der stetig zunehmenden Bedeutung der Rotweinproduktion. Sowohl in den seenahen Gemeinden wie Purbach, Schützen, Oggau, St. Margarethen und Mörbisch wie auch in landeinwärts gelegenen Orten wie Großhöflein, Wulkaprodersdorf und Zagersdorf werden aus Blaufränkisch und Zweigelt sowie Cabernet Sauvignon, Merlot und Syrah feine Rote produziert – reinsortig oder als Cuvée.

Speziell in den Gemeinden am Westufer des Neusiedlersees, fallweise aber auch rund um Eisenstadt, werden durch das häufige Auftreten der Edelfäule auch hochgradige Dessertweine in Gestalt von Beerenauslesen, Ausbrüchen und Trockenbeerenauslesen gekeltert. Im Vergleich mit dem Gebiet Neusiedlersee sind die Rotweine hier insgesamt vielleicht etwas fester und tanninreicher, wobei der Sorte Blaufränkisch größere Bedeutung zukommt, die Dessertweine wiederum zeigen sich aus genereller Sicht eventuell eine Spur kraftvoller und strukturierter.

Für die besonders gebietstypischen Weine wurde die Leithaberg DAC geschaffen. Das Produktionsgebiet umfasst den politischen Bezirk Eisenstadt Umgebung, die Freistadt Eisenstadt und die politischen Gemeinden Jois und Winden. Der weiße Leithaberg DAC darf aus den Sorten Weißburgunder, Chardonnay, Neuburger oder Grüner Veltliner gekeltert werden. Zugelassen sind auch Cuvées aus diesen Sorten. Für den roten Leithaberg DAC ist Blaufränkisch vorgesehen, bis zum Jahr 2020 war ein Anteil von maximal 15% Zweigelt, St. Laurent oder Pinot Noir möglich. Der Alkoholgehalt muss mindestens 12,5% betragen.

Leithaberg DAC ohne nähere Herkunftsbezeichnung darf ab 1. Februar des auf die Ernte folgenden Jahres zur Erlangung der staatlichen Prüfnummer eingereicht werden, weißer Leithaberg mit näherer Herkunftsbezeichnung ab 1. Mai des auf die Ernte folgenden Jahres. Rote DAC-Weine mit näherer Herkunftsbezeichnung müssen im Holzfass ausgebaut werden, die Prüfnummer darf ab 1. Mai des zweiten auf die Ernte folgenden Jahres beantragt werden. Trockene Blaufränkische aus Rust sowie Weißburgunder, Chardonnay, Neuburger, Grüne Veltliner bzw. Cuvées aus diesen vier weißen Rebsorten dürfen als Leithaberg DAC vermarktet werden. Der weltweit bekannte Ruster Ausbruch hat nun ebenfalls DAC-Status.

Rosalia

Die ehemalige Großlage „Rosalia“ südlich des Leithagebirges wurde zu einem DAC-Weinbaugebiet. Die Rebflächen gehören zum politischen Bezirk Mattersburg. Seinen Namen verdankt es dem Rosaliengebirge, das sich an der Grenze zwischen Niederösterreich und dem Burgenland erhebt. Das Klima ist pannonisch geprägt. Auf den fruchtbaren Braunerdeböden mit Lössuntergrund füh-

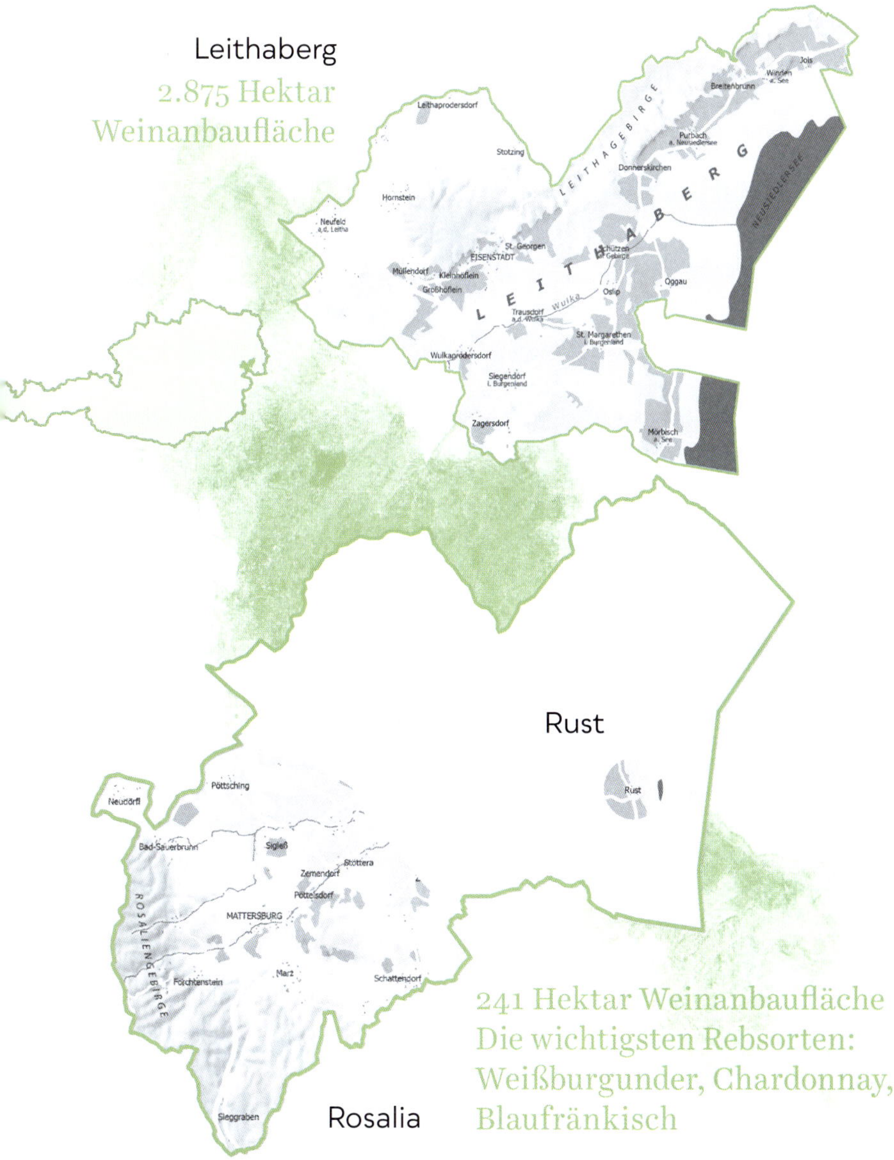

len sich Blaufränkisch und Zweigelt besonders wohl. Ab dem Jahrgang 2017 dürfen regionstypische „Rosalia DAC"- und „Rosalia DAC Reserve"-Rotweine sowie eigenständige Rosé-Weine unter der Bezeichnung „Rosalia DAC Rosé" vermarktet werden. Die Rotweine müssen aus Blaufränkisch oder Zweigelt bestehen und mindestens 12% Alkohol aufweisen (Reserven mindestens 13%), die Angabe einer Riede auf dem Etikett ist den Reserven und den Rosés vorbehalten. Die Einreichung zur Prüfnummer ist ab dem 1. Jänner des auf die Ernte folgenden Jahres zulässig, für DAC Reserve ab dem 1. November.

Rosalia DAC Rosé muss aus einer oder mehreren roten Qualitätsweinrebsorten vinifiziert werden. Die Rebsorte darf nicht auf dem Etikett angegeben werden. Der DAC Rosé ist trocken und muss ein Bukett nach roten Beeren aufweisen sowie einen frischen, fruchtigen und würzigen Geschmack.

BIO

Weingut
Markus Altenburger

Markus Altenburger
7093 Jois, Untere Hauptstraße 62
Tel. +43 2160 71089
halloservusgriasdi@markusaltenburger.com
www.markusaltenburger.com

Spannendere Weine als die von Markus Altenburger wird man schwer finden. Da ist jeder Wein ein Ereignis. Ob Weiß oder Rot – jeder ist ein Unikat. Spiegelt die Böden des Leithabergs – egal ob Schiefer oder Kalk – wider. Es gibt hier keine technischen und chemischen Hilfsmittel, um Maische und Saft zur Gärung zu bringen. Keine Bakterien, Enzyme oder Hefen. Die Weingärten des Hauses sind seit 2017 bio-zertifiziert. Wichtigste Rebsorte ist der Blaufränkisch. Seit 2006 wurde keine andere Rotweinsorte mehr gepflanzt.
2021 Chardonnay Ried Jungenberg ist wohl der beste in der Geschichte dieses Weines – faszinierend. Von seltener Vielschichtigkeit präsentiert sich der 2022 Markus Altenburger weiß. Ein wichtiger Wein des Hauses ist der Neuburger – aktuell Jahrgang 2022, ausgebaut im Betonei, filigran und tiefgründig zugleich. Aus den jungen Rebstöcken am Gritschenberg kelterte Herr Altenburger den 2021 CRIC – hervorragend. Aus dem schwierigen Jahrgang 2020 gibt es eine kleine Menge Blaufränkisch Gritschenberg – für mich ein genialer Rotwein. Ein gereifter 2013 Blaufränkisch vom Jungenberg, der sich jetzt wunderbar präsentiert. Fantastisch der 2017 Blaufränkisch Markus Altenburger – ein unwiderstehlicher Rotwein, höchste Suchtgefahr, so etwas von filigran und eleganter Kraft, großartig. Das Beste kommt zum Schluss: Markus Altenburger „121“ – Sekt Jahrgang 2012, 10 Jahre Hefelagerung, degorgiert im Jänner 2023, ohne Dosage. Gibt es nur in Magnum, und davon wenige. Also Beeilung, liebe Weinfreunde.
Eines behaupte ich aus Überzeugung: Mehr Authentizität, Spannkraft und Individualität ist kaum möglich. Man trinkt hier Weltklasse. ***as***

LEITHABERG DAC

★★★★ K €€€€€€ CH TIPP

2021 Chardonnay Ried Jungenberg + Ein intensiver, kräuterig-salziger Chardonnay, gelbe Früchte, Steinobst, Zitrus, Bienenwachs, etwas Karamell, Kamille, Löwenzahn, hochelegant, viel Mineralität ausstrahlend, feine Frucht, von spielerischer Finesse, schiefrige Noten, ein Chardonnay von internationaler Dimension. Das ist absolute Weltklasse. Es regiert der Chardonnay und kein Holz. Ein Chardonnay der Perfektion nahe. Vielleicht der beste Chardonnay Jungenberg des Hauses Altenburger ever.

★★★ K €€ BF

2021 Blaufränkisch vom Kalk + Das ist kalkige Frische, feine Frucht, salzige Noten, festes Tannin, enorme Tiefe, starker Ausdruck, intensiv, Wahnsinnslänge, Brombeeren, Heidelbeeren, Johannisbeeren, dicht strukturiert, spannungsgeladen, würzig, große Klasse. Ein Wein, der Charakter zeigt, Tiefgang, ein ganz feiner Blaufränkisch von ausdrucksstarker Eleganz.

★★★★ K €€€€ BF TIPP

2017 Markus Altenburger Blaufränkisch + Tiefe Frucht und Mineralität, ungemein komplex, hochelegant, tief, fest, voller Finesse, voller Transparenz, man spürt den großen Jahrgang. Brombeeren, Heidelbeeren, Cassis, von seltener Feinheit, subtile Noten, ein Hauch von Schokolade, von subtiler Leichtigkeit, würzig, das ist fulminanter Rotwein von burgundischer Stilistik. Begeisterung stellt sich ein.

★★★★ K €€€€€ BF

2013 Blaufränkisch Joiser Jungenberg + Reifes Bukett, Kirschen, Zwetschken, Brombeeren, Heidelbeeren, Mandeltöne, Pilze, erdige Noten, fruchtig, saftig, in sich harmonisch, fast schmelzig, feinkörniges Tannin, standfest, dicht, ein gereifter Rotwein mit Struktur. Absolute Klasse.

BURGENLAND

★★★★ K €€€€€ BF

2020 Ried Gritschenberg Blaufränkisch + (Leithakalk und alte Reben) Dunkel, kreidig, Kastanien, tiefe Frucht, leicht, traubige Fülle, etwas Kaffee, frische Säure, Leder, Moos, Heidelbeeren, jodige Intension, ungemein spannend, geht in die Tiefe, ein grandioser Blaufränkisch aus diesem so schwierigen Jahrgang. Erinnert an tiefgründige Burgunder.

WEINLAND

★★★ K €€€€ CW

2022 Natural Markus Altenburger weiß + (Skin & Stones – Schiefer & Kalk, 6 verschiedene Rebsorten) Orangefarben, maischevergoren, Orangenschalen, Lindenblüten, Zitrus, Kräuter, getrocknete Rosen, animierender Gerbstoff, wunderbar trocken, ein vielschichtiger Wein mit Frische, der sich permanent verändert. Höchst individuell.

★★★ K €€ CH

2022 Natural Chardonnay vom Kalk + Helles Orange, dezente Reduktion, hefige Noten, ungemein dicht, spannend und frisch, fruchtig, perfekte Säure, der geht so richtig auf am Gaumen, Mandarinen, elegant, pikant, frische Kräuter, viel Mineral, wirkt fast transparent. Ein feingliedriger Wein, der so richtig schmeckt.

★★★ K €€€ NB

2022 Natural Neuburger betont + (Maische/Betonei, Kalk und Schiefer) Helles Orange, Nüsse, Mandarinen, angenehmer Gerbstoff, feste Struktur, frische Kräuter, kühl, leicht, rassig, immer präsent am Gaumen, immer frisch, immer elegant, transparent, immer trinkfreudig, ganz hohes Niveau. Ein Traum von Neuburger.

★★★ K €€€ BF

2021 CRIC Blaufränkisch + Ein spannender, würziger Blaufränkisch aus den jungen Reben der Ried Gritschenberg, dicht, Brombeeren, hintergründig, elegant, feine Frucht, subtiler Ausdruck, charaktervolle Finesse, frische Kräuter. Ein Blaufränkisch der leichten Art, von transparenter Struktur, von Eleganz durchzogen. Das ist quasi der kleine Bruder der Ried Gritschenberg.

ÖSTERREICH

★★★★ K €€€€€€ ZW TIPP

2012 Sekt Brut nature/zero dosage Markus Altenburger „121" + (10 Jahre Hefelagerung, degorgiert 01/2023, Magnum, traditionelle Flaschengärung) Anhaltendes Mousseux, kleinperlig, helles Orange, Kräuterwürze, Blutorangen, Zitrusgelee, hefige Noten, knochentrocken, ungeschminkt, unglaublich salzig, jodig, eng und druckvoll, dichte Struktur, langatmig. Ein Schaumwein voller Dramatik, Spannkraft, höchst individuell.

Familienweingut
Braunstein

Birgit Braunstein
7083 Purbach, Hauptgasse 16
Tel. +43 2683 5913, Fax -22
office@weingut-braunstein.at, www.weingut-braunstein.at
22 Hektar, W/R 40/60, 95.000 Flaschen/Jahr

Es summt und brummt in den Weingärten von Birgit Braunstein. Biodynamische Bewirtschaftung seit 2009 – seit 2015 Demeter zertifiziert. Die Weine sind ungeheuer spannend und bekömmlich, von seltener Salzigkeit. Das Wechselspiel der Böden – Kalk und Schiefer – verleiht den Weinen eine unwiderstehliche Vitalität. Sind immer Boden pur. Diese verstehen auch zu reifen, wie die Verkostung eines 2006 Chardonnay Guttenberg beweist. Der steht prächtig da. Auch der 1996 Oxhoft präsentiert sich blendend – erinnert an einen gereiften Bordeaux. Auch der 2012 Pinot Noir Reserve ist von feingliedriger Eleganz und noch lange nicht am Ende. Diesen Wein gibt es sogar noch im Angebot von Frau Braunstein.
Dass hier nur spontan vergoren wird, keine Enzyme verwendet werden und man den Weinen jede Menge Zeit gewährt, ist bei Birgit Braunstein Normalität. Das große Vorbild von Birgit Braunstein sind wohl die Kelten, welche in grauer Vorzeit hier ansässig waren und in ihrer Naturverbundenheit bis heute die Winzerin esoterisch beeinflussen – im besten Sinne positiv. Das Logo der Flaschenausstattung ist übrigens ein keltisches Glückssymbol.
Zu sagen wäre noch, dass die Weine in diesem Weingut von unverwechselbarer Intensität sind und jeder für sich enormen Charakter ausstrahlt. Ich habe keinen Favoriten. Es sind durchwegs wertvolle Kleinodien mit einer philosophischen Faszination. *as*

LEITHABERG DAC

★★★ S €€ CH
2022 Chardonnay Felsenstein + Reifer Apfel, salzige Komponenten, Blütenduft, hochelegant, feiner Gerbstoff – strukturgebend, Zitrus, dezente Exotik, Terroir pur, Pomelo, dicht, kreidige Noten. Engmaschiger Chardonnay, der in die Tiefe geht.

★★★ K €€€€ CH **TIPP**
2021 Chardonnay Ried Guttenberg + (Kalk und Schiefer, 45 Jahre alte Reben) Aber hallo, da geht es zur Sache, Mineral pur, bissfeste Säure, Grapefruit, Dichte, tolle Länge, Kräuterwürze, strammer Gerbstoff, burgundischer Ausdruck, ohne den Leithaberg zu verleugnen.

★★★★ K €€€€ BF **TIPP**
2019 Blaufränkisch Ried Glawarinza + Rotbeerig, Ribisel, rauchig, würzig, dunkel getönt, Blutorangen, Zwetschken, Lakritz, Weichseln, festes Tannin, präzise, kreidige Noten, dicht, vielschichtig, spannend, intensiv, voller Leben, voller Strahlkraft, dabei immer mit Eleganz. Fulminanter Blaufränkisch.

★★★★ K €€€€€€ BF **TIPP**
2019 Blaufränkisch Ried Thenau + Ein ungemein kühler Rotwein, kalkige Frische, total eng, fast knackig, schwarze Kirschen, Preiselbeeren, Brombeeren, kleinbeerig, voller Intensität, dicht strukturiert, muskulös, tolles Säurespiel, toller Stoff. Ein ungemein ausdrucksstarker Blaufränkisch, immer mit Eleganz behaftet. Ein großartiger Leithaberger.

BURGENLAND

★★★ S €€€ SB
2022 Sauvignon Blanc + Sauvignon Blanc voller Spannkraft, hintergründig angelegt, niemals laut, ungemein präzise, dezent stachelbeerig, gelber Apfel, tolle Säure, Kräuter, Melisse, ungemein salzig, engmaschig, balancierter Gerbstoff.

★★★ S €€€€ CR
2020 Purbach & Co. + (BF/ZW) Brombeeren, Cassisnoten, Heidelbeeren, Kirschen, Erdbeertouch, würzig, straff und eng, trocken bis zum Anschlag, fordernd, voller Grip, kompakt, schlank, doch fest strukturiert, immer mit Trinklust ausgestattet.

★★★ S €€€ CR
2020 Wildwux + (ME/BF/ZW) Feingliedrig, elegante Molligkeit, Säurebiss, voller Pikanz, mineralischer Touch, Finesse, nussig, Kräutervielfalt, Weichsel, Cassis, Hagebutten, perfekter Gerbstoff, lang.

★★★★ K €€€€€ CR
2019 Oxhoft + (CS/BF/ME – Kalk) Cassis, Heidelbeeren, reife Kirschen, Preiselbeeren, Vanille, Ribisel, kalkige Tiefe, engmaschig, würzig, immer kühl, perfekter Holzeinsatz, feines Säurespiel, straffes Tannin, kalkige Frische, Fruchtwürze, perfekt abgestimmt.

WEINLAND

★★★ K €€€ PB
2020 Brigid Pinot Blanc + (3 Wochen maischevergoren) Rauchig, Feuerstein, Kräuter, Gewürze, Honigtouch, viel Salz, Apfel, Quitte, total eng, saftiger Gerbstoff, pickt am Gaumen, ungemein spannend, verändert sich andauernd, ist fast nicht einzufangen. Vielschichtig, dicht, dabei immer mit Trinkfluss.

★★★★ K €€€€€ BF
2018 Merlin Blaufränkisch Amphore + (Ried Glawarinza, 18 Monate auf der Maische in der Amphore) Rote Beeren, rauchig, Tabak, würzig, fleischige Frucht, am Gaumen mit fast seidigem Tannin, hochelegant, charaktervoll, tiefgründig, fast feminin wirkend. Ein faszinierender Rotwein voller Magie.

Weingut **Esterházy**

7061 Trausdorf an der Wulka, Trausdorf 1
Tel. +43 2682 63348
weingut@esterhazywein.at, www.esterhazywein.at

Das Weingut Esterhazy bewirtschaftet die Weingärten seit 2019 biologisch – offizielle Zertifizierung voraussichtlich 2023. Die Weingärten befinden sich in sechs unterschiedlichen Weinbaugemeinden – Großhöflein, St. Georgen, Rust, St. Margarethen, Eisenstadt und Oslip. Diese Vielfalt an Böden und Mikroklima wird vom Team unter Geschäftsführer Frank Schindler und Kellermeister Bob Krammer perfekt herausgearbeitet.

Ein interessanter Aspekt des Jahrganges 2022 ist der Umstand, dass auf den Hanglagen des Leithabergs mehr Regen gefallen ist als 2021. Ganz im Gegensatz zu anderen Weinbauregionen.

Die Weine des Hauses Esterhazy sind so spannend wie ein Krimi. Ungemein innovativ. Die Favoriten meiner Verkostung sind: 2021 Pinot Blanc Rust, 2021 Chardonnay St. Margarethen, 2020 Blaufränkisch St. Georgen, 2020 Pinot Noir Großhöflein, 2020 Merlot St. Georgen. Die Lagengewächse waren noch nicht zu verkosten. Kommen im Herbst.

Wenn man sich fragt, warum der 2022 Estoras Grüner Veltliner nicht Leithaberg ist, sondern als Burgenland deklariert wird – er hat zu wenig Alkohol (11,5 % Vol.). Eigentlich lachhaft. *as*

LEITHABERG DAC

★★ S €€ CH
2022 Estoras Chardonnay + (St. Margarethen) Ganz feines Aroma, Ananas, Orangenzesten, weiße Blüten, Vanille, eine Ahnung Holz, das nicht merkbar ist, Grapefruit, salzig, elegant, feiner Gerbstoff, strukturiert, eng, Hauch von Pfeffer, Zitrus, stimmig.

★★ S €€ GV
2021 Estoras Grüner Veltliner Großhöflein + (Herrschaftsbreite, uralte Reben) Schwarzer Pfeffer, dunkel getönt, holzunterlegt, dunkle Würze, getrocknete Kräuter, Mango, Ananas, schlanke, kernige Struktur, gelbfruchtig, cremige Textur, strahlt Mineralität aus.

★★★ S €€€ PB
2021 Pinot Blanc Rust + (Oberer Wald) Reife Birne, Grapefruit, Nelken, Ananas & Co., Pfirsich, Salzkaramell, ungemein salzig, unglaublich kühl, elegant, Eiche gibt Struktur, komplex mit einiger Substanz.

★★★ S €€€ CH
2021 Chardonnay St. Margarethen + (Schiefer) Grapefruit, Limette, gelbfruchtig, salzige Noten, klirrt vor Mineralität, zieht am Gaumen, eine Ahnung von Holz, Steinobst, ungemein präzise, baut cremige Textur auf. Ein fulminanter Chardonnay von burgundischem Flair.

★★★ K €€€ BF
2020 Blaufränkisch Großhöflein + Beerenfrüchte, Veilchen, Brombeeren, auch rotbeerige Aspekte, würzig, feine Tanninstruktur, ziselierte Säure, elegant, feingliedrig, ungemein saftig, nie überladen, immer schlank mit druckvollem Ausdruck. Von charmantem Flair.

★★★★ K €€€€ BF **TIPP**
2020 Blaufränkisch St. Georgen + (Kalk-Eisenoxyd-Schiefer) Ein großartiger Blaufränkisch, der sofort in die Tiefe geht, ungeheuer vielschichtig, Brombeeren, Schokolade, Heidelbeeren, Preiselbeeren, Hagebutten, Hauch von Zwetschken, roter Pfeffer, filigrane Noten, dichte Struktur, mineralisch, Grafit, rauchige Anklänge, feine Würze, stilvoll, ein Blaufränkisch von überragender Klasse.

BURGENLAND

★★ S €€ GV **FUN**
2022 Estoras Grüner Veltliner + Blütenduft, feingliedrig, ganz feine Würze, gelbe Früchte, Zitruszesten, Orangenblüten, frische Kräuter, seidige Frucht, zartes Pfefferl, ungemein kühl, filigrane Struktur, leicht, knochentrocken, bietet ein hochwertiges Trinkvergnügen.

BURGENLAND

★★★ K €€€ PN
2020 Estoras Pinot Noir + Pinot Noir aus dem Bilderbuch, absolut typisch, kühl, kalkig, Himbeeren, feiner Gerbstoff, liegt eng am Gaumen, strukturiert, feingliedrig, etwas Leder, Tomatenblatt, individuell, einige Zukunft.

★★★★ K €€€ PN **TIPP**
2020 Pinot Noir Großhöflein + Ein Pinot Noir von verblüffender burgundischer Stilistik, hätte ich verdeckt in das Burgund verortet. Himbeeren, Pflaumen, bisschen Leder, feinkörniges Tannin, hochelegant, griffig, großer Stoff, toller Zug nach hinten. Ein Referenz-Pinot-Noir mit Substanz für viele Jahre.

★★★ K €€€ ME
2020 Merlot St. Georgen + (Schildten, Schneiderteil) Bordeaux-like, rote und schwarze Beeren, Nougat, feinkörniges Tannin, spannend, viel Mineral ausstrahlend, fleischige Eleganz, immer kühl, immer elegant, niemals üppig, super Säure, perfekt unterlegtes Holz, Cassis, Heidelbeeren, Zwetschken, Ribisel, ungemein präsent, Tabak, Kirschen, pikant, hier kommen die Bordeauxfreunde voll auf ihre Kosten.

BIO

Weingut
Feiler-Artinger

Kurt Feiler
7071 Rust, Hauptstraße 3
Tel. +43 2685 237, Fax -22
office@feiler-artinger.at, www.feiler-artinger.at
26 Hektar, W/R 40/60, 120.000 Flaschen/Jahr

Das Traditionsweingut Feiler-Artinger im malerischen Weinort Rust verdient höchsten Respekt! Dieser gebührt der Philosophie von Kurt Feiler und seiner Gattin Kathrin, Respekt vor jeglicher in der Natur auftretenden Erscheinungsform zu haben. „Respekt" ist auch der Name einer Gruppe von 15 Spitzenwinzern, die nach biodynamischen Richtlinien ihre Arbeit verrichten und der auch das Weingut Feiler-Artinger angehört. Die Umwelt wird als Lebensgrundlage erkannt, die nur existieren kann, wenn man die Böden und Pflanzen als Einheit empfindet. Deshalb werden keinerlei Herbizide oder andere künstliche Pflanzenschutzmittel verwendet, um die Böden nicht zu kontaminieren und damit die gesamte nützliche Biosphäre zu vernichten. Beiden ist es gelungen, die Natur als sorgsame „Mitarbeiterin" zu gewinnen, um gesunde Böden zu erhalten. Das Ergebnis der Mühe sind pure, lagentypische Spitzenweine mit Charakter, wobei die edelsüßen Kreszenzen des Weinguts, besonders aber der „Ruster Ausbruch", weltweite Berühmtheit erlangt haben. *kk*

RUSTER AUSBRUCH DAC

★★★★ S €€€€€ PB TIPP
2020 Ruster Ausbruch Essenz Weißburgunder + Intensive Tropenfrucht; schmelzig, dichte Fruchtsüße, kandierte Kumquats, Mandel-Honig-Kuchen, betörende Botrytiswürze, Datteln und Feigen, strahlende Marille, mit vitaler Säure ausbalanciert, bleibt unendlich haften.

LEITHABERG DAC

★★★★ S €€€ NB
2021 Neuburger Ried Umriss + Duftige Marillenblüten; Ringlotten, tropische Nuancen, Weingartenpfirsich, Hauch Quitte, zarte Haselnuss und Kräuterwürze, Steinmehlspur im eleganten Finish.

★★★★ K €€€€€ BF
2020 Blaufränkisch Ried Ruster Oberer Wald + Konzentrierte dunkle Beeren; zarte Tabakwürze, Heidelbeerkoch und Schwarzkirschen, fruchtige Säure, Brombeeren, reife Tannine mit Schoko-Touch, kompakter Körper, schwarze Maulbeeren, pfeffrige Würze im Finale.

BURGENLAND

★★★ S €€ CH PLV
2022 Chardonnay + Feinwürzige Quitte, gelber Apfel; Zitronenmelisse, Zuckermelone, getrocknete Lindenblüten, sehr stoffig, samtige Säure, Pfefferkuchen, helles Kandis, feinkörnige Mineralität, cremig im Nachhall.

★★★ S €€ PB
2022 Pinot Blanc + Munteres Apfelbukett; Birne und Zitruszesten, etwas Salbei, geradlinig und asketisch, feine steinige Spur in zart rauchiger Würze, Hauch Exotik, gelbes Kernobst und Hauch Tabak.

★★★★ S €€€€ CW TIPP
2021 Gustav + (NB/CH) Duftender Obstkorb; Ringlotten, Apfelmix, Backgewürz, geschmeidig, Nusskuchen, wohlig gaumenfüllend, etwas Karamell, Honigmelone, nuancenreich mit Tiefgang.

★★★ K €€€ WE
2021 O.S.OLE.BIO Welschriesling NATURAL + Eleganter Kumquat-Quitten-Mix; Hauch Cidre, helles Laub, Zitronentee, Honig-Kräuter-Touch, kandierter Salbei, geschmeidig, stoffige Säure, Erdnuss und süße Rinde, getrocknete gelbe Blüten, heller Tabak, diszipliniert, erdverbunden, pikante Würze im salzigen Kräuterkonfekt.

★★★★ S €€ GM PLV
2021 Gelber Muskateller Eiswein + Betörender Muskatduft; glasklare Macisblüten, frische helle Pilze mit Zitronenmelisse, Clementinengelee, volle kühle Süße, vitale Limettensäure, elegante Fruchtsüße, präzise Struktur, bleibt lange präsent.

★★★ S €€€ BF PLV
2021 Blaufränkisch Ried Umriss + Dichter Brombeerduft; Kirschkonfit, diszipliniert, jugendlich, Blutorange, Schokolade, tabakwürzige Tannine, belebende Säure, Hauch süßer Paprika, leicht salzig im kirschfruchtigen Abgang.

★★★★★ S €€€€ BF TOP
2019 Blaufränkisch Ried Ruster Greiner + Ausgeprägtes Beerenbukett; Rote Grütze, Kirsch-Brombeer-Gelee, Zitronenmelisse, pikanter Fruchtdruck, elegante Tannine, rotbeerige Säure, Veilchen, Tabakwürze, etwas Laub, nuancenreich, bisschen Kirsch-Mokka im Nachhall.

★★★★ S €€€€€ CR TIPP
2019 Solitaire + (BF/ME) Dichtes Bukett dunkler Beeren; Brombeerkonfit, Kirsche, extraktsüß, elegant gaumenfüllend, dunkler Tabak, etwas Zeder, vitale Säure, reifer Tanninschub, Bitterschokolade mit Blutorange, etwas Nougat, elegant straff, Zwetschken und Cassis, feine Basaltspur und Kräuterwürze im langen Finale.

Weingut
Grenzhof – Fiedler

Bernhard Fiedler
7072 Mörbisch am See, Weinzeile 2
Mobil +43 650 566 50 55
weingut@grenzhof-fiedler.at, www.grenzhof-fiedler.at

10 Hektar, W/R 55/45

Bernhard Fiedler ist weit über die Grenzen für seine strukturierten wie fruchtbetonten Weine mit Herkunftsspezifität bekannt und geschätzt, und das in allen Spielarten – Weiß, Rot und Rosé. Als erfahrener Winzer und Vortragender an der Weinakademie beherrscht er den goldenen Mittelweg eines traditionell moderat-modernen Ausbaustils. Ein großes Anliegen ist dem Winzer die Rekultivierung von Mandel-, Kirsch- und Nussbäumen in den Weingärten, um die Biodiversität und den Nachhaltigkeits-Kreislauf zu fördern und zu aktivieren.

Die heuer eingereichten Weine präsentieren sich beeindruckend durch ein hohes Maß an Feingliedrigkeit und Fruchtfrische. Die sichere Hand des Winzers für Sortenspezifität und Terroir-Besonderheiten zeigt sich auch heuer wieder bei den weißen Burgundersorten. Die im großen Holzfass ausgebauten Pinot-Blanc-Varietäten überzeugen in der Klassikkategorie durch eine vitale Fruchtfrische ebenso, wie die Premiumlinie aus der Ried Wieser mit bezaubernder Ziseliertheit und mineralischer Prägung des Schieferbodens ein vielversprechendes Zeugnis ablegen. Komplementär dazu verhält sich der mit viel heller Gelbfrucht strahlende Chardonnay Duett, der mit leichter Holzeinbindung vom kleinen Fass etwas gerundete Noten einbringt.

Die rote Premiumlinie überzeugt mit strukturiert-fruchtbetonten Spielarten, bevorzugt in der traditionellen Ausbauweise. Der Blaufränkisch in der klassischen Linie besitzt mit klarer, dunkelfruchtiger Fruchtführung und Frische Modellcharakter, und das ganz im Sinne von harmonischer wie trinkfreudiger Anmutung. Die Reservekategorie vom Blaufränkisch zeigt sich in straffer und fruchtintensiver Vitalität, und der in gebrauchtem Barrique ausgebaute „Rote Trilogie" besticht mit harmonischem Fruchtschmelz samt kerniger Mitte. Last but not least sollen die beiden herrlichen Apéro-Weine des Hauses Fiedler vor den Vorhang gehievt werden. Vital, mit jeweiliger feiner Sorteninterpretation, sei es in der trockenen wie zart fruchtbetonten Muskat-Ottonel-Variante oder in der Frucht-Frische-Pikanz des Rosé, überzeugen sie Jahr für Jahr mit viel Trinkspaß und mit einem unübertrefflich tollen Preis-Qualitäts-Verhältnis. *us*

LEITHABERG DAC

★★★ S €€ PB **TIPP**
2021 Mörbischer Ried Wieser Pinot Blanc + Helles, feinwürziges Bukett, saftig-pointierte Fruchtaromatik, vital, zarte Grapefruitnoten, perfekte Säurestruktur, fruchttief mit schiefrigem Nerv, vielschichtig, frische Walnuss, leichtfüßige Eleganz, tolle Balance, lang, animierend, Potenzial.

BURGENLAND

★★★ S € MO **FUN**
2022 Mörbischer Muskat-Ottonel + Animierender Rosenduft, einladendes Fruchtspiel, glockenklare Kernobstaromatik, feine Muskatnoten, feine Säureeinbindung, perfekt strukturiert, begeistert jedes Jahr aufs Neue mit viel Frische und Aromatik.

★★ S € PB
2022 Mörbischer Pinot Blanc + Bukett nach grünem Apfel in würziger Anmutung, knackige Frische, viel Säure-Background, kräuterwürzige Prägung.

★★★ S €€ CH **FUN**
2022 Mörbischer Chardonnay Duett + Duftet nach frischen Äpfeln, Kräuterwürze, saftig-knackiges Fruchtspiel, Boskop-Apfel, vital, leichtfüßiger Charakter, pointiert, feiner Säureschliff, trinkanimierend.

★ S € ZW
2022 Zweigelt Rosé + (Direktpressung) Feine Erdbeernase, floral, lebendiges und rotbeeriges Fruchtspiel, griffig, perfekte Frucht-Säure-Abstimmung, zarter Fruchtschmelz, animierend, toller Apéro.

★★ S € BF **PLV**
2021 Mörbischer Blaufränkisch + Frisches Waldbeeren-Bukett, feine Würze, rotbeerige Aromatik, Wildbeere, Heidelbeere, fein strukturiert mit seidiger Struktur, würzig, strömt ruhig mit feinem Fruchtschmelz, feinkörniges Tannin, viel Trinkgenuss.

★★★ S €€ BF
2020 Mörbischer Blaufränkisch Reserve + Nach dunkler Kirsche, tieffruchtig, rotbeerige Aromatik, stoffige Dichte, knackig, feiner Säurehintergrund, bestens strukturiert, feinkörniges Tannin, Trinkgenuss.

★★★ S €€€ CR **TIPP**
2020 Rote Trilogie + (ZW/BF/CS) Feine Waldbeerenaromatik, setzt sich am Gaumen fort, vollmundig, offenherzig, Brombeere, Cassis, etwas Heidelbeere, ausgewogen, rund, dabei kerniges Rückgrat, vollreifes Tannin, würzig, gute Länge.

Weingut
Hermann Fink

Hermann Fink
7051 Großhöflein, Hauptstraße 78
Tel. +43 2682 64376
office@hermann-fink.at, www.hermann-fink.at

Hermann Fink ist ein alteingesessener Familienbetrieb, der vor etlichen Jahren vom landwirtschaftlichen Mischbetrieb zum naturnahen Weinbau gewechselt hat. Dieser befindet sich mitten in Großhöflein als unverfälschtes Ensemble eines traditionellen Streckhofs, der in weißer Kalkung und mit zahlreichen Oleanderbäumen bestückt in dieser Authentizität selten anzutreffen ist. Hermann ist für den Ausbau der Weine zuständig, seine Frau Waltraud verantwortet den Weingarten, deren Tochter Anna, die hauptberuflich in Wien tätig ist, gestaltet sukzessive die Betriebsabläufe mit. Ein erster großer Wurf ist ihr mit der Sortencuvée Thir(s)ty gelungen, der in Natural Style und im Tonneau ausgebaut wurde und anlässlich ihres runden Geburtstags kreiert wurde.

Die Klassiklinie in Weiß wie in Rot im Hause Fink überzeugt mit einer jeweils transparenten Fruchtigkeit und mit viel Verve sowie einer transparenten Sortentypizität. Das unübertreffliche Preis-Qualitäts-Verhältnis all dieser Weine ist vermutlich kein gehütetes Geheimnis mehr, und das trifft auch auf die Premiumline zu, die ausschließlich aus Prädikatsweinen besteht. Diesem Segment widmet der Winzer all seine Leidenschaft und Liebe, was im Bereich der zahlreichen Varietäten an Beeren- und Trockenbeerenauslesen mit gleichsam essenzhaften Verführungen zur Vollendung geführt werden. *us*

BURGENLAND

★★ S € SB FUN
2022 Sauvignon Blanc + Duftige, würzig unterlegte Holundernase, knackiges Fruchtspiel, feine Stachelbeere, Cassisblatt, weißer Pfeffer, geradlinig, feinmaschig, trinkig.

★★★ K €€ CW FUN
2021 Thir(s)ty + (GT/WR/WB/TR) Reichhaltiges, blütenduftiges Bukett, hellfruchtige wie vielschichtige Frucht, Kernobst, Wiesenkräuter, knackig, vital, feinherber Hintergrund, tiefgründig, trinkanimierend mit gute Länge.

★★★ S € ZW
2021 Zweigelt Föllikberg + Feinwürzige Kirsch-Schoko-Nase, dunkelbeerige Aromatik, Brombeere, Herzkirsche, erdig, würzig-pfeffrig, dabei knackiger Säurehintergrund, saftig, Nougat.

★★★ S € ZW
2021 Zweigelt Neusatz + Pfefferwürziges Bukett, vollreife Kirsche, Waldbeeren, dunkelfruchtige Anklänge, dicht und engmaschig, kernige Mitte, viel Fruchtfrische im Finish, gute Länge.

★★★ S € BF
2020 Blaufränkisch + Kräuterwürziges Entrée, rotbeerige Aromatik, Waldbeeren, Heidelbeere, feine Wildkirsche, straff, elegant, kühler Touch, reifes Tannin, balanciert, gute Länge.

★★ S € MO FUN
2022 Muskat Ottonel Spätlese + Bukett nach Rosenblüten, floral unterlegt, gelbfruchtige Aromatik, viel Exotik, Ananas, Mango, vitale Frische im perfekten Süße-Säure-Spiel, Honignoten, verspielt und trinkvergnüglich.

★★★ S € GT FUN
2022 Gewürztraminer Auslese + Distinguierte Rosenholzaromatik pur, hochreife Steinobstaromatik, Pfirsich, etwas Exotik, kandierte Orangenzesten, Havannatabak, Hauch von Honig, dazu feine Thymianwürze, ausgewogenes Süße-Säure-Spiel, geschmeidig und lang im Nachhall.

★★★ K €€ MO
2021 Muskat Ottonel BA + Einprägsames Entrée mit Muskataromatik, Lederbirne, Brioche, zart rauchig, vollmundig, dicht, feine Säurebalance, reifer Bratapfel, vielschichtig, vergnüglicher Trinkgenuss, Darjeeling-Tee-Reminiszenz im Nachhall, gute Länge.

★★★ K €€ CW
2021 Welschriesling-Chardonnay BA + Vielschichtiges Bukett nach Quitte, Ringlotte, Steinobst, etwas Lebkuchenanklänge, kandierte Früchte, vollreif mit feiner, belebender Säurestruktur, etwas Wiesenkräuter, lebendig, Honig im Nachhall, viel Trinkvergnügen.

★★★★ K €€ SÄ TIPP
2021 Sämling 88 BA + Pointierte, vollmundige Steinobstaromatik, Marille, etwas Pfirsich, Anklänge von Williamsbirne, dicht, kandierte Orangenzeste, Honiganklänge, umspielt von exotischen Noten à la Ananas, mineralischer Unterbau, strömt gediegen in delikater Form, viel Potenzial.

★★★★ K €€€ SÄ
2020 Sämling 88 TBA + Bernsteinfarbe, reichhaltige Fruchtfülle, saftig, Marille, Birne, dicht mit wuchtiger Kraft, dabei lebhaft, viel Karamell, kalkig geprägt mit finessigen Maschen, Darjeeling-Tee, hohe Konzentration, sehr lang.

BIO

Weinmanufaktur
Follner

Dagmar & Dr. Ludwig Follner
7071 Rust, Weinberggasse 14
Mobil +43 664 301 92 95, +43 664 914 07 69
office@follner.com, www.follner.at
2,5 Hektar, W/R 0/100, 6.000 Flaschen/Jahr

Die Weingärten der Weinmanufaktur Follner liegen in den besten Lagen des Ruster Hügellandes. Dagmar und Ludwig Follner sind überzeugt, dass im Weingarten die Qualität in großem Ausmaß beeinflusst und geprägt wird.

Weine mit eigenständigem Charakter zu schaffen, die komplex und vielschichtig sind, die Tiefe und Spannung erkennen lassen und natürlich Freude und Genuss vermitteln, ist ihr Ziel.

Als Qualitätsfanatiker wird der Betreuung der Rebstöcke höchste Priorität gegeben. Die Weinstöcke werden das ganze Jahr über ausschließlich mit Hand bearbeitet. Die rigorose Selektion spiegelt sich in einem Hektarertrag von durchschnittlich nur 20 Hektolitern wider. Ganz selbstverständlich ist für das Ehepaar die biologische Wirtschaftsweise.

Mit Rat und Tat betreut werden sie vom Golser Paradewinzer John Nittnaus, in dessen Keller die Weine auch reifen. Im Weinkeller wird nur versucht, die eingebrachte Qualität nach traditionellen Methoden auf höchsten Standards zu halten. Auf jegliche Art von Konzentration wird verzichtet.

Die Namen ihrer Weine spiegeln die Leidenschaft und Liebe ihres Tuns wider: der reinsortige Blaufränkisch „Freude pur", die vom Cabernet dominierte Cuvée „Liebe pur", der reinsortige Merlot „Lebenslust" und die aus den Sorten Merlot, Cabernet Sauvignon und Blaufränkisch bestehende Cuvée „Das Glück". Somit stehen bei den Follners Freude, Liebe sowie Lebenslust im Vordergrund, und das Glück schaut auch immer wieder vorbei.

Abschließend noch ein wichtiger Tipp: Die Weine vertragen bzw. brauchen extrem viel Luft, um ihren ganzen Geruchs- und Geschmacksreigen zu entfalten, ganz großes Lager- und Entwicklungspotenzial ist immer gesichert. Das gilt im Übrigen auch für die Weine früherer Jahrgänge, die den endgültigen Beweis für das perfekte Reifungspotenzial in der Flasche liefern. *gh*

BURGENLAND

★★★★ K €€€€€ BF **TIPP**
2020 Freude pur Blaufränkisch Ried Ritter + Nobel und elegant, spannt einen vielschichtigen Würzebogen, eine Prise Pfeffer, hochreife und auch getrocknete dunkle Beeren, etwas Waldboden, saftige Waldheidelbeere, dunkle Johannisbeere, Waldbrombeere, zeigt viele Facetten; auf dem Gaumen dominieren die Fruchtaromen, Weichsel und Kornelkirsche kommen noch dazu, Jostabeere, perfekte Säurestruktur, straff, tiefgründig, auch rotbeerige Akzente im anhaltenden Abgang, steht naturgemäß am Beginn seiner Entwicklung, großes Potenzial.

★★★★ K €€€€€ ME **TIPP**
2020 Lebenslust Merlot + Konzentrierte, vollreife dunkle Fruchtausprägung, Schwarzkirsche, wunderschöne, präzise Cassisnoten, ein Hauch Nougat, Würze schwingt angenehm mit, auch getrocknete Kräuter, wirkt kraftvoll und zugleich hochelegant; druckvoll, reife Tanninstruktur, der Eindruck im Duft setzt sich schlüssig fort, etwas Bitterschokolade, frische und eingelegte Weichsel, klingt mit passender und zugleich animierender Adstringenz lange nach, braucht sehr viel Luft!

★★★★ K €€€€€ CR
2020 Das Glück + (CS/ME/BF) Zeigt sich vorerst von der eleganten Seite, zartwürzige Noten, Waldbrombeere, Kirsch-Weichsel-Anklänge, etwas Schoko, alles mit einer gewissen Kühle ausgestattet, Waldboden, Laub, mit Luft spielen sich die fruchtigen Aromen in den Vordergrund; auf dem Gaumen druckvoll, kräftige, präsente Tannine, schwarze Johannisbeere, richtig zupackend, adstringenter Nachhall, Flaschenreife und Geduld sind angesagt.

★★★★ K €€€€€ CR
2020 Liebe pur + (CS/ME/CF) Vermittelt sofort Bordeaux-Feeling, vollreife, saftige Cassisnoten vom Cabernet Sauvignon, präzise Fruchtausprägung, dunkle Waldbeeren, auch getrocknete Beeren, etwas Schoko, einladend und im Duft überraschend offen und zugänglich; zeigt viel Tiefgang, vollreife, strukturgebende Tannine, feine Würze, getrocknete Kräuter, frische Weichsel, ein Hauch Marzipan, stimmige Adstringenz, am Beginn eines langen Lebens.

♛♛♛♛

Weingut **Giefing**

Claudia & Erich Giefing
7071 Rust, Hauptstraße 13
Tel. +43 2685 379
giefing@wein-rust.at, www.wein-rust.at
16 Hektar, W/R 30/70

Erich und Claudia Giefing sind ihrer Linie treu geblieben, die roten Premiumweine erst nach gehöriger Fassreife abzufüllen und auf den Markt zu bringen. Aus kleineren Rotweinjahren wie 2020 gibt es dann statt dieser Top-Weine einen aus der Positivauslese gewonnenen Blend. Aus 2018 gefällt beispielsweise der Blaufränkische von der Ried Umriss mit Frische und Temperament und spiegelt Rebsorte wie Ruster Herkunft bereits bestens wider. Sehr gelungen zeigt sich auch der aus einem speziellen Klon, der nicht von der „Zweigelt-Krankheit" erfasst wird, gekelterte Zweigelt Alte Reben. Die Spitze der roten Pyramide bilden wieder einmal der expressive Blaufränkische vom Oberen Wald und der höchst finessenreiche Cardinal, dem der St.-Laurent-Anteil vermutlich noch mehr Strahlkraft und Rasse verliehen hat. Auf dem weißen Sektor brillieren insbesondere der diesmal so klar und puristisch wie noch nie auftretende Furmint und der ebenso elegante sowie feingliedrige Neuburger als Wein der leisen Zwischentöne; von dieser selten gewordenen Rebsorte gibt es zudem eine hochgradige, mit betörendem Fruchtcharme prunkende Auslese. *vs*

BURGENLAND

★★★ S €€€ FU — TIPP
2022 Furmint Ried Rieglband + Beginnt mit Kamille und Melisse, akzentuiert und zartgliedrig, geht sofort in die Tiefe, sehr animierend und glockenklar, offeriert helle Fruchtaromen, Limette und Pfirsich, fordernd und rassig im Abgang.

★★★ S €€€ NB
2022 Neuburger vom Ruster Kalk + Zarte, einschmeichelnde Nase nach Haselnuss und Orangenzeste, vorerst sehr rund und harmonisch, dann melden sich jedoch Pikanz und kreidige Note des Terroirs, feinkörnig und elegant, ein Modellfall dieser rar gewordenen Sorte.

★★★ S €€ CH
2022 Chardonnay vom Muschelkalk + Zitronat und Zuckermelone im dezenten Bukett, distinguierte Art, rund, fleischig und balanciert, etwas Brioche, auch genügend Spannung und Temperament.

★★★ S €€ TR
2022 Traminer + Duftrosen und Kokosflocken im subtilen Bukett, rauchig, ja nahezu pfeffrig unterlegt, ganz im trockenen Bereich, kühle Mitte, etwas Klarapfel und Eibisch, frisch und pointiert.

★★★ S €€ BF — PLV
2018 Blaufränkisch Ried Umriss + Die neue Füllung des Basis-Blaufränkischen erfreut die Nase mit Preiselbeere und Herzkirsche, fest verwoben, pfeffrige Pikanz, klar und anregend bei mittlerem Volumen, beweist Pfiff und Herkunftscharakter.

★★★ S €€€ ZW
2018 Zweigelt Reserve Alte Reben + Vielfältiges Duftspiel nach Maroni, Zimt und Powidl, saftig und druckvoll, engmaschig und kernig, recht kräftiger Holzeinsatz, sehr dunkelfruchtige Anmutung, strenger Tanninrahmen – ein etwas anderer Zweigelt-Typ.

★★★ S €€€ SY
2020 Syrah Reserve + Lagerfeuer und Himbeeren im charakteristischen Bukett, markant, schwungvoll und animierend, pfeffrig und zupackend, mundwässernde Frische, muskulös und anhaltend, viel Zug.

★★★ S €€€ CR
2020 Rusterberg Rot + (ME/CS/BF) Die Positivauslese präsentiert sich ziemlich saftig und fest geknüpft, derzeit dominieren die roten Schoten des Cabernet, schlanke Mitte, zimtige Würze und Pralinen, kühl ausklingend, gut abgestimmt.

★★★ K €€€€ CR
2018 Marco Polo + (SY/ME/CS) Nach 36 Monaten Barrique-Reifung präsentiert sich eine ausgewogene, fleischige Cuvée, Wildbret und rote Schoten, ausgereift und reichhaltig, einige Power und zahlreiche Facetten, etwas trockene Tannine im Nachklang.

★★★★ K €€€€€ BF — TIPP
2018 Blaufränkisch Reserve Ried Oberer Wald + Aus 50-jährigen Reben wird dieser nach Kornelkirschen und Brombeeren duftende Lagenwein gekeltert, rauchig unterlegt, beweist Saft und Kraft, viel Power und klares Profil, weißer Pfeffer und satter Schmelz, reife Tannine im langen Abgang.

★★★★★ K €€€€€ CR — TOP
2018 Cardinal + (BF/SL/CS) Eukalyptus und Menthol zunächst im überaus vielschichtigen Duftspiel, auch Grafit, verschwenderische Fülle, dennoch elegant und konturiert, tapeziert den Gaumen mit süßer Waldbeerenfrucht, auch schwarze Kirschen, samtige Tannine im langen Nachhall, große Reserven.

★★★★ S €€€ NB — TIPP
2021 Neuburger Auslese + Nahezu 100 Gramm Zucker besitzt diese in vier Lesedurchgängen gewonnene, piekfeine wie hochgradige Auslese: nussige Würze im Verein mit Erdbeeren, voll Elan und Frische, exotische Anklänge am Gaumen, satte Ananasfrucht, zeigt Spannkraft und Balance, sollte wunderbar mit fruchtigen Desserts harmonieren.

♛ ♛

Weinhaus
Haiden

Hannes Haiden
7063 Oggau, Sechshausgasse 24
Mobil +43 676 633 16 85
office@weinhaushaiden.at, www.weinhaushaiden.at
20 Hektar, W/R 40/60, 100.000 Flaschen/Jahr

Hannes Haiden hat im Jahr 1995 das Weingut von seinen Eltern übernommen und es auf mehr als 20 Hektar Rebfläche ausgebaut. Seine Rieden liegen überwiegend in Oggau, St. Georgen, Trausdorf, St. Margarethen und Rust. „Diese Anbauflächen erlauben mir, den Wein ausschließlich aus eigenem Lesematerial zu keltern." Ihn faszinieren die abwechslungsreichen Bodenverhältnisse – meterdicker Muschelkalk, Sandstein und karger Schiefer – sowie das Zusammenspiel mit dem See. „Kalt und warm, hart und weich, weiß und rot." In den höheren, kühlen und windigen Lagen baut er Weißwein an, was Frische garantiert. Die windgeschützten Rieden an den Ausläufern des Leithagebirges sind für Rotweine prädestiniert. Sie profitieren von der Wärmestrahlung des Neusiedlersees, fallen aber dank der geologischen Randbedingungen nie üppig aus. Die Rotweine von den Kalkböden besitzen immer eine gewisse Salzigkeit. Die nicht als solche deklarierten Reserven sind an den roten Kapseln erkennbar, sie werden ausschließlich in neuen Fässern aus Waldviertler Eiche mit 500 Litern Inhalt ausgebaut. Die anderen Rotweine reifen zu 30 bis 40 % im Holz und werden mit Chargen aus dem Edelstahltank assembliert. Zu einem Verkaufsschlager hat sich der Rosé entwickelt. Als Herkunft für den Großteil seiner Weine gibt Hannes Haiden „Weinland" an – zur Minimierung des bürokratischen Aufwandes, erklärt er.

Heuer hat sich der 2021 Blanc de Blanc Ried Hochberg als Primus unter den Weißweinen hervorgetan, im roten Sektor der ausgesprochen preiswerte und vielschichtige Zweigelt Rossi und der kühle, tieffruchtige Cabernet Franc. Grundsätzlich sind die Weine ausgesprochen fair kalkuliert. *ww*

WEINLAND

★★ S €€ GM FUN
2022 Gelber Muskateller Lakeside + Wohltuend unplakativ, Anklänge von hellem Steinobst, Zitrus, Kräutern und Blüten; saftig, viel Frucht, hinten Holunderblüten und Zitrus, beschwingt, lebhaft.

★★ S €€ SÄ
2022 Scheurebe vom Glimmerschiefer + Freundlich, helle Fruchtaromen erinnern an Pfirsiche und weiße Johannisbeeren, mit viel Luft Kräuterwürze; dieser anfänglich rieslinghafte Charakter kommt auch im Geschmack, geht mit Luft mehr in Richtung Sauvignon, einladend, Trinkfluss.

★★★ S €€ GS
2022 Gemischter Satz Muschelkalk + (GV/WR/SI/MT) Einladend, vielschichtig, Äpfel, feine Kräuterwürze, ein Hauch Muskatblüten, Steinobst und Johannisbeeren; aromatisches Dacapo, ausgewogen, angenehmes Säurespiel, Substanz, Trinkfluss.

★★★ S € SI
2022 Grüner Silvaner Ried Steinmühle + Kompakt, sanfter Druck, Äpfel, Kräuter, tief im Glas florale Noten, mit Luft Hauch gelber Paprika; schließt mit diesen Aromen an, feines Säurespiel, mittleres Gewicht, Trinkfluss, Äpfel und feine Würze klingen nach.

★★★ S €€ CW PLV
2021 Blanc de Blanc Ried Hochberg + (40 CH / 40 PB / SB) Sanfter Druck, kalkig-kreidig, dezent nach Birnen und roten Zitrusfrüchten, auch nussige Akzente und zarteste Würze; bringt diese unaufdringliche und seriöse Aromatik auch im Geschmack, Kraft ohne Üppigkeit, feines Säurespiel, salzige Bodentöne, Frucht und feinste Würze klingen lange nach.

★★★ S €€ ZW PLV
2020 Zweigelt Rossi + Wertige Anmutung, tiefe Frucht, dunkel, Schwarzkirschen, Heidelbeeren, frische Feigen und Zwetschken, Prise Gewürze; vielschichtig auch im Geschmack, feine Gerbstoffe, balanciert, Frucht und Würze klingen lange nach, bemerkenswerter Sortenvertreter.

★★★ S €€ BF
2020 Blaufränkisch Kastanie + Sanft, ruhig strömend, Kirschen und Brombeeren, Kastanienholz zu erkennen; saftig, trinkanimierend, viel Frucht, Zug, zartes Gerbstoffnetz, null Fett, hinten feine Würze, feingliedriger Blaufränkisch.

★★★★ S €€ CF TIPP PLV
2021 Cabernet Franc vom Schiefer + Elegante Holznoten, fast kühle Frucht, Kirschen, dunkle Beeren, Piment, Nelken, Wacholderbeeren; aromatisches Dacapo, feines Säurespiel gibt Leben, tiefe Frucht, völliger Verzicht auf Üppigkeit, feiner Tanningrip, gute Länge, rauchig-würzig und dunkelfruchtig im Nachhall.

★★★ S €€ ME
2020 Merlot Muschelkalk + Betont würzig, erdig, getrocknete Tomaten, rotbeerig, tief im Glas salzig; Frucht im Geschmack dominanter, feine Würze unterlegt, präsente Gerbstoffe ohne Härte, Zug, ausgewogen, im Abgang und im Nachhall wieder erdig-kalkige Bodentöne.

Weingut
Toni Hartl

Toni Hartl
2440 Reisenberg, Florianigasse 7
Tel. +43 2234 80636-0, Fax -4
wine@toni-hartl.at, www.toni-hartl.at
25 Hektar, W/R 40/60, 120.000 Flaschen/Jahr

Das Weingut Toni Hartl ist in zwei Weinbaugebieten tätig – zu Hause in Reisenberg/Thermenregion und in Purbach/Leithaberg. Da wie Toni Hartl meint alles nur geliehen ist, bewirtschaftet man seit 2010 die Weingärten biologisch zertifiziert nach Demeter.

Die Weine sind schlichtweg großartig! Was Toni Hartl aus den Chardonnay-Trauben fabriziert, ist genial. Ein toller 2021, der 2020 Leithaberg ist klassisch, der 2019 Ried Thenau gehört zu den besten Österreichs – das ist Chardonnay von dramatischer Größe. Wunderbar präsentiert sich der 2020 Inkognito. Um einen Tick besser ist der 2020 Syrah Thenau. Beim 2020 Pinot Noir Ried Reysenperg bin ich momentan etwas skeptisch. Abwarten! Überzeugt bin ich von den Blaufränkischen: 2020 Edelberg – hervorragend, 2020 Leithaberg Ried Rosenberg – die Steigerung, 2019 Blaufränkisch Ried Eisner – was soll ich sagen. Das ist Rotwein von außergewöhnlicher Klasse. Potenzial für Jahrzehnte. Ein wunderbarer 2022 PETNAT bezaubert einen. Der 2020 Furmint wurde maischevergoren, animierender Gerbstoff – hervorragend. Ein Amphorenwein namens Tria – Jahrgang 2020 – ist ein überzeugender Vertreter dieser Art von Weinen.

Es sind durchwegs atemberaubende Weine, die Zeit brauchen, immens lagerfähig sind. Die zu den größten des Landes zählen. *as*

LEITHABERG DAC

★★★ K €€€ CH
2020 Chardonnay + Würzig-röstig, Orangenschalen, Pfirsich, Zitrus, Feuerstein, dezente Exotik, Honig, fruchtig, ein Hauch Vanille, gelbfruchtig, salzig, elegante Frische, klassisch Leithaberg.

★★★★ K €€€€€€ CH **TIPP**
2019 Chardonnay Ried Thenau-Purbach + Vanille mit Limette, Waldhonig, reifer Pfirsich, ungemein druckvoll, salzig, tiefgründig, engmaschig, elegante Fülle, Salzkaramell, Gaumenexplosion, kalkige Statur, Teegebäck, dicht strukturiert, reichhaltig. Wie ein 1er Cru Puligny-Montrachet.

★★★★ K €€€€€ BF **TIPP**
2020 Blaufränkisch Ried Rosenberg-Purbach + (Schieferboden) Kühl, Brombeeren, Heidelbeeren, Himbeeren, feingliedrig und elegant, ungemein frisch, würzig, hier regiert der Boden, immer filigran, immer von einer unvergleichlichen Feinheit.

THERMENREGION

★★★ K €€€€€€ PN
2020 Pinot Noir Ried Reysenperg + Pflaumen, Leder, kühle Noten, Waldbeeren, Kirschen, Himbeeren, fruchtcharmant, kraftvoll, Tiefe, Schoko, enormer Ausdruck, stringent, salzig, athletisch, fast mächtig, ungemein kompakt. Der letzte Ausdruck fehlt.

BURGENLAND

★★★ K €€€€ BF
2020 Blaufränkisch Ried Edelberg-Purbach + Würzig, Brombeeren, viel Mineralik ausstrahlend, kalkig, fest strukturiert, einige Tiefe, Länge, rote und schwarze Beeren, Schokonoten, muskulös, ein straffer Blaufränkisch mit besonderem Ausdruck.

★★★ K €€€€€ CR
2020 Inkognito + (BF/CS/SY) Bestens eingesetztes Holz, Vanille, schwarze Beeren, Schokonoten, Cassis, Eleganz mit Noblesse, straff und eng, dichte Struktur, salzige Noten, passende Säure, nervig, intensiv, enorme Substanz, ein Riesenwein, der einen fordert.

★★★ K €€€€€ SY
2020 Syrah Ried Thenau-Purbach + Vanille mit schwarzen Oliven, Pfeffer, schwarze Beeren, Herzkirschen, ungemein saftig, ausgewogen, intensiv, feine Frucht, elegant, distinguierte Fülle, mineralisch.

★★★★ K €€€€€€ BF **TIPP**
2019 Blaufränkisch Ried Eisner-Purbach + (50 Jahre alte Reben, eisenhaltiger Schiefer mit Muschelkalk und Lehm) Ein unglaublich jugendlicher Rotwein, Brombeeren, Heidelbeeren, Cassis, ein fast ungestümer Wein, tiefgründig, dicht, ungemein salzig, nervig, ein großer Rotwein von seltener Dramatik. Substanz für die nächsten 20 Jahre.

ÖSTERREICH

★★★ KK €€€ CW **FUN**
2022 PETNAT + (GM/SB) Betörendes Bukett, Steinobst, Kernobst, Holunderblüten, Litschi, weiße Blüten, erfrischende Pikanz, Rosenblüten, Ananas, knackig, frische Kräuter, frisch, geradezu strahlend, der Wein entwickelt Druck, zeigt Länge. Ein herrlicher Schaumwein, blitzsauber, voller Charme.

★★★ K €€€€ CW
2020 Amphore Tria + (GM/SB/MT – unfiltriert, ungeschwefelt, ungeschönt, ausgebaut in einer Tonamphore) Orangefarben, Orangenschalen, Apfel, so richtig trocken, geht am Gaumen auf, geht in die Länge, immer mit Frische, salzig, konzentriert.

BIO

Weingut
Leo HILLINGER

Leo Hillinger
7093 Jois, Hill 1
Tel. +43 2160 8317, Fax -17
office@leo-hillinger.com, www.leo-hillinger.com
100 Hektar, W/R 45/55, 1.300.000 Flaschen/Jahr

Leo Hillinger ist anders als die anderen. Das polarisiert, eckt an, das schmeckt nicht jeden. Doch das ist das Geheimnis seines Erfolges. Seine Weine sind überaus herkunftsbezogen, klassische Gewächse des Leithagebirges. Zeigen Charakter, Tiefgang, Ausdruck, eben Eigenschaften, die auch den Winzer auszeichnen. Er ist BIO-Winzer aus Leidenschaft. Seine Weine sind international gefragt.

NEU in seinem Sortiment ist ein kompakter 2016 Sekt Brut Reserve, der hervorragend zu vielen Hauptspeisen passt. Das verbindet ihn mit dem 2018 Sekt Rosé Reserve aus 100 % Pinot Noir. Sehr schön ist der 2022 Sauvignon Blanc. Die Weißweincuvée 2021 Hillside white bedeutet die Steigerung. Internationale Klasse repräsentiert der Hill 2 – CH, SB – aus 2018. Ein Wein, der in einer Verkostung der besten weißen Bordeaux reüssieren kann. Hervorragend ist der 2021 Zweigelt. Jetzt wunderbar zu trinken ist der 2016 Pinot Noir Terroir. Hill 1 aus 2016 gehört mit Sicherheit zur erweiterten Spitze der burgenländischen Rotweine. Mein Liebkind bei dieser Verkostung war jedoch der 2019 Leithaberg DAC Blaufränkisch aus der Ruster Ried Umriss. Die 2020 TBA Hill 3 sollte man aus Respekt vor diesem herrlichen Tropfen stehend genießen. Das Flaggschiff in streng limitierter Auflage ist der Icon Hill. 1 Traube am Stock, 36 Monate Reifung im Holz, 999 Flaschen. Ist nicht günstig. Aber er ist es wert. *as*

LEITHABERG DAC

★★ K €€€ BF
2019 Blaufränkisch + Dezente Rösttöne, Brombeeren, Cassis, kühle Noten, Kirschen, festes Tannin, straff, dunkle Mineralik, trocken bis zum Anschlag, erdige Noten, Tannenwipfel, Gewürznoten, dicht, straff, Himbeeren entwickeln sich, Säurebiss, der geht in die Tiefe.

★★★ K €€€ BF
2019 Blaufränkisch Ried Umriss – Rust + Getrocknete Kräuter, Gewürznoten, Himbeeren, Brombeeren, Heidelbeeren, Orangenzesten, Kaffee, zarte Rösttöne, eng, ziemlich trocken, benötigt einige Luft, geht auf, zeigt Mineralik, viel Substanz, viel Eleganz.

BURGENLAND

★★ K €€€ CW
2021 Hillside white + (PG/CH/GM) Gelber Apfel, würzig, ein gereifter, harmonischer Wein mit etwas Restzucker, Nüsse, bisschen Zitrus, bisschen Apricot, Ananas, fruchtige Frische, zeigt Eleganz, getrocknete Kräuter, weinig, füllig, elegant, ruhig.

★★★ K €€€€€ CW
2018 Hill 2 + (CH/SB) Herrliches Bukett, fast wie weißer Bordeaux, das ist Wein von internationaler Klasse, Limette, reife Stachelbeeren, unterlegtes Holz, gerbstoffbetont, Feuerstein, Grapefruit, rauchig, Bitterorangen, Ananas, dunkles Gestein, enormer Stoff, passende Säure, tiefgründig. Stoff für viele Jahre.

★★ K €€€ CR
2018 Hillside red + (SY/ZW/ME) Kühles Aroma, Kirschen, schwarze Beeren, Himbeeren, feine Frucht, sehr elegant, Brombeeren, Heidelbeeren, Cassis, auch rote Beeren, Pfeffer, transparente Struktur, Zwetschken, saftige Frische, würzig, guter Rückhalt, balanciert, angenehm, von fast femininer Struktur.

★★★ K €€€€ PN
2018 Pinot Noir Terroir + Kalkige Noten, überaus typisch, Leder, Himbeeren, Unterholz, Moos, Orangenschalen, herbes Tannin, eng am Gaumen, gewisse Bitternoten, Feigen, Pflaumen, Mineralität, voller Grip.

★★★ K €€€€€ CR
2016 Hill 1 + (ME/BF/ZW) Johannisbeeren, schwarze Oliven, Maulbeeren, Kirschen, Heidelbeeren, Anklänge von Tee, transparent, straff, einiger Tiefgang, trocken, eng, festes Tannin, straffe Struktur, geht lange ab.

★★★★ K €€€€€€ CW **TIPP**
2020 TBA Hill 3 + (0,375-Liter-Flasche) Orangenschalen, Honigsüße, Bitterorangen, Zitrus, viel Exotik, Mango, Ananas, Litschi, perfekte Botrytis, süß, vollmundig, voller Reichtum, warm, angenehme Säure, seidige Frucht, viel Wein, Substanz für Jahrzehnte. Hier regiert die Noblesse.

ÖSTERREICH

★★★ K €€€€ CR
2016 Sekt Hill Brut Reserve Burgenland g. U. + (CH/PN) Grün-gelbe Farbe, kleinperlig, Briochenoten, Kräuterwürze, Kamille, gelbfruchtig, bisschen Vanille, Marille, Ananas, kompakter Körper, würzig, bestens strukturiert, gewisse Reife, ernsthaft, Lindenblüten, salzige Noten, druckvoll, langatmig. Ein kräftiger Schaumwein für Hauptspeisen.

★★★ K €€€€ PN
2018 Sekt Rosé Hill Brut Reserve Burgenland g. U. + (PN) Rosafarben, feine Perlage, warmes Timbre, Himbeeren, Leder, Kräuter, ein bissfester Sekt, kompakt, einiger Tiefgang, drückt am Gaumen, gute Länge, fruchtiger Körper, straff und ausdrucksstark. Erste Reife, strukturiert, perfekter Essensbegleiter.

BIO

Weingut
Winzerschlössl Kaiser

Kurt & Silvia Kaiser
7000 Eisenstadt, Satzriedgasse 1
Tel. +43 2682 67100
wein@winzerschloessl.at, www.winzerschloessl.at
26 Hektar, W/R 80/20, 150.000 Flaschen/Jahr

Fürst Esterházy legte den Grundstein für das Weingut in Kleinhöflein bei Eisenstadt, als er 1492 den Gewölbekeller erbauen ließ, der 1994 mit viel Fingerspitzengefühl restauriert wurde. Es ist gelungen, modernste Technik in die uralte Bausubstanz zu integrieren. Kurt und Silvia Kaiser haben sich dem biologischen Weinbau verschrieben. Begonnen haben sie damit im Jahr 2002, mittlerweile ist der Betrieb schon lange zertifiziert. Die alten Rebanlagen werden penibel gepflegt, um sie möglichst lange zu erhalten. „Nur wenn ich mit der Rebe lebe, weiß ich, was sie braucht“ ist der Winzer überzeugt. Den Spitznamen „Biokaiser“ hat sich das naturverbundene Ehepaar redlich erarbeitet.
Stefan Kaiser, der Großvater von Kurt, ging 1938 nach Japan, um im Kloster Shudoin Budoshu Wein zu machen. Und der war so gut, dass er innert kurzer Zeit den Weg ins Kaiserhaus fand. Dem fernöstlichen Herrscher, dem Tenno, verdankt das Flaggschiff in Rot seinen Namen. Es handelt sich um eine Auslese der besten Fässer. Die japanische Künstlerin Fusa Sakamoto hat das neue Etikett gestaltet.
Die heuer vorgestellten Weißweine sind sortentypisch und trinkanimierend, insbesondere der Grauburgunder ist für diese Varietät ungemein frisch und frei von Schwerfälligkeit. Dem Chardonnay ist Terroir zu attestieren. Die Rotweine besitzen Zug, keiner ist fett oder schwerfällig, zum Teil sind sie richtig zupackend, insbesondere der noch sehr junge und etwas kantige Tenno. Dieser Wein wird noch einige Jahre Flaschenreife benötigen, um seine Vorzüge ausspielen zu können. Sortentypisch und völlig frei von Opulenz ist der Pinot Noir ausgefallen, er zeigt kalkige Bodentöne. *ww*

LEITHABERG DAC

★★★★ S €€ CH PLV
2022 Chardonnay + Traubig, Bodentöne, Feuerstein, Kalk, zarteste Anklänge von Pfirsichen und Limetten; Frucht und bodenständige Noten, kompakt, Schmelz, gute Länge, Terroir im besten Sinne.

BURGENLAND

★★ S €€ GM FUN
2022 Gelber Muskateller Sonnenberg + Sorte unverkennbar, Zitronenzesten, Holunderblüten, Prise Kräuter; aromatisches Dacapo, angenehme Säure, zugänglich, lebhaft, Frucht, Würze und Holunder klingen nach.

★★ S €€ SB
2022 Sauvignon Blanc Sonnenberg + Ribiselbeeren, Prise Cassislaub, knackige Kiwis tief im Glas; fruchtbetont auf dem Gaumen, sanfte Säure, mittlere Länge.

★★★ S €€ PG
2022 Grauburgunder Ried Kräutergarten + Frische Sortenaromatik, alte Birnensorten, Haselnüsse, tief im Glas Cerealien; für diese Varietät beschwingt und fast leichtfüßig, unaufdringliche Frucht, feines Säurespiel, frei von Üppigkeit, trinkig.

★★★ S € BF
2021 Blaufränkisch Sonnenberg + Dunkle Aromatik, Brombeeren, Schwarzkirschen, feine Würze, tief im Glas Preiselbeeren; schließt mit diesen Aromen nahtlos an, Tanningrip, klassische Anmutung, zupackend, gute Länge.

★★★ S €€ BF
2021 Blaufränkisch Perfektion + Weichseln, Sauerkirschen, Pflaumen, Kräuterwürze; bringt diese Aromen auch im Geschmack, akzentuierte Gerbstoffe ohne Härte, viel Frucht und Würze im Abgang und im Nachhall.

★★★ S €€ CR
2021 Zweigelt-Syrah Reserve + Einladend, rotfruchtig, Kirschen, Vogelbeeren, feinkörnige Würze; saftig, Zug, feines Gerbstoffnetz, ausgewogen, rote Fruchtaromen und Gewürze, trinkanimierend bei mittlerem Gewicht.

★★★★ K €€ PN TIPP
2019 Pinot Noir Hohe Brücke + Sanfter Druck, kalkig, Himbeeren, Kirschen, tief im Glas dunkle Frucht und hauchzarte Gewürzaromen; schließt aromatisch nahtlos an, kalkige Bodentöne, kräftig ohne Opulenz, reifes Gerbstoffnetz, lang.

★★★★ K €€€€ CR TIPP PLV
2019 Tenno + (CS/SY) Dunkelfruchtig, Cassis, elegante Gewürzaromen, Schwarztee, dezent rauchig; profunde Frucht, Tanningrip, zupackend, stoffig, Zug, hinten und im Nachhall auch Kakaopulver, Ecken und Kanten im positiven Sinn, frucht- und würzebetonter Nachhall, noch sehr jung.

Weingut
Klosterkeller Siegendorf

7011 Siegendorf, Rathausplatz 12
Vertrieb: 3495 Rohrendorf bei Krems, Lenz Moser Straße 1
+43 2732 85541
office@lenzmoser.at, www.klosterkeller-siegendorf.at
25 Hektar

Das Programm der Weine aus diesem größten zusammenhängenden Weingarten Österreichs (25 Hektar Rebfläche) wurde aus Qualitätsgründen gestrafft. Es gibt keinen reinsortigen Cabernet Sauvignon und Merlot mehr. Daher gibt es eben den Weißburgunder als Weißwein. Bei den Rotweinen geht es jetzt nach dem Château-Prinzip. Siegendorf rot ist quasi der Zweitwein und wird aufgewertet. O'Dora ist wie schon immer der Grand Vin und wurde noch besser. Man konzentriert sich auf diese drei Weine und will es wissen. Aktuell ist dieses Vorhaben voll gelungen und ich freue mich auf die nächsten Jahrgänge.
Dieses Weingut wird seit 1988 von der Weinkellerei Lenz Moser bewirtschaftet und wird es weiterhin in lichte Höhen führen. *as*

BURGENLAND

★★ S €€ PB
2020 Weißburgunder + Heublumen, frische Kräuter, Pomelo, Apfel und Birnen, Weißbrot, lebendig, knackig, tolle Säure, salzig, zartes Nusserl, Senfkörner, kühl, gute Struktur.

★★ S €€ CR FUN
2020 Siegendorf rot + (CS/ME; großes Holzfass), rotbeerig, seidiger Glanz, filigran und elegant, feine Frucht, angenehmes Tannin, Heidelbeeren, Cassis, Kirschen, ein Rotwein, der unglaublichen Spaß bereitet. Von leichtfüßiger Struktur, anmutiger Fülle, guter Rückhalt. Ein hochwertiges Glas Rotwein, das man sich leisten kann.

★★★★ K €€€ CR
2019 O'Dora Barrique + (CS/CF) Das ist großartiger, ausdrucksstarker Cabernet von enormem Tiefgang, perfekt ausgereifte Trauben, feinstes Tannin, Cassis, Heidelbeeren, Brombeeren, würzig, tiefgründig, tolle Frucht, Schokonoten, Veilchen, Lakritz, Tabak, langatmig. Ganz hohe Qualität zu einem unschlagbaren Preis. Da muss man förmlich zuschlagen.

Weingut
Kollwentz

7051 Großhöflein, Hauptstraße 120
Verkauf/Büro Gartengasse 4b
Tel. +43 2682 65158, Fax -13
kollwentz@kollwentz.at, www.kollwentz.at
25 Hektar, W/R 56/44, 110.000 Flaschen/Jahr

Das Weingut Kollwentz zählt heute als Botschafter großer Terroirweine vom Leithaberg nicht nur zur Top-Liga der weltbesten Weingüter, es hat auch österreichische Weinbaugeschichte geschrieben. Der Aufstieg des Weinguts begann mit dem Pionier Anton Kollwentz, der als Doyen des österreichischen Rotweinwunders entscheidend mitwirkte. Sein Sohn Andi setzte in den 1990er-Jahren zum nächsten großen Sprung an, mit dem er die Weißweinwelt eroberte: Heute werden seine Chardonnay-Varietäten in einem Atemzug mit den weltbesten Grand-Cru-Vertretern genannt und geschätzt. Und die jüngste Generation Christina, Tochter von Heidi und Andi, setzt bereits die ersten Akzente im Weingut, um diese Erfolgsstory fortzuführen. Weitblick und eigenständige Stilistik zählen gleichsam zur Familien-DNA, so wie generationenübergreifendes Teamwork im Hause Kollwentz hochgehalten wird, wobei naturgemäß das professionelle Sales Management von Antons Gattin Margarethe sowie Heidi hinzuzuzählen ist. Heute begeistert das Weingut durch eine einzigartige Trias an Top-Weinen in Weiß, Rot und (als Geheimtipp) in Süß, die allesamt aus den besten Lagen rund um das Weingut kommen.

Den Auftakt des aktuellen Portefeuilles bilden die beiden Sauvignon-Blanc-Varietäten: Steinmühle 2022 präsentiert sich in fruchtklarer, feinwürziger Ziselierung in fast noch pointierterer Version als der Vorgänger-Jahrgang. Kontrapunktisch in kräftiger Version schließen die Methusalemreben an, bei denen die ausgeprägte Feuerstein-Mineralik balancierend von Eleganz umspielt wird und die an die großen Jahrgänge 2018 und 2020 anschließt.

Die Chardonnay-Serie ist kurz gesagt einfach großartig, und in der Verbindung von stilsicherer Terroir-Interpretation, Fruchtklarheit und Präzision hierzulande unübertroffen. Dies gilt für alle Varietäten – die Rieden Neusatz, Tatschler, Katterstein und Glagsatz, genannt Gloria. Vor den Vorhang geholt sei hier die Lagen-Cuvée Chardonnay Leithakalk, die in der Ortswein-Oberliga spielt und in feinziselierter Fruchtfrische, Finesse und Tiefe an der Top-Liga anklopft. Ried Tatschler gewinnt als gewohnt kraftvollster Vertreter in den letzten Jahren immer mehr an mineralischer Finesse und schließt so zu (meinen) nachfolgenden Favoriten auf: Ried Katterstein glänzt in dunkelfruchtig-vibrierender Tiefe, die komplementär mit der kalkigen Eleganz kokettiert, und last but not least begeistert die eleganteste Version „Gloria", die mit hellfruchtiger Klarheit und Finesse par excellence förmlich strahlt, zugleich in der Jugend in gewohnter Manier sich am verschlossensten präsentiert.

Das Entrée zur Rotwein-Kollektion gehört dem Pinot Noir aus der Ried Dürr, der förmlich in ziselierter Fruchteleganz und in feinster Terroir-Transparenz als Nachbarlage zur Gloria viel hellfruchtiges Finessenspiel preisgibt. Die nachfolgenden Top-Weine aus dem Jahrgang 2020 präsentieren sich in gewohnt engmaschiger Aufmachung und generell in einer etwas kühleren Aufwartung, jedoch in klarer Struktur und in dunkelfruchtiger Klarheit. Spannend zeigte sich das heurige „Match" zwischen den Blaufränkisch-Highlights aus der Ried Setz und der Ried Point. In diesem mehr rhetorischen Geschmacksspiel hatte dieses Mal eindeutig die Ried Setz die Nase vorne: Fruchtcharme, engmaschige Dichte und eine überwältigende Fruchtbalance überzeugten um ein Quäntchen mehr als die ausdrucksstarke wie dunkelfruchtige Spielart von der Ried Point.

Der Cabernet Sauvignon ist Jahr für Jahr eine sichere Bank, der im Hause Kollwentz in kühleren (wie 2014, 2016) wie in wärmeren Jahren seine Vorzüge von feiner Fruchtintensität in perfekter

Struktur ausspielt. Der aktuelle Jahrgang 2020 strahlt mit fein ausgeprägter Cassis-Waldbeeren-Aromatik in klarer Fruchtintensität und reifem Tannin.

Das Aushängeschild des Hauses Kollwentz ist die Top-Cuvée Steinzeiler, die von Jahr zu Jahr als sichere Bank in vollendeter Harmonie an Kraft, Tiefe und Eleganz glänzt und erst nach vielen Jahren ihre ganzen Facetten zum Ausdruck bringt. *us*

BURGENLAND

★★★★ K €€€€ SB TIPP
2022 Sauvignon Blanc Steinmühle + Duftiges Bukett nach Cassis mit feiner Chinapfefferwürze, saftiges und pointiertes Entrée, Cassis-Würze-Melange, Feuersteinton, viel Säurebiss, vielschichtig. hochelegant, linear strukturiert, ganz groß wie der Vorgänger-Jahrgang und noch straffere Stilistik.

★★★★★ K €€€€€€ SB TOP
2021 Sauvignon Blanc Methusalemreben + Ananasbetontes Bukett, feine Würze, gehaltvolle Gelbfruchtigkeit, Feuersteinton, feines Würzespiel, aus einem Guss, dicht, vielschichtig, tolle Feuersteinnoten, Balance in Perfektion, großartig!

★★★ K €€€€ CH
2022 Chardonnay Leithakalk + Blütenduftige wie kräuterwürzige Nase, Pfirsich, viel Steinobstaromatik, ziseliert, druckvoll mit tollem Spannungsbogen, feine Trockenkräuteraromatik, elegante Anmutung, zarter Fruchtschmelz im Nachhall, lang im Finish.

★★★★ K €€€€€€ CH
2021 Chardonnay Neusatz + Kalkige Nase umspielt von Ringlotten, druckvoll mit viel Gelbfrucht und Exotik, engmaschig, gehaltvoll, dabei immer fein strukturiert bleibend, lang im Finish mit vitaler salziger Würze.

★★★★ K €€€€€€ CH TIPP
2021 Chardonnay Tatschler + Hochfeines gelbfruchtiges Bukettspiel, Pfirsich, viel Exotik à la Ananas, Papaya, saftige Aromatik, fein hinterlegter Fruchtschmelz, Brioche pur, feine Holzeinbindung mit zart röstigem Touch, druckvoll, harmonisch bis ins lange Finish.

★★★★★ K €€€€€€ CH TOP
2021 Chardonnay Katterstein + Würzefrische Nase, ausdrucksstarkes Fruchtspiel à la Exotik, Maracuja, Mango, dicht, druckvoll, dunkelfruchtiger Charakter, mächtig, perfekt strukturiert, vereint schiefriges Timbre mit kalkiger Finesse, komplex und viel Tiefe, modellhaft!

★★★★★ K €€€€€€ CH TOP
2021 Chardonnay Gloria + Verhaltene wie glockenklare Steinobstnase, saftig, dicht, Ananas, Steinobst, engmaschig, mineralische Eleganz, ein schlafender Riese, vollendet in Balance und Fruchtfeinheit, ewig lang am Gaumen, Weltformat, Chapeau!

★★★ K €€€ ZW
2021 Zweigelt Leithakalk + Betörendes Kirschfrucht-Schoko-Spiel, saftig, kompakte Struktur, gehaltvoll, gute Länge.

★★★ K €€€€ BF
2020 Blaufränkisch Leithakalk + Feine Kirsche-Waldbeeren-Nase, würzig, dunkelbeeriges Fruchtspiel, Waldbeeren, stoffig mit viel Grip, kalkige Finesse, tolle Stilistik, juvenil.

★★★ K €€€€ CR
2020 Eichkogel CR + (80 % BF / ZW) Verführerische Kirschnase mit feiner Würze, kompakte Herzkirsche-Schoko-Aromatik, engmaschig, tiefgründig, feine Kräuterwürze, Waldbeeren im Nachhall.

★★★★ K €€€€€ PN
2021 Pinot Noir Dürr + Feine wie stringente Waldbeerenaromatik, feinwürzig, subtil und geschliffen, Waldbeeren, kalkig-kühle Eleganz, noch sehr verschlossen, viele Facetten, braucht Zeit.

★★★★ K €€€€€€ BF TIPP
2020 Blaufränkisch Setz + Verspieltes blütenduftiges Bukett, Tabak, strömt in linearer Fruchtklarheit und eleganter Fülle, viele Nuancen in vollendeter Fruchttiefe, ausdrucksstark, perfekt in Balance, enormes Potenzial, ewig lang.

★★★★ K €€€€€€ BF
2020 Blaufränkisch Point + Klare dunkelbeerige Fruchtausprägung mit kühlem Touch, Waldbeere, Wildkirsche, druckvoll, engmaschig, kernige Mitte, Tabak, perfekt strukturiert, zeigt viel Tiefe, wird sich erst in einigen Jahren voll entfalten, sehr lang im Finish.

★★★★ K €€€€€€ CS TIPP
2020 Cabernet Sauvignon + Hochfeines Cassis, dunkelbeerige Waldbeerenaromatik, kraftvolle Eleganz, saftig, druckvoll, Tabaknoten, vielschichtig mit feinmaschiger Textur, alles in perfekter Struktur, eindrucksvolle Balance, ein Klassiker mit ganz großer Zukunft.

★★★★ K €€€€€€ CR
2020 Steinzeiler + (BF/CS/ZW) Vielschichtige Nase, Brombeere, Heidelbeere, etwas Kirsche, saftig und dicht, vielschichtig, dunkelfruchtige Anmutung, Cassis, tolle Fruchttransparenz, kraftvoll und strukturiert, dunkelfruchtige Prägung, starke Blaufränkisch-Prägung im Vordergrund, schlafender Riese, viel Potenzial, ein Langstreckenläufer par excellence.

Weingut **Leberl**

Alexander Leberl
7051 Großhöflein, Hauptstraße 91
Tel. +43 2682 67800, Fax -14
weingut@leberl.at, www.leberl.at
23 Hektar, W/R 30/70

Dieser Alexander Leberl ist an sich ein Quereinsteiger. Seit 2012 leitet er das Weingut. Er hat das seit mehreren Generationen in Familienbesitz befindliche Weingut in die nächste Dekade geführt. Naturnaher Weinbau, viel Handarbeit, schonende Weinbereitung nach selbst auferlegten Qualitätskriterien. Man bewirtschaftet beste Lagen wie Katterstein, Tatschler, Setz, Reisbühel, Gloria, Point, Neusatz und Föllikberg.
Was erbrachte die Verkostung der Weine? Ein hervorragender 2020 Blaufränkisch Reisbühel, eine gar nicht kleine Sünde 2020, ein großartiger 2020 Peccatum – nicht umsonst das Flaggschiff des Hauses seit 1996. Der 2020 Blaufränkisch CALX G. kommt da nicht heran. Großartig der 2021 TBA Sämling – einer der besten Süßweine des Burgenlandes. Einfach faszinierend. *as*

BURGENLAND

★ S € WR
2022 Welschriesling + Zitrusnoten, Wiesenkräuter, Ananas, grüner Apfel, frisch und rassig, dezente Frucht, schlank, unkompliziert, lustig zu trinken.

★★ S €€€ SB
2022 Sauvignon Blanc Ried Tatschler + Stachelbeeren, Cassis, Pfirsich, Mandarinen, frische Säure, etwas Holunder, griffig, rassig, rauchig, Zitrus, Kräuterwürze, zischt am Gaumen, pikante Noten, benötigt unbedingt Flaschenreife.

★★ S €€ CW
2022 Chardonnay & Weißburgunder + Apfelschalen, Birnen, Nelken, Pomelo, Mandarinen, nussig, kalkige Anklänge, bisschen Exotik, fruchtige Frische, elegante Nuancen, Orangenschalen, noch etwas unentschlossen, Flaschenreife ist da wichtig, ein klassischer Herbstwein.

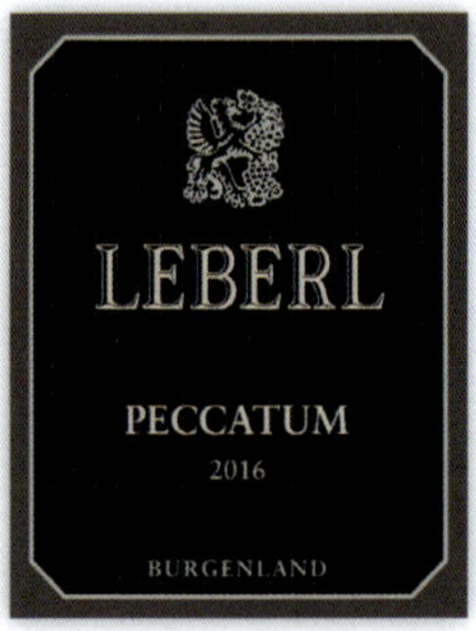

★★★ S €€€ CH
2021 Chardonnay Ried Reisbühel + Ein Hauch von Holz, Vanille, Kokos, Zitrusfrische, feine Frucht, sehr elegant, saftig, gelbe Früchte, Kaffeenoten, kreidiger Grip, geht in die Tiefe, femininer Ausdruck, transparent, ein hervorragender Wein ganz am Anfang seiner Entwicklung.

★★ S €€ CR
2020 Kleine Sünde + (BF/CS/ME) Brombeeren, Cassis, Schokonoten, feine Tanninstruktur, filigrane Noten, würzig, Kräuter, ein guter „kleiner" Rotwein von herbem Charme. Hat Grip, Festigkeit, Zukunft, da ist „klein" reines Understatement.

★★ K €€€ BF
2020 Blaufränkisch Ried Reisbühel + Feines Bukett, bisschen Schoko, Brombeeren, von transparenter Struktur, schwarze Kirschen, ungemein würzig, angenehmes Tannin, elegante Töne, von kerniger Samtigkeit, stellt sich nicht in den Vordergrund, feingliedrig, angenehm zu trinken.

★★ K €€€ CR
2020 Cabernet Sauvignon Merlot + (40 % CS / 60 % ME) Schwarzviolett, Cassis, Heidelbeeren, Kräuterwürze, Schokolade, fein unterlegtes Holz, fein strukturiert, stimmig, ein sehr schöner Rotwein mit etwas rauem Charme.

★★★ K €€€€ CS
2020 Cabernet Sauvignon + (Reisbühel, Setz) Cassis, Minze, dunkle Schokolade, festes Tannin, dichte Struktur, kraftvoll, eng am Gaumen, stoffig, einige Tiefe, gute Länge, Potenzial für Jahre und füllige Eleganz. Überaus typisch. Cabernet Sauvignon von internationaler Dimension.

★★★★ K €€€€ CR **TIPP**
2020 Peccatum + (BF/CS/ME) Tiefschwarz, dezent röstig, schwarze Kirschen, schwarze Beeren, Cassis, Heidelbeeren, rauchig, Zedern, kühle Aromen, Minze, kalkige Noten, Schokolade, das ist tiefgründiger Rotwein, der auf die Eleganz nicht vergisst, Zwetschken, ein straffer Rotwein von engmaschigem Ausdruck, kraftvoll, fast mächtig. Viel Zukunft.

★★★ K €€€€ BF
2020 Blaufränkisch CALX G. + (G steht für die Lage Gloria) Tiefschwarz, röstig, ungemein würzig, schwarze Beeren, Schoko, mächtig, einiges Holz, ein Rotwein, der viel zu jung ist, viel Wein, viel Stoff, viel Zukunft.

★★★★ K €€€€ SÄ **TIPP**
2021 Trockenbeerenauslese Sämling + (32 KMW, 175 g/l RZ, 8 g/l Säure) Frische Birnen, Mango, Ananas, Zitrus, Orangen, Litschi, Pfirsich, süß, saftig, ungemein reichhaltig, viel Extrakt, enorme Fülle, perfekte Botrytis, ein brillanter Süßwein von verführerischer Eleganz. Dazu braucht mein kein Essen. Solch ein Wein ist Nahrung genug.

Weingut
Liegenfeld

Andreas Liegenfeld
7082 Donnerskirchen, Johannesstraße 25
Tel. +43 2683 8307
weingut@liegenfeld.at, www.liegenfeld.at
30 Hektar, W/R 80/20, 250.000 Flaschen/Jahr

Es gibt Neuigkeiten im Hause Liegenfeld. Sohn Michael hat sich mit drei Weinen quasi selbstständig gemacht. Diese kommen aus drei der besten Weingärten des Weingutes Liegenfeld und werden biologisch bewirtschaftet. Alles in Handarbeit, Handlese und immer Leithaberg. Es sind zwei Weißweine aus dem Jahrgang 2020 – Grüner Veltliner Ried Goldberg und Weißburgunder Ried Hopferberg – und ein 2019 Blaufränkisch Ried Riefring Thal.

Diese Weine sollen nicht von den hauseigenen Gewächsen ablenken. Hervorragende Weine aus dem doch schwierigen Jahrgang 2022. Ein lustiger Rosé vom Cabernet, ein frischer Grüner Veltliner Classic, ein feiner Welschriesling vom Schiefer. Gesteigert durch den 2022 Pinot Blanc Ried Bergweingarten und den 2022 Grüner Veltliner aus derselben Lage. Ein feiner 2022 Chardonnay Ried Vogelsang. Ein kräftig würziger 2022 Leithaberg Veltliner, der sich blendend darstellt und ein Versprechen für die Zukunft ist. Der Höhepunkt ist wie immer der Grüne Veltliner aus der Ried Himmelreich – aktuell 2021. Ein wunderbarer Wein, bei dem man nicht so viel schreiben kann, weil man sonst nicht zum Trinken kommt. *as*

LEITHABERG DAC

★★★ S €€ PB
2022 Weißburgunder + Nelken, Mandeln, frischer Apfel, feine Würze, salzige Mineralität, feine – seidige – Frucht, elegant, distinguierter Ausdruck, komplex. Ein wunderbarer Weißburgunder mit Feintuning. Gewinnt im Glas enorm an Ausstrahlung. Zukunft!

★★★ S €€ GV
2022 Grüner Veltliner + Kräftig, würziger Grüner Veltliner, etwas holzunterlegt, kompakte Struktur, Pfeffer, ein Hauch Karamell, Birnen, Tabak, Exotik – Mango, Ananas, Waldhonig, dunkel getönt, viel Mineral ausstrahlend, einiger Tiefgang, Tannenwipfel.

★★★★ K €€€ GV
2021 Grüner Veltliner Ried Himmelreich + Holzunterlegt, rauchig, würzig, zarte Marille, dezente Exotik, alles verpackt in Körper, Mineralität und in einer steinig-frischen Ausdrucksweise. Der Wein gewinnt mit Luft enorm, wird vielschichtig, Orangenschalen, Ananas, gelber Apfel, passende Säure.

★★★★ K €€€ GV
2020 Grüner Veltliner Ried Goldberg Michael Liegenfeld + (Glimmerschiefer) Kühles Aroma, Apfel, dezent rauchig, immer frisch, ein Hauch von Zimt, ungemein elegant, Honignoten, dichte Struktur, exotische Töne – Ananas, Mango, Pfeffer, Kräuter, Kamille, Nelken, Würze, gelbfruchtig, Eleganz, perfekte Balance, ein feiner Wein von noblem Ausdruck. Druckvoll, langatmig, gehaltvolle Frische. Chapeau!

★★★★ K €€€ PB
2020 Weißburgunder Ried Hopferberg Michael Liegenfeld + (gepflanzt 2003) Nelken, ungemein fruchtig mit kühlen Noten, kalkige Anmutung, tiefgründig, viel Mineral ausstrahlend, salzige Eindrücke, Grapefruit, Apfeltöne, Zitrus, mandelige Noten, reife Birnen, spannend und elegant, einiger Tiefgang, straffe Textur, ein absoluter Klassewein. Ein toller Wein, immer mit Frische. Trinklust auf hohem Niveau. Leithaberg pur. Viel Substanz.

★★★ K €€€ BF
2019 Blaufränkisch Ried Riefring Thal + (Handlese 2. Okt. 2019, Ausbau in 300-Liter-Fässern aus franz. Eiche) Erste Eindruck – ein Wein von Klasse, schwarze Kirschen, Brombeeren, Kräuternoten, Beerenfrüchte, voller Trinkfluss, elegante Noten, passende Säure, zartes Erdbeerfeeling, fruchtig, zart zwetschkig, von jugendlichem Überschwang. Lädt zum Trinken ein. Feine Würze, Finesse zeigend. Ein Rotwein, der einem nie zu viel wird.

BURGENLAND

★★ S € WR FUN
2022 Welschriesling vom Schiefer + Rauchig-schiefriges Bukett, Apfeltöne, frische Birne, fruchtige Frische, Zitrus, Kräuter, Säurebiss, zeigt gewisse Eleganz, trinklustig, pikante Noten, überaus typisch. Ein strammer Welschriesling, der sich blendend darstellt.

★★ S €€ PB
2022 Pinot Blanc Ried Bergweingarten + (kalkhaltige Felsbraunerde) Kräuterwürze, Birnentouch, frischer Apfel, kompakte Frische, agile Säure, Gesteinsmehl, gute Länge, schön trocken, herzhaft, Mandeltöne, ein hervorragender Wein mit Substanz. Pinot Blanc aus einem Guss.

★★ S €€ GV
2022 Grüner Veltliner Ried Bergweingarten + (Schiefer) Pfefferwürze, Gesteinsmehl, Apfel, Birne, frische Säure, intensiv, dicht, versprüht Optimismus, ein sehr guter Grüner Veltliner vom Leithagebirge. Hochwertig und wunderbar zu trinken.

★★ S €€ CH
2022 Chardonnay Ried Vogelsang + (Schiefer) Dunkle Mineralik, salzige Frische, würzige Noten, Äpfel und Birnen, nussige Frische, eleganter Ausdruck, kühle Aromatik, ausgewogen, trinkt sich hervorragend. Ein subtiler Chardonnay mit zartfruchtiger Struktur.

Weingut
MAD

Sebastian & Tobias Siess
7063 Oggau, Antonigasse 1
Tel. +43 2685 7207, Fax -4
office@weingut-mad.at, www.weingut-mad.at
32 Hektar, W/R 40/60

Das traditionsreiche Weingut Mad im Herzen der Leithaberg DAC, in Oggau, ist ein Familienweingut mit einer mehr als zwei Jahrhunderte alten Tradition. Nachhaltiger Weinbau und zukunftsorientiertes Qualitätsstreben, in Verbindung mit dem Herkunftsgedanken, gehen hier Hand in Hand. Das Weingut führen die Brüder Sebastian und Tobias Siess gemeinsam mit der Familie Rafaela und Christian Händler, der die Vinifikation des vielfältigen Weinportefeuille verantwortet und in dem die ganze Großfamilie mit viel Engagement eingebunden ist.

Mit den vielen Spielvarianten im DAC-Status ist das Weingut ein perfekter Leithaberg-Botschafter. Neben den zahlreichen reinsortigen Weinen aus weißen Burgundersorten ist heuer besonders die Sorten-Cuvée Ried Hochenberg hervorzuheben. Dieses weiße Flaggschiff des Hauses wird je zur Hälfte im Stahltank und in neuen Barriquefässern ausgebaut und besticht durch extraktreiche Fruchtfrische mit viel Mineralik in feiner Holz-Frucht-Balance.

Das Thema Rosé ist im Hause Mad keine Modeetikette, sondern wird seit vielen Jahren in zwei Rosé-Varietäten in Direktpressung und mit hohem Genussfaktor angeboten: Pink Bliss verkörpert den Typus eines rassigen Sommerweins, und die Varietät aus der Top-Lage Blaufränkisch zeigt eindrucksvoll, dass man in der internationalen Top-Liga dieses Sortentyps angekommen ist.

Die rote Premiumlinie vom reinsortigen Merlot und Cabernet Franc als auch die kräftige Sorten-Cuvée Furioso werden im nächsten Guide mit den aktuell verfügbaren Weinen wieder aufgenommen, sodass hier das Podium dem alles überstrahlenden Blaufränkisch Marienthal M 56 gebührt. M 56 steht für eine im Jahre 1956 gepflanzte Blaufränkisch-Parzelle, die gleichsam als Filetstück erstmals mit dem Jahrgang 2018 separat ausgebaut und gefüllt wurde. Sechs Barriquefässer von edelster französischer Provenienz fanden hier in Summe Verwendung, und das Ergebnis kann als Inbegriff an Fruchttiefe, Vielschichtigkeit und (kalkiger) Finesse des sagenumwobenen Terroirs Marienberg gelten, was erst in vielen Jahren der Flaschenreife zur harmonischen Vollendung führen wird. *us*

LEITHABERG DAC

★★★ **S €€ NB** FUN
2021 Neuburger + Hellwürziges, nussiges Bukett, gelbfruchtige Aromatik, Kernobst, knackig und ziseliert, feiner Würzehintergrund, attraktives Säurespiel, vital, tolle Sorteninterpretation.

★★★ **S €€ PB**
2021 Pinot Blanc + Weiße Wiesenblüten, nussig unterlegtes Entrée, saftig, kompakte Gelbfrucht, Ringlotte, Steinobst, feinstrukturiertes Frucht-Säure-Spiel, mineralischer Hintergrund, würzige Komponenten, tolle Balance, viel Trinkanimo.

★★★ **S €€ CH**
2021 Chardonnay + Puristisches, saftig-sattes Spiel von gelben Früchten, Exotik à la Ananas, Maracuja, vollmundig, mineralisch-kreidiger Hintergrund, perfekt strukturiert, harmonisch, sehr gelungen.

★★★★★ **K €€€€ CW** TOP
2021 Ried Hochenperg + (CH/PB/NB/GV) Feinwürziges wie blütenduftiges Bukett, wunderschöne Fruchtvielfalt, Quitte, Steinobst, etwas Ananas, saftig-mineralischer Biss, fein verwoben mit dezenter Würze, dicht, finessenreich, druckvoll mit vielschichtiger Frucht bis ins lange Finish, viel Potenzial.

BURGENLAND

★★ **S € GV**
2022 Grüner Veltliner Seestern + Knackig-kerniger Boskop-Apfel, vitales Fruchtspiel, delikate Saftigkeit, dezent würzig, balanciert, animierender Apéro.

★★ **S € CR**
2022 Rosé Pink Bliss + (BF/ZW/CS/PN) Feines Erdbeergelee, Stachelbeere, saftig, knackiges Fruchtspiel, vital, toller Sommerwein.

★★★ **K €€€ CR** FUN
2022 Rosé Blaufränkisch Ried Marienthal + Animierende Waldbeeren, setzt sich am Gaumen fort, knackig, feingliedrig, mineralisch, vital, perfekt strukturiert, feine Würze, tolle Länge, internationales Format.

★★★★ **K €€€€€€ BF** TIPP
2018 Blaufränkisch M 56 Ried Marienthal + Intensive, vollreife Beerenfrüchte, Brombeere, Wildkirsche, Zwetschke, vollmundige Saftigkeit pur, dicht, konzentriert, enorme Substanz, Schokonoten mit feiner Vanilleumrahmung, dunkelfruchtig, stoffige Textur mit viel Finesse im Hintergrund, ein Charakterwein mit viel Power im angedeuteten eleganten Kleid, braucht viel Reifezeit, lang, gesicherte Zukunft.

Weingut
Hans Moser

7000 Eisenstadt, St. Georgener Hauptstraße 13
Tel. +43 2682 66607, Fax -14
weingut@hans-moser.at, www.hans-moser.at
10 Hektar, W/R 60/40, 60.000 Flaschen/Jahr

Hans Moser gilt als kritischer Denker seiner Zunft, der als Garant für qualitätsvolle Herkunftsweine vom Leithaberg ein breites Weinsortiment in unverkennbarer Typizität und sortenreiner Charakteristik – von der Klassiklinie bis zu Premiumweinen – erzeugt.
Zugleich ist er innovativ, genauer gesagt ist er Initiator, Projektentwickler und führende Kraft in der Rekultivierung der nun neuen Sorte St. Georgener Rebe. Die im Mai 2020 beginnende Chronologie mit der Entdeckung der bis dahin unbekannten Mutterrebe des Grünen Veltliners (neben dem Ur-Traminer als zweite GV-Genetik) ist inzwischen über das Versuchsstadium hinaus gediehen. Hans Moser hat all die Jahre als „Rebenvater" die Rekultivierung und Grundlagen für die im Verein zur Kultivierung der St. Georgener Rebe weiter notwendigen Schritte gesetzt, sodass die Erfolgsgeschichte nun um einen weiteren Schritt fortgesetzt wird: Die Aromen-Dynamik der neuen Rebsorte der letzten Jahre war so vielversprechend, dass nun in sechs burgenländischen und sieben niederösterreichischen Weingütern Setzlinge der neuen Rebsorte ausgepflanzt wurden, um die Sorteneigenschaften auf grundverschiedenen Terroirs auszuloten. Mit dem 2021er Jahrgang – ausgebaut im 600-Liter--Eichenfass aus St. Georgener Eiche und im 500-l Edelstahltank – ist ein erster großer Schritt für ein geschmacklich selbstständiges Sortenprofil gelungen. Die drei aktuellen Jahrgange werden hier vorgestellt, die unisono eine Sortenreminiszenz zu Grünen Veltliner und Sylvaner aufweisen. *us*

LEITHABERG DAC

★★★★ K €€€ CH TIPP
2019 Chardonnay Scheibenberg + Feines Bukett nach Nektarine, Ananas, holzgeprägte Vanillenoten, saftige und vollreife Gelbfruchtaromatik, Mirabelle, Honigmelone, Exotik à la Ananas, Maracuja, viel Fruchtschmelz, kräftig mit geschmeidiger Mitte, mineralisch geprägt, feiner Säureschliff, harmonisch und trinkanimierend, lang.

BURGENLAND

★★ S € SY PLV
2022 Harys Syrah + (weißgepresst) Feine rotbeerige Aromatik, etwas Holunder, nuanciert, Säure-Frucht-Balance, mineralisch, toller Apéro.

★★ S € CW
2022 Gemischter Satz + (GV/PB/CH/NB u. a.) Stachelbeere, Wiesenkräuter, glockenklares Früchtespiel, ziseliert, Boskop-Apfel, Steinobst, geradlinig, fein strukturiert mit zartem Schmelz im Finale.

★★★ S €€ SB FUN
2022 Sauvignon Blanc Leithakalk +Feine Cassisnase, würzig, saftige Frucht, rote Paprika-Stachelbeere-Melange, mineralisch, dunkelfruchtig, knackige Frische, druckvoll, würziger Nachhall.

★★★ S €€ GV TIPP
2022 Grüner Veltliner Leithakalk + Duftet fein nach Äpfel, saftig, Granny-Smith-Apfel, etwas Exotiknoten, würzig unterlegt, pointiertes Fruchtspiel in ziselierter Feinheit, balanciert, transparent, gute Länge, tolle Sorteninterpretation, lang im Finish.

★★ S €€ BF
2022 Blaufränkisch Rosé + Betörender Duft nach Walderdbeere, knackig, vital, feine Weichselaromatik, dezent-pikanter Tanninrückhalt, viel Esprit, trinkig, ein idealer Sommerwein.

★★★★ K €€€ CR
2018 Leithakalk Cabernet-Merlot + Reifes Cassis, rote Waldbeeren, saftig, lebendig, Tabakwürze, elegant, geradlinig, feinkörniges Tannin, gediegener, klassischer Ausbau in seidiger Transparenz, erste Trinkreife.

★★★★ K €€€ CR
2018 V.T.S. – Vintage Top Select + (CS/SY/BF/ME) Kirsche-Cassis-Melange, saftige Fruchtführung mit kerniger Mitte, druckvoll, blättrige Pikanz, perfekt abgestimmter Holzeinsatz, vollmundig bei guter Frische und Säure, gehaltvoll, gute Länge, feine Perspektiven.

ÖSTERREICH

★★★ S €€€ GR
2021 St. Georgener Rebe + Bukett nach gelbem Apfel und Grüntee, zart würzig, präsente Gelbfruchtaromatik, Quitte, Pfirsich, Hauch von Ananas, glockenklar, ausdrucksstark, perfekte Säureeinbindung, ziseliert, balanciert, gute Länge.

★★ S €€€ GR
2020 St. Georgener Rebe + Dezente Fruchtnase, knackige Fruchtfrische, Granny Smith, Stachelbeere, etwas Limette, ziseliert, klar strukturiert, rundere Textur, mittlere Länge, Darjeeling-Tee im Nachhall.

★★ S €€€ GR
2019 St. Georgener Rebe + Bukett nach Wiesenkräutern, knackiges Fruchtspiel, gelber Apfel, Würze à la Chinapfeffer, markantes Säuregerüst, Bratapfel, zarter Fruchtschmelz im Nachhall, mittlere Länge.

Weingut
Anita & Hans Nittnaus

Anita & Hans Nittnaus
7122 Gols, Untere Hauptstraße 49
Tel. +43 2173 2248, Fax +43 2173 2248-20
office@nittnaus.at, www.nittnaus.at

Obwohl der Golser Hans Nittnaus mit seiner Frau Anita schon seit 1985 Wein macht, hat es ihn vor etwa zehn Jahren gereizt, den benachbarten Leithaberg für sich zu entdecken – um dort auf diesem speziellen Terroir, das Nittnaus „fürs Weinmachen ganz groß hält“, große Blaufränkisch, Chardonnay und Veltliner zu machen. Heute hat der Winzer schon fast drei Viertel seiner Lagen am Leithaberg. Mit „Kalk & Schiefer“ betont Nittnaus seine Leithaberg-Einsteiger in Weiß und Rot. Und vom Leithakalk kommen jährlich mittlerweile vier unvergleichliche Blaufränkisch-Lagenweine sowie zwei sehr eigenständige, kreidig geprägte Lagen-Chardonnay und ein Grüner Veltliner vom Joiser Altenberg.
Auch die tatkräftige Nittnaus-Jugend – die Söhne Andi und Martin – fahren auf den Leithaberg ab: Sie kleiden ihre Lagenweine jedoch als „Manila“ und „Elektra“ – und spielen bei ihrer Naturwein-Linie vortrefflich mit Blaufränkisch und Grünem Veltliner. Manila ist schon sehr gut – aber Elektra pfeift heuer so richtig. Und weil diese hochwertigen Naturweine trotz ihrer Jugend enorm vital und trinkvergnüglich sind, sollte man schnell sein.

Vater Hans geht beim Söhne-Programm voll mit, wenngleich für ihn „Natural kein Begriff ist – Biowein ohne Zusätze, das mach ich“. Seit vielen Jahren: hüben in Gols wie drüben am Leithaberg. Hans Nittnaus gilt als Erfinder des „Pannobile“ – ein Wein in Rot und Weiß, der seit Anfang der 1990er-Jahre die Herkunft aus der Region Neusiedler See betont, gemacht mit den traditionell vorkommenden Rebsorten. Damit haben Nittnaus und seine Golser Pannobile-Winzerkollegenschaft nicht nur eine Marke geschaffen, die fast jeder Weinkundige kennt, sondern propagieren schon seit rund 30 Jahren den heute modernen Herkunftsgedanken.
Praktisch gleichzeitig mit dem Pannobile hat Nittnaus sein Flaggschiff, die Top-Cuvée Comondor, auf den Weg gebracht, eine international geprägte Rotwein-Cuvée mit anfangs Cabernet Sauvignon und Merlot, später wurde der Merlot zur Hauptsorte und der Cabernet durch Blaufränkisch ersetzt. Der ungemein vielschichtige Comondor 2019 ist aktuell im Nittnaus-Programm. Aber auch aus den ebenso guten Jahrgängen 2017 und 2018 wären noch Flaschen verfügbar. *hp*

LEITHABERG DAC

★★★★ K €€€€ GV TIPP
2021 Grüner Veltliner Ried Joiser Altenberg + (ab Herbst) Straff und tannin- und kräuterbetont, dunkle Würze, Williamsbirne, dezent nussig, sehr kreidig; glockenklare Frucht, viel Kernobst, lebhafter Wein mit herzhafter Kalkmineralität, Eleganz und Länge.

★★★ K €€€€ CH
2021 Chardonnay Freudshofer Jois + Zugänglich, cremige Frucht, Zitronencreme, dezente Würze, bisschen kalkig-kreidig; weißer Nougat, schwarze Oliven, Lebkuchen, mollige Frucht, Apfel und Südfrüchte, zart mineralisch, weich auslaufend.

★★★★ K €€€€ CH TIPP
2021 Chardonnay Bergschmallister Jois + Straffe, würzige Noten, Anis, Limetten, facettenreich, feingliedrig; ausgeprägte mineralische Säure, salzige Oliven, straffer Tanningrip, kompromissloser Wein vom Schiefer, der mit Luft burgundischen Charakter zeigt.

★★★ K €€€ BF
2021 Blaufränkisch Kalk & Schiefer + Rauchige Würze, kreidige Noten, viel Heidelbeere; viel Weichselaromatik, bisschen Ribisel, Blaubeeren, durch straffe, kalkgeprägte Art und mineralischen Kern sehr leichtfüßig, guter Zug.

★★★★ K €€€€ BF
2021 Blaufränkisch Ried Joiser Altenberg + Super Fülle, rotbeerige, kühle Frucht, viel Würze, tabakige Noten; präsente Würze und straffe Mineralität, viel Heidelbeere, Ribisel und Schwarzkirschen, fruchtcharmanter Blaufränkisch mit fester Struktur und Länge.

★★★ K €€€€ BF
2021 Blaufränkisch Ried Neusiedler Lange Ohn + Straffer als der Altenberg, viel Kirsche mit dezenter Würze, straffe Kalkaromatik, zitrushaft; viel Gerbstoffgrip, kühle Mineralität, kerniger Wein mit Kraft und Substanz, Zukunftspotenzial.

BURGENLAND

★★ S €€ ZW
2021 Blauer Zweigelt + Feine Kirschnoten mit heller Würze, sanft und sortentypisch; klassisch, würzige Kirschen, Zitrus, vollmundig mit Säurebiss, ausgewogen und rund von A bis Z.

★★★ S €€€ ZW
2020 Heideboden + (ZW/ME/BF/RÖ) Füllig und anschmiegsam, würzige Weichseln, Preiselbeeren, Dörrfrüchte, Lebkuchen; am Gaumen straffer, Tanningrip, rotbeerige Frucht, Zwetschke, helles Nougat, trinkvergnüglich bei guter Spannung und Mineralität.

★★★★ K €€€€ CR
2021 Pannobile + (BF/ZW) Cuvée mit viel Blaufränkisch-Charakter, Grafit, dunkelfruchtig, Blaubeeren, Wacholder, gute Fülle; Kräuternoten, Pflaumen, würzige Kirschen, filigrane, kreidig-mineralische Leithaberg-Stilistik, gute Länge.

★★★★★ K €€€€€€ BF TOP
2019 Comondor + Viel Merlot-Kräuterwürze und Cassis, mineralisch-dunkelfruchtige Noten; auch am Gaumen von viel Johannisbeeren geprägt, enorme Fruchtfülle und einnehmende Mineralität, vitale Top-Cuvée voll saftigem Tannin und druckvoller Eleganz, Langstrecken-Comondor!

ÖSTERREICH

★★★ S €€€ CW
2022 Kalk & Schiefer + (WB) Dezent reduktiv und würzig, dahinter einige Fülle, Oliven, rosa Pfeffer, wirkt straff; leicht salzig, milde Säure, Grapefruit, Orangenzesten, Zug und Spannung.

★★★ K €€€€ CW
2022 Manila + (GV/WR/WB) Helle Würze, reife Birnen und Quitten, Pilze, Weißbrot-Toastnoten, mild, gelbapfelig, bisschen Marillenfrucht, Zitronenzesten, knackiger Wein mit sanftem Biss.

★★★★ K €€€€ GV TIPP
2022 Elektra Grüner Veltliner + Gewürzbrot, Potpourri an Kräutern, dunkelfruchtig, gelbapfelig, rauchig-torfige Textur, Schokobanane; straff, mineralisch-kalkig, Pfefferkuchen, extrem trocken, Zitrusfrische, dabei saftig, Limetten und Ananas, super Zug und Länge.

★★★ D €€€ BF
2022 Blaufränkisch Manila + Rauchig-würzig, Herzkirschen und Blaubeeren, Lebkuchen; kühle kräuterwürzige Noten mit feinem Säurebiss, straffer Wein, Walderdbeeren und Ribisel, leichter Tanninbiss, etwas salzig, Trinkanimo.

★★★★ D €€€ BF TIPP
2022 Blaufränkisch Elektra + Super Frische und würzige Frucht, Wildkirschen und Heidelbeeren, lebhafter Sortencharakter; viel Grip, kreidig-mineralische Würze, Schwarzkirschen, aromatischer, aufgeweckter Blaufränker mit herzhaftem Biss und Länge.

Weingut
Martin Pasler

Martin Pasler
7093 Jois, Obere Hauptstraße 44
Mobil +43 664 380 21 84
office@pasler.com, www.pasler.com
10 Hektar, W/R 50/50, 70.000 Flaschen/Jahr

Jahrgangsbedingt zeigt sich das ansonsten breite Wein-Portefeuille von Martin Pasler in reduzierter Form. Das Hauptaugenmerk liegt heuer auf der Klassiklinie und den DAC-Gewächsen, dem Chardonnay aus den besten Muschelkalkböden und dem Blaufränkisch von Schieferlagen rund um Jois.
Mit der langen Erfahrung als Bio-Winzer und als international tätiger Konsulent im Weinbau ist sein Wein-Credo ein ganz klar formuliertes: gebietstypische Weine mit den jeweiligen Schiefer- und Kalkspezifitäten seiner Gärten zu machen, die erst nach längerer Reife das volle Potenzial zeigen. Alter Rebbestand und Ertragsbeschränkung sind ebenso Voraussetzungen wie kellertechnisches Understatement von less is more und Spontangärung samt längeren Feinhefe-Lagerzeiten. Die weißen Klassiker glänzen mit vitalem wie würzig-mineralischem Fruchtspiel. Besonders die Burgundersorten präsentieren sich Jahr für Jahr in Topform. Sehr trinkanimierend mit feiner Fruchtführung verkörpert der Welschriesling auch heuer wieder den Inbegriff einer feinen Sorteninterpretation, die ihn zu einer österreichischen Premiumsorte prädestiniert.
Auffallend positiv ist die tendenzielle Änderung der Pasler'schen Weinstilistik zu mehr Filigranität und Transparenz, was zur Betonung der jeweiligen Bodenspezifika bei gleichzeitiger Reduzierung des Alkoholgehalts in den Weinen führt. Das trifft auf den weißen also auch auf den roten Bereich zu. Die im Premiumbereich anzusiedelnden Leithaberg Chardonnay und Blaufränkisch Reserve weisen unisono die fruchtmineralische Komponente und Eleganz von eleganten Terroirweinen auf, die in der Reife das ganze Potenzial aufzeigen. *us*

LEITHABERG DAC

★★★★ K €€€ CH **TIPP**
2021 Chardonnay + Feine, gelbfruchtige Nase, Vanille, saftiges Aromenspiel, kraftvoll, kalkige Finesse mit vollmundiger Umrahmung, fleischige Mitte, Steinobst, Banane, vielschichtig, vollmundig im Finale.

★★★★ K €€€€ BF
2017 Blaufränkisch Reserve + Ausgeprägte rotbeerige Aromatik, fruchtig, ziseliert, feine Thymianwürze, Graphit, schiefrige Verve, ausladend, viel Biss.

BURGENLAND

★★ S €€€ CR
2022 Frizzante Rosé Schwerelos + Betörende Walderdbeernase, frisch, knackiges Entrée, gehaltvoll, balanciertes Säure-Frucht-Spiel, feinziselierte Kalkigkeit im Nachhall, belebender Apéro.

★★★★ S €€€ WR **TIPP**
2022 Welschriesling + Präsente Heuwiesenaromatik, Limettenaromatik, Chili, tiefgründige Aromatik, saftiges Fruchtspiel, Chinapfeffer, strukturgebendes Tannin, viel Grip mit kreidiger Finesse, herausragende Sorteninterpretation.

★★★ S €€€ CH
2022 Chardonnay + Vitale Fruchtfrische von gelben Früchten, saftig, dicht, betörendes Extraktspiel mit lang anhaltender Gelbfrucht-Exotik, konturiert, engmaschig, toller Säureschliff, zeigt viel Tiefe, sehr lang.

★★★ S €€€ CW **FUN**
2022 Muschelkalk + (WR/CH/MO – halbtrocken) Bukett nach Rosenblüten, offenherziges Fruchtspiel mit viel Gelbfrucht, saftig, feine Rundung, balanciert, viel Trinkanimo, idealer Essensbegleiter.

★★★ S €€€ ZW
2019 Zweigelt + Feines, pimentunterlegtes Bukett, frische Schwarzkirsche, dicht und ziseliert, perfekt strukturiert, mineralischer Drive, schöner Säurerückhalt, feiner Trinkfluss, ausgewogen bei guter Länge.

inaria
SAVE THE DATE
LWmedia
WEIN & GENUSS LINZ
16. & 17. 2. 2024
Design Center Linz | 13 bis 20 Uhr
www.weingenusslinz.at
ÖNachrichten
nachrichten.at
Tips total. regional.
Schlägl
Stiftsbrauerei
LT1
ÖSTERREICH WEIN
Steirer Kren
Das Original
Zalto
Glasmanufaktur
Denk'Art
SEIT 1924
RESCH & FRISCH
AM LIEBSTEN IMMER
efko

BIO

Weingut **Prieler**

Georg Prieler
7081 Schützen am Gebirge, Hauptstraße 181
Tel. +43 2684 2229, Fax -4
weingut@prieler.at, www.prieler.at
24 Hektar, W/R 40/60, 70.000 Flaschen/Jahr

Das Schützener Musterweingut der alteingesessenen Familie Prieler zählt schon seit Jahrzehnten zu den hervorragenden Weinerzeugern Österreichs. Wesentlicher Grund dafür ist, dass man sich seit jeher mit den Eigenschaften und Charakteristika der verschiedenen Terroirs intensiv beschäftigte und bei deren Vermählung mit bestimmten Rebsorten mit großem Einfühlungsvermögen und mit Umsicht vorging. Damit wurde ein Kerngedanke des heutigen Herkunftssystems schon früh umgesetzt. Hielt sich Vater Engelbert Prieler bereits an diese Praxis, so hat Georg Prieler das Terroir-Denken nicht nur weiter ausgebaut, sondern auch strukturiert. Im Schützener Weingut ist das dreiteilige System aus Gebiets-, Orts- und Lagenwein gänzlich umgesetzt, die Rieden und deren fixe Verbindung mit idealer Rebsorte stehen hier ganz klar im Rampenlicht. Doch auch der spezifische Ausdruck der einzelnen Sorten aus unterschiedlichen Böden wird hier mit einer Präzision dargestellt, die seinesgleichen sucht. Grundstock und Voraussetzung dafür ist das umfangreiche Inventar an Weingärten in etlichen der hervorragendsten Lagen in Schützen sowie den angrenzenden Gemeinden Oggau und Oslip.

Im Weißweinbereich ist Pinot Blanc Platzhirsch, und bei dieser Sorte zählt man zweifellos zu den besten Erzeugern weltweit. Einstieg in die Weißburgunder-Welt bietet der hochwertige Ortswein Schützen am Gebirge, der derzeit noch den jahrzehntelang genutzten Riedennamen Seeberg trägt. Als Herkunftsweine gibt es einen Leithaberg ohne Riedenbezeichnung, der von Kalk- und Schieferlagen stammt, sowie den Ried Haidsatz vom Schiefer und den Ried Steinweingarten vom Kalk. Letzterer ist erst relativ jung im Sortiment, beweist aber jetzt schon beeindruckende Komplexität und Tiefe. Als Sekundärsorten in Weiß gibt es darüber hinaus Chardonnay und Welschriesling.

Im Rotweinbereich hat Blaufränkisch herausragende Bedeutung, dabei sollte man aber die hohe Güte von St. Laurent, Merlot, Cabernet & Co. nicht unterschätzen. Auch bei Blaufränkisch trägt der immer wieder ausgezeichnete Ortswein Oggau noch die über Dekaden verwendete Bezeichnung Johanneshöhe. Die Herkunft Leithaberg wird auch hier von drei Vertretern abgedeckt: Der Pratschweingarten stammt ebenso wie der Lagenwein aus der berühmten Ried Marienthal aus Oggau, wo Kalkboden den Charakter der Weine stark beeinflusst. Die von Schieferboden geprägte Ried Goldberg, auf der der Ruhm der Prieler'schen Blaufränkischen begründet wurde, liegt wiederum in Schützen am Gebirge. Als saftiges Trinkvergnügen zählt der Rosé alljährlich zu den besten des Landes.

Wurden dem Wohl der Reben, aber auch der Böden im Hause Prieler immer schon große Aufmerksamkeit geschenkt, so vollzog man vor vielen Jahren auch den Wandel zur biologischen Bewirtschaftungsweise; seit der Ernte 2018 ist der Betrieb bio-zertifiziert.

Erfahrung und großes Geschick beweist man ebenso im Keller bei Vinifikation und ganz besonders bei der Maturation der Weine. Je nach Sorte und Kategorie kommen Edelstahltanks, Eichenholzfässer von klein bis groß sowie Amphoren zur Anwendung. Die aktuelle Serie umfasst Weine der höchst unterschiedlichen Jahrgänge 2020, 2021 und 2022, wobei aus jedem das Maximum herausgeholt wurde. ***psch***

LEITHABERG

★★★ K €€€ PB
2021 Pinot Blanc Alte Reben + Anfangs Hefeschleier, elegante Würze, kandierte Zitruszesten und etwas Quitte, Gesteinsmehl, pikant; elegant, fast filigran, fein und kompakt, noch zurückhaltend, feine Frucht.

★★★★ K €€€€€ PB
2021 Pinot Blanc Ried Haidsatz + Ungemein traubig mit etwas dunklen Noten, Vanille, reichhaltig, Beerenkuchen, Waldhonig, Wacholder, samtig; griffig, am Gaumen straffer als gedacht, mineralischer Biss, kernig, bisschen Holz, mittellang.

★★★★★ K €€€€€€ PB TOP
2021 Pinot Blanc Ried Steinweingarten + Rauchig, cremig, Sandkuchen, Hauch von Holunderblüten, tolle gelbe Exotik, Ananas, großer Charme, subtile Fülle; sehr lebhaft und energetisch, tolle Frucht, am Gaumen auch Grapefruits, gemeißelt, herrliche Länge.

★★★★ K €€€€ BF TIPP
2020 Blaufränkisch Pratschweingarten + Anfangs leichte Kakaonote, tiefdunkle Beerenfrucht, bisschen Kakao, Efeu, Schwarzkirschen, Marzipanhauch, Beerengelee; kernig, elegant gebaut, vibrierend frische Frucht, fest, sehr gut gelungen, mittellang.

★★★ K €€€€€€ BF
2020 Blaufränkisch Ried Marienthal + Würzig, viel Brombeeren, etwas Cassis, auch rote Beeren, frische Pilze, kalkig, pikant; straff, lebhaft, erfrischend, elegant gebaut, schöner Fruchtkern, Efeu, mittellang, braucht noch.

★★★★★ K €€€€€€ BF TOP
2020 Blaufränkisch Ried Goldberg + Herrlich tiefgründige Frucht, samtig, dunkle Blüten, Brombeeren, Schwarzkirschen, reife Fülle, samtig; beachtlicher Körper, kernig, Brombeeren und Preiselbeeren, viel Grip, Spannung, pikante Säure, lang.

BURGENLAND

★★★★ S €€€ BF FUN
2022 Rosé vom Stein + (BF) Kühle Frucht, Weihrauch, duftig, Wassermelonen, glockenklar; herrlich saftig, kraftvoll, toller Biss, Ribisel und Brombeeren, strukturiert, fest, frisch, lang.

★★★ S €€€ CH
2022 Chardonnay Schützen am Gebirge Sinner + Kühle Anmutung, etwas weißfruchtige Exotik, weiße Birnen, kandierte Note, duftig, floral; saftig, kernig, leicht kalkig, lebhaft, ziseliert, nach hinten Zitrusbiss, mittellang.

★★★ S €€€ PB
2022 Pinot Blanc Schützen am Gebirge Ried Seeberg + Sanfte Frucht nach gelber Birne, harmonisch, geschliffen, Früchtebrot; einnehmend saftige Frucht, feine Tanninstruktur im Hintergrund, elegant nach hinten.

★★ S €€ GS
2022 Gemischter Satz Kalkterrassen + Etwas Würze, Wiesenblüten, leicht phenolisch, Birnen; knackig, kräftig, eher schlanker Körper, Zitrus, zartherb, direkt.

★★★ K €€€€ BF
2020 Blaufränkisch Oggau Johanneshöhe + Kühl, etwas reduktiv, Kräuter, Brombeeren, gutes Volumen; recht saftige Frucht, straff, dezent samtig, wohldosiertes Tannin, pikant, mittlerer Nachklang.

★★ K €€€€ SL
2020 Sankt Laurent + Viel Unterholz, pfeffrige Würze, dichte Frucht, Sauerkirschen, Tintenblei, dezent samtig, gute Reife; knackig, frisch, straff, elegant gebaut, grüne Sauerkirschen, Ribiselkerne, frisch, rassig.

★★★★ K €€€€ ME TIPP
2020 Schützner Stein + Samtig, reife Erdbeeren, bisschen Amarena, verlockende Süße, orientalische Gewürzmischung; kraftvoll, supersaftig, griffig, gute Struktur, Erdbeeren, samtig, aus einem Guss, tief.

Weingut
Christian Rainprecht

Christian Rainprecht
7063 Oggau, Hauptstraße 32
Tel. & Fax +43 2685 7222
weingut@rainprecht.at, www.rainprecht.at
9 Hektar, W/R 40/60, 60.000 Flaschen/Jahr

In diesem Familienweingut hat jeder seinen Aufgabenbereich. Ein Terzett kümmert sich um die Agenden dieses Betriebes – Christian ist verantwortlich für die Weingärten, Doris ist in Handarbeit in den Weingärten zu finden und kümmert sich um das Büro, Clemens ist seit 2017 Weinbau- und Kellermeister und der Chef im Keller. Im angeschlossenen Heurigen packen alle mit an. Seit 1881 besteht dieser Betrieb, bis 1569 sogar urkundlich belegt. Seit 1990 gibt es nur mehr Weinbau.

Die wichtigste Lage des Weingutes ist die Ried Steinhutäcker – im Volksmund „Stoaweiat" (Steinweingarten) genannt –, verwitterter Schotterboden mit hohem Kalkanteil. Ein Drittel der Weingartenfläche der Rainprechts befindet sich auf dieser Ried.

Hier gibt es ausschließlich Handlese. Die Stärke des Weingutes liegt in der Kelterung von Rotweinen. Die Weißweine sind überwiegend leicht, rassig, süffig und unkompliziert. Wobei der 2021 Weißburgunder Ried Steinweingarten die – positive – Ausnahme bildet. Ungemein lustvoll zu trinken sind die beiden Klassik-Rotweine Stoaweiat aus Zweigelt und Blaufränkisch – einfach hervorragend. Der Blaufränkisch Leithaberg 2019 spielt schon seine Klasse aus – das ist erste Sahne. Wunschlos glücklich ist man bei den beiden Roten 2021 Merlot Stoaweiat und 2021 C.C.R. – Cabernet Sauvignon und Merlot.

Dass die Weine hier ein ordentliches Preis-Leistungs-Verhältnis haben, soll nicht unerwähnt bleiben. *as*

LEITHABERG DAC

★★★ S €€€ BF FUN
2019 Blaufränkisch + Ein Wein, der seine Klasse sofort andeutet, Brombeeren, Cassis, Heidelbeeren, bisschen Unterholz, Himbeeren entwickeln sich, von burgundischer Finesse, elegantes Fruchtspiel, strukturiert, verfügt über einige Tiefe, feine Würze, herbes Tannin, Fruchtcharme zeigend, charaktervoll, gute Substanz, ein würdiger Vertreter seiner Sorte.

BURGENLAND

★ S €€ SB
2022 Sauvignon Blanc + Feines, zurückhaltendes Bukett, Pfirsich, ein Hauch von Cassis-Paprika, knackige Frische, voller Pikanz, ein Sauvignon Blanc für Antipasti.

★ S € BF
2022 Rosé-Blaufränkisch + Pink, Fliedernoten, bisschen Himbeeren, frisch, lebhaft, dezente Würze, ein klassischer Sommer-Rosé. Klar strukturiert, unkompliziert, schnörkellos, leicht, trinkig.

★★ S €€ CH
2022 Chardonnay Stoaweiat + Blütenduft, Mandeln, frische Kräuter, fruchtig-würzig, Apfel, Birnen, Zitrus, dezente Exotik, zeigt Eleganz, ist fein liniert, präsente Säure, gewisser Tiefgang. Ein guter Chardonnay mit einigem Trinkspaß.

★★ S €€€ PB
2021 Weißburgunder Ried Steinhut + Zart-buttrige Anklänge, etwas Joghurt, BSA, angenehme Säure, in sich harmonisch, fruchtig, Nelken, Orangenzesten, eine Ahnung von Marillen, Apfelnoten, etwas Zimt, ein guter, typischer Weißburgunder, der im Herbst seine Vorzüge ausspielen wird.

★★ S €€ ZW
2021 Zweigelt Klassik Stoaweiat + Ein feiner, kirschiger Zweigelt, feines Bukett, etwas Schokolade, Weichselnoten, Beerenduft, kerniger Ausdruck, entwickelt Druck, geht in die Tiefe, gewisser Charme, von jugendlicher Statur, fest strukturiert, viel Substanz, zeigt seine Klasse.

★★ S €€ BF
2021 Blaufränkisch Klassik Stoaweiat + Schwarzviolett, frische Kirschen, einladendes Bukett, Hauch von Schoko, Brombeeren, Cassis, ein eleganter, süffiger Blaufränkisch mit hohem Spaßfaktor. Ausgesprochen freudig zu trinken. Fruchtcharme, feine Würze, pikante Säure, ungemein vergnüglich. Der ist so richtig gut, ohne Anspruch auf Größe. Trinken ist angesagt.

★★★ S €€€ ME
2021 Merlot Stoaweiat + Tiefschwarz, violette Ränder, Beerenfrüchte in vielfältiger Art, Brombeeren und Heidelbeeren, Cassis, Schokolade, festes Tannin, zupackend, bisschen Vanille, Orangenschalen, entwickelt Druck, ist straff und ausdrucksstark, viel Substanz, viel Charakter, standfest. Ein Rotwein, der sich sehen lassen kann.

★★★ S €€ CR
2021 C.C.R. Stoaweiat + (Clemens Christian Rainprecht – CS/ME) Tiefschwarz-violett, rote und schwarze Beeren, einiges Cassis, der Cabernet schlägt durch, Kirschen, bestens eingesetztes Holz, straffes Tannin, feste Struktur, pikante Säure, Potenzial für viele Jahre. Toller Stoff.

Weingut
Martin Reinfeld

Martin Reinfeld
7081 Schützen am Gebirge, Hauptstraße 19
Mobil +43 699 115 062 64
office@martinreinfeld.at, www.martinreinfeld.at
17 Hektar, W/R 60/40

Martin Reinfeld führt das Weingut seit dem Jahr 2005. Er bewirtschaftet beste Rieden an den Südhängen des Schützner Steins wie Seeberg, Steinweingarten, Ungerberg, Satz und Reckenschink. Hier herrscht der Kalk.

Ich muss gestehen, dass ich das Weingut Martin Reinfeld bis dato nur vom Hörensagen gekannt habe. Beim Verkosten dieser Weine habe ich gemerkt, was ich alles verpasst habe. Einer besser als der andere. 2022 Sauvignon Blanc – hervorragend, ein strukturierter 2021 Grüner Veltliner Ried Seeberg, ein nobler 2021 Weißburgunder Ried Reckenschink, ein wunderbarer 2020 St. Laurent Ried Ungerberg, ein hochfeiner 2020 Syrah Ried Seeberg, ein hochinteressanter Rotwein namens VIER aus 2020 – 4 Rebsorten, 4 Lagen, 4-mal vinifiziert –, also Blaufränkisch vom Ungerberg, Cabernet Sauvignon und Merlot vom Steinweingarten, Syrah vom Seeberg. Es ist – man glaubt es kaum – noch eine Steigerung möglich: 2017 Blaufränkisch Reserve Ried Ungerberg – unfassbar gut. 2017 Divine – hier kommen die besten Blaufränkisch-Trauben zum Einsatz aus der Ried Satz, 35 Jahre alte Rebstöcke. 2017 Steingarten – Cabernet Sauvignon und Merlot, ein ungemein spannendes Bild von frankophilen Rebsorten.

Es bleibt nur noch eines zu sagen: Martin Reinfeld gehört zur erweiterten Spitze der burgenländischen Winzer. Er bleibt in meinem Fokus. *as*

BURGENLAND

★★★ S €€ GV
2021 Grüner Veltliner Ried Seeberg + Zitrusnoten, Pfefferschleier, reifer Apfel, Holztouch, Vanille, frische Kräuter, Pomelo, kompakt, zeigt Körper, feine Säure, strukturiert, Tiefe, Würze, salzig, griffig.

★★★ S €€€ PB
2021 Weißburgunder Ried Reckenschink + Dunkel getönt, dezente Reduktion, Apfel, Gewürzkuchen, Birnen, Quitten, Nelken, Blütenhonig, elegant, saftige Frucht, Zitrus, ein Hauch von Holz, substanzreich, recht tief, schmelzige Nuancen, charaktervoll.

★★★ S €€ SL
2020 St. Laurent Ried Ungerberg + Lebkuchen und Kirschen, Schokonoten, schwarze Beeren, ungemein kühl, Hagebutten, Granatapfel, ein knackiger, lebendiger St. Laurent, zeigt Mineralität, griffig, eng, gute Tanninstruktur, der klebt am Gaumen.

★★★ K €€€€ ME TIPP
2020 Merlot + Schwarzviolett, Johannisbeeren, Schwarzkirschen, insgesamt schwarze Beeren, rote Rüben, Wurzelwerk, fleischig, das Tannin beißt zwischen den Zähnen, straff, perfekte Säure, dichte Struktur, total eng, langatmig, der Wein ist ein Erlebnis. Ein außergewöhnlicher Rotwein von großer Klasse.

★★★ S €€ SY
2020 Syrah Ried Seeberg + Heidelbeeren, Oliven, Frischehauch, Cassis, schwarze Kirschen, schwarze Beerenfrüchte, tiefgründig, jugendlich, kühl, eng, festes Tannin, gute Tiefe, Substanz für Jahre.

★★★ S €€ CR
2020 VIER + (BF/CS/ME/SY – 4 Rebsorten, 4 verschiedene Lagen, 4-mal vinifiziert) Cassis, Brombeeren, Oliven, griffiges Tannin, feste Struktur, engmaschig, tolle Säure, dicht, straff, total jung. Ein ungemein vielschichtiger Rotwein mit viel Substanz.

★★★ S € BF
2021 Blaufränkisch + Johannisbeeren, Brombeeren, Heidelbeeren, Nougat, Tabak, griffiges Tannin, rassige Säure, tintig, ein cooler Wein, Himbeeren, ein straffer, fast nerviger Rotwein, individuell, unverwechselbar, der lässt einen nicht kalt.

★★★★ S €€€ BF TIPP
2018 Blaufränkisch Reserve Ried Ungerberg + Ein Klassewein, das neue Holz ist präsent, Vanille, Lakritz, schwarze Beeren, Brombeeren, Cassis, Orangenzesten, Waldbeeren, Bitterschokolade, straffe Säure, bissig, nervig, der gibt nicht auf, knackig, Blaufränkisch pur. Wo ist da das heiße Jahr? Ein grandioser Rotwein für viele Jahre.

★★★★ K €€€ CR TIPP
2017 Divine + (BF) Schwarze Oliven, schwarze Beeren, Heidelbeeren, holzunterlegt, rassig, unglaublich dicht, die Säure ist präsent, perfektes Tannin, ausdrucksstark, der totale Irrsinn, eng, rassig, ein Stoff für viele Jahre, strukturiert, klebt am Gaumen. Ganz große Klasse.

★★★★ K €€€ CR TIPP
2017 Steingarten + (CS/ME) Schwarze Beeren, Kirschen, Brombeeren, Zwetschken, rotbeerige Aspekte, enorm straff, zieht am Gaumen, nervige Säure, ein Riesenwein, perfekter Holzeinsatz. Der ist einem nicht wurscht. Ein Bild von frankophilen Rebsorten. Ewiges Leben. So spannend wie ein Krimi.

Weingut
Franz Schindler

Franz Schindler
7072 Mörbisch, Neustiftgasse 6
Tel. +43 2685 8326
office@weingut-schindler.at, www.weingut-schindler.at
15 Hektar, W/R 30/70

Die Weine von Ferry Schindler sind in ihrer kräftigen Rotweinstilistik mit Bordeaux-Referenz weit über die Grenzen bekannt und geschätzt. Das Feintuning der letzten Jahre trägt im Weingut Früchte, die in unverkennbarer Stilistik von süßer Fruchtfülle, die vom amerikanischen Holz unterstützt wird, merklich mehr an Feinheit gewonnen haben, was die Weine unisono in noch höhere Gefilde in der Bewertung aufsteigen lässt. Das zeigt bereits die Klassiklinie in Weiß, die, trotz schwieriger Witterungsbedingungen, durch ihre transparente Fruchtführung, sortentypische Klarheit und mit viel Pikanz zu einen der besten Serien aus dem Hause Schindler zu apostrophieren ist. Doch die Liebe und Profession gehört den Rotweinen. Auch hier besticht die Klassikline mit mehr Fruchtklarheit in vitaler Frische, die sich in der Cuvée Ferry sehr trinkanimierend mit feiner Einbindung von Holz und pointierter Frucht präsentiert.

Die Premiumlinie, beginnend mit der Cuvée d'Or, die wie ihre große Schwester Grand Cuvée über etwas mehr Blaufränkisch-Anteil verfügt, glänzt durch eine verfeinerte Struktur mit Tiefe. 2019 präsentiert sich unisono in der Top-Kategorie: Beide reinsortig ausgebauten Bordeaux-Sorten werden ab nun mit dem jeweiligen Riednamen ergänzt: Cabernet Sauvignon von steinig-sandigen Böden besticht durch strukturierte Klarheit und Dichte. Die vom Osthang mit schottrigem Boden für Merlot idealtypische Ried Wieser-Kreation ist einer der besten Sorteninterpretationen aus dem Hause Schindler. Beide Varietäten zeigen sich noch fruchttransparenter mit mehr Eleganz, ohne dabei die satte Fruchtführung aufzugeben. Der Höhepunkt, auch in persönlicher Hinsicht, ist der austrofizierte Bordeaux-Blend Ariane, benannt nach Ferrys zweitgeborener Tochter, der in seiner Ausdrucksstärke und Dichte samt vielen Nuancen nur andeutet, was dieser Vin de Garde in vielen Jahre an großer Freude bereiten wird. *us*

BURGENLAND

★★ S € WR
2022 Welschriesling + Knackig-saftiges Fruchtspiel, grüner Apfel, Kernobst, saftig, vital, geradlinig, toller Speisenbegleiter.

★★ S €€ SB
2022 Sauvignon Blanc + Feines Kräuterwürze-Bukett setzt sich am Gaumen fort, Stachelbeere, Apfel, Zitrus, viel Biss, präzise, alles in fein dezenter wie präziser Fruchtigkeit.

★★ S € BF
2022 Blaufränkisch + Feinwürzig, viel Rotbeerigkeit, Heidelbeere, saftig, reichhaltig mit leichtfüßiger Dichte, würzig, feiner Apéro.

★★★ S €€ ZW
2021 Zweigelt Selection + Saftige rotbeerige Fruchtaromatik, betörend saftige Schwarzkirsche, etwas Bitterschokolade, gehaltvoll, aus einem Guss, tolle Stilistik.

★★★ S €€€ CR FUN
2020 L'esprit Ferry + (BF/CS/ME/SY) Betörende Blaubeernase, aromatische Dichte, Schwarzkirsche, gediegen, zarte Grafitnoten, helle Tabakwürze, kühle Anmutung, lang und sehr animierend.

★★★★ K €€€€ CR
2020 Cuvée d'Or + (60 % BF / CS / ME) Viel Fruchtfülle, Heidelbeere, Cassis, kompakt, fest, feines Würzespiel, verbindet Fruchtsüße mit Finesse in perfekter Struktur, geschliffene Tannine, Potenzial und lang im Finish.

★★★★ K €€€€ CS TIPP
2019 Cabernet Sauvignon Ried Seeacker + Präsente Cassisnase, feine Schwarzbeeren, saftig, dicht, druckvoll, strotzt vor Extraktdichte, Cassisspiel ohne Ende, alles bestens strukturiert, viel Holz, aber perfekt und eingebunden, harmonisch, lang im Finish.

★★★ K €€€€ ME TIPP
2019 Merlot Ried Wieser + (erstmals mit Riednennung) Würzig-blättriges Bukett, etwas Tabak, vollaromatische und saftige Fruchtaromatik im rotbeerigen Aromenspiel, gehaltvoll, dicht, viel Extraktdichte, blättrig-würzig, Nougat, feines Tannin, perfekt strukturiert, röstaromatisch geprägte Holzeinbindung, klingt wunderbar würzig nach, viel Potenzial, ein Langstreckenläufer, der viel Reife benötigt, ganz groß!

★★★★★ K €€€€€€ CR TOP
2019 Ariane + (40 % CS / ME / BF / ZW) Betörendes Bukett nach Schwarzbeeren, druckvoll, umschmeichelndes Fruchtspiel von Schwarzbeeren, viel Schwarzkirsche, Cassis, etwas Bitterschokolade, vitale Fruchttiefe, Tabakwürze, offenherzige Anmutung, alles in bester Balance, ungemein saftig und vital bis ins lange Finale, großes Potenzial, Bordeaux-Blend-Klassiker mit Austro-Touch, ganz groß!

Winzerhof
Harald Schindler

Harald Schindler
7072 Mörbisch, Kinogasse 9
Mobil +43 676 629 67 02
wein@winzerhof-schindler.at, www.winzerhof-schindler.at
8 Hektar, W/R 50/50

Der Winzerhof von Alexandra und Harald Schindler ist weit über die Grenzen bekannt und beliebt. Auf bravouröse Weise verbindet die sympathische Familie stilvolle Erholung in einem wunderschönen wie preisgekrönten Feriendomizil, das zugleich als Winzerhof für naturnahen Weinbau fungiert und von Harald Schindler verantwortet wird.

Hier wird Weinbau im besten handwerklichen Sinne betrieben, der von der Klassiklinie bis zu herausragenden Rotweinen der Top-Liga reicht. Die Bandbreite der Sortenvielfalt ist atemberaubend groß.

Die Klassiklinie in Weiß ist durchdacht strukturiert und reicht von fruchtig-frischen Vertretern bis zur vollmundigen Stilistik, die durch den fruchtbetonten Chardonnay und den tiefgründigen, durch Barriqueausbau hervorragend gelungenen Pinot Gris das obere Qualitätssegment abdecken. Das Herz des Winzers gilt besonders den Rotweinen, und hier ist, besonders durch die hohe Qualität seiner Fässer und dem Ausbaustil der unterschiedlichsten Spielarten, unleugbar der mediterrane, französische Einfluss merkbar. Die Cuvée Fuego spielt in seiner Kategorie bereits in der Oberliga. Die weitere Sorten-Cuvée glänzt durch den strukturbetonten wie fruchttiefen Excelsio, der über ein exzellentes Lagerpotenzial verfügt und in älteren Jahrgängen am Weingut in geringen Mengen noch verfügbar ist.

Die Top-Liga in Rot stellt eindeutig die Serie der reinsortig ausgebauten Varietäten vom Zweigelt und Blaufränkisch dar, die nun nach Jahren der Flaschenreife vom Jahrgang 2017 unter der Bezeichnung MMXVII für den Verkauf freigegeben wurden. Fruchttiefe und feine Strukturiertheit gehen hier eine vorbildhafte Symbiose ein: lange Reifeperspektiven sind hier garantiert. *us*

BURGENLAND

★★ S €€ SB
2022 Sauvignon Blanc + Präsente Stachelbeer-Holunderblüten-Melange, animierende Saftigkeit, Cassis, mineralische Verve, balanciert, trinkanimierend, tolle, fast schwerelose Stilistik.

★★ S €€ GM
2022 Gelber Muskateller + Rosenduftiges Würzespiel in der Nase, vital, Steinobst, feiner Kühle-Touch, zeigt viel Biss.

★★★ S €€ CH PLV
2022 Chardonnay Kräftn +Ananasnase, Röstnoten, saftige Gelbfruchtigkeit, viel Substanz, extraktreich, feine Kräuterwürze, druckvoll, ausgewogen, lang im Finish, eine Entdeckung.

★★ S €€€ PG
2022 Pinot Gris + Feine Walnussaromatik, saftig-knackige Fruchtführung, grüne Walnuss, ausgewogen, tiefgründig, fein strukturiert, perfekte Holzeinbindung, tolle Sorteninterpretation, sehr ansprechend.

★★ S €€ ZW
2021 Zweigelt + Herzkirsche-Schoko-Melange, saftig-fruchtige Stilistik, viel Substanz, strukturiert, charmantes Feeling.

★★★ S €€€ CR FUN
2021 Fuego + (50 % BF / ME / ZW) Blaubeeriges Entrée, Brombeere, Herzkirsche, stoffig, dunkelfruchtige Saftigkeit, perfekte Holzabstimmung, pikante Würze, gehaltvoll, strömt gediegen, gute Länge.

★★★ S €€€€ SY
2020 Syrah + Saftiges, rotbeeriges Fruchtspiel, Schwarzkirsche, Lakritze, fein strukturiert, kernige Mitte, ausgewogen, feine Grafittöne, viel Potenzial, viel Trinkanimo.

★★★★ S €€€€ CR
2020 Excelsio + (40 % BF / ZW / SY) Entrée mit viel Kraft und Fülle, rote Waldbeerenfrucht, Brombeere, Maulbeere, saftige Dichte, mundfüllende Stilistik, perfekt strukturiert, feine Würzepikanz, feine Holzeinbindung, tolle Länge.

★★★★ € €€€€€ ZW TIPP
2017 MMXVII Zweigelt + Verführerische Kirsche-Schoko-Nase, wärmendes Fruchtspiel, Kirsche, Waldbeeren, saftig, druckvoll, viel Bitterschokolade, vollreif, engmaschig und fokussiert, rundes Tannin, ausgewogen, würzig und lang im Abgang.

★★★★ € €€€€€ BF TOP
2017 MMXVII Blaufränkisch + Betörendes, dunkelfruchtiges Bukett, feine Würze, viel satte wie vollreife Frucht, Blaubeeren, Brombeere, Heidelbeere, kompakte Dichte, ungemein engmaschig, feine Pfefferwürze, klar strukturiert, ruhende Mitte, druckvoll bis ins lange Finale, viel Würze mit feinem Säurekick im Nachhall, viel Potenzial.

Bioweingut
Schreiner

Victoria & Gernot Schreiner
7071 Rust, Hauptstraße 4
Mobil +43 688 822 95 91
office@weinbau-schreiner.at, www.weinbau-schreiner.at
7 Hektar, W/R 50/50, 25.000 Flaschen/Jahr

Ein denkmalgeschützter Vierseithof aus dem 16. Jahrhundert beherbergt dieses von Tradition geprägte und gleichzeitig von der Kreativität der Betreiber beseelte Weingut in der Ruster Altstadt. Dabei verfolgten Victoria und Gernot Schreiner ursprünglich ganz andere Pfade: sie Absolventin der Fachhochschule, die im Sozialbereich arbeitete, er HTL-Informatiker, der im zweiten Bildungsweg die landwirtschaftliche Ausbildung machte, mehr als zehn Jahre bei Ernst Triebaumer in Rust mitarbeitete, um sich schließlich ganz dem eigenen Betrieb zu widmen.
Die Schreiners bewirtschaften rund sieben Hektar Rebfläche in Rust, wobei sich die Weingärten auf klassische Rieden mit klingenden Namen wie Vogelsang, Geier Umriss, Bandkräftn, Gemärk, Oberer Wald etc. verteilen. Der enge Bezug zur Natur drückt sich in der biologischen Bewirtschaftung aus, für die man bereits 2012 die Zertifizierung erhielt. Seit etlichen Jahren beschäftigt sich Gernot Schreiner intensiv mit pilzwiderstandsfähigen Sorten, die für alle Neuauspflanzungen herangezogen werden.
Im Ruster Weingut gibt es trockene Weiß- und Rotweine ebenso wie Prädikatsweine. Die Weißweine tragen teils Fantasienamen wie „Träum dir Bullerbü" sowie der jedes Jahr einem bestimmten sozialem Projekt gewidmete „Zusammen gehen" oder der zwischen Weiß und Orange angesiedelte Dunkelbunt. Die Rotwein-Palette reicht von den tadellosen Klassikern Zweigelt und Blaufränkisch über die kraftvolle Lagen-Cuvée Gemärk und den herzhaften Blaufränkisch Rhodolith bis hin zu diversen Premium-Weinen wie Hennry, von dem derzeit allerdings kein Jahrgang zur Verfügung steht, als Ersatz gibt es einen formidablen Roten namens „Perfekte Welle Ersatz". Im Prädikatswein-Bereich sticht die knackige Beerenauslese aus 2021 hervor. *psch*

BURGENLAND

★★★ S €€ CR — FUN
2021 Ried Gemärk + (BF/CS/CF/ME) Elegante Nase mit reintöniger Frucht nach hellen Kirschen und Sauerkirschen, Erdbeeren; ungemein saftig, mittelgewichtig, rotfruchtige Noten, jugendlich, feiner Biss, festes Tannin, elegant.

★★★ S €€ BF
2021 Blaufränkisch Rhodolith + Leicht rauchig, etwas dunkel-florale Noten, viel Brombeeren, eleganter Ausdruck, ausgereift; mittelkräftig, griffig, jugendliche Frucht, pikanter Säurebiss, mittlere Länge.

★★★★ S €€€ CR — TIPP
2021 Perfekte Welle + (CS/BF/CF) Kühl, dabei expressiv, süßer Wacholder, Schwarzkirschen und Cassis, samtig, ausgereift, frische Pflaumen; saftig, ein Maulvoll Wein, eleganter Schliff, schöne Frische, lebhaft, mittellang, strukturiert.

WEINLAND

★★ S € BF
2022 Rosé Blaufränkisch halbtrocken + Hefeschleier im Duft, etwas Ribisel; gefälliger Fruchtschliff, dezente Säure, Trinkspaß.

★★★ S € WR
2022 Welschriesling + Ausgewogen, Kernobst, verlockende Apfelnoten, ruhig, rund; ziemlich saftig, reichlich Frucht, reifer Apfel, mundfüllend, geschmeidig, zartherb, gute Länge, gelungen.

★★ S € CW
2022 Zusammen gehen Dank Dir! + (PB/CH) Helle Frucht, weiße Wiesenblüten, alte Birnensorten, Streuwiese, frisches Weißbrot; kernig, erfrischend, lebhaft, fruchtbetont, harmonisch.

★★ S € BM
2022 Blütenmuskateller + Intensive Nase, sehr traubig, Mandarinenschalen, weißer Pfeffer, pfiffig; kernig, passende Säure, viel Zitrus, dezent saftig, nicht allzu lang.

★★★ S € CW
2022 Träum dir Bullerbü + (SB/CH) Hübscher Ausdruck, dunkle Blüten, jugendlich, Jostabeere, puristische Frucht, feinhefig; fruchterfüllt, fruchtsüß, mittelgewichtig, zartbitter, anregend, hinten etwas zarter.

★★★ S €€ CW
2020 Mandelbaum Reserve + (CH/PB) Samtige Fülle, ausgereift, gewisse Würze, helle Frucht, viel Blüten, Melisse, Marzipanhauch; gewisser Schmelz, zartherb, Grip, kraftvoll, feiner Biss, legt zu.

★★★ G €€ CW — FUN
2021 Beerenauslese + (MT/CH) Duftig, helle Frucht, pikant, Zitrusfrische, Quitten und Blütenhonig, gelbtraubig, ausgewogen; wunderbar fruchtig, lebhaft, mundfüllend, knackig, gewisse Länge, bildhübsch, knapp am 4. Stern.

Weingut
Heidi Schröck & Söhne

Heidi, Johannes & Georg Schröck
7071 Rust, Rathausplatz 8
Tel. +43 2685 229, heidi@heidi-schroeck.com,
www.heidischroeckundsoehne.com
10 Hektar, W/R 70/30, 50.000 Flaschen/Jahr

Das Ruster Familienweingut Heidi Schröck & Söhne entwickelt kontinuierlich ihr vielfältig strukturiertes Weinsortiment weiter. Man fokussiert sich auf die große Ruster Weinbautradition, was in letzter Konsequenz bedeutet, dass in der trockenen Klassiklinie dem Furmint komplementär die Rebsorte Lindenblütler (ungar. Hárslevelű) für lagenreinen Ausbau zur Seite gestellt wird. „21 Buchets“ nennt sich diese neue, feinziselierte Rarität aus dem Jahrgang 2021, die aus 21 Eimern (= Buchets) zu je 56 Litern nach dem alten Ödenburger Maß gekeltert wurde. Gepflanzt wurde sie bereits 2013 auf der Paradelage Vogelsang, die vom Ruster Schotter (Schiefer, Quarz, Schotter) kommend die besten Voraussetzungen für eine weitere Weinrarität aus Rust erfüllt.
Die Vielfalt der Weininterpretationen im Hause Schröck ist beeindruckend und reicht von verschiedenen Sorten-Cuvées wie den fruchtfrischen, reinsortigen Einzellagen-Ausbau „Junge Löwen“ (Blaufränkisch) bis zur äußerst vielversprechenden Natural-Linie in der Pet-Nat-Serie, die die Handschrift der beiden Söhne trägt.
Die Klassiker des Weinguts bilden aber weiterhin die berühmten Prädikatswein-Varietäten, deren krönender Abschluss und uneingeschränkter Star im Weltformat der Ruster Ausbruch ist. *us*

RUSTER AUSBRUCH DAC

★★★★ K €€€€€ CW
2021 Ruster Ausbruch Auf den Flügeln der Morgenröte + (WR/PB/PG) Bukett nach Tannenreisig, saftige Fruchtfülle, Steinobst, Exotik, etwas Orange, perfektes Säure-Süße-Spiel, glockenklar, alles in Balance, gehaltvoll, lang im Finish, modellhaft.

BURGENLAND

★★★ KK €€€ PB FUN
2021 Pétillant Naturel + Hellfruchtiges Bukett nach Äpfel, Birne, aromatische Frische, vital, verspieltes, gaumenfüllendes Fruchtspiel, feine Perlage, Lederapfel, etwas Birne, harmonisch eingebundener Hefeton, schwarze Nüsse, tolle Stilistik.

★★★ S €€ GM
2022 Muskateller + Markante Primärfrucht, zarter Rosenholzton, gelbfruchtige Aromatik, substanzvolle Stilistik im klassischen Stil, druckvoll, Kräuternoten im Finish.

★★★ S €€ PB
2022 Weißburgunder + Saftige Gelbfrucht, grüne Walnüsse, frisch, kraftvoll, vital, toller Spannungsbogen, perfekt strukturiert, würzig im Nachhall.

★★★ S €€€ FU FUN
2022 Furmint + Glockenklare Boskop-Apfel-Nase, hellfruchtige Aromatik, zupackendes Fruchtspiel, Quitte, etwas Pfirsich, toller Säureschliff mit nerviger Mitte, druckvoll, dabei ziseliert, mineralisch, perfekt strukturiert, Tabaknoten im Nachhall, lang.

★★★ S €€ CR
2022 Tour de Rosé + (Direktpressung) Bukett nach Himbeere, Erdbeere, gehaltvoll-saftige Rotbeeren, druckvoll, vital, zeigt Tiefe, geschliffene Säurestruktur, feinwürzig, lang, gelungen.

★★★ S €€ BF TIPP
2021 Junge Löwen + (BF) Betörendes Kirsch-Schwarzbeeren-Bukett, feine Kräuternoten, Grafit, dunkelbeerige Aromatik, druckvoll, geradlinig, vielschichtig, perfekt strukturiert, zeigt viel Frische, pointiert, Blaufränkisch at its best.

★★★ S €€ ZW
2022 Zweigelt Rusterberg + Weichsel-Kirsche-Nase, vitale Rotbeerigkeit, kühlfruchtig mit fein-knackigem Säurehintergrund, perfekt strukturiert, Chinappfeffer im Nachhall.

★★★ K €€€ BF PLV
2021 Blaufränkisch Ried Kulm + Tiefdunkle Beerenfrucht, ausgeprägte Fruchtaromatik, würzig hinterlegt, knackig, zeigt viel Verve, balanciert, gute Länge.

ÖSTERREICH

★★ S €€€ LI
2021 21 Buckets + (Lindenblütler) Blütenduftiges Bukett, am Gaumen Weingartenpfirsich, Steinobst, engmaschig in straffer Fruchtführung, strukturiert, ziselierte Säure, feine Kräuterwürze im Nachhall.

WEINLAND

★★ K €€€ PG
2021 Amphore Amore + Verspielte Erdbeernase mit zarter Parfumnote, rotbeerige Fruchtfrische, vital, fleischige Komponenten, strukturgebender Gerbstoff, engmaschig, Tabak, fein strukturiert, kräuterig-salzig im langen Nachhall, stilsicher.

♛♛ BIO

Weingut **Seiler**

Georg Seiler
7071 Rust, Conradplatz 10
Mobil +43 699 122 932 28
office@weingut-seiler.at, www.weingut-seiler.at
10 Hektar, W/R 60/40

Georg Seiler ist Biowinzer aus Überzeugung. 2016 hat er mit der Umstellung begonnen, mit dem Jahrgang 2019 wurde das Weingut zertifiziert. Mit der Ausgabe 2020 gab es erstmals einen bio-zertifizierten Ruster Ausbruch. Das Weingut verfügt über Anteile an hervorragenden Rieden in Rust. Penible Laubarbeit sieht der Winzer als essenziell für gesunde Trauben. „Als traditioneller Familienbetrieb versuchen wir, nicht jedem Trend zu folgen. Wir wollen authentische Weine produzieren." Die Rotweine und die kräftigen Weißweine werden überwiegend im großen Holzfass ausgebaut, die leichten Weißweine im Stahltank. Darüber hinaus widmet sich Georg Seiler mit Leidenschaft edelsüßen Weinen. Auch der lange Zeit vom Aussterben bedrohte Furmint wird in Ehren gehalten. Viktor Seiler, der Großvater von Georg, hat ihn 1951 ausgepflanzt, als andere die alten Bestände rodeten.

Der Untergrund der dauerbegrünten Rieden ist abwechslungsreich, von extrem kalkhaltigen Standorten wie in der Ried Oberer Wald bis zu Böden kristallinen Ursprungs wie in der Ried Geyer, wo sich der Furmint besonders wohlfühlt, oder Rieglband, wo der Chardonnay des Hauses herkommt. Dass sich die Ried Oberer Wald hervorragend für Blaufränkisch eignet, ist längst kein Geheimnis mehr.

Die trockenen Weißweine der aktuellen Serie sind kernig und kräftig. Die Spätlese vom Traminer ist dank ihres unaufdringlichen Restzuckers trinkanimierend. Die Rotweine wirken völlig ungekünstelt, der Verzicht auf schmeckbares Holz passt gut zu diesem Stil. Primus unter den Rotweinen ist heuer der ausgesprochen animierende Merlot. Selten ist ein Ruster Ausbruch so zugänglich und zum Trinken einladend wie Seilers Ausgabe 2020. *ww*

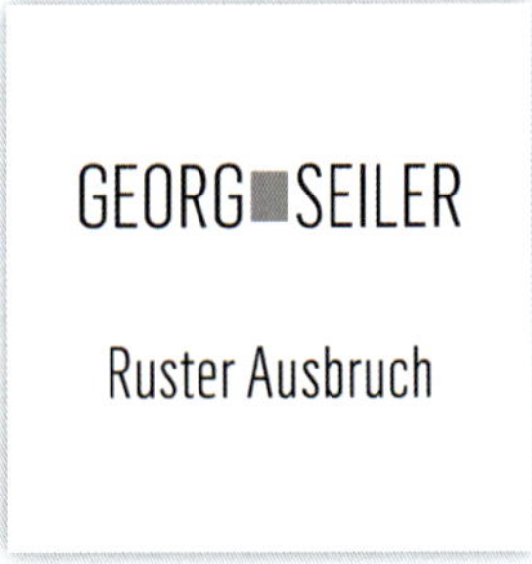

RUSTER AUSBRUCH DAC

★★★★ S €€€€ CW **TIPP**
2020 Ruster Ausbruch + (SÄ/FU/GM) Sanfter Druck, frische Anmutung, dunkle Blüten, Kräuter, Datteln, Feigen, Anklänge von getrocknete Marillen; breiter Aromenbogen, angenehm dezent im Restzucker, Säure hält das Gegengewicht, beschwingt, fast grazil, super Trinkfluss, Stroh und Feigen klingen lange nach.

BURGENLAND

★★ S €€ MO
2022 Muskat Ottonel + (lieblich) Sanftes, für diese Varietät ausgesprochen dezentes Bukett, zarte Apfelnoten, Kräuter und Blüten à la Margeriten angedeutet; zeigt auf dem Gaumen viel mehr Frucht und Kräuter, unaufdringlicher Restzucker, trinkanimierender Charmeur.

★★★ S €€ CH
2022 Chardonnay Ried Rieglband + Freundlich, Äpfel, helles Steinobst, leise Bodentöne; kompakt, angenehme Säure, Äpfel, auch Nüsse, Zug und gute Länge.

★★★ S € PB **PLV**
2021 Weißburgunder + Sanfter Druck, Pekannüsse, Pistazien, Haselnüsse, zarte Frucht; lebhaft, feines Säurespiel, die Aromen vom Bukett kommen wieder, im Abgang auch Anklänge von Grapefruits, Substanz.

★★★ S €€ TR
2022 Traminer Spätlese + (süß) Traubig, Rosen, Prise Kräuter, Tropenfrüchte angedeutet; mundfüllend, Aromen vom Bukett sind im Geschmack präsenter, angenehme Süße, feine Säure, im Abgang und im Nachhall Rosen und Litschi.

★★★ S €€ SL
2021 St. Laurent + Einladend, saftige Kirschen, feine Kräuternote; frische Frucht, belebendes Säurespiel, unaufdringliche Tannine, kirschfruchtiges Finale.

★★★ S €€ ME **FUN**
2021 Merlot + Reife dunkle Frucht, Kirschen, Dörrpflaumen, Hauch Paradeiserkraut und getrocknete Tomaten; aromatisches Dacapo, lebendig, feine und perfekt integrierte Gerbstoffe, gute Länge, bemerkenswerter Trinkfluss, wirkt völlig ungekünstelt.

★★★ S €€ PN
2021 Pinot Noir + Kirschen, Beerenkorb, Waldboden, Mohn, Prise frische Kräuter, Vanilleschote; schließt aromatisch an, feines Säurespiel, null Fett, feiner Tanningrip, dezente Säure gibt Leben, Prise Pfeffer im Abgang und im Nachhall.

★★★ S €€ CW
2021 Beerenauslese + Betont würzig, getrocknete Kräuter, weißer Pfeffer, Honigmelonen, Bodentöne, nussige Anklänge und etwas Dörrobst; vielschichtig auch im Geschmack, zurückhaltende Süße, feine Säure, gute Länge, würziges Finale, eigenständig.

Weingut
Sommer

Kathrin & Leopold Sommer
7082 Donnerskirchen, Johannesstraße 26
Tel. +43 2683 8504
info@weingut-sommer.at, www.weingut-sommer.at
30 Hektar, W/R 80/20, 150.000 Flaschen/Jahr

Eine selten spannende Serie. Da ist jeder Wein außergewöhnlich in seiner Art. Da gibt es nirgends etwas zu meckern. Dieser Leopold Sommer jun. hat ein Händchen für Wein. Auf einige Weine möchte ich doch näher eingehen.
Da ist erstmal der 22 Sauvignon Blanc Sandstein – ein Wein, in dem ich mich verliebt habe – seidiger Glanz, feinste Frucht, Labsal für den Gaumen. Grandios finde ich die beiden Grünen Veltliner 21 Alte Reben und 21 Ried Himmelreich – das sind sensationelle, höchst individuelle Weine von unverwechselbarem Ausdruck. Vor allem Himmelreich – das ist wahnsinnig guter Wein. Beim 21 Riesling Handwerk schwebt man in anderen Sphären. Hier verschwimmt die Moderne mit der Tradition. Der 2020 Zweigelt Schieferstein ist in seiner Finesse brillant. Das ist Charme und Tiefgang in beeindruckender Form. Der 2020 Blaufränkisch Ried Halser zählt zu den besten Rotweinen des Burgenlandes. Ein bisschen Retro ist der Camer Reserve 2020 – erinnert an frühere Zeiten der 90er – Frucht und Schmelz, vollmundig, angenehme Tannine, reichhaltig. Das alles ist hier vorhanden und schmeckt hervorragend. Ist halt austauschbar. Danach die Moderne: 21 Salz und Rauch – maischevergoren, tiefgründig, anders als die anderen. Leo Sommer ist Innovation pur. *as*

LEITHABERG DAC

★★★ S €€€ GV
2021 Grüner Veltliner Alte Reben + Schwarzer Pfeffer, Karamell, rauchig, Kräuterwürze, ein Hauch von Holz, Zitrus, vollmundig und unglaublich pikant, viel Mineralität ausstrahlend, dunkles Gestein, Exotik kommt hinzu, salzig, einiger Tiefgang, fruchtiger Druck, Symbiose zwischen dunkler und heller Frucht.

★★★★ K €€€€ GV **TIPP**
2021 Grüner Veltliner Ried Himmelreich + Ungemein würzig, gewisse Exotik sickert durch, Pfeffer, dunkle Tönung mit Zitrus, rauchig, immens Mineralik, salzig, Orangenzesten, Grapefruit, traubige – gelbfruchtige – Fülle, etwas weiße Schokolade, dezent nussig, stoffige Eleganz. Ein vielschichtiger Grüner Veltliner, enorme Zukunft.

★★★★ K €€€€€ BF **TIPP**
2020 Blaufränkisch Purbacher Ried Halser + Erster Eindruck: viel Mineralik, Brombeeren, Heidelbeeren, ungemein salzig, enorm tiefgründig, von seltener Spannkraft, kalkige Frische, griffig, mit einer typischen Säure, unaussprechlicher Ausdruck, das ist Blaufränkisch von einer Dichte, einer Enge, einer Rasse, voller Energie, das ist großer Rotwein.

BURGENLAND

★★★ S €€ SB
2022 Sauvignon Blanc Sandstein + Vieschichtig mit wunderbarer Exotik, weißer Pfirsich, Ananas, Zitronenzesten, gelber Paprika, Brennnesseln, Holunder, ganz feine, seidige Frucht, hochelegant, Mineralität ausspielend, feinsinnig, ausgewogen, feinste Stilistik!

★★★ K €€€ ZW
2020 Blauer Zweigelt Schieferstein + Kirschen und Schokolade, rote und schwarze Beeren, Zwetschken, eine Fruchtfülle voller Finesse, feine Tanninstruktur, samtiger Ausdruck mit einigem Druck dahinter, perfekte Balance, in sich harmonisch, großartig.

★★★ K €€€€ CR
2020 Camer Reserve + (CS/ME) Cassis, Heidelbeeren, Brombeeren, Schokolade, voller Fruchtcharme, feine – samtige – Fülle, cabernetbetont, perfekt eingesetztes Holz, rund und mollig, weiche Frucht, weiche Tannine, höchst angenehm, baut Spannung auf, dichte Struktur, viel Zukunft, mit einer eleganten Note. Ein hervorragender Rotwein von moderner Ausprägung.

WEINLAND

★★★★ K €€€ RI **TIPP**
2021 Riesling Handwerk + (spontan vergoren, ausgebaut im Holzfass und Betonei, unfiltriert) Bei diesem Wein ist die besondere Handschrift des Winzers erkennbar. Ein Riesling von stilsicherer Intension. Frische Ananas, Orangenschalen, viele Kräuter, Marille, Pfirsich, Kamille, ganz feine Frucht, unglaublich elegant. Dieser Wein ist so richtig verhangen, wie ein Seidenschleier, dahinter erzählt er eine Geschichte aus 1001 Nacht. Ein Riesling voller Finesse, modern und gleichzeitig traditionell interpretiert!

★★★ K €€€ SB
2021 Sauvignon Blanc Handwerk + (spontan vergoren, unfiltriert) Rauchiges Cassis, Limette, Orangen, fein unterlegtes Holz, weißer Pfirsich, gelbfruchtig, saftig, weinig, voller Finesse, ausdrucksstark, fein liniert, ein herrlich hintergründiger Sauvignon Blanc mit feinem Fruchtspiel, Schmelz und einiger Tiefe.

★★★ K €€€€ GV
2021 Salz und Rauch + (Grüner Veltliner, limitierte Edition – 1200 Flaschen) Frische Marille, Apfelnoten, Ananas, Mango, saftig, fruchtig, salzig, Pfeffer, nussige Töne, rauchig, Honig, betont trocken, animierender Gerbstoff und prägnante Säure, enormer Ausdruck, dichte Struktur, spannende Ausprägung.

Weingut
Ernst Triebaumer

Ernst Triebaumer
7071 Rust, Raiffeisenstraße 9
Mobil +43 664 203 28 66
office@ernst.triebaumer.com, www.triebaumer.com
18 Hektar, 80.000 Flaschen/Jahr

Eine Jahrgangs-Revue kommt im Hause Triebaumer selten ohne spannende Neuheiten aus, was sich auch diesmal im weißen wie im roten Segment bestätigt hat. Noch in gewohnten Bahnen bewegen wir uns zunächst mit dem geschmeidigen Sauvignon und dem mit kecker Säure überraschenden Muskateller. Wie schon im Vorjahr konstatiert, profitiert der Chardonnay von der Bandkräftn von der deutlich zurückgenommenen Fassnote und dem längeren Ausbau auf der Hefe. Besonders gelungen erscheint der Kristallin getaufte Furmint, der mit seiner ungeschminkten und doch sehr feinen wie rassigen Erscheinung dieser alten Ruster Spezialität alle Ehre erweist. Damit aber zur Neuheit in Gestalt des 2018er „Urwerk S", einem ebenso geschmeidigen wie nahezu geheimnisvollen Sauvignon, der ohne jeden Schwefelzusatz auskommt und nicht nur „Naturwein-Fans" erfreuen wird.
Im roten Bereich bestätigen sowohl der dynamische Rusterberg als auch der Lagenwein Gemärk den seit Jahren festzustellenden Aufwärtstrend. Dieser hat mit dem 2020er jetzt auch den schneidigen wie eleganten Syrah erfasst, der diesmal ein Ausrufezeichen setzt. Sehr hübsch, wenn auch noch etwas unentwickelt, hat sich der an die Bordeaux-Stilistik früherer Zeiten gemahnende Cabernet-Merlot präsentiert. Wie immer eine Bank sind die beiden Top-Blaufränkischen aus den Rieden Oberer Wald – tief-dunkles Fruchtspiel und ausgeprägte Tannine – und Mariental – unerreicht elegante Struktur und Finesse. Neu ist hingegen der vierte im Bunde der Lagen-Blaufränkischen, nämlich der aus alten Reben gekelterte Kristallin aus der kalkfreien Riede Plache, der im 1100-Liter-Fass ausgebaut wurde. Im Bukett noch etwas ungestüm und kantig, beweist er am Gaumen bereits viel Frische und Spannung, sodass er zweifellos als wertvolle Bereicherung des roten Repertoires anzusehen ist. Von den in gar nicht so kleiner Stückzahl angebotenen Archivweinen sind gegenwärtig nach dem Motto „Ten years after" die Blaufränkischen vom Oberen Wald und Mariental und der Cabernet-Merlot aus dem Jahrgang 2013 an der Reihe. Nach der jüngsten Verkostung haben wir den hervorragenden, seinerzeit vollkommen zu Recht mit der Höchstwertung von fünf Sternen ausgezeichneten 2013er Mariental noch einmal abgebildet, und zwar anhand der aktuellen Degustationsnotizen. *vs*

BURGENLAND

★★★ G €€ GM
2022 Gelber Muskateller Ried Greiner + Duftrosen und Holunderblüten in der Nase, dezent und zartblumig, etwas Steinobst und Marzipan, kühle Mitte, lebhaft und feingliedrig, erstaunlich forsche Säure.

★★★ G €€ SB
2022 Sauvignon Blanc Ried Vogelsang + Stachelbeeren und rote Ribiseln im eher zurückhaltenden Bukett, nuanciert und feinkörnig, relativ schlanke Textur, rund und einschmeichelnd, sanft strömend.

★★★ K €€€€ CH
2020 Chardonnay Ried Bandkräftn + Mandelwürze und weißer Nougat, feinkörnig und geschmeidig, kühle Eleganz, mittleres Volumen, sehr klar und fein gesponnen, gewinnt vor dem Abgang noch einmal an Pikanz und Ausdruck.

★★★★ K €€€€€ FU TIPP
2021 Kristallin Furmint + Beginnt mit den üblichen Apfel- und Quittentönen, ziseliert und subtil, legt im Glas rasch zu und wird zunehmend lebhafter, ja spannungsgeladen, grüner Tee, Ingwer und Zitronenzesten am Gaumen, fein strukturiert und äußerst rassig, sehr individuelle Handschrift.

★★★★ K €€€€€ SB
2018 Urwerk S + (Sauvignon Blanc) Nach zwei Jahren auf der Vollhefe und ohne Schwefelzugabe abgefüllt, erinnert vorerst an Safran und Erdmandeln, vielfältig und geschmeidig, zarte Ribisel- und Stachelbeeraromen, tiefgründig und balanciert, keinerlei oxidative Töne, jahrgangsbedingt sehr rund und sanft, feine Klinge.

★★★ G €€ BF
2021 Blaufränkisch Ried Rusterberg + Agil und feinfaserig, dunkelbeerige Anklänge, auch ein wenig Menthol und Waldboden, schlank, animierend und pikant, eingebundenes Säurespiel, tanniniges Finish.

★★★ G/K €€€ BF
2020 Blaufränkisch Ried Gemärk + Intensives Duftspiel nach Weichseln und Brombeeren, zackig, straff und erfrischend, druckvoll und kernig, fest verwoben, besitzt noch Ecken und Kanten, sehr gediegener, urtypischer Ruster Roter, der sich vollwertig in das Quartett der Lagen-Blaufränkischen einfügt.

★★★ G/K €€€€ BF
2020 Kristallin Blaufränkisch + Von der kalkfreien Ruster Ried Plache und 40-jährigem Rebbestand kommt dieser Neuzugang: zunächst leicht maischig, dann aber zarte Kirschfrucht, kühl unterlegt, pikant und feinmaschig, schlanker Körperbau, viel Frische und Spannung bietend, passender Säurebogen, eigenständige Stilistik.

★★★★ G/K €€€€ BF TIPP
2020 Blaufränkisch Ried Oberer Wald + Assamtee und Zwetschken im unverkennbaren, dunkelfruchtigen Auftritt, herzhaft und fest geknüpft, rauchige und schokoladige Untertöne, sehr saftig und profund, am Gaumen auch Maulbeeren und Brombeeren, authentisch, kraftvoll und tanninbetont.

★★★★ G/K €€€€€€ BF TIPP
2020 Blaufränkisch Ried Mariental + Betörender Duft nach Marzipan und Schattenmorellen, hochelegant und vielschichtig, süße Fruchtfülle am Gaumen, schwarze Kirschen und Brombeeren, ergänzt durch chiliartige Würze, fein abgestimmt und bereits in perfektem Equilibre, funkelt so richtig und klingt auf reifen Tanninen lange nach, großes Potenzial.

★★★ G/K €€€€ SY
2020 Syrah + Verlockender Himbeerduft sowie ein Hauch von Jod, später auch gelbfruchtige Akzente, feinmaschig, elegant und anregend, viel Temperament, auch eine Spur von Zitrusfrüchten, juvenil und zupackend, viel Elan, belebende Säurestruktur, wohl der bisher gelungenste Syrah des Hauses.

★★★★ G/K €€€€ CR
2020 Cabernet-Merlot + Hyazinthen und rote Paprikaschoten bilden den Auftakt, dezent und feingliedrig, gute Definition und puristische Ader, am Gaumen auch rote und schwarze Johannisbeeren, extraktsüß und elegant, erinnert ein wenig an einen Médoc von einst, pfeffrige Note im straffen Finale, vielversprechend.

★★★★★ G/K €€€€€€ BF TOP
2013 Blaufränkisch Ried Mariental + Ten years after präsentiert sich ein völlig jung gebliebener Marientaler voll Spannkraft und Charakter, der auch das archetypische Bukett nach Marzipan und Herzkirschen aufweist, fein gesponnen und vielfältig, dicht und facettenreich, saftige Mitte, fruchtsüß wie balanciert, unsere einstige Prognose „ein Wein für viele Jahre“ ist voll aufgegangen.

Weingut
G + R Triebaumer

Günter und Regina Triebaumer
7071 Rust, Neuegasse 18
Mobil +43 676 472 82 88
weingut@triebaumer.at, www.triebaumer.at

Dank langjähriger Tätigkeiten in nationaler wie internationaler Weinwirtschaft mit fundiertem Wissen und Können ausgestattet, haben Günter und Regina Triebaumer das alteingesessene Ruster Familienweingut in den vergangenen rund zwei Dekaden merklich verändert: Die klassische Herkunft wurde durch kreative Konzepte und Ideen belebt, die Palette restrukturiert und durch die Einführung neuer Sorten und Weine bereichert. Dazu gab es einen qualitativen Höhenflug, und inzwischen zählt der Betrieb schon längst zur burgenländischen Elite.

Die Weingärten liegen fast zur Gänze in und um Rust – lediglich 1,3 Hektar mit Muskateller stehen in Reginas Heimatgemeinde Gols –, wobei sich die Rebflächen auf viele der Top-Rieden der Freistadt verteilen. Dazu zählen etwa Geyerumriss, Plachen und Oberer Wald, aber auch die inzwischen als Monopol bestehende Lage Gillesberg.

Im Weißwein-Bereich gibt es eine starke Präsenz von aromatischen Sorten – neben Muskateller und Sauvignon Blanc wird auch die historische Sorte Furmint kultiviert –, eine wichtige Rolle spielt zudem Chardonnay. Im Rotwein-Segment dominiert die klassische pannonische Sorte Blaufränkisch, die es in mehreren Kategorien gibt – mit den Lagenweinen Oberer Wald und Plachen an der Spitze. Die Liebe zu französischen Sorten wird hier auch voll ausgelebt: An roten Bordeaux-Sorten gibt es Cabernet Sauvignon und Franc sowie Merlot, dazu Petit Verdot und Carménère, darüber hinaus Syrah sowie Nebbiolo aus dem Piemont. In Weiß findet man etwa Viognier aus dem Rhônetal sowie Petit Manseng aus den Pyrenäen. ***psch***

BURGENLAND

★★ S €€€ GM
2022 Gelber Muskateller + Dezent samtig nach Traubengelee und Zitronencreme, würzig, recht harmonisch; sanft, saftig und gerundet, dezente Fruchtsüße, ausgewogen, zartbittere Note, süffig.

★★ S €€€ SB
2022 Sauvignon Blanc + Recht mollig im Duft, dunkle Blüten und bisschen brotig untermalte Frucht, etwas Laub, würziger Typ von mittlerem Schmelz, gelbfruchtig mit Zitrusnoten, zartbitter, mittleres Spiel und Finish.

★★★ S €€€ FU FUN
2022 Furmint + Würzig untermalte Kernobstfrucht, Quitten und Renetten, auch Wiesenblüten, recht sanft; knackig, lebhaft, erfrischend, wirkt leichtfüßig, transparente Frucht, guter Biss, mittellang.

★★★ S €€€€ FU
2021 Ried Geyerumriss Furmint + Recht zurückhaltende Nase nach Lokum, Birnen und Quitte, gewisse Würze, dezent samtig; sehr saftiger Beginn, zartherb, griffig, gute Säure nach hinten, mittellang.

★★★ S €€ ZW PLV
2021 Zweigelt + Geröstete Nüsse, Schwarzbrot, Pflaumen und dunkle Kirschen, leichte Schokonote; saftiges Mittelgewicht mit viel Frucht, etwas Sauerkirschen, recht fest nach hinten, mittleres Finish.

★★★ S €€ BF
2021 Blaufränkisch + Luftbedürftig, gute Dichte, cremig, Chinarinde, kandierte Brombeeren, bisschen Maraschino; viel Frucht, saftige Mitte, Ribiseln und Brombeeren, rassig, guter Biss, fest, mittellang.

★★★ S €€€ CS
2021 Cabernet Sauvignon + Rauchig, Potpourri an Gewürzen, Tintenblei, lauernd, Waldboden, rote und schwarze Ribiseln; mittelkräftig, saftig, straff, viel Frucht, Ribiseln und Preiselbeeren, kernig.

★★★ S €€ BF
2020 Blaufränkisch Reserve + Gewisse Tiefe, nach Veilchen und getrockneten Beeren, schwarze Lakritze, Minzehauch; mittelkräftig, sehr saftig, Heidelbeeren, schöner Biss, pikant, frisch, jugendlich, festes Tanninrückgrat.

★★★★ S €€€€ CR
2020 Weite Welt BG + Süße Gewürze und Amarenakirschen, Maulbeeren und Brombeeren, samtig, Zimt und Nelken, kalter Rauch, Tintenblei; saftige Frucht, griffig, viel Frische, kernig, guter Tanninbiss, herb, mittellang.

★★★★ S €€€€€ CF TIPP
2020 Cabernet Franc Ried Gillesberg + Rauchig, Konfekt, Powidl, herrliches Dunkelbeerengelee, Nelken, samtig, reiches Volumen; schmelzig, tolle Frucht, mundfüllend, elegant und kraftvoll, kernig, kompakt, ziemlich lang, beachtlich.

★★★ S €€ TR
2021 Traminer Spätlese + Klassische Nase, Rosengelee und Traubengelee, duftig, Orangen; elegante Saftigkeit am Gaumen, lebhaft, Mandarinengelee, mittelgewichtig, saftig, mittlere Länge, verlockend, hat zugelegt.

★★★★★ S €€€ CW TOP
2021 Beerenauslese + Opulent, superdicht, Birnenkompott, tief, herrlich süße Fruchtanmutung; schmelzig, saftig, üppige Fülle mit knackigem Biss, auch Mangos, lebhaft, pikant, recht lang.

★★★★★ S €€€€€ WR SALON TOP
2021 Ruster Ausbruch Welschriesling + Kühl und frisch, Wiesenblüten und Honigmelonen, duftig, Blütenhonig, reich, elegant, sanft und profund; Pfirsichkompott und Dörraprikosen, Eibisch, supersaftig, tolle Konzentration, knackiger Säurebiss, erfrischend, pikant, sehr lang.

ÖSTERREICH

★★★ S €€€€ PM
2022 Le Petit Man Sang + Würzig, reif, gedörrte Früchte, Pfirsiche und Quitten, Wiesenblüten, Honig, Orangen, ziemliche Fülle; saftig, kraftvoll, mittelkräftig, viel Frucht, frische Waldpilze, rassiger Säurebiss, mittellang, Geduld.

★★★ S €€€€ PV
2020 Verd.o + Rauchig, würzig, Virginia-Tabak, dicht, schwarze Nüsse, trockenes Laub, Schlehen, Wildkirschen, sehr viel Würze; kraftvoll, viel Frucht und vegetabile Anteile, saftig, trinkig, mittlerer Schmelz im Finish.

Weingut
Wagentristl

Rudolf Wagentristl
7051 Großhöflein, Rosengasse 2
Tel. +43 2682 61415
weingut@wagentristl.com, www.wagentristl.com
13 Hektar, W/R 35/65 60.000 Flaschen/Jahr

Romantisch mitten im Ort von Großhöflein liegt das traditionelle Familienweingut von Rudi Wagentristl, das in den letzten Jahren behutsam erweitert wurde. Weit über die Grenzen geschätzt sind seine Weine in Weiß wie in Rot, die in ihrer linear-transparenten Weinstilistik sich in den letzten Jahren noch mehr in Richtung Feingliedrigkeit entwickelt haben. Allesamt bestechen sie mit viel mineralischer Finesse von den meist kalkhaltigen Böden des südlichsten Ausläufers des Leithagebirges.
Die Vorliebe des Winzers gilt den Burgunder-Sorten in den Varietäten von Chardonnay, Weißburgunder und Pinot Noir. Die charaktervollen Prädikatsweine vom Weißburgunder sind Klassiker im Hause Wagentristl und zählen zur Top-Liga des Landes. Sie werden jeweils spontan vergoren, im Edelstahl und Tonneau ausgebaut und verbleiben bis zur Füllung auf der Vollhefe. Die Ausbauphilosophie ist terroir-betont: Ried Tatschler ist der vollmundige Vertreter mit hoher Extraktdichte, komplementär dazu besticht die Ried Kreidestein mit viel Mineralik in fein ziselierter Stilistik.
Die roten Gutsweine begeistern durch klare Fruchtaromatik mit ihrem jeweiligen Sortencharakter. Die Zweigelt-dominierte Sorten-Cuvée „Cuvée vom Lehm" löst die Bezeichnung „Ried Föllikberg" nun ab. Die roten Premiumweine bestechen von Jahr zu Jahr in gleichbleibend hoher Qualität: die dunkelfruchtige Sorten-Cuvée Heulichin stellt die vollmundigere Interpretation dar, die beiden Pinot Noir-Varietäten zeigen auf, welch hohes Qualitätspotenzial in dieser noch immer hierzulande unterschätzten Burgunder-Sorte steckt. *us*

LEITHABERG DAC

★★★ S €€ PB
2022 Weißburgunder + Saftig und kernig, elegante Frucht, grüne Nüsse, viel Gelbfrucht, vital, tolle Säurebalance, lebhaft, subtil.

★★★ S €€ CH
2022 Chardonnay + Erfrischende Gelbfrucht, Steinobst, klar strukturiert, feine Würzeeinbindung, animierend, gute Länge.

★★★★ S €€€€ PB
2021 Weißburgunder Ried Tatschler + Großzügiges wie vollreifes Fruchtspiel, Williamsbirne, Lederapfel, unterlegt mit feiner Kräuterwürze, Brioche, vital, knackig, perfekt strukturiert, balanciert, feiner Fruchtschmelz im Nachhall, lang im Finish.

★★★★ K €€€€ PB TIPP
2021 Weißburgunder Ried Kreidestein + Reichhaltige Nase, cremig, vollreife Früchte, Steinobst, gelber Pfirsich, etwas Exotik, straff strukturiert, alles hochelegant und vielschichtig, substanzvoll mit wunderschönem Fruchtausdruck, feine Linien, Potenzial, sehr lang im Finish.

★★★ K €€ BF
2021 Blaufränkisch + Stoffig, seidig, Kirsche, dunkle Beeren, fein strukturiert mit mineralischer Prägung, harmonisch, viel Trinkgenuss.

★★★★★ K €€€€ BF TOP
2019 Blaufränkisch Ried Kreidestein + Reife wie fein ziselierte Fruchtnase mit viel Dunkelfrucht, Waldbeeren, Herzkirsche, dicht, saftige Fruchtfülle mit finessiger Vollendung, geradlinig, kernige Mitte, perfekt strukturiert, festes Tannin, langes Finish.

BURGENLAND

★★ S € CW
2022 Weiße Vielfalt + (45 % GV / MT / WR / MU) Würzig, Rosenblütenduft, knackiges Fruchtspiel, viel helle Gelbfrucht in stringenter Fruchtführung, offenherzige Aromatik, toller Sommerwein.

★★ S €€ CR
2021 Cuvée vom Lehm + (75 % ZW / BF) Rotbeerige Fruchtpräsenz, Herzkirsche, vollmundig, würzig, runde Noten, Milchschokolade, samtige Struktur, harmonisch.

★★★ K € PN PLV
2021 Pinot Noir + Blütenduftige Nase, präsente Kirsch-Himbeer-Aromatik, Waldbeeren, kühle Stilistik, unprätentiöse Eleganz, vital, tolle Interpretation.

★★★★ K €€€ PN FUN
2020 Pinot Noir Kreideberg + Feines Bukett nach Brombeeren, Kirsch-Waldbeeren-Aromatik, Nougat, vollreif in fruchtfrischer Interpretation, dicht, substanzvoll, samtiges Tannin, noble Anmutung, perfekte Balance, langer Nachhall, tolle Sorteninterpretation.

★★★★ K €€€ CR
2020 Heulichin + (70 % BF / 20 % ZW / CS) Präsentes Cassis-Waldbeeren-Bukett, dicht, dunkelfruchtig mit feiner Würze, ziselierte und feingliedrige Stilistik, viel Präsenz, perfekt strukturiert, samtiges Tannin, viel Tiefe, balanciert, harmonisch bis ins lange Finale.

VINOTHEKEN

EISENSTADT

Selektion Vinothek Burgenland
7000 Eisenstadt, Esterházyplatz 4
Tel. +43 2682 63345
wein@selektion-burgenland.at
www.selektion-burgenland.at

Kompetente Vinothek in historischen Räumen. Die Selektion Vinothek & Weinbar Burgenland bietet über 800 Weine von 140 Winzern aus allen Regionen des Burgenlands, dazu werden kleine Happen serviert.

RUST

Weinakademie Österreich
mit Gebietsvinothek
7071 Rust, Hauptstraße 31
Tel. +43 2685 68530
www.weinakademie.at/bas_rust.php

PURBACH

Haus am Kellerplatz
7083 Purbach, Am Kellerplatz 1
Tel. +43 2683 5920
www.haus-am-kellerplatz.at

SIEGENDORF

Weinhandel Wild
7011 Siegendorf, Hauptstraße 16
Mobil +43 664 5223193
www.weinhandel-wild.at
Mit Voranmeldung

GASTRONOMIE/NÄCHTIGUNG

BAD SAUERBRUNN

Rosengarten
7202 Bad Sauerbrunn, Bahngasse 2
Mobil +43 660 5238466
www.rosengarten-badsauerbrunn.at

Die Küche ist leicht und zeitgemäß. Gerne mediterran inspiriert, etwa bei der Rahmsuppe von Süßwasserfischen mit Sauerampfer und kalt geräucherter Lachsforelle. Ein Highlight ist auch die Jakobsmuschel mit Spargel und Himbeeren. Klassisches gelingt auch wunderbar, so wie beim Tafelspitz mit allen Wiener Zutaten, wie es sich gehört.

EISENSTADT

Henrici
7000 Eisenstadt, Esterházyplatz 5
Tel. +43 2682 62819
www.henrici.at

Einen schöneren Platz als im offenen Säulengang mit Blick auf das Schloss gibt es in Eisenstadt kaum. Viele hochwertige Produkte wie Fisch, Rind, Wild oder Wein werden in den eigenen Landwirtschaftsbetrieben der Esterházys produziert. Auf den Teller kommt ein pannonisch-mediterraner Mix mit zeitgemäßen Anleihen.

Restaurant Ruckendorfer
7000 Eisenstadt, Joseph-Haydn-Gasse 43
Tel. +43 2682 64688
www.ruckendorfer.com

Nettes Bistro mit viel Glas und einem von Steinmauern umgebenen Garten. Gelungene Kombination aus pannonischer und moderner Crossover-Küche. Saisonlieblinge rund um den Kürbis und das Gansl sind beliebt und natürlich die Steaks. Recht ausführliche Weinkarte mit Fokus auf den Leithaberg.

Hotel Ohr Restaurant & Catering
7000 Eisenstadt, Ruster Straße 51
Tel. +43 2682 62460
www.hotel-ohr.at

Das Hotel ist eine jahrzehntelange Konstante in Eisenstadt. Im gemütlichen Familienhotel sorgt Johannes Ohr in dritter Generation für Akzente in der Küche. Viele Kreationen stammen aus dem Rezeptfundus der Oma, der Enkel achtet darauf, dass sie nicht in Vergessenheit geraten. Gerne kombiniert er auch mit internationalen Zutaten. Gute Weinkarte mit Schwerpunkt Burgenland, hausgemachte Schnäpse.

WeinSchwein – Hofpassage
7000 Eisenstadt, Hauptstraße 30
Tel. +43 2682 64752
www.hofpassage.at/weinschwein

Café, Heuriger und Bar: Sympathisches Lokal mit idyllischem Hof. Hier werden bodenständige traditionelle Gerichte wie Omas Schweinsbraten ebenso serviert wie Mediterranes und Tapas. Die Weinkarte bewegt sich erfreulich abseits des Üblichen.

Osteria del Corso
7000 Eisenstadt, Hauptstraße 48b
Mobil +43 650 9907217
www.osteria-corso.at

Wie authentisch hier Dolce Vita gelebt wird, zeigt schon, dass die Speisekarte typisch italienisch auf einer Kreidetafel präsentiert wird. Mit Fabio Antenucci steht ein Mann am Herd, dessen Geschmack von der italienischen Nonna geprägt wurde. Reich ist die Auswahl an leichten, herrlichen Gerichten: Antipasti, hausgemachte Pasta, Meeresfische und -früchte und Bistecca Fiorentina aus der Toskana. Patron Helmut Hager achtet auch auf ein schönes Weinangebot: rund 240 verschiedene Weine, davon circa 20 glasweise. Auch ältere Jahrgänge, teils Bordeaux und Schaumweine sind zu haben.

Haydnbräu
7000 Eisenstadt, Pfarrgasse 22
Tel. +43 2682 63945
office@haydnbraeu.at, www.haydnbraeu.at

Die erste burgenländische Gasthausbrauerei. Richtig gemütliche Stuben, im Sommer ist der Gastgarten mit hohen Bäumen der Anziehungspunkt. Zum frisch gezapften Bier passt traditionell Herzhaftes wie burgenländische Knoblauchcremesuppe mit überbackenen Käseschnitten, Gulaschsuppe mit Pusztawürstelscheiben oder Schweinsfiletstreifen-Paprikasch.

FORCHTENSTEIN

Restaurant Grenadier
7212 Forchtenstein 290/1
Tel. +43 2626 83068
www.restaurant-grenadier.com

Außen die historische Substanz von Burg Forchtenstein, innen verschmelzen die steinernen Mauern mit eleganter Moderne. Küchenchef Michael Strobl werkte u. a. in Mooslechners Bürgerhaus in Rust, zuletzt war er Küchenchef in Toni Mörwalds Hotel Ambassador. Im Burgrestaurant kocht er pannonisch-bodenständig: zweierlei gekochtes Bio-Rindfleisch, kurzgebratener Zwiebelrostbraten, klassisches Gulasch vom Bio-Rind oder Ragout vom heimischen Rehbock.

MÖRBISCH

Casa Peiso
7072 Mörbisch, Herrengasse 15
Tel. +43 2685 8221
www.casapeiso.at

Romantischer, mediterran anmutender Streckhof mit drei loftartigen, individuellen Suiten, die Zimmer haben Steinwände und Ziegelgewölbe. Wunderschön begrünter Innenhof. Den Abend ausklingen lassen kann mit einer Flasche im romantischen Weinkeller.

Das Schmidt
7072 Mörbisch, Raiffeisenstraße 8
Tel. +43 2685 8294
www.das-schmidt.at

Nettes familiäres Hotel mit Wellnessanlage, Garten und Biotop. Die Küche versteht sich auf Klassiker wie Hochzeitssuppe und Zwiebelrostbraten, aber so nah beim See natürlich auch auf Fisch. Da kommen Gänge wie Zanderfilet auf Gemüsetagliatelle. Immer gut sind die Desserts wie der gezogene Apfelstrudel. Von den fünf Hektar großen Weingärten kommen natürlich einige eigene Weine.

Winzerhof Schindler
7072 Mörbisch, Kinogasse 9
Tel. +43 2685 8389
www.winzerhof-schindler.at

In der Früh hört man nichts außer Vogelgezwitscher und das Klappern des Frühstücksgeschirrs aus dem blütenduftenden Innenhof. Die Winzersuiten wurden lässig gemütlich gestaltet. Familienanschluss hat man bei Alexandra Schindler und den Schwiegereltern. Winzer Harald Schindler führt durch das Kellergewölbe und schenkt feinen Blaufränkisch aus.

NEUDÖRFL

Piribauer
7201 Neudörfl, Hauptstraße 71
Tel. +43 2622 772910
www.piribauer.net

Sehr gemütlicher Heuriger mit viel Holz. Neben klassischer, kalter Jause wird auch warm gekocht: Sautanzpfanne mit Schweinsbraten, Blunze, Bratwürstel, Sur- und Kümmelbraten genauso wie Beuschel, gebackene Leber, Ripperln oder Backhendl. Dazu gibt es gute eigene Rotweine.

OGGAU

Landgasthof Sebastiankeller
7063 Oggau, Sebastianstraße 68
Tel. +43 2685 7297
www.sebastiankeller.at

Das Spektrum reicht von pannonischer Küche bis zu überregionalen Spezialitäten. Krautfleckerl treffen auf Neusiedlersee-Zander und Szegedinergulasch, dabei wird auch die jeweilige Saison von Spargel, Fisch, Kürbis, Wild und Gansl hochgehalten. Im Verkaufseck gibt es Schmankerln wie Marmeladen, Säfte, Liköre und Weine zum Mitnehmen.

Gut Oggau
7063 Oggau, Hauptstraße 31
Mobil +43 664 2069298
www.gutoggau.com

Edelheuriger von Winzer Eduard Tscheppe und Stephanie Tscheppe-Eselböck. Stephanie serviert hervorragend verfeinerte Heurigengerichte mit Aufstrichen, Räucherfischen, Speck oder Seewinkler Gemüse, die gut zu Eduard Tscheppes biodynamischen Weinen passen.

PÖTTELSDORF

Biohof Neuberger
7023 Pöttelsdorf, Bachzeile 40
Mobil +43 699 10287887
www.biohof-neuberger.at

Marmelade, Brot, Kuchen, Traubensaft, Müsli, Eierspeise und noch andere Aufwecker stehen auf dem Tisch, alles vom eigenen Bauernhof. Serviert wird von Hausherrin Petra Neuberger, eine nette Gastgeberin, bei der man sich gleich zu Hause fühlt. Auf dem Hof streichelt man Katzen und in den heimelig eingerichteten Wohnungen mit Naturholzmöbeln hört man – nichts. Könnte gerne zum Dauerzustand werden.

PÖTTSCHING

Zur Grenze
7033 Pöttsching, Zipfwald 1
Tel. +43 2631 2265
www.gasthof-zur-grenze.at

Asien grenzt noch immer an das Burgenland, lautet das Motto. Dementsprechend lustvoll schaut die Küche über die Grenze. Knuspriger Kabeljau in Tempurateig mit Kokosflocken oder Rotes-Enten-Curry mit Früchten kommen genauso auf die Teller wie sehr gut gekochte Österreichklassiker. Zu besonderen Anlässen wird ein ganzes Spanferkel zubereitet.

PURBACH

Fossil
7083 Purbach, Kellergasse 6K
Tel. +43 2683 21025
www.restaurant-fossil.at

Der Weinkeller aus dem Jahr 1870 wurde liebevoll revitalisiert und zum Lokal umgebaut. Im revitalisierten Muschelkalkgewölbe verzaubert Thomas Pugel mit Neuinterpretation von Klassikern der pannonischen sowie österreichischen Küche. Hausgemachte Grammelknödel vom Mangalitzaschwein mit brauner Butter und Krautsalat hat genauso Platz wie in Olivenöl confierte Atlantikgarnele mit im Safran-Orangen-Sud eingelegtem Fenchel und Grapefruitfilets. Dazu passen lokale Weine.

Restaurant Gut Purbach
7083 Purbach, Hauptgasse 64
Tel. +43 2683 56086
www.gutpurbach.at

Bei der Zubereitung von Innereien hat Max Stiegl eine Meisterschaft entwickelt. Er vertritt die Nose-to-tail-Philosophie, verwendet also alle Teile. Manche Kreationen kosten manchen wohl Überwindung, etwa bei hauchdünn geschnittener Pferdezunge mit Tatarfüllung. Hirn beweist Stiegl, weil sich sein Küchenspektrum nicht nur auf die inneren Werte beschränkt. Seine pannonischen Gerichte sind ideenreich, spannend, aber nicht plakativ. Pluspunkt ist auch die Weinkarte mit gereiften burgenländischen Spezialitäten sowie herausragende Jahrgänge aus Bordeaux und Burgund. Übernachten kann man in historischen Räumen mit zeitgemäßem Design. Aus den Küchen im Knappenhof am Fuße der Rax im Restaurant Das Spittelberg hat sich Max Stiegl zurückgezogen.

Hotel und Restaurant Pauli's Stuben
7083 Purbach, Fellnergasse 1a
Tel. +43 2683 5513-0
www.braunstein.at

Ehrliche Wirtshausküche wie früher, die Arbeit mit der Natur und die Verwendung viele Bio-Produkte ist Familie Braunstein wichtig. Schwester Birgit leitet das Weingut, Bruder Paul betreibt den Gasthof. Nach Rezepten der Familie werden burgenländische Klassiker serviert, es wird aber auch zeitgemäß gekocht. Dazu werden Weine vom Leithaberg ausgeschenkt, vor allem natürlich die hauseigenen, auch in der Amphore unter der Erde gelagerte Weine sind dabei.

RUST

Hotel Schandl
7071 Rust, Rathausplatz 7
Tel. +43 2685 6202
www.hotelschandl.at

Im Herzen der historischen Altstadt am Rathausplatz warten im denkmalgeschützten Objekt aus dem 17. Jahrhundert geschmackvoll renovierte Zimmer. Der eigene Buschenschank Peter Schandl ist nur 168 Schritte entfernt, das Weingut Peter Schandl 118 Schritte.

Art Boutiquehotel Bürgerhaus Rust
7071 Rust, Hauptstraße 1
Tel. +43 2685 6162
timimoo.at

Wunderbare Suiten mit Blumen, bunten Farben und Landhausstilmöbeln. Nicht weit entfernt am Rathausplatz 18 betreiben Tina und Michael Mooslechner im Rusterhof ein Edelwirtshaus. Verfeinerte Regionalküche, unbedingt die jiddische Gänseleber mit Grappa-Rosinen und hausgemachtem Brioche probieren. Sehr schönes Weinangebot mit großem Angebot aus der Region Neusiedlersee.

Wirtshaus im Hofgassl
7071 Rust, Rathausplatz 10
Tel. +43 2685 60763
www.hofgassl.at

Im romantischen, baumbeschatteten Hof gelangt man über das namengebende historische Gassl mit üppig blühenden Blumen. Küchenchef Michael Pilz beherrscht kreative Regionalküche aus besten Grundprodukten genauso wie die klassische regionale Küche mit internationalen Akzenten. Beispiel? Kross gebratenes Zanderfilet mit Solospargel und Morchelrisotto. Weinkarte mit regionalem Schwerpunkt.

SCHÜTZEN AM GEBIRGE

Taubenkobel
7081 Schützen, Hauptstraße 33
Tel. +43 2684 2297
www.taubenkobel.at

Walter Eselböck war einer der Pioniere des Burgenlands, der die Produkte seiner
Umgebung mit allerhöchster Küchenkunst veredelte. Den eingeschlagenen Weg gehen seine Tochter Barbara und ihr Mann Alain Weissgerber weiter. Wenige Zutaten genügen, dazu kommt eine geniale Gabe für großartige Kombinationen. Zu den beglückenden Gängen werden die besten Vertreter naturbelassener Weine serviert, natürlich auch die von Barbaras Schwester Stephanie und Schwager Eduard Tscheppe. Wer will, kann sich auch mit Säften begleiten lassen. Eselböck für Einsteiger gibt es nebenan in der „Greißlerei". Übernachten kann man auch. Man übernachtet in einer Art Boutiquehotel, wie man es in der Umgebung von Nizza finden würde. Formidable!

TRAUSDORF AN DER WULKA

Oleander Heuriger
7061 Trausdorf an der Wulka, Flugplatzstraße 7
Tel. +43 2682 62153
www.oleander-heuriger.at

Eine blühende Oase, im Arkadenhof sitzt man besonders nett. Signature Dish ist der „Hahn im Korb" – steirisches Backhendl –, auch Gänseleberpastete, Bauernblunze, Kürbis in allen Variationen im Herbst und das Gansl werden serviert. Romantische Zimmer.

WIMPASSING AN DER LEITHA

Ziegelwerk
2485 Wimpassing an der Leitha
Ziegelofengasse 28
Tel. +43 2623 737 96
www.ziegelwerk-gasthaus.at

Aus der ehemaligen Ziegelfabrik wurde ein luftiges, lichtdurchflutetes Restaurant, das alte Bausubstanz und modernes Design bestens miteinander vereint. Die Herkunft der sympathischen Wirtsleute Julia Weber (aus Vorarlberg) und Werner Tschiedel aus Wimpassing spiegelt sich auch in der Karte wider. Leithaland-Salate mit geschmorten Rüben und Ziegenkäse, Grammelknöderl mit lauwarmem Krautsalat und Kümmelsaftl oder geflämmter Seesaibling mit Fenchelsalat und Radieschen in Buttermilch machen das Leben schön. Und weil Julia gelernte Patissière ist, sollte man einen ihrer feinen Kuchen probieren.

© ÖWM / Peter Kramar

MITTELBURGENLAND

Das Mittelburgenland ist ein ausgesprochenes Rotweingebiet: die Rebfläche ist zu mehr als zwei Dritteln mit Rotweinreben bestockt, wobei sich die Anteile stetig weiter zugunsten des Rotweines verschieben. Seine Lagen an den sanften Ausläufern des Ödenburger Gebirges ziehen Nutzen aus den lehmigen bis sandigen, mitunter schottrigen Böden. Zum Teil dominieren auch sehr schwere Lehmböden, die naturgemäß gerade in heißen und trockenen Weinjahren ihre Vorteile ausspielen können. Aber auch in klimatischer Hinsicht ist das Gebiet begünstigt: So wird es im Norden vom Ödenburger Gebirge, im Westen von der Buckligen Welt und im Süden vom Günser Bergland bestens gegen negative Wettereinflüsse abgeschirmt, während die freie Öffnung gegen Osten hin bewirkt, dass sich die warmen pannonischen Klimaeinflüsse ungehindert ausbreiten können.

Im Mittelburgenland dominiert die klassische Rotweinsorte Blaufränkisch mit großem Abstand vor allen anderen. Tatsächlich haben die letzten Weinjahrgänge ausgezeichnete Rahmenbedingungen für die Rotweinerzeugung und hier vor allem auch für den Blaufränkisch geboten, was sich in entsprechend markanten und kräftigen Gewächsen niedergeschlagen hat. Die besten Rotweinlagen befinden sich in den Weinorten Horitschon, Deutschkreutz, Lutzmannsburg, Neckenmarkt, Raiding und Ritzing. Eine Besonderheit von Neckenmarkt sind seine relativ steilen Südhänge. Klangvolle Riednamen sind etwa der Hochberg und der Bodigraben in Neckenmarkt, in Horitschon Dürrau oder Hochäcker. Gewissermaßen eine Weinbauinsel bildet das Lutzmannsburger Plateau, dessen außerordentlich schwere Lehmböden ebenfalls beste Voraussetzungen für qualitativ hochwertigen Rotweinanbau aufweisen, auch wenn das Potenzial nicht immer ganz ausgeschöpft wird.

Im Mittelburgenland sind auch St. Laurent, Blauburgunder, Cabernet, Merlot und Syrah ausgepflanzt; die Rotweine der Premium-Kategorie sind allerdings oft Cuvées aus mehreren Rebsorten.

Mit dem Jahrgang 2005 wurde die Herkunftsbezeichnung DAC Mittelburgenland eingeführt. „Mittelburgenland DAC“ steht für fruchtbetonte, würzige Weine aus Blaufränkisch, die im traditionellen großen Holzfass und/oder im Stahltank ausgebaut wurden. Mit einer Riedenbezeichnung wird ein kräftigerer Blaufränkisch-Stil gekennzeichnet, der Ausbau in gebrauchten Barriques ist zulässig, Alkohol mindestens 13%, maximal 13,5%. Mit „Reserve“ werden die gehaltvollsten Blaufränkisch mit einem Mindestalkohol von 13% gekennzeichnet. Diese Weine dürfen auch in neuen kleinen Holzfässern ausgebaut werden. Die Prüfnummer für Mittelburgenland DAC darf frühestens ab dem 1. Mai des auf die Ernte folgenden Jahres beantragt werden, verkauft werden darf er nicht vor dem 1. August. Für DAC mit Riedenbezeichnung gelten der 1. Juli bzw. der 1. Oktober, für Reserven der 1. Jänner bzw. der 1. März des auf die Ernte zweitfolgenden Jahres.

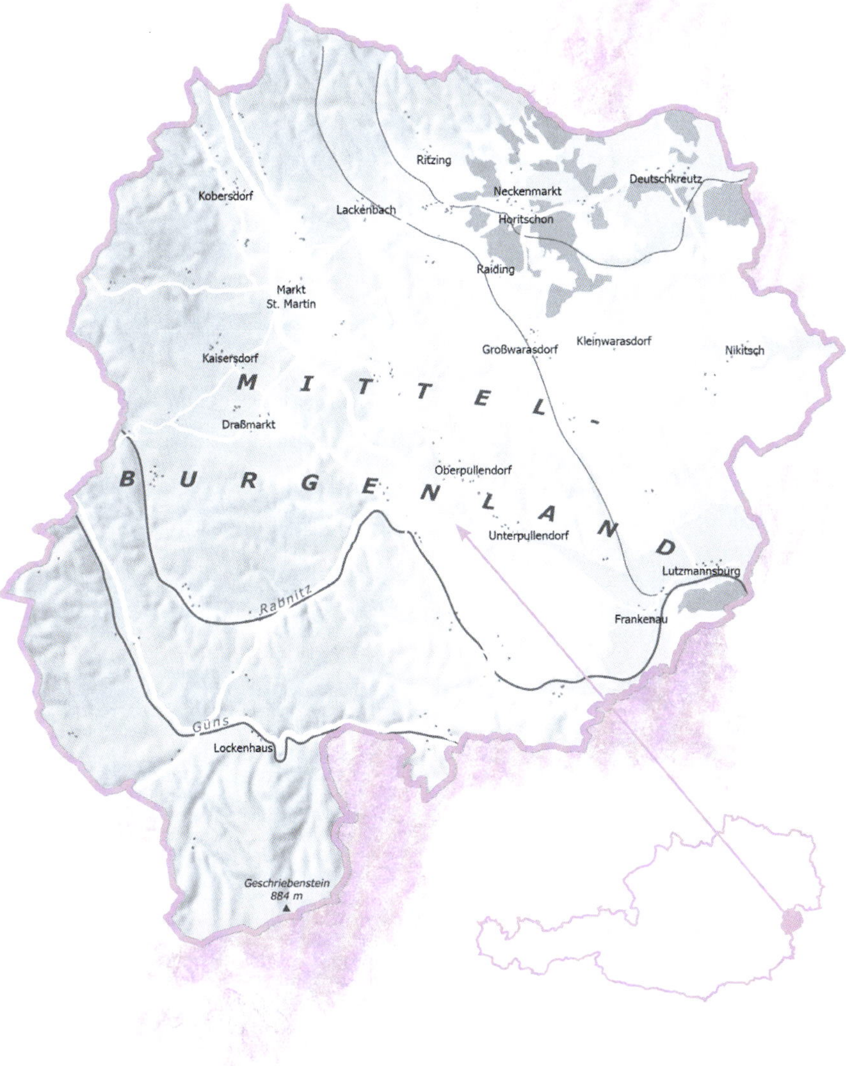

2.035 Hektar Weinanbaufläche
Die wichtigste Rebsorte:
Blaufränkisch

♛♛♛♛

Weingut
Heribert Bayer

Patrick Bayer
7311 Neckenmarkt, Wirtschaftspark 5
Tel. +43 2610 42644
bayer@weinfreund.at, www.weinfreund.at
20 Hektar, W/R 20/80, 80.000 Flaschen/Jahr

Heribert Bayer hatte sich als Negociant und Berater aufstrebender burgenländischer Rotweinwinzer einen Namen gemacht. Auf der Suche nach Trauben für seinen eigenen Wein wurde er am Neckenmarkter Hochberg fündig. Man schrieb das Jahr 1997, als die Cuvée im Zeichen des Löwen – In Signo Leonis – das Licht der Welt erblickte und aus dem Stand heraus reüssierte. Es folgten weitere Weine, die nach Sternzeichen benannt wurden, wie In Signo Tauri oder In Signo Sagittarii. 2002 wurde die moderne Kellerei in Neckenmarkt gebaut, 2004 erweitert. Da wusste der qualitätsbesessene Heribert Bayer bereits, dass sein Sohn Patrick in seine Fußstapfen treten wird.
Das Portfolio in Rot und Weiß gliedert sich in drei Linien und insgesamt acht Rebsorten. Die Basis bildet die Serie „Zeitlos", gefolgt von „EX-QUI-SIT", an der Spitze der Pyramide stehen die Signo-Weine, die Sternzeichen. Abgerundet wird das Angebot durch einen Sekt g.U. Reserve namens In Signo Aquarii, den Blanc de Noirs EX-QUI-SIT und einen Rosé. In ausgesucht guten Jahren gibt es zusätzlich den Chardonnay Albatros und die rote Cuvée Herzblut, deren Ausgabe 2017 im dritten Quartal 2023 in den Verkauf kommen wird. Nach 48 Monaten im Holz kam dieser Ausnahmewein 2021 auf die Flasche. Es ist dies die nunmehr sechste Auflage. Alle Rotweine werden in Neckenmarkt vinifiziert, die Weißweine ausnahmslos in Rust. Dank des großzügigen Flaschenlagers sind auch ältere Jahrgänge erhältlich. *ww*

BURGENLAND

★★★ S €€€ PB
2021 Weißburgunder EX-QUI-SIT + Druckvolles, nussiges Bukett, Prise getrocknete Kräuter, tief im Glas Kernobst und Dörrfrüchte; die Frucht ist auf dem Gaumen präsenter, Schmelz, Säurespiel, kraftvoll und kompakt, lang.

★★★ S €€€ CH
2021 Chardonnay EX-QUI-SIT + Kündigt Substanz an, feine Holzaromen, Walnüsse, Brioche, Tropenfrüchte angedeutet; stoffig, Schmelz, angenehmer Holzeinsatz, cremiger Touch, feine Gewürznoten im langen Nachhall.

★★★ K €€€ ZW
2020 Zweigelt EX-QUI-SIT + Profunde Frucht, reife Schwarzkirschen, akzentuierte Würze, Prise Pfeffer; schließt aromatisch nahtlos an, feiner Tanningrip, belebende Säure, mittlere Länge, fruchtig-würziger Nachhall.

★★★ K €€€ ME
2020 Merlot EX-QUI-SIT + Ruhig strömend, kompakt, dunkle Frucht, Kirschen, erdige Würze; saftige Frucht, feines Gerbstoffnetz, Prise getrocknete Kräuter, unaufdringliche Gerbstoffe, klare Struktur, ätherische Anklänge im Finish und im Abgang.

★★★ K €€€€ BF **TIPP**
2020 Blaufränkisch EX-QUI-SIT + Klar, sortenaffin, Kirschen und Heidelbeeren, tief im Glas frische Zwetschken und zarte Würze; diese Aromen kommen auch im Geschmack, feingliedrig, beschwingt, Säurespiel, gefühlvoller Holzeinsatz, klassische Anmutung auf wertigem Niveau.

★★★★ K €€€€€ BF
2020 In Signo Sagittarii + (BF) Gediegen, ruhig strömend, reife Brombeeren, etwas Kirschen, elegante Würze; schließt mit diesen Aromen nahtlos an, Tanningrip ohne Härte, Tiefgang, lebendig, vielschichtig dank der alten Reben, Schieferboden prägt.

★★★★ K €€€€€ CR **TIPP**
2020 In Signo Leonis + (60 BF / 30 CS / ZW) Ausgewogenes Bukett, Cabernet Sauvignon macht sich mit reifen Cassisbeeren bemerkbar, daneben Brombeeren und Kirschen, elegante Würze, ein Hauch Sandelholz, tief im Glas auch blaufruchtige Akzente à la Heidelbeeren; großer Aromenbogen auch auf dem Gaumen, ausgesprochen frisch, tiefe Frucht, feines Gerbstoffnetz, lang, Trinkfluss, Finesse vor Wucht.

★★★★★ K €€€€€€ CR **TOP**
2017 Herzblut + (70 BF / 20 ME / 5 ZW / CS) Druckvoll, nobel, in sich ruhend, Berge von dunkler Frucht, kaltes Lagerfeuer; kraftvoll, Tanningrip, viel Frucht, dunkel getönt, sehnig, in keiner Phase überbordend, trotz der Kraft lebendig mit salzigem Finale, dunkle Beeren und rauchige Noten im langen Nachhall. Noch immer sehr jung.

♛ ♛

Weingut
Eichenwald Weine

Johannes Forauer & Johannes Berger
7312 Horitschon, Günser Straße 54 und 60
Tel. +43 2610 42321
office@eichenwald.at, www.eichenwald.at

Passion, Leidenschaft für den Wein und Qualität – das sind die tragenden Säulen der Winzervereinigung Eichenwald Weine. Es ist das größte Weingut im Mittelburgenland, hervorgegangen aus der Genossenschaft Vereinte Winzer Blaufränkischland mit rund 100 Mitgliedern, gegründet 1962. Trauben aus Weingärten in Horitschon, Unterpetersdorf, Lutzmannsburg, Deutschkreutz und Raiding werden verarbeitet, 100 Hektar davon in Premium- und Reservequalität. Das Weingut bietet Platz für 1000 Eichenfässer. Der Großteil der Produktion, nämlich 90 %, entfällt auf Rotweine, Blaufränkisch dominiert. Top-Lagen werden gezielt unter Vertrag genommen. Eichenwald Weine verfügt über Anteile an höchst renommierten Rieden wie Hochäcker oder Dürrau. Die Weinbezeichnungen sind ebenso originell wie die Flaschenausstattung.
Johannes Forauer und Johannes Berger leiten das Unternehmen. Im Fokus steht hohe Qualität. Das merkt man schon im Basissegment. Wenngleich mengenmäßig untergeordnet, können sich die Weißweine sehen lassen – die 2022er sind von klarer Frucht und Trinkvergnügen gekennzeichnet. Die Auswahl an Rotweinen ist groß, aus Platzgründen stellen wir nur einen repräsentativen Auszug vor. Die heuer verkosteten Weine sind klar strukturiert, was auch für die einfacheren Weine gilt, Üppigkeit ist ihnen fremd. Als Aushängeschild hat sich wiederum „The Oak" erwiesen, eine Assemblage aus Blaufränkisch, Merlot und Cabernet Sauvignon, vinifiziert für lange Lagerung. *ww*

MITTELBURGENLAND DAC

★★★ S €€ BF **PLV**
2020 Der Gugafanga Blaufränkisch Ried Gfanger + Ansprechend, elegante Würze, dunkelfruchtig, Schwarzkirschen, schwarzer Kardamom; fein strukturiert, Frucht gibt den Ton an, zartes Gerbstoffnetz, zartes Säurespiel, mittelgewichtig, stimmig.

★★★★ K €€€ BF
2019 Der Geistesblitz Blaufränkisch Reserve Ried Dürrau + Gediegen, Brombeeren, Schwarzkirschen, Preiselbeeren, leise Bodentöne; vielschichtig, Frucht und zarte Würze, unaufdringlicher Tanningrip, salzig im Finale.

BURGENLAND

★★ S € CW **FUN**
2022 Das Vorspiel Cuvée + (CH/GV/GM) Einladend, grüne Äpfel, Birnen, etwas helles Steinobst, Kräuter, ein wenig Holunder; saftig, trinkanimierend, die Aromatik vom Bukett findet sich wieder, mittleres Gewicht, Spaß garantiert.

★★ S € ZW
2021 Die Ritterehre Zweigelt + Einladend, Kirschen, Hauch Zwetschken, dezente Würze erinnert an Tasmanischen Pfeffer und Preiselbeerblätter; aromatisches Dacapo, frisch, anregend, Säurespiel, zugängliche Gerbstoffe, mittelgewichtig.

★★ S € BF
2021 Der Traubendieb Blaufränkisch + Klassisch mit Anklängen von Brombeeren, Kirschen und Kräuterwürze; schließt nahtlos an, unaufdringliche Tannine, frisch, klar, saftige Frucht und sortentypische Würze im Abgang und im Nachhall.

★★★ S €€ ME
2021 Das hohe Ross Merlot + Dunkle Beeren, zarte Würze, winzige Prise Paprikapulver, schwarze Oliven angedeutet; dunkel getönt, herzhafter Tanningrip, kernig, null Fett, im Finish und im Nachhall dunkle Frucht, Efeu, schwarze Oliven und Bitterorangen.

★★★ S €€ CS
2019 Der Aristokrat Cabernet Sauvignon + Sanfter Druck, reife Cassisbeeren, Hauch Tintenblei, Prise Johannisbeerblätter; zunächst markante Cassisnote, dann dezente Würze, feine Gerbstoffe geben Struktur, passende Substanz, Sorte klar definiert.

★★★★ S €€ CR **PLV**
2020 Die Zeitreise Cuvée + (BF/ZW/CS) Ausgewogen, feine Würze, Waldbeeren, frische Zwetschken und Kirschen, Prise Kardamom und Nelken; aromatisches Dacapo, feingliedrig, zartes Gerbstoffnetz, animierend, überzeugende Balance, gute Länge.

★★★ K €€€ ZW
2019 Das Federviech Zweigelt Reserve + Distinguiert, dunkel, feine Gewürznote, Frucht, Kakaopulver; saftig, hauchzarte Tannine, elegante Würze, feinfühliger Holzeinsatz, im Finish und im Nachhall dunkle Frucht, Anklänge von Orangen und Eiche.

★★★★ K €€€€€ CR **TIPP**
2019 The Oak Cuvée + (BF/ME/CS) Sanfter Druck, fein, zarte Gewürzaromen, dunkle Frucht, Kakaopulver; schließt nahtlos an, Zug, elegantes Gerbstoffnetz, Säurespiel, lebhaft, kraftvoll ohne Üppigkeit, klare Konturen, Reserven.

Weingut
Ernst

Sylvia und Bernhard Ernst
7301 Deutschkreutz, Neubaugasse 21
Mobil +43 664 386 02 20
info@weinguternst.at, www.weinguternst.at
12,5 Hektar, W/R 20/80, 70.000 Flaschen/Jahr

Angefangen hat es in der Garage der Eltern. Damals, 2005, machte sich der junge Bernhard Ernst daran, seine eigenen Weine zu keltern. Ernsthaft sollten sie sein, mittlerweile legt er auch großen Wert auf schmeckbare Herkunft. Gemeinsam mit seiner Frau Sylvia baute er den kleinen Familienbetrieb zu einem modernen Weingut um. Seine alten Rebstöcke hält der Winzer hoch in Ehren. Auf biologische Bewirtschaftung zum Erhalt gesunder Böden legt er großen Wert. Ganz klar ist Blaufränkisch die Leitsorte mit rund 70 % Anteil. Gemeinsam ist den drei Riedenweinen aus dieser Varietät eine elegante und präzise Struktur, Finesse steht vor Üppigkeit. Neben Zweigelt gibt es noch Cabernet Sauvignon, Merlot, Syrah und weiße Sorten, darunter einen eigenständigen Gemischten Satz.

Die Böden in den einzelnen Lagen unterscheiden sich zum Teil merklich. Hohe Reputation genießen die Rieden Hochberg, Goldberg und Fabian. Erstere charakterisiert ein leicht sandiger Lehmboden mit hohem Kalkgehalt. Zusammen mit der südwestlichen Exposition und den alten Reben begünstigt diese Lage Blaufränkisch mit klarer, kühler Frucht. Auch der Goldberg ist kalkhaltig, die schwere Lehmschicht ist bis zu zwei Meter dick. Die Ried Fabian auf dem Deutschkreutzer Hochplateau, wo meist ein kühler Wind weht, begünstigt trotz des üppigen Untergrundes aus Lehm Weine mit frischer, klarer Frucht.

Die Rotweine werden in Holzfässern ausgebaut, davor teilweise im Stahltank. Für die Top-Weine kommt auch neues Holz zum Einsatz, Gebinde mit 500 Litern Inhalt ebenso wie Barriques. Für den „Zion" und den „La Mission" verwendet der Winzer ausschließlich kleine Eichenfässer. Die Weine der Linie „Sideways" stellen rigorose Selektionen aus den einzelnen Rieden dar. Es gibt sie nur in Top-Jahren. Sie sollen zeigen, dass ein junger Winzer abseits des Mainstreams unterwegs ist, eben auf Seitenwegen. *ww*

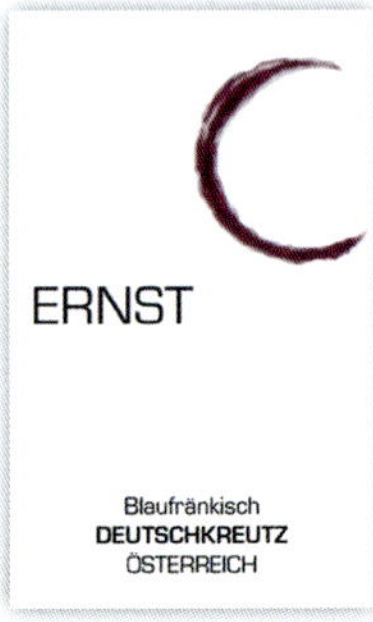

MITTELBURGENLAND DAC

★★★★ K €€€ BF **TIPP**
2020 Blaufränkisch Reserve Ried Hochberg + Nobler Sortenausdruck, druckvoll, herkunftstypisch, dunkle Frucht, feinkörnige Würze; saftig, geschmeidig, feines Säurerückgrat, zartes Gerbstoffnetz, ausgewogen, gefühlvoller Holzeinsatz, lang, im Nachhall eine Prise Gewürze.

BURGENLAND

★★ S €€ GV
2021 Grüner Veltliner + Unaufdringliche, sortentypische Melange aus grünen Äpfeln und Kräuterwürze; zeigt diese Aromatik auch im Geschmack, sanfte Säure, mittleres Gewicht, zugänglich.

★★★ S €€ ZW
2021 Zweigelt Deutschkreutz + Spontan ansprechend, Kirschen, frisches Lorbeerblatt, hauchzarte Gewürznote; transparente Frucht, erfrischend, unaufdringliche Tannine, im mittellangen Abgang und im Nachhall auch Gewürznelken.

★★★ S €€ BF **PLV**
2021 Blaufränkisch Deutschkreutz + Seriös, dunkle Frucht à la Brombeeren, sortenaffine Würze; saftig, zartes Säurespiel, glockenklare Frucht, zarter Tanningrip, geht mit Brombeeren, Kirschen und einer Prise Kräuter ab.

★★★ K €€€ BF
2020 Blaufränkisch Reserve Ried Fabian + Feingliedrig, hauchzarte Würze, Prise Kakao und dunkle Schokolade, reife Waldbrombeeren, Kirschen; schließt aromatisch und strukturell nahtlos an, mittelgewichtig, Feinheit vor Wucht.

★★★★ K €€€ BF **TIPP**
2020 Blaufränkisch Reserve Ried Goldberg + Druckvoll, eigenständig, Weichseln, Brombeeren, winziger Hauch Wasabi, Lorbeerblätter; viel ansprechende Frucht, dezent rauchig, Substanz ohne Üppigkeit, strukturgebendes Gerbstoffnetz, Trinkfluss, Reserven.

★★★★ K €€€ CR
2020 Zion + (60 BF / 20 ZW / 10 CS / ME) Ausgewogen, ruhig strömend, Brombeeren, Kirschen, Würze, tief im Glas ein wenig Eiche; balanciert auch auf dem Gaumen, viel dunkle Frucht, Gewürznoten eingestreut, Tiefgang, nobel, Holz integriert, Körper, geschmeidig und zugänglich.

★★★★★ K €€€€€ CR **TOP**
2020 La Mission + (60 CS / ME) Elegant und feingliedrig, dezent rauchig, reife dunkle Frucht à la Cassisbeeren, Kalamata-Oliven; schließt mit diesen Aromen nahtlos an, engmaschiges und feines Gerbstoffnetz, lebendig und doch gelassen, im Finish auch Anklänge von Orangen und Zartbitterschokolade, Finesse und Tiefgang, frei von Üppigkeit.

Weingut
Gager

7301 Deutschkreutz, Karrnergasse 2 und 8
Tel. +43 2613 80385, Fax -15
info@weingut-gager.at, www.weingut-gager.at
38 Hektar, W/R 0/100

Das Weingut Gager gehört seit Jahren zu den Leitbetrieben des Mittelburgenlandes. Gegründet wurde es von Josef Gager im Jahr 1984. Rotweine hoher Qualität mit einer gesunden Härte wurden bald zu seinem Markenzeichen. Mittlerweile führt sein Sohn Horst das Weingut. Er hat etwas an Strenge weggenommen, ohne den Charakter der Gager'schen Kreszenzen zu verwässern.

Ohne Ausnahme werden die Rotweine im Holz ausgebaut, für die Klassik-Linie werden Barriques aus siebter und achter Befüllung verwendet, um schmeckbare Eichenaromen zu vermeiden. Für die Flaggschiffe des Hauses kommt ausschließlich neues kleines Holz zum Einsatz.

Zweigelt gibt es nicht mehr reinsortig. Cabernet Franc und der Merlot werden sortenrein nur in sehr guten Jahren angeboten. Der Blaufränkisch Gager, kurz BFG, wird nur in den besten Jahren vinifiziert. Es handelt sich um eine Selektion der ältesten Reben. Ab Juli 2023 können treue Freunde des Hauses zwei Weine in geringen Mengen erwerben: Der 2020er Quattro Extrem enthält 10 % Blaufränkisch vom BFG, er lag 30 Monate im Barrique. Der gleich alte Cablot Extrem ist je zur Hälfte aus Cabernet Franc und Merlot komponiert.

Den Tycoon gibt es ebenfalls nur, wenn der Jahrgang passt. Dieser Wein besteht zu einem Drittel aus Tannat, ist erfahrungsgemäß sehr lagerfähig und für Warmduscher definitiv nicht zu empfehlen, zumindest nicht in seiner Jugend. Die Cuvée „Gager Gold" aus je einem Drittel Blaufränkisch, Cabernet Sauvignon und Merlot gibt es nur in Top-Jahren. Wegen der sehr geringen Menge wird dieser Wein nicht aktiv beworben. *ww*

MITTELBURGENLAND DAC

★★★★ K €€€€ BF TIPP
2021 Blaufränkisch Ried Mitterberg Reserve + Elegantes Sortenbukett, tiefe Frucht, Schwarzkirschen, Anklänge von dunkler Schokolade, feinkörnige Gewürze; schließt aromatisch nahtlos an, präzise strukturiert, feingliedrig, zartes Gerbstoffnetz, Säurespiel, gute Länge, Finesse vor Power.

GAGER
Die Quadratur des Weines

BURGENLAND

★★★ S €€ BF
2021 Blaufränkisch Klassik + Dezent, klassisch geprägt, freundliche Frucht, Prise Würze; saftig, zugänglich, angenehme Gerbstoffe, mittleres Gewicht, als Sorte selbsterklärend.

★★★ S €€€ BF PLV
2021 Blaufränkisch Ried Fabian + Sanft, Kirschen, Brombeeren, Cranberries, hauchzarte Würze; führt die feine Klinge, zartes Säurespiel, Preiselbeeren, Prise Kräuter, passende Substanz.

★★★ S €€€ CR
2021 Q2 + (60 BF / 25 CS / SY) Ausgewogen, dunkle Frucht gibt den Ton an, Brombeeren, Anklänge von Kirschen; saftig, lebendig, entwickelt Zug, feiner Tanningrip, mittleres Gewicht, Holz nur angedeutet, Trinkanimo.

★★★★ S/K €€€€ CR
2021 Quattro + (30 C S/ 30 BF / 20 ME / ZW) Ruhig strömend, reife Cassisbeeren, Brombeeren, Kirschen, zarte Würze à la Wacholderbeeren; viel kühle Frucht, Pikanz, präsente Gerbstoffe, dunkle Beeren, Kirschen und dezente Würze klingen lange nach.

★★★★ K €€€€€ CR
2021 Cablot + (60 CS / 30 ME / CF) Cabernet Sauvignon gibt mit Cassis den Ton an, kühle Würze vom Cabernet Franc, ein Hauch Paradeiserkraut; Zug, straff, Tanningrip, zupackend, viel kühle Frucht, gute Länge, braucht noch Zeit.

★★★★★ K €€€€€€ BF TOP
2020 BFG + (BF) Noble Anmutung, Schwarzkirschen, Brombeeren, tief im Glas Blutorangen und Zartbitterschokolade; aromatisches Dacapo, hauchzarte Würze unterlegt, Gerbstoffnetz, fokussiert, völlig frei von Üppigkeit, Trinkfluss, langer Nachhall, erst am Anfang einer vielversprechenden Entwicklung.

ÖSTERREICH

★★★★★ K €€€€€€ CR TOP
2020 Tycoon + (je 1/3 CS/BF/TA) Berge von dunkler Frucht, schwarzer Kardamom, reife Cassisbeeren, dezent rauchig; schließt aromatisch nahtlos an, zupackende Tannine, fordernd, null Fett, lang, rauchig im Nachhall, noch merklich Ecken und Kanten, beste Perspektiven.

★★ S €€€€
Wermut + Kupferfarben bis Orangerot; markante Kräuternote, Wermut, Limettenblätter, diverse Gewürze; Gager-Stilistik auch auf dem Gaumen, gewisse Härte, markante Gewürz-und Kräuternoten, fordernder Aperitif.

Weingut **Gesellmann**

Albert & Silvia Gesellmann
7301 Deutschkreutz, Langegasse 65
Tel. +43 2613 80360
weingut@gesellmann.at, www.gesellmann.at
50 Hektar, W/R 10/90

Der Betrieb weist eine lange Tradition auf. Die erste urkundliche Erwähnung geht auf das Jahr 1719 zurück. Nicht ganz so alt sind die Reben in den Weingärten, aber manche bringen es auf das nahezu biblische Alter von mehr als 90 Jahren. „Die regulieren den Ertrag ohne mein Zutun", erklärt Albert Gesellmann.

Bei den Rotweinen ist Holzeinsatz selbstverständlich. Es kommen überwiegend Fässer mit 500 Litern Inhalt zum Einsatz, die Eichenaromen sollen sich dem Wein unterordnen, der Wein selbst soll der Hauptdarsteller sein. Ab dem Jahrgang 2021 setzt der Winzer Fässer mit sehr dicken Dauben ein, um den Sauerstoffeintrag zu minimieren. Seit der Ernte 2019 werden die Beeren nicht mehr gequetscht, die Gärung beginnt interzellulär. Das sorge für mehr Ruhe und ausgeglichene Frucht, begründet Albert Gesellmann diesen Schritt. Da das Tannin von Traubenstielen unerwünscht ist, kommen optische Selektionstische zum Einsatz. Bei den Weißweinen hingegen sind einige Stunden Mazeration mit Stielen zur Reduktion der sensorischen Üppigkeit üblich. Beim Sauvignon Blanc hat der Winzer eine Umstellung vorgenommen, er wird zur Gänze im Holz vergoren und durchläuft einen biologischen Säureabbau.

Bei der Vinifikation wird Schwefel extrem sparsam eingesetzt, um den Weinen möglichst viel Freiraum zu lassen. Auch Zeit ist ein wichtiger Faktor. Dem „G" gönnt der Winzer vier bis fünf Jahre, bevor das Flaggschiff des Hauses in den Verkauf kommt. Diesen noblen Wein gibt es nur in sehr guten Jahrgängen. Sein Dasein verdankt er den ältesten Rebstöcken des Weingutes, er wird aus kleinbeerigen Blaufränkischtrauben und etwas St. Laurent gekeltert und rund 40 Monate in Barriques geschult. Wegen der geringen Mengen ist der „G" nur in limitierter Flaschenanzahl verfügbar. Die Trauben des Blaufränkisch hochberc stammen aus dem steilsten Filetstück der Ried Hochberg, der Unterboden aus Kalksandstein ist mit einem sehr dünnen Oberboden aus sandigem bis schwerem Lehm bedeckt. Die Reben für den Hochberc weiß, ein Gemischter Satz, wurden im Jahr 1959 gepflanzt. Lagenrein wird auch der Pinot Noir ausgebaut, er stammt von der kalkreichen und nach Norden offenen Ried Siglos. Kühle Nächte und ein fast ununterbrochen wehender Wind sorgen für Finesse.

Mit der neu gebauten Verarbeitungsstätte inklusive Gärkeller ist Albert Gesellmann sehr zufrieden. Dort gibt es jetzt keine Beeren- und Saftpumpen mehr, das erledigt die Schwerkraft in Verbindung mit mechanischen Hebeeinrichtungen. Für den Weißwein wurde eine gekühlte Presse installiert, welche die Mazeration der Trauben über Nacht erlaubt. Der Zeitpunkt der Flaschenfüllung richtet sich streng nach Mondphasen.

Der Verkostungsraum wurde großzügig umgebaut, Besucher können nun in den Fasskeller blicken. *ww*

MITTELBURGENLAND DAC

★★★ S €€€ BF
2021 Blaufränkisch Creitzer Reserve + Dunkle Frucht, Schwarzkirschen, Zwetschken, Anklänge von Dörrpflaumen, Prise Zimt und grüner Kardamom; frisch, klare Frucht, feines Säurerückgrat, lebendig, im Finish und im Nachhall kommen wieder die Gewürze vom Bukett.

BURGENLAND

★★★ S €€€ SB
2022 Sauvignon Blanc + Frisch, grünfruchtige Elemente à la Galiamelone ebenso wie knackige Birnen, ein Hauch von Kräutern, leise; merklich Substanz, Fruchtschmelz, ruhig, entgegenkommend, die Aromen vom Bukett finden sich wieder.

★★★ S €€€ CH
2022 Chardonnay + Frisches Sortenbukett, reife Birnen, auch Tropenfrüchte, winzige Prise Gewürze vom Holz; fruchtbetont, feiner Schmelz, Holz sensorisch kein Thema, lebhaft, einige Substanz.

★★★ S €€€ GS
2021 Hochberc weiß + (GV/WB/CH/WR/RI/TR) Vielschichtig, kündigt Druck an, feine Gewürznoten vom Holz, Quitten, reife Birnen, Kletzen, auch florale Noten; schließt mit diesem breiten Aromenbogen nahtlos an, Schmelz, Kraft, ausgewogen, im langen Abgang blitzt wieder ein wenig Holz durch.

★★★★ S €€€€ CH
2021 Chardonnay Ried Steinriegel + Kreidig-kalkig, Feuerstein, dahinter reife Frucht à la Birnen und Mangos, ein Hauch Kletzen, frisch; gelbfruchtig auch im Geschmack, ergänzt mit Gewürzaromen vom Holz, Struktur vom kalkig-steinigen Untergrund geprägt, präzise, würzig im langen Nachhall, noch sehr jung.

★★★ S/K €€€€ PN
2020 Pinot Noir Ried Siglos + Unverkennbares Sortenbukett, angenehm unplakativ, kühl angehaucht, Kirschen, Himbeerschlag, Prise grüner Kardamom, Flieder und Veilchen tief im Glas; aromatisches Dacapo, entwickelt Zug, völlig frei von Üppigkeit, feines Gerbstoffnetz, trinkanimierend, erst im Nachhall macht sich das Holz dezent bemerkbar.

★★★ S €€€ BF
2021 Blaufränkisch vom Lehm + Unverkennbares, klassisch geprägtes Sortenbukett, frische Frucht, Kirschen, Brombeeren, Hauch Waldhimbeeren, Unterholz, Kräuterwürze; diese Aromen kommen auch im Geschmack, Prise Pfeffer, Säurespiel, lebhaft, Holz kein Thema, selbsterklärend.

★★★★ S/K €€€€ CR
2020 Opus Eximium No 33 + (60 BF / 30 ZW / SL) Nobles Bukett, tiefe, dunkel getönte Frucht, Schwarzkirschen, Anklänge von Blaubeeren, auch knackige Brombeeren; schließt aromatisch und charakterlich nahtlos an, zusätzlich auch frische Preiselbeeren, lebendig, keinerlei Üppigkeit, reife und gut integrierte Gerbstoffe, passende Substanz.

★★★★ S/K €€€€ SY TIPP
2021 Syrah + Anfänglich recht reduktiv, getrocknete Kräuter, Blutorangen, dunkles Steinobst à la Zwetschken und Pflaumen; diese Aromen finden sich auch im Geschmack, winzige Prise Zimt, akzentuierte Gerbstoffe, ziemlich kompromisslose Machart mit wenig Holz, Potenzial, braucht sichtlich noch einige Zeit.

★★★★ S/K €€€€€ CR
2020 Bela Rex + (50 ME / CS) Beide Rebsorten treten gleichberechtigt auf, reife Cassisbeeren, Anklänge von getrockneten Tomaten und schwarzen Oliven, Herzkirschen; präsentiert sich auch auf dem Gaumen so, wobei die Kirschnote deutlicher in Erscheinung tritt, feinkörniges Tannin, präzise strukturiert, gefühlvoller Holzeinsatz, Preiselbeeren und frische Mandeln im langen Nachhall.

★★★★ S/K €€€€€€ BF TIPP
2020 Blaufränkisch hochberc + Druckvoller Auftritt, viele Gewürze à la Wacholderbeeren und Lorbeerblätter, Brombeeren, dunkle Frucht; auf dem Gaumen artikuliert sich die Frucht dominanter, Würze zur Untermalung, Gerbstoffnetz, feines Säurespiel gibt Leben, hinten und im langen Nachhall auch Blutorangen und Kumquats neben bodenstämmigen Aromen, Holz sensorisch völlig unauffällig.

★★★★★ S/K €€€€€€ CR TOP
2019 G + (95 BF / SL) Vielschichtig, sanfter Druck, Bodentöne, Unterholz, Eibisch, Lakritze, getrocknete Kräuter, Schwarzkirschen, ruhig strömend, gediegen; viele Facetten auch im Geschmack, hier steht die Frucht vor der Würze, reife Schwarzkirschen, reife Gerbstoffe, Grip, Spannung, im langen Nachhall viel dunkle Frucht und zarte Gewürznoten vom Holz, in sich ruhend.

Weingut
Silvia Heinrich

7301 Deutschkreutz, Karrnergasse 59
Tel. +43 2613 89615
office@weingut-heinrich.at, www.weingut-heinrich.at
38 Hektar, W/R 0/100

Seit dem Jahr 2010 führt Silvia Heinrich Regie auf dem Weingut, das ihr Vater Johann schon vor vielen Jahren zu einem Leitbetrieb im Mittelburgenland gemacht hat. Längst hat sie ihren eigenen Stil gefunden und entwickelt diesen mit Fingerspitzengefühl weiter. In letzter Zeit hat sie den Holzeinsatz zurückgenommen. Das zeigt sich heuer besonders deutlich beim reinsortigen Blaufränkisch Cupido und beim Bordeaux-Blend Elegy. „Die Weine emanzipieren sich vom Holz", so die Winzerin im O-Ton. „Die Stilistik soll noch mehr vom Boden geprägt werden." Das macht die Weine spannend und sehnig, der Trinkfluss profitiert. Den Anfang nahm diese Entwicklung mit der Einführung der Linie „Silvia Heinrich Edition" aus alten Reben, es gibt einen Blaufränkisch, dessen Trauben großteils aus den besten Parzellen der renommierten Ried Goldberg stammen, und einen Pinot Noir.
Das Weingut besitzt Anteile an einer Reihe hochgeschätzter Lagen. Dazu gehören im Alten Weingebirge mit seinem kalkhaltigen Lehmboden die Rieden Goldberg, Hochberg, Siglos, Fabian, Satz, Neuberg und Mitterberg. Die Ried Weißes Kreuz eignet sich mit ihrem kalkhaltigen und kargen Schotterboden besonders für Pinot Noir. Die heiße Ried Kart mit sandig-steinigem Untergrund ist mit Cabernet Sauvignon bestockt. *ww*

BURGENLAND

★★ S €€ CR
2022 Magic Rosé + (BF/CS/ME/SY) Dezent, rotfruchtig, Kirschen; saftig, klare Frucht, Würze eingestreut, zarter Tanninschleier, durchaus ernsthaft.

★★ S €€ BF
2022 Blaufränkisch Burgenland + Klassisches Sortenbukett, Kirschen, Brombeeren, Würze; schließt mit diesen Aromen an, gute Substanz, Säurespiel, lebendig, unaufdringliche Tannine geben Struktur, selbsterklärend.

★★★ S €€€ CR
2022 Ried Siglos + (ZW/BF) Ausgewogene Melange aus klarer Frucht und Würze, klassische Prägung; präsentiert sich auch auf dem Gaumen so, zugängliche Gerbstoffe, mittleres Gewicht.

★★★ K €€€ CR
2021 Maestra + (BF/ME/SY) Brombeeren, Kirschen, Vogelbeeren, eine Prise Gewürze und paprizierte Noten; frisch, saftig, Zug, feiner Tanningrip, kühle Frucht sowie frische Kräuter und eine Prise Gewürze im Finish und im Nachhall.

★★★ K €€€ CR
2021 Maestro + (BF/CS/ME) Dunkelfruchtig, feine Würze, reife Cassisbeeren, Waldbeeren; Frucht und Würze innig verwoben, zartes Säurerückgrat, feines Gerbstoffnetz, lebendig mit Trinkfluss, gute Länge mit Gewürzen, einer Prise Kakao und Frucht im Nachhall.

★★★★ K €€€€€ CR
2020 Terra O + (BF/CS/SY/ME) Dunkle Aromatik, dezent rauchig, kaltes Lagerfeuer, Waldbeeren, reife Cassisbeeren, kompakt, kündigt Substanz an; aromatisches Dacapo, ausgewogen, kraftvoll-sehnig, null Fett, lang, gediegene Frucht im Finish und im Nachhall.

★★★★ K €€€€ BF **TIPP**
2020 Blaufränkisch Ried Goldberg Reserve + Fein, tiefe Frucht, Kirschen, tief im Glas Heidelbeeren, noble Würze; saftig, Tiefgang, Mon Chérie, feinmaschiges Gerbstoffnetz, null Fett, Gewürze und dunkle Frucht klingen lange nach.

★★★★★ K €€€€€€ BF **TOP**
2019 Cupido + (BF) Elegant, tiefe dunkle Frucht à la Schwarzkirschen und Waldbeeren, hauchzarte Würze, Zartbitterschokolade und Kakaopulver, tief im Glas Kumquats; zeigt auch im Geschmack diese vielschichtige Aromatik, ruhig strömend, reife Gerbstoffe, feste Struktur, zarte Säure, in sich ruhend, dunkle Frucht und feinkörnige Gewürze klingen lange nach.

★★★★★ K €€€€€€ CR **TOP**
2019 Elegy + (CS/ME) Hochfeine Melange aus dunkler Frucht, getrockneten Kräutern à la Irisch Moos und einer Prise orientalischer Gewürze; perfekte Balance, die Aromen vom Bukett kommen wieder, da ist nichts Schwerfälliges oder Plumpes, engmaschiges Gerbstoffnetz, sehr langer Abgang, beste Perspektiven, wahrscheinlich der eleganteste Elegy bisher.

Weingut **Hundsdorfer**

Lukas Hundsdorfer
7311 Neckenmarkt, Lange Zeile 10
Mobil 664 150 68 11
info@hundsdorfer.at, www.hundsdorfer.at
20 Hektar, W/R 2/98

Das Weingut Hundsdorfer wurde von Anton Senior und seiner Frau Elisabeth gegründet. Bekannt geworden ist es für seine qualitativ hochwertigen Rotweine. Seit 2019 zeichnet Lukas als Kellermeister und Betriebsführer für die Geschicke des Weingutes verantwortlich. Er absolvierte die Vino-HAK in Neusiedl am See, daran schlossen sich diverse Praktika an. Sein Bruder Anton ist studierter Önologe und Lebensmitteltechnologe, er sammelte nach seiner Ausbildung Erfahrung auf Weingütern im Ausland. Neben seinem Job in der Lebensmittelindustrie unterstützt er die Familie vor allem beim Verkauf und im Marketing.

Die Rotweine gibt es in zwei Ausprägungen. Die traditionelle Linie wird in Edelstahltanks und großen Eichenfässern ausgebaut, die Maischestandzeit ist mit rund 20 Tagen vergleichsweise lang. Die Reserven bleiben 24 Monate in Barriques. Diese Art der Vinifikation dient der Langlebigkeit der Produkte, worauf die Familie großen Wert legt.

Die wichtigste Lage ist der Hochberg, der sich durch intensive Sonneneinstrahlung und ausgesprochen abwechslungsreiche Bodenverhältnisse auszeichnet. Hier ist verwitterter Glimmerschiefer ebenso anzutreffen wie Löss, Braunerde oder Muschelkalk. Das ist für den jungen Winzer ausgesprochen wichtig. „Die Rebsorte Blaufränkisch transportiert den Untergrund besonders gut."

Die heuer zur Verkostung vorgestellten Reserven wirken allesamt natürlich und ungekünstelt. Der Holzeinsatz ist durch die Bank gefühlvoll, die Weine besitzen Spannung, Üppigkeit ist ihnen fremd. Das Preis-Leistungs-Verhältnis ist ausgesprochen fair. Die Weine versprechen eine gute Lagerfähigkeit. Als Primus hat sich der Syrah präsentiert, ein vielschichtiger, trinkanimierender Wein mit kühlem Touch. *ww*

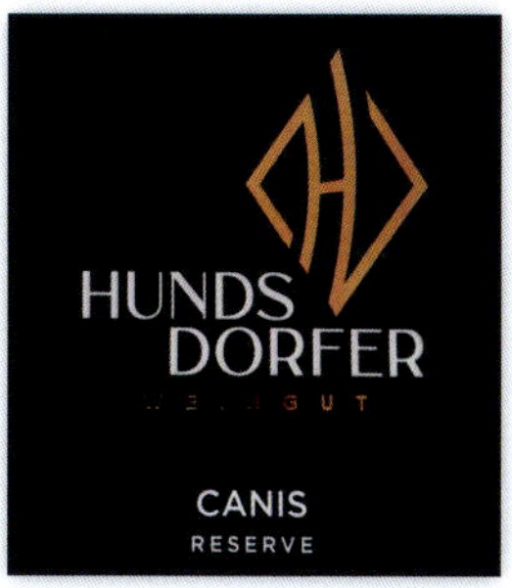

MITTELBURGENLAND DAC

★★★ K €€€ BF
2020 Blaufränkisch Reserve + Glockenklares, klassisch anmutendes Sortenbukett, frische Brombeeren, saftige Kirschen, dezente Würze; aromatisches Dacapo, feingliedrig, belebendes Säurespiel, unaufdringliche Gerbstoffe für präzise Struktur, Trinkfluss bei mittlerer Länge, hauchzarte Würze im Nachhall.

BURGENLAND

★★★ K €€€ ZW
2020 Zweigelt Reserve + Tiefe, dunkle Kirschfrucht, elegante Gewürznoten unterlegt, einladend; viel dunkle Frucht, Tanningrip, Würze, gute Substanz, im Nachhall Mon Chérie und Waldboden, wertiger Zweigelt.

★★★ K €€€ SL
2020 St. Laurent Reserve + Klar nach Kirschen und dunklen Beeren; bringt diese Aromen auch im Geschmack, nur ein Hauch von Holz, zarte Gerbstoffe, frisch, mittlere Länge, ungekünstelt.

★★★★ K €€€ SY TIPP
2020 Syrah Reserve + Gediegenes Sortenbukett, Vogelbeeren, dunkle Frucht à la Brombeeren und Zwetschken, zarte Würze, kühler Touch; saftig, Berge von unplakativer Frucht, Zug, feiner Tanningrip, ausgewogen, feinfühliger Holzeinsatz, ganz zartes Säurespiel, gute Länge, super Trinkfluss.

★★★★ K €€€ ME
2020 Merlot Reserve + Dunkle Beeren, Anklänge von schwarzen Oliven und getrockneten Tomaten, ein Hauch Efeu, elegante Würze angedeutet; präsentiert sich auch im Geschmack so, feiner Tanningrip, lebendig, null Fett, langer Nachhall mit dunkler Frucht und feiner Würze.

★★★ K €€€ CS
2020 Cabernet Sauvignon Reserve + Gelassen, ruhig strömend, reife schwarze Johannisbeeren, winzige Prise getrocknete Kräuter; saftig, Zug, feines Gerbstoffnetz, völlig frei von Üppigkeit, Holz sensorisch kein Thema, lässt der Sorte Platz.

BIO

Iby

Rotweingut

Ing. Anton M. Iby
7312 Horitschon, Am Blaufränkischweg 3
Tel. +43 2610 42292
weingut@iby.at, www.iby.at

40 Hektar, W/R 0/100, 200.000 Flaschen/Jahr

Mittlerweile fühle er sich im großzügigen Betriebsgebäude Am Blaufränkischweg 3 richtig wohl, sagt Anton Iby. „Hier kann ich so kompromisslos vinifizieren, wie ich es mir immer gewünscht habe", erzählt er. „Kräftig, intensiv, elegant und fein, so will ich meinen Wein haben." Großen Wert legt der naturverbundene Tüftler auf Struktur in seinen Weinen. Er ist überzeugt, dass ein guter Wein draußen in den Rieden entsteht. Mit dem Jahrgang 2022 ist er sehr zufrieden, Wassermangel sei kein Problem gewesen, die Säurewerte seien völlig in Ordnung, nur der Falsche Mehltau habe ihn in der zweiten Junihälfte richtig gefordert. Die Frucht sei eine Spur ausgeprägter als 2021. Einer seiner besten Weine bisher stamme aber aus dem Top-Jahr 2019, der Blaufränkisch Quintus Reserve. Der 2020er Chevalier enthält 50 % des Lesegutes, das in den Blaufränkisch Dürrau gekommen wäre, den es in diesem Jahr nicht gibt.
Die Familie verfügt über Anteile an renommierten Lagen. Toni Iby ist bestrebt, deren Charakteristika präzise herauszuarbeiten. Die Ried Rager zeichnet sich durch einen hohen Kalkanteil aus, der Merlot von hier ist betont papriziert. Der Tonmergelboden der Lage Hochäcker ist mit Kies und eisenhaltigen Schichten durchsetzt, was dem Blaufränkisch eine fruchtig-würzige Note verleiht. Die abschüssige Ried Gfanger mit ihrem Oberboden aus sandigem Lehm und einem Unterboden aus Tonmergel fördert die Eleganz der Weine. Das Eisen im Untergrund der Ried Dürrau sorgt für salzige Töne, der Blaufränkisch von hier wird in Fässern aus österreichischer und slawonischer Eiche ausgebaut. *ww*

MITTELBURGENLAND DAC

★★★ G €€€ BF
2021 Blaufränkisch Ried Hochäcker Reserve + Dezent, feingliedrig, reife Kirschen, etwas Kakaopulver, dunkle Waldbeeren, Prise Würze; fein gehalten, Frucht und Würze fein verwoben, zartes Säurenetz, klare Struktur, passende Substanz, trinkanimierend.

★★★★ G €€€ BF
2020 Chevalier Blaufränkisch Reserve + Nobles Bukett, rauchig, dunkle Frucht, Schwarzkirschen, Brombeeren, kühle Kräuterwürze; schließt mit tiefer Frucht an, feinkörnige Gewürznoten eingestreut, dezent rauchig auch im Geschmack, feines Gerbstoffnetz, Anteil aus Ried Dürrau erkennbar.

★★★★ G €€€€€ BF TIPP
2019 Quintus Reserve + (BF) Tiefe Frucht, elegante Würze, feine Eichenaromen, reife Herzkirschen; aromatisches Dacapo, saftige Frucht, Tanningrip, hinten auch Kumquats und Zwetschken, feine Gewürznote im langen Nachhall, Reserven.

★★★★ G €€€€€€ BF TIPP
2018 Blaufränkisch Reserve Ried Dürrau + Lagencharakter, Eisenoxid, dunkelfruchtig, Holz völlig absorbiert, klassische Anmutung auf noble Art; aromatisches Dacapo, mürbe Tannine, null Fett, balanciert, lebendig, lang, erdiges Finish, kühl, fast Understatement, gediegen, orientalische Gewürze im Nachhall.

BURGENLAND

★★★ G €€ BF FUN
2022 Blaufränkisch Weiß Herzenswunsch + Angenehmes Bukett, Würze, grüne Äpfel, bisschen grüne Walnüsse; charmante und frische Frucht, süffig, gute Säure, Mandeln im Abgang, Substanz.

★★ S €€ BF
2022 Blaufränkisch Rosé + Rotfruchtig, Kirschen, zarte Würze, Hauch Hagebutten; fruchtbetont, angenehme Säure, frisch, Hauch von Gerbstoffen, mittleres Gewicht.

★★ S €€ ZW
2021 Zweigelt Classic + Herzhafte Kirschfrucht, Kräuter eingestreut; schließt nahtlos an, angenehme und unauffällige Tannine, zartes Säurespiel gibt Leben.

★★★ S €€ BF
2021 Blaufränkisch Classic + Klassisch geprägtes Sortenbukett, Kirschen, Kräuterwürze, Hauch Waldhimbeeren; kommt auch im Geschmack so, Frucht dominanter als im Bukett, saftig, mittelgewichtig, Trinkfluss.

★★★ G €€€ CR PLV
2021 Big Blend + (65 ZW / ME) Dunkelfruchtig, Schwarzkirschen, Zwetschken, dunkle Beeren, dezent rauchig; viel dunkle Frucht, einige Substanz, ausgewogen, sanfter Schmelz, orientalische Gewürze à la Nelken und Piment klingen lange nach.

Wein-Gut

Iby-Lehrner

Melanie & Michael Lehrner
7312 Horitschon, Hauptstraße 34
Tel. +43 2610 42113
info@iby-lehrner.at, www.iby-lehrner.at
18 Hektar, W/R 5/95, 60.000 Flaschen/Jahr

Von seinem Großvater Paul Iby hat Michael Lehrner in jungen Jahren das Weingut in Horitschon übernommen. Ihm zur Seite steht seine Frau Melanie. Der bescheiden auftretende Winzer hat eine große Leidenschaft, den Blaufränkisch, den er gleichsam als Botschafter der Region sieht. „Diese Rebsorte verkörpert das Gebiet wie keine andere", erklärt er. Sein Fokus ist darauf ausgerichtet, die Böden, auf denen die Reben wachsen, in den Weinen abzubilden. Mittlerweile macht diese autochthone Varietät 70 % der Anbaufläche des Familienbetriebes aus. Die schweren und tiefgründigen Lehmböden in Horitschon sind ideal für Blaufränkisch und sorgen für erdige Würze, Tiefgang und Vielschichtigkeit.
Die alten Reben stehen hoch in Ehren. Jene für den meistverkauften Wein des Hauses, den Blaufränkisch Ried Hochäcker, sind bis zu 30 Jahre alt. Den Rohstoff für den Blaufränkisch Rondo Reserve liefern Weinstöcke, die mehr als 30 Jahre alt sind. Die Trauben kommen aus den beiden Top-Lagen Dürrau und Hochäcker. In den Blaufränkisch Ried Dürrau kommt das Lesegut von 60 Jahre alten Stöcken.
Alle Rotweine werden in Holzfässern ausgebaut, die Basisweine in neutralen Gebinden mit 4000 Litern Inhalt; vergoren wird in der Regel im Stahltank. Die Reserven genießen eine Erziehung in kleinen Eichenfässern, wobei Allier-Barriques ebenso Verwendung finden wie solche aus Amerikanischer Eiche.
Die aktuelle Serie lässt die Handschrift des Winzers erkennen, der großen Wert auf Trinkfluss, Klarheit, Sortentypizität und Herkunft legt. Üppigkeit ist den Weinen fremd. Besonders hervorzuheben sind der Cabernet Sauvignon, der trotz des erkennbar reifen Lesegutes ausgesprochen agil auftritt, sowie der gediegene Blaufränkisch aus der Ried Dürrau, ein Wein mit Tiefgang und Lagencharakter. *ww*

MITTELBURGENLAND DAC

★★★ S €€ BF **PLV**
2021 Blaufränkisch Ried Hochäcker + Ansprechend, auf eine feine Art sortentypisch, Kirschen, Brombeeren, Himbeeren; saftig, zarte Tannine, sympathische Frucht, feine Würze unterlegt, Trinkfluss bei mittlerem Gewicht.

★★★ K €€€ BF **PLV**
2020 Blaufränkisch Rondo Reserve + Nobel, tiefe Frucht, Mon Chérie, Blaubeeren, feinkörnige Gewürze à la Kardamom und Lorbeerblätter; zeigt diese Aromen auch im Geschmack, feiner Tanningrip, Säurespiel, Zug, null Fett, gute Länge, klare Frucht und würzige Noten im Nachhall.

BURGENLAND

★★ S €€ PB
2022 Pinot Blanc – Weißburgunder + Sortentypisch mit Nüssen, hellem Steinobst und gelben Birnen; im Geschmack gibt eine saftige Frucht den Ton an, lebhaft, mittleres Gewicht.

★★ S €€ ZW
2021 Zweigelt Classic + Schwarzkirschen, frisch, glockenklar; Kirschen dominieren auch den Geschmack, feines Säurespiel, lebhaft, zugänglich.

★★★ K €€€ SY
2019 Syrah Reserve + Rote und dunkle Beeren, Gewürzaromen, getrocknete Lorbeerblätter, Wacholderbeeren, Anklänge von Piment; Frucht dominiert, präsente Gerbstoffe ohne Härte, feine Würze und belebendes Säurespiel, frei von Üppigkeit, gute Länge.

★★★★ K €€€€ CS **TIPP**
2019 Cabernet Sauvignon + Druckvoll, reife Cassisbeeren, feine Gewürzaromen, tief im Glas Zwetschken und Dörrpflaumen; viel reife Frucht, zartestes Säurespiel, frisch, feiner Tanningrip, im Finish und im langen Nachhall neben dunkler Frucht Anklänge von dunkler Schokolade und Kakaopulver.

★★★★ K €€€€ BF
2019 Blaufränkisch Kaporjan + Betont würzig, fast salzige Bodentöne, dunkle Beeren, alles fein angelegt; frische Frucht, Zug, feines Gerbstoffnetz, elegante Gewürzaromen, auch im Finish und im Nachhall Boden zu erkennen, gediegen.

★★★★ K €€€€€ BF **TIPP**
2019 Blaufränkisch Ried Dürrau + Druckvoll, Schwarzkirschen, Brombeeren, noble Würze; aromatisches Dacapo, lebhaft mit Tiefgang, feines Gerbstoffnetz und zartes Säurespiel geben Struktur, glockenklar, im langen Nachhall frische Frucht, Boden und Würze, Finesse vor Wucht.

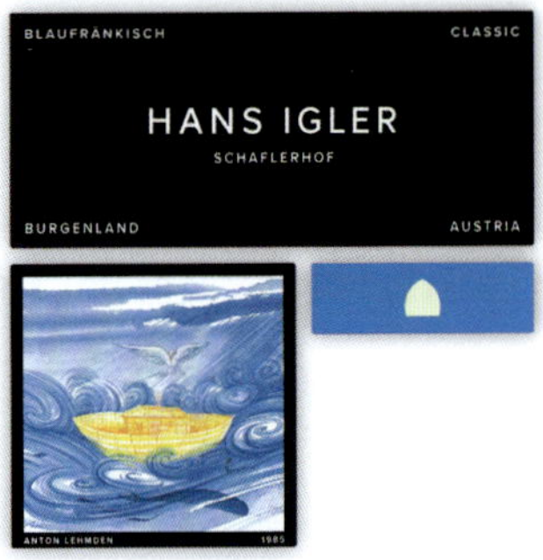

Weingut
Hans Igler

Clemens Reisner
7301 Deutschkreutz, Schaflerhof 1
Tel. +43 2613 8036560
info@hans-igler.com, www.hans-igler.com
35 Hektar, W/R 2/98, 200.000 Flaschen/Jahr

Im Jahr 2021 hat Clemens Reisner gemeinsam mit seiner Frau Anna das Weingut von seinen Eltern übernommen. Gegründet hat es sein Großvater Hans Igler, der sich vor rund 50 Jahren einen Namen als verlässlicher Produzent hochwertiger Rotweine gemacht hatte. Die Verantwortung für die Produktion wurde dem jungen Mann bereits 2010 übertragen. Vorher hat er im Anschluss an seine Ausbildung Praktika in Frankreich und in Australien absolviert.
2004 haben seine Eltern den Schaflerhof gekauft, den altehrwürdigen Vierkanthof des unmittelbar danebenliegenden Schlosses Deutschkreutz, weil der ursprüngliche Betriebssitz aus allen Nähten geplatzt ist. Die bauliche und technische Instandsetzung war aufwendig, sie hat sich bis in den Herbst 2008 hingezogen. Das Ergebnis kann sich sehen lassen.
Das Aushängeschild des Weingutes ist die Cuvée Ab Ericio, die es im Jahrgang 2020 nicht gibt, weil die Qualität den Vorstellungen der Familie nicht entsprochen hat. Die heuer verkosteten Weine präsentieren sich völlig ungekünstelt, kompakt und präzise. Schon der Blaufränkisch von der Ried Hochberg als Basiswein mutet wertig an. Überhaupt stellt der Winzer bei dieser Rebsorte Finesse vor Wucht. Gediegen tritt der Blaufränkisch C13 auf, ein eleganter und gleichsam zeitloser Wein mit Tiefgang und bemerkenswertem Trinkfluss.
Der Schaflerhof bietet sich als Veranstaltungsort für Hochzeiten und Events aller Art wie Tagungen an. Das Ambiente im luftigen ersten Obergeschoss mit Blick auf das darunterliegende Barriquelager ist einzigartig, das ist Feiern über Weinfässern sozusagen. *ww*

MITTELBURGENLAND DAC

★★★ S €€ BF PLV
2020 Blaufränkisch Ried Hochberg + Klassisches Sortenbukett, hochreife Kirschen, feine Würze, Hauch dunkle Schokolade, wertige Anmutung; viel Frucht, zarte Würze, präsente Gerbstoffe ohne Härte, dunkelfruchtiger Abgang mit betonter Würze und einer Prise Kakaopulver, wirkt völlig ungekünstelt.

★★★★ K €€€€ BF TIPP
2020 Blaufränkisch Reserve Ried Biiri + Auf eine elegante Weise sortentypisch, feinkörnige Gewürze, reife Waldbrombeeren, Kirschen, ein Hauch Sandelholz; aromatisches Dacapo, feines Gerbstoffnetz, elegant, Tiefgang, freundlich, super Trinkfluss, im Nachhall auch ein Hauch Kumquats, Finesse vor Wucht.

BURGENLAND

★★★★ K €€€ CH
2020 Chardonnay Ried Goldberg + Ruhig, reife gelbe Frucht à la Quitten und Birnen, ganz dezente Gewürzaromen; viel Frucht, Schmelz, kräftig, Zug, hinten auch Anklänge von Dörrobst, Prise Gerbstoffe, lang, sympathisch.

★★ S €€ BF FUN
2022 Blaufränkisch Rosé + Ganzer Fruchtkorb, Kirschen, Waldhimbeeren, Anklänge von frischen Pflaumen; bringt diese Aromen auch im Geschmack, gute Länge, nur ein Hauch von Tanninen, Pflaumen und saftige Kirschen klingen nach.

★★★★ K €€€€ CS
2020 Cabernet Sauvignon Ried Kart + Reife Cassisbeeren, Hauch dunkler Tabak, tief im Glas orientalische Gewürze à la Piment sowie getrocknete Lorbeerblätter; diese Aromen prägen auch das Geschmacksbild, Tanningrip, fest strukturiert, lang, schwarze Johannisbeeren und würzige Noten klingen nach.

★★★★★ K €€€€€ BF TOP
2017 Blaufränkisch C13 + Konsolidiertes Bukett, ruhig strömend, Waldboden, Unterholz, dunkle Frucht, Brombeeren, Anklänge von Zwetschken und Kirschen, elegante Würze; bringt diese vielschichtige Aromatik auch auf dem Gaumen, reife Gerbstoffe geben Struktur, feiner Grip, Säurespiel, Frucht und Würze klingen lange nach, ausgesprochen elegant, ein Sir.

Weingut
Josef Igler

Inh. Melitta Igler
7301 Deutschkreutz, Hauptstraße 59-61
Tel. & Fax +43 2613 80213
info@igler-weingut.at, www.igler-weingut.at

Josef Igler ist als Winzer ein Quereinsteiger. Das Weingut gehört zu den aufstrebenden Betrieben im Mittelburgenland. Das Sortiment ist übersichtlich, die Preise sind sehr fair kalkuliert. Josef Igler und seine Frau Melitta verfügen über Anteile an renommierten Lagen wie Goldberg, Satz, Hochberg oder Mitterberg. Der Fokus liegt auf Blaufränkisch, für Josef Igler ganz klar die wichtigste Rebsorte. Dieser Varietät widmet er sich mit Hingabe, seit er Wein macht. Die Komplementärsorten Merlot und Cabernet Sauvignon ergänzen die von Blaufränkisch dominierte Cuvée Maximus. Der im großen Holzfass ausgebaute Basiswein „Cuvée Classic" enthält neben Blaufränkisch auch Zweigelt und St. Laurent. Beim Wein mit der Bezeichnung „Reserve" handelt es sich um einen reinsortigen Blaufränkisch aus alten Reben, der ein Jahr im Barrique ausgebaut wurde. Abgerundet wird das Portfolio durch einen sortenaffinen, ansprechenden und klassisch gehaltenen Sauvignon Blanc und den trinkanimierenden „Rosé Secco".

Das Flaggschiff des Betriebes nennt sich schlicht „Joe No 1", eine Blaufränkisch-Selektion aus den ältesten Reben der Rieden Goldberg, Satz und Hochberg, für zwölf Monate in Barriques aus französischer Eiche ausgebaut und 18 Monate in der Flasche gereift. Für diesen Wein nimmt sich der Winzer besonders viel Zeit, aktuell im Verkauf ist der Jahrgang 2017.

Die Weine von Josef Igler sind authentisch, sehnig und frei von Üppigkeit. Die aktuelle Serie zeigt viel Frucht, ohne im Entferntesten anbiedernd zu wirken. Finesse steht vor Wucht, alles Blendwerk ist ihnen fremd. *ww*

BURGENLAND

★★ K €€ SB
2021 Sauvignon Blanc + Klassisches Sortenbukett, grünblättrige Noten à la Buchsbaum und Cassislaub, zarte Anklänge von grünem Paprika und Cassisbeeren; präsentiert sich auch auf dem Gaumen so, frisch, knackig, Säurespiel, im Nachhall auch Zitrus.

★★★ S €€ CR
2019 Cuvée Classic + (BF/ZW/SL) Berge von dunkler Frucht, Schwarzkirschen dominieren, dezent rauchig, würzige Noten vom Holz; saftig, sehnig, Zug und Säurespiel, präsente Gerbstoffe ohne Härte, mittleres Gewicht, viel Wein fürs Geld.

★★★ K €€€ BF PLV
2019 Reserve + (BF) Wertige Anmutung, Brombeeren, Kirschen, Gewürze, getrocknete Kräuter, Kakaopulver; schließt mit diesen Aromen nahtlos an, feingliedrig, Tiefgang, Gerbstoffnetz, Säurespiel gibt Leben, gute Länge, feinfühliger Holzeinsatz.

★★★★ K €€€ CR PLV
2019 Maximus + (BF/ME/CS) Nobles und ansprechendes Potpourri aus dunklen Früchten und Würze à la frische Lorbeerblätter und Wacholderbeeren, dezent rauchig; Waldbeeren, Tanningrip, zartes Säurerückgrat, Holzaromen zur Untermalung, Zug, null Fett, würzig und dunkelfruchtig im langen Nachhall.

★★★★ K €€€€€ BF TIPP
2017 Joe No. 1 + (BF) Gediegen, dunkle Frucht, Kirschen, dunkle Erdbeerschokolade, Lorbeerblätter, Wacholderbeeren, ätherische Einsprengsel, Anklänge von Walnüssen, tief im Glas getrockneter Liebstöckel; druckvoll, kompakt, Aromen vom Bukett kommen wieder, reifes Gerbstoffnetz, feines Säurerückgrat, Holz perfekt integriert, in keiner Phase schwerfällig, ausgewogen, im langen Nachhall feine Würze, authentisch, kein Blender.

ÖSTERREICH

★★ K €€ CR
NV Rosé Secco + Freundlich, rotfruchtig, Himbeeren, Ribisel, Kirschen; viel einladende Frucht auch im Geschmack, zugänglich und trinkanimierend, angenehme Restsüße, unaufdringliche Perlage.

Weingut
Kerschbaum

Michael Kerschbaum
7312 Horitschon, Hauptstraße 111
Tel. +43 2610 42392, Fax -40
weingut@kerschbaum.at, www.kerschbaum.at
40 Hektar, W/R 1/99

Paul Kerschbaum hat das Weingut zu einem Leitbetrieb im Mittelburgenland gemacht, bereits in den Neunzigerjahren galt er als Produzent hervorragender Rotweine. Seit einigen Jahren führt sein Sohn Michael den Familienbetrieb. Er befasst sich auch mit Weißwein, einem Chardonnay und einen Grünen Veltliner. Die aktuellen Jahrgänge haben wir letztes Jahr vorgestellt, ihre Nachfolger waren zum Verkostungszeitpunkt noch nicht fertig.

Neu im Programm ab dem Jahrgang 2019 ist die rote Cuvée „Opera", eine Melange aus Blaufränkisch und Merlot. Dieser Wein schließt qualitativ und preislich die Lücke zwischen der Basislinie und den Lagenweinen. Er wurde innerhalb kürzester Zeit sehr gut angenommen, auch in der Gastronomie.

Mit dem Jahrgang 2022 ist die Familie sehr zufrieden. Die Reben haben die Hitze gut überstanden, was sowohl an den Böden als auch am Alter der Stöcke liegt; sie sind teilweise 40 bis 70 Jahre alt. Auch die Menge war in Ordnung. Aktuell im Verkauf sind die Rotweine aus 2020. Sie sind präzise und klar strukturiert, der Holzeinsatz ist auch bei den Top-Produkten gefühlvoll, Üppigkeit sucht man hier vergebens. Im Vergleich zum Vorgängerjahr ist die Säure etwas geringer, die Frucht ist präzise und klar. Allerdings gibt es aus diesem Jahr keine Cuvée Paul Kerschbaum, weil der Cabernet Sauvignon, aus dem dieser Wein neben Merlot zur Hälfte besteht, nicht den hohen Qualitätsvorstellungen der Familie entsprochen hat. Diese Bordeaux-Cuvée ist eine Hommage an den Senior des Hauses.

Mit dem Jahrgang 2019 hat Michael einen lange gehegten Wunsch in die Tat umgesetzt: Nennenswerte Mengen von Weinen werden auf Lager gelegt, um in einigen Jahren gereifte Rotweine anbieten zu können. Die Nachfrage nach solchen Produkten sei zunehmend. *ww*

BURGENLAND

★★ S €€ ZW
2020 Zweigelt + Frische und satte Kirscharomen, dahinter Anklänge von Brombeeren und Heidelbeeren, hauchzarte Würze tief im Glas; präsentiert sich auch auf dem Gaumen so, lebendig dank eines feinen Säurespiels, unaufdringliche Gerbstoffe, Holz sensorisch kein Thema.

★★★ S €€ BF **PLV**
2020 Blaufränkisch + Für die Basislinie ungewöhnlich fein, Kirschen, Brombeeren, zarte Würze; saftig, feines Säurerückgrat, lebendig, viel Frucht, zart gewebtes Gerbstoffnetz, mittleres Gewicht.

★★★ S €€ BF **PLV**
2020 Blaufränkisch Ried Hochäcker + Elegantes und unaufdringliches Sortenbukett, Schwarzkirschen, zarteste Anklänge von Mon Chérie, Prise Kräuter und ein Hauch von dunklen Beeren; entwickelt Zug, lebendig, in keiner Phase langweilig, frei von Üppigkeit, mittelgewichtig, Boden kommt durch, Trinkfluss, fairer Preis.

★★★ K €€€ CR
2020 Opera + (BF/ME) Feingliedrige und ausgewogene Melange aus dunkler Beerenfrucht und Gewürznoten à la Piment und Nelken, winzige Prise getrocknete Kräuter; zeigt diese Aromatik auch auf dem Gaumen, feiner Tanningrip, ausgewogen, null Fett, mittlere Länge, zum Trinken animierend.

★★★★ K €€€€ BF **TIPP**
2020 Blaufränkisch Ried Dürrau + Elegante Bodentöne, innig verwobene Fruchtaromen à la Kirschen, Brombeeren und ein Hauch Orangen, zarteste Gewürznoten, Prise Kakaopulver; saftig, fruchtbetont und einladend, führt die feine Klinge, zartes Gerbstoffnetz, unaufdringliche Säure gibt Leben und Pikanz, im Abgang und im Nachhall kommt wieder der eisenhaltige Boden durch.

★★★★ K €€€€€ CR **TIPP**
2020 Cuvée Impresario + (60 BF / 20 ZW / 15 ME / CS) Blaufränkisch gibt mit Kirschen und Brombeeren den Ton an, ätherische Würze, Kakaopulver, tief im Glas reife Cassisbeeren angedeutet; druckvoll ohne Üppigkeit, Zug, reife Frucht, Schmelz, ausgewogen, zugänglich, reife Gerbstoffe geben Struktur, im langen Nachhall Frucht und Würze vom gefühlvoll eingesetzten Holz.

Weingut
K+K Kirnbauer

7301 Deutschkreutz, Rotweinweg 1
Tel. +43 2613 89722
kirnbauer@phantom.at, www.phantom.at
45 Hektar, W/R 10/90, 250.000 Flaschen/Jahr

Weithin sichtbar thront das Weingut auf einem Hügel über Deutschkreutz. Große Bekanntheit erlangt hat die Familie Kirnbauer durch das Phantom, eine Cuvée aus Blaufränkisch, Merlot, Cabernet Sauvignon und Syrah. Der Konquest, ein reinsortiger Cabernet Franc, ist im Handumdrehen ausverkauft. Der erste biozertifizierte Wein im Verkauf ist der Wilde Wilde White. Sehr gefragt ist auch der Bordeaux-Blend Forever, der erfahrungsgemäß ein paar Jahre Flaschenlagerung braucht. Syrah und Merlot gibt es zukünftig nicht mehr sortenrein, diese Weine fließen nun in das Phantom bzw. in den Forever. Die Einzellagen-Selektion vom Blaufränkisch, die „Royal Selection", Jahrgang 2019, ist noch im Verkauf; vorgestellt haben wir diese Serie bereits letztes Jahr.

Beim Ausbau seiner Rotweine setzt der Betrieb auf kleine Eichenfässer. Die Harmonie von Wein und Holz stehe über allem, erklärt Markus Kirnbauer.

Das Obergeschoss des Betriebsgebäudes wurde einem neuen Verwendungszweck zugeführt. Die großzügigen Räume wurden mit Eiche aus dem eigenen Girmer Wald eingerichtet, sie bieten Platz für 110 Personen und noch einmal so viel auf der Terrasse. Das „Rooftop" bietet sich für Hochzeiten, Tagungen und Ähnliches an. *ww*

MITTELBURGENLAND DAC

★★★★ K €€€€ BF
2020 Blaufränkisch Gold Reserve + Kühl, dunkle Würze, Wacholderbeeren, Lorbeerblatt, Eukalyptus, Brombeeren, Schwarzkirschen; präzise, Aromen vom Bukett kommen wieder, null Fett, zartes Säurerückgrat, gute Länge, Trinkfluss.

BURGENLAND

★★ S € CW
2022 Wilde Wilde White + (RI/SB) Weiße Johannisbeeren, Litschi, Pfirsiche, feine Kräuterwürze unterlegt; Pfirsicheistee, saftig, einladend, Säurespiel, mittelgewichtig, Pfirsich klingt lange nach.

★★★ S €€€ CH
2021 Chardonnay Zwickl + Dezente Holzaromen, kalkiger Boden kommt durch, Prise Kräuter, gelbe Birnen; diese Aromen kommen auch im Geschmack, daneben Anklänge von grünen Oliven, sanfter Schmelz, lebendig, gute Substanz, Prise Salz im Finish.

★★★ S € CR PLV
2020 K+K Cuvée + (BF/ZW/CS/ME/SY) Frucht gibt den Ton an, anfänglich winzige Prise Eiche, feine Würze; vielschichtige Frucht-Würze-Aromatik, unaufdringliche Tannine, zarte Säure, ausgewogen, trinkanimierend.

★★★ S €€ BF
2020 7301 Blaufränkisch + Sortentypisch, glockenklar, Kirschen, Brombeeren, feine Würze, Anis; klassisch auch im Geschmack, Holz nur angedeutet, mittleres Gewicht.

★★★ K €€€ ZW
2020 Zweigelt Girmer Reserve + Dunkelfruchtig, druckvoll, würzig, Schwarzkirschen, tief im Glas Heidelbeeren und Wacholder; viel Frucht, Hauch Kokos, Schokolade, elegante Würze eingestreut, feines Säurespiel, einiger Druck, lang, dunkle Würze klingt nach.

★★★★ K €€€€ CR PLV
2021 Das Phantom + (39 BF / 31 ME / 15 CS / 8 CF / SY) Dunkle Beeren, Cabernet kommt durch, getrocknete Kräuter, Hauch schwarze Oliven und Jod, Prise Kakaopulver; vielschichtige Frucht- und Würzearomen, markanter Tanningrip, Säurespiel, lebendig, lang, ausgewogen, wirkt noch recht jung.

★★★ K €€€€ ME
2020 Merlot Reserve + Betont salzig, Paradeiserkraut, schwarze Oliven, Walderdbeeren, Hauch Nougat und geröstete Haselnüsse; super saftig, fernab jeder Schwerfälligkeit, quicklebendig, die Aromen vom Bukett finden sich wieder, gute Länge.

★★★★ K €€€€€ CF TIPP
2020 Konquest + (CF) Elegant, kühler Aromenmix, dunkle Beeren, schwarzer Kardamom, Cassis, Teeblätter; sehnig-kraftvoll, feines Säurespiel, Gerbstoffnetz, schwarze Oliven, lang, nie langweilig.

★★★★ K €€€€€€ CR TIPP
2019 Forever + (45 ME / 38 CS / CF) Noble Anmutung, dunkle Aromatik, Würze, Beeren, Zedernholz, subtil nach schwarzen Oliven, tief im Glas Muskatnuss; aromatisches Dacapo, feiner Tanningrip, lebhaft, klar strukturiert, bar jeder Üppigkeit, im Finish reife Cassisbeeren und Kakaopulver, große Länge, Lagerreserven.

ÖSTERREICH

★★ S €€ CR FUN
NV Pink Pearls + (90 SL / BF) Zwiebelschalenfarbig; sympathisch, rotfruchtig, Walderdbeeren, einladend; Beerennote auch im Geschmack, unaufdringliche Perlage, trinkanimierend.

Rotweine
Lang

Andrea & Stefan Lang
7311 Neckenmarkt, Herrengasse 2
Tel. +43 2610 42384, Fax -6
office@rotweinelang.at, www.rotweinelang.at

30 Hektar, W/R 0/100

Stefan und Andrea Lang haben ihr Weingut zu einem Leitbetrieb gemacht. Nun ist auch ihr Sohn Stefan Andreas, Jahrgang 2000, voll eingebunden. Der junge Mann ist für den Keller zuständig, die Linien „Liebe“ und „Rosé“ hat er weiterentwickelt. Auch im Weingarten sei er der Chef, sagt Andrea.

Die Familie Lang hat sich dem Rotwein verschrieben. Leitsorte ist der Blaufränkisch, aber auch mit Cuvées weiß man hier hervorragend umzugehen. Die Basislinie nennt sich „classic“. Sie zeichnet sich durch Sortentypizität und einen attraktiven Preis aus. Diese Weine reifen im großen Holz und in mehrfach befüllten Barriques. Darüber wurde die Linie „ECHT LANG“ mit einem überzeugenden Preis-Leistungs-Verhältnis eingeschoben; die Feinheit des Blaufränkisch ist ungewöhnlich für diese Klasse. Die Premiumweine sind ausgesprochen feingliedrig, ihnen sind Finesse und Trinkfluss zu attestieren. Das Gerbstoffmanagement ist ein besonderes Anliegen von Stefan & Stefan, penibel drehen sie an den Stellschrauben.

Die Weine der aktuellen Basislinie muten klassisch an, zeigen klare Frucht und sind gleichsam selbsterklärend. Der dunkelfruchtige Fusion One ist ausgesprochen fair kalkuliert. Richtig elegant präsentiert sich der L1. Wiederum eine Klasse für sich ist der 2019 Lang Grande Reserve V-MAX, ein vielschichtiger und eleganter Wein mit Tiefgang, der sich noch extrem jung präsentiert. Ein richtiger Spaßwein ist der Blaufränkisch Rosé. Der „verrückte“ Sekt „Cést fou“ ist dank seiner trinkanimierenden Dosage sehr zugänglich.

Die limitierte und nur auf Reservierung erhältliche Cuvée „Raue Liebe“ reift 42 Monate in kleinen französischen Eichenfässern, die dann zur Sommersonnenwende für ein weiteres Jahr in der Erde vergraben werden. Die ausgelesenen Trauben stammen aus den besten Rieden des Weingutes. *ww*

MITTELBURGENLAND DAC

★★★ S €€ BF
2021 Blaufränkisch classic + Kirschen und Brombeeren, sortenaffine Würze, klassisch; auch im Geschmack so, angenehme Gerbstoffe, mittlere Länge.

★★★★ K €€€ BF TIPP PLV
2020 L1 Blaufränkisch Reserve + Satte dunkle Frucht, Herzkirschen, Blaubeeren, Waldbrombeeren, elegante Würze; aromatisches Dacapo, fein, Frucht gibt den Ton an, zartes Gerbstoffnetz, ausgewogen, im langen Nachhall auch dezente Gewürznoten.

BURGENLAND

★★ S €€ CR FUN
2022 Der Rosé Lang + Freundlich, charmant, Kirschen, Johannisbeeren, ganz zarte Würze; schließt nahtlos an, zugänglich, feine Säure, passende Substanz, Trinkfluss.

★★ S €€ SL
2021 St. Laurent classic + Saftige Kirschen, zarteste Anklänge von frischen Kräutern; Kirschen, Sauerkirschen, feine Säure und unaufdringliche Gerbstoffe, glockenklar, sortentypisch, Kirschen im Nachhall.

★★★ S €€ BF
2021 Blaufränkisch ECHT LANG + Für diese Liga ungewohnt feingliedrig, frische Brombeeren, Kirschen, würzig; schließt mit diesen Aromen nahtlos an, feine Klinge auch auf dem Gaumen, glockenklar, klassische Anmutung.

★★★ K €€ BF
2021 Blaufränkisch Vitikult + Wertige Anmutung, Herzkirschen, Hauch dunkle Schokolade, Mon Chérie, feinkörnige Gewürze; diese Aromatik prägt auch den Geschmack, feingliedrig, zarte Gerbstoffe, animierendes Säurespiel, gute Länge.

★★★ K €€€ CR PLV
2021 Fusion One + (85 ME / BF) Dunkle Beeren, Lakritze, ausgewogen; balanciert, einladende Frucht, feinfühliger Holzeinsatz, Schmelz, trinkanimierend.

★★★★ K €€€€ CR
2020 Excelsior + (BF/CS/ME/SY) Nobel, ansprechende Melange aus dunkler Frucht, Würze und Sandelholz; aromatisches Dacapo, elegant strukturiert, Holz im Geschmack etwas deutlicher als im Bukett, zartes Gerbstoffnetz, ausgewogen bei guter Länge, rauchiger Nachhall.

★★★★★ K €€€€€ BF TOP
2019 Lang Grande Reserve V-MAX + (BF) Vielschichtiges, von eleganter Frucht dominiertes Bukett, dunkle Beeren, Zwetschken, Anklänge von Mandarinenzesten, hauchzarte Würze; schließt mit diesen Aromen nahtlos an, Tanningrip, Substanz ohne Üppigkeit, Zug, im Abgang und im langen Nachhall getrocknete Lorbeerblätter neben dunkler Frucht und rauchigen Noten, noch sehr jung, beste Perspektiven.

© ÖWM / Peter Kramar

Weingut
Pfneisl

Gerhard Pfneisl
7301 Deutschkreutz, Karrnergasse 30-32
Tel. +43 2613 80048
wein@weingut-pfneisl.at, www.weingut-pfneisl.at
23 Hektar, W/R 10/90

Gerhard Pfneisl ist ein Tüftler, der die Zusammenhänge hinterfragt, analysiert und dann seine Entscheidungen trifft. Sein Keller in der Karrnergasse ist state of the art. Tochter Lisa Kölly-Pfneisl ist schon vor einigen Jahren in den elterlichen Betrieb eingestiegen. Sie und ihr Vater bilden ein schlagkräftiges Duo, das kompromisslos an der Qualität und an der Eigenständigkeit der Weine arbeitet. Sie legen auch großen Wert auf geringe Histamingehalte; nicht selten liegen diese biogenen Amine unter der Nachweisgrenze. Das Sortiment ist gegliedert in die Linien Pepper Range, Offspring Series, Monovarietals sowie Blends. Die Basisweine werden im Stahltank ausgebaut, die Lagenweine und die Premiumcuvées reifen bis zu 36 Monate in kleinen oder großen Eichenfässern. Angebaut werden die in Österreich heimischen Rebsorten Blaufränkisch, Zweigelt und St. Laurent, daneben die internationalen Varietäten Merlot, Shiraz, Cabernet Sauvignon, Cabernet Franc und Pinot Noir sowie die weißen Sorten Viognier, Gelber Muskateller und Grüner Veltliner. Die Spitze bei den Cuvées bilden Platinum, Pentagon, Hexenberg und EGO sum vitis vos palmites, kurz Ego. Dieser Wein mit biblischem Namen wurde 2019 anlässlich der Eröffnung des neuen Betriebsstandortes erstmals präsentiert.

Der Großteil der Weingärten befindet sich innerhalb der Gemarkungen von Deutschkreutz. Der Hexenberg jedoch ist eine Exklusivlage der Familie im rund 18 Kilometer entfernten Kleinmutschen.

Die heuer verkosteten Basisweine sind zugänglich und zeigen ein attraktives Preis-Leistungs-Verhältnis. Sie wirken in keiner Phase gekünstelt. Warum die Rotweine des Spitzensegments vergleichsweise spät in den Verkauf kommen, ist nachvollziehbar. Der aus Cabernet Sauvignon und Merlot komponierte Ego zum Beispiel hat seinen Höhepunkt noch längst nicht erreicht, diesem Wein sollte man zumindest zwei bis drei Jahre Flaschenlagerung gönnen. Als Punktlandung ist der Blaufränkisch Reserve Ried Altes Weingebirge, Jahrgang 2019, zu bezeichnen, ein ausgesprochen eleganter Sortenvertreter, der von allem genug, aber von nichts zu viel hat. Dieser Wein ist neu im Sortiment. *ww*

MITTELBURGENLAND DAC

★★★★ K €€€€€ BF TIPP
2019 Blaufränkisch Reserve Ried Altes Weingebirge + Eleganter Bodenton, distinguiert, reife Kirschen, Brombeeren, Cranberries, Pflaumen, feine Würze, Lakritze, Toffee; noble Fruchtaromen geben den Ton an, zarte Würze eingestreut, feines Säurespiel, Toffee, feinfühliger Holzeinsatz, null Fett, Trinkfluss, Prise Kaffeebohnen und Gewürze im langen Nachhall. Legt mit viel Luft noch zu.

BURGENLAND

★★ S €€ ZW
2021 Zweigelt + Glockenklar, frische Kirschen, winzige Prise Pfeffer; saftig, eine Spur würziger als im Bukett, zugänglich, unauffällige Gerbstoffe, mittelgewichtig.

★★★ S €€ CR PLV
2021 Black Pepper + (SY/ME/ZW) Dunkel getönt, Waldbeeren, Kirschen, mediterran anmutende Würze; dunkelfruchtig, feiner Tanningrip, passendes Säurespiel, gute Substanz, ausgewogen.

★★★ S €€ BF
2020 Blaufränkisch Liz' Churchill + Brombeeren, Kirschen, Schlehen und Kakaopulver, zarte Würze; saftig, glockenklarer und unverfälschter Sortenausdruck, unaufdringliche Gerbstoffe, balanciert bei mittlerem Gewicht.

★★★ K €€ CS
2020 Cabernet Sauvignon + Dunkelfruchtig, kompakt, reife schwarze Johannisbeeren, Prise getrocknetes Cassislaub; Berge von dunkler Frucht, fest strukturiert, reife Gerbstoffe, im Finish und im langen Nachhall Würze à la Lorbeerblätter, Pfeffer und Cassis.

★★★ K €€€ ME
2020 Merlot Joe's Playground + Dunkle Waldbeeren, Zwetschken, Prise Kräuterwürze; zugänglich, viel Frucht, angenehme Tannine, kraftvoll, im fruchtig-würzigen Abgang Lehmboden zu erkennen.

★★★ K €€€ CR PLV
2021 Platinum + (BF/ME/SY) Ruhig strömend, ausgewogen, viel dunkle Frucht à la Brombeeren und Kirschen, feinkörnige Würze; aromatisches Dacapo, zugänglich, reifes Gerbstoffnetz, zartes Säurespiel gibt Frische und Trinkanimo, gute Länge.

★★★★ K €€€€€ CR TIPP
2020 Ried Hexenberg + (ME/SY) Ausgewogen, elegant, viel dunkle Frucht à la Schwarzkirschen und Zwetschken, Mon Chérie, ein Hauch von getrockneten Tomaten und frisch gemahlenem Mohn; schließt aromatisch nahtlos an, reifes Gerbstoffnetz, noble Textur, feinfühliger Holzeinsatz, im Abgang und im langen Nachhall elegante Gewürznoten.

★★★★ K €€€€€ CR
2019 Ego + (CS/ME) Dezent rauchig, viel dunkle Frucht, Prise Tomatenrispen und Kakaopulver, mit Luft Anklänge von Bitterorangen; schließt aromatisch nahtlos an, Frucht gibt den Ton an, im Finish wieder Würze, klare Struktur, Kraft ohne Üppigkeit, Tanningrip, lang, Reserven.

★★★★ K €€€€ CF TIPP
2019 Offspring Black + (CF) Feingliedrig, kühl, dunkle Beeren à la Cassis, Prise grünblättrige Würze, Waldhimbeeren, florale Akzente, feinste Holznote; zeigt auch im Geschmack diese Aromen, hinten auch Zartbitterschokolade, elegantes Säurespiel, sehnig ohne Wucht bei guter Länge.

Rotweingut
Prickler

7361 Lutzmannsburg, Birkenhain 1
Tel. +43 2615 87742, Fax -40
rotweingut@prickler.at, www.prickler.at
W/R 5/95

Herbert Prickler hat das Weingut gemeinsam mit seiner Frau Elfi in den 1980er-Jahren gegründet, praktisch aus dem Nichts, wie er sagt. Mittlerweile führt die zweite Generation Regie. Kellermeister Christian wird vom Senior unterstützt, Christina obliegen das Marketing, die Kundenbetreuung und das Büro. René Prickler ist immer da, wenn man ihn braucht. Für die Weingärten zeichnet noch immer Elfi Prickler verantwortlich. Ihr Credo: „Ein Rebstock muss sich wohlfühlen, ein gesundes Umfeld haben." Die Reben stehen auf dem Lutzmannsburger Hochplateau, wo sie unter günstigen mikroklimatischen Bedingungen ihre Wurzeln in einen Boden aus Lehm, Tonmergel, Tegel und Quarzsanden treiben. Die Familie hat hier Blaufränkisch, Zweigelt, Merlot, Pinot Noir, Cabernet Sauvignon und Welschriesling ausgepflanzt.

Die Pricklers fühlen sich der Lutzmannsburger Tradition verpflichtet; dieser Ort ist die älteste urkundlich erwähnte Weinbaugemeinde des Burgenlandes. Der Betrieb ist nach dem neuesten Stand der Technik ausgerüstet. Im Jahr 2021 wurde ein neuer, lichtdurchfluteter Verkostungsraum in Betrieb genommen, der auch für Veranstaltungen und Präsentationen zur Verfügung steht.

Die Basisweine der aktuellen Serie sind glockenklar, fruchtbetont und sortentypisch. Sehr gelungen ist der Pinot Noir, sortenaffin und trinkanimierend ohne jegliche Schwere. Betont elegant wurde der Grand Pri' vinifiziert. In die gleiche Kerbe schlägt der Blaufränkisch Reserve aus 2019, der das kleine Holz völlig absorbiert hat und in seiner Art klassisch auf hohem Niveau anmutet. Und die Preisgestaltung ist wirklich fair. *ww*

MITTELBURGENLAND DAC

★★ S € BF
2021 Blaufränkisch Classic + Einladend, durchaus ernsthaft, Kirschen, Brombeeren, Kräuter, bisschen Pfeffer; saftig, frisch, unaufdringliche Gerbstoffe, sortentypisch, mittlere Länge.

★★★★ K €€€ BF TIPP
2019 Blaufränkisch Reserve + Eleganter Sortenausdruck, Holz perfekt integriert, tiefe Frucht, feine Würze; schließt aromatisch nahtlos an, feines Säurerückgrat, filigrane Frucht, zartes Gerbstoffnetz, Holz erst im langen Abgang zu erkennen, klassisch anmutend auf hohem Niveau.

BURGENLAND

★★ S € BF
2022 Blaufränkisch Rosé + Sanft, einladend, rotfruchtig, winzige Prise getrocknete Kräuter; saftig, Kirschen, hauchzarte Kohlensäure, trinkanimierend, Gerbstoffe nur zu erahnen.

★★ S € ZW
2022 Zweigelt Classic + Glockenklare Frucht, saftige Kirschen, Würzenoten angedeutet; herzhaft kirschfruchtig, sanftes Säurespiel, trinkanimierend bei mittlerem Gewicht.

★★★ S € BF
2021 Blaufränkisch Ried Alt Satz + Ruhig, fein, Kirschen, Brombeeren, Hauch Himbeeren, zarte Würze; Säurespiel gibt Leben, Frucht vom Bukett auch im Geschmack, unaufdringliche Gerbstoffe, Sorte klar definiert.

★★★ S €€ CR PLV
2021 Cuvée Prickler + (BF/ZW/ME) Spontan ansprechend, Brombeeren, feine Würze, Kirschen, Hauch Schokolade; ausgewogen auch im Geschmack, feines Gerbstoffnetz, lebendig, Frucht dominiert, Würze unterlegt, passende Substanz.

★★★ S €€ PN
2021 Pinot Noir + Elegantes Sortenbukett, Himbeeren, Kirschen, Waldboden; schließt aromatisch und strukturell nahtlos an, feine Klinge, fast leichtfüßig, trinkanimierend, Sorte klar definiert.

★★★ K €€€ ME
2021 Merlot + Präzise, kühler Touch, dunkle Beerenfrucht, Prise Kakaopulver, Lorbeerblätter, Wacholderbeeren; Frucht dominiert, lebendig, zartes Gerbstoffnetz, trinkanimierend.

★★★ K €€€ CS
2020 Cabernet Sauvignon + Kompakt, reife Cassisbeeren, markante Bodentöne, grünblättrige Würze tief im Glas; schließt nahtlos an, Tanningrip, in keiner Phase üppig oder langweilig, feinfühliger Holzeinsatz, gute Länge, im Nachhall dunkle Frucht und zarteste Holzaromen.

★★★★ K €€€ CR TIPP
2021 Grand Pri' + (BF/ME/ZW/CS) Elegant, viele Facetten, dunkle Frucht, feinkörnige Würze; aromatisches Dacapo, feine Klinge, Säurespiel, zartes Gerbstoffnetz, gute Länge, im Abgang und im Nachhall dunkle Frucht und Zartbitterschokolade, Finesse vor Wucht.

Weingut
Strehn

Pia Strehn
7301 Deutschkreutz, Weinbergweg 1
Mobil +43 664 163 65 70
office@strehn.at, www.strehn.at
53 Hektar, W/R 10/90

Pia Strehn – the Queen of Rosé – hat neue Maßstäbe in Sachen Rosé in Österreich gesetzt. Es sind außergewöhnliche Qualitäten, die auch international für Aufsehen sorgen. Die sich mit den Besten der Provence messen können, ja diese oftmals übertreffen. Pia ist eine Expertin in Sachen Rosé. Hat die großen Roséweine dieses Erdballs auf ihrem Radar.

60 % der Ernte werden zu Rosé verarbeitet. Der Blaufränkisch steht dabei im Mittelpunkt. Doch nicht zu vergessen die anderen Weine des Gutes: Ein formidabler 2022 Weißer Schotter – eine Cuvée aus mehreren Rebsorten, ein Fischwein par excellence. Ein nicht zu unterschätzender 2022 Chardonnay – ein Wein, der Klasse zeigt. Der 2021 Blaufränkisch Irrgarten ist ein perfekter Vertreter des Mittelburgenlandes. Auf den Blaufränkisch Roter Schotter aus 2020 und 2021 müssen wir noch warten, liegen beide noch in den Fässern. Jetzt sollte man sich den 2019er sichern.

Was gibt es zu den aktuellen Roséweinen zu sagen? Ein ungemein feiner Rosé „Seerosé“, der das Burgenland hervorragend repräsentiert. Selbiges ist vom Blaufränkisch Rosé zu melden. Von internationaler Klasse zeigen sich der Rosé Elefant im Porzellanladen und der 2021 Lovestory, welchen es nur in streng limitierter Auflage gibt. Anders als die anderen ist der 22 Sushi Rosé lieblich aus Cabernet-Trauben – ein süßer Wein, den man zu scharfen asiatischen Gerichten reicht.

Das alles funktioniert nur in einem gefestigten Familienverbund. Bruder Patrick ist der Weinmaker, Bruder Andy ist der Chefkoch im angeschlossenen Schenkhaus/Buschenschank und Schwester Pia ist die intellektuelle Ader des Ganzen. Die Botschafterin des Weingutes, das man getrost zu den besten des Burgenlandes zählen darf. Nicht zu vergessen Mutter Monika, die tatkräftig Hand anlegt, wo es notwendig ist. *as*

BURGENLAND

★★★ S €€€ CR **FUN**
2022 Rosé Seerosé + (BF/ME/SL) Flieder, Kräuterwürze, Erdbeeren, getrocknete Blumen, Säurebiss, rote Kirschen, seidige Frucht, elegant, feingliedrig, Frische, Transparenz, so richtig lustvoll zu trinken.

★★★ S €€ BF
2022 Rosé Blaufränkisch + Feines Bukett, Flieder, Waldmeister, Kirschen, Brombeeren, bisschen weißes Nougat, feingliedrig, salzig, sehniger Körper, frische Säure, zeigt Finesse, stimmig, hochwertig.

★★★ S €€ CW
2022 Weißer Schotter Cuvée + Limette, Wiesenkräuter, Steinobst, feine Frucht, kühl, erinnert an einen Waldrand, ungemein elegant, ein gediegener Wein mit noblem Charakter. Salzige Noten, passende Säure. Ein Fischwein der besonderen Art.

★★★ S €€€ CH
2022 Chardonnay + Feiner Chardonnay, gelbfruchtig, Kräuter, Kamille, Löwenzahn, Honiganklänge, Honigmelone, exotische Töne, ein Hauch Vanille, reife Trauben, ungemein elegant und feinstrahlig. Ein kompakter Wein von absoluter Klasse. Zukunft !

★★★ K €€€ BF
2021 Blaufränkisch Irrgarten + Würzig, Brombeeren, Kirschen, Heidelbeeren, Lakritz, etwas Waldboden, perfekte Tanninstruktur, kompakter Körper, Tabak, druckvoll, geht in die Länge, viel Substanz, voller Rasse. Blaufränkisch wie es sich gehört

ÖSTERREICH

★★★ K €€€ CR
2022 Sushi Rosé + (lieblich – CS/CF, 28,8 g RZ, Ausbau in Beton und Holz) Rotorange, ein Hauch von kandiertem Paprika, Cabernet erkennbar, rotbeerig, saftige Frucht, der Restzucker bringt Pikanz ins Spiel, gezuckerte Johannisbeeren, frische Säure, klebt am Gaumen, ziemliche Länge, herrliche Würze, feminin, mollig-frische Eleganz. Rosé anders als die anderen und sensationell. Perfekt zu asiatischen Gerichten.

★★★★ K €€€€€€ CR **TIPP**
2021 Rosé Lovestory + (BF/PN) Helles Orange, Holz mit getrockneten Kräutern, Vanille, straff und fest strukturiert, tief und lang, Rotweincharakter, ganz zart nach Himbeeren, Kirschen, konzentriert, druckvoll, salzig, straffe Säure, engmaschig, dicht, da steckt einiges Mineral dahinter. Erinnert fast an einen Wein aus dem Rioja. Wahnsinnssubstanz!

★★★★ K €€€€ BF **TIPP**
2022 Rosé Der Elefant im Porzellanladen + Krebsrot, feine Eichennoten, Brotkruste, rotbeerig, Waldmeister, Zitrus, Himbeeren, Kirschen, große Eleganz am Gaumen, feste Struktur, bestens integriertes Holz, salzig, ein in sich gefestigter Wein mit besonderem Ausdruck. Ungemein vielschichtig, ausgewogen, Rotweincharakter, der strömt und strömt – endlos lang.

Weingut **Familie Weber**

Günther Weber
7361 Lutzmannsburg, Neustiftgasse 15
Mobil +43 664 503 23 78
info@weingut-fam-weber.at, www.weingut-fam-weber.at
10 Hektar, W/R 0/100

Johann Weber war der erste Flaschenfüller in Lutzmannsburg; er begann damit 1945. Sein Sohn Rudolf Weber gehört zu den Rotweinpionieren des Mittelburgenlandes. Seine Initialen zieren heute die Etiketten des Familienbetriebes. Helmut Weber baute das Weingut weiter aus und festigte dessen Ruf. Er kreiert immer wieder besondere Weine wie den Blaufränkisch „Weißleit'n" oder das „Winzerspiel". Dieser Wein bleibt zwei Jahre im Fass und reift vor dem Verkauf noch einmal so lange in der Flasche. Die Trauben wachsen auf einer frühen Südostlage, der Untergrund besteht aus kalkhaltigem Löss. Das besondere Etikett unterstreicht seine Sonderstellung im Portfolio. Günther Weber führt das kleine, aber feine Weingut nun in vierter Generation, unterstützt von seinem Vater. Unter seiner Ägide wurde mit dem Jahrgang 2015 ein weiterer Blaufränkisch im Spitzensegment geschaffen, der Stieglitz. Es gibt ihn nur in den besten Jahren, 2017 ist die aktuelle Ausgabe. Es handelt sich um eine Auslese aus den zuckerreichsten Trauben von den kalkhaltigen Böden des Lutzmannsburger Hochplateaus. Die Reben der Familie Weber stehen ausschließlich dort.

Die aktuelle Serie ist glockenklar und völlig frei von Üppigkeit, jeder einzelne Wein lädt zum Trinken ein. Primus in der Reihe der Weber'schen Rotweine ist heuer der Blaufränkisch Winzerspiel, ein feingliedriger und eleganter Wein. Ab dem Jahrgang 2019 besteht er zur Gänze aus Blaufränkisch, zuvor war es eine Cuvée, die von dieser autochthonen Rebsorte dominiert war. Auch der Blaufränkisch „Weißleit'n", eine große Reserve, war ein Projekt, das von Helmut Weber initiiert wurde. Sehr ausgewogen präsentiert sich die Cuvée Avus, eine Hommage an den Großvater und Weingutsgründer Johann Weber. Es sind ehrliche Weine fernab von Vordergründigkeit. Sie zeigen alle ein attraktives Preis-Leistungs-Verhältnis. Die Webers geben ihnen jene Zeit, die sie brauchen; die besten 2019er sind jetzt im Verkauf. *ww*

MITTELBURGENLAND DAC

★★★ K €€€ BF **PLV**
2021 Blaufränkisch Reserve + Reintönig und gelassen, klare Frucht gibt den Ton an, Kirschen, Brombeeren, sortentypische Würze; unverkennbar als Sorte auch auf dem Gaumen, klar strukturiert, ausgewogen hinsichtlich Frucht, Würze und Säure, feines Gerbstoffnetz, sanfter Druck ohne jegliche Üppigkeit sorgt für Trinkfluss, gefühlvoller Holzeinsatz, klassische Prägung auf wertigem Niveau.

BURGENLAND

★★★ K €€€ ME
2021 Merlot + Dezent rauchig, frisch, Kräuter à la Irisch Moos, schwarze Oliven, untermalt von dunkelfruchtigen Noten; diese Aromen finden sich auf dem Gaumen wieder, gediegene und unaufdringliche Frucht dominiert, feine Würze, gut integrierte Tannine, kühler Touch, gute Länge.

★★★★ K €€€ CS
2021 Cabernet Sauvignon + Als Sorte unverkennbar, reife schwarze Johannisbeeren, Anklänge von Kirschen und Waldhimbeeren, Hauch Graphit, Prise getrocknete Cassisblätter; Zug und feine Pikanz, angenehme Gerbstoffe, auf dem Gaumen betont würzig neben dunkler Frucht, gute Länge, trinkanimierend.

★★★★ K €€€€ CR
2019 Avus + (BF/ZW/CS/ME) Ausgewogene und vielschichtige Melange aus dunkler Frucht und Würze, Kirschen, Brombeeren, Kräuter, Cassislaub, Hauch schwarze Oliven; super Balance, Frucht gibt den Ton an, feines Gerbstoffnetz, bemerkenswerter Trinkfluss, gute Länge, präzise.

★★★★ K €€€€ BF **TIPP**
2019 Blaufränkisch Weißleit'n + Nobles, fast kühles Sortenbukett mit dunkler Frucht und Kräuterwürze; fruchtbetont mit dezenten Gewürznoten, Prise Kakaopulver, ausgewogen, zarter Tanningrip, gefühlvoller Holzeinsatz, feines Säurenetz, null Fett, trinkanimierend, Vorzeigebeispiel.

★★★★ K €€€€€ BF **TIPP**
2019 Winzerspiel + (BF) Kühl und elegant, Kirschen, Brombeeren, dezente Sortenwürze, tief im Glas Anklänge von Morcheln und Föhrennadeln; aromatisches Dacapo, feingliedrig strukturiert, zartes Gerbstoffnetz, unaufdringliches und zum Trinken animierendes Säurespiel, Finesse vor Wucht, tolle Länge, Holz nur zur Untermalung.

Weingut
Juliana Wieder

7311 Neckenmarkt, Lange Zeile 76
Tel. +43 2610 42438, Fax -20
info@weingut-juliana-wieder.at,
www.weingut-juliana-wieder.at
45 Hektar, W/R 5/95

So macht Weintrinken Spaß! Das Weingut Juliana Wieder weiß, mit finessenreichen, lebendigen und in keiner Phase öden Weinen zu begeistern. Niemals sind die Weine fett oder anbiedernd, und auf Qualität wird großer Fokus gelegt. Entsprechend hoch ist das erreichte Niveau. Besonders sticht hervor, wie gut der Boden in den Weinen transportiert wird. Die Unterschiede zwischen den schweren, lehmigen Böden und Lagen mit beispielsweise Glimmerschiefer darf jeder gerne selbst entdecken.

Seit Kurzem neu im Sortiment ist die Cuvée Janna – eine Hommage an die Weingutsgründerin Juliana. Dieser Wein vereint fruchtigen Trinkspaß mit Tiefgang und soll in Sein und Wesen an die Namensgeberin erinnern. Die Cuvée Morandus hat seit der letzten Beschreibung im Guide deutlich zugelegt und kratzt an den vier Sternen.

Bei einer Weinreise ins Mittelburgenland sollte das Weingut Wieder unbedingt in der Agenda aufscheinen – die vielschichtigen, charakterstarken, das Terroir repräsentierenden Weine spiegeln die Gegend perfekt wider. *mt*

MITTELBURGENLAND DAC

★★★ K €€€ BF
2019 Blaufränkisch Reserve Ried Bodigraben + Kristalliner Boden, feine Frucht, zarte Gewürznoten, ansprechend, nobel; präzise, schöne Frucht, nie fett, fein gewobenes Gerbstoffnetz, Säurespiel, Zug, gute Länge, Sorte und Terroir.

★★★ K €€€ BF PLV
2020 Blaufränkisch Reserve Ried Kohlenberg + Dunkel, rauchig, kaltes Lagerfeuer, dunkle Frucht, auch Tintenblei, tief im Glas Frühlingsveilchen und Flieder; wieder reife, dunkle Frucht, ansprechend, Tanningrip, Zug, ausgewogen, trinkanimierend, vom kristallinen Boden geprägt, feinfühliger Holzeinsatz, zarte Kräuternote im Nachhall, gute Länge.

★★★ K €€€€€ BF
2015 Blaufränkisch Reserve + Eigenständig, erst dunkle Blüten, viel reife Frucht, Zwetschken, Zartbitterschokolade, Kakaopulver, dunkle Beeren; ruhig strömend, balanciert, Tanningrip, in keiner Phase üppig, dunkle Würze, gute Länge, überraschend jung.

★★★★ K €€€ BF TIPP
2018 Blaufränkisch Reserve Glimmerschiefer + Getrocknete Kräuter, präsentiert den Schiefer vor dem geistigen Auge, feingliedrig, elegant, Blaubeeren, süße Frucht; Waldbeeren, Eleganz vom Schieferboden, Harmonie pur, Finesse vor Wucht, Tiefgang, perfekt integriertes Holz, feinkörnige Gewürznoten im langen Nachhall.

BURGENLAND

★★★ S €€ BF PLV
2020 Blaufränkisch Fahnenschwinger + Sympathische Würze, Schwarzkirschen, Brombeeren, klassisch gehalten; angenehm, frische Beerenfrucht, feines Säurespiel, präsente Gerbstoffe ohne Härte, mittelgewichtig, trinkanimierend.

★★★ K €€€€ ME
2019 Merlot Reserve + Zurückhaltend, ruhig, dunkelfruchtig, spannend, auf eine dezente Art erdig, tief im Glas getrocknetes Tomatenkraut, dicht, mit Luft auch Minze; schließt fruchtbetont an, frisch, präzise, Säurespiel, lebendig, saftig, gute Länge, erst im Finish feine Röstaromen vom Holz.

★★★ K €€€ CR
2020 Cuvée Janna + (ME/BF/CS) Fruchtbetont, dunkel getönt, Herzkirschen, Brombeeren, Anklänge von Cassis, ein Hauch von Würze; schließt aromatisch nahtlos an, zugänglich, präsente Gerbstoffe ohne Härte, Trinkspaß ohne Oberflächlichkeit, mittleres Gewicht.

★★★ K €€€€ CR
2018 Cuvée Morandus + (BF/ZW/CS/ME) Zurückhaltend, dunkle Würze, Wacholderbeeren, getrocknetes Lorbeerblatt, erdig, Morcheln, Schwarzkirschen, Espresso; am Gaumen wieder mehr Frucht, auch nussig, akzentuierte Tannine, zupackend, feine Würze durch Holzaromen unterlegt, lebhaft, noch Ecken und Kanten, Frucht und Würze klingen lange nach.

VINOTHEKEN

DEUTSCHKREUTZ

Burgenland Vinothek Glöckl
7301 Deutschkreutz, Hauptstraße 42
Tel. +43 2613 80200
deutschkreutz@burgenland-vinothek.at
www.burgenland-vinothek.at

Vinatrium Gebietsvinothek
7301 Deutschkreutz, Hauptstraße 55
Tel. +43 2613 89768
vinothek@vinatrium.at, www.vinatrium.at

In der Vinothek lagern über 400 Weine von 50 Winzern des Blaufränkischlands.

LUTZMANNSBURG

Die Vinothek
7361 Lutzmannsburg, Thermengelände 4
Tel. +43 2615 81222
www.thermenhotel.com

NECKENMARKT

Ortsvinothek Neckenmarkt
7311 Neckenmarkt, Rathausgasse 1
Tel. +43 2610 42388
www.wbv-neckenmarkt.at

GASTRONOMIE/NÄCHTIGUNG

DEUTSCHKREUTZ

Gager
7301 Deutschkreutz, Karrnergasse 8
Tel. +43 2613 80385
www.weingut-gager.at

Beim Gager kann man nicht nur gut Weine verkosten, wer den Genuss in der Rotweinregion verlängern will, kann sich auch in einem der fünf farbenfrohen, hellen Zimmer des Weinguts einmieten. Jedes ist individuell eingerichtet und thematisch einem Wein zugeordnet. Im gesamten Weingut wird Grander-Wasser angeboten. Frühstücksbuffet mit regionalen Produkten.

Heinrich
7301 Deutschkreutz, Karrnergasse 59
Tel. +43 2613 89615
www.weingut-heinrich.at

Wohnen beim Wein. Silvia Heinrich ist nur eine sympathische Winzerin, man kann in ihrem Weingut auch nett übernachten. Zum Frühstück gibt es Kuchen, Wurst, Käse, guten Kaffee. Weinverkostung im blühenden Innenhof möglich. Auch tagsüber oder am Abend kann man sich nach Lust und Laune an der Espressomaschine und im Weinklimaschrank bedienen. Zum Wohlfühlen.

Kirchenwirt
7301 Deutschkreutz, Hauptstraße 53
Tel. +43 2613 80291
www.kirchenwirt-heinrich.at

Modern geschmackvolle Zimmer in frischen Farben. Im Gasthaus sind auch die Einheimischen anzutreffen. Bekannt ist man für das zart gekochtes Rindfleisch, das Cordon bleu und die Kuchen nach Omas Rezepten.

Das Blaufränkisch
7301 Deutschkreutz, Girmer Straße 45
Tel. +43 2613 80322
www.dasblaufraenkisch.at

Der ehemalige „Schreiner“ wurde von den Familien K+K Kirnbauer und Nourani übernommen. Küchenchef Daniel Czigler verbindet die bodenständigen
Gerichte und Zutaten aus der Region mit Kreativität und einem Hauch der Puszta. Die Weinkarte hat natürlich viel Stoff aus dem Familienweingut, aber auch andere gute Flaschen aus der Region.

Prunner Brot
7301 Deutschkreutz, Hauptstraße 65
Tel. +43 2613 80229
www.prunnerbrot.at

Auf 80 Jahre Geschichte blickt die Bäckerei zurück. Eine Besonderheit sind die Brotmobile: Die rollenden Filialen sind in fast allen Ortschaften der Bezirke Oberpullendorf, Mattersburg, Eisenstadt-Umgebung und Neusiedl unterwegs. Im Sortiment gibt es dunkle Spezialbrotsorten, rustikales sowie ballaststoffreiches Brot.

Schenk'Haus Strehn
7301 Deutschkreutz, Mittelgasse 9
Tel. +43 2613 89362
www.strehn.at

Bodenständige Buschenschankküche darf man sich trotz 500 Jahre alter Holzdecke und Kalkmauern nicht erwarten. Wer die Winzerfamilie Strehn kennt, weiß, dass man sich Genuss abseits des Mainstreams erwarten darf. Neben Weinbergschnecken, Gazpacho und Delikatessen vom Schaf kamen auch schon Gänse-Maki auf den Teller. Dazu kommen die eigenen Weine – ein Muss ist die hervorragende große Palette an Rosés. Lange vorher reservieren nötig.

Blaufränkischhof Zistler
7301 Deutschkreutz, Langegasse 21
Tel. +43 2613 89642
www.zistler-rot.com

Seit mehr als 30 Jahren öffnet der Heurigenkeller mit Weinlaube. Gegessen wird burgenländisch: Fleischklassiker (Kümmel- und Surbraten, Geselchtes), Käseplatte mit Emmentaler, Panonius, Edamer, Ei und Topfenaufstrich und eine vegetarischen Rohkostplatte, auch Kraut- und Topfenstrudel. Im ruhigen Innenhof des kleinen Weinguts liegen vier charmante Doppelzimmer und eine kleine Ferienwohnung.

LOCKENHAUS

Burghotel Lockenhaus
7442 Lockenhaus
Tel. +43 2616 23940
www.ritterburg.at

Die 1200 erbaute große Burganlage ist sehr gut erhalten. Die Doppelzimmer, Suiten und Appartements bieten einen herrlichen Blick in den Naturpark Geschriebenstein. Bei Voranmeldung wird ein uriges Raubritteressen oder Landsknechtmahl serviert. Aktivmenschen probieren Bogenschießen- und Trommel-Workshops oder das Knappentraining mit verschiedenen Waffen (Axtwurf, Bogenschießen, Rammbock etc.).

LUTZMANNSBURG

Thermenhotel Sonnenpark
7361 Lutzmannsburg, Thermengelände 2
Tel. +43 2615 87171-1000
www.sonnentherme.at

Ideal für Kinder. Das moderne Vier-Sterne-Haus ist ganz auf Familien spezialisiert. Die Badelandschaft ist direkt mit der 3000 m2 großen Sonnentherme Lutzmannsburg verbunden. Geräumige Zimmer, mehrere Gastronomiebereiche und angenehmer Wellnessbereich mit Bioschwimmteich und mehreren Saunen. Tipp: die längste Virtual-Reality-Wasserrutsche der Welt mit 212 Metern und die Babysauna. Einfach die VR-Brille aufsetzen und los geht's.

Thermenhotel Kurz
7361 Lutzmannsburg, Thermengelände 6
Tel. +43 2615 81244
www.kurz.cc

Das Familienhotel ist vor allem für Sportler attraktiv, speziell für Tennisspieler gibt es einige maßgeschneiderte Pakete. Direkter Zugang zur Sonnentherme Lutzmannsburg. Anziehungspunkt für Kinder sind vor allem die Rutschen, die größte davon ist 270 Meter lang.

Lutschburger Stub'n
7361 Lutzmannsburg, Thermenstraße 24
Mobil +43 660 6568821
www.lutschburger-stubn.at

Uriger Heuriger mit knorrigen Weinstöcken, Holzvertäfelung und angenehmer Terrasse mit Laube. Täglich frisches Brot, Spezialität ist das ein Meter lange belegte Brot. Außer der normalen Speisekarte gibt es auch verschiedene Tagesangebote wie geröstete Leber, burgenländische Krautsuppe oder Gulaschsuppe.

NECKENMARKT

Gasthof zur Traube
7311 Neckenmarkt, Herrengasse 42
Tel. +43 2610 42256
www.gasthof-zur-traube.at

Der Name sagt es bereits: Die „Traube" ist Gasthaus und gut bestückte Vinothek.

Pannonische Hausmannskost wird kreativ aufgewertet. Vitello tonnato wird uminterpretiert in Sous Vide gegartes Kalb mit Forellencreme samt Kapern, Wiesenkräutern und Leindotteröl, auf die Will-haben-Liste sollte der Zickentaler Moorochse aus dem Südburgenland. Und den Bohnensterz sollte man auch nicht versäumen. Auf der Weinkarte finden sich allein aus Neckenmarkt und Umgebung 100 Positionen. Feines zum Mitnehmen aus der „Kuchlkredenz".

OBERPULLENDORF

Gasthof Krail
7350 Oberpullendorf, Hauptstraße 37
Tel. +43 2612 42220, Mobil +43 664 4109139
www.krail.at

Der Weingasthof ist seit einer gefühlten Ewigkeit eine Bank für gutbürgerlicher Küche. Spezialität ist Gegrilltes auf dem heißen Stein, der am Tisch serviert wird. Die Weinkarte enthält 80 Weine aus dem Burgenland und dem restlichen Österreich, Einkaufsmöglichkeit zu Ab-Hof-Preisen. Zimmer im Haus.

RATTERSDORF

Gasthof Hutter
7443 Rattersdorf, Hauptstraße 20
Tel. +43 2611 2224
www.gasthof-hutter.at

Seit drei Generationen wird der kleine, feine Fa-
milienbetrieb geführt. Alois Hutter versteht sich
auf burgenländische Spezialitäten. Die burgen-
ländische Krautsuppe gehört dazu, der gekochte
Tafelspitz mit Semmelkren und Suppengemüse
oder ein Teller mit gegrilltem Gemüse und Käse
aus Hochstraß. Zu den gegrillten Schweins¬-
koteletts wird ein köstlicher, selbst gemachter
Krautstrudel serviert. Natürlich ist auch die
knusprige Martinigans mit den klassischen Bei-
lagen Rotkraut und Knödel nicht wegzudenken.

WEPPERSDORF

Gasthaus Fuchs
7331 Weppersdorf, Hauptstraße 33
Tel. +43 2618 2250
www.gasthaus-fuchs.at

Ein gestandenes Wirtshaus, dementsprechend
regional ist auch die Küche. Thomas Fuchs ver-
packt die Gerichte aber mit einer kreativen
Note. Feine Gerichte wie gebackene Blunzen
mit Sauerkrautcreme und Kartoffeln oder ge-
schmorte Rehkeule, Weißbrotauflauf, grüner
Spargel und Karotte kommen auf den Tisch. Die
Weinkarte konzentriert sich auf das Mittelbur-
genland.

EISENBERG

Das Südburgenland ist als wahre „Weinidylle“ treffend bezeichnet, jedoch ist dieses landschaftlich sehr reizvolle Gebiet nur in Gestalt einiger Enklaven mit Reben bestockt. Die bekanntesten Wein berge befinden sich rund um Deutsch-Schützen sowie am legendären Eisenberg. Hier gedeihen überaus mineralische, kernige und strukturierte Rotweine, und zwar überwiegend aus der heimischen Rebsorte Blaufränkisch. Wichtig ist auch der Zweigelt, weniger Bedeutung haben die französischen Sorten à la Cabernet Sauvignon und Merlot, die meist Eingang in Blends mit Blaufränkisch finden.

Weitere Weingärten finden sich im Hügelland westlich des Pinkatals sowie auf den nach Süden exponierten Hängen des Geschriebensteins. Hier werden traditionell auch weiße Rebsorten kultiviert, wobei den spritzig-schlanken Welschrieslingen, die an die südoststeirischen Gewächse erinnern, die größte Bedeutung zukommt, darüber hinaus werden auch Weißburgunder und Chardonnay angebaut.

Im äußersten Süden des Weinbaugebietes, dort wo die idyllischen, holzgeschnitzten Kellerstöckel der Presshäuser zur Einkehr einladen, wird noch der urwüchsige Uhudler ausgeschenkt. Dabei handelt es sich um einen Sammelbegriff für diverse amerikanische Unterlagsreben. Die Uhudler ergeben teils plakativ rotfruchtige, rassige Sommerweine, die eine eingeschworene Liebhabergemeinde besitzen.

Die typischen Blaufränkisch im Südburgenland werden ab dem Jahrgang 2009 unter der Bezeichnung Eisenberg DAC (Eisenberg DAC Reserve ab dem Jahrgang 2008) vermarktet. Der Alkoholgehalt beträgt mindestens 12,0%, die Reserve-Kategorie beginnt bei 13%. Der Restzucker ist mit 4 g/l limitiert. Der Verkauf der DAC-Weine ist ab dem 1. September des auf die Ernte folgenden Jahres zulässig (Einreichung zur Prüfnummer 1. August), bei den Reserven erst ab dem 1. März des auf die Ernte zweitfolgenden Jahres (Einreichung zur Prüfnummer 1. Februar). Alle anderen Weine führen die Herkunftsbezeichnung „Burgenland“.

511 Hektar Weinanbaufläche
Die wichtigsten Rebsorten:
Blaufränkisch, Zweigelt,
Welschriesling

EISENBERG
Bernstein
Pinka
Grafen-
schachen
Pinkafeld
Bad
Tatzmannsdorf
Stadtschlaining
Neumarkt
i. Tauchental
Rechnitz
Markt Allhau
OBERWART
Schachendorf
Großpetersdorf
Hannersdorf
Burg
Lafnitz
Olbendorf
Eisenberg
a.d. Pinka
Kohfidisch
Deutsch-
Schützen
Stegersbach
Harmisch
Rauchwart
i. Burgenland
St. Michael
i. Burgenland
St. Kathrein
i. Burgenland
Winten
Eberau
Gaas
Sulz
i. Burgenland
Kukmirn
Moschendorf
Rudersdorf
GÜSSING
Strem
Strem
Heiligenbrunn
Maria Bild
JENNERSDORF
St. Martin
a.d. Raab
Minihof-Liebau
Neuhaus
Bonisdorf

Ausschnitt
Neumarkt
i. Tauchental
Rechnitz
Schachendorf
Großpetersdorf
Hannersdorf
Burg
Eisenberg
a.d. Pinka
Kohfidisch
Csaterberg
Deutsch-
Schützen
Harmisch
St. Kathrein
i. Burgenland
Winten
Eberau
GÜSSING
Strem
Heiligenbrunn

Weingut
Groszer Wein

7473 Burg 95
Mobil +43 664 386 37 77
bach@groszerwein.at, www.groszerwein.at
21 Hektar, W/R 70/30

Mit dem Einstieg des Investors Lindner Group vor drei Jahren, die zu einem der größten Bauunternehmen Europas zählt, gelang ein erfolgreicher Neustart des Weinguts Groszer Wein. Das in Bayern (Arnstorf) ansässige Familienunternehmen besitzt Erfahrung in der Landwirtschaftsproduktion, und mit dem Weingutsleiter Markus Bach und dem erfahrenen Winemaker Edgar Brutler (vormals bei Gerhard Markowitsch und Leo Hillinger) führt ein kompetentes, in der Region verwurzeltes Team das Weingut zu neuen Ufern.

Tradition spielt auf dem Weingut eine große Rolle, wie es die ästhetisch ansprechenden Retroetiketten auf den Weinflaschen aufzeigen, jedoch ganz im Sinne einer kreativ-zeitgemäßen Interpretation. Die Kellerwirtschaft ist vielfältig und mit der Prämisse ausgelegt, charaktervolle Weine auf hohem Qualitätsniveau zu erreichen. Biologische Landwirtschaft ist hier ebenso eine Selbstverständlichkeit, wie es in der klassischen Ausbaulinie des Hauses das historische Erbe eines breit gestreuten Sortenspektrums an Welschriesling, Gemischter Satz, Zweigelt (hier Rotburger genannt), Pinot Noir und Blaufränkisch weiterzuführen gilt. Die höchste Qualitätsstufe am Weingut bilden die beiden Blaufränkisch-Varietäten aus den Top-Lagen Szapary und Saybritz, die jeweils durch die Terroir-Spezifik in vollendeter Harmonie und Fruchttiefe glänzen.

Ein besonderes Spezifikum weist die Vinifikation auf: Nach der Ganztraubenpressung und Spontanvergärung durchlaufen alle Weine die Malolaktische Gärung und reifen auf der Vollhefe bis zur Flaschenfüllung im großen Holzfass (bzw. im Tonneau). In Österreich selten praktiziert, wird hier für alle Rotweine die intrazelluläre Gärung angewandt, die eine sehr schonende Extrahierung der Schalengerbstoffe ermöglicht und eine feine Tanninstruktur ergibt. *us*

EISENBERG DAC

★★★ S €€€ BF **TIPP**
2020 Blaufränkisch + Feinwürzige Nase, Grafit, dunkelfruchtig, stringente Fruchtführung, engmaschig, Cold-Climate-Stilistik.

★★★★ S €€€ BF
2021 Blaufränkisch Reserve + Präsente Blaubeeraromatik, saftig, dicht, feines Fruchtspiel nach Waldbeeren, vielschichtig, stoffige, gerundete Mitte, feine Struktur mit viel Rückgrat, konturiert, griffiges Tannin, geschmeidig im Nachhall, tolle Länge.

★★★★★ S €€€€€ BF **TOP**
2021 Blaufränkisch Szapary Reserve + Animierendes Cassis-Bukett, feinwürzig, viel Weichsel-Kirsche-Aromatik, hellfruchtige Stilistik, druckvoll, glockenklar, tiefgründig, erdige Noten, engmaschig, lang im Finish, viel Potenzial.

★★★★★ S €€€€€ BF **TOP**
2021 Blaufränkisch Saybritz Reserve + Feinwürziges wie blaubeeriges Entrée, feine dunkelbeerige Fruchtaromatik à la Waldbeere, Maulbeere, etwas Bitterschokolade, vollreif, engmaschig, feine Kräuterwürze, druckvoll, stoffige Textur, alles in Balance, lang im Finish, große Zukunft.

BURGENLAND

★★ S €€ CR **FUN**
2022 Rosé + (BF/ZW/ME – Direktpressung) Blütenduftige Nase, knackig, feine Waldbeerenaromatik, etwas Steinobst, animierende Frische, gerbstoffgebende Struktur, sehr solide Stilistik, gefällt.

★★★ K €€€ CW
2021 Erdödy + (WR/CH/SB) Feinwürziges wie duftiges Bukett, Stachelbeere, Pfirsich, etwas Ananas, straffe Fruchtführung, Brioche, würzig und knackig, feiner Säurehintergrund, Limette, lang und feine Salzigkeit im Nachhall.

★★ K €€€ WR
2021 Welschriesling Alte Reben + Betonte Würzigkeit, grüne Nüsse, gehaltvoll mit fleischiger Mitte, stringente Fruchtführung, ätherische Anmutung im Nachhall.

★★★ S €€€ CR **FUN**
2020 Rote Küvee + (50 % BF / ZW / CS) Feine Kirschnase, würzig, Waldbeerenaromatik, helle Kirsche, Weichsel, filigran mit fester Säurestütze, nervige Mitte, feinwürzig, mineralisch geprägt, salzig im Nachhall, viel Trinkanimo.

★★★ K €€€ PN
2021 Pinot Noir + Feine Kirschfrucht, Brombeere, Waldbeere, zeigt viel Frische, pointierter Säurehintergrund, würzige Komponenten, bestens strukturiert, fein balanciert mit animierendem Würzehintergrund im Nachhall.

Weingut
Jürgen Horvath

Gürgen Horvath
7471 Rechnitz, Kreuzgasse 3
Mobil +43 664 465 34 79
weinbau.horvath@gmx.at, www.horvathweine.at
5 Hektar, W/R 85/15

Der vormals klein strukturierte Betrieb ist in den vergangenen Jahren kontinuierlich gewachsen und weist mittlerweile eine Anbaufläche von sechs Hektar auf. 2016 war es so weit, dass Jürgen Horvath seinen Beruf als Autospengler und -lackierer an den Nagel hängen und sein liebstes Hobby zum Beruf machen konnte. Mit großer Passion widmet er sich seither dem Qualitätsweinbau.
Die Vertriebsstruktur ist in hohem Maße auf Ab-Hof-Verkauf ausgerichtet. Der Fokus liegt auf dem in Rechnitz angestammten Welschriesling, der auf den Schiefer- und Urgesteinsböden rund um den Ort beste Anbaubedingungen vorfindet. Die drei bestehenden Welschriesling-Formate sind als straff, vital und süffig zu charakterisieren. Im Hinblick darauf, dass demnächst die Aufnahme der Sorte Welschriesling in die Eisenberg DAC zu erwarten ist, tüftelt Jürgen Horvath schon an einem weiteren Welschriesling im Premiumbereich. Besonders wohlgeraten sind auch der Weißburgunder und der Gelbe Muskateller. Unter den Rotweinen befinden sich etliche sehr preiswerte Gewächse, den Höhepunkt bietet hier im aktuellen Sortiment die gleichermaßen fein strukturierte wie vergnügliche Merlot Reserve des Jahrgangs 2018. *jw*

BURGENLAND

★★ S € CR
2022 Rosé Eleni + (PN/ME) Helle Zwiebelfarbe mit Silberreflexen, feines Bukett nach Himbeere und Kirsche, am Gaumen auch Erdbeeren und Weichseln, charmante fruchtsüße Anmutung, feines Tannin, einiger Körper, guter Nachhall.

★★ S €€ SB
2022 Sauvignon Blanc Rechnitz + Elegant fruchtig und blütenduftig im Bukett, sortentypisch nach Stachelbeeren, auch Einsprengsel von Ringlotten klingen an, saftig geprägt, vitales Säurespiel, dabei ausgesprochen bekömmlich, durchwegs mineralische Anklänge, süffig, ein Hauch Banane im Abgang.

★★★ €€ PB FUN
2022 Weißburgunder Rechnitz + Feinfruchtig-elegantes Bukett nach Pfirsich, traubig-fruchtig, salzig-mineralisch, ansprechender vitaler Säurebogen, guter Körper, vielschichtig und trinkvergnüglich, saftig geprägt, angenehme nussige Note im erfrischenden Finish.

★★★ S €€ GM
2022 Muskateller Rechnitz + Feine Nase nach Flieder und Rosenblättern, auch Einsprengsel von Äpfeln und Birnen treten hinzu, straff und zugleich elegant-filigran, langer Säurebogen mit feiner Zitrusnote, offenherziger Charakter, gute Substanz, klingt vornehm aus.

★★ S €€ WR
2022 Welschriesling Ried Prantner + Feinwürzige Nase, gelbfruchtig, Anklänge nach Maschansker-Apfel, hintennach etwas Stachelbeere und Weingartenpfirsich, frisch-fruchtig, etwas nussig, knackig, saftig und süffig, Grapefruitanklänge im Nachhall.

★★★ S € WR PLV
2022 Welschriesling Ried Fuchsschweif + Duftiges Bukett nach Äpfeln, Kräutern und Blüten, auch Birne klingt an, saftiger Charakter, straff und zugleich geradlinig, süffig, ausgezeichneter Speisenbegleiter.

★★★ S €€ WR FUN
2022 Welschriesling Samuel Rechnitz + Einnehmende fruchtige Nase nach grünem Apfel, hintennach Kräuterwürze, vitales Säurespiel, saftig und animierend, straff und zugleich süffig, würzig im vergnüglichen Abgang.

★★★ S €€ CH
2022 Chardonnay Rechnitz + Feine Nase nach Pfirsich und Ringlotte, auch brotige Akzente klingen an, braucht etwas Zeit, wird mit Belüftung immer zugänglicher, im Geschmacksbild gelbfruchtige Akzente, saftig und vital geprägt, gute Substanz und Gaumenfülle, balanciert, zart-nussig im anhaltenden Abgang.

★★★ K €€€ CR
2018 Johann Senior + (BF/ZW/ME) Einladendes Bukett nach dunklen Beeren, würzig, ein Hauch Vanille, etwas Pfeffer, im Geschmacksbild üppige Frucht nach Brombeeren, zart malzig, feine Stoffigkeit, ruhig strömend, schöner Abgang mit einem dezenten Nougat-Touch, salzig und würzig im Nachhall.

★★★★ S €€€ ME TIPP
2018 Merlot Reserve + Feine Nase mit zarten Anklängen nach Heidelbeeren, dezente Noblesse, hintennach ein Hauch Pfefferwürze, kühlfruchtiger Charakter, fein strukturiert, seidige Tannine, haftet gut an, animierend und saftig, ausgesprochen trinkvergnüglich, filigran-elegant, balanciert, salzig im stimmigen Abgang.

Weingut **Jalits**

Mathias Jalits
7512 Badersdorf/Eisenberg, Untere Dorfstraße 16
Mobil +43 664 330 38 27
office@jalits.at, www.jalits.at
16 Hektar, W/R 20/80

Mathias Jalits führt den traditionellen Familienbetrieb erfolgreich in der fünften Generation. Den Eisenberg mit seinen unverwechselbaren Lagen geschmacklich zum Leben zu erwecken, gilt seine große Aufmerksamkeit. Sein selbst ernanntes Credo besteht in der Verbindung von Bodenständigkeit, Aufrichtigkeit und Authentizität. Die Hauptrolle im Weingut spielt die Sorte Blaufränkisch, die ausschließlich auf den Top-Lagen vorzufinden ist und die in kräftiger wie tiefgründiger Charakteristik mit würzig-mineralischer Prägung die unterschiedlichen Charaktere der jeweiligen Top-Lagen ausspielt. Die Rolle des Primus inter Pares spielt hier eindeutig der Blaufränkisch von der Ried Saybritz, die sich im langjährigen Familienbesitz befindet und die von Jahr zu Jahr Weine von einzigartiger Klarheit, Saftigkeit und Finesse hervorbringt, die zu den besten im Lande zu zählen sind.
Das Blaufränkisch-Flaggschiff ist die Lagen-Cuvée „Diabas", die aus einer Selektion der besten Fässer von den jeweiligen Rieden Fasching, Saybritz und Reihburg stammt. Diese Lagen-Cuvée besticht in der aktuellen Ausgabe des Jahrgangs 2019 durch voluminöse Dichte mit viel Frucht. Und durch den behutsamen Barriqueausbau verspricht hier ein ganz großer Wein mit einem enormen Reifepotenzial heranzuwachsen.
Ein besonders gutes Händchen zeigt der Winzer mit den Bordeaux-Sorten, die reinsortig ausgebaut werden. Der aktuelle Cabernet Sauvignon Jahrgang 2019 strahlt förmlich in vollendeter Struktur und Fruchtklarheit und bereits im Jungstadium beeindruckt. Als besonderes Kleinod gilt im Portefeuille der Pinot Noir, der mit mineralischer Würze und feinen Holznoten exemplarisch aufzeigt, welch Qualitäten der Eisenberg für diese Burgunder-Varietät bereithält.

us

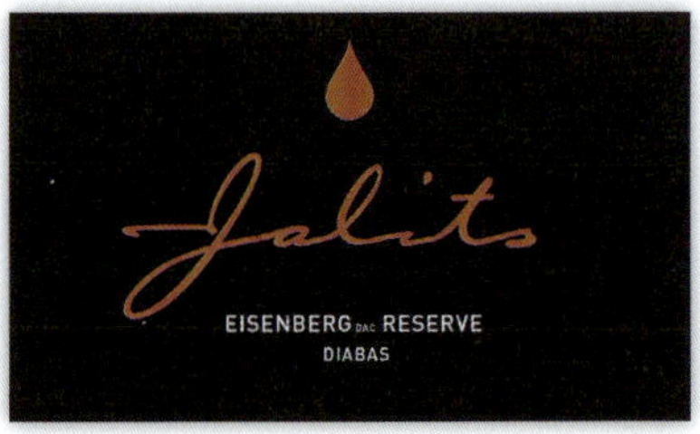

EISENBERG DAC

★★★★ K €€€€ BF
2020 Blaufränkisch Eisenberg Reserve + Betörendes Kirsch-Weichsel-Bukett, Gewürznoten, Wacholder, feinfruchtige Aromatik, rotbeeriges Fruchtspiel, viel Fruchttransparenz, Wildkirsche, rote Ribisel, kraftvoll, dunkler Tabak, anregender Säurebiss, etwas Leder, mineralische Klarheit, attraktiv mit viel Länge, feiner Trinkfluss, Potenzial.

★★★★ K €€€€ BF TIPP
2019 Blaufränkisch Ried Saybritz Reserve + Ausdrucksstarke dunkelbeerige Fruchtnase, saftige und dichte Aromatik und Präsenz, Brombeere, Maulbeere, Herzkirsche, kraftvoll, kernige Mitte, vital, herb, feiner dunkler Tabakhintergrund, mineralische Finesse, viel Trinkanimo bereits im jungen Stadium, harmonisch, ganz groß mit viel Länge und Potenzial.

★★★★ K €€€€ BF TIPP
2019 Blaufränkisch Diabas Reserve + Vollreifer Beerencocktail im Entrée mit spielerischem Verve, fein kräuterwürzig, am Gaumen beeindruckende Fruchtfülle, kräftige Substanz, druckvoll, viel dunkelbeerige Aromatik, Herzkirsche, Blaubeeren, viel Würze und rauchige Komponenten, Grafit, feste Struktur, straff, griffiges Tannin, juvenil, enormes Potenzial, lang im Finish.

BURGENLAND

★★★ PB
2021 Weißburgunder Kalk und Schiefer + Ausgeprägte Fruchtaromatik, viel Gelbfrucht, reifer Apfel, Ringlotte, Steinobst, Haselnuss, feine Tabakwürze, saftig, dicht, kraftvolle Stilistik mit vitalem Verve, druckvoll, feine Holzeinbindung, viel Würze im Nachhall, juvenil, gute Länge, Potenzial.

★★★★ K €€€€ CS TIPP
2019 Cabernet Sauvignon Reserve + Rotbeeriges Bukett, feinherbe, ausgereifte Cassisaromatik, etwas Blutorange, würzig umrahmt, ungemein druckvoll, engmaschig, kerniger Biss, rauchige Noten, substanzreich, transparente Fruchtführung, feste Struktur, kraftvoll, noch jugendliche Herbe mit viel Würzekomponenten, zeigt sein großes Potenzial, lang im Finish.

★★★ K €€€€ PN
2020 Pinot Noir Szapary + Betörendes Weichsel-Kirsch-Bukett mit kühlem Touch, feine Rotbeerigkeit am Gaumen, vielschichtiger Beerenfrüchtecocktail, Walderdbeere, Kornelkirsche, dunkelfruchtiger Kern, viel Tabakwürze, mineralisch, druckvoll, zarter Fruchtschmelz im Nachhall, lang, viel Potenzial.

vinaria
LWmedia
SAVE THE DATE
WEIN & GENUSS
KREMS
5. & 6. 4. 2024
Dominikanerkirche | 14 bis 20 Uhr
www.weingenusskrems.at
Zwettler
so schmeckt NIEDERÖSTERREICH
RESCH & FRISCH
AM LIEBSTEN IMMER
Raiffeisen Niederösterreich
NIEDERÖSTERREICH Einfach erfrischend.
NENTWICH
donau niederösterreich

Weingut
Krutzler

Reinhold Krutzler
7474 Deutsch-Schützen, Untere Hauptstraße 6
Mobil +43 664 143 19 83, Fax +43 3365 20013
weingut@krutzler.at, www.krutzler.at
13 Hektar

Hervorragende Qualität quer durch die Palette sowie eine beeindruckende Kontinuität in guten wie in weniger guten Jahren haben diesem südburgenländischen Familienweingut bereits vor Jahrzehnten einen Fixplatz in Österreichs Rotweinelite beschert. Und daran hat sich nichts geändert – ganz im Gegenteil, denn Reinhold Krutzler hat die von seinem Vater und Vinaria-Lebenswerk-Preisträger Hermann Krutzler gekonnt eingesetzte Boni traditioneller Weinmacherkunst im Lauf der Jahre behutsam um neue Methoden und Erkenntnisse bereichert und erzeugt heute Weine, die Urkraft und Mineralität mit Eleganz und Frische verbinden.

Die gutseigenen Weingärten verteilen sich auf den Deutsch-Schützer Berg und den Eisenberg, wo leichte bis mittelschwere Lehmböden mit hohem Eisengehalt und teils Schieferanteilen das perfekte Substrat für die dominierende Sorte Blaufränkisch darstellen.

Die Basis bildet ein fruchtbetonter Vertreter mit Herkunft Burgenland, der von einem Zweigelt sekundiert wird. Pikanz und viel Frucht bietet ein trinkvergnüglicher Blaufränkisch von Sohn Clemens. Dem klassischen Eisenberg DAC aus dem vorletzten Jahrgang steht in guten Jahren eine Spätfüllung zur Seite, die mit perfekter Trinkreife auch ideal für die Gastronomie ist. Im Premiumsegment gibt es eine Eisenberg Reserve, einen Lagenwein aus der Ried Weinberg, den Krutzler'schen Klassiker „Alter Weingarten" aus einer alten Rebanlage in der Ried Weinberg aus Blaufränkisch mit einem Fünftel Zweigelt sowie Merlot. Die Spitze bildet alljährlich der Kultwein Perwolff, der schon seit vielen Jahren reinsortig aus Blaufränkisch besteht.

Gut etabliert hat man sich mittlerweile mit den Weißweinen, bei denen Krutzler seit einigen Jahren verstärkt Augenmerk auf etwas kräftigere, von mineralischer Würze und Struktur geprägte Varianten legt – aktuell gibt es Welschriesling Ratschen und einen Gemischten Satz, beide mit Holzfassreifung. Und von Sohn Clemens Krutzler gibt es zudem einen Rosé und einen Weißwein.

psch

EISENBERG

★★★ K €€€ BF
2021 Blaufränkisch + Würzig, Frucht nach Brombeeren und etwas schwarzen Ribiseln, dezent samtig-floral; kernig, mittelgewichtig, viel Frucht dahinter, Sauerkirschen, Ribiseln, rassig, mittleres Finish.

★★★ K €€€ BF
2018 Blaufränkisch Spätfüllung + Leicht samtig, reichhaltig, Pralinen, etwas Lebkuchen, Powidl, voller Dunkelfrucht; saftig-samtiger Fruchtschmelz, satte Substanz, kraftvoll, Brombeeren, noch recht vital, gute Länge.

★★★★ K €€€€ BF
2021 Blaufränkisch Eisenberg Reserve + Geht über vor Frucht, Veilchen, samtig, frische Pflaumen, anmutig; saftig, mittelkräftig, sehr anregend, erfrischend, lebhaft, schöner Biss, fest nach hinten, Potenzial.

★★★★ K €€€€€€ BF TIPP
2018 Blaufränkisch Ried Weinberg + Herrlich samtige Nase nach Pfingstrosen, Sauerkirschen, reife Ribiseln, ein Hauch von Marzipan, etwas pfeffrig; Brombeeren und Ribiseln, saftig, geschmeidige Frucht, kraftvoll, festes, herbes Tanninrückgrat, gute Säure nach hinten.

BURGENLAND

★★★★ K €€€€ GS TIPP
2021 Gemischter Satz Alte Reben + Kühle Frucht, eingelegte Zitronen, rauchige Würze, bisschen Quitten, maischige Noten; knackig, griffig, lebhaft, guter Extrakt, reife Zitronen, schöner Gerbstoff, recht lang.

★★★ K €€€€€ WR
2021 Welschriesling Ried Ratschen + Röstige Noten, etwas Marzipan und geröstete Mandeln, helle Exotik, getrocknete Wiesenkräuter; recht saftig, vital, zartherb, straff und geradlinig, Biss, mittellang.

★★ S €€ ZW
2022 Zweigelt + Sauerkirschen und etwas rote Beeren, würziger Unterbau, leicht röstig; lebhaft, frisch, trinkig, knackig, leichtgewichtig, zartherb, mittleres Finish.

★★★★ K €€€€€€ ME
2021 Merlot + Schokonoten, kandierte Erdbeeren, Zimt, Fruchtcharme, reichhaltig, anmutig, viel Schliff; ungemein saftig, rote Waldbeeren, zart toastig, knackig, Gewürznelken, feiner Biss, mittellang.

★★★★★ K €€€€€ CR TOP
2021 Alter Weingarten + (BF/ZW) Tolle Fülle, herrliche Frucht, klirrend frisch, Brombeeren, Cassis, tiefgründig, intensiv, ausdrucksstark; saftiger Biss, kernig, markante Struktur, toller Biss, viel Grip, gediegene, tiefe Frucht, lang.

★★★★★ K €€€€€€ BF TOP
2021 Perwolff + (BF) Anfangs noble Zurückhaltung, tiefe Fülle, Veilchen, herrlich samtig, Schattenmorellen, Heidelbeeren, Rosmarin, Biskuit; wunderbar saftig, samtig-elegante Fruchtfülle, reichhaltig, kraftvoll, wunderbar mundfüllend, großzügig, fest, persistierend, großartig.

WEINLAND

★★★ K €€€ BF
2021 CK Blaufränkisch + Viel frische Brombeerfrucht, auch etwas Preiselbeeren, sehr fruchtbetont, ungeschminkt; saftig, viel Frucht, guter Tanningrip, hinten rassig, mittleres Finish, anregend, Trinkspaß.

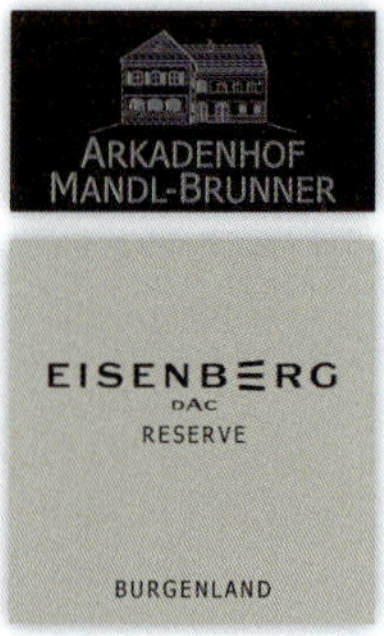

Weingut
Arkadenhof Mandl-Brunner

Helga & Erhard Brunner
7471 Rechnitz, Lindengasse 7
Mobil +43 664 91 61 059
office@arkadenhofmandl.at, www.arkadenhofmandl.at
9,5 Hektar, W/R 80/20

Das von Helga und Erhard Brunner geführte Weingut in Rechnitz ist ein solider Betrieb mit Fokus auf Weißweine, wobei der Welschriesling definitiv den Ton angibt. Ein interessanter und zugleich modellhafter Klassiker ist der mit vorzüglichem Trinkfluss gesegnete Welschriesling Fux. Der spontan in der Amphore vergorene Welschriesling Terra ist eine hervorragend gelungene Innovation des Betriebs, die von Martin Brunner initiiert wurde. Zum Zeitpunkt der Befundung der hier kommentierten Weine befand sich Martin bei den Vorbereitungen zur Ablegung der Matura an der Klosterneuburger Weinbauschule. Ehe sich der junge Ingenieur in spe voll in den Betrieb einbringen wird, möchte er noch Zusatzausbildung erwerben und Auslandspraktika absolvieren.
Wenngleich die Rotweine im Betrieb nur die zweite Geige spielen, kann das Weingut auch in diesem Segment mit formidablen Formaten aufwarten, etwa mit einem saftig-tiefgründig geprägten Reserve-Blaufränkischen, einem vital-süffigen Zweigelt-Klassiker oder mit einem ausgereiften und zugleich finessig-kühlfruchtigen Cabernet Sauvignon. Die Preise sind durchwegs im moderaten, stammkundengerechten Bereich angesiedelt. *jw*

EISENBERG DAC

★★★★ K €€€ BF **TIPP**
2018 Blaufränkisch Reserve + Heidelbeere im Bukett, reichlich Würze, hintennach Blutorange, saftig und wohlstrukturiert, tiefgründig, fleischig, salzig-mineralisch, vergnüglich und ausgewogen, dicht, kühlfruchtiger Abgang mit einigem Nachhall.

BURGENLAND

★★ S €€ WR
2022 Welschriesling Berngraben + Im Bukett nach Apfel und Birne, hintennach auch Lavendelanklänge, warmfruchtiger Charakter, leicht cremig.

★★★ S €€ SB **FUN**
2022 Sauvignon Blanc + Sortentypische Nase nach Stachelbeeren und grünem Paprika, feines Säurespiel, ausgesprochen vital, zieht gut durch, mineralische Ader, gute Substanz, erfrischender, eleganter Charakter.

★★★ S €€ GM
2022 Gelber Muskateller + Feines sortentypisches Bukett, Rosenblüten und Flieder, elegant-betörende Prägung, ausgewogenes Säurespiel, salzig-pikant, strukturiert und saftig, süffig auf gutem Niveau, feiner Abgang.

★★★ S €€ CH
2022 Chardonnay + Dezentes Bukett nach Ringlotte, brotige und auch nussige Anklänge, salzig-mineralisch, öffnet sich nach und nach, gute Struktur, balanciert, feiner Schmelz, cremig und zugleich trinkvergnüglich, guter Speisenbegleiter, dezente Mandarinenanklänge im anhaltenden Finish.

★★★ S €€ WR **PLV**
2022 Welschriesling Fux + Einladendes duftiges Bukett nach Äpfeln und Wiesenkräutern, am Gaumen gelbfruchtig geprägt, fleischig und saftig, einiger Körper, vitales Säurespiel, dezent nach Banane im erfrischenden Finish.

★★★★ K €€€ WR **TIPP**
2021 Welschriesling Terra + Gediegenes hellfruchtiges Bukett, weißfleischiger Weingartenpfirsich, überaus saftig geprägt, komplex und tiefgründig, hervorragend balanciert, gutes Volumen bei zugleich brillantem Trinkfluss, animierend und vielschichtig, anhaltend und elegant im Abgang.

★★ S €€ PN
2021 Pinot Noir Rechnitz + Himbeerfruchtiges Bukett, etwas veilchenduftig, hintennach Orangenfrucht, Nougat, langer Säurebogen, zart rauchig im Abgang.

★★★ S €€ ZW
2021 Zweigelt Rechnitz + Einladende Dunkelfrucht, Brombeere, Lakritze, hintennach Lebkuchen und ein Pfefferl, samtig, vitaler Säurebogen, kühlfruchtig, verabschiedet sich mit einer feinen Zitrusnote.

★★★ S €€ BF
2021 Blaufränkisch Rechnitz + Feine heidelbeerfruchtige Nase, im Geschmacksbild Kirschen und Gewürzeinsprengseln, kühle Mitte, saftig, salzig, guter Grip, trinkvergnüglich im Abgang.

★★★ K €€€ ME
2019 Majestas Merlot + Dunkelrote Farbe, fruchtbetonte Nase nach Brombeeren, auch Zwetschken und Röstaromen klingen an, reichlich Pfefferwürze tritt hinzu, dicht und zupackend, etwas salzig, feines Säurespiel, vital und anhaltend im Abgang.

★★★★ K €€€ CS
2018 Majestas Cabernet Sauvignon + Einladende Johannisbeerfrucht im Bukett, dahinter Pflaumenfrucht, etwas Vanille und ein Gewürzsträußchen, kühlfruchtig, saftig und ausgereift, gute Textur, edelbitter, ordentlicher Tiefgang, tanninbetont, etwas Nougat im stimmigen Abgang.

Weingut
schiefer.pur

Uwe Hans Schiefer
7503 Großpetersdorf, Welgersdorf 3
Mobil +43 664 521 90 47
office@weinbau-schiefer.at, www.weinbau-schiefer.at
15 Hektar, W/R 20/80, 60.000 Flaschen/Jahr

Es wäre nicht Uwe Schiefer, würde er nicht weitere Meilensteine am Eisenberg setzen. Zählen seine Weine aufgrund ihrer unverwechselbaren Feingliedrigkeit in authentischer Terroir-Interpretation seit vielen Jahren zur internationalen Weinelite, so schlägt sein aktuelles Portefeuille ein neues Kapitel auf: Zur bisherigen Präzision und Geradlinigkeit der, kurz gesagt, ungeschminkt zu bezeichnenden Schiefer-Weine tritt nun der Faktor Bekömmlichkeit hinzu, um so jene Perfektion von balancierten Weinen zu erreichen, die als Vollendung höchster Wein(handwerks)kunst gelten. Und dies umfasst alle Sortenprofile, beginnend mit der Klassiklinie bis zu den hochgepriesenen Premiumweinen in Weiß wie in Rot. Konsequenterweise wird das Sortiment gestraffter und somit fokussierter aufgestellt sein. Neu an das Weingut angedockt ist der talentierte Sommelier Thomas Fassl, der ab nun das Sales Management des Weinguts verantworten wird.

Die Serie vom „Weißer Schiefer", die sich als Verneigung vor der Sorte Welschriesling versteht, wird in drei Varietäten geführt: beginnend mit dem „Einstiegsklassiker", der zukünftig ebenfalls wie sein Premiumpartner „s" komplementär mit etwas Weißburgunder ergänzt wird, und die maischevergorene Variante „m", die nur in Ausnahmejahren produziert wird. Mit der Marke „Weißer Schiefer" begründete Uwe Schiefer nicht nur die Welschriesling-Renaissance in Österreich, sondern setzte zugleich die Benchmark für diese hierzulande im trockenen Bereich zu höchsten Ehren gekommene Rebsorte. Entsprechend den Erfahrungswerten des Winzers der letzten Jahre erhält man mit dem geringfügigen Weißburgunderanteil etwas mehr an gerundeter Tiefe. Ein beeindruckendes Lebenszeichen gibt die maischevergorene Variante „m" im aktuell verfügbaren Jahrgang 2017, die durch ihre feinziselierte Spielart auch in diesem Segment die zukünftige Stilistik vorgeben wird.

Die klassische Rotweinlinie widmet sich erwartungsgemäß ausschließlich der Sorte Blaufränkisch. Diese überzeugt Jahr für Jahr im traditionellen Lagerholzfass-Ausbau mit feinziselierter Fruchtstilistik und bereitet in perfekter Balance höchsten Trinkgenuss. Die Lagen-Cuvée „Vom blauen Schiefer" ist einfach als idealtypische Eisenberg-Interpretation von feinster Fruchttiefe mit noblem Understatement zu bezeichnen.

Die rote Premiumlinie vom Blaufränkisch Eisenberg präsentiert sich im Einzellagen-Ausbau unisono erwartungsgemäß in höchster Qualität. Innerhalb dieser Kollektion gilt Blaufränkisch Ried Szapary (karge Schieferverwitterungsböden) als die feingliedrigste Interpretation. Entsprechend dem Witterungsverlauf tritt der sonst mit filigraner Frucht gekennzeichnete Ried Szapary vom Jahrgang 2019 mit vollmundiger Frucht und viel Extraktdichte auf. Komplementär dazu in seiner kraftvollen Ausprägung verhält sich die Blaufränkisch-Variante aus der Ried Reihburg (Grün- und Blauschiefer, tonige Lehmböden) der mit dem vielversprechenden Jahrgang 2020 erst nächstes Jahr in den Guide aufgenommen wird.

Umwerfend, welch herrliche Stilperspektiven in höchster Perfektion und Qualität Uwe Schiefer von den Sorten Merlot und Pinot Noir am Eisenberg eröffnet. Merlot 2020 ist der würdige Nachfolger vom Jahrgang 2018, der diesen vermutlich durch sein Mehr an Fruchtklarheit und Tiefe noch übertreffen wird. Und der Pinot Noir 2021 schwebt punkto hellfruchtiger Finesse und Vielschichtigkeit in jenen Höhen, die ihn in die Liga der besten Pinots dieser Welt einordnen lassen. *us*

BURGENLAND

★★★ S €€ CR
2021 Weißer Schiefer + (WR/WB) Ziseliertes Entrée von reifem Apfel, helles Steinobst, viel Würze, druckvoll mit viel Biss, strukturiertes Säure-Frucht-Spiel, vital, mineralisch geprägt.

★★★★ K €€€€ CW TIPP
2020 Weißer Schiefer „s" + (WR/WB) Betörender Duft nach weißen Blüten, Steinobstaromatik, würzebetont, Weingartenpfirsich, Apfel, Limettenzeste, vielschichtig, vibrierende Fruchttiefe, dicht, aber mit leichtfüßiger Eleganz, engmaschig, druckvoll, tolle Balance, lang im Finish mit salzigem Nachhall.

★★★★ K €€€€ CW TIPP
2017 Weißer Schiefer „m" + (WR/PB/PG – maischevergoren) Bukett nach Brioche, am Gaumen ein Cocktail von getrockneten Früchten, Marille, Feige, Ringlotte, Orangenzeste, ausdrucksstark, kompakt, straff mit mineralischer Prägung, mediterrane Kräuterwürze, toller Spannungsbogen mit vitalem Säureschliff, feine Gerbstoffeinbindung, viel Tiefe, balanciert, feiner Fruchtschmelz im Nachhall, sehr lang und salzig im Abgang, ganz groß!

★★★ K €€€ BF
2020 Blaufränkisch + Dunkelbeerige Fruchtfrische, Sauerkirsche, feinwürzig, Piment, perfekt strukturiert, feines Tannin, etwas Graphit, beeindruckende Harmonie, höchster Erlebnis- und Genussfaktor, Chapeau!

★★★★ K €€€ BF
2019 Blaufränkisch Vom blauen Schiefer + Feine blütenduftige Nase, dunkelfruchtig, Heidelbeere, präzise Fruchtführung in kerniger Saftigkeit, zeigt viel Biss, druckvoll, griffige Textur, Trockenkräuterwürze, schiefrige Verve, großes Potenzial, sehr lang im Finish.

★★★★ K €€€€€ BF
2019 Blaufränkisch Ried Szapary + Verführerische Himbeernase, saftiges Rotbeeraroma in glockenklarer Fruchtführung, kleinbeerige Dichte, viel Fruchtcharme in engmaschiger Dichte, zart würzig, druckvoll, beeindruckende Balance, elegante Stilistik, nuanciert, tolle Perspektiven.

★★★★★ K €€€€€ ME TOP
2020 Merlot „m" + Betörender Früchtecocktail von vollreifer Schwarzkirsche, Blaubeere, etwas Walderdbeere, satte Saftigkeit in Perfektion, alles in vollendeter Balance, engmaschig mit viel Tiefe, blättrige Noten, hochfeines Tannin, tolle Sorteninterpretation, ewig lang und harmonisch ausklingend.

★★★★ K €€€€€ PN TIPP
2021 Pinot Noir + Florales Duftspiel, Veilchen, pointierte Wildkirscharomatik, Weichsel, viel Pikanz, würzig, dicht, perfekt strukturiert, feingliedrig und tiefgründig, betört mit atemberaubender Finesse, sehr lang im Abgang, Modellcharakter.

♛ ♛ ♛

Weinbau
Weber

Martina Weber
7474 Deutsch-Schützen, Winzerstraße 23
Mobil +43 664 787 42 19
mail@weinweber.at, www.weinweber.at
5 Hektar, W/R 8/92, 15.000 Flaschen/Jahr

Das von Martina Weber geleitete Weingut wird als Familienbetrieb bewirtschaftet, Vater Alfred Weber ist als Allrounder mit von der Partie. Im Betrieb wurde zuletzt das Sortiment erweitert. Sämtliche Premiumweine werden behutsam in 500-Liter-Gebinden geschult, die Gebietstypizität ist perfekt auf den Punkt gebracht. Der feinziselierte Blaufränkisch Ratschen ist seit dem 2019er-Jahrgang zum Premiumwein aufgewertet. Das Weingut hat zuletzt eine bemerkenswerte Entwicklung durchgemacht. *jw*

EISENBERG

★★★ S €€ BF **PLV**
2021 Blaufränkisch Deutsch-Schützen + Tiefes Rubingranat mit violetter Randaufhellung, einnehmende Nase nach reifer Brombeere, Lakritze, feine Würze, ein Hauch Pfeffer, am Gaumen viel Frucht nach Kirsche und Heidelbeere, etwas Pfeffer, saftig und kühlfruchtig, stoffig-dicht, fleischig, guter Körper, feine Struktur und animierende Säure, vielschichtiger Charakter, gut balanciert, sehr mineralisch, pures Trinkvergnügen, wunderbarer Abgang mit samtigen Tanninen.

★★★★ K €€€ BF **TIPP**
2020 Blaufränkisch Reserve Centauros Deutsch-Schützen + Dunkles Rubingranat, feines Bukett, leicht kreidig, dunkle Beerenfrucht, Waldkräuter, Gewürze, am Gaumen schöne Weichselfrucht, auch Brombeere klingt an, schwarzer Pfeffer, salzig-mineralisch, guter Körper, stoffig, dabei feinmaschig ziseliert, zupackend, saftig, geschmeidig, angenehm kreidig, balanciert mit durchgehendem Säurebogen, gediegener Abgang mit einem Hauch Lakritze im Finish.

★★★★ K €€€€ BF **TIPP**
2019 Ried Ratschen Blaufränkisch Reserve + Tiefes Dunkelrot, einnehmende kräftige Nase nach dunklen Beeren, Wald- und Wiesenkräutern, etwas Kreide, Edelhölzer, im Geschmacksbild viel dunkle Frucht, würzig, saftig, überaus feine Mineralik, feingliedrig und kompakt, druckvoll, dicht, seidig-samtige Tannine, vielschichtig, gut strukturiert mit langem, vitalem Säurebogen, trinkvergnüglich, burgundische Anmutung, gediegener Abgang mit dezenter Vanille-Nougat-Note im Finish.

BURGENLAND

★★★ S € WR
2022 Welschriesling + Strahlendes Strohgelb mit grünen Reflexen, fruchtig-würziges Bukett nach Ringlotte, Kräuter, eine Prise Pfeffer, am Gaumen grüner Apfel, Weingartenpfirsich, Stachelbeere, pikant-würzig, mineralisch-salzig, saftig, vitales und frisches Säurespiel, klar definiert, angenehmer Trinkfluss, feines Pfefferl im Abgang, ein herrlicher, eleganter Speisenbegleiter.

★★ S € BF
2021 Blaufränkisch Anfang + Dunkles Rubingranat mit violetten Reflexen, einnehmend würziges Bukett, dunkle Waldbeeren und Kräuter, am Gaumen kühlfruchtige Anmutung nach Heidelbeeren und Weichseln, mineralisch-salzig, würzig, saftig, geschmeidig feine Tannine, ausbalanciert, klar definiert und strukturiert, süffig, straff, guter Abgang, ein eleganter Klassiker.

★★★★ K €€€ CR
2020 Cuvée Vinea + (CS/BF/ME) Tiefes dunkles Rubingranat, einnehmende Nase nach dunklen Beeren, Kräutern und Gewürzen, schwarzer Pfeffer, Leder, dezente Vanillenote, ein Hauch Kakao, im Geschmacksbild kühlfruchtig, Brombeere, Heidelbeere, Cassis, würzig, salzig, pfeffrig, saftig geprägt, feingliedrig und engmaschig, stoffig-dicht, durchgehend animierendes Säurespiel, geschmeidige Tannine, gediegen strömend, gute Länge, feine Vanille-Nougat-Note im Finish.

ÖSTERREICH

★★ S €€ BF **FUN**
2022 Isamar Frizzante + (Rosé) Intensives Lachsrosa mit Silberreflexen, zartduftiges Bukett nach frischen Erdbeeren und Kräutern, am Gaumen üppige Erdbeerfrucht, Stachelbeere, auch Himbeere klingt an, Kräuter, feine Würze, stoffig und leicht cremig, dabei straff, saftig und sehr vital, ausgesprochen süffig, elegante Zitrusnote im Finish, herrliches Trinkvergnügen.

★★★ S €€€ WR
2021 Adaxl Welsch + Leuchtendes Goldgelb, verführerische Nase nach Ringlotte, Banane und Vanilleschoten, Kräuter, ein Hauch Pfeffer, im Geschmacksbild kühle Gelbfruchtigkeit, Weingartenpfirsich, gelber Apfel, dezenter Honigton, kräutrig-würzig, stoffig-dicht, haftet gut an, erfrischend vitaler Säurebogen, einige Gaumenfülle, cremig, feine Bitternote, klar strukturiert, angenehmer Trinkfluss, mineralisch-salzig, mit einem Hauch Banane und einer dezenten Vanillenote im Finish.

MY KIND OF POP ART
AUSTRIAN SEKT
#austrianwine
AUSTRIAN WINE

VINOTHEKEN

EISENBERG

Ortsvinothek Eisenberg
7474 Eisenberg, Am Naturpark 1
Mobil +43 664 4344224
www.vinothek.eisenberg.at

MOSCHENDORF

Gebietsvinothek Südburgenland
im Weinmuseum Moschendorf
7540 Moschendorf, Weinmuseum 1
Tel. +43 3324 63182
www.weinidylle.at

GASTRONOMIE/NÄCHTIGUNG

BAD TATZMANNSDORF

Reiter's Supreme Hotel
7431 Bad Tatzmannsdorf, Am Golfplatz 1
Tel. +43 3353 8841
www.reiters-reserve.at

Luxuriöses Fünf-Sterne-Wellness-Resort mit der größte Hoteltherme Europas (8.000 m²). In der Küche wird niveauvoll gekocht, vieles dreht sich dabei um das Fleisch von eigenen Mangalitzaschweinen, Schafen, Rindern und Wasserbüffeln. Im Shop gibt es ausgesuchte regionale Spezialitäten wie Honig, Schnäpse, selbstgemachte Marmeladen oder Kernöl. Sehr gute Weinkarte mit Fokus auf das Südburgenland.

Gasthaus Treiber
7431 Bad Tatzmannsdorf
Jormannsdorfer Straße 52
Tel. +43 3353 8271
www.burgenlandurlaub.at

Herbert Treiber, der sein Handwerk bei Kochikone Werner Matt verfeinerte, versteht sich auf Österreich-Klassiker wie Backhendl, Krautfleckerln, hausgemachte Nudeln, Fischgerichte und knusprig-saftige Spareribs, aber auch Pizza, Chicken Wings, Ripperln oder gebackene Calamari werden serviert. Ist ihm das Jagdglück treu, setzt der Hausherr auch Wildgerichte
auf die Karte. Eigene Vinothek, dort gibt es auch Weine aus eigenem Anbau.

BILDEIN

Weinarchiv
7521 Bildein, Florianigasse 1
Mobil +43 664 2809287 (Wolfgang Lechner)
www.bildein.at/kultur-und-freizeit/weinarchiv

Das Weinarchiv in Bildein ist keine Vinothek wie jede andere. Hier wird in lockerer Atmosphäre geplaudert, Wein verkostet und natürlich auch verkauft. Über Jahre hinweg werden hier die besten Jahrgänge der Regionswinzer gelagert. Im historischen Gewölbe werden stimmungsvolle Weinverkostungen durchgeführt.

DEUTSCH SCHÜTZEN

Ratschen
7474 Deutsch Schützen 254
Mobil +43 664 4180705
office@ratschen.at, www.ratschen.at

Der Rundumblick auf die Weinberge des Südburgenlandes ist formidabel. Das Ambiente mit stilvoller Holz- und Glasarchitektur ist gelungen, niveauvolle regionale Küche mit internationalen Ausflügen ist das Credo. Zur Auswahl stehen Menüs über vier bis acht Gänge. Entenleber mit Kirschen, Pistazien und Brioche ist ein Gedicht, die Jakobsmuschel mit Karotte, Hühnerhaut und Safran-Velouté ebenso gekonnt. Das Weinangebot bietet ein Best of Südburgenland und weit darüber hinaus.

Wohnothek
7474 Deutsch Schützen, Ratschen 254a
Mobil +43 664 4180705
www.wachter-wiesler.at/home-wohnothek

Die moderne Interpretation des Kellerstöckls mit lichtdurchfluteten, nach Holz duftenden Würfeln. Traumhafte Lage in den Weinbergen umgeben von Bäumen und Wiesen, Heizung und Stromversorgung arbeiten nach ökologischen Gesichtspunkten. 25 loftartige Holzbungalows umfasst die Anlage, zur Entspannung warten ein Wellnessbereich mit Sauna, Dampfbad und Außenpool, außerdem ein Frühstücksrestaurant, das am Nachmittag als Café/Bistro geführt wird.

DEUTSCH TSCHANTSCHENDORF

Walits-Guttmann
7535 Deutsch Tschantschendorf 27
Tel. +43 3327 2285
www.walits-guttmann.at

Typisch burgenländischer Gasthof abseits der touristischen Trampelpfade. Die Einheimischen sind Stammkunden, Auswärtigen sei das Haus auch ans Herz gelegt. Herta Walits-Guttmann lebt für ihre pannonische Küche. Legendär sind ihre Grammelpogatscherln, vor allem, wenn duftend frisch aus dem Ofen kommen. Auch sonst überzeugen die bodenständigen Gerichte: Wildgerichte wie Hirschbraten in Lebkuchensauce mit Kürbisspätzle, Pannonisches wie Reindlrostbraten in Uhudlersauce oder Szomlauer Nockerln. Natürlich stehen die traditionellen Gerichte der Oma im Rampenlicht: Krautstrudel, gesalzenen Topfenstrudel, Ripperln mit Paradeiskraut. Dazu passen gute Weine aus den Rieden zwischen dem Blaufränkischland und der Südsteiermark.

EISENBERG

Hotel Das Eisenberg
8383 Eisenberg an der Raab, Mitterberg 32–34
Tel. +43 3329 48833-0
www.daseisenberg.at

Moderne Vier-Sterne-Zimmer im Haupthaus, das Landhaus ist ein liebevoll restauriertes Bauernhaus, der Romantikstadl mit viel Holz bietet Gemütlichkeit. Die Lage im Naturareal mit Uhudlerweingarten und Weingartenpavillons garantiert Ruhe. Das Restaurant konzentriert sich auf regionale Küche, der Keller lagert Qualitätsweine aus dem Burgenland, der Steiermark, Slowenien und Ungarn.

Weinlofts Eisenberg
7474 Eisenberg/Weinberg, Bergstraße
Mobil +43 664 2015012
www.weinlofts.at

Kellerstöckl neu interpretiert. In den drei Weinlofts von Martina Fank und Ronald Kantauer schaut man vom Designerkamin über die pannonische Tiefebene. Das Weinloft II wurde im Gegensatz zu den anderen neu gebaut: mit Sichtbeton, Birkenvertäfelungen und freistehender Doppelbadewanne. Das Weinloft III ist ein 80-jähriges, revitalisiertes Kellerstöckl. Wie alle Weinlofts hat es einen Kamin, Klimaanlage und Terrasse sowie eine voll ausgestattete Küche. Auf Wunsch gibt es für alle drei Weinlofts einen Frühstückskorb (vorwiegend) mit Bioprodukten.

Meixner Kellerstöckl
7474 Eisenberg an der Pinka
Obere Kellergasse 34 und Hummergraben
Mobil +43 664 8412162
www.meixner-kellerstoeckl.at

Seit 2015 steht ein Ensemble aus größerem (Weinblick I mit 145 m2) und kleinerem Kellerstöckl (Weinblick II) am Eisenberg. Geräumig und geschmackvoll eingerichtet, das größere mit einer tollen Terrasse. Unten breitet sich der Talboden der Pinka aus, auf der anderen Seite liegt Ungarn. Zwei Ferienwohnungen liegen im Hummergraben.

GROSSPETERSDORF

Hotel GIP
7503 Großpetersdorf, Ungarnstraße 10
Tel. +43 3362 30088
www.hotel-gip.at

Modernes, helles Hotel. Gratiszugang zum Freibad und zur Tennisanlage des TC Großpetersdorf.

MINIHOF-LIEBAU

Landhofmühle
8384 Minihof-Liebau, Windisch-Minihof 48
Tel. +43 3329 2814
www.landhofmuehle.at

Paradies im Paradies, die Landhofmühle liegt mitten im Naturpark Raab. Mit romantischem Teich, hübschem Garten, liebevoll zubereitetem Frühstück. Man genießt ein Buch aus der Bibliothek, beim Sonnenuntergang genießt man ein Glas Wein unterm Kastanienbaum. Die Ruhe ist herrlich, nur Vogelgezwitscher ist zu hören. Zimmer mit geölten Lärchendielenböden und Massivholzmöbeln. Auch Fasten- und Yoga-Urlaub sind beliebt.

HAGENSDORF

Schwabenhof

7522 Hagensdorf 22
Tel. +43 3324 7333
www.schwabenhof.at

Sympathisches, familiäres Hotel in einem ehemaligen Gemischtwarenladen aus dem Jahr 1938. Gemütliche Zimmer mit moderner oder rustikaler Einrichtung. Gefrühstückt wird im Wintergarten, es gibt auch einen japanischen Garten und einen Außenpool. Das Restaurant ist bekannt für seine burgenländischen Strudelvariationen und seine Moorochsen-Gerichte. Feines Angebot an burgenländischen Weinen, die in einem denkmalgeschützten Weinkeller lagern.

HARMISCH

Gasthaus Csencsits

7512 Harmisch, Harmisch 13
Tel. +43 3366 77220
www.gasthaus-csencsits.at

Harmisch hatten früher wenige am Radar, die Navis auch nicht, Jürgen Csencsits hat das geändert. Seine Küche ist eng mit der Region verbunden, so bodenständig, dass auch die Einheimischen kommen, gehoben, aber nicht abgehoben – das gefällt auch den Feinschmeckern. Aus seinem Holzofen duftet es öfter nach Kalbsstelze oder Bildeiner Lammschulter, sogar die Bratapfeltorte wird dort zubereitet. In den Menüs kommen auch Gänge wie Entenleber, Kakao, Pfirsich und Brioche. Großes Sortiment regionaler Spitzenweine, auch einige internationale Glanzlichter sind dabei.

HEILIGENBRUNN

Krutzler

7522 Heiligenbrunn 16
Tel. +43 3324 7241, 7240
www.hotel-krutzler.at

Im Restaurant wird eine tadellose österreichisch-ungarische Fusionsküche gepflegt.
Neben traditionellen Gerichten wie Eiernockerl oder Baounlsterz werden rund ums Jahr auch die saisonalen Spezialitäten serviert: zum Beispiel Spargel im Frühling, das Martinigansl im Herbst und das Kletzenbrot im Winter. Dauerbrenner sind außerdem Jiddische Entenleber, Rote-Rüben-Suppe mit Krennockerln oder gebackene Blutwurst vom Hof Kroboth. Sympathische Zimmer, Pluspunkt ist das Hallenbad.

JENNERSDORF

Wein & Specereien Csuk

8380 Jennersdorf, Hauptstraße 2
Mobil +43 664 4324532

Liebevoll geführte Weinbar mit Delikatessengeschäft. Die Weinauswahl ist mit 150 Positionen groß, die Jahrgänge reichen bis 20 Jahre zurück. Zur Weinverkostung werden kleine Happen gereicht: verschiedene Salamis, Prosciutto aus Italien, 20 verschiedene Käse aus Frankreich.

KOHFIDISCH

Kellerstöckl Isabell
7512 Kohfidisch, Klein Csater
Mobil +43 664 5437855
www.kellerstoeckl-isabell.at

Ausrasten statt ausrasten. Der Csaterberg, wo das Kellerstöckl steht, ist dafür ideal – und Hasen, Füchse und internetfreie Zone helfen dabei. Eine Architektin und ein Netzwerktechniker restaurierten dieses kleine Weinkellergebäude aus den späten 60er-Jahren mit ökologischen Baustoffen wie Holz, Hanf und Lehm. In der Küche warten der traditionelle Holzofen und auf der Terrasse der Griller auf den Einsatz.

MARKT ALLHAU

Bullinarium
7411 Markt Allhau, Gemeindestraße 30
Tel. +43 3356 22212
www.bullinarium.com

Das Bullinarium ist eine Art Direktvermarktung von Hallers Bull Beef direkt im Ort Markt Allhau, wo in einer Kreislauf-Landwirtschaft die jungen Bullen auf natürliche Weise heranwachsen. Beef Tatar, gratinierter Markknochen mit Misosauce und Rinderbackerln sind Klassiker, für Hungrige gibt es T-Bone- und Porterhouse-Steak mit über einem Kilo.

OBERDORF

KOI – Kulinarik am Teich
Familie Dirnbeck
7501 Oberdorf, Teichwald 1
Mobil +43 676 4605745
www.koi-kulinarik.at

Aus einer Fischimbisshütte wurde ein beliebtes Fischrestaurant, das weit über das Südburgenland bekannt und beliebt wurde. Neben heimischen Fischen darf auch Meeresgetier auf den Teller. Aus dieser Mischung entstehen Gänge wie Fischsulz mit Stegersbacher Flusskrebsen und Dillschaum oder Miesmuscheln im Rieslingsud. Saisonales wie Steckerlfisch, südburgenländische Weidegans oder Wildwochen runden das Ganze ab.

PINKAFELD

Esssalon
7423 Pinkafeld, Hauptplatz 15
Mobil +43 699 11953953
www.esssalon.at

Würde man hier nicht vermuten – Adi Karner kocht am Abend engagiert mediterran und asiatisch auf. Beispiele? Lauwarmer Calamarisalat, Thai-Curry-Suppe mit Waller und Shiitake, Risotto nero mit gebratenen Calamari oder rosa Hüferl-Teriyaki. Weine gibt es aus den Bereichen Orange, Slowenien und Südburgenland.

Weinstube Familienbetrieb Szemes
7423 Pinkafeld, Hauptstraße 33
Tel. +43 3357 42305
www.szemes.net

Philip Szemes ist ein äußerst engagierter Gastronom. Einiges produziert er selbst: Er räuchert selbst, fermentiert, stellt eigenes Öl her, Köstlichkeiten wie Jus, Suppe oder Ragout in Gläsern und acht Gins. Hausmannskost mit pannonischem Einschlag ist eine Stärke, Halászlé oder Somloer Nockerln sind eine Freude. 4- bis 8-gängige Genießermenüs sind fein, dazu drei Getränkebegleitungen (Best of the Best, Autofahrer, alkoholfreie Begleitung). Die hauseigene Vinothek ist gut mit einem Best of Burgenland und ein bisserl mehr bestückt. Auch Whisky und Rum findet man.

VULKANLAND STEIERMARK

Das „Vulkanland Steiermark" ist aus dem Weinbaugebiet Süd-Oststeiermark hervorgegangen. Es stellt kein geschlossenes Anbaugebiet dar, vielmehr gibt es hier eine Reihe von Weinbauinseln, die für österreichische Begriffe relativ weit voneinander entfernt sind und auch in puncto Bodenbeschaffenheit und Kleinklima wenig miteinander zu tun haben. Insbesondere im Dreiländereck rund um Klöch und Straden, wo steile Kogel vulkanischen Ursprungs aus dem Weinland herausragen, konnten sich einige Betriebe mit fruchttiefem Sauvignon Blanc, Morillon und Traminer profilieren. Regelmäßig können hier auch Kreszenzen mit sehr hohem Mostgewicht gewonnen werden, und auch der österreichische Trend zum Rotwein ist in dieser kleinklimatisch begünstigten Ecke deutlich zu bemerken, wobei sich der Zweigelt als Leitsorte herauskristallisiert hat. Der würzig-aromatische Traminer, für den es speziell in Klöch eine eigene Markengemeinschaft gibt, hat – begünstigt durch einige sonnige Herbste – eine wahre Renaissance erlebt.

In der eigentlichen Oststeiermark, etwa am Ringkogel bei Hartberg oder in den weiteren Zentren um Gleisdorf und Fürstenfeld, werden deutlich härtere Weißweintypen gekeltert, wie animierende Welschrieslinge, saftige Weißburgunder und rassige Sauvignons. Unmittelbar an der Thermenlinie, nahe den boomenden Heilbädern, gewinnen die Rotwein-Rebsorten immer stärker an Bedeutung, wobei der vorherrschende Zweigelt durch Komplementärsorten wie Blauburgunder und Syrah ergänzt wurde.

Im Jahr 2018 wurden DAC-Regelungen eingeführt. Im Fokus steht die Herkunft, also eine Klassifizierung in Gebietswein, Ortswein und Riedenwein. Es dürfen nur folgende Rebsorten verwendet werden: Welschriesling, Weißburgunder, Morillon, Grauburgunder, Riesling, Gelber Muskateller, Sauvignon Blanc, Traminer und Verschnitte daraus. Bei Gebietswein darf die Prüfnummer ab dem 15. Jänner des auf die Ernte folgenden Jahres beantragt werden, für Welschriesling ab dem 1. Dezember des Erntejahres. Für Orts- und Riedenweine darf der Antrag auf die Prüfnummer ab dem 1. April des Jahres nach der Ernte gestellt werden. Frühestens jeweils 18 Monate später dürfen Weine mit der Zusatzbezeichnung „Reserve" verkauft werden.

1.657 Hektar Weinanbaufläche
Die wichtigsten Rebsorten: Welschriesling, Weißburgunder, Sauvignon Blanc, Traminer

Weingut
Domittner – Klöcherhof

Günther Domittner
8493 Klöch 102
Mobil +43 664 405 57 55
weingut@domittner.at, www.weingut-domittner.at

„2022 ist ein Jahrgang mit ganz viel Potenzial und Zukunft“, ist Günther Domittner überzeugt. „Durch das schöne Herbstwetter konnten wir hochreifes Material einbringen, und wir freuen uns schon auf wunderschöne Orts- und Lagenweine.“ Ein bisschen können wir uns schon mitfreuen, etwa mit den beiden wunderbaren Weißburgunder und Morillon Klöch; wohin die Reise bei den Lagen gehen kann, zeigt eindrucksvoll der immer noch sehr jugendliche Chardonnay Hochwarth. Natürlich kommt man der Traminer wegen nach Klöch, doch die sind noch lange nicht da, wo Günther Domittner sie sehen möchte. „Mein persönliches Ziel ist es, sie nicht vor der nächsten Lese zu füllen.“ Die Zeit bis dahin lässt sich trefflich mit den anderen „Schmeckerten“ überbrücken. Mit einem Traum von Muskateller zum Beispiel oder mit den beiden Sauvignons, dem kleinen zum Warmtrinken und dem Ortswein zur Erinnerung, dass das Leben schön ist. Der Xero ist heuer wirklich wieder trocken, wer das nicht mag, dem ist nicht zu helfen. Noch ein bisschen in sich gekehrt ist der halbtrockene Gewürztraminer, dafür überschüttet einen der Hochwarth mit einem Füllhorn an Aromatik, im Nachhall ist es fast so, als hätte man einer staubgezuckerten Rose den Kopf abgebissen. Die Zahl 39 ist eine Hommage an das Geburtsjahr des früh verstorbenen Vaters, der liebliche Traminer war seine Lieblingsvariante. Als Höhepunkt des Jahrgangs ging sich Mitte Oktober noch ein Musterbeispiel an TBA aus, blitzsauber mit viel Ausdruck von Prädikat und Herkunft. *db*

VULKANLAND

★★★ S €€ PB
2022 Weißburgunder + Apfelallerlei, kernig, spritzig, hellblütig, Trockenobst, auch Stroh; knackige Säure, gute Balance, griffig vom Vulkan, reife Zitrusnoten im Ausklang, macht immer mehr auf, trockener Fruchtschmelz.

★★★ S €€ CH
2022 Klöch Morillon + Freundliche, zischige, auch bisschen steinige Frucht, Wald und Wiesen nach einem kräftigen Sommerregenguss; geht steinig-straff weiter, Steinobstfrucht eingeflochten, recht kernig wirkende Säure, zart cremig ausklingend, gute Spannung.

★★★ S €€ GM **TIPP**
2022 Gelber Muskateller + Klarer, knackiger Sortenausdruck, straff, stahlig, eine Prise Pfeffer, neben Klassikern wie Macis, Litschis auch Pfirsich und Marille, eine Prise Zimt; bringt die Fruchtfülle auch auf den Gaumen, feste Statur, knackige Säure, kleiner Zuckerrest (3), seriöses Vergnügen, starke Sache.

★★★★ S €€ SB **PLV**
2022 Klöch Sauvignon Blanc + Filigran, hochelegant, leicht pfeffrig, glasig, straff, Grafit, lockt mit seinen Reizen hinter einem Seidenschal; kernige Säure, viel Herkunft, steinig, straff, viel Sortenflair, herrlich reifes Material.

★★ S €€ TR
2022 Klöcher Traminer Xero + Zimt, Nelke, reifer roter Apfel, rosenduftig, klare Sortenansprache; Kohlensäure treibt die Frucht voran, Sorte in vielen Facetten dargelegt, helle Blüten im Nachklang, etwas Zitrusfrische, gute Länge, macht Appetit beim Trinken.

★★★ S €€ GT
2022 Klöch Gewürztraminer halbtrocken + Elegante Sortendarstellung, Litschis, Bergamotte, Kräuter, traubig, Staubzucker, Nase sehr ansprechend; CO_2, Zitrusnoten, bisschen Gerbstoff, guter Terroir-Bezug, griffig, braucht lange und trägt lange, seidiger Zuckerschmelz, feingeistiger Wein, schon recht gute Länge Nachhall.

★★★★ S €€€ GT **TIPP**
2021 Gewürztraminer Ried Hochwarth + Tiefgehende, leicht holzig umfangene Traminerfrucht, Zitrusfrische, Vanille, leichter, belebender Eindruck, die Nase ist ein Hit; herrlicher Schmelz, ganz zarte Holzbegleitung, trockene, fruchtbespielte Länge, zischig, mineralischer Schliff im Ausklang, sehr trinkig.

★★★ S €€ GT
2021 Klöch Gewürztraminer Spätlese 39 lieblich + Zitronencreme, Rhabarberkuchen, frische Erdbeeren, eine Spur Süße; cremig, füllig, mit viel Sortencharme verziert, passende Säure, gute Balance, wunderbar süffig, erfrischende Kohlensäure.

★★★ S €€€€ GT
2022 Klöch Gewürztraminer TBA + (235 RZ, 7,2 S) Sehr elegant, erfrischende Trockenaromen, Aranzini, reife Zitrusnoten, Rosinen, cremige Balance, kecke Säure, gute Länge, süffig, mit viel Luft blitzt im Abgang der Traminer auf, feiner Süßwein.

Weingut **Frühwirth**

Fritz Frühwirth
8493 Klöch, Deutsch Haseldorf 46
Tel. +43 3475 2338
weingut@fruehwirth.at, www.fruehwirth.at
14 Hektar, W/R 85/15

„2022 ist ein toller Weinjahrgang mit gutem Fruchtausdruck, die Burgunder sind stark, Traminer zeigen viel Frucht und Sorte, die Riedenweine gefallen mir schon als Fassproben sehr gut." Auch mit der Menge ist Fritz Frühwirth zufrieden. Die Auswahl aus seinem umfangreichen Weinschaffen beginnt mit einigen beachtlichen Burgundern. Der Weißburgunder gefällt mit seinem Mix aus munterem Steinobst und gemütlich wirkendem Kernobst. Morillon Klöch nimmt mit Zitronencreme und saftigem Pfirsich Anleihen vom Vorjahr – aufmachen und genießen. Ried Hochwarth Weißburgunder ist immer noch zu Recht ein hoch bewerteter Wein. Auch der Morillon Koasasteffl beweist den sensiblen Umgang mit Holz. Neu im Sortiment und gleich bestens platziert hat sich der wunderbar schwungvolle Riesling. Sauvignon Kratzer ist ein Lehrstück in Sachen Jahrgang, Sorte und Herkunft. Die Traminer zelebrieren die Klöcher Vielfalt, Hoch 3 mit viel Rotem Traminer etwas später. Der halbtrockene Gelbe lädt ein zum Verweilen und Runterkommen, die liebliche Auslese ist im Duft ein Wow!, am Gaumen Understatement und den Höhepunkt ziert ein starkes Stück vom Hochwarth.

db

VULKANLAND DAC

★★★ S €€ PB
2022 Weißburgunder + Duftig, Hefegebäck, frische Walnüsse, Kräuter; nicht ganz trocken, cremig, Finale gestützt von Gerbstoff und Herkunft, zugänglich mit Biss.

★★★ S €€ CH
2022 Klöch Morillon + Dezente dunkle Aromatik, Cassis, etwas Trockenfrucht; trockener als PB, knisterndes Steinobst, gute Fülle, salzig, steinig, griffig mit passender Substanz.

★★★★ S €€€ PB
2020 Ried Hochwarth Weißburgunder + Zitrusgeprägt, sensibler Holzeinsatz, sehr nussig; tolle Vielfalt, recht forsch über Säure und Herkunft, stoffig, hält lange, rundum komplett, Süßholz im Nachhall, ein bemerkenswerter 20er.

★★★ S €€€ CH
2020 Ried Rosenberg Morillon Koasasteffl Erste Lage Eruption + Obstsalat, frische und fast überreife Komponenten, wird mit Luft süßer, nussig; ausladend, über Säure, Holz und Boden recht kernig, ein Genuss, vanillige, holzsüße Länge, eine kleine Nachspeise.

★★★ S €€ RI — FUN
2022 Riesling + Intensive, klassische Rieslingfrucht, spritzig, jede Menge Steinobst, frisch vom Baum bis zum Gelee, Cassis, Kräuter bringen Pikanz, ein Nasenschmaus; kecke Säure, mineralisch, gute Substanz, auch aromatische Facetten Richtung Scheurebe und Sauvignon.

★★★★ S €€ SB — PLV
2022 Sauvignon Blanc Ried Kratzer + Dunkle, röstige Frucht, Piment, Zesten, hübsche Pikanz, viel Cassis und Holunderbeere; rassiger Einstieg, surft auf der dunklen Welle weiter, salzig, steinig, ausdrucksstarkes Finish.

★★ S €€ TR
2022 Klöch Traminer Hoch 3 + Zeigt erst am Gaumen die Reize der Sorten und Gegend, sympathischer Zuckerrest kann die Strenge noch nicht ganz auflösen, Bitternoten von Kräutern und Zesten, braucht viel Luft.

★★★★ S €€€ TR
2022 Klöch Gelber Traminer halbtrocken (11) + Straffes, flamboyantes Fruchtbild, Aranzini, eine Ahnung von Süße; anmutige Verquickung von aufkeimender Frucht, kleinem Zuckerrest, passender Säure und sehr viel Herkunft, eleganter Schliff im Nachhall, fast trocken ausklingend, ein Wein zum Runterkommen.

★★★ S €€€ GT — PLV
2022 Klöch Gewürztraminer Extrem Auslese lieblich (35) + Feine, weit ausladende Frucht, Rosenduft, Szechuanpfeffer, kandierte Bitterorange, wow!, schmiegt sich an den Gaumen wie eine belebende Süßspeise, pikantes, leicht pfeffriges Finish, etwas Understatement, der Wein baut sich von hinten auf. Klöch hat Vielfalt.

★★★★★ S €€€€ TR — TOP
2021 Ried Hochwarth Gelber Traminer + Eine Spur Holz, kommt rasch in die Gänge, kräftige Prise Pfeffer auf festem Fruchtfleisch, Vanille, pürierte Marille, detailreich; geschmeidig, Holzgerbstoff sorgt für Rückhalt, viel Traminer-Feeling ab der Mitte, Balance mit sanftem Kick im Finish, arbeitet sich langsam empor, stark!

STEIERMARK

★★★ S €€€ CR — PLV
2021 Roter Koasasteffl + (ME/BF/SY) Mokkanoten, süße dunkelbeerige Frucht, kandierte Kräuter, dunkle Schokolade mit Zesten, Bitterorange, vergnügliche Unterhaltung; dichter, fruchtsüßer Einstieg, knackige Säure, griffige Gerbstoffe, Salz und Pfeffer vom Vulkan.

ERUPTION WINZER

Weingut **Gollenz**

Alois Gollenz
8355 Tieschen, Laasen 2
Tel. +43 3475 2519
info@dergollenz.at, www.dergollenz.at
12 Hektar, W/R 95/5

„2022 hat uns einen sehr eleganten, saftigen, balancierten Jahrgang gebracht. Nach einem eher späten Austrieb hatten wir, bedingt durch die Trockenheit im Sommer, einen deutlich niedrigeren Ertrag, was in Hinblick auf unsere angestrebten Qualitäten ja nur von Vorteil ist", so blickt Kerstin Gollenz auf das vergangene Jahr zurück. Sie ist die Frau von Alois, die gute Seele des Betriebs. Quer durch die vorgestellten Proben findet man feinsinnige, auf den ersten Blick vielleicht unspektakuläre Weine, die Zeit und Aufmerksamkeit brauchen. Sehr umsichtig wird mit Holz, oft groß, nicht immer neu, gearbeitet, das in den meisten Fällen nur eine Andeutung hinterlässt. Gern spontan vergoren, bleiben die Weine lange auf der Vollhefe und werden so spät wie möglich gefüllt. Exemplarisch dafür stehen Weißburgunder Tieschen und Grauburgunder, „die brauchen nicht viel Redebedarf", sagt die ausgebildete Sommelière, und recht hat sie, diese Weine sprechen für sich. „Der Gollenz" ist der Signature-Wein und Ausdruck für ihre „Leidenschaft und Stärke in Sachen Burgunder". Die Trauben dazu stammen vom Königsberg, wurden spontan im Barrique (CH) und im großem Holz (PB) vergoren. Darüber platzieren sich der sehr junge, mit seinem Fruchtausdruck geizende Chardonnay, ebenfalls vom Königsberg, und der hell-messingfarbene Grauburgunder aus der Ersten Lage Klöchberg. Mit dem Sauvignon betritt man den aromatischen Bereich des Betriebes. Mit dem Ortswein begegnet man den dunklen Facetten der Sorte. Vom Preguckenberg kommt ein gut gereifter Jahrgangswein. Das Finale bestreitet ein rundum verführerischer Gewürztraminer.

db

VULKANLAND

★★ **S €€ PB**
2021 Weißburgunder Tieschen + Salz und Pfeffer, bisschen holzsüß, kontrastreich, gewisse Strenge, Trockenobst; kecke Säure, trotzdem recht geschmeidig, nicht bröseltrocken, unkomplizierter, leichtgängiger Geselle.

★★★ **S €€ PG** PLV
2022 Grauburgunder + Großzügiges Fruchtangebot, würzig-aromatisch, Ananas, Guave, Birne, deutet Dichte und Stoff an, auch gewisse Cremigkeit; stoffig, herzhafter Grip, seidig rau, bisschen Gerbstoff, Quitte, hat Biss und Schmelz, Frucht-Tartelette, Animo.

★★★ **D €€€ CW**
2021 Der Gollenz Tieschen Burgundercuvée + (CH/PB) Zart vanillig, bisschen Holz, aufgeraute Frucht, Bananenmark, getrocknete Pilze, Apfel und Birne; Mango, Ananas, druckvoll, viel Charakter, leicht cremig, fester Grip.

★★★★ **D €€€€ CH** TIPP
2021 Chardonnay Ried Königsberg + Zart aromatisch, gelbfruchtig, bisschen röstig; guter Säurekick, sehr viel Boden, rau und salzig, engmaschig, klassisch burgundisch, eher karg vom Fruchtausdruck, am nächsten Tag sehr gute, feinziselierte Länge. Kreidig, kalkig, in Wirklichkeit eher vulkanisch, fester Grip, elegant.

★★★★ **D €€€€ PG**
2021 Grauburgunder Ried Klöchberg Erste Lage Eruption + Stahlig, straff, Trockenfrucht, zart röstig, streng, steinig, salzig, burgundisch, aber halt auch recht karg, würzig; strenger Terroir-Abdruck, straff, streng, sehr steinig, salzig, ohne viel Fruchtausdruck reich strukturiert, mehr Herkunft als Frucht, mittlere Länge, elegantes, komplexes Finish.

★★★ **S €€€ SB** TIPP
2021 Sauvignon Blanc Tieschen + Dunkle und tiefe Aromatik, präsent, nicht vordergründig; geht dunkel weiter, feiner Schmelz, schwarze Johannis- und Holunderbeeren, straff, engmaschig, gute Säure, erste Reifenoten, geschmeidig mit Biss, viel Frucht im Nachhall.

★★★ **D €€€€ SB**
2020 Sauvignon Blanc Ried Preguckenberg + Brioche, Beerentörtchen, reife, dennoch lebendige Frucht, eingelegte Paprika, Anflug von exotischen Aromen; kerniger Zugang, hat viel Frucht behalten, stimmig, durchgängig, mittlere Statur, solide Länge, erstaunlicher 20er.

★★★★ **S €€€ GT**
2021 Gewürztraminer Klöch halbtrocken + Elegante Sortenansage, orientalischer Basar, ätherische Öle, Rahat; der feine Frucht- und Sortenausdruck wird von geschmeidigem Restzucker umspielt, Säure und Herkunft halten Balance, pikantes Finish, feingliedrige Länge, viel Spaß.

ERUPTION
WINZER

Weingut
Hutter

Franz Josef Hutter
8330 Feldbach, Reiting 2
Mobil +43 664 323 80 23
franz@hutter-wein.at, www.hutter-wein.at
9,5 Hektar, W/R 60/40, 50.000 Flaschen/Jahr

„2022 war streckenweise fast zum Verzweifeln, der Herbst mit dem vielen Niederschlag war schwierig, letztlich hat sich aber alles überraschend gut entwickelt, wir konnten ein tolles Endergebnis einbringen und sind sehr zufrieden", berichtet Franz Hutter, der den Betrieb Mitte der 1990er-Jahre übernommen hat. Drei Jahrgänge Weißburgunder zeigen eindrucksvoll die Hauslinie, Eleganz vor Kraft, wenn Holz, dann behutsam, und, wie im Falle der Burgundertrilogie, viel Wein bei moderatem Alkohol. Die aktuellen Sauvignons locken ins Vulkanland, mit kecker Säure der Gebietswein, etwas milder mit nicht weniger Ausdruck der Ortswein und holzgestützt ein beachtlicher Vertreter aus 2020. Fast zurückhaltend zeigt sich der Muscaris im Zusammenspiel mit Souvignier Gris im Orange Wine ANDAS. Großen Trinkspaß bietet die Cuvée . F . J . H . und schraubt sich mit den 2019er-Jahrgängen weiter in die Höhe. Den stärksten Eindruck hat dabei der Syrah hinterlassen, knapp gefolgt vom Merlot, zusammen sind sie auch an der Eruption beteiligt. *db*

VULKANLAND DAC

★★ S €€ PB
2022 Weißburgunder + Blütenduftig, Apfel, Birne, grüne Walnuss; kalkig-griffig, knackig wie ein Apfel frisch vom Baum, mit zartem Schmelz ausklingend, Potenzial.

★★ S €€€ PB
2020 Weißburgunder Ried Steinberg + Ruhig, feinnussig, bisschen blättrig, Marillenfleck; herzhafte Säure, Holz nur als vanillige Note und etwas Gerbstoff, zartschmelzend, gelungener 20er.

★★★ S €€€ CW TIPP
2018 Ried Reitingbergen Burgundertrilogie Erste Lage Eruption + (PB/CH/PG) Ananas, dunkle Apfelfrucht, karamellisierte Noten; sanftes Toasting bringt Süße, fester, spannender Grip von Gerbstoff und Kalk, leicht rauchiges Finish.

★★★ K €€€€ PB
2020 Ried Reitingbergen Weißburgunder Privat Reserve Erste Lage Eruption + Holz, ein paar getrocknete Pilze, eine dünne Scheibe Früchtebrot; Holz und Terroir, reife Säure, bisschen Gerbstoff, braucht Luft.

★★★ S €€€ CH
2021 Gleichenberg Chardonnay vom Schotter + Krokant, Vanillecreme, Marillengelee, sommerlicher Obstsalat; behutsam gesetztes Holz, fester Biss, vielschichtig, feinschmelzendes Finish, guter Trinkfluss.

★★★ S €€ SB FUN
2022 Sauvignon Blanc + Vegetal-würzig mit Tiefe, Cassis, Brennnessel; resch, weiße Ribisel, Stachelbeeren, Cassis, viel Stoff, wiederholt im Nachspann in delikater Weise alle Vorzüge der Sorte.

★★★ S €€ SB FUN
2022 Gleichenberg Sauvignon Blanc + Aromatische Eleganz, zarte Würze, Paprika, Holunderblüten; geht auf, zeigt die Vielfalt der Sorte auf appetitlicher Säure, auf nach Gleichenberg!

★★★ K €€€€ SB
2020 Ried Reitingbergen Sauvignon Blanc Privat Reserve Erste Lage Eruption + Vanillecreme, angeröstete Haselnüsse, helle Schokolade; leicht kantiger Sortenausdruck, grüne Pfefferoni, Säure bringt viel Frucht, holzgestütztes Finish.

STEIERMARK

★★ S €€ ZW
2020 Cuvée . F . J . H . + Einladende kräutergeschmückte Sauerkirschfrucht; zarter Holztouch, ein fruchtbetontes Charmebinkerl, angenehme Gerbstoffe, Marzipan, Mandel im Abgang.

★★★ S €€€ ME
2019 Merlot RB Reserve + Edler Duft, Sandelholz, jede Menge tiefschwarze Frucht; setzt sich 1:1 fort, von äußerst charmanter Fruchtsüße vorangetrieben, reich strukturierter Körper, herrlicher Trinkfluss, kräftig, aber nicht mächtig.

★★★★ S €€€ SY TIPP
2019 Shiraz GB Reserve + Dezent röstig, pfeffrig, Brom- und Maulbeeren, dunkelfruchtig, vital, Beerenmark bringt Tiefe und Süße, präsente Gerbstoffe, kräutergetragenes langes Finale, Zesten und Zitrusfrische, herrlich.

★★★ K €€€ CR
2019 Eruption Rot + (ZW/ME/SY) Ruhig mit tiefdunklem Fruchtausdruck, bisschen Holz, bisschen röstig, Beeren, Kräuter, Lorbeer, die Sortenattribute gut ineinander verwoben, passender Körper, Holzaromen und Süße im Nachklang.

ÖSTERREICH

★★ K €€€€ CW
2020 ANDAS Quevri + (MS/SG) Knusprige Aromatik, Rosenduft, ein Klacks Akazienhonig, Vanille, Cassis, wird mit Luft intensiver; leicht ledrig, seidig fließend, moderate Säure und Gerbstoffe, Muscaris bringt Botanicals, Souvignier ist Trägermasse mit burgundischen Facetten.

Weingut
Krispel

Stefan Krispel
8345 Straden, Neusetz 29
Tel. +43 3473 7862, Fax -4
office@krispel.at, www.krispel.at

„2022 war anstrengend, aber gut“, fasst Stefan Krispel zusammen, und damit meint er nicht nur den Weinjahrgang. Erst im Frühjahr wurde im Weingut ein Keller der Superlative eingeweiht. „Mit der kommenden Ernte 2023 sind wir eine bio-zertifizierte Landwirtschaft, das gilt sowohl für unsere eigenen Trauben für die Orts- und Lagenweine als auch für unsere Wollschweine. Die Gesamtmenge von 135 Hektar können wir dann unter modernsten Gesichtspunkten, Stichwort optische Sortieranlage, im neuen Keller verarbeiten, füllen und versenden. Vom Einstiegswein bis zu unseren Toplagen soll alles nochmal verbessert werden.“ Man darf gespannt sein, ist doch das Haus Krispel schon seit Langem für außergewöhnliche Leistungen im kulinarischen Bereich bekannt. Weißburgunder Straden ist ein ruhiger Klassiker mit Potenzial, das vom Stradener Rosenberg kommend breitgefächert dargebracht wird. Eine Offenbarung ist der „kleine“ Grauburgunder. Die Sorte, die vielerorts zum belanglosen Pinot Grigio verniedlicht wird, kann hier als Einstiegswein schon eindrucksvoll belegen, was wirklich in ihr steckt; das ist eine starke Sache mit jeder Menge Animo. Der Ortswein geht mit etwas mehr Holz weiter in die Tiefe; mit seiner hellen, freundlichen Aromatik gefällt der Neusetzberg als gelungener Jahrgangsvertreter und vielseitiger Speisenbegleiter, während der prächtige Hochstrandl noch seinen Platz zwischen jugendlicher Frische und reifem Ernst sucht. Keck, frech, steirisch leitet der Muskateller in den aromatischen Bereich, was vom Rosenberg elegant, doch etwas in sich gekehrt weiterinterpretiert wird. Der Sauvignon Gebietswein „ist unser Brotwein, da ist es wichtig, dass der pfeift“ – und das macht er auch. Die tieferen Register bespielt der Ortswein Straden. Aufmachen, genießen, glücklich sein ist die kompakteste Gebrauchsanleitung. Ried Neusetzberg und Neusetzberg Alte Reben sind zwei verschiedene Weingärten, die Alten Reben sind über 30 Jahre alt und wurden von Vater Toni gepflanzt, die jüngere Anlage stammt aus dem Jahr 2007. Die Alten Reben und der Hochstrandl lieferten sich ein spannendes Match um den Platz an der Spitze. Der mit nur 12,5 % Alkohol leichtgewichtige Hochstrandl konnte lange mithalten und musste sich erst im Finale dem Charme und der Performance der Alten Reben geschlagen geben. *db*

VULKANLAND STEIERMARK

★★★ S €€€ PB TIPP
2021 Straden Weißburgunder + Zeigt anfangs von allem nur ein bisschen, Holz, Nuss, Leder, Tinte, feste Apfelfrucht, Kubebenpfeffer; Holz mehr eine Ahnung als eine Tatsache, anfängliche Cremigkeit wird schnell von präsenter Säure, festem mineralischen Grip und etwas Gerbstoff aufgelöst, jugendliche Länge, viel Stoff.

★★★★ D €€€€€ PB
2019 Weißburgunder Stradener Rosenberg Erste Lage Eruption + Breitgefächert und verspielt im Duft, geröstete Gewürze, eine Schwingung Holz, Früchtebrot, getrocknete Feigen, frische Kräuter; Vanille und Zugriff vom Holz, kalkig straff, fesche Säure, scharf fokussiert, Frucht braucht Zeit, bisschen Waldhonig, dunkle Facetten.

★★ S €€€ CH
2020 Chardonnay Straden + Vanilliges Holz und feines Apfelkompott, Richtung Bratapfel, weihnachtlich, duftig; Mineralik, adrette Säure und etwas Holzgerbstoff bereiten der Frucht ein gut gemachtes Bett, getrocknete Marille.

★★★ S €€ PG TIPP
2022 Grauburgunder + Verführerisch, anschmiegsam und doch griffig, hell- bis gelbfruchtig, Quitte, Honigmelone, eingelegte Nüsse; gut gebildeter Körper, kesse Säure, Ringlotten, auch wieder Quitte, viel Stoff, großer Trinkcharme, herrlich schmelzende Länge.

★★★ S €€€ PG
2021 Grauburgunder Straden + Reife, weiche, tiefe Frucht, getrocknete Pilze, dezenter Touch vom großen Holz, Zitronen- und Orangencreme; Holz steht mit Süße und Gerbstoff parat, fester Grip, fährt auf der ruhigen Schiene, Hauch von Topfengolatsche, sehr guter Ansatz, holzsüßes langes Nachspiel, fein.

★★★ D €€€€ PG
2020 Grauburgunder Ried Neusetzberg + Nougat, helle Schokolade, schon bisschen blättrig, Knoppers; feine Zitronencreme, bisschen BSA, fester Gerbstoffgrip, Holz und Herkunft bestimmen den Wein, bisschen hitzig, leicht frucht- und holzsüß, gute Länge.

★★★★ K €€€€€ PG
2019 Grauburgunder Ried Hochstrandl + Reifer, ernster Ersteindruck, geröstete Nüsse in Honig; viel Holz, Vanillecreme, fokussiert, frech zupackende Säure, Frucht bleibt dahinter, braucht Zeit und Zuspruch, stattliche Länge, ausgeprägte Zitrusnoten im letzten Drittel, sehr jugendlich.

★★★ S €€ GM
2022 Gelber Muskateller + Duftig mit festem Kern, Zitrusgeleewürfel, knusprig, weich und einladend; typische Sortendarstellung, pfiffige Säure, die Herkunft arbeitet mit an der knackigen Ausgestaltung, sehr gute Länge, macht Spaß. Keck, frech, süffig.

★★★ S €€€ GM
2021 Gelber Muskateller Ried Stradener Rosenberg + Reife Zitrusaromatik, Bergamotte, Cedra, Limette, Nelkenpfeffer; Säure unterstützt den eleganten Fruchtauftritt, etwas introvertiert, straffes Finish, gute, spannende Länge.

★★★ S €€ SB FUN
2022 Sauvignon Blanc + Bunter Paprikamix, sehr pikant und typisch, schnell auch Holunder- und Cassisnoten, straff und doch präsent; klassisch mit freundlichem Säurebiss, leichtgängig mit Anspruch, Fruchtsüße sorgt für großen Trinkspaß, typisch steirisch halt, sehr gute Länge, durchgängig.

★★★★ S €€€ SB TIPP
2022 Sauvignon Blanc Straden + Reife, ausdrucksstarke, schnell in die Tiefe gehende Sauvignon-Frucht, vegetabil-würzig, stoffig; Cassiszuckerl, gaumenfüllende Fruchtsüße, viel Stein als Gegenstück, sehr pikant, Holunderbeeren und schwarze Johannisbeeren, herzhafte Säure, reich strukturiert, superschöner Stoff.

★★★ D €€€ SB
2020 Sauvignon Blanc Ried Neusetzberg Erste Lage Eruption + Diskretes Holz, prächtige Sauvignon-Frucht, gelb-grüne Schoten, grüne Äpfel, einige Südfrüchte, wird zunehmend dunkler; sportliche Säure, wird mit Luft balancierter, kraftvoll, vielschichtig, breit aufgestellt.

★★★★ D €€€€ SB TIPP
2021 Sauvignon Blanc Ried Neusetzberg Alte Reben Erste Lage Eruption + Pfiffiger, strahliger Ansatz, pfeffrig, gelbfruchtig, bisschen vorwitzig, vom Holz nur eine Ahnung, Sorte und Herkunft bleiben die Hauptakteure; fruchtsüß begleitete Säure, richtig mit Kick, gegen Ende kommen dunkle Noten, ein Anflug von Cassis, tolle Länge, großes Vergnügen.

★★★★ D €€€€€ SB
2019 Sauvignon Blanc Ried Hochstrandl Alte Reben Große Lage Eruption + Sorte und Aromatik nur andeutend geht's gleich an die dunklen Seiten der Sorte, ein Hauch Petrol; würzig, sehr pikant, gegrillte Paprika, Holz und Herkunft zu feinem Grip verbunden, appetitliche Säure, elegant, engmaschig zusammenlaufend, gute Länge, großartiger Stoff, feingliedriger Sortencharme im Abgang.

★★ G €€ CR
2022 Bohème Rosé + Dezenter Fruchtausdruck, bisschen traubig, langsam kommen hellrote Beeren, auch Waldmeister; frische Säure, etwas Gerbstoff, würzig, auch frisch mit Zitrusnoten und wieder rote Beeren.

Weingut
Müller Klöch

Stefan Müller
8493 Klöch 51
Tel. +43 3475 7160
mail@weingut-mueller.at, www.weingut-mueller.at
17 Hektar, W/R 90/10, 80.000 Flaschen/Jahr

„2022 haben wir in einer eher frühen, komprimierten Ernte einen sehr konzentrierten Jahrgang eingebracht. Nach knapp drei Wochen war alles vorbei und wir wurden mit stoffigen Weinen mit wunderschöner Fruchtkonzentration belohnt“, schwärmt Stefan Müller, und das zu Recht. Vom Welschriesling bis zum Wildbacher ist jeder Wein des großen Sortiments eine Empfehlung, nicht alle passen vor den Vorhang. Bei den Burgundern hat man die Wahl zwischen den schon recht zugänglichen Chardonnays und den etwas strengeren Weißburgundern. Bei starkem Ausdruck von Sorte und Terroir brauchen die Rieslinge noch Zeit. Im Sauvignon Gebietswein steckt viel von den Alten Reben, darüber thront der Seindl, bei dem sich Sorte, Holz und Herkunft noch um die besten Plätze balgen. Mit ungewöhnlicher Aromatik überrascht der trinkanimierende Gelbe Traminer Klöch. Sehr elegant zeigt sich der Seindl, bei dem ein bisschen Holz mitschwingt. Der halbtrockene Gewürztraminer klingt nach langem Anlauf fast trocken aus. Ein Traminertraum kommt aus der Großen Lage Hochwarth. *db*

VULKANLAND DAC

★★★★ S €€€ PB PLV
2022 Weißburgunder Klöch + Leicht angeraut, trockenes Laub, reife Südfrüchte, ätherisch; mineralisches Gerüst, Süßholz, vielschichtig, kraftvoll, elegant, zugänglich, Herkunft gräbt sich tief in die Papillen.

★★★★ D €€€ PB TIPP
2021 Weißburgunder Ried Seindl Erste Lage Eruption + Dezentes Holz, karamellig, Pistazien mit Kräutern in Honig, Hefezopf; spannendes Match aus Machart, Herkunft, Jahrgang, Blutorange im Ausklang, Kraft und Fülle, ohne übermächtig zu sein.

★★★ D €€€ CH
2021 Chardonnay Ried Seindl Erste Lage Eruption + Sparsam gepfeffertes Steinobst, Cassis, Holunder, subtiler Holzeindruck; weiter als PB, ein bisschen süßer, fetter, das vielschichtige Spiel wird um Fruchtsüße erweitert, sehr guter Ansatz.

★★★ S €€ RI
2022 Riesling + Zart, typisch, steinig, rauchig unterlegtes Steinobst, Himbeerzuckerl; herrliche Fruchtfülle, Vulkan sorgt für Spannung und Halt, gut eingepasster Zuckerrest, Genuss mit Potenzial.

★★★ D €€€ RI
2021 Riesling Ried Seindl Erste Lage Eruption + Elegante, tiefgehende Frucht, Zuckermelone, Mandarine, Steinobst, leicht röstig; fester Grip hält Frucht in Schach, straff, gute Süße-Säure-Harmonie, bleibt lange haften, spannend, mehrdimensional, würzig.

★★★ S €€ GM
2022 Gelber Muskateller + Starke Ansage, stahliger, aromatischer Fruchtausdruck, Limette, Bergamotte, auch Melisse; peppige Säure, straffe, fest geschnürte Erscheinung, kalkig-griffiges Fundament.

★★★ S €€ SB
2022 Sauvignon Blanc + Sorte spitzt hinter dem Vulkan hervor, fester mineralischer Biss, in Ansätzen aromatisch; straff, Anflug von Fruchtsüße, kecke Säure, bisschen röstig, Pfirsich und Ananas im Abgang, braucht Wärme und Luft.

★★★★★ S €€€ SB TOP
2021 Sauvignon Blanc Ried Seindl Erste Lage Eruption + Enggepackte Mischung aus Sorte, hellem, dichtporigem Holz und viel Herkunft, Traubengelee; Holz hat Vortritt, dunkle Sortenaromatik, Zesten von Blutorange, Mandarine, Spagat zwischen Frucht, Würze und Terroir.

★★★ S €€€ TR
2022 Gelber Traminer Klöch + Brennnessel, Holunderblütensirup, Kamille, Kandis, grüne Banane, elegante, konzentrierte Traminerfrucht, fast kristallin, eine Spur röstig, Weihrauch, Macis, Litschis, Rhabarber, pfeffrig; grünwürzige Aromen bringen Schwung auf den Gaumen, witzig.

★★★ S €€€ TR
2021 Gelber Traminer Ried Seindl Erste Lage Eruption + Elegante, fest verfugte Traminerfrucht, bisschen streng; hübsches Fruchtspiel, kernige Herkunft, pfeffrig, würzig, rosenduftig im Ausklang.

★★★ S €€€ GT
2022 Gewürztraminer Klöch halbtrocken (11) + Bananencreme, Grafit, dezente Strenge, pfeffrig, gute Sortenpräsenz mit barocken Verzierungen; adrette Sortendarstellung, weiche Früchte, Herkunft macht es den Aromen nicht leicht, auch grünwürzige Aspekte, fast trocken ausklingend.

★★★★ D €€€€ GT TIPP
2021 Gewürztraminer Ried Hochwarth Große Lage Eruption + Zeigt vom ersten Moment an alles, was diese Sorte auszeichnet, alles sehr elegant, dezent; fruchtsüß umhülltes Mittelstück, jetzt schon ein großer Genuss, superschöne Länge, herrlich.

Weingut **Pfeifer**

Daniel Pfeifer
8354 St. Anna am Aigen, Plesch 43a
Tel. +43 3158 29018
office@pfeifer-weingut.at, www.weingut-pfeifer.at
10 Hektar, W/R 85/15

„2022 war ein sehr guter, sehr früher Jahrgang, intensiv beim Ernten, in zwölf Tagen war alles erledigt“, fasst Daniel Pfeifer den Jahrgang zusammen. Burgunder-Fans werden hier genauso fündig wie Freunde der Aromatik, schon jeder Gebietswein ist eine Empfehlung. Enorm viel Wein bei nur 12,5 % Alkohol bringt der Schemming zustande, der wie alle Großen Lagen frühestens zwei Jahre nach der Lese auf den Markt kommen darf. Mit anspruchsvollem Vergnügen weiß der Grauburgunder zu punkten, wer die Sorte mit Holz schätzt, greift zur Reserve. Mit mehr Holz und kräftigerer Statur brauchen die Chardonnays noch deutlich Zeit zur Abrundung. Beim 2021er-Schemming passt bei großem Potenzial einfach alles. Der Muskateller Schemming ist bei allen Verführungskünsten seriös. Der „kleine“ Sauvignon liefert Fruchtfreude mit Tiefgang, beim St. Anna rittern Herkunft und Sorte um die besten Plätze, beim Schemming hat auch das Holz ein Wörtchen mitzureden. Der Zweigelt imponiert mit freundlichem Cool-Climate-Flair, und mit der Eruption steht ein prächtiger 20er mit Potenzial parat. *db*

VULKANLAND DAC

★★★★ S €€€ PB
2021 Weißburgunder St. Anna + Ruhige Tiefe, zarte Holzspur, nussig; verführerische Apfel-Nuss-Mischung, vanillig und ein wenig cremig eingefasst, fest zupackend, spannend, erstes Vergnügen.

★★★★ D €€€€€ PB
2021 Weißburgunder Ried Schemming Große Lage Eruption + Nussig umfasstes, dezent röstiges Holz, Ananas, dunkle Apfelfrucht, Karamell; Toasting bringt Süße, fester Grip von Gerbstoff und Lage, Frucht schwimmt sich frei, leicht rauchiges Finish.

★★★ S €€€ CH
2021 Chardonnay St. Anna + Vanille, reifer Pfirsich sorgt für Spritzigkeit Kernobst für Substanz; frucht- und bisschen holzsüß, stützender Gerbstoff, kalkig-griffig, viel Frucht, pikant im Abgang.

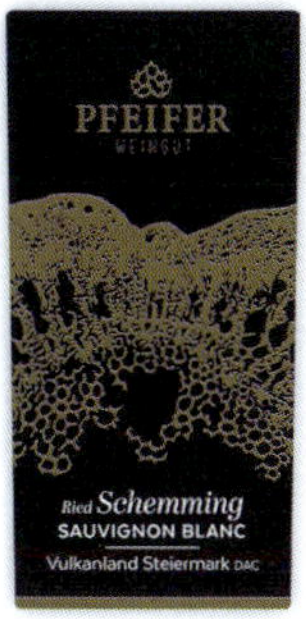

★★★★★ D €€€€€ CH TOP
2021 Chardonnay Ried Schemming Große Lage Eruption + Krokant, gebrannte Mandeln, Bratapfel, herbstlich; über Holz, Säure, Kalk fest zupackend, fruchtsüß umspült, karamellisiertes Steinobst, nussig, zwischen Strenge und Cremigkeit pendelnd, pfeffrig im Nachhall, spannend.

★★★ D €€€€€ CH
2020 Chardonnay Ried Schemming Große Lage Eruption + Weich und doch straff, Trockenobst, wird runder, weniger röstig, Sorte steht hinter Herkunft und deutlichem Holz, röstige Kaffeenoten, beachtliche Länge.

★★★ S €€€ GM FUN
2022 Gelber Muskateller Ried Schemming + Geht in die Tiefe, dezent süß unterstützt; fruchtsüßer Einstieg, komprimierte Pfirsich- und Marillenaromatik, Herkunft ist von Substanz und Fruchtfülle gut abgepuffert.

★★★ S €€ SB
2022 Sauvignon Blanc + Ruhige, tiefgehende Frucht, grüner Paprika, exotische Einsprengsel; Cassis, Pfeffer, bisschen Chili, saftiger Pfirsich im Abgang, fruchtsüße Länge, straffes Finish.

★★★ S €€€ SB
2021 Sauvignon Blanc St. Anna + Reife, bunte Zitrusfrucht, Senfgurkerl, kalkig-streng, angebratener Sellerie; rote Paprika, Cassis, zartsüß umspült, exotische Facetten, knackige Säure, Pfirsich, Limette, feine Würze, ansehnliche Statur.

★★★★ D €€€€€ SB
2021 Sauvignon Blanc Ried Schemming Große Lage Eruption + Intensiv röstig, gegrillte Paprika, dunkle Aromatik; Hollerröster, Hefegebäck, Sorte bleibt hinter Schemming und Machart zurück, aromatische Ansätze, braucht noch viel Zeit.

STEIERMARK

★★★ S €€€ PG
2021 Grauburgunder Reserve + Charmanter Gruß aus dem großen Holz, weiße Gummibären, zitrusfrisch, Waldmeister, Kernobstfrucht, Vanille; attraktive Mischung aus Holzvanille, Fruchtsüße, Obstsalat, über Alkohol, Säure, Kalk einmal zuschnappend, dann seidig fließend, viel Stoff, verführerisch.

★★★ S €€ ZW FUN
2021 Blauer Zweigelt + Klassische Zweigelt-Frucht, leicht röstig unterlegt, bunter Kräuterstrauß; forsch, trotzdem geschmeidig mit viel Fruchtcharme, Weichselnoten im langen Finale.

★★★ S €€€ CR
2020 Eruption Rot + (je 1/3 ZW, ME und CS) Strahlendes Rubin, herbe Schokolade mit Orangenzesten und Thymian, straff; Kaffeenoten, dunkle Beeren, Säure schiebt viel Frucht über den Gaumen, viel Fruchtcharme, Cassis, Salbei, Lorbeer, macht immer mehr auf, feingliedrige Länge, seidige Tannine.

♛♛♛

Weinhof **Platzer**

Robert Platzer
8355 Tieschen, Pichla 25
Tel. +43 3475 331
platzer@weinhof-platzer.at, www.weinhof-platzer.at
36 Hektar, W/R 85/15

„2022 war eigentlich sehr spannend, mit einem kurzen Erntefenster und einer entsprechend schnellen Lese." Letztlich hat für Robert Platzer wieder alles gepasst und er kann sein verlässliches und stimmiges Sortiment durch weite Bereiche des Sortenspiegels anbieten. Weine vom kalkhaltigen Aunberg zeichnen sich durch straffe, finessenreiche Stilistik aus, gerne auch mit exotischem Einschlag, am Königs- und Klöchberg hat der Vulkan das Sagen und sorgt für Stoff und Volumen. Breit aufgestellt sind die Platzers in Sachen Burgunder, da wird man für jeden Geschmack und jede Stimmung fündig. Neu im Programm ist der zart aromatische Blanc de Blancs vom Chardonnay. Neben den Welschrieslingen ist auch der klassische Riesling immer eine Versuchung wert. Mit einem fast vorwitzigen Muskateller gelingt der Übergang in den aromatischen Bereich, in dem der Sauvignon Privat aktuell die Spitze des Weinschaffens markiert. St. Laurent und Zweigelt gibt es als Solisten, gemeinsam sorgen sie im Rosé für sommerlichen Pepp und im Königsrot für ein aufmunterndes Fruchtspektakel. Laudatio, ein reinsortiger Syrah, gibt sich ernsthafter bei ausgeprägtem Fruchtcharme und beweist das Potenzial für Rotweine im Vulkanland. *db*

VULKANLAND DAC

★★★ S €€ WR
2022 Welschriesling Ried Aunberg + Stark von Herkunft geprägt, Zitrusnoten, etwas Steinobst; ansprechende Mischung aus fescher Säure und viel Kalk, gute Substanz, reife Agrumen.

★★★ S €€ RI
2022 Riesling + Feingliedrige, präsente Rieslingfrucht, Steinobst von nicht ganz reif bis getrocknet; steiniger Biss, kleiner Zuckerrest, Minze, leicht ätherisch im Ausklang, sehr fein.

★★★ S €€ PB PLV
2022 Weißburgunder Klassik + Nussig, kandierte Zesten, straff, einladend; Quitte, Salbei, geschmeidige Substanz mit ausreichend Biss, saftige Länge und Animo.

★★★ S €€ PG FUN
2022 Grauburgunder + Obstsalat, frische Nüsse, leicht röstig, nah am Vorjahr; Grapefruit, Orangen, gewisse Cremigkeit, pointierte Säure, fester Zug, großer Spaßfaktor, der kompletteste der kleinen Burgunder.

★★★ S €€€ PG
2021 Grauburgunder Ried Klöchberg Privat + Röstiger Holztouch, Zuckermelone, Panettone, Rosinen und ein Schuss Rum, Kokosflocken; fesche Säure, herzhafter Grip, Honigmelone, feine Röstnoten, recht anschmiegsam, hat noch Zeit.

★★★ S €€ CH
2022 TAU Tieschen + Saftiges Steinobst, Honigmelone, Trockenfrucht; geschmeidige Fülle, erfrischende Zitrusaromen, im Nachklang feine Holznoten und pürierter Pfirsich, braucht Zeit.

★★★★ S €€€ CH FUN
2021 Chardonnay Ried Aunberg Privat + Feines Holz lässt die Sorte durch, Quitte, aromatische Birne, reifes Steinobst; am Gaumen wächst schon alles zusammen, belebende Säure, perfekt gesetztes Holz, kalkige Herkunft sorgt für Biss und Halt, spannender Genuss.

★★★ S €€ SB PLV
2022 Sauvignon Blanc Ried Aunberg + Sorte feinduftig, vegetabil-würzig, treffsicher präsentiert, Paprika-Trikolore, bisschen hellblütig, etwas Grafit, ein Tropfen Honig, legt mit Luft ordentlich zu; Sorte und Herkunft geschliffen dargelegt, Feuerstein, frucht- und extraktsüß, animierend, kalkiges, langes Finale.

★★★★★ S €€€ SB TOP
2021 Sauvignon Blanc Ried Aunberg Privat + Sehr eleganter Sortenausdruck, von hellen Holznoten getragen, Stachelbeere, Cassis; sehr schöne Melange aus Holz, Sorte, Jahrgang, Herkunft, prächtiges Mittelstück mit Tinte und Grafit, baut Länge auf, toll.

STEIERMARK

★★★ S € CW FUN
2022 Taste of Styria + (WR/SB) Aromatisch, Blumenwiese, minzig kühl; pikanter Sauvignon vom Welsch aufgepauscht, straff bei guter Substanz.

★★★ S €€€ CR
2021 Königsrot + (ZW/SL) Brombeere und Cassis, als Kontrast fast prickelnde Weichselfrucht; die vielfältige, süße Frucht ist sorgsam auf Holz gebettet, anregende Säure als Gegenpol, ein schlichtes Wow! für Trinkfluss und Fruchtfreude.

★★★ S €€€ SY
2021 Laudatio + Tiefer, ernsthafter, mehr Holz, braucht mehr Anlauf, Lakritze, Lorbeer, Pfeffer, langsam kommen süße Fruchtstückchen; schon recht anschmiegsames Holz, süß, Vanille, Karamell, gut gelaunte Säure, fruchtsüß, lang anhaltend, Charmeur mit Anspruch.

Weinschloss
Koarl Thaller

Katharina Thaller
8263 Großwilfersdorf, Maierhofbergen 24
Tel +43 3387 2924, Fax -4
koarl@weinschloss-thaller.at, www.weinschloss-thaller.at
25 Hektar, W/R 30/70

„2022 war für uns ein sehr gutes Jahr. Turbulent zwar, aber wir konnten gesunde Trauben lesen, ein bisschen reifer sogar als im Vorjahr", berichtet Mathias Wenzel. Er ist Absolvent der Weinbauschule Eisenstadt, aus der Obersteiermark eingewandert, hat er Katharina Thaller geheiratet und ist seit 2017 offiziell im Verkauf unterwegs. Überraschend für die Region ist der hohe Rotweinanteil von 70 %. Das kleine weiße Segment macht Spaß. Der Welsch tritt klassisch steirisch und frech auf, charmant bei fester Statur der Weißburgunder, und der Sauvignon weiß bei eher milder Säure seine Schätze ins rechte Licht zu rücken. Direkt vorm Schloss stehen knapp 40 Jahre alte Stöcke auf viel Vulkangestein und rotem Schotter. Nach einem Jahr Hefelager ist dem gebrauchten Holz ein erfreulich stimmiger Sauvignon 2020 entstiegen. Der kleine Zweigelt ist bewusst auf der leichten Seite gehalten, reif, ruhig, saftig hat die Reserve ihre ideale Trinkreife erreicht. Von älteren Stöcken zwischen Schloss und Riegersburg stammen die Trauben für die Eruption, die neben Frucht auch Anspruch mitbringt. Fruchtig mit zart vegetabiler Aromatik punktet der Cabernet 2020. Die Sorte taucht noch einmal bei den sehr lässig zu trinkenden Cuvées auf und, höchst überraschend, als Blanc de Cabernet nach 60 Monaten auf der Hefe. *db*

VULKANLAND

★★ S €€ PB
2022 Weißburgunder + Reife rote Äpfel, Kamille, Sommerwiese, leicht angewärmte Haselnüsse, leicht steiniger Unterbau; feste Statur, charmanter Auftritt, seidig fließend, reifes Kernobst, Walnuss.

★★★ S €€€ SB FUN
2022 Sauvignon Blanc + Klassische Sauvignon-Frucht, beerig, würzig, leicht aromatisch, zarte Petrolnote; setzt sich gemütlich und saftig auf den Gaumen, Cassis, Hollerkoch, saftiger Pfirsich im langen Nachhall, viel Trinkvergnügen.

★★★ K €€€€ SB
2020 Sauvignon Blanc vom Schloss + Ruhige, tiefe Sortendarstellung, kandierte Früchte, Hollerröster, dunkle Ausrichtung; fein schmelzend, griffig von Holz und Herkunft, seriös, gute Länge, Holler- und Cassiskoch im Nachklang.

STEIERMARK

★★ S €€ ZW
2021 Zweigelt + Forscher Fruchtausdruck, Beeren und Weichseln; sanfte, anschmiegsame Gerbstoffe, fruchtcharmant, mit kleinem Zuckerrest aufgehübscht, Röstnoten im Finish, aufmachen, genießen.

★★ K €€€ ZW
2018 Zweigelt Reserve + Ruhige, reife, sehr saftige Zweigelt-Frucht, ein paar Rippen dunkle Schokolade; elegant, gleichmütig fließend, Kirschnoten ziehen sich bis in den Abgang.

★★★ K €€€€ ZW
2018 Eruption rot + Dunkelbeerig, holzdurchsetztes Weichselkompott, präsente Säure und Gerbstoffe, braucht Luft, klassischer Zweigelt, mittlere Statur, süffig mit gewissem Anspruch.

★★ S €€ CS
2020 Cabernet Sauvignon + Zart rauchig, bisschen fruchtsüß, Cassiszuckerl, ein paar frische Kräuter; vegetabil-würzig, mittlere fruchtbehängte Statur, seidige Gerbstoffe, mittlere Länge, klassisch ausgebaut, kräftig, schöne Aromatik, fruchtiger Zugang.

★★★ K €€€€ CR FUN
2018 Rochus + (ME/CS/ZW) Tiefe, dunkle Beerenfrucht, ledrig, Heidelbeere, frische Kräuterwürze, Eukalyptus, Kakao, Feigenkaffee; bleibt dem Fruchtangebot treu, appetitliche Säure, runde Gerbstoffe, gute Länge, trinkfreudig.

★★★ K €€€€ CR
2017 Moarhof + (CS/CF/ME) Ruhige, kräuterumrankte Beerenfrucht, leicht röstig, erste Reife; süße, schon etwas mürbe Frucht, Gerbstoffe greifen noch ordentlich zu, kesse Säure, feine Röstaromatik, bisschen Tabak, etwas Rumtopf, viel Schokolade.

★★ K €€€€ SY
2018 Shiraz + Dörrzwetschken, Feigenkaffee, süße Röstaromen, bisschen Eukalyptus, leicht kühle Noten; weich und leichtgängig, dunkle Aromatik, Cassiszuckerl, pfeffrig, kraftvoller Antritt, jetzt zu genießen.

★★★ K €€€€€€ CS
2016 Blanc de Cabernet „Grand Reserve" + Weiche, rotbeerige Frucht, zart kräutrig, Brioche, Röstnoten, buntes Obst, Erdbeeren, Rhabarber, Thymian, Rosmarin, Topfencreme, Vanille; Mousseux teils noch etwas stürmisch, teils fast cremig, fesche Säure, fester Gerbstoffrückhalt, sehr trocken mit viel Frucht ausklingend, auch am nächsten Tag noch ein Genuss, Trockenfrucht im Abgang.

Weinhof **Ulrich**

Rupert, Karin & Cornelia Ulrich
8354 St. Anna am Aigen, Plesch 26
Tel. +43 3158 2290
wein@weinhof-ulrich.at, www.weinhof-ulrich.at
20 Hektar, W/R 90/10

„2022 ist an und für sich ein sehr guter Jahrgang, er war niederschlagsmäßig und von den Sonnenstunden optimal, nach einer späten Ernte freuen wir uns über fruchtbetonte, ausdrucksstarke Weine mit passenden Säurewerten", zieht Rupert Ulrich Bilanz. Seit 1893 sind die Ulrichs in St. Anna ansässig, 1990 wurde der vormals gemischte landwirtschaftliche Betrieb zum reinen Weinbaubetrieb. Vater Rupert, Absolvent der Weinbauschule Silberberg, ist Betriebsführer, seine Frau Karin „die gute Seele für alles". Die Kinder David und Cornelia arbeiten beide im Betrieb mit, vor zwei Jahren wurde der Weinhof „runderneuert, damit wir unsere guten Qualitäten auch entsprechend präsentieren können". Die Reben stehen in den tieferen Lagen auf sandig-lehmigen Böden mit teilweisem Kalkanteil, die höheren Lagen sind sehr stark vulkanisch geprägt, was vor allem den aromatischen Sorten eine „sehr schöne Mineralik„ verleiht. Spezialität ist die Cuvée Galileo, die aus der gleichnamigen Betonkugel mit 1500 Litern Inhalt stammt. Teil dieser Cuvée ist die PiWi-Sorte Souvignier Gris, die 2015 ausgepflanzt wurde, „weil wir keinen Grauburgunder haben und ich die neue Sorte ausprobieren wollte". *db*

VULKANLAND

★★ S €€ PB FUN
2022 Weißburgunder + Klassische, feinsinnige Frucht, leicht nussig, bisschen Dörrobst; sympathische Fruchtfülle, zart griffig, etwas fruchtsüß, gutes Säuregerüst.

★★★ S €€ CH
2021 Chardonnay St. Anna + Animierende hellblütige Frucht, typisch mit etwas Steinobst und Trockenblumen, setzt sich satt und gemütlich auf den Gaumen, weites Fruchtspektrum, helle Beeren, auch ein paar Scheiben Ananas, läuft.

★★★★ S €€€€ CH
2020 Chardonnay Ried Tamberg 1. Lage Eruption + „Das Holz darf merkbar sein", und das ist es, süß und griffig, exotische Fruchtvielfalt, nussig, Vanillecreme, Marille frisch und getrocknet; gute Substanz, salzig, kalkige Strenge, gute, fruchtsüß umgarnte Länge, Holzvanille bleibt hängen, recht druckvoll für 2020.

★★ S €€ GM
2022 Gelber Muskateller + Etwas reduktive Coolness, muskatige Noten, Pfefferminze; bleibt auf der kühlen Linie, bisschen vegetabil-würzig, unkompliziert, zart aromatisch.

★★ S €€ SB
2022 Sauvignon Blanc + Geht gleich in die Tiefe, duftig, Pfirsich, rote und schwarze Ribisel; hübscher Kontrast aus Fruchtsüße, Cassisnoten und recht zischiger Säure, Länge passt, macht Spaß.

★★ S €€€ SB
2021 Sauvignon Blanc Ried Hochstraden St. Anna + Hier gibt es zwei Weine zum Preis von einem. Frisch geöffnet gefällt die feinziselierte, vielschichtige Sortenfrucht, gelbe und rote Paprika, schnell viel Cassis und Brennnessel; Cassis bleibt am Gaumen hängen, lebendige Säure, gute Substanz, durchaus schwungvoll bei moderater Länge. Über Nacht wurde das Monster geweckt, da überrascht die expressive Sortenauslegung, Minze und kühle Noten, fruchtsüß, kalkig angeraute, dunkle, aromatische Frucht, etwas burschikos.

STEIERMARK

★★ S €€ SÄ
2022 Scheurebe + Elegante, etwas kühle Aromatik, Minze, Zesten von Bitterorangen; knackige Säure, feine Marillennoten, trinkig.

★★★ S €€€ SG TIPP
2019 Souvignier Gris Reserve + Deutlicher, etwas kantiger, was durchaus positiv gemeint ist, Holzeinsatz, der die zart aromatische Frucht unterstützt – zu den Großeltern der Sorte zählen Traminer und Riesling. Grapefruitzesten, Trockenblumen, stahlig; nicht bröseltrocken, ein Maul voll Wein, feine Würze, griffige Erscheinung, Holz unterstützt die Länge, eine höchst angenehme Überraschung und ein Tipp für alle, die wissen wollen, wohin die PiWi-Reise gehen kann.

★★ S €€€€ CW
2020 Galileo + (CH/PB/SG) Steinig, um nicht zu sagen sehr steinig, reifes Kernobst, Birne, burgundisch, straff; zieht die straffe Erscheinung mit ein paar aromatischen Verzierungen durch, spannender, eigenständiger Ansatz.

★★★ S €€€€ ZW TIPP
2019 Eruption rot + Hollerkoch, Heidelbeeren, vom Holz nur gestreift; öffnet sich langsam, wird ruhiger, eleganter, ernsthafter, klassische Zweigeltfrucht, rosa Beeren, noch zupackende Gerbstoffe auf dem Weg zur Seidigkeit, Herkunft unterstreicht straffen Charakter, noble Länge.

vinaria präsentiert:

wachau GOURMET festival

4. bis 18. April 2024

www.wachau-gourmet-festival.at

VINOTHEKEN

PREDING

Weinkultur Ernst
8160 Preding, Moarweg 23
Tel. +43 3172 38272
www.weinkulturernst.at

KLÖCH

Vinothek im Weinbaumuseum Klöch
8493 Klöch 191
Tel. +43 3475 2097
www.kloecherweine.at

ST. ANNA AM AIGEN

Gesamtsteirische Vinothek
8354 St. Anna am Aigen, Marktstraße 6
Tel. +43 3158 2801
www.vinothek-steiermark.net

GASTRONOMIE/NÄCHTIGUNG

BAD GLEICHENBERG

Delikaterie
8344 Bad Gleichenberg,
Kaiser-Franz-Josef-Straße 5/2
Tel. +43 3159 44606
www.delikaterie.at

Modernes Interieur, die Küche konzentriert sich aber ganz auf die österreichischen Ikonen. Wadlgulasch, Schweinsbraten, Wiener Schnitzel, Cordon bleu oder Rindsroulade gelingen fein. Neben den Klassikern gibt es auch saisonale Höhepunkte, im Frühling zum Beispiel Spargel und Bärlauch. Alles mit Tradition und Passion auf den Tisch gebracht.

Lounge 81
8344 Bad Gleichenberg, Steinbach 81a
Mobil +43 664 3848978
www.lounge81.at

Bildhauer und Holzschnitzer Thomas Rauch hat es sich im Erdgeschoß heimisch gemacht, Christina Luger in ihrer Schauküche im ersten Stock. Immer mehr regionale Produkte von teils kleinen Betrieben finden den Weg in die Küche. In neuen Hochbeeten werden Pflanzenraritäten gepflegt, genauso wie frische Kräuter und Salate. Wichtig ist Christina Luger das „nose-to-tail"-Konzept. Von ganzen Fischen zum Beispiel werden die Haut und die Gräten genauso verwendet wie die Filets. Möglichst viel wird selbst produziert, etwa das lockere Sauerteigbrot. Oft spürt man die Liebe zur asiatischen Küche, saisonale Gerichte werden mit exotischen Gewürzen verfeinert. Vom Schafkäse-Wan-Tan über pikanten Germknödel, Ceviche vom Saibling bis zum steirischen Sushi, Turopolje-Schweinebraten oder Filetsteak vom Weiderind.

Die Wilden Schwestern
8344 Bad Gleichenberg, Bernreither Straße 45
Mobil +43 664 4116221
www.wildeschwestern.at

In der Genusswerkstatt der Schwestern Elisabeth Gindl und Roswitha Fauster entstehen Produkte wie Kräutersalze, Suppenmischungen, Pestos und Chutneys oder Limonaden wie „Wildes Cola“ oder „Wild Green“ mit Brennnessel, Gundelrebe und Schafgarbe. Tipp: Die Familie betreibt gleich in der Nähe das Gleichenberger Kellerstüberl – köstliche Kulinarikadresse für genussvolle Jausen.

BUCH BEI HARTBERG

Wirtshaus Friedrich
8274 Buch bei Hartberg, Geiseldorf 22
Tel. +43 3333 2210
www.wirtshaus-friedrich.at

Sympathische Gastgeber aus Leidenschaft, dazu die feine Omaküche, die in den holzgetäfelten Stuben mit Kachelofen sicher so gut schmeckt wie eh und je. Besonderen Wert legt man hier auf die Herkunft der Produkte, alte Getreide-, Obst- oder Gemüsesorten werden gepflegt. Wir freuen uns über mariniertes Kalbszüngerl, kräftige Rindsuppe, Strudelvariationen, Knödlgröstl oder Medaillons in Kürbiskernkruste. Übernachten kann man im netten Winzerhaus oder Troadkasten.

EDELSBACH

Krenn 49
8332 Edelsbach 49
Mobil +43 664 9146401
www.krenn49.at

Ein Buschenschank-Tipp, den man am liebsten für sich behalten würde. Auf den Tisch kommen Jausentapas, Klassiker, frisches Sauerteigbrot von Mama Helga oder frische hausgebackene Focaccia. Zum süßen Abschluss gibt es eine feine Auswahl aus der Mehlspeiskuchl der Winzerin. Dazu passen die eigenen Naturweine.

EICHKÖGL

Vom Hügel
8322 Eichkögl, Erbersdorf 1
Mobil +43 676 852010100
www.vomhuegel.at

Sie lieben Blumen? Wild, pur, nachhaltig, selbst gepflückt? Dann ist dieser wunderbare Ort genau richtig. Margrit de Colle ist Österreichs erste Bioblumenbäuerin, in ihrem Blumenparadies findet man neben Blumen sehr schöne Accessoires und ein wunderbares Café mit veganem Angebot (Frühstück, Brunch, warme Gerichte) – outdoor und im Glashaus.

FEHRING

Lilli
8350 Fehring, Hauptplatz 9
Mobil +43 677 64249633
lilli-fehring.at

In der Saziani Stub'n in Straden kochte Walter Triebl zuletzt auf Dreihaubenniveau, mit dem Lilli hat er sich nun bestens eingelebt. Ständig wird aber an der Weiterentwicklung gearbeitet. Walter Triebl zeigt, wie gut klassische Küche ist, wenn sie von einem Könner liebevoll behandelt wird. Zu schmecken bei Kalbsrahmbeuschel mit Topfen-Tramezzin-Knödel oder geschmortem Kalbsschulterscherzel. Wer Lust auf mehr hat, probiert das Fine-Dining-Menü. Die Karte mit den passenden Weinen wird kontinuierlich vergrößert.

Walhalla Genusskulisse
8350 Fehring, Pertlstein 30
Mobil +43 664 4292056
www.walhalla-genusskulisse.at

Kleine, feine Manufaktur: handgebrautes Kreativbier und vielfältige Genussprodukte, geführte Bierverkostungen mit Genussjause und individuelle Feste mit kulinarischer Begleitung. Tipp: das Picknick in der Streuobstwiese und das wöchentlich wechselnde Marktfrühstück beim Fehringer Samstagsmarkt.

FELDBACH

Pfeilers
Bürger-Stüberl Hotel
8330 Feldbach, Bürgergasse 26
Tel. +43 3152 2403
www.hotel-seminar-restaurant.at

Gelungene Mischung aus Tradition und Design in den Zimmern, im Restaurant schmeckt man die Kochleidenschaft. Auf der Karte: klassisch Steirisches, Saisonales, gesunde Vollwertküche, gluten- und laktosefreie Gerichte. Säfte und Weine aus der Region.

HARTBERG

Pusswald
8230 Hartberg, Grazer Straße 18
Tel. +43 3332 62584
www.restaurant-pusswald.at

Die vielseitige Küche ist auf zwei Säulen aufgebaut: steirisch und mediterran, auch Steaks sind zu haben. Jetzt neu: Dienstag ist wieder geöffnet, Köstliches vom Steirerhuhn „Gourmet“ ist das Tagesmotto. Mittwoch ist Adria-Tag, Freitag und Samstag „Wine & Dine“. Große Weinkarte, schöne moderne Zimmer.

Alter Gerichtshof
8230 Hartberg, Herrengasse 4
Tel. +43 3332 63356
www.hotel-altergerichtshof.at

Früher ein Meierhof des Hartberger Schlosses, im heutigen Hotel verbinden sich zeitgemäßer Komfort und der Charme eines historischen, denkmalgeschützten Gebäudes. Sehr persönlich, sehr charmant und individuell im Landhausstil mit warmen Farben und geschmackvollen Möbeln eingerichtet, dazu ein großer Hofgarten mitten in der Altstadt.

Retter-Kneissl

8230 Hartberg, Löffelbach 7
Tel. +43 3332 63186
www.retter-kneissl.at

Moderner Buschenschank, der nach der Slow-Food-Philosophie lebt. „Da rockt das Wollschwein", wie es der Chef formuliert, aus den hauseigenen „Wollis" werden Speck und verschiedene Schinkenvarianten hergestellt, Wachteleier aus eigener Haltung. Die Weine steuert der aufstrebende Junior bei.

HATZENDORF

Malerwinkl

8361 Hatzendorf 152
Tel. +43 3155 2253
www.malerwinkl.com

Ein Kunsthotel mit viel Flair. Peter Troissinger verbindet heimische Aromen mit viel Einfallsreichtum, auch mediterrane Ausflüge dürfen sein. Viel Können, federleicht mit Tiefgang präsentiert. Seine Schwester Anna ist eine kompetente Weinbegleiterin. In der „Eat + Art Vinothek" gibt es neben steirischen und regionalen Spitzenweinen vieles zum Mit-nach-Hause-nehmen, u.a. Peter Troissingers Würzsauce aus Süßlupinen, eine Art steirische Sojasauce.

ILZ

Gasthaus Haberl

8262 Ilz, Walkersdorf 23
Tel. +43 3385 260
www.finks-haberl.at

Hans Peter Finks Wirtshauskultur kombiniert mit kreativen Ideen und Fink's Delikatessen genießt man in gemütlichem Ambiente. Mit viel Liebe und in reiner Handarbeit wird nach traditionellen Rezepten gekocht. Diplomsommelier Mario Haberl rundet dazu jedes Gericht mit dem passenden Wein ab. Mittags bilden einfache Gerichte aus der Wirtshausküche den Schwerpunkt, abends wird zusätzlich zum À-la-carte-Angebot ein mehrgängiges Fine-Dining-Menü angeboten.

KAPFENSTEIN

Schloss Kapfenstein – Hotel und Restaurant

8353 Kapfenstein 1
Tel. +43 3157 30030-0
www.schloss-kapfenstein.at

Burghotel mit 16 individuellen Zimmern. In vierter Generation bewirtschaftet die Familie Winkler-Hermaden die Ländereien, in den Weingärten werden 21 Rebsorten nach biologisch-organischer Wirtschaftsweise kultiviert. Der samtig-rote Zweigelt Olivin ist eines der Flaggschiffe. Im Restaurant verwöhnt Martin Winkler-Hermaden mit Gerichten auf gehobenem Niveau, mit allerbesten Produkten versteht sich von selbst. Auch wertvolle Getreide- und Gemüsesorten fließen ein. Der Küchenchef steht für eine steirische Linie, leicht und kreativ. Durch das ganze Jahr führt der kulinarische Kalender: Vegetarisches und Fisch, das beliebte Weingarten-Picknick oder Lamm. Krainer Steinschafe werden übrigens selbst gezüchtet. Nicht nur Weine werden als Essensbegleiter serviert, spannend zu den Gerichten schmecken auch hausgemachte Säfte.

KLÖCH

Hotel und Restaurant Klöcherhof
8493 Klöch 4
Tel. +43 3475 2206-0
www.kloecherhof.at

Heimeliges Restaurant mit gepflegter, bodenständiger Küche. Die Stärken sind die einfachen Genüsse, das fängt beim Biokartoffelsalat oder bei den Käferbohnen an. Beliebt sind das Martini-Ganserl und Wildspezialitäten. Im modernen Hotel mit kleinem Wellnessbereich wohnt es sich im Herzen des Traminerdorfes besonders nett.

Schöne Aussichten
8493 Klöch, Gruisla 10
Tel. +43 3475 7545
www.schoeneaussichten.at

Maria, die Schwester von Traminerwinzer Stefan Müller, führt den stimmungsvollen Hof als Frühstückspension. Der Arkadengang ist prächtig, im Garten blühen Rosen und andere bunte Blumen, vom Swimmingpool aus sieht man weit über die sanften Wellen des Vulkanlands. Das Café lockt mit köstlichen Mehlspeisen und Torten.

Weingut & Buschenschank Frühwirth
8493 Klöch, Deutsch-Haseldorf 46
Tel. +43 3475 2338
www.fruehwirth.at

Buschenschankpionier in der Traminerregion. Auf der Weinbergterrasse ist man den Weinreben ganz nahe, in der Stube sorgt der Kachelofen für wohnliche Stimmung. Spezialitäten wie geräucherte Forelle, Klöcher Vulkanjause und verschiedene Käsesorten auch Rohmilchkäse stehen zur Auswahl. Sehr gute hauseigene Weine, darunter komplexe Traminer.

PIRCHING AM TRAUBENBERG

Berggasthof Fink
8081 Pirching am Traubenberg, Edelstauden 19
Tel. +43 3134 2314
www.berggasthof-fink.at

Gutbürgerliches Haus in wärmendem Gelb, drinnen ist das Ambiente fast schon italienisch. Klassiker wie Cordon bleu oder Backhendl sind knusprig, kräftig die Rindsuppe mit Lungenstrudel. Highlights sind das Fischbüffet und die Wildbretwochen. Auch die mediterranen Gerichte gelingen: schwarze Tortelloni mit Räucherlachs und Frischkäse oder Vitello tonnato sous vide gegart. Recht ausführliche Weinkarte.

PÖLLAUBERG BEI HARTBERG

Berggasthof König
8225 Pöllauberg 5
Tel. +43 3335 2311
www.berggasthof-koenig.at

In der wunderschönen Gaststube mit Kachelofen und einer Holzbalkendecke aus dem Jahre 1628 kann man sich von der herzlichen Familie König verwöhnen lassen. Küchenchef Manfred Geier merkt man den Spaß beim Kochen an, wenn er Klassiker wie Rieslingbeuscherl, hausgemachte Frühlingsrolle oder knusprige Erdäpfelwurst nach Omas Rezept zubereitet. Besonders sämig gelingen geschmorte Rinderwangerl in Rotweinsauce. Vieles dreht sich in der Region auch um die Pöllauer Hirschbirne, darum kommen Hirschbirn-Martini, Pöllauberger Mostsuppe mit Hirschbirnknöderln oder Hirschbirn-Parfait auf den Tisch. Großartig ist Matthias Königs Engagement für den Weinkeller, auch sehr gute Franzosen lagern dort.

Retter
8225 Pöllauberg, Oberneuberg 88
Tel. +43 3335 2690
www.retter.at

Eingebettet in die Genussregion Hirschbirne im Naturpark Pöllauer Tal steht der prachtvolle Vorzeigebetrieb, der am Puls der Zeit ist und mit seinen Naturgärten und Obstanlagen für Innovation sorgt. Stolz ist man u.a. auf das Biomasseheizwerk und die Regenwasseranlage. Bio-Brot und Gebäck für das Hotel werden selbst gebacken, die Bio-Früchte zu feinem Bio-Eis, Destillaten und Marmeladen veredelt. Die hochwertigen Zimmer strahlen große Harmonie aus, auch das Wellnessangebot und ein riesiger Outdoorpool begeistern. Mehr denn je verfolgt Familie Retter den Nachhaltigkeitsgedanken, so werden wandernde Bio-Weidelämmer verarbeitet. Die Küche zaubert beste steirische Spezialitäten, die schmecken und dem Körper guttun.

PÖLLAU

Haider
8225 Pöllau, Ortenhoferstraße 73
Tel. +43 3335 2353
www.restaurant-haider.at

Frisch und anders. In dritter Generation führen Hortencia und Manuel Koller das kleine Restaurant Haider. Aus der Küche schicken sie steirische Klassiker, kombiniert mit internationalen Ideen. Immer wieder blitzen vor allem brasilianische Aromen durch. Recht schräg, aber harmoniert. Sieht alles sehr hübsch aus.

RIEGERSBURG

Genusshotel Riegersburg
8333 Riegersburg, Starzenberg 144
Tel. +43 3153 20020
www.hotel-riegersburg.at

Als Hersteller von feinen Bränden und Essigen hat Alois Gölles eine Marke geschaffen. Dass sein Genusshotel denselben Anspruch hat wie die Produkte, ist selbstverständlich. Eingebettet in die Weingärten ist das elegant-moderne Genusshotel. Einer der Anziehungspunkte ist der ganzjährig benützbare Infinitypool. Taucht man in das Wasser ein, hat man das Gefühl, auf die Riegersburg zuzuschwimmen. Ein Hauptaugenmerk liegt auf der Kulinarik: kreativ-klassisch mit den Produkten aus der Region. Das Starzenberger Dry-aged-Steak wird im Haus mindestens 30 Tage gereift, der Starzenberger Käse wird sogar 18 Monate lang mit altem Apfelbrand und Apfelessig verfeinert.

LÖ(KE)
8333 Riegersburg, Lödersdorf 38
Mobil +43 676 4237849
www.loeke.at

Ferdinand Bauernhofer tingelte durch die Spitzengastronomie der Welt: Shanghai, Barcelona, Portugal, Japan, Irland und Neuseeland stehen auf seiner Liste. Bis er in Lödersdorf bei Riegersburg landete. Dort bespielt er seine Schauküche und Kochschule, vor allem mit Produkten aus seinem Garten und aus der Umgebung. Sympathisch.

Wippl's Hofbergstubn
8333 Riegersburg, Hofberg 67
Tel. +43 3153 20060
www.hofbergstubn.at

Von der gemütlichen Stube schaut man auf die imposante Riegersburg. Liebgewordene Klassiker sind die Flecksuppe und Omas saure Suppe mit Frühstückstommerl, der Bauernschmaus und die Ripperln. Eine herrlich herzhafte Spezialität ist auch die gebratene Erdäpfelwurst mit Speck-Kraut-Salat und Kümmelsafterl. Martin Wippel sorgt als Winzer für die Weinbegleitung, anschauen sollte man sich den Schauweinkeller. Noch ein Tipp, falls der Kühlschrank gähnend leer sein sollte. Dann nimmt man sich den frischen, selbst gemachten Hofbergstubn-Genuss mit nach Hause. Nach dem Besuch im Lokal oder im Onlineshop: Flecksuppe, vegetarische Bolognese, Kürbissuppe oder Rindswadelgulasch im Glas.

Fromagerie zu Riegersburg
8333 Riegersburg, Bergl 2
Mobil +43 660 2521811
www.thecheeseartist.at

Kreativität trifft Geschmack. Bernhard Grubers Spezialität sind Rohmilchkäse, die er zu extravaganten Eigenkreationen reifen lässt. Blauschimmelkäse aus Kuhrohmilch wird mit Uhudlergelee überzogen und mit entkeimtem Heu bedeckt. Natürlich verwendet Bernhard Gruber auch gerne regionale Zutaten, etwa Zotterkuvertüre und Gölles-Schokolikör für den Kuhmilch-Roquefort.

Das Meister
8333 Riegersburg, Hofberg 58
Tel. +43 3153 8613
www.das-meister.com

Das elegante Hotel wurde mit nachhaltiger Architektur umgestaltet. Geheizt wird mit eigenen Hackschnitzeln, alles ist mit Steinwolle isoliert, in den 16 Zimmern wurde für Böden und Möbel nur Echtholz verwendet. Der weitläufige Wintergarten mit bodentiefen Fenstern holt die Weingärten herein. Zum Frühstück gibt es beste regionale Produkte. Oder man schenkt sich ein Glas vom hauseigenen Sekt ein, der nach der Champagnermethode hergestellt wird.

ST. ANNA AM AIGEN

Weinhof Scharl
8354 St. Anna am Aigen, Plesch 1
Tel. +43 3158 2314
www.weinhof-scharl.at

Nette Menschen und gute Weine waren schon immer das Rezept eines erfolgreichen Buschenschanks, und so ist es auch beim Scharl. Gustoteller, Vulkanjause, hausgemachtes Bauerngeselchtes und Schafkäse bilden nur eine kleine Auswahl der Köstlichkeiten. Gemütliche Winzerzimmer. Die Winzerzimmer (Plesch 45, 0664 429 39 79) gleich in der Nähe liegen an einem besonderen Platz. Die Aussicht auf die Weinberge und St. Anna sind konkurrenzlos, sehr große, praktisch neue Zimmer, ganz sympathische Hausleute.

STRADEN

Greißlerei De Merin
8345 Straden 5
Tel. +43 3473 75957
www.demerin.at

Rund vierzig bäuerliche Produzenten aus der Region Straden liefern Schinken, Speck, Säfte, Liköre, Brände, Aufstriche, Chutneys, Senf etc. Auch ausgewählte regionale Weine werden angeboten.

Saziani Stub'n
8345 Straden 42
Tel. +43 3473 8651
www.neumeister.cc

Christoph Mandl steht neu am Herd. Die letzten 12 Jahre kochte er im Taubenkobel, zuletzt als Küchenchef. Seine Vergangenheit zitiert er auch gerne: Die Taube kommt als Parfait, mit Vogelbeere, klassischer Schaumrolle und Roter Rübe, die geschmort, aufgeschnitten und getrocknet wurde. Das Herz ging uns beim nächsten Gang besonders auf. Hier war Hecht der Hauptdarsteller, herausfordernd, aber optimal, um ihn roh zu essen, dazu gab es Vogerlsalat und geflämmte Zitronen, Orangen und Limetten. Sehr leicht, mit zarter Konsistenz durch den Fisch und die Salatblätter, die Zitrusaromen brachten richtig Pep. Und so ging es weiter. Insgesamt eine gekonnte, hochintelligente Küche. Nächstes Jahr ist geplant, dass er mit Ruth Heusch, seiner Partnerin und angehenden Sommelière, das Restaurant übernimmt und sich die Neumeisters zurückziehen.

Krispels Genusstheater
8345 Hof bei Straden, Neusetz 29
Tel. +43 3473 7862
www.krispel.at

Die Wollschweinspezialitäten stehen im Mittelpunkt, wirklich saumäßig gut. Neu ist das Restaurant Genusstheater. Dort betört Küchenchef Daniel Weißer die Sinne der Gäste. Er zaubert am Block aus Basalt eine Küche mit regionalen Köstlichkeiten, lässt jedoch Geschmackskompositionen aus aller Welt zu. Dazu die hervorragenden Weine von Stefan Krispel, der heuer einen neuen großen Weinkeller eröffnete. Schöne Zimmer.

Bulldog-Wirt
8345 Hof bei Straden, Hof 2
Tel. +43 3473 8267
www.bulldogwirt.at

Schon schräg, diese Sammlung: Von alten landwirtschaftlichen Werkzeugen bis hin zu Traktoren ist hier alles dabei. Gute, herzhafte Küche mit Spezialitäten wie Klachelsuppe mit Sterznockerln, hausgemachte Breinwurst auf Grammel-Sauerkraut, Weinbeuschel mit Kräuterknödeln, Steaks oder Sterzpudding.

TRAUTMANNSDORF

Steira Wirt
8343 Trautmannsdorf 6
Tel. +43 3159 4106
www.steirawirt.at

Wer bei Richard Rauch zu Gast ist, hat Glückseligkeit auf seiner Seite. Rauch hat sich in den letzten Jahren so ziemlich alle Ehren verdient, die in einem jungen Leben möglich sind. Der Kochkreative zieht alle Register, das beginnt schon mit den unzähligen kleinen Küchengrüßen. Zwei Linien werden geboten: gehobene Wirtshausküche mit neu interpretierten österreichischen Klassikern voller Geschmack. Und eine gehobene, die vor Kreativität und Mut zum Risiko nur so sprüht. Abgerundet wird das Paket durch die hübschen Zimmer, den Greißlerladen und die Kochkurse.

UNTERLAMM

Weingarten-Resort Unterlamm Loipersdorf
8352 Unterlamm 177
Mobil +43 676 3565651
www.weinurlaub.at

Fesche 40-Quadratmeter-Häuser in moderner Holzoptik in den Weingärten. Große Glasfronten und Sonnenterrasse, Infrarotkabine und Klimaanlage.

WALTRA

Gourmetheuriger Edelbauer
8354 Waltra 21
Mobil +43 664 3933638
edelbauer-gourmetheuriger.at

Der Name ist Programm: Die Gerichte bewegen sich abseits des Brettljausenmainstreams. So viel wie möglich kommt aus dem eigenen Garten und aus der Umgebung. Sehr fesch wird jeder Teller hergerichtet.

YOU HAD
ME AT
GRÜNER
VELTLINER
#austrianwine
AUSTRIAN WINE

SÜDSTEIERMARK

Das österreichische Weinwunder hat hier seinen Ursprung gehabt. Nach der Krise Mitte der 1980er-Jahre hat eine gut ausgebildete Generation ehrgeiziger junger Winzer in den führenden Betrieben das Ruder herumgerissen und mit trockenen, sehr fruchtbetonten Weinen die österreichischen Weinliebhaber überzeugt. Daneben wurde das Vorurteil der angeblich so kurzen Lagerfähigkeit der südsteirischen Weißweine durch spät gelesenen Sauvignon Blanc und Morillon, ausgebaut zum Teil in Barriques, zum Teil im großen Holzfass, widerlegt. Eine schwarz-weiß malende Differenzierung zwischen Weinen der Steirischen Klassik, die im Stahltank ausgebaut werden, und den in neuen oder gebrauchten Holzfässern ausgebauten Weinen ist nicht mehr angebracht, ist doch der schmeckbare Holzanteil in den letzten Jahren merklich zurückgegangen. Der Herkunftsgedanke setzt sich zusehends durch in Gestalt von Gebiets-, Orts- und Riedenweinen. Die wichtigsten Weinbauorte sind Gamlitz, Ratsch, Berghausen, Spielfeld und Leutschach sowie im Sausal Kitzeck und Sankt Nikolai.

Bei den Rebsorten dominieren Sauvignon Blanc, Muskateller, Welschriesling, Weißburgunder und Morillon, im Sausal fühlt sich auch der Riesling ausgesprochen wohl. Die Böden sind vielschichtig. Sie reichen von Sand und Schiefer über Schotter und Konglomerate bis zu Mergel und Kalkstein. Der Opok, ein verfestigtes, nicht sehr grobkörniges Sedimentgestein, ist typisch für die Gegend um Leutschach, Gamlitz und Spielfeld. Kristalline Untergründe findet man vor allem im Sausal. Feuchtwarmes, mediterranes Klima bestimmt den langen Vegetationsverlauf, kühle Nächte fördern die Entwicklung einer frischen und tiefen Aromatik.

Im Jahr 2018 wurden DAC-Regelungen eingeführt. Im Fokus steht die Herkunft, also eine Klassifizierung in Gebietswein, Ortswein und Riedenwein. Nur die folgenden Rebsorten sind zugelassen: Welschriesling, Weißburgunder, Morillon, Grauburgunder, Riesling, Gelber Muskateller, Sauvignon Blanc, Traminer sowie Verschnitte daraus. Gebietsweine dürfen ab dem 1. März des die Ernte folgenden Jahres verkauft werden (Welschriesling ab dem 1. Dezember des Erntejahres), Ortsweine und Riedenweine ab dem 1. Mai, Reserven jeweils 18 Monate später. Der Gehalt an unvergorenem Zucker darf maximal 4 g/l betragen, Riesling und Traminer müssen trocken im Sinne des Weinrechts sein.

2.788 Hektar Weinanbaufläche
Die wichtigsten Rebsorten:
Welschriesling, Sauvignon Blanc,
Muskateller, Weißburgunder, Morillon

Weingut & Wohlfühlzimmer
Adam – Lieleg

Florian Lieleg
8463 Leutschach an der Weinstraße, Kranach 78
Mobil +43 650 740 61 75, Fax +43 3454 6115
weingut@adam-lieleg.at, www.adam-lieleg.at
15 Hektar, W/R 90/10

Seit 1893 wird das Weingut am Eichberg bei Leutschach als Familienbetrieb geführt. Mittlerweile ist mit Florian und Markus bereits die fünfte Generation aktiv. „Wir haben eine gemeinsame Mission, nämlich Weine mit einem klaren Herkunftsprofil zu produzieren. Harmonisches und nachhaltiges Arbeiten im Einklang mit der Natur sind die Grundpfeiler, um charakterstarke Weine mit höchstem Trinkgenuss zu keltern", umreißt Florian Lieleg den Fokus der Familie.
Der Großteil der Weingärten liegt in Leutschach und am Eichberg, wo der Untergrund aus Opok bzw. Schotter besteht. Von hier stammt das Gros der Trauben für die Gebietsweine. Das Lesegut für die Ortsweine kommt ausschließlich vom Eichberg mit seinen kargen Schotterböden, welche in Kombination mit dem kühlen Mikroklima Weine mit Feinheit, Frische und Mineralität begünstigen. Die wichtigsten Einzellagen des Weingutes sind die Ried Oberer Kranachberg mit einem kalkhaltigen, sandigen Boden, die Ried Gottscheber und der renommierte Czamillonberg. In der Ried Gottscheber wurzeln die Reben im kalkreichen Kreuzbergschotter, der Czamillonberg ist eine reine Opoklage. Morillon wächst auch in der Ried Wurzenberg Kapelle, wo die Weinstöcke auf einem schotterdurchsetzten, sandigen Untergrund stehen. Die vorgestellten Weine bringen das jeweilige Terroir auf eine noble und unplakative Art zum Ausdruck. *ww*

SÜDSTEIERMARK DAC

★★★ S €€€ GM
2022 Muskateller Eichberg + Feingliedrig, dezent, fruchtbetont, Prise Kräuter und Holunder; präsentiert sich auch auf dem Gaumen so, Trinkfluss, einladend.

★★ S €€ SB
2022 Sauvignon Blanc + Frisch, unverkennbar, grünfruchtig, grünblättrige Würze, Hauch Paprika und frische Mandeln; saftig, würzig, kühle Frucht, mittlere Länge, Würze und grünvegetabilische Aromen klingen nach.

★★★ S €€€ SB
2022 Sauvignon Blanc Eichberg DIE SIEME + Kompakt, fast steinige Anmutung, wertig, klassische Prägung; klare Frucht, feine Würze, ausgewogen, grünblättrige Noten klingen nach.

★★★ S €€€ CH
2022 Morilllon Eichberg + Dezent, leise Bodentöne, knackige Birnen und Nektarinen; lebhaft, zartes Säurerückgrat, null Fett, nie fad, sympathischer Hauch Gerbstoffe, mittleres Gewicht.

★★★ S €€€ PG
2022 Grauburgunder Eichberg + Birnen, rotfruchtig, frische Pistazien, Hauch Cerealien; viel Frucht, ungewöhnlich agil, Säurespiel, herkunftstypisch, Malz im Nachhall.

★★★ K €€€€ PB
2021 Weißburgunder Ried Gottscheber + Freundlich, feingliedrig, helle Frucht, winzige Prise Gewürze, leise Bodentöne; präsentiert sich auch im Geschmack so, vielschichtig, elegant, Finesse vor Wucht.

★★★ K €€€ WR
2020 Welschriesling Ried Gottscheber + Kompakt, gediegen, vielschichtig, kühler Touch; ungewöhnlicher Sortenausdruck, kraftvoll, balanciert, feines Säurespiel, lang, Schotter kommt durch.

★★★★ K €€€€ CH
2020 Morillon Ried Wurzenberg Kapelle + Walnüsse, Gewürze, Frucht blitzt durch, kündigt Kraft an; aromatisches Dacapo, sehnig-kraftvoll, fokussiert, im Finish und im langen Abgang noch merklich würzig vom Holz.

★★★ S €€€ GM
2021 Muskateller Ried Oberer Kranachberg + Steinig, nobel, Kräuter, Gewürze, Anklänge von Zitrusfrüchten; schließt aromatisch und strukturell nahtlos an, höchst elegant, fast leichtfüßig, bemerkenswert.

★★★★ S €€€ GM TIPP
2021 Muskateller Ried Czamillonberg + Feine Würze, kalkig, Kräuter à la Wermut, Hauch Grapefruits; zartes Säurenetz, feinmaschig, nie laut, sanfter Druck, Frucht dominiert, im Abgang und im Nachhall wieder Bodentöne.

★★★ S €€€ SB
2021 Sauvignon Blanc Ried Oberer Kranachberg + Feinkörnige Gewürze, Fenchelsaat, Sesam, kühle Ader, tief im Glas Karambole und Galiamelone, auch grünblättrig; aromatisches Dacapo, Finesse vor Wucht.

★★★★ K €€€€ SB TIPP
2021 Sauvignon Blanc Ried Gottscheber + Gediegen, hauchzarte Würze, Bourbonvanille angedeutet, gelbfruchtig mit tropischem Einschlag; saftige und unplakative Frucht dominiert, Säurespiel, Tiefgang, feinfühliger Holzeinsatz, sehnig, bar jeder Üppigkeit, Reserven.

♛♛♛

Weingut
Dreisiebner Stammhaus

Hannes Dreisiebner
8461 Gamlitz, Sulztal 35
Tel. +43 3453 2590, Fax -22
stammhaus@dreisiebner.com, www.dreisiebner.com
17 Hektar, W/R 95/5, 100.000 Flaschen/Jahr

Der Anspruch von Kellermeister Hannes Dreisiebner an seine Weine ist bemerkenswert: Alltäglich sollen sie sein und doch rar und hochwertig. „Die leichten Weine sollen in der Jugend schon fröhlich sein, aber trotzdem ein paar Jahre reifen können. Die Riedenweine sollen lagerfähig sein, dennoch dürfen sie schon in ihrer Jugend angenehm schmecken." Zu ergänzen wäre, dass er auf Vordergründigkeit und Üppigkeit verzichtet, wie die diesjährige Verkostung gezeigt hat.
Die Familie bewirtschaftet mit dem Zoppelberg, eine der ältesten eingetragenen Rieden der Steiermark, und der Ried Hochsulz zwei renommierte Lagen. Erstere begünstigt kühle und knackige Weine, jene aus Hochsulz sind vom Boden aus Muschelkalk geprägt. Das Produktportfolio ist nach der DAC-Herkunftspyramide in Gebiets-, Orts- und Riedenweine gegliedert, wobei die Alten Reben aus der Riede Hochsulz die Spitze darstellen.
Die aktuelle Serie zeichnet sich durch Feinheit und Trinkfluss aus. In den Riedenweinen schwingen Bodentöne mit. Uneingeschränkt zu empfehlen ist der Gelbe Traminer Ried Hochsulz Seven Sense 2019, ein nobler und vielschichtiger Vertreter mit Tiefgang und eigenem Charakter.
Dem Weingut angeschlossen sind eine Buschenschank und ein kleines Hotel. Gemeinsam mit der Diplom-Sommelière Evelyn Merc betreibt Hannes Dreisiebner die Klapotetz Weinbar in der Landeshauptstadt Graz, wo die Gäste neben vielen anderen Weinen natürlich auch die Kreszenzen des Stammhauses ordern können. *ww*

SÜDSTEIERMARK DAC

★★ S €€ PB
2022 Weißburgunder + Freundlich, feingliedrig, Kernobst, winzige Prise Haselnüsse; beschwingt, fruchtbetont, zartes Säurespiel, leichtfüßig.

★★ S €€ GM
2022 Gelber Muskateller + Sorte auf noble Art definiert, Prise Muskatnuss, Kräuter, Blüten; schließt mit diesen Aromen an, hinten auch Zitrus, angenehme Säure, trocken und animierend.

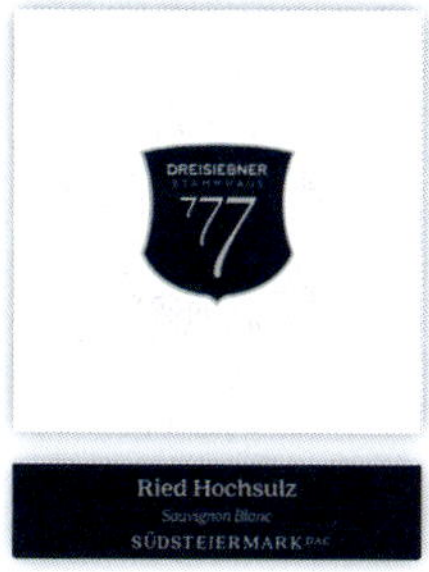

★★★ S €€ SB
2022 Sauvignon Blanc + Sanft, noch ein wenig verschlossen, Sorte klar, Anklänge von Stachelbeeren, Cassislaub und Grapefruits; Frucht auf dem Gaumen viel präsenter, Stachelbeeren, Cassis, grünblättrige Würze, Trinkfluss.

★★★ S €€ CH PLV
2020 Morillon Gamlitz + Wertige Anmutung, feiner Mix aus Gewürzen, heller Frucht und Nüssen; bestätigt diesen Eindruck auf dem Gaumen, zartes Säurenetz, nie vorlaut, nobler Ortswein.

★★★ S €€€ TR
2021 Traminer Gamlitz + Ruhig strömend, unplakative Sortenaromatik, Rosenholz, Anklänge von Lachsrosen und Gewürzen; saftig, viel Frucht, elegantes Säurespiel, hochgradig lebendig, sympathische Prise Gerbstoffe, Trinkfluss.

★★★ S €€€ SB
2021 Sauvignon Blanc Ried Zoppelberg + Dunkle Würze, getrocknete Kräuter, leise Bodentöne, ernsthaft; schließt würzebetont an, zarte Frucht unterlegt, lebhaft, Hauch Grapefruitzesten und würzige Aromen im mittellangen Nachhall.

★★★ S €€€ GM TIPP
2020 Gelber Muskateller Ried Hochsulz + Ernsthaft, gediegen, getrocknete Holunderblüten und Muskatblüten, Anklänge von roten Zitrusfrüchten; schließt aromatisch an, sehnig-kräftig, trocken, die Aromen vom Bukett klingen lange nach.

★★★★ S €€€ SB
2021 Sauvignon Blanc Ried Hochsulz + Kalkig, kompakt, feine Würze, gelbe Frucht à la Quitten und Äpfel blitzt durch; charmante Frucht, Schmelz, feines Säurerückgrat, gute Länge, im Nachhall Würze, Frucht und leise Bodentöne.

★★★★ S €€€€ CH
2019 Chardonnay Ried Hochsulz Alte Reben + Noble Sortenaromatik, Birnen, Walnüsse, Hauch Kletzen und Malz, würzig; schließt nahtlos an, Zug, null Fett, einladend, gefühlvoller Holzeinsatz, lebendig, im langen Nachhall feinkörnige Gewürznoten.

★★★★ S €€€€ SB TIPP
2019 Sauvignon Blanc Ried Hochsulz Alte Reben + Noble Anmutung, salzig, Jod, hauchzarte Würze, Sesam, nussige Akzente und ein Hauch von Frucht; aromatisches Dacapo, feinmaschige Textur, perfekter Holzeinsatz, elegantes Säurenetz, feine Bodentöne, Reserven.

★★★★★ S €€€€€ TR TOP
2019 Gelber Traminer Ried Hochsulz Seven Sense + Hochgradig eigenständig, kalkig, Gewürze, floral, Nüsse, Fenchelsaat, anfänglich Lindenblüten, mit Luft Kokos, tief im Glas Grapefruits und Orangen; breiter Aromenbogen, elegant, zartes Säurespiel, im Abgang und im Nachhall Bodentöne, Gewürze und eine Prise Grapefruitzesten, Finesse vor Wucht.

Weingut
Elsnegg

Familie Elsnegg
8462 Gamlitz, Eckberg 26
Tel. +43 3453 4812
weingut@elsnegg.at, www.elsnegg.at

Die Formkurve des Familienweingutes Elsnegg zeigt nach oben. Das Gespann aus Wolfgang Elsnegg-Dilsky, Altmeister Engelbert Elsnegg und seiner Tochter Regina hat sich als schlagkräftig erwiesen. Der Senior hat einst die Weichen in Richtung Qualität gestellt, sich aber aus dem Tagesgeschäft zurückgezogen. Mit seinem unerschöpflichen Erfahrungsschatz steht er nach wie vor zur Seite.

Für seine gebietstypischen, glockenklaren und fruchtbetonten Weine bei attraktivem Preis-Leistungs-Verhältnis ist das Weingut Elsnegg schon lange bekannt. Mehrere Lesedurchgänge sind Standard, sogar beim einfachen Welschriesling wird das so gehalten. Die Linie „Arte Styria“ bildet die Basis, darüber stehen die Weine mit der Bezeichnung „Steilhang“. Die Ortsweine Gamlitz transportieren die für diese Gegend typischen, sandig-schottrigen Böden klar verständlich. Bei den Riedenweinen legt die Familie Wert auf den Lagencharakter.

Wegen der kürzlich erfolgten Lagenabgrenzung heißt der Grauburgunder nun nicht mehr Ried Eckberg, sondern Ried Edelbach. Dieser Wein präsentiert sich auch heuer wieder quicklebendig, so macht die Sorte Spaß. Primus in der aktuellen Serie ist der markant würzige, dezent rauchige 2021er Sauvignon Blanc Ried Urlkogel Reserve. Eine glückliche Hand beweist die Familie Elsnegg auch mit dem Rheinriesling. Deswegen wird die Rebfläche ausgeweitet. *ww*

SÜDSTEIERMARK DAC

★★ S €€ WR
2022 Welschriesling Steilhang + Fein gehalten, zarte Apfelnoten, steiniger Schotterboden kommt durch; lebendig, Äpfel, im Finish eine Prise Kräuter, trinkig.

★★★ S €€ PB FUN
2022 Weißburgunder Arte Styria + Auf eine feine Art sorten- und herkunftstypisch, frische Haselnüsse, weißfleischige Birnen und Nektarinen; glockenklare Frucht, angenehmes Säurespiel, mittlere Substanz.

★★★ S €€ CH PLV
2022 Morillon Arte Styria + Präzise, kühl, dezent steinig, Marillen und Pfirsiche, Hauch Haselnüsse; Aromen vom Bukett kommen wieder, Zug, schnörkellos.

★★ S €€ GM
2022 Muskateller Arte Styria + Unverkennbares Sortenbukett, frische Holunderblüten, Kräuter, etwas Muskatnuss, helle Frucht blitzt durch; zu diesen Aromen gesellt sich eine feine Zitrusnote, leichtfüßig, trinkanimierend.

★★★ S €€ GM
2022 Muskateller Gamlitz + Angenehm unplakativ, seriös, Sandboden zu erkennen, feine Sortenwürze, Grapefruits; aromatisches Dacapo, Frucht etwas präsenter als im Duft, Trinkfluss.

★★★ S €€ SB
2022 Sauvignon Blanc Arte Styria + Einladend, fruchtbetont, Anklänge von schwarzen Johannisbeeren und hochreifen Kiwis, Prise Cassislaub; Frucht-Dacapo , animierendes Säurespiel ohne Aggressivität, beschwingt, mittelgewichtig, Trinkfluss.

★★★ S €€ SB
2022 Sauvignon Blanc Gamlitz + Feingliedrig, Würze und kühle Frucht, Stachelbeeren, Anklänge von Cassis; schließt nahtlos an, kühle Frucht dominiert, zugängliche Säure, passende Substanz.

★★★★ S €€€€ SB TIPP
2022 Sauvignon Blanc Ried Urlkogel + Feinkörnige Gewürze, frische gelbe Frucht, sanfter Druck; auf dem Gaumen viel exotische Frucht à la saftige Maracuja, feines Säurerückgrat, in keiner Phase üppig, Prise Salz im Abgang, Maracuja im Nachhall.

★★★★ S €€€€ SB TIPP
2021 Sauvignon Blanc Ried Urlkogel Reserve + Markant würzig, bisschen rauchig, Bodentöne, Anis, Fenchelsaat, Vanille, dann Hauch Nougat; Aromen-Dacapo am Gaumen, dazu exotisch à la Mandarinenfilets, Spannung, Säurespiel, Holz bereits gut integriert, gute Länge, Struktur, super Trinkfluss, Reserven.

★★★ S €€ PB
2022 Weißburgunder Ried Edelbach + Sanfter Druck, viel Sorte, gelbe Birnen, Marillen, bisschen Haselnüsse, leise Bodentöne; zu diesen Aromen gesellen sich Kletzen, zugängliche Säure, Boden kommt noch deutlicher als im Bukett, frei von Üppigkeit, Reserven.

★★★ S €€€ PG
2022 Grauburgunder Ried Edelbach + Walnüsse, Prise Gewürze, Cerealien, Hauch Dörrobst, teigige Birnen; aromatisches Dacapo, Spiel, ungewohnt lebendig, feinfühliger Holzeinsatz, so macht die Sorte Spaß.

★★★ S €€ RI
2022 Rheinriesling Ried Urlkogel + Eigenständig, feingliedrig, Pfirsiche, Walderdbeeren und deren Laub; schließt aromatisch und strukturell nahtlos an, elegantes Säurespiel, quicklebendig, Zug, Charakter.

Weingut **Felberjörgl**

Hans-Peter Temmel
8442 Kitzeck, Höch 47
Tel. +43 3456 3189
info@felberjoergl.at, www.felberjoergl.at
13,5 Hektar

Das Weingut Felberjörgl ist ein reiner Familienbetrieb. Gegründet wurde es bereits im 14. Jahrhundert von Bayern namens Felber, die in den Diensten des Salzburger Erzbistums standen. Heute zeichnet Hans Peter Temmel als Kellermeister für den Wein verantwortlich.
Die Böden der Weingärten sind aus kristallinem Gestein entstanden, Schiefer ist vorherrschend. Ausgeprägte Temperaturdifferenzen zwischen Tag und Nacht kommen der Aromatik und der Frische zugute. Klar definierte Herkunft hat große Priorität für die Familie. Die Rieden Kreuzegg und Zwickl liegen direkt beim Hof auf 550 m Seehöhe, Kreuzegg ist tiefgründig mit viel Humus, die Weine von hier muten warm an. Zu den höchsten Lagen des Sausals zählt die bis knapp 630 m reichende Ried Höchleit'n mit kargem Schieferboden. Der Riesling vom terrassierten Teilstück wird oft erst im November gelesen. „Es ist uns sehr wichtig, die Trauben länger am Rebstock belassen zu können, um die physiologische Reife richtig auszunutzen", umreißt Hans Peter Temmel die Vorteile dieser Seehöhe. Die Ried Schrotter ist sehr steil und teilweise terrassiert. Karger Boden kennzeichnet auch die Ried Mosergut, wo hauptsächlich Traminer und Gelber Muskateller stehen. Abgerundet wird das Portfolio durch edelsüße Prädikate, Rotweine, Frizzante, Spezialitäten wie ein Traminer aus Maischegärung, Fruchtsäfte und Edelbrände.
Am Weingut angeschlossen ist eine Buschenschank im sehenswerten Biedermeierhaus.
Die heuer verkostete Serie ist präzise strukturiert, die Weine besitzen Trinkfluss. Die kristallinen Böden des Sausals kommen durch, die mikroklimatischen Randbedingungen prägen die Aromatik. Ausgesprochen nobel tritt der Sauvignon Blanc Ried Höchleit'n auf. *ww*

SÜDSTEIERMARK DAC

★★★ S €€ SB
2022 Sauvignon Blanc Klassik + Präzise, klassisch geprägt, grünblättrig, Stachelbeeren, knackige Cassisbeeren; zeigt diese charmante Aromatik auch im Geschmack, balanciert, frisch, Trinkfluss.

★★★ S €€ RI **PLV**
2022 Riesling Kitzeck-Sausal + Unverkennbar, Pfirsiche, kristalliner Boden; präzise, glockenklar, animierende Frucht, zugängliche Säure, mittleres Gewicht, Spaß auf bemerkenswertem Niveau.

★★★★ S €€€ RI **TIPP**
2021 Riesling Ried Höchleit'n + Freundlich, reife Weingartenpfirsiche, winzige Prise Kräuter, Schieferboden; schließt aromatisch an, tiefe Frucht, Kraft, animierendes Säurespiel, Fokus, kristalliner Untergrund unverkennbar, Reserven.

★★★ S €€ GM
2022 Gelber Muskateller Kitzeck-Sausal + Kräuter, Holunder, Zitronenzesten, Grapefruits, sauvignonesk; aromatisches Dacapo, unaufdringlich, einladend, im Finish und im Nachhall dezent papriziert.

★★★★ S €€ SB **TIPP**
2022 Sauvignon Blanc Kitzeck-Sausal + Wertig, steinig, auf elegante Art klassisch geprägt; schließt aromatisch an, zarte Frucht, grünblättrige Würze, nobel, nie vorlaut, absolut sortenaffin.

★★★ S €€ PB
2021 Weißburgunder Ried Kreuzegg + Dezent, nussig, helle Frucht, ruhig; nobler Sortenausdruck, zugängliche Säure, präzise, passende Substanz.

★★★ S €€€ CH **PLV**
2021 Morillon Ried Höchleit'n + Spontan ansprechend, sanfter Druck, Birnen, zarte Würze, etwas Dörrobst; schließt aromatisch an, feiner Schmelz, einige Substanz, Zug, leise Bodentöne im Finish und im salzigen Nachhall.

★★★ S €€ PG
2021 Grauburgunder Ried Zwickl + Frisch, kündigt Kraft an, dezente Sortenaromatik; Gaumen hält, was die Nase verspricht, kühle Frucht, Birnen, helles Steinobst, Hauch Malz, salzig im Abgang und im langen Nachhall, Trinkfluss trotz der merklichen Substanz.

★★★ S €€€ SB
2021 Sauvignon Blanc Ried Kreuzegg + Ruhig, sortenaffin, Tropenfrüchte, hauchzarte Würze, kristalliner Boden schwingt mit; präzise, Frucht dominiert, belebendes Säurespiel, feinfühliger Holzeinsatz, ungeachtet der sichtlichen Kraft nie üppig.

★★★★ S €€€ SB **TIPP**
2021 Sauvignon Blanc Ried Höchleit'n + Kühl, steinige Anmutung, präzise, feiner Mix aus grünblättrigen Noten, grünen Früchten und Bodentönen; aromatisches Dacapo, elegant, Zug, hochgradig präzise, fast Understatement, vom Schieferboden geprägt, Finesse vor Wucht.

Weingut
Gross

Martina & Johannes Gross
8461 Ehrenhausen, Ratsch an der Weinstraße 26
Tel. +43 3453 2527
weingut@gross.at, www.gross.at
37 Hektar, W/R 100/0, 175.000 Flaschen/Jahr

Falls Sie die beiden empfehlenswerten Einstiegsweine Mitzi und Jakobi vermissen, sei nochmals angemerkt, dass für diese nunmehr ein eigenes, aus den Brüdern Johannes und Michael Gross bestehendes Unternehmen verantwortlich ist. Aber auch der Start mit dem leicht alternativ ausgebauten Welschriesling PRO. 2021 wird den Gaumen jedes vorurteilsfreien Weinfreundes erfreuen. Gleiches gilt für den sogenannten Bergwein aus diesem Jahr, der Sauvignon und Welschriesling auf quicklebendige Art miteinander verbindet. Von den 2022ern gefiel insbesondere der überaus animierende wie zupackende Sauvignon. Aus dem hervorragenden Weinjahr 2021 hat der untadelige Ortswein von der Leitsorte Sauvignon Blanc diesmal die Appellation Ehrenhausen mit ihren Opokböden in höchst würdiger Weise vertreten.

Bekanntlich hat Johannes Gross vor einiger Zeit ja die ebenso mutige wie wegweisende Entscheidung getroffen, die Lagenweine erst nach mehr als vierjähriger Reifung auf den Markt zu bringen, aber auch Premiumweine ohne Lagenbezeichnung, wie den Chardonnay, und hochgradige Dessertweine erst nach sinnvoller Fass- und Flaschenreife zu präsentieren. Darüber hinaus wurde auch der Beschluss gefasst, in Hinkunft auf jedwede Traubenzukäufe zu verzichten, womit zwangsläufig auch das Auslaufen des bekannten Weißburgunders vom Kittenberg verbunden ist, der diesmal noch mit dem ruhig strömenden und dezenten 2018er präsent war. Apropos 2018: Eben dieser Jahrgang wäre nach dem Vorgesagten nun mit den Lagenweinen an der Reihe. Da davon aber nur geringe Mengen vorhanden sind, wurden dieses Mal lediglich drei Crus vorgestellt. Doch nächstes Jahr, wenn der Superjahrgang 2019 aktuell wird, kann wieder mit dem kompletten Programm aus dem Vollen geschöpft werden.

Von den Fassreserven hat die Ried Sulz mit einem sehr hübschen und feingliedrigen Sauvignon gepunktet, der ebenso wie der bereits legendäre Stauder-Pinot aus 2018 geradezu nobles Understatement verströmt, wobei Letzterer ruhig noch einige Jahre auf der Flasche reifen könnte oder sogar sollte. *vs*

SÜDSTEIERMARK DAC

★★★ K €€€ CW
2021 Bergwein + (SB, WR) Fein liniertes Bukett nach Winteräpfeln und Eisenkraut, blitzsauber und quicklebendig, kreidige Untertöne, kernig und kompakt, lässt quasi in jeder Phase das südsteirische Hügelland aufblitzen, rassiges Finish.

★★★ K €€€ WR
2021 Welschriesling PRO. + Hirschbirne und Quitte in der herben, leicht maischigen Nase, schwungvoll und nuancenreich, Kräuterwürze mit Kernobst kombiniert, herzhaft und fordernd, gelungener, individueller Welsch à la Art Nouveau.

★★ S €€ GM
2022 Gelber Muskateller + Holunderblüten und Litschi in der Nase, auch ein Anflug von Muskatnuss, spritzig und beschwingt bei schlanker Textur, zarter, erfrischender Aperitif für Sommerabende.

★★★ S €€ SB FUN
2022 Sauvignon Blanc + Duett von Zuckererbsen und roten Schoten, fein abgestimmt und anregend, glasklar und zupackend, spargelige Würze, kühler Hauch, sehr hübscher Gebietswein, ungeschminkt und elegant zugleich.

★★★ K €€€€ GM TIPP
2020 Ried Perz Gelber Muskateller ISTK + Duftet nach Orangenblüten und Zitronenzesten, zartblumig, ja filigran, sehr animierend, schlank und rank, verströmt gleichsam kühle Eleganz, ein rundum gelungenes Kleinkunstwerk.

★★★★ K €€€ SB TIPP
2021 Ehrenhausen Sauvignon Blanc + Intensives Bukett nach grünem Spargel und Zitronengras, lebhaft, ja temperamentvoll, Szechuanpfeffer und tiefes, gelbfruchtiges Aromenspiel, dicht und cremig, druckvoll und klar definiert, große Persistenz.

★★★ K €€€€ PB
2018 Ried Kittenberg Weißburgunder + Walnuss und Nektarine im ruhig strömenden Bukett, sehr sanft und dezent, vom Schiefer würzig unterlegt, balanciert und zurückhaltend, rauchig unterlegt, feingliedrige Art.

★★★★ K €€€€ SB
2018 Ried Sulz Sauvignon Blanc Fassreserve + Beginnt sehr ruhig, beinahe schüchtern mit zartem Blütenduft und Ribiselblättern, nobles Understatement, glockenklar und hübsch gerundet, feine Stachelbeerfrucht, cremig wie harmonisch, ein Kleinod von unterkühlter Eleganz, wie es aus 2018 nicht zu erwarten war.

★★★ K €€€€ CH
2020 Chardonnay + Startet großzügig und gediegen, Erdnüsse und ein Hauch von Kaffee, deutliche Eicheneinflüsse, kraftvoll wie pikant, kalkige Bodennote, vital und kernig, Zitrusfrüchte keimen auf, legt im Glas zu und bleibt auch gut haften.

★★★★ K €€€€€€€ PB TIPP
2018 Ried Nussberg „Stauder“ Weißburgunder Fassreserve GSTK + Auftakt mit Salzmandeln und Erdnüssen, dahinter Ringlotten, fein abgestimmt, rund und elegant, weiche Fülle, cremiger Schmelz, doch dann überraschend rassig im Finale, auch ausdauernd, benötigt jedenfalls ein großes Glas oder weitere Lagerung.

Weingut
Gutjahr

Michael Gutjahr
8442 Kitzeck im Sausal, Neurath 33
Tel. +43 3456 3152
office@weingut-gutjahr.at, www.weingut-gutjahr.at
4 Hektar, W/Rosé 95/5

Im Jahr 2012 übernahm Michael Gutjahr das Weingut von seinen Eltern Waltraud und Josef. Der junge Mann absolvierte die Weinbauschule Silberberg. Danach zog es ihn nach Südafrika. „In Paarl durfte ich ein halbes Jahr lang miterleben, wie die große Weinwelt funktioniert", erzählt er. Wieder daheim, ließ er sich zum Meister in Weinbau und Kellerwirtschaft ausbilden, als Draufgabe zum Sommelier. Bis 2017 gab es nur klassische Weine, keine Lagen- bzw. Ortsweine. Heute firmiert der Großteil des Sortiments unter der Herkunft Südsteiermark DAC. Seine Betriebsphilosophie umreißt der Winzer knapp und einleuchtend: „Ich lege sehr hohen Wert auf Handarbeit und Qualität. Die Weine sollen animierend sein und Spaß machen."
Die Gebietsweine werden im Stahltank ausgebaut, die Ortsweine werden spontan in diesen Gebinden vergoren und in mehrfach befüllten Eichenfässern mit 300 bzw. 500 Litern Inhalt ausgebaut. Sie bleiben zehn Monate auf der Hefe. Die Riedenweine – Morillon und Sauvignon Blanc – gibt es nur in sehr guten Jahren, sie werden zur Gänze für mindestens 15 Monate in kleinen, gebrauchten Fässern erzogen. „Bei mir soll immer der Wein im Vordergrund stehen, nicht das Holz."
Die Ried Mitterberg liegt direkt beim Weingut, eine nach Südosten exponierte Muschelkalklage auf rund 420 m Seehöhe mit 40 Jahre alten Rebstöcken. Die sehr karge Ried Gaisriegl ist geprägt von rotem Schiefer, sie begünstigt feingliedrige Frucht und Terroir, die Trauben reifen vergleichsweise spät.
Die aktuell vorgestellten Weine sind klar, sortentypisch und trinkanimierend. Bemerkenswert sind die Ortsweine, insbesondere der Weißburgunder Kitzeck-Sausal ist ungewöhnlich stoffig. Die beiden Riedenweine transportieren den jeweiligen Boden unmissverständlich. *ww*

SÜDSTEIERMARK DAC

★★ S €€ WR FUN
2022 Welschriesling Südsteiermark + Zart, einladend, apfelfruchtig; frische Äpfel, Hauch Nektarinen, feines Säurespiel, leichtfüßig, beschwingt.

★★★ S €€ SB
2022 Sauvignon Blanc Südsteiermark + Knackige Stachelbeeren, Galiamelonen, Prise Cassislaub; einladender Aromenmix auch im Geschmack, mittlere Länge, zugängliche Säure, freundlich.

★★ K €€€ SB
2021 Sauvignon Blanc Kitzeck-Sausal + Ernsthaft, Gewürze, nussige Akzente, grünblättrige Noten, grünfruchtig; saftig, Aromen vom Bukett kommen wieder, zugängliche Säure, passende Substanz.

★★★ K €€€ RI
2021 Riesling Kitzeck-Sausal + Feingliedriger Mix aus knackigen Pfirsichen, einer Prise Kräutern und leisen Bodentönen; aromatisches Dacapo, lebendig, feines Säurespiel ohne Aggressivität, klar strukturiert, Trinkfluss.

★★★ K €€€ RI
2019 Riesling Kitzeck-Sausal + Lindenblüten, Hauch Orange Pekoe Tee, Frucht blitzt durch; schließt aromatisch an, kompakt, angenehme Säure, kristalliner Boden, langer Nachhall.

★★★ K €€€ RI
2017 Riesling Kitzeck-Sausal + Eigenständig, wertig, deutsche Anmutung, Gartenkräuter, Pfirsiche, dunkle Blüten; bringt diese Aromen auch im Geschmack, frisch, wirkt jung, gediegen, einige Substanz, bemerkenswert.

★★ K €€€ PB PLV
2020 Weißburgunder Kitzeck-Sausal + Druckvoll, reife Marillen, Anklänge von Birnen und Mandarinen, Prise Haselnüsse; schließt aromatisch an, kraftvoll, Schmelz, langer Nachhall, wertiger Ortswein.

★★★ K €€€ CH
2020 Morillon Kitzeck-Sausal + Ruhig, sanfter Druck, Birnen, helles Steinobst, Hauch Kletzen; schließt aromatisch an, feines Säurerückgrat, Spiel, beschwingt, Boden kommt durch.

★★★★ K €€€ CH TIPP
2019 Morillon Ried Mitterberg + Eleganter Sortenausdruck, hauchzarte Gewürzaromen, gelbe Frucht, kalkiger Touch; aromatisches Dacapo, feingliedrig, präzise strukturiert, gute Substanz ohne Üppigkeit, im Finish und im Nachhall kalkiger Boden.

★★★★ K €€€€ SB TIPP
2021 Sauvignon Blanc Ried Gaisriegl + Strahlende Frucht, tropisch angehaucht, feingliedrig, Schieferboden kommt durch, klassisch geprägt auf hohem Niveau; elegant und fruchtbetont auch im Geschmack, null Fett, super Trinkfluss, Frucht und Bodentöne im Nachhall, Finesse vor Wucht.

Weingut
Hirschmugl – Domaene am Seggauberg

Anton & Astrid Hirschmugl, Kellermeister Alexander Scherübl
8430 Leibnitz, Am Plöckelberg 6
Tel. +43 3452 86300, Mobil +43 664 882 288 70
info@hirschmugl-domaene.at, www.hirschmugl-domaene.at
18 Hektar, W/R 80/20, 40.000 Flaschen/Jahr

Auf der Domaene am Seggauberg wird im Einklang mit der Natur gearbeitet. Am 28. April 2007 haben Anton und Astrid Hirschchmugl ihre ersten Rebstöcke gepflanzt, und zwar die Sorten Cabernet Blanc, Muscaris und Cabertin. Das war damals der erste PiWi-Weingarten in der Steiermark. Aktuell bewirtschaften sie 18 Hektar Weingärten, vom Sausal über Seggauberg und den Kreuzberg in Eichberg-Trautenburg bis zur Ried Obegg in Spielfeld. Die unterschiedlichen Böden in Verbindung mit individuellen kleinklimatischen Verhältnissen sorgen für Abwechslung in den Weinen.
Für Kellermeister Alexander Scherübl ist das Geheimnis von besonderem Wein „Demut und Liebe, Leidenschaft und Hingabe, wachsame Aufmerksamkeit und ständige Sorgfalt um Boden, Rebstock und Traube."
Die Basisweine firmieren unter der Bezeichnung „Linie Trinkvergnügen", die im Holz erzogenen Terroirweine kommen als „Linie Nobilis" in den Verkauf, daneben gibt es für besondere Ausbauformen die Kategorie „Spezialitäten", die Spitze stellt die „Linie Aurum" dar. Diese Weine sind limitiert und lagern mehrere Jahre in Holzfässern.
Die Weine aus 2022 präsentieren sich mit charmanter Frucht und zugänglicher Säure. Die Chardonnays aus dem Jahr 2020 sind sortentypisch und agil, Üppigkeit ist ihnen fremd. Wie ein Sir tritt der Traminer Nobilis Ried Rettenberg auf, der die mikroklimatischen Randbedingungen dieser Höhenlage perfekt transportiert.
Ein eleganter Festsaal, eine Gartenanlage und der historische Gewölbekeller bieten ein exklusives Ambiente für Seminare, Hochzeiten und andere Feiern, übernachten kann man in vier Appartements. *ww*

SÜDSTEIERMARK DAC

★★ S €€€ PB
2022 Weißburgunder Südsteiermark + Sortentypisch, Birnen, Steinobst, Hauch Äpfel; Aromen-Dacapo, frisch, saftig, angenehme Säure, mittleres Gewicht.

★★★ G €€€ CH
2020 Chardonnay Ried Rettenberg + Betont nussig, hauchzarte Gewürzaromen, Anklänge von Dörrbirnen und gelben Birnen; viel Frucht, lebhaft, präzise, nie schwer, feines Säurerückgrat, hinten auch etwas Zitrus, im Nachhall Haselnüsse.

★★★★ G €€€€ CH
2020 Chardonnay Nobilis Ried Rettenberg + Nobel, Fenchelsaat, schwarzer Sesam, weitgehender Verzicht auf Primärfrucht; elegante Würze, feines Säurenetz gibt Leben und Spannung, Frucht blitzt durch, im Finish leise Bodentöne, Mandeln und eine Prise Gerbstoffe, gute Länge, Reserven.

★★★ S €€€ SB PLV
2022 Sauvignon Blanc Terroir^3 + Charmant, Johannisbeeren, tief im Glas knackige Nektarinen, Galiamelonen und eine Prise Kräuter; schließt fruchtig an, auch Stachelbeeren, Cassis und Cassislaub, Schmelz, harmonisch, gute Länge, Frucht und grünblättrige Würze klingen lange nach.

★★★ G €€€€ SB
2022 Sauvignon Blanc Ried Wiesberg + Ruhig, dezent sortenaffin, Kräuter, grünblättrig, Stachelbeeren angedeutet; auf dem Gaumen Frucht präsenter, Würze unterlegt, voller Leben, zarte Gerbstoffe für Struktur, grünblättrige Aromen im Nachhall.

★★★★ G €€€€ TR TIPP
2020 Traminer Nobilis Ried Rettenberg + Höchst elegant, Rosen, Tropenfrüchte à la Litschi, Kokosraspel; aromatisches Dacapo, feingliedrig, präzise strukturiert, null Fett, voller Leben, Finesse vor Wucht.

STEIERMARK

★★★ G €€€ MS
2020 Muscaris + Eigenständig, Mandarinen, Kakis, tief im Glas nussig, Mandarinenzesten und Muskatblüten angedeutet; schließt so an, zugängliche Säure, fruchtbetont, feingliedrig bei mittlerem Gewicht.

ÖSTERREICH

★★★ S €€€ CB
2021 Cabernet Blanc + Einladend, Grapefruitzesten, Limetten, Limettenblätter, Zitronenblüten; schließt so an, hinten auch Äpfel, lebhafte Säure ohne Aggressivität, zieht durch, gute Länge.

★★★ K €€€€ CW
NV Brut Blanc + Fruchtbetont, Birnen, Marillen, Gartenkräuter, Hauch Hefe; Frucht dominiert, Schmelz, Balance, einladend, samtiger Mousseux.

★★★ G €€€€ CB
2017 Cabernet Blanc „SMC" + Erinnert an wertigen Sauvignon Blanc, feine Gewürze, exotisch angehauchte Frucht; schließt aromatisch an, Zug, präzise, feinkörnige Gewürze im langen Nachhall.

Weingut
Jöbstl

Johannes Jöbstl
8462 Gamlitz, Sernau 10
Tel. +43 3453 7265
keller@joebstl-weingut.at, www.joebstl-weingut.at
14,5 Hektar, W/R 97/3, 80.000 Flaschen/Jahr

Die Historie des Weingutes Jöbstl reicht bis ins Jahr 1747 zurück, 1954 kam es in den Besitz der Familie. Seit 2016 führt Johannes Jöbstl in nunmehr dritter Generation Regie. Seine Philosophie verknüpft Tradition und Fortschritt: „Werte bewahren, Entwicklungen forcieren und Qualitätsprodukte auf höchstem Niveau kreieren." Der Keller ist auf dem neuesten Stand der Technik. Die Trauben wachsen auf Süd- und Südwestlagen, der Untergrund besteht aus sandigem Lehm, wie er in Gamlitz häufig anzutreffen ist. Die Produktpalette gliedert sich in Gebietsweine und Riedenweine, Letztere ausschließlich von der renommierten Ried Sernauberg. Ergänzt wird das Portfolio durch die Linie „Spezialitäten"; dort finden sich Rotweine wie der Roesler ebenso wie ein Frizzante oder ein Sauvignon Blanc aus dem Granitfass. Darüber hinaus gibt es Edelbrände, Essig und Traubensaft. Zu den Lieblingskindern der Familie zählt der Muskateller.

Einen Akt der Gastfreundschaft setzten die Jöbstls mit dem Pavillon, einer Aussichtsplattform mitten in den Weingärten. Hier stehen die Weine gekühlt zur Selbstbedienung bereit. Den Blick über die rebenbewachsenen Hügel in Sernau gibt es als Draufgabe. Der „Rosenweg" lädt zur Wanderung entlang der Rebzeilen ein, und am „Genussplatz" beim Klapotetz kann man sich erholen. Überhaupt sieht die Familie Jöbstl Kunden nicht nur als Gäste, sondern als Freunde.

Die Gebietsweine der aktuellen Serie präsentieren sich frisch, sortentypisch und trinkanimierend. Ausgesprochen feingliedrig ist der Weißburgunder Südsteiermark ausgefallen. Der Morillon Gamlitz ist ein druckvoller Ortswein zu einem attraktiven Preis. Als eleganter Riedenwein empfiehlt sich der Sauvignon Blanc Reserve von der Ried Sernauberg, da ist nichts Vorlautes oder Üppiges, der Holzeinsatz ist ausgesprochen feinfühlig. *ww*

SÜDSTEIERMARK DAC

★★ S € WR
2022 Welschriesling Südsteiermark + Reife Äpfel, Boskop-Äpfel, einladend; saftig, gute Substanz, viel Apfelfrucht, angenehme Säure.

★★ S €€ PB FUN
2022 Weißburgunder Südsteiermark + Unaufdringlich, feine Sortentypizität, nussig, zarte Frucht à la Birnen und helles Steinobst; feingliedrig auch auf dem Gaumen, leichtfüßig, saftige Frucht, im Finish und im Nachhall winzige Prise Kräuter, trinkanimierend.

★★ S €€ GM
2022 Gelber Muskateller Südsteiermark + Unverkennbares Sortenbukett, Holunderblüten, Prise Muskatnuss, tief im Glas Anklänge von Minze und gelben Zitrusfrüchten; präsentiert sich auch im Geschmack wohltuend dezent, ausgewogener Mix aus Frucht und Kräuteraromen, mittelgewichtig.

★★★ S €€ SB
2022 Sauvignon Blanc Südsteiermark + Klassisch geprägtes, unverkennbares Sortenbukett, frische Kräuter, Cassislaub, Stachelbeeren, Hauch grüner Paprika, Verzicht auf Plakativität; schließt mit diesen vielfältigen Aromen nahtlos an, zugängliche Säure, nie üppig, mittlere Länge.

★★★ S €€ CH PLV
2021 Morillon Gamlitz + Sanfter Druck, viel Frucht, Quittengelee, Birnen, nussige Akzente, hauchzarte Gewürznoten; viel Sorte auch im Geschmack, kräftig, Fruchtschmelz, gut integrierte Säure, leise Bodentöne, wertiger Ortswein.

★★★ S €€€ SB TIPP
2020 Sauvignon Blanc Reserve Ried Sernauberg + Wertige Anmutung, ansprechende Melange aus Frucht und nobler Würze, Stachelbeeren, Anklänge von Tropenfrüchten, winzige Prise Kräuter; aromatisches Dacapo, zusätzlich Anklänge von Marillenkernen, feines Säurenetz, feinfühliger Holzeinsatz, völlig frei von Üppigkeit, Zug, gute Länge, im Nachhall kommt der Boden durch.

Weingut
Domaines Kilger

8462 Gamlitz, Eckberger Weinstraße 32
Tel. +43 3453 2363 11
wein@domaines-kilger.com, www.domaines-kilger.com
50 Hektar, W/Sekt 85/15, 200.000–250.000 Flaschen/Jahr

Vom Firmensitz im südsteirischen Gamlitz aus betreibt der Münchner Entrepreneur Hans Kilger erfolgreich die Domaines Kilger, die unter dem Titel „Genusswelten“ Weinbau in der Süd- und Weststeiermark (Rosé) und im Südburgenland (Rotwein) betreibt sowie Edelfleischprodukte (Bison, Wild) aus den Landgütern in Rumänien anbietet, ergänzt mit Spezereien aus der näheren Umgebung des Stammsitzes. Der Schwerpunkt in der Qualitätsproduktion verlagert sich immer mehr in die Südsteiermark mit ihren lokalen Weißwein-Varietäten. Als Winzer fungiert Walter Polz am Weingut, der hier konsequent auf den perfekten Einklang von Tradition im naturnahen Weinbau sowie auf Biodiversität achtet. Er besitzt ein gutes Händchen was die vielen Sauvignon-Blanc-Varietäten von Klassik bis zu den Premiumweinen betrifft, die von Gamlitz bis in die Gegend um Leutschach wachsen. Das Sortenspektrum wird von den Traditionssorten Chardonnay und Muskateller ergänzt. So wird im Premiumbereich in der Kategorie Reserve dem Sauvignon Blanc und Chardonnay eine entsprechend lange Holzfasslagerung mit langem Feinhefekontakt gegönnt. Diese beeindrucken unisono durch eine vielschichtige wie tiefgründige Frucht und bestechen durch eine balancierte Feinheit in unaufdringlicher Eleganz, die erst nach vielen Reifejahren mit viel Fruchttransparenz und eleganter Würzigkeit ihre vollen Qualitäten aufzeigen. *us*

SÜDSTEIERMARK DAC

★★ S €€ WR
2022 Welschriesling +Trockenkräuter, knackig, frisch, vitales Fruchtspiel, Steinobst, blättrige Noten, belebende Säure, feine Sorteninterpretation, trinkanimierend.

★★ S €€ PB
2022 Weißburgunder + Hellfruchtige Nase, Haselnuss, saftige Fruchtfülle, Steinobst, Ananas, Maracuja, druckvoll mit viel Säurebiss, perfekt strukturiert, Orangenzeste, feine teeblättrige Würze, kompakte Textur, ausgewogen, gute Länge.

★★★ S €€ SB
2022 Sauvignon Blanc Hans Kilger und Walter Polz + Klassisch geprägte Sortenaromatik, Holunderblüten, gelbfruchtig, Melisse, weiße Ribisel, etwas Cassis, lebhaft bei vollmundiger Struktur, dabei feines Säurespiel, balanciert, reichhaltig, ausgewogen, gute Länge.

★★★ S €€€ SB
2021 Sauvignon Blanc Gamlitz + Pointierte Stachelbeernase, saftig mit würziger Pikanz, begleitet von zartem Fruchtschmelz, getrockneter Paprika, feine Limette, strömt ruhig, gute Säureeinbindung, rotbeerige Reminiszenz, ansprechend, mittlere Länge.

★★★★★ K €€€ SB **TOP**
2021 Sauvignon Blanc Sonneck + Betörendes Bukett nach Holunderblüten, Limette, saftiges Fruchtspiel, Steinobst, rosa Grapefruit, dicht, alles engmaschig, saftiger Grip, perfekt strukturiert, etwas Cassis, harmonische Mitte, lebhaft mit vollmundiger Tendenz, mineralische Noten im Finish, lang, großer Wein.

★★★ S €€€ CH **FUN**
2021 Chardonnay Leutschach + Hellfruchtige Nase, Haselnuss, saftige Fruchtfülle, Steinobst, Ananas, Maracuja, druckvoll mit viel Säurebiss, perfekt strukturiert, Orangenzeste, feine teeblättrige Würze, kompakte Textur, ausgewogen, gute Länge.

★★ S €€ GM **FUN**
2022 Muskateller + Dezente Holunderblüten, Zitronenzesten, etwas Exotik, saftige Frische, klar und sauber, viel Elan, Mandarine, feine Maracujaanklänge, offenherzig in runder Textur, gehaltvoll, klingt mit feinem Würzebogen aus, gute Länge.

SÜDSTEIERMARK

★★★★ K €€€ CH **TIPP**
2021 Chardonnay Gamlitz + Präsentes Bukett nach Darjeeling-Tee, Steinobst, etwas Limette, ungemein saftig, vielschichtiger Aromenmix, reife Marille, Ringlotte, Exotik à la Maracuja, Litschi, viel Körper, strömt ruhig in gediegener Größe, balanciert, feine Säurestütze, etwas Bittermandel, feine Holzeinbindung mit perfekt eingebundenen Röstaromen, viel Finesse, aromatischer Schmelz mit feiner Salzigkeit im langen Nachhall, Potenzial.

STEIERMARK

★★ S €€ CR
2022 Rosé + Stachelbeerengelee, Ribisel, Himbeere, grünblättrige Würze, etwas Haselnuss, knackig, moderate Säure, mittelgewichtig, animierend.

Weingut **Kodolitsch**

8430 Leibnitz, Kodolitschweg 9
Mobil +43 664 188 01 82
weingut@kodolitsch.at, www.kodolitsch.at
18 Hektar, W/R 100/0

Das Weingut Kodolitsch am Seggauberg bei Leibnitz ist ein Familienbetrieb mit langer Tradition. Zu einem modernen Anwesen haben es die jetzigen Besitzer, Christa und Nikolaus Kodolitsch, gemacht. Mit Mario Weber obliegt einem qualitätsbewussten und überlegt agierenden jungen Mann die Verantwortung für fast alles, was mit dem Entstehen des Weines zu tun hat. Das Geheimnis seines Erfolges sei ziemlich trivial, sagt er ganz gelassen. „Im Keller tun wir fast nichts, wir greifen kaum ein, lassen die Weine einfach in Ruhe.“ Die Grundlage großer Gewächse sei der Weingarten, ist er überzeugt. Das Weingut verfügt mit dem Rosengarten über eine von kalkhaltigem Lehm geprägte Riede direkt vor dem Haus, während der Kogelberg im Sausal einen kargen Untergrund aus rotem und blauem Schiefer aufweist. Mario Weber gelingt es jedes Jahr, diese völlig konträren Bodenverhältnisse glasklar zum Ausdruck zu bringen.

In der aktuellen Serie ist der kalkhaltige Boden des Rosengartens sensorisch ebenso einwandfrei festzustellen wie der Schieferboden des Kogelberges. Dabei sind die beiden Sauvignons Ried Kogelberg Alte Reben und Ried Rosengarten T.M.S. in ihrem Charakter grundverschieden, spiegeln aber die Geologie der Böden ganz klar wider. Der druckvolle T.M.S. scheint in sich zu ruhen, der Sauvignon Blanc Kogelberg Alte Reben ist lebhaft. Der Chardonnay Ried Kogelberg Alte Reben mutet steinig an, ist höchst präzise, vital und erst am Anfang einer längeren Entwicklung. *ww*

SÜDSTEIERMARK DAC

★★★ S €€€ SB
2021 Sauvignon Blanc Gamlitz + Einladend, bunter Aromenmix, Paprika, Stachelbeeren, floral à la Kamillen, Kräuter; angenehme und feine Textur, herkunftstypisch, einige Kraft, leise Bodentöne.

★★★ S €€€ SB
2021 Sauvignon Blanc Kitzeck-Sausal + Kristalliner Untergrund zu erkennen, Stachelbeeren, Johannisbeeren, zarte Würze; feines Säurerückgrat, entwickelt Zug, Grapefruitzesten im Nachhall.

★★★ K €€€ RI
2021 Riesling Blanc Kitzeck-Sausal + Klares Sortenbukett, Weingartenpfirsiche, Prise Kräuter, leise Bodentöne; schließt aromatisch nahtlos an, gewisse Straffheit, erinnert an knochentrockene deutsche Gewächse, mittlere Länge.

★★★ K €€€€ RI
2021 Riesling Ried Kogelberg + Feingliedrig, zart, Anklänge von weißen Pfirsichen und weißen Johannisbeeren, tief im Glas Rhabarber; aromatisches und charakterliches Dacapo, feiner Schmelz, zugängliche Säure, ausgewogen, Schieferboden kommt durch.

★★★ K €€€€ PB
2021 Weißburgunder Ried Rosengarten + Sanfter Sortenausdruck, Pfirsiche, kalkig, winzige Prise getrocknete Kräuter und geriebene Haselnüsse; Fruchtschmelz, einige Kraft, im Abgang Bodentöne.

★★★★ K €€€€ GM TIPP
2021 Gelber Muskateller Ried Rosengarten + Druckvoll, Kräuter, Muskatblüten, Litschi, Mandarinen, Rosenholz, Holunderblüten; diese Aromen verwoben auch im Geschmack, ungewöhnlich substanzreich, Schmelz, Lagencharakter, im Abgang und im langen Nachhall Kräuter, Grapefruits und Litschi.

★★★★ K €€€€ SB
2021 Sauvignon Blanc Ried Rosengarten + Unverkennbar, Gewürze à la Fenchelsaat, grünblättrige Noten, knackige Cassisbeeren, Prise grüner Paprika; dieses aromatische Potpourri kommt auch im Geschmack, stoffig ohne Schwerfälligkeit, Zug, gute Säure, klassische Prägung auf hohem Niveau.

★★★★ K €€€€€€ SB TIPP
2020 Sauvignon Blanc Ried Kogelberg Alte Reben + Distinguiert, vielschichtig, ausgewogen, Schieferboden, Prise Gewürze, tief im Glas grüne Walnüsse und Karambole; aromatisches Dacapo, Tiefgang, Druck, sanfter Schmelz, würzig im langen Nachhall, Terroir.

★★★★★ K €€€€€€ SB TOP
2020 Sauvignon Blanc Ried Rosengarten T.M.S. + Ruhig strömend, kündet Kraft an, bunte Gewürzmischung von Senfkörnern bis Fenchelsaat, Primärfrucht völlig im Hintergrund; sanft und druckvoll, würzig, Frucht unterlegt, ausgewogen, sympathische Gerbstoffe und kalkige Töne im Finish, in sich ruhend, zeitlos.

★★★★★ K €€€€€ CH TOP
2020 Chardonnay Ried Kogelberg Alte Reben + Frisch, steinige Anmutung, elegante Gewürznoten, Birnen, Anklänge von Dörrobst; Aromen-Dacapo, nobles Säurespiel, null Fett, präzise strukturiert, vom Schieferboden geprägt, lang, burgundisch, Reserven.

Weingut
Kögl

Tamara Kögl
8461 Ehrenhausen, Ratsch 59
Tel +43 3453 4314
info@weingut-koegl.com, www.weingut-koegl.com
10 Hektar, W/R 80/20, 30.000 Flaschen/Jahr

Tamara und Robert Kögl-Rettenbacher bewirtschaften ihr Weingut in Ratsch an der Weinstraße biologisch, seit 2020 biodynamisch. Ihre Messlatte liegt hoch: 100 % biologisch, 100 % vegan, 100 % Handlese, 100 % Eigenproduktion. Tamara Kögl im O-Ton: „Das Arbeiten an einem lebendigen Weingarten mit einer großen Artenvielfalt ist uns wichtig. Schafe unterstützen uns bei unserer Arbeit. Diese Art der Bewirtschaftung fördert gesunde und aromatische Trauben." Übertriebene Eile ist nicht angesagt, mitunter kommen die Weine erst im vierten Jahr nach der Lese in den Verkauf. Das Weingut verfügt über Anteile an renommierten Lagen wie Stermetzberg, Krois oder Eckberg. Der Untergrund prägt schmeckbar die Weine, er besteht hauptsächlich aus Lehmmergel, aber auch sandige Parzellen und Schotter sind dabei. Die Riedenweine werden grundsätzlich in gebrauchten Holzfässern vergoren und ausgebaut. Im Fokus von Tamara und Robert stehen langlebige Produkte. Die Zusatzbezeichnung „Oh Jeah" steht für Weine ohne Jahrgangsangabe.

Besucher werden gerne empfangen, Führungen und Verkostungen mit anschließender Jause in der heimeligen Buschenschank werden angeboten. Für Übernachtungen auf dem Weingut stehen Gästezimmer zur Verfügung.

Die aktuelle Serie präsentiert sich völlig eigenständig. Besonders hervorzuheben sind der noble und trinkanimierende Muskateller Niemandsland, der elegante Sauvignon Blanc Stermetzberg, der für die Sorte dezente und quicklebendige Grauburgunder Kalkmergel oder der Pet Nat Under Pressure. Der kalkige Untergrund wird vom Morillon Kalkmergel bestens transportiert. *ww*

SÜDSTEIERMARK DAC

★★★ K €€€€ WR
2019 Welschriesling Stermetzberg + Freundlich, gelbe Äpfel, sanfter Schmelz; feine Struktur, Säurespiel, animierend, Äpfel und ein Hauch Zitrus im Nachhall.

★★★★ K €€€€€ SB TIPP
2019 Sauvignon Blanc Stermetzberg + Sanfter Druck, konsolidiert, vielschichtig, Würze, Frucht, zarteste Anklänge nach Ananas und Dörrobst; sehnig, dennoch feine Klinge, Frucht dominiert, Säurerückgrat, im Finish Würze, Boden, elegant, Reserven.

STEIERMARK

★★★ S €€€ CH
2020 Morillon Kalkmergel + Nomen est omen, kalkig-kreidig, nussige Akzente, Anklänge von Birnen; zeigt diese Aromatik auch im Geschmack, lebhaft, Säurerückgrat, passende Länge.

★★★ S €€€ PG
2020 Grauburgunder Kalkmergel + Auf dezente Art sortentypisch, alte Birnensorten, Hauch Malz, feingliedrig, leise Bodentöne; saftig, quicklebendig, Zug, in keiner Phase schwerfällig, Säurespiel, mittleres Gewicht.

★★★ S €€€ SB
2020 Sauvignon Blanc Kalkmergel + Ruhig, erdig, Lederäpfel, Prise getrocknete Kräuter; schließt aromatisch an, Schmelz, Substanz, wirkt bekömmlich, im Nachhall Boskop-Äpfel und Anklänge von roten Zitrusfrüchten, eigenständige Stilistik.

★★★★ K €€€€€ SB
Sauvignon Blanc Meierei Oh Jeah + Einladend, wertig, Fenchelsaat, Senfkörner, Anis, Frucht blitzt durch; Frucht auf dem Gaumen präsenter, zarte Würze unterlegt, elegantes Säurespiel, lebhaft, im langen Abgang auch etwas Zitrus und knackige Nektarinen.

STEIRERLAND

★★★ K €€€€ SI
2021 Give & Take Grüner Sylvaner + Gelassen, reife gelbe Äpfel, feine Kräuternote schwingt mit; kompakt, Aromen vom Bukett kommen wieder, kräftig, zugängliche Säure, eigenständig.

★★★ S €€€ GM TIPP
2021 Niemandsland Muskateller + Elegant, angenehm unplakativ, wie reife Muskateller-Trauben; schließt aromatisch nahtlos an, gute Substanz, feiner Schmelz, charmant, Trinkfluss.

ÖSTERREICH

★★★ K €€€ CW
NV Pet Nat Forever Young + (60 GM / 40 WR, brut nature) Frisch, klar, Muskateller setzt sich durch, Grapefruits, hauchzart floral, Prise Kräuter, helle Frucht; vielschichtige Aromatik, helle Hefenoten, kräftige Perlage, knochentrocken, animierend.

★★★ K €€€ CW TIPP
NV Pet Nat Under Pressure + (60 PB / 40 WR, brut) Dezent, fein, helle Frucht à la Äpfel und Steinobst, zarte Hefetöne; einladende Frucht, fein gehalten, feiner Mousseux, Trinkfluss.

Weingut
Kollerhof am Eichberg

Harald & Birgit Lieleg
8463 Leutschach, Eichberg-Trautenburg 39
Tel. +43 3454 439, Fax -12
weinbau@kollerhof.com, www.kollerhof.com
11 Hektar, W/R/PIWI 80/10/10, 70.000 Flaschen/Jahr

Im zarten Alter von 19 Jahren hat Harald Lieleg 1999 das Traditionsweingut am Eichberg bei Leutschach von seinen Eltern übernommen. Seit 1728 ist es im Besitz der Familie, gegründet wurde es 1495. Angeschlossen sind Gästezimmer und eine Buschenschank.
Der Winzer hat längst seinen eigenen Stil gefunden. Der Schwerpunkt liegt bei den DAC-Weinen. Auf dem Kollerhof werden auch pilzwiderstandsfähige Rebsorten angebaut, derzeit sind es fünf. Abgerundet wird das Angebot durch Amphorenweine, süße Prädikate, Rotwein, Edelbrände und naturbelassene Säfte. Das Weingut verfügt über Kessellagen und extreme Steilhänge, der Untergrund besteht aus dem kalkarmen, kargen Eichberger Konglomerat. Der kühle Wind von der Koralm fördert die Aromatik. Aus Platzgründen können wir nur einen repräsentativen Auszug aus der umfangreichen Produktpalette vorstellen.
Die heuer verkostete Serie präsentiert sich animierend und glockenklar, Üppigkeit ist diesen Weinen fremd. Wiederum zeigt der Winzer, dass er das subtile Spiel mit den Gerbstoffen perfekt beherrscht. Die Lagenweine bringen den steinigen Konglomeratboden und die mikroklimatischen Randbedingungen in dieser Höhenlage klar zum Ausdruck. Die Reserven von der Ried Steinkogl reiften zwei Jahre im kleinen Holz, sie sind außergewöhnlich. Den herausragenden Welschriesling Reserve aus 2019 haben wir letztes Jahr schon vorgestellt; es gibt diesen Ausnahmewein noch. Und der 2021er Sauvignon Blanc Eichberg ist reifer geworden, er zeigt mehr Terroir als vor einem Jahr. *ww*

SÜDSTEIERMARK DAC

★★ S €€ PB
2022 Weißburgunder + Feingliedrige Melange aus Kräutern, Haselnüssen und heller Frucht; saftig, lebendig, Aromen vom Bukett kommen wieder, mittlere Länge.

★★★ S €€ SB PLV
2022 Sauvignon Blanc + Auf eine feine Art klassisch geprägt, Stachelbeeren, Grapefruits, Holunderblüten, Prise Kräuter; lebendig, fruchtbetont, zarte Würze unterlegt, Säurespiel, trinkanimierend.

★★★ S €€ CH
2021 Morillon Eichberg + Dezent, sortenaffin, Birnen, geriebene Haselnüsse; schließt aromatisch an, zugänglich, leise Bodentöne, mittlere Länge, sympathische Prise Gerbstoffe gibt Struktur.

★★★ S €€ SB
2021 Sauvignon Blanc Eichberg + Deutliche Bodentöne, steinig, dunkel getönt, Cassis, getrocknete Kräuter; schwarze Johannisbeeren, Stachelbeeren, pikant, angenehme Säure, Herkunft zu erkennen.

★★★★ S €€€ GM
2021 Gelber Muskateller Ried Steinkogl + Spontan einnehmend, Mandarinen und deren Schalen, Holunderblüten, Kräuter, Hauch Muskatnuss; schließt mit dieser freundlichen Aromatik nahtlos an, feines Säurespiel, Substanz, super Trinkfluss.

★★★ S €€€ PG
2021 Grauburgunder Ried Steinkogl + Einladend, rotbeerig, leise Bodentöne, Hauch Malz; ungewöhnlich fein, unaufdringlich, trinkanimierend, Prise Gerbstoffe hinten, gute Länge, so macht die Sorte Spaß.

★★★★★ K €€€ GM TOP
2020 Gelber Muskateller Reserve Ried Steinkogl + Elegant, druckvoll, sortenaffin, floral, Kräuter, rosa Grapefruits, feinkörnige Gewürzaromen; aromatisches Dacapo, trotz der ungewöhnlichen Substanz präzise, gekonntes Spiel mit Gerbstoffen und Holz, nie langweilig.

★★★★ K €€€€ SB TIPP
2020 Sauvignon Blanc Reserve Ried Steinkogl + Nobel, Würzeschleier, zartest nussig, weitestgehender Verzicht auf Primärfrucht; auch auf dem Gaumen hochfein, präzise Struktur, nie vorlaut, null Fett, feinfühliger Holzeinsatz, Finesse vor Wucht.

STEIERMARK

★★ S €€ SÄ
2022 Sämling 88 + Fröhlich, sonnig, feine Frucht à la Pfirsiche und weiße Johannisbeeren; saftig, trinkanimierendes Säurespiel, zugänglich.

★★ S €€ SG
2022 Souvignier Gris + Feine Kräuternote, frische Nektarinen; Frucht gibt den Ton an, hauchzarte Würze unterlegt, zugängliche Säure, Substanz, Hauch Gerbstoffe gibt Konturen.

★★★ S €€ BM FUN
2022 Blütenmuskateller + Fröhlich, floral, Holunderblüten, reife gelbe Grapefruits, Muskatblüten; animierend, saftig, zartes Säurerückgrat, gute Länge.

Weingut
Matthias List

Matthias List
8481 Siebing 17
Mobil +43 650 534 96 06
office@listwein.at, www.listwein.at
6 Hektar, W/R 90/10

Matthias List, ein bescheidener junger Winzer mit viel Gespür, kann auf eine lange Tradition zurückblicken. Man schrieb das Jahr 1789, als Johann List Weingärten am Grassnitzberg erworben hatte, die noch heute das wirtschaftliche Rückgrat bilden. Nun wacht die siebte Generation über dieses Erbe. Weinmachen sei ein Handwerk, sagt Matthias, man müsse aber der Natur aufmerksam zuhören und das konservieren, was sie uns schenkt. Sein Rezept für gute Weine fasst er so zusammen: „Möglichst wenig Eingriffe im Keller, nicht zu überreif, der Boden soll sprechen!“ Und das tut er. Der stark kalkhaltige Boden des Grassnitzberges bildet sich in den Riedenweinen des Hauses ab. Als sichere Bank gilt mittlerweile der im kleinen Holz geschulte Morillon aus dieser renommierten Lage. An deren oberem Ende steht, in Tuchfühlung mit den Weingärten, ein idyllisches Ferienhaus mit phantastischer Aussicht.

Sowohl der aktuelle Welschriesling als auch der Weißburgunder, beides Gebietsweine nach DAC-Vorgaben, sind sehr feingliedrig ausgefallen. Rund 10 % der Anbaufläche sind mit Zweigelt bestockt, aus dem ein durchaus ernsthafter Rosé sowie zwei Rotweine gekeltert werden. Letztere werden in Eichenfässern mit 300 Litern Inhalt ausgebaut, wobei beim „Listigen Roten“ das Holz dezent in Erscheinung tritt. *ww*

SÜDSTEIERMARK DAC

★★ S € WR
2022 Welschriesling + Grazil, frische klare Äpfel, winziger Hauch Kräuter; betont apfelfruchtig, saftig, unverkennbar steirisch, animierend.

★★ S €€ PB
2022 Weißburgunder + Feingliedrig, nach weißfleischigen Birnen, frische Haselnüsse; schließt aromatisch und charakterlich an, leichtfüßig, beschwingt.

★★ S €€ GM
2022 Muskateller + Unverkennbares Sortenbukett, Holunderblüten, Kräuter, Anklänge von roten Zitrusfrüchten à la Mandarinen, Muskatnuss; diese Aromen kommen auch im Geschmack, Säurerückgrat, kompakt, trocken, mittlere Länge.

★★★ S €€ SB
2022 Sauvignon Blanc + Kompakt, sanfter Druck, Kräuter, Cassislaub, bisschen Schwarzbrot, knackige Stachelbeeren; Frucht und Kräuterwürze, angenehme Säure, lebhaft, mittleres Gewicht, sorten- und herkunftstypisch.

★★★ S €€€ SB **PLV**
2021 Sauvignon Blanc Ried Grassnitzberg + Gewürze, getrocknete Kräuter, kalkig, Stachelbeeren und Johannisbeeren blitzen durch; sanfter Schmelz, Frucht, Würze unterlegt, zugängliche Säure, Substanz, Grapefruitzesten und leise Bodentöne im Nachhall.

★★★ S €€€ SB **PLV**
2020 Sauvignon Blanc Ried Grassnitzberg + Gesetzt, feine Würze, leise Bodentöne, grünfruchtig à la reife Kiwis; hat Spiel, feine Klinge, Würzeschleier, angenehme Säure, kalkig im Finish und im Nachhall.

★★★ S k.A. CH
2021 Morillon Ehrenhausen + Spontan einnehmender Mix aus Mandeln, reifen Marillen und Marillenkernen; aromatisches Dacapo, feines Säurespiel, mittelgewichtig, im Abgang und im Nachhall knackiges Steinobst.

★★★★ S €€€€ CH **TIPP**
2020 Morillon Ried Grassnitzberg + Sanfter Druck, feine Gewürznoten, Birnen, Dörrfrüchte angedeutet; saftig, feingliedrig, elegantes Säurenetz, kalkiger Boden kommt durch, Einlegegewürze und frische Frucht im Abgang und im Nachhall, Feinheit vor Wucht.

STEIERMARK

★★ S €€ SÄ **FUN**
2022 Scheurebe + Erinnert mit grünblättriger Würze an Sauvignon Blanc, weiße und rote Johannisbeeren, einladend; saftig, Ribisel, Prise Cassislaub, quicklebendig, frische Frucht im Abgang und im Nachhall.

★★ S € ZW
2021 Rosé + (ZW) Markant, ernsthaft, rote Beeren, Kirschen, Herbes de Provence; präsentiert sich auch auf dem Gaumen so, sanft, gute Substanz.

★★ S € ZW
Zweigelt + (2019/2020) Satte Frucht, Kirschen, Anklänge von Brombeeren, Prise Würze; saftig, sensorisch kein Holz, unaufdringliche Gerbstoffe, ganz zarte Säure, mittlere Länge.

★★★ S €€€ ZW
2021 Der Listige Rote + (ZW) Einnehmend, wertig, viel dunkle Frucht, hauchzarte Gewürznoten, Feigen tief im Glas; diese Aromen kommen auch im Geschmack, feiner Tanningrip, zarte Säure gibt zusätzliche Struktur, im Finish und im Nachhall dunkle Frucht und zarte Würze.

Weingut
Wolfgang Maitz

Wolfgang Maitz
8461 Ehrenhausen an der Weinstraße, Ratsch 45
Tel. +43 3453 2153
weingut@maitz.co.at, www.maitz.co.at
10 Hektar, W/R 95/5

Wolfgang Maitz ist ein gelassener Winzer. Das überträgt sich auf seine Weine, die gesetzt und ruhig wirken. Sie sind als subtil mit noblem Charakter zu umschreiben, sie bringen ihre Herkunft klar zum Ausdruck. Vordergründig oder vorlaut ist keiner von ihnen. Nicht selten stellt der Winzer die Lage über die Sorte. Seine Arbeitsweise bringt er so auf den Punkt: „Wir geben den Weinen jene Zeit, die sie zu ihrer Entfaltung brauchen. Die Qualität in den Weingärten stellen wir mittels kleiner Erträge sicher. Durch die naturnahe und nachhaltige Bewirtschaftung gibt es nun tendenziell weniger Alkohol." Zum Teil werden schon die Gebietsweine in großen Holzfässern ausgebaut, ab der Kategorie Ortswein sind Eichengebinde obligatorisch. Als Hommage an den Großvater ist der Riesling aus der Ried Hochstermetzberg gedacht, was durch das Etikett im Retro-Stil unterstrichen wird. Der Betrieb von Wolfgang Maitz verfügt über renommierte Rieden und gehört zu den Steirischen Terroir- & Klassikweingütern, kurz STK.
Bekannt und beliebt ist auch das angeschlossene, haubendekorierte Wirtshaus. Stilvolle Gästezimmer und Suiten laden zum längeren Verweilen in der bezaubernden Südsteiermark ein. *ww*

SÜDSTEIERMARK DAC

★★ S €€ WR
2022 Welschriesling Gebietswein + Frisch, knackige Äpfel, ganz leise Bodentöne; zugänglich, klare Frucht, saftig, präzise.

★★ S €€ GM
2022 Gelber Muskateller Gebietswein + Kühl, unaufdringlich, Kräuter à la Brunnenkresse, dahinter helle Frucht, Hauch Mandarinen; schließt nahtlos an, hauchzarte Gerbstoffe geben Struktur, angenehme Säure, trinkanimierend.

★★★ S €€ PB
2022 Weißburgunder Gebietswein + Sympathisch, sortenaffin, Birnen, Mandarinen, Nektarinen, ganz leise Bodentöne; hellfruchtig, Säurespiel, Zug, null Fett, recht straff, hinten auch Limetten und deren Blätter.

★★★ S €€€ SB PLV
2022 Sauvignon Blanc Gebietswein + Freundlich, unplakativ, Stachelbeeren; weiße Ribisel, Anklänge von roten Zitrusfrüchten; charmante und vielschichtige Frucht, zugänglich, Schmelz, Substanz, zarteste Kräuterwürze, für diese Kategorie hochwertig.

★★★ S €€€ SB
2021 Ehrenhausen Sauvignon Blanc + Fein würzig, Senfkörner, Lorbeerblätter, helle Frucht blitzt durch; am Gaumen dominiert die Frucht, Säurespiel, Anklänge von Marillen, Cassislaub, lebhaft, weiße Johannisbeeren und Rhabarber klingen lange nach.

★★★ S €€€ PB
2021 Ehrenhausen Weißburgunder + Frisch, kühl, Pfirsiche, Birnen, Hauch Mandeln und Minze; bringt diese Aromen auch im Geschmack, Minze hinten, Substanz, ausgewogen, Trinkfluss.

★★★ S €€€ CH
2021 Ehrenhausen Morillon + Kühl, Marillen, Karotten und Kräuter, Bodentöne; schließt so an, zarter Schmelz, im Abgang Frucht und Bodentöne.

★★★ S €€€€ WR TIPP
2021 STK Ried Sulz Welschriesling + Eigenständig, wertig, Äpfel, Kräuterbukett, heller Tabak; aromatisches Dacapo, feine Klinge, frisch, zarter Schmelz, gute Länge, ausgewogen, ungewöhnlich.

★★★★ S €€€ GM
2021 1STK Ried Krois Gelber Muskateller + Ernsthaft, Boden kommt durch, dunkle Kräuternoten, Grapefruitzesten, Hagebutten, Bergamotte; breiter Aromenbogen, Balance, nobel, zartes Säurespiel, da ist nichts Grobes, gute Länge, frische Grapefruits im Nachhall.

★★★ S €€€€€ CH
2020 1STK Ried Schusterberg Morillon + Vielschichtig, fein, Birnen, Nougat, Orangen, Dörrbirnen, Malz; auch im Geschmack diese Aromen, Säurespiel, frisch, Zug, präzise und schlank bei guter Länge.

★★★★ S €€€€€ SB
2021 1STK Ried Schusterberg Sauvignon Blanc + Feine Bodentöne, elegante Würze, nussig, Heu, Tabak, ruhig strömend; aromatisches Dacapo, Lage über Sorte, in sich ruhend, feingliedrig, Frucht unterlegt.

★★★★ S €€€€€€ SB TIPP
2020 GSTK Ried Hochstermetzberg Sauvignon Blanc + Ruhig, betont feingliedrig, öffnet sich mit Luft, feine Bodentöne, Würze, dunkler Tabak, nussige Aromen, Anklänge von Single Malt Whisky; bringt die lagentypische Feinheit auf den Punkt, elegante Frucht, gute Länge, Frucht und feinste Würze im Nachhall.

★★★ S €€€€€€ RI
2020 GSTK Ried Hochstermetzberg Riesling + Pointierte Sortenaromatik, Weingartenpfirsiche, Kräuterwürze; aromatisches Dacapo, quicklebendig, Säurespiel, fast grazil, super Trinkfluss, im Finish sympathische Gerbstoffe für zusätzliche Struktur.

Weingut
MUSTER.gamlitz

Reinhard Muster
8462 Gamlitz, Grubtal 14
Tel. +43 3453 2300
weingut@muster-gamlitz.at, www.muster-gamlitz.at
100 Hektar, W/R 97/3

Reinhard Muster hat bereits in jungen Jahren die Verantwortung für den Keller des elterlichen Weingutes im Ortsteil Grubtal bei Gamlitz übernommen, bald auch für den gesamten Betrieb. Weil der aus allen Nähten platzt, ist eine neue Produktionsstätte im Entstehen, wo effizienter und weniger eingeengt gearbeitet werden kann. Seine Weine sind so ruhig und gelassen wie der Winzer selbst. Er spricht von kontrollierter Schlampigkeit und meint damit Freiräume, die man dem Wein geben müsse. Wichtig ist ihm sein Team, in dem ein amikaler und wertschätzender Umgang gepflegt wird. Den Fokus richtet er primär auf die Weingärten, denn dort liege das größte Potenzial, sagt er. Richtig bekannt geworden ist er mit seinen Flaggschiffen aus der Monopollage Grubthal, unter anderem als Weltmeister mit dem 2013er Sauvignon Blanc im Rahmen des Concours Mondial du Sauvignon. Den Weinen aus dieser Top-Riede kann man bedenkenlos Terroir attestieren.

Im Jahr 2016 wurden in der markant von der Koralpe beeinflussten Ried Posruck Hardegg am Remschnigg in 550 m Seehöhe neun Hektar mit Sauvignon Blanc, Chardonnay, Gelbem Muskateller und Welschriesling bepflanzt.

Die Linie „Referenz" wird ab dem aktuellen Jahrgang durch die Bezeichnung „Illyr" ersetzt, womit der Winzer Bezug nimmt auf das hier vorherrschende illyrische Klima. Seinen Schützlingen lässt er Zeit. Von der Ried Grubthal aktuell im Verkauf sind 2020 Chardonnay und Sauvignon Blanc. Ein Anliegen ist ihm auch der Rosé, in dem der Blaue Wildbacher sensorisch dominiert. „Ich wollte ein eigenständiges Produkt schaffen, kein Beiwagerl von Rotwein", begründet Reinhard Muster seine Entscheidung. Das Etikett erinnert an längst vergangene Zeiten. Zukünftig wird es auch einen Welschriesling als Riedenwein geben, gekeltert aus alten Reben.

Befragt zum Jahrgang 2021 wird Reinhard Muster fast emotional: „Einfach mega, hohe Säure, hohe Zuckergradationen, einzigartig in meiner bisherigen Tätigkeit."

Im Sommer 2020 wurden eine neue Buschenschank und Gästezimmer am Standort Grubtal 31, gleich gegenüber dem Stammhaus, errichtet.

ww

SÜDSTEIERMARK DAC

★★★★ G €€€€€ CH **TIPP**
2020 Chardonnay Ried Grubthal + Vielschichtig, zarte Gewürznoten ebenso wie Birnen, Kletzen und Bodentöne, rauchig; aromatisches Dacapo, vergleichsweise straff, Zug, Boden kommt im Geschmack noch deutlicher, im Abgang und im Nachhall salzige Strähne, daneben Orangenzesten, Kumquats und Gewürze, beste Perspektiven.

★★★★★ G €€€€€€ SB **TOP**
2020 Sauvignon Blanc Ried Grubthal + Markant würzig, nobel, Fenchelsaat, Senfkörner, kühle Anmutung; würzig, eng, kühl, höchst präzise und lebendig, Säurespiel, schon jetzt ausgewogen, völliger Verzicht auf Üppigkeit, lang, im Finish kommen neben den Gewürzen vom Bukett auch Anklänge von Piment und Sternanis sowie Bodentöne.

STEIERMARK

★★ S € CR
2022 Rosé Steiermark + (BW/ZW/ME) Sympathisch, rotfruchtig, Stachelbeeren, rote Johannisbeeren, Prise Cassislaub; diese Aromen kommen auch auf dem Gaumen, Blauer Wildbacher dominiert, zugängliche Säure, auch im Finish Schilcher-Charakter.

★★ S € WR
2022 Welschriesling Steiermark + Eigenständig, traditionelle Anmutung, alte Apfelsorten; präsentiert sich auch auf dem Gaumen so, angenehme Säure, alte Apfelsorten klingen lange nach.

★★ S €€ PB
2022 Weißburgunder Klassik + Sanft, nussige Note und Fruchtaromen eng verwoben; feingliedrig, Frucht kommt deutlicher als im Bukett, exotischer Einschlag, feine Spannung, fruchtbetonter Nachhall.

★★★ S €€ SB
2022 Sauvignon Blanc Klassik + Sortentypisch, unplakativ, grünfruchtige Elemente ebenso wie Stachelbeeren und Kräuterwürze; im Geschmack kommen knackige Cassisbeeren dazu, kühle Anmutung, Cassis und Stachelbeeren klingen nach.

★★ S €€ GM **FUN**
2022 Gelber Muskateller Klassik + Unverkennbar, ohne vorlaut zu sein, getrocknete Holunderblüten, Gartenkräuter, ein Hauch Grapefruitzesten; saftig, ausgewogene Kräuter-Zitrus-Melange, zartes Säurerückgrat, frisch und trinkanimierend.

★★ S €€ SÄ
2022 Sämling + Distinguierter Sortenvertreter, rieslinghafte Anklänge, knackige Nektarinen, etwas weiße Johannisbeeren; präsentiert sich auch im Geschmack so, feingliedrig, beschwingt, trinkanimierend.

★★★ S €€€ CH **PLV**
2021 Chardonnay Illyr + Fokussiert, kühle Noten, Anklänge von knackigen Birnen und feinkörnigen Gewürzen; gewisse Straffheit, auf das Wesentliche reduziert, null Fett, Säurerückgrat, frisch.

★★★ G €€ PB
2021 Weißburgunder Illyr + Sanfter Druck, reife gelbe Birnen, zarteste Anklänge von Kletzen, Spekulatius; schließt nahtlos an, einige Substanz, Schmelz, Karamell, lebendig, zartes Säurespiel, im Abgang und im Nachhall feine Gewürznoten.

★★★ G €€ SB
2021 Sauvignon Blanc Illyr + Markantes Sortenbukett, grünvegetabilische Anklänge, schwarze Johannisbeeren und Cassislaub; kühle Aromatik auch auf dem Gaumen, transparent, präzise, herkunftstypisch, mittleres Gewicht, selbsterklärend.

★★★ G €€€ PG
2021 Grauburgunder Illyr + Sorte unverkennbar, rotbackige Birnen, zarteste Anklänge von Dörrobst, Prise Malz; für diese Varietät ungewöhnlich lebendig, Zug, Säurespiel, frei von Opulenz, Holz nur angedeutet.

★★★ G €€€ CR **TIPP**
2021 Rosé Illyr + Ernsthaft, gesetzt, rotfruchtig, dezent, Rhabarber, Gewürze eingestreut, eigenständig; schließt nahtlos an, angenehme Säure, stoffig, Säurespiel, zarter Gerbstoffschleier, im Finish auch Rhabarber und Ribisel.

★★★★ G €€€ GM **TIPP**
2021 Gelber Muskateller Illyr + (RZ 24 g/l) Eigenständig, Tannenwipfelhonig, Waldhonig, Blütenhonig, süße Blüten, ausgesprochen dezenter Sortencharakter; angenehme Süße von feiner Säure austariert, beachtliche Substanz, Tannenwipfelsirup im langen Nachhall, ungewöhnlich.

Weingut
Pichler-Schober

Sabine Pichler
8505 St. Nikolai im Sausal, Mitteregg 26
Tel. +43 3456 3471
weingut@pichler-schober.at, www.pichler-schober.at
16 Hektar

Vom Weingut Pichler-Schober, das auf den Hügeln von Mitteregg über St. Nikolai thront, genießt man einen herrlichen Ausblick auf die bezaubernde Landschaft des Sausals. Bekannt geworden ist der Familienbetrieb für Weine mit attraktivem Preis-Leistungs-Verhältnis. Regie führt Sabine Pichler, unterstützt von ihren Kindern Anna Maria und Johannes sowie dem jungen Kellermeister Martin Schröcker. Die beiden jungen Männer arbeiten Hand in Hand.
Die Weine des Jahrganges 2022 präsentieren sich klar strukturiert und zugänglich. Sie zeigen Herkunft und Sorte, der kristalline Untergrund ist auch in den Basisweinen zu erkennen. Säure und Extrakt sind sensorisch im Gleichgewicht, vordergründig ist keiner der verkosteten Weine. Wie bereits letztes Jahr berichtet, wurde die Weißweinlinie „Medigon“ aufgelassen, die Rotweincuvée dieses Namens bleibt im Sortiment.
Ankommen, kosten, genießen – und seit Kurzem auch wohnen: Im „Weinquartier“ wurden klimatisierte Zimmer mit Balkon oder Terrasse sowie ein kleiner Wellnessbereich eingerichtet, Außenpool inklusive. Die Buschenschank scheint Gäste magisch anzuziehen, Reservieren wird empfohlen.*ww*

SÜDSTEIERMARK DAC

★★ S €€ PB
2022 Weißburgunder + Höchst feingliedrig, nussig, grüne Äpfel, Prise Kräuter; schließt strukturell und aromatisch nahtlos an, feiner Fruchtschmelz, angenehme Säure, freundlich, leichtfüßig.

★★★ S €€ RI
2022 Riesling Kitzeck Sausal + Feingliedriges Sortenbukett, kühle Frucht, kristalliner Boden kommt durch; präsentiert sich auch auf dem Gaumen so, feinste Pikanz, leichtfüßig, trinkanimierend, mittlere Länge.

★★★ S €€ SB
2022 Sauvignon Blanc + Als Sorte unverkennbar, knackig, kräuterwürzig, grüne Äpfel, Holunderblüten; schließt aromatisch nahtlos an, zugängliche Säure, gute Substanz, im Abgang zarte Bodentöne, feine Struktur.

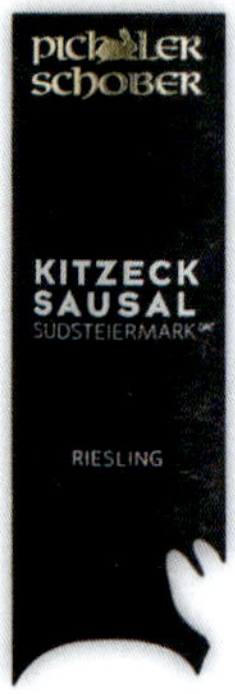

★★★ S €€ SB PLV
2022 Sauvignon Blanc Kitzeck-Sausal „die SIEME“ + Zart, unaufdringlich, Kräuterwürze, Johannisbeeren und gelbe Stachelbeeren, Hauch Weingartenpfirsiche; feingliedrig auch auf dem Gaumen, einige Facetten, zugänglich, Trinkfluss, Herkunftscharakter.

★★★ S €€ PG
2021 Grauburgunder + Dezente Sortenaromatik mit Anklängen von roten Birnen, hauchzarte Würze, etwas Karamell; aromatisches Dacapo, feines Säurerückgrat, lebendig, in keiner Phase schwer, Herkunft klar definiert.

★★★★ S €€€ SB TIPP
2020 Sauvignon Blanc Ried Nebenegg + Frische Anmutung, völlig unplakativ, hauchzarte Würze à la Fenchelsaat und Sesam, leise Bodentöne, tief im Glas gerade reif gewordene Passionsfrüchte, mit Luft frische Heublumen; dieser bunte Aromenbogen zeigt sich auch im Geschmack, elegant, kristalliner Boden prägt, gute Länge, rauchiges Finish, elegant, mit Lagerpotenzial.

★★★ S €€€ CH
2020 Morillon Ried Nebenegg + Sanfter Druck, Sorte klar, Haselnüsse, Birnen, winzige Prise Kletzen, frisch; zu diesen Aromen gesellt sich eine subtile Würze, kompakt, frei von Üppigkeit, im Finish eine Prise Gerbstoff, klar strukturiert, gute Substanz, Reserven.

STEIERMARK

★★ S € CW FUN
2022 Steiermark Cuvée + (MT/SB) Einladend, Kräuterwürze, florale Akzente à la Holunder, auch grünfruchtig, Hauch Muskatnuss; saftig, beschwingt, bunte Aromatik, zugänglich, Trinkspaß.

★★★ S €€ GM FUN
2022 Gelber Muskateller + (halbtrocken) Fein, unaufdringliche Sortenaromatik, Prise Kräuter, Holunderblüten, leise Bodentöne; beschwingt, quicklebendig, zugänglich, Restzucker unauffällig, Sausal kommt durch, dezent mit Spaßfaktor.

★★★ S €€€ TR
2022 Traminer Spätlese + (süß) Dezent, sortentypisch, hochreife Litschi, Lachsrosen, Zitrusfrüchte und Kokos angedeutet; unaufdringliche Süße, sanft, Aromatik vom Bukett kommt wieder, braucht ein wenig Luft.

★★★ S €€ CR
NV Medigon Cuvée + (ZW/BW) Frisch, glockenklar, fruchtbetont, Kirschen, rote und dunkle Beeren, Hauch Preiselbeerblätter; saftig, viel Frucht, Prise Gewürze, strukturgebendes Gerbstoffnetz, mittelgewichtig, kühl im Abgang.

♛ ♛

Weingut **Pilch**

8461 Ehrenhausen an der Weinstraße, Ottenberg 34
Tel. +43 3453 2582, Fax -4
info@weingut-pilch.at, www.weingut-pilch.at
8,5 Hektar, W/R 90/10, 65.000 Flaschen/Jahr

Die vierte Generation auf dem Familienweingut erblickte im Juli 2022 das Licht der Welt: Reinhard und Madeleine sind stolze Eltern ihrer kleinen Tochter Rosa Mathilda. Peu à peu wird Reinhard Pilch die Verantwortung für den Betrieb im südsteirischen Ratsch übertragen, zuerst führte er Regie im Weinkeller, nun kümmert er sich auch um die Weingärten. Madeleine ist für die Buschenschank zuständig, macht Weinverkostungen und betreut die Kunden. Marianne und Rudolf führen den Betrieb. Sie unterstützen die jungen Leute in jeder Hinsicht. Rudolf hat jetzt mehr Zeit für seine Passion, das Schnapsbrennen.
Neben den für die Südsteiermark typischen weißen Rebsorten werden mit Erfolg auch rote Varietäten angebaut. Die Trauben wachsen auf der renommierten süd- bis ostexponierten Lage Oberranzried. Zwei Bodentypen herrschen vor, nämlich sandiger Lehm und Lehm mit hohem Tonanteil. Das sind kühlere Böden mit etwas späterem Austrieb, die Wasser und Nährstoffe gut speichern, was sich in überdurchschnittlichen Extraktwerten bemerkbar macht.
Weinmachen verstehen die Pilchs als Handwerk mit starkem Bezug zur Natur. „Im Weingarten entsteht das Grundgerüst unserer Weine, denn was die Traube nicht hat, wird der Wein niemals haben. Ein nachhaltiger Umgang mit der Natur und die Erzeugung bester Traubenqualität stehen an erster Stelle."
Zur aktuellen Serie: Die Gebietsweine sind herkunftstypisch, sortenaffin und angenehm unplakativ. Der Gelbe Muskateller ist ebenso schnörkellos wie der Frizzante aus dieser Rebsorte. Der Sauvignon Blanc ist für einen Gebietswein ungewöhnlich dicht und gehaltvoll, die beiden Ortsweine sind ausgesprochen eigenständig. Das gilt auch für die Burgunder-Auslese, ein erdiger und würziger Süßwein. *ww*

SÜDSTEIERMARK DAC

★★ S € WR
2022 Welschriesling + Kerniges Bukett nach Äpfeln und Kräutern; saftige Äpfel geben den Ton an, feine Kräuternote unterlegt, hinten auch ein wenig Zitrus, mittelgewichtig.

★★ S €€ PB
2022 Weißburgunder + Dezent, Nektarinen und frische Äpfel, Prise Haselnüsse; feingliedrig, leichtfüßig, verspielt, Fruchtaromen vom Bukett kommen wieder, hinten auch florale Akzente.

★★ S €€ GM
2022 Gelber Muskateller + Wohltuend unplakativ, Kräuter, Holunderblüten, Hauch von Zitronenzesten; schließt mit diesen Aromen nahtlos an, schnörkellos, knochentrocken, schlank, feiner Aperitif.

★★★ S €€ SB PLV
2022 Sauvignon Blanc + Unverkennbare Sortenaromatik, grüner Paprika, Stachelbeeren, knackige Cassisbeeren, Johannisbeerlaub; bringt diese Aromen auch im Geschmack, druckvoll, zugängliche Säure, wertiger Gebietswein.

★★★ S €€ CH PLV
2021 Morillon Ehrenhausen + Kühl, sanfter Druck, alte Birnensorten, nussig, tief im Glas dunkler Tabak und Waldboden; klare Struktur, belebende Säure, passende Substanz, leise Bodentöne.

★★★ S €€ PG
2021 Grauburgunder Ehrenhausen + Dezente Sortenaromatik, Anklänge von Birnen und Malz, Boden kommt durch, tief im Glas Dörrobst à la Kletzen und Marillen, feingliedrig; saftig, quicklebendig, zarte Fruchtaromen, mittlere Länge, fernab jeglicher Üppigkeit, Trinkfluss.

STEIERMARK

★★ S € SÄ
2022 Sämling 88 + (halbtrocken) Feines Sortenbukett, weiße Johannisbeeren, Hauch Pfirsiche; präsentiert sich auch im Geschmack so, Restzucker sensorisch kein Thema, leichtfüßig, trinkanimierend.

★★ S € ZW FUN
2022 Rosé Klassik + Spontan ansprechend, Kirschen und Himbeeren, fein gehalten; fruchtbetont auch im Geschmack, zugängliche Säure, leichtfüßig, toller Sommerwein.

★★★ S €€€ CW
2021 Burgunder Auslese + (PG/CH) Eigenständig, kompakt, betont nussig, getrocknete Kräuter, erdige Bodentöne; zeigt diese Aromen auch auf dem Gaumen, zusätzlich getrocknete Marillen, Anklänge von kandierten Orangen, unaufdringliche Süße, im Finish sympathische Gerbstoffe für die Struktur, rote Zitrusfrüchte und erdig-würzige Noten im Nachhall.

Weingut
Polz

Erich Polz
8472 Straß in Steiermark, Am Grassnitzberg 39
Tel. +43 3453 2301, Fax -6
weingut@weingutpolz.at, www.weingutpolz.at
70 Hektar, W/R 90/10, 500.000 Flaschen/Jahr

Im Jahr 1912 legte Johann Polz am Grassnitzberg den Grundstein für das heute in vierter Generation geführte Weingut. Zunächst eine gemischte Landwirtschaft, stellte sein Sohn Reinhold ab 1957 den Wein in den Mittelpunkt. Zwei seiner Söhne, nämlich Erich und Walter, setzten neue Maßstäbe und machten Polz zu einem Leitbetrieb. 2011 wurde Christoph, der Sohn von Erich, die Verantwortung für den Keller übertragen. 2020 haben sich die beiden Senior-Chefs Erich und Walter Polz zurückgezogen, die Gesamtleitung liegt nun in den Händen von Erich jun. Zum aktuellen Jahrgang befragt: „Wir können mit Zufriedenheit und Stolz auf ein enorm forderndes Weinjahr 2022 zurückschauen, in dem wir mit der widrigsten Ausgangssituation an der Umstellung unserer Weingärten auf biologisch-organische Bewirtschaftung arbeiten konnten." Im Zuge der kürzlich erfolgten Riedenabgrenzung wurden historische oder geografische Zusatzbezeichnungen aufgenommen.

Christoph Polz legt großen Wert darauf, die Herkunft seiner Weine erkennbar zu machen. Um das Profil der Rieden vom Sausal mit ihrem kristallinen Untergrund zu schärfen, erzieht er diese Weine ausschließlich im Stahltank. Für die anderen Lagen bevorzugt er den Ausbau im Holz. Gerne experimentiert er auch mit alten Rebstöcken, die in einer kleinen, extrem kalkhaltigen Parzelle auf dem Hochgrassnitzberg stehen. Die aktuelle Serie ist präzise und von Trinkfluss gekennzeichnet. Die Riedenweine kommen nun später in den Verkauf. Das zusätzliche Jahr an Flaschenlagerung hat ihnen merklich gutgetan. Die Böden der einzelnen Rieden kommen klar zum Ausdruck. *ww*

SÜDSTEIERMARK DAC

★★★ S €€€ SB
2022 Südsteiermark Sauvignon Blanc + Sympathisch, fruchtbetont, Stachelbeeren, Ribisel, kühle Würze; fruchtig, grünblättrige Aromen eingestreut, Zug, belebende Säure, grünfruchtiger Nachhall.

★★★ S €€€ CH
2020 Ehrenhausen Morillon + Gelbfruchtig, Quitten, tief im Glas Tropenfrüchte und Würze; viel frische Frucht, Schmelz, Substanz, im Finish leise Bodentöne.

★★★ S €€€ SB
2020 Ehrenhausen Sauvignon Blanc + Sanfter Druck, Beeren, leise Bodentöne, zarte Würze; saftig, Frucht und Würze innig verwoben, nie laut, gute Substanz.

★★★★ S €€€€ SB
2021 Ried Theresienhöhe Therese 1STK Sauvignon Blanc + Frische Frucht à la Stachelbeeren, klar, kristalliner Untergrund kommt durch; Frucht dominiert auch den Geschmack, angenehme Säure, mittleres Gewicht, vom Schieferboden geprägt.

★★★★ S €€€€ SB
2020 Ried Theresienhöhe Kapelle 1STK Sauvignon Blanc + Dunkle Würze, Bodentöne, kompakt, Stachelbeeren blitzen durch; aromatisches Dacapo, steinige Anmutung, lebhaft ohne Aggressivität, Terroir im besten Sinne.

★★★★ S €€€ SB TIPP PLV
2020 Ried Witscheiner Herrenberg Sauvignon Blanc + Kalkig, charmante Frucht, feinkörnige Würze, sonniger Charakter; feine Klinge, zarter Frucht-Würze-Mix, gute Länge, Bodentöne im Nachhall, da ist nichts Grobes.

★★★★ K €€€€ SB
2020 Ried Grassnitzberg Licht 1STK Sauvignon Blanc + Gesetzt, fokussiert, Quitten, Pfirsiche, Senfkörner, Kräuter; zartes Säurerückgrat, kühle Frucht, Boden kommt durch, präzise bei guter Länge.

★★★ S €€€€ CH
2020 Ried Grassnitzberg Morillon + Ungewöhnlich würzig, Fenchel, Anis, markante Bodentöne, tief im Glas Salbei und Kletzen; saftig, vielschichtige Aromatik, gute Länge, super Trinkfluss.

★★★★ K €€€€€ SB TIPP
2020 Ried Hochgrassnitzberg GSTK Sauvignon Blanc + Elegant, frisch gemörserte Senfkörner, kalkige Bodentöne, Kräuter à la Salbei, hauchzarte Frucht, Hauch Pfefferoni; führt auch auf dem Gaumen die feine Klinge, saftig, Säurespiel, lang, nobel, Lagencharakter.

★★★★ K €€€€€€ CH TIPP
2020 Ried Obegg GSTK Morillon + Ruhig strömend, kalkig, rote Zitrusfrüchte, ätherische Anklänge; ungemein saftig, null Fett, wird hinten eng ohne Härte, Bodentöne und Würze im langen Nachhall.

Polzblitz

Erich Polz jun.
8472 Straß in Steiermark, Am Grassnitzberg 39
Tel. +43 3453 2301
yeah@polzblitz.at, www.polzblitz.at
W/R 100/0

Seit dem Jahr 2020 führt Erich Polz jun. in nunmehr vierter Generation das Traditionsweingut Polz am Grassnitzberg. Schon Jahre vorher, nämlich seit 2011, hatte sein Bruder Christoph die Verantwortung als Weinmacher inne. Er war sich des Vermächtnisses bewusst, entwickelte aber behutsam seine eigene Handschrift. Jetzt wurde eine neue Marke für neue Märkte geschaffen, die schon nach kurzer Zeit wie der sprichwörtliche Blitz eingeschlagen hat. „polzblitz. zu allem bereit." verspricht die Homepage. Die Linie ist jugendlich frech im Auftreten, aber ernsthaft bezüglich Qualität. „Sie soll ein niederschwelliger Eintritt in die Welt von Polz sein, mit nicht zu wenig Frucht, großer Leichtigkeit, einer Idee Humor und durchaus mit Niveau", so Erich Polz im O-Ton. „Eine Weinlinie für jeden Tag, jeden Abend, jede Nacht." Es gibt die insgesamt fünf Weißweine im Lebensmitteleinzelhandel, in ausgesuchten Gasthöfen, lässigen Bistros und legeren Restaurants. Erich und Christoph Polz produzieren sie mit derselben Leidenschaft und dem gleich hohen Qualitätsanspruch wie die Weine des Stammbetriebes.

Die heuer vorgestellten Weine halten, was sie versprechen. Sie sind sortentypisch, fruchtbetont, frisch und vermitteln Trinkspaß, ohne oberflächlich zu sein. Der Welschriesling ist ungemein charmant und von geradezu sonnigem Charakter. Südsteirisch sind sie alle. Und es ist ihnen ein attraktives Preis-Leistungs-Verhältnis zu attestieren. *ww*

SÜDSTEIERMARK DAC

★★★ S €€ WR FUN
2022 Welschriesling + Herzhafte, einladende Apfelfrucht, traubig, tief im Glas Mandarinenzesten; schließt nahtlos an, zugängliche Säure, sanfter Schmelz, mittleres Gewicht, freundlich und sonnig.

★★ S €€ PB
2022 Weißburgunder + Feingliedrig, fruchtbetont, Pfirsiche und weißfleischige Birnen, ein Hauch Haselnüsse; schließt aromatisch an, zart, moderate Säure, mittelgewichtig, Frucht im Nachhall.

★★ S €€ GM
2022 Gelber Muskateller + Klares, nicht vordergründiges Sortenbukett, Kräuter, Holunderblüten, Prise Zitronenzesten; bringt diese Aromatik auch im Geschmack, angenehme Säure, trocken.

★★★ S €€ CH
2022 Chardonnay + Fokussiert, nussig, kühle Frucht; saftig, Säurespiel, Frucht gibt den Ton an, zugänglich, passende Substanz, Trinkspaß ohne Oberflächlichkeit.

★★★ S €€ SB PLV
2022 Sauvignon Blanc + Fein, auf eine unaufdringliche Art sortenaffin, Anklänge von Stachelbeeren, weißen und roten Johannisbeeren sowie Cassislaub; schließt aromatisch an, dezent, für diese Liga ausgesprochen fein, zarter Schmelz, angenehmes Säurespiel, mittlere Länge.

Weingut **Potzinger**

8424 Gabersdorf 12
Mobil +43 664 521 64 44
potzinger@potzinger.at, www.potzinger.at
20 Hektar, W/R 90/10

Das Weingut wurde 1860 von Joseph List gegründet, der in Ratsch Weingärten samt zugehörigem Haus kaufte. Heute verfügt Stefan Potzinger sowohl an der Südsteirischen Weinstraße als auch im Sausal über Rieden mit so klingenden Namen wie Sulz, Oberglanzberg, Czamillonberg, Wielitsch Kapelle, Hochsteinriegel Pfarrweingarten, Kittenberg oder Oberburgstall, um nur einige zu nennen. Die Böden sind grundverschieden – Opok und stark kalkhaltige Böden aus urzeitlichen Korallenriffen an der Weinstraße, kristalliner Untergrund wie Schiefer im Sausal. Das bietet ideale Voraussetzungen für abwechslungsreiche Weine mit dem Anspruch auf Terroir. Stefan Potzinger ist ein gelassen arbeitender Winzer, der im Keller so wenig wie möglich eingreift. Die Qualität entstehe draußen in den Weingärten, sagt er. „Gewachsen, nicht gemacht."
Die aktuellen Weine der Linie „Tradition" werden ihrer Bezeichnung gerecht, sie wirken ungekünstelt, keiner ist vorlaut. Besonders feingliedrig und fruchtbetont ist der Weißburgunder ausgefallen. Wiederum ein Beispiel für modern interpretierte Tradition ist der Sauvignon Blanc. Die Lagen-Sauvignons bringen die jeweilige Riedencharakteristik klar zum Ausdruck, ob kristalliner Boden im Steinriegel oder Opok im Czamillonberg. Eine Klasse für sich ist der Sauvignon Blanc Ried Sulz „Joseph", ein ausgesprochen feiner und würzebetonter Wein, der freilich noch einige Zeit an Flaschenreife benötigt, um seine Vorzüge zur Gänze ausspielen zu können. *ww*

SÜDSTEIERMARK

★★★ S €€€ SB
2021 Sauvignon Blanc Ried Steinriegel Kitzeck-Sausal + Fein, Stachelbeeren, Cassis, knackige Passionsfrucht, kristalliner Boden kommt durch; saftig, einladend, freundliche Frucht, zarter Schmelz, leise Bodentöne, im Finish und im Nachhall Prise Grapefruits.

★★★ S €€€ SB
2021 Sauvignon Blanc Ried Czamillonberg Leutschach + Dezent, grünfruchtig, Kräuter, Gewürze und Zitrus angedeutet; viel Frucht, lebhaft, sanfter Schmelz, zugänglich, gute Substanz, im Nachhall Stachelbeeren, Cassis und grünblättrige Würze.

★★★★ S €€€€ SB TIPP
2021 Sauvignon Blanc Ried Sulz „Joseph" + Noble Würze, dezente Frucht, feingliedrig; Gewürzbukett, elegante Frucht, zartes Säurerückgrat, Spannung, nie vordergründig, orientalische Gewürze à la Nelken, Piment und Sternanis im langen Nachhall.

★★★★ S €€€€ TR TIPP
2011 Traminer Kaltenegg Große Cuvée + (Late Release) Ruhig strömend, Lindenblüten, rieslinghafte Anklänge, mit Luft Rosen, Grapefruits und Kräuter; diese Aromen prägen auch den Geschmack, kalkig, druckvoll, unaufdringliche Süße, im langen Abgang Kräuterwürze, Grapefruitzesten und Bodentöne.

★★★★ S €€€ PB TIPP
2022 Weißburgunder Ried Kittenberg + Kühl, konturiert, bodenstämmige Würze, Steinobst, nussig; schließt nahtlos an, einige Substanz, lebendig, Schiefer kommt durch, beachtliche Präzision, Terroir.

STEIERMARK

★★★ S €€ PB FUN
2022 Weißburgunder Tradition + Fruchtig, frische Äpfel, etwas Birnen, Prise Haselnüsse, Limettenzesten angedeutet; schließt fruchtig an, animierendes Säurespiel, auf feine Art steirisch, mittlere Länge.

★★★ S €€ SB
2022 Sauvignon Blanc Tradition + Verzicht auf Vordergründigkeit, knackige Stachelbeeren, vegetabilische Noten, Kräuter, Zitrus; im Geschmack auch Cassis und Cassislaub, ausgewogen, mittelgewichtig, modern interpretierte Tradition.

★★★ S €€ CW
2022 Altsteirischer Mischsatz Alte Reben + Ruhig, vielschichtig, Boskop-Äpfel, Prise Kräuter, bisschen Zitrus; breiter Aromenbogen auch auf dem Gaumen, sanfter Druck, zugängliche Säure, interessant und eigenständig.

ÖSTERREICH

★★★ K €€€ CW
Sekt 1860 Brut + (30 Monate Flaschenreife) Frisch, helle Hefetöne, Zitrus, Marillen, Nektarinen, Liebstöckel, Estragon; elegante Frucht, zartes Säurespiel, feiner Mousseux, ausgewogen, Trinkfluss.

★★★ K €€€ CR
Sekt 1860 Brut Rosé + (30 Monate Flaschenreife) Elegant, rotfruchtige Akzente ebenso wie hauchzarte Würze; schließt mit dieser Aromatik nahtlos an, feingliedrig, zarteste Hefenoten, Tannine bloß angedeutet, präzise, trocken, animierend.

Weingut
Primus

Christian & Thomas Polz
8472 Spielfeld-Straß, Am Graßnitzberg 15
Tel. +43 664 870 64 79
weingut@primus.cc, www.primus.cc

Nach dem frühen Tod ihres Vaters Primus Polz übernahmen die Brüder Christian und Thomas Polz 1998 das Weingut, damals gerade einmal 18 und 23 Jahre alt. Die Verantwortlichkeiten sind seither klar geregelt: Christian kümmert sich als Kellermeister um den Ausbau der Weine, Thomas ist als Weinbaumeister für die Weingärten und das Marketing zuständig. Bei der Vinifizierung arbeiten die beiden Hand in Hand. Ihr Fokus ist auf Qualität gerichtet, größer werden wollen sie nicht. Mittlerweile verfügen sie auch über hervorragende Rieden im benachbarten Slowenien, der einstigen Untersteiermark, genauer gesagt auf der slowenischen Seite des Hochgrassnitzberges und auf jener der Ried Zieregg. Da heißen die Weinberge Kresnica und Ciringa. Die Böden bestehen überwiegend aus Muschelkalk und Opok. In ihren steirischen Rieden herrscht ebenfalls Kalk vor. Der Grassnitzberg ist geprägt von lehmigen Sanden mit Muschelkalk. Die Anteile an der Ried Zieregg, die sich seit 1913 im Familienbesitz befinden, haben einen sandig-lehmigen Untergrund mit Muschel- und Korallenkalk.
Die Philosophie der beiden Brüder. „So wie unsere Weine, sind auch wir selbst tief in unserer Region verwurzelt. Wir möchten diese Bodenständigkeit, diesen erdigen und handwerklichen Charakter in unsere Weine transferieren."
Die aktuelle Serie präsentiert sich sortentypisch, bereits in den Basisweinen ist die Herkunft zu erkennen. Die Lagenweine bringen den jeweiligen Riedencharakter präzise zum Ausdruck, geprägt von den kalkhaltigen Böden. Keiner der Weine ist vordergründig, üppig oder schwer. *ww*

SÜDSTEIERMARK DAC

★★ S €€ PB
2022 Weißburgunder Südsteiermark + Sortentypisch, frische Haselnüsse, helle Frucht, sanfter Druck; saftig, Schmelz, einladend, angenehme Säure, Haselnüsse klingen nach.

★★ S €€ GM — FUN
2022 Gelber Muskateller Südsteiermark + Angenehm dezent, Holunderblüten, grünfruchtige Anklänge, Limettenschalen; fein, Aromen vom Bukett finden sich wieder, trinkig, mittlere Länge.

★★★ S €€ SB
2022 Sauvignon Blanc Südsteiermark + Sortentypisch ohne Vordergründigkeit, Anklänge von Cassislaub, grünem Paprika, weißen Johannisbeeren und Stachelbeeren; schließt aromatisch an, klar strukturiert, feines Säurespiel, Trinkfluss.

★★★ S €€ CH
2021 Chardonnay Ehrenhausen + Nussig, reife Birnen, Hauch Dörrobst; viel Sorte, Schmelz, gute Substanz, Frucht und nussige Akzente im langen Nachhall.

★★★ S €€€ CH
2020 Chardonnay Ried Grassnitzberg + Druckvoll, kompakt, kalkig, Kletzen, Hauch Malz und Gewürze; aromatisches Dacapo, kräftig, angenehme Säure, frisch, lagentypische Bodentöne, gute Länge.

★★★★ S €€€€ CH — TIPP
2019 Chardonnay Ried Zieregg + Eigenständig, gediegen, markante Bodentöne, Nüsse, getrocknete Marillen, Kletzen, frisch, elegante Gewürzaromen; schließt aromatisch nahtlos an, elegante Struktur, null Fett, kalkig, vielschichtig mit Würze auch im langen Nachhall, zeitlos, beste Perspektiven.

★★★ S €€€ SB
2020 Sauvignon Blanc Ried Grassnitzberg + Dezent, Fenchelsaat, Anis und Senfkörner, tief im Glas kühle Frucht, mit Luft auch Brennnesseln und grüne Kräuter; kühl, noble Würze, bar jeder Üppigkeit, feinfühliger Holzeinsatz, leise Bodentöne, gute Länge, grünfruchtige Noten à la Sternfrucht im Nachhall.

★★★ K €€€€ SB
2020 Sauvignon Blanc Ried Grassnitzberg Nienaus + Kühl, gelassen, Kräuter, Limetten, Zitronengras, Physalis, Kiwis, Prise Gewürze; diese Aromen auch im Geschmack, zartes Säurespiel, gute Länge, kalkiger Boden im Abgang, Feinheit vor Wucht.

★★★★ S €€€ SB — TIPP
2019 Sauvignon Blanc Ried Zieregg + Gediegen, kalkig, Prise Schießpulver, kündet Substanz an, hauchzarte Gewürzaromen, Schwarztee, Grapefruitzesten; in sich ruhend, klar strukturiert, Riedencharakter, Gewürze, schwarze Johannisbeeren und Cassislaub, Schale von grünen Birnen, langer Nachhall, zeitlos.

ÖSTERREICH

★★★ K €€€€ SB
2020 Sauvignon Blanc Terra Z + Einladend, süße Blüten, Honigtöne, Gewürze, getrocknete Kräuter, Safran, Sorte kommt durch; moderater Naturalwein, Aromen vom Bukett kommen wieder, Salzkaramell, Schmelz, sympathische Gerbstoffe geben Struktur, lebhaft, langer Nachhall.

Weingut
Riegelnegg Olwitschhof

Roland & Martina Riegelnegg
8462 Gamlitz, Steinbach 62
Tel. +43 3454 6263
weingut@riegelnegg.at, www.riegelnegg.at
14 Hektar, W/R 90/10

Das Weingut Riegelnegg Olwitschhof ist uns bei Verkostungen aufgefallen. Die Formkurve zeigt stetig nach oben. Im Jahr 2021 wurde Roland Riegelnegg mit dem 2018er Ried Sernauberg „Exzellenz“ in der Kategorie „oaked“ Weltmeister beim Concours Mondial du Sauvignon. Kurz zuvor, nämlich 2017, hat er gemeinsam mit seiner Frau Martina das Weingut von seinen Eltern übernommen. Der junge Weinmacher über sich selbst: „Meine Leidenschaft ist der Ausbau von Weißweinen in Holzfässern, vorzugsweise Sauvignon und Chardonnay.“

Für den Sauvignon Blanc Ried Sernauberg „Exzellenz“ werden physiologisch hochreife Trauben verwendet, er wird 22 Monate in gebrauchten Holzfässern mit 300 Litern Inhalt auf der Vollhefe ausgebaut. Die steile Ried Sernauberg weist zum Teil merklich unterschiedliche Parzellen auf. Die Beschaffenheit des Untergrundes reicht von Sand über Lehm bis hin zu Muschelkalk. Großes Ansehen genießt der blaue Opok, ein verfestigter Lehm mit hohem Tonanteil und niedrigem Kalkgehalt. Die Vegetationsperiode ist lang, die Nächte kühl. Das sorgt für eine ausgeprägte Aromatik. Die Familie besitzt auch Anteile an der renommierten Ried Welles, eine Kessellage auf 520 m Seehöhe, deren Boden aus kargem, felsigem Schotterkonglomerat mit einer humosen Deckschicht besteht. Der Sauvignon Blanc aus dieser Lage liegt zehn Monate auf der Feinhefe im großen Holzfass, dazu kommen neun Monate Flaschenreife vor dem Verkauf.

Die Gebietsweine präsentieren sich ungewöhnlich fein und elegant. Die Lagenweine zeigen ausgeprägten Riedencharakter, sie sind frei von Üppigkeit und für ein langes Weinleben gemacht. Herausragend ist die Serie „Exzellenz“, ein Sauvignon Blanc und ein Chardonnay, beide aus den besten Parzellen der Ried Sernauberg. *ww*

SÜDSTEIERMARK DAC

★★ S €€ PB FUN
2022 Weißburgunder + Feingliedrig, frische Haselnüsse, zarter Birnenduft; schließt nahtlos an, verspielt, leichtfüßig, herkunftstypisch auf eine elegante Art.

★★ S €€ GM
2022 Gelber Muskateller Tradition + Unaufdringlich, Holunderblüten, Muskatblüten, zarte Frucht, Hauch Grapefruits und Kräuter; zeigt diese Aromen auch im Geschmack bis in den Nachhall hinein, zugängliche Säure.

★★★ S €€€ SB
2022 Sauvignon Blanc Tradition + Ruhig, zunächst etwas Roggenbrot und Cerealien, dann Kräuter, Stachelbeeren und grüner Paprika; herzhaft, Stachelbeeren, bisschen Cassis, Johannisbeerlaub, gute Säure, mittleres Gewicht.

★★★★ K €€€€€ SB
2021 Sauvignon Blanc Ried Welles + Ruhig strömend, Gewürze à la Fenchelsaat, steinig, kündet von reifem Lesegut; kraftvoll, Fruchtschmelz, würzige Noten, zugängliche Säure, Prise Gerbstoffe im Finish für präzise Konturen, im Abgang steiniger Boden zu erkennen, Grapefruits und grünfruchtige Elemente auch im Nachhall.

★★★★★ K €€€€€€ SB TOP
2020 Sauvignon Blanc Ried Sernauberg „Exzellenz“ + Kraftvoll, Anklänge von frischer Frucht ebenso wie hauchzarte Gewürznoten, bodenstämmige Töne; aromatisches Dacapo, gute Substanz, in keiner Phase langweilig oder üppig, hinten markante Bodentöne, ganz zarte Holzaromen im langen Nachhall, noch sehr jung, Reserven.

★★★★ K €€€€€€ CH TIPP
2020 Chardonnay Ried Sernauberg „Exzellenz“ + Vornehm, zarte Gewürzaromen vom kleinen Holz, Boden kommt durch, straff, Primeln, Birnen, Pfirsiche, Dörrobst zu erahnen; schließt nahtlos an, straff ohne übertriebene Strenge, präzise Struktur, sehnig, lang, im Nachhall wieder Bodentöne, feinkörnige Gewürze und noble Frucht à la Grapefruits.

STEIERMARK

★★★★ K €€€€ SB
2019 Sauvignon Blanc Sekt g.U. Reserve + Elegant, Sorte klar, Limetten, Zitronengras, leise Hefetöne, hauchzarte Würze; lebhaft, feiner Mousseux, trocken, feingliedrig, Limetten und Grapefruits im Finish, bemerkenswert.

★★★ K €€€€€ CH
2020 Morillon Eiswein + Unaufdringlich, frische Champignons, Anklänge von getrockneten Marillen und Kletzen, hauchzarte kühle Würze; fruchtbetont, frische Marillen, angenehmes Säurespiel, unaufdringliche Süße, Trinkfluss.

Wachauer
VOLKSFEST
www.wachauervolksfest.at
LWmedia
rems
NV
TRANSGOURMET
Wieselburger Bier
brantner
green solutions
WINZER KREMS
Sandgrube 13
Raiffeisen
Niederösterreich

Weingut
Erwin Sabathi

Erwin Sabathi
8463 Leutschach an der Weinstraße, Pössnitz 48
Tel. +43 3454 265
weingut@sabathi.com, www.sabathi.com

54 Hektar, W/R 97/3

Erwin Sabathi legt größten Wert auf Weine, die vom Boden erzählen, auf dem die Reben stehen. „Unsere Weine sind Ausdruck unseres Terroirs." Die biologische Bewirtschaftung helfe dabei sehr; seit 2019 sind alle Weine bio. Um große Gewächse machen zu können, müssen sich Boden und Rebstock im Gleichgewicht befinden, skizziert der Winzer die Stoßrichtung bei der Bewirtschaftung der Weingärten. Äußerlich sichtbares Zeichen sind die kleinwüchsigen, bergtauglichen Krainer Steinschafe, die in allen steilen Weingärten weiden; knapp 200 solcher „Mitarbeiter" hat Erwin Sabathi angestellt. Auch bei den Korken setzen die Sabathis auf Bio. Sie werden von einer kleinen Firma in Portugal produziert, jeder einzelne wird sensorisch beurteilt und freigegeben. Auf dem Weingut werden weder Reinzuchthefen noch Enzyme eingesetzt, auf Klärschönung wird verzichtet, filtriert wird sanft.

Das DAC-Reglement kommt den Intentionen von Erwin Sabathi sehr entgegen, ist es doch pyramidenförmig nach der Herkunft aufgebaut. Die trockenen Weine, der mit Abstand größte Teil des Sortiments, entsprechen diesen Herkunftsregeln. Das Angebot gliedert sich in Gebietsweine, Ortsweine Leutschach und Riedenweine. „Die Orts- und Riedenweine sollen anspruchsvoll sein, die Gebietsweine verständlich", erklärt Erwin Sabathi seine Marschrichtung. Sauvignon Blanc wird ausschließlich im neutralen Holz ausgebaut, schmeckbare Eiche ist nur beim Chardonnay ein Thema. Für alle Lagen wird das gleiche Holz verwendet, um so den Riedencharakter zu schärfen und nicht durch unterschiedliche Hölzer zu verwässern.

Weil einige Weingärten extrem viel pflanzenverfügbaren Kalk aufweisen, hat der Winzer auf spezielle Unterlagsreben aus Frankreich gesetzt, wie sie auch in Burgund verwendet werden. Die tonhaltige Ried Saffran ist eine Monopollage der Sabathis, benannt nach Hans Saffran, dem Vorbesitzer des Weingutes. Die Familie verfügt über Anteile an bekannten Rieden wie Poharnig, Krepskogel und Jägerberg, die Lage Pössnitzberg besitzt die höchste Reputation. Sie ist extrem steil, der kalkhaltige Opokboden prägt den Charakter der Weine.

Als Symbol für den Betrieb und als integrierter Bestandteil der Etiketten wurde ein Wappen kreiert und gestiftet. Der Holzfasskeller wurde komplett umgestaltet, der Raritätenkeller ist ganz neu. Um optimale Lagerbedingungen zu schaffen, wurde er tief in den Hang hineingegraben. So sind die Raritäten bei praktisch konstanter Luftfeuchtigkeit vor Licht, Schall und wechselnden Temperaturen geschützt. Aus nachvollziehbaren Gründen ist dieser Bereich nicht für die Öffentlichkeit zugänglich. Einen virtuellen Rundgang bietet jedoch die Homepage des Weingutes.

Eine bedeutende Umstellung wurde insofern vorgenommen, als nun die Weine später in den Verkauf gegeben werden, sodass einige der bereits letztes Jahr vorgestellten Weine aktuell erhältlich sind, ihre Nachfolgejahrgänge liegen noch im Keller. *ww*

SÜDSTEIERMARK DAC

★★ S €€€ GM
2022 Gelber Muskateller Südsteiermark + Kompaktes, kräuterbetontes Sortenbukett, Hauch Muskatblüten, helle Frucht blitzt durch; diese Aromatik kommt auch im Geschmack, Säurespiel, Zug, im Finish Grapefruits.

★★★ S €€€ SB PLV
2022 Sauvignon Blanc Südsteiermark + Gartenkräuter, Anklänge von grünem Paprika, Cassislaub, knackige schwarze Johannisbeeren; saftig, belebendes Säurespiel, Cassis, zarte Würze, mittleres Gewicht.

★★★ S €€€ SB
2021 Leutschach Sauvignon Blanc + Freundlich, feingliedrig, weiße und rote Ribisel, zarte Würze; schließt mit diesen Aromen nahtlos an, Frucht gibt den Ton an, feines Säurerückgrat, quicklebendig.

★★★ S €€€ CH
2021 Leutschach Chardonnay + Sympathisch, sanfter Druck, gelbfruchtig, ganz leise Bodentöne, Dörrbirnen angedeutet; lebhaft, Zug und Spiel, null Fett, karger Boden zu erkennen, passende Länge.

★★★ S €€€ GM
2021 Gelber Muskateller Ried Krepskogel + Sanfter Druck, reife gelbe Grapefruits, Prise Kräuter und Holunderblüten, kalkiger Touch; schließt mit dieser Aromatik nahtlos an, kräftig, wieder kalkige Noten vom Opokboden, kompakt, zartes Säurenetz, nie fad.

★★★ S €€€ PB
2021 1STK Ried Jägerberg Weißburgunder + Feingliedrig, Birnen und reife Marillen, auf dezente Art sortentypisch; schließt aromatisch und hinsichtlich Charakter nahtlos an, mittlere Länge, fast verspielt.

★★★ S €€€€ PG
2021 1STK Ried Jägerberg Grauburgunder + Sorte klar, Birnen, Hauch Kletzen, Malz und Cerealien angedeutet, frisch; für diese Varietät ausgesprochen lebhaft, entwickelt Zug, klare Frucht, völlig frei von Üppigkeit, mittlere Länge.

★★★ S €€€€ SB
2021 1STK Ried Poharnig Sauvignon Blanc + Feingliedrig, freundlich, quarzhaltiger Boden kommt durch, elegante Frucht, auch florale Anklänge; präsentiert sich auch auf dem Gaumen feinmaschig, ausgewogen, Frucht und zarte Würze innig verwoben, im Abgang und im Nachhall Johannisbeeren und Grapefruits.

★★★ K €€€€ CH
2020 Ried Saffran Chardonnay + Zarter Holzeinsatz, Anklänge von reifen und gedörrten Birnen, ein Hauch Malz; diese Aromen kommen auch im Geschmack, lebhaft, ausgewogen, im Nachhall ganz dezente Holz- und Bodentöne.

★★★★ K €€€€€ SB
2020 GSTK Ried Pössnitzberg Sauvignon Blanc + Feingliedrig, würzig, Senfsaat, bodenstämmige Noten; schließt aromatisch und strukturell nahtlos an, feine gelbe Frucht kommt dazu, feinmaschig und zugänglich, im Abgang und im langen Nachhall wieder kalkiger Opokboden, führt die feine Klinge.

★★★★ K €€€€€ CH
2020 GSTK Ried Pössnitzberg Chardonnay + Kalkig-kreidig, Holz nur angedeutet, subtile Frucht; im Geschmack ist die Frucht präsenter, wiederum kalkiger Boden, gut eingebundene Säure, kompakt, Feuerstein klingt lange nach und bestimmt das Geschmacksbild, beste Perspektiven.

★★★★ K €€€€€€ CH
2020 GSTK Ried Pössnitzberg Alte Reben Chardonnay + Sensorisch praktisch kein Holz, Lage kommt durch, fast steinige Anmutung, druckvoll und kompakt; Zug, feiner Schmelz, freundliche Frucht, dunkel getönt, ausgewogen, im Abgang und im langen Nachhall feine Gewürznoten vom Holz.

★★★★ K €€€€€€ SB TIPP
2020 GSTK Ried Pössnitzberg Alte Reben Sauvignon Blanc + Druckvoll, dunkle Würze, ausgeprägt kalkig, vielschichtig; aromatisches Dacapo, Kraft, fast monolithisch, kein Gramm Fett, große Länge, geprägt vom kalkhaltigen Opokboden, welcher lange nachklingt, Reserven.

★★★★ K €€€€€€ SB TIPP
2020 GSTK Ried Pössnitzberger Kapelle Sauvignon Blanc + Gediegen, ruhig strömend, feine Gewürznoten, Prise getrocknete Kräuter, kalkig-kreidige Bodentöne, tief im Glas zarteste Anklänge von Dörrobst à la Feigen; saftig, Zug, null Fett, Tiefgang, präzise Struktur, vom kalkhaltigen Opokboden geprägt, braucht noch viel Zeit.

★★★★ K €€€€€€ CH TIPP
2020 GSTK Ried Pössnitzberger Kapelle Chardonnay + Fast steinig, karger Boden zu erkennen, elegante Gewürznoten, weitestgehender Verzicht auf Primärfrucht, kündigt straffen Wein an; der Gaumen hält, was die Nase verspricht, Zug, sehnig-kraftvoll, Gewürze, voller Leben, völlig frei von Üppigkeit, wird hinten eng, neben den Bodentönen und den Gewürznoten auch ein Hauch Orangenzesten und Kumquats im langen Nachhall, großes Potenzial.

Bischöflicher Weinkeller
Schloss Seggau

Ursula Lechenauer
8430 Leibnitz, Seggauberg 1
Tel. +43 3452 82435-0
schloss@seggau.com, www.seggau.com
8 Hektar

Der Weinbaubetrieb von Schloss Seggau wird von der Landwirtschaftlichen Fachschule für Obst- und Weinbau Silberberg bewirtschaftet, von der Pflege der Rebanlagen bis zur Vinifizierung der Trauben. Im Bischöflichen Weinkeller hat Ursula Lechenauer das Sagen, sie ist organisatorisch für alles verantwortlich, was mit Wein zu tun hat. Die Partnerschaft mit Silberberg liegt schon aus rein geografischen Gründen nahe, man kann vom Schlossareal direkt auf das Landesweingut hinuntersehen. Der erste Wein aus dieser Zusammenarbeit wurde im Spätherbst 2020 präsentiert. Die Etiketten wurden von der steirischen Künstlerin Renate Krammer entworfen.

Schloss Seggau verfügt über ausgezeichnete Rieden im Sausal. Die Böden aus kristallinem Verwitterungsgestein prägen den Weinen ihren unverkennbaren Stempel auf. Die hoch gelegene und steile Ried Einöd zum Beispiel war schon zur Zeit der Römer sehr geschätzt. Der karge Boden aus schwarzem Schiefer, durchsetzt mit Quarzsteinen, begünstigt in Verbindung mit hoher Sonneneinstrahlung feine und zugängliche Weine.

Die Weine der aktuellen Serie sind überwiegend filigran. Der Sauvignon Blanc von der Ried Einöd tanzt mit seiner wuchtigen Struktur jedoch etwas aus der Reihe. Eine große Überraschung in positivem Sinn ist der Traminer von der Ried Kainberg, der mit Eleganz, Feingliedrigkeit und Trinkfluss überzeugt. Gewissermaßen ein weiterer steirischer Kraftlackel ist die Beerenauslese vom Welschriesling.

Das Schloss selbst hat sich einen guten Namen für Kongresse, Seminare und Hochzeiten gemacht. Ein eigenes Hotel gehört dazu. Das weitläufige Gelände schließt im Norden mit dem über 300 Jahre alten Bischöflichen Weinkeller ab, der zu den ältesten und größten in Europa zählt. *ww*

SÜDSTEIERMARK DAC

★★ S €€ WR FUN
2022 Welschriesling + Kompakt, reife Äpfel; saftig, apfelfruchtig, zugängliche Säure, guter Körper, sorten- und herkunftstypisch.

★★ S €€ PB
2022 Weißburgunder + (Noch) ein wenig verhalten, ganz zarte Frucht, nussige Anklänge; zeigt im Geschmack mehr Frucht à la Äpfel, leichtfüßig, fein gehalten.

★★★ S €€€ SB
2021 Sauvignon Blanc + Grünblättrige Würze, Anklänge von gerade reif gewordenen Cassisbeeren, Hauch Stachelbeeren; saftig, unplakativ sortentypisch, mittleres Gewicht, zugängliche Säure, freundliche Frucht und zarte Würze im Abgang.

★★★ S €€€ RI
2021 Riesling Kitzeck-Sausal + Klares, gelassenes Sortenbukett, Pfirsiche mit einem Hauch grüner Äpfel; viel Frucht auch auf dem Gaumen, primär weißes Steinobst, hinten Kläräpfel, belebendes Säurespiel, mittlere Länge, vom kristallinen Boden geprägt.

★★★ K €€€€ SB
2021 Sauvignon Blanc Ried Einöd + Frische und getrocknete Kräuter, winziger Hauch Krenblätter, etwas grüne Äpfel, Grapefruits angedeutet; vielschichtige Aromatik, für diese Herkunft ungewöhnlich dicht, Schmelz, Powerwein.

★★★ K €€€€ PG TIPP
2021 Grauburgunder Ried Einöd + Unaufdringlich sortenaffin, Müsliriegel, knackige rotbackige Birnen, frisch; schließt nahtlos an, Zug, ausgesprochen leichtfüßig und trinkanimierend, kristalliner Untergrund kommt zur Geltung.

★★★★ K €€€ TR TIPP
2021 Traminer Ried Kainberg + Elegante Tramineraromatik, frische Litschi, Anklänge von Zitrusfrüchten und Melonen, tief im Glas floral à la Buschrosen; aromatisches Dacapo, alles fein verwoben, feines Säurerückgrat, Spiel und super Trinkfluss, glockenklar.

STEIERMARK

★★★ S €€€ WR
2020 Welschriesling Beerenauslese + Mächtig, zunächst geballte Kräuterwürze, dann Trockenfrüchte à la Feigen und Orangenzesten; schließt aromatisch und strukturell an, wobei die Frucht auf dem Gaumen deutlicher kommt, massiv, kraftvoll, moderate Süße, langer Nachhall.

★★★ S €€ GS
2022 Steirischer Mischsatz + Feines, fruchtbetontes Bukett, Marillen, Birnen, gelbe Äpfel, winzige Prise Kräuter; vielschichtige Fruchtaromen, ausgewogen, zugänglich, mittleres Gewicht, freundliche Frucht klingt nach.

♛♛♛

Weingut **Schmölzer**

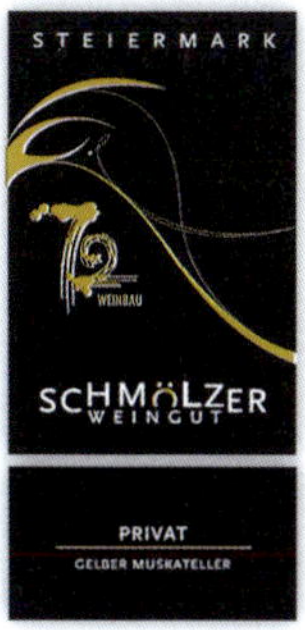

Gustav & Nicol Schneeberger LBG
8444 St. Andrä-Höch, Sausal 72
Tel. +43 3185 8247, Fax -18
info@weingut-schmoelzer.at, www.weingut-schmoelzer.at
20 Hektar, W/R 90/10

„Wir arbeiten stetig daran, besser zu werden", erklärt Gustav Schneeberger die nach oben zeigende Formkurve seines Weingutes. Er ist ein Tüftler mit einem ausgesprochen umfangreichen Portfolio. Die Basis in Weiß nennt sich „classic", darüber sind die Lagenweine angesiedelt, die Spitze bildet die Linie „Privat". Rotweine, süße Prädikate und Schaumweine runden das Angebot ab. Ausgebaut werden die Weine im Stahltank, im großen Holzfass, teilweise auch in Barriques. Aufgefallen ist uns der Betrieb vor einigen Jahren durch charakterstarke Muskateller, aber auch durch eine breite Palette an Sauvignon Blanc und eigenständige Weine aus der Burgunderfamilie, wobei der im Holz ausgebaute Chardonnay „Emma" herausragt, und das seit seiner Einführung.

Die Reben wurzeln in überwiegend kalkfreiem, kristallinem Untergrund. Dank dieser kargen Böden können die Muskateller-Trauben sehr lange an den Stöcken hängen. Die Ried Gaisriegl ist vergleichsweise hoch gelegen und sehr steil, der Boden besteht hauptsächlich aus rotem Schiefer. Von dieser Lage gibt es in sehr guten Jahren auch einen Riesling aus der Magnum, leider nur in mehr als überschaubarer Quantität.

In der heuer vorgestellten Serie sind die kristallinen Böden klar zu erkennen. Sie verleihen den kraftvollen Grauburgundern eine ungewohnte Präzision, dem Riesling eine deutsch anmutende Note, im Abgang ist der Schiefer unübersehbar. Als Primus präsentiert sich „Emma III", ein spannender Chardonnay mit gekonntem Holzeinsatz und Bodentönen im langen Nachhall. *ww*

SÜDSTEIERMARK DAC

★★★ S €€ GM
2022 Gelber Muskateller classic + Unverkennbar, Grapefruits, Grapefruitzesten, Holunderblüten, Kräuter; zeigt diese Aromen auch im Geschmack, gute Substanz, unaufdringlich, angenehme Säure.

★★★ S €€ SB **PLV**
2022 Sauvignon Blanc classic + Klassische Prägung, springt als Sorte aus dem Glas, grünblättrige Würze, Hauch Paprika, Stachelbeeren, Ribisel; aromatisches Dacapo, Frucht im Vordergrund, Schmelz, sympathisch, gute Länge, klassische Sortenaromen im Nachhall.

★★★★ S €€€€€€ RI **TIPP**
2021 Rheinriesling Ried Gaisriegl + (1,5 l) Steinig, karger Boden kommt durch, feingliedrig florale Noten, Pfirsiche, Prise Zitrus; bringt diese Aromen auch im Geschmack, erinnert an hochwertige Rieslinge aus Deutschland, sanfter Druck, lang, Schieferboden zu erkennen.

★★★ S €€€ GM
2022 Gelber Muskateller Ried Gaisriegl + Ernsthaft, getrocknete Holunderblüten, Kräuter, Anklänge von rosa Grapefruits und deren Schalen; stoffig, Aromen vom Bukett kommen wieder, ausgewogen, Schmelz, feinkörnige Säure, kristalliner Boden kommt durch.

★★★ S €€€ GM
2022 Gelber Muskateller Ried Grillbauer + Feingliedrig, Minze, floral, Grapefruits, Zitronenzesten; schließt aromatisch und strukturell nahtlos an, feine Klinge, präzise, ungewöhnlich eleganter Muskateller.

★★★★ S €€€€€€ SB
2021 Sauvignon Blanc Ried Gaisriegl Reserve + Dicht, zeugt von reifem Lesegut, Gewürze, exotisch à la Ananas; Gaumen hält, was die Nase verspricht, zarte Holzaromen, präzise, kristalliner Boden, ausgewogen, angenehme Säure, im langen Nachhall sanfte Frucht, Würze und leise Bodentöne.

★★★★ S €€€€ SB **TIPP**
2019 Sauvignon Blanc Privat + Hochgradig elegant und eigenständig, Kräuter, Gewürze, Anklänge von Kumquats und Zimt; aromatisches Dacapo, freundlich, Power, Fruchtschmelz, große Länge.

★★★★ S €€€€€ PG
2021 Grauburgunder Ried Gaisriegl Reserve + Sympathische Holznote, Heublumen, Walnüsse, winzige Prise Kletzen und Birnen; präsentiert sich auch auf dem Gaumen so, null Fett, Säurenetz, kristalliner Boden prägt, im langen Nachhall Gewürze, ein wenig Zitrus und Bodentöne.

★★★★★ S €€€€€ CH **TOP**
2021 Emma III + (CH) Feines Sortenbukett, nobler Holzeinsatz, Birnen, Gewürze, Vanille, nussige Akzente, ein Hauch Haselnusscreme und Kumquats; schließt aromatisch nahtlos an, feines Säurespiel, spannend, sympathische Prise Gerbstoffe, Boden, im langen Nachhall Gewürze.

Landesweingut **Silberberg**

8430 Leibnitz, Silberberg 1
Tel. +43 3452 82339 45
weinkeller.lfssilberberg@stmk.gv.at, www.silberberg.at
28 Hektar, W/R 95/5

Silberberg ist Landesweingut und Kaderschmiede für den Winzernachwuchs zugleich. Die Verantwortung für den Wein trägt das Team aus dem Önologen Karl Menhart, Kellermeister und Verwalter Klaus Fischer, Kellermeister Josef Auer und Weinbaumanager Gernot Lorenz. Im Keller und in den Weingärten wird am Puls der Zeit gearbeitet. Der Ausbau von Wein in alternativen Gebinden gehört ebenso dazu wie die Maischegärung, und auf kleinen Flächen wurden die pilzwiderstandsfähigen Rebsorten Muscaris, Souvignier Gris und Cabernet Jura ausgepflanzt. Aktuell läuft ein internationales Projekt namens Life Vine Adapt zur Adaptierung des Weinbaus im Klimawandel und zur Nachhaltigkeit.
Silberberg verfügt über ein beachtliches Portfolio an Rieden mit unterschiedlichsten Bodenbeschaffenheiten – von reinen Sedimentböden bis zu Schiefer. Entsprechend abwechslungsreich ist das sensorische Profil der Weine. Ausschließlich biologisch bewirtschaftet werden die Weingärten am Schlossberg in Leutschach.
In allen heuer verkosteten Weinen ist der jeweilige Bodentyp zu erkennen. Die weißen Burgundersorten beweisen, dass sich diese Varietäten auch auf kristallinen Böden wohlfühlen. Besonders hervorzuheben ist der Weißburgunder Steinriegl-Seminar aus mehr als 40 Jahre alten Reben, der 18 Monate in kleinen Fässern bis 500 Liter auf der Vollhefe lag. Gewissermaßen zeitlos präsentiert sich der 2018er Sauvignon Blanc B.O.S., der mit Luft merklich zulegt. Als ungewöhnlich ist der Welschriesling Schiefer-Terrassen anzusehen. *ww*

SÜDSTEIERMARK DAC

★★★ S €€ GM
2021 Gelber Muskateller Kitzeck-Sausal + Kompakt, kräftig, getrocknete Holunderblüten, Gartenkräuter, Limettenblätter, Zitrus; schließt aromatisch nahtlos an, bemerkenswerte Substanz, wie aus einem Guss, angenehme Säure, präzise, Grapefruits klingen nach.

★★★ S €€€ RI FUN
2021 Riesling Kitzeck-Sausal + Fröhlich, sortentypisch, Weingartenpfirsiche; saftig, trinkanimierend, viel klare Frucht, Säurespiel, kristalliner Boden kommt durch, mittleres Gewicht.

★★★ G €€€€ SB
2021 Sauvignon Blanc Ried Steinbruch + Steinig, kühl, zarte Gewürzaromen à la Fenchelsaat und Senfkörner, Prise getrocknete Kräuter; diese Aromen kommen auch im Geschmack, dazu etwas gelbe Äpfel, kristalliner Boden im Finish, Hauch Cassislaub im Nachhall.

★★★★ K €€€€ SB
2020 Sauvignon Blanc Ried Meletin + Dicht, kalkig, getrocknete Kräuter, Anklänge von Orangenzesten und Cassis, ruhig; kraftvoll, Schmelz, Frucht präsenter als im Bukett, zugängliche Säure, lang, kalkiger Opokboden im Nachhall.

★★★★ K €€€€ SB TIPP
2018 Sauvignon B.O.S. Ried Trebien + Elegante Würze, Druck, Prise Minze und Brennnesseln, salzig; aromatisches Dacapo, feingliedrig, Tiefgang, zartes Säurespiel, vom Schieferboden geprägt, gute Länge, feine Würzenoten klingen lange nach. Wird mit Luft immer besser.

★★★ S €€€ PG
2021 Grauburgunder Leutschach + Sorte klar, frisches Kletzenbrot, Birnen, winzige Prise Malz; zeigt diese Aromen auch auf dem Gaumen, lebhaft, Zug, gute Länge, in keiner Phase schwerfällig.

★★★ S €€€ PB PLV
2021 Weißburgunder Ried Annaberg + Auf feine Art sortentypisch, helle Frucht, Prise Haselnüsse, Schieferboden zu erkennen; feingliedrig, zartes Säurerückgrat, verspielt, knackige Marillen, präzise Struktur, lang.

★★★★ K €€€€€ PB TIPP
2021 Steinriegl-Seminar Weißburgunder + Druckvoll, monolithisch, Birnen, Pfirsiche, grüne Oliven, floral, salzig, zarteste Gewürznoten, Orangen angedeutet; diese vielschichtige Aromatik kommt auch im Geschmack, lebendig, präzise, null Fett, Gewürze, Kumquats und Bodentöne klingen lange nach.

★★★★ K €€€€ CH
2020 Chardonnay Ried Trebien + Kompakt, feine Würze, Birnen, Anklänge von Dörrobst und Orangen; aromatisches Dacapo, lebhaft, sanfter Schmelz, druckvoll ohne Üppigkeit, saftig, Tiefgang, Schieferboden zu erkennen.

STEIRERLAND

★★★ K €€€ WR
2021 Welschriesling Schiefer-Terrassen + Sanfter Druck, reife gelbe Äpfel, Anklänge von roten Zitrusfrüchten; Fruchtschmelz, Substanz, frisch, präzise, Schieferboden prägt, ungewöhnlich.

Weingut
SKOFF ORIGINAL – Walter Skoff

Walter Skoff
8462 Gamlitz, Eckberg 16
Tel. +43 3453 4243, Fax -17
office@skofforiginal.com, www.skofforiginal.com
60 Hektar, W/R 95/5

Das Portfolio von Walter Skoff ist ausgesprochen umfangreich. Vor wenigen Jahren hat er eine Biolinie etabliert, aus rechtlichen Gründen müssen diese Weine strikt getrennt produziert werden, und sie haben eigene Etiketten. Die Flaschenausstattung und die Kartons entsprechen den Kriterien der Nachhaltigkeit.

Die konventionelle Produktlinie ist klar nach der DAC-Herkunftspyramide gegliedert: Die Basis bilden die Gebietsweine „Südsteiermark". Darüber findet sich ein umfassendes Angebot an Ortsweinen, wobei jeder für sich die jeweilige Bodenzusammensetzung widerspiegelt; im Jahrgang 2022 treten die Bodenunterschiede sensorisch besonders deutlich zutage. Die Spitze bilden zahlreiche Riedenweine von unterschiedlichen Böden. Extrem kalkhaltiger Untergrund ist ebenso vertreten wie völlig kalkfreier Schotter, Konglomerat oder sandiger Opok. Eine gewisse Sonderstellung genießt der „Royal", den es als Sauvignon Blanc und als Chardonnay gibt, jeweils als Positivselektion aus renommierten Lagen. Zum Teil kommen die Weine nun später in den Verkauf, die Nachfolger von bereits im letzten Jahr vorgestellten Proben liegen noch in den Fässern.

Die heuer verkosteten Weine sind sorten- und herkunftstypisch, keiner ist üppig oder langweilig, auch in den einfacheren Basisweinen ist eine Spannung zu spüren. Die Lagencharakteristika sind in den Riedenweinen klar abgebildet. Die beiden Weine aus der Linie Royal weisen wesentlich weniger Holz auf, als es in der Vergangenheit üblich war. Der bereits vorgestellte Sauvignon Blanc Royal aus dem Jahr 2020 hat merklich zugelegt, ebenso der letztes Jahr mit dem Prädikat „TOP" geadelte Sauvignon Blanc Ried Obegg gleichen Alters. *ww*

SÜDSTEIERMARK DAC

★★ S €€€ GM
2022 Gelber Muskateller + Fröhlich, unverkennbar, Holunderblüten, helles Steinobst, Hauch Grapefruitzesten; diese Aromen kommen auch im Geschmack, unaufdringlich, einladend, feinkörnige Säure, im Abgang und im Nachhall Holunderblüten, Frucht und eine Prise Kräuter.

★★ S €€€ GM
2022 Gelber Muskateller Eichberg + Sanfter Druck, Holunderblüten, Prise Gartenkräuter; dazu kommt auf dem Gaumen helles Steinobst à la Marillen und Nektarinen, gute Substanz, zarte Säure, im Abgang dominiert Steinobst, Holunderblüten unterlegt.

★★★ S €€€ GM
2021 Gelber Muskateller Ried Hohenegg + Ausgesprochen eigenständig, dezent, frische Kräuter, frische Lindenblüten und Margeriten, sanfter Druck; schließt aromatisch und charakterlich nahtlos an, glockenklar, druckvoll, ausgewogen, Margeriten im Nachhall, nobel und trinkanimierend.

★★ S €€ PB
2022 Weißburgunder Südsteiermark + Feingliedrig, dezent nach Birnen, florale Anklänge, auch frische Haselnüsse; saftig, angenehme Säure, Birnen und Haselnüsse, mittlere Länge, sorten- und herkunftstypisch.

★★★ S €€ CH PLV
2022 Morillon Südsteiermark + Ungewöhnlich zart und fein gewoben, Haselnüsse, Anklänge von Pfirsichen und Marillen; präsentiert sich auch auf dem Gaumen so, für diese Liga erstaunlich fein, zartes Säurespiel, Frucht und nussige Akzente, in keiner Phase laut, bemerkenswert.

★★★ S €€€ SB
2022 Sauvignon Blanc Südsteiermark + Fruchtbetont, grünfruchtige Elemente ebenso wie saftige Birnen, Anklänge von schwarzen Johannisbeeren und Cassislaub; schließt aromatisch nahtlos an, angenehme Säure, passende Substanz, frisch, herkunftstypisch.

★★★ S €€€ SB
2021 Sauvignon Blanc Gamlitz + Fein, Stachelbeeren, ein Hauch gerade reif gewordene Maracuja, Prise Kräuter; feine Textur, Frucht dominiert, zartes Säurespiel, Trinkfluss, im Abgang und im Nachhall auch Grapefruits, selbsterklärend.

★★★ S €€€ SB
2021 Sauvignon Blanc Eichberg + Einladend, stimmige Melange aus exotisch angehauchter Frucht und Sortenwürze, tief im Glas frische Holunderblüten; leichtfüßig, feine Pikanz, ganz leise Bodentöne, zartes Säurerückgrat, animierend.

★★★ S €€€ SB
2021 Sauvignon Blanc Ehrenhausen + Sanfter Druck, kalkig-kreidig, Anklänge von Kaiserbirnen und Passionsfrucht, kleine Prise Würze; kompakt, klare Konturen, Substanz, Frucht mit kalkigen Bodentönen unterlegt, feines Säurespiel, sympathische Gerbstoffe im Finish.

★★★ S €€€ SB
2020 Sauvignon Blanc Ried Grassnitzberg + Kalkig, druckvoll, kühl, unverkennbare Sortenwürze, bisschen Paprika, hauchzarte Frucht; lebhaft ohne Aggressivität, kalkiger Untergrund zu erkennen, sehnig, kühl, Lage klar definiert.

★★★ S €€€€ SB
2021 Sauvignon Blanc Ried Hochsulz + Frisch, transparent, glockenklar, vielschichtig, grüner Spargel, Holunderblüten, Kräuter, winzige Prise frische Haselnüsse; schließt aromatisch nahtlos an, zusätzlich gelbe Stachelbeeren, Prise Cassislaub, feine Struktur, gute Länge, Bodentöne im Nachhall.

★★★★ S €€€€ SB
2020 Sauvignon Blanc Ried Kranachberg + Steinig, Boden kommt durch, Kräuter, tief im Glas frisch gemörserte Senfkörner und Einlegegewürze; schließt aromatisch an, Zug, nie langweilig, vielschichtig, angenehme Säure, gute Länge, Kräuter und grünvegetabilische Noten im Abgang, klassische Prägung auf hohem Niveau.

★★★★ K €€€€ SB TIPP
2020 Sauvignon Blanc Ried Oberkranachberg + Elegant, Wiesenblumen, zart grünfruchtig, Kräuter, Würze, Paprika und frische Pfefferoni angedeutet, mit Luft reife Birnen; aromatisches Dacapo, noble Struktur, nie vorlaut, sanfter Fruchtschmelz, gute Länge, kühler Touch, Finesse vor Wucht.

★★★★★ S €€€€ SB TOP
2020 Sauvignon Blanc Ried Obegg + Vielschichtige Gewürzaromatik, ungemein kalkig, ruhig, gelassen, kündet Kraft an, Dörrobst zu erahnen; viele Facetten auch im Geschmack, von Gewürzen über Anklänge von getrockneten Kräutern bis zu Bodentönen, sympathische und strukturgebende Gerbstoffe, in sich ruhend, Holz völlig unauffällig und perfekt integriert, beste Perspektiven.

★★★ S €€€ PB
2021 Weißburgunder Ried Grassnitzberg + Feingliedrig, Äpfel, knackige Pfirsiche, ganz leise Bodentöne; fruchtbetont, winziger Hauch Kräuterwürze, kühl, führt die feine Klinge bei mittlerer Länge.

★★★ S €€€ CH
2021 Morillon Ried Grassnitzberg + Präzise, dezent rauchig, tabakartige Würze, nussige Akzente, tief im Glas Weingartenpfirsiche; klare Struktur, die Aromen vom Duft kommen wieder, im Abgang und im Nachhall auch kreidig-kalkig, angenehme Säure, bar jeder Üppigkeit.

★★★ S €€€ PG
2022 Grauburgunder Ried Kranach + Spontan einnehmend, reife rote Birnen, ein Hauch Kletzen, Karamell und Haselnüsse, sanfter Druck; lebendig dank feinkörniger Säure, Birnen, Dörrbirnen, zarte Würze, gute Länge, hauchzarte Gerbstoffe im Finish sorgen für Konturen.

★★★★ K €€€€€ CH TIPP
2021 Chardonnay Royal + Dezente Sortenaromatik, kündet Kraft an, nussige Akzente ebenso wie florale Aromen, winzige Prise Kletzen, leise Bodentöne, kompakt; fokussiert, sehnig und kraftvoll, Holz gefühlvoll eingesetzt, feiner Schmelz, im langen Abgang und im Nachhall hauchzarte Eichenaromen und bodenstämmige Würze.

★★ S €€€ SB
2022 BIO Sauvignon Blanc + Unaufdringlich, grüner Spargel, Prise Kräuter und Zuckererbsen; saftig, zugänglich, Aromen vom Bukett finden sich wieder, hinten auch Pistazien, hauchzarte Gerbstoffe geben Struktur, mittlere Länge, bekömmlich.

STEIERMARK

★★★★ K €€€€ GM TIPP
2021 Gelber Muskateller Reserve + Angenehme Zurückhaltung, Sorte unverkennbar, ernsthaft, leise Bodentöne, Kräuter, florale Noten, tief im Glas gelbfruchtig; saftig, druckvoll, Schmelz, kompakt, klar strukturiert, im Abgang reife Grapefruits, eigenständig, Potenzial, bemerkenswert.

★★★★ K €€€€€ SB TIPP
2020 Sauvignon Blanc Royal + Ruhig, Fenchelsaat und Anis, Hauch heller Tabak, tief im Glas florale Noten, vielschichtig und ausgewogen; schließt mit diesem Aromenbogen nahtlos an, kraftvoll ohne jegliche Schwerfälligkeit, im Finish und im Nachhall merklich vom kalkhaltigen Boden geprägt, Grapefruits, Holz untergeordnet, sympathische Prise Tannin, erst am Anfang einer vielversprechenden Entwicklung.

★★★★ S €€€€ SB TIPP
2021 Sauvignon Blanc Trockenbeerenauslese + Glockenklar, getrocknete Marillen, hochreife Kiwis, Maracuja, tief im Glas Blutorangen und Orangenzesten, verlockende Süße; dicht, fast öliger Schmelz, Dörrfrüchte, saftige Marillen, auch ganz reife Mangos, mächtig, perfekt integrierte und in keiner Phase aggressive Säure gibt Struktur und Leben, große Länge, fruchtbetonter Nachhall.

Domäne Kranachberg
Peter Skoff

Peter Skoff
8462 Gamlitz, Kranachberg 50 – Sauvignonweg
Tel. +43 3454 6104
weingut@peter-skoff.at, www.peter-skoff.at

35 Hektar, W/R 98/2, 100.000–150.000 Flaschen/Jahr

Die Anfänge der Domäne Kranachberg gehen auf das Jahr 1833 zurück. Die Weingärten sind steil, vergleichsweise hoch gelegen und erfordern viel Handarbeit. Im Zuge der kürzlich erfolgten Riedenabgrenzung wurden historische oder geografische Zusatzbezeichnungen aufgenommen, um das Riedenprofil zu schärfen. Einen hervorragenden Ruf genießt der Kranachberg, der wegen der Erfolge beim Concours Mondial du Sauvignon gleichsam als Weltmeister-Weinberg gilt. Auf alte Reben wird großer Wert gelegt. Die Familie ist dazu übergegangen, die Riedenweine später als bisher in den Verkauf zu geben. Man möchte interessierten Kunden eine große Jahrgangstiefe anbieten können, insbesondere ab Hof. „In der jüngsten Vergangenheit hatten wir eine bemerkenswerte Folge großartiger Jahrgänge. Das hilft uns in dieser Hinsicht sehr", erklärt Peter Skoff jun.
Die aktuelle Serie präsentiert sich abwechslungsreich und herkunftstypisch. Jeder der vielen Sauvignons hat seine Berechtigung und sein eigenes aromatisches Profil – vom einladend freundlichen Gebietswein bis zum noblen und druckvollen Ried Kranachberg Rottriegl. Die Herkunft ist sensorisch nachvollziehbar herausgearbeitet. Präzise, noch recht jung und mit wohldosiertem Holz präsentiert sich die Reserve vom Morillon, der Gewürztraminer von der Ried Kranachberg ist völlig frei von Üppigkeit. *ww*

SÜDSTEIERMARK DAC

★★★ S €€ SB
2022 Sauvignon Blanc Klassik + Freundlich, Stachelbeeren, Anklänge von Cassis; schließt aromatisch an, zugänglich, authentisch, im Finish auch grünblättrige Würze.

★★★ S €€€ SB
2022 Sauvignon Blanc Gamlitz Bio + Dezent, Kräuter, leise Bodentöne; im Geschmack frische Frucht, feine Würze, unaufdringliches Säurespiel, mittleres Gewicht.

★★★ S €€ GM — FUN
2022 Gelber Muskateller Gamlitz + Angenehm zurückhaltend, Anklänge von Zitrus, Kräuter, Prise Holunderblüten, tief im Glas exotische Anklänge; saftig, Substanz, feines Säurenetz, ausgewogen, Trinkspaß ohne Oberflächlichkeit.

★★★ S €€€ SB
2022 Sauvignon Blanc Ried Jungfernhang + Einladend, fruchtbetont, reife Stachelbeeren, zarte grünblättrige Würze; schließt aromatisch nahtlos an, Schmelz, angenehme Säure, viel Frucht, sandiger Boden zu erkennen.

★★★ S €€€ SB
2021 Sauvignon Blanc Ried Kranachberg + Eigenständig, spontan ansprechend, rotbeerig ebenso wie dezent würzig, leise Bodentöne; feingliedrig, Aromen vom Bukett kommen wieder, lebendig, nie üppig, gute Länge.

★★★★ S €€€ SB
2021 Sauvignon Blanc Ried Hoch Kranachberg + Elegante Gewürzaromen, dezente Frucht, gelassen; führt auch auf dem Gaumen die feine Klinge, Gewürze, grünblättrige Noten unterlegt, saftige Frucht spielt mit, Balance und gute Länge.

★★★ S €€€ SB
2021 Sauvignon Blanc Finum Ried Kranachkogl + Ausgesprochen feingliedrig, kühler Touch, Sandboden kommt durch, hauchzarte Würze; kühle und sortentypische Frucht präsenter als im Bukett, zartes Säurerückgrat, bemerkenswerter Trinkfluss, klassische Prägung auf hohem Niveau.

★★★★ S €€€€€ SB — TIPP
2019 Sauvignon Blanc Ried Kranachberg Rottriegl + Wertige Anmutung, druckvoll, reife gelbe Frucht, elegante Gewürznoten; aromatisches Dacapo, Kraft, Schmelz, Tiefgang, vielschichtig, rauchige Würzenoten und leise Bodentöne im langen Nachhall, Reserven.

★★★ S €€€ CH
2021 Morillon Steinfass Ried Kranachberg + Präzise Sortenaromatik, gelbe Pflaumen, Birnen, winzige Prise Haselnüsse; saftig, Zug, Schmelz, mittleres Gewicht, Trinkanimo.

★★★★ S €€€€ CH — TIPP
2019 Morillon Ried Kranachberg Rottriegl + Einladend mit vielschichtiger Aromatik, Haselnüsse, Nougat, Gewürze, tief im Glas Orangen, Birnen und ein Hauch Dörrobst; schließt nahtlos an, vielschichtig, große Harmonie, feinfühliger Holzeinsatz, Kraft ohne Üppigkeit, langer Nachhall, noch sehr jung.

★★★★ S €€€€ GT — TIPP
2021 Gewürztraminer Reserve Ried Kranachberg + Als Sorte unverkennbar, Litschi, Rosen, Rosenholz, feine Gewürzaromen; aromatisches Dacapo, zartes Säurenetz, lebendig, null Üppigkeit, Zug, gute Länge, Aromen vom Bukett klingen lange nach.

Weingut
Bernd Stelzl

Bernd Stelzl
8463 Leutschach an der Weinstraße, Schlossberg 119
Tel. +43 3454 340
weingut@berndstelzl.at, www.berndstelzl.at
W/R 95/5

Bernd Stelzl hat bereits als 20-Jähriger – nach einigen Jahren Praxis und Kellerarbeit bei zwei renommierten steirischen STK-Winzern – im Jahre 2006 begonnen, den richtigen Qualitätsstart zu setzen und in den letzten Jahren Beachtliches erreicht. Der wichtigste Weingarten des Betriebes liegt in der Lage Hirritschberg, perfekt nach Südosten ausgerichtet, von kalkhaltigen Opokböden und Mergelschiefer geprägt. Auf den derzeit 3,5 Hektar Rebfläche, die ausschließlich von Bernd Stelzl bewirtschaftet werden, wachsen die besten Sauvignon Blanc und Burgundersorten des Betriebes, die ihre Herkunft nie verleugnen (sollen) und immer vielschichtig, tiefgründig sowie mit sehr gutem Lager- und Reifepotenzial ausgestattet auf den Markt kommen. Als weitere Steigerung gibt es noch das Herzstück dieses speziellen Weinberges, die Einzellage Hirritsch Hube, eine nach Süden ausgerichtete Kessellage, die einfach prädestiniert für einen Chardonnay ist, der bereits seit einigen Jahren eine unverwechselbare und einzigartige Charakteristik aufweist. Mit dem Jahrgang 2022 sind auch bei den „Einstiegsweinen" im klassischen Bereich lupenreine Sortenbeispiele gelungen, die, präzise und mit sehr gutem Trinkfluss ausgestattet, mehr Vorboten der noch in den Kinderschuhen steckenden Riedenweine sind. *gh*

SÜDSTEIERMARK DAC

★★★ S €€ PB
2022 Weißburgunder + Feingliedriger Fruchtmix, Birnenaromen, etwas Quitte, nussige Akzente, blitzsaubere Zitrusfrüchte, elegant und einladend; frisch-saftig-steirisch, Fruchtsüße und zarte Herbe perfekt vereint, fruchtbetontes, animierendes Finish.

★★★ S €€ GM
2022 Gelber Muskateller + Frische pur, feine Muskatprägung, Mandarinenfilet, Holunderblüten, dunkle Zitrusfrüchte, feinfühlig, sortentypisch, wird nie zu laut; ungemein saftig, fruchtbetont, passender, dezenter Gerbstoff, Steinobstnoten im anhaltenden, beschwingten Abgang.

★★★ S €€ SB
2022 Sauvignon blanc + Angenehmer, vegetabiler Beginn, Paprika in allen Variationen, Tomatenrispe, Stachelbeere, elegante Ausprägung; legt auf dem Gaumen weiter zu, druckvoll, wirkt dabei leichtfüßig, exotische Anklänge à la Kiwi, etwas Grapefruit im Nachhall.

★★★★ K €€€€ SB TIPP
2021 Sauvignon blanc Ried Hirritschberg + Hochreifer, sortentypischer Beginn, feinste Fruchtausprägung, Cassis pur, Stachelbeere und Jostabeere, etwas gelber Paprika, wohldosiertes Holz im Hintergrund, macht Lust auf den ersten Schluck; setzt schlüssig auf dem Gaumen fort, druckvoll, Terroir zeigt sich, kalkige Noten, animierende dunkle Zitrusnoten im langen Abgang.

★★★ S €€€ CH
2021 Chardonnay Leutschach + Feine, saftige Birne, zarte Honignote, sofort ansprechend und einladend, passende dunkle Zitrusfrucht; intensiviert sich auf dem Gaumen, Williamsbirne, etwas Grapefruit, kalkige Assoziationen, zeigt Spannung, für die Ortsweinkategorie beachtlich.

★★★★★ K €€€€ WB TOP
2021 Weißer Burgunder Ried Hirritschberg + Elegant und feingliedrig, Lage vor Sorte, dezente Holzdosis im Hintergrund, zarte Kräuterwürze, mit Luft kommen auch fruchtige Akzente, gelbe Birnenaromen; diese Eindrücke verstärken sich auf dem Gaumen, angenehm kalkige Noten, Haselnuss, tiefgründig, zeigt Komplexität, ein Langstreckenläufer kündigt sich an, die Handschrift des Winzers ist erkennbar.

★★★★★ K €€€€€ CH TOP
2021 Chardonnay Ried Hirritsch Hube + Nobel und hochelegant, feinfühliger Holzeinsatz, Wein ist immer im Vordergrund, saftige Fruchtaromen schwingen mit, Anklänge an reife Birne, etwas Haselnuss, getrocknete Kräuter; Mineralität positiv im Vordergrund, kalkig-schiefrige Eindrücke, großer Spannungsbogen, zeigt Tiefgang, setzt sich auf dem Gaumen fest und klingt lange nach, angenehm salzig, braucht nur noch Zeit, großes Potenzial.

STEIERMARK

★★★ S €€ SÄ
2022 Sämling + Dunkle Zitrusfrüchte, Mandarine, Orangenzesten, etwas Pfirsich, frisch, lebendig; saftige Orangenfilets, schwungvoll, animierender, blitzsauberer Sommerwein.

ÖSTERREICH

★★★ D €€ ZW
NV Rosé Frizzante + Zarte Kirschfrucht, rote Waldbeeren, etwas Himbeere und rote Ribisel, feines Mousseux; Frucht prägt auch den Gaumen, Erdbeere, zarte Perlage, großes Trinkvergnügen.

Familienweingut
Trabos

Anita Trabos
8462 Gamlitz, Kranachberg 30
Tel. +43 3454 430, Fax +43 3454 6830
weingut@trabos.at, www.trabos.at

10 Hektar, W/R 90/10, 70.000 Flaschen/Jahr

Beim Weingut Trabos handelt es sich um einen Familienbetrieb in bestem Sinn, eine generationenübergreifende Erfolgsgeschichte sozusagen. Hoch über Gamlitz auf dem Kranachberg gelegen, sind die Weine von den dort gegebenen Bodenverhältnissen geprägt. Die Familie legt großen Wert darauf, die Herkunft in ihren Weinen abzubilden. Die aktuelle Serie zeigt, dass sowohl die Gebietsweine und die Ortsweine diesem Anspruch genügen, insbesondere aber die lagenrein ausgebauten Weine aus der Ried Kranachberg. Sie bilden die Spitze der DAC-Herkunftspyramide. Der sandige Schotterboden sorgt für Trinkanimo, eine gewisse Kühle, feine Struktur und salzige Noten. Feingliedrigkeit und Trinkfluss sind Kennzeichen aller heuer verkosteten Weine, keiner ist üppig, die 2019er zeigen jetzt perfekte Trinkreife. Das Preis-Leistungs-Verhältnis ist ausgesprochen attraktiv.

Die Rotweine präsentieren sich mittelgewichtig mit einem kühlen, gebietstypischen Touch.

In ungezwungener Atmosphäre können die Weine in der angeschlossenen, kinderfreundlichen Buschenschank, die mit einem Gütesiegel geadelt wurde, verkostet werden. *ww*

SÜDSTEIERMARK DAC

★★ S €€ PB
2022 Weißburgunder Klassik + Zart, Sorte klar, Prise Haselnüsse, knackige Pfirsiche, Äpfel; schließt aromatisch nahtlos an, zugänglich, trinkanimierend, fast leichtfüßig und glockenklar.

★★ S €€ GM FUN
2022 Gelber Muskateller Klassik + Einladend, Holunderblüten, rote Zitrusfrüchte à la Mandarinen, Prise Kräuter; schließt aromatisch an, feines CO_2, trinkanimierend, unaufdringlich.

★★★ S €€€ GM
2022 Gelber Muskateller Anna Gamlitz + Ernsthaft, dezent, leise Bodentöne, getrocknete Holunderblüten; Holunder, Anklänge von knackigen Nektarinen, angenehme Säure, Frucht klingt lange nach.

★★ S €€ CH
2021 Morillon Gamlitz + Ruhig strömend, nussig, helles Steinobst und ein Hauch Birnen; saftig, Frucht dominiert, zugängliches und animierendes Säurespiel, mittlere Länge.

★★★ S €€€ SB PLV
2022 Sauvignon Blanc Luis Gamlitz + Zart gehalten, Anklänge von schwarzen Johannisbeeren und Cassislaub, dunkle Stachelbeeren; aromatisches Dacapo, feines Säurespiel, trinkanimierend, mittelgewichtig, schwarze Johannisbeeren klingen lange nach.

★★★★ S €€€ GM TIPP
2021 Gelber Muskateller Ried Kranachberg + Feingliedrig, elegantes Sortenbukett, florale Noten, Hauch Grapefruits, zarte Bodentöne, Holunderblüten, Margeriten; aromatisches Dacapo, elegante Struktur, zartes Säurerückgrat, super Trinkfluss.

★★★ S €€€ PB
2020 Weißburgunder Ried Kranachberg + Sanfter Druck, nussige Akzente, reife Birnen; zarter Fruchtschmelz, Birnen, auch exotische Fruchtaromen, sanft und frisch, gute Substanz.

★★★★ S €€€ CH TIPP
2019 Morillon Ried Kranachberg + Feingliedrig, breiter Aromenbogen, Äpfel, Melonen, leise Bodentöne, Prise Haselnüsse; auch im Geschmack viele Facetten, nie langweilig oder üppig, steiniger Boden zu erkennen, im Finish knackiges Steinobst und etwas Zitrus, eleganter Morillon.

★★★★ S €€€€ SB
2019 Sauvignon Blanc Ried Kranachberg + Gediegen, getrocknete Kräuter, Bodentöne, Anklänge von Tropenfrüchten; Frucht ist im Geschmack präsenter, Schmelz, zarte Würze, einige Kraft, mineralisch-salziges Finale.

STEIERMARK

★★ S €€ ZW
2020 Blauer Zweigelt + Sauerkirschen, betont nach grünen Kräutern; schließt aromatisch an, kühler Touch, unaufdringliche Gerbstoffe, im mittellangen Abgang zarte Gewürzaromen.

★★★ S €€ CR
2020 Josef + (ZW/ME/RÖ) Schwarzkirschen, Prise Pfeffer, feine Gewürzaromen; saftig, zarter Tanningrip, Frucht, Gewürze, belebendes Säurespiel, mittleres Gewicht.

ÖSTERREICH

★★★ K €€€ GM
NV Gelber Muskateller Sekt + Zart, Limettenzesten, Zitronenmelisse, Holunder, Minze; kommt auch auf dem Gaumen so, fein, stimmig, zarter Mousseux, nobler Winzersekt.

Weingut
Tschermonegg

Erwin und Franz-Josef Tschermonegg
8463 Leutschach an der Weinstraße, Glanz 50
Tel. +43 3454 326, Fax -50
weingut@tschermonegg.at, www.tschermonegg.at
33 Hektar

Erwin Tschermonegg und sein Sohn Franz Josef sind ein schlagkräftiges Gespann. Der Junior trägt als Kellermeister bereits viel Verantwortung. Er agiert mit Bedacht und hat neue Ideen eingebracht, die den Weinen zusätzliche Spannung verleihen. Mit dem Jahrgang 2022 ist der junge Mann sehr zufrieden, von den Gebietsweinen bis zu den Riedenweinen. „Vor allem die Burgunder sind sehr reif geworden." Wegen der häufigen, wenngleich kurzen Niederschläge sei die Lese eine Herausforderung gewesen.
Der Familienbetrieb verfügt über hoch gelegene, sandige, nach Westen orientierte und gut durchlüftete Weingärten, wie sie der Rote Muskateller liebt. Deshalb wurden zusätzliche Flächen mit dieser Sorte ausgepflanzt. Im Sinne der Nachhaltigkeit werden die Lagenweine mit hochwertigen Naturkorken verschlossen. *ww*

SÜDSTEIERMARK DAC

★★ S €€ GM
2022 Gelber Muskateller + Dezent, Holunderblüten, Kräuter, Nektarinen, Mandarinen und Äpfel; dieser breite Aromenbogen kommt auch im Geschmack, angenehme Säure, gute Substanz.

★★★ S €€ SB
2022 Sauvignon Blanc + Dezent, einladend, Stachelbeeren, Cassislaub und schwarze Johannisbeeren; schließt mit reifen schwarzen Johannisbeeren an, Schmelz, angenehme Säure, Substanz, ausgewogen, fruchtbetontes Finale, Hauch grünblättrige Würze.

★★★ S €€ PB PLV
2022 Weißburgunder + Leise Töne, knackige Bananen und Birnen, frische Haselnüsse; saftig, fruchtbetont, Aromen vom Bukett kommen wieder, zusätzlich grüner Apfel, angenehme Säure, lebhaft, fast leichtfüßig.

★★★ S €€€ GM
2022 Gelber Muskateller Gamlitz + Sanfter Druck, seriöser Auftritt, getrocknete Holunderblüten, Hauch Muskatblüten, Zitrus blitzt durch; bringt diese Aromen auch im Geschmack, im Finish Grapefruits, gute Substanz, sandiger Boden erkennbar.

★★★ S €€€ SB
2022 Sauvignon Blanc SIEME Gamlitz + Fruchtbetont, Stachelbeeren, Bananen, unaufdringlich; charmante Frucht, auch grünfruchtig à la Galiamelonen, grünblättrige Würze, gute Länge, würziges Finale.

★★★ S €€€ CH
2022 Morillon Leutschach + Sortentypisch, Marillen, Birnen, geriebene Haselnüsse, fein angelegt; bringt diese Aromen auch im Geschmack, zugängliche Säure, Schmelz, balanciert, ernsthaft und einladend.

★★★ S €€€ PG
2022 Grauburgunder Leutschach + Frisch, feingliedrig, knackige rote Birnen, winzige Prise Malz und Marillen; auch auf dem Gaumen so, für diese Varietät ausgesprochen lebendig, gute Länge, im Finish Prise Salz, Birnen im Nachhall.

★★★ S €€€ TR
2022 Traminer Trio Leutschach + (Noch) ein wenig verhalten, mit Luft Anklänge von Rosen und weißfleischigen Früchten; präsentiert sich auf dem Gaumen schon deutlich offener, dezente Sortenaromatik, feingliedrig, angenehmes Säurespiel, abwarten.

★★★★ K €€€€ SB TIPP
2021 Sauvignon Blanc Ried Lubekogel + Feingliedrig, knackige Bananen, gerade reif gewordene Cassisbeeren, Karambole, ganz zart nach Wermut; feine Klinge, elegantes Säurespiel, Frucht und Würze innig verwoben, zugänglich, gute Länge, Feinheit vor Wucht.

★★★★ K €€€€ SB TIPP
2020 Sauvignon Blanc Ried Oberglanzberg + Ernsthaft, gediegen, Fenchelsaat, frisch gemörserte Senfkörner, kühle Frucht; aromatisches Dacapo, in keiner Phase laut, Zug, frei von Üppigkeit, im Abgang und im langen Nachhall auch eine Prise Cassislaub, distinguiert mit Lagerreserven.

★★★ K €€€€ CH
2021 Morillon Ried Oberglanzberg + Nobel, reife gelbe Pflaumen, zarte Würze, tief im Glas Pfirsiche und nussige Anklänge; frisch, Fruchtschmelz, feines Säurespiel, Substanz, in keiner Phase langweilig oder schwerfällig, im Abgang und im Nachhall leise Bodentöne.

STEIERMARK

★★ S €€ CW FUN
2022 Steirerbua + (WR/MT/SB/GM) Duftig, einladend, grüne Äpfel, daneben kräuterwürzig; schließt nahtlos an, frische und klare Frucht, angenehme Säure, Substanz.

★★ S €€€ RM
2022 Roter Muskateller + Zartes Rosa; feingliedrig, rotfruchtig, Pfingstrosen, Hauch Grapefruits; frische Frucht gibt den Ton an, hauchzarte Kräuterwürze und florale Aromen, nie aufdringlich, mittlere Länge.

★★ S €€ SÄ
2022 Sämling 88 + (halbtrocken) Freundlich, rieslinghaft mit Pfirsichen und Nektarinen; präsentiert sich auch auf dem Gaumen so, zusätzlich winzige Prise Kräuter, süffig, macht Spaß.

Weingut
Wohlmuth

Gerhard Wohlmuth
8441 Kitzeck im Sausal, Fresing 24
Tel. +43 3456 2303, Fax +43 3456 2121
wein@wohlmuth.at, www.wohlmuth.at
57 Hektar, W/R 90/10, 300.000 Flaschen/Jahr

Gerhard Wohlmuth und seinem Team ist es offenbar gut gelungen, den Jahrgang 2022 in den Sausaler Rieden umzusetzen, wie schon der Einstieg bei den Gebietsweinen beweist, die sich allesamt durch Reintönigkeit und klares Sortenprofil auszeichnen. Besonders geglückt erscheinen aus dem aktuellen Jahrgang vor allem der taufrische Welschriesling, der ausgewogene und fruchtsüße Weißburgunder sowie der wieder einmal für diese Kategorie eine Messlatte darstellende Sauvignon Blanc.

Unter der vielversprechenden Ortsbezeichnung Kitzeck-Sausal sind dann erst recht einige südsteirische Musterbeispiele zu finden: Allen voran erneut der nuancenreiche und rassige Sauvignon, der die Kitzecker Frische und Kühle perfekt widerspiegelt, aber auch der pointierte wie kraftvolle Grauburgunder überzeugt mit jedem Schluck. Im Prinzip sind jedoch die stets Spannkraft und Temperament verleihenden, steilen Kitzecker Schieferböden in jedem einzelnen Ortswein und erst recht bei den Crus aus den Top-Lagen Gola, Steinriegl, Hochsteinriegl und Edelschuh sensorisch nachzuempfinden.

Damit zu eben diesen Crus, bei denen in den letzten Jahren begreiflicherweise der Fokus einerseits auf die steirische Leitsorte Sauvignon und andererseits auf den im Sausal so prächtig gedeihenden Riesling gelegt worden ist, der dort übrigens schon vor 200 Jahren die wichtigste Rebsorte gewesen ist. Folglich werden diese beiden Rebsorten auch in drei recht unterschiedlichen Versionen präsentiert. Von den Rieslingen genießt der in seiner schlanken, filigranen Bauart ein wenig an deutsche Gewächse erinnernde „Strohbart“ gewissermaßen eine Sonderstellung, während der feinmaschige, komplexe Dr. Wunsch jedes Jahr besser zu gelingen scheint. Aus 2021 behauptet aber der hellfruchtige, von schwebender Eleganz geprägte Edelschuh nach wie vor den ersten Rang. Schwieriger fällt die Wahl beim Sauvignon-Trio, auch weil sich der üblicherweise herausragende Edelschuh noch etwas zurückhaltend und reduktiv gibt, während Steinriegl und Hochsteinriegl aufgrund ihres aromatischen Profils, aber auch in puncto Qualität recht nahe beieinanderliegen. Gegenwärtig gefällt der puristische, mit rotbeerigem Fruchtcharme punktende Hochsteinriegl wohl am besten. Von den „Komplementärsorten“ besticht beispielsweise der überaus fruchttiefe und charmante Gola Weißburgunder 2021 in besonderer Weise und unterstreicht damit, dass sich auch die Burgunderfamilie in den Wohlmuth'schen Monopollagen überaus wohlfühlt. *vs*

SÜDSTEIERMARK DAC

★★ S €€ CW
2022 Steirischer Panther + Zartblumig, lebhaft und spritzig, die Aromasorten blitzen durch, schlank und kühle Frische vermittelnd, reintönig und filigran, idealer sommerlicher Aperitif.

★★ S €€ WR FUN
2022 Welschriesling + Eine blühende Sommerwiese im Duft, Apfelfrucht und Gartenkräuter dahinter, erfrischend und quicklebendig, schlank und pfiffig, viel Biss im Finish.

★★ S €€ GM
2022 Gelber Muskateller + Mandarine und Muskatnuss, belebend und spritzig, sehr apart, schlank und zartgliedrig, ideal für die sommerliche Terrasse.

★★★ S €€ SB PLV
2022 Sauvignon Blanc + Intensiv und unverblümt, Kräuterwürze im Vordergrund, bloß leicht schotige Untertöne, sehr kompakt und komplett, Melisse und roter Paprika, der Schieferanteil verleiht Temperament und Leichtigkeit, guter Biss, für diese Kategorie modellhaft.

★★★ S €€ PB
2022 Weißburgunder + Haselnuss und Brioche im zartgliedrigen, dezenten Bukett, klar strukturiert und straff bei schlanker Textur, hübsche gelbfruchtige Akzente, rund und balanciert.

★★ S €€ CH
2022 Morillon + Lebhafte, blitzsaubere Nase nach Banane und gelber Grapefruit, anregend und agil, reintönig und fruchtbetont bei schlanker Mitte, cremig und einschmeichelnd, schon recht offen.

★★★ S €€€ SB
2022 Kitzeck-Sausal Sauvignon Blanc + Kitzeck pur bereits in der Nase, kühl und zupackend, Eisenkraut und weißer Spargel, mehr Schieferwürze als primäre Frucht, nuancenreich und kompromisslos, wieder ein beispielhafter Ortswein.

★★★ S €€€ RI
2022 Kitzeck-Sausal Riesling + Sehr frischer, lebhafter Auftakt, voll Elan, eher die gelbfruchtigen Aromen betonend, Physalis und Ringlotten, kernig und burschikos, glasklar, bedeutend runder und sanfter als im Vorjahr.

★★★ S €€€ PG TIPP
2022 Kitzeck-Sausal Grauburgunder + Karamell und Zuckerwatte erfreuen die Nase, bald tritt jedoch ein Hauch von Waldhimbeere hinzu, zeigt quasi Pinot-Noir-Affinität, ebenso frisch und klar strukturiert wie eng verwoben, sehr pointiert und individuell übertrifft er sogar den 2021er.

★★★ K €€€ GM
2021 Ried Steinriegl Gelber Muskateller + Recht reduktiv, zarte Anklänge von Zimt und weißer Ribisel, traubig und feingliedrig, straff und herzhaft, Quendel und Salbei am Gaumen, immer noch hefige Untertöne, recht dicht und ausgewogen.

★★★★ S €€€ SB
2021 Sauvignon Blanc Ried Steinriegl + Feuerstein und Limette, ja ein ganzer Caipirinha im feinen Bukett, kühl und geschliffen, viel Temperament, griffig und straff, schönes Volumen, Gartenkräuter und Ribiseln, nahezu stahliger Abgang, sehr herkunftstypisch wie individuell.

★★★★★ K €€€€ SB TOP
2021 Sauvignon Blanc Ried Hochsteinriegl + Zuerst noch eine Spur von Reduktion, dann aber taufrisch und nuanciert, leicht schotige Würze, kraftvoll und vielschichtig, Stachelbeeren und rote Ribiseln am Gaumen, puristisch und elegant, Schieferwürze und hohe Rasse bleiben bis zum langen Abgang erhalten, tolles Equilibre, modellhaft.

★★★★ K €€€€€ SB
2021 Ried Edelschuh Sauvignon Blanc + Anfangs zurückhaltend und eher die Herkunft als die Sorte betonend, öffnet sich langsam, Anklänge von Geißblatt und Bitterorange sowie ein Hauch von roten Schoten, ausgereift und vielfältig, rund, cremig und harmonisch, auch dicht verwoben, Mango und gelber Pfirsich, aber alles nur zart angedeutet, sanft strömend, rauchige Note im langen Abgang.

★★★ K €€€ RI
2021 Ried Steinriegl „Strohbart" Riesling + Hauchzarte, fast schüchterne Nase, geht aber rasch auf, Jasmin und Wassermelone, auch heller Tabak, viel Esprit und kühle Eleganz, der rote Schiefer verleiht viel Spannkraft, schlanke Textur, Stachelbeeren und rote Ribiseln, sozusagen eine bildhübsche Miniatur.

★★★★ K €€€ RI TIPP
2021 Ried Dr. Wunsch Riesling + Vielschichtig und energetisch von Anfang an, dunkle Stachelbeeren und Maulbeeren im weit ausschwingenden Bukett, glasklar und präzise strukturiert, schiefrige Pikanz, engmaschig und feinkörnig, sehr rassig im langen Finale, an der Grenze zur Höchstwertung.

★★★★ K €€€€€ RI TIPP
2021 Ried Edelschuh Riesling+ Reduktiver Start, nach Luftzufuhr geht aber die Post ab, Saturnpfirsich, Limette und Lychee, kühle Aromatik, gebündelt und spannungsgeladen, die edle Würze des Schieferbodens gibt den Ton an, druckvoll, doch stets leichtfüßig, ein exzellenter Riesling, wie er nur aus einer Kitzecker Top-Lage kommen kann.

★★★★ K €€€€€ PB TIPP
2021 Ried Gola Weißburgunder + Verführerisches Bukett nach Zuckermelone und Orange, etwas Haselnuss dahinter, cremig wie harmonisch, bezwingender gelbfruchtiger Charme, gebündelt, doch leichtfüßig, bleibt auch lange haften – aus einem Guss.

Domaine **Wolf**

1010 Wien, Elisabethstraße 20/2
Tel. +43 1 5870 039 11
hallo@domainewolf.com, www.domainewolf.com
50 Hektar, W/R 50/50, 50.000 Flaschen/Jahr

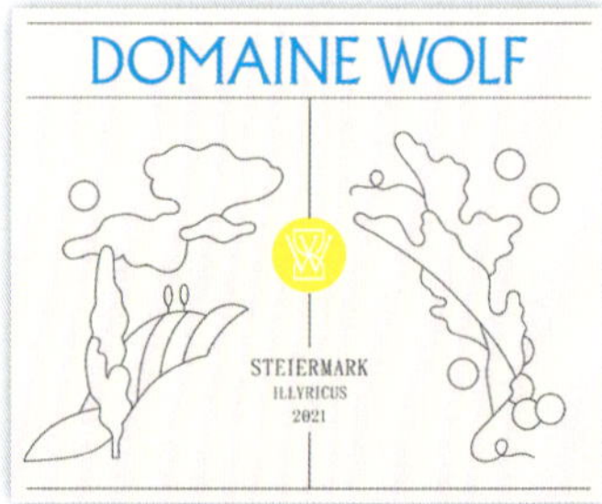

Der gebürtige Steirer Sigi Wolf ist ein Quereinsteiger im Weinbusiness. Nach der Gründung seiner eigenen Domaine erwarb er 2018 Rieden im Mittelburgenland und in der Südsteiermark mit dem Anspruch, jene Qualität zu produzieren, die den höchsten Ansprüchen vinophiler Zeitgenossen auf der ganzen Welt genügt. Zu diesem Zweck hat er zwei höchst anerkannte Weinmacher an Bord geholt. Um die südsteirischen Weingärten kümmert sich Reinhard Muster. Für die Weine aus den Rieden des Mittelburgenlandes ist die Wahl auf Albert Gesellmann gefallen. Der Eigentümer ist überzeugt, dass diese beiden renommierten Winzer aus den Trauben der Domaine Wolf außergewöhnliche Weine keltern.

Als im Jahr 2019 alte Weingärten in Steinbach bei Gamlitz rekultiviert wurden, blieb buchstäblich kein Stein auf dem anderen. Die Lagen in Steinbach genießen seit dem Mittelalter hohes Ansehen; erstmals urkundlich erwähnt wurden sie im Jahr 1196 als „Stainpack Gomeliz". Zwischenzeitlich holte sich der Wald Teile davon zurück; sie wurden im Rahmen der spektakulären Baustelle rekultiviert. In den schon lange bestehenden Weingärten finden sich zum Teil sehr alte Reben, aus denen beispielsweise der Chardonnay Ried Hoch Sernau gekeltert wird. Bis vor Kurzem hieß die Lage Steinbach, sie wurde im Zuge der Lagenerfassung umbenannt. Die Trauben für die Rotweine der Domaine Wolf kommen aus Rieden mit alten Reben, die Sigi Wolf in Deutschkreutz und Raiding erworben hat. Das Portfolio ist gegliedert in Regionsweine, große Klassiker und Reserven.

Gelagert, abgefüllt und verkauft werden die Weine in Gamlitz. Hier wurde der großzügige Hauptsitz der Domaine Wolf errichtet, wo im Endausbau die Trauben von rund 50 Hektar Anbaufläche verarbeitet werden können. Mit der Fertigstellung der zweiten Bauphase im Jahr 2024 wird dieser Standort für die Öffentlichkeit zugänglich sein. Geplant sind Verkostungen mit hochwertigen Produkten aus Österreich in Kombination mit einzigartigen Meeresfrüchten. *ww*

SÜDSTEIERMARK DAC

★★★ G €€€€ SB
2021 Sauvignon Blanc Ried Hoch Sernau + Markanter Sortenduft, Buchsbaum, schwarze Johannisbeeren, Cassislaub, auch grünvegetabilisch; schließt aromatisch nahtlos an, saftig, Substanz, viel grünblättrige Würze und knackige Cassis im mittellangen Abgang.

★★★ G €€€€ PG
2021 Grauburgunder Ried Hoch Sernau + Birnen, Kletzen, Anklänge von Malz und Karamell, tief im Glas kandierte Orangen; frisch, feines Säurespiel, sympathische Prise Gerbstoffe erinnert an Pomelos.

★★★★ G €€€€€€ CH TIPP
2019 Chardonnay Ried Hoch Sernau Reserve + Feingliedriger Mix aus zarter Würze, Aranzini, gelben Pflaumen, Haselnüssen, Kletzen und Malz; aromatisches Dacapo, lebendig, angenehmes Säurespiel, präzise, Zug, nobel mit bemerkenswertem Trinkfluss.

MITTELBURGENLAND DAC

★★★★ K €€€€€€ BF TIPP
2017 Blaufränkisch Reserve Ried Hochberg + Gediegen, ruhig strömend, Weihrauch, Kräuter, Schwarzkirschen, Brombeere, Heidelbeeren; noble Textur, Frucht, feines Gerbstoffnetz, fokussiert, sanftes Säurespiel sorgt für Leben, Prise Gewürze im langen Nachhall, eleganter Blaufränkisch mit besten Perspektiven.

BURGENLAND

★★★ S €€€ CR
2018 Pannonica + (ZW/BF) Interessantes Bukett, Sauerkirschen, Waldbeeren, Kräuter, betont würzig; schließt aromatisch an, unaufdringliche Gerbstoffe, Säurespiel, fest, Zug, klassische Anmutung ohne Holz.

★★★★ K €€€€ BF
2017 Blaufränkisch + Gediegen, kühle Frucht, Kirschen, dunkle Beeren, getrocknete Kräuter, tief im Glas Preiselbeeren; saftige Frucht, Säurespiel, feiner Tanningrip, gefühlvoller Holzeinsatz, bar jeglicher Üppigkeit, gute Länge, wertiges Niveau.

★★★★ K €€€€ ME
2017 Merlot + Warm getönt, Herbes de Provence, dunkle Frucht, getrocknete Tomaten, Wacholderbeeren, schwarze Oliven, salzige Strähne; vielschichtig und ausgewogen auch auf dem Gaumen, reife Gerbstoffe, kraftvoll, unplakative Frucht und Würze im langen Nachhall.

Grosse Reserve
Reserve
Klassik
SEKT g.U.
GENUSS AUF DIE SPITZE GETRIEBEN!
#austrianwine
ÖSTERREICH WEIN

VINOTHEKEN

VOGAU

Vinofaktur Südsteirisches Genussregal Vogau
8461 Vogau, An der Mur 13
Tel. +43 3453 40677-320
www.genussregal.at

GASTRONOMIE/NÄCHTIGUNG

BERGHAUSEN

Steinberghof – Weingut Firmenich
8461 Ehrenhausen, Wielitsch 62
Tel. +43 3453 2435
www.firmenich.at

Aus dem Presshaus haben Dieter und Uli Firmenich ein wahres Schmuckstück gemacht. Die Buschenschankjause ist vom Feinsten, zu den Klassikern zählen Leberparfait, Mangalitzaspeck und Kürbiskernpesto auf hausgemachtem Brot oder der „Freche Sterz“ mit Sauerrahm und Grammeln. Ausgezeichnet ist der hauseigene „STIN – Styrian Gin“.

Magnothek
8461 Berghausen, Zieregg 3
Tel. +43 3453 22122
www.magnothek.at

Berauschender Ausblick von der Terrasse. Die Stube mit den alten Steinwänden wurde mit modernen Holzelementen aufgefrischt. Die Küche zeigt sich bodenständig gut mit Klassikern wie Backhendl und knusprigem Schweinsbauch. Im verglasten Schaukeller sammelte Hausherr und Winzer Manfred Tement seine größten Schätze von der Magnum- bis zur 18-Liter-Flasche.

Winzarei
8461 Berghausen, Zieregg 4–5
Tel. +43 3453 4101
www.winzarei.at

Winzerzimmer als Schmuckstücke. Manfred Tement hat nicht nur eine gute Hand für Wein, sondern auch ein Gespür für stilvolle Inneneinrichtung. Ehemalige Winzerhäuser wurden umgeben von Weingärten und blühenden Wiesen zu zeitgemäßen Zimmern umgebaut. Steinwände, edle Holzböden und Möbel, Design und moderne Kunst verstehen sich miteinander.

EHRENHAUSEN

Loisium Wine & Spa Resort
8461 Ehrenhausen, Am Schlossberg 1a
Tel. +43 3453 28800
www.loisium-suedsteiermark.at

Imposant und futuristisch – so präsentiert sich das Vier-Stern-Superior-Designhotel. Besonders begehrt sind die Weingartenblick-Suiten und das Loisium Wine Spa inklusive ganzjährig beheiztem Außenpool. Gut gehen lässt man es sich auch im 1400 m² großen Wine-Spa-Wellnessbereich. Beeindruckende Lage mit einer Fernsicht über die südsteirischen Hügel bis auf die Koralm. Gut sortierte Vinothek.

Lilli & Jojo – Das kleine Wirtshaus
8461 Ehrenhausen, Sulztal 22
Tel. +43 3453 2310
www.lilliundjojo.at

Der ehemalige Koch des Jahres, Joachim Gradwohl, und Lilli Kollar führen nun das liebevoll dekorierte Juwel. Der Blick von der lauschigen Weinlaube in die steilen Weinlagen ist atemberaubend, ein Erlebnis ist auch die Küche. Im Fokus ist eine gehobene Regionalküche mit biologischen Zutaten und aus artgerechter Zucht. Das Gasthaus ist stimmungsvoll, erst recht die Weingartenblicke. Nur Menüs ab drei Gängen.

Die Weinbank
8461 Ehrenhausen, Hauptstraße 44
Tel. +43 3453 22291
www.dieweinbank.at

Gerhard Fuchs ist ein Erneuerer steirischer Kreativküche. Der Vierhaubenmann hatte aber auch immer ein Herz für die bodenständige Wirtshausküche. Da kommen gefüllte Paprika auf den Tisch, saftiges Reisfleisch oder ein krosses Bratl vom Freilandschwein mit Sauerkraut und Knödel. Sommelier Christian Zach verfügt über einen beachtlichen Weinkeller mit Naturweinen. Die Kritiker der Star Wine List kürten jüngst die Weinkarte zur besten Österreichs. Weit über 4000 Positionen, viel Regionales, Natural Wines – auch internationale, Entdeckungen, Geheimtipps, junge Winzer und große Flaschenformate, Tiefe und Breite. Besonders breites Angebot an Weinen der Winzerfamilie Tement, den Eigentümern der Liegenschaft, oft in gereifter oder eigens gefüllter Form.

FRESING

Wutte
8441 Fresing 34
Mobil +43 664 1822027
www.weingut-wutte.at

Mut zur Moderne. Der Buschenschank zeigt sich markant mit Spitzdach in Grau-Weiß, hoch wie ein Kirchturm. Von vorne wurde die Fassade bis zum Giebel verglast. Sehr gut: Schweinsbrüstl, warme Selchwurst, Kardinalschnitte. Sympathische Wirtspaar.

GABERSDORF

Pures Leben
8424 Gabersdorf, Neudorf an der Mur 105
Tel. +43 3452 74102
www.puresleben.at

Erwachen zwischen Rebstöcken, Frühstück unterm Apfelbaum und Pools mit Weinbergblick in den Häusern. Pures Leben vermittelt dieses Lebensgefühl in südsteirischen Stadln, Weinstöckeln und Winzerhäuser, die zu exklusiven Landhäusern im Designstil umgebaut wurden. Regionale Produkte zum Frühstück. Mehrere Standorte zur Auswahl.

GAMLITZ

Domaines Kilger Jaglhof
8462 Gamlitz, Sernau 25
Tel. +43 3454 6675
www.jaglhof.at

Der 360-Grad-Blick über das südsteirische Weinland ist sensationell, das Anwesen wurde auf Hochglanz gebracht. Aus der Küche kommen Österreich-Klassiker, viele mit Fleisch von eigenen Tieren. Zum Beispiel Roastbeef vom Bison oder Schweinebauch vom hochwertigen Bio-La-Bonca-Hof. Der Weinkeller ist durchaus beachtlich.

Fräulein Leni
8462 Gamlitz, Kranach 3
Tel. +43 3453 20800
www.fraeulein-leni.com

Die Buschenschank Erika in Gamlitz war eine Legende, an ihrer Stelle steht nun ein würdiger Nachfolger: das Hotel Fräulein Leni in bekannter Traumlage in den Weinbergen und großartigem Ausblick. Denise und Michael Pachleitner stehen dahinter, sie bauten das Genussrefugium auf, benannt nach ihrer Tochter Leni. Im Boutiquehotel beginnt man den Tag mit einem Langschläferfrühstück – auf einer Etagere sind viele Genüsse aus der Umgebung versammelt, es gibt auch selbst gemachte Smoothies und Kaffee aus der French Press. Dann geht es zum Yoga, in die Sauna, zur Massage oder in den Infinitypool.

Logis 125
8462 Gamlitz, Grubtal 125
Mobil +43 664 5258532
www.logis125.at

Hannes Sabathis Schwester betreibt dieses feine Boutiquehotel. Der ortstypische langgestreckte Bau wurde außen mit schwarzen Eternit-Tafeln verkleidet, die Innenräume bilden mit weiß gekalkten Platten den freundlichen Kontrast. Neu ist der Hofladen mit Weinen aus der Umgebung und Produkten aus eigener Erzeugung: Fruchtsäfte, Kernöl, Edelbrände, Marmeladen, Knabberkerne, Selbstgebackenes.

Sattlerhof – Hannes Sattler
8462 Gamlitz, Sernau 2
Tel. +43 3453 4454-0
www.sattlerhof.at

Seit einer gefühlten Ewigkeit ein Wohlfühlort. Weingut, Genießerhotel, Wirtshausküche und gehobenes Restaurant unter einem Dach. Tochter Anna Sattler kehrte nach Stationen in Dreisternerestaurants mit ihrem Lebenspartner, dem französischen Spitzensommelier Thomas Ferrand, zurück und übernahm die Führung des Restaurants. Annas Bruder Markus, ebenfalls in der Sternegastronomie aktiv, sorgt in der Küche für zwei Linien: Wirtshausklassiker, aber auch eine regional inspirierte Küche mit internationalem Esprit.
Ausführliche Weinkarte, natürlich große Jahrgangstiefe bei den Weinen des eigenen Weinguts.

Skoff Original Gastlichkeit
8462 Gamlitz, Sernau 25
Tel. +43 3454 6675
www.skofforiginal.com/skoff-original-gastlichkeit

Phänomenaler Blick ins Weinland von der Terrasse. Auf den Tisch kommen Lieblingsgerichte wie Backhendl, Lammrücken aus dem Ofen mit Kräuterkruste und cremiger Polenta oder Waffeln mit Vanilleeis. Auf der Weinkarte ragen natürlich die besten Flaschen von Hausherr Walter Skoff heraus.

Hotel Wurzenberg
8462 Gamlitz, Fötschach 102
Mobil +43 664 1008061
www.wurzenberg.at

Beeindruckende Lage an einem der höchsten Punkte der Südsteiermark. Der moderne, transparente Holzbau lässt Natur und Zimmer nahtlos ineinander übergehen. Das Spektakuläre ist hier das Unspektakuläre: Bienen, Blumenwiesen und Berge mit Weinreben lassen jeden seine Mitte wiederfinden. In schicken Lodges betrachtet man durch große Glasfronten das Weinland, besser als fernsehen. In der Mispellodge 270° ist der Rundumblick – wie der Name schon sagt – besonders umfassend.

GLEINSTÄTTEN

Zur Hube
8443 Gleinstätten/Pistorf, Sausal 51
Tel. +43 3457 3271, Mobil +43 664 9164630
www.zurhube.at

Bei Gingi Peetz-Petz fühlt man sich wie zu Hause. Das romantische Weinstöckl, die Terrasse mit Weinlandblick und Blumenpracht oder die kuschelige Atmosphäre drinnen im Wohnzimmer sind großartig. Die mediterranen Kreationen machen Spaß. Ausgesuchte Weine aus dem Alpe-Adria-Raum. Nur Freitag und Samstag offen.

HEIMSCHUH IM SULMTAL

Gasthaus Koschak Wirt & Weinbauer
8451 Heimschuh, Nestelberg 43
Tel. +43 3456 2401
www.koschak.at

Ein Bilderbuchgasthaus. Gemüse, Kräuter und Hühner kommen aus der eigenen Landwirtschaft. Köstlich sind das Smoked Tatar vom Zebu mit Dirndln oder der Königsberger Kapaun (drei Tage vorher bestellen). Anklänge an Slowenien bietet die süße Topfenpoganze. Hausherr Martin macht die dazu passenden Weine.

Schneeberger
8451 Heimschuh, Pernitschstraße 31
Tel. +43 3452 83934
www.weingut-schneeberger.at

Für die Akzente in der Küche sorgt Margret Reinprecht, die schon seit vielen Jahren mit ihren preisgekrönten veredelten Schinken auf sich aufmerksam macht. Das Fleisch dazu stammt aus eigener Freilandschweinezucht. Am besten, man bestellt quer Beet: Chutneys, Aufstriche, Eingelegtes, geräucherter Fisch, Hirschrohschinken, Ziegenkäse, mariniertes Huhn, Kuchen – frisch gemacht und mit liebevollen Details arrangiert. Die Palette der hauseigenen Weine reicht vom leichtfüßigen Rosé-Sekt bis zu vielschichtigen Lagenweinen.

KAINDORF AN DER SULM

Winzerhaus Kogelberg
8430 Kaindorf an der Sulm, Kogelberg 10–11
Tel. +43 3452 83451
www.kogelberg.at

Hausmannskost oder doch Gourmetküche? Im Winzerhaus trifft beides zu. Denn selbst, wenn sich die Gerichte bodenständig lesen, werden sie mit viel Esprit zubereitet. Ochsenmaul-Salat, Tomaten-Mozzarella-Terrine, Kalbsrahmgulasch, gefüllter Ochsenschwanz mit Rotweinsauce – einfach ein Traum. Dazu passt das romantische Ambiente. Bis nach Slowenien reicht der Blick, sobald man im idyllischen Gastgarten mit Kastanienbaum und Weinlaube angekommen ist.

Hotel-Restaurant Staribacher
8430 Kaindorf an der Sulm, Grottenhof 5
Tel. +43 3452 82550
www.staribacher.at

4-Sterne-Hotel mit großem Wellnessbereich. Das Restaurant bringt die Klassiker wie Backhendl oder Zwiebelrostbraten, versteht sich aber auch auf Gehobenes wie Sous Vide gegarte Scheibe vom Rind mit Rotweinjus, Spargel, Süßkartoffelpüree und Shiitake-Pilzen oder Kernöl-Panna Cotta mit Cassis-Eis.

KITZECK IM SAUSAL

Weinhof Kappel
8442 Kitzeck, Steinriegel 25
Tel. +43 3456 2347
www.weinhof-kappel.at

Seit Generationen macht der „Kappel", was er gut kann – seine Gäste verwöhnen mit guter Regionalküche in zeitgemäßer, verfeinerter Form und eigenem Wein. Monatlich gibt es auch ein Genießermenü mit den Produkten der Saison. Noch mehr als bisher konzentriert man sich auf die besten regionalen Produkte. Zu empfehlen ist eine Übernachtung mit Pool und Relaxen im Wellnessbereich. Da kommt man in den Genuss eines herrlichen Traubenkernölpeelings.

Steirerland
8442 Kitzeck, Höch 10
Tel. +43 3456 2328
www.steirerland.co.at

Heile-Welt-Sucher lieben den Blick ins Sausal. Dazu servieren die Geschwister Stelzer in der Küche (Ruth) und im Service (Maria) seit Jahren ein ausgezeichnetes Slow-Food-Programm. Hier gibt es noch Köstlichkeiten wie Krautfleckerln, steirisches Misthäuferl (Sterz, geschnetzeltes Hühnerbrüstl, Schwammerlsauce) und Lammstelze mit Rahmpolenta und Bohnengemüse. Butterweich das Schulterscherzerl mit Semmelkren. Sommelière Maria Stelzer betreut die gut sortierte Vinothek mit einer umfassenden Sammlung Sausaler Winzer. Zwölf nach Feng-Shui eingerichtete Gästezimmer.

Buschenschank Reiterer
8442 Kitzeck, Einöd 10
Tel. +43 3456 2537
www.kitzecker-reiterer.at

Die Tattooträger Reinmund und Beate Reiterer stellen Traditionen lustvoll auf den Kopf. Im ersten Stock gibt es eine Lounge mit Ledersofas. Auf der Karte haben sie Bachkrebse in Avocado-Salsa, in Zweigelt marinierte Mangalitza-Salami und Carpaccio mit hauchdünnem, leicht geräucherten Sausaler Biorind, dazu Asmonte, Nusskrokant, Walnuss- und Kernöl. Göttliche Kernöleierspeis. Stilvolle Zimmer mit natürlichen Materialien wie Nussholz oder Schiefer.

Malli
8442 Kitzeck, Einöd 38
Tel. +43 3456 3159
weingut-malli.at

Der Wein kommt zum Teil von der steilsten Riede Österreichs gleich vor dem Haus. Die Jause ist ganz besonders. Das meiste wird in Eigenregie produziert, vom Schinken, saftigen Karree, Würsten und Speck bis hin zu Aufstrichen. Dazu schmeckt das frische Hausbrot.

Schauer
8442 Kitzeck, Greith 21
Tel. +43 3456 3521
www.weingut-schauer.com

Buschenschank-Flair in seiner allerschönsten Form mit üppig blühendem Garten und behaglichen Stuben mit viel Holz, alten Holztramen und Kachelofen. Schinken und Würste vom Wild, Schwein und Rind kommen aus der Gegend, Pasteten, Verhackerts und Aufstriche sind selbst gemacht. Die Weine zählen zu den besten im Sausal.

LEIBNITZ

Der Hans
8430 Leibnitz, Grazer Gasse 7
Tel. +43 3452 823730
www.derhans.at

Das urig-moderne Lokal mit schönem Steingewölbe ist Treffpunkt für Steakfans. Bestes Fleisch aus Österreich und Argentinien dominiert die Karte, zelebriert werden die Genussmomente mit tollen Beilagen wie getrüffelter Cremespinat. Das Serviceteam ist 1a, besonders interessant ist die Weinbegleitung.

Kogel 3
8430 Leibnitz, Kogelbergstraße 62
Tel. +43 3452 74935
www.kogel3.com

Traumhafte Aussicht auf Weinreben, kuschelige Lounge-Ecken und Designerleuchten. Gekocht wird lustvoll verfeinert-regional. Ein Muss sind die Kuchen und Torten von Hausherrin Beatrix Drennig. Im beeindruckenden Weinkeller lagern zahlreiche Besonderheiten, großteils Steirerweine mit ansehnlicher Jahrgangstiefe.

Ranninger am Grottenhof
8430 Leibnitz, Grottenhof 1
Tel. +43 3452 73221
www.cuisinesensuelle.at

Authentische, klassische Küche, zwischendurch blitzen mediterrane Aromen und ein bisschen Asiaflair auf. Je nach Jahreszeit schmecken Maroni- oder Spargelcremesuppe, fernöstliche Anklänge gibt's bei asiatischer Fischsuppe mit Garnelenspieß. Italien lässt grüßen bei gebratenen Garnelen mit Limettenrisotto. Schöne Weinkarte.

Schlosskeller Südsteiermark
8430 Leibnitz, Seggaubergstraße 5
Tel. +43 3452 744 99
www.schlosskellersuedsteiermark.at

Markus Rath übersiedelte vom Längsee zurück in seine steirische Heimat. Und auch dort verbindet er gekonnt Beuschel, Backhenderl, Grammelknödel, Gulasch und Kreationen mit neuen Ideen. Spezialitäten sind die hauseigene Schweinerei oder der Braten am Sonntag. Großartiger Blick von der Terrasse ins Weinland.

LEUTSCHACH

Der neue Jägerwirt
8463 Leutschach, Fötschach 17
Tel. +43 3454 270
gasthaus-jaegerwirt.at

Ein Bilderbuchlandgasthaus mit Kachelofen und Geweihen als Deko. Die Küche spricht eine verfeinert bodenständige Sprache. Die Höhepunkte sind Beuschel, Backhendl, Tafelspitz, Wild spielt eine Hauptrolle. Zu den Klassikern zählen Hirschragout mit Dörrzwetschken und die hausgemachte Wildbratwurst.

Kreuzwirt
8463 Leutschach, Pössnitz 168
Tel. +43 3454 205
www.poessnitzberg.at

Der moderne Bau passt sich der Gegend perfekt an, lange Glasfronten geben den Blick ins Weinland der Südsteiermark frei. Mit den Produkten bedient man sich bei Lieferanten aus heimischer, ökologischer Landwirtschaft. Inspiriert sind gebrannte Melanzani mit Fenchel und Ofentomate, Paprikaschaumsuppe mit Räucherforellenpraline, ebenso ganz ohne Fleisch kommt der Sellerie in Sesamkruste mit Quinoa aus. Klassiker wie Backhendl, Kalbshaxe oder Rostbraten im Ganzen gibt's natürlich auch.

Liepert's Kulinarium
8463 Leutschach, Arnfelser Straße 2
Mobil +43 664 1418116
www.lieperts.at

Im gemütlich-rustikalen Gastraum mit Wandtäfelung kann man sich mit feinen Ideen überraschen lassen. Die Gerichte kommen ungezwungen kreativ-regional mit feinem Handwerk daher. Dabei ist die Herkunft der Zutaten immens wichtig, der Fokus liegt auf Nachhaltigkeit. Der Keller ist eine echte Schatzkiste.

Sabathihof
8463 Leutschach, Rebenweg 142
Tel. +43 3454 495
www.sabathihof.com

Den Wellnessbereich mit Swimmingpool in den Weinbergen möchten wir am liebsten gar nicht verlassen, die Terrasse und die Laube mit fantastischem Ausblick sind die reizvolle Alternative. Ausgezeichnete steirische Küche, die Rotwild aus dem eigenen Gehege und Kräuter aus dem Hausgarten verwendet.

Weingut Tschermonegg
8463 Leutschach, Glanz 50
Tel. +43 3454 3260
www.tschermonegg.at

Das behutsam renovierte Winzerhaus liegt am höchsten Punkt der Südsteirischen Weinstraße mit prächtigem Panorama. Zum Weingut gehört ein uriger Buschenschank mit alter Baumpresse. Zu den hauseigenen Weinen werden steirische Schmankerln, Käsevariationen mit Bärlauchpesto oder die exzellenten Mehlspeisen serviert. Gemütliche Gästezimmer.

PISTORF

Schneiderannerl
8443 Pistorf, Sausal 27
Tel. +43 3457 2581
www.schneiderannerl.at

Romantiker sind begeistert. Mitten in den Weingärten, ein von Glyzinien umranktes Holzhaus, gemütliche Stuben mit offenem Kamin. Die Fleischspezialitäten werden selbst gemacht: luftgetrocknetes Lendbratl, Osso Collo, Kübelfleisch (in Verhackert eingelegtes Fleisch), die Hausspezialität ist das rotweingereifte Schweinsfischerl.

RATSCH

Maitz
8461 Ratsch 45
Tel. +43 3453 2153
www.maitz.co.at

Schöne Wohlfühlzimmer warten auf den Gast, die Suiten tragen klingende Namen wie „Weitblick“ und „Freiraum“. Im Wirtshaus werden Spezialitäten der Region oder Gerichte mit mediterranem Akzent serviert. Dazu reicht man Gebiets-, Orts- und Riedenweine aus dem eigenen Weingut sowie ausgesuchte Gewächse von Kollegen aus ganz Europa. Wein und Küche gehen eine innige Verbindung ein. Ein Signature Dish ist der steirische „Thunfisch“ – gebeiztes Filet vom Duroc-Schwein mit Balsamlinsen, Wachtelei und Liebstöcklschaum.

ST. NIKOLAI IM SAUSAL

Buschenschank Kögl
8461 Ratsch 59
Tel. +43 3453 4314
www.weingut-koegl.com

Die Gegend könnte idyllischer nicht sein, von der Terrasse mit alter Linde ist die Aussicht gleich noch einmal so schön. Im 300 Jahre alten, liebevoll restaurierten Buschenschank von Bio-Winzerin Tamara Kögl finden sich sowohl altbewährte Buschenschank-Klassiker wie auch vegetarische und vegane Schmankerl.

ST. ANDRÄ IM SAUSAL

Harald Irka Pfarrhof
8444 St. Andrä im Sausal 1
Mobil +43 660 3944628
www.ampfarrhof.com

Vier-Hauben-Koch Harald Irka kennt man für seine Vielseitigkeit. Jetzt hat er seine kulinarische Spannweite noch erweitert – und holt das Meer mit seiner neuen Kulinariklinie Ostrea in die Südsteiermark. Bei der Qualität gibt es – typisch Irka – keine Kompromisse, zubereitet werden ausschließlich absolute Topprodukte: nicht nur Mittelmeerfisch, sondern absolute Topware der besten Fischer der Welt. Kaisergranat und Seeigel von den Färöer-Inseln, handgetauchte Jakobsmuscheln aus Norwegen, Bluefin-Thunfisch aus nachhaltiger Meereszucht in Spanien oder Wildfangsteinbutt aus der Bretagne. Wie immer versteht es Irka, mit Konsistenzen und Aromen gekonnt zu spielen. Zum Beispiel beim Balfego-Thunfisch-Tatar mit fermentierten Misokarotten, Limetten-Ponzu-Vinaigrette und knusprigen Algen mit Sesam – süß und salzig, kross und zart, das passt bestens zusammen. Ostrea ist immer am Mittwoch und Donnerstag geöffnet, das Gourmetmenü gibt es ab immer am Freitag, Samstag und Sonntag.

Weingartenhotel Harkamp
8505 St. Nikolai im Sausal, Flamberg 46
Tel. +43 3185 2280
www.harkamp.at

Designweingartenhotel in einer Traumlage auf der Riede Oberburgstall. Hausherr Heinz Harkamp ist ein Meister niveauvoller Herzhaftigkeit. Hausherr Heinz Harkamp ist ein Meister niveauvoller Herzhaftigkeit und verbindet Weltoffenheit mit regionalen Produkten. Klassiker sind Flamberger Weinsuppe mit Zimtbrot, das legendäre Backhendl und das erfrischende Weingelee. Dazu gibt es die Weine von Harkamps Bruder Hannes. Hotelzimmer mit Weingartenblick.

ST. VEIT IM VOGAU

Gasthaus Restaurant Thaller
8423 St. Veit im Vogau 44
Tel. +43 3453 2508
www.gasthaus-thaller.at

Bodenständiges aus der Region – neu interpretiert. Norbert Thaller beherrscht diese Kunst hervorragend. Sein Gasthaus liegt in einem üppig blühenden Park, Kräuter, Gemüse und Fisch wachsen hier ganz natürlich. Abends kommt große Oper auf den Tisch: Weidehendl, roter Curry und Kohlrabi oder Maibock, Haselnuss und Schwarzbeer. Beeindruckender Weinkeller.

SULZTAL

Dreisiebner
8461 Sulztal 44
Tel. +43 3453 2809
www.weinidylle-dreisiebner.at

Komfortable Winzerzimmer in den Weinbergen, Tipp: das sonnendurchflutete Giebelzimmer mit großer Fensterfront. Tipp: das Weingartenhaus mit alten Weinstöcken als Fassade. Im Buschenschank serviert man Brot, Würste, Schinken, Verhackert aus Eigenproduktion, gute, hauseigene Weine.

Fischwirt im Urmeer
8461 Sulztal an der Weinstraße 18
Tel. +43 3453 21149
www.fischwirt.co.at

Feine Fischvorspeisen wie das Lachsforellensashimi, ganze Fische im Almbutterschmalz gebraten oder gebackener Karpfen – der Name ist Programm. Fischalternativen sind Almbullensteak oder Sulmtaler Knusperhühnerschnitzel. Das herzliche Service sorgt für die richtige Weinauswahl. Wunderbarer Platz, Weingartenblick.

Winkel Art Hotel
8461 Sulztal 13
Mobil +43 664 1878047
www.winkelhotel.at

Mitten in den Weinbergen, mit Gartenanlage, Seerosenteich und Pool. Man hat die Wahl, wo man den Tag verbringen will: in der Lounge mit offenem Kamin, auf der Sonnenterrasse, im Garten oder im Weingartenpool. Hochwertiges Frühstück.

WESTSTEIERMARK

Den Ruf der Weststeiermark begründet hat zweifellos der Schilcher, ein überaus charaktervoller, von rassiger Säure geprägter Rosé aus der Rebsorte Blauer Wildbacher, eine der urwüchsigsten autochthonen Sorten in Österreichs Weingärten. Der Begriff Schilcher kommt von Schillern, also den Facetten dieses von Pink bis Dunkelrosa changierenden Weines, wobei die Farbkraft von der Maischestandzeit abhängig ist. Die früher betonten Unterschiede zwischen Stainzer Schilcher und den dunkleren Deutschlandsberger Typen sowie die Differenzierungen der verschiedenen Schilcher-Spielarten sind mittlerweile längst obsolet geworden.

Das typische, an Cassis, Walderdbeeren oder Himbeeren erinnernde Bukett, begleitet von Noten nach Brennnesseln, Johannisbeerblättern und Paprika, entwickelt der Blaue Wildbacher in seiner schillernden Ausprägung allerdings nur in seiner Urheimat Weststeiermark. Den Blauen Wildbacher auf einen rassigen Rosé zu beschränken, wäre zu kurz gegriffen. In besonders reifen Jahrgängen werden aus Wildbacher teils auch restsüße Spät- und Auslesen, ganz vereinzelt auch Eisweine und sogar Trockenbeerenauslesen oder Strohweine gekeltert.

Eine relativ neue Ausbauweise manifestiert sich in kraftvollen, tanninbetonten Rotweinen, die zum Teil in Barriques ausgebaut werden. Eine gewisse Bedeutung erreicht haben auch die schäumenden Schilcher in Gestalt von Frizzante und Schilchersekt.

Die führenden Betriebe der Weststeiermark setzen selbstverständlich nicht mehr nur auf den Blauen Wildbacher in all seinen Spielarten, sondern versuchen sich – bestärkt durch die günstigen klimatischen Voraussetzungen der letzten Jahre – mit aromatischen Weißweinen wie Sauvignon Blanc und Gelbem Muskateller, die aus dieser Herkunft, entsprechenden Ausbau vorausgesetzt, sehr erfrischende und rassige Weine mit einem frühlingshaft anmutenden Fruchtspektrum ergeben können.

Im Jahr 2018 wurden DAC-Regelungen eingeführt. Im Fokus steht die Herkunft, also eine Klassifizierung in Gebietswein, Ortswein und Riedenwein. Nur die folgenden Rebsorten sind zugelassen: Blauer Wildbacher (ausgebaut als Schilcher), Welschriesling, Weißburgunder, Morillon, Grauburgunder, Riesling, Gelber Muskateller, Sauvignon Blanc, Traminer und Verschnitte daraus. Gebietsweine dürfen ab dem 1. März des die Ernte folgenden Jahres verkauft werden (Schilcher ab dem 1. Dezember des Erntejahres), Ortsweine und Riedenweine ab dem 1. Mai (Schilcher ab 1. Februar), Reserven jeweils 18 Monate (Schilcher 12 Monate) später. Der Gehalt an unvergorenem Zucker darf maximal 4 g/l betragen, Riesling und Traminer müssen trocken im Sinne des Weinrechts sein.

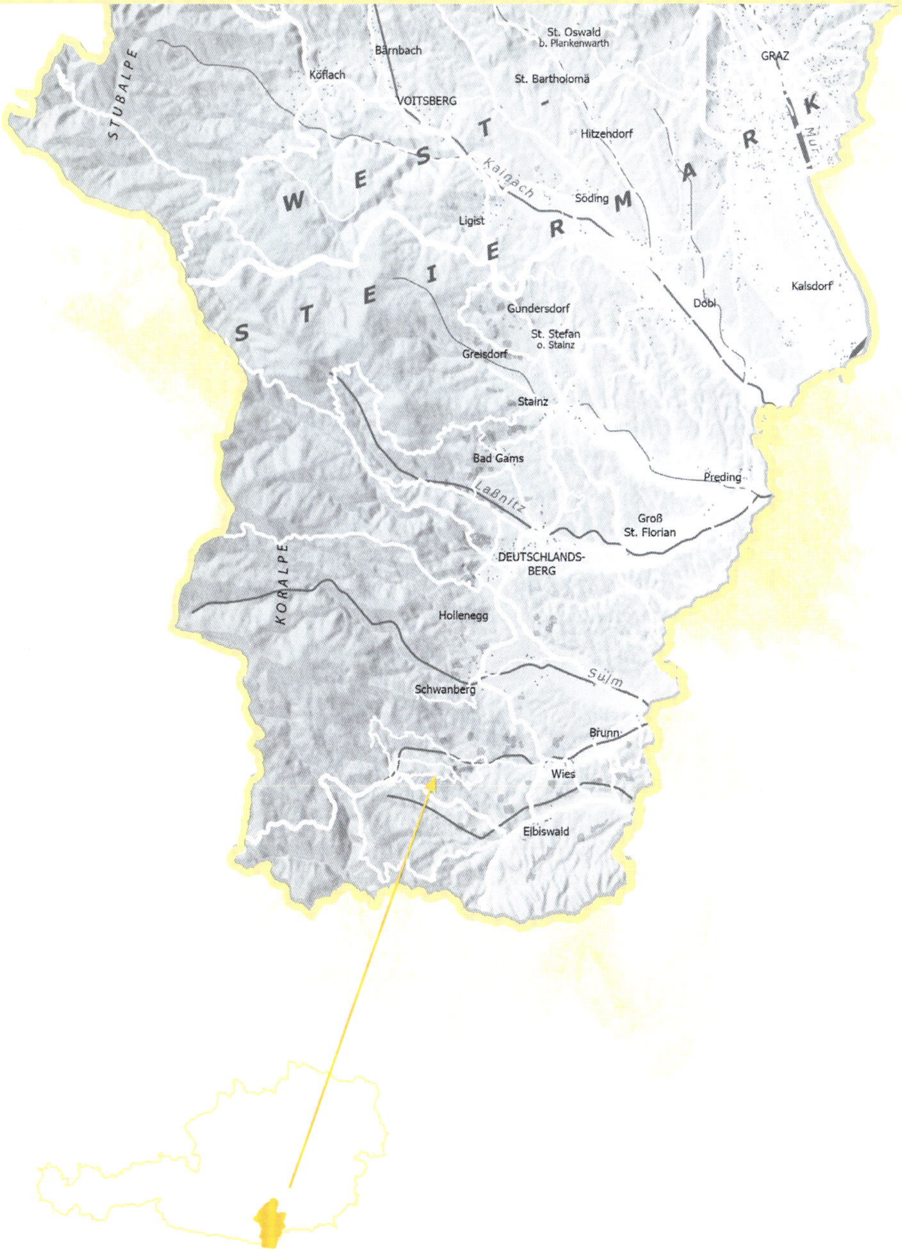

641 Hektar Weinanbaufläche
Die wichtigsten Rebsorten: Blauer Wildbacher, Sauvignon Blanc, Weißburgunder

Schilcherweingut
Friedrich

Christian & Isabella Friedrich
8511 St. Stefan, Langegg 18
Tel. +43 3463 81252
info@friedrich-schilcher.at, www.friedrich-schilcher.at
8 + 2 Hektar, W/R 0/100

Die Begeisterung der Familie Friedrich für die Rebsorte Blauer Wildbacher ist ungebrochen; im Portfolio finden sich 17 Weine aus dieser einen Rebsorte, von zwei gleichgepressten Weißen über Frizzante und Sekt bis zu Süßweinen und – wenn die Witterungsbedingungen passen – auch anspruchsvoller Rotwein. Der Schwerpunkt liegt selbstverständlich bei den Schilchern. Neu im Programm ist der Schilcher „Silence", ein unfiltrierter und ungeschwefelter Wein, dessen Trauben von der Riede Pirkhofberg kommen.
Christian Friedrich zum Jahrgang 2022: „Das Weinjahr 2022 war grundsätzlich sehr positiv, wir konnten die Lese zügig durchführen, ausgenommen eine kleine Unterbrechung durch Regen im September, welcher aber der Beerenhaut nicht geschadet hat. Wir hatten jedoch etwas weniger Menge als im Schnitt der letzten Jahre." Kurz vor der Lese, im August, wurde Sophie, die älteste Tochter, zur steirischen Weinkönigin gekürt.
Die Schilcher der aktuellen Serie sind sortentypisch, elegant und zugänglich, wobei der zupackende „Pius" ein wenig aus der Reihe tanzt. Sie sind auf eine feine Art vinifiziert, da ist nichts Üppiges oder Rustikales. Sehr gut entwickelt hat sich die außergewöhnliche Reserve vom Pirkhofberg, der Wein ist heuer noch balancierter als letztes Jahr. Uneingeschränkt zu empfehlen ist der Schilcher „Silence", ein druckvoller, zugänglicher Wein, der den Schilcher gewissermaßen neu und völlig ungewohnt interpretiert. *ww*

WESTSTEIERMARK DAC

★★ S €€ BW
2022 Schilcher Klassik + Lebhafte Schilcher-Aromatik, dunkle Stachelbeeren, reife Ribisel, hauchzarte Würze; schließt aromatisch nahtlos an, vital ohne Härte, mittleres Gewicht.

★★★ S €€ BW
2022 Stainzer Schilcher + Freundlich, rote Johannisbeeren, Walderdbeeren, Stachelbeeren angedeutet; viel Frucht, zugängliche Säure, lebendig, Trinkspaß.

★★★ S €€ BW
2022 Schilcher Ried Langegg + Sanft, viel rote Beerenfrucht, dezenter Sortencharakter; feines Säurespiel, zugänglich, klare Frucht, gute Länge.

★★★ S €€ BW
2022 Schilcher Ried Pirkhofberg + Nobel im Auftritt, rote Johannisbeeren, Rhabarber, tief im Glas Walderdbeeren; aromatisches Dacapo, feines Säurerückgrat, im mittellangen Abgang auch Bodentöne.

★★★ S €€ BW TIPP
2022 Schilcher Ried Kirchberg + Sanfter Druck, dunkel getönte Fruchtaromen, Stachelbeeren, Anklänge von Cassis, Gartenerdbeeren und Cassislaub; bringt diese Aromen auch im Geschmack, einige Substanz, langer Nachhall, super Trinkfluss.

★★★★ K €€€€ BW TIPP
2019 Schilcher Ried Pirkhofberg Reserve + (Barrique) Eigenständig, ruhig strömend, würzige und nussige Aromen, rote Beeren à la Vogelbeeren; auf dem Gaumen kommt das Holz deutlicher, feinkörnige Gewürze, feiner Fruchtschmelz, sanfte Säure, zarte Gerbstoffe geben Halt, individueller Schilcher fernab des Mainstreams.

STEIERMARK

★★ S €€ BW
2022 Sopran + (BW gleichgepresst) Rhabarber, weiße Johannisbeeren, Prise Cassislaub; animierend, fruchtbetont, feines Säurespiel, die Aromen vom Bukett prägen auch den Nachhall.

★★★ S €€ BW FUN
2022 Mezzosopran + (BW gleichgepresst, halbtrocken) Dezent und freundlich, Anklänge von weißen und roten Johannisbeeren, Hauch grünblättrige Würze; saftig, Aromen vom Bukett kommen wieder, alles fein angelegt, süffige Prise Restzucker.

★★★ S €€ BW
2022 Prima Donna + (Schilcher halbtrocken) Sanft, reife Stachelbeeren, ein Hauch grünblättrige Würze, tief im Glas blaue Pflaumen; viel Frucht, saftig, sensorisch unauffälliger Restzucker balanciert die Säure aus, trinkanimierend, mundfüllend, sympathisch.

★★★ K €€€ BW TIPP
2022 Schilcher „Silence" + Druckvoll, sanft, dunkle Beeren, feine Würze; schließt mit diesen Aromen nahtlos an, kräftig ohne Üppigkeit, zugänglich, wirkt bekömmlich, Sortencharakter bei ungewohnter Stilistik.

★★ S €€ BW
2022 Pius Schilcher + Klassische Schilcher-Aromatik, gerade reif gewordene rote Johannisbeeren, Stachelbeeren, Prise frische Kräuter; zupackend, Säuregrip, viel frische Frucht, blitzsauber, erinnert an Schilcher einstiger Machart.

Weingut
Jauk-Wieser

Lisa-Maria Jauk-Wieser & Dr. Norbert Heß
8530 Deutschlandsberg, Schlossweg 51
Mobil +43 676 584 01 00
weingut@jauk-wieser.at, www.weingut-jauk-wieser.at
3,5 Hektar, W/R 60/40, 20.000 Flaschen/Jahr

Das kleine, feine Weingut verfügt über Weingärten in Burgegg, also direkt am Fuße der Burg Deutschlandsberg, und in Wildbachberg. Wenig überraschend spielt der Schilcher die Hauptrolle, aber auch Welschriesling, Weißburgunder, Sauvignon Blanc und Muskateller werden mit der gleichen Sorgfalt kultiviert, nämlich fruchtig, saftig, steirisch. Frizzante rundet das Angebot ab. Das Portfolio gliedert sich in die Gebietsweine der Klassik-Linie, darüber stehen die Ortsweine Deutschlandsberg, die Spitze der DAC-Pyramide bilden die Weine aus den Rieden Burgegg und Wildbachberg. Erstere ist eine nach Süden bis Südosten ausgerichtete steile Lage mit überwiegend aus Gneis bestehendem Untergrund. Hier hat die Familie Blauen Wildbacher, Welschriesling, Weißburgunder, Sauvignon Blanc und Muskateller ausgepflanzt. Die Ried Wildbachberg ist nach Süden exponiert, die Hitze der Sonne tagsüber und die Kühle der Nacht prägen neben dem tiefgründigen, nährstoffreichen und ausreichend mit Wasser versorgten Boden den Charakter von Schilcher, Weißburgunder und Sauvignon Blanc. Die Weingärten sind fest in Frauenhand. Um die Reben kümmert sich Hausherrin Monika gemeinsam mit ihrer Tochter Lisa-Maria, ehemalige steirische Weinhoheit und Silberberg-Absolventin, während im Keller der Quereinsteiger und Autodidakt Norbert Heß das Sagen hat.

Seit 2015 gibt es eine Buschenschank mit einem sehenswerten Design aus Apfel- und Zirbenholz. Vom Gastgarten blickt man in die Hügel des Schilcherlandes. Die Familie im O-Ton: „Jedes Verweilen in unserer Buschenschank ist wie ein kleiner Urlaub." Wenn man will, kann man in einem der sieben Winzerzimmer übernachten, Wohlfühlflair und tolles Panorama inklusive. *ww*

WESTSTEIERMARK DAC

★★ S €€ BW
2022 Schilcher Klassik + Spontan ansprechend und einladend, reife Gartenerdbeeren, Stachelbeeren, Rhabarberkompott, hauchzarte Kräuternote; klassische Prägung mit belebender Säure ohne Aggressivität, Aromen vom Bukett kommen wieder, passender Tanninschleier.

★★ S €€ BW
2022 Schilcher Deutschlandsberg + Dezent, unaufdringlich, feingliedrig, rote Johannisbeeren, Stachelbeeren, Prise Cassislaub; aromatisches Dacapo, Säurerückgrat, entwickelt Zug, zarte Gerbstoffe, kristalliner Boden zu erkennen.

★★★ S €€ BW **TIPP**
2022 Schilcher Ried Burgegg + Tiefe, klare Frucht, Stachelbeeren, blaue Pflaumen, hauchzarte Würze; saftig, feingliedrig, Frucht dominiert, Gerbstoffe ganz dezent, klare Struktur, mittelgewichtig, vom Boden geprägt, Trinkfluss.

★★★ S €€ PB
2022 Weißburgunder „Privat" + Sanfter Druck, reife Boskop-Äpfel, mit Luft frische Haselnüsse; ausgewogen, sanfter Schmelz, gute Substanz, Winteräpfel und nussige Akzente, ruhig strömend.

★★ S €€ PB
2022 Weißburgunder Deutschlandsberg + Sanftes Sortenbukett, Anklänge von Haselnüssen und Mandeln, knackige Marillen, auch frische Äpfel; zeigt diese Aromen auch im Geschmack, zugängliche Säure, mittelgewichtig, fruchtbetonter Nachhall.

★★★ S €€ SB
2022 Sauvignon Blanc Klassik + Unverkennbare Sortenaromatik, getrocknete Kräuter, Cassislaub, schwarze Johannisbeeren, tief im Glas Stachelbeeren; diese Aromen kommen auch im Geschmack, herzhaft, passende Substanz, lebhaft, im Finish und im Nachhall auch grünfruchtige Elemente à la Karambole.

★★★ S €€ SB **PLV**
2022 Sauvignon Blanc Deutschlandsberg + Feingliedrig, Cassis, etwas roter und grüner Paprika, Kräuter; diese Melange prägt auch den Geschmack, Kräuter vorne auf dem Gaumen, hinten und im Nachhall ist die Frucht dominanter, kristalliner Boden kommt durch, klassische Prägung auf ansprechendem Niveau.

STEIERMARK

★★ S €€ GM **FUN**
2022 Muskateller + Auf eine unaufdringliche Weise sortenaffin, getrocknete Holunderblüten, Grapefruitzesten, Kräuter, tief im Glas Limettenblätter; erfrischend, dezent, Kräuter, Holunder, Zitrus, zartes Säurerückgrat, trinkanimierend.

Weingut | Schilcherei®
Jöbstl

Hannes & Luise Jöbstl
8551 Wernersdorf/Wies, Am Schilcherberg 1
Tel. +43 3466 43210, Fax -53
info@joebstl.eu, www.joebstl.eu

11 Hektar, W/R 20/80, 40.000 Flaschen/Jahr

Die Familie Jöbstl fühlt sich eng mit ihrem Lebensraum verbunden. „Als Winzer bin ich Begleiter der Traube – von der Blüte bis zum Wein", so der Winzer im O-Ton. Bewirtschaftet wird nach den Regeln des integrierten Pflanzenschutzes. Das bedeutet Förderung von Nützlingen, Einsatz von Pheromonen zur Bekämpfung von Schädlingen und weitestgehender Verzicht auf Mineraldünger. Auch die Rücknahme von Flaschen zur Wiederverwendung ist zeitgemäßer Ausdruck von Umweltschutz. Rund 95 % der Produkte sind vegan.
Angebaut werden die meisten gängigen Rebsorten der Weststeiermark. Die große Liebe gilt dem Blauen Wildbacher. Nicht von ungefähr nennen Hannes und seine Frau Luise ihren Betrieb „Schilcherei". Sie keltern buchstäblich alles, was sich aus der Blauen Wildbacherrebe keltern lässt, vom Weißgepressten über Sekt und Frizzante bis zu Rotwein und Süßwein.
Die Schilcher der aktuellen Serie sind ohne Ausnahme sortentypisch, dabei zugänglich und lebendig sowie frei von jeglicher Härte und Aggressivität. Das ist zeitgemäße Sorteninterpretation mit Fokus auf Trinkfluss. Eine Sortenrarität ist der Eiswein vom Schilcher, der merkliche Restzucker wird von einer vibrierenden Säure austariert.
Das Weingut lädt zu Verkostungen, zu Firmen- und Familienfesten, begleitet Hochzeiten, vermittelt das Flair des Schilcherlandes. Für drei Campingbusse wurden Abstellplätze geschaffen, die für bis zu 24 Stunden frei genutzt werden dürfen.

ww

WESTSTEIERMARK DAC

★★ S €€ GM
2022 Gelber Muskateller + Zitrusbetont, Holunderblüten, Kräuter; am Gaumen Grapefruits, floral, eine Prise Muskatnuss, lebendig, trinkanimierend.

★★★ S €€ BW
2022 Schilcher Eibiswald + Klar, kühl, rote Johannisbeeren, Pflaumen, Cassislaub; Frucht und grünblättrige Aromen, zartes Säurerückgrat, mittlere Länge, elegant.

★★★ S €€ BW
2022 Schilcher Ried Krass + Vielschichtige und frische Frucht, Johannisbeeren, Kirschen, Anklänge von Waldhimbeeren und Blutorangen; saftig, frisch, knackig, zur Frucht gesellt sich eine grünblättrige Würze.

★★★★ S €€ BW TIPP PLV
2022 Schilcher Ried Schilcherberg + Charmant, gebündelte Frucht, reife Himbeeren, Johannisbeeren, Kirschen, Stachelbeeren, sanfter Druck, zarte Würze; aromatisches Dacapo, einige Substanz, Schmelz, Prise sympathische Gerbstoffe, feines Säurespiel, Frucht und grünblättrige Noten klingen nach.

★★★ S €€ SB
2021 Ried Schilcherberg Sauvignon Blanc + Sortenaffiner Duft, reife gelbe Stachelbeeren, Anklänge von gelben Äpfeln und Rhabarber, feine Kräuternoten; vorne auf dem Gaumen viel Frucht, hinten dezente Würze, Schmelz, zugängliche Säure, mittlere Länge.

★★★ S €€€ CH
2019 Ried Schilcherberg Chardonnay Lignum + Feine Eichennote, Vanille, reifes Kernobst, ein Hauch von Walnüssen und Orangenzesten; bringt diese Aromen auch im Geschmack, gute Substanz, im Finish und im Nachhall Lebkuchengewürze.

STEIERMARK

★★ S €€ BW
2022 Blauer Wildbacher Weiß + Dezent, frisch, Anklänge von Kräutern und grünen Früchten; saftig, Zug, belebende Säure, grüne Äpfel, weiße Johannisbeeren, leichtfüßig.

★★ S €€ CW
2022 Cuvée Luise + (SB/PB) Spontan einnehmend, Stachelbeeren, Anklänge von Mandarinen und Nektarinen, grünblättrige Noten unterlegt; feines Säurespiel, Frucht und würzige Aromen auch im Geschmack, verspielt.

★★★ S €€ BW
2022 Steiermark Schilcher + Sorte unverkennbar, reife dunkle Stachelbeeren, Kirschen, Erdbeeren; ganzer Fruchtkorb, gute Substanz, zarter Schmelz, zugänglich, wertiger Gebietswein.

★★★★ S €€€€€ BW TIPP
Eiswein vom Schilcher + Frische Champignons, eingelegte Früchte à la Erdbeeren und Zwetschken, getrocknete Marillen; cremig, fast mollige Textur, merkliche Süße wird von einer vibrierenden Säure austariert, Zug, Dörrobst im langen Nachhall.

ÖSTERREICH

★★★ S €€ BW FUN
NV Kristallino Frizzante + (BW gleichgepresst) Ruhig, zarte Frucht und etwas grünblättrige Würze, hell getönt; Frucht im Geschmack präsenter, Äpfel, Babybananen, gelbe Pflaumen, trinkanimierende Dosage.

Weingut
Langmann Lex

Stefan Langmann
8511 St. Stefan ob Stainz, Langegg 23
Tel. +43 3463 6100
office@weingut-langmann.at, www.weingut-langmann.at

Die Familie Langmann baut seit 1746 Wein an, Schwerpunkt Blauer Wildbacher. Mit dem Schilcher habe die Weststeiermark eine weltweite Alleinstellung, ist Stefan Langmann überzeugt. „Es ist wichtig, seine Qualität bis ins Extrem auszureizen, um die Aufmerksamkeit der internationalen Weinliebhaber auf unser Gebiet zu ziehen.“ Mit dem Jahrgang 2022 ist Stefan Langmann sehr zufrieden. Gemeinsam mit seiner Tochter Verena dreht er im Interesse der Qualität zielgerichtet an den Stellschrauben. Der Schilcher Ried Edla ist das etwas andere Produkt von Verena.

Die Stillweine der aktuellen Serie bringen die Herkunft auf eine freundliche und unaufdringliche Art zum Ausdruck. Das beginnt schon mit dem herrlich duftenden Welschriesling. Die jeweiligen Böden sind erkennbar. Die konventionell vinifizierten Schilcher sind auf eine zeitgemäße Art zugänglich, ohne die Sortentypizität zu verleugnen. Völlig eigenständig sind die beiden Schilcher aus dem Jahrgang 2021, das sind ernsthafte Roséweine mit dezentem Sortencharakter. Für mich der beste Sauvignon Blanc des Hauses bisher ist der 2020er Ried Greisdorf Himmelreich. Das Sortiment ist so umfangreich, dass wir an dieser Stelle nur einen Auszug vorstellen können. *ww*

WESTSTEIERMARK DAC

★★★ S €€ WR FUN
2022 Welschriesling + Herrlich duftend, Äpfel, frisches Heu; saftig, trinkanimierend mittleres Gewicht.

★★ S €€ PB
2022 Weißburgunder + Feingliedrig, Pfirsiche und Nektarinen, Kräuter; dazu gesellt sich ein Hauch Haselnüsse, verspielt, mittelgewichtig, dezent.

★★★ K €€€€ PB
2021 Weißburgunder Ried Greisdorf + Ruhig, gesetzt, gelbe Äpfel, florale Akzente, winzige Prise Gewürze; ernsthaft und einladend, feines Säurespiel, Frucht, leise Bodentöne.

★★★ S €€ SB PLV
2022 Sauvignon Blanc + Grünblättrig, grüner Paprika, Cassisbeeren, Stachelbeeren; lebhaft, Stachelbeeren, Cassis, Johannisbeerblätter, mittleres Gewicht.

★★★ K €€€ SB
2021 Sauvignon Blanc Ried Greisdorf + Eigenständig, Margeriten und Kamille, Bodentöne, Anklänge von gelben Pflaumen, hauchzarte Würze; Berge von saftiger Frucht, zugängliche Säure, Substanz, Prise Gerbstoff, feine Würzenoten, salzig, lang.

★★★★ K €€€€ SB TIPP
2020 Sauvignon Blanc Ried Greisdorf Himmelreich + Kühler Touch, gelbe Pflaumen, hauchzart grünblättrig; elegant, zartes Säurenetz, feiner Schmelz, feinfühliger Holzeinsatz, viel Frucht, zugänglich, Länge.

★★ S €€ BW
2022 Schilcher Klassik + Reife Stachelbeeren, Johannisbeeren, Walderdbeeren; diese Aromen kommen auch im Geschmack, unterlegt mit Cassislaub, zugänglich, angenehme Säure.

★★★ S €€ BW
2022 Schilcher Stainz + Dezent, rote Johannisbeeren, Granatäpfel, Kirschen, bisschen grünblättrige Würze; viel rote Frucht, moderate Säure, leise Bodentöne, mittleres Gewicht.

★★★ S €€ BW
2022 Schilcher Ried Langegg + Sanfter Druck, Stachelbeeren, Ribisel, erdig; schließt aromatisch nahtlos an, Tanninschleier, im Finish und im Nachhall rote Johannisbeeren und grünvegetabilische Noten.

★★★ S €€€ BW
2022 Schilcher Ried Hochgrail + Feingliedrig, Himbeeren, Ribisel, frischer Rhabarber, vom kristallinen Boden geprägt; saftig, elegant, feine Klinge, viel Frucht, angenehme Säure.

★★★★ K €€€€ BW TIPP
2021 Schilcher Ried Edla + Ruhig strömend, rote Beeren, grünblättrige Würze, Bodentöne; vielschichtig, präzise Struktur, Schieferboden, hauchzartes Gerbstoffnetz, im Finish und im Nachhall Prise Cassislaub, höchst eigenständig und sortenaffin.

★★★★ K €€€€ BW TIPP
2021 Schilcher Ried Hochgrail Sonnenhang + Druckvoll, ernsthaft, reife Stachelbeeren, nussig, Pflaumen; ausgewogen, Kraft ohne Üppigkeit, viel Frucht, zarte Gewürznoten, feine Gerbstoffe, Boden prägt, außerordentlicher Rosé.

STEIERMARK

★★★ K €€€ BW
NV Schilcher Sekt g.U. + (brut) Stachelbeeren, rote und schwarze Johannisbeeren, feine Würze; ernsthaft, trocken, rote Frucht und grünblättrige Würze fein verwoben, ein Hauch von Gerbstoffen.

★★★★ K €€€€ CW TIPP
2018 Stainz Große Reserve g.U. + (90 PB / CH, extra brut) Dunkel getönt, würzig, leichte Hefenote, Brioche, getrocknete Kräuter, Birnen; kühle Eleganz, Tiefgang, leise Bodentöne und Würze im langen Nachhall.

♛♛

Weingut
Christian Reiterer

Christian Reiterer
8551 Wies, Lamberg 11
Tel. +43 3465 3950, Fax -6
info@weingut-reiterer.com, www.weingut-reiterer.com
80 Hektar, W/R 20/80

Das Weingut von Christian Reiterer geht auf das 17. Jahrhundert zurück. Als er es von seinen Eltern übernommen hat, war es bescheidene drei Hektar groß. Die Blaue Wildbacherrebe habe ihn schon früh fasziniert, erzählt er. Deshalb beschloss er, sich nach seinen Lehr- und Wanderjahren auf französischen und italienischen Weingütern intensiv um diese Varietät zu kümmern. Auch deren Eignung als Grundwein für Sekt erkannte er schon früh. Bereits in den 1980er-Jahren vinifizierte er seinen ersten Schaumstoff. Seine Weingärten, von denen manche auch in der Südsteiermark liegen, unterscheiden sich sowohl hinsichtlich Bodenzusammensetzung als auch Mikroklima. Lamberg und Engelweingarten sind Monopollagen. Letztere ist vergleichsweise hoch gelegen, karg und nach Süden orientiert, die Rebstöcke sind mehr als 40 Jahre alt. Ungewöhnlich ist die umfangreiche Palette an Schaumweinen. Der Arunda Rosé Brut entstammt einer Kooperation mit Sepp Reiterer aus Südtirol; die Grundweine aus Österreich und Südtirol werden in traditioneller, 36 Monate dauernder Flaschengärung zu Sekt. Bei den Schilchern legt Christian Reiterer Wert auf eine zeitgemäße Interpretation, die der Zugänglichkeit und den Sortenspezifika gleichermaßen Rechnung trägt. Daneben umfasst das Portfolio auch Weißweine.

Die Schilcher der aktuellen Serie sind glockenklar und betont rotfruchtig. Sie präsentieren sich zugänglich, ohne ihre Sortentypizität zu verleugnen. *ww*

WESTSTEIERMARK DAC

★★★ K €€€ SB
2021 Sauvignon Blanc Ried Lamberg + Ausgesprochen fruchtbetont, Stachelbeeren, weiße Johannisbeeren, Anklänge von Birnen und Cassislaub; schließt aromatisch nahtlos an, kräftig, mundfüllend, angenehme Säure, Frucht und sortenaffine grünblättrige Noten im langen Nachhall.

★★★★ K €€€ SB TIPP
2018 Sauvignon Blanc Ried Lamberg + Gewürzbetontes, elegantes Bukett, frisch gemörserte Senfkörner, Prise Kräuter, mit Luft auch zarte Frucht; schließt mit dieser Aromatik an, ausgewogen, feiner Schmelz, einige Substanz, leise Bodentöne im Finish und im Nachhall.

★★ S €€ BW
2022 Schilcher Klassik + Betont rotfruchtig, rote Johannisbeeren, Anklänge von Stachelbeeren, eine Prise grünblättrige Würze; sortentypisch, Zug, feiner Säurebiss ohne Aggressivität, Frucht dominiert und hält sich bis in den Nachhall hinein.

★★★ S €€ BW
2022 Schilcher Ried Lamberg + Fruchtige Aromen dominieren, Kirschen, Stachelbeeren, Anklänge von Himbeeren, reintönig; lebhaft, Aromen vom Bukett finden sich wieder, Säurespiel, dabei feingliedrig mit leisen Bodentönen, ein Hauch von Tanninen im Finish.

★★★ S €€€ BW TIPP
2022 Schilcher Ried Engelweingarten Alte Reben + Sanfter Druck, Anklänge von frischen blauen Pflaumen und Kirschen, rote Beeren; bringt diese Aromen auch im Geschmack, unterlegt mit einem Hauch grünblättriger Würze, Tannine angedeutet, feingliedrig, gute Substanz, präzise.

★★★★ K €€€ BW
Schilcher Sekt g.U. Reserve + (Engelweingarten Alte Reben) Gediegen, dunkle Hefetöne, Alpenblumen à la Brunellen, hochreife Preiselbeeren; aromatisches Dacapo, passende Substanz, angenehme Perlage, Schmelz, ernsthaft, Hefetöne und dunkle Blüten im langen Nachhall.

ÖSTERREICH

★★ S €€ BW
Schilcher Frizzante + Freundlich, einladend, frische Frucht; rote Frucht auch im Geschmack, unauffällige und trinkanimierende Restsüße, unaufdringliche Perlage, macht Spaß

★★★ K €€€ BW PLV
Rosé Schilcher Sekt extra dry + Sortentypischer Duft, rotbeerig, Stachelbeeren, ein Hauch Cassislaub und Anklänge von schwarzen Johannisbeeren; saftig, trinkanimierend, viel Frucht, angenehmer Mousseux.

© ÖWM / Peter Kramar

VINOTHEKEN

GRAZ

Schaeffer's Selektion feiner Weine
8010 Graz, Kaiser-Josef-Platz 6
Mobil +43 664 4502553
www.schaeffers.at

Vinothek bei der Oper, Karl Lamprecht
8010 Graz, Tummelplatz 1
Tel. +43 316 828834
vinothekgraz.com

GASTRONOMIE/NÄCHTIGUNG

DEUTSCHLANDSBERG

Burghotel und Restaurant Deutschlandsberg
8530 Deutschlandsberg, Burgplatz 1
Tel. +43 3462 5656-0
www.burghotel-dl.at

Als ob einer auf die Stopp-Taste gedrückt hätte. Im Wappensaal fühlt man sich in alte Zeiten zurückversetzt, Karl Kollmann ist mit seiner Küche im Heute verankert. Er schwört auf Regionalküche, macht das aber nicht zum Dogma, vor allem mediterrane Elemente fließen immer wieder ein. Der Weinkeller im historischen Gewölbe hat viel Stoff aus der Steiermark, auch Deutschland und Frankreich kommen zu Wort. Schöne Zimmer.

Bio-Hotel Koralpenblick
8530 Deutschlandsberg, Trahütten, Rostock 15
Tel. +43 3461 210
www.koralpenblick.at

Ein Ausflug zum Runterkommen. Rundherum nur Wiesen, Wälder und sanfte Bergkuppen. Die Natur ist Familie Smolana viel wert, daher setzt sie auf 100% biologische Lebensmittel. Der eigene Biobauernhof, vor allem die Rinder, liefern einen großen Teil der Grundlagen. Wir genießen herzhafte, ehrliche Hausmannskost mit kräftiger Rindsuppe, Tafelspitz und zartem Rindschnitzel in Kürbispanier. Dazu passt hauseigener Most oder Apfelsaft. Supernettes Service.

Theresas eine ART-Gasthaus
8530 Deutschlandsberg, Kirchengasse 2
Tel. +43 3462 39182

Bodega, Weinbar und Gasthaus. Die Accessoires reichen vom alten Filmplakat bis zum Kaiser-Franz-Josef-Porträt. Gerhart Poprask kocht nach dem Prinzip „Limited Edition" („Wenn's aus is, is aus"). Auf einer schwarzen Schiefertafel steht, was es täglich gibt. Wie jedes Mal ist man versucht, einfach alles zu probieren. Flecksuppe, Calamari und Filetsteaks sind und bleiben beliebte Klassiker. Ein Hochgenuss die Artischockenböden mit Wildhasenragout gefüllt und gratiniert. Schönes Weinangebot, gut gebucht sind die Menüs mit Bordeaux-Flaschen als Begleitung.

EIBISWALD

Gasthof Safran
8552 Eibiswald, Aichberg 83
Tel. +43 3466 42310
www.gasthof-safran.at

Der Name ist nicht Programm. Orientalische Aromen darf man sich nicht erwarten, im bürgerlichen Gasthaus geht es weststeirisch im besten Sinn zu. Frische Ideen haben dennoch Platz, etwa wenn gebratener Sobother Saibling auf Avocadosalat mit Blattspinat serviert wird. Die Weinkarte bietet eine repräsentative Auswahl an steirischen Weinen. Wunderbare Sonnenterrasse mit Blumengarten, schöne Zimmer im Haus.

GROSS ST. FLORIAN

Landhaus Oswald
8522 Groß St. Florian, Unterbergla 15
Tel. +43 3464 2270
www.landhaus-oswald.at

Ein Familienbetrieb, wie man ihn sich vorstellt. Rustikale und moderne Elemente geben sich hier die Hand. Klassisch sind Braten und Filetspitzen mit Schupfnudeln. Ins Gourmetmenü (nur samstags und sonntags auf Vorbestellung) von Wolfgang Edler und seiner Tochter Nina mischen sich mediterrane und asiatische Einflüsse.

HOLLENEGG

Zum Gregorhans'l
8541 Hollenegg, Kruckenberg 19
Tel. +43 3462 2610
www.alpengasthaus.com

Ein gestandenes Wirtshaus, das von einem engagierten deutsch-vorarlbergerischen Team geführt wird. Mit viel Liebe und heimischen Produkten werden Wirtshausgerichte abseits der kulinarischen Trampelpfade gekocht. Tipp: das legendäre Hendl-Buffet jeden Freitagabend von Juli bis Ende September.

ST. JOSEF

Beim Broadmoar
8503 St. Josef, Oisnitz 36
Mobil +43 664 2382860
www.beimbroadmoar.at

Johann Schmuck hat sich bestens im neuen Heim eingelebt. Weinpresse, Holztramen und Designelemente vertragen sich gut. Das Fine-Dining-Menü bringt raffinierte Augenweiden mit wunderbaren Kombis: zum Beispiel pochiertes Wachtelei, Selleriecreme, Kartoffelschaum, geriebenes Ziegenjoghurt. Hervorragendes Service durch Joachim Retz, der Sommelier hat immer wieder Überraschungen von kleinen, feinen Weingütern parat.

STAINZ

Die Mühle
Rathausplatz 2, 8510 Stainz
Mobil +43 664 2382860
www.muehle-stainz.at

Johann Schmuck zog ins Broadmoar in St. Josef um, die Mühle betreibt er aber auch noch. Max Grandtner und Florian Veit setzen eine vibrierende Fusionsküche mit Vorliebe zu asiatischen Aromen um. Besonders gefiel uns der gebratene Spargel mit Stundenei, Tamago-Eirolle und Schwarzteesud. Schöne, sehr persönlich zusammengestellte Weinkarte.

Rauch-Hof
8510 Stainz, Wald 21
Tel. +43 3463 2882
www.rauch-hof.at

Karin und Willi Rauch surfen von einem Saisonhöhepunkt zum nächsten. Im Frühjahr ernten sie auf ihren Feldern Spargel, einen Teil der Ernte spart sich Willi Rauch für seinen Spargelgeist auf. Im Sommer geht es weiter mit den Kürbinarischen Wochen. Im Herbst bringt der Oberförster des Grafen von Meran feinstes Wildbret. Forellen wachsen in den eigenen Teichen, in der Speisekarte im Stil eines Schulhefts findet man sie als Forellentatar mit Limetten-Ingwer-Chilli-Gelee oder Forellen im Speckmantel mit Schilchersauce. Naturbadeteich, Liege- und Spielwiesen, verträumter Garten, Tennisplätze und Romantikzimmer.

Herrgotthö
8511 St. Stefan/Stainz, Kirchberg 63a
Tel. +43 3463 32720
dasguteleben.herrgott.at

Den HerrgottHof gibt es seit dem 17. Jahrhundert, heute bewirtschaftet ihn Christian als Demeterweinbetrieb. Mit seinen Brüdern Benjamin und Alexander ging er einen Schritt weiter und eröffnete einen lässig gestylten Buschenschank abseits des Mainstreams. Da kommen Gänge wie Popkorn-Maisfalafel, Maiscreme und Sterz.

Buschenschank Klug vulgo Voltl
8511 St. Stefan, Steinreib
Tel. +43 3463 6464
www.klug-voltl.at

Man sitzt auf einem Bergrücken mit wunderschönem Rundblick über die Weststeiermark. Auf den Tisch kommen bäuerliche Produkte aus eigener Erzeugung wie Schinken, Hauswürstl, Mehlspeisen, Fruchtsäfte und verschiedene Edelbrände. Auch einen Streichelzoo für die Kleinsten gibt es.

Buschenschank Langmann
8511 St. Stefan/Stainz, Langegg 23
Tel. +43 3463 6100
www.l-l.at

Auf der genialen Panoramaterrasse schmecken neben den hauseigenen guten Schilchern Forellen-mousse, Kübelfleisch, Brettljause, Schafkäse und Strauben. Schöne Winzerzimmer mit Panoramablick über das Weinland.

Weingasthof Jagawirt
8511 St. Stefan, Sommereben am Reinischkogel 2
Tel. +43 3143 8105
www.jagawirt.at

Man hat das Gefühl, durch ein Schöner-Wohnen-Magazin zu spazieren. Wandvertäfelung, Kachelofen, Großmuttervorhänge und Holzdecke schaffen Behaglichkeit. Im großen Freigehege leben mehrere Schweine, die Basis für die eigene Fleischerei und Küche sind. Auch Säfte und Gemüse kommen aus eigener Produktion. Rund um geglücktes Slow-Food-Idyll.

Wassermann
8511 St. Stefan/Stainz, Sommereben 8
Tel. +43 3143 8113
www.wassermann-wirt.at

Auf dem Reinischkogel inmitten grüner Natur legt die Familie Wassermann großen Wert auf Regionalität. Das hübsche Anwesen mit viel Holz, Blumenschmuck und schönem Gastgarten ist ein kleines Paradies für sich. Damwild und Rothirsche stammen aus eigener Zucht. Der Hausherr kümmert sich um das Wohl der Gäste, in der Küche kreieren Mutter und Sohn herzhafte Gerichte mit Bodenhaftung, wie etwa das Carpaccio vom Rothirsch. Auch die Desserts sind fein.

Buschenschank Weber
8511 St. Stefan ob Stainz, Lestein 73
Mobil +43 664 736526 95
weingutweber.at

Ein Schmuckkästchen mit romantischer Holzfassade, gepflegtem Innenhof mit Blumenschmuck, einer Terrasse mit weitem Blick ins Land und neuer Buschenschank, die alt und einen Schuss Design harmonisch vereint. Täglich frisches Brot, Kreatives wie Hendlsulz oder Vitello tonnato mit Forellen-Kernöl-Creme.

TODAY'S FORECAST
99%
CHANCE OF
AUSTRIAN WINE
#austrianwine
AUSTRIAN WINE

BERGLAND

Wein wird in Österreich nicht nur in den Weinbauregionen Weinland (Niederösterreich, Burgenland, Wien) und Steirerland (Steiermark) angebaut, sondern auch in allen anderen Bundesländern, die in der Weinbauregion Bergland zusammengefasst sind.

Vorarlberg

Mit rund 5 Hektar Weinanbaufläche entfällt ein kleiner Teil des bunt gemischten Bergland-Konglomerats auf Vorarlberger Rieden, wo der Weinbau einstmals große Bedeutung besaß. Heute beschränkt er sich im Wesentlichen auf die steilen Röthner Lagen rund um den Viktorsberg und auf Rankweil, die eine tadellose Exposition nach Süden aufweisen. Einige kleinere Einsprengsel von Weinfluren befinden sich noch in Göfis, Frastanz, Rankweil, Bludesch, Feldkirch, Klaus und Bregenz. Sofern die regelmäßig auftretenden, herbstlichen Föhnperioden für eine gute Ausreifung des Traubengutes sorgen, können durchaus feingliedrige und fruchtbetonte Blauburgunder gekeltert werden; auch die weiße Burgunderfamilie bringt mit Weißburgunder, Grauburgunder und Chardonnay immer wieder ordentliche Weinqualitäten hervor. Der ebenfalls angebaute Riesling fällt in Vorarlberg animierend aus.

Kärnten

Der Weinbau in Kärnten befindet sich seit Jahren im Aufschwung – binnen relativ kurzer Zeit stieg die Rebfläche auf aktuell gemeldete 123 Hektar an. Die Zentren des Kärntner Weinbaus liegen im Bezirk St. Veit mit dem Längsee und dem Gebiet um die Burg Hochosterwitz, im Lavanttal, im Bereich von Feldkirchen und rund um die Stadt Klagenfurt. 2013 wurden erstmals drei Kärntner Weine im Salon Österreich Wein ausgezeichnet.

Oberösterreich

In Oberösterreich werden rund 78 Hektar auf sonnigen Standorten des Donautales, des Machlandes, des Linzer Gaumberges, am Rande des Eferdinger Beckens, im oberösterreichischen Zentralraum, im hügeligen Innviertel, in luftigen Lagen des Mühlviertels und im Süden des Salzkammergutes bewirtschaftet. Es dominieren die Rebsorten Grüner Veltliner, Chardonnay, Zweigelt und Roesler.

Andere

Schon immer Weinbau in bescheidenem Ausmaß gab es in Nordtirol. Aktuell sind 14 ha Anbaufläche gemeldet. Relativ neu im Bergland-Reigen ist Salzburg mit 0,06 ha.

220 Hektar Weinanbaufläche
Die wichtigsten Rebsorten:
Unterschiedlich je nach Bundesland

Weingut
Chesa Druschauna

Gert Markowski
6811 Göfis, Hofnerstraße 19a
Mobil +43 664 385 02 30
gert.markowski@gmail.com, www.druschauna.at
0,8 Hektar, W/R 40/60

Gert Markowski ist Obmann des Vereins der Weinbautreibenden in Vorarlberg. Sein kleines Weingut führt er im Nebenerwerb. Derzeit befindet es sich in der Umstellung auf biologische Bewirtschaftung, mit der Zertifizierung ist ab dem Jahrgang 2023 zu rechnen.

Weinmäßig sei 2022 ein sehr gutes Jahr gewesen, sagt der qualitätsbewusste Winzer. Die Lese zog sich bis Anfang Oktober hin. Der Ertrag war gut, die Qualität super. Das bestätigen die ersten Fassproben von Pinot Noir, Blaufränkisch und Roesler, die noch in gebrauchten Barriques liegen und heuer wohl nicht in den Verkauf kommen. Insbesondere der Roesler braucht erfahrungsgemäß viel Zeit, um seine Ecken und Kanten abzuschleifen.

Ausgebaut werden die Weine zunächst in Edelstahlbehältern, um anschließend eine Abrundung in Eichenfässern zu erfahren. „Ich verwende ausschließlich gebrauchte Barriques, weil ich kein Freund von markanten Holznoten bin", so der Winzer im O-Ton. Beim 2021er Chardonnay hat er Bâtonnage angewendet, dieser absolut eigenständige und kraftvolle Wein lag neun Monate auf der Feinhefe.

Den Lucius, einen reinsortigen Pinot Noir, hat Gert Markowski 2020 das erste Mal gekeltert, der Nachfolgejahrgang 2021 ist lebendig und ausgesprochen sortenaffin, er könnte ohne Weiteres aus einer sehr guten Lage in Graubünden stammen. Benannt ist dieser Blauburgunder nach dem Kirchenpatron von Göfis – oder nach dem heiligen Lucius von Chur, was angesichts der Charakteristik dieses Weines durchaus einleuchtend wäre.

Der vielschichtige und fordernde Roesler aus 2019 liegt noch immer im Barrique aus Giesinger Eiche. Seine jüngeren Brüder sind zugänglicher, aber noch ein wenig ungestüm.

Im Frühjahr 2022 wurde im Ortsteil Agasella auf einer steilen Südostlage ein neuer Weingarten mit Weißburgunder, Chardonnay und etwas Muskat-Ottonel angelegt, die Fläche beträgt rund 0,25 Hektar. Der Muskat-Ottonel ist als Partner in wohldosierter Menge für eine Cuvée vorgesehen, diese Rebstöcke stehen am Hangfuß. *ww*

VORARLBERG

★★ K €€€ CH
2022 Chardonnay + Markantes Bukett, Kräuter, Boskop-Äpfel, bisschen Pfirsiche, nussige Akzente, kompakt; bringt diese Aromatik auch im Geschmack, Frucht jedoch präsenter, angenehme Säure, stoffig.

★★★★ K €€€ CH TIPP
2021 Chardonnay + Eigenständig, Roggenbrot, malzig, mit Luft Kräuter, Biskuit, Marzipan, Hauch Rosinen; viel Frucht à la Honigmelonen und knackige grüne Äpfel, Schmelz, feines Säurespiel, bisschen malzig, gute Substanz, im Finish und im langen Nachhall zeigt sich die Bâtonnage, bemerkenswert.

★★★ K €€€ PN
2022 Lucius + (PN) Jugendliches Sortenbukett, Kirschen, Anklänge von Zwetschken und grünen Nüssen, Dörrpflaumen, mit Luft auch Lakritze und Brombeeren, kühler Touch; schließt aromatisch nahtlos an, elegante Schlankheit, Trinkanimo, unaufdringliche Gerbstoffe, belebendes Säurespiel.

★★★ K €€€ BF TIPP
2021 Blaufränkisch + Ausgewogen, konsolidiert, Kirschen, Brombeeren, wunderschöne Kräuterwürze, mit Luft auch Waldhimbeeren, einladend; saftig, elegant, Säurespiel, klare Frucht, gut integrierte Tannine, mittlere Länge, Wacholderbeeren.

★★★ K €€€ RÖ
2022 Roesler + Fast schwarz; Mix aus dunklen Waldbeeren, Anklänge von Zwetschken, Prise grüne Kräuter; viel Frucht, ungestüm, auf eine sympathische Art rustikal, präsente Säure, akzentuierte Gerbstoffe, gute Substanz, noch merklich kantig, abwarten!

★★★ K €€€ RÖ
2020 Roesler + Druckvoll, dunkel getönt, ein wenig ungestüm, erinnert an jungen Barbera; saftig, zupackend, Säure und Tanningrip, viel Frucht, bleibt bis auf Weiteres im gebrauchten Barrique.

★★★ K €€€ RÖ
2019 Roesler + Präsentiert sich noch immer wild, Melange aus dunkler Frucht und Wermut, grüne Walnüsse, Kakaopulver; kommt auch im Geschmack so, kraftvoll und sehnig, noch immer nicht ganz fertig, fordernd, braucht noch etwas Zeit.

Weinbau
95 Tage Familie Eschlböck

Florian Eschlböck
4063 Hörsching, Bahnhofstraße 26
Mobil +43 699 106 433 60
weinbau@95tage.at, www.95tage.at
13 Hektar, W/R 80/20, 50.000 Flaschen/Jahr

Oberösterreichs Weinbau mag für manche noch in den Kinderschuhen stecken. Einige Winzer zeigen aber spätestens seit der ersten Landesweinprämierung im Mai, dass sie die Laufschuhe schnüren und zur nationalen Spitze aufschließen wollen. Vor Jahren hinterließ Florian Eschlböck aus Hörsching bereits einen großen Fußabdruck. Der Weinmacher gilt als einer der Schrittmacher in der Weinszene und war zugleich einer der ersten professionellen Weinmacher des Landes. Vor 17 Jahren begann er mit 100 Rebstöcken, heute bewirtschaftet der Hörschinger 13 Hektar rund um Linz und ist somit auch quantitativ ein ernst zu nehmender Winzer. Auszeichnungen beim SALON, der AWC Vienna oder eben der Landessieg mit dem Chardonnay Reserve 2020 zeugen von seinem hohen Qualitätsanspruch. Der Winzer verfolgt mit seinen Betrieben zwei Strategien: Einerseits setzt er auf die Zukunft von PIWI-Sorten, die er ausschließlich biologisch bewirtschaftet. Andererseits kokettiert Eschlböck mit Rotweinsorten, wie Zweigelt, oder weißen Sorten, wie Chardonnay und Sauvignon Blanc, die optimal in die Linzer Umgebung passen. Und zusätzlich produziert er eine etwas schräge Linie, die als Ergänzung zu seinen klassischen Weinen zu sehen ist. Alkoholreduziert, etwas anders, kein Mainstream, frech und visionär. Weil Eschlböck zudem Stillstand und Fadesse nicht kennt, plant er in Zukunft, auch mit Schaumweinen erfolgreich zu sein. Mit einem Pet Nat ist ihm das bereits gelungen. Doch egal, welche Richtung eingeschlagen wird, alles wird selbst gemacht, ist einzigartig und nicht austauschbar. Wer hierher kommt, schmeckt oberösterreichisches Terroir. „Für mich muss es aussagekräftig sein und die Genießer sollen erkennen: So etwas habe ich noch nie getrunken. Das fällt auf. Deswegen komme ich her!", sagt Eschlböck. *pb*

BERGLAND

★★★ S €€ GS
2021 Eschlböck Poppy & Stone + (CH/SB/MT) Ruhig in der Nase, wohltuende Paprikanoten, fruchtig, dezente Restsüße, exotisch am Gaumen mit Anklängen von Ananas und Mango, wenig Säure, angenehm zu trinken.

★★★★ S €€€ SB PLV
2021 Sauvignon Blanc + Etwas verhalten in der Nase, lädt zur Suche ein, tiefgründig, angenehme Stachelbeere, frische Säure am Gaumen, erfrischend und trinkanimierend, immer wieder blitzen Hollerbeeren hervor, eleganter Sir.

★★★ K €€€ SB
2020 Sauvignon Blanc + Reife Frucht, mineralisch, harmonisch, balanciert, angenehmer Holzeinsatz, seidig am Gaumen, eleganter, etwas verhaltener Gerbstoff, bringt trotzdem Grip, saftig mit dezenter Maracujafrucht, ein schöner Bogen vom ersten Eindruck bis zum letzten Schluck.

★★★★ S €€€ CH TIPP
2020 Chardonnay Reserve + (Kalkstein als Basis für den Burgunder) Würzig, leicht salzig, angenehme Mineralik, cremig auf dem Gaumen. Gut angepasste Holztöne runden die elegante Reife ab. Dazu ein wenig Zitrusfrische und angenehme Säure. Potenzial zur Reife.

★★★★ K €€€€€ MS FUN
2021 Pét Nat (Muscaris) + (Boutique-Abfüllung mit 400 Flaschen, alles Handarbeit) Feine Holunderblüte, etwas Speckbirne, angenehme Perlage, super trocken, knackig, Melange aus Kernobst, dazu erfrischende Säure mit Eindrücken von Pampelmuse, immer wieder blitzt Mango-Exotik hervor, Getränk für die gute Laune.

★★★★ K €€€€ ZW
2018 Zweigelt + (im oberösterreichischen Eichenfass ausgebaut, 300 Flaschen abgefüllt) Animierende Weichselfrucht, saftig, anregend, orientalische Gewürze wie Zimt, Vanille, Sternanis, ein wenig Korianderkörner, dazu dunkle Zwetschke, begleitet von schönem Gerbstoff, angenehmer Trinkfluss, belebt, macht Gusto auf mehr, Rotwein-Meisterstück von Eschlböck.

★★★ S €€ GS
2022 Gemischter Satz Sommer-See Rosé + (ZW/RÖ/BB/BF) Leicht, erfrischend, Ribisel, Preiselbeeren, Walderdbeeren, in Summe nicht zu laut schreiend, sondern schön ruhig, gutes Gerbstoffgerüst unterstützt den Wein, Terrasse wartet.

★★★ K €€€ CR FUN
2022 Crazy Rosé + (PI/PN/SL) Würzig, gehaltvoll, dazu Blutorangenfilets und zarte Kirscharomatik, nur 11 Vol.-%, der perfekte Wein für die Grillsaison, Premium-Rosé, limitierte Flaschenanzahl.

Weinhof
vlg. Ritter

Sabine David
9470 St. Paul, Loschental 8
Mobil +43 680 302 71 00
wein@vulgoritter.at, www.vulgoritter.at

1,3 Hektar, W/R 80/20, 10.000 Flaschen/Jahr

Sabine David und ihr Mann haben ihr Weingut im Jahr 2010 gegründet. Im klimatisch begünstigten Lavanttal bauen sie Wein im Nebenerwerb an. Das Sortiment ist mittlerweile beachtlich angewachsen. Zunächst wurde in der Ried Steinbruch im Norden von Wolfsberg in mühevoller Handarbeit ein Weingarten angelegt. Zwei Jahre später übersiedelte der damals noch winzige Betrieb in den Bauernhof „vlg. Ritter", ehemalige Streuobstwiesen wurden terrassiert, weitere Reben wurden ausgepflanzt. Kontinuierlich wird an der Stilistik gefeilt. Die Ried Steinbruch ist eine nach Süden ausgerichtete, kalkhaltige Kessellage. Die Vegetationsperiode beginnt sehr früh, die Trauben werden reif und aromatisch. Die Lage Josefsberg liegt in der Nähe von St. Paul auf 450 m Seehöhe. Wegen der Steilheit wurde das Gelände terrassiert. Der Boden aus kristallinem Gestein begünstigt vielschichtige und feingliedrige Weine. Mit den ältesten Reben bestockt ist die Ried Weinberg, eine lehmige Lage.

Die Weine präsentieren sich geradlinig und klar, Primus in der Serie ist der elegante Chardonnay Reserve. Der Sauvignon Blanc von der Ried Josefsberg war zum Verkostungszeitpunkt Ende März noch ziemlich verkapselt, zeigt aber gute Anlagen. Gästen steht eine Ferienwohnung am Hof zur Verfügung, und im Sommer gibt es ein buntes Programm an Veranstaltungen, vom Hoffest über Floßfahrten mit Weinbegleitung bis zu Sommerabenden am Weinhof. *ww*

KÄRNTEN

★★ S €€€ CH
2022 Chardonnay Ried Josefsberg + Kühl, Kernobst, auch grünfruchtig; saftig, Zug, schnörkellos, mittleres Gewicht, kristalliner Boden schlägt durch.

★★★ S €€€ CH
2022 Chardonnay Ried Steinbruch + Sanfter Druck, freundliche Frucht, Pfirsiche, Physalis; fruchtbetont auch auf dem Gaumen, kalkig, belebendes Säurespiel, Substanz.

★★★ S €€€ CH
2022 Chardonnay Ried Weinberg + Ruhig, feingliedrig, zarte Frucht, leise Bodentöne; präsentiert sich auch im Geschmack so, unaufdringliche Säure, Trinkfluss bei mittlerer Länge.

★★★ K €€€€ CH TIPP
2021 Chardonnay Reserve + Unverkennbares Sortenbukett, feine Holzaromen, Birnen, Kletzen, frische Feigen, Nüsse angedeutet, nobel; aromatisches Dacapo, quicklebendig, feines Säurerückgrat, gefühlvoller Holzeinsatz, kühle Würze mit zarter Eichennote klingt lange nach.

★★ S €€ GM FUN
2022 Gelber Muskateller Ried Josefsberg + Fröhlich, gelbe Zitrusfrüchte, Holunderblüten, Prise Muskatnuss; schließt nahtlos an, leichtfüßig, angenehme Säure, Prise Grapefruitzesten im Abgang.

★★ S €€€ SB
2022 Sauvignon Blanc Ried Josefsberg + Noch recht verschlossen, grünblättrig, Paprika, Stachelbeeren und Cassis angedeutet; geht auch auf dem Gaumen noch nicht aus sich heraus, sortentypische Aromen vom Bukett zu erkennen, angenehme Säure, schnörkellos, im Nachhall glockenklar.

★★★ S €€€ SB
2022 Sauvignon Blanc Ried Steinbruch + Angenehm unplakativ, feine Würze, helles Steinobst, Stachelbeeren, Birnen angedeutet; saftig, fruchtbetont, nie vorlaut, feine Klinge, im Abgang und im Nachhall helle Fruchtaromen und grünblättrige Noten.

★★ S €€€ CR
2022 Rosa Mantis + (PN/BB/ZW) Ganzer Fruchtkorb, Kirschen, Erdbeeren, Heidelbeeren, Anklänge von Rhabarber; saftig, charmante Frucht, Gerbstoffe lediglich angedeutet, Säurespiel, Trinkspaß ohne Oberflächlichkeit.

★★★ K €€€€ PN
2021 Pinot Noir Ried Josefsberg + Elegant, Preiselbeeren und deren Blätter, mit Luft auch Zwetschken, Orangenzesten und Unterholz; schließt so an, leichtfüßig, Säurespiel, filigran, kühl, ganz zartes Gerbstoffnetz, rotbeerig-kräuterwürziges Finish.

★★★ K €€€ CR
2021 Cuvée Granat + Frisch, dunkelfruchtig, Schwarzkirschen, Heidelbeeren, Prise schwarzer Pfeffer und Kräuter; saftig, Schwarzkirschen, getrocknete Preiselbeeren und Weichseln, feine Gerbstoffe, unaufdringliche Säure, lebendig, null Fett, mittlere Länge.

ÖSTERREICH

★★★ K €€€€ CW
2020 Vin2 de Femme Brut + Sympathisch, frisch, knackige Zitronenbirnen, Weingartenpfirsiche, Nektarinen, zarte Hefenoten, floral, Estragon, Vogelbeeren; Kräuter, Birnen, wieder Steinobst, noch ziemlich fordernde Säure, samtiger Mousseux, Charakter.

VINOTHEKEN/ OBERÖSTERREICH

LINZ

Haschka Weinbar
4020 Linz, Klosterstraße 3
Tel. +43 732 776673
bar@haschka.bar
www.haschka.bar

Weinhof Schenkenfelder
4020 Linz, Pollheimerstr. 20
Tel. +43 732 670711
weinhof@schenkenfelder.at
www.schenkenfelder.at

Schenki's Vinothek
4020 Linz, Landstr. 12
Tel. +43 732 795444
vinothek@schenkenfelder.at

LICHTENBERG

Weinhaus Wakolbinger
4040 Linz/Lichtenberg, Am Holzpoldlgut 14
Tel. +43 7239 62280
weinhaus@wakolbinger
www.wakolbinger.at

LUFTENBERG

Die Weinhandlung
4225 Luftenberg, Oberfeldstr 2
Mobil +43 660 900 77 04
hannes@dieweinhandlung.at
office@dieweinhandlung.at
www.dieweinhandlung.at

LAAKIRCHEN

Wagners Weinshop
4664 Laakirchen, Weinstr. 31
Tel. +43 7613 440440
vinothek@wagnerweb.at
www.wagners-weinshop.com

ASCHACH

Vinothek Rathmair
4082 Aschach an der Donau, Grünauerstr. 20
Mobil +43 676 7073964
albert@rathmair.co

VINOTHEKEN/ VORARLBERG

BLUDENZ

Weinpunkt
6700 Bludenz, Rathausgasse 12
Mobil +43 680 3134466
info@weinpunkt.at
www.weinpunkt.at

BREGENZ

Weindepot Weinzeit – Bioorganische Winzerweine
Groß- und Einzelhandel
6900 Bregenz, Mariahilferstraße 29
Tel. +43 5574 48354
office@weinzeit.at
www.weinzeit.at

DORNBIRN

Vinothek Bruvino
6850 Dornbirn, Bahnhofstrasse 8
Mobil +43 699 10072993
vinothek@bruvino.at
www.bruvino.at

FELDKIRCH

Rauch Gastronomie
6800 Feldkirch, Marktgasse 9-11
Mobil +43 650 5139683
info@rauchgastronomie.at
www.rauchgastronomie.at

HARD

Vinothek IL CONTADINO
6971 Hard, Seestraße 7
Tel. +43 5574 62025
office@ilcontadino.at
www.ilcontadino.at

LAUTERACH

Pfanner & Gutmann Vinothek
6923 Lauterach, Alte Landstraße 10
Vinothek: Lerchenauerstraße 9
Tel. +43 5574 6720 170
vinothek@pfanner.com
pfanner-destillate.com/de/vinothek/

RÖTHIS

Vinothek Peter Stöger
6832 Röthis, Rautenastraße 59/61
Mobil +43 664 3404035
info@stoegerwein.at
www.stoegerwein.at

SCHRUNS

Vinothek Jenny
6780 Schruns, Dorfstr. 12
Tel. +43 5556 72881
office@vinothek-jenny.at
www.vinothek-jenny.at

SCHOPPERNAU

Vinothek Franz Michl
6886 Schoppernau, Unterdorf 2a
Mobil +43 664 3801536
www.franzmichl.at

vinaria

WEISSWEIN

REBSORTENKUNDE

Chardonnay (Morillon)

Alle Rebenfotos: ÖWM / Oberleithner

In der Steiermark ist diese Sorte schon seit mehr als 120 Jahren unter der Bezeichnung Morillon verbreitet. Charakteristisch für einen im Stahltank ausgebauten Chardonnay sind Aromen von Äpfeln über Zitrusnoten bis zu tropischen Früchten. Bei der Erziehung im Holz gesellt sich für die meist extraktreichen Weine eine röstige Note hinzu, die an Gewürze, Mokka, Karamell, Vanille oder Dörrobst erinnern kann.

Frühroter Veltliner (Malvasier)

Diese Sorte, die wenig Primärfrucht besitzt, hat bei eher niedrigem Extraktgehalt eine sehr milde Säure, weshalb sie in erster Linie für Primeur- bzw. Sommerweine herangezogen wird.

Furmint

Der Furmint wurde schon vor Jahrhunderten in und um Rust für die Kelterung des berühmten Ausbruchs herangezogen. In jüngster Zeit hat er eine gewisse Renaissance erfahren, wobei seine Eignung für hochgradige Dessertweine unumstritten ist. Trockener Weißwein aus dieser Sorte ist oft sehr dezent mit einer relativ herben Note am Gaumen.

Grauburgunder (Ruländer, Pinot Gris)

Diese Sorte ergibt charakteristische Weine, wenn eine Traubenreife von mindestens 19 °KMW erreicht wird. In den besten Jahren und aus den besten Herkünften – etwa Südsteiermark, Thermenregion und dem nördlichen Burgenland – können zart-würzige Exemplare von großer Substanz und geschliffenem Ausdruck entstehen. Wichtig für Trinkfluss und Lebhaftigkeit ist ein angemessener Säurerückhalt. Die Sorte eignet sich für den holzbetonten Ausbau ebenso wie für den Verschnitt mit den anderen weißen Burgundersorten oder für hochklassige Dessertweine.

Grüner Veltliner

Über die österreichische und in erster Linie niederösterreichische Leitsorte wurde schon so gut wie alles gesagt. Charakteristisch ist die Würze der Weine, die sich bei jeder Reifestufe zeigt. Die Bandbreite des Grünen Veltliners ist beachtlich und auch insofern verständlich, als er als leichter Sommerwein ebenso seine Meriten hat wie in Gestalt phänomenaler trockener Premiumweine mit großer Strahlkraft und Lagerfähigkeit; auch Eisweine aus dieser Varietät können sehr sortenspezifisch ausfallen. Zu den positiven Eigenschaften des Veltliners gehört auch, dass er auf vielen verschiedenen Böden sein Profil behält.

Gelber Muskateller

Diese kapriziöse Bukettsorte hat ihren Siegeszug in der Steiermark begonnen, aber auch in Niederösterreich bringt sie überaus ansprechende Ergebnisse. Obwohl sie anfällig für Fäulnis ist und auch starke Jahrgangsschwankungen zeigt, wird sie als Aperitif oder trockener Essensbegleiter ihres betörend aromatischen Duftes wegen geschätzt. Bei eher niedrigem Extraktgehalt ist die Säure oft knackig bis rassig. Ganz exzellent können Prädikatsweine aus dieser Rebsorte ausfallen, da sie zumeist über ein gutes Säurerückgrat verfügen.

Muskat-Ottonel

Pannonischer als diese etwas in die Breite gehende, meist wenig säurebetonte Rarität kann kaum ein Wein sein. Ausgezeichnet können die hochgradigen Dessertweine aus dieser Sorte geraten, aber auch die trockenen Muskat-Ottonel sind in den letzten Jahren positiv in Erscheinung getreten.

Neuburger

Ehemals in Spitz sowie in und um Gumpoldskirchen verbreitet, zählt der Neuburger heute zu den rückläufigen Sorten; die Speisetrauben sind übrigens von unnachahmlicher Güte. Bei sorgfältiger Vinifikation erbringt er dezent nach grünen Nüssen und Dörrobst duftende, kraftvolle, wenn auch etwas neutrale Weine, die jahrzehntelang reifen können. Eine besondere Rarität stellen die seltenen hohen Prädikatsweine aus dieser Rebsorte dar.

Riesling (Rheinriesling, Weißer Riesling)

Obschon mit nur 4,1% der Anbaufläche mengenmäßig kein Schwergewicht, ist Riesling für einige der interessantesten und elegantesten österreichischen Weißweine verantwortlich. Speziell auf den Urgesteinslagen der Wachau, des Kremstals, des Kamptals und anderer österreichischer Gebiete können grandiose Weine voll Komplexität und Finesse entstehen. Typisch sind Fruchtanklänge an Steinobst, aber auch an Stachelbeeren, Cassis, Kernobst und Rosenblüten. Von den Muschelkalkböden in und um Wien kommen ebenfalls hochwertige Rieslinge, welche mit ihren kreidigen Noten dieses Terroir hervorkehren.

Rivaner (Müller-Thurgau)

Einst fälschlich als Kreuzung von Riesling und Sylvaner angesehen und auch in Österreich weit verbreitet, ist diese Rebsorte ohne nennenswerte Eigenschaften in einem wohlverdienten Rückzugsgefecht begriffen. Allerdings gibt es neben einfachen Tafelweinen teils sehr gute Prädikatsweine aus dieser Rebsorte.

Roter Veltliner

Die einstige Leitsorte des Wagram hat – nachdem sie nicht zuletzt ihrer Fäulnisanfälligkeit wegen fast ausgestorben war – in den letzten Jahren eine deutliche Renaissance erfahren. Das Primärbukett ist im Jugendstadium zaghaft bis bescheiden, mit etwas Lagerung zeigen die Weine gelbfruchtige Nuancen und br Komponenten. Substanzreiche Rote V er können unglaublich lange halten, ihr inneres Gefüge wesentlich zu ver ı – sie nähern sich dann im Ausdruc ı weißen Burgundern.

Rotgipfler

Die führende Spezialität der Thermenregion lässt jüngst immer mehr aufhorchen. Sie hat ein eher dezentes Bukett, das an Äpfel, Honigmelonen und Kräuter erinnern kann. Bei hohem Extraktgehalt besitzt sie eine meist adäquate Säurestruktur und eignet sich sowohl für den Ausbau im Stahltank als auch für die Reifung im Holzfass; allerdings benötigt der Rotgipfler eine Zuckerreife, die einen natürlichen Alkoholgehalt von 13% ergibt, um wirklich charaktervolle, lagerfähige Weine hervorzubringen. Sehr gut harmoniert die Sorte auch mit dem Zierfandler, der traditionelle Blend nennt sich Spätrot-Rotgipfler.

Sauvignon Blanc

Dass diese Sorte in der südlichen Steiermark einst von Erzherzog Johann eingeführt wurde, ist Legende. Von dort hat sie allerdings ihren Siegeszug in alle anderen Weinbaugebiete Österreichs angetreten. In der klassischen Ausprägung duften die Weine nach Spargel, Brennnesseln, Paprika, Holunderblüten, diversen Schoten, Cassis, frisch gemähtem Heu und vielem mehr und punkten mit Trinkfluss. Mit hoher Reife des Lesegutes entwickeln die Weine Kraft, das Bukett erinnert an exotische Früchte und Gewürze. Der Holzeinsatz wurde in den letzten Jahren merklich zurückgenommen. Heute zählen die österreichischen Sauvignons, vor allem jene aus der Steiermark, zusammen mit Vertretern von der Loire und aus Neuseeland zu den besten der Welt.

Sämling 88 (Scheurebe)

Einst als leichter Riesling-Ersatz geortet, hat sich diese etwas aromatische Rebsorte im trockenen bis halbtrockenen Bereich erst in den letzten Jahren durchsetzen können und geht mitunter als des Sauvignons kleiner Bruder durch. Darüber hinaus liefert sie speziell im Seewinkel den Grundstoff für hervorragende, hochgradige Süßweine, die dann punkto Fruchtintensität und Klasse den besten Rieslingen und Muskatellern um nichts nachstehen.

Grüner Sylvaner (Sylvaner)

Früher durchaus populär, hat diese Rebsorte auch von der Renaissance der Raritäten kaum profitieren können. Im Bukett zeichnet sie sich durch eine seltsam ledrige Komponente aus, die ein wenig an Williamsbirne erinnert; sie ist meist relativ geschmacksneutral.

Traminer

In Österreich wird zwischen drei Traminer-Spielarten unterschieden: Beim rötlich gefärbten Roten Traminer ist die kokosflockenartige Würze am stärksten ausgeprägt; der Gewürztraminer zeichnet sich eher durch honigartige Noten und würzige Aromen aus. Am feinsten ist der kräuterwürzige Gelbe Traminer, der sich für den trockenen Ausbau am besten eignet. Wirklich interessant sind Traminer erst ab einer hohen Traubenreife. Bestechend sind Traminer mit Restzucker, und zwar nicht nur hochgradige Dessertweine, sondern auch liebliche Spätlesen und Auslesen. Die Haltbarkeit der besten Traminer ist legendär.

Weißburgunder (Pinot Blanc)

Eine in so gut wie allen österreichischen Anbaugebieten beheimatete, traditionsreiche Rebsorte, die in der Jugend Anklänge an grüne Nüsse und Zitrusfrüchte verströmt, die mit etwas Flaschenreife Richtung Walnuss, Haselnuss und Weißbrot tendieren. Erfolgreich sind die relativ schlank gehaltenen, steirischen Exponenten, die jung genossen werden sollten. Kräftige, trocken ausgebaute Weißburgunder ab einem natürlichen Alkoholgehalt von rund 13% können sehr vielschichtig und lagerfähig sein, dennoch sind sie etwas aus der Mode gekommen. Diese Weine eignen sich auch für den moderat holzbetonten Ausbau.

Welschriesling

Nicht nur in der Steiermark, auch in vielen anderen Weinbaugebieten Österreichs nimmt der Welschriesling als Sommerwein eine unangefochtene Spitzenstellung ein, die ihm erst seit einigen Jahren die leichteren Veltliner-Varianten ein wenig streitig machen. In der schlank-spritzigen Variante, deren Buketteindrücke den Bogen von frisch gemähtem Gras über Granny Smith und Pfirsiche bis zu diversen Küchenkräutern spannen, gefällt er trocken am besten. Hervorragend ist die Eignung des Welschrieslings zur Erzeugung vielschichtiger, lagerfähiger Dessertweine.

Zierfandler (Spätrot)

Eine regionale Spezialität der Thermenregion, die große Anforderungen an den Winzer stellt, weil sie an einer Rebe Trauben und auf einer Traube Beeren unterschiedlichster Reife hervorbringt. Am besten schmeckt sie als mächtiger, trockener Wein oder mit ein bisschen Restzucker ausgebaut. Das eher verhaltene Primärbukett kann mit Flaschenreife zu Riesling-artiger Finesse mutieren. Charakteristisch sind der hohe Extrakt sowie die rassige Säurestruktur. Bei entsprechend hoher Reife können Zierfandler jahrzehntelang reifen, auch als Cuvée mit Rotgipfler. Legendär sind ferner die Eleganz, die Rasse und die Standfestigkeit der besten Zierfandler-Süßweine.

Blütenmuskateller

Donauriesling

Muscaris

Souvignier Gris

vinaria

ROTWEIN

REBSORTENKUNDE

Blauburger

Diese österreichische Neuzüchtung mit den Elternteilen Blaufränkisch und Blauer Portugieser, die sich nie so recht durchgesetzt hat, ergibt meist einen Rotwein ohne besondere Eigenschaften, dessen tiefe Farbe und samtiges Tannin am besten zu Cuvées mit ausdrucksstärkeren Sorten à la Zweigelt oder Blaufränkisch genützt wird.

Blauburgunder (Pinot Noir, Spätburgunder)

Da ihn die Zisterzienser praktisch in allen ihren Weingärten angepflanzt haben, kann der Pinot Noirauch in Österreich auf eine lange Tradition zurückblicken. Dennoch ist er lange Zeit das Stiefkind der österreichischen Rotweinlandschaft geblieben. Mittlerweile hat der Pinot Noir aber auch hierzulande seine verdiente Wertschätzung erfahren und befindet sich in so gut wie allen nennenswerten Rotweingegenden im Vormarsch. Ausgesprochen ansprechende Ergebnisse haben in den letzten Jahren Pinots aus der Thermenregion, aus Carnuntum, vereinzelt aus dem Weinviertel und dem Kamptal sowie vom Leithagebirge und vom Westufer des Neusiedler Sees geliefert.

Blauer Portugieser

Einstmals war der Blaue Portugieser geradezu ein Synonym für den Rotwein der südlichen Südbahn, wo noch heute sein Schwerpunkt liegt, abgesehen vom nördlichen Weinviertel. Diese intensiv nach Blumen duftende, moderat saure Rebsorte ist auf dem Rückzug. Ihre manchmal ausdrucksarme Art und der bescheidene Tanningehalt liegen nicht im Trend der Zeit. Dennoch kann aus einem sehr guten Weinjahr vereinzelt bei geringen Erträgen ein Portugieser mit einiger Standfestigkeit gewonnen werden, der ein bisschen gekühlt als Sommer-Rotwein à la Beaujolais durchaus Spaß macht.

Blauer Wildbacher

Aus dieser weststeirischen Spezialität wird hauptsächlich ein animierender, fruchtiger Roséwein gemacht: der Schilcher. Sein unnachahmliches Bukett erinnert mit Cassis, Johannisbeerlaub oder Stachelbeeren entfernt an Sauvignon Blanc. Die stilistische Ausrichtung reicht vom traditionell etwas säurebetonteren Typus bis zu relativ sanft anmutenden Gewächsen. Auch die Bandbreite der Sorte ist in den letzten Jahren gewachsen und reicht von süßen Varianten über Frizzante und Sekt bis zu echten Rotweinen, denen bei ausreichender Substanz eine Erziehung im Holz durchaus gut steht. Blauer Wildbacher hat als Rotwein sowohl reinsortig als auch in Cuvées mit bekannteren Rebsorten seine Meriten.

Blaufränkisch

Die altösterreichische Rebsorte Blaufränkisch ist wohl die wichtigste rote Varietät des Burgenlands und wohl auch die wertvollste Rotweinsorte hierzulande. Das Bukett ist unverkennbar eigenständig mit reichen Fruchtnuancen, die von Herzkirschen über Waldbeeren, Weichseln und Zwetschken reichen können, gepaart mit feiner Würze. Mit längerer Flaschenreife wechseln viele hochwertige Blaufränkische zu einem fast Pinot-artigen Geschmacksbild über. Auf den schweren Böden des Mittelburgenlands kann der Blaufränkische schon ab einem Mostgewicht von rund 17° KMW durchaus achtbare Ergebnisse liefern, während dies anderswo erst ab etwa 19° KMW möglich ist. Der Blaufränkisch eignet sich für den holzbetonten Ausbau ebenso wie für den Verschnitt mit Zweigelt, Merlot oder Cabernet; in solchen Cuvées gibt er meist den Ton an. Hervorragende Blaufränkischweine gedeihen im ganzen Burgenland, vor allem an den Abhängen des Leithagebirges sowie im Mittel- und Südburgenland.

Cabernet Sauvignon

Mit zunehmendem Alter der Rebstöcke und bei entsprechender Traubenreife hat sich die Qualität der österreichischen Cabernets deutlich gesteigert. Die gelungenen Vertreter zeigen vornehme Aromen nach Cassis, Zedernholz, Tabak, Mokka oder Milchschokolade. Bei hoher Reife sind auch in Österreich, und dies wohl am ehesten im nördlichen Burgenland und in der Thermenregion, profilierte Cabernets möglich. Allerdings ist der reinsortige Cabernet im Rückzug begriffen; meist wird einer Cuvée mit Merlot bzw. Blaufränkisch der Vorzug gegeben, was in der Regel zu besseren Resultaten führt.

Merlot

Anfangs bloß als weitere Varietät aus dem Bordelais angesehen und weniger beachtet, hat der Merlot in Österreich nun deutlich an Prestige gewonnen. Bei entsprechender Ertragsbeschränkung und hoher Reife glänzt er mit einem feinen, unverkennbaren Bukett nach Efeu, schwarzen Oliven, geröstetem Kaffee und Waldbeeren. Reinsortiger Merlot kann, speziell in der Thermenregion, in den nordburgenländischen Weinbaugebieten und im Mittelburgenland, hervorragende und eigenständige Weine erbringen. Seine Eignung zu Cuvées mit Cabernet, Blaufränkisch und Zweigelt ist unbestritten. Bei dieser Sorte sind in Österreich noch beachtliche Steigerungen zu erwarten.

Roesler

Eine interspezifische rote Neuzüchtung aus Klosterneuburg, bei der Pilzresistenz ein Züchtungsziel war. Bei tiefer Farbgebung und robustem Körper sowie angemessenen Tanninen ergibt Roesler fruchtbetonte und saftige Weine, die auch über ein gewisses Profil verfügen. Ihre wichtigste Rolle dürfte diese Rebsorte als Verschnittpartner für rote Cuvées spielen.

St. Laurent

In den 1950er-Jahren fast ausgestorben, hat diese Rebsorte endlich die wohlverdiente Renaissance erfahren. Genetisch, ampelographisch und sensorisch weist sie Ähnlichkeiten mit dem Pinot Noir auf. Sie ist im Weingarten sehr anspruchsvoll und bildet nicht allzu viel Zucker, weshalb ein natürlicher Alkoholgrad von 13% kaum übertroffen wird. Das bildet die Grundlage für elegante Weine. St. Laurent verbindet auf unnachahmliche Weise Feinheit, Eleganz und Rasse eines sehr guten Pinot mit einer tiefen Frucht, meist nach Weichseln und Brombeeren, und besitzt genau jene Tanninstruktur, die Lagerweine benötigen. Die besten St. Laurents eignen sich hervorragend für moderat holzbetonten Ausbau sowie für die Verwendung in Cuvées mit Pinot Noir oder Blaufränkisch. Seine Vorzüge bringt St. Laurent allerdings reinsortig am besten zur Geltung. Die Urheimat des St. Laurent dürfte die Thermenregion sein.

Syrah (Shiraz)

Als dritte französische Rebsorte hat der von der nördlichen Rhône stammende Syrah den Weg zu uns gefunden. In hinreichend warmen Weinjahren kann Syrah einen an kalten Rauch, Teer, Schwarztee, Leder sowie dunkle Beeren erinnernden Aromenmix zeigen. Am Gaumen präsentiert sich meist ein kraftvoller, tanninreicher Wein, der holzbetonten Ausbau problemlos verkraftet.

Zweigelt (Blauer Zweigelt, Rotburger)

Ohne Zweifel handelt es sich beim Zweigelt um jene europäische Rotweinzüchtung – aus den Elternteilen Blaufränkisch und St. Laurent –, die mit Abstand den größten Erfolg erzielt hat und bei sinnvoller Ertragsbeschränkung sowohl reinsortig als auch im Verein mit Rebsorten wie Blaufränkisch, St. Laurent, Cabernet oder Merlot sehr gute Ergebnisse liefern kann. Auf das rotbeerige Bukett, das an Zwetschken, Herzkirschen und Rumtopf erinnert, folgen meist eine eher milde Säurestruktur und ein mittlerer Tanningehalt, wobei viele Zweigelt-Varianten eher an den Vater Blaufränkisch als an die Mutter St. Laurent erinnern. Hervorragende, reinsortige Zweigelt-Exemplare können über viele Jahre ohne Qualitätsverlust reifen. Das Qualitätspotenzial der Rebsorte ist sicher noch nicht völlig ausgelotet.

Pilzwiderstandsfähige Rebsorten

Der Großteil der heutigen pilzwiderstandsfähigen Rebsorten, kurz PiWis, basiert auf französischen Hybriden, das heißt, Kreuzungen von Amerikanerreben mit europäischen Edelreben. Die sukzessive Ausdünnung von nicht europäischem Erbgut hat zwar die geschmacklichen Eigenschaften verbessert, aber die Mehltauresistenz hat gelitten. Folglich sind die neuen PiWis auf Pflanzenschutz angewiesen.

Es gibt sie als rote Varietäten ebenso wie als weiße Trauben. **Bronner** beispielsweise erinnert an Weiß- und Grauburgunder, **Cabernet Blanc** an Sauvignon Blanc, **Johanniter** hat sensorische Gemeinsamkeiten mit Riesling und Grauburgunder, **Muscaris** kann seine Verwandtschaft mit Muskateller und Muskat-Ottonel nicht verleugnen. Beim **Donauriesling** herrschen sensorisch starke Parallelen zum Riesling. **Souvignier Gris** gibt dichte, gelbe Weine mit betonter Frucht und moderater Säure. Der **Blütenmuskateller** hat sensorische Ähnlichkeiten mit dem originalen Muskateller, allerdings sind ihm dessen kapriziöse Eigenschaften weitgehend unbekannt. **Cabernet Jura** enthält zu einem maßgeblichen Teil Gene des Cabernet Sauvignon und liefert kräftige, dunkle und vollmundige Rotweine. **Regent** ist eine seit 1967 bekannte rote Rebsorte, die zu den bedeutendsten pilzwiderstandsfähigen Reben weltweit gehört; sie liefert farbintensive, kräftige Rotweine.

GLOSSAR

Abgang Die anhaltende Empfindung der Geschmacks- und Aromastoffe nach dem Hinunterschlucken eines Weines. Je nachhaltiger und ausdrucksstärker, desto besser ist in der Regel die Weinqualität. Das Maß für eine Sekunde Abgang ist 1 „Caudalie“ (lateinisch cauda = Schweif). 20 Caudalies sind gut, 50 grandios.

Abgebaut Wein, der den Höhepunkt seiner Entwicklung schon deutlich schmeckbar hinter sich hat.

Aceton Ein stechender Geruch, der an Nagellackentferner erinnert. Im Grunde ein Weinfehler, in geringem Ausmaß je nach persönlicher Empfindlichkeit mehr oder weniger tolerabel.

Adstringierend Ein Merkmal bestimmter Gerbstoffe, hinterlässt ein trockenes, zusammenziehendes oder raues Gefühl im Mund. Kann appetitanregend wirken.

Alkoholisch Bezeichnet den Eindruck, dass ein Wein sensorisch überproportional viel Alkohol enthält. Der Begriff bezieht sich nur auf die relative Wirkung des Alkohols im Verhältnis zum Körper bzw. Extrakt eines Weines.

Alt Bezeichnet einen (meist oxidierten) Wein, der seinen Reifehöhepunkt überschritten hat.

Animalisch Bezeichnung für Aromen, besonders in Rotweinen, die an Tiere und Tierisches erinnern, wie Schweiß, Fell, Moschus, Pferdestall, Fleisch, Blut.

Aromahefen Hefen, die kurzlebige und intensive Aromen bilden, die mitunter sogar die Sortenaromatik überdecken.

Aromasorte Alle Rebsorten sind mehr oder weniger aromatisch. Diejenigen unter ihnen, bei denen die Aromatik besonders ausgeprägt ist, werden so genannt. Im Regelfall meint man damit die Muskatfamilie (Gelber Muskateller und Muskat-Ottonel), Riesling, Sauvignon Blanc und Traminer, aber auch Scheurebe (Sämling 88) und Müller-Thurgau (Rivaner) zählt man dazu.

Aromatisch Ein duft- oder geschmacksintensiver Wein; vor allem die sogenannten Aromasorten wie Riesling, Sauvignon Blanc, Traminer, Sämling, Syrah oder Zinfandel präsentieren sich so.

Ausgewogen Der Wein enthält alle wünschenswerten Elemente (Säure, Alkohol, Geschmacksstoffe etc.) in gut abgestimmtem und erfreulichem Verhältnis.

Balance *Siehe Ausgewogen.*

Barrique Bezeichnung für ein kleines Eichenfass. Die Bezeichnung ist auf Bordeaux zurückzuführen, wo Barriques als Ausbau- und Lagerfässer mit 225 Liter Inhalt verwendet werden; abweichende Volumina sind möglich. Das typische Aroma von Barrique-Weinen erinnert an Vanille, Zimt und Nüsse sowie Toast und Rauch, wenn das Fass getoastet wurde. Zu viel überdeckt die Frucht und maskiert die Rebsorte.

Biologischer Säureabbau Siehe Malolaktische Gärung.

Biowein Ein Wein, dessen Trauben nachweislich in organisch-biologischer oder biologisch-dynamischer Bewirtschaftungsweise gewonnen wurden. Der Nachweis wird durch Mitgliedschaft in einem zugelassenen Bioverband und Kontrolle durch diesen geführt („Zertifizierung").

Biss Der erste, meist durch betonte Frucht, Säure oder Tannin ausgelöste Eindruck, den ein Wein auf der Zunge macht. Er sollte positiv sein, braucht aber nicht unbedingt übermäßig kräftig auszufallen. Fehlt der Biss ganz, wirkt ein Wein schwächlich oder flach.

Blumig Weist auf Anklänge von Blumen im Duft oder Geschmack eines Weines hin. Gelegentlich ist von Rosen, Veilchen etc. die Rede. Oft auch als floral bezeichnet.

Böckser Unangenehmer Geruch, der oft an faule Eier erinnert. Zählt zu den unerwünschten Reduktionsaromen und wird von Hefen aus Aminosäuren und Schwefelverbindungen gebildet.

Botrytis cinerea Eine Schimmelpilzart. Bei unreifen Trauben bewirkt der Pilz Sauerfäule, bei reifen Trauben Edelfäule. Er durchlöchert die Beerenhäute, sodass ein Teil des Wassers verdunstet und der Extrakt – die festen Inhaltsstoffe, vor allem Zucker – konzentriert wird. Notwendig für die Erzeugung von Beerenauslesen, Ausbrüchen und Trockenbeerenauslesen.

Brandig Siehe Alkoholisch.

Brett Kurzform für Brettanomyces, eine Hefeart, die animalische Aromen – etwa in Richtung Pferdeschweiß – verursacht.

Brut, Herb Schaumweine mit max. 12 g/l Zuckerrest (Dosage).

Brut Nature Schaumweine ohne bis minimale Dosage (0 bis 3 g/l).

Bukett/Bouquet Die Gesamtheit aller Geruchseindrücke eines Weines. Wird bestimmt durch die Rebsorte, die Art der Weinbereitung und bei älteren Weinen durch die Flaschenreife.

Burgundergruppe Damit sind im engeren Sinn Weißer, Grauer und Blauer Burgunder (Pinot Blanc, Gris und Noir) gemeint; oft wird auch von einer erweiterten Burgunder-Gruppe gesprochen, in diesem Fall zählt man in Weiß die aromatisch eher neutralen Sorten Chardonnay und Neuburger dazu; in Rot meint man dann Pinot Noir und St. Laurent.

Charmant Bezieht sich meist auf einen eleganten, ansprechenden Wein mit Charisma. Selten etwas herablassend gemeint – z.B. wenn es sich um Wein handelt, der eindrucksvollere Qualitäten haben sollte.

Cremig Ein sanfter, dichter Wein (meist Weißwein) mit hohem Extrakt und nicht allzu viel Säure, der den Gaumen „eincremt".

DAC Districtus Austriae Controllatus (Österreichische kontrollierte Herkunftsbezeichnung) für gebietstypische Weine, die nach entsprechender Prüfung zur staatlichen Prüfnummer diese Bezeichnung tragen dürfen. Existiert derzeit für alle Weinbaugebiete des Burgenlandes, der Steiermark, für Wien und für Niederösterreich mit Ausnahme der Thermenregion, also für 17 der 18 spezifischen Wienbaugebiete.

Demi-Sec, Halbtrocken Schaumweine mit einer Dosage von 33 bis 50 g/l.

Dicht Ein körper- und extraktreicher Wein mit engmaschiger Struktur, mit einem dicht gewebten Stoff vergleichbar.

Dosage Die Einstellung des gewünschten Restzuckergehalts (in g/l gemessen) bei Schaum- und Perlweinen.

Doux, Süß Schaumweine mit einer Dosage von über 50 g/l.

Dry, Sec, Trocken Schaumweine mit einer Dosage zwischen 17 und 32 g/l.

Dünn Ein wässriger Wein mit schwachem Körper, wenig Extrakt und Aroma.

Dumpf Muffiger Geruch, oft aufgrund von Verschlussfehlern oder mangelnder Hygiene im Keller beziehungsweise bei der Abfüllung.

Eckig Kantiger, unausgeglichener Wein, oft mit hohem Gerbstoff, grüner Säure und (zu) wenig Körper. Kann aber bei jungen Weinen positiv gemeint sein, wenn man davon ausgeht, dass sich Ecken und Kanten mit der Reifung abschleifen und harmonisieren werden.

Eichenholz Das am meisten verwendete Holz zur Herstellung von Fässern für Weinlagerung und Reifung. Siehe auch Barrique.

Elegant Auf eine unaufdringliche Art hochgradig ausgewogener Wein, dessen Proportionen (Gehalt, Geschmack, Aroma, Struktur) ebenso wie seine Nachhaltigkeit und Konsistenz überzeugen und im Gleichgewicht stehen.

Erdig Wird entweder für Weine gebraucht, die stark mineralisch duften, oder für solche, die eine Note nach frisch aufgerissener Erde (meist Rotweine) aufweisen. Überwiegend positiv gemeint.

Erste Lage Lageneinstufung des Vereins der „Österreichischen Traditionsweingüter" ohne offiziellen Charakter.

Essigstich Geruch nach Weinessig, Folge einer Weinkrankheit, hervorgerufen durch Essigbakterien.

Extra Brut, Extra herb Schaumweine mit maximal 6 g/l Dosage.

Extrakt Gesamtheit aller im Wein gelösten Inhaltsstoffe. Üblicherweise gilt: je mehr, desto besser. Weine mit zu viel Extrakt werden allerdings hart; hier wurden den Traubenschalen und -kernen zu viele Extraktstoffe entzogen.

Federspiel Wachauer Weißweinkategorie mit 11,5 bis 12,5% Alkohol (Etikettenangabe).

Fest Eine Geschmacksvielfalt, die Gaumen und Zunge stark durch kräftige Säure oder Herbheit beeindruckt und ein Gefühl von jugendlicher Kraft vermittelt, sodass man sicher ist, dass dieser Wein im Alter sanftere Nuancen annehmen wird.

Fett Ein Wein, dessen Geschmack und Konsistenz den Mund ganz ausfüllen. Meist ein alkoholreicher, schwerer Wein.

Feurig Kraftvolle, alkoholstarke Weine mit rundem Körper und samtigem Tannin, die den Eindruck von Wärme und Temperament vermitteln.

Finesse Wein von großer Delikatesse und Feinheit, von besonderer Klasse.

Firn Alterston im Bukett infolge fortgeschrittener Reife. – Siehe auch Oxidation.

Fleisch Stoffige, dichte Weine mit sehr viel Substanz und Frucht.

Flüchtig Hat zwei Bedeutungen: einerseits nur kurzer Geschmackseindruck. Meist aber als Kurzform für „flüchtige Säure merklich" verwendet, was ein Synonym für den beginnenden Essigstich ist.

Frizzante Wörtlich „spritzig", in Italien weinrechtlich das Synonym von Perlwein.
Siehe auch Perlwein.

Fruchtig Ein viel gebrauchter Ausdruck, der die Fruchtigkeit eines aus guten, reifen Trauben gewonnenen Weins bezeichnet. Ein fruchtiges Aroma ist nicht dasselbe wie ein blumiges. Hilfreich sind Versuche herauszuspüren, welche Frucht sich im Duft oder Geschmack eines Weins befindet, z.B. Grapefruit, Zitronen, Pflaumen, Marillen. Man sollte allerdings nicht ganze Aromawolken dieser Früchte, sondern nur zarte Anklänge erwarten.

Füllig Weine mit viel Extrakt, Alkohol und Körper, die den Mund ausfüllen.

Gefällig Ein Wein, an dem man Gefallen findet, ohne dass er Gemüt und Geist zu sehr in Anspruch nimmt. Er trinkt sich angenehm, braucht keine lange Reifezeit und bleibt als erfreuliches Getränk und nichts weiter sonst in Erinnerung.

Gehaltvoll Bezieht sich auf den Geschmack insgesamt und auf den Alkoholgehalt, Extrakt, Körper und vor allem Glyzerin. Manchmal verbirgt sich hinter diesem Wort das Gegenteil von Eleganz, nämlich Überfülle. Meist wird es positiv gebraucht.

Gerbstoff Die Gesamtheit der Polyphenole in einem Wein wird als Gerbstoffe oder Tannine bezeichnet (die Bezeichnung „Gerbsäure" ist chemisch nicht korrekt, da es sich nicht um Säuren handelt). Gerbstoffe sind in hohem Maß in den Stielen, Kernen und Traubenschalen enthalten. Je länger der Most also auf den eingemaischten Beeren bleibt, desto höher wird der Gerbstoffgehalt des Weines. Auch der Ausbau in neuen Holzfässern erhöht den Gerbstoffgehalt.

Geschmeidig Sanft, rund und anschmiegsam – wird meist auf junge Rotweine angewandt. Eher lebhafter als nur „gefälliger" Wein, wobei sich gute Qualität eigentlich von selbst versteht.

Gespriteter Wein Wein, dem im Zuge seiner Herstellung Alkohol zugesetzt wurde. Sherry, Port und Madeira sind die bekanntesten. Weinrechtlich in Österreich „Likörwein".

Glasverschluss Eine Entwicklung von ALCOA Deutschland in Bad Kreuznach unter dem Markennamen Vino-Lok. Der Glasstöpsel hat einen Dichtungsring aus lebensmittelechtem PVDC, der dafür sorgt, dass der Stöpsel in der (eigens für den Glasstöpsel hergestellten) Flasche einrastet. Eine Kapsel sorgt für Schutz. Dem Vorteil der besseren Akzeptanz beim Publikum steht der Nachteil der unbekannten Langzeitdichtigkeit gegenüber. Allerdings haben sich die ältesten damit verschlossenen Weine – heimische Weiße aus dem Jahrgang 2003 – bis jetzt tadellos gehalten.

Glatt Ein anspruchsloser Wein mit wenig Charakter, oft flach und mit wenig Struktur.

Gleichgewicht *Siehe Ausgewogen.*

Grasig Einerseits: Grünlicher, unreifer Geschmack, der von zu früh geernteten Trauben oder zu starker Pressung stammt. Andererseits: als sortentypisches Aroma für jene Sauvignon Blancs verwendet, die nach Kräutern, Gras oder Brennnesseln riechen.

Großlage In Österreich in der Praxis kaum gebräuchliche, gesetzlich festgelegte Bezeichnung für kleinere Einheiten innerhalb eines Weinbaugebiets, in Deutschland wegen der Verwechslungsmöglichkeit mit Einzellagen ganz besonders im Schussfeld der Kritik. Mit der Umbenennung des Donaulands in Wagram wurde die neue Großlage Klosterneuburg eingeführt (in der Praxis aber kaum benützt). Die bekannteste Großlage ist der Wiener Nussberg.

Grün Synonym für unreife Noten.

Halbtrocken Weine bis max. 18 g/l, wenn die Gesamtsäure nicht mehr als 10 g/l niedriger ist.

Harmonie *Siehe Ausgewogen.*

Hart Meist junger Wein mit hohem, abweisendem Gerbstoffgehalt. Oft findet ein solcher Wein auch nach längerer Reife nie wirklich seine Harmonie.

Herb Wird für durchgegorene Rotweine mit viel Tannin (und Säure) verwendet.

Honigartig Duft und Aroma, die vor allem bei edelfaulen Weinen auftreten, oft aber in geringem Maße und in ansprechender Weise auch bei anderen reifen Weinen eines guten Jahrgangs.

Kabinett Trockener, unaufgebesserter Wein mit 17° KMW Mindestmostgewicht, maximal 12,9% Alkohol.

Kantig *Siehe Eckig.*

Kernig Wein mit knackig-kräftiger Säure (weiß) oder ebensolchem Tannin (rot), der mit der Reife milder wird.

Kompakt Dicht verwobener Gesamteindruck.

Konzentration Hat zwei völlig verschiedene Bedeutungen. Zum einen die hohe Dichte der geschmacklichen und aromatischen Eindrücke im Wein. Zum anderen ist Konzentration ein Verfahren, das dem Most (erlaubt) oder Wein (verboten) Wasser entzieht. Das Gerät dazu heißt Konzentrator, das Verfahren entweder Umkehrosmose oder Vakuumdestillation.

Korkgeschmack Ein muffiger Beigeschmack, bei starker Ausprägung wie dumpfer, alter Kork, der von chemischen Abbauverbindungen wie Trichloranisol und Bromphenolen stammt. Ebendiese Substanzen können im Ausnahmefall auch in schlecht oder falsch gereinigten Kellern entstehen und unabhängig vom Verschluss einen „Korkgeschmack" verursachen. Dieser Fehlton kann von kaum merklich bis aufdringlich sein, ist aber stets inakzeptabel.

Körper Ein körperreicher Wein verfügt über hohen Extrakt, viel Substanz und Stoff sowie einen hohen Alkoholgehalt. Siehe auch „Gehaltvoll" und „Voll". Auch in diesem Sinn verwendet: Körper im Sinne von Bau oder Struktur eines Weines.

Kräftig Sind fest gebaute Weine mit viel Stoff, Volumen und Alkohol.

Kurz Nach dem Schlucken rasch verklingender Geschmack.
Siehe auch Abgang.

Lage Auch Weinberglage genannt. *Siehe Ried(e).*

Lang Bedeutet, dass der Geschmack eines Weines nach dem Schlucken länger anhält.
Siehe auch Abgang.

Lebendig Frische, spritzige Weine mit Rasse.

Leicht Mit relativ wenig Alkohol und Körper. Eine sehr willkommene Qualität in Weinen, zu denen sie passt – nicht aber bei Rotweinen, die mehr Intensität und Schwere verlangen.

Lieblich Wein mit maximal 45 g/l unvergorenem Restzucker.

Mächtig Schwerer, körper- und alkoholreicher Wein.

Madeirisiert Wenn ein Wein so stark oxidiert ist, dass er ähnlich wie ein Madeira schmeckt und riecht. Ein schwerer Fehler, wenn nicht beabsichtigt.

Malolaktische Gärung Auch Biologischer Säureabbau oder Milchsäuregärung genannt. Chemischer Vorgang, bei dem Milchsäurebakterien die spitz und sauer schmeckende Äpfelsäure in die mildere Milchsäure umbauen. Wird vor allem bei Rotweinen und Barrique-ausgebauten Weißweinen durchgeführt.

Matt Müder Wein ohne Frische.

Mild Wein mit wenig Säure, manchmal restsüß.

Mollig Gehaltvolle Weine mit weichen Rundungen, die meist vom hohen Extrakt- oder Restzuckergehalt stammen.

Muffig *Siehe Dumpf.*

Muskulös Stabil und robust gebaute Weine mit Biss und kräftiger Struktur, oft kraftvoller Alkohol.

Nachhall/Nachgeschmack *Siehe Abgang.*

Nase *Siehe Bukett.*

Nervig Mit prägnanter, aber sympathischer Säure, gepaart mit Lebendigkeit und Rasse.

Neutral Entweder ein Wein mit schwachem, aromatischem Ausdruck oder aus einer eher neutralen Sorte, wie etwa Welschriesling.

Nuanciert Vielschichtige Weine, die dezent aufeinander abgestimmte, vielfältige Aromen zeigen.

Ölig Weine mit hohem Glyzeringehalt, fließen ölig ins Glas und auf den Gaumen.

Orange Wine Maischevergorener Weißwein, der oft herstellungsbedingt eine orange Farbe aufweist.

Oxidation Wenn ein Wein oxidiert ist, erinnert er in Geruch oder Geschmack an langsam vor sich hin bräunende Apfelschalen (die unter dem Sauerstoffeinfluss ebenfalls oxidieren). Bei sehr alten Weinen akzeptabel, bei jungen nicht (Fassproben ausgenommen). Siehe auch Firn und Madeirisiert.

Perlwein „Halb schäumender Wein" Weine mit einem CO2-Überdruck von maximal 2,5 bar, entstanden durch zweite Gärung (siehe Schaumwein) oder durch CO2-Zusatz (in letzterem Fall muss das auf dem Etikett vermerkt sein). Die Geschmacksangaben trocken (Restzuckergehalt zwischen 0 und 35 g/l), halbtrocken (zwischen 35 und 50 g/l) sowie mild (mehr als 50 g/l) sind zulässig, aber nicht vorgeschrieben.

Pfeffrig Sortentypisches Aroma des Grünen Veltliners, vor allem im leichteren Bereich. Erinnert an Pfefferoni, Paprika und Pfeffer.

Pikant Frische, feinwürzige oder mit feiner Säure versehene Weine.

PIWI Das Kürzel für pilzwiderstandsfähige Rebsorten. Diese Sorten zeichnen sich durch eine bessere Widerstandsfähigkeit gegen Pilzkrankheiten aus.

Premium Bezeichnung für österreichischen Qualitätswein mit Jahrgangsangabe mit mindestens 13% Alkohol (Etikett).

Rassig Eleganter, nerviger Wein mit straffer Säure.

Reduktiv Durch Vermeidung von Oxidation gekelterte und ausgebaute Weine zeigen vor allem im Jungweinstadium klare, aber noch nicht vollständig entwickelte Aromen. Diese werden als reduktiv angesprochen, der Weinstil kann generell als reduktiv wahrgenommen werden.

Reichhaltig Nicht unbedingt süß, jedoch einen Eindruck von opulenter Fülle vermittelnd. Reintönig Sauber im Bukett und auf dem Gaumen. Klares Aromabild.

Reinzuchthefen In der Natur vorkommende selektionierte und vermehrte Hefestämme.
Siehe auch Aromahefen und Spontangärung.

Resch Wird für durchgegorene Weißweine ohne merklichen Restzucker und mit hoher Säure (meist Äpfelsäure) gebraucht.

Reserve Zusatzbezeichnung für Qualitätswein oder Sekt g.U.. Der Begriff „Reserve" darf nur für Qualitätsweine ab einem Mindestalkohol von 13 % verwendet werden.

Ried(e) Bezeichnung für eine bestimmte Weinbergslage.

Robust Herzhaft, fest und kräftig, mit jungem Tannin, mit Tendenz zu rustikalen Aromen.

Rund Harmonisch und voll.

Saftig Im Sinne von Saft und Kraft, mit einer Substanz so recht zum Kauen.

Samtig Weiche, ausgeglichene, dennoch kräftige Rotweine ohne dominierendes Tannin, in denen sich süßes Glyzerin, hoher Extrakt und reife Säure zu einem schmeichelnden Gesamtbild vereinen.

Säure Für Laien oft ein negativ besetzter Begriff, wird meist als „zu scharf" verstanden. Doch verschiedene Säuren sind für die Qualität und die Haltbarkeit eines Weins (insbesondere eines weißen) unentbehrlich; sie geben ihm auch seine erfrischende Kraft. Bei der malolaktischen Gärung wird die pikantere Äpfelsäure in mildere Milchsäure umgewandelt, dadurch bekommt der unmittelbare Biss des Weins einen milderen, komplexeren Geschmack. Unerwünscht ist die Essigsäure, die man als flüchtige Säure bezeichnet. Enthält ein Wein zu viel davon, beginnt bald sein Abstieg.

Schaumwein Ein schäumender Wein, dessen CO2-Gehalt durch eine zweite alkoholische Gärung in Drucktank (Méthode Charmat) oder Flasche (Méthode traditionelle) oder durch Zusatz von CO2 entstanden ist (Letzteres ist auf dem Etikett anzugeben). Der Mindestdruck beträgt drei Bar, in der Praxis sind es fünf bis sechs Bar. Schaumweine müssen eine Süßebezeichnung tragen: Siehe Brut, Extra Dry, Dry, Demi-Sec, Doux. Die Grenzen wurden 2009 neu festgelegt, neu ist eine Toleranz von ±3 g/l bei jeder Süßestufe.

Schlank Ein dünner Geschmackseindruck, der sich auf den ganzen Wein beziehen, aber auch nur zu Beginn oder Abgang desselben auftreten kann. Bei frischen, spritzigen Weinen in Ordnung, ist das Attribut „schlank" bei kraftvolleren Weinen beziehungsweise Premium-Gewächsen negativ zu sehen.

Schlicht Einfacher Wein, wenn auch oft nicht ohne Charme.

Schmalzig *Siehe Fett.*

Schmelz Taktiler Eindruck eines Weins auf dem Gaumen, dessen cremige Textur mit einem Hauch von Glanz einhergeht.

Schraubverschluss Der meistverwendete Verschluss in Österreich. Jahrzehntelange positive Erfahrungen mit Schraubverschlüssen bei Weiß- wie Rotwein gibt es aus Frankreich und Australien. Dem steht nur der Nachteil gegenüber, dass der Wein füllfertig sein und die Dosierung der Schwefelbeigabe genau abgestimmt werden muss, da es sonst zu Reduktionsnoten kommen kann.

Sekt Ein schäumender Wein, dessen CO2-Gehalt durch eine zweite alkoholische Gärung in Drucktank (Méthode Charmat) oder Flasche (Méthode traditionelle) entstanden ist.
Siehe Schaumwein.

Smaragd Trockene Wachauer Weißweinkategorie von 12,5% (Etikettenangabe) aufwärts, oft aber 13% und mehr.

Sommerwein Synonym für leichtgewichtige, jugendlich zu trinkende Weine, die auch bei warmem Wetter Freude bereiten.

Spontangärung Der Verzicht auf den Einsatz von Reinzuchthefen, im (oft berechtigten) Vertrauen, dass die im Weingarten und Keller natürlich vorkommenden Hefen einen Most vielleicht langsamer, aber im Endeffekt ebenso gut vergären können wie Reinzuchthefen. Anhänger der Spontangärung erwarten sich damit spannendere, weniger gleichförmige Weine.

Spritzig Leicht und meist angenehm säuerlich-frisch, oft durch einen gewissen Gehalt an Kohlensäure unterstützt.

Steinfeder Trockene Wachauer Weißweine mit maximal 11,5% Alkohol (Etikettenangabe).

Stilvoll Ausdrucksvoll und eigenständig bei hoher Eleganz.

STK Abkürzung für „Steirische Terroir- und Klassikweingüter", eine privatrechtliche Vereinigung steirischer Topwinzer. Diese haben ihre Lagen in „Erste" und „Große STK-Lagen" klassifiziert (ohne offiziellen Charakter).

Stoffig Wein mit Körper und Substanz, also Extrakt.

Süffig Trinkanimierender Wein.

Sulfite Salze der schwefeligen Säure, umgangssprachlich „Schwefel" genannt, die zur Haltbarmachung des Weins unumgänglich sind.

Süß Weine mit mehr als 45 g/l unvergorenem Restzucker.

Tannin *Siehe Gerbstoff.*

Terrassenwein *Siehe Sommerwein.*

Terroir Umfassender Begriff, der das Zusammenspiel von Boden, Rebe und Kleinklima beschreibt, die im Wein zum Ausdruck kommen sollen.

Tief(gang) Ein so beschriebener Wein will aufmerksam genossen sein. An ihm ist mehr, als der erste Eindruck verrät; sein Geschmack entfaltet sich auf der Zunge zu ungeahnten Dimensionen. (Tiefe Farbe bedeutet dagegen nur dunkle Farbe.) Alle wirklich feinen Weine haben Tiefe.

Trocken Weine mit unvergorenem Restzucker bis 4g/l oder bis max. 9 g/l, wenn die Gesamtsäure nicht mehr als 2 g/l niedriger ist. Beispiel: Ein Wein mit 8 g/l Zucker muss mindestens 6 g/l Säure haben, um als trocken deklariert zu werden.

Unharmonisch Das Gegenteil von „harmonisch".

Verschlossen Wein, der (noch) wenig von sich preisgibt, oft betrifft dies junge Weine, manchmal phasenweise auch reifere Gewächse.

Voll Manchmal auch durch „körperreich" wiederzugeben: Ein Wein mit „weiniger" Fülle, d. h. Alkohol und Extrakt (alle Geschmacksstoffe) in vollmundigem Zusammenwirken.

Weich Sanftes, anschmiegsames Tannin und reichhaltiger, runder Körper, niedrige Säure.

Wuchtig Sehr kraftvolle Weine mit Substanz und Dichte.

Würzig In der Nase und/oder auf dem Gaumen ausgeprägte Gewürzaromen wie Muskat, Zimt, Koriander, Kümmel, Anis etc.

Zart Delikat, filigran und dezent.

HERKUNFT

Die österreichische Weinbaupolitik und die Österreich Wein Marketing GmbH (ÖWM) haben eine Doppelstrategie ausgearbeitet, die einerseits Raum für Innovation lässt, andererseits aber einige gebietstypische Herkunftsweine als Archetypen der österreichischen Weinstile propagiert.

Da gibt es zunächst den generischen Qualitätswein, bei dem es sich um 40 zugelassene Qualitätsweinrebsorten handelt. Diese können aus neun generischen Weinbaugebieten, die mit den Bundesländernamen bezeichnet werden, oder aus spezifischen Weinbaugebieten stammen. Die bedeutendsten generischen Weinbaugebiete sind Niederösterreich, Burgenland, Steiermark und Wien. In der Weinbauregion Bergland befinden sich fünf weitere Weinbaugebiete (Kärnten, Oberösterreich, Salzburg, Tirol und Vorarlberg).

Die zweite Schiene nennt sich spezifischer Qualitätswein. Zurzeit umfasst Österreich folgende spezifische Weinbaugebiete: acht im generischen Weinbaugebiet Niederösterreich (Wachau, Kremstal, Kamptal, Traisental, Wagram, Weinviertel, Carnuntum, Thermenregion), sechs im Burgenland (Neusiedlersee, Leithaberg, Rosalia, Rust, Mittelburgenland, Eisenberg) und drei im generischen Weinbaugebiet Steiermark (Vulkanland Steiermark, Südsteiermark, Weststeiermark). Wien ist ein Sonderfall, da die Hauptstadt gleichzeitig als generisches und spezifisches Weinbaugebiet firmiert.

Alle spezifischen Weinbaugebiete arbeiten an einer Profilierung mit herkunftstypischen Terroir-Weinen. Zuerst werden Fokussorten und gebietstypische Weinstile definiert, bevor das Gebiet beim Landwirtschaftsminister einen DAC-Status beantragen kann, der per Verordnung Gesetzeskraft erlangt. Als Zugpferde agieren meist nur wenige Fokussorten.

Wenn ein Gebiet zur Ansicht kommt, dass sein Fokus klar ist und nur eine oder wenige Sorten für das Gebiet sprechen sollen, kann das Regionale Weinkomitee über das Nationale Weinkomitee den Status eines DAC-Gebiets mit einem oder wenigen herkunftstypischen DAC-Weinen beantragen. Aktuell verfügt Österreich über 17 spezifische DAC-Weinbaugebiete, die jeweils per Verordnung in den Gesetzesrang erhoben wurden. Das betreffende Gebiet darf seine herkunftstypischen Weine mit dem Namen des Gebiets und dem Zusatz DAC (= Districtus Austriae Controllatus) bezeichnen. Alle anderen Qualitätsweine tragen als Herkunftsbezeichnung den Namen des Bundeslandes, in dem das DAC-Gebiet liegt.

Die Bezeichnung Weinviertel DAC gilt für Grünen Veltliner als Klassik, Reserve und Große Reserve. Die kontrollierten Herkünfte Kamptal DAC, Kremstal DAC und Traisental DAC weisen sehr ähnliche Regelungen auf: In allen drei DAC-Gebieten sind Grüner Veltliner und Riesling zugelassen, und es gibt sie ebenfalls in den zwei Kategorien Klassik und Reserve. Zudem besteht hier ein hierarchisches System aus Gebietswein, Ortswein und Riedenwein. Das DAC-Reglement der Wachau basiert auf einer Herkunftspyramide mit Gebietsweinen, Ortsweinen und Riedenweinen. Für letzteres sind nur Riesling und Grüner Veltliner zugelassen, für Ortsweine insgesamt neun Varietäten, für Gebietsweine 17. Ähnlich aufgebaut ist das Regelwerk Wagram DAC. Mit dem Jahrgang 2023 wird die Thermenregion als letzte der klassischen Herkünfte der DAC-Familie beitreten.

Vielfältig gestaltet sich das DAC-Angebot Leithaberg. Der weiße Leithaberg DAC darf aus den Sorten Weißburgunder, Chardonnay, Neuburger oder Grüner Veltliner gekeltert werden. Zugelassen sind auch Cuvées aus diesen Sorten. Für den roten Leithaberg DAC ist Blaufränkisch vorgesehen, bis zum Jahr 2020 war ein Anteil von maximal 15% Zweigelt, St. Laurent oder Pinot Noir möglich. Der weltweit bekannte Ruster Ausbruch hat ebenfalls DAC-Status.

Eisenberg DAC steht für Blaufränkisch, und zwar Klassik und Reserve.

Seit dem Jahrgang 2019 gibt es für die Rebsorten Chardonnay, Weißburgunder, Grüner Veltliner, Zweigelt und Blaufränkisch die Bezeichnung Carnuntum DAC, auch rote und weiße Cuvées, die mindestens zu 2/3 aus diesen Varietäten bestehen, sind zulässig.

Für Wien ist es einfach: Es gibt den Wiener Gemischten Satz DAC für Gemischten Satz und Gemischten Satz mit Lagen. Wie allgemein gilt auch hier, dass nun der Lagenbezeichnung das Wort „Ried" voranzustellen ist.

Im Mittelburgenland steht Blaufränkisch im Zentrum, wobei das DAC-System drei Kategorien umfasst (DAC, DAC mit Angabe einer Riede sowie DAC Reserve). Neusiedlersee DAC gibt es in zwei Stufen, nämlich „Neusiedlersee DAC" für trockenen Zweigelt und alle fruchtsüßen weißen Qualitätsweinrebsorten (Restzucker mindestens 45 g/l) und „Neusiedlersee DAC Reserve" (Zweigelt trocken und edelsüße weiße Qualitätsweinrebsorten mit ebenfalls mindestens 45 g/l Restzucker).

Die steirischen DAC-Gebiete treten als Trio auf und betreffen alle Herkünfte des Bundeslandes – Vulkanland Steiermark DAC, Südsteiermark DAC und Weststeiermark DAC. Das Herkunftssystem ist dreistufig (Gebietswein, Ortswein und Riedenwein) und das Sortenspektrum wesentlich breiter angelegt als bei den anderen DAC-Gebieten, ausgenommen Wachau: Zugelassen sind je nach Stufe Welschriesling, Weißburgunder, Morillon, Grauburgunder, Riesling, Gelber Muskateller, Sauvignon Blanc, Traminer und Schilcher (nur Weststeiermark) sowie Cuvées aus diesen Sorten. •

WEINGESETZ

Die wichtigsten Grenzwerte und Regulierungen für ausgewählte Weinkategorien

Landwein, Qualitätswein

- ausschließlich Qualitätsrebsorten
- Wein muss eine der Bezeichnung entsprechende und typische Eigenart aufweisen
- bestimmte Mindestsäure und Mindestmostgewicht, zulässiger Höchstertrag

Landwein

- Weintrauben aus einer Weinbauregion; diese muss auch auf dem Etikett angegeben sein
- Mostgewicht der Trauben mind. 14° KMW

Qualitätswein

Hierfür darf die Bezeichnung „Qualitätswein“ verwendet werden:

- Weintrauben ausschließlich aus einem einzigen Weinbaugebiet; die Herstellung erfolgte in der Weinbauregion des betreffenden Weinbaugebietes oder in daran angrenzenden Weinbauregionen; die Herkunft aus Österreich muss auf dem Etikett angegeben sein
- Mostgewicht mind. 15° KMW
- Traubenmost darf aufgebessert werden, bis max. 13,5% bei Weißweinen und max. 14,5% bei Rotweinen
- Wein muss staatliche Prüfnummer haben
- Alkoholgehalt des Weines mind. 9%, bei Prädikatswein mind. 5%

Kabinett

(zusätzlich oder abweichend von Qualitätswein):

- Mostgewicht mind. 17° KMW
- Lesegut und Wein darf nicht aufgebessert sein
- Gehalt an unvergorenem Zucker max. 9 g/l
- Gesamtalkoholgehalt (Alkoholgehalt inklusive unvergorenem Zucker) max. 12,9% Vol.
- Wein muss im Inland abgefüllt worden sein

Prädikatswein

(bzw. Qualitätswein besonderer Reife und Leseart): Prädikatsweine (Spätlese bis TBA) dürfen nicht aufgebessert werden; Herkunft: Weinbaugebiet. Spätlesen und Auslesen dürfen ab dem 1. Jänner nach der Lese zur staatlichen Prüfnummer eingereicht werden, die anderen Prädikate ab dem 1. Mai.

Prädikatsweinstufen

Spätlese: Wein aus Trauben, die nach der allgemeinen Lese der Sorte im vollreifen Zustand geerntet worden sind, Mostgewicht mind. 19° KMW.

Auslese: Wein aus ausschließlich sorgfältig ausgelesenen Trauben (alle nicht vollreifen, fehlerhaften oder kranken Beeren müssen ausgesondert worden sein); Mostgewicht mind. 21° KMW.

Beerenauslese (BA): Wein aus überreifen und edelfaulen Trauben; Mostgewicht mind. 25° KMW.

Eiswein: Mostgewicht mind. 25° KMW. Die Trauben sind bei Lese und Kelterung gefroren (dadurch sind Inhaltsstoffe sehr konzentriert; Eis bleibt im ausgepressten Trester zurück).

Strohwein oder Schilfwein: Der Wein wird aus Beeren gewonnen, die mindestens drei Monate auf Stroh oder Schilf gelagert bzw. an Schnüren aufgehängt waren; Mostgewicht mind. 25° KMW.

Trockenbeerenauslese (TBA): Wein aus größtenteils edelfaulen, weitgehend eingeschrumpften Beeren; Mostgewicht mind. 30° KMW. Für Trockenbeerenauslesen aus der Freistadt Rust darf auch der Begriff „Ausbruch“ verwendet werden bzw. ist die Verkehrsbezeichnung „Ausbruch“ exklusiv nur im Zusammenhang mit der geografischen Angabe „Rust“ zulässig.

INDEX

A

B

C

D

E

F

G

H

I

J

K

L

M

N

O

P

R

S

T

U

W

Z